Europäische Kommission

Durchführungsverordnung (EU) Nr. 1001/2013 der Kommission vom 4. Oktober 2013

zur Änderung von Anhang I der Verordnung (EWG) Nr. 2658/87 über die zolltarifliche und statistische Nomenklatur sowie den Gemeinsamen Zolltarif

Antiphon Verlag

Europäische Kommission

Durchführungsverordnung (EU) Nr. 1001/2013 der Kommission vom 4. Oktober 2013

zur Änderung von Anhang I der Verordnung (EWG) Nr. 2658/87 über die zolltarifliche und statistische Nomenklatur sowie den Gemeinsamen Zolltarif

1. Auflage 2026 | ISBN: 978-3-38798-658-7

Antiphon Verlag ist ein Imprint der Antiquum Novum Verlag.

Verlag: Antiquum Novum Verlag UG (haftungsbeschränkt), Im Erlengrund 6a, 35510 Butzbach, Deutschland, info@antiquum-novum.de
Vertretungsberechtigt: E. Roepke, Zeilweg 44, 60439 Frankfurt, Deutschland
Druck: Libri Plureos GmbH, Friedensallee 273, 22763 Hamburg, Deutschland

II

(Rechtsakte ohne Gesetzescharakter)

VERORDNUNGEN

DURCHFÜHRUNGSVERORDNUNG (EU) Nr. 1001/2013 DER KOMMISSION

vom 4. Oktober 2013

zur Änderung von Anhang I der Verordnung (EWG) Nr. 2658/87 über die zolltarifliche und statistische Nomenklatur sowie den Gemeinsamen Zolltarif

DIE EUROPÄISCHE KOMMISSION —

gestützt auf den Vertrag über die Arbeitsweise der Europäischen Union,

gestützt auf die Verordnung (EWG) Nr. 2658/87 des Rates vom 23. Juli 1987 über die zolltarifliche und statistische Nomenklatur sowie den Gemeinsamen Zolltarif ([1]), insbesondere auf die Artikel 9 und 12,

in Erwägung nachstehender Gründe:

(1) Mit der Verordnung (EWG) Nr. 2658/87 wurde eine Warennomenklatur, im Folgenden „Kombinierte Nomenklatur", eingeführt, die sowohl den Erfordernissen des Gemeinsamen Zolltarifs als auch denen der Außenhandelsstatistik der Gemeinschaft sowie anderer Gemeinschaftspolitiken in den Bereichen Wareneinfuhr und -ausfuhr entspricht.

(2) Im Interesse einer Gesetzesvereinfachung ist es angebracht, die Kombinierte Nomenklatur zu modernisieren und ihre Struktur anzupassen.

(3) Es sind bestimmte Änderungen an der Kombinierten Nomenklatur vorzunehmen, um veränderte Anforderungen in Bezug auf Statistik und Handelspolitik, Änderungen zur Erfüllung internationaler Verpflichtungen, technische oder wirtschaftliche Entwicklungen und die Notwendigkeit einer Angleichung oder Präzisierung des Wortlauts zu berücksichtigen.

(4) Gemäß Artikel 12 der Verordnung (EWG) Nr. 2658/87 sollte deren Anhang I ab dem 1. Januar 2014 durch eine vollständige Fassung der Kombinierten Nomenklatur zusammen mit den entsprechenden autonomen und vertragsmäßigen Zollsätzen, wie sie sich aus den vom Rat oder von der Kommission beschlossenen Maßnahmen ergeben, ersetzt werden.

(5) Die in dieser Verordnung vorgesehenen Maßnahmen entsprechen der Stellungnahme des Ausschusses für den Zollkodex —

HAT FOLGENDE VERORDNUNG ERLASSEN:

Artikel 1

Anhang I der Verordnung (EWG) Nr. 2658/87 erhält die Fassung des Anhangs der vorliegenden Verordnung.

Artikel 2

Diese Verordnung tritt am 1. Januar 2014 in Kraft.

([1]) ABl. L 256 vom 7.9.1987, S. 1.

Diese Verordnung ist in allen ihren Teilen verbindlich und gilt unmittelbar in jedem Mitgliedstaat.

Brüssel, den 4. Oktober 2013

Für die Kommission,
im Namen des Präsidenten,
Algirdas ŠEMETA
Mitglied der Kommission

ANHANG I

KOMBINIERTE NOMENKLATUR

INHALTSVERZEICHNIS

TEIL I — EINFÜHRENDE VORSCHRIFTEN

TEIL II — ZOLLTARIF

TEIL III — ANHÄNGE ZUM ZOLLTARIF

Abschnitt I — Anhänge für landwirtschaftliche Erzeugnisse

Abschnitt II — Liste der pharmazeutischen Stoffe, für die Zollfreiheit gilt

Abschnitt III — Zollkontingente

Abschnitt IV — Zolltarifliche Abgabenbegünstigung aufgrund der Beschaffenheit einer Ware

TEIL I

EINFÜHRENDE VORSCHRIFTEN

TITEL I

ALLGEMEINE VORSCHRIFTEN

A. **Allgemeine Vorschriften für die Auslegung der Kombinierten Nomenklatur**

Für die Einreihung von Waren in die Kombinierte Nomenklatur gelten folgende Grundsätze:

1. Die Überschriften der Abschnitte, Kapitel und Teilkapitel sind nur Hinweise. Maßgebend für die Einreihung sind der Wortlaut der Positionen und der Anmerkungen zu den Abschnitten oder Kapiteln und — soweit in den Positionen oder in den Anmerkungen zu den Abschnitten oder Kapiteln nichts anderes bestimmt ist — die nachstehenden Allgemeinen Vorschriften.

2. a) Jede Anführung einer Ware in einer Position gilt auch für die unvollständige oder unfertige Ware, wenn sie im vorliegenden Zustand die wesentlichen Beschaffenheitsmerkmale der vollständigen oder fertigen Ware hat. Sie gilt auch für eine vollständige oder fertige oder nach den vorstehenden Bestimmungen dieser Vorschrift als solche geltende Ware, wenn diese zerlegt oder noch nicht zusammengesetzt gestellt wird.

   b) Jede Anführung eines Stoffes in einer Position gilt für diesen Stoff sowohl in reinem Zustand als auch gemischt oder in Verbindung mit anderen Stoffen. Jede Anführung von Waren aus einem bestimmten Stoff gilt für Waren, die ganz oder teilweise aus diesem Stoff bestehen. Solche Mischungen oder aus mehr als einem Stoff bestehende Waren werden nach den Grundsätzen der Allgemeinen Vorschrift 3 eingereiht.

3. Kommen für die Einreihung von Waren bei Anwendung der Allgemeinen Vorschrift 2 b) oder in irgendeinem anderen Fall zwei oder mehr Positionen in Betracht, so wird wie folgt verfahren:

   a) Die Position mit der genaueren Warenbezeichnung geht den Positionen mit allgemeiner Warenbezeichnung vor. Zwei oder mehr Positionen, von denen sich jede nur auf einen Teil der in einer gemischten oder zusammengesetzten Ware enthaltenen Stoffe oder nur auf einen oder mehrere Bestandteile einer für den Einzelverkauf aufgemachten Warenzusammenstellung bezieht, werden im Hinblick auf diese Waren als gleich genau betrachtet, selbst wenn eine von ihnen eine genauere oder vollständigere Warenbezeichnung enthält.

   b) Mischungen, Waren, die aus verschiedenen Stoffen oder Bestandteilen bestehen, und für den Einzelverkauf aufgemachte Warenzusammenstellungen, die nach der Allgemeinen Vorschrift 3 a) nicht eingereiht werden können, werden nach dem Stoff oder Bestandteil eingereiht, der ihnen ihren wesentlichen Charakter verleiht, wenn dieser Stoff oder Bestandteil ermittelt werden kann.

   c) Ist die Einreihung nach den Allgemeinen Vorschriften 3 a) und 3 b) nicht möglich, wird die Ware der von den gleichermaßen in Betracht kommenden Positionen in dieser Nomenklatur zuletzt genannten Position zugewiesen.

4. Waren, die nach den vorstehenden Allgemeinen Vorschriften nicht eingereiht werden können, werden in die Position der Waren eingereiht, denen sie am ähnlichsten sind.

5. Zusätzlich zu den vorstehenden Allgemeinen Vorschriften gilt für die nachstehend aufgeführten Waren Folgendes:

   a) Behältnisse für Fotoapparate, Musikinstrumente, Waffen, Zeichengeräte, Schmuck und ähnliche Behältnisse, die zur Aufnahme einer bestimmten Ware oder Warenzusammenstellung besonders gestaltet oder hergerichtet und zum dauernden Gebrauch geeignet sind, werden wie die Waren eingereiht, für die sie bestimmt sind, wenn sie mit diesen Waren gestellt und üblicherweise zusammen mit ihnen verkauft werden. Diese Allgemeine Vorschrift wird nicht angewendet auf Behältnisse, die dem Ganzen seinen wesentlichen Charakter verleihen.

b) Vorbehaltlich der vorstehenden Allgemeinen Vorschrift 5 a) werden Verpackungen [1] wie die darin enthaltenen Waren eingereiht, wenn sie zur Verpackung dieser Waren üblich sind. Diese Allgemeine Vorschrift gilt nicht verbindlich für Verpackungen, die eindeutig zur mehrfachen Verwendung geeignet sind.

6. Maßgebend für die Einreihung von Waren in die Unterpositionen einer Position sind der Wortlaut dieser Unterpositionen, die Anmerkungen zu den Unterpositionen und — sinngemäß — die vorstehenden Allgemeinen Vorschriften. Einander vergleichbar sind dabei nur Unterpositionen der gleichen Gliederungsstufe. Soweit nichts anderes bestimmt ist, gelten bei Anwendung dieser Allgemeinen Vorschrift auch die Anmerkungen zu den Abschnitten und Kapiteln.

B. **Allgemeine Vorschriften über die Zollsätze**

1. Die Zollsätze für eingeführte Waren mit Ursprung in Ländern, die Vertragsparteien des Allgemeinen Zoll- und Handelsabkommens sind, oder in Ländern, mit denen der Europäischen Union die Meistbegünstigungsklausel auf dem Gebiet der Zölle enthaltende Abkommen geschlossen hat, sind die in Spalte 3 des Zolltarifs aufgeführten vertragsmäßigen Zollsätze. Vorbehaltlich abweichender Regelungen sind diese vertragsmäßigen Zollsätze auch anzuwenden auf andere als die vorgenannten Waren bei deren Einfuhr aus allen Drittländern.

   Ab 1. Januar 2014 werden die vertragsmäßigen Zollsätze aus der Spalte 3 angewendet.

   Sind die autonomen Zollsätze niedriger als die vertragsmäßigen Zollsätze, sind die in einer Fußnote genannten Zollsätze anzuwenden.

2. Ziffer 1 wird nicht angewendet, wenn besondere autonome Zollsätze für Waren mit Ursprung in bestimmten Ländern vorgesehen sind oder wenn Präferenzzölle aufgrund von Abkommen angewendet werden.

3. Die Bestimmungen der Ziffern 1 und 2 hindern die Mitgliedstaaten nicht daran, andere Zollsätze als die des Gemeinsamen Zolltarifs anzuwenden, sofern dies durch Recht der Europäischen Union gerechtfertigt ist.

4. Zollsätze, bei denen als Maßstab Hundertteile angegeben sind, sind Wertzollsätze.

5. Das Zeichen „EA“ bedeutet, dass ein gemäß Anhang 1 festzusetzender Agrarteilbetrag auf die betreffenden Waren zu erheben ist.

6. Die in den Kapiteln 17 bis 19 angegebenen Zeichen „AD S/Z“ bzw. „AD F/M“ bedeuten, dass der Höchstzollsatz aus einem Wertzollsatz und einem Zusatzzoll für bestimmte Arten Zucker oder für Mehl besteht. Dieser Zusatzzoll wird gemäß Anhang 1 festgesetzt.

7. Das in Kapitel 22 angegebene Zeichen „€/% vol/hl“ bedeutet, dass ein spezifischer Zoll, ausgedrückt in Euro für jedes Volumenprozent Alkohol je Hektoliter, zu erheben ist. Das bedeutet, dass der Zollsatz für ein Getränk mit einem Alkoholgehalt von 40 % vol wie folgt berechnet wird:

   — „1 €/% vol/hl“ = 1 € × 40 ergibt einen Zollsatz von 40 € je Hektoliter, oder

   — „1 €/% vol/hl + 5 €/hl“ = 1 € × 40 + 5 € ergibt einen Zollsatz von 45 € je Hektoliter.

   Das Zeichen „MIN“ (z. B. „1,6 €/% vol/hl, MIN 9 €/hl“) bedeutet, dass der Zollsatz, der auf Grundlage der oben genannten Regel errechnet wird, mit dem Mindestzollsatz verglichen werden muss (z. B. „9 €/hl“) und der höhere Zollsatz anzuwenden ist.

[1] Als „Verpackungen“ gelten innere und äußere Behältnisse, Aufmachungen, Umhüllungen und Unterlagen mit Ausnahme von Beförderungsmitteln — insbesondere Behältern —, Planen, Lademitteln und des bei der Beförderung verwendeten Zubehörs. Der Ausdruck „Verpackungen“ umfasst nicht die in der Allgemeinen Vorschrift 5 a) angesprochenen Behältnisse.

C. **Gemeinsame allgemeine Vorschriften über die Nomenklatur und die Zollsätze**

1. Sofern nichts anderes bestimmt ist, werden die Vorschriften über den Zollwert außer zur Ermittlung des als Bemessungsgrundlage dienenden Wertes bei Wertzollsätzen auch zur Ermittlung des Wertes verwendet, der als Merkmal zur Abgrenzung bestimmter Positionen oder Unterpositionen dient.

2. Bei gewichtszollbaren Waren und in den Fällen, in denen das Gewicht als Merkmal zur Abgrenzung bestimmter Positionen oder Unterpositionen dient, gilt als:

   a) „Rohgewicht" das Gewicht der Ware mit ihren sämtlichen Behältnissen oder Verpackungen,

   b) „Eigengewicht" oder „Gewicht" (ohne nähere Bestimmung) das Gewicht der Ware ohne alle Behältnisse oder Verpackungen.

3. Die Umrechnung des Euro in die nationalen Währungen anderer als den in der Verordnung (EG) Nr. 974/98 des Rates ([1]) genannten Mitgliedstaaten (nachstehend: „nicht teilnehmende Mitgliedstaaten") erfolgt gemäß Artikel 18 der Verordnung (EWG) Nr. 2913/92 des Rates ([2]).

4. Für bestimmte Waren kann eine Abgabenbegünstigung aufgrund ihrer besonderen Verwendung gewährt werden:

   Zu einer besonderen Verwendung bestimmte Waren, für die der einschlägige Zollsatz nicht niedriger ist als der Zollsatz, der ohne besondere Verwendung anwendbar wäre, sind auch ohne Anwendung der Artikel 291 bis 300 der Verordnung (EWG) Nr. 2454/93 der Kommission (ABl. L 253 vom 11.10.1993, S. 1) der Unterposition mit besonderer Verwendung zuzuweisen.

TITEL II

BESONDERE BESTIMMUNGEN

A. **Waren für bestimmte Arten von Wasserfahrzeugen und für Bohr- oder Förderplattformen**

1. Die Erhebung der Zölle wird ausgesetzt für die Waren, die dazu bestimmt sind, beim Bau, bei der Instandsetzung, bei der Instandhaltung oder beim Umbau der in der nachstehenden Übersicht genannten Wasserfahrzeuge eingebaut zu werden, sowie für die Waren, die zur Ausrüstung dieser Wasserfahrzeuge bestimmt sind.

2. Die Erhebung der Zölle wird ausgesetzt für:

   a) Waren, die dazu bestimmt sind, beim Bau, bei der Instandsetzung, bei der Instandhaltung oder beim Umbau

      1) in ortsfesten Bohr- oder Förderplattformen der Unterposition ex 8430 49 00, die innerhalb oder außerhalb der Hoheitsgewässer der Mitgliedstaaten aufgestellt sind,

      2) in schwimmenden oder tauchenden Bohr- und Förderplattformen der Unterposition 8905 20 00

      eingebaut zu werden, sowie für Waren, die zur Ausrüstung dieser Plattformen bestimmt sind.

      Als zum Einbau in Bohr- und Förderplattformen bestimmt gelten auch Waren wie Treib- und Schmierstoffe und Gase, die notwendig sind zum Betreiben der Maschinen und Apparate, die nicht dauerhaft diesen Plattformen zugeordnet und deshalb nicht deren Bestandteil sind, wenn sie an Bord der genannten Plattformen zum Bau, zur Instandsetzung, zur Instandhaltung, zum Umbau oder zur Ausrüstung verwendet werden;

   b) Rohre, Kabel und ihre Verbindungsstücke, die dazu bestimmt sind, diese Bohr- oder Förderplattformen mit dem Festland zu verbinden.

([1]) ABl. L 139 vom 11.5.1998, S. 1.
([2]) ABl. L 302 vom 19.10.1992, S. 1.

KN-Code	Warenbezeichnung
8901	**Fahrgastschiffe, Kreuzfahrtschiffe, Fährschiffe, Frachtschiffe, Schleppkähne und ähnliche Wasserfahrzeuge zum Befördern von Personen oder Gütern:**
8901 10	**– Fahrgastschiffe, Kreuzfahrtschiffe und ähnliche, ihrer Beschaffenheit nach hauptsächlich zur Personenbeförderung bestimmte Wasserfahrzeuge; Fährschiffe:**
8901 10 10	– – für die Seeschifffahrt
8901 20	**– Tankschiffe:**
8901 20 10	– – für die Seeschifffahrt
8901 30	**– Kühlschiffe, ausgenommen solche der Unterposition 8901 20:**
8901 30 10	– – für die Seeschifffahrt
8901 90	**– andere Wasserfahrzeuge zum Befördern von Gütern sowie Wasserfahrzeuge, die ihrer Beschaffenheit nach zur Personen- und Güterbeförderung bestimmt sind:**
8901 90 10	– – für die Seeschifffahrt
8902 00	**Fischereifahrzeuge; Fabrikschiffe und andere Schiffe zum Verarbeiten oder Konservieren von Fischereierzeugnissen:**
8902 00 10	– für die Seeschifffahrt
8903	**Jachten und andere Vergnügungs- oder Sportboote; Ruderboote und Kanus:**
	– andere:
8903 91	**– – Segelboote, auch mit Hilfsmotor:**
8903 91 10	– – – für die Seeschifffahrt
8903 92	**– – Motorboote, ausgenommen solche mit Außenbordmotor:**
8903 92 10	– – – für die Seeschifffahrt
8904 00	**Schlepper und Schubschiffe:**
8904 00 10	– Schlepper
	– Schubschiffe:
8904 00 91	– – für die Seeschifffahrt
8905	**Feuerschiffe, Feuerlöschschiffe, Schwimmbagger, Schwimmkrane und andere Wasserfahrzeuge, bei denen das Fahren im Vergleich zu ihrem Hauptverwendungszweck von untergeordneter Bedeutung ist; Schwimmdocks, schwimmende oder tauchende Bohr- oder Förderplattformen:**
8905 10	**– Schwimmbagger:**
8905 10 10	– – für die Seeschifffahrt
8905 90	**– andere:**
8905 90 10	– – für die Seeschifffahrt
8906	**Andere Wasserfahrzeuge, einschließlich Kriegsschiffe und andere Rettungsfahrzeuge, ausgenommen Ruderboote:**
8906 10 00	– Kriegsschiffe
	– andere:
8906 90 10	– – für die Seeschifffahrt

3. Die Gewährung dieser Aussetzungen erfolgt nach den in den einschlägigen Bestimmungen der Europäischen Union festgesetzten Voraussetzungen für die zollamtliche Überwachung der Verwendung dieser Waren.

B. Zivile Luftfahrzeuge und für zivile Luftfahrzeuge bestimmte Waren

1. Zollfrei sind

— zivile Luftfahrzeuge;

— bestimmte Waren, die zum Bau, zur Instandsetzung, zur Instandhaltung, zum Umbau, zur Änderung oder zur Umrüstung ziviler Luftfahrzeuge verwendet werden und in diesen verbleiben sollen;

— Bodengeräte zur Flugausbildung und Teile davon, für die zivile Nutzung bestimmt.

Die Unterpositionen für diese Waren sind in Tabellen in Ziffer 5 aufgeführt.

2. Zivile Luftfahrzeuge im Sinne der Ziffer 1 erster und zweiter Gedankenstrich sind andere Luftfahrzeuge als solche, die von militärischen oder ähnlichen Behörden in den Mitgliedstaaten genutzt werden und die eine militärische oder vergleichbare Kennzeichnung tragen.

3. Der Begriff „zivile Luftfahrzeuge" umfasst im Sinne von Ziffer 1 zweiter Gedankenstrich auch Bodengeräte zur Flugausbildung, für zivile Nutzung bestimmt.

4. Die Zollbefreiung erfolgt vorbehaltlich der in den relevanten rechtlichen Bestimmungen der Europäischen Union festgelegten Bedingungen für die zollamtliche Überwachung solcher Waren (siehe Artikel 291 bis 300 der Verordnung (EWG) Nr. 2454/93 der Kommission (ABl. L 253 vom 11.10.1993, S. 1)).

5. Die für eine Zollbefreiung in Betracht kommenden Waren gehören zu den folgenden Positionen und Unterpositionen:

3917 40, 4011 30, 4012 13, 4012 20, 4017 00, 6812 99, 7324 10, 7326 20, 8302 10, 8302 20, 8302 42, 8302 49, 8302 60, 8407 10, 8408 90, 8409 10, 8411, 8412 10, 8412 21, 8412 29, 8412 31, 8412 39, 8412 80 80, 8412 90, 8413 19, 8413 20, 8413 30, 8413 50, 8413 60, 8413 70, 8413 81, 8413 91, 8414 10, 8414 20, 8414 30, 8414 51, 8414 59, 8414 80, 8414 90, 8415 81, 8415 82, 8415 83, 8418 10, 8418 30, 8418 40, 8418 61, 8418 69, 8419 50, 8419 81, 8421 19, 8421 21, 8421 23, 8421 29, 8421 31, 8421 39, 8424 10, 8425 11, 8425 19, 8425 31, 8425 39, 8425 42, 8425 49, 8426 99, 8428 10, 8428 20, 8428 33, 8428 39, 8428 90, 8443 32 10, 8471 41, 8471 49, 8471 50, 8471 60, 8471 70, 8479 90, 8483 10, 8483 30, 8483 40, 8483 50, 8483 60, 8483 90, 8484 10, 8484 90, 8501 32, 8501 52, 8501 61, 8501 62, 8501 63, 8502, 8504 10, 8504 31, 8504 32, 8504 33, 8504 40, 8504 50, 8507, 8511 10, 8511 20, 8511 30, 8511 40, 8511 50, 8511 80, 8517 70 11, 8517 70 15, 8517 70 19, 8518 10, 8518 21, 8518 22, 8518 29, 8518 30, 8518 40, 8518 50, 8519 81 95, 8519 89 90, 8521 10, 8526, 8528 41, 8528 51, 8528 61, 8529 10, 8531 10 95, 8531 20, 8531 80, 8539 10, 8544 30, 8801, 8802 11, 8802 12, 8802 20, 8802 30, 8802 40, 8803 10, 8803 20, 8803 30, 8805 29, 9001 90, 9002 90, 9014 10, 9014 20, 9025, 9026, 9029 20 38, 9030 10, 9030 20, 9030 31, 9030 32, 9030 33, 9030 39, 9030 40, 9030 84, 9030 89, 9030 90, 9031 80, 9032, 9104, 9403 20, 9403 70.

Bei den folgenden Unterpositionen wird eine Zollbefreiung für zivile Luftfahrzeuge nur für die in Spalte 2 beschriebenen Waren gewährt:

Unterposition	Warenbeschreibung
3917 21 90, 3917 22 90, 3917 23 90, 3917 29 00, 3917 31, 3917 33, 3917 39 00, 7413 00, 8307 10, 8307 90	mit Formstücken, Verschlussstücken oder Verbindungsstücken
4008 29	zugeschnittene Profile
4009 12, 4009 22, 4009 32, 4009 42	für Gas- oder Flüssigkeitsleitungen
3926 90, 4016 10, 4016 93, 4016 99	Waren des technischen Bedarfs
4504 90, 4823 90	Dichtungen
6812 80	andere, ausgenommen Kleidung, Bekleidungszubehör, Schuhe und Kopfbedeckungen, Papier, Pappe und Filz, Dichtungsmaterial aus zusammengepressten Asbestfasern und Elastomeren, in Platten oder Rollen
6813 20, 6813 81, 6813 89	auf der Grundlage von Asbest oder anderen mineralischen Stoffen
7007 21	Windschutzscheiben, nicht gerahmt
7312 10, 7312 90	ausgerüstet oder gebrauchsfertig
7322 90	Heißlufterzeuger und -verteiler, ausgenommen Teile davon
7324 90	hygienische Artikel, ausgenommen Teile davon
7304 31, 7304 39, 7304 41, 7304 49, 7304 51, 7304 59, 7304 90, 7306 30, 7306 40, 7306 50, 7306 61, 7306 69, 7608 10, 7608 20	für Gas- oder Flüssigkeitsleitungen, mit Formstücken, Verschlussstücken oder Verbindungsstücken
8108 90	Rohre für Gas- oder Flüssigkeitsleitungen, mit Formstücken, Verschlussstücken oder Verbindungsstücken
8415 90	von Klimageräten der Unterpositionen 8415 81, 8415 82 und 8415 83
8419 90	Teile von Wärmeaustauschern
8479 89	hydropneumatische Akkumulatoren, mechanische Schubumkehrvorrichtungen, ihrer Beschaffenheit nach besonders bestimmte Toiletteneinheiten, Luftbefeuchter und Luftentfeuchter, nicht elektrische Servo-Vorrichtungen, nicht elektrische Anlasser für Motoren, pneumatische Anlasser für Turbo-Strahltriebwerke, Turbo-Propeller-Triebwerke oder andere Gasturbinen, nicht elektrische Scheibenwischer, nicht elektrische Apparate zum Einstellen der Flugzeugpropeller
8501 20, 8501 40	mit einer Leistung von mehr als 735 W bis 150 kW
8501 31	Motoren mit einer Leistung von mehr als 735 W und Generatoren
8501 33	Motoren mit einer Leistung von 150 kW oder weniger und Generatoren
8501 34	Generatoren mit einer Leistung von mehr als 375 kW
8501 51	mit einer Leistung von mehr als 735 W
8501 53	mit einer Leistung von 150 kW oder weniger
8516 80 20	nur mit einem einfachen Träger aus Isolierstoff und elektrischen Verbindungen versehen, für den Frostschutz oder zum Entfrosten
8517 69 31, 8517 69 39	für den Funksprech- oder Funktelegrafieverkehr
8517 12, 8517 61, 8517 62, 8517 69 90	Geräte für den Funksprech- und Funktelegrafieverkehr
8522 90	Baugruppen und Teile von Baugruppen, die aus zwei oder mehr miteinander verbundenen Einzelteilen bestehen, für Geräte der Unterpositionen 8519 81 95 und 8519 89 90
8529 90	Baugruppen und Teile von Baugruppen, die aus zwei oder mehr miteinander verbundenen Einzelteilen bestehen, für Geräte der Position 8526
8543 70 90	Flugschreiber, elektrische Synchro- und Umformer, Entfroster und Demister mit elektrischen Widerständen
8543 90	Baugruppen und Teile von Baugruppen, die aus zwei oder mehr miteinander verbundenen Einzelteilen bestehen, für Flugschreiber
8803 90 90	einschließlich Segelflugzeuge
9014 90	für Instrumente, Apparate und Geräte der Unterpositionen 9014 10 und 9014 20
9020 00	ausgenommen Teile davon
9029 10	elektrische oder elektronische Tourenzähler
9029 90	für Tourenzähler, Tachometer und andere Geschwindigkeitsmesser
9031 90	der Unterposition 9031 80
9109 10, 9109 90	mit einer Breite oder einem Durchmesser von 50 mm oder weniger
9401 10	nicht mit Leder überzogen
9405 10, 9405 60	aus Kunststoffen oder aus unedlen Metallen
9405 92, 9405 99	von Waren der Unterposition 9405 10 oder 9405 60, aus Kunststoffen oder aus unedlen Metallen

6. Die in Absatz 5 beschriebenen Waren werden in Form von Unterpositionen in den TARIC integriert, mit einem Fußnotenverweis folgenden Wortlauts: „Die Zulassung zu dieser Unterposition erfolgt nach den in den einschlägigen Bestimmungen der Europäischen Union festgesetzten Voraussetzungen (s. Artikel 291 bis 300 der Verordnung (EWG) Nr. 2454/93 der Kommission (ABl. L 253 vom 11.10.1993, S. 1)).“

C. **Pharmazeutische Erzeugnisse**

1. Die pharmazeutischen Erzeugnisse der nachstehenden Kategorien werden von den Zöllen befreit:

   1) pharmazeutische Substanzen, die sowohl durch die CAS RN (Chemical Abstracts Service Registry Numbers) identifiziert als auch durch die INN (Internationale Freinamen), aufgelistet im Anhang 3, erfasst werden;

   2) Salze, Ester und Hydrate von INN, deren Bezeichnungen sich aus der Kombination eines INN des Anhangs 3 mit Präfixen oder Suffixen des Anhangs 4 ergeben, sofern diese Erzeugnisse in dieselbe sechsstellige HS-Unterposition wie die entsprechenden INN einzureihen sind;

   3) Salze, Ester und Hydrate von INN, die in Anhang 5 aufgeführt sind und nicht in dieselbe sechsstellige HS-Unterposition wie die entsprechenden INN einzureihen sind;

   4) pharmazeutische Zwischenprodukte des Anhangs 6, die durch eine chemische Bezeichnung und eine CAS RN identifiziert sind, von der bei der Herstellung pharmazeutischer Fertigerzeugnisse verwendeten Art.

2. Sonderfälle:

   1) Die INN umfassen nur solche Substanzen, die in der Liste der von der WHO vorgeschlagenen und empfohlenen INN erfasst sind. Wenn die Anzahl der von einem INN umfassten Substanzen geringer ist als die von der CAS RN identifizierten, dann gilt die Zollfreiheit nur für die von dem INN erfassten Substanzen.

   2) Wird ein Erzeugnis des Anhangs 3 oder 6 durch eine CAS RN bezeichnet, die einem spezifischen Isomer entspricht, so gilt nur für dieses Isomer Zollfreiheit.

   3) Die Doppelderivate (Salze, Ester und Hydrate) von INN, deren Bezeichnungen sich aus der Kombination einer INN des Anhangs 3 mit Präfixen oder Suffixen des Anhangs 4 ergeben, sind zollfrei, sofern sie in dieselbe sechsstellige HS-Unterposition wie die entsprechenden INN einzureihen sind.

      Beispiel: Alaninmethylester, Hydrochlorid.

   4) Ist ein INN des Anhangs 3 ein Salz (oder ein Ester), so gilt die Zollfreiheit nur für dieses genannte Salz (oder Ester). Für alle anderen Salze (oder Ester) der zugehörigen Säure, die dem jeweiligen INN entspricht, gilt keine Zollfreiheit.

      Beispiel: Oxpreonatkalium (INN): zollfrei,

      Oxpreonatnatrium: nicht zollfrei.

D. **Verzollung zum Pauschalsatz**

1. Ein pauschaler Zollsatz von 2,5 v. H. des Wertes wird auf Waren angewandt, die

   — in Sendungen von Privatperson an Privatperson enthalten sind oder

   — im persönlichen Gepäck der Reisenden eingeführt werden,

   sofern solchen Einfuhren keine kommerziellen Erwägungen zugrunde liegen.

Dieser pauschale Zollsatz von 2,5 v. H. ist anwendbar, wenn der Wert der eingangsabgabenpflichtigen Waren je Sendung oder je Reisenden 700 EUR nicht übersteigt.

Auf Waren, für die in der Tabelle der Zollsätze der Zollsatz mit „frei" angegeben ist und auf Waren des Kapitels 24, die in einer Sendung oder im persönlichen Gepäck von Reisenden in Mengen enthalten sind, die über die in Artikel 27 bzw. gemäß Artikel 41 der Verordnung (EG) Nr. 1186/2009 des Rates vom 16. November 2009 über das gemeinschaftliche System der Zollbefreiungen (1) festgesetzten Höchstmengen hinausgehen, wird dieser pauschale Zollsatz nicht angewandt.

2. Als Einfuhren, denen keine kommerziellen Erwägungen zugrunde liegen, gelten:

a) im Fall von Waren in Sendungen von Privatperson an Privatperson Einfuhren, die

— gelegentlich erfolgen und

— sich ausschließlich aus Waren zusammensetzen, die zum persönlichen Ge- oder Verbrauch im Haushalt des Empfängers bestimmt sind und weder ihrer Art noch ihrer Menge nach zu der Annahme Anlass geben, dass die Einfuhr aus geschäftlichen Gründen erfolgt, und

— der Empfänger vom Absender ohne irgendeine Bezahlung zugesandt erhält;

b) im Fall von Waren im persönlichen Gepäck der Reisenden Einfuhren, die

— gelegentlich erfolgen und

— sich ausschließlich aus Waren zusammensetzen, die zum persönlichen Ge- oder Verbrauch des Reisenden oder von Angehörigen seines Haushalts oder als Geschenk bestimmt sind; dabei dürfen diese Waren weder ihrer Art noch ihrer Menge nach zu der Annahme Anlass geben, dass die Einfuhr aus geschäftlichen Gründen erfolgt.

3. Der pauschale Zollsatz wird auf Waren, die unter den Voraussetzungen der Ziffern 1 und 2 eingeführt werden, nicht angewandt, wenn der Zollbeteiligte vor Beginn der Zollabfertigung die Verzollung der Waren nach den für sie geltenden Einfuhrabgaben beantragt hat. In diesem Fall werden für alle Waren, die Gegenstand der Einfuhr sind, unbeschadet der in den Artikeln 25 bis 27 und 41 der Verordnung (EG) Nr. 1186/2009 vorgesehenen Befreiungen, die für sie geltenden Einfuhrabgaben erhoben.

Im Sinne von Unterabsatz 1 gelten als Einfuhrabgaben sowohl Zölle und Abgaben gleicher Wirkung als auch sonstige Einfuhrabgaben im Rahmen der gemeinsamen Agrarpolitik oder der Sonderregelungen, die auf bestimmte landwirtschaftliche Verarbeitungserzeugnisse Anwendung finden.

4. Die nicht teilnehmenden Mitgliedstaaten können den Betrag in Landeswährung, der sich bei der Umrechnung des Betrages von 700 € ergibt, auf- bzw. abrunden.

5. Die nicht teilnehmenden Mitgliedstaaten können den Gegenwert des Betrages von 700 € in Landeswährung unverändert beibehalten, wenn bei der jährlichen Anpassung nach Artikel 18 Absatz 2 der Verordnung (EWG) Nr. 2913/92 die Umrechnung dieses Betrages vor der Auf- oder Abrundung nach Ziffer 4 dazu führt, dass sich der in Landeswährung ausgedrückte Gegenwert um weniger als 5 v. H. ändert oder dass er sich vermindert.

---

(1) ABl. L 324 vom 10.12.2009, S. 23.

E. **Behältnisse oder Verpackungen**

Die nachstehenden Bestimmungen sind anwendbar für die von den Allgemeinen Vorschriften 5 a) und 5 b) erfassten Behältnisse oder Verpackungen, die zur gleichen Zeit wie die Waren, mit denen sie gestellt werden oder die in ihnen verpackt sind, in den freien Verkehr überführt werden:

1. Soweit die Behältnisse oder Verpackungen entsprechend der Allgemeinen Vorschrift 5 wie die Waren eingereiht werden, mit denen sie gestellt werden oder die in ihnen verpackt sind,

   a) werden sie durch den Zoll wie die Waren erfasst,

   — wenn die Waren wertzollbar sind oder

   — wenn die Behältnisse oder Verpackungen zum Zollgewicht der Waren gehören;

   b) sind sie zollfrei,

   — wenn die Waren zollfrei sind oder

   — wenn die Waren weder wertzollbar noch gewichtszollbar sind oder

   — wenn das Gewicht dieser Behältnisse oder Verpackungen nicht zum Zollgewicht der Waren gehört.

2. Wenn die unter Ziffer 1 Buchstaben a) und b) fallenden Behältnisse oder Verpackungen mehrere Waren verschiedener Gattung enthalten oder mit diesen gestellt werden, wird zur Bestimmung des Zollgewichts oder des Zollwerts das Gewicht oder der Wert der Behältnisse oder Verpackungen anteilig auf das Gewicht oder den Wert der Waren aufgeteilt.

F. **Zolltarifliche Abgabenbegünstigung aufgrund der Beschaffenheit einer Ware**

1. Unter bestimmten Voraussetzungen wird eine zolltarifliche Abgabenbegünstigung aufgrund der Beschaffenheit von Waren gewährt für:

   — für die Ernährung ungenießbar gemachte Erzeugnisse,

   — Saatgut,

   — Müllergaze, nicht konfektioniert,

   — bestimmte Arten von frischen Tafeltrauben, Tabak und Nitraten.

   Die Unterpositionen [1] für diese Waren sind mit einem Hinweiszeichen auf folgende Fußnote versehen: „Die Zulassung zu dieser Unterposition erfolgt nach den in den Einführenden Vorschriften II.F festgesetzten Voraussetzungen.“ oder „Die zolltarifliche Abgabenbegünstigung wird gewährt, wenn die Förmlichkeiten und Voraussetzungen gemäß den Einführenden Vorschriften II.F erfüllt sind.“

2. Waren, für die Ernährung ungenießbar gemacht, die aufgrund ihrer Beschaffenheit zu einer zolltariflichen Abgabenbegünstigung zugelassen sind, sind im Anhang 8 unter Bezugnahme auf die Position aufgeführt, ebenso die Beschreibung und Mengenangaben der zugelassenen Vergällungsmittel. Solche Waren gelten als für die Ernährung ungenießbar gemacht, wenn die Mischung aus zu vergällendem Erzeugnis und Vergällungsmittel homogen ist und die Bestandteile der Mischung in wirtschaftlich sinnvoller Weise nicht mehr getrennt werden können.

---

[1] Die betreffenden Unterpositionen und TARIC-Codes lauten wie folgt: 0408 11 20, 0408 19 20, 0408 91 20, 0408 99 20, 0701 10 00, 0712 90 11, 0806 10 10, 1001 91 10, 1005 10 13, 1005 10 15, 1005 10 18, 1006 10 10, 1007 10 10, 1106 20 10, 1201 10 00, 1202 30 00, 1204 00 10, 1205 10 10, 1206 00 10, 1207 21 00, 1207 40 10, 1207 50 10, 1207 91 10, 1207 99 20, 2401 10 35, 2401 10 85, 2401 10 95, 2401 20 35, 2401 20 85, 2401 20 95, 2501 00 51, 3102 50 00 10, 3105 90 20 10, 3105 90 80 10, 3502 11 10, 3502 19 10, 3502 20 10, 3502 90 20, 5911 20 00.

3. Die nachstehend aufgeführten Waren sind in die entsprechenden Positionen für Saatgut einzureihen, vorausgesetzt, dass die Waren die einschlägigen Bestimmungen der Europäischen Union erfüllen:

   — süßer Mais (Zea mays var. saccharata), Spelz, Hybridmais, Reis oder Hybridsorghum zur Aussaat (Richtlinie 66/402/EWG des Rates [1]),

   — Pflanzkartoffeln (Richtlinie 2002/56/EG des Rates vom 13. Juni 2002 [2]),

   — Ölsamen und ölhaltige Früchte zur Aussaat (Richtlinie 2002/57/EG des Rates vom 13. Juni 2002 [3]).

   Süßer Mais (Zea mays var. saccharata), Spelz, Hybridmais, Reis, Hybridsorghum oder Ölsamen und ölhaltige Früchte zur Aussaat, die nicht den landwirtschaftlichen Bestimmungen entsprechen, werden zu einer zolltariflichen Abgabenbegünstigung aufgrund ihrer Beschaffenheit zugelassen, wenn nachgewiesen wird, dass die Ware tatsächlich zur Aussaat bestimmt ist.

4. Müllergaze, nicht konfektioniert, wird zu einer zolltariflichen Abgabenbegünstigung aufgrund ihrer Beschaffenheit zugelassen, wenn die Ware unauslöschlich so gekennzeichnet ist, dass sie erkennbar zur Verwendung als Müllergaze oder zu ähnlichen industriellen Zwecken bestimmt ist.

5. Frische Tafeltrauben, Tabak und Nitrat werden zu einer zolltariflichen Abgabenbegünstigung aufgrund ihrer Beschaffenheit zugelassen, wenn ein gültiges Zeugnis oder eine Bescheinigung vorgelegt wird. Anhang 9 enthält die für die Zeugnisse und Bescheinigungen geltenden Vorschriften und Muster.

---

[1] ABl. 125 vom 11.7.1966, S. 2309.
[2] ABl. L 193 vom 20.7.2002, S. 60.
[3] ABl. L 193 vom 20.7.2002, S. 74.

LISTE DER ZEICHEN UND ABKÜRZUNGEN

★	Kennzeichnet neue Codenummern
■	Kennzeichnet Codenummern des Vorjahres, jedoch mit anderem Inhalt
AD F/M	Zusatzzoll Mehl
AD S/Z	Zusatzzoll Zucker
b/f	Flasche
cm/s	Zentimeter pro Sekunde
EA	Agrarteilbetrag
€	Euro
INN	International non-proprietary name
INNM	International non-proprietary name modified
ISO	International Organisation for Standardisation
Kbit	1 024 bits
kg/br	Kilogramm, brutto
kg/net	Kilogramm, netto
kg/net eda	Kilogramm Abtropfgewicht
kg/net mas	Kilogramm netto in der Trockenmasse
MAX	Höchstens
Mbit	1 048 576 bits
MIN	Mindestens
ml/g	Milliliter pro Gramm
mm/s	Millimeter pro Sekunde
ROZ	Research-Oktanzahl

Bemerkung

Die eckigen Klammern in Spalte 1 der Nomenklatur zeigen an, dass diese Position gestrichen ist (Beispiel: Position [1519]). Erscheint in einem Anhang des Zolltarifs ein Verweis auf einen Anhang in eckigen Klammern, zeigt dies an, dass der Inhalt jenes Anhangs gestrichen wurde (Beispiel: [Anhang 7]).

LISTE DER BESONDEREN MASSEINHEITEN

c/k	Anzahl Karat (1 metrisches Karat = 2×10^{-4} kg)
ce/el	Anzahl Zellen
ct/l	Ladetonnen [1]
g	Gramm
gi F/S	Gramm spaltbare Isotope
kg H_2O_2	Kilogramm Wasserstoffperoxid
kg K_2O	Kilogramm Kaliummonoxid
kg KOH	Kilogramm Kaliumhydroxid
kg met.am.	Kilogramm Methylamine
kg N	Kilogramm Stickstoff
kg NaOH	Kilogramm Natriumhydroxid
kg/net eda	Kilogramm Abtropfgewicht
kg P_2O_5	Kilogramm Diphosphorpentaoxid
kg 90 % sdt	Kilogramm, berechnet auf 90 % trocken
kg U	Kilogramm Uran
1 000 kWh	Tausend Kilowattstunden
l	Liter
1 000 l	Tausend Liter
l alc. 100 %	Liter reiner Alkohol (100 %)
m	Meter
m^2	Quadratmeter
m^3	Kubikmeter
1 000 m^3	Tausend Kubikmeter
pa	Anzahl Paar
p/st	Anzahl Stück
100 p/st	Hundert Stück
1 000 p/st	Tausend Stück
TJ	Terajoule (oberer Heizwert)
—	Keine besondere Maßeinheit

[1] Unter Ladetonnen (ct/l) versteht man die in metrischen Tonnen ausgedrückte Ladefähigkeit eines Schiffes. Die als Schiffsbedarf beförderten Güter (z. B. Treibstoff, Betriebsmittel, Proviant) bleiben ebenso wie die beförderten Personen (Schiffspersonal und Fahrgäste) einschließlich ihres Gepäcks bei der Berechnung der Ladetonnen außer Betracht.

TEIL II

ZOLLTARIF

ABSCHNITT I

LEBENDE TIERE UND WAREN TIERISCHEN URSPRUNGS

Anmerkungen

1. Soweit nichts anderes bestimmt ist, gilt in diesem Abschnitt jede Bezugnahme auf eine bestimmte Tiergattung oder Tierart auch für Jungtiere dieser Gattung oder Art.
2. Soweit nichts anderes bestimmt ist, gilt in der Nomenklatur jede Bezugnahme auf getrocknete Waren auch für entwässerte, eingedampfte oder gefriergetrocknete Waren.

KAPITEL 1

LEBENDE TIERE

Anmerkung

1. Zu Kapitel 1 gehören alle lebenden Tiere, ausgenommen:
   a) Fische, Krebstiere, Weichtiere und andere wirbellose Wassertiere der Positionen 0301, 0306, 0307 und 0308;
   b) Kulturen von Mikroorganismen und andere Waren der Position 3002;
   c) Tiere der Position 9508.

KN-Code	Warenbezeichnung	Vertragsmäßiger Zollsatz (%)	Besondere Maßeinheit
1	2	3	4
0101	**Pferde, Esel, Maultiere und Maulesel, lebend:**		
	– **Pferde:**		
0101 21 00	– – **reinrassige Zuchttiere** (1)	frei	p/st
0101 29	– – **andere:**		
0101 29 10	– – – zum Schlachten (2)	frei	p/st
0101 29 90	– – – andere	11,5	p/st
0101 30 00	– **Esel**	7,7	p/st
0101 90 00	– **andere**	10,9	p/st
0102	**Rinder, lebend:**		
	– **Hausrinder:**		
0102 21	– – **reinrassige Zuchttiere** (3):		
0102 21 10	– – – Färsen (weibliche Rinder, die noch nicht gekalbt haben)	frei	p/st
0102 21 30	– – – Kühe	frei	p/st
0102 21 90	– – – andere	frei	p/st

(1) Die Zulassung zu dieser Unterposition erfolgt nach den in den einschlägigen Bestimmungen der Europäischen Union festgesetzten Voraussetzungen (s. Richtlinie 94/28/EG des Rates (ABl. L 178 vom 12.7.1994, S. 66) und Verordnung (EG) Nr. 504/2008 der Kommission (ABl. L 149 vom 7.6.2008, S. 3)).
(2) Die Zulassung zu dieser Unterposition erfolgt nach den in den einschlägigen Bestimmungen der Europäischen Union festgesetzten Voraussetzungen (s. Artikel 291 bis 300 der Verordnung (EWG) Nr. 2454/93 der Kommission (ABl. L 253 vom 11.10.1993, S. 1)).
(3) Die Zulassung zu dieser Unterposition erfolgt nach den in den einschlägigen Bestimmungen der Europäischen Union festgesetzten Voraussetzungen (s. Richtlinie 2009/157/EG des Rates (ABl. L 323 vom 10.12.2009, S. 1), Verordnung (EG) Nr. 133/2008 der Kommission (ABl. L 41 vom 15.2.2008, S. 11), Richtlinie 94/28/EG des Rates (ABl. L 178 vom 12.7.1994, S. 66) und Entscheidung 96/510/EG der Kommission (ABl. L 210 vom 20.8.1996, S. 53)).

KN-Code	Warenbezeichnung	Vertragsmäßiger Zollsatz (%)	Besondere Maßeinheit
1	2	3	4
0102 29	– – **andere:**		
0102 29 05	– – – der Untergattung *Bibos* oder *Poephagus*	frei	p/st
	– – – andere:		
0102 29 10	– – – – mit einem Gewicht von 80 kg oder weniger	10,2 + 93,1 €/ 100 kg/net ([1])	p/st
	– – – – mit einem Gewicht von mehr als 80 kg bis 160 kg:		
0102 29 21	– – – – – zum Schlachten	10,2 + 93,1 €/ 100 kg/net	p/st
0102 29 29	– – – – – andere	10,2 + 93,1 €/ 100 kg/net ([1])	p/st
	– – – – mit einem Gewicht von mehr als 160 kg bis 300 kg:		
0102 29 41	– – – – – zum Schlachten	10,2 + 93,1 €/ 100 kg/net	p/st
0102 29 49	– – – – – andere	10,2 + 93,1 €/ 100 kg/net ([1])	p/st
	– – – – mit einem Gewicht von mehr als 300 kg:		
	– – – – – Färsen (weibliche Rinder, die noch nicht gekalbt haben):		
0102 29 51	– – – – – – zum Schlachten	10,2 + 93,1 €/ 100 kg/net	p/st
0102 29 59	– – – – – – andere	10,2 + 93,1 €/ 100 kg/net ([1])	p/st
	– – – – – Kühe:		
0102 29 61	– – – – – – zum Schlachten	10,2 + 93,1 €/ 100 kg/net	p/st
0102 29 69	– – – – – – andere	10,2 + 93,1 €/ 100 kg/net ([1])	p/st
	– – – – – andere:		
0102 29 91	– – – – – – zum Schlachten	10,2 + 93,1 €/ 100 kg/net	p/st
0102 29 99	– – – – – – andere	10,2 + 93,1 €/ 100 kg/net ([1])	p/st
	– **Büffel:**		
0102 31 00	– – **reinrassige Zuchttiere** ([2])	frei	p/st
0102 39	– – **andere:**		
0102 39 10	– – – domestizierte Arten	10,2 + 93,1 €/ 100 kg/net ([1])	p/st
0102 39 90	– – – andere	frei	p/st
0102 90	– **andere:**		
0102 90 20	– – reinrassige Zuchttiere ([2])	frei	p/st
	– – andere:		
0102 90 91	– – – domestizierte Arten	10,2 + 93,1 €/ 100 kg/net ([1])	p/st

([1]) WTO-Zollkontingent.
([2]) Die Zulassung zu dieser Unterposition erfolgt nach den in den einschlägigen Bestimmungen der Europäischen Union festgesetzten Voraussetzungen (s. Richtlinie 2009/157/EG des Rates (ABl. L 323 vom 10.12.2009, S. 1), Verordnung (EG) Nr. 133/2008 der Kommission (ABl. L 41 vom 15.2.2008, S. 11), Richtlinie 94/28/EG des Rates (ABl. L 178 vom 12.7.1994, S. 66) und Entscheidung 96/510/EG der Kommission (ABl. L 210 vom 20.8.1996, S. 53)).

KN-Code	Warenbezeichnung	Vertragsmäßiger Zollsatz (%)	Besondere Maßeinheit
1	2	3	4
0102 90 99	– – – andere	frei	p/st
0103	**Schweine, lebend:**		
0103 10 00	– **reinrassige Zuchttiere** (1)	frei	p/st
	– **andere:**		
0103 91	– – **mit einem Gewicht von weniger als 50 kg:**		
0103 91 10	– – – Hausschweine	41,2 €/100 kg/net	p/st
0103 91 90	– – – andere	frei	p/st
0103 92	– – **mit einem Gewicht von 50 kg oder mehr:**		
	– – – Hausschweine:		
0103 92 11	– – – – Sauen mit einem Gewicht von 160 kg oder mehr, die mindestens einmal geferkelt haben	35,1 €/100 kg/net	p/st
0103 92 19	– – – – andere	41,2 €/100 kg/net	p/st
0103 92 90	– – – andere	frei	p/st
0104	**Schafe und Ziegen, lebend:**		
0104 10	– **Schafe:**		
0104 10 10	– – reinrassige Zuchttiere (2)	frei	p/st
	– – andere:		
0104 10 30	– – – Lämmer (bis zu einem Jahr alt)	80,5 €/100 kg/net (3)	p/st
0104 10 80	– – – andere	80,5 €/100 kg/net (3)	p/st
0104 20	– **Ziegen:**		
0104 20 10	– – reinrassige Zuchttiere (2)	3,2	p/st
0104 20 90	– – andere	80,5 €/100 kg/net (3)	p/st
0105	**Hausgeflügel (Hühner, Enten, Gänse, Truthühner und Perlhühner), lebend:**		
	– **mit einem Gewicht von 185 g oder weniger:**		
0105 11	– – **Hühner:**		
	– – – weibliche Zucht- und Vermehrungsküken:		
0105 11 11	– – – – Legerassen	52 €/1 000 p/st	p/st
0105 11 19	– – – – andere	52 €/1 000 p/st	p/st
	– – – andere:		
0105 11 91	– – – – Legerassen	52 €/1 000 p/st	p/st
0105 11 99	– – – – andere	52 €/1 000 p/st	p/st

(1) Die Zulassung zu dieser Unterposition erfolgt nach den in den einschlägigen Bestimmungen der Europäischen Union festgesetzten Voraussetzungen (s. Richtlinie 88/661/EWG des Rates (ABl. L 382 vom 31.12.1988, S. 36), Richtlinie 94/28/EG des Rates (ABl. L 178 vom 12.7.1994, S. 66) und Entscheidung 96/510/EG der Kommission (ABl. L 210 vom 20.8.1996, S. 53)).
(2) Die Zulassung zu dieser Unterposition erfolgt nach den in den einschlägigen Bestimmungen der Europäischen Union festgesetzten Voraussetzungen (s. Richtlinie 89/361/EWG des Rates (ABl. L 153 vom 6.6.1989, S. 30), Richtlinie 94/28/EG des Rates (ABl. L 178 vom 12.7.1994, S. 66), Verordnung (EG) Nr. 874/96 der Kommission (ABl. L 118 vom 15.5.1996, S. 12) und Entscheidung 96/510/EG der Kommission (ABl. L 210 vom 20.8.1996, S. 53)).
(3) WTO-Zollkontingent.

KN-Code	Warenbezeichnung	Vertragsmäßiger Zollsatz (%)	Besondere Maßeinheit
1	2	3	4
0105 12 00	– – **Truthühner**	152 €/1 000 p/st	p/st
0105 13 00	– – **Enten**	52 €/1 000 p/st	p/st
0105 14 00	– – **Gänse**	152 €/1 000 p/st	p/st
0105 15 00	– – **Perlhühner**	52 €/1 000 p/st	p/st
	– **andere:**		
0105 94 00	– – **Hühner**	20,9 €/100 kg/net	p/st
0105 99	– – **andere:**		
0105 99 10	– – – Enten	32,3 €/100 kg/net	p/st
0105 99 20	– – – Gänse	31,6 €/100 kg/net	p/st
0105 99 30	– – – Truthühner	23,8 €/100 kg/net	p/st
0105 99 50	– – – Perlhühner	34,5 €/100 kg/net	p/st
0106	**Andere Tiere, lebend:**		
	– **Säugetiere:**		
0106 11 00	– – **Primaten**	frei	p/st
0106 12 00	– – **Wale, Delphine und Tümmler (Säugetiere der Ordnung *Cetacea*); Rundschwanzseekühe (Manatis) und Gabelschwanzseekühe (Dugongs) (Säugetiere der Ordnung *Sirenia*); Robben, Seelöwen und Walrösser (Säugetiere der Unterordnung *Pinnipedia*)**	frei	p/st
0106 13 00	– – **Kamele (*Camelidae*)**	frei	p/st
0106 14	– – **Kaninchen und Hasen:**		
0106 14 10	– – – Hauskaninchen	3,8	p/st
0106 14 90	– – – andere	frei	—
0106 19 00	– – **andere**	frei	—
0106 20 00	– **Reptilien (einschließlich Schlangen und Schildkröten)**	frei	p/st
	– **Vögel:**		
0106 31 00	– – **Raubvögel**	frei	p/st
0106 32 00	– – **Papageienvögel (einschließlich Papageien, Sittiche, Aras und Kakadus)**	frei	p/st
0106 33 00	– – **Strauße; Emus (*Dromaius novaehollandiae*)**	frei	p/st
0106 39	– – **andere:**		
0106 39 10	– – – Tauben	6,4	p/st
0106 39 80	– – – andere	frei	—
	– **Insekten:**		
0106 41 00	– – **Bienen**	frei	—
0106 49 00	– – **andere**	frei	—
0106 90 00	– **andere**	frei	—

KAPITEL 2

FLEISCH UND GENIESSBARE SCHLACHTNEBENERZEUGNISSE

Anmerkung

1. Zu Kapitel 2 gehören nicht:

a) Waren der in den Positionen 0201 bis 0208 und 0210 erfassten Art, ungenießbar;

b) Därme, Blasen und Magen von Tieren (Position 0504) und tierisches Blut (Position 0511 oder 3002);

c) tierische Fette, andere als Waren der Position 0209 (Kapitel 15).

Zusätzliche Anmerkungen

1. A. In den Positionen 0201 und 0202 gelten als:

a) „ganze Tierkörper von Rindern" im Sinne der Unterpositionen 0201 10 und 0202 10 die ganzen Tierkörper von Schlachtrindern nach dem Ausbluten, Ausweiden und Enthäuten, mit oder ohne Kopf, mit oder ohne Füßen und mit oder ohne den anderen vom Körper nicht getrennten Schlachtnebenerzeugnissen. Werden die Tierkörper ohne Kopf gestellt, muss Letzterer vom Tierkörper zwischen dem Hinterhauptbein und dem ersten Halswirbel abgetrennt sein. Werden die Tierkörper ohne Füße gestellt, so müssen die Vorderfüße zwischen Carpus und Metacarpus, die Hinterfüße zwischen Tarsus und Metatarsus abgetrennt sein; als „ganzer Tierkörper" gilt auch der vordere Teil des Tierkörpers mit allen Knochen, Hals und Schultern, mit mehr als zehn Rippenpaaren;

b) „halbe Tierkörper von Rindern" im Sinne der Unterpositionen 0201 10 und 0202 10 die beim symmetrischen Trennen durch die Mitte aller Hals-, Brust-, Lenden- und Beckenwirbel anfallenden Erzeugnisse; als „halber Tierkörper" gilt auch der vordere Teil des halben Tierkörpers mit allen Knochen, Hals und Schulter, mit mehr als zehn Rippen;

c) „quartiers compensés" im Sinne der Unterpositionen 0201 20 20 und 0202 20 10 Warensendungen, die bestehen aus:

— den Vordervierteln mit allen Knochen, Hals und Schulter, mit zehn Rippen, und den Hintervierteln mit allen Knochen, Keule, Roastbeef und Filet, mit drei Rippen,

— oder den Vordervierteln mit allen Knochen, Hals und Schulter, mit fünf Rippen, mit Bauchlappen und Brust, und den Hintervierteln mit allen Knochen, Keule, Roastbeef und Filet, mit acht Rippen, abgeschnitten.

Die die „quartiers compensés" bildenden Vorderviertel und Hinterviertel müssen gleichzeitig und in gleicher Anzahl gestellt werden; hierbei müssen die Vorderviertel das gleiche Gesamtgewicht aufweisen wie die Hinterviertel. Die zugelassene Toleranz zwischen den Gewichten der beiden Teile der Sendung beträgt höchstens 5 % des Gesamtgewichts des schwereren Teils (Vorderviertel oder Hinterviertel);

d) „Vorderviertel, zusammen" im Sinne der Unterpositionen 0201 20 30 und 0202 20 30 der vordere Teil des Tierkörpers mit allen Knochen, Hals und Schultern, mit mindestens vier und höchstens zehn Rippenpaaren (wobei die ersten vier Rippenpaare ganz sein müssen, die übrigen Rippenpaare teilweise abgeschnitten sein können), auch mit Fleisch- und Knochendünnung;

e) „Vorderviertel, getrennt" im Sinne der Unterpositionen 0201 20 30 und 0202 20 30 der vordere Teil des halben Tierkörpers mit allen Knochen, mit Hals und Schulter, mit mindestens vier und höchstens zehn Rippen (wobei die ersten vier Rippen ganz sein müssen, die übrigen Rippen teilweise abgeschnitten sein können), auch mit Fleisch- und Knochendünnung;

f) „Hinterviertel, zusammen" im Sinne der Unterpositionen 0201 20 50 und 0202 20 50 der hintere Teil des Tierkörpers mit allen Knochen, Keulen, Roastbeef und Filet, mit mindestens drei ganzen oder teilweise abgeschnittenen Rippenpaaren, auch ohne Hesse, Fleisch- und Knochendünnung;

g) „Hinterviertel, getrennt" im Sinne der Unterpositionen 0201 20 50 und 0202 20 50 der hintere Teil des halben Tierkörpers mit allen Knochen, Keule, Roastbeef und Filet, mit mindestens drei ganzen oder teilweise abgeschnittenen Rippen, auch ohne Hesse, Fleisch- und Knochendünnung;

h) 1. *„crops" und „chucks and blades" bezeichnete Teile im Sinne der Unterposition 0202 30 50 das Rückenstück des Vorderviertels einschließlich des oberen Teils der Schulter, das von einem Vorderviertel mit mindestens vier und höchstens zehn Rippen bei einem geraden Schnitt durch den Berührungspunkt der ersten Rippe mit der Brustbeinspitze und dem Ansatzpunkt des Zwerchfellpfeilers bei der zehnten Rippe anfällt;*

2. *„briskets" bezeichnete Teilstücke im Sinne der Unterposition 0202 30 50 der untere Teil des Vorderviertels mit Bruststpitze, Brustmitte und Querrippe.*

B. *Die in der Zusätzlichen Anmerkung 1 A Buchstaben a) bis g) genannten Erzeugnisse können mit oder ohne Wirbelsäule gestellt werden.*

C. *Zur Festlegung der in der Zusätzlichen Anmerkung 1 A genannten ganzen oder teilweise abgeschnittenen Rippen werden nur die ganzen oder teilweise abgeschnittenen Rippen an der Wirbelsäule berücksichtigt. Wenn die Wirbelsäule entfernt wurde, werden nur die ganzen oder teilweise abgeschnittenen Rippen berücksichtigt, die sonst mit der Wirbelsäule verbunden wären.*

2. A. *Es gelten als:*

a) *„ganze oder halbe Tierkörper" im Sinne der Unterpositionen 0203 11 10 und 0203 21 10 die Tierkörper von Hausschweinen, entblutet und ausgeweidet, von denen die Borsten und Klauen entfernt sind. Halbe Tierkörper sind die beim Trennen der ganzen Tierkörper durch die Hals-, Brust-, Lenden- und Beckenwirbel und durch das oder entlang dem Brustbein und durch die Symphysis pubica anfallenden Erzeugnisse. Diese ganzen oder halben Tierkörper können mit oder ohne Kopf, mit oder ohne Fettbacke, Pfoten (Spitzbeine), Flomen, Nieren, Schwanz oder Zwerchfell gestellt werden. Halbe Tierkörper können mit oder ohne Rückenmark, Gehirn oder Zunge gestellt werden. Bei ganzen und halben Tierkörpern von Sauen kann auch das Gesäuge (Milchdrüsen) entfernt sein;*

b) *„Schinken" im Sinne der Unterpositionen 0203 12 11, 0203 22 11, 0210 11 11 und 0210 11 31 der hintere (kaudale) Teil des halben Tierkörpers mit Knochen, mit oder ohne Pfote, Eisbein, Schwarte oder Speck.*

Der Schinken wird vom Rest des halben Tierkörpers derart getrennt, dass er höchstens den letzten Lendenwirbel umfasst;

c) *„Vorderteile" im Sinne der Unterpositionen 0203 19 11, 0203 29 11, 0210 19 30 und 0210 19 60 der vordere (kraniale) Teil des halben Tierkörpers ohne Kopf, mit oder ohne Fettbacke, mit Knochen, mit oder ohne Pfote, Eisbein, Schwarte oder Speck.*

Das Vorderteil wird vom Rest des halben Tierkörpers derart getrennt, dass es höchstens den fünften Brustwirbel umfasst.

Der obere (dorsale) Teil des Vorderteils (Nacken oder Kamm), auch mit Schulterblatt und der diesem anhaftenden Muskulatur, gilt als Teil des Kotelettstrangs, wenn er vom unteren (ventralen) Teil des Vorderteils höchstens kurz unterhalb der Wirbelsäule getrennt wurde;

d) *„Schultern" im Sinne der Unterpositionen 0203 12 19, 0203 22 19, 0210 11 19 und 0210 11 39 der untere Teil des Vorderteils, auch mit Schulterblatt und der diesem anhaftenden Muskulatur, mit Knochen, mit oder ohne Pfote, Eisbein, Schwarte oder Speck.*

Das Schulterblatt mit der ihm anhaftenden Muskulatur, allein gestellt, gilt als Teil der Schulter;

e) *„Kotelettstränge" im Sinne der Unterpositionen 0203 19 13, 0203 29 13, 0210 19 40 und 0210 19 70 der obere Teil des halben Tierkörpers vom ersten Halswirbel bis zu den Schwanzwirbeln, mit Knochen, mit oder ohne Filet, Schulterblatt, Schwarte oder Speck.*

Der Kotelettstrang wird vom unteren Teil des halben Tierkörpers kurz unterhalb der Wirbelsäule getrennt;

f) *„Bäuche" im Sinne der Unterpositionen 0203 19 15, 0203 29 15, 0210 12 11 und 0210 12 19 der auch als Bauchspeck oder durchwachsener Speck bezeichnete untere Teil des halben Tierkörpers zwischen Schinken und Schulter, mit oder ohne Knochen, jedoch mit Schwarte und Speck;*

g) *„bacon"-Hälften im Sinne der Unterposition 0210 19 10 die Schweinehälfte ohne Kopf, Backe, Fettbacke, Pfoten, Schwanz, Flomen, Niere, Filet, Schulterblatt, Brustbein, Wirbelsäule, Hüftknochen und Zwerchfell;*

h) *„spencers" im Sinne der Unterposition 0210 19 10 die „bacon"-Hälfte ohne Schinken, mit oder ohne Knochen;*

ij) *„3/4-sides" im Sinne der Unterposition 0210 19 20 die „bacon"-Hälfte ohne Vorderteil, mit oder ohne Knochen;*

k) *„middles" im Sinne der Unterposition 0210 19 20 die „bacon"-Hälfte ohne Schinken und ohne Vorderteil, mit oder ohne Knochen.*

Zu dieser Unterposition gehören auch Teile von „middles", die Gewebe des Kotelettstrangs und des Bauches entsprechend dem natürlichen Verhältnis in den vollständigen „middles" enthalten.

B. *Teile von den in der Zusätzlichen Anmerkung 2 A Buchstabe f) beschriebenen Teilstücken gehören nur dann zu denselben Unterpositionen, wenn sie auch die Schwarte und den Speck enthalten.*

Werden die zu den Unterpositionen 0210 11 11, 0210 11 19, 0210 11 31, 0210 11 39, 0210 19 30 und 0210 19 60 gehörenden Teilstücke von „bacon"-Hälften gewonnen, von denen die in der Zusätzlichen Anmerkung 2 A Buchstabe g) aufgeführten Knochen bereits entfernt wurden, so folgt die Schnittführung den in der Zusätzlichen Anmerkung 2 A Buchstaben b), c) und d) beschriebenen Linien entsprechend; diese Teilstücke oder Teile davon müssen in jedem Fall Knochen enthalten.

C. *Zu den Unterpositionen 0206 49 00 und 0210 99 49 gehören auch Köpfe, d. h. ganze oder halbe Köpfe von Hausschweinen, mit oder ohne Gehirn, Wangen oder Zunge, sowie Teile davon.*

Der Kopf wird vom Rest des halben Tierkörpers wie folgt getrennt:

— *durch einen geraden Schnitt parallel zum Hinterhaupt oder*

— *durch einen Schnitt, der bis zur Augenhöhe parallel zum Hinterhaupt und dann schräg nach vorn verläuft, wobei die Fettbacke am halben Tierkörper verbleibt.*

Als Teile des Kopfes gelten auch Wangen, Rüssel und Ohren sowie das am Kopf verbleibende Fleisch insbesondere des Hinterhauptes. Die knochenlosen Teile des Vorderteils, die allein gestellt werden (Brustspitze, Fettbacke oder Fettbacke und Brustspitze zusammen), gehören jedoch je nach Beschaffenheit zu der Unterposition 0203 19 55, 0203 29 55, 0210 19 50 oder 0210 19 81.

D. *Als „Schweinespeck" im Sinne der Unterpositionen 0209 10 11 und 0209 10 19 gilt das unter der Schwarte befindliche und mit dieser verbundene Fettgewebe von allen Körperteilen des Schweines. In jedem Fall muss das Gewicht des Fettgewebes größer sein als das der Schwarte.*

Zu diesen Unterpositionen gehört auch Schweinespeck, von dem die Schwarte entfernt wurde.

E. *Als „getrocknet oder geräuchert" im Sinne der Unterpositionen 0210 11 31, 0210 11 39, 0210 12 19 und 0210 19 60 bis 0210 19 89 gelten Erzeugnisse, bei denen das Verhältnis Wasser/Protein (Stickstoffgehalt × 6,25) im Fleisch 2,8 oder weniger beträgt. Der Stickstoffgehalt ist nach dem ISO-Verfahren 937-1978 zu bestimmen.*

3. A. *Es gelten als:*

a) *„ganze Tierkörper" im Sinne der Unterpositionen 0204 10, 0204 21, 0204 30, 0204 41, 0204 50 11 und 0204 50 51 die ganzen Tierkörper von Schafen oder Ziegen nach dem Ausbluten, Ausweiden und Enthäuten, mit oder ohne Kopf, mit oder ohne Füßen und mit oder ohne den anderen vom Körper nicht getrennten Schlachtnebenerzeugnissen. Werden die Tierkörper ohne Kopf gestellt, muss Letzterer vom Tierkörper zwischen dem Hinterhauptbein und dem ersten Halswirbel abgetrennt sein. Werden die Tierkörper ohne Füße gestellt, so müssen die Vorderfüße zwischen Carpus und Metacarpus, die Hinterfüße zwischen Tarsus und Metatarsus abgetrennt sein;*

b) *„halbe Tierkörper" im Sinne der Unterpositionen 0204 10, 0204 21, 0204 30, 0204 41, 0204 50 11 und 0204 50 51 die beim symmetrischen Trennen durch die Mitte aller Hals-, Brust-, Lenden- und Beckenwirbel und durch die Mitte des Brustbeins und der Symphysis pubica anfallenden Erzeugnisse;*

c) *„Vorderteile" im Sinne der Unterpositionen 0204 22 10, 0204 42 10, 0204 50 13 und 0204 50 53 der vordere Teil des ganzen Tierkörpers, mit oder ohne Brust, mit allen Knochen sowie Schultern, Hals und Rippenspitzen, senkrecht zur Wirbelsäule durchgeschnitten, mit mindestens fünf und höchstens sieben ganzen oder teilweise abgeschnittenen Rippenpaaren;*

d) *„halbe Vorderteile" im Sinne der Unterpositionen 0204 22 10, 0204 42 10, 0204 50 13 und 0204 50 53 der vordere Teil des halben Tierkörpers, mit oder ohne Brust, mit allen Knochen sowie Schulter, Hals und Rippenspitzen, senkrecht zur Wirbelsäule durchgeschnitten, mit mindestens fünf und höchstens sieben ganzen oder teilweise abgeschnittenen Rippen;*

e) *„Rippenstücke" und/oder „Keulenenden" im Sinne der Unterpositionen 0204 22 30, 0204 42 30, 0204 50 15 und 0204 50 55 der nach dem Abtrennen des Schwanzstücks und des Vorderteils verbleibende Teil des ganzen Tierkörpers, mit oder ohne Nieren; das von dem Rippenstück getrennte Keulenende muss mindestens fünf Lendenwirbel aufweisen; das vom Keulenende getrennte Rippenstück muss mindestens fünf ganze oder teilweise abgeschnittene Rippenpaare aufweisen;*

f) *halbe „Rippenstücke" und/oder „Keulenenden" im Sinne der Unterpositionen 0204 22 30, 0204 42 30, 0204 50 15 und 0204 50 55 der nach dem Abtrennen des halben Schwanzstücks und des halben Vorderteils verbleibende Teil des halben Tierkörpers, mit oder ohne Nieren; das von dem halben Rippenstück getrennte halbe Keulenende muss mindestens fünf Lendenwirbel aufweisen; das vom halben Keulenende getrennte halbe Rippenstück muss mindestens fünf ganze oder teilweise abgeschnittene Rippen aufweisen;*

g) *„Schwanzstücke" im Sinne der Unterpositionen 0204 22 50, 0204 42 50, 0204 50 19 und 0204 50 59 der hintere Teil des ganzen Tierkörpers mit sämtlichen Knochen einschließlich Keulen, in Höhe des sechsten Lendenwirbels leicht unterhalb des Hüftknochens oder in Höhe des vierten Beckenwirbels durch den Hüftknochen vor der Symphysis pubica senkrecht zur Wirbelsäule durchgeschnitten;*

h) *„halbe Schwanzstücke" im Sinne der Unterpositionen 0204 22 50, 0204 42 50, 0204 50 19 und 0204 50 59 der hintere Teil des halben Tierkörpers mit sämtlichen Knochen einschließlich Keule, in Höhe des sechsten Lendenwirbels leicht unterhalb des Hüftknochens oder in Höhe des vierten Beckenwirbels durch den Hüftknochen vor der Symphysis pubica senkrecht zur Wirbelsäule durchgeschnitten.*

B. *Zur Festlegung der in der Zusätzlichen Anmerkung 3 A genannten ganzen oder teilweise abgeschnittenen Rippen werden nur die ganzen oder teilweise abgeschnittenen Rippen an der Wirbelsäule berücksichtigt.*

4. *Es gelten als:*

a) *„Teile von Geflügel, mit Knochen" im Sinne der Unterpositionen 0207 13 20 bis 0207 13 60, 0207 14 20 bis 0207 14 60, 0207 26 20 bis 0207 26 70, 0207 27 20 bis 0207 27 70, 0207 44 21 bis 0207 44 61, 0207 45 21 bis 0207 45 61, 0207 54 21 bis 0207 54 61, 0207 55 21 bis 0207 55 61 und 0207 60 21 bis 0207 60 61: die dort genannten Teile mit allen Knochen.*

Die unter Buchstabe a) bezeichneten Teile von Geflügel, bei denen ein Teil der Knochen entfernt wurde, gehören zu der Unterposition 0207 13 70, 0207 14 70, 0207 26 80, 0207 27 80, 0207 44 71, 0207 44 81, 0207 45 71, 0207 45 81, 0207 54 71, 0207 54 81, 0207 55 71, 0207 55 81 und 0207 60 81;

b) *„Hälften" im Sinne der Unterpositionen 0207 13 20, 0207 14 20, 0207 26 20, 0207 27 20, 0207 44 21, 0207 45 21, 0207 54 21, 0207 55 21 und 0207 60 21: der halbe Schlachtkörper, der durch geraden Längsschnitt entlang des Brustbeins und des Rückgrats anfällt;*

c) *„Viertel" im Sinne der Unterpositionen 0207 13 20, 0207 14 20, 0207 26 20, 0207 27 20, 0207 44 21, 0207 45 21, 0207 54 21, 0207 55 21 und 0207 60 21: die durch Querschnitt in zwei Teile, Vorderviertel und Hinterviertel, zerlegte Hälfte;*

d) *„ganze Flügel, auch ohne Flügelspitzen" im Sinne der Unterpositionen 0207 13 30, 0207 14 30, 0207 26 30, 0207 27 30, 0207 44 31, 0207 45 31, 0207 54 31, 0207 55 31 und 0207 60 31: Teile von Geflügel, bestehend aus Humerus (Oberarm), Radius (Speiche) und Ulna (Elle), einschließlich anhaftendem Muskelfleisch. Die Flügelspitze einschließlich Karpal-(Mittelhand-)knochen kann entfernt worden sein. Die Schnitte werden an den Gelenken angesetzt;*

e) *„Brüste" im Sinne der Unterpositionen 0207 13 50, 0207 14 50, 0207 26 50, 0207 27 50, 0207 44 51, 0207 45 51, 0207 54 51, 0207 55 51 und 0207 60 51: Teile von Geflügel, bestehend aus Brustbein und beidseitigen Rippen, einschließlich anhaftendem Muskelfleisch;*

f) *„Schenkel" im Sinne der Unterpositionen 0207 13 60, 0207 14 60, 0207 44 61, 0207 45 61, 0207 54 61, 0207 55 61 und 0207 60 61: Teile von Geflügel, bestehend aus Femur (Oberschenkelknochen), Tibia (Schienbein) und Fibula (Wadenbein), einschließlich anhaftendem Muskelfleisch. Die beiden Schnitte werden an den Gelenken angesetzt;*

g) *„Unterschenkel von Truthühnern" im Sinne der Unterpositionen 0207 26 60 und 0207 27 60: Teile von Truthühnern, bestehend aus Tibia (Schienbein) und Fibula (Wadenbein), einschließlich anhaftendem Muskelfleisch. Die beiden Schnitte werden an den Gelenken angesetzt;*

h) *„Schenkel von Truthühnern, andere als Unterschenkel" im Sinne der Unterpositionen 0207 26 70 und 0207 27 70: Teile von Truthühnern, bestehend aus Femur (Oberschenkelknochen), einschließlich anhaftendem Muskelfleisch, oder aus Femur (Oberschenkelknochen), Tibia (Schienbein) und Fibula (Wadenbein), einschließlich anhaftendem Muskelfleisch. Die beiden Schnitte werden an den Gelenken angesetzt;*

ij) *„Entenrümpfe oder Gänserümpfe" im Sinne der Unterpositionen 0207 44 71, 0207 45 71, 0207 54 71 und 0207 55 71: Enten oder Gänse, gerupft und vollständig ausgenommen, ohne Kopf und Paddeln, ohne Knochen des Rumpfes (Brustbein, Rippen, Wirbelsäule und Kreuzbein), jedoch mit Femur (Oberschenkelknochen), Tibia (Unterschenkelknochen) und Humerus (Flügelknochen).*

5. *Auf Mischungen, die zu diesem Kapitel gehören, sind folgende Zollsätze anzuwenden:*

a) *auf Mischungen, in denen einer der Bestandteile mindestens 90 GHT ausmacht, ist der für diesen Bestandteil geltende Zollsatz anzuwenden;*

b) *auf andere Mischungen ist der Zollsatz des Bestandteils anzuwenden, der zu dem höchsten Zollbetrag führt.*

6. a) *Nichtgegartes, gewürztes Fleisch gehört zu Kapitel 16. Als „gewürzt" gilt nichtgegartes Fleisch, bei dem die Würzstoffe in das Innere eingedrungen oder auf allen Flächen des Erzeugnisses verteilt und mit bloßem Auge oder deutlich durch Geschmack wahrnehmbar sind.*

   b) *Erzeugnisse der Position 0210 verbleiben auch dann in dieser Position, wenn ihnen bei ihrer Herstellung Würzstoffe zugesetzt worden sind, sofern dadurch ihr Charakter als Erzeugnis der Position 0210 nicht verändert wird.*

7. *Fleisch und genießbare Schlachtnebenerzeugnisse gelten nur dann als „gesalzen oder in Salzlake" im Sinne der Unterpositionen 0210 11 bis 0210 93, wenn sie tiefgehend und in allen Teilen gleichmäßig so gesalzen sind, dass sie einen Gesamtkochsalzgehalt von 1,2 GHT oder mehr aufweisen, vorausgesetzt, die langfristige Haltbarkeit wird durch das Salzen gewährleistet. Fleisch und genießbare Schlachtnebenerzeugnisse gelten nur dann als „gesalzen oder in Salzlake" im Sinne der Unterposition 0210 99, wenn sie tiefgehend und in allen Teilen gleichmäßig so gesalzen sind, dass sie einen Gesamtkochsalzgehalt von 1,2 GHT oder mehr aufweisen.*

KN-Code	Warenbezeichnung	Vertragsmäßiger Zollsatz (%)	Besondere Maßeinheit
1	2	3	4
0201	**Fleisch von Rindern, frisch oder gekühlt:**		
0201 10 00	– **ganze oder halbe Tierkörper**	12,8 + 176,8 €/100 kg/net (1)	—
0201 20	– **andere Teile, mit Knochen:**		
0201 20 20	– – „quartiers compensés"	12,8 + 176,8 €/100 kg/net (1)	—
0201 20 30	– – Vorderviertel, zusammen oder getrennt	12,8 + 141,4 €/100 kg/net (1)	—
0201 20 50	– – Hinterviertel, zusammen oder getrennt	12,8 + 212,2 €/100 kg/net (1)	—
0201 20 90	– – anderes	12,8 + 265,2 €/100 kg/net (1)	—
0201 30 00	– **ohne Knochen**	12,8 + 303,4 €/100 kg/net (1)	—
0202	**Fleisch von Rindern, gefroren:**		
0202 10 00	– **ganze oder halbe Tierkörper**	12,8 + 176,8 €/100 kg/net (1)	—
0202 20	– **andere Teile, mit Knochen:**		
0202 20 10	– – „quartiers compensés"	12,8 + 176,8 €/100 kg/net (1)	—
0202 20 30	– – Vorderviertel, zusammen oder getrennt	12,8 + 141,4 €/100 kg/net (1)	—
0202 20 50	– – Hinterviertel, zusammen oder getrennt	12,8 + 221,1 €/100 kg/net (1)	—
0202 20 90	– – anderes	12,8 + 265,3 €/100 kg/net (1)	—
0202 30	– **ohne Knochen:**		
0202 30 10	– – Vorderviertel, ganz oder in höchstens fünf Teile zerlegt, jedes Vorderviertel in einem einzigen Gefrierblock aufgemacht; „quartiers compensés" in zwei Gefrierblöcken aufgemacht, der eine das Vorderviertel enthaltend, ganz oder in höchstens fünf Teile zerlegt, der andere das Hinterviertel enthaltend, in einem Stück, ohne Filet	12,8 + 221,1 €/100 kg/net (1)	—
0202 30 50	– – als „crops", „chucks and blades" und „briskets" bezeichnete Teile (2)	12,8 + 221,1 €/100 kg/net (1)	—

(1) WTO-Zollkontingent.
(2) Die Zulassung zu dieser Unterposition ist abhängig von der Vorlage einer Echtheitsbescheinigung, die den in der Verordnung (EWG) Nr. 139/81 der Kommission (ABl. L 15 vom 17.1.1981, S. 4), festgesetzten Voraussetzungen entspricht.

KN-Code	Warenbezeichnung	Vertragsmäßiger Zollsatz (%)	Besondere Maßeinheit
1	2	3	4
0202 30 90	– – anderes	12,8 + 304,1 €/100 kg/net (1)	—
0203	**Fleisch von Schweinen, frisch, gekühlt oder gefroren:**		
	– **frisch oder gekühlt:**		
0203 11	– – **ganze oder halbe Tierkörper:**		
0203 11 10	– – – von Hausschweinen	53,6 €/100 kg/net (1)	—
0203 11 90	– – – andere	frei	—
0203 12	– – **Schinken oder Schultern und Teile davon, mit Knochen:**		
	– – – von Hausschweinen:		
0203 12 11	– – – – Schinken und Teile davon	77,8 €/100 kg/net (1)	—
0203 12 19	– – – – Schultern und Teile davon	60,1 €/100 kg/net (1)	—
0203 12 90	– – – andere	frei	—
0203 19	– – **anderes:**		
	– – – von Hausschweinen:		
0203 19 11	– – – – Vorderteile und Teile davon	60,1 €/100 kg/net (1)	—
0203 19 13	– – – – Kotelettstränge und Teile davon	86,9 €/100 kg/net (1)	—
0203 19 15	– – – – Bäuche (Bauchspeck) und Teile davon	46,7 €/100 kg/net (1)	—
	– – – – anderes:		
0203 19 55	– – – – – ohne Knochen	86,9 €/100 kg/net (1)	—
0203 19 59	– – – – – anderes	86,9 €/100 kg/net (1)	—
0203 19 90	– – – anderes	frei	—
	– **gefroren:**		
0203 21	– – **ganze oder halbe Tierkörper:**		
0203 21 10	– – – von Hausschweinen	53,6 €/100 kg/net (1)	—
0203 21 90	– – – andere	frei	—
0203 22	– – **Schinken oder Schultern und Teile davon, mit Knochen:**		
	– – – von Hausschweinen:		
0203 22 11	– – – – Schinken und Teile davon	77,8 €/100 kg/net (1)	—
0203 22 19	– – – – Schultern und Teile davon	60,1 €/100 kg/net (1)	—
0203 22 90	– – – andere	frei	—

(1) WTO-Zollkontingent.

KN-Code	Warenbezeichnung	Vertragsmäßiger Zollsatz (%)	Besondere Maßeinheit
1	2	3	4
0203 29	– – **anderes:**		
	– – – von Hausschweinen:		
0203 29 11	– – – – Vorderteile und Teile davon	60,1 €/100 kg/net (1)	—
0203 29 13	– – – – Kotelettstränge und Teile davon	86,9 €/100 kg/net (1)	—
0203 29 15	– – – – Bäuche (Bauchspeck) und Teile davon	46,7 €/100 kg/net (1)	—
	– – – – anderes:		
0203 29 55	– – – – – ohne Knochen	86,9 €/100 kg/net (1)	—
0203 29 59	– – – – – anderes	86,9 €/100 kg/net (1)	—
0203 29 90	– – – anderes	frei	—
0204	**Fleisch von Schafen oder Ziegen, frisch, gekühlt oder gefroren:**		
0204 10 00	– **ganze oder halbe Tierkörper von Lämmern, frisch oder gekühlt**	12,8 + 171,3 €/100 kg/net (1)	—
	– **anderes Fleisch von Schafen, frisch oder gekühlt:**		
0204 21 00	– – **ganze oder halbe Tierkörper**	12,8 + 171,3 €/100 kg/net (1)	—
0204 22	– – **andere Teile mit Knochen:**		
0204 22 10	– – – Vorderteile oder halbe Vorderteile	12,8 + 119,9 €/100 kg/net (1)	—
0204 22 30	– – – Rippenstücke und/oder Keulenenden oder halbe Rippenstücke und/oder halbe Keulenenden	12,8 + 188,5 €/100 kg/net (1)	—
0204 22 50	– – – Schwanzstücke oder halbe Schwanzstücke	12,8 + 222,7 €/100 kg/net (1)	—
0204 22 90	– – – andere	12,8 + 222,7 €/100 kg/net (1)	—
0204 23 00	– – **ohne Knochen**	12,8 + 311,8 €/100 kg/net (1)	—
0204 30 00	– **ganze oder halbe Tierkörper von Lämmern, gefroren**	12,8 + 128,8 €/100 kg/net (1)	—
	– **anderes Fleisch von Schafen, gefroren:**		
0204 41 00	– – **ganze oder halbe Tierkörper**	12,8 + 128,8 €/100 kg/net (1)	—
0204 42	– – **andere Teile mit Knochen:**		
0204 42 10	– – – Vorderteile oder halbe Vorderteile	12,8 + 90,2 €/100 kg/net (1)	—
0204 42 30	– – – Rippenstücke und/oder Keulenenden oder halbe Rippenstücke und/oder halbe Keulenenden	12,8 + 141,7 €/100 kg/net (1)	—
0204 42 50	– – – Schwanzstücke oder halbe Schwanzstücke	12,8 + 167,5 €/100 kg/net (1)	—
0204 42 90	– – – andere	12,8 + 167,5 €/100 kg/net (1)	—

(1) WTO-Zollkontingent.

KN-Code	Warenbezeichnung	Vertragsmäßiger Zollsatz (%)	Besondere Maßeinheit
1	2	3	4
0204 43	– – **ohne Knochen:**		
0204 43 10	– – – von Lämmern	12,8 + 234,5 €/ 100 kg/net (¹)	—
0204 43 90	– – – anderes	12,8 + 234,5 €/ 100 kg/net (¹)	—
0204 50	– **Fleisch von Ziegen:**		
	– – frisch oder gekühlt:		
0204 50 11	– – – ganze oder halbe Tierkörper	12,8 + 171,3 €/ 100 kg/net (¹)	—
0204 50 13	– – – Vorderteile oder halbe Vorderteile	12,8 + 119,9 €/ 100 kg/net (¹)	—
0204 50 15	– – – Rippenstücke und/oder Keulenenden oder halbe Rippenstücke und/oder halbe Keulenenden	12,8 + 188,5 €/ 100 kg/net (¹)	—
0204 50 19	– – – Schwanzstücke oder halbe Schwanzstücke	12,8 + 222,7 €/ 100 kg/net (¹)	—
	– – – anderes:		
0204 50 31	– – – – Teile mit Knochen	12,8 + 222,7 €/ 100 kg/net (¹)	—
0204 50 39	– – – – Teile ohne Knochen	12,8 + 311,8 €/ 100 kg/net (¹)	—
	– – gefroren:		
0204 50 51	– – – ganze oder halbe Tierkörper	12,8 + 128,8 €/ 100 kg/net (¹)	—
0204 50 53	– – – Vorderteile oder halbe Vorderteile	12,8 + 90,2 €/ 100 kg/net (¹)	—
0204 50 55	– – – Rippenstücke und/oder Keulenenden oder halbe Rippenstücke und/oder halbe Keulenenden	12,8 + 141,7 €/ 100 kg/net (¹)	—
0204 50 59	– – – Schwanzstücke oder halbe Schwanzstücke	12,8 + 167,5 €/ 100 kg/net (¹)	—
	– – – anderes:		
0204 50 71	– – – – Teile mit Knochen	12,8 + 167,5 €/ 100 kg/net (¹)	—
0204 50 79	– – – – Teile ohne Knochen	12,8 + 234,5 €/ 100 kg/net (¹)	—
0205 00	**Fleisch von Pferden, Eseln, Maultieren oder Mauleseln, frisch, gekühlt oder gefroren:**		
0205 00 20	– frisch oder gekühlt	5,1	—
0205 00 80	– gefroren	5,1	—
0206	**Genießbare Schlachtnebenerzeugnisse von Rindern, Schweinen, Schafen, Ziegen, Pferden, Eseln, Maultieren oder Mauleseln, frisch, gekühlt oder gefroren:**		
0206 10	– **von Rindern, frisch oder gekühlt:**		
0206 10 10	– – zum Herstellen von pharmazeutischen Erzeugnissen (²)	frei	—

(¹) WTO-Zollkontingent.
(²) Die Zulassung zu dieser Unterposition erfolgt nach den in den einschlägigen Bestimmungen der Europäischen Union festgesetzten Voraussetzungen (s. Artikel 291 bis 300 der Verordnung (EWG) Nr. 2454/93 der Kommission (ABl. L 253 vom 11.10.1993, S. 1)).

KN-Code	Warenbezeichnung	Vertragsmäßiger Zollsatz (%)	Besondere Maßeinheit
1	2	3	4
	– – andere:		
0206 10 95	– – – Zwerchfellpfeiler (Nierenzapfen) und Saumfleisch	12,8 + 303,4 €/100 kg/net (1)	—
0206 10 98	– – – andere	frei	—
	– von Rindern, gefroren:		
0206 21 00	**– – Zungen**	frei	—
0206 22 00	**– – Lebern**	frei	—
0206 29	**– – andere:**		
0206 29 10	– – – zum Herstellen von pharmazeutischen Erzeugnissen (2)	frei	—
	– – – andere:		
0206 29 91	– – – – Zwerchfellpfeiler (Nierenzapfen) und Saumfleisch	12,8 + 304,1 €/100 kg/net (1)	—
0206 29 99	– – – – andere	frei	—
0206 30 00	**– von Schweinen, frisch oder gekühlt**	frei	—
	– von Schweinen, gefroren:		
0206 41 00	**– – Lebern**	frei	—
0206 49 00	**– – andere**	frei	—
0206 80	**– andere, frisch oder gekühlt:**		
0206 80 10	– – zum Herstellen von pharmazeutischen Erzeugnissen (2)	frei	—
	– – andere:		
0206 80 91	– – – von Pferden, Eseln, Maultieren oder Mauleseln	6,4	—
0206 80 99	– – – von Schafen oder Ziegen	frei	—
0206 90	**– andere, gefroren:**		
0206 90 10	– – zum Herstellen von pharmazeutischen Erzeugnissen (2)	frei	—
	– – andere:		
0206 90 91	– – – von Pferden, Eseln, Maultieren oder Mauleseln	6,4	—
0206 90 99	– – – von Schafen oder Ziegen	frei	—
0207	**Fleisch und genießbare Schlachtnebenerzeugnisse von Hausgeflügel der Position 0105, frisch, gekühlt oder gefroren:**		
	– von Hühnern:		
0207 11	**– – unzerteilt, frisch oder gekühlt:**		
0207 11 10	– – – gerupft, entdarmt, mit Kopf und Ständern, genannt „Hühner 83 v. H."	26,2 €/100 kg/net (1)	—
0207 11 30	– – – gerupft, ausgenommen, ohne Kopf und Ständer, mit Hals, Herz, Leber und Muskelmagen, genannt „Hühner 70 v. H."	29,9 €/100 kg/net (1)	—
0207 11 90	– – – gerupft, ausgenommen, ohne Kopf und Ständer, ohne Hals, Herz, Leber und Muskelmagen, genannt „Hühner 65 v. H."; andere Angebotsformen	32,5 €/100 kg/net (1)	—

(1) WTO-Zollkontingent.
(2) Die Zulassung zu dieser Unterposition erfolgt nach den in den einschlägigen Bestimmungen der Europäischen Union festgesetzten Voraussetzungen (s. Artikel 291 bis 300 der Verordnung (EWG) Nr. 2454/93 der Kommission (ABl. L 253 vom 11.10.1993, S. 1)).

KN-Code	Warenbezeichnung	Vertragsmäßiger Zollsatz (%)	Besondere Maßeinheit
1	2	3	4
0207 12	– – **unzerteilt, gefroren:**		
0207 12 10	– – – gerupft, ausgenommen, ohne Kopf und Ständer, mit Hals, Herz, Leber und Muskelmagen, genannt „Hühner 70 v. H."	29,9 €/100 kg/net ([1])	—
0207 12 90	– – – gerupft, ausgenommen, ohne Kopf und Ständer, ohne Hals, Herz, Leber und Muskelmagen, genannt „Hühner 65 v. H."; andere Angebotsformen	32,5 €/100 kg/net ([1])	—
0207 13	– – **Teile und Schlachtnebenerzeugnisse, frisch oder gekühlt:**		
	– – – Teile:		
0207 13 10	– – – – ohne Knochen	102,4 €/100 kg/net ([1])	—
	– – – – mit Knochen:		
0207 13 20	– – – – – Hälften oder Viertel	35,8 €/100 kg/net ([1])	—
0207 13 30	– – – – – ganze Flügel, auch ohne Flügelspitzen	26,9 €/100 kg/net ([1])	—
0207 13 40	– – – – – Rücken, Hälse, Rücken mit Hälsen, Sterze oder Flügelspitzen	18,7 €/100 kg/net ([1])	—
0207 13 50	– – – – – Brüste und Teile davon	60,2 €/100 kg/net ([1])	—
0207 13 60	– – – – – Schenkel und Teile davon	46,3 €/100 kg/net ([1])	—
0207 13 70	– – – – – andere	100,8 €/100 kg/net ([1])	—
	– – – Schlachtnebenerzeugnisse:		
0207 13 91	– – – – Lebern	6,4	—
0207 13 99	– – – – andere	18,7 €/100 kg/net	—
0207 14	– – **Teile und Schlachtnebenerzeugnisse, gefroren:**		
	– – – Teile:		
0207 14 10	– – – – ohne Knochen	102,4 €/100 kg/net ([1])	—
	– – – – mit Knochen:		
0207 14 20	– – – – – Hälften oder Viertel	35,8 €/100 kg/net ([1])	—
0207 14 30	– – – – – ganze Flügel, auch ohne Flügelspitzen	26,9 €/100 kg/net ([1])	—
0207 14 40	– – – – – Rücken, Hälse, Rücken mit Hälsen, Sterze oder Flügelspitzen	18,7 €/100 kg/net ([1])	—
0207 14 50	– – – – – Brüste und Teile davon	60,2 €/100 kg/net ([1])	—
0207 14 60	– – – – – Schenkel und Teile davon	46,3 €/100 kg/net ([1])	—
0207 14 70	– – – – – andere	100,8 €/100 kg/net ([1])	—

([1]) WTO-Zollkontingent.

KN-Code	Warenbezeichnung	Vertragsmäßiger Zollsatz (%)	Besondere Maßeinheit
1	2	3	4
	– – – Schlachtnebenerzeugnisse:		
0207 14 91	– – – – Lebern	6,4	—
0207 14 99	– – – – andere	18,7 €/100 kg/net	—
	– **von Truthühnern:**		
0207 24	– – **unzerteilt, frisch oder gekühlt:**		
0207 24 10	– – – gerupft, ausgenommen, ohne Kopf und Ständer, mit Hals, Herz, Leber und Muskelmagen, genannt „Truthühner 80 v. H."	34 €/100 kg/net (1)	—
0207 24 90	– – – gerupft, ausgenommen, ohne Kopf und Ständer, ohne Hals, Herz, Leber und Muskelmagen, genannt „Truthühner 73 v. H."; andere Angebotsformen	37,3 €/100 kg/net (1)	—
0207 25	– – **unzerteilt, gefroren:**		
0207 25 10	– – – gerupft, ausgenommen, ohne Kopf und Ständer, mit Hals, Herz, Leber und Muskelmagen, genannt „Truthühner 80 v. H."	34 €/100 kg/net (1)	—
0207 25 90	– – – gerupft, ausgenommen, ohne Kopf und Ständer, ohne Hals, Herz, Leber und Muskelmagen, genannt „Truthühner 73 v. H."; andere Angebotsformen	37,3 €/100 kg/net (1)	—
0207 26	– – **Teile und Schlachtnebenerzeugnisse, frisch oder gekühlt:**		
	– – – Teile:		
0207 26 10	– – – – ohne Knochen	85,1 €/100 kg/net (1)	—
	– – – – mit Knochen:		
0207 26 20	– – – – – Hälften oder Viertel	41 €/100 kg/net (1)	—
0207 26 30	– – – – – ganze Flügel, auch ohne Flügelspitzen	26,9 €/100 kg/net (1)	—
0207 26 40	– – – – – Rücken, Hälse, Rücken mit Hälsen, Sterze oder Flügelspitzen	18,7 €/100 kg/net (1)	—
0207 26 50	– – – – – Brüste und Teile davon	67,9 €/100 kg/net (1)	—
	– – – – – Schenkel und Teile davon:		
0207 26 60	– – – – – – Unterschenkel und Teile davon	25,5 €/100 kg/net (1)	—
0207 26 70	– – – – – – andere	46 €/100 kg/net (1)	—
0207 26 80	– – – – – andere	83 €/100 kg/net (1)	—
	– – – Schlachtnebenerzeugnisse:		
0207 26 91	– – – – Lebern	6,4	—
0207 26 99	– – – – andere	18,7 €/100 kg/net	—
0207 27	– – **Teile und Schlachtnebenerzeugnisse, gefroren:**		
	– – – Teile:		
0207 27 10	– – – – ohne Knochen	85,1 €/100 kg/net (1)	—

(1) WTO-Zollkontingent.

KN-Code	Warenbezeichnung	Vertragsmäßiger Zollsatz (%)	Besondere Maßeinheit
1	2	3	4
	– – – – mit Knochen:		
0207 27 20	– – – – – Hälften oder Viertel	41 €/100 kg/net (1)	—
0207 27 30	– – – – – ganze Flügel, auch ohne Flügelspitzen	26,9 €/100 kg/net (1)	—
0207 27 40	– – – – – Rücken, Hälse, Rücken mit Hälsen, Sterze oder Flügelspitzen	18,7 €/100 kg/net (1)	—
0207 27 50	– – – – – Brüste und Teile davon	67,9 €/100 kg/net (1)	—
	– – – – – Schenkel und Teile davon:		
0207 27 60	– – – – – – Unterschenkel und Teile davon	25,5 €/100 kg/net (1)	—
0207 27 70	– – – – – – andere	46 €/100 kg/net (1)	—
0207 27 80	– – – – – andere	83 €/100 kg/net (1)	—
	– – – Schlachtnebenerzeugnisse:		
0207 27 91	– – – – Lebern	6,4	—
0207 27 99	– – – – andere	18,7 €/100 kg/net	—
	– **von Enten:**		
0207 41	– – **unzerteilt, frisch oder gekühlt:**		
0207 41 20	– – – gerupft, ausgeblutet, geschlossen oder entdarmt, mit Kopf und Paddeln, genannt „Enten 85 v. H."	38 €/100 kg/net	—
0207 41 30	– – – gerupft, ausgenommen, ohne Kopf und Paddeln, mit Hals, Herz, Leber und Muskelmagen, genannt „Enten 70 v. H."	46,2 €/100 kg/net	—
0207 41 80	– – – gerupft, ausgenommen, ohne Kopf und Paddeln, ohne Hals, Herz, Leber und Muskelmagen, genannt „Enten 63 v. H."; andere Angebotsformen	51,3 €/100 kg/net	—
0207 42	– – **unzerteilt, gefroren:**		
0207 42 30	– – – gerupft, ausgenommen, ohne Kopf und Paddeln, mit Hals, Herz, Leber und Muskelmagen, genannt „Enten 70 v. H."	46,2 €/100 kg/net	—
0207 42 80	– – – gerupft, ausgenommen, ohne Kopf und Paddeln, ohne Hals, Herz, Leber und Muskelmagen, genannt „Enten 63 v. H."; andere Angebotsformen	51,3 €/100 kg/net	—
0207 43 00	– – **Fettlebern, frisch oder gekühlt**	frei	—
0207 44	– – **andere, frisch oder gekühlt:**		
	– – – Teile:		
0207 44 10	– – – – ohne Knochen	128,3 €/100 kg/net	—
	– – – – mit Knochen:		
0207 44 21	– – – – – Hälften oder Viertel	56,4 €/100 kg/net	—

(1) WTO-Zollkontingent.

KN-Code	Warenbezeichnung	Vertragsmäßiger Zollsatz (%)	Besondere Maßeinheit
1	2	3	4
0207 44 31	– – – – – ganze Flügel, auch ohne Flügelspitzen	26,9 €/100 kg/net	—
0207 44 41	– – – – – Rücken, Hälse, Rücken mit Hälsen, Sterze oder Flügelspitzen	18,7 €/100 kg/net	—
0207 44 51	– – – – – Brüste und Teile davon	115,5 €/100 kg/net	—
0207 44 61	– – – – – Schenkel und Teile davon	46,3 €/100 kg/net	—
0207 44 71	– – – – – Entenrümpfe	66 €/100 kg/net	—
0207 44 81	– – – – – andere	123,2 €/100 kg/net	—
	– – – Schlachtnebenerzeugnisse:		
0207 44 91	– – – – Lebern (ausgenommen Fettlebern)	6,4	—
0207 44 99	– – – – andere	18,7 €/100 kg/net	—
0207 45	– – **andere, gefroren:**		
	– – – Teile:		
0207 45 10	– – – – ohne Knochen	128,3 €/100 kg/net	—
	– – – – mit Knochen:		
0207 45 21	– – – – – Hälften oder Viertel	56,4 €/100 kg/net	—
0207 45 31	– – – – – ganze Flügel, auch ohne Flügelspitzen	26,9 €/100 kg/net	—
0207 45 41	– – – – – Rücken, Hälse, Rücken mit Hälsen, Sterze oder Flügelspitzen	18,7 €/100 kg/net	—
0207 45 51	– – – – – Brüste und Teile davon	115,5 €/100 kg/net	—
0207 45 61	– – – – – Schenkel und Teile davon	46,3 €/100 kg/net	—
0207 45 71	– – – – – Entenrümpfe	66 €/100 kg/net	—
0207 45 81	– – – – – andere	123,2 €/100 kg/net	—
	– – – Schlachtnebenerzeugnisse:		
	– – – – Lebern:		
0207 45 93	– – – – – Fettlebern	frei	—
0207 45 95	– – – – – andere	6,4	—
0207 45 99	– – – – andere	18,7 €/100 kg/net	—
	– **von Gänsen:**		
0207 51	– – **unzerteilt, frisch oder gekühlt:**		
0207 51 10	– – – gerupft, ausgeblutet, geschlossen, mit Kopf und Paddeln, genannt „Gänse 82 v. H."	45,1 €/100 kg/net	—
0207 51 90	– – – gerupft, ausgenommen, ohne Kopf und Paddeln, mit oder ohne Herz und Muskelmagen, genannt „Gänse 75 v. H."; andere Angebotsformen	48,1 €/100 kg/net	—
0207 52	– – **unzerteilt, gefroren:**		
0207 52 10	– – – gerupft, ausgeblutet, geschlossen, mit Kopf und Paddeln, genannt „Gänse 82 v. H."	45,1 €/100 kg/net	—

KN-Code	Warenbezeichnung	Vertragsmäßiger Zollsatz (%)	Besondere Maßeinheit
1	2	3	4
0207 52 90	– – – gerupft, ausgenommen, ohne Kopf und Paddeln, mit oder ohne Herz und Muskelmagen, genannt „Gänse 75 v. H.“; andere Angebotsformen	48,1 €/100 kg/net	—
0207 53 00	– – **Fettlebern, frisch oder gekühlt**	frei	—
0207 54	– – **andere, frisch oder gekühlt:**		
	– – – Teile:		
0207 54 10	– – – – ohne Knochen	110,5 €/100 kg/net	—
	– – – – mit Knochen:		
0207 54 21	– – – – – Hälften oder Viertel	52,9 €/100 kg/net	—
0207 54 31	– – – – – ganze Flügel, auch ohne Flügelspitzen	26,9 €/100 kg/net	—
0207 54 41	– – – – – Rücken, Hälse, Rücken mit Hälsen, Sterze oder Flügelspitzen	18,7 €/100 kg/net	—
0207 54 51	– – – – – Brüste und Teile davon	86,5 €/100 kg/net	—
0207 54 61	– – – – – Schenkel und Teile davon	69,7 €/100 kg/net	—
0207 54 71	– – – – – Gänserümpfe	66 €/100 kg/net	—
0207 54 81	– – – – – andere	123,2 €/100 kg/net	—
	– – – Schlachtnebenerzeugnisse:		
0207 54 91	– – – – Lebern (ausgenommen Fettlebern)	6,4	—
0207 54 99	– – – – andere	18,7 €/100 kg/net	—
0207 55	– – **andere, gefroren:**		
	– – – Teile:		
0207 55 10	– – – – ohne Knochen	110,5 €/100 kg/net	—
	– – – – mit Knochen:		
0207 55 21	– – – – – Hälften oder Viertel	52,9 €/100 kg/net	—
0207 55 31	– – – – – ganze Flügel, auch ohne Flügelspitzen	26,9 €/100 kg/net	—
0207 55 41	– – – – – Rücken, Hälse, Rücken mit Hälsen, Sterze oder Flügelspitzen	18,7 €/100 kg/net	—
0207 55 51	– – – – – Brüste und Teile davon	86,5 €/100 kg/net	—
0207 55 61	– – – – – Schenkel und Teile davon	69,7 €/100 kg/net	—
0207 55 71	– – – – – Gänserümpfe	66 €/100 kg/net	—
0207 55 81	– – – – – andere	123,2 €/100 kg/net	—
	– – – Schlachtnebenerzeugnisse:		
	– – – – Lebern:		
0207 55 93	– – – – – Fettlebern	frei	—

KN-Code	Warenbezeichnung	Vertragsmäßiger Zollsatz (%)	Besondere Maßeinheit
1	2	3	4
0207 55 95	– – – – – andere	6,4	—
0207 55 99	– – – – andere	18,7 €/100 kg/net	—
0207 60	– **von Perlhühnern:**		
0207 60 05	– – unzerteilt, frisch, gekühlt oder gefroren	49,3 €/100 kg/net	—
	– – andere, frisch, gekühlt oder gefroren:		
	– – – Teile:		
0207 60 10	– – – – ohne Knochen	128,3 €/100 kg/net	—
	– – – – mit Knochen:		
0207 60 21	– – – – – Hälften oder Viertel	54,2 €/100 kg/net	—
0207 60 31	– – – – – ganze Flügel, auch ohne Flügelspitzen	26,9 €/100 kg/net	—
0207 60 41	– – – – – Rücken, Hälse, Rücken mit Hälsen, Sterze oder Flügelspitzen	18,7 €/100 kg/net	—
0207 60 51	– – – – – Brüste und Teile davon	115,5 €/100 kg/net	—
0207 60 61	– – – – – Schenkel und Teile davon	46,3 €/100 kg/net	—
0207 60 81	– – – – – andere	123,2 €/100 kg/net	—
	– – – Schlachtnebenerzeugnisse:		
0207 60 91	– – – – Lebern	6,4	—
0207 60 99	– – – – andere	18,7 €/100 kg/net	—
0208	**Anderes Fleisch und andere genießbare Schlachtnebenerzeugnisse, frisch, gekühlt oder gefroren:**		
0208 10	– **von Kaninchen oder Hasen:**		
0208 10 10	– – von Hauskaninchen	6,4	—
0208 10 90	– – andere	frei	—
0208 30 00	– **von Primaten**	9	—
0208 40	– **von Walen, Delphinen und Tümmlern (Säugetiere der Ordnung *Cetacea*); von Rundschwanzseekühen (Manatis) und Gabelschwanzseekühen (Dugongs) (Säugetiere der Ordnung *Sirenia*); von Robben, Seelöwen und Walrössern (Säugetiere der Unterordnung *Pinnipedia*):**		
0208 40 10	– – Walfleisch	6,4	—
0208 40 20	– – Robbenfleisch	6,4	—
0208 40 80	– – andere	9	—
0208 50 00	– **von Reptilien (einschließlich Schlangen und Schildkröten)**	9	—
0208 60 00	– **von Kamelen (Camelidae)**	9	—

KN-Code	Warenbezeichnung	Vertragsmäßiger Zollsatz (%)	Besondere Maßeinheit
1	2	3	4
0208 90	– **andere:**		
0208 90 10	– – von Haustauben	6,4	—
0208 90 30	– – von Wild (ausgenommen von Kaninchen und Hasen)	frei	—
0208 90 60	– – von Rentieren	9	—
0208 90 70	– – Froschschenkel	6,4	—
0208 90 98	– – andere	9	—
0209	**Schweinespeck ohne magere Teile, Schweinefett und Geflügelfett, weder ausgeschmolzen noch anders ausgezogen, frisch, gekühlt, gefroren, gesalzen, in Salzlake, getrocknet oder geräuchert:**		
0209 10	– **von Schweinen:**		
	– – Schweinespeck:		
0209 10 11	– – – frisch, gekühlt, gefroren, gesalzen oder in Salzlake	21,4 €/100 kg/net	—
0209 10 19	– – – getrocknet oder geräuchert	23,6 €/100 kg/net	—
0209 10 90	– – Schweinefett	12,9 €/100 kg/net	—
0209 90 00	– **andere**	41,5 €/100 kg/net	—
0210	**Fleisch und genießbare Schlachtnebenerzeugnisse, gesalzen, in Salzlake, getrocknet oder geräuchert; genießbares Mehl von Fleisch oder von Schlachtnebenerzeugnissen:**		
	– **Fleisch von Schweinen:**		
0210 11	– – **Schinken oder Schultern und Teile davon, mit Knochen:**		
	– – – von Hausschweinen:		
	– – – – gesalzen oder in Salzlake:		
0210 11 11	– – – – – Schinken und Teile davon	77,8 €/100 kg/net	—
0210 11 19	– – – – – Schultern und Teile davon	60,1 €/100 kg/net	—
	– – – – getrocknet oder geräuchert:		
0210 11 31	– – – – – Schinken und Teile davon	151,2 €/100 kg/net	—
0210 11 39	– – – – – Schultern und Teile davon	119 €/100 kg/net	—
0210 11 90	– – – andere	15,4	—
0210 12	– – **Bäuche (Bauchspeck) und Teile davon:**		
	– – – von Hausschweinen:		
0210 12 11	– – – – gesalzen oder in Salzlake	46,7 €/100 kg/net	—

KN-Code	Warenbezeichnung	Vertragsmäßiger Zollsatz (%)	Besondere Maßeinheit
1	2	3	4
0210 12 19	– – – – getrocknet oder geräuchert	77,8 €/100 kg/net	—
0210 12 90	– – – andere	15,4	—
0210 19	– – **anderes:**		
	– – – von Hausschweinen:		
	– – – – gesalzen oder in Salzlake:		
0210 19 10	– – – – – „bacon"-Hälften oder „spencers"	68,7 €/100 kg/net	—
0210 19 20	– – – – – „3/4-sides" oder „middles"	75,1 €/100 kg/net	—
0210 19 30	– – – – – Vorderteile und Teile davon	60,1 €/100 kg/net	—
0210 19 40	– – – – – Kotelettstränge und Teile davon	86,9 €/100 kg/net	—
0210 19 50	– – – – – anderes	86,9 €/100 kg/net	—
	– – – – getrocknet oder geräuchert:		
0210 19 60	– – – – – Vorderteile und Teile davon	119 €/100 kg/net	—
0210 19 70	– – – – – Kotelettstränge und Teile davon	149,6 €/100 kg/net	—
	– – – – – anderes:		
0210 19 81	– – – – – – ohne Knochen	151,2 €/100 kg/net	—
0210 19 89	– – – – – – anderes	151,2 €/100 kg/net	—
0210 19 90	– – – anderes	15,4	—
0210 20	– **Fleisch von Rindern:**		
0210 20 10	– – mit Knochen	15,4 + 265,2 €/ 100 kg/net	—
0210 20 90	– – ohne Knochen	15,4 + 303,4 €/ 100 kg/net	—
	– **andere, einschließlich genießbares Mehl von Fleisch oder von Schlachtnebenerzeugnissen:**		
0210 91 00	– – **von Primaten**	15,4	—
0210 92	– – **von Walen, Delphinen und Tümmlern (Säugetiere der Ordnung *Cetacea*); von Rundschwanzseekühen (Manatis) und Gabelschwanzseekühen (Dugongs) (Säugetiere der Ordnung *Sirenia*); von Robben, Seelöwen und Walrössern (Säugetiere der Unterordnung *Pinnipedia*):**		
0210 92 10	– – – von Walen, Delphinen und Tümmlern (Säugetiere der Ordnung*Cetacea*); von Rundschwanzseekühen (Manatis) und Gabelschwanzseekühen (Dugongs) (Säugetiere der Ordnung *Sirenia*)	15,4	—
	– – – andere:		
0210 92 91	– – – – Fleisch	130 €/100 kg/net	—
0210 92 92	– – – – Schlachtnebenerzeugnisse	15,4	—
0210 92 99	– – – – genießbares Mehl von Fleisch oder von Schlachtnebenerzeugnissen	15,4 + 303,4 €/ 100 kg/net	—
0210 93 00	– – **von Reptilien (einschließlich Schlangen und Schildkröten)**	15,4	—
0210 99	– – **andere:**		
	– – – Fleisch:		
0210 99 10	– – – – von Pferden, gesalzen, in Salzlake oder getrocknet	6,4	—

KN-Code	Warenbezeichnung	Vertragsmäßiger Zollsatz (%)	Besondere Maßeinheit
1	2	3	4
	– – – – von Schafen und Ziegen:		
0210 99 21	– – – – – mit Knochen	222,7 €/100 kg/net	—
0210 99 29	– – – – – ohne Knochen	311,8 €/100 kg/net	—
0210 99 31	– – – – von Rentieren	15,4	—
0210 99 39	– – – – anderes	130 €/100 kg/net	—
	– – – Schlachtnebenerzeugnisse:		
	– – – – von Hausschweinen:		
0210 99 41	– – – – – Lebern	64,9 €/100 kg/net	—
0210 99 49	– – – – – andere	47,2 €/100 kg/net	—
	– – – – von Rindern:		
0210 99 51	– – – – – Zwerchfellpfeiler (Nierenzapfen) und Saumfleisch	15,4 + 303,4 €/ 100 kg/net	—
0210 99 59	– – – – – andere	12,8	—
	– – – – andere:		
	– – – – – Geflügellebern:		
0210 99 71	– – – – – – Fettlebern von Gänsen oder Enten, gesalzen oder in Salzlake	frei	—
0210 99 79	– – – – – – andere	6,4	—
0210 99 85	– – – – – andere	15,4	—
0210 99 90	– – – genießbares Mehl von Fleisch oder von Schlachtnebenerzeugnissen	15,4 + 303,4 €/ 100 kg/net	—

KAPITEL 3

FISCHE UND KREBSTIERE, WEICHTIERE UND ANDERE WIRBELLOSE WASSERTIERE

Anmerkungen

1. Zu Kapitel 3 gehören nicht:

   a) Säugetiere der Position 0106;

   b) Fleisch von Säugetieren der Position 0106 (Position 0208 oder 0210);

   c) Fische (einschließlich Fischlebern, Fischrogen und Fischmilch) und Krebstiere, Weichtiere und andere wirbellose Wassertiere, nicht lebend und nach Art oder Beschaffenheit ungenießbar (Kapitel 5); Mehl und Pellets von Fischen oder von Krebstieren, von Weichtieren oder anderen wirbellosen Wassertieren, ungenießbar (Position 2301);

   d) Kaviar und Kaviarersatz, aus Fischeiern gewonnen (Position 1604).

2. In diesem Kapitel gelten als „Pellets" Erzeugnisse, die entweder unmittelbar durch Pressen oder durch Zusatz geringer Mengen eines Bindemittels zu Zylindern, Kügelchen usw. agglomeriert worden sind.

KN-Code	Warenbezeichnung	Vertragsmäßiger Zollsatz (%)	Besondere Maßeinheit
1	2	3	4
0301	**Fische, lebend:**		
	– **Zierfische:**		
0301 11 00	– – **Süßwasserfische**	frei	—
0301 19 00	– – **andere**	7,5	—
	– **andere Fische, lebend:**		
0301 91	– – **Forellen (*Salmo trutta, Oncorhynchus mykiss, Oncorhynchus clarki, Oncorhynchus aguabonita, Oncorhynchus gilae, Oncorhynchus apache* und *Oncorhynchus chrysogaster*):**		
0301 91 10	– – – der Arten *Oncorhynchus apache* und *Oncorhynchus chrysogaster*	8	—
0301 91 90	– – – andere	12	—
0301 92	– – **Aale (*Anguilla* spp.):**		
0301 92 10	– – – mit einer Länge von weniger als 12 cm	frei	—
0301 92 30	– – – mit einer Länge von 12 cm oder mehr, jedoch weniger als 20 cm	frei	—
0301 92 90	– – – mit einer Länge von 20 cm oder mehr	frei	—
0301 93 00	– – **Karpfen (*Cyprinus carpio, Carassius carassius, Ctenopharyngodon idellus, Hypophthalmichthys* spp., *Cirrhinus* spp., *Mylopharyngodon piceus*)**	8	—
0301 94	– – **Atlantischer Roter Thunfisch (*Thunnus thynnus*) und Nordpazifischer Blauflossen-Thunfisch (*Thunnus orientalis*):**		
0301 94 10	– – – Atlantischer Roter Thunfisch (*Thunnus thynnus*)	16	—
0301 94 90	– – – Nordpazifischer Blauflossen-Thunfisch (*Thunnus orientalis*)	16	—
0301 95 00	– – **Südlicher Roter Thunfisch (*Thunnus maccoyii*)**	16	—
0301 99	– – **andere:**		
	– – – Süßwasserfische:		
0301 99 11	– – – – Pazifischer Lachs (*Oncorhynchus nerka, Oncorhynchus gorbuscha, Oncorhynchus keta, Oncorhynchus tschawytscha, Oncorhynchus kisutch, Oncorhynchus masou* und *Oncorhynchus rhodurus*), Atlantischer Lachs (*Salmo salar*) und Donaulachs (*Hucho hucho*)	2	—

KN-Code	Warenbezeichnung	Vertragsmäßiger Zollsatz (%)	Besondere Maßeinheit
1	2	3	4
0301 99 18	– – – – andere	8	—
0301 99 85	– – – andere	16	—
0302	**Fische, frisch oder gekühlt, ausgenommen Fischfilets und anderes Fischfleisch der Position 0304:**		
	– **Salmoniden, ausgenommen Fischlebern, Fischrogen und Fischmilch:**		
0302 11	– – **Forellen (*Salmo trutta, Oncorhynchus mykiss, Oncorhynchus clarki, Oncorhynchus aguabonita, Oncorhynchus gilae, Oncorhynchus apache* und *Oncorhynchus chrysogaster*):**		
0302 11 10	– – – der Arten *Oncorhynchus apache* und *Oncorhynchus chrysogaster*	8	—
0302 11 20	– – – der Art *Oncorhynchus mykiss*, mit Kopf und Kiemen, ausgenommen, mit einem Stückgewicht von mehr als 1,2 kg oder ohne Kopf und Kiemen, ausgenommen, mit einem Stückgewicht von mehr als 1 kg	12	—
0302 11 80	– – – andere	12	—
0302 13 00	– – **Pazifischer Lachs (*Oncorhynchus nerka, Oncorhynchus gorbuscha, Oncorhynchus keta, Oncorhynchus tschawytscha, Oncorhynchus kisutch, Oncorhynchus masou* und *Oncorhynchus rhodurus*)**	2	—
0302 14 00	– – **Atlantischer Lachs (*Salmo salar*) und Donaulachs (*Hucho hucho*)**	2	—
0302 19 00	– – **andere**	8	—
	– **Plattfische (*Pleuronectidae, Bothidae, Cynoglossidae, Soleidae, Scophthalmidae* und *Citharidae*), ausgenommen Fischlebern, Fischrogen und Fischmilch:**		
0302 21	– – **Heilbutt (*Reinhardtius hippoglossoides, Hippoglossus hippoglossus, Hippoglossus stenolepis*):**		
0302 21 10	– – – Schwarzer Heilbutt (*Reinhardtius hippoglossoides*)	8	—
0302 21 30	– – – Atlantischer Heilbutt (*Hippoglossus hippoglossus*)	8	—
0302 21 90	– – – Pazifischer Heilbutt (*Hippoglossus stenolepis*)	15	—
0302 22 00	– – **Schollen oder Goldbutt (*Pleuronectes platessa*)**	7,5	—
0302 23 00	– – **Seezungen (*Solea* spp.)**	15	—
0302 24 00	– – **Steinbutt (*Psetta maxima*)**	15	—
0302 29	– – **andere:**		
0302 29 10	– – – Scheefschnut bzw. Flügelbutt (*Lepidorhombus* spp.)	15	—
0302 29 80	– – – andere	15	—
	– **Thunfische (der Gattung *Thunnus*), echter Bonito (*Euthynnus* (*Katsuwonus*) *pelamis*), ausgenommen Fischlebern, Fischrogen und Fischmilch:**		
0302 31	– – **Weißer Thun (*Thunnus alalunga*):**		
0302 31 10	– – – zum industriellen Herstellen von Waren der Position 1604 ([1])	22 ([2]) ([3])	—
0302 31 90	– – – anderer	22 ([3])	—
0302 32	– – **Gelbflossenthun (*Thunnus albacares*):**		
0302 32 10	– – – zum industriellen Herstellen von Waren der Position 1604 ([1])	22 ([2]) ([3])	—
0302 32 90	– – – anderer	22 ([3])	—

([1]) Die Zulassung zu dieser Unterposition erfolgt nach den in den einschlägigen Bestimmungen der Europäischen Union festgesetzten Voraussetzungen (s. Artikel 291 bis 300 der Verordnung (EWG) Nr. 2454/93 der Kommission (ABl. L 253 vom 11.10.1993, S. 1)).
([2]) Autonomer Zollsatz: frei.
([3]) WTO-Zollkontingent.

KN-Code	Warenbezeichnung	Vertragsmäßiger Zollsatz (%)	Besondere Maßeinheit
1	2	3	4
0302 33	– – **echter Bonito:**		
0302 33 10	– – – zum industriellen Herstellen von Waren der Position 1604 (1)	22 (2) (3)	—
0302 33 90	– – – anderer	22 (3)	—
0302 34	– – **Großaugen-Thunfisch (*Thunnus obesus*):**		
0302 34 10	– – – zum industriellen Herstellen von Waren der Position 1604 (1)	22 (2) (3)	—
0302 34 90	– – – anderer	22 (3)	—
0302 35	– – **Atlantischer Roter Thunfisch (*Thunnus thynnus*) und Nordpazifischer Blauflossen-Thunfisch (*Thunnus orientalis*):**		
	– – – Atlantischer Roter Thunfisch (*Thunnus thynnus*):		
0302 35 11	– – – – zum industriellen Herstellen von Waren der Position 1604 (1)	22 (2) (3)	—
0302 35 19	– – – – anderer	22 (3)	—
	– – – Nordpazifischer Blauflossen-Thunfisch (*Thunnus orientalis*):		
0302 35 91	– – – – zum industriellen Herstellen von Waren der Position 1604 (1)	22 (2) (3)	—
0302 35 99	– – – – anderer	22 (3)	—
0302 36	– – **Südlicher Roter Thunfisch (*Thunnus maccoyii*):**		
0302 36 10	– – – zum industriellen Herstellen von Waren der Position 1604 (1)	22 (2) (3)	—
0302 36 90	– – – anderer	22 (3)	—
0302 39	– – **andere:**		
0302 39 20	– – – zum industriellen Herstellen von Waren der Position 1604 (1)	22 (2) (3)	—
0302 39 80	– – – andere	22 (3)	—
	– **Heringe (*Clupea harengus, Clupea pallasii*), Sardellen (*Engraulis* spp.), Sardinen (*Sardina pilchardus, Sardinops* spp.), Sardinellen (*Sardinella* spp.), Sprotten (*Sprattus sprattus*), Makrelen (*Scomber scombrus, Scomber australasicus, Scomber japonicus*), Stöcker (Bastardmakrelen) (*Trachurus* spp.), Offiziersbarsch (*Rachycentron canadum*) und Schwertfisch (*Xiphias gladius*), ausgenommen Fischlebern, Fischrogen und Fischmilch:**		
0302 41 00	– – **Heringe (*Clupea harengus, Clupea pallasii*)**	(4)	—
0302 42 00	– – **Sardellen (*Engraulis* spp.)**	15	—
0302 43	– – **Sardinen (*Sardina pilchardus, Sardinops* spp.), Sardinellen (*Sardinella* spp.), Sprotten (*Sprattus sprattus*):**		
0302 43 10	– – – Sardinen der Art *Sardina pilchardus*	23	—
0302 43 30	– – – Sardinen der Gattung *Sardinops*; Sardinellen (*Sardinella* spp.)	15	—

(1) Die Zulassung zu dieser Unterposition erfolgt nach den in den einschlägigen Bestimmungen der Europäischen Union festgesetzten Voraussetzungen (s. Artikel 291 bis 300 der Verordnung (EWG) Nr. 2454/93 der Kommission (ABl. L 253 vom 11.10.1993, S. 1)).
(2) Autonomer Zollsatz: frei.
(3) WTO-Zollkontingent.
(4) — Vom 1. Januar bis 14. Februar und vom 16. Juni bis 31. Dezember: 15. WTO-Zollkontingent.
— Vom 15. Februar bis 15. Juni: frei.

KN-Code	Warenbezeichnung	Vertragsmäßiger Zollsatz (%)	Besondere Maßeinheit
1	2	3	4
0302 43 90	– – – Sprotten (*Sprattus sprattus*)	([1])	—
0302 44 00	– – **Makrelen (*Scomber scombrus, Scomber australasicus, Scomber japonicus*)**	([2])	—
0302 45	– – **Stöcker (Bastardmakrelen) (*Trachurus* spp.):**		
0302 45 10	– – – Atlantischer Stöcker (*Trachurus trachurus*)	15	—
0302 45 30	– – – Chilenischer Stöcker (*Trachurus murphyi*)	15	—
0302 45 90	– – – anderer	15	—
0302 46 00	– – **Offiziersbarsch (*Rachycentron canadum*)**	15	—
0302 47 00	– – **Schwertfisch (*Xiphias gladius*)**	15	—
	– **Fische der Familien *Bregmacerotidae, Euclichthyidae, Gadidae, Macrouridae, Melanonidae, Merlucciidae, Moridae* und *Muraenolepididae*, ausgenommen Fischlebern, Fischrogen und Fischmilch:**		
0302 51	– – **Kabeljau (*Gadus morhua, Gadus ogac, Gadus macrocephalus*):**		
0302 51 10	– – – der Art *Gadus morhua*	12	—
0302 51 90	– – – anderer	12	—
0302 52 00	– – **Schellfisch (*Melanogrammus aeglefinus*)**	7,5	—
0302 53 00	– – **Köhler (*Pollachius virens*)**	7,5	—
0302 54	– – **Seehechte (*Merluccius* spp., *Urophycis* spp.):**		
	– – – der Gattung *Merluccius*:		
0302 54 11	– – – – Kap-Hecht (*Merluccius capensis*) und Tiefenwasser-Kapseehecht (*Merluccius paradoxus*)	15	—
0302 54 15	– – – – Südlicher Seehecht (*Merluccius australis*)	15	—
0302 54 19	– – – – andere	15 ([3])	—
0302 54 90	– – – der Gattung *Urophycis*	15	—
0302 55 00	– – **Pazifischer Pollack (*Theragra chalcogramma*)**	7,5	—
0302 56 00	– – **Blauer Wittling (*Micromesistius poutassou*) und Südlicher Wittling (*Micromesistius australis*)**	7,5	—
0302 59	– – **andere:**		
0302 59 10	– – – Fische der Art *Boreogadus saida*	12	—
0302 59 20	– – – Merlan (*Merlangius merlangus*)	7,5	—
0302 59 30	– – – Pollack (*Pollachius pollachius*)	7,5	—

([1]) — Vom 1. Januar bis 14. Februar und vom 16. Juni bis 31. Dezember: 13.
— Vom 15. Februar bis 15. Juni: frei.
([2]) — Vom 1. Januar bis 14. Februar und vom 16. Juni bis 31. Dezember: 20.
— Vom 15. Februar bis 15. Juni: frei.
([3]) WTO-Zollkontingent.

KN-Code	Warenbezeichnung	Vertragsmäßiger Zollsatz (%)	Besondere Maßeinheit
1	2	3	4
0302 59 40	– – – Leng (*Molva* spp.)	7,5	—
0302 59 90	– – – andere	15	—
	– Tilapia (*Oreochromis* spp.), Welse (*Pangasius* spp., *Silurus* spp., *Clarias* spp., *Ictalurus* spp.), Karpfen (*Cyprinus carpio, Carassius carassius, Ctenopharyngodon idellus, Hypophthalmichthys* spp., *Cirrhinus* spp., *Mylopharyngodon piceus*), Aale (*Anguilla* spp.), Nilbarsch (*Lates niloticus*) und Schlangenkopffische (*Channa* spp.), ausgenommen Fischlebern, Fischrogen und Fischmilch:		
0302 71 00	**– – Tilapia (*Oreochromis* spp.)**	8	—
0302 72 00	**– – Welse (*Pangasius* spp., *Silurus* spp., *Clarias* spp., *Ictalurus* spp.)**	8	—
0302 73 00	**– – Karpfen (*Cyprinus carpio, Carassius carassius, Ctenopharyngodon idellus, Hypophthalmichthys* spp., *Cirrhinus* spp., *Mylopharyngodon piceus*)**	8	—
0302 74 00	**– – Aale (*Anguilla* spp.)**	frei	—
0302 79 00	**– – andere**	8	—
	– andere Fische, ausgenommen Fischlebern, Fischrogen und Fischmilch:		
0302 81	**– – Haie:**		
0302 81 10	– – – Dornhaie (*Squalus acanthias*)	6	—
0302 81 20	– – – Katzenhaie (*Scyliorhinus* spp.)	6	—
0302 81 30	– – – Heringshaie (*Lamna nasus*)	8	—
0302 81 90	– – – andere	8	—
0302 82 00	**– – Rochen (*Rajidae*)**	15	—
0302 83 00	**– – Zahnfische (*Dissostichus* spp.)**	15	—
0302 84	**– – Meerbarsche (Wolfsbarsche) (*Dicentrarchus* spp.):**		
0302 84 10	– – – Europäischer Wolfsbarsch (*Dicentrarchus labrax*)	15	—
0302 84 90	– – – andere	15	—
0302 85	**– – Meerbrassen (*Sparidae*):**		
0302 85 10	– – – Zahnbrasse oder Meerbrasse (*Dentex dentex* oder *Pagellus* spp.)	15	—
0302 85 30	– – – Goldbrassen (*Sparus aurata*)	15	—
0302 85 90	– – – andere	15	—
0302 89	**– – andere:**		
0302 89 10	– – – Süßwasserfische	8	—
	– – – andere:		
	– – – – Fische der Gattung *Euthynnus*, andere als der echte Bonito (*Euthynnus* (*Katsuwonus*) *pelamis*) der Unterposition 0302 33:		
0302 89 21	– – – – – zum industriellen Herstellen von Waren der Position 1604 (1)	22 (2) (3)	—

(1) Die Zulassung zu dieser Unterposition erfolgt nach den in den einschlägigen Bestimmungen der Europäischen Union festgesetzten Voraussetzungen (s. Artikel 291 bis 300 der Verordnung (EWG) Nr. 2454/93 der Kommission (ABl. L 253 vom 11.10.1993, S. 1)).
(2) Autonomer Zollsatz: frei.
(3) WTO-Zollkontingent.

KN-Code	Warenbezeichnung	Vertragsmäßiger Zollsatz (%)	Besondere Maßeinheit
1	2	3	4
0302 89 29	– – – – – andere	22 (1)	—
	– – – – Rotbarsche, Goldbarsche oder Tiefenbarsche (*Sebastes* spp.):		
0302 89 31	– – – – – der Art *Sebastes marinus*	7,5	—
0302 89 39	– – – – – andere	7,5	—
0302 89 40	– – – – Brachsenmakrelen (*Brama* spp.)	15	—
0302 89 50	– – – – Seeteufel (*Lophius* spp.)	15	—
0302 89 60	– – – – Rosa Kingklip (*Genypterus blacodes*)	7,5	—
0302 89 90	– – – – andere	15	—
0302 90 00	**– Fischlebern, Fischrogen und Fischmilch**	10	—
0303	**Fische, gefroren, ausgenommen Fischfilets und anderes Fischfleisch der Position 0304:**		
	– Salmoniden, ausgenommen Fischlebern, Fischrogen und Fischmilch:		
0303 11 00	**– – Roter Lachs (*Oncorhynchus nerka*)**	2	—
0303 12 00	**– – andere pazifische Lachse (*Oncorhynchus gorbuscha, Oncorhynchus keta, Oncorhynchus tschawytscha, Oncorhynchus kisutch, Oncorhynchus masou* und *Oncorhynchus rhodurus*)**	2	—
0303 13 00	**– – Atlantischer Lachs (*Salmo salar*) und Donaulachs (*Hucho hucho*)**	2	—
0303 14	**– – Forellen (*Salmo trutta, Oncorhynchus mykiss, Oncorhynchus clarki, Oncorhynchus aguabonita, Oncorhynchus gilae, Oncorhynchus apache* und *Oncorhynchus chrysogaster*):**		
0303 14 10	– – – der Arten *Oncorhynchus apache* und *Oncorhynchus chrysogaster*	9	—
0303 14 20	– – – der Art *Oncorhynchus mykiss*, mit Kopf und Kiemen, ausgenommen, mit einem Stückgewicht von mehr als 1,2 kg oder ohne Kopf und Kiemen, ausgenommen, mit einem Stückgewicht von mehr als 1 kg	12	—
0303 14 90	– – – andere	12	—
0303 19 00	**– – andere**	9 (1)	—
	– Tilapia (*Oreochromis* spp.), Welse (*Pangasius* spp., *Silurus* spp., *Clarias* spp., *Ictalurus* spp.), Karpfen (*Cyprinus carpio, Carassius carassius, Ctenopharyngodon idellus, Hypophthalmichthys* spp., *Cirrhinus* spp., *Mylopharyngodon piceus*), Aale (*Anguilla* spp.), Nilbarsch (*Lates niloticus*) und Schlangenkopffische (*Channa* spp.), ausgenommen Fischlebern, Fischrogen und Fischmilch:		
0303 23 00	**– – Tilapia (*Oreochromis* spp.)**	8	—
0303 24 00	**– – Welse (*Pangasius* spp., *Silurus* spp., *Clarias* spp., *Ictalurus* spp.)**	8	—
0303 25 00	**– – Karpfen (*Cyprinus carpio, Carassius carassius, Ctenopharyngodon idellus, Hypophthalmichthys* spp., *Cirrhinus* spp., *Mylopharyngodon piceus*)**	8	—
0303 26 00	**– – Aale (*Anguilla* spp.)**	frei	—
0303 29 00	**– – andere**	8	—

(1) WTO-Zollkontingent.

KN-Code	Warenbezeichnung	Vertragsmäßiger Zollsatz (%)	Besondere Maßeinheit
1	2	3	4
	– **Plattfische (*Pleuronectidae, Bothidae, Cynoglossidae, Soleidae, Scophthalmidae* und *Citharidae*), ausgenommen Fischlebern, Fischrogen und Fischmilch:**		
0303 31	– – **Heilbutte (*Reinhardtius hippoglossoides, Hippoglossus hippoglossus, Hippoglossus stenolepis*):**		
0303 31 10	– – – Schwarzer Heilbutt (*Reinhardtius hippoglossoides*)	7,5	—
0303 31 30	– – – Atlantischer Heilbutt (*Hippoglossus hippoglossus*)	7,5	—
0303 31 90	– – – Pazifischer Heilbutt (*Hippoglossus stenolepis*)	15	—
0303 32 00	– – **Schollen oder Goldbutt (*Pleuronectes platessa*)**	15	—
0303 33 00	– – **Seezungen (*Solea* spp.)**	7,5	—
0303 34 00	– – **Steinbutt (*Psetta maxima*)**	15	—
0303 39	– – **andere:**		
0303 39 10	– – – Flundern (*Platichthys flesus*)	7,5	—
0303 39 30	– – – Fische der Gattung *Rhombosolea*	7,5	—
0303 39 50	– – – Fische der Arten *Pelotreis flavilatus* und *Peltorhamphus novaezelandiae*	7,5	—
0303 39 85	– – – andere	15	—
	– **Thunfische (der Gattung *Thunnus*), echter Bonito (*Euthynnus* (*Katsuwonus*) *pelamis*), ausgenommen Fischlebern, Fischrogen und Fischmilch:**		
0303 41	– – **Weißer Thun (*Thunnus alalunga*):**		
0303 41 10	– – – zum industriellen Herstellen von Waren der Position 1604 (1)	22 (2) (3)	—
0303 41 90	– – – anderer	22 (3)	—
0303 42	– – **Gelbflossenthun (*Thunnus albacares*):**		
	– – – zum industriellen Herstellen von Waren der Position 1604 (1):		
	– – – – ganz:		
0303 42 12	– – – – – mit einem Stückgewicht von mehr als 10 kg	20 (2) (3)	—
0303 42 18	– – – – – anderer	20 (2) (3)	—
	– – – – anderer:		
0303 42 42	– – – – – mit einem Stückgewicht von mehr als 10 kg	22 (2) (3)	—
0303 42 48	– – – – – anderer	22 (2) (3)	—
0303 42 90	– – – anderer	22 (3)	—
0303 43	– – **echter Bonito:**		
0303 43 10	– – – zum industriellen Herstellen von Waren der Position 1604 (1)	22 (2) (3)	—

(1) Die Zulassung zu dieser Unterposition erfolgt nach den in den einschlägigen Bestimmungen der Europäischen Union festgesetzten Voraussetzungen (s. Artikel 291 bis 300 der Verordnung (EWG) Nr. 2454/93 der Kommission (ABl. L 253 vom 11.10.1993, S. 1)).
(2) Autonomer Zollsatz: frei.
(3) WTO-Zollkontingent.

KN-Code	Warenbezeichnung	Vertragsmäßiger Zollsatz (%)	Besondere Maßeinheit
1	2	3	4
0303 43 90	– – – anderer	22 (1)	—
0303 44	– – **Großaugen-Thunfisch (*Thunnus obesus*):**		
0303 44 10	– – – zum industriellen Herstellen von Waren der Position 1604 (2)	22 (3) (1)	—
0303 44 90	– – – anderer	22 (1)	—
0303 45	– – **Atlantischer Roter Thunfisch (*Thunnus thynnus*) und Nordpazifischer Blauflossen-Thunfisch (*Thunnus orientalis*):**		
	– – – Atlantischer Roter Thunfisch (*Thunnus thynnus*):		
0303 45 12	– – – – zum industriellen Herstellen von Waren der Position 1604 (2)	22 (3) (1)	—
0303 45 18	– – – – anderer	22 (1)	—
	– – – Nordpazifischer Blauflossen-Thunfisch (*Thunnus orientalis*):		
0303 45 91	– – – – zum industriellen Herstellen von Waren der Position 1604 (2)	22 (3) (1)	—
0303 45 99	– – – – anderer	22 (1)	—
0303 46	– – **Südlicher Roter Thunfisch (*Thunnus maccoyii*):**		
0303 46 10	– – – zum industriellen Herstellen von Waren der Position 1604 (2)	22 (3) (1)	—
0303 46 90	– – – anderer	22 (1)	—
0303 49	– – **andere:**		
0303 49 20	– – – zum industriellen Herstellen von Waren der Position 1604 (2)	22 (3) (1)	—
0303 49 85	– – – andere	22 (1)	—
	– **Heringe (*Clupea harengus, Clupea pallasii*), Sardinen (*Sardina pilchardus, Sardinops* spp.), Sardinellen (*Sardinella* spp.), Sprotten (*Sprattus sprattus*), Makrelen (*Scomber scombrus, Scomber australasicus, Scomber japonicus*), Stöcker (Bastardmakrelen) (*Trachurus* spp.), Offiziersbarsch (*Rachycentron canadum*) und Schwertfisch (*Xiphias gladius*), ausgenommen Fischlebern, Fischrogen und Fischmilch:**		
0303 51 00	– – **Heringe (*Clupea harengus, Clupea pallasii*)**	(4)	—
0303 53	– – **Sardinen (*Sardina pilchardus, Sardinops* spp.), Sardinellen (*Sardinella* spp.), Sprotten (*Sprattus sprattus*):**		
0303 53 10	– – – Sardinen der Art *Sardina pilchardus*	23	—
0303 53 30	– – – Sardinen der Gattung *Sardinops*; Sardinellen (*Sardinella* spp.)	15	—
0303 53 90	– – – Sprotten (*Sprattus sprattus*)	(5)	—
0303 54	– – **Makrelen (*Scomber scombrus, Scomber australasicus, Scomber japonicus*):**		
0303 54 10	– – – der Arten *Scomber scombrus* und *Scomber japonicus*	(6)	—

(1) WTO-Zollkontingent.
(2) Die Zulassung zu dieser Unterposition erfolgt nach den in den einschlägigen Bestimmungen der Europäischen Union festgesetzten Voraussetzungen (s. Artikel 291 bis 300 der Verordnung (EWG) Nr. 2454/93 der Kommission (ABl. L 253 vom 11.10.1993, S. 1)).
(3) Autonomer Zollsatz: frei.
(4) — Vom 1. Januar bis 14. Februar und vom 16. Juni bis 31. Dezember: 15. WTO-Zollkontingent.
— Vom 15. Februar bis 15. Juni: frei.
(5) — Vom 1. Januar bis 14. Februar und vom 16. Juni bis 31. Dezember: 13.
— Vom 15. Februar bis 15. Juni: frei.
(6) — Vom 1. Januar bis 14. Februar und vom 16. Juni bis 31. Dezember: 20.
— Vom 15. Februar bis 15. Juni: frei.

KN-Code	Warenbezeichnung	Vertragsmäßiger Zollsatz (%)	Besondere Maßeinheit
1	2	3	4
0303 54 90	– – – der Art *Scomber australasicus*	15	—
0303 55	– – **Stöcker (Bastardmakrelen) (*Trachurus* spp.):**		
0303 55 10	– – – Atlantischer Stöcker (*Trachurus trachurus*)	15	—
0303 55 30	– – – Chilenischer Stöcker (*Trachurus murphyi*)	15	—
0303 55 90	– – – andere	15	—
0303 56 00	– – **Offiziersbarsch (*Rachycentron canadum*)**	15	—
0303 57 00	– – **Schwertfisch (*Xiphias gladius*)**	7,5	—
	– **Fische der Familien *Bregmacerotidae, Euclichthyidae, Gadidae, Macrouridae, Melanonidae, Merlucciidae, Moridae* und *Muraenolepididae*, ausgenommen Fischlebern, Fischrogen und Fischmilch:**		
0303 63	– – **Kabeljau (*Gadus morhua, Gadus ogac, Gadus macrocephalus*):**		
0303 63 10	– – – der Art *Gadus morhua*	12	—
0303 63 30	– – – der Art *Gadus ogac*	12	—
0303 63 90	– – – der Art *Gadus macrocephalus*	12	—
0303 64 00	– – **Schellfisch (*Melanogrammus aeglefinus*)**	7,5	—
0303 65 00	– – **Köhler (*Pollachius virens*)**	7,5	—
0303 66	– – **Seehechte (*Merluccius* spp., *Urophycis* spp.):**		
	– – – der Gattung *Merluccius*:		
0303 66 11	– – – – Kap-Hecht (*Merluccius capensis*) und Tiefenwasser-Kapseehecht (*Merluccius paradoxus*)	15	—
0303 66 12	– – – – Patagonischer Seehecht (*Merluccius hubbsi*)	15	—
0303 66 13	– – – – Südlicher Seehecht (*Merluccius australis*)	15	—
0303 66 19	andere	15 (1)	
0303 66 90	– – – der Gattung *Urophycis*	15	—
0303 67 00	– – **Pazifischer Pollack (*Theragra chalcogramma*)**	15	—
0303 68	– – **Blauer Wittling (*Micromesistius poutassou*) und Südlicher Wittling (*Micromesistius australis*):**		
0303 68 10	– – – Blauer Wittling (*Micromesistius poutassou, Gadus poutassou*)	7,5	—
0303 68 90	– – – Südlicher Wittling (*Micromesistius australis*)	7,5	—
0303 69	– – **andere:**		
0303 69 10	– – – Fische der Art *Boreogadus saida*	12	—
0303 69 30	– – – Merlan (*Merlangius merlangus*)	7,5	—

(1) WTO-Zollkontingent.

KN-Code	Warenbezeichnung	Vertragsmäßiger Zollsatz (%)	Besondere Maßeinheit
1	2	3	4
0303 69 50	– – – Pollack (*Pollachius pollachius*)	15	—
0303 69 70	– – – Langschwanzseehecht (*Macruronus novaezelandiae*)	7,5	—
0303 69 80	– – – Leng (*Molva* spp.)	7,5	—
0303 69 90	– – – andere	15	—
	– **andere Fische, ausgenommen Fischlebern, Fischrogen und Fischmilch:**		
0303 81	– – **Haie:**		
0303 81 10	– – – Dornhaie (*Squalus acanthias*)	6	—
0303 81 20	– – – Katzenhaie (*Scyliorhinus* spp.)	6	—
0303 81 30	– – – Heringshaie (*Lamna nasus*)	8	—
0303 81 90	– – – andere	8	—
0303 82 00	– – **Rochen (Rajidae)**	15	—
0303 83 00	– – **Zahnfische (*Dissostichus* spp.)**	15	—
0303 84	– – **Meerbarsche (Wolfsbarsche) (*Dicentrarchus* spp.):**		
0303 84 10	– – – Europäischer Wolfsbarsch (*Dicentrarchus labrax*)	15	—
0303 84 90	– – – andere	15	—
0303 89	– – **andere:**		
0303 89 10	– – – Süßwasserfische	8	—
	– – – andere:		
	– – – – Fische der Gattung *Euthynnus*, andere als der echte Bonito (*Euthynnus* (*Katsuwonus*) *pelamis*) der Unterposition 0303 43:		
0303 89 21	– – – – – zum industriellen Herstellen von Waren der Position 1604 (1)	22 (2) (3)	—
0303 89 29	– – – – – andere	22 (3)	—
	– – – – Rotbarsche, Goldbarsche oder Tiefenbarsche (*Sebastes* spp.):		
0303 89 31	– – – – – der Art *Sebastes marinus*	7,5	—
0303 89 39	– – – – – andere	7,5	—
0303 89 40	– – – – Fische der Art *Orcynopsis unicolor*	(4)	—
0303 89 45	– – – – Sardellen (*Engraulis* spp.)	15	—
0303 89 50	– – – – Zahnbrasse oder Meerbrasse (*Dentex dentex* oder *Pagellus* spp.)	15	—
0303 89 55	– – – – Goldbrassen (*Sparus aurata*)	15	—
0303 89 60	– – – – Brachsenmakrelen (*Brama* spp.)	15	—

(1) Die Zulassung zu dieser Unterposition erfolgt nach den in den einschlägigen Bestimmungen der Europäischen Union festgesetzten Voraussetzungen (s. Artikel 291 bis 300 der Verordnung (EWG) Nr. 2454/93 der Kommission (ABl. L 253 vom 11.10.1993, S. 1)).
(2) Autonomer Zollsatz: frei.
(3) WTO-Zollkontingent.
(4) — Vom 1. Januar bis 14. Februar und vom 16. Juni bis 31. Dezember: 10.
— Vom 15. Februar bis 15. Juni: frei.

KN-Code	Warenbezeichnung	Vertragsmäßiger Zollsatz (%)	Besondere Maßeinheit
1	2	3	4
0303 89 65	– – – – Seeteufel (*Lophius* spp.)	15	—
0303 89 70	– – – – Rosa Kingklip (*Genypterus blacodes*)	7,5	—
0303 89 90	– – – – andere	15	—
0303 90	**– Fischlebern, Fischrogen und Fischmilch:**		
0303 90 10	– – Fischrogen und Fischmilch, zum Herstellen von Desoxyribonucleinsäure oder Protaminsulfat (1)	frei	—
0303 90 90	– – andere	10	—
0304	**Fischfilets und anderes Fischfleisch (auch fein zerkleinert), frisch, gekühlt oder gefroren:**		
	– Frische oder gekühlte Fischfilets von Tilapia (*Oreochromis* spp.), Welsen (*Pangasius* spp., *Silurus* spp., *Clarias* spp., *Ictalurus* spp.), Karpfen (*Cyprinus carpio, Carassius carassius, Ctenopharyngodon idellus, Hypophthalmichthys* spp., *Cirrhinus* spp., *Mylopharyngodon piceus*), Aalen (*Anguilla* spp.), vom Nilbarsch (*Lates niloticus*) und von Schlangenkopffischen (*Channa* spp.):		
0304 31 00	**– – von Tilapia (*Oreochromis* spp.)**	9	—
0304 32 00	**– – von Welsen (*Pangasius* spp., *Silurus* spp., *Clarias* spp., *Ictalurus* spp.)**	9	—
0304 33 00	**– – vom Nilbarsch (*Lates niloticus*)**	9	—
0304 39 00	**– – andere**	9	—
	– Frische oder gekühlte Filets von anderen Fischen:		
0304 41 00	**– – vom Pazifischen Lachs (*Oncorhynchus nerka, Oncorhynchus gorbuscha, Oncorhynchus keta, Oncorhynchus tschawytscha, Oncorhynchus kisutch, Oncorhynchus masou* und *Oncorhynchus rhodurus*), Atlantischen Lachs (*Salmo salar*) und Donaulachs (*Hucho hucho*)**	2	—
0304 42	**– – von Forellen (*Salmo trutta, Oncorhynchus mykiss, Oncorhynchus clarki, Oncorhynchus aguabonita, Oncorhynchus gilae, Oncorhynchus apache* und *Oncorhynchus chrysogaster*):**		
0304 42 10	– – – der Art *Oncorhynchus mykiss* mit einem Stückgewicht von mehr als 400 g	12	—
0304 42 50	– – – der Arten *Oncorhynchus apache* und *Oncorhynchus chrysogaster*	9	—
0304 42 90	– – – andere	12	—
0304 43 00	**– – von Plattfischen (*Pleuronectidae, Bothidae, Cynoglossidae, Soleidae, Scophthalmidae* und *Citharidae*)**	18	—
0304 44	**– – von Fischen der Familien *Bregmacerotidae, Euclichthyidae, Gadidae, Macrouridae, Melanonidae, Merlucciidae, Moridae* und *Muraenolepididae*:**		
0304 44 10	– – – vom Kabeljau (*Gadus morhua, Gadus ogac, Gadus macrocephalus*) und von Fischen der Art *Boreogadus saida*	18	—
0304 44 30	– – – vom Köhler (*Pollachius virens*)	18	—
0304 44 90	– – – andere	18	—
0304 45 00	**– – vom Schwertfisch (*Xiphias gladius*)**	18	—
0304 46 00	**– – von Zahnfischen (*Dissostichus* spp.)**	18	—

(1) Die Zulassung zu dieser Unterposition erfolgt nach den in den einschlägigen Bestimmungen der Europäischen Union festgesetzten Voraussetzungen (s. Artikel 291 bis 300 der Verordnung (EWG) Nr. 2454/93 der Kommission (ABl. L 253 vom 11.10.1993, S. 1)).

KN-Code	Warenbezeichnung	Vertragsmäßiger Zollsatz (%)	Besondere Maßeinheit
1	2	3	4
0304 49	**– – andere:**		
0304 49 10	– – – von Süßwasserfischen	9	—
	– – – andere:		
0304 49 50	– – – – vom Rotbarsch, Goldbarsch oder Tiefenbarsch (*Sebastes* spp.)	18	—
0304 49 90	– – – – andere	18	—
	– andere, frisch oder gekühlt:		
0304 51 00	**– – von Tilapia (*Oreochromis* spp.), Welsen (*Pangasius* spp., *Silurus* spp., *Clarias* spp., *Ictalurus* spp.), Karpfen (*Cyprinus carpio, Carassius carassius, Ctenopharyngodon idellus, Hypophthalmichthys* spp., *Cirrhinus* spp., *Mylopharyngodon piceus*), Aalen (*Anguilla* spp.), vom Nilbarsch (*Lates niloticus*) und von Schlangenkopffischen (*Channa* spp.)**	8	—
0304 52 00	**– – von Salmoniden**	8	—
0304 53 00	**– – von Fischen der Gattungen *Bregmacerotidae, Euclichthyidae, Gadidae, Macrouridae, Melanonidae, Merlucciidae, Moridae* und *Muraenolepididae***	15	—
0304 54 00	**– – vom Schwertfisch (*Xiphias gladius*)**	15	—
0304 55 00	**– – von Zahnfischen (*Dissostichus* spp.)**	15	—
0304 59	**– – andere:**		
0304 59 10	– – – von Süßwasserfischen	8	—
	– – – andere:		
0304 59 50	– – – – Heringslappen	(1)	—
0304 59 90	– – – – anderes	15 (2)	—
	– Gefrorene Fischfilets von Tilapia (*Oreochromis* spp.), Welsen (*Pangasius* spp., *Silurus* spp., *Clarias* spp., *Ictalurus* spp.), Karpfen (*Cyprinus carpio, Carassius carassius, Ctenopharyngodon idellus, Hypophthalmichthys* spp., *Cirrhinus* spp., *Mylopharyngodon piceus*), Aalen (*Anguilla* spp.), vom Nilbarsch (*Lates niloticus*) und von Schlangenkopffischen (*Channa* spp.):		
0304 61 00	**– – von Tilapia (*Oreochromis* spp.)**	9	—
0304 62 00	**– – von Welsen (*Pangasius* spp., *Silurus* spp., *Clarias* spp., *Ictalurus* spp.)**	9	—
0304 63 00	**– – vom Nilbarsch (*Lates niloticus*)**	9	—
0304 69 00	**– – andere**	9	—
	– Gefrorene Filets von Fischen der Familien *Bregmacerotidae, Euclichthyidae, Gadidae, Macrouridae, Melanonidae, Merlucciidae,Moridae* und *Muraenolepididae*:		
0304 71	**– – vom Kabeljau (*Gadus morhua, Gadus ogac, Gadus macrocephalus*):**		
0304 71 10	– – – vom Kabeljau der Art *Gadus macrocephalus*	7,5	—
0304 71 90	– – – andere	7,5	—
0304 72 00	**– – vom Schellfisch (*Melanogrammus aeglefinus*)**	7,5	—

(1) — Vom 1. Januar bis 14. Februar und vom 16. Juni bis 31. Dezember: 15. WTO-Zollkontingent.
— Vom 15. Februar bis 15. Juni: frei.

(2) WTO-Zollkontingent.

KN-Code	Warenbezeichnung	Vertragsmäßiger Zollsatz (%)	Besondere Maßeinheit
1	2	3	4
0304 73 00	– – **vom Köhler (*Pollachius virens*)**	7,5	—
0304 74	– – **von Seehechten (*Merluccius* spp., *Urophycis* spp.):**		
	– – – der Gattung *Merluccius*:		
0304 74 11	– – – – von Kap-Hechten (*Merluccius capensis*) und von Tiefenwasser-Kapseehechten (*Merluccius paradoxus*)	7,5	—
0304 74 15	– – – – von Patagonischen Seehechten (*Merluccius hubbsi*)	7,5	—
0304 74 19	– – – – andere	6,1	—
0304 74 90	– – – der Gattung *Urophycis*	7,5	—
0304 75 00	– – **vom Pazifischen Pollack (*Theragra chalcogramma*)**	13,7	—
0304 79	– – **andere:**		
0304 79 10	– – – von Fischen der Art *Boreogadus saida*	7,5	—
0304 79 30	– – – vom Merlan (*Merlangius merlangus*)	7,5	—
0304 79 50	– – – vom Langschwanzseehecht (*Macruronus novaezelandiae*)	7,5	—
0304 79 80	– – – vom Leng (*Molva* spp.)	7,5	—
0304 79 90	– – – andere	15	—
	– **Gefrorene Filets von anderen Fischen:**		
0304 81 00	– – **vom Pazifischen Lachs (*Oncorhynchus nerka*, *Oncorhynchus gorbuscha*, *Oncorhynchus keta*, *Oncorhynchus tschawytscha*, *Oncorhynchus kisutch*, *Oncorhynchus masou* und *Oncorhynchus rhodurus*), Atlantischen Lachs (*Salmo salar*) und Donaulachs (*Hucho hucho*)**	2	—
0304 82	– – **von Forellen (*Salmo trutta*, *Oncorhynchus mykiss*, *Oncorhynchus clarki*, *Oncorhynchus aguabonita*, *Oncorhynchus gilae*, *Oncorhynchus apache* und *Oncorhynchus chrysogaster*):**		
0304 82 10	– – – der Art *Oncorhynchus mykiss* mit einem Stückgewicht von mehr als 400 g	12	—
0304 82 50	– – – der Arten *Oncorhynchus apache* und *Oncorhynchus chrysogaster*	9	—
0304 82 90	– – – andere	12	—
0304 83	– – **von Plattfischen (*Pleuronectidae*, *Bothidae*, *Cynoglossidae*, *Soleidae*, *Scophthalmidae* und *Citharidae*):**		
0304 83 10	– – – von Schollen oder Goldbutt (*Pleuronectes platessa*)	7,5	—
0304 83 30	– – – von Flundern (*Platichthys flesus*)	7,5	—
0304 83 50	– – – vom Scheefschnut bzw. Flügelbutt (*Lepidorhombus* spp.)	15	—
0304 83 90	– – – andere	15	—
0304 84 00	– – **vom Schwertfisch (*Xiphias gladius*)**	7,5	—
0304 85 00	– – **von Zahnfischen (*Dissostichus* spp.)**	15	—

KN-Code	Warenbezeichnung	Vertragsmäßiger Zollsatz (%)	Besondere Maßeinheit
1	2	3	4
0304 86 00	**– – von Heringen (*Clupea harengus, Clupea pallasii*)**	15	—
0304 87 00	**– – von Thunfischen der Gattung *Thunnus* und vom Echten Bonito (*Euthynnus (Katsuwonus) pelamis*)**	18	—
0304 89	**– – andere:**		
0304 89 10	– – – von Süßwasserfischen	9	—
	– – – andere:		
	– – – – vom Rotbarsch, Goldbarsch oder Tiefenbarsch (*Sebastes* spp.):		
0304 89 21	– – – – – der Art *Sebastes marinus*	7,5	—
0304 89 29	– – – – – andere	7,5	—
0304 89 30	– – – – von Fischen der Gattung *Euthynnus*, andere als dem echten Bonito (*Euthynnus (Katsuwonus) pelamis*) der Unterposition 0304 87 00	18	—
	– – – – von Makrelen (*Scomber scombrus, Scomber australasicus, Scomber japonicus*) und von Fischen der Art *Orcynopsis unicolor*:		
0304 89 41	– – – – – von Makrelen der Art *Scomber australasicus*	15	—
0304 89 49	– – – – – andere	15	—
	– – – – von Haien:		
0304 89 51	– – – – – von Dornhaien und Katzenhaien (*Squalus acanthias, Scyliorhinus* spp.)	7,5	—
0304 89 55	– – – – – von Heringshaien (*Lamna nasus*)	7,5	—
0304 89 59	– – – – – von anderen Haien	7,5	—
0304 89 60	– – – – vom Seeteufel (*Lophius* spp.)	15	—
0304 89 90	– – – – andere	15 ([1])	—
	– andere, gefroren:		
0304 91 00	**– – vom Schwertfisch (*Xiphias gladius*)**	7,5	—
0304 92 00	**– – von Zahnfischen (*Dissostichus* spp.)**	7,5	—
0304 93	**– – von Tilapia (*Oreochromis* spp.), Welsen (*Pangasius* spp., *Silurus* spp., *Clarias* spp., *Ictalurus* spp.), Karpfen (*Cyprinus carpio, Carassius carassius, Ctenopharyngodon idellus, Hypophthalmichthys* spp., *Cirrhinus* spp., *Mylopharyngodon piceus*), Aalen (*Anguilla* spp.), vom Nilbarsch (*Lates niloticus*) und von Schlangenkopffischen (*Channa* spp.):**		
0304 93 10	– – – Surimi	14,2	—
0304 93 90	– – – anderes	8	—
0304 94	**– – vom Pazifischen Pollack (*Theragra chalcogramma*):**		
0304 94 10	– – – Surimi	14,2	—
0304 94 90	– – – anderes	7,5	—
0304 95	**– – von Fischen der Familien *Bregmacerotidae, Euclichthyidae, Gadidae, Macrouridae, Melanonidae, Merlucciidae, Moridae* und *Muraenolepididae*, andere als Pazifischer Pollack (*Theragra chalcogramma*):**		
0304 95 10	– – – Surimi	14,2	—

([1]) WTO-Zollkontingent.

KN-Code	Warenbezeichnung	Vertragsmäßiger Zollsatz (%)	Besondere Maßeinheit
1	2	3	4
	– – – anderes:		
	– – – – vom Kabeljau (*Gadus morhua, Gadus ogac, Gadus macrocephalus*) und von Fischen der Art *Boreogadus saida*:		
0304 95 21	– – – – – der Art *Gadus macrocephalus*	7,5	—
0304 95 25	– – – – – der Art *Gadus morhua*	7,5	—
0304 95 29	– – – – – anderes	7,5	—
0304 95 30	– – – – vom Schellfisch (*Melanogrammus aeglefinus*)	7,5	—
0304 95 40	– – – – vom Köhler (*Pollachius virens*)	7,5	—
0304 95 50	– – – – von Seehechten der Gattung *Merluccius*	7,5	—
0304 95 60	– – – – vom Blauen Wittling (*Micromesistius poutassou, Gadus poutassou*)	7,5	—
0304 95 90	– – – – andere	7,5	—
0304 99	– – **andere:**		
0304 99 10	– – – Surimi	14,2	—
	– – – anderes:		
0304 99 21	– – – – von Süßwasserfischen	8	—
	– – – – anderes:		
0304 99 23	– – – – – von Heringen (*Clupea harengus, Clupea pallasii*)	(1)	—
0304 99 29	– – – – – vom Rotbarsch, Goldbarsch oder Tiefenbarsch (*Sebastes* spp.)	8	—
0304 99 55	– – – – – vom Scheefschnut bzw. Flügelbutt (*Lepidorhombus* spp.)	15	—
0304 99 61	– – – – – von Brachsenmakrelen (*Brama* spp.)	15	—
0304 99 65	– – – – – vom Seeteufel (*Lophius* spp.)	7,5	—
0304 99 99	– – – – – anderes	7,5	—
0305	**Fische, getrocknet, gesalzen oder in Salzlake; Fische, geräuchert, auch vor oder während des Räucherns gegart; Mehl, Pulver und Pellets von Fischen, genießbar:**		
0305 10 00	– **Mehl, Pulver und Pellets von Fischen, genießbar**	13	—
0305 20 00	– **Fischlebern, Fischrogen und Fischmilch, getrocknet, geräuchert, gesalzen oder in Salzlake**	11	—
	– **Fischfilets, getrocknet, gesalzen oder in Salzlake, jedoch nicht geräuchert:**		
0305 31 00	– – **von Tilapia (*Oreochromis* spp.), Welsen (*Pangasius* spp., *Silurus* spp., *Clarias* spp., *Ictalurus* spp.), Karpfen (*Cyprinus carpio, Carassius carassius, Ctenopharyngodon idellus, Hypophthalmichthys* spp., *Cirrhinus* spp., *Mylopharyngodon piceus*), Aalen (*Anguilla* spp.), vom Nilbarsch (*Lates niloticus*) und von Schlangenkopffischen (*Channa* spp.)**	16	—
0305 32	– – **von Fischen der Familien *Bregmacerotidae, Euclichthyidae, Gadidae, Macrouridae, Melanonidae, Merlucciidae, Moridae* und *Muraenolepididae*:**		

(1) — Vom 1. Januar bis 14. Februar und vom 16. Juni bis 31. Dezember: 15. WTO-Zollkontingent.
— Vom 15. Februar bis 15. Juni: frei.

KN-Code	Warenbezeichnung	Vertragsmäßiger Zollsatz (%)	Besondere Maßeinheit
1	2	3	4
	– – – vom Kabeljau (*Gadus morhua, Gadus ogac, Gadus macrocephalus*) und von Fischen der Art *Boreogadus saida*:		
0305 32 11	– – – – der Art *Gadus macrocephalus*	16	—
0305 32 19	– – – – andere	20	—
0305 32 90	– – – andere	16	—
0305 39	– – **andere:**		
0305 39 10	– – – vom Pazifischen Lachs (*Oncorhynchus nerka, Oncorhynchus gorbuscha, Oncorhynchus keta, Oncorhynchus tschawytscha, Oncorhynchus kisutch, Oncorhynchus masou* und *Oncorhynchus rhodurus*), Atlantischen Lachs (*Salmo salar*) und Donaulachs (*Hucho hucho*), gesalzen oder in Salzlake	15	—
0305 39 50	– – – vom Schwarzen Heilbutt (*Reinhardtius hippoglossoides*), gesalzen oder in Salzlake	15	—
0305 39 90	– – – andere	16	—
	– **Fische, geräuchert, einschließlich Fischfilets, ausgenommen genießbare Fischnebenerzeugnisse:**		
0305 41 00	– – **Pazifischer Lachs (*Oncorhynchus nerka, Oncorhynchus gorbuscha, Oncorhynchus keta, Oncorhynchus tschawytscha, Oncorhynchus kisutch, Oncorhynchus masou* und *Oncorhynchus rhodurus*), Atlantischer Lachs (*Salmo salar*) und Donaulachs (*Hucho hucho*)**	13	—
0305 42 00	– – **Heringe (*Clupea harengus, Clupea pallasii*)**	10	—
0305 43 00	– – **Forellen (*Salmo trutta, Oncorhynchus mykiss, Oncorhynchus clarki, Oncorhynchus aguabonita, Oncorhynchus gilae, Oncorhynchus apache* und *Oncorhynchus chrysogaster*)**	14	—
0305 44	– – **Tilapia (*Oreochromis* spp.), Welse (*Pangasius* spp., *Silurus* spp., *Clarias* spp., *Ictalurus* spp.), Karpfen (*Cyprinus carpio, Carassius carassius, Ctenopharyngodon idellus, Hypophthalmichthys* spp., *Cirrhinus* spp., *Mylopharyngodon piceus*), Aale (*Anguilla* spp.), Nilbarsch (*Lates niloticus*) und Schlangenkopffische (*Channa* spp.):**		
0305 44 10	– – – Aale (*Anguilla* spp.)	14	—
0305 44 90	– – – andere	14	—
0305 49	– – **andere:**		
0305 49 10	– – – Schwarzer Heilbutt (*Reinhardtius hippoglossoides*)	15	—
0305 49 20	– – – Atlantischer Heilbutt (*Hippoglossus hippoglossus*)	16	—
0305 49 30	– – – Makrelen (*Scomber scombrus, Scomber australasicus, Scomber japonicus*)	14	—
0305 49 80	– – – andere	14	—
	– **Fische, getrocknet, ausgenommen genießbare Fischnebenerzeugnisse, auch gesalzen, jedoch nicht geräuchert:**		
0305 51	– – **Kabeljau (*Gadus morhua, Gadus ogac, Gadus macrocephalus*):**		
0305 51 10	– – – getrocknet, nicht gesalzen (Stockfisch)	13 (1)	—
0305 51 90	– – – getrocknet und gesalzen (Klippfisch)	13 (1)	—
0305 59	– – **andere:**		
0305 59 10	– – – Fische der Art *Boreogadus saida*	13 (1)	—
0305 59 30	– – – Heringe (*Clupea harengus, Clupea pallasii*)	12	—

(1) WTO-Zollkontingent.

KN-Code	Warenbezeichnung	Vertragsmäßiger Zollsatz (%)	Besondere Maßeinheit
1	2	3	4
0305 59 50	– – – Sardellen (*Engraulis* spp.)	10	—
0305 59 70	– – – Atlantischer Heilbutt (*Hippoglossus hippoglossus*)	15	—
0305 59 80	– – – andere	12	—
	– **Fische, gesalzen, jedoch weder getrocknet noch geräuchert, und Fische in Salzlake, ausgenommen genießbare Fischnebenerzeugnisse:**		
0305 61 00	– – **Heringe (*Clupea harengus, Clupea pallasii*)**	12	—
0305 62 00	– – **Kabeljau (*Gadus morhua, Gadus ogac, Gadus macrocephalus*)**	13 ([1])	—
0305 63 00	– – **Sardellen (*Engraulis* spp.)**	10	—
0305 64 00	– – **Tilapia (*Oreochromis* spp.), Welse (*Pangasius* spp., *Silurus* spp., *Clarias* spp., *Ictalurus* spp.), Karpfen (*Cyprinus carpio, Carassius carassius, Ctenopharyngodon idellus, Hypophthalmichthys* spp., *Cirrhinus* spp., *Mylopharyngodon piceus*), Aale (*Anguilla* spp.), Nilbarsch (*Lates niloticus*) und Schlangenkopffische (*Channa* spp.)**	12	—
0305 69	– – **andere:**		
0305 69 10	– – – Fische der Art *Boreogadus saida*	13 ([1])	—
0305 69 30	– – – Atlantischer Heilbutt (*Hippoglossus hippoglossus*)	15	—
0305 69 50	– – – Pazifischer Lachs (*Oncorhynchus nerka, Oncorhynchus gorbuscha, Oncorhynchus keta, Oncorhynchus tschawytscha, Oncorhynchus kisutch, Oncorhynchus masou* und *Oncorhynchus rhodurus*), Atlantischer Lachs (*Salmo salar*) und Donaulachs (*Hucho hucho*)	11	—
0305 69 80	– – – andere	12	—
	– **Fischflossen, Fischköpfe, Fischschwänze, Fischblasen und andere genießbare Fischnebenerzeugnisse:**		
0305 71	– – **Haifischflossen:**		
0305 71 10	– – – geräuchert	14	—
0305 71 90	– – – andere	12	—
0305 72 00	– – **Fischköpfe, Fischschwänze und Fischblasen**	13	—
0305 79 00	– – **andere**	13	—
0306	**Krebstiere, auch ohne Panzer, lebend, frisch, gekühlt, gefroren, getrocknet, gesalzen oder in Salzlake; Krebstiere, auch ohne Panzer, geräuchert, auch vor oder während des Räucherns gegart; Krebstiere in ihrem Panzer, in Wasser oder Dampf gekocht, auch gekühlt, gefroren, getrocknet, gesalzen oder in Salzlake; Mehl, Pulver und Pellets von Krebstieren, genießbar:**		
	– **gefroren:**		
0306 11	– – **Langusten (*Palinurus* spp., *Panulirus* spp., *Jasus* spp.):**		
0306 11 05	– – – geräuchert, auch ohne Panzer, auch vor oder während des Räucherns gegart, jedoch nicht weiter zubereitet	20	—
	– – – andere:		
0306 11 10	– – – – Langustenschwänze	12,5	—
0306 11 90	– – – – andere	12,5	—

([1]) WTO-Zollkontingent.

KN-Code	Warenbezeichnung	Vertragsmäßiger Zollsatz (%)	Besondere Maßeinheit
1	2	3	4
0306 12	– – **Hummer (*Homarus* spp.):**		
0306 12 05	– – – geräuchert, auch ohne Panzer, auch vor oder während des Räucherns gegart, jedoch nicht weiter zubereitet	20	—
	– – – andere:		
0306 12 10	– – – – ganz	6	—
0306 12 90	– – – – andere	16	—
0306 14	– – **Krabben:**		
0306 14 05	– – – geräuchert, auch ohne Panzer, auch vor oder während des Räucherns gegart, jedoch nicht weiter zubereitet	8	—
	– – – andere:		
0306 14 10	– – – – Krabben der Arten *Paralithodes camchaticus*, *Callinectes sapidus* und der Gattung *Chionoecetes*	7,5	—
0306 14 30	– – – – Taschenkrebse (*Cancer pagurus*)	7,5	—
0306 14 90	– – – – andere	7,5	—
0306 15	– – **Kaisergranate (*Nephrops norvegicus*):**		
0306 15 10	– – – geräuchert, auch ohne Panzer, auch vor oder während des Räucherns gegart, jedoch nicht weiter zubereitet	20	—
0306 15 90	– – – andere	12	—
0306 16	– – **Kaltwassergarnelen (*Pandalus* spp., *Crangon crangon*):**		
0306 16 10	– – – geräuchert, auch ohne Panzer, auch vor oder während des Räucherns gegart, jedoch nicht weiter zubereitet	20	—
	– – – andere:		
0306 16 91	– – – – Garnelen der Art *Crangon crangon*	18	—
0306 16 99	– – – – andere	12	—
0306 17	– – **andere Garnelen:**		
0306 17 10	– – – geräuchert, auch ohne Panzer, auch vor oder während des Räucherns gegart, jedoch nicht weiter zubereitet	20	—
	– – – andere:		
0306 17 91	– – – – Rosa Geißelgarnelen (*Parapenaeus longirostris*)	12	—
0306 17 92	– – – – Garnelen der Gattung *Penaeus*	12	—
0306 17 93	– – – – Garnelen der Familie *Pandalidae*, andere als der Gattung *Pandalus*	12	—
0306 17 94	– – – – Garnelen der Gattung *Crangon*, andere als der Art *Crangon crangon*	18	—
0306 17 99	– – – – andere	12	—
0306 19	– – **andere, einschließlich Mehl, Pulver und Pellets von Krebstieren, genießbar:**		
0306 19 05	– – – geräuchert, auch ohne Panzer, auch vor oder während des Räucherns gegart, jedoch nicht weiter zubereitet	20	—
	– – – andere:		

KN-Code	Warenbezeichnung	Vertragsmäßiger Zollsatz (%)	Besondere Maßeinheit
1	2	3	4
0306 19 10	– – – – Süßwasserkrebse	7,5	—
0306 19 90	– – – – andere	12	—
	– **nicht gefroren:**		
0306 21	– – **Langusten (*Palinurus* spp., *Panulirus* spp., *Jasus* spp.):**		
0306 21 10	– – – geräuchert, auch ohne Panzer, auch vor oder während des Räucherns gegart, jedoch nicht weiter zubereitet	20	—
0306 21 90	– – – andere	12,5	—
0306 22	– – **Hummer (*Homarus* spp.):**		
0306 22 10	– – – lebend	8	—
	– – – andere:		
0306 22 30	– – – – geräuchert, auch ohne Panzer, auch vor oder während des Räucherns gegart, jedoch nicht weiter zubereitet	20	—
	– – – – andere:		
0306 22 91	– – – – – ganz	8	—
0306 22 99	– – – – – andere	10	—
0306 24	– – **Krabben:**		
0306 24 10	– – – geräuchert, auch ohne Panzer, auch vor oder während des Räucherns gegart, jedoch nicht weiter zubereitet	8	—
	– – – andere:		
0306 24 30	– – – – Taschenkrebse (*Cancer pagurus*)	7,5	—
0306 24 80	– – – – andere	7,5	—
0306 25	– – **Kaisergranate (*Nephrops norvegicus*):**		
0306 25 10	– – – geräuchert, auch ohne Panzer, auch vor oder während des Räucherns gegart, jedoch nicht weiter zubereitet	20	—
0306 25 90	– – – andere	12	—
0306 26	– – **Kaltwassergarnelen (*Pandalus* spp., *Crangon crangon*):**		
0306 26 10	– – – geräuchert, auch ohne Panzer, auch vor oder während des Räucherns gegart, jedoch nicht weiter zubereitet	20	—
	– – – andere:		
	– – – – Garnelen der Art *Crangon crangon*:		
0306 26 31	– – – – – frisch oder gekühlt, oder nur in Wasser oder Dampf gekocht	18	—
0306 26 39	– – – – – andere	18	—
0306 26 90	– – – – andere	12	—
0306 27	– – **andere Garnelen:**		
0306 27 10	– – – geräuchert, auch ohne Panzer, auch vor oder während des Räucherns gegart, jedoch nicht weiter zubereitet	20	—
	– – – andere:		
0306 27 91	– – – – Garnelen der Familie *Pandalidae*, andere als der Gattung *Pandalus*	12	—
0306 27 95	– – – – Garnelen der Gattung *Crangon*, andere als der Art *Crangon crangon*	18	—
0306 27 99	– – – – andere	12	—

KN-Code	Warenbezeichnung	Vertragsmäßiger Zollsatz (%)	Besondere Maßeinheit
1	2	3	4
0306 29	– – **andere, einschließlich Mehl, Pulver und Pellets von Krebstieren, genießbar:**		
0306 29 05	– – – geräuchert, auch ohne Panzer, auch vor oder während des Räucherns gegart, jedoch nicht weiter zubereitet	20	—
	– – – andere:		
0306 29 10	– – – – Süßwasserkrebse	7,5	—
0306 29 90	– – – – andere	12	—
0307	**Weichtiere, auch ohne Schale, lebend, frisch, gekühlt, gefroren, getrocknet, gesalzen oder in Salzlake; Weichtiere, auch ohne Schale, geräuchert, auch vor oder während des Räucherns gegart; Mehl, Pulver und Pellets von Weichtieren, genießbar:**		
	– **Austern:**		
0307 11	– – **lebend, frisch oder gekühlt:**		
0307 11 10	– – – flache Austern (*Ostrea* spp.), lebend, mit einem Stückgewicht einschließlich Schale von 40 g oder weniger	frei	—
0307 11 90	– – – andere	9	—
0307 19	– – **andere:**		
0307 19 10	– – – geräuchert, auch ohne Schale, auch vor oder während des Räucherns gegart, jedoch nicht weiter zubereitet	20	—
0307 19 90	– – – andere	9	—
	– **Kamm-Muscheln und Pilger-Muscheln der Gattungen *Pecten*, *Chlamys* oder *Placopecten*:**		
0307 21 00	– – **lebend, frisch oder gekühlt**	8	—
0307 29	– – **andere:**		
0307 29 05	– – – geräuchert, auch ohne Schale, auch vor oder während des Räucherns gegart, jedoch nicht weiter zubereitet	20	—
	– – – andere:		
0307 29 10	– – – – große Pilger-Muscheln (*Pecten maximus*), gefroren	8	—
0307 29 90	– – – – andere	8	—
	– **Miesmuscheln (*Mytilus* spp., *Perna* spp.):**		
0307 31	– – **lebend, frisch oder gekühlt:**		
0307 31 10	– – – *Mytilus* spp.	10	—
0307 31 90	– – – *Perna* spp.	8	—
0307 39	– – **andere:**		
0307 39 05	– – – geräuchert, auch ohne Schale, auch vor oder während des Räucherns gegart, jedoch nicht weiter zubereitet	20	—
	– – – andere:		
0307 39 10	– – – – *Mytilus* spp.	10	—
0307 39 90	– – – – *Perna* spp.	8	—
	– **Tintenfische (*Sepia officinalis, Rossia macrosoma, Sepiola* spp.); Kalmare (*Ommastrephes* spp., *Loligo* spp., *Nototodarus* spp., *Sepioteuthis* spp.):**		
0307 41	– – **lebend, frisch oder gekühlt:**		
0307 41 10	– – – Tintenfische (*Sepia officinalis, Rossia macrosoma, Sepiola* spp.)	8	—

KN-Code	Warenbezeichnung	Vertragsmäßiger Zollsatz (%)	Besondere Maßeinheit
1	2	3	4
	– – – Kalmare (*Ommastrephes* spp., *Loligo* spp., *Nototodarus* spp., *Sepioteuthis* spp.):		
★ **0307 41 92**	– – – – *Loligo* spp.	6	—
0307 41 99	– – – – andere	8	—
0307 49	– – **andere:**		
0307 49 05	– – – geräuchert, auch vor oder während des Räucherns gegart, jedoch nicht weiter zubereitet	20	—
	– – – gefroren:		
	– – – – Tintenfische (*Sepia officinalis, Rossia macrosoma, Sepiola* spp.):		
	– – – – – der Gattung *Sepiola*:		
0307 49 09	– – – – – – Zwergtintenfische (*Sepiola rondeleti*)	6	—
0307 49 11	– – – – – – andere	8	—
0307 49 18	– – – – – andere	8	—
	– – – – Kalmare (*Ommastrephes* spp., *Loligo* spp., *Nototodarus* spp., *Sepioteuthis* spp.):		
	– – – – – *Loligo* spp.:		
0307 49 31	– – – – – – *Loligo vulgaris*	6	—
0307 49 33	– – – – – – *Loligo pealei*	6	—
0307 49 35	– – – – – – *Loligo patagonica*	6	—
0307 49 38	– – – – – – andere	6	—
0307 49 59	– – – – – andere	8	—
	– – – andere:		
0307 49 71	– – – – Tintenfische (*Sepia officinalis, Rossia macrosoma, Sepiola* spp.)	8	—
	– – – – Kalmare (*Ommastrephes* spp., *Loligo* spp., *Nototodarus* spp., *Sepioteuthis* spp.):		
★ **0307 49 92**	– – – – – *Loligo* spp.	6	—
0307 49 99	– – – – – andere	8	—
	– **Kraken (*Octopus* spp.):**		
0307 51 00	– – **lebend, frisch oder gekühlt**	8	—
0307 59	– – **andere:**		
0307 59 05	– – – geräuchert, auch vor oder während des Räucherns gegart, jedoch nicht weiter zubereitet	20	—
	– – – andere:		
0307 59 10	– – – – gefroren	8	—
0307 59 90	– – – – andere	8	—
0307 60	– **Schnecken, ausgenommen Meeresschnecken:**		
0307 60 10	– – geräuchert, auch ohne Schale, auch vor oder während des Räucherns gegart, jedoch nicht weiter zubereitet	20	—
0307 60 90	– – andere	frei	—
	– **Venusmuscheln, Herzmuscheln und Archenmuscheln (Familien *Arcidae, Arcticidae, Cardiidae, Donacidae, Hiatellidae, Mactridae, Mesodesmatidae, Myidae, Semelidae, Solecurtidae, Solenidae, Tridacnidae* und *Veneridae*):**		
0307 71 00	– – **lebend, frisch oder gekühlt**	11	—

KN-Code	Warenbezeichnung	Vertragsmäßiger Zollsatz (%)	Besondere Maßeinheit
1	2	3	4
0307 79	– – **andere:**		
0307 79 10	– – – geräuchert, auch ohne Schale, auch vor oder während des Räucherns gegart, jedoch nicht weiter zubereitet	20	—
0307 79 30	– – – Sandklaffmuscheln und andere Weichtiere der Familie *Veneridae*, gefroren	8	—
0307 79 90	– – – andere	11	—
	– **Seeohren (*Haliotis* spp.):**		
0307 81 00	– – **lebend, frisch oder gekühlt**	11	—
0307 89	– – **andere:**		
0307 89 10	– – – geräuchert, auch ohne Schale, auch vor oder während des Räucherns gegart, jedoch nicht weiter zubereitet	20	—
0307 89 90	– – – andere	11	—
	– **andere, einschließlich Mehl, Pulver und Pellets, genießbar:**		
0307 91	– – **lebend, frisch oder gekühlt:**		
★ 0307 91 10	– – – Pfeilkalmar (*Todarodes sagittatus*)	6	—
★ 0307 91 90	– – – andere	11	—
0307 99	– – **andere:**		
0307 99 10	– – – geräuchert, auch ohne Schale, auch vor oder während des Räucherns gegart, jedoch nicht weiter zubereitet	20	—
	– – – gefroren:		
0307 99 11	– – – – *Illex* spp.	8	—
★ 0307 99 14	– – – – Pfeilkalmar (*Todarodes sagittatus*)	6	—
0307 99 17	– – – – andere	11	—
	– – – andere:		
★ 0307 99 20	– – – – Pfeilkalmar (*Todarodes sagittatus*)	6	—
0307 99 80	– – – – andere	11	—
0308	**Wirbellose Wassertiere, andere als Krebstiere und Weichtiere, lebend, frisch, gekühlt, gefroren, getrocknet, gesalzen oder in Salzlake; wirbellose Wassertiere, andere als Krebstiere und Weichtiere, geräuchert, auch vor oder während des Räucherns gegart; Mehl, Pulver und Pellets von wirbellosen Wassertieren, anderen als Krebstieren und Weichtieren, genießbar:**		
	– **Seegurken (*Stichopus japonicus, Holothurioidea*):**		
0308 11 00	– – **lebend, frisch oder gekühlt**	11	—
0308 19	– – **andere:**		
0308 19 10	– – – geräuchert, auch vor oder während des Räucherns gegart, jedoch nicht weiter zubereitet	26	—

KN-Code	Warenbezeichnung	Vertragsmäßiger Zollsatz (%)	Besondere Maßeinheit
1	2	3	4
0308 19 30	– – – gefroren	11	—
0308 19 90	– – – andere	11	—
	– **Seeigel (*Strongylocentrotus* spp., *Paracentrotus lividus, Loxechinus albus, Echinus esculentus*):**		
0308 21 00	– – **lebend, frisch oder gekühlt**	11	—
0308 29	– – **andere:**		
0308 29 10	– – – geräuchert, auch vor oder während des Räucherns gegart, jedoch nicht weiter zubereitet	26	—
0308 29 30	– – – gefroren	11	—
0308 29 90	– – – andere	11	—
0308 30	– **Quallen (*Rhopilema* spp.):**		
0308 30 10	– – lebend, frisch oder gekühlt	11	—
0308 30 30	– – geräuchert, auch vor oder während des Räucherns gegart, jedoch nicht weiter zubereitet	26	—
0308 30 50	– – gefroren	frei	—
0308 30 90	– – andere	11	—
0308 90	– **andere:**		
0308 90 10	– – lebend, frisch oder gekühlt	11	—
0308 90 30	– – geräuchert, auch vor oder während des Räucherns gegart, jedoch nicht weiter zubereitet	26	—
0308 90 50	– – gefroren	11	—
0308 90 90	– – andere	11	—

KAPITEL 4

MILCH UND MILCHERZEUGNISSE; VOGELEIER; NATÜRLICHER HONIG; GENIESSBARE WAREN TIERISCHEN URSPRUNGS, ANDERWEIT WEDER GENANNT NOCH INBEGRIFFEN

Anmerkungen

1. Als Milch gelten Vollmilch sowie teilweise oder vollständig entrahmte Milch.

2. Im Sinne der Position 0405 gelten als

   a) Butter: ausschließlich aus Milch hergestellte natürliche Butter, Molkenbutter und rekombinierte Butter (frisch, gesalzen oder ranzig, einschließlich Butter in luftdicht verschlossenen Behältnissen), mit einem Milchfettgehalt von 80 GHT oder mehr, jedoch nicht mehr als 95 GHT, einem Gehalt an fettfreier Milchtrockenmasse von höchstens 2 GHT und einem Wassergehalt von höchstens 16 GHT. Butter enthält keine Zusätze von Emulgatoren, kann aber Natriumchlorid, Lebensmittelfarbstoffe, Salze aus der Neutralisierung und unschädliche Milchsäurebakterien enthalten;

   b) Milchstreichfette: kein anderes Fett als Milchfett enthaltende streichfähige Wasser-in-Öl-Emulsionen, mit einem Milchfettgehalt von 39 GHT oder mehr, jedoch weniger als 80 GHT.

3. Erzeugnisse, die durch Eindicken von Molke mit Zusatz von Milch oder Milchfett gewonnen werden, gehören als Käse zu Position 0406, wenn sie die nachstehenden drei Merkmale aufweisen:

   a) einen Milchfettgehalt, bezogen auf die Trockenmasse, von 5 GHT oder mehr;

   b) einen Trockenmassegehalt von 70 bis 85 GHT;

   c) sie geformt sind oder geformt werden können.

4. Zu Kapitel 4 gehören nicht:

   a) aus Molke hergestellte Erzeugnisse, die mehr als 95 GHT Lactose, berechnet als wasserfreie Lactose bezogen auf die Trockenmasse, enthalten (Position 1702); oder

   b) Albumine (einschließlich Konzentrate aus zwei oder mehr Molkenproteinen, die mehr als 80 GHT Molkenproteine bezogen auf die Trockenmasse enthalten) (Position 3502) oder Globuline (Position 3504).

Unterpositions-Anmerkungen

1. Im Sinne der Unterposition 0404 10 sind unter „modifizierter Molke" Erzeugnisse aus Molkenbestandteilen zu verstehen, z. B. Molke, der die Lactose, die Proteine oder die Mineralstoffe ganz oder teilweise entzogen worden sind, oder Molke, der natürliche Molkenbestandteile zugesetzt worden sind, sowie Erzeugnisse, die durch Vermischen natürlicher Molkenbestandteile hergestellt worden sind.

2. Der Begriff „Butter" im Sinne der Unterposition 0405 10 umfasst nicht entwässerte Butter und Ghee (Unterposition 0405 90).

Zusätzliche Anmerkung

1. *Auf Mischungen, die zu den Positionen 0401 bis 0406 gehören, sind folgende Zollsätze anzuwenden:*

   a) auf Mischungen, in denen einer der Bestandteile mindestens 90 GHT ausmacht, ist der für diesen Bestandteil geltende Zollsatz anzuwenden;

   b) auf andere Mischungen ist der Zollsatz des Bestandteils anzuwenden, der zu dem höchsten Zollbetrag führt.

KN-Code	Warenbezeichnung	Vertragsmäßiger Zollsatz (%)	Besondere Maßeinheit
1	2	3	4
0401	**Milch und Rahm, weder eingedickt noch mit Zusatz von Zucker oder anderen Süßmitteln:**		
0401 10	**- mit einem Milchfettgehalt von 1 GHT oder weniger:**		
0401 10 10	- - in unmittelbaren Umschließungen mit einem Inhalt von 2 l oder weniger	13,8 €/100 kg/net	—
0401 10 90	- - andere	12,9 €/100 kg/net	—

KN-Code	Warenbezeichnung	Vertragsmäßiger Zollsatz (%)	Besondere Maßeinheit
1	2	3	4
0401 20	**– mit einem Fettgehalt von mehr als 1 GHT, jedoch nicht mehr als 6 GHT:**		
	– – mit einem Milchfettgehalt von 3 GHT oder weniger:		
0401 20 11	– – – in unmittelbaren Umschließungen mit einem Inhalt von 2 l oder weniger	18,8 €/100 kg/net	—
0401 20 19	– – – andere	17,9 €/100 kg/net	—
	– – mit einem Milchfettgehalt von mehr als 3 GHT:		
0401 20 91	– – – in unmittelbaren Umschließungen mit einem Inhalt von 2 l oder weniger	22,7 €/100 kg/net	—
0401 20 99	– – – andere	21,8 €/100 kg/net	—
0401 40	**– mit einem Fettgehalt von mehr als 6 GHT, jedoch nicht mehr als 10 GHT:**		
0401 40 10	– – in unmittelbaren Umschließungen mit einem Inhalt von 2 l oder weniger	57,5 €/100 kg/net	—
0401 40 90	– – andere	56,6 €/100 kg/net	—
0401 50	**– mit einem Milchfettgehalt von mehr als 10 GHT:**		
	– – mit einem Milchfettgehalt von 21 GHT oder weniger:		
0401 50 11	– – – in unmittelbaren Umschließungen mit einem Inhalt von 2 l oder weniger	57,5 €/100 kg/net	—
0401 50 19	– – – andere	56,6 €/100 kg/net	—
	– – mit einem Milchfettgehalt von mehr als 21 bis 45 GHT:		
0401 50 31	– – – in unmittelbaren Umschließungen mit einem Inhalt von 2 l oder weniger	110 €/100 kg/net	—
0401 50 39	– – – andere	109,1 €/100 kg/net	—
	– – mit einem Milchfettgehalt von mehr als 45 GHT:		
0401 50 91	– – – in unmittelbaren Umschließungen mit einem Inhalt von 2 l oder weniger	183,7 €/100 kg/net	—
0401 50 99	– – – andere	182,8 €/100 kg/net	—
0402	**Milch und Rahm, eingedickt oder mit Zusatz von Zucker oder anderen Süßmitteln:**		
0402 10	**– in Pulverform, granuliert oder in anderer fester Form, mit einem Milchfettgehalt von 1,5 GHT oder weniger:**		
	– – ohne Zusatz von Zucker oder anderen Süßmitteln:		
0402 10 11	– – – in unmittelbaren Umschließungen mit einem Gewicht des Inhalts von 2,5 kg oder weniger	125,4 €/100 kg/net	—
0402 10 19	– – – andere	118,8 €/100 kg/net ([1])	—
	– – andere:		
0402 10 91	– – – in unmittelbaren Umschließungen mit einem Gewicht des Inhalts von 2,5 kg oder weniger	1,19 €/kg + 27,5 €/100 kg/net ([2])	—
0402 10 99	– – – andere	1,19 €/kg + 21 €/100 kg/net ([2])	—
	– in Pulverform, granuliert oder in anderer fester Form, mit einem Milchfettgehalt von mehr als 1,5 GHT:		
0402 21	**– – ohne Zusatz von Zucker oder anderen Süßmitteln:**		
	– – – mit einem Milchfettgehalt von 27 GHT oder weniger:		
0402 21 11	– – – – in unmittelbaren Umschließungen mit einem Gewicht des Inhalts von 2,5 kg oder weniger	135,7 €/100 kg/net	—

([1]) WTO-Zollkontingent.
([2]) Der Zoll auf 100 kg der Ware ist gleich der Summe aus:
a) dem je kg angegebenen Betrag, multipliziert mit dem Gewicht an Milchbestandteilen in 100 kg der Ware, und
b) dem angegebenen anderen Betrag.

KN-Code	Warenbezeichnung	Vertragsmäßiger Zollsatz (%)	Besondere Maßeinheit
1	2	3	4
0402 21 18	– – – – andere	130,4 €/100 kg/net	—
	– – – mit einem Milchfettgehalt von mehr als 27 GHT:		
0402 21 91	– – – – in unmittelbaren Umschließungen mit einem Gewicht des Inhalts von 2,5 kg oder weniger	167,2 €/100 kg/net	—
0402 21 99	– – – – andere	161,9 €/100 kg/net	—
0402 29	– – **andere:**		
	– – – mit einem Milchfettgehalt von 27 GHT oder weniger:		
0402 29 11	– – – – Milch zur Ernährung von Säuglingen, in luftdicht verschlossenen Behältnissen mit einem Gewicht des Inhalts von 500 g oder weniger und mit einem Milchfettgehalt von mehr als 10 GHT	1,31 €/kg + 22 €/100 kg/net (1)	—
	– – – – andere:		
0402 29 15	– – – – – in unmittelbaren Umschließungen mit einem Gewicht des Inhalts von 2,5 kg oder weniger	1,31 €/kg + 22 €/100 kg/net (1)	—
0402 29 19	– – – – – andere	1,31 €/kg + 16,8 €/100 kg/net (1)	—
	– – – mit einem Milchfettgehalt von mehr als 27 GHT:		
0402 29 91	– – – – in unmittelbaren Umschließungen mit einem Gewicht des Inhalts von 2,5 kg oder weniger	1,62 €/kg + 22 €/100 kg/net (1)	—
0402 29 99	– – – – andere	1,62 €/kg + 16,8 €/100 kg/net (1)	—
	– **andere:**		
0402 91	– – **ohne Zusatz von Zucker oder anderen Süßmitteln:**		
0402 91 10	– – – mit einem Milchfettgehalt von 8 GHT oder weniger	34,7 €/100 kg/net	—
0402 91 30	– – – mit einem Milchfettgehalt von mehr als 8 bis 10 GHT	43,4 €/100 kg/net	—
	– – – mit einem Milchfettgehalt von mehr als 10 bis 45 GHT:		
0402 91 51	– – – – in unmittelbaren Umschließungen mit einem Gewicht des Inhalts von 2,5 kg oder weniger	110 €/100 kg/net	—
0402 91 59	– – – – andere	109,1 €/100 kg/net	—
	– – – mit einem Milchfettgehalt von mehr als 45 GHT:		
0402 91 91	– – – – in unmittelbaren Umschließungen mit einem Gewicht des Inhalts von 2,5 kg oder weniger	183,7 €/100 kg/net	—
0402 91 99	– – – – andere	182,8 €/100 kg/net	—
0402 99	– – **andere:**		
0402 99 10	– – – mit einem Milchfettgehalt von 9,5 GHT oder weniger	57,2 €/100 kg/net	—
	– – – mit einem Milchfettgehalt von mehr als 9,5 bis 45 GHT:		
0402 99 31	– – – – in unmittelbaren Umschließungen mit einem Gewicht des Inhalts von 2,5 kg oder weniger	1,08 €/kg + 19,4 €/100 kg/net (1)	—
0402 99 39	– – – – andere	1,08 €/kg + 18,5 €/100 kg/net (1)	—
	– – – mit einem Milchfettgehalt von mehr als 45 GHT:		
0402 99 91	– – – – in unmittelbaren Umschließungen mit einem Gewicht des Inhalts von 2,5 kg oder weniger	1,81 €/kg + 19,4 €/100 kg/net (1)	—

(1) Der Zoll auf 100 kg der Ware ist gleich der Summe aus:
a) dem je kg angegebenen Betrag, multipliziert mit dem Gewicht an Milchbestandteilen in 100 kg der Ware, und
b) dem angegebenen anderen Betrag.

KN-Code	Warenbezeichnung	Vertragsmäßiger Zollsatz (%)	Besondere Maßeinheit
1	2	3	4
0402 99 99	– – – – andere	1,81 €/kg + 18,5 €/100 kg/net (1)	—
0403	**Buttermilch, saure Milch und saurer Rahm, Joghurt, Kefir und andere fermentierte oder gesäuerte Milch (einschließlich Rahm), auch eingedickt oder aromatisiert, auch mit Zusatz von Zucker, anderen Süßmitteln, Früchten, Nüssen oder Kakao:**		
0403 10	– **Joghurt:**		
	– – weder aromatisiert noch mit Zusatz von Früchten, Nüssen oder Kakao:		
	– – – ohne Zusatz von Zucker oder anderen Süßmitteln, mit einem Milchfettgehalt von:		
0403 10 11	– – – – 3 GHT oder weniger	20,5 €/100 kg/net	—
0403 10 13	– – – – mehr als 3 bis 6 GHT	24,4 €/100 kg/net	—
0403 10 19	– – – – mehr als 6 GHT	59,2 €/100 kg/net	—
	– – – anderer, mit einem Milchfettgehalt von:		
0403 10 31	– – – – 3 GHT oder weniger	0,17 €/kg + 21,1 €/100 kg/net (1)	—
0403 10 33	– – – – mehr als 3 bis 6 GHT	0,20 €/kg + 21,1 €/100 kg/net (1)	—
0403 10 39	– – – – mehr als 6 GHT	0,54 €/kg + 21,1 €/100 kg/net (1)	—
	– – aromatisiert oder mit Zusatz von Früchten, Nüssen oder Kakao:		
	– – – in Pulverform, granuliert oder in anderer fester Form, mit einem Milchfettgehalt von:		
0403 10 51	– – – – 1,5 GHT oder weniger	8,3 + 95 €/100 kg/net	—
0403 10 53	– – – – mehr als 1,5 bis 27 GHT	8,3 + 130,4 €/100 kg/net	—
0403 10 59	– – – – mehr als 27 GHT	8,3 + 168,8 €/100 kg/net	—
	– – – anderer, mit einem Milchfettgehalt von:		
0403 10 91	– – – – 3 GHT oder weniger	8,3 + 12,4 €/100 kg/net	—
0403 10 93	– – – – mehr als 3 bis 6 GHT	8,3 + 17,1 €/100 kg/net	—
0403 10 99	– – – – mehr als 6 GHT	8,3 + 26,6 €/100 kg/net	—
0403 90	– **andere:**		
	– – weder aromatisiert noch mit Zusatz von Früchten, Nüssen oder Kakao:		
	– – – in Pulverform, granuliert oder in anderer fester Form:		
	– – – – ohne Zusatz von Zucker oder anderen Süßmitteln, mit einem Milchfettgehalt von:		
0403 90 11	– – – – – 1,5 GHT oder weniger	100,4 €/100 kg/net	—
0403 90 13	– – – – – mehr als 1,5 bis 27 GHT	135,7 €/100 kg/net	—
0403 90 19	– – – – – mehr als 27 GHT	167,2 €/100 kg/net	—

(1) Der Zoll auf 100 kg der Ware ist gleich der Summe aus:
a) dem je kg angegebenen Betrag, multipliziert mit dem Gewicht an Milchbestandteilen in 100 kg der Ware, und
b) dem angegebenen anderen Betrag.

KN-Code	Warenbezeichnung	Vertragsmäßiger Zollsatz (%)	Besondere Maßeinheit
1	2	3	4
	– – – – andere, mit einem Milchfettgehalt von:		
0403 90 31	– – – – – 1,5 GHT oder weniger	0,95 €/kg + 22 €/ 100 kg/net (1)	—
0403 90 33	– – – – – mehr als 1,5 bis 27 GHT	1,31 €/kg + 22 €/ 100 kg/net (1)	—
0403 90 39	– – – – – mehr als 27 GHT	1,62 €/kg + 22 €/ 100 kg/net (1)	—
	– – – andere:		
	– – – – ohne Zusatz von Zucker oder anderen Süßmitteln, mit einem Milchfettgehalt von:		
0403 90 51	– – – – – 3 GHT oder weniger	20,5 €/100 kg/net	—
0403 90 53	– – – – – mehr als 3 bis 6 GHT	24,4 €/100 kg/net	—
0403 90 59	– – – – – mehr als 6 GHT	59,2 €/100 kg/net	—
	– – – – andere, mit einem Milchfettgehalt von:		
0403 90 61	– – – – – 3 GHT oder weniger	0,17 €/kg + 21,1 €/ 100 kg/net (1)	—
0403 90 63	– – – – – mehr als 3 bis 6 GHT	0,20 €/kg + 21,1 €/ 100 kg/net (1)	—
0403 90 69	– – – – – mehr als 6 GHT	0,54 €/kg + 21,1 €/ 100 kg/net (1)	—
	– – aromatisiert oder mit Zusatz von Früchten, Nüssen oder Kakao:		
	– – – in Pulverform, granuliert oder in anderer fester Form, mit einem Milchfettgehalt von:		
0403 90 71	– – – – 1,5 GHT oder weniger	8,3 + 95 €/100 kg/ net	—
0403 90 73	– – – – mehr als 1,5 bis 27 GHT	8,3 + 130,4 €/ 100 kg/net	—
0403 90 79	– – – – mehr als 27 GHT	8,3 + 168,8 €/ 100 kg/net	—
	– – – andere, mit einem Milchfettgehalt von:		
0403 90 91	– – – – 3 GHT oder weniger	8,3 + 12,4 €/ 100 kg/net	—
0403 90 93	– – – – mehr als 3 bis 6 GHT	8,3 + 17,1 €/ 100 kg/net	—
0403 90 99	– – – – mehr als 6 GHT	8,3 + 26,6 €/ 100 kg/net	—
0404	**Molke, auch eingedickt oder mit Zusatz von Zucker oder anderen Süßmitteln; Erzeugnisse, die aus natürlichen Milchbestandteilen bestehen, auch mit Zusatz von Zucker oder anderen Süßmitteln, anderweit weder genannt noch inbegriffen:**		
0404 10	– **Molke und modifizierte Molke, auch eingedickt oder mit Zusatz von Zucker oder anderen Süßmitteln:**		
	– – in Pulverform, granuliert oder in anderer fester Form:		
	– – – ohne Zusatz von Zucker oder anderen Süßmitteln, mit einem Proteingehalt (Stickstoffgehalt × 6,38) von:		
	– – – – 15 GHT oder weniger und mit einem Milchfettgehalt von:		

(1) Der Zoll auf 100 kg der Ware ist gleich der Summe aus:
a) dem je kg angegebenen Betrag, multipliziert mit dem Gewicht an Milchbestandteilen in 100 kg der Ware, und
b) dem angegebenen anderen Betrag.

KN-Code	Warenbezeichnung	Vertragsmäßiger Zollsatz (%)	Besondere Maßeinheit
1	2	3	4
0404 10 02	– – – – – 1,5 GHT oder weniger	7 €/100 kg/net	—
0404 10 04	– – – – – mehr als 1,5 bis 27 GHT	135,7 €/100 kg/net	—
0404 10 06	– – – – – mehr als 27 GHT	167,2 €/100 kg/net	—
	– – – – mehr als 15 GHT und mit einem Milchfettgehalt von:		
0404 10 12	– – – – – 1,5 GHT oder weniger	100,4 €/100 kg/net	—
0404 10 14	– – – – – mehr als 1,5 bis 27 GHT	135,7 €/100 kg/net	—
0404 10 16	– – – – – mehr als 27 GHT	167,2 €/100 kg/net	—
	– – – andere, mit einem Proteingehalt (Stickstoffgehalt × 6,38) von:		
	– – – – 15 GHT oder weniger und mit einem Milchfettgehalt von:		
0404 10 26	– – – – – 1,5 GHT oder weniger	0,07 €/kg/net + 16,8 €/100 kg/net (1)	—
0404 10 28	– – – – – mehr als 1,5 bis 27 GHT	1,31 €/kg/net + 22 €/100 kg/net (1)	—
0404 10 32	– – – – – mehr als 27 GHT	1,62 €/kg/net + 22 €/100 kg/net (1)	—
	– – – – mehr als 15 GHT und mit einem Milchfettgehalt von:		
0404 10 34	– – – – – 1,5 GHT oder weniger	0,95 €/kg/net + 22 €/100 kg/net (1)	—
0404 10 36	– – – – – mehr als 1,5 bis 27 GHT	1,31 €/kg/net + 22 €/100 kg/net (1)	—
0404 10 38	– – – – – mehr als 27 GHT	1,62 €/kg/net + 22 €/100 kg/net (1)	—
	– – andere:		
	– – – ohne Zusatz von Zucker oder anderen Süßmitteln, mit einem Proteingehalt (Stickstoffgehalt × 6,38) von:		
	– – – – 15 GHT oder weniger und mit einem Milchfettgehalt von:		
0404 10 48	– – – – – 1,5 GHT oder weniger	0,07 €/kg/net (2)	—
0404 10 52	– – – – – mehr als 1,5 bis 27 GHT	135,7 €/100 kg/net	—
0404 10 54	– – – – – mehr als 27 GHT	167,2 €/100 kg/net	—
	– – – – mehr als 15 GHT und mit einem Milchfettgehalt von:		
0404 10 56	– – – – – 1,5 GHT oder weniger	100,4 €/100 kg/net	—
0404 10 58	– – – – – mehr als 1,5 bis 27 GHT	135,7 €/100 kg/net	—

(1) Der Zoll auf 100 kg der Ware ist gleich der Summe aus:
a) dem je kg angegebenen Betrag, multipliziert mit dem Gewicht an Milchbestandteilen in 100 kg der Ware, und
b) dem angegebenen anderen Betrag.

(2) Der Zoll auf 100 kg der Ware ist gleich dem je kg angegebenen Betrag, multipliziert mit dem Gewicht der Milchtrockenmasse in 100 kg der Ware.

KN-Code	Warenbezeichnung	Vertragsmäßiger Zollsatz (%)	Besondere Maßeinheit
1	2	3	4
0404 10 62	– – – – – mehr als 27 GHT	167,2 €/100 kg/net	—
	– – – andere, mit einem Proteingehalt (Stickstoffgehalt × 6,38) von:		
	– – – – 15 GHT oder weniger und mit einem Milchfettgehalt von:		
0404 10 72	– – – – – 1,5 GHT oder weniger	0,07 €/kg/net + 16,8 €/100 kg/net (1)	—
0404 10 74	– – – – – mehr als 1,5 bis 27 GHT	1,31 €/kg/net + 22 €/100 kg/net (2)	—
0404 10 76	– – – – – mehr als 27 GHT	1,62 €/kg/net + 22 €/100 kg/net (2)	—
	– – – – mehr als 15 GHT und mit einem Milchfettgehalt von:		
0404 10 78	– – – – – 1,5 GHT oder weniger	0,95 €/kg/net + 22 €/100 kg/net (2)	—
0404 10 82	– – – – – mehr als 1,5 bis 27 GHT	1,31 €/kg/net + 22 €/100 kg/net (2)	—
0404 10 84	– – – – – mehr als 27 GHT	1,62 €/kg/net + 22 €/100 kg/net (2)	—
0404 90	– **andere:**		
	– – ohne Zusatz von Zucker oder anderen Süßmitteln, mit einem Milchfettgehalt von:		
0404 90 21	– – – 1,5 GHT oder weniger	100,4 €/100 kg/net	—
0404 90 23	– – – mehr als 1,5 bis 27 GHT	135,7 €/100 kg/net	—
0404 90 29	– – – mehr als 27 GHT	167,2 €/100 kg/net	—
	– – andere, mit einem Milchfettgehalt von:		
0404 90 81	– – – 1,5 GHT oder weniger	0,95 €/kg/net + 22 €/100 kg/net (2)	—
0404 90 83	– – – mehr als 1,5 bis 27 GHT	1,31 €/kg/net + 22 €/100 kg/net (2)	—
0404 90 89	– – – mehr als 27 GHT	1,62 €/kg/net + 22 €/100 kg/net (2)	—
0405	**Butter und andere Fettstoffe aus der Milch; Milchstreichfette:**		
0405 10	– **Butter:**		
	– – mit einem Fettgehalt von 85 GHT oder weniger:		
	– – – natürliche Butter:		
0405 10 11	– – – – in unmittelbaren Umschließungen mit einem Gewicht des Inhalts von 1 kg oder weniger	189,6 €/100 kg/net (3)	—

(1) Der Zoll auf 100 kg der Ware ist gleich der Summe aus:
a) dem je kg angegebenen Betrag, multipliziert mit dem Gewicht der Milchtrockenmasse in 100 kg der Ware, und
b) dem angegebenen anderen Betrag.

(2) Der Zoll auf 100 kg der Ware ist gleich der Summe aus:
a) dem je kg angegebenen Betrag, multipliziert mit dem Gewicht an Milchbestandteilen in 100 kg der Ware, und
b) dem angegebenen anderen Betrag.

(3) WTO-Zollkontingent.

KN-Code	Warenbezeichnung	Vertragsmäßiger Zollsatz (%)	Besondere Maßeinheit
1	2	3	4
0405 10 19	– – – – andere	189,6 €/100 kg/net (1)	—
0405 10 30	– – – rekombinierte Butter	189,6 €/100 kg/net (1)	—
0405 10 50	– – – Molkenbutter	189,6 €/100 kg/net (1)	—
0405 10 90	– – andere	231,3 €/100 kg/net (1)	—
0405 20	– **Milchstreichfette:**		
0405 20 10	– – mit einem Fettgehalt von 39 GHT oder mehr, jedoch weniger als 60 GHT	9 + EA (2)	—
0405 20 30	– – mit einem Fettgehalt von 60 GHT bis 75 GHT	9 + EA (2)	—
0405 20 90	– – mit einem Fettgehalt von mehr als 75 GHT, jedoch weniger als 80 GHT	189,6 €/100 kg/net	—
0405 90	– **andere:**		
0405 90 10	– – mit einem Fettgehalt von 99,3 GHT oder mehr und mit einem Wassergehalt von 0,5 GHT oder weniger	231,3 €/100 kg/net (1)	—
0405 90 90	– – andere	231,3 €/100 kg/net (1)	—
0406	**Käse und Quark/Topfen:**		
0406 10	– **Frischkäse (nichtgereifter Käse), einschließlich Molkenkäse, und Quark/Topfen:**		
0406 10 20	– – mit einem Fettgehalt von 40 GHT oder weniger	185,2 €/100 kg/net (1)	—
0406 10 80	– – anderer	221,2 €/100 kg/net (1)	—
0406 20	– **Käse aller Art, gerieben oder in Pulverform:**		
0406 20 10	– – Glarner Kräuterkäse (sog. Schabziger), aus entrahmter Milch mit Zusatz von fein vermahlenen Kräutern hergestellt (3)	7,7	—
0406 20 90	– – andere	188,2 €/100 kg/net (1)	—
0406 30	– **Schmelzkäse, weder gerieben noch in Pulverform:**		
0406 30 10	– – zu dessen Herstellung keine anderen Käsesorten als Emmentaler, Greyerzer und Appenzeller und gegebenenfalls als Zusatz Glarner Kräuterkäse (sog. Schabziger) verwendet worden sind, in Aufmachungen für den Einzelverkauf, mit einem Fettgehalt in der Trockenmasse von 56 GHT oder weniger	144,9 €/100 kg/net (1)	—

(1) WTO-Zollkontingent.
(2) Siehe Anhang 1.
(3) Die Zulassung zu dieser Unterposition erfolgt nach den in den einschlägigen Bestimmungen der Europäischen Union festgesetzten Voraussetzungen (s. Artikel 4 der Verordnung (EG) Nr. 2535/2001 der Kommission (ABl. L 341 vom 22.12.2001, S. 29)).

KN-Code	Warenbezeichnung	Vertragsmäßiger Zollsatz (%)	Besondere Maßeinheit
1	2	3	4
	– – andere:		
	– – – mit einem Fettgehalt von 36 GHT oder weniger und mit einem Fettgehalt in der Trockenmasse von:		
0406 30 31	– – – – 48 GHT oder weniger	139,1 €/100 kg/net (1)	—
0406 30 39	– – – – mehr als 48 GHT	144,9 €/100 kg/net (1)	—
0406 30 90	– – – mit einem Fettgehalt von mehr als 36 GHT	215 €/100 kg/net (1)	—
0406 40	– **Blauschimmelkäse und anderer Käse mit Marmorierung des Teiges, hervorgerufen durch Penicillium roqueforti:**		
0406 40 10	– – Roquefort	140,9 €/100 kg/net (1)	—
0406 40 50	– – Gorgonzola	140,9 €/100 kg/net (1)	—
0406 40 90	– – andere	140,9 €/100 kg/net (1)	—
0406 90	– **andere Käse:**		
0406 90 01	– – für die Verarbeitung (2)	167,1 €/100 kg/net (1)	—
	– – andere:		
0406 90 13	– – – Emmentaler	171,7 €/100 kg/net (1)	—
0406 90 15	– – – Greyerzer, Sbrinz	171,7 €/100 kg/net (1)	—
0406 90 17	– – – Bergkäse, Appenzeller	171,7 €/100 kg/net (1)	—
0406 90 18	– – – Fromage Fribourgeois, Vacherin Mont d'Or und Tête de Moine	171,7 €/100 kg/net (1)	—
0406 90 19	– – – Glarner Kräuterkäse (sog. Schabziger), aus entrahmter Milch mit Zusatz von fein vermahlenen Kräutern hergestellt (3)	7,7	—
0406 90 21	– – – Cheddar	167,1 €/100 kg/net (1)	—
0406 90 23	– – – Edamer	151 €/100 kg/net (1)	—
0406 90 25	– – – Tilsiter	151 €/100 kg/net (1)	—
0406 90 27	– – – Butterkäse	151 €/100 kg/net (1)	—
0406 90 29	– – – Kashkaval	151 €/100 kg/net (1)	—

(1) WTO-Zollkontingent.

(2) Die Zulassung zu dieser Unterposition erfolgt nach den in den einschlägigen Bestimmungen der Europäischen Union festgesetzten Voraussetzungen (s. Artikel 4 der Verordnung (EG) Nr. 2535/2001 der Kommission (ABl. L 341 vom 22.12.2001, S. 29); s. Artikel 291 bis 300 der Verordnung (EWG) Nr. 2454/93 der Kommission (ABl. L 253 vom 11.10.1993, S. 1)).

(3) Die Zulassung zu dieser Unterposition erfolgt nach den in den einschlägigen Bestimmungen der Europäischen Union festgesetzten Voraussetzungen (s. Artikel 4 der Verordnung (EG) Nr. 2535/2001 der Kommission (ABl. L 341 vom 22.12.2001, S. 29)).

KN-Code	Warenbezeichnung	Vertragsmäßiger Zollsatz (%)	Besondere Maßeinheit
1	2	3	4
0406 90 32	– – – Feta	151 €/100 kg/net (1)	—
0406 90 35	– – – Kefalo-Tyri	151 €/100 kg/net (1)	—
0406 90 37	– – – Finlandia	151 €/100 kg/net (1)	—
0406 90 39	– – – Jarlsberg	151 €/100 kg/net (1)	—
	– – – andere:		
0406 90 50	– – – – Schaf- oder Büffelkäse in Behältern, die Salzlake enthalten, oder in Beuteln aus Schaf- oder Ziegenfell	151 €/100 kg/net (1)	—
	– – – – andere:		
	– – – – – mit einem Fettgehalt von 40 GHT oder weniger und mit einem Wassergehalt in der fettfreien Käsemasse von:		
	– – – – – – 47 GHT oder weniger:		
0406 90 61	– – – – – – – Grana Padano, Parmigiano Reggiano	188,2 €/100 kg/net	—
0406 90 63	– – – – – – – Fiore Sardo, Pecorino	188,2 €/100 kg/net (1)	—
0406 90 69	– – – – – – – andere	188,2 €/100 kg/net (1)	—
	– – – – – – mehr als 47 bis 72 GHT:		
0406 90 73	– – – – – – – Provolone	151 €/100 kg/net (1)	—
0406 90 75	– – – – – – – Asiago, Caciocavallo, Montasio, Ragusano	151 €/100 kg/net (1)	—
0406 90 76	– – – – – – – Danbo, Fontal, Fontina, Fynbo, Havarti, Maribo, Samsø	151 €/100 kg/net (1)	—
0406 90 78	– – – – – – – Gouda	151 €/100 kg/net (1)	—
0406 90 79	– – – – – – – Esrom, Italico, Kernhem, St. Nectaire, St. Paulin, Taleggio	151 €/100 kg/net (1)	—
0406 90 81	– – – – – – – Cantal, Cheshire, Wensleydale, Lancashire, Double Gloucester, Blarney, Colby, Monterey	151 €/100 kg/net (1)	—
0406 90 82	– – – – – – – Camembert	151 €/100 kg/net (1)	—
0406 90 84	– – – – – – – Brie	151 €/100 kg/net (1)	—
0406 90 85	– – – – – – – Kefalograviera, Kasseri	151 €/100 kg/net	—
	– – – – – – – andere Käse, mit einem Wassergehalt in der fettfreien Käsemasse von:		
0406 90 86	– – – – – – – – mehr als 47 bis 52 GHT	151 €/100 kg/net (1)	—
0406 90 87	– – – – – – – – mehr als 52 bis 62 GHT	151 €/100 kg/net (1)	—

(1) WTO-Zollkontingent.

KN-Code	Warenbezeichnung	Vertragsmäßiger Zollsatz (%)	Besondere Maßeinheit
1	2	3	4
0406 90 88	– – – – – – – – mehr als 62 bis 72 GHT	151 €/100 kg/net (1)	—
0406 90 93	– – – – – – mehr als 72 GHT	185,2 €/100 kg/net (1)	—
0406 90 99	– – – – – andere	221,2 €/100 kg/net (1)	—
0407	**Vogeleier in der Schale, frisch, haltbar gemacht oder gekocht:**		
	– **Bruteier:**		
0407 11 00	– – **von Hühnern (*Gallus domesticus*) (2)**	35 €/1 000 p/st	p/st
0407 19	– – **andere:**		
	– – – von Hausgeflügel anderer Art als *Gallus domesticus* (2):		
0407 19 11	– – – – von Truthühnern oder Gänsen	105 €/1 000 p/st	p/st
0407 19 19	– – – – andere	35 €/1 000 p/st	p/st
0407 19 90	– – – andere	7,7	p/st
	– **andere Eier, frisch:**		
0407 21 00	– – **von Hühnern (*Gallus domesticus*)**	30,4 €/100 kg/net (1)	1 000 p/st
0407 29	– – **andere:**		
0407 29 10	– – – von Hausgeflügel anderer Art als *Gallus domesticus*	30,4 €/100 kg/net (1)	1 000 p/st
0407 29 90	– – – andere	7,7	p/st
0407 90	– **andere:**		
0407 90 10	– – von Hausgeflügel	30,4 €/100 kg/net (1)	1 000 p/st
0407 90 90	– – andere	7,7	p/st
0408	**Vogeleier, nicht in der Schale, und Eigelb, frisch, getrocknet, in Wasser oder Dampf gekocht, geformt, gefroren oder anders haltbar gemacht, auch mit Zusatz von Zucker oder anderen Süßmitteln:**		
	– **Eigelb:**		
0408 11	– – **getrocknet:**		
0408 11 20	– – – ungenießbar oder ungenießbar gemacht (3)	frei	—
0408 11 80	– – – anderes	142,3 €/100 kg/net (1)	—
0408 19	– – **anderes:**		
0408 19 20	– – – ungenießbar oder ungenießbar gemacht (3)	frei	—
	– – – anderes:		
0408 19 81	– – – – flüssig	62 €/100 kg/net (1)	—
0408 19 89	– – – – anderes, einschließlich gefroren	66,3 €/100 kg/net (1)	—
	– **andere:**		
0408 91	– – **getrocknet:**		

(1) WTO-Zollkontingent.
(2) Die Zulassung zu dieser Unterposition erfolgt nach den in den einschlägigen Bestimmungen der Europäischen Union festgesetzten Voraussetzungen (s. Anhang XIV Teil C der Verordnung (EG) Nr. 1234/2007 des Rates (ABl. L 299 vom 16.11.2007, S. 1)).
(3) Die Zulassung zu dieser Unterposition erfolgt nach den in den Einführenden Vorschriften II.F festgesetzten Voraussetzungen.

KN-Code	Warenbezeichnung	Vertragsmäßiger Zollsatz (%)	Besondere Maßeinheit
1	2	3	4
0408 91 20	– – – ungenießbar oder ungenießbar gemacht ([1])	frei	—
0408 91 80	– – – andere	137,4 €/100 kg/net ([2])	—
0408 99	– – **andere:**		
0408 99 20	– – – ungenießbar oder ungenießbar gemacht ([1])	frei	—
0408 99 80	– – – andere	35,3 €/100 kg/net ([2])	—
0409 00 00	**Natürlicher Honig**	17,3	—
0410 00 00	**Genießbare Waren tierischen Ursprungs, anderweit weder genannt noch inbegriffen**	7,7	—

([1]) Die Zulassung zu dieser Unterposition erfolgt nach den in den Einführenden Vorschriften II.F festgesetzten Voraussetzungen.
([2]) WTO-Zollkontingent.

KAPITEL 5

ANDERE WAREN TIERISCHEN URSPRUNGS, ANDERWEIT WEDER GENANNT NOCH INBEGRIFFEN

Anmerkungen

1. Zu Kapitel 5 gehören nicht:

   a) genießbare Waren (ausgenommen flüssiges oder getrocknetes Tierblut und ganze oder zerteilte Därme, Blasen und Mägen von Tieren);

   b) Häute, Felle und Pelzfelle, ausgenommen Waren der Position 0505 und Schnitzel und ähnliche Abfälle roher Häute oder Felle der Position 0511 (Kapitel 41 oder 43);

   c) Spinnstoffe tierischen Ursprungs, ausgenommen Rosshaar und Rosshaarabfälle (Abschnitt XI);

   d) Pinselköpfe (Position 9603).

2. Menschenhaare, nach Längen ausgehechelt, nicht gleichgerichtet, gelten als roh (Position 0501).

3. In der Nomenklatur gelten als „Elfenbein" Stoffe aus den Stoßzähnen, Hörnern oder Hauern der Elefanten, des Nilpferdes, des Walrosses, des Narwals, des Nashorns und des Wildschweines sowie alle Tierzähne.

4. In der Nomenklatur gelten als „Rosshaar" die Haare aus Mähne oder Schweif der Tiere von der Art der Pferde oder Rinder.

KN-Code	Warenbezeichnung	Vertragsmäßiger Zollsatz (%)	Besondere Maßeinheit
1	2	3	4
0501 00 00	**Menschenhaare, roh, auch gewaschen oder entfettet; Abfälle von Menschenhaar**	frei	—
0502	**Borsten von Hausschweinen oder Wildschweinen; Dachshaare und andere Tierhaare zur Herstellung von Besen, Bürsten oder Pinseln; Abfälle dieser Borsten oder Haare:**		
0502 10 00	**– Borsten von Hausschweinen oder Wildschweinen und Abfälle dieser Borsten**	frei	—
0502 90 00	**– andere**	frei	—
[0503]			
0504 00 00	**Därme, Blasen und Mägen von anderen Tieren als Fischen, ganz oder zerteilt, frisch, gekühlt, gefroren, gesalzen, in Salzlake, getrocknet oder geräuchert**	frei	—
0505	**Vogelbälge und andere Vogelteile, mit ihren Federn oder Daunen, Federn und Teile von Federn (auch beschnitten), Daunen, roh oder nur gereinigt, desinfiziert oder zum Haltbarmachen behandelt; Mehl und Abfälle von Federn oder Federteilen:**		
0505 10	**– Federn von der zum Füllen verwendeten Art; Daunen:**		
0505 10 10	– – roh	frei	—
0505 10 90	– – andere	frei	—
0505 90 00	**– andere**	frei	—
0506	**Knochen und Stirnbeinzapfen, roh, entfettet, einfach bearbeitet (aber nicht zugeschnitten), mit Säure behandelt oder entleimt; Mehl und Abfälle davon:**		
0506 10 00	**– Ossein und mit Säure behandelte Knochen**	frei	—
0506 90 00	**– andere**	frei	—

KN-Code	Warenbezeichnung	Vertragsmäßiger Zollsatz (%)	Besondere Maßeinheit
1	2	3	4
0507	**Elfenbein, Schildpatt, Fischbein (einschließlich Bartenfransen), Hörner, Geweihe, Hufe, Klauen, Krallen und Schnäbel, roh oder einfach bearbeitet, aber nicht zugeschnitten; Mehl und Abfälle davon:**		
0507 10 00	**– Elfenbein; Mehl und Abfälle von Elfenbein**	frei	—
0507 90 00	**– andere**	frei	—
0508 00 00	**Korallen und ähnliche Stoffe, roh oder einfach bearbeitet, aber nicht weiterverarbeitet; Schalen und Panzer von Weichtieren, Krebstieren oder Stachelhäutern und Schulp von Tintenfischen, roh oder einfach bearbeitet, aber nicht zugeschnitten, Mehl und Abfälle davon**	frei	—
[0509]			
0510 00 00	**Graue Ambra, Bibergeil, Zibet und Moschus; Kanthariden; Galle, auch getrocknet; Drüsen und andere tierische Stoffe, die zur Herstellung von Arzneiwaren verwendet werden, frisch, gekühlt, gefroren oder auf andere Weise vorläufig haltbar gemacht**	frei	—
0511	**Waren tierischen Ursprungs, anderweit weder genannt noch inbegriffen; nicht lebende Tiere des Kapitels 1 oder 3, ungenießbar:**		
0511 10 00	**– Rindersperma**	frei	p/st (1)
	– andere:		
0511 91	**– – Waren aus Fischen oder Krebstieren, Weichtieren oder anderen wirbellosen Wassertieren; nicht lebende Tiere des Kapitels 3:**		
0511 91 10	– – – Abfälle von Fischen	frei	—
0511 91 90	– – – andere	frei	—
0511 99	**– – andere:**		
0511 99 10	– – – Flechsen und Sehnen; Schnitzel und ähnliche Abfälle roher Häute oder Felle	frei	—
	– – – natürliche Schwämme tierischen Ursprungs:		
0511 99 31	– – – – roh	frei	—
0511 99 39	– – – – andere	5,1	—
0511 99 85	– – – andere (2)	frei	—

(1) Portion (Spermamenge für eine Besamung).
(2) Statistische TARIC-Codes: siehe Anhang 10.

ABSCHNITT II

WAREN PFLANZLICHEN URSPRUNGS

Anmerkung

1. In diesem Abschnitt gelten als „Pellets" Erzeugnisse, die entweder unmittelbar durch Pressen oder durch Zusatz eines Bindemittels in einer Menge von nicht mehr als 3 GHT zu Zylindern, Kügelchen usw. agglomeriert worden sind.

KAPITEL 6

LEBENDE PFLANZEN UND WAREN DES BLUMENHANDELS

Anmerkungen

1. Zu diesem Kapitel gehören, vorbehaltlich des zweiten Teils des Wortlauts der Position 0601, nur Waren, die gewöhnlich von Gärtnereien, von Baumschulen oder vom Blumenhandel zu Pflanz- oder Zierzwecken geliefert werden. Zu Kapitel 6 gehören jedoch nicht Kartoffeln, Speisezwiebeln, Schalotten, Knoblauch und andere Waren des Kapitels 7.

2. Sträuße, Blumenkörbe, Kränze und ähnliche Waren werden wie Blüten, Blattwerk usw. der Position 0603 oder 0604 eingereiht. Zutaten aus anderen Stoffen bleiben außer Betracht. Zu diesen Positionen gehören jedoch nicht Collagen und ähnliche dekorative Bildwerke der Position 9701.

KN-Code	Warenbezeichnung	Vertragsmäßiger Zollsatz (%)	Besondere Maßeinheit
1	2	3	4
0601	**Bulben, Zwiebeln, Knollen, Wurzelknollen und Wurzelstöcke, ruhend, im Wachstum oder in Blüte; Zichorienpflanzen und -wurzeln (ausgenommen Zichorienwurzeln der Position 1212):**		
0601 10	**- Bulben, Zwiebeln, Knollen, Wurzelknollen und Wurzelstöcke, ruhend:**		
0601 10 10	- - Hyazinthen	5,1	p/st
0601 10 20	- - Narzissen	5,1	p/st
0601 10 30	- - Tulpen	5,1	p/st
0601 10 40	- - Gladiolen	5,1	p/st
0601 10 90	- - andere	5,1	—
0601 20	**- Bulben, Zwiebeln, Knollen, Wurzelknollen und Wurzelstöcke, im Wachstum oder in Blüte; Zichorienpflanzen und -wurzeln:**		
0601 20 10	- - Zichorienpflanzen und -wurzeln	frei	—
0601 20 30	- - Orchideen, Hyazinthen, Narzissen und Tulpen	9,6	—
0601 20 90	- - andere	6,4	—
0602	**Andere lebende Pflanzen (einschließlich ihrer Wurzeln), Stecklinge und Pfropfreiser; Pilzmycel:**		
0602 10	**- Stecklinge, unbewurzelt, und Pfropfreiser:**		
0602 10 10	- - von Reben	frei	—
0602 10 90	- - andere	4	—
0602 20	**- Bäume, Sträucher und Büsche von genießbaren Früchten oder Nüssen, auch veredelt:**		
0602 20 10	- - Reben, bewurzelt, auch gepfropft	frei	—

KN-Code	Warenbezeichnung	Vertragsmäßiger Zollsatz (%)	Besondere Maßeinheit
1	2	3	4
0602 20 90	– – andere	8,3	—
0602 30 00	– **Rhododendren (Azaleen), auch veredelt**	8,3	—
0602 40 00	– **Rosen, auch veredelt**	8,3	p/st
0602 90	– **andere:**		
0602 90 10	– – Pilzmycel	8,3	—
0602 90 20	– – Ananaspflänzlinge	frei	—
0602 90 30	– – Gemüsepflanzen und Erdbeerpflanzen	8,3	—
	– – andere:		
	– – – Freilandpflanzen:		
	– – – – Bäume und Sträucher:		
0602 90 41	– – – – – Forstgehölze	8,3	—
	– – – – – andere:		
0602 90 45	– – – – – – bewurzelte Stecklinge und Jungpflanzen	6,5	—
0602 90 49	– – – – – – andere	8,3	—
0602 90 50	– – – – andere Freilandpflanzen	8,3	—
	– – – Zimmerpflanzen:		
0602 90 70	– – – – bewurzelte Stecklinge und Jungpflanzen (ausgenommen Kakteen)	6,5	—
	– – – – andere:		
0602 90 91	– – – – – Blütenpflanzen mit Knospen oder Blüten (ausgenommen Kakteen)	6,5	—
0602 90 99	– – – – – andere	6,5	—
0603	**Blumen und Blüten sowie deren Knospen, geschnitten, zu Binde- oder Zierzwecken, frisch, getrocknet, gebleicht, gefärbt, imprägniert oder anders bearbeitet:**		
	– **frisch:**		
0603 11 00	– – **Rosen**	(1)	p/st
0603 12 00	– – **Nelken**	(1)	p/st
0603 13 00	– – **Orchideen**	(1)	p/st
0603 14 00	– – **Chrysanthemen**	(1)	p/st
0603 15 00	– – **Lilien (Lilium spp.)**	(1)	p/st
0603 19	– – **andere:**		
0603 19 10	– – – Gladiolen	(1)	p/st
0603 19 80	– – – andere	(1)	—
0603 90 00	– **andere**	10	—

(1) — Vom 1. Januar bis 31. Mai: 8,5.
— Vom 1. Juni bis 31. Oktober: 12.
— Vom 1. November bis 31. Dezember: 8,5.

KN-Code	Warenbezeichnung	Vertragsmäßiger Zollsatz (%)	Besondere Maßeinheit
1	2	3	4
0604	**Blattwerk, Blätter, Zweige und andere Pflanzenteile, ohne Blüten und Blütenknospen, sowie Gräser, Moose und Flechten, zu Binde- oder Zierzwecken, frisch, getrocknet, gebleicht, gefärbt, imprägniert oder anders bearbeitet:**		
0604 20	– **frisch:**		
	– – Moose und Flechten:		
0604 20 11	– – – Rentierflechte	frei	—
0604 20 19	– – – andere	5	—
0604 20 20	– – Weihnachtsbäume	2,5	p/st
0604 20 40	– – Zweige von Nadelgehölzen	2,5	—
0604 20 90	– – andere	2	—
0604 90	– **andere:**		
	– – Moose und Flechten:		
0604 90 11	– – – Rentierflechte	frei	—
0604 90 19	– – – andere	5	—
	– – andere:		
0604 90 91	– – – nur getrocknet	frei	—
0604 90 99	– – – andere	10,9	—

KAPITEL 7

GEMÜSE, PFLANZEN, WURZELN UND KNOLLEN, DIE ZU ERNÄHRUNGSZWECKEN VERWENDET WERDEN

Anmerkungen

1. Zu Kapitel 7 gehören nicht Erzeugnisse zu Futterzwecken der Position 1214.
2. In den Positionen 0709 bis 0712 umfasst der Begriff „Gemüse" auch genießbare Pilze, Trüffeln, Oliven, Kapern, Zucchini (Courgettes), Kürbisse, Auberginen, Zuckermais (*Zea mays* var. *saccharata*), Früchte der Gattungen „*Capsicum*" und „*Pimenta*", Fenchel und Küchenkräuter wie Petersilie, Kerbel, Estragon, Kresse und Majoran (*Majorana hortensis* oder *Origanum majorana*).
3. Zu Position 0712 gehören alle getrockneten Gemüse der in den Positionen 0701 bis 0711 erfassten Arten, ausgenommen:
   a) getrocknete ausgelöste Hülsenfrüchte (Position 0713);
   b) Zuckermais in Form von Waren der Positionen 1102 bis 1104;
   c) Mehl, Grieß, Pulver, Flocken, Granulat und Pellets von Kartoffeln (Position 1105);
   d) Mehl, Grieß und Pulver von getrockneten Hülsenfrüchten der Position 0713 (Position 1106).
4. Zu diesem Kapitel gehören jedoch nicht getrocknete oder gemahlene oder sonst zerkleinerte Früchte der Gattungen „*Capsicum*" oder „*Pimenta*" (Position 0904).

KN-Code	Warenbezeichnung	Vertragsmäßiger Zollsatz (%)	Besondere Maßeinheit
1	2	3	4
0701	**Kartoffeln, frisch oder gekühlt:**		
0701 10 00	– **Pflanzkartoffeln/Saatkartoffeln** (¹)	4,5	—
0701 90	– **andere:**		
0701 90 10	– – zum Herstellen von Stärke (²)	5,8	—
	– – andere:		
0701 90 50	– – – Frühkartoffeln, vom 1. Januar bis 30. Juni	(³)	—
0701 90 90	– – – andere	11,5	—
0702 00 00	**Tomaten, frisch oder gekühlt**	(⁴)	—
0703	**Speisezwiebeln, Schalotten, Knoblauch, Porree/Lauch und andere Gemüse der *Allium* spp., frisch oder gekühlt:**		
0703 10	– **Speisezwiebeln und Schalotten:**		
	– – Speisezwiebeln:		
0703 10 11	– – – für Saatzwecke (Steckzwiebeln)	9,6	—
0703 10 19	– – – andere	9,6	—
0703 10 90	– – Schalotten	9,6	—
0703 20 00	– **Knoblauch**	9,6 + 120 €/100 kg/net (⁵)	—

(¹) Die Zulassung zu dieser Unterposition erfolgt nach den in den Einführenden Vorschriften II.F festgesetzten Voraussetzungen.
(²) Die Zulassung zu dieser Unterposition erfolgt nach den in den einschlägigen Bestimmungen der Europäischen Union festgesetzten Voraussetzungen (s. Artikel 291 bis 300 der Verordnung (EWG) Nr. 2454/93 der Kommission (ABl. L 253 vom 11.10.1993, S. 1)).
(³) — Vom 1. Januar bis 15. Mai: 9,6. WTO-Zollkontingent.
— Vom 16. Mai bis 30. Juni: 13,4.
(⁴) Siehe Anhang 2.
(⁵) WTO-Zollkontingent.

KN-Code	Warenbezeichnung	Vertragsmäßiger Zollsatz (%)	Besondere Maßeinheit
1	2	3	4
0703 90 00	**– Porree/Lauch und andere Gemüse der *Allium* spp.**	10,4	—
0704	**Kohl, Blumenkohl/Karfiol, Kohlrabi, Wirsingkohl und ähnliche genießbare Kohlarten der Gattung *Brassica*, frisch oder gekühlt:**		
0704 10 00	**– Blumenkohl/Karfiol**	(1)	—
0704 20 00	**– Rosenkohl/Kohlsprossen**	12	—
0704 90	**– anderer:**		
0704 90 10	– – Weißkohl und Rotkohl	12 MIN 0,4 €/ 100 kg/net	—
0704 90 90	– – anderer	12	—
0705	**Salate (*Lactuca sativa*) und Chicorée (*Cichorium* spp.), frisch oder gekühlt:**		
	– Salate:		
0705 11 00	**– – Kopfsalat**	(2)	—
0705 19 00	**– – andere**	10,4	—
	– Chicorée:		
0705 21 00	**– – Chicorée-Witloof (*Cichorium intybus* var. *foliosum*)**	10,4	—
0705 29 00	**– – andere**	10,4	—
0706	**Karotten und Speisemöhren, Speiserüben, Rote Rüben, Schwarzwurzeln, Knollensellerie, Rettiche und ähnliche genießbare Wurzeln, frisch oder gekühlt:**		
0706 10 00	**– Karotten und Speisemöhren, Speiserüben**	13,6 (3)	—
0706 90	**– andere:**		
0706 90 10	– – Knollensellerie	(4)	—
0706 90 30	– – Meerrettich/Kren (*Cochlearia armoracia*)	12	—
0706 90 90	– – andere	13,6	—
0707 00	**Gurken und Cornichons, frisch oder gekühlt:**		
0707 00 05	– Gurken	(5)	—
0707 00 90	– Cornichons	12,8	—
0708	**Hülsenfrüchte, auch ausgelöst, frisch oder gekühlt:**		
0708 10 00	**– Erbsen (*Pisum sativum*)**	(6)	—

(1) — Vom 1. Januar bis 14. April: 9,6 MIN 1,1 €/100 kg/net.
— Vom 15. April bis 30. November: 13,6 MIN 1,6 €/100 kg/net.
— Vom 1. bis 31. Dezember: 9,6 MIN 1,1 €/100 kg/net.

(2) — Vom 1. Januar bis 31. März: 10,4 MIN 1,3 €/100 kg/br.
— Vom 1. April bis 30. November: 12 MIN 2 €/100 kg/br.
— Vom 1. bis 31. Dezember: 10,4 MIN 1,3 €/100 kg/br.

(3) WTO-Zollkontingent.

(4) — Vom 1. Januar bis 30. April: 13,6.
— Vom 1. Mai bis 30. September: 10,4.
— Vom 1. Oktober bis 31. Dezember: 13,6.

(5) Siehe Anhang 2.

(6) — Vom 1. Januar bis 31. Mai: 8.
— Vom 1. Juni bis 31. August: 13,6.
— Vom 1. September bis 31. Dezember: 8.

KN-Code	Warenbezeichnung	Vertragsmäßiger Zollsatz (%)	Besondere Maßeinheit
1	2	3	4
0708 20 00	– **Bohnen (*Vigna* spp., *Phaseolus* spp.)**	(1)	—
0708 90 00	– **andere Hülsenfrüchte**	11,2	—
0709	**Anderes Gemüse, frisch oder gekühlt:**		
0709 20 00	– **Spargel**	10,2	—
0709 30 00	– **Auberginen**	12,8	—
0709 40 00	– **Sellerie, ausgenommen Knollensellerie**	12,8	—
	– **Pilze und Trüffeln:**		
0709 51 00	– – **Pilze der Gattung *Agaricus***	12,8	—
0709 59	– – **andere:**		
0709 59 10	– – – Pfifferlinge/Eierschwämme	3,2	—
0709 59 30	– – – Steinpilze	5,6	—
0709 59 50	– – – Trüffeln	6,4	—
0709 59 90	– – – andere	6,4	—
0709 60	– **Früchte der Gattungen „*Capsicum*" oder „*Pimenta*":**		
0709 60 10	– – Gemüsepaprika oder Paprika ohne brennenden Geschmack	7,2 (2)	—
	– – andere:		
0709 60 91	– – – der Gattung „*Capsicum*", zum industriellen Herstellen von Capsicin oder von alkoholhaltigen Capsicum-Oleoresinen (3)	frei	—
0709 60 95	– – – zum industriellen Herstellen von ätherischen Ölen oder von Resinoiden (3)	frei	—
0709 60 99	– – – andere	6,4	—
0709 70 00	– **Gartenspinat, Neuseelandspinat und Gartenmelde**	10,4	—
	– **andere:**		
0709 91 00	– – **Artischocken**	(4)	—
0709 92	– – **Oliven:**		
0709 92 10	– – – zu anderen Zwecken als zur Ölgewinnung bestimmt (3)	4,5	—
0709 92 90	– – – andere	13,1 €/100 kg/net	—
0709 93	– – **Kürbisse (*Cucurbita* spp.):**		
0709 93 10	– – – Zucchini (Courgettes)	(4)	—
0709 93 90	– – – andere	12,8	—
0709 99	– – **andere:**		
0709 99 10	– – – Salate (ausgenommen solche der Art *Lactuca sativa* sowie Chicorée (*Cichorium* spp.))	10,4	—

(1) — Vom 1. Januar bis 30. Juni: 10,4 MIN 1,6 €/100 kg/net.
— Vom 1. Juli bis 30. September: 13,6 MIN 1,6 €/100 kg/net.
— Vom 1. Oktober bis 31. Dezember: 10,4 MIN 1,6 €/100 kg/net.

(2) WTO-Zollkontingent.

(3) Die Zulassung zu dieser Unterposition erfolgt nach den in den einschlägigen Bestimmungen der Europäischen Union festgesetzten Voraussetzungen (s. Artikel 291 bis 300 der Verordnung (EWG) Nr. 2454/93 der Kommission (ABl. L 253 vom 11.10.1993, S. 1)).

(4) Siehe Anhang 2.

KN-Code	Warenbezeichnung	Vertragsmäßiger Zollsatz (%)	Besondere Maßeinheit
1	2	3	4
0709 99 20	– – – Mangold und Karde	10,4	—
0709 99 40	– – – Kapern	5,6	—
0709 99 50	– – – Fenchel	8	—
0709 99 60	– – – Zuckermais	9,4 €/100 kg/net	—
0709 99 90	– – – anderes	12,8	—
0710	**Gemüse, auch in Wasser oder Dampf gekocht, gefroren:**		
0710 10 00	– **Kartoffeln**	14,4	—
	– **Hülsengemüse, auch ausgelöst:**		
0710 21 00	– – **Erbsen (*Pisum sativum*)**	14,4	—
0710 22 00	– – **Bohnen (*Vigna* spp., *Phaseolus* spp.)**	14,4	—
0710 29 00	– – **anderes**	14,4	—
0710 30 00	– **Gartenspinat, Neuseelandspinat und Gartenmelde**	14,4	—
0710 40 00	– **Zuckermais**	5,1 + 9,4 €/100 kg/net (1)	—
0710 80	– **anderes Gemüse:**		
0710 80 10	– – Oliven	15,2	—
	– – Früchte der Gattungen „*Capsicum*“ oder „*Pimenta*“:		
0710 80 51	– – – Gemüsepaprika oder Paprika ohne brennenden Geschmack	14,4	—
0710 80 59	– – – andere	6,4	—
	– – Pilze:		
0710 80 61	– – – der Gattung *Agaricus*	14,4	—
0710 80 69	– – – andere	14,4	—
0710 80 70	– – Tomaten	14,4	—
0710 80 80	– – Artischocken	14,4	—
0710 80 85	– – Spargel	14,4	—
0710 80 95	– – andere	14,4	—
0710 90 00	– **Mischungen von Gemüsen**	14,4	—

(1) Der spezifische Betrag wird als autonome Maßnahme vom Abtropfgewicht erhoben.

KN-Code	Warenbezeichnung	Vertragsmäßiger Zollsatz (%)	Besondere Maßeinheit
1	2	3	4
0711	**Gemüse, vorläufig haltbar gemacht (z. B. durch Schwefeldioxid oder in Wasser, dem Salz, Schwefeldioxid oder andere vorläufig konservierend wirkende Stoffe zugesetzt sind), zum unmittelbaren Genuss nicht geeignet:**		
0711 20	- **Oliven:**		
0711 20 10	- - zu anderen Zwecken als zur Ölgewinnung bestimmt ([1])	6,4	—
0711 20 90	- - andere	13,1 €/100 kg/net	—
0711 40 00	- **Gurken und Cornichons**	12	—
	- **Pilze und Trüffeln:**		
0711 51 00	- - **Pilze der Gattung *Agaricus***	9,6 + 191 €/ 100 kg/net eda ([2])	kg/net eda
0711 59 00	- - **andere**	9,6	—
0711 90	- **anderes Gemüse; Mischungen von Gemüsen:**		
	- - Gemüse:		
0711 90 10	- - - Früchte der Gattungen „*Capsicum*" oder „*Pimenta*", ausgenommen Gemüsepaprika oder Paprika ohne brennenden Geschmack	6,4	—
0711 90 30	- - - Zuckermais	5,1 + 9,4 €/100 kg/ net ([3])	—
0711 90 50	- - - Speisezwiebeln	7,2	—
0711 90 70	- - - Kapern	4,8	—
0711 90 80	- - - anderes	9,6	—
0711 90 90	- - Mischungen von Gemüsen	12	—
0712	**Gemüse, getrocknet, auch in Stücke oder Scheiben geschnitten, als Pulver oder sonst zerkleinert, jedoch nicht weiter zubereitet:**		
0712 20 00	- **Speisezwiebeln**	12,8 ([2])	—
	- **Pilze, Judasohrpilze (*Auricularia* spp.), Zitterpilze (*Tremella* spp.) und Trüffeln:**		
0712 31 00	- - **Pilze der Gattung *Agaricus***	12,8	—
0712 32 00	- - **Judasohrpilze (*Auricularia* spp.)**	12,8	—
0712 33 00	- - **Zitterpilze (*Tremella* spp.)**	12,8	—
0712 39 00	- - **andere**	12,8	—
0712 90	- **anderes Gemüse; Mischungen von Gemüsen:**		
0712 90 05	- - Kartoffeln, auch in Stücke oder Scheiben geschnitten, jedoch nicht weiter zubereitet	10,2	—
	- - Zuckermais (*Zea mays* var. *saccharata*):		
0712 90 11	- - - Hybriden zur Aussaat ([4])	frei	—
0712 90 19	- - - andere	9,4 €/100 kg/net	—
0712 90 30	- - Tomaten	12,8	—
0712 90 50	- - Karotten und Speisemöhren	12,8	—
0712 90 90	- - andere	12,8	—

([1]) Die Zulassung zu dieser Unterposition erfolgt nach den in den einschlägigen Bestimmungen der Europäischen Union festgesetzten Voraussetzungen (s. Artikel 291 bis 300 der Verordnung (EWG) Nr. 2454/93 der Kommission (ABl. L 253 vom 11.10.1993, S. 1)).
([2]) WTO-Zollkontingent.
([3]) Der spezifische Betrag wird als autonome Maßnahme vom Abtropfgewicht erhoben.
([4]) Die Zulassung zu dieser Unterposition erfolgt nach den in den Einführenden Vorschriften II.F festgesetzten Voraussetzungen.

KN-Code	Warenbezeichnung	Vertragsmäßiger Zollsatz (%)	Besondere Maßeinheit
1	2	3	4
0713	**Getrocknete ausgelöste Hülsenfrüchte, auch geschält oder zerkleinert:**		
0713 10	- **Erbsen (*Pisum sativum*):**		
0713 10 10	- - zur Aussaat	frei	—
0713 10 90	- - andere	frei	—
0713 20 00	- **Kichererbsen**	frei	—
	- **Bohnen (*Vigna* spp., *Phaseolus* spp.):**		
0713 31 00	- - **Bohnen der Art *Vigna mungo (L.) Hepper* oder *Vigna radiata (L.) Wilczek***	frei	—
0713 32 00	- - **Adzukibohnen (*Phaseolus* oder *Vigna angularis*)**	frei	—
0713 33	- - **Gartenbohnen (*Phaseolus vulgaris*):**		
0713 33 10	- - - zur Aussaat	frei	—
0713 33 90	- - - andere	frei	—
0713 34 00	- - **Bambara-Erdnüsse oder Erderbsen (*Vigna subterranea* oder *Voandzeia subterranea*)**	frei	—
0713 35 00	- - **Kuhbohnen (*Vigna unguiculata*)**	frei	—
0713 39 00	- - **andere**	frei	—
0713 40 00	- **Linsen**	frei	—
0713 50 00	- **Puffbohnen (Dicke Bohnen) (*Vicia faba* var. *major*), Pferdebohnen und Ackerbohnen (*Vicia faba* var. *equina* und *Vicia faba* var. *minor*)**	3,2	—
0713 60 00	- **Straucherbsen (*Cajanus cajan*)**	3,2	—
0713 90 00	- **andere**	3,2	—
0714	**Maniok, Pfeilwurz (Arrowroot) und Salep, Topinambur, Süßkartoffeln und ähnliche Wurzeln und Knollen mit hohem Gehalt an Stärke oder Inulin, frisch, gekühlt, gefroren oder getrocknet, auch in Stücken oder in Form von Pellets; Mark des Sagobaumes:**		
0714 10 00	- **Maniok**	9,5 €/100 kg/net (1)	—
0714 20	- **Süßkartoffeln:**		
0714 20 10	- - frisch, ganz, zum menschlichen Verzehr (2)	3,8 (3)	—
0714 20 90	- - andere	6,4 €/100 kg/net (1)	—
0714 30 00	- **Yamswurzeln (*Dioscorea* spp.)**	9,5 €/100 kg/net (1)	—
0714 40 00	- **Taro (*Colocasia* spp.)**	9,5 €/100 kg/net (1)	—
0714 50 00	- **Yautia (*Xanthosoma* spp.)**	9,5 €/100 kg/net (1)	—
0714 90	- **andere:**		
0714 90 20	- - Pfeilwurz (Arrowroot) und Salep und ähnliche Wurzeln und Knollen mit hohem Stärkegehalt	9,5 €/100 kg/net (1)	—

(1) WTO-Zollkontingent.

(2) Die Zulassung zu dieser Unterposition erfolgt nach den in den einschlägigen Bestimmungen der Europäischen Union festgesetzten Voraussetzungen (s. Verordnung (EU) Nr. 1085/2010 der Kommission (ABl. L 310 vom 26.11.2010, S. 3)).

(3) Autonomer Zollsatz: 3.

KN-Code	Warenbezeichnung	Vertragsmäßiger Zollsatz (%)	Besondere Maßeinheit
1	2	3	4
0714 90 90	– – andere	3,8 ([1])	—

([1]) Autonomer Zollsatz: 3.

KAPITEL 8

GENIESSBARE FRÜCHTE UND NÜSSE; SCHALEN VON ZITRUSFRÜCHTEN ODER VON MELONEN

Anmerkungen

1. Hierher gehören nicht ungenießbare Früchte und Nüsse.
2. Gekühlte Früchte und Nüsse werden wie frische Früchte und Nüsse eingereiht.
3. Getrocknete Früchte oder getrocknete Nüsse dieses Kapitels können teilweise rehydratisiert oder zu folgenden Zwecken behandelt sein:
   a) um sie zusätzlich zu konservieren oder zu stabilisieren (z. B. durch leichte Hitzebehandlung, Schwefelung, Zusatz von Sorbinsäure oder Kaliumsorbat),
   b) um ihr Aussehen zu verbessern oder zu erhalten (z. B. durch Zusatz von pflanzlichem Öl oder geringen Mengen von Glucosesirup),

   vorausgesetzt, sie behalten den Charakter getrockneter Früchte oder getrockneter Nüsse.

Zusätzliche Anmerkungen

1. *Als Gehalt an verschiedenen Zuckern, berechnet als Saccharose („Zuckergehalt"), der Waren des Kapitels 8 gilt der bei 20 °C refraktometrisch ermittelte Wert, multipliziert mit dem Faktor 0,95.*
2. *Als „tropische Früchte" im Sinne der Unterpositionen 0811 90 11, 0811 90 31 und 0811 90 85 gelten Guaven, Mangofrüchte, Mangostanfrüchte, Papaya-Früchte, Tamarinden, Kaschu-Äpfel, Litschis, Jackfrüchte, Sapotpflaumen, Passionsfrüchte, Karambolen und Pitahayas.*
3. *Als „tropische Nüsse" im Sinne der Unterpositionen 0811 90 11, 0811 90 31, 0811 90 85, 0812 90 70 und 0813 50 31 gelten Kokosnüsse, Kaschu-Nüsse, Paranüsse, Areka-(Betel-)Nüsse, Kolanüsse und Macadamia-Nüsse.*

KN-Code	Warenbezeichnung	Vertragsmäßiger Zollsatz (%)	Besondere Maßeinheit
1	2	3	4
0801	**Kokosnüsse, Paranüsse und Kaschu-Nüsse, frisch oder getrocknet, auch ohne Schalen oder enthäutet:**		
	– Kokosnüsse:		
0801 11 00	**– – getrocknet**	frei	—
0801 12 00	**– – mit innerer Fruchthaut (Endokarp)**	frei	—
0801 19 00	**– – andere**	frei	—
	– Paranüsse:		
0801 21 00	**– – in der Schale**	frei	—
0801 22 00	**– – ohne Schale**	frei	—
	– Kaschu-Nüsse:		
0801 31 00	**– – in der Schale**	frei	—
0801 32 00	**– – ohne Schale**	frei	—
0802	**Andere Schalenfrüchte, frisch oder getrocknet, auch ohne Schalen oder enthäutet:**		
	– Mandeln:		
0802 11	**– – in der Schale:**		
0802 11 10	– – – bittere Mandeln	frei	—
0802 11 90	– – – andere	5,6 (1)	—

(1) WTO-Zollkontingent.

KN-Code	Warenbezeichnung	Vertragsmäßiger Zollsatz (%)	Besondere Maßeinheit
1	2	3	4
0802 12	– – **ohne Schale:**		
0802 12 10	– – – bittere Mandeln	frei	—
0802 12 90	– – – andere	3,5 (1)	—
	– **Haselnüsse (*Corylus* spp.):**		
0802 21 00	– – **in der Schale**	3,2	—
0802 22 00	– – **ohne Schale**	3,2	—
	– **Walnüsse:**		
0802 31 00	– – **in der Schale**	4	—
0802 32 00	– – **ohne Schale**	5,1	—
	– **Esskastanien (*Castanea* spp.):**		
0802 41 00	– – **in der Schale**	5,6	—
0802 42 00	– – **ohne Schale**	5,6	—
	– **Pistazien:**		
0802 51 00	– – **in der Schale**	1,6	—
0802 52 00	– – **ohne Schale**	1,6	—
	– **Macadamia-Nüsse:**		
0802 61 00	– – **in der Schale**	2	—
0802 62 00	– – **ohne Schale**	2	—
0802 70 00	– **Kolanüsse (*Cola* spp.)**	frei	—
0802 80 00	– **Areka-(Betel-)Nüsse**	frei	—
0802 90	– **andere:**		
0802 90 10	– – Pekan-(Hickory-)Nüsse	frei	—
0802 90 50	– – Pinienkerne	3,2 (2)	—
0802 90 85	– – andere	3,2 (2)	—
0803	**Bananen, einschließlich Mehlbananen, frisch oder getrocknet:**		
0803 10	– **Mehlbananen:**		
0803 10 10	– – frisch	16	—
0803 10 90	– – getrocknet	16	—
0803 90	– **andere:**		
0803 90 10	– – frisch	132 €/1 000 kg/net	—
0803 90 90	– – getrocknet	16	—
0804	**Datteln, Feigen, Ananas, Avocadofrüchte, Guaven, Mangofrüchte und Mangostanfrüchte, frisch oder getrocknet:**		
0804 10 00	– **Datteln**	7,7	—
0804 20	– **Feigen:**		
0804 20 10	– – frisch	5,6	—

(1) WTO-Zollkontingent.
(2) Autonomer Zollsatz: 2.

KN-Code	Warenbezeichnung	Vertragsmäßiger Zollsatz (%)	Besondere Maßeinheit
1	2	3	4
0804 20 90	– – getrocknet	8	—
0804 30 00	– **Ananas**	5,8	—
0804 40 00	– **Avocadofrüchte**	(1)	—
0804 50 00	– **Guaven, Mangofrüchte und Mangostanfrüchte**	frei	—
0805	**Zitrusfrüchte, frisch oder getrocknet:**		
0805 10	– **Orangen:**		
0805 10 20	– – Süßorangen, frisch	(2)	—
0805 10 80	– – andere	(3)	—
0805 20	– **Mandarinen (einschließlich Tangerinen und Satsumas); Clementinen, Wilkings und ähnliche Kreuzungen von Zitrusfrüchten:**		
0805 20 10	– – Clementinen	(2)	—
0805 20 30	– – Monreales und Satsumas	(2)	—
0805 20 50	– – Mandarinen und Wilkings	(2)	—
0805 20 70	– – Tangerinen	(2)	—
0805 20 90	– – andere	(2)	—
0805 40 00	– **Pampelmusen und Grapefruits**	(4)	—
0805 50	– **Zitronen (*Citrus limon, Citrus limonum*) und Limetten (*Citrus aurantifolia, Citrus latifolia*):**		
0805 50 10	– – Zitronen (*Citrus limon, Citrus limonum*)	(2)	—
0805 50 90	– – Limetten (*Citrus aurantifolia, Citrus latifolia*)	12,8	—
0805 90 00	– **andere**	12,8	—
0806	**Weintrauben, frisch oder getrocknet:**		
0806 10	– **frisch:**		
0806 10 10	– – Tafeltrauben	(2)	—
0806 10 90	– – andere	(5)	—
0806 20	– **getrocknet:**		
0806 20 10	– – Korinthen	2,4	—

(1) — Vom 1. Januar bis 31. Mai: 4.
— Vom 1. Juni bis 30. November: 5,1.
— Vom 1. bis 31. Dezember: 4.
(2) Siehe Anhang 2.
(3) — Vom 1. Januar bis 31. März: 16.
— Vom 1. April bis 15. Oktober: 12.
— Vom 16. Oktober bis 31. Dezember: 16.
(4) — Vom 1. Januar bis 30. April: 1,5.
— Vom 1. Mai bis 31. Oktober: 2,4.
— Vom 1. November bis 31. Dezember: 1,5.
(5) — Vom 1. Januar bis 14. Juli: 14,4.
— Vom 15. Juli bis 31. Oktober: 17,6.
— Vom 1. November bis 31. Dezember: 14,4.

KN-Code	Warenbezeichnung	Vertragsmäßiger Zollsatz (%)	Besondere Maßeinheit
1	2	3	4
0806 20 30	– – Sultaninen	2,4	—
0806 20 90	– – andere	2,4	—
0807	**Melonen (einschließlich Wassermelonen) und Papaya-Früchte, frisch:**		
	– **Melonen (einschließlich Wassermelonen):**		
0807 11 00	– – **Wassermelonen**	8,8	—
0807 19 00	– – **andere**	8,8	—
0807 20 00	– **Papaya-Früchte**	frei	—
0808	**Äpfel, Birnen und Quitten, frisch:**		
0808 10	– **Äpfel:**		
0808 10 10	– – Mostäpfel, lose geschüttet ohne Zwischenlagen, vom 16. September bis 15. Dezember	7,2 MIN 0,36 €/ 100 kg/net	—
0808 10 80	– – andere	(1)	—
0808 30	– **Birnen:**		
0808 30 10	– – Mostbirnen, lose geschüttet ohne Zwischenlagen, vom 1. August bis 31. Dezember	7,2 MIN 0,36 €/ 100 kg/net	—
0808 30 90	– – andere	(1)	—
0808 40 00	– **Quitten**	7,2	—
0809	**Aprikosen/Marillen, Kirschen, Pfirsiche (einschließlich Brugnolen und Nektarinen), Pflaumen und Schlehen, frisch:**		
0809 10 00	– **Aprikosen/Marillen**	(1)	—
	– **Kirschen:**		
0809 21 00	– – **Sauerkirschen/Weichseln (*Prunus cerasus*)**	(1)	—
0809 29 00	– – **andere**	(1)	—
0809 30	– **Pfirsiche, einschließlich Brugnolen und Nektarinen:**		
0809 30 10	– – Brugnolen und Nektarinen	(1)	—
0809 30 90	– – andere	(1)	—
0809 40	– **Pflaumen und Schlehen:**		
0809 40 05	– – Pflaumen	(1)	—
0809 40 90	– – Schlehen	12	—
0810	**Andere Früchte, frisch:**		
0810 10 00	– **Erdbeeren**	(2)	—
0810 20	– **Himbeeren, Brombeeren, Maulbeeren und Loganbeeren:**		
0810 20 10	– – Himbeeren	8,8	—
0810 20 90	– – andere	9,6	—
0810 30	– **schwarze, weiße oder rote Johannisbeeren und Stachelbeeren:**		
0810 30 10	– – schwarze Johannisbeeren	8,8	—

(1) Siehe Anhang 2.
(2) — Vom 1. Januar bis 30. April: 11,2.
— Vom 1. Mai bis 31. Juli: 12,8 MIN 2,4 €/100 kg/net.
— Vom 1. August bis 31. Dezember: 11,2.

KN-Code	Warenbezeichnung	Vertragsmäßiger Zollsatz (%)	Besondere Maßeinheit
1	2	3	4
0810 30 30	– – rote Johannisbeeren	8,8	—
0810 30 90	– – andere	9,6	—
0810 40	– **Preiselbeeren, Heidelbeeren und andere Früchte der Gattung Vaccinium:**		
0810 40 10	– – Preiselbeeren der Art *Vaccinium vitis-idaea*	frei	—
0810 40 30	– – Heidelbeeren der Art *Vaccinium myrtillus*	3,2	—
0810 40 50	– – Früchte der Arten *Vaccinium macrocarpon* und *Vaccinium corymbosum*	3,2	—
0810 40 90	– – andere	9,6	—
0810 50 00	– **Kiwifrüchte**	([1])	—
0810 60 00	– **Durian**	8,8	—
0810 70 00	– **Kaki**	8,8	—
0810 90	– **andere:**		
0810 90 20	– – Tamarinden, Kaschu-Äpfel, Litschis, Jackfrüchte, Sapotpflaumen, Passionsfrüchte, Karambolen und Pitahayas	frei	—
0810 90 75	– – andere	8,8	—
0811	**Früchte und Nüsse, auch in Wasser oder Dampf gekocht, gefroren, auch mit Zusatz von Zucker oder anderen Süßmitteln:**		
0811 10	– **Erdbeeren:**		
	– – mit Zusatz von Zucker oder anderen Süßmitteln:		
0811 10 11	– – – mit einem Zuckergehalt von mehr als 13 GHT	20,8 + 8,4 €/ 100 kg/net	—
0811 10 19	– – – andere	20,8	—
0811 10 90	– – andere	14,4	—
0811 20	– **Himbeeren, Brombeeren, Maulbeeren, Loganbeeren, schwarze, weiße oder rote Johannisbeeren und Stachelbeeren:**		
	– – mit Zusatz von Zucker oder anderen Süßmitteln:		
0811 20 11	– – – mit einem Zuckergehalt von mehr als 13 GHT	20,8 + 8,4 €/ 100 kg/net	—
0811 20 19	– – – andere	20,8	—
	– – andere:		
0811 20 31	– – – Himbeeren	14,4	—
0811 20 39	– – – schwarze Johannisbeeren	14,4	—
0811 20 51	– – – rote Johannisbeeren	12	—
0811 20 59	– – – Brombeeren und Maulbeeren	12	—
0811 20 90	– – – andere	14,4	—

([1]) — Vom 1. Januar bis 14. Mai: 8,8.
— Vom 15. Mai bis 15. November: 8.
— Vom 16. November bis 31. Dezember: 8,8.

KN-Code	Warenbezeichnung	Vertragsmäßiger Zollsatz (%)	Besondere Maßeinheit
1	2	3	4
0811 90	– **andere:**		
	– – mit Zusatz von Zucker oder anderen Süßmitteln:		
	– – – mit einem Zuckergehalt von mehr als 13 GHT:		
0811 90 11	– – – – tropische Früchte und tropische Nüsse	13 + 5,3 €/100 kg/net	—
0811 90 19	– – – – andere	20,8 + 8,4 €/100 kg/net	—
	– – – andere:		
0811 90 31	– – – – tropische Früchte und tropische Nüsse	13	—
0811 90 39	– – – – andere	20,8	—
	– – andere:		
0811 90 50	– – – Heidelbeeren der Art *Vaccinium myrtillus*	12	—
0811 90 70	– – – Heidelbeeren der Arten *Vaccinium myrtilloides* und *Vaccinium angustifolium*	3,2	—
	– – – Kirschen:		
0811 90 75	– – – – Sauerkirschen/Weichseln (*Prunus cerasus*)	14,4	—
0811 90 80	– – – – andere	14,4	—
0811 90 85	– – – tropische Früchte und tropische Nüsse	9	—
0811 90 95	– – – andere	14,4	—
0812	**Früchte und Nüsse, vorläufig haltbar gemacht (z. B. durch Schwefeldioxid oder in Wasser, dem Salz, Schwefeldioxid oder andere vorläufig konservierend wirkende Stoffe zugesetzt sind), zum unmittelbaren Genuss nicht geeignet:**		
0812 10 00	– **Kirschen**	8,8	—
0812 90	– **andere:**		
0812 90 25	– – Aprikosen/Marillen; Orangen	12,8	—
0812 90 30	– – Papaya-Früchte	2,3	—
0812 90 40	– – Heidelbeeren der Art *Vaccinium myrtillus*	6,4	—
0812 90 70	– – Guaven, Mangofrüchte, Mangostanfrüchte, Tamarinden, Kaschu-Äpfel, Litschis, Jackfrüchte, Sapotpflaumen, Passionsfrüchte, Karambolen, Pitahayas und tropische Nüsse	5,5	—
0812 90 98	– – andere	8,8	—
0813	**Früchte (ausgenommen solche der Positionen 0801 bis 0806), getrocknet; Mischungen von getrockneten Früchten oder von Schalenfrüchten dieses Kapitels:**		
0813 10 00	– **Aprikosen/Marillen**	5,6	—
0813 20 00	– **Pflaumen**	9,6	—
0813 30 00	– **Äpfel**	3,2	—
0813 40	– **andere Früchte:**		
0813 40 10	– – Pfirsiche, einschließlich Brugnolen und Nektarinen	5,6	—
0813 40 30	– – Birnen	6,4	—
0813 40 50	– – Papaya-Früchte	2	—

KN-Code	Warenbezeichnung	Vertragsmäßiger Zollsatz (%)	Besondere Maßeinheit
1	2	3	4
0813 40 65	– – Tamarinden, Kaschu-Äpfel, Litschis, Jackfrüchte, Sapotpflaumen, Passionsfrüchte, Karambolen und Pitahayas	frei	—
0813 40 95	– – andere	2,4	—
0813 50	– **Mischungen von getrockneten Früchten oder von Schalenfrüchten dieses Kapitels:**		
	– – Mischungen von getrockneten Früchten, anderen als solchen der Positionen 0801 bis 0806:		
	– – – ohne Pflaumen:		
0813 50 12	– – – – von Papaya-Früchten, Tamarinden, Kaschu-Äpfeln, Litschis, Jackfrüchten, Sapotpflaumen, Passionsfrüchten, Karambolen und Pitahayas	4	—
0813 50 15	– – – – andere	6,4	—
0813 50 19	– – – mit Pflaumen	9,6	—
	– – Mischungen ausschließlich von Schalenfrüchten der Positionen 0801 und 0802:		
0813 50 31	– – – von tropischen Nüssen	4	—
0813 50 39	– – – andere	6,4	—
	– – andere Mischungen:		
0813 50 91	– – – ohne Pflaumen oder Feigen	8	—
0813 50 99	– – – andere	9,6	—
0814 00 00	**Schalen von Zitrusfrüchten oder von Melonen (einschließlich Wassermelonen), frisch, gefroren, getrocknet oder zum vorläufigen Haltbarmachen in Salzlake oder in Wasser mit einem Zusatz von anderen Stoffen eingelegt**	1,6	—

KAPITEL 9

KAFFEE, TEE, MATE UND GEWÜRZE

Anmerkungen

1. Miteinander gemischte Waren der Positionen 0904 bis 0910 werden wie folgt eingereiht:

   a) miteinander gemischte Waren einer Position bleiben in dieser Position;

   b) miteinander gemischte Waren verschiedener Positionen gehören zu Position 0910.

   Waren der Positionen 0904 bis 0910 (einschließlich der unter den Buchstaben a) und b) bezeichneten Mischungen), die andere Stoffe enthalten, bleiben in Kapitel 9, vorausgesetzt, dass derartige Mischungen den Charakter der Waren dieser Positionen behalten haben; andernfalls sind diese Mischungen von Kapitel 9 ausgeschlossen; sie gehören zu Position 2103, wenn sie zusammengesetzte Würzmittel sind.

2. Zu Kapitel 9 gehören nicht Kubebenpfeffer (*Piper cubeba*) und andere Waren der Position 1211.

Zusätzliche Anmerkung

1. *Für die in Anmerkung 1 a) zu Kapitel 9 genannten Mischungen ist der Zollsatz des Bestandteils der Mischung anzuwenden, der den höchsten Zollsatz hat.*

KN-Code	Warenbezeichnung	Vertragsmäßiger Zollsatz (%)	Besondere Maßeinheit
1	2	3	4
0901	**Kaffee, auch geröstet oder entkoffeiniert; Kaffeeschalen und Kaffeehäutchen; Kaffeemittel mit beliebigem Kaffeegehalt:**		
	– Kaffee, nicht geröstet:		
0901 11 00	**– – nicht entkoffeiniert**	frei	—
0901 12 00	**– – entkoffeiniert**	8,3	—
	– Kaffee, geröstet:		
0901 21 00	**– – nicht entkoffeiniert**	7,5	—
0901 22 00	**– – entkoffeiniert**	9	—
0901 90	**– andere:**		
0901 90 10	Kaffeeschalen und Kaffeehäutchen	frei	
0901 90 90	– – Kaffeemittel mit Kaffeegehalt	11,5	—
0902	**Tee, auch aromatisiert:**		
0902 10 00	**– grüner Tee (nicht fermentiert) in unmittelbaren Umschließungen mit einem Inhalt von 3 kg oder weniger**	3,2	—
0902 20 00	**– anderer grüner Tee (nicht fermentiert)**	frei	—
0902 30 00	**– schwarzer Tee (fermentiert) und teilweise fermentierter Tee, in unmittelbaren Umschließungen mit einem Inhalt von 3 kg oder weniger**	frei	—
0902 40 00	**– anderer schwarzer Tee (fermentiert) und anderer teilweise fermentierter Tee**	frei	—
0903 00 00	**Mate**	frei	—
0904	**Pfeffer der Gattung *Piper*; Früchte der Gattung *Capsicum* oder *Pimenta*, getrocknet oder gemahlen oder sonst zerkleinert:**		
	– Pfeffer:		
0904 11 00	**– – weder gemahlen noch sonst zerkleinert**	frei	—
0904 12 00	**– – gemahlen oder sonst zerkleinert**	4	—

KN-Code	Warenbezeichnung	Vertragsmäßiger Zollsatz (%)	Besondere Maßeinheit
1	2	3	4
	– Früchte der Gattung *Capsicum* oder *Pimenta*:		
0904 21	– – getrocknet, weder gemahlen noch sonst zerkleinert:		
0904 21 10	– – – Gemüsepaprika oder Paprika ohne brennenden Geschmack (*Capsicum annuum*)	9,6	—
0904 21 90	– – – andere	frei	—
0904 22 00	– – gemahlen oder sonst zerkleinert	5	—
0905	**Vanille:**		
0905 10 00	– weder gemahlen noch sonst zerkleinert	6	—
0905 20 00	– gemahlen oder sonst zerkleinert	6	—
0906	**Zimt und Zimtblüten:**		
	– weder gemahlen noch sonst zerkleinert:		
0906 11 00	– – Zimt (*Cinnamomum zeylanicum Blume*)	frei	—
0906 19 00	– – andere	frei	—
0906 20 00	– gemahlen oder sonst zerkleinert	frei	—
0907	**Gewürznelken, Mutternelken und Nelkenstiele:**		
0907 10 00	– weder gemahlen noch sonst zerkleinert	8	—
0907 20 00	– gemahlen oder sonst zerkleinert	8	—
0908	**Muskatnüsse, Muskatblüte, Amomen und Kardamomen:**		
	– Muskatnüsse:		
0908 11 00	– – weder gemahlen noch sonst zerkleinert	frei	—
0908 12 00	– – gemahlen oder sonst zerkleinert	frei	—
	– Muskatblüte:		
0908 21 00	– – weder gemahlen noch sonst zerkleinert	frei	—
0908 22 00	– – gemahlen oder sonst zerkleinert	frei	—
	– Amomen und Kardamomen:		
0908 31 00	– – weder gemahlen noch sonst zerkleinert	frei	—
0908 32 00	– – gemahlen oder sonst zerkleinert	frei	—
0909	**Anis-, Sternanis-, Fenchel-, Koriander-, Kreuzkümmel- und Kümmelfrüchte; Wacholderbeeren:**		
	– Korianderfrüchte:		
0909 21 00	– – weder gemahlen noch sonst zerkleinert	frei	—
0909 22 00	– – gemahlen oder sonst zerkleinert	frei	—
	– Kreuzkümmelfrüchte:		
0909 31 00	– – weder gemahlen noch sonst zerkleinert	frei	—
0909 32 00	– – gemahlen oder sonst zerkleinert	frei	—

KN-Code	Warenbezeichnung	Vertragsmäßiger Zollsatz (%)	Besondere Maßeinheit
1	2	3	4
	– **Anis-, Sternanis-, Kümmel- oder Fenchelfrüchte; Wacholderbeeren:**		
0909 61 00	– – **weder gemahlen noch sonst zerkleinert**	frei	—
0909 62 00	– – **gemahlen oder sonst zerkleinert**	frei	—
0910	**Ingwer, Safran, Kurkuma, Thymian, Lorbeerblätter, Curry und andere Gewürze:**		
	– **Ingwer:**		
0910 11 00	– – **weder gemahlen noch sonst zerkleinert**	frei	—
0910 12 00	– – **gemahlen oder sonst zerkleinert**	frei	—
0910 20	– **Safran:**		
0910 20 10	– – weder gemahlen noch sonst zerkleinert	frei	—
0910 20 90	– – gemahlen oder sonst zerkleinert	8,5	—
0910 30 00	– **Kurkuma**	frei	—
	– **andere Gewürze:**		
0910 91	– – **Mischungen im Sinne der Anmerkung 1 b) zu diesem Kapitel:**		
0910 91 05	– – – Curry	frei	—
	– – – andere:		
0910 91 10	– – – – weder gemahlen noch sonst zerkleinert	frei	—
0910 91 90	– – – – gemahlen oder sonst zerkleinert	12,5	—
0910 99	– – **andere:**		
0910 99 10	– – – Samen von Bockshornklee	frei	—
	– – – Thymian:		
	– – – – weder gemahlen noch sonst zerkleinert:		
0910 99 31	– – – – – Feldthymian oder Sand-Thymian (*Thymus serpyllum L.*)	frei	—
0910 99 33	– – – – – anderer	7	—
0910 99 39	– – – – gemahlen oder sonst zerkleinert	8,5	—
0910 99 50	– – – Lorbeerblätter	7	—
	– – – andere:		
0910 99 91	– – – – weder gemahlen noch sonst zerkleinert	frei	—
0910 99 99	– – – – gemahlen oder sonst zerkleinert	12,5	—

KAPITEL 10

GETREIDE

Anmerkungen

1. A) Die in den Positionen dieses Kapitels genannten Erzeugnisse gehören nur dann zu der jeweiligen Position, wenn sie als Körner, auch in Kolben oder auf dem Halm, gestellt werden.

   B) Zu diesem Kapitel gehören nicht Getreidekörner, die geschält oder anders bearbeitet wurden. Jedoch bleiben geschälter, geschliffener, polierter, glasierter und parboiled Reis sowie Bruchreis in Position 1006.

2. Zu Position 1005 gehört nicht Zuckermais (Kapitel 7).

Unterpositions-Anmerkung

1. Hartweizen sind Weizen der Art *Triticum durum* und die Hybridsorten aus der Sortenkreuzung des *Triticum durum*, welche die gleiche Chromosomenanzahl (28) enthalten.

Zusätzliche Anmerkungen

1. *Es gelten als:*

   a) *„rundkörniger Reis" im Sinne der Unterpositionen 1006 10 21, 1006 10 92, 1006 20 11, 1006 20 92, 1006 30 21, 1006 30 42, 1006 30 61 und 1006 30 92: Reis, dessen Körner eine Länge von 5,2 mm oder weniger haben und bei denen das Verhältnis der Länge zur Breite weniger als 2 beträgt;*

   b) *„mittelkörniger Reis" im Sinne der Unterpositionen 1006 10 23, 1006 10 94, 1006 20 13, 1006 20 94, 1006 30 23, 1006 30 44, 1006 30 63 und 1006 30 94: Reis, dessen Körner eine Länge von mehr als 5,2 mm und 6,0 mm oder weniger haben und bei denen das Verhältnis der Länge zur Breite weniger als 3 beträgt;*

   c) *„langkörniger Reis" im Sinne der Unterpositionen 1006 10 25, 1006 10 27, 1006 10 96, 1006 10 98, 1006 20 15, 1006 20 17, 1006 20 96, 1006 20 98, 1006 30 25, 1006 30 27, 1006 30 46, 1006 30 48, 1006 30 65, 1006 30 67, 1006 30 96 und 1006 30 98: Reis, dessen Körner eine Länge von mehr als 6,0 mm haben;*

   d) *„Rohreis (Paddy-Reis)" im Sinne der Unterpositionen 1006 10 21, 1006 10 23, 1006 10 25, 1006 10 27, 1006 10 92, 1006 10 94, 1006 10 96 und 1006 10 98: Reis in der Strohhülse, gedroschen;*

   e) *„geschälter Reis" im Sinne der Unterpositionen 1006 20 11, 1006 20 13, 1006 20 15, 1006 20 17, 1006 20 92, 1006 20 94, 1006 20 96 und 1006 20 98: Reis, bei dem nur die Strohhülse entfernt worden ist. Hierunter fällt insbesondere Reis, der unter den Handelsbezeichnungen „Braunreis", „Cargo-Reis", „Loonzain-Reis" und „riso sbramato" bekannt ist;*

   f) *„halbgeschliffener Reis" im Sinne der Unterpositionen 1006 30 21, 1006 30 23, 1006 30 25, 1006 30 27, 1006 30 42, 1006 30 44, 1006 30 46 und 1006 30 48: Reis, bei dem die Strohhülse, ein Teil des Keimes und ganz oder teilweise die äußeren Schichten des Perikarps, nicht jedoch die inneren Schichten, entfernt worden sind;*

   g) *„vollständig geschliffener Reis" im Sinne der Unterpositionen 1006 30 61, 1006 30 63, 1006 30 65, 1006 30 67, 1006 30 92, 1006 30 94, 1006 30 96 und 1006 30 98: Reis, bei dem die Strohhülse, die äußeren und inneren Schichten des Perikarps und der Keim bei mittel- und langkörnigem Reis vollständig, bei rundkörnigem Reis zumindest teilweise, entfernt worden sind, bei dem jedoch bis zu 10 GHT der Körner weiße Längsrillen aufweisen können;*

   h) *„Bruchreis" im Sinne der Unterposition 1006 40 gebrochene Körner, die drei Viertel oder weniger der durchschnittlichen Länge ganzer Körner haben.*

2. *Auf Mischungen, die zu diesem Kapitel gehören, sind folgende Zollsätze anzuwenden:*

   a) *auf Mischungen, in denen einer der Bestandteile mindestens 90 GHT ausmacht, ist der für diesen Bestandteil geltende Zollsatz anzuwenden;*

   b) *auf andere Mischungen ist der Zollsatz des Bestandteils anzuwenden, der zu dem höchsten Zollbetrag führt.*

KN-Code	Warenbezeichnung	Vertragsmäßiger Zollsatz (%)	Besondere Maßeinheit
1	2	3	4
1001	**Weizen und Mengkorn:**		
	– Hartweizen:		
1001 11 00	**– – zur Aussaat**	148 €/t (1)	—
1001 19 00	**– – andere**	148 €/t (2) (1)	—
	– andere:		
1001 91	**– – zur Aussaat:**		
1001 91 10	– – – Spelz (3)	12,8	—
1001 91 20	– – – Weichweizen und Mengkorn	95 €/t (1)	—
1001 91 90	– – – andere	95 €/t	—
1001 99 00	**– – andere**	95 €/t (2) (1)	—
1002	**Roggen:**		
1002 10 00	**– zur Aussaat**	93 €/t (1)	—
1002 90 00	**– andere**	93 €/t (1)	—
1003	**Gerste:**		
1003 10 00	**– zur Aussaat**	93 €/t (2)	—
1003 90 00	**– andere**	93 €/t (2)	—
1004	**Hafer:**		
1004 10 00	**– zur Aussaat**	89 €/t	—
1004 90 00	**– andere**	89 €/t	—
1005	**Mais:**		
1005 10	**– zur Aussaat:**		
	– – Hybridmais (3):		
1005 10 13	– – – Dreiweghybriden	frei	—
1005 10 15	– – – Einfachhybriden	frei	—
1005 10 18	– – – andere	frei	—
1005 10 90	– – anderer	94 €/t (2) (1)	—
1005 90 00	**– anderer**	94 €/t (2) (1)	—
1006	**Reis:**		
1006 10	**– Rohreis (Paddy-Reis):**		
1006 10 10	– – zur Aussaat (3)	7,7	—

(1) Die Europäische Union verpflichtet sich, für Getreide der Positionen:
— ex 1001 (Weizen),
— 1002 (Roggen),
— ex 1005 (Mais, ohne Hybridmais) sowie
— ex 1007 (Körner-Sorghum, ohne Hybrid-Körner-Sorghum zur Aussaat)
einen Zollsatz in einer Höhe und einer Form anzuwenden, dass der Einfuhrpreis nach Entrichtung der Zölle und Abgaben für dieses Getreide nicht höher ist als der effektive Interventionspreis (oder im Falle einer Änderung des derzeitigen Systems des effektiven Stützpreises), erhöht um 55 %.
Der angewandte Zollsatz darf in keinem Fall den in Spalte 3 aufgeführten Zollsatz überschreiten.

(2) WTO-Zollkontingent.

(3) Die Zulassung zu dieser Unterposition erfolgt nach den in den Einführenden Vorschriften II.F festgesetzten Voraussetzungen.

KN-Code	Warenbezeichnung	Vertragsmäßiger Zollsatz (%)	Besondere Maßeinheit
1	2	3	4
	– – anderer:		
	– – – parboiled:		
1006 10 21	– – – – rundkörniger	211 €/t (1)	—
1006 10 23	– – – – mittelkörniger	211 €/t (1)	—
	– – – – langkörniger:		
1006 10 25	– – – – – mit einem Verhältnis der Länge zur Breite von mehr als 2, jedoch weniger als 3	211 €/t (1)	—
1006 10 27	– – – – – mit einem Verhältnis der Länge zur Breite von 3 oder mehr	211 €/t (1)	—
	– – – anderer:		
1006 10 92	– – – – rundkörniger	211 €/t (1)	—
1006 10 94	– – – – mittelkörniger	211 €/t (1)	—
	– – – – langkörniger:		
1006 10 96	– – – – – mit einem Verhältnis der Länge zur Breite von mehr als 2, jedoch weniger als 3	211 €/t (1)	—
1006 10 98	– – – – – mit einem Verhältnis der Länge zur Breite von 3 oder mehr	211 €/t (1)	—
1006 20	– **geschälter Reis („Cargo-Reis“ oder „Braunreis“):**		
	– – parboiled:		
1006 20 11	– – – rundkörniger	65 €/t (2) (1)	—
1006 20 13	– – – mittelkörniger	65 €/t (2) (1)	—
	– – – langkörniger:		
1006 20 15	– – – – mit einem Verhältnis der Länge zur Breite von mehr als 2, jedoch weniger als 3	65 €/t (2) (1)	—
1006 20 17	– – – – mit einem Verhältnis der Länge zur Breite von 3 oder mehr	65 €/t (2) (1)	—
	– – anderer:		
1006 20 92	– – – rundkörniger	65 €/t (2) (1)	—
1006 20 94	– – – mittelkörniger	65 €/t (2) (1)	—
	– – – langkörniger:		
1006 20 96	– – – – mit einem Verhältnis der Länge zur Breite von mehr als 2, jedoch weniger als 3	65 €/t (2) (1)	—
1006 20 98	– – – – mit einem Verhältnis der Länge zur Breite von 3 oder mehr	65 €/t (2) (1)	—
1006 30	– **halbgeschliffener oder vollständig geschliffener Reis, auch poliert oder glasiert:**		
	– – halbgeschliffener Reis:		
	– – – parboiled:		
1006 30 21	– – – – rundkörniger	175 €/t (2) (1)	—

(1) WTO-Zollkontingent.

(2) Die Europäische Union verpflichtet sich, für geschälten Reis der Unterpositionen 1006 20 11 bis 1006 20 98 einen Zollsatz in einer Höhe und einer Form anzuwenden, dass der Einfuhrpreis nach Entrichtung der Zölle und Abgaben nicht höher ist als der effektive Interventionspreis (oder im Falle der Änderung des gegenwärtigen Systems des effektiven Stützpreises), erhöht um:
— 88 % für Japonica-Reis und
— 80 % für Indica-Reis.
Für geschliffenen Reis werden die oben genannten Prozentsätze nach der geltenden Methode zur Berechnung des Schwellenpreises für geschliffenen Reis erhöht.
Der angewandte Zollsatz darf in keinem Fall den in Spalte 3 aufgeführten Zollsatz überschreiten.

KN-Code	Warenbezeichnung	Vertragsmäßiger Zollsatz (%)	Besondere Maßeinheit
1	2	3	4
1006 30 23	– – – – mittelkörniger	175 €/t (1) (2)	—
	– – – – langkörniger:		
1006 30 25	– – – – – mit einem Verhältnis der Länge zur Breite von mehr als 2, jedoch weniger als 3	175 €/t (1) (2)	—
1006 30 27	– – – – – mit einem Verhältnis der Länge zur Breite von 3 oder mehr	175 €/t (1) (2)	—
	– – – anderer:		
1006 30 42	– – – – rundkörniger	175 €/t (1) (2)	—
1006 30 44	– – – – mittelkörniger	175 €/t (1) (2)	—
	– – – – langkörniger:		
1006 30 46	– – – – – mit einem Verhältnis der Länge zur Breite von mehr als 2, jedoch weniger als 3	175 €/t (1) (2)	—
1006 30 48	– – – – – mit einem Verhältnis der Länge zur Breite von 3 oder mehr	175 €/t (1) (2)	—
	– – vollständig geschliffener Reis:		
	– – – parboiled:		
1006 30 61	– – – – rundkörniger	175 €/t (1) (2)	—
1006 30 63	– – – – mittelkörniger	175 €/t (1) (2)	—
	– – – – langkörniger:		
1006 30 65	– – – – – mit einem Verhältnis der Länge zur Breite von mehr als 2, jedoch weniger als 3	175 €/t (1) (2)	—
1006 30 67	– – – – – mit einem Verhältnis der Länge zur Breite von 3 oder mehr	175 €/t (1) (2)	—
	– – – anderer:		
1006 30 92	– – – – rundkörniger	175 €/t (1) (2)	—
1006 30 94	– – – – mittelkörniger	175 €/t (1) (2)	—
	– – – – langkörniger:		
1006 30 96	– – – – – mit einem Verhältnis der Länge zur Breite von mehr als 2, jedoch weniger als 3	175 €/t (1) (2)	—
1006 30 98	– – – – – mit einem Verhältnis der Länge zur Breite von 3 oder mehr	175 €/t (1) (2)	—

(1) Die Europäische Union verpflichtet sich, für geschälten Reis der Unterpositionen 1006 20 11 bis 1006 20 98 einen Zollsatz in einer Höhe und einer Form anzuwenden, dass der Einfuhrpreis nach Entrichtung der Zölle und Abgaben nicht höher ist als der effektive Interventionspreis (oder im Falle der Änderung des gegenwärtigen Systems des effektiven Stützpreises), erhöht um:
— 88 % für Japonica-Reis und
— 80 % für Indica-Reis.
Für geschliffenen Reis werden die oben genannten Prozentsätze nach der geltenden Methode zur Berechnung des Schwellenpreises für geschliffenen Reis erhöht.
Der angewandte Zollsatz darf in keinem Fall den in Spalte 3 aufgeführten Zollsatz überschreiten.

(2) WTO-Zollkontingent.

KN-Code	Warenbezeichnung	Vertragsmäßiger Zollsatz (%)	Besondere Maßeinheit
1	2	3	4
1006 40 00	– **Bruchreis**	128 €/t (1)	—
1007	**Körner-Sorghum:**		
1007 10	– **zur Aussaat:**		
1007 10 10	– – Hybrid-Körner-Sorghum (2)	6,4	—
1007 10 90	– – andere	94 €/t (1) (3)	—
1007 90 00	– **andere**	94 €/t (1) (3)	—
1008	**Buchweizen, Hirse (ausgenommen Körner-Sorghum) und Kanariensaat; anderes Getreide:**		
1008 10 00	– **Buchweizen**	37 €/t	—
	– **Hirse (ausgenommen Körner-Sorghum):**		
1008 21 00	– – **zur Aussaat**	56 €/t (1)	—
1008 29 00	– – **andere**	56 €/t (1)	—
1008 30 00	– **Kanariensaat**	frei	—
1008 40 00	– **Fonio (*Digitaria* spp.)**	37 €/t	—
1008 50 00	– **Quinoa (*Chenopodium quinoa*)**	37 €/t	—
1008 60 00	– **Triticale**	93 €/t	—
1008 90 00	– **anderes Getreide**	37 €/t	—

(1) WTO-Zollkontingent.

(2) Die Zulassung zu dieser Unterposition erfolgt nach den in den Einführenden Vorschriften II.F festgesetzten Voraussetzungen.

(3) Die Europäische Union verpflichtet sich, für Getreide der Positionen:
— ex 1001 (Weizen),
— 1002 (Roggen),
— ex 1005 (Mais, ohne Hybridmais) sowie
— ex 1007 (Körner-Sorghum, ohne Hybrid-Körner-Sorghum zur Aussaat)
einen Zollsatz in einer Höhe und einer Form anzuwenden, dass der Einfuhrpreis nach Entrichtung der Zölle und Abgaben für dieses Getreide nicht höher ist als der effektive Interventionspreis (oder im Falle einer Änderung des derzeitigen Systems des effektiven Stützpreises), erhöht um 55 %.
Der angewandte Zollsatz darf in keinem Fall den in Spalte 3 aufgeführten Zollsatz überschreiten.

KAPITEL 11

MÜLLEREIERZEUGNISSE; MALZ; STÄRKE; INULIN; KLEBER VON WEIZEN

Anmerkungen

1. Zu Kapitel 11 gehören nicht:

   a) geröstetes Malz, als Kaffeemittel aufgemacht (nach Beschaffenheit Positionen 0901 und 2101);

   b) zubereitetes Mehl, zubereiteter Grobgrieß, zubereiteter Feingrieß und zubereitete Stärke der Position 1901;

   c) Cornflakes und andere Waren der Position 1904;

   d) zubereitetes oder haltbar gemachtes Gemüse der Position 2001, 2004 oder 2005;

   e) pharmazeutische Erzeugnisse (Kapitel 30);

   f) Stärke als zubereitetes Riech-, Körperpflege- oder Schönheitsmittel (Kapitel 33).

2. A) Müllereierzeugnisse aus den in der nachstehenden Übersicht genannten Getreidearten gehören zu Kapitel 11, wenn sie, in Gewichtshundertteilen ausgedrückt und auf die Trockenmasse bezogen, gleichzeitig Folgendes aufweisen:

   a) einen Stärkegehalt (bestimmt nach dem abgewandelten polarimetrischen Ewers-Verfahren), der höher ist als der in Spalte 2 angegebene Wert;

   b) einen Aschegehalt (abzüglich etwa zugesetzter Mineralstoffe), der gleich oder geringer ist als der in Spalte 3 angegebene Wert.

   Erzeugnisse, die die vorstehenden Voraussetzungen nicht erfüllen, gehören zu Position 2302. Jedoch gehören Getreidekeime, ganz, gequetscht, als Flocken oder gemahlen, zu Position 1104.

   B) Waren, die nach den vorstehenden Bestimmungen zu Kapitel 11 gehören, sind der Position 1101 oder 1102 zuzuweisen, wenn ihr Siebdurchgang (in Gewichtshundertteilen) durch ein Sieb mit einer Bespannung aus Metalldrahtgewebe mit einer lichten Maschenweite gemäß Spalte 4 oder 5 gleich oder größer ist als der jeweils bei den einzelnen Getreidearten angegebene Wert.

   Im anderen Falle sind sie der Position 1103 oder 1104 zuzuweisen.

Art des Getreides	Stärkegehalt	Aschegehalt	Siebdurchgang durch ein Sieb mit einer lichten Maschenweite von	
			315 Mikrometern	500 Mikrometern
(1)	(2)	(3)	(4)	(5)
Weizen und Roggen	45 %	2,5 %	80 %	—
Gerste	45 %	3 %	80 %	—
Hafer	45 %	5 %	80 %	—
Mais und Körner-Sorghum	45 %	2 %	—	90 %
Reis	45 %	1,6 %	80 %	—
Buchweizen	45 %	4 %	80 %	—
Andere Getreidearten	45 %	2 %	50 %	—

3. Als Grobgrieß und Feingrieß im Sinne der Position 1103 gelten Erzeugnisse aus der Zerkleinerung von Getreidekörnern, die jeweils folgende Bedingungen erfüllen:

   a) Erzeugnisse aus Mais müssen mit einem Anteil von 95 GHT oder mehr durch ein Sieb mit einer Bespannung aus Metalldrahtgewebe mit einer lichten Maschenweite von 2 mm hindurchgehen;

   b) Erzeugnisse aus anderen Getreidearten müssen mit einem Anteil von 95 GHT oder mehr durch ein Sieb mit einer Bespannung aus Metalldrahtgewebe mit einer lichten Maschenweite von 1,25 mm hindurchgehen.

Zusätzliche Anmerkungen

1. *Auf Mischungen, die zu diesem Kapitel gehören, wird folgender Zollsatz angewendet:*

   a) *auf Mischungen, in denen einer der Bestandteile mindestens 90 GHT ausmacht, ist der für diesen Bestandteil geltende Zollsatz anzuwenden;*

   b) *auf andere Mischungen ist der Zollsatz des Bestandteils anzuwenden, der zu dem höchsten Zollbetrag führt.*

2. *Als „Mehl", „Grieß" und „Pulver" im Sinne der Position 1106 gelten Erzeugnisse aus dem Vermahlen oder aus jedem anderen Zerkleinerungsverfahren von getrockneten Hülsenfrüchten der Position 0713, von Sagomark und von Wurzeln oder Knollen der Position 0714 oder von Erzeugnissen des Kapitels 8, mit Ausnahme von geraspelten und getrockneten Kokosnüssen, die jeweils folgende Bedingungen erfüllen:*

   a) *getrocknete Hülsenfrüchte, Sagomark, Wurzeln, Knollen und die Erzeugnisse des Kapitels 8 (mit Ausnahme der Schalenfrüchte der Positionen 0801 und 0802) müssen mit einem Anteil von 95 GHT oder mehr durch ein Sieb mit einer Bespannung aus Metalldrahtgewebe mit einer lichten Maschenweite von 2 mm hindurchgehen;*

   b) *Schalenfrüchte der Positionen 0801 und 0802 müssen mit einem Anteil von 50 GHT oder mehr durch ein Sieb mit einer Bespannung aus Metalldrahtgewebe mit einer lichten Maschenweite von 2,5 mm hindurchgehen.*

KN-Code	Warenbezeichnung	Vertragsmäßiger Zollsatz (%)	Besondere Maßeinheit
1	2	3	4
1101 00	**Mehl von Weizen oder Mengkorn:**		
	– von Weizen:		
1101 00 11	– – von Hartweizen	172 €/t	—
1101 00 15	– – von Weichweizen und Spelz	172 €/t	—
1101 00 90	– von Mengkorn	172 €/t	—
1102	**Mehl von anderem Getreide als Weizen oder Mengkorn:**		
1102 20	– **von Mais:**		
1102 20 10	– – mit einem Fettgehalt von 1,5 GHT oder weniger	173 €/t	—
1102 20 90	– – anderes	98 €/t	—
1102 90	– **anderes:**		
1102 90 10	– – von Gerste	171 €/t	—
1102 90 30	– – von Hafer	164 €/t	—
1102 90 50	– – von Reis	138 €/t	—
1102 90 70	– – von Roggen	168 €/t	—
1102 90 90	– – anderes	98 €/t	—
1103	**Grobgrieß, Feingrieß und Pellets von Getreide:**		
	– **Grobgrieß und Feingrieß:**		
1103 11	– – **von Weizen:**		
1103 11 10	– – – von Hartweizen	267 €/t	—
1103 11 90	– – – von Weichweizen und Spelz	186 €/t	—
1103 13	– – **von Mais:**		
1103 13 10	– – – mit einem Fettgehalt von 1,5 GHT oder weniger	173 €/t	—
1103 13 90	– – – anderer	98 €/t	—
1103 19	– – **von anderem Getreide:**		
1103 19 20	– – – von Roggen oder Gerste	171 €/t	—
1103 19 40	– – – von Hafer	164 €/t	—

KN-Code	Warenbezeichnung	Vertragsmäßiger Zollsatz (%)	Besondere Maßeinheit
1	2	3	4
1103 19 50	– – – von Reis	138 €/t	—
1103 19 90	– – – anderer	98 €/t	—
1103 20	– **Pellets:**		
1103 20 25	– – von Roggen oder Gerste	171 €/t	—
1103 20 30	– – von Hafer	164 €/t	—
1103 20 40	– – von Mais	173 €/t	—
1103 20 50	– – von Reis	138 €/t	—
1103 20 60	– – von Weizen	175 €/t	—
1103 20 90	– – andere	98 €/t	—
1104	**Getreidekörner, anders bearbeitet (z. B. geschält, gequetscht, als Flocken, perlförmig geschliffen, geschnitten oder geschrotet), ausgenommen Reis der Position 1006; Getreidekeime, ganz, gequetscht, als Flocken oder gemahlen:**		
	– **Getreidekörner, gequetscht oder als Flocken:**		
1104 12	– – **von Hafer:**		
1104 12 10	– – – gequetscht	93 €/t	—
1104 12 90	– – – als Flocken	182 €/t	—
1104 19	– – **von anderem Getreide:**		
1104 19 10	– – – von Weizen	175 €/t	—
1104 19 30	– – – von Roggen	171 €/t	—
1104 19 50	– – – von Mais	173 €/t	—
	– – – von Gerste:		
1104 19 61	– – – – gequetscht	97 €/t	—
1104 19 69	– – – – als Flocken	189 €/t	—
	– – – andere:		
1104 19 91	– – – – Reisflocken	234 €/t	—
1104 19 99	– – – – andere	173 €/t	—
	– **Getreidekörner, anders bearbeitet (z. B. geschält, perlförmig geschliffen, geschnitten oder geschrotet):**		
1104 22	– – **von Hafer:**		
1104 22 40	– – – geschält (entspelzt), auch geschnitten oder geschrotet (Grütze)	162 €/t	—
1104 22 50	– – – perlförmig geschliffen	145 €/t	—
1104 22 95	– – – andere	93 €/t (1)	—
1104 23	– – **von Mais:**		
1104 23 40	– – – geschält (entspelzt), auch geschnitten oder geschrotet; perlförmig geschliffen	152 €/t	—
1104 23 98	– – – andere	98 €/t	—
1104 29	– – **von anderem Getreide:**		
	– – – von Gerste:		
1104 29 04	– – – – geschält (entspelzt), auch geschnitten oder geschrotet (Grütze)	150 €/t	—
1104 29 05	– – – – perlförmig geschliffen	236 €/t	—

(1) WTO-Zollkontingent.

KN-Code	Warenbezeichnung	Vertragsmäßiger Zollsatz (%)	Besondere Maßeinheit
1	2	3	4
1104 29 08	– – – – andere	97 €/t	—
	– – – andere:		
1104 29 17	– – – – geschält (entspelzt), auch geschnitten oder geschrotet	129 €/t	—
1104 29 30	– – – – perlförmig geschliffen	154 €/t	—
	– – – – nur geschrotet:		
1104 29 51	– – – – – von Weizen	99 €/t	—
1104 29 55	– – – – – von Roggen	97 €/t	—
1104 29 59	– – – – – andere	98 €/t	—
	– – – – andere:		
1104 29 81	– – – – – von Weizen	99 €/t	—
1104 29 85	– – – – – von Roggen	97 €/t	—
1104 29 89	– – – – – andere	98 €/t	—
1104 30	– **Getreidekeime, ganz, gequetscht, als Flocken oder gemahlen:**		
1104 30 10	– – von Weizen	76 €/t	—
1104 30 90	– – andere	75 €/t	—
1105	**Mehl, Grieß, Pulver, Flocken, Granulat und Pellets von Kartoffeln:**		
1105 10 00	– **Mehl, Grieß und Pulver**	12,2	—
1105 20 00	– **Flocken, Granulat und Pellets**	12,2	—
1106	**Mehl, Grieß und Pulver von getrockneten Hülsenfrüchten der Position 0713, von Sagomark und von Wurzeln oder Knollen der Position 0714 oder von Erzeugnissen des Kapitels 8:**		
1106 10 00	– **von getrockneten Hülsenfrüchten der Position 0713**	7,7	—
1106 20	– **von Sagomark und von Wurzeln oder Knollen der Position 0714:**		
1106 20 10	– – für die menschliche Ernährung ungenießbar gemacht ([1])	95 €/t	—
1106 20 90	– – andere	166 €/t	—
1106 30	– **von Erzeugnissen des Kapitels 8:**		
1106 30 10	– – von Bananen	10,9	—
1106 30 90	– – andere	8,3	—
1107	**Malz, auch geröstet:**		
1107 10	– **nicht geröstet:**		
	– – von Weizen:		
1107 10 11	– – – in Form von Mehl	177 €/t	—
1107 10 19	– – – anderes	134 €/t	—
	– – anderes:		
1107 10 91	– – – in Form von Mehl	173 €/t	—
1107 10 99	– – – anderes	131 €/t	—
1107 20 00	– **geröstet**	152 €/t	—
1108	**Stärke; Inulin:**		
	– **Stärke:**		

([1]) Die Zulassung zu dieser Unterposition erfolgt nach den in den Einführenden Vorschriften II.F festgesetzten Voraussetzungen.

KN-Code	Warenbezeichnung	Vertragsmäßiger Zollsatz (%)	Besondere Maßeinheit
1	2	3	4
1108 11 00	– – **von Weizen**	224 €/t	—
1108 12 00	– – **von Mais**	166 €/t	—
1108 13 00	– – **von Kartoffeln**	166 €/t	—
1108 14 00	– – **von Maniok**	166 €/t	—
1108 19	– – **andere Stärke:**		
1108 19 10	– – – von Reis	216 €/t	—
1108 19 90	– – – andere	166 €/t	—
1108 20 00	– **Inulin**	19,2	—
1109 00 00	**Kleber von Weizen, auch getrocknet**	512 €/t	—

KAPITEL 12

ÖLSAMEN UND ÖLHALTIGE FRÜCHTE; VERSCHIEDENE SAMEN UND FRÜCHTE; PFLANZEN ZUM GEWERBE- ODER HEILGEBRAUCH; STROH UND FUTTER

Anmerkungen

1. Zu Position 1207 gehören insbesondere Palmnüsse und Palmkerne, Baumwollsamen, Rizinussamen, Sesamsamen, Senfsamen, Saflorsamen, Mohnsamen und Sheanüsse (Karitenüsse). Zu dieser Position gehören jedoch nicht Waren der Position 0801 oder 0802 und Oliven (Kapitel 7 oder Kapitel 20).

2. Zu Position 1208 gehören sowohl nichtentfettete als auch teilweise entfettete Mehle sowie Mehle, die entfettet, sodann vollständig oder teilweise mit ihren ursprünglichen Ölen aufgefettet worden sind. Ausgenommen sind jedoch Rückstände der Positionen 2304 bis 2306.

3. Samen von Rüben, Samen für Wiesen, Samen von Zierblumen, Samen von Gemüse, Samen von Waldbäumen, Samen von Obstbäumen, Samen von Wicken (ausgenommen solche der Art *Vicia faba*) oder Samen von Lupinen gelten als Samen zur Aussaat im Sinne der Position 1209.

   Zu dieser Position gehören jedoch nicht, auch wenn sie zur Aussaat verwendet werden sollen:

   a) Hülsenfrüchte und Zuckermais (Kapitel 7);

   b) Gewürze und andere Waren des Kapitels 9;

   c) Getreide (Kapitel 10);

   d) Waren der Positionen 1201 bis 1207 oder der Position 1211.

4. Zu Position 1211 gehören insbesondere folgende Pflanzen und Teile davon: Basilikum, Borretsch, Ginseng, Ysop, Süßholz, Minzen aller Art, Rosmarin, Raute, Salbei und Wermut.

   Zu dieser Position gehören jedoch nicht:

   a) pharmazeutische Erzeugnisse des Kapitels 30;

   b) Riech-, Körperpflege- und Schönheitsmittel des Kapitels 33;

   c) Insektizide, Fungizide, Herbizide, Desinfektionsmittel und ähnliche Waren der Position 3808.

5. Als Algen und Tange im Sinne der Position 1212 gelten nicht:

   a) Einzeller-Mikroorganismen, nicht lebend, der Position 2102;

   b) Kulturen von Mikroorganismen der Position 3002;

   c) Düngemittel der Position 3101 oder 3105.

Unterpositions-Anmerkung

1. Als „erucasäurearme Raps- oder Rübsensamen" im Sinne der Unterposition 1205 10 gelten Raps- oder Rübsensamen, deren fettes Öl einen Erucasäuregehalt von weniger als 2 GHT aufweist und deren feste Bestandteile einen Gehalt an Glucosinolaten von weniger als 30 Micromol je Gramm aufweisen.

KN-Code	Warenbezeichnung	Vertragsmäßiger Zollsatz (%)	Besondere Maßeinheit
1	2	3	4
1201	**Sojabohnen, auch geschrotet:**		
1201 10 00	– **zur Aussaat** (1)	frei	—
1201 90 00	– **andere**	frei	—

(1) Die Zulassung zu dieser Unterposition erfolgt nach den in den Einführenden Vorschriften II.F festgesetzten Voraussetzungen.

KN-Code	Warenbezeichnung	Vertragsmäßiger Zollsatz (%)	Besondere Maßeinheit
1	2	3	4
1202	**Erdnüsse, weder geröstet noch auf andere Weise hitzebehandelt, auch geschält oder geschrotet:**		
1202 30 00	**– zur Aussaat** (1)	frei	—
	– andere:		
1202 41 00	**– – ungeschält**	frei	—
1202 42 00	**– – geschält, auch geschrotet**	frei	—
1203 00 00	**Kopra**	frei	—
1204 00	**Leinsamen, auch geschrotet:**		
1204 00 10	– zur Aussaat (1)	frei	—
1204 00 90	– andere	frei	—
1205	**Raps- oder Rübsensamen, auch geschrotet:**		
1205 10	**– erucasäurearme Raps- oder Rübsensamen:**		
1205 10 10	– – zur Aussaat (1)	frei	—
1205 10 90	– – andere	frei	—
1205 90 00	**– andere**	frei	—
1206 00	**Sonnenblumenkerne, auch geschrotet:**		
1206 00 10	– zur Aussaat (1)	frei	—
	– andere:		
1206 00 91	– – geschält; ungeschält, grau-weiß gestreift	frei	—
1206 00 99	– – andere	frei	—
1207	**Andere Ölsamen und ölhaltige Früchte, auch geschrotet:**		
1207 10 00	**– Palmnüsse und Palmkerne**	frei	—
	– Baumwollsamen:		
1207 21 00	**– – zur Aussaat** (1)	frei	—
1207 29 00	**– – andere**	frei	—
1207 30 00	**– Rizinussamen**	frei	—
1207 40	**– Sesamsamen:**		
1207 40 10	– – zur Aussaat (1)	frei	—
1207 40 90	– – andere	frei	—
1207 50	**– Senfsamen:**		
1207 50 10	– – zur Aussaat (1)	frei	—
1207 50 90	– – andere	frei	—
1207 60 00	**– Saflorsamen (*Carthamus tinctorius*)**	frei	—
1207 70 00	**– Melonenkerne**	frei	—
	– andere:		
1207 91	**– – Mohnsamen:**		
1207 91 10	– – – zur Aussaat (1)	frei	—

(1) Die Zulassung zu dieser Unterposition erfolgt nach den in den Einführenden Vorschriften II.F festgesetzten Voraussetzungen.

KN-Code	Warenbezeichnung	Vertragsmäßiger Zollsatz (%)	Besondere Maßeinheit
1	2	3	4
1207 91 90	– – – andere	frei	—
1207 99	– – **andere:**		
1207 99 20	– – – zur Aussaat ([1])	frei	—
	– – – andere:		
1207 99 91	– – – – Hanfsamen	frei	—
1207 99 96	– – – – andere	frei	—
1208	**Mehl von Ölsamen oder ölhaltigen Früchten, ausgenommen Senfmehl:**		
1208 10 00	– **von Sojabohnen**	4,5	—
1208 90 00	– **anderes**	frei	—
1209	**Samen, Früchte und Sporen, zur Aussaat:**		
1209 10 00	– **Samen von Zuckerrüben**	8,3	—
	– **Samen von Futterpflanzen:**		
1209 21 00	– – **Samen von Luzernen**	2,5	—
1209 22	– – **Samen von Klee (*Trifolium* spp.):**		
1209 22 10	– – – Samen von Rotklee (*Trifolium pratense L.*)	frei	—
1209 22 80	– – – andere	frei	—
1209 23	– – **Samen von Schwingel:**		
1209 23 11	– – – Samen von Wiesenschwingel (*Festuca pratensis Huds.*)	frei	—
1209 23 15	– – – Samen von Rotschwingel (*Festuca rubra L.*)	frei	—
1209 23 80	– – – andere	2,5	—
1209 24 00	– – **Samen von Wiesenrispengras (*Poa pratensis* L.)**	frei	—
1209 25	– – **Samen von Weidelgras (*Lolium multiflorum* Lam., *Lolium perenne* L.):**		
1209 25 10	– – – Samen von Einjährigem und Welschem Weidelgras (*Lolium multiflorum* Lam.)	frei	—
1209 25 90	– – – Samen von Deutschem Weidelgras (*Lolium perenne L.*)	frei	—
1209 29	– – **andere:**		
1209 29 45	– – – Samen von Wiesenlieschgras; Samen von Wicken; Samen von Rispengras der Arten *Poa palustris L.* und *Poa trivialis L.*; Samen von Gemeinem Knaulgras (*Dactylis glomerata L.*); Samen von Straußgras (*Agrostis* spp.)	frei	—
1209 29 50	– – – Samen von Lupinen	2,5	—
1209 29 60	– – – Samen von Futterrüben (*Beta vulgaris* var. *alba*)	8,3	—
1209 29 80	– – – andere	2,5	—
1209 30 00	– **Samen von krautartigen Pflanzen, die hauptsächlich wegen der Blüten dieser Pflanzen gezogen werden**	3	—
	– **andere:**		
1209 91	– – **Samen von Gemüsen:**		
1209 91 30	– – – Samen von Roten Rüben (*Beta vulgaris* var. *conditiva*)	8,3	—
1209 91 80	– – – andere	3	—
1209 99	– – **andere:**		
1209 99 10	– – – Forstsamen	frei	—
	– – – andere:		

([1]) Die Zulassung zu dieser Unterposition erfolgt nach den in den Einführenden Vorschriften II.F festgesetzten Voraussetzungen.

KN-Code	Warenbezeichnung	Vertragsmäßiger Zollsatz (%)	Besondere Maßeinheit
1	2	3	4
1209 99 91	– – – – Samen von Pflanzen, die hauptsächlich wegen der Blüten dieser Pflanzen gezogen werden, ausgenommen solche der Unterposition 1209 30	3	—
1209 99 99	– – – – andere	4	—
1210	**Hopfen (Blütenzapfen), frisch oder getrocknet, auch gemahlen, sonst zerkleinert oder in Form von Pellets; Lupulin:**		
1210 10 00	– **Hopfen (Blütenzapfen), weder gemahlen, sonst zerkleinert noch in Form von Pellets**	5,8	—
1210 20	– **Hopfen (Blütenzapfen), gemahlen, sonst zerkleinert oder in Form von Pellets; Lupulin:**		
1210 20 10	– – Hopfen (Blütenzapfen), gemahlen, sonst zerkleinert oder in Form von Pellets, lupulinangereichert; Lupulin	5,8	—
1210 20 90	– – andere	5,8	—
1211	**Pflanzen, Pflanzenteile, Samen und Früchte der hauptsächlich zur Herstellung von Riechmitteln oder zu Zwecken der Medizin, Insektenvertilgung, Schädlingsbekämpfung und dergleichen verwendeten Art, frisch oder getrocknet, auch geschnitten, gemahlen oder ähnlich fein zerkleinert:**		
1211 20 00	– **Ginsengwurzeln**	frei	—
1211 30 00	– **Cocablätter**	frei	—
1211 40 00	– **Mohnstroh**	frei	—
1211 90	– **andere:**		
1211 90 20	– – der Gattung *Ephedra*	frei	—
1211 90 30	– – Tonkabohnen	3	—
1211 90 86	– – andere	frei	—
1212	**Johannisbrot, Algen, Tange, Zuckerrüben und Zuckerrohr, frisch, gekühlt, gefroren oder getrocknet, auch gemahlen; Steine und Kerne von Früchten sowie andere pflanzliche Waren (einschließlich nichtgerösteter Zichorienwurzeln der Varietät *Cichorium intybus sativum*) der hauptsächlich zur menschlichen Ernährung verwendeten Art, anderweit weder genannt noch inbegriffen:**		
	– **Algen und Tange:**		
1212 21 00	– – **genießbar**	frei	—
1212 29 00	– – **andere**	frei	—
	– **andere:**		
1212 91	– – **Zuckerrüben:**		
1212 91 20	– – – getrocknet, auch gemahlen	23 €/100 kg/net	—
1212 91 80	– – – andere	6,7 €/100 kg/net	—
1212 92 00	– – **Johannisbrot (Carob)**	5,1	—
1212 93 00	– – **Zuckerrohr**	4,6 €/100 kg/net	—
1212 94 00	– – **Zichorienwurzeln**	frei	—
1212 99	– – **andere:**		

KN-Code	Warenbezeichnung	Vertragsmäßiger Zollsatz (%)	Besondere Maßeinheit
1	2	3	4
	– – – Johannisbrotkerne:		
1212 99 41	– – – – ungeschält, weder gemahlen noch sonst zerkleinert	frei	—
1212 99 49	– – – – andere	5,8	—
1212 99 95	– – – andere	frei	—
1213 00 00	**Stroh und Spreu von Getreide, roh, auch gehäckselt, gemahlen, gepresst oder in Form von Pellets**	frei	—
1214	**Steckrüben, Futterrüben, Wurzeln zu Futterzwecken, Heu, Luzerne, Klee, Esparsette, Futterkohl, Lupinen, Wicken und ähnliches Futter, auch in Form von Pellets:**		
1214 10 00	**– Mehl und Pellets von Luzerne**	frei	—
1214 90	**– andere:**		
1214 90 10	– – Steckrüben, Futterrüben, Wurzeln zu Futterzwecken	5,8	—
1214 90 90	– – andere	frei	—

KAPITEL 13

SCHELLACK; GUMMEN, HARZE UND ANDERE PFLANZENSÄFTE UND PFLANZENAUSZÜGE

Anmerkung

1. Zu Position 1302 gehören insbesondere Süßholz-Auszug, Pyrethrum-Auszug, Hopfen-Auszug, Aloe-Auszug und Opium.

   Zu dieser Position gehören dagegen nicht:

   a) Süßholz-Auszug mit einem Saccharosegehalt von mehr als 10 GHT oder als Zuckerware aufgemacht (Position 1704);

   b) Malzextrakt (Position 1901);

   c) Kaffee-, Tee- und Mate-Auszüge (Position 2101);

   d) Pflanzensäfte und Pflanzenauszüge, die alkoholhaltige Getränke sind (Kapitel 22);

   e) natürlicher Campher, Glycyrrhizin und andere Waren der Positionen 2914 und 2938;

   f) Mohnstrohkonzentrate mit einem Gehalt an Alkaloiden von 50 GHT oder mehr (Position 2939);

   g) Arzneiwaren der Position 3003 oder 3004 und Reagenzien zum Bestimmen der Blutgruppen oder Blutfaktoren (Position 3006);

   h) Gerbstoffauszüge und Farbstoffauszüge (Position 3201 oder 3203);

   ij) ätherische Öle, einschließlich „konkrete" oder „absolute" Öle, Resinoide, extrahierte Oleoresine, destillierte aromatische Wässer und wässrige Lösungen ätherischer Öle sowie Zubereitungen auf der Grundlage von Riechstoffen der zum Herstellen von Getränken verwendeten Art (Kapitel 33);

   k) Naturkautschuk, Balata, Guttapercha, Guayule, Chicle gum und ähnliche natürliche Kautschukarten (Position 4001).

KN-Code	Warenbezeichnung	Vertragsmäßiger Zollsatz (%)	Besondere Maßeinheit
1	2	3	4
1301	**Schellack; natürliche Gummen, Harze, Gummiharze und Oleoresine (z. B. Balsame):**		
1301 20 00	– **Gummi arabicum**	frei	—
1301 90 00	– **andere**	frei	—
1302	**Pflanzensäfte und Pflanzenauszüge; Pektinstoffe, Pektinate und Pektate; Agar-Agar und andere Schleime und Verdickungsstoffe von Pflanzen, auch modifiziert:**		
	– **Pflanzensäfte und Pflanzenauszüge:**		
1302 11 00	– – **Opium**	frei	—
1302 12 00	– – **von Süßholzwurzeln**	3,2	—
1302 13 00	– – **von Hopfen**	3,2	—
1302 19	– – **andere:**		
1302 19 05	– – – Vanille-Oleoresin	3	—
1302 19 20	– – – von Pflanzen der Gattung *Ephedra*	frei	—
1302 19 70	– – – andere	frei	—
1302 20	– **Pektinstoffe, Pektinate und Pektate:**		
1302 20 10	– – trocken	19,2	—
1302 20 90	– – andere	11,2	—
	– **Schleime und Verdickungsstoffe von Pflanzen, auch modifiziert:**		
1302 31 00	– – **Agar-Agar**	frei	—

KN-Code	Warenbezeichnung	Vertragsmäßiger Zollsatz (%)	Besondere Maßeinheit
1	2	3	4
1302 32	– – **Schleime und Verdickungsstoffe aus Johannisbrot, Johannisbrotkernen oder Guarsamen, auch modifiziert:**		
1302 32 10	– – – aus Johannisbrot oder Johannisbrotkernen	frei	—
1302 32 90	– – – aus Guarsamen	frei	—
1302 39 00	– – **andere**	frei	—

KAPITEL 14

FLECHTSTOFFE UND ANDERE WAREN PFLANZLICHEN URSPRUNGS, ANDERWEIT WEDER GENANNT NOCH INBEGRIFFEN

Anmerkungen

1. Zu Kapitel 14 gehören nicht pflanzliche Stoffe und Fasern von der hauptsächlich zum Herstellen von Spinnstoffwaren verwendeten Art, auch beliebig bearbeitet, und andere pflanzliche Stoffe, die im Hinblick auf ihre ausschließliche Verwendung zur Herstellung von Spinnstoffen besonders bearbeitet sind (Abschnitt XI).

2. Zu Position 1401 gehören insbesondere Bambus (auch gespalten, in der Längsrichtung gesägt, auf bestimmte Längen zugeschnitten, mit abgerundeten Enden, gebleicht, feuerwiderstandsfähig gemacht, poliert oder gefärbt), Korbweiden/Flechtweiden, Schilf und dergleichen, gespalten, Peddig und Stuhlrohr. Zu Position 1401 gehört nicht Holzspan aller Art (Position 4404).

3. Zu Position 1404 gehören nicht Holzwolle (Position 4405) und Pinselköpfe (Position 9603).

KN-Code	Warenbezeichnung	Vertragsmäßiger Zollsatz (%)	Besondere Maßeinheit
1	2	3	4
1401	**Pflanzliche Stoffe von der hauptsächlich zum Herstellen von Korb- oder Flechtwaren verwendeten Art (z. B. Bambus, Peddig und Stuhlrohr, Schilf, Binsen, Korbweiden/Flechtweiden, Raffiabast, gereinigtes, gebleichtes oder gefärbtes Getreidestroh, Lindenbast):**		
1401 10 00	**– Bambus**	frei	—
1401 20 00	**– Peddig und Stuhlrohr**	frei	—
1401 90 00	**– andere**	frei	—
[1402]			
[1403]			
1404	**Pflanzliche Erzeugnisse, anderweit weder genannt noch inbegriffen:**		
1404 20 00	**– Baumwoll-Linters**	frei	—
1404 90 00	**– andere**	frei	—

ABSCHNITT III

TIERISCHE UND PFLANZLICHE FETTE UND ÖLE; ERZEUGNISSE IHRER SPALTUNG; GENIESSBARE VERARBEITETE FETTE; WACHSE TIERISCHEN UND PFLANZLICHEN URSPRUNGS

KAPITEL 15

TIERISCHE UND PFLANZLICHE FETTE UND ÖLE; ERZEUGNISSE IHRER SPALTUNG; GENIESSBARE VERARBEITETE FETTE; WACHSE TIERISCHEN UND PFLANZLICHEN URSPRUNGS

Anmerkungen

1. Zu Kapitel 15 gehören nicht:

   a) Schweinespeck und Schweinefett und Geflügelfett der Position 0209;

   b) Kakaobutter, Kakaofett und Kakaoöl (Position 1804);

   c) Lebensmittelzubereitungen mit einem Gehalt an Erzeugnissen der Position 0405 von mehr als 15 GHT (im Allgemeinen Kapitel 21);

   d) Grieben (Position 2301) und Rückstände der Positionen 2304 bis 2306;

   e) Fettsäuren, zubereitete Wachse, pharmazeutische Erzeugnisse, Anstrichfarben, Lacke, Seifen, zubereitete Riech-, Körperpflege- und Schönheitsmittel, sulfonierte Öle und andere Waren des Abschnitts VI;

   f) Faktis für von Ölen abgeleiteten Kautschuk (Position 4002).

2. Zu Position 1509 gehört nicht Öl, das aus Oliven mit Hilfe von Lösemitteln gewonnen worden ist (Position 1510).

3. Zu Position 1518 gehören nicht Fette und Öle sowie deren Fraktionen, die lediglich denaturiert worden sind. Diese bleiben in der Position, zu der die entsprechenden nicht denaturierten Fette und Öle sowie deren Fraktionen gehören.

4. Zu Position 1522 gehören auch Soapstock, Öldrass, Stearinpech, Wollpech und Glycerinpech.

Unterpositions-Anmerkung

1. Als „erucasäurearmes Raps- oder Rübsenöl“ im Sinne der Unterpositionen 1514 11 und 1514 19 gelten fette Öle mit einem Erucasäuregehalt von weniger als 2 GHT.

Zusätzliche Anmerkungen

1. *Für die Anwendung der Unterpositionen 1507 10, 1508 10, 1510 00 10, 1511 10, 1512 11, 1512 21, 1513 11, 1513 21, 1514 11, 1514 91, 1515 11, 1515 21, 1515 50 11, 1515 50 19, 1515 90 21, 1515 90 29, 1515 90 40 bis 1515 90 59 und 1518 00 31 gilt Folgendes:*

   a) Durch Pressen gewonnene fette pflanzliche Öle, flüssig oder fest, gelten als „roh“, wenn sie keine andere Behandlung erfahren haben als

   — *Absetzenlassen in allgemein üblichen Zeiträumen;*

   — *Abschleudern (Zentrifugieren) oder auch Filtrieren, bei dem zur Trennung der Öle von festen Bestandteilen nur „mechanische“ Kräfte, wie Schwerkraft, Druck oder Fliehkraft, jedoch keine adsorptiv wirkenden Filterhilfsmittel oder andere physikalische oder chemische Verfahren angewendet worden sind.*

   b) Durch Extraktion gewonnene fette pflanzliche Öle, flüssig oder fest, gelten als „roh“, wenn sich ihre Beschaffenheit weder nach Farbe, Geruch und Geschmack noch durch besondere anerkannte analytische Daten von den entsprechenden durch Pressen gewonnenen fetten pflanzlichen Ölen unterscheidet.

   c) Entschleimtes Sojaöl und von Gossypol befreites Baumwollsaatöl gelten ebenfalls als „rohe“ Öle.

2\. A. *Als Olivenöl im Sinne der Positionen 1509 und 1510 gelten ausschließlich die durch Verarbeitung von Oliven gewonnenen Öle, soweit deren mit den Verfahren der Anhänge V, X A und X B der Verordnung (EWG) Nr. 2568/91 bestimmte Sterin- und Fettsäurezusammensetzung den Werten der nachstehenden Tabellen entsprechen:*

Tabelle I

Fettsäuregehalt in Prozent des Gesamtfettsäuregehalts

Fettsäuren	*GHT der Gesamtfettsäuren*
Myristinsäure	≤ 0,05
Palmitinsäure	7,5 – 20,0
Palmitoleinsäure	0,3 – 3,5
Heptadecansäure	≤ 0,3
Heptadecensäure	≤ 0,3
Stearinsäure	0,5 – 5,0
Ölsäure	55,0 – 83,0
Linolsäure	3,5 – 21,0
Linolensäure	≤ 1,0
Arachinsäure	≤ 0,6
Eicosensäure	≤ 0,4
Behensäure (1)	≤ 0,3
Lignocerinsäure	≤ 0,2

(1) ≤ 0,2 *für Öle der Position 1509.*

Tabelle II

Steringehalt in Prozent des Gesamtsteringehalts

Sterin	*GHT der Gesamtsterine*
Cholesterin	≤ 0,5
Brassicasterin (1)	≤ 0,1
Campesterin	≤ 4,0
Stigmasterin (2)	< *Campesterin*
Beta-Sitosterin (3)	≥ 93,0
Delta-7-Stigmasterin	≤ 0,5

(1) ≤ 0,2 *für Öle der Position 1510.*

(2) *Gilt weder für Lampantöl (Unterposition 1509 10 10) noch für rohe Oliventresteröle (Unterposition 1510 00 10).*

(3) *Delta-5,23-Stigmastadienol, Chlerosterin, Beta-Sitosterin, Sitostanol, Delta-5-Avenasterin und Delta-5,24-Stigmastadienol.*

Zu den Positionen 1509 und 1510 gehören weder chemisch modifizierte (insbesondere wiederveresterte) Öle noch Mischungen von Olivenöl mit anderen Ölen. Die Anwesenheit von wiederverestertem Olivenöl oder von anderen Ölen wird mit den Verfahren des Anhangs VII der Verordnung (EWG) Nr. 2568/91 nachgewiesen.

B. *Zur Unterposition 1509 10 gehören nur die in den nachstehenden Ziffern 1 und 2 definierten Olivenöle, die ausschließlich durch mechanische oder sonstige physikalische Verfahren unter Bedingungen, die nicht zu einer Modifizierung der Öle führen, gewonnen wurden und die keine andere Behandlung erfahren haben als Waschen, Dekantieren, Zentrifugieren und Filtrieren. Mit Lösemitteln, mit chemischen oder biochemischen Hilfsmitteln oder durch Wiederveresterungsverfahren gewonnene Olivenöle, sowie jede Mischung mit Ölen anderer Art, sind von dieser Unterposition ausgenommen.*

1. *Als „Lampantöl" im Sinne der Unterposition 1509 10 10 gilt Olivenöl, das — unabhängig von seinem Gehalt an freien Fettsäuren — folgende Merkmale aufweist:*

   a) *einen der folgenden Wachsgehalte:*

      i) *Gehalt an Wachs von nicht mehr als 300 mg/kg oder*

      ii) *Gehalt an Wachs von mehr als 300 mg/kg, aber nicht mehr als 350 mg/kg, vorausgesetzt,*

         — *der Gesamtgehalt an aliphatischem Alkohol beträgt nicht mehr als 350 mg/kg oder*

         — *der Gehalt an Erythrodiol und Uvaol beträgt nicht mehr als 3,5 %,*

   b) *Gehalt an Erythrodiol und Uvaol von nicht mehr als 4,5 %,*

   c) *eines der folgenden Merkmale:*

      i) *Gehalt an 2-Glycerinmonopalmitat von nicht mehr als 0,9 %, wenn die Palmitinsäure nicht mehr als 14 % des Gesamtgehalts an Fettsäuren beträgt;*

      ii) *Gehalt an 2-Glycerinmonopalmitat von nicht mehr als 1,1 %, wenn die Palmitinsäure mehr als 14 % des Gesamtgehalts an Fettsäuren beträgt;*

   d) *Summe der trans-Ölsäureisomere von nicht mehr als 0,10 % und Summe der trans-Linolsäureisomere und trans-Linolensäureisomere von nicht mehr als 0,10 %,*

   e) *einen Stigmastadiengehalt von nicht mehr als 0,50 mg/kg,*

   f) *eine Differenz zwischen dem mit HPLC bestimmten und dem theoretisch berechneten Gehalt der Triglyceride mit ECN42 von nicht mehr als 0,3 und*

   g) *eines oder mehrere der folgenden Merkmale:*

      1. *Gesamtgehalt an flüchtigen halogenierten Lösemitteln von nicht mehr als 0,20 mg/kg bzw. einzeln jeweils von nicht mehr als 0,10 mg/kg,*

      2. *organoleptische Merkmale mit einem Fehlermedian von mehr als 3,5 gemäß Anhang XII der Verordnung (EWG) Nr. 2568/91.*

2. *Als „anderes nicht behandeltes Olivenöl" im Sinne der Unterposition 1509 10 90 gilt natives Olivenöl, das folgende Merkmale aufweist:*

   a) *Gehalt an freien Fettsäuren, berechnet als Ölsäure, von nicht mehr als 2,0 g/100 g,*

   b) *Peroxidzahl von nicht mehr als 20 meq aktiver Sauerstoff/kg,*

   c) *Gehalt an Wachs von nicht mehr als 250 mg/kg,*

   d) *Gesamtgehalt an flüchtigen halogenierten Lösemitteln von nicht mehr als 0,20 mg/kg bzw. einzeln jeweils von nicht mehr als 0,10 mg/kg,*

   e) *Extinktionskoeffizient K_{270} von nicht mehr als 0,25,*

   f) *Schwankung des Extinktionskoeffizienten (ΔK) im Bereich von 270 nm von nicht mehr als 0,01,*

   g) *organoleptische Merkmale mit einem Fehlermedian von nicht mehr als 3,5 gemäß Anhang XII der Verordnung (EWG) Nr. 2568/91,*

   h) *Gehalt an Erythrodiol und Uvaol von nicht mehr als 4,5 %,*

   ij) *eines der folgenden Merkmale:*

      i) *Gehalt an 2-Glycerinmonopalmitat von nicht mehr als 0,9 %, wenn die Palmitinsäure nicht mehr als 14 % des Gesamtgehalts an Fettsäuren beträgt;*

      ii) *Gehalt an 2-Glycerinmonopalmitat von nicht mehr als 1,0 %, wenn die Palmitinsäure mehr als 14 % des Gesamtgehalts an Fettsäuren beträgt;*

   k) *Summe der trans-Ölsäureisomere von nicht mehr als 0,05 % und Summe der trans-Linolsäure- und trans-Linolensäureisomere von nicht mehr als 0,05 %,*

   l) *Gehalt an Stigmastadienen von nicht mehr als 0,10 mg/kg,*

   m) *eine Differenz zwischen dem mit HPLC bestimmten und dem theoretisch berechneten Gehalt der Triglyceride mit ECN42 von nicht mehr als 0,2.*

C. *Als Öle der Unterposition 1509 90 gelten Olivenöle, die durch Behandeln von Ölen der Unterpositionen 1509 10 10 und/oder 1509 10 90 gewonnen wurden, auch vermischt mit nativem Olivenöl, und die folgende Merkmale aufweisen:*

a) *Gehalt an freien Fettsäuren, berechnet als Ölsäure, von nicht mehr als 1,0 g/100 g,*

b) *Gehalt an Wachs von nicht mehr als 350 mg/kg,*

c) *Extinktionskoeffizient K_{270} von nicht mehr als 0,9,*

d) *Schwankung des Extinktionskoeffizienten (ΔK) im Bereich von 270 nm von nicht mehr als 0,15,*

e) *Gehalt an Erythrodiol und Uvaol von nicht mehr als 4,5 %,*

f) *eines der folgenden Merkmale:*

i) *Gehalt an 2-Glycerinmonopalmitat von nicht mehr als 0,9 %, wenn die Palmitinsäure nicht mehr als 14 % des Gesamtgehalts an Fettsäuren beträgt;*

ii) *Gehalt an 2-Glycerinmonopalmitat von nicht mehr als 1,0 %, wenn die Palmitinsäure mehr als 14 % des Gesamtgehalts an Fettsäuren beträgt;*

g) *Summe der trans-Ölsäureisomere von nicht mehr als 0,20 % und Summe der trans-Linolsäureisomere und trans-Linolensäureisomere von nicht mehr als 0,30 %,*

h) *eine Differenz zwischen dem mit HPLC bestimmten und dem theoretisch berechneten Gehalt der Triglyceride mit ECN42 von nicht mehr als 0,3.*

D. *Als „rohe Öle" im Sinne der Unterposition 1510 00 10 gelten Öle, insbesondere Oliventresteröle, die folgende Merkmale aufweisen:*

a) *einen der folgenden Wachsgehalte:*

i) *Gehalt an Wachs von mehr als 350 mg/kg oder*

ii) *Gehalt an Wachs von mehr als 300 mg/kg, aber nicht mehr als 350 mg/kg, vorausgesetzt,*

— *der Gesamtgehalt an aliphatischem Alkohol beträgt mehr als 350 mg/kg und*

— *der Gehalt an Erythrodiol und Uvaol beträgt mehr als 3,5 %,*

b) *Gehalt an Erythrodiol und Uvaol von mehr als 4,5 %;*

c) *Gehalt an 2-Glycerinmonopalmitat von nicht mehr als 1,4 %;*

d) *Summe der trans-Ölsäureisomere von nicht mehr als 0,20 % und Summe der trans-Linolsäure- und trans-Linolensäureisomere von nicht mehr als 0,10 %;*

e) *eine Differenz zwischen dem mit HPLC bestimmten und dem theoretisch berechneten Gehalt der Triglyceride mit ECN42 von nicht mehr als 0,6.*

E. *Als Öle der Unterposition 1510 00 90 gelten Öle, die durch Behandeln von Ölen der Unterposition 1510 00 10 gewonnen wurden, auch vermischt mit nativem Olivenöl, sowie diejenigen, die nicht die Merkmale von Olivenölen gemäß den Zusätzlichen Anmerkungen 2 B, 2 C und 2 D aufweisen. Die Öle dieser Unterposition müssen einen Gehalt an 2-Glycerinmonopalmitat von nicht mehr als 1,4 % aufweisen, wobei die Summe der trans-Ölsäureisomere weniger als 0,4 % und die Summe der trans-Linolsäureisomere und trans-Linolensäureisomere weniger als 0,35 % betragen muss sowie die Differenz zwischen der mit HPLC bestimmten und dem theoretisch berechneten Gehalt der Triglyceride mit ECN42 nicht mehr als 0,5 betragen muss.*

3. *Nicht zu den Unterpositionen 1522 00 31 und 1522 00 39 gehören:*

a) *Rückstände aus der Verarbeitung von Fettstoffen, die Öl enthalten, dessen Iodzahl, bestimmt nach dem Verfahren des Anhangs XVI der Verordnung (EWG) Nr. 2568/91, kleiner als 70 oder größer als 100 ist;*

b) *Rückstände aus der Verarbeitung von Fettstoffen, die Öle mit einer Iodzahl zwischen 70 und 100 enthalten, bei dem jedoch die gemäß Anhang V der Verordnung (EWG) Nr. 2568/91 bestimmte Fläche des Peaks, der der Retentionszeit des Beta-Sitosterins (1) entspricht, kleiner ist als 93,0 % der Gesamtfläche der Sterinpeaks.*

4. *Für die Bestimmung der Merkmale der oben genannten Erzeugnisse sind die in den Anhängen der Verordnung (EWG) Nr. 2568/91 beschriebenen Analyseverfahren anzuwenden. Dabei müssen auch die Fußnoten in Anhang I der Verordnung berücksichtigt werden.*

---

(1) Delta-5,23-Stigmastadienol, Chlerosterin, Beta-Sitosterin, Sitostanol, Delta-5-Avenasterin und Delta-5,24-Stigmastadienol.

KN-Code	Warenbezeichnung	Vertragsmäßiger Zollsatz (%)	Besondere Maßeinheit
1	2	3	4
1501	**Schweinefett (einschließlich Schweineschmalz) und Geflügelfett, ausgenommen solches der Position 0209 oder 1503:**		
1501 10	– **Schweineschmalz:**		
1501 10 10	– – zu industriellen Zwecken, ausgenommen zum Herstellen von Lebensmitteln ([1])	frei	—
1501 10 90	– – anderes	17,2 €/100 kg/net	—
1501 20	– **anderes Schweinefett:**		
1501 20 10	– – zu industriellen Zwecken, ausgenommen zum Herstellen von Lebensmitteln ([1])	frei	—
1501 20 90	– – anderes	17,2 €/100 kg/net	—
1501 90 00	– **anderes**	11,5	—
1502	**Fett von Rindern, Schafen oder Ziegen, ausgenommen solches der Position 1503:**		
1502 10	– **Talg:**		
1502 10 10	– – zu industriellen Zwecken, ausgenommen zum Herstellen von Lebensmitteln ([1])	frei	—
1502 10 90	– – anderes	3,2	—
1502 90	– **anderes:**		
1502 90 10	– – zu industriellen Zwecken, ausgenommen zum Herstellen von Lebensmitteln ([1])	frei	—
1502 90 90	– – anderes	3,2	—
1503 00	**Schmalzstearin, Schmalzöl, Oleostearin, Oleomargarin und Talgöl, weder emulgiert, vermischt noch anders verarbeitet:**		
	– Schmalzstearin und Oleostearin:		
1503 00 11	– – zu industriellen Zwecken ([1])	frei	—
1503 00 19	– – andere	5,1	—
1503 00 30	– Talgöl zu industriellen Zwecken, ausgenommen zum Herstellen von Lebensmitteln ([1])	frei	—
1503 00 90	– andere	6,4	—
1504	**Fette und Öle sowie deren Fraktionen, von Fischen oder Meeressäugetieren, auch raffiniert, jedoch nicht chemisch modifiziert:**		
1504 10	– **Leberöle sowie deren Fraktionen, von Fischen:**		
1504 10 10	– – mit einem Gehalt an Vitamin A von 2 500 internationalen Einheiten je Gramm oder weniger	3,8	—
	– – andere:		
1504 10 91	– – – von Heilbutten	frei	—
1504 10 99	– – – andere	3,8 ([2])	—
1504 20	– **Fette und Öle sowie deren Fraktionen, von Fischen, ausgenommen Leberöle:**		
1504 20 10	– – feste Fraktionen	10,9	—
1504 20 90	– – andere	frei	—

([1]) Die Zulassung zu dieser Unterposition erfolgt nach den in den einschlägigen Bestimmungen der Europäischen Union festgesetzten Voraussetzungen (s. Artikel 291 bis 300 der Verordnung (EWG) Nr. 2454/93 der Kommission (ABl. L 253 vom 11.10.1993, S. 1)).

([2]) Autonomer Zollsatz: frei.

KN-Code	Warenbezeichnung	Vertragsmäßiger Zollsatz (%)	Besondere Maßeinheit
1	2	3	4
1504 30	**– Fette und Öle sowie deren Fraktionen, von Meeressäugetieren:**		
1504 30 10	– – feste Fraktionen	10,9	—
1504 30 90	– – andere	frei	—
1505 00	**Wollfett und daraus stammende Fettstoffe, einschließlich Lanolin:**		
1505 00 10	– Wollfett, roh	3,2	—
1505 00 90	– andere	frei	—
1506 00 00	**Andere tierische Fette und Öle sowie deren Fraktionen, auch raffiniert, jedoch nicht chemisch modifiziert**	frei	—
1507	**Sojaöl und seine Fraktionen, auch raffiniert, jedoch nicht chemisch modifiziert:**		
1507 10	**– rohes Öl, auch entschleimt:**		
1507 10 10	– – zu technischen oder industriellen Zwecken, ausgenommen zum Herstellen von Lebensmitteln (1)	3,2	—
1507 10 90	– – anderes	6,4	—
1507 90	**– andere:**		
1507 90 10	– – zu technischen oder industriellen Zwecken, ausgenommen zum Herstellen von Lebensmitteln (1)	5,1	—
1507 90 90	– – andere	9,6	—
1508	**Erdnussöl und seine Fraktionen, auch raffiniert, jedoch nicht chemisch modifiziert:**		
1508 10	**– rohes Öl:**		
1508 10 10	– – zu technischen oder industriellen Zwecken, ausgenommen zum Herstellen von Lebensmitteln (1)	frei	—
1508 10 90	– – anderes	6,4	—
1508 90	**– andere:**		
1508 90 10	– – zu technischen oder industriellen Zwecken, ausgenommen zum Herstellen von Lebensmitteln (1)	5,1	—
1508 90 90	– – andere	9,6	—
1509	**Olivenöl und seine Fraktionen, auch raffiniert, jedoch nicht chemisch modifiziert:**		
1509 10	**– nicht behandelt:**		
1509 10 10	– – Lampantöl	122,6 €/100 kg/net	—
1509 10 90	– – andere	124,5 €/100 kg/net	—
1509 90 00	**– andere**	134,6 €/100 kg/net	—

(1) Die Zulassung zu dieser Unterposition erfolgt nach den in den einschlägigen Bestimmungen der Europäischen Union festgesetzten Voraussetzungen (s. Artikel 291 bis 300 der Verordnung (EWG) Nr. 2454/93 der Kommission (ABl. L 253 vom 11.10.1993, S. 1)).

KN-Code	Warenbezeichnung	Vertragsmäßiger Zollsatz (%)	Besondere Maßeinheit
1	2	3	4
1510 00	**Andere Öle und ihre Fraktionen, ausschließlich aus Oliven gewonnen, auch raffiniert, jedoch nicht chemisch modifiziert, einschließlich Mischungen dieser Öle oder Fraktionen mit Ölen oder Fraktionen der Position 1509:**		
1510 00 10	– rohe Öle	110,2 €/100 kg/net	—
1510 00 90	– andere	160,3 €/100 kg/net	—
1511	**Palmöl und seine Fraktionen, auch raffiniert, jedoch nicht chemisch modifiziert:**		
1511 10	– **rohes Öl:**		
1511 10 10	– – zu technischen oder industriellen Zwecken, ausgenommen zum Herstellen von Lebensmitteln ([1])	frei	—
1511 10 90	– – anderes	3,8	—
1511 90	– **andere:**		
	– – feste Fraktionen:		
1511 90 11	– – – in unmittelbaren Umschließungen mit einem Gewicht des Inhalts von 1 kg oder weniger	12,8	—
1511 90 19	– – – in anderer Aufmachung	10,9	—
	– – andere:		
1511 90 91	– – – zu technischen oder industriellen Zwecken, ausgenommen zum Herstellen von Lebensmitteln ([1])	5,1	—
1511 90 99	– – – andere	9	—
1512	**Sonnenblumenöl, Safloröl und Baumwollsamenöl sowie deren Fraktionen, auch raffiniert, jedoch nicht chemisch modifiziert:**		
	– **Sonnenblumenöl und Safloröl sowie deren Fraktionen:**		
1512 11	– – **rohe Öle:**		
1512 11 10	– – – zu technischen oder industriellen Zwecken, ausgenommen zum Herstellen von Lebensmitteln ([1])	3,2	—
	– – – andere:		
1512 11 91	– – – – Sonnenblumenöl	6,4	—
1512 11 99	– – – – Safloröl	6,4	—
1512 19	– – **andere:**		
1512 19 10	– – – zu technischen oder industriellen Zwecken, ausgenommen zum Herstellen von Lebensmitteln ([1])	5,1	—
1512 19 90	– – – andere	9,6	—
	– **Baumwollsamenöl und seine Fraktionen:**		
1512 21	– – **rohes Öl, auch von Gossypol befreit:**		
1512 21 10	– – – zu technischen oder industriellen Zwecken, ausgenommen zum Herstellen von Lebensmitteln ([1])	3,2	—
1512 21 90	– – – anderes	6,4	—
1512 29	– – **andere:**		
1512 29 10	– – – zu technischen oder industriellen Zwecken, ausgenommen zum Herstellen von Lebensmitteln ([1])	5,1	—
1512 29 90	– – – andere	9,6	—

([1]) Die Zulassung zu dieser Unterposition erfolgt nach den in den einschlägigen Bestimmungen der Europäischen Union festgesetzten Voraussetzungen (s. Artikel 291 bis 300 der Verordnung (EWG) Nr. 2454/93 der Kommission (ABl. L 253 vom 11.10.1993, S. 1)).

KN-Code	Warenbezeichnung	Vertragsmäßiger Zollsatz (%)	Besondere Maßeinheit
1	2	3	4
1513	**Kokosöl (Kopraöl), Palmkernöl und Babassuöl sowie deren Fraktionen, auch raffiniert, jedoch nicht chemisch modifiziert:**		
	– **Kokosöl (Kopraöl) und seine Fraktionen:**		
1513 11	– – **rohes Öl:**		
1513 11 10	– – – zu technischen oder industriellen Zwecken, ausgenommen zum Herstellen von Lebensmitteln (1)	2,5	—
	– – – anderes:		
1513 11 91	– – – – in unmittelbaren Umschließungen mit einem Gewicht des Inhalts von 1 kg oder weniger	12,8	—
1513 11 99	– – – – in anderer Aufmachung	6,4	—
1513 19	– – **andere:**		
	– – – feste Fraktionen:		
1513 19 11	– – – – in unmittelbaren Umschließungen mit einem Gewicht des Inhalts von 1 kg oder weniger	12,8	—
1513 19 19	– – – – in anderer Aufmachung	10,9	—
	– – – andere:		
1513 19 30	– – – – zu technischen oder industriellen Zwecken, ausgenommen zum Herstellen von Lebensmitteln (1)	5,1	—
	– – – – andere:		
1513 19 91	– – – – – in unmittelbaren Umschließungen mit einem Gewicht des Inhalts von 1 kg oder weniger	12,8	—
1513 19 99	– – – – – in anderer Aufmachung	9,6	—
	– **Palmkernöl und Babassuöl sowie deren Fraktionen:**		
1513 21	– – **rohe Öle:**		
1513 21 10	– – – zu technischen oder industriellen Zwecken, ausgenommen zum Herstellen von Lebensmitteln (1)	3,2	—
	– – – andere:		
1513 21 30	– – – – in unmittelbaren Umschließungen mit einem Gewicht des Inhalts von 1 kg oder weniger	12,8	—
1513 21 90	– – – – in anderer Aufmachung	6,4	—
1513 29	– – **andere:**		
	– – – feste Fraktionen:		
1513 29 11	– – – – in unmittelbaren Umschließungen mit einem Gewicht des Inhalts von 1 kg oder weniger	12,8	—
1513 29 19	– – – – in anderer Aufmachung	10,9	—
	– – – andere:		
1513 29 30	– – – – zu technischen oder industriellen Zwecken, ausgenommen zum Herstellen von Lebensmitteln (1)	5,1	—
	– – – – andere:		
1513 29 50	– – – – – in unmittelbaren Umschließungen mit einem Gewicht des Inhalts von 1 kg oder weniger	12,8	—
1513 29 90	– – – – – in anderer Aufmachung	9,6	—
1514	**Raps- und Rübsenöl und Senföl sowie deren Fraktionen, auch raffiniert, jedoch nicht chemisch modifiziert:**		
	– **erucasäurearmes Raps- und Rübsenöl sowie deren Fraktionen:**		
1514 11	– – **rohe Öle:**		

(1) Die Zulassung zu dieser Unterposition erfolgt nach den in den einschlägigen Bestimmungen der Europäischen Union festgesetzten Voraussetzungen (s. Artikel 291 bis 300 der Verordnung (EWG) Nr. 2454/93 der Kommission (ABl. L 253 vom 11.10.1993, S. 1)).

KN-Code	Warenbezeichnung	Vertragsmäßiger Zollsatz (%)	Besondere Maßeinheit
1	2	3	4
1514 11 10	– – – zu technischen oder industriellen Zwecken, ausgenommen zum Herstellen von Lebensmitteln (1)	3,2	—
1514 11 90	– – – andere	6,4	—
1514 19	– – **andere:**		
1514 19 10	– – – zu technischen oder industriellen Zwecken, ausgenommen zum Herstellen von Lebensmitteln (1)	5,1	—
1514 19 90	– – – andere	9,6	—
	– **andere:**		
1514 91	– – **rohe Öle:**		
1514 91 10	– – – zu technischen oder industriellen Zwecken, ausgenommen zum Herstellen von Lebensmitteln (1)	3,2	—
1514 91 90	– – – andere	6,4	—
1514 99	– – **andere:**		
1514 99 10	– – – zu technischen oder industriellen Zwecken, ausgenommen zum Herstellen von Lebensmitteln (1)	5,1	—
1514 99 90	– – – andere	9,6	—
1515	**Andere pflanzliche Fette und fette Öle (einschließlich Jojobaöl) sowie deren Fraktionen, auch raffiniert, jedoch nicht chemisch modifiziert:**		
	– **Leinöl und seine Fraktionen:**		
1515 11 00	– – **rohes Öl**	3,2	—
1515 19	– – **andere:**		
1515 19 10	– – – zu technischen oder industriellen Zwecken, ausgenommen zum Herstellen von Lebensmitteln (1)	5,1	—
1515 19 90	– – – andere	9,6	—
	– **Maisöl und seine Fraktionen:**		
1515 21	– – **rohes Öl:**		
1515 21 10	– – – zu technischen oder industriellen Zwecken, ausgenommen zum Herstellen von Lebensmitteln (1)	3,2	—
1515 21 90	– – – anderes	6,4	—
1515 29	– – **andere:**		
1515 29 10	– – – zu technischen oder industriellen Zwecken, ausgenommen zum Herstellen von Lebensmitteln (1)	5,1	—
1515 29 90	– – – andere	9,6	—
1515 30	– **Rizinusöl und seine Fraktionen:**		
1515 30 10	– – zum Herstellen von Aminoundecansäure zum Erzeugen von synthetischen Chemiefasern oder Kunststoffen (1)	frei	—
1515 30 90	– – andere	5,1	—
1515 50	– **Sesamöl und seine Fraktionen:**		
	– – rohes Öl:		
1515 50 11	– – – zu technischen oder industriellen Zwecken, ausgenommen zum Herstellen von Lebensmitteln (1)	3,2	—

(1) Die Zulassung zu dieser Unterposition erfolgt nach den in den einschlägigen Bestimmungen der Europäischen Union festgesetzten Voraussetzungen (s. Artikel 291 bis 300 der Verordnung (EWG) Nr. 2454/93 der Kommission (ABl. L 253 vom 11.10.1993, S. 1)).

KN-Code	Warenbezeichnung	Vertragsmäßiger Zollsatz (%)	Besondere Maßeinheit
1	2	3	4
1515 50 19	– – – anderes	6,4	—
	– – andere:		
1515 50 91	– – – zu technischen oder industriellen Zwecken, ausgenommen zum Herstellen von Lebensmitteln ([1])	5,1	—
1515 50 99	– – – andere	9,6	—
1515 90	– **andere:**		
1515 90 11	– – Tungöl (Holzöl); Jojobaöl und Oiticicaöl; Myrtenwachs und Japanwachs; deren Fraktionen	frei	—
	– – Tabaksamenöl und seine Fraktionen:		
	– – – rohes Öl:		
1515 90 21	– – – – zu technischen oder industriellen Zwecken, ausgenommen zum Herstellen von Lebensmitteln ([1])	frei	—
1515 90 29	– – – – anderes	6,4	—
	– – – andere:		
1515 90 31	– – – – zu technischen oder industriellen Zwecken, ausgenommen zum Herstellen von Lebensmitteln ([1])	frei	—
1515 90 39	– – – – andere	9,6	—
	– – andere Fette und Öle sowie deren Fraktionen:		
	– – – rohe Fette und Öle:		
1515 90 40	– – – – zu technischen oder industriellen Zwecken, ausgenommen zum Herstellen von Lebensmitteln ([1])	3,2	—
	– – – – andere:		
1515 90 51	– – – – – fest, in unmittelbaren Umschließungen mit einem Gewicht des Inhalts von 1 kg oder weniger	12,8	—
1515 90 59	– – – – – fest, in anderen Aufmachungen; flüssig	6,4	—
	– – – andere:		
1515 90 60	– – – – zu technischen oder industriellen Zwecken, ausgenommen zum Herstellen von Lebensmitteln ([1])	5,1	—
	– – – – andere:		
1515 90 91	– – – – – fest, in unmittelbaren Umschließungen mit einem Gewicht des Inhalts von 1 kg oder weniger	12,8	—
1515 90 99	– – – – – fest, in anderen Aufmachungen; flüssig	9,6	—
1516	**Tierische und pflanzliche Fette und Öle sowie deren Fraktionen, ganz oder teilweise hydriert, umgeestert, wiederverestert oder elaidiniert, auch raffiniert, jedoch nicht weiterverarbeitet:**		
1516 10	– **tierische Fette und Öle sowie deren Fraktionen:**		
1516 10 10	– – in unmittelbaren Umschließungen mit einem Gewicht des Inhalts von 1 kg oder weniger	12,8	—
1516 10 90	– – in anderer Aufmachung	10,9	—
1516 20	– **pflanzliche Fette und Öle sowie deren Fraktionen:**		
1516 20 10	– – hydriertes Rizinusöl (sog. Opalwachs)	3,4	—
	– – andere:		

([1]) Die Zulassung zu dieser Unterposition erfolgt nach den in den einschlägigen Bestimmungen der Europäischen Union festgesetzten Voraussetzungen (s. Artikel 291 bis 300 der Verordnung (EWG) Nr. 2454/93 der Kommission (ABl. L 253 vom 11.10.1993, S. 1)).

KN-Code	Warenbezeichnung	Vertragsmäßiger Zollsatz (%)	Besondere Maßeinheit
1	2	3	4
1516 20 91	– – – in unmittelbaren Umschließungen mit einem Gewicht des Inhalts von 1 kg oder weniger	12,8	—
	– – – in anderer Aufmachung:		
1516 20 95	– – – – Raps- und Rübsenöl, Leinöl, Sonnenblumenöl, Illipefett, Karitefett, Domorifett, Tulucunaöl oder Babassuöl, zu technischen oder industriellen Zwecken, ausgenommen zum Herstellen von Lebensmitteln (¹)	5,1	—
	– – – – andere:		
1516 20 96	– – – – – Erdnussöl, Baumwollsaatöl, Sojaöl oder Sonnenblumenöl; andere Öle mit einem Gehalt an freien Fettsäuren von weniger als 50 GHT und ausgenommen Palmkernöl, Illipefett, Kokosöl (Kopraöl), Raps- und Rübsenöl oder Kopaivaöl	9,6	—
1516 20 98	– – – – – andere	10,9	—
1517	**Margarine; genießbare Mischungen und Zubereitungen von tierischen oder pflanzlichen Fetten und Ölen sowie von Fraktionen verschiedener Fette und Öle dieses Kapitels, ausgenommen genießbare Fette und Öle sowie deren Fraktionen der Position 1516:**		
1517 10	– **Margarine, ausgenommen flüssige Margarine:**		
1517 10 10	– – mit einem Milchfettgehalt von mehr als 10 bis 15 GHT	8,3 + 28,4 €/ 100 kg/net	—
1517 10 90	– – andere	16	—
1517 90	– **andere:**		
1517 90 10	– – mit einem Milchfettgehalt von mehr als 10 bis 15 GHT	8,3 + 28,4 €/ 100 kg/net	—
	– – andere:		
1517 90 91	– – – Mischungen von flüssigen, fetten pflanzlichen Ölen	9,6	—
1517 90 93	– – – genießbare Mischungen und Zubereitungen der als Form- und Trennöle verwendeten Art	2,9	—
1517 90 99	– – – andere	16	—
1518 00	**Tierische und pflanzliche Fette und Öle sowie deren Fraktionen, gekocht, oxidiert, dehydratisiert, geschwefelt, geblasen, durch Hitze im Vakuum oder in inertem Gas polymerisiert oder anders chemisch modifiziert, ausgenommen Waren der Position 1516; ungenießbare Mischungen und Zubereitungen von tierischen oder pflanzlichen Fetten und Ölen sowie von Fraktionen verschiedener Fette und Öle dieses Kapitels, anderweit weder genannt noch inbegriffen:**		
1518 00 10	– Linoxyn	7,7	—
	– Mischungen von flüssigen, fetten pflanzlichen Ölen, zu technischen oder industriellen Zwecken, ausgenommen zum Herstellen von Lebensmitteln (¹):		
1518 00 31	– – roh	3,2	—
1518 00 39	– – andere	5,1	—
	– andere:		
1518 00 91	– – tierische und pflanzliche Fette und Öle sowie deren Fraktionen, gekocht, oxidiert, dehydratisiert, geschwefelt, geblasen, durch Hitze im Vakuum oder in inertem Gas polymerisiert oder anders chemisch modifiziert, ausgenommen Waren der Position 1516	7,7	—
	– – andere:		
1518 00 95	– – – ungenießbare Mischungen und Zubereitungen von tierischen Fetten und Ölen oder von tierischen und pflanzlichen Fetten und Ölen sowie deren Fraktionen	2	—

(¹) Die Zulassung zu dieser Unterposition erfolgt nach den in den einschlägigen Bestimmungen der Europäischen Union festgesetzten Voraussetzungen (s. Artikel 291 bis 300 der Verordnung (EWG) Nr. 2454/93 der Kommission (ABl. L 253 vom 11.10.1993, S. 1)).

KN-Code	Warenbezeichnung	Vertragsmäßiger Zollsatz (%)	Besondere Maßeinheit
1	2	3	4
1518 00 99	– – – andere	7,7	—
[1519]			
1520 00 00	**Glycerin, roh; Glycerinwasser und Glycerinunterlaugen**	frei	—
1521	**Pflanzenwachse (ausgenommen Triglyceride), Bienenwachs, andere Insektenwachse und Walrat, auch raffiniert oder gefärbt:**		
1521 10 00	– **Pflanzenwachse**	frei	—
1521 90	– **andere:**		
1521 90 10	– – Walrat, auch raffiniert oder gefärbt	frei	—
	– – Bienenwachs und andere Insektenwachse, auch raffiniert oder gefärbt:		
1521 90 91	– – – roh	frei	—
1521 90 99	– – – andere	2,5	—
1522 00	**Degras; Rückstände aus der Verarbeitung von Fettstoffen oder von tierischen oder pflanzlichen Wachsen:**		
1522 00 10	– Degras	3,8	—
	– Rückstände aus der Verarbeitung von Fettstoffen oder von tierischen oder pflanzlichen Wachsen:		
	– – Öl enthaltend, das die Merkmale von Olivenöl aufweist:		
1522 00 31	– – – Soapstock	29,9 €/100 kg/net	—
1522 00 39	– – – andere	47,8 €/100 kg/net	—
	– – andere:		
1522 00 91	– – – Öldrass und Soapstock	3,2	—
1522 00 99	– – – andere	frei	—

ABSCHNITT IV

WAREN DER LEBENSMITTELINDUSTRIE; GETRÄNKE, ALKOHOLHALTIGE FLÜSSIGKEITEN UND ESSIG; TABAK UND VERARBEITETE TABAKERSATZSTOFFE

Anmerkung

1. In diesem Abschnitt gelten als „Pellets“ Erzeugnisse, die entweder unmittelbar durch Pressen oder durch Zusatz eines Bindemittels in einer Menge von 3 GHT oder weniger zu Zylindern, Kügelchen usw. agglomeriert worden sind.

KAPITEL 16

ZUBEREITUNGEN VON FLEISCH, FISCHEN ODER VON KREBSTIEREN, WEICHTIEREN UND ANDEREN WIRBELLOSEN WASSERTIEREN

Anmerkungen

1. Zu Kapitel 16 gehören nicht Fleisch, Schlachtnebenerzeugnisse, Fische, Krebstiere, Weichtiere und andere wirbellose Wassertiere, zubereitet oder haltbar gemacht nach den Verfahren, die in den Kapiteln 2 und 3 und der Position 0504 aufgeführt sind.

2. Lebensmittelzubereitungen gehören zu Kapitel 16 nur, wenn ihr Gehalt an Wurst, Fleisch, Schlachtnebenerzeugnissen, Blut, Fischen, Krebstieren, Weichtieren oder anderen wirbellosen Wassertieren — einzeln oder zusammen — mehr als 20 GHT beträgt. Enthalten diese Zubereitungen zwei oder mehr der vorgenannten Waren, werden sie derjenigen Position des Kapitels 16 zugewiesen, die dem gewichtsmäßig vorherrschenden Bestandteil entspricht. Diese Bestimmungen gelten weder für gefüllte Waren der Position 1902 noch für Zubereitungen der Positionen 2103 und 2104.

   Bei Leber enthaltenden Zubereitungen gilt der vorstehende zweite Satz jedoch nicht für die Bestimmung von Unterpositionen innerhalb der Positionen 1601und 1602.

Unterpositions-Anmerkungen

1. Als „homogenisierte Zubereitungen“ im Sinne der Unterposition 1602 10 gelten Zubereitungen aus Fleisch, Schlachtnebenerzeugnissen oder Blut, fein homogenisiert, aufgemacht für den Einzelverkauf zur Ernährung von Kindern oder zum Diätgebrauch in Behältnissen mit einem Inhalt von 250 g oder weniger. Bei Anwendung dieser Begriffsbestimmung bleiben Zutaten, die der Zubereitung ggf. zum Würzen, Haltbarmachen oder zu anderen Zwecken in geringer Menge zugesetzt sind, außer Betracht. Diese Zubereitungen können in geringer Menge sichtbare Stückchen von Fleisch oder Schlachtnebenerzeugnissen enthalten. Die Unterposition 1602 10 hat Vorrang vor allen anderen Unterpositionen der Position 1602.

2. Die in den Unterpositionen der Positionen 1604 und 1605 lediglich mit ihren allgemeinen Bezeichnungen aufgeführten Fische, Krebstiere, Weichtiere und andere wirbellose Wassertiere gehören zu den gleichen in Kapitel 3 unter diesen Bezeichnungen aufgeführten Arten.

Zusätzliche Anmerkungen

1. *Als „nicht gegart“ im Sinne der Unterpositionen 1602 31 11, 1602 32 11, 1602 39 21, 1602 50 10 und 1602 90 61 gelten Erzeugnisse, die keiner Wärmebehandlung oder einer Wärmebehandlung unterzogen wurden, die nicht ausreichte, um die Proteine im Fleisch bis ins Innere zu koagulieren und die bei den Erzeugnissen der Unterpositionen 1602 50 10 und 1602 90 61 dementsprechend Spuren einer rötlichen Flüssigkeit aufweisen, wenn sie an der dicksten Stelle durchgeschnitten werden.*

2. *Der Begriff „Teile“ im Sinne der Unterpositionen 1602 41 10, 1602 42 10 und 1602 49 11 bis 1602 49 15 bezieht sich nur auf zubereitetes oder haltbar gemachtes Fleisch, bei dem aufgrund der Größe und Beschaffenheit des zusammenhängenden Muskelgewebes ersichtlich ist, dass es von Schinken, Schultern, Kotelettsträngen oder Nacken von Hausschweinen stammt.*

KN-Code	Warenbezeichnung	Vertragsmäßiger Zollsatz (%)	Besondere Maßeinheit
1	2	3	4
1601 00	**Würste und ähnliche Erzeugnisse, aus Fleisch, Schlachtnebenerzeugnissen oder Blut; Lebensmittelzubereitungen auf der Grundlage dieser Erzeugnisse:**		
1601 00 10	– aus Lebern	15,4	—
	– andere (1):		
1601 00 91	– – Rohwürste, getrocknet oder streichfähig	149,4 €/100 kg/net (2)	—
1601 00 99	– – andere	100,5 €/100 kg/net (2)	—
1602	**Fleisch, Schlachtnebenerzeugnisse oder Blut, anders zubereitet oder haltbar gemacht:**		
1602 10 00	– **homogenisierte Zubereitungen**	16,6	—
1602 20	– **aus Lebern aller Tierarten:**		
1602 20 10	– – von Gänsen oder Enten	10,2	—
1602 20 90	– – andere	16	—
	– **von Geflügel der Position 0105:**		
1602 31	– – **von Truthühnern:**		
	– – – mit einem Anteil an Fleisch oder Schlachtnebenerzeugnissen von Geflügel von 57 GHT oder mehr (3):		
1602 31 11	– – – – ausschließlich nicht gegartes Fleisch von Truthühnern enthaltend	102,4 €/100 kg/net	—
1602 31 19	– – – – andere	102,4 €/100 kg/net	—
1602 31 80	– – – andere	102,4 €/100 kg/net	—
1602 32	– – **von Hühnern:**		
	– – – mit einem Anteil an Fleisch oder Schlachtnebenerzeugnissen von Geflügel von 57 GHT oder mehr (3):		
1602 32 11	– – – – nicht gegart	276,5 €/100 kg/net	—
1602 32 19	andere	102,4 €/100 kg/net	—
1602 32 30	– – – mit einem Anteil an Fleisch oder Schlachtnebenerzeugnissen von Geflügel von 25 GHT oder mehr, jedoch weniger als 57 GHT (3)	276,5 €/100 kg/net	—
1602 32 90	– – – andere	276,5 €/100 kg/net	—
1602 39	– – **andere:**		
	– – – mit einem Anteil an Fleisch oder Schlachtnebenerzeugnissen von Geflügel von 57 GHT oder mehr (3):		
1602 39 21	– – – – nicht gegart	276,5 €/100 kg/net	—
1602 39 29	– – – – andere	276,5 €/100 kg/net	—
1602 39 85	– – – andere	276,5 €/100 kg/net	—

(1) Bei der Anwendung des Zolls auf Würstchen in Behältnissen, die auch Konservierungsflüssigkeit enthalten, wird nur das Gewicht der Würstchen zugrunde gelegt.
(2) WTO-Zollkontingent.
(3) Bei der Bestimmung des Vomhundertsatzes an Geflügelfleisch wird das Gewicht der Knochen nicht mitgerechnet.

KN-Code	Warenbezeichnung	Vertragsmäßiger Zollsatz (%)	Besondere Maßeinheit
1	2	3	4
	– **von Schweinen:**		
1602 41	– – **Schinken und Teile davon:**		
1602 41 10	– – – von Hausschweinen	156,8 €/100 kg/net (¹)	—
1602 41 90	– – – andere	10,9	—
1602 42	– – **Schultern und Teile davon:**		
1602 42 10	– – – von Hausschweinen	129,3 €/100 kg/net (¹)	—
1602 42 90	– – – andere	10,9	—
1602 49	– – **andere, einschließlich Mischungen:**		
	– – – von Hausschweinen:		
	– – – – mit einem Gehalt an Fleisch oder Schlachtnebenerzeugnissen aller Art, einschließlich Schweinespeck und Fette jeder Art oder Herkunft, von 80 GHT oder mehr:		
1602 49 11	– – – – – Kotelettstränge (ausgenommen Nacken) und Teile davon, einschließlich Mischungen aus Kotelettsträngen und Schinken	156,8 €/100 kg/net (¹)	—
1602 49 13	– – – – – Nacken und Teile davon, einschließlich Mischungen aus Nacken und Schultern	129,3 €/100 kg/net (¹)	—
1602 49 15	– – – – – andere Mischungen, Schinken, Schultern, Kotelettstränge oder Nacken und Teile davon enthaltend	129,3 €/100 kg/net (¹)	—
1602 49 19	– – – – – andere	85,7 €/100 kg/net (¹)	—
1602 49 30	– – – – mit einem Gehalt an Fleisch oder Schlachtnebenerzeugnissen aller Art, einschließlich Schweinespeck und Fette jeder Art oder Herkunft, von 40 GHT oder mehr, jedoch weniger als 80 GHT	75 €/100 kg/net (¹)	—
1602 49 50	– – – – mit einem Gehalt an Fleisch oder Schlachtnebenerzeugnissen aller Art, einschließlich Schweinespeck und Fette jeder Art oder Herkunft, von weniger als 40 GHT	54,3 €/100 kg/net (¹)	—
1602 49 90	– – – andere	10,9	—
1602 50	– **von Rindern:**		
1602 50 10	– – nicht gegart; Mischungen aus gegartem Fleisch oder gegarten Schlachtnebenerzeugnissen und nicht gegartem Fleisch oder nicht gegarten Schlachtnebenerzeugnissen	303,4 €/100 kg/net	—
	– – andere:		
1602 50 31	– – – Corned Beef, in luftdicht verschlossenen Behältnissen	16,6	—
1602 50 95	– – – andere	16,6	—
1602 90	– **andere, einschließlich Zubereitungen aus Blut aller Tierarten:**		
1602 90 10	– – Zubereitungen aus Blut aller Tierarten	16,6	—
	– – andere:		
1602 90 31	– – – von Wild oder Kaninchen	10,9	—
	– – – andere:		
1602 90 51	– – – – Fleisch oder Schlachtnebenerzeugnisse von Hausschweinen enthaltend	85,7 €/100 kg/net	—

(¹) WTO-Zollkontingent.

KN-Code	Warenbezeichnung	Vertragsmäßiger Zollsatz (%)	Besondere Maßeinheit
1	2	3	4
	– – – – andere:		
	– – – – – Fleisch oder Schlachtnebenerzeugnisse von Rindern enthaltend:		
1602 90 61	– – – – – – nicht gegart; Mischungen aus gegartem Fleisch oder gegarten Schlachtnebenerzeugnissen und nicht gegartem Fleisch oder nicht gegarten Schlachtnebenerzeugnissen	303,4 €/100 kg/net	—
1602 90 69	– – – – – – andere	16,6	—
	– – – – – andere:		
1602 90 91	– – – – – – von Schafen	12,8	—
1602 90 95	– – – – – – von Ziegen	16,6	—
1602 90 99	– – – – – – andere	16,6	—
1603 00	**Extrakte und Säfte von Fleisch, Fischen, Krebstieren, Weichtieren und anderen wirbellosen Wassertieren:**		
1603 00 10	– in unmittelbaren Umschließungen mit einem Gewicht des Inhalts von 1 kg oder weniger	12,8	—
1603 00 80	– andere	frei	—
1604	**Fische, zubereitet oder haltbar gemacht; Kaviar und Kaviarersatz, aus Fischeiern gewonnen:**		
	– **Fische, ganz oder in Stücken, jedoch nicht fein zerkleinert:**		
1604 11 00	– – **Lachse**	5,5	—
1604 12	– – **Heringe:**		
1604 12 10	– – – Filets, roh, lediglich mit Teig umhüllt oder mit Paniermehl bestreut (paniert), auch in Öl vorgebacken, gefroren	15	—
	– – – andere:		
1604 12 91	– – – – in luftdicht verschlossenen Behältnissen	20	—
1604 12 99	– – – – andere	20	—
1604 13	– – **Sardinen, Sardinellen und Sprotten:**		
	– – – Sardinen:		
1604 13 11	– – – – in Olivenöl	12,5	—
1604 13 19	– – – – andere	12,5	—
1604 13 90	– – – andere	12,5	—
1604 14	– – **Thunfische, echter Bonito und Pelamide (*Sarda* spp.):**		
	– – – Thunfische und echter Bonito:		
1604 14 11	– – – – in Pflanzenöl	24	—
	– – – – andere:		
1604 14 16	– – – – – Filets genannt „Loins"	24	—
1604 14 18	– – – – – andere	24	—
1604 14 90	– – – Pelamide (*Sarda* spp.)	25	—
1604 15	– – **Makrelen:**		
	– – – der Arten *Scomber scombrus* und *Scomber japonicus*:		
1604 15 11	– – – – Filets	25	—

KN-Code	Warenbezeichnung	Vertragsmäßiger Zollsatz (%)	Besondere Maßeinheit
1	2	3	4
1604 15 19	– – – – andere	25	—
1604 15 90	– – – der Art *Scomber australasicus*	20	—
1604 16 00	– – **Sardellen**	25	—
1604 17 00	– – **Aale**	20	—
1604 19	– – **andere:**		
1604 19 10	– – – Salmoniden, ausgenommen Lachse	7	—
	– – – Fische der Gattung *Euthynnus*, andere als echter Bonito (*Euthynnus (Katsuwonus) pelamis*):		
1604 19 31	– – – – Filets genannt „Loins"	24	—
1604 19 39	– – – – andere	24	—
1604 19 50	– – – Fische der Art *Orcynopsis unicolor*	12,5	—
	– – – andere:		
1604 19 91	– – – – Filets, roh, lediglich mit Teig umhüllt oder mit Paniermehl bestreut (paniert), auch in Öl vorgebacken, gefroren	7,5	—
	– – – – andere:		
1604 19 92	– – – – – Kabeljau (*Gadus morhua, Gadus ogac, Gadus macrocephalus*)	20	—
1604 19 93	– – – – – Köhler (*Pollachius virens*)	20	—
1604 19 94	– – – – – Seehechte (*Merluccius* spp., *Urophycis* spp.)	20	—
1604 19 95	– – – – – Pazifischer Pollack (*Theragra chalcogramma*) und Pollack (*Pollachius pollachius*)	20	—
1604 19 97	– – – – – andere	20	—
1604 20	– **Fische, in anderer Weise zubereitet oder haltbar gemacht:**		
1604 20 05	– – Surimizubereitungen	20	—
	– – andere:		
1604 20 10	– – – Lachse	5,5	—
1604 20 30	– – – Salmoniden, ausgenommen Lachse	7	—
1604 20 40	– – – Sardellen	25	—
1604 20 50	– – – Sardinen, Boniten, Makrelen der Arten *Scomber scombrus* und *Scomber japonicus*, Fische der Art *Orcynopsis unicolor*	25 (1)	—
1604 20 70	– – – Thunfische, echter Bonito und andere Fische der Gattung *Euthynnus*	24 (1)	—
1604 20 90	– – – andere	14	—
	– **Kaviar und Kaviarersatz:**		
1604 31 00	– – **Kaviar**	20	—
1604 32 00	– – **Kaviarersatz**	20	—
1605	**Krebstiere, Weichtiere und andere wirbellose Wassertiere, zubereitet oder haltbar gemacht:**		
1605 10 00	– **Krabben**	8	—
	– **Garnelen:**		
1605 21	– – **nicht in luftdichten Behältnissen:**		
1605 21 10	– – – in unmittelbaren Umschließungen mit einem Gewicht des Inhalts von 2 kg oder weniger	20 (1)	—
1605 21 90	– – – andere	20 (1)	—

(1) WTO-Zollkontingent.

KN-Code	Warenbezeichnung	Vertragsmäßiger Zollsatz (%)	Besondere Maßeinheit
1	2	3	4
1605 29 00	– – **andere**	20 ([1])	—
1605 30	– **Hummer:**		
1605 30 10	– – Hummerfleisch, gekocht, zum Herstellen von Hummerbutter, -pasten, -suppen oder -soßen ([2])	frei	—
1605 30 90	– – andere	20	—
1605 40 00	– **andere Krebstiere**	20 ([1])	—
	– **Weichtiere:**		
1605 51 00	– – **Austern**	20	—
1605 52 00	– – **Jakobs- oder Kammmuscheln**	20	—
1605 53	– – **Miesmuscheln:**		
1605 53 10	– – – in luftdicht verschlossenen Behältnissen	20	—
1605 53 90	– – – andere	20	—
1605 54 00	– – **Tintenfische und Kalmare**	20	—
1605 55 00	– – **Kraken**	20	—
1605 56 00	– – **Venusmuscheln, Herzmuscheln und Archenmuscheln**	20	—
1605 57 00	– – **Seeohren**	20	—
1605 58 00	– – **Schnecken, andere als Meeresschnecken**	20	—
1605 59 00	– – **andere**	20	—
	– **andere wirbellose Wassertiere:**		
1605 61 00	– – **Seegurken**	26	—
1605 62 00	– – **Seeigel**	26	—
1605 63 00	– – **Quallen**	26	—
1605 69 00	– – **andere**	26	—

([1]) WTO-Zollkontingent.
([2]) Die Zulassung zu dieser Unterposition erfolgt nach den in den einschlägigen Bestimmungen der Europäischen Union festgesetzten Voraussetzungen (s. Artikel 291 bis 300 der Verordnung (EWG) Nr. 2454/93 der Kommission (ABl. L 253 vom 11.10.1993, S. 1)).

KAPITEL 17

ZUCKER UND ZUCKERWAREN

Anmerkung

1. Zu Kapitel 17 gehören nicht:

   a) kakaohaltige Zuckerwaren (Position 1806);

   b) chemisch reine Zucker (ausgenommen Saccharose, Lactose, Maltose, Glucose und Fructose) und andere Waren der Position 2940;

   c) Arzneiwaren und andere Waren des Kapitels 30.

Unterpositions-Anmerkungen

1. Als „Rohzucker" im Sinne der Unterpositionen 1701 12, 1701 13 und 1701 14 gilt Zucker, dessen Gewichtsanteil an Saccharose, bezogen auf die Trockenmasse, einer Polarisation von weniger als 99,5° entspricht.

2. Zur Unterposition 1701 13 gehört nur Rohrzucker, der ohne Zentrifugation hergestellt wurde und dessen Gehalt an Saccharose, bezogen auf die Trockenmasse, einer Polarisation von 69° oder mehr, jedoch weniger als 93° entspricht. Das Produkt enthält nur natürliche xenomorphe Mikrokristalle, von unregelmäßiger Form, die mit bloßem Auge nicht erkennbar und von Melasserückständen und anderen Bestandteilen des Zuckerrohrs umgeben sind.

Zusätzliche Anmerkungen

1. *Als „Rohzucker" im Sinne der Unterpositionen 1701 12 10, 1701 12 90, 1701 13 10, 1701 13 90, 1701 14 10 und 1701 14 90 gilt Zucker (ohne Zusatz von Aroma-, Farb- oder anderen Stoffen) mit einem nach der polarimetrischen Methode ermittelten Saccharosegehalt, bezogen auf die Trockenmasse, von weniger als 99,5 GHT.*

2. *Der für Rohzucker der Unterpositionen 1701 12 10, 1701 13 10 und 1701 14 10 geltende Zollsatz, bei dem der gemäß Anhang IV Teil B Abschnitt III der Verordnung (EG) Nr. 1234/2007 des Rates ermittelte Rendementwert von 92 % abweicht, wird wie folgt berechnet:*

   Der angegebene Zollsatz wird mit einem Berichtigungskoeffizienten multipliziert, der sich aus der Division des gemäß der oben genannten Bestimmung ermittelten Rendementwertes durch 92 ergibt.

3. *Als „Weißzucker" im Sinne der Unterposition 1701 99 10 gilt Zucker (ohne Zusatz von Aroma-, Farb- oder anderen Stoffen), dessen Gewichtsanteil an Saccharose, bezogen auf die Trockenmasse, einer Polarisation von 99,5° oder mehr entspricht.*

4. *Bei der Berechnung des Zollsatzes für die Erzeugnisse der Unterpositionen 1702 20 10, 1702 60 80, 1702 60 95, 1702 90 71, 1702 90 80 und 1702 90 95 wird der Saccharosegehalt, einschließlich des Gehalts an anderen als Saccharose berechneten Zuckern, nach den Methoden gemäß Artikel 42 Absätze 2 und 4 der Verordnung (EG) Nr. 951/2006 bestimmt.*

5. *Als „Isoglucose" im Sinne der Unterpositionen 1702 30 10, 1702 40 10, 1702 60 10 und 1702 90 30 gilt das aus Glucose oder Glucosepolymeren gewonnene Erzeugnis mit einem Gehalt, bezogen auf die Trockenmasse, von 10 GHT oder mehr an Fructose.*

   Bei der Berechnung des Zollsatzes für die Erzeugnisse der im vorhergehenden Absatz genannten Unterpositionen wird der Gehalt an Trockenmasse gemäß Artikel 42 Absatz 3 der Verordnung (EG) Nr. 951/2006 bestimmt.

6. *Als „Inulinsirup" gelten:*

   a) im Sinne der Unterposition 1702 60 80 Erzeugnisse, die unmittelbar durch Hydrolyse von Inulin oder Oligomeren der Fructose gewonnen wurden, mit einem Gehalt, bezogen auf die Trockenmasse, von mehr als 50 GHT Fructose in chemisch nicht gebundener Form oder in Form von Saccharose;

   b) im Sinne der Unterposition 1702 90 80 Erzeugnisse, die unmittelbar durch Hydrolyse von Inulin oder Oligomeren der Fructose gewonnen wurden, mit einem Gehalt, bezogen auf die Trockenmasse, von 10 bis 50 GHT Fructose in chemisch nicht gebundener Form oder in Form von Saccharose.

7. *Waren der Unterposition 1704 90, die in Warenzusammenstellungen gestellt werden, unterliegen einem Agrarteilbetrag (EA) nach dem durchschnittlichen Gehalt der gesamten Warenzusammenstellung an Milchfett, Milchprotein, Saccharose, Isoglucose, Glucose und Stärke.*

KN-Code	Warenbezeichnung	Vertragsmäßiger Zollsatz (%)	Besondere Maßeinheit
1	2	3	4
1701	**Rohr- und Rübenzucker und chemisch reine Saccharose, fest:**		
	– Rohzucker, ohne Zusatz von Aroma- oder Farbstoffen:		
1701 12	**– – Rübenzucker:**		
1701 12 10	– – – zur Raffination bestimmt (1)	33,9 €/100 kg/net (2) (3)	—
1701 12 90	– – – anderer	41,9 €/100 kg/net (3)	—
1701 13	**– – Rohrzucker im Sinne der Unterpositions-Anmerkung 2 zu diesem Kapitel:**		
1701 13 10	– – – zur Raffination bestimmt (1)	33,9 €/100 kg/net (2) (3)	—
1701 13 90	– – – anderer	41,9 €/100 kg/net (3)	—
1701 14	**– – anderer Rohrzucker:**		
1701 14 10	– – – zur Raffination bestimmt (1)	33,9 €/100 kg/net (2) (3)	—
1701 14 90	– – – anderer	41,9 €/100 kg/net (3)	—
	– andere:		
1701 91 00	**– – mit Zusatz von Aroma- oder Farbstoffen**	41,9 €/100 kg/net (3)	—
1701 99	**– – andere:**		
1701 99 10	– – – Weißzucker	41,9 €/100 kg/net (3)	—
1701 99 90	– – – andere	41,9 €/100 kg/net (3)	—
1702	**Andere Zucker, einschließlich chemisch reine Lactose, Maltose, Glucose und Fructose, fest; Zuckersirupe, ohne Zusatz von Aroma- oder Farbstoffen; Invertzuckercreme, auch mit natürlichem Honig vermischt; Zucker und Melassen, karamellisiert:**		
	– Lactose und Lactosesirup:		
1702 11 00	**– – mit einem Gehalt an Lactose, berechnet als wasserfreie Lactose, in der Trockenmasse, von 99 GHT oder mehr**	14 €/100 kg/net	—
1702 19 00	**– – andere**	14 €/100 kg/net	—
1702 20	**– Ahornzucker und Ahornsirup:**		
1702 20 10	– – fester Ahornzucker, mit Zusatz von Aroma- oder Farbstoffen	0,4 €/100 kg/net (4)	—
1702 20 90	– – anderer	8	—
1702 30	**– Glucose und Glucosesirup, keine Fructose enthaltend oder mit einem Gehalt an Fructose, bezogen auf die Trockenmasse, von weniger als 20 GHT:**		
1702 30 10	– – Isoglucose	50,7 €/100 kg/net mas	—

(1) Die Zulassung zu dieser Unterposition erfolgt nach den in den einschlägigen Bestimmungen der Europäischen Union festgesetzten Voraussetzungen (s. Artikel 291 bis 300 der Verordnung (EWG) Nr. 2454/93 der Kommission (ABl. L 253 vom 11.10.1993, S. 1)).
(2) Dieser Satz gilt für Rohzucker mit einer Ausbeute von 92 %.
(3) WTO-Zollkontingent.
(4) Je 1 GHT Saccharose, einschließlich des Gehalts an anderen als Saccharose berechneten Zuckern (siehe Zusätzliche Anmerkung 4 (KN)).

KN-Code	Warenbezeichnung	Vertragsmäßiger Zollsatz (%)	Besondere Maßeinheit
1	2	3	4
	– – andere:		
1702 30 50	– – – Glucose (Dextrose) als weißes, kristallines Pulver, auch agglomeriert	26,8 €/100 kg/net	—
1702 30 90	– – – andere	20 €/100 kg/net	—
1702 40	**– Glucose und Glucosesirup, mit einem Gehalt an Fructose, bezogen auf die Trockenmasse, von 20 GHT oder mehr, jedoch weniger als 50 GHT, ausgenommen Invertzucker:**		
1702 40 10	– – Isoglucose	50,7 €/100 kg/net mas	—
1702 40 90	– – andere	20 €/100 kg/net	—
1702 50 00	**– chemisch reine Fructose**	16 + 50,7 €/100 kg/net mas (1)	—
1702 60	**– andere Fructose und Fructosesirup, mit einem Gehalt an Fructose, bezogen auf die Trockenmasse, von mehr als 50 GHT, ausgenommen Invertzucker:**		
1702 60 10	– – Isoglucose	50,7 €/100 kg/net mas	—
1702 60 80	– – Inulinsirup	0,4 €/100 kg/net (2)	—
1702 60 95	– – andere	0,4 €/100 kg/net (2)	—
1702 90	**– andere, einschließlich Invertzucker und anderer Zucker und Zuckersirupe mit einem Gehalt an Fructose, bezogen auf die Trockenmasse, von 50 GHT:**		
1702 90 10	– – chemisch reine Maltose	12,8	—
1702 90 30	– – Isoglucose	50,7 €/100 kg/net mas	—
1702 90 50	– – Maltodextrin und Maltodextrinsirup	20 €/100 kg/net	—
	– – Zucker und Melassen, karamellisiert:		
1702 90 71	– – – mit einem Gehalt an Saccharose, bezogen auf die Trockenmasse, von 50 GHT oder mehr	0,4 €/100 kg/net (2)	—
	– – – andere:		
1702 90 75	– – – – als Pulver, auch agglomeriert	27,7 €/100 kg/net	—
1702 90 79	– – – – andere	19,2 €/100 kg/net	—
1702 90 80	– – Inulinsirup	0,4 €/100 kg/net (2)	—
1702 90 95	– – andere	0,4 €/100 kg/net (2)	—

(1) WTO-Zollkontingent.
(2) Je 1 GHT Saccharose, einschließlich des Gehalts an anderen als Saccharose berechneten Zuckern (siehe Zusätzliche Anmerkung 4 (KN)).

KN-Code	Warenbezeichnung	Vertragsmäßiger Zollsatz (%)	Besondere Maßeinheit
1	2	3	4
1703	**Melassen aus der Gewinnung oder Raffination von Zucker:**		
1703 10 00	– **Rohrzuckermelasse**	0,35 €/100 kg/net	—
1703 90 00	– **andere**	0,35 €/100 kg/net	—
1704	**Zuckerwaren ohne Kakaogehalt (einschließlich weiße Schokolade):**		
1704 10	– **Kaugummi, auch mit Zucker überzogen:**		
1704 10 10	– – mit einem Gehalt an Saccharose (einschließlich Invertzucker als Saccharose berechnet) von weniger als 60 GHT	6,2 + 27,1 €/ 100 kg/net MAX 17,9	—
1704 10 90	– – mit einem Gehalt an Saccharose (einschließlich Invertzucker als Saccharose berechnet) von 60 GHT oder mehr	6,3 + 30,9 €/ 100 kg/net MAX 18,2	—
1704 90	– **andere:**		
1704 90 10	– – Süßholz-Auszug mit einem Gehalt an Saccharose von mehr als 10 GHT, ohne Zusatz anderer Stoffe	13,4	—
1704 90 30	– – weiße Schokolade	9,1 + 45,1 €/ 100 kg/net MAX 18,9 + 16,5 €/ 100 kg/net	—
	– – andere:		
1704 90 51	– – – Fondantmassen und andere Rohmassen sowie Marzipan, in unmittelbaren Umschließungen mit einem Gewicht des Inhalts von 1 kg oder mehr	9 + EA MAX 18,7 + AD S/Z (1)	—
1704 90 55	– – – Husten- und Kräuterbonbons und -pastillen	9 + EA MAX 18,7 + AD S/Z (1)	—
1704 90 61	– – – Dragees	9 + EA MAX 18,7 + AD S/Z (1)	—
	– – – andere:		
1704 90 65	– – – – Gummibonbons und Gelee-Erzeugnisse, einschließlich Fruchtpasten in Form von Zuckerwaren	9 + EA MAX 18,7 + AD S/Z (1)	—
1704 90 71	– – – – Hartkaramellen, auch gefüllt	9 + EA MAX 18,7 + AD S/Z (1)	—
1704 90 75	– – – – Weichkaramellen	9 + EA MAX 18,7 + AD S/Z (1)	—
	– – – – andere:		
1704 90 81	– – – – – Komprimate	9 + EA MAX 18,7 + AD S/Z (1)	—
1704 90 99	– – – – – andere	9 + EA MAX 18,7 + AD S/Z (1)	—

(1) Siehe Anhang 1.

KAPITEL 18

KAKAO UND ZUBEREITUNGEN AUS KAKAO

Anmerkungen

1. Zu Kapitel 18 gehören nicht Zubereitungen der Positionen 0403, 1901, 1904, 1905, 2105, 2202, 2208, 3003 und 3004.
2. Zu Position 1806 gehören kakaohaltige Zuckerwaren und — vorbehaltlich der Anmerkung 1 — andere kakaohaltige Lebensmittelzubereitungen.

Zusätzliche Anmerkungen

1. *Waren der Unterpositionen 1806 20, 1806 31, 1806 32 und 1806 90, die in Warenzusammenstellungen gestellt werden, unterliegen einem Agrarteilbetrag (EA) nach dem durchschnittlichen Gehalt der gesamten Warenzusammenstellung an Milchfett, Milchprotein, Saccharose, Isoglucose, Glucose und Stärke.*
2. *Nicht zu den Unterpositionen 1806 90 11 und 1806 90 19 gehören Erzeugnisse, die ausschließlich aus einer Schokoladeart bestehen.*

KN-Code	Warenbezeichnung	Vertragsmäßiger Zollsatz (%)	Besondere Maßeinheit
1	2	3	4
1801 00 00	**Kakaobohnen und Kakaobohnenbruch, roh oder geröstet**	frei	—
1802 00 00	**Kakaoschalen, Kakaohäutchen und anderer Kakaoabfall**	frei	—
1803	**Kakaomasse, auch entfettet:**		
1803 10 00	**- nicht entfettet**	9,6	—
1803 20 00	**- ganz oder teilweise entfettet**	9,6	—
1804 00 00	**Kakaobutter, Kakaofett und Kakaoöl**	7,7	—
1805 00 00	**Kakaopulver ohne Zusatz von Zucker oder anderen Süßmitteln**	8	—
1806	**Schokolade und andere kakaohaltige Lebensmittelzubereitungen:**		
1806 10	**- Kakaopulver mit Zusatz von Zucker oder anderen Süßmitteln:**		
1806 10 15	- - keine Saccharose enthaltend oder mit einem Gehalt an Saccharose (einschließlich Invertzucker als Saccharose berechnet) oder Isoglucose (als Saccharose berechnet) von weniger als 5 GHT	8	—
1806 10 20	- - mit einem Gehalt an Saccharose (einschließlich Invertzucker als Saccharose berechnet) oder Isoglucose (als Saccharose berechnet) von 5 GHT oder mehr, jedoch weniger als 65 GHT	8 + 25,2 €/100 kg/net (1)	—
1806 10 30	- - mit einem Gehalt an Saccharose (einschließlich Invertzucker als Saccharose berechnet) oder Isoglucose (als Saccharose berechnet) von 65 GHT oder mehr, jedoch weniger als 80 GHT	8 + 31,4 €/100 kg/net (1)	—
1806 10 90	- - mit einem Gehalt an Saccharose (einschließlich Invertzucker als Saccharose berechnet) oder Isoglucose (als Saccharose berechnet) von 80 GHT oder mehr	8 + 41,9 €/100 kg/net (1)	—
1806 20	**- andere Zubereitungen in Blöcken, Stangen oder Riegeln mit einem Gewicht von mehr als 2 kg oder flüssig, pastenförmig, als Pulver, Granulat oder in ähnlicher Form, in Behältnissen oder unmittelbaren Umschließungen mit einem Inhalt von mehr als 2 kg:**		
1806 20 10	- - mit einem Gehalt an Kakaobutter von 31 GHT oder mehr oder mit einem Gesamtgehalt an Kakaobutter und Milchfett von 31 GHT oder mehr	8,3 + EA MAX 18,7 + AD S/Z (2) (1)	—

(1) WTO-Zollkontingent.
(2) Siehe Anhang 1.

KN-Code	Warenbezeichnung	Vertragsmäßiger Zollsatz (%)	Besondere Maßeinheit
1	2	3	4
1806 20 30	– – mit einem Gesamtgehalt an Kakaobutter und Milchfett von 25 GHT oder mehr, jedoch weniger als 31 GHT	8,3 + EA MAX 18,7 + AD S/Z (1) (2)	—
	– – andere:		
1806 20 50	– – – mit einem Gehalt an Kakaobutter von 18 GHT oder mehr	8,3 + EA MAX 18,7 + AD S/Z (1) (2)	—
1806 20 70	– – – „chocolate-milk-crumb" genannte Zubereitungen	15,4 + EA (1) (2)	—
1806 20 80	– – – Kakaoglasur	8,3 + EA MAX 18,7 + AD S/Z (1) (2)	—
1806 20 95	– – – andere	8,3 + EA MAX 18,7 + AD S/Z (1) (2)	—
	– **andere, in Form von Tafeln, Stangen oder Riegeln:**		
1806 31 00	– – **gefüllt**	8,3 + EA MAX 18,7 + AD S/Z (1) (2)	—
1806 32	– – **nicht gefüllt:**		
1806 32 10	– – – mit Zusatz von Getreide, Früchten oder Nüssen	8,3 + EA MAX 18,7 + AD S/Z (2) (1)	—
1806 32 90	– – – andere	8,3 + EA MAX 18,7 + AD S/Z (2) (1)	—
1806 90	– **andere:**		
	– – Schokolade und Schokoladeerzeugnisse:		
	– – – Pralinen, auch gefüllt:		
1806 90 11	– – – – alkoholhaltig	8,3 + EA MAX 18,7 + AD S/Z (2) (1)	—
1806 90 19	– – – – andere	8,3 + EA MAX 18,7 + AD S/Z (2) (1)	—
	– – – andere:		
1806 90 31	– – – – gefüllt	8,3 + EA MAX 18,7 + AD S/Z (2) (1)	—
1806 90 39	– – – – nicht gefüllt	8,3 + EA MAX 18,7 + AD S/Z (2) (1)	—
1806 90 50	– – kakaohaltige Zuckerwaren und entsprechende kakaohaltige Zubereitungen auf der Grundlage von Zuckeraustauschstoffen	8,3 + EA MAX 18,7 + AD S/Z (2) (1)	—
1806 90 60	– – kakaohaltige Brotaufstriche	8,3 + EA MAX 18,7 + AD S/Z (2) (1)	—

(1) Siehe Anhang 1.
(2) WTO-Zollkontingent.

KN-Code	Warenbezeichnung	Vertragsmäßiger Zollsatz (%)	Besondere Maßeinheit
1	2	3	4
1806 90 70	– – kakaohaltige Zubereitungen zum Herstellen von Getränken	8,3 + EA MAX 18,7 + AD S/Z (1) (2)	—
1806 90 90	– – andere	8,3 + EA MAX 18,7 + AD S/Z (1) (2)	—

(1) WTO-Zollkontingent.
(2) Siehe Anhang 1.

KAPITEL 19

ZUBEREITUNGEN AUS GETREIDE, MEHL, STÄRKE ODER MILCH; BACKWAREN

Anmerkungen

1. Zu Kapitel 19 gehören nicht:

   a) Lebensmittelzubereitungen (ausgenommen gefüllte Waren der Position 1902) mit einem Gehalt an Wurst, Fleisch, Schlachtnebenerzeugnissen, Blut, Fischen, Krebstieren, Weichtieren oder anderen wirbellosen Wassertieren von — einzeln oder zusammen — mehr als 20 GHT (Kapitel 16);

   b) Erzeugnisse aus Mehl oder Stärke (z. B. Kekse), die zur Tierfütterung besonders zubereitet sind (Position 2309);

   c) Arzneiwaren und andere Waren des Kapitels 30.

2. Im Sinne der Position 1901:

   a) gilt als „Grobgrieß“: Grobgrieß von Getreide des Kapitels 11;

   b) gelten als „Mehl“ und „Feingrieß“:

      1) Mehl und Feingrieß von Getreide des Kapitels 11;

      2) Mehl, Grieß und Pulver pflanzlichen Ursprungs jeden Kapitels, ausgenommen Mehl, Grieß oder Pulver von getrocknetem Gemüse (Position 0712), von Kartoffeln (Position 1105) oder von getrockneten Hülsenfrüchten (Position 1106).

3. Zu Position 1904 gehören nicht Zubereitungen, die mehr als 6 GHT Kakao, berechnet als vollständig entfetteter Kakao, enthalten oder mit Schokolade oder anderen kakaohaltigen Lebensmittelzubereitungen der Position 1806 vollständig überzogen sind (Position 1806).

4. Der Begriff „in anderer Weise zubereitet“ im Sinne der Position 1904 bedeutet, dass das Getreide eine weitergehende Behandlung erfahren hat, als in den Positionen oder Anmerkungen zu den Kapiteln 10 und 11 vorgesehen ist.

Zusätzliche Anmerkungen

1. *Waren der Unterpositionen 1905 31, 1905 32, 1905 40 und 1905 90, die in Warenzusammenstellungen gestellt werden, unterliegen einem Agrarteilbetrag (EA) nach dem durchschnittlichen Gehalt der gesamten Warenzusammenstellung an Milchfett, Milchprotein, Saccharose, Isoglucose, Glucose und Stärke.*

2. *Als Kekse und ähnliches Kleingebäck, gesüßt, im Sinne der Unterposition 1905 31 gelten nur Erzeugnisse mit einem Wassergehalt von 12 GHT oder weniger und einem Fettgehalt von 35 GHT oder weniger (Füllungen und Überzüge bleiben bei der Bestimmung dieser Gehalte außer Betracht).*

3. *Unter die Unterposition 1905 90 20 fallen nur trockene und spröde Erzeugnisse.*

KN-Code	Warenbezeichnung	Vertragsmäßiger Zollsatz (%)	Besondere Maßeinheit
1	2	3	4
1901	**Malzextrakt; Lebensmittelzubereitungen aus Mehl, Grobgrieß, Feingrieß, Stärke oder Malzextrakt, ohne Gehalt an Kakao oder mit einem Gehalt an Kakao, berechnet als vollständig entfetteter Kakao, von weniger als 40 GHT, anderweit weder genannt noch inbegriffen; Lebensmittelzubereitungen aus Waren der Positionen 0401 bis 0404, ohne Gehalt an Kakao oder mit einem Gehalt an Kakao, berechnet als vollständig entfetteter Kakao, von weniger als 5 GHT, anderweit weder genannt noch inbegriffen:**		
1901 10 00	– **Zubereitungen zur Ernährung von Kindern, in Aufmachungen für den Einzelverkauf**	7,6 + EA (1)	—
1901 20 00	– **Mischungen und Teig, zum Herstellen von Backwaren der Position 1905**	7,6 + EA (1)	—

(1) Siehe Anhang 1.

KN-Code	Warenbezeichnung	Vertragsmäßiger Zollsatz (%)	Besondere Maßeinheit
1	2	3	4
1901 90	- **andere:**		
	- - Malzextrakt:		
1901 90 11	- - - mit einem Gehalt an Trockenmasse von 90 GHT oder mehr	5,1 + 18 €/100 kg/net	—
1901 90 19	- - - anderer	5,1 + 14,7 €/100 kg/net	—
	- - andere:		
1901 90 91	- - - kein Milchfett, keine Saccharose, Isoglucose, Glucose oder Stärke enthaltend, oder weniger als 1,5 GHT Milchfett, 5 GHT Saccharose (einschließlich Invertzucker) oder Isoglucose, 5 GHT Glucose oder Stärke enthaltend, ausgenommen Lebensmittelzubereitungen in Pulverform aus Waren der Positionen 0401 bis 0404	12,8	—
1901 90 99	- - - andere	7,6 + EA (1) (2)	—
1902	**Teigwaren, auch gekocht oder gefüllt (mit Fleisch oder anderen Stoffen) oder in anderer Weise zubereitet, z. B. Spaghetti, Makkaroni, Nudeln, Lasagne, Gnocchi, Ravioli, Cannelloni; Couscous, auch zubereitet:**		
	- **Teigwaren, weder gekocht oder gefüllt noch in anderer Weise zubereitet:**		
1902 11 00	- - **Eier enthaltend**	7,7 + 24,6 €/100 kg/net (1)	—
1902 19	- - **andere:**		
1902 19 10	- - - weder Weichweizenmehl noch Weichweizengrieß enthaltend	7,7 + 24,6 €/100 kg/net (1)	—
1902 19 90	- - - andere	7,7 + 21,1 €/100 kg/net (1)	—
1902 20	- **Teigwaren, gefüllt (auch gekocht oder in anderer Weise zubereitet):**		
1902 20 10	- - mehr als 20 GHT Fische, Krebstiere oder andere wirbellose Wassertiere enthaltend	8,5	—
1902 20 30	- - mehr als 20 GHT Wurst und ähnliche Erzeugnisse, Fleisch und Schlachtnebenerzeugnisse jeder Art, einschließlich Fette jeder Art oder Herkunft, enthaltend	54,3 €/100 kg/net	—
	- - andere:		
1902 20 91	- - - gekocht	8,3 + 6,1 €/100 kg/net (1)	—
1902 20 99	- - - andere	8,3 + 17,1 €/100 kg/net (1)	—
1902 30	- **andere Teigwaren:**		
1902 30 10	- - getrocknet	6,4 + 24,6 €/100 kg/net (1)	—
1902 30 90	- - andere	6,4 + 9,7 €/100 kg/net (1)	—
1902 40	- **Couscous:**		
1902 40 10	- - nicht zubereitet	7,7 + 24,6 €/100 kg/net (1)	—
1902 40 90	- - anderer	6,4 + 9,7 €/100 kg/net (1)	—

(1) WTO-Zollkontingent.
(2) Siehe Anhang 1.

KN-Code	Warenbezeichnung	Vertragsmäßiger Zollsatz (%)	Besondere Maßeinheit
1	2	3	4
1903 00 00	**Tapiokasago und Sago aus anderen Stärken, in Form von Flocken, Graupen, Perlen, Krümeln und dergleichen**	6,4 + 15,1 €/100 kg/net (1)	—
1904	**Lebensmittel, durch Aufblähen oder Rösten von Getreide oder Getreideerzeugnissen hergestellt (z. B. Cornflakes); Getreide (ausgenommen Mais) in Form von Körnern oder Flocken oder anders bearbeiteten Körnern, ausgenommen Mehl, Grobgrieß und Feingrieß, vorgekocht oder in anderer Weise zubereitet, anderweit weder genannt noch inbegriffen:**		
1904 10	**– Lebensmittel, durch Aufblähen oder Rösten von Getreide oder Getreideerzeugnissen hergestellt:**		
1904 10 10	– – auf der Grundlage von Mais	3,8 + 20 €/100 kg/net	—
1904 10 30	– – auf der Grundlage von Reis	5,1 + 46 €/100 kg/net	—
1904 10 90	– – andere	5,1 + 33,6 €/100 kg/net	—
1904 20	**– Lebensmittelzubereitungen aus ungerösteten Getreideflocken oder aus Mischungen von ungerösteten und gerösteten Getreideflocken oder aus aufgeblähtem Getreide:**		
1904 20 10	– – Zubereitungen nach Art der „Müsli" auf der Grundlage nicht gerösteter Getreideflocken	9 + EA (2)	—
	– – andere:		
1904 20 91	– – – auf der Grundlage von Mais	3,8 + 20 €/100 kg/net	—
1904 20 95	– – – auf der Grundlage von Reis	5,1 + 46 €/100 kg/net	—
1904 20 99	– – – andere	5,1 + 33,6 €/100 kg/net	—
1904 30 00	**– Bulgur-Weizen**	8,3 + 25,7 €/100 kg/net (1)	—
1904 90	**– andere:**		
1904 90 10	– – auf der Grundlage von Reis	8,3 + 46 €/100 kg/net	—
1904 90 80	– – andere	8,3 + 25,7 €/100 kg/net (1)	—
1905	**Backwaren, auch kakaohaltig; Hostien, leere Oblatenkapseln von der für Arzneiwaren verwendeten Art, Siegeloblaten, getrocknete Teigblätter aus Mehl oder Stärke und ähnliche Waren:**		
1905 10 00	**– Knäckebrot**	5,8 + 13 €/100 kg/net	—
1905 20	**– Leb- und Honigkuchen und ähnliche Waren:**		
1905 20 10	– – mit einem Gehalt an Saccharose (einschließlich Invertzucker als Saccharose berechnet) von weniger als 30 GHT	9,4 + 18,3 €/100 kg/net	—
1905 20 30	– – mit einem Gehalt an Saccharose (einschließlich Invertzucker als Saccharose berechnet) von 30 GHT oder mehr, jedoch weniger als 50 GHT	9,8 + 24,6 €/100 kg/net	—
1905 20 90	– – mit einem Gehalt an Saccharose (einschließlich Invertzucker als Saccharose berechnet) von 50 GHT oder mehr	10,1 + 31,4 €/100 kg/net	—

(1) WTO-Zollkontingent.
(2) Siehe Anhang 1.

KN-Code	Warenbezeichnung	Vertragsmäßiger Zollsatz (%)	Besondere Maßeinheit
1	2	3	4
	– **Kekse und ähnliches Kleingebäck, gesüßt; Waffeln:**		
1905 31	– – **Kekse und ähnliches Kleingebäck, gesüßt:**		
	– – – ganz oder teilweise mit Schokolade oder kakaohaltigen Überzugsmassen überzogen oder bedeckt:		
1905 31 11	– – – – in unmittelbaren Umschließungen mit einem Gewicht des Inhalts von 85 g oder weniger	9 + EA MAX 24,2 + AD S/Z (1)	—
1905 31 19	– – – – andere	9 + EA MAX 24,2 + AD S/Z (1)	—
	– – – andere:		
1905 31 30	– – – – mit einem Gehalt an Milchfett von 8 GHT oder mehr	9 + EA MAX 24,2 + AD S/Z (1)	—
	– – – – andere:		
1905 31 91	– – – – – Doppelkekse mit Füllung	9 + EA MAX 24,2 + AD S/Z (1)	—
1905 31 99	– – – – – andere	9 + EA MAX 24,2 + AD S/Z (1)	—
1905 32	– – **Waffeln:**		
1905 32 05	– – – mit einem Wassergehalt von mehr als 10 GHT	9 + EA MAX 20,7 + AD F/M (1)	—
	– – – andere:		
	– – – – ganz oder teilweise mit Schokolade oder kakaohaltigen Überzugsmassen überzogen oder bedeckt:		
1905 32 11	– – – – – in unmittelbaren Umschließungen mit einem Gewicht des Inhalts von 85 g oder weniger	9 + EA MAX 24,2 + AD S/Z (1)	—
1905 32 19	– – – – – andere	9 + EA MAX 24,2 + AD S/Z (1)	—
	– – – – andere:		
1905 32 91	– – – – – gesalzen, auch gefüllt	9 + EA MAX 20,7 + AD F/M (1)	—
1905 32 99	– – – – – andere	9 + EA MAX 24,2 + AD S/Z (1)	—
1905 40	– **Zwieback, geröstetes Brot und ähnliche geröstete Waren:**		
1905 40 10	– – Zwieback	9,7 + EA (1)	—
1905 40 90	– – andere	9,7 + EA (1)	—
1905 90	– **andere:**		
1905 90 10	– – ungesäuertes Brot (Matzen)	3,8 + 15,9 €/ 100 kg/net	—
1905 90 20	– – Hostien, leere Oblatenkapseln von der für Arzneiwaren verwendeten Art, Siegeloblaten, getrocknete Teigblätter aus Mehl oder Stärke und ähnliche Waren	4,5 + 60,5 €/ 100 kg/net (2)	—
	– – andere:		
1905 90 30	– – – Brot ohne Zusatz von Honig, Eiern, Käse oder Früchten, auch mit einem Gehalt an Zuckern oder Fetten, bezogen auf die Trockenmasse, von jeweils 5 GHT oder weniger	9,7 + EA (1)	—

(1) Siehe Anhang 1.
(2) WTO-Zollkontingent.

KN-Code	Warenbezeichnung	Vertragsmäßiger Zollsatz (%)	Besondere Maßeinheit
1	2	3	4
1905 90 45	– – – Kekse und ähnliches Kleingebäck	9 + EA MAX 20,7 + AD F/M (1)	—
1905 90 55	– – – extrudierte oder expandierte Erzeugnisse, gesalzen oder aromatisiert	9 + EA MAX 20,7 + AD F/M (1)	—
	– – – andere:		
1905 90 60	– – – – gesüßt	9 + EA MAX 24,2 + AD S/Z (1)	—
1905 90 90	– – – – andere	9 + EA MAX 20,7 + AD F/M (1)	—

(1) Siehe Anhang 1.

KAPITEL 20

ZUBEREITUNGEN VON GEMÜSE, FRÜCHTEN, NÜSSEN ODER ANDEREN PFLANZENTEILEN

Anmerkungen

1. Zu Kapitel 20 gehören nicht:

   a) Gemüse, Früchte oder Nüsse, zubereitet oder haltbar gemacht nach den Verfahren, die in den Kapiteln 7, 8 oder 11 aufgeführt sind;

   b) Lebensmittelzubereitungen mit einem Gehalt an Wurst, Fleisch, Schlachtnebenerzeugnissen, Blut, Fischen, Krebstieren, Weichtieren oder anderen wirbellosen Wassertieren von — einzeln oder zusammen — mehr als 20 GHT (Kapitel 16);

   c) Backwaren und andere Erzeugnisse der Position 1905;

   d) zusammengesetzte homogenisierte Lebensmittelzubereitungen der Position 2104.

2. Zu den Positionen 2007 und 2008 gehören nicht Fruchtgelees, Fruchtpasten, dragierte Mandeln und dergleichen, in Form von Zuckerwaren (Position 1704) oder von Schokoladewaren (Position 1806).

3. Zu den Positionen 2001, 2004 und 2005 gehören, je nach Beschaffenheit, nur solche Erzeugnisse des Kapitels 7 oder der Position 1105 oder 1106 (ausgenommen Mehl, Grieß und Pulver von Erzeugnissen des Kapitels 8), die durch andere als die in Anmerkung 1 Buchstabe a) aufgeführten Verfahren zubereitet oder haltbar gemacht worden sind.

4. Zu Position 2002 gehört auch Tomatensaft mit einem Trockenmassegehalt von 7 GHT oder mehr.

5. Für die Anwendung der Position 2007 bedeutet der Begriff „durch Kochen hergestellt", dass die Viskosität des Erzeugnisses durch Verringern des Wassergehalts mittels Hitzebehandlung unter atmosphärischem oder vermindertem Druck oder mittels anderer Verfahren erhöht wurde.

6. Für die Anwendung der Position 2009 gelten als „Säfte, nicht gegoren, ohne Zusatz von Alkohol" Säfte mit einem Alkoholgehalt (siehe Anmerkung 2 zu Kapitel 22) von 0,5 % vol oder weniger.

Unterpositions-Anmerkungen

1. Als „Gemüse, homogenisiert" im Sinne der Unterposition 2005 10 gelten Zubereitungen aus fein homogenisiertem Gemüse, aufgemacht für den Einzelverkauf zur Ernährung von Kindern oder zum Diätgebrauch in Behältnissen mit einem Inhalt von 250 g oder weniger. Bei Anwendung dieser Begriffsbestimmung bleiben Zutaten, die der Zubereitung ggf. zum Würzen, Haltbarmachen oder zu anderen Zwecken in geringer Menge zugesetzt sind, außer Betracht. Diese Zubereitungen können in geringer Menge sichtbare Stückchen von Gemüse enthalten. Die Unterposition 2005 10 hat Vorrang vor allen anderen Unterpositionen der Position 2005.

2. Als „homogenisierte Zubereitungen" im Sinne der Unterposition 2007 10 gelten Zubereitungen aus fein homogenisierten Früchten, aufgemacht für den Einzelverkauf zur Ernährung von Kindern oder zum Diätgebrauch in Behältnissen mit einem Inhalt von 250 g oder weniger. Bei Anwendung dieser Begriffsbestimmung bleiben Zutaten, die der Zubereitung ggf. zum Würzen, Haltbarmachen oder zu anderen Zwecken in geringer Menge zugesetzt sind, außer Betracht. Diese Zubereitungen können in geringer Menge sichtbare Stückchen von Früchten enthalten. Die Unterposition 2007 10 hat Vorrang vor allen anderen Unterpositionen der Position 2007.

3. Für die Anwendung der Unterpositionen 2009 12, 2009 21, 2009 31, 2009 41, 2009 61 und 2009 71 gilt als „Brixwert" der von einer Brix-Senkwaage oder einem Refraktometer unmittelbar abgelesene Wert in GHT Saccharose, ermittelt bei 20 °C, oder der auf 20 °C umgerechnete Wert, wenn die Bestimmung bei einer anderen Temperatur vorgenommen wurde.

Zusätzliche Anmerkungen

1. *Als Waren der Position 2001 gelten Gemüse, Früchte, Nüsse und andere genießbare Pflanzenteile, mit Essig oder Essigsäure zubereitet oder haltbar gemacht, nur, wenn ihr Gehalt an freier flüchtiger Säure, berechnet als Essigsäure, 0,5 GHT oder mehr beträgt. Zusätzlich darf für Pilze der Unterposition 2001 90 50 der Salzgehalt nicht mehr als 2,5 GHT betragen.*

2. a) *Als Gehalt an verschiedenen Zuckern, berechnet als Saccharose („Zuckergehalt"), der Waren dieses Kapitels gilt der bei 20 °C refraktometrisch ermittelte Wert, multipliziert mit dem Faktor:*

   — *0,93 bei Waren der Unterpositionen 2008 20 bis 2008 80, 2008 93, 2008 97 und 2008 99,*

   — *0,95 bei Waren der anderen Positionen.*

b) Der in den Unterpositionen der Position 2009 verwendete Ausdruck „Brixwert" entspricht dem bei 20 °C refraktometrisch ermittelten Wert.

3. *Erzeugnisse der Unterpositionen 2008 20 bis 2008 80, 2008 93, 2008 97 und 2008 99 gelten als „Früchte oder andere genießbare Pflanzenteile mit Zusatz von Zucker", wenn ihr „Zuckergehalt" höher ist als die folgenden für die verschiedenen Fruchtarten oder für andere genießbare Pflanzenteile aufgeführten Gewichtshundertteile:*

   — *Ananas, Weintrauben: 13 GHT,*

   — *andere Früchte, einschließlich Mischungen von Früchten oder andere genießbare Pflanzenteile: 9 GHT.*

4. *Für die Anwendung der Unterpositionen 2008 30 11 bis 2008 30 39, 2008 40 11 bis 2008 40 39, 2008 50 11 bis 2008 50 59, 2008 60 11 bis 2008 60 39, 2008 70 11 bis 2008 70 59, 2008 80 11 bis 2008 80 39, 2008 93 11 bis 2008 93 29, 2008 97 12 bis 2008 97 38 und 2008 99 11 bis 2008 99 40 versteht man unter:*

   — *vorhandenem Alkohol (in % mas) die Masseneinheiten reinen Alkohols, die in 100 Masseneinheiten des Erzeugnisses enthalten sind;*

   — *% mas: die Abkürzung für den Massengehalt.*

5. *Die nachfolgenden Bestimmungen sind anzuwenden auf die gestellten Erzeugnisse als solche:*

   a) Als Gehalt an zugesetztem Zucker gilt bei Waren der Position 2009 der „Zuckergehalt", vermindert um die folgenden für die verschiedenen Säfte aufgeführten Werte:

   — *Säfte aus Zitronen oder Tomaten: 3,*

   — *Säfte aus Weintrauben: 15,*

   — *Säfte aus anderen Früchten oder Gemüse, einschließlich Mischungen von Säften: 13.*

   b) Fruchtsäfte mit zugesetztem Zucker und einem Brix-Wert von 67 oder weniger und mit einem Gehalt von weniger als 50 GHT Fruchtsaft verlieren den ursprünglichen Charakter eines Fruchtsafts der Position 2009.

   Buchstabe b) gilt nicht für konzentrierte natürliche Fruchtsäfte. Somit sind konzentrierte natürliche Fruchtsäfte nicht von Position 2009 ausgeschlossen.

6. *Als „konzentrierter Traubensaft (einschließlich Traubenmost)" (Unterpositionen 2009 69 51 und 2009 69 71) gilt der Traubensaft (einschließlich Traubenmost), bei dem der bei einer Temperatur von 20 °C auf dem Refraktometer abgelesene Trockenmassegehalt nicht unter 50,9 % liegt.*

7. *Als „tropische Früchte" im Sinne der Unterpositionen 2001 90 92, 2006 00 35, 2006 00 91, 2007 10 91, 2007 99 93, 2008 97 03, 2008 97 05, 2008 97 12, 2008 97 16, 2008 97 32, 2008 97 36, 2008 97 51, 2008 97 72, 2008 97 76, 2008 97 92, 2008 97 94, 2008 97 97, 2008 99 24, 2008 99 31, 2008 99 36, 2008 99 38, 2008 99 48, 2008 99 63, 2009 89 34, 2009 89 36, 2009 89 73, 2009 89 85, 2009 89 88, 2009 89 97, 2009 90 92, 2009 90 95 und 2009 90 97 gelten Guaven, Mangofrüchte, Mangostanfrüchte, Papaya-Früchte, Tamarinden, Kaschu-Äpfel, Litschis, Jackfrüchte, Sapotpflaumen, Passionsfrüchte, Karambolen und Pitahayas.*

8. *Als „tropische Nüsse" im Sinne der Unterpositionen 2001 90 92, 2006 00 35, 2006 00 91, 2007 99 93, 2008 19 12, 2008 19 92, 2008 97 03, 2008 97 05, 2008 97 12, 2008 97 16, 2008 97 32, 2008 97 36, 2008 97 51, 2008 97 72, 2008 97 76, 2008 97 92, 2008 97 94 und 2008 97 97 gelten Kokosnüsse, Kaschu-Nüsse, Paranüsse, Areka-(Betel-)Nüsse, Kolanüsse und Macadamia-Nüsse.*

9. *Algen und Tange, zubereitet oder haltbar gemacht nach nicht in Kapitel 12 vorgesehenen Verfahren, wie Kochen, Rösten, Würzen oder Zusatz von Zucker, gehören als Zubereitungen von anderen Pflanzenteilen zum Kapitel 20. Algen und Tange, frisch, gekühlt, gefroren oder getrocknet, auch gemahlen, sind in Position 1212 einzureihen.*

KN-Code	Warenbezeichnung	Vertragsmäßiger Zollsatz (%)	Besondere Maßeinheit
1	2	3	4
2001	**Gemüse, Früchte, Nüsse und andere genießbare Pflanzenteile, mit Essig oder Essigsäure zubereitet oder haltbar gemacht:**		
2001 10 00	- **Gurken und Cornichons**	17,6	kg/net eda
2001 90	- **andere:**		
2001 90 10	- - Mango-Chutney	frei	—
2001 90 20	- - Früchte der Gattung *Capsicum*, mit brennendem Geschmack	5	—
2001 90 30	- - Zuckermais (*Zea mays* var. *saccharata*)	5,1 + 9,4 €/100 kg/net (1)	—

(1) Der spezifische Betrag wird als autonome Maßnahme vom Abtropfgewicht erhoben.

KN-Code	Warenbezeichnung	Vertragsmäßiger Zollsatz (%)	Besondere Maßeinheit
1	2	3	4
2001 90 40	– – Yamswurzeln, Süßkartoffeln und ähnliche genießbare Pflanzenteile, mit einem Stärkegehalt von 5 GHT oder mehr	8,3 + 3,8 €/100 kg/net (1)	—
2001 90 50	– – Pilze	16	—
2001 90 65	– – Oliven	16	—
2001 90 70	– – Gemüsepaprika oder Paprika ohne brennenden Geschmack	16	—
2001 90 92	– – tropische Früchte und tropische Nüsse; Palmherzen	10	—
2001 90 97	– – andere	16	—
2002	**Tomaten, anders als mit Essig oder Essigsäure zubereitet oder haltbar gemacht:**		
2002 10	– **Tomaten, ganz oder in Stücken:**		
2002 10 10	– – geschält	14,4	—
2002 10 90	– – andere	14,4	—
2002 90	– **andere:**		
	– – mit einem Trockenmassegehalt von weniger als 12 GHT:		
2002 90 11	– – – in unmittelbaren Umschließungen mit einem Gewicht des Inhalts von mehr als 1 kg	14,4	—
2002 90 19	– – – in unmittelbaren Umschließungen mit einem Gewicht des Inhalts von 1 kg oder weniger	14,4	—
	– – mit einem Trockenmassegehalt von 12 bis 30 GHT:		
2002 90 31	– – – in unmittelbaren Umschließungen mit einem Gewicht des Inhalts von mehr als 1 kg	14,4	—
2002 90 39	– – – in unmittelbaren Umschließungen mit einem Gewicht des Inhalts von 1 kg oder weniger	14,4	—
	– – mit einem Trockenmassegehalt von mehr als 30 GHT:		
2002 90 91	– – – in unmittelbaren Umschließungen mit einem Gewicht des Inhalts von mehr als 1 kg	14,4	—
2002 90 99	– – – in unmittelbaren Umschließungen mit einem Gewicht des Inhalts von 1 kg oder weniger	14,4	—
2003	**Pilze und Trüffeln, anders als mit Essig oder Essigsäure zubereitet oder haltbar gemacht:**		
2003 10	– **Pilze der Gattung *Agaricus*:**		
2003 10 20	– – vorläufig haltbar gemacht, vollständig gegart	18,4 + 191 €/100 kg/net eda (2)	kg/net eda
2003 10 30	– – andere	18,4 + 222 €/100 kg/net eda (2)	kg/net eda
2003 90	– **andere:**		
2003 90 10	– – Trüffeln	14,4	—
2003 90 90	– – andere	18,4	—
2004	**Anderes Gemüse, anders als mit Essig oder Essigsäure zubereitet oder haltbar gemacht, gefroren, ausgenommen Erzeugnisse der Position 2006:**		
2004 10	– **Kartoffeln:**		
2004 10 10	– – gegart, jedoch nicht weiter zubereitet	14,4	—

(1) Der spezifische Betrag wird als autonome Maßnahme vom Abtropfgewicht erhoben.
(2) WTO-Zollkontingent.

KN-Code	Warenbezeichnung	Vertragsmäßiger Zollsatz (%)	Besondere Maßeinheit
1	2	3	4
	– – andere:		
2004 10 91	– – – in Form von Mehl, Grieß oder Flocken	7,6 + EA (1)	—
2004 10 99	– – – andere	17,6	—
2004 90	– **anderes Gemüse und Mischungen von Gemüsen:**		
2004 90 10	– – Zuckermais (*Zea mays* var. *saccharata*)	5,1 + 9,4 €/100 kg/net (2)	—
2004 90 30	– – Sauerkraut, Kapern und Oliven	16	—
2004 90 50	– – Erbsen (*Pisum sativum*) und grüne Bohnen (*Phaseolus* spp.)	19,2	—
	– – andere, einschließlich Mischungen:		
2004 90 91	– – – Zwiebeln, nur gegart	14,4	—
2004 90 98	– – – andere	17,6	—
2005	**Anderes Gemüse, anders als mit Essig oder Essigsäure zubereitet oder haltbar gemacht, nicht gefroren, ausgenommen Erzeugnisse der Position 2006:**		
2005 10 00	– **Gemüse, homogenisiert**	17,6	—
2005 20	– **Kartoffeln:**		
2005 20 10	– – in Form von Mehl, Grieß oder Flocken	8,8 + EA (1)	—
	– – andere:		
2005 20 20	– – – in dünnen Scheiben, in Fett oder in Öl gebacken, auch gesalzen oder aromatisiert, in luftdicht verschlossenen Verpackungen, zum unmittelbaren Genuss geeignet	14,1	—
2005 20 80	– – – andere	14,1	—
2005 40 00	– **Erbsen (*Pisum sativum*)**	19,2	—
	– **Bohnen (*Vigna* spp., *Phaseolus* spp.):**		
2005 51 00	– – **Bohnen, ausgelöst**	17,6	—
2005 59 00	– – **andere**	19,2	—
2005 60 00	– **Spargel**	17,6	—
2005 70 00	– **Oliven**	12,8	kg/net eda
2005 80 00	– **Zuckermais (*Zea mays* var. *saccharata*)**	5,1 + 9,4 €/100 kg/net (2)	—
	– **anderes Gemüse und Mischungen von Gemüsen:**		
2005 91 00	– – **Bambussprossen**	17,6	—
2005 99	– – **andere:**		
2005 99 10	– – – Früchte der Gattung *Capsicum*, mit brennendem Geschmack	6,4	—
2005 99 20	– – – Kapern	16	—
2005 99 30	– – – Artischocken	17,6	—
2005 99 50	– – – Mischungen von Gemüsen	17,6	—
2005 99 60	– – – Sauerkraut	16	—
2005 99 80	– – – andere	17,6	—
2006 00	**Gemüse, Früchte, Nüsse, Fruchtschalen und andere Pflanzenteile, mit Zucker haltbar gemacht (durchtränkt und abgetropft, glasiert oder kandiert):**		
2006 00 10	– Ingwer	frei	—

(1) Siehe Anhang 1.
(2) Der spezifische Betrag wird als autonome Maßnahme vom Abtropfgewicht erhoben.

KN-Code	Warenbezeichnung	Vertragsmäßiger Zollsatz (%)	Besondere Maßeinheit
1	2	3	4
	– andere:		
	– – mit einem Zuckergehalt von mehr als 13 GHT:		
2006 00 31	– – – Kirschen	20 + 23,9 €/ 100 kg/net	—
2006 00 35	– – – tropische Früchte und tropische Nüsse	12,5 + 15 €/ 100 kg/net	—
2006 00 38	– – – andere	20 + 23,9 €/ 100 kg/net	—
	– – andere:		
2006 00 91	– – – tropische Früchte und tropische Nüsse	12,5	—
2006 00 99	– – – andere	20	—
2007	**Konfitüren, Fruchtgelees, Marmeladen, Fruchtmuse und Fruchtpasten, durch Kochen hergestellt, auch mit Zusatz von Zucker oder anderen Süßmitteln:**		
2007 10	– **homogenisierte Zubereitungen:**		
2007 10 10	– – mit einem Zuckergehalt von mehr als 13 GHT	24 + 4,2 €/100 kg/ net	—
	– – andere:		
2007 10 91	– – – von tropischen Früchten	15	—
2007 10 99	– – – andere	24	—
	– **andere:**		
2007 91	– – **von Zitrusfrüchten:**		
2007 91 10	– – – mit einem Zuckergehalt von mehr als 30 GHT	20 + 23 €/100 kg/ net	—
2007 91 30	– – – mit einem Zuckergehalt von mehr als 13 bis 30 GHT	20 + 4,2 €/100 kg/ net	—
2007 91 90	– – – andere	21,6	—
2007 99	– – **andere:**		
	– – – mit einem Zuckergehalt von mehr als 30 GHT:		
2007 99 10	– – – – Pflaumenmus und Pflaumenpaste, in unmittelbaren Umschließungen mit einem Gewicht des Inhalts von mehr als 100 kg, zur industriellen Verarbeitung ([1])	22,4	—
2007 99 20	– – – – Maronenpaste und Maronenmus	24 + 19,7 €/ 100 kg/net	—
	– – – – andere:		
2007 99 31	– – – – – von Kirschen	24 + 23 €/100 kg/ net	—
2007 99 33	– – – – – von Erdbeeren	24 + 23 €/100 kg/ net	—
2007 99 35	– – – – – von Himbeeren	24 + 23 €/100 kg/ net	—
2007 99 39	– – – – – andere	24 + 23 €/100 kg/ net	—

([1]) Die Zulassung zu dieser Unterposition erfolgt nach den in den einschlägigen Bestimmungen der Europäischen Union festgesetzten Voraussetzungen (s. Artikel 291 bis 300 der Verordnung (EWG) Nr. 2454/93 der Kommission (ABl. L 253 vom 11.10.1993, S. 1)).

KN-Code	Warenbezeichnung	Vertragsmäßiger Zollsatz (%)	Besondere Maßeinheit
1	2	3	4
2007 99 50	– – – mit einem Zuckergehalt von mehr als 13 bis 30 GHT	24 + 4,2 €/100 kg/net	—
	– – – andere:		
2007 99 93	– – – – von tropischen Früchten und tropischen Nüssen	15	—
2007 99 97	– – – – andere	24	—
2008	**Früchte, Nüsse und andere genießbare Pflanzenteile, in anderer Weise zubereitet oder haltbar gemacht, auch mit Zusatz von Zucker, anderen Süßmitteln oder Alkohol, anderweit weder genannt noch inbegriffen:**		
	– **Schalenfrüchte, Erdnüsse und andere Samen, auch miteinander vermischt:**		
2008 11	– – **Erdnüsse:**		
2008 11 10	– – – Erdnussbutter	12,8	—
	– – – andere, in unmittelbaren Umschließungen mit einem Gewicht des Inhalts von:		
2008 11 91	– – – – mehr als 1 kg	11,2	—
	– – – – 1 kg oder weniger:		
2008 11 96	– – – – – geröstet	12	—
2008 11 98	– – – – – andere	12,8	—
2008 19	– – **andere, einschließlich Mischungen:**		
	– – – in unmittelbaren Umschließungen mit einem Gewicht des Inhalts von mehr als 1 kg:		
★ **2008 19 12**	– – – – tropische Nüsse; Mischungen mit einem Gehalt an tropischen Nüssen von 50 GHT oder mehr	7	—
	– – – – andere:		
2008 19 13	– – – – – geröstete Mandeln und Pistazien	9	—
2008 19 19	– – – – – andere	11,2	—
	– – – in unmittelbaren Umschließungen mit einem Gewicht des Inhalts von 1 kg oder weniger:		
★ **2008 19 92**	– – – – tropische Nüsse; Mischungen mit einem Gehalt an tropischen Nüssen von 50 GHT oder mehr	8	—
	– – – – andere:		
	– – – – – geröstete Nüsse:		
2008 19 93	– – – – – – Mandeln und Pistazien	10,2	—
2008 19 95	– – – – – – andere	12	—
2008 19 99	– – – – – andere	12,8	—
2008 20	– **Ananas:**		
	– – mit Zusatz von Alkohol:		
	– – – in unmittelbaren Umschließungen mit einem Gewicht des Inhalts von mehr als 1 kg:		
2008 20 11	– – – – mit einem Zuckergehalt von mehr als 17 GHT	25,6 + 2,5 €/100 kg/net (1)	—

(1) WTO-Zollkontingent.

KN-Code	Warenbezeichnung	Vertragsmäßiger Zollsatz (%)	Besondere Maßeinheit
1	2	3	4
2008 20 19	– – – – andere	25,6 (1)	—
	– – – in unmittelbaren Umschließungen mit einem Gewicht des Inhalts von 1 kg oder weniger:		
2008 20 31	– – – – mit einem Zuckergehalt von mehr als 19 GHT	25,6 + 2,5 €/ 100 kg/net (1)	—
2008 20 39	– – – – andere	25,6 (1)	—
	– – ohne Zusatz von Alkohol:		
	– – – mit Zusatz von Zucker, in unmittelbaren Umschließungen mit einem Gewicht des Inhalts von mehr als 1 kg:		
2008 20 51	– – – – mit einem Zuckergehalt von mehr als 17 GHT	19,2	—
2008 20 59	– – – – andere	17,6	—
	– – – mit Zusatz von Zucker, in unmittelbaren Umschließungen mit einem Gewicht des Inhalts von 1 kg oder weniger:		
2008 20 71	– – – – mit einem Zuckergehalt von mehr als 19 GHT	20,8 (1)	—
2008 20 79	– – – – andere	19,2	—
2008 20 90	– – – ohne Zusatz von Zucker	18,4	—
2008 30	– **Zitrusfrüchte:**		
	– – mit Zusatz von Alkohol:		
	– – – mit einem Zuckergehalt von mehr als 9 GHT:		
2008 30 11	– – – – mit einem vorhandenen Alkoholgehalt von 11,85 % mas oder weniger	25,6 (1)	—
2008 30 19	– – – – andere	25,6 + 4,2 €/ 100 kg/net (1)	—
	– – – andere:		
2008 30 31	– – – – mit einem vorhandenen Alkoholgehalt von 11,85 % mas oder weniger	24 (1)	—
2008 30 39	– – – – andere	25,6 (1)	—
	– – ohne Zusatz von Alkohol:		
	– – – mit Zusatz von Zucker, in unmittelbaren Umschließungen mit einem Gewicht des Inhalts von mehr als 1 kg:		
2008 30 51	– – – – Segmente von Pampelmusen und Grapefruits	15,2	—
2008 30 55	– – – – Mandarinen, einschließlich Tangerinen und Satsumas; Clementinen, Wilkings und andere ähnliche Kreuzungen von Zitrusfrüchten	18,4	—
2008 30 59	– – – – andere	17,6	—
	– – – mit Zusatz von Zucker, in unmittelbaren Umschließungen mit einem Gewicht des Inhalts von 1 kg oder weniger:		
2008 30 71	– – – – Segmente von Pampelmusen und Grapefruits	15,2	—
2008 30 75	– – – – Mandarinen, einschließlich Tangerinen und Satsumas; Clementinen, Wilkings und andere ähnliche Kreuzungen von Zitrusfrüchten	17,6	—

(1) WTO-Zollkontingent.

KN-Code	Warenbezeichnung	Vertragsmäßiger Zollsatz (%)	Besondere Maßeinheit
1	2	3	4
2008 30 79	– – – – andere	20,8 (¹)	—
2008 30 90	– – – ohne Zusatz von Zucker	18,4	—
2008 40	– **Birnen:**		
	– – mit Zusatz von Alkohol:		
	– – – in unmittelbaren Umschließungen mit einem Gewicht des Inhalts von mehr als 1 kg:		
	– – – – mit einem Zuckergehalt von mehr als 13 GHT:		
2008 40 11	– – – – – mit einem vorhandenen Alkoholgehalt von 11,85 % mas oder weniger	25,6 (¹)	—
2008 40 19	– – – – – andere	25,6 + 4,2 €/ 100 kg/net (¹)	—
	– – – – andere:		
2008 40 21	– – – – – mit einem vorhandenen Alkoholgehalt von 11,85 % mas oder weniger	24 (¹)	—
2008 40 29	– – – – – andere	25,6 (¹)	—
	– – – in unmittelbaren Umschließungen mit einem Gewicht des Inhalts von 1 kg oder weniger:		
2008 40 31	– – – – mit einem Zuckergehalt von mehr als 15 GHT	25,6 + 4,2 €/ 100 kg/net (¹)	—
2008 40 39	– – – – andere	25,6 (¹)	—
	– – ohne Zusatz von Alkohol:		
	– – – mit Zusatz von Zucker, in unmittelbaren Umschließungen mit einem Gewicht des Inhalts von mehr als 1 kg:		
2008 40 51	– – – – mit einem Zuckergehalt von mehr als 13 GHT	17,6	—
2008 40 59	– – – – andere	16	—
	– – – mit Zusatz von Zucker, in unmittelbaren Umschließungen mit einem Gewicht des Inhalts von 1 kg oder weniger:		
2008 40 71	– – – – mit einem Zuckergehalt von mehr als 15 GHT	19,2	—
2008 40 79	– – – – andere	17,6	—
2008 40 90	– – – ohne Zusatz von Zucker	16,8	—
2008 50	– **Aprikosen/Marillen:**		
	– – mit Zusatz von Alkohol:		
	– – – in unmittelbaren Umschließungen mit einem Gewicht des Inhalts von mehr als 1 kg:		
	– – – – mit einem Zuckergehalt von mehr als 13 GHT:		
2008 50 11	– – – – – mit einem vorhandenen Alkoholgehalt von 11,85 % mas oder weniger	25,6 (¹)	—
2008 50 19	– – – – – andere	25,6 + 4,2 €/ 100 kg/net (¹)	—
	– – – – andere:		
2008 50 31	– – – – – mit einem vorhandenen Alkoholgehalt von 11,85 % mas oder weniger	24 (¹)	—
2008 50 39	– – – – – andere	25,6 (¹)	—

(¹) WTO-Zollkontingent.

KN-Code	Warenbezeichnung	Vertragsmäßiger Zollsatz (%)	Besondere Maßeinheit
1	2	3	4
	– – – in unmittelbaren Umschließungen mit einem Gewicht des Inhalts von 1 kg oder weniger:		
2008 50 51	– – – – mit einem Zuckergehalt von mehr als 15 GHT	25,6 + 4,2 €/ 100 kg/net (1)	—
2008 50 59	– – – – andere	25,6 (1)	—
	– – ohne Zusatz von Alkohol:		
	– – – mit Zusatz von Zucker, in unmittelbaren Umschließungen mit einem Gewicht des Inhalts von mehr als 1 kg:		
2008 50 61	– – – – mit einem Zuckergehalt von mehr als 13 GHT	19,2	—
2008 50 69	– – – – andere	17,6	—
	– – – mit Zusatz von Zucker, in unmittelbaren Umschließungen mit einem Gewicht des Inhalts von 1 kg oder weniger:		
2008 50 71	– – – – mit einem Zuckergehalt von mehr als 15 GHT	20,8 (1)	—
2008 50 79	– – – – andere	19,2	—
	– – – ohne Zusatz von Zucker, in unmittelbaren Umschließungen mit einem Gewicht des Inhalts von:		
2008 50 92	– – – – 5 kg oder mehr	13,6	—
2008 50 98	– – – – weniger als 5 kg	18,4 (2)	—
2008 60	– **Kirschen:**		
	– – mit Zusatz von Alkohol:		
	– – – mit einem Zuckergehalt von mehr als 9 GHT:		
2008 60 11	– – – – mit einem vorhandenen Alkoholgehalt von 11,85 % mas oder weniger	25,6 (1)	—
2008 60 19	– – – – andere	25,6 + 4,2 €/ 100 kg/net (1)	—
	– – – andere:		
2008 60 31	– – – – mit einem vorhandenen Alkoholgehalt von 11,85 % mas oder weniger	24 (1)	—
2008 60 39	– – – – andere	25,6 (1)	—
	– – ohne Zusatz von Alkohol:		
	– – – mit Zusatz von Zucker, in unmittelbaren Umschließungen mit einem Gewicht des Inhalts von:		
2008 60 50	– – – – mehr als 1 kg	17,6	—
2008 60 60	– – – – 1 kg oder weniger	20,8 (1)	—
	– – – ohne Zusatz von Zucker, in unmittelbaren Umschließungen mit einem Gewicht des Inhalts von:		
2008 60 70	– – – – 4,5 kg oder mehr	18,4	—
2008 60 90	– – – – weniger als 4,5 kg	18,4	—
2008 70	– **Pfirsiche, einschließlich Brugnolen und Nektarinen:**		
	– – mit Zusatz von Alkohol:		
	– – – in unmittelbaren Umschließungen mit einem Gewicht des Inhalts von mehr als 1 kg:		

(1) WTO-Zollkontingent.
(2) 4,5 kg oder mehr, jedoch weniger als 5 kg: Autonomer Zollsatz: 17.

KN-Code	Warenbezeichnung	Vertragsmäßiger Zollsatz (%)	Besondere Maßeinheit
1	2	3	4
	– – – – mit einem Zuckergehalt von mehr als 13 GHT:		
2008 70 11	– – – – – mit einem vorhandenen Alkoholgehalt von 11,85 % mas oder weniger	25,6 ([1])	—
2008 70 19	– – – – – andere	25,6 + 4,2 €/ 100 kg/net ([1])	—
	– – – – andere:		
2008 70 31	– – – – – mit einem vorhandenen Alkoholgehalt von 11,85 % mas oder weniger	24 ([1])	—
2008 70 39	– – – – – andere	25,6 ([1])	—
	– – – in unmittelbaren Umschließungen mit einem Gewicht des Inhalts von 1 kg oder weniger:		
2008 70 51	– – – – mit einem Zuckergehalt von mehr als 15 GHT	25,6 + 4,2 €/ 100 kg/net ([1])	—
2008 70 59	– – – – andere	25,6 ([1])	—
	– – ohne Zusatz von Alkohol:		
	– – – mit Zusatz von Zucker, in unmittelbaren Umschließungen mit einem Gewicht des Inhalts von mehr als 1 kg:		
2008 70 61	– – – – mit einem Zuckergehalt von mehr als 13 GHT	19,2	—
2008 70 69	– – – – andere	17,6	—
	– – – mit Zusatz von Zucker, in unmittelbaren Umschließungen mit einem Gewicht des Inhalts von 1 kg oder weniger:		
2008 70 71	– – – – mit einem Zuckergehalt von mehr als 15 GHT	19,2	—
2008 70 79	– – – – andere	17,6	—
	– – – ohne Zusatz von Zucker, in unmittelbaren Umschließungen mit einem Gewicht des Inhalts von:		
2008 70 92	– – – – 5 kg oder mehr	15,2	—
2008 70 98	– – – – weniger als 5 kg	18,4	—
2008 80	– **Erdbeeren:**		
	– – mit Zusatz von Alkohol:		
	– – – mit einem Zuckergehalt von mehr als 9 GHT:		
2008 80 11	– – – – mit einem vorhandenen Alkoholgehalt von 11,85 % mas oder weniger	25,6 ([1])	—
2008 80 19	– – – – andere	25,6 + 4,2 €/ 100 kg/net ([1])	—
	– – – andere:		
2008 80 31	– – – – mit einem vorhandenen Alkoholgehalt von 11,85 % mas oder weniger	24 ([1])	—
2008 80 39	– – – – andere	25,6 ([1])	—
	– – ohne Zusatz von Alkohol:		
2008 80 50	– – – mit Zusatz von Zucker, in unmittelbaren Umschließungen mit einem Gewicht des Inhalts von mehr als 1 kg	17,6	—

([1]) WTO-Zollkontingent.

KN-Code	Warenbezeichnung	Vertragsmäßiger Zollsatz (%)	Besondere Maßeinheit
1	2	3	4
2008 80 70	– – – mit Zusatz von Zucker, in unmittelbaren Umschließungen mit einem Gewicht des Inhalts von 1 kg oder weniger	20,8 ([1])	—
2008 80 90	– – – ohne Zusatz von Zucker	18,4	—
	– **andere, einschließlich Mischungen, ausgenommen Mischungen der Unterposition 2008 19:**		
2008 91 00	– – **Palmherzen**	10	—
2008 93	– – **Preiselbeeren und Moosbeeren (*Vaccinium macrocarpon, Vaccinium oxycoccos, Vaccinium vitis-idaea*):**		
	– – – mit Zusatz von Alkohol:		
	– – – – mit einem Zuckergehalt von mehr als 9 GHT:		
2008 93 11	– – – – – mit einem vorhandenen Alkoholgehalt von 11,85 % mas oder weniger	25,6	—
2008 93 19	– – – – – andere	25,6 + 4,2 €/100 kg/net	—
	– – – – andere:		
2008 93 21	– – – – – mit einem vorhandenen Alkoholgehalt von 11,85 % mas oder weniger	24	—
2008 93 29	– – – – – andere	25,6	—
	– – – ohne Zusatz von Alkohol:		
2008 93 91	– – – – mit Zusatz von Zucker, in unmittelbaren Umschließungen mit einem Gewicht des Inhalts von mehr als 1 kg	17,6	—
2008 93 93	– – – – mit Zusatz von Zucker, in unmittelbaren Umschließungen mit einem Gewicht des Inhalts von 1 kg oder weniger	20,8	—
2008 93 99	– – – – ohne Zusatz von Zucker	18,4	—
2008 97	– – **Mischungen:**		
	– – – tropische Nüsse und tropische Früchte mit einem Gehalt an tropischen Nüssen von 50 GHT oder mehr:		
★ **2008 97 03**	– – – – in unmittelbaren Umschließungen mit einem Gewicht des Inhalts von mehr als 1 kg	7	—
★ **2008 97 05**	– – – – in unmittelbaren Umschließungen mit einem Gewicht des Inhalts von 1 kg oder weniger	8	—
	– – – andere:		
	– – – – mit Zusatz von Alkohol:		
	– – – – – mit einem Zuckergehalt von mehr als 9 GHT:		
	– – – – – – mit einem vorhandenen Alkoholgehalt von 11,85 % mas oder weniger:		
2008 97 12	– – – – – – – von tropischen Früchten (einschließlich Mischungen mit einem Gehalt an tropischen Früchten und tropischen Nüssen von 50 GHT oder mehr)	16	—
2008 97 14	– – – – – – – andere	25,6	—
	– – – – – – andere:		
2008 97 16	– – – – – – – von tropischen Früchten (einschließlich Mischungen mit einem Gehalt an tropischen Früchten und tropischen Nüssen von 50 GHT oder mehr)	16 + 2,6 €/100 kg/net	—

([1]) WTO-Zollkontingent.

KN-Code	Warenbezeichnung	Vertragsmäßiger Zollsatz (%)	Besondere Maßeinheit
1	2	3	4
2008 97 18	– – – – – – – andere	25,6 + 4,2 €/100 kg/net	—
	– – – – – andere:		
	– – – – – – mit einem vorhandenen Alkoholgehalt von 11,85 % mas oder weniger:		
2008 97 32	– – – – – – – von tropischen Früchten (einschließlich Mischungen mit einem Gehalt an tropischen Früchten und tropischen Nüssen von 50 GHT oder mehr)	15	—
2008 97 34	– – – – – – – andere	24	—
	– – – – – – andere:		
2008 97 36	– – – – – – – von tropischen Früchten (einschließlich Mischungen mit einem Gehalt an tropischen Früchten und tropischen Nüssen von 50 GHT oder mehr)	16	—
2008 97 38	– – – – – – – andere	25,6	—
	– – – – ohne Zusatz von Alkohol:		
	– – – – – mit Zusatz von Zucker:		
	– – – – – – in unmittelbaren Umschließungen mit einem Gewicht des Inhalts von mehr als 1 kg:		
2008 97 51	– – – – – – – von tropischen Früchten (einschließlich Mischungen mit einem Gehalt an tropischen Früchten und tropischen Nüssen von 50 GHT oder mehr)	11	—
2008 97 59	– – – – – – – andere	17,6	—
	– – – – – – andere:		
	– – – – – – – Mischungen von Früchten, bei denen das Gewicht keines Anteils mehr als 50 GHT des Gesamtgewichts der Früchte beträgt:		
2008 97 72	– – – – – – – – von tropischen Früchten (einschließlich Mischungen mit einem Gehalt an tropischen Früchten und tropischen Nüssen von 50 GHT oder mehr)	8,5	—
2008 97 74	– – – – – – – – andere	13,6	—
	– – – – – – – andere:		
2008 97 76	– – – – – – – – von tropischen Früchten (einschließlich Mischungen mit einem Gehalt an tropischen Früchten und tropischen Nüssen von 50 GHT oder mehr)	12	—
2008 97 78	– – – – – – – – andere	19,2	—
	– – – – – ohne Zusatz von Zucker, in unmittelbaren Umschließungen mit einem Gewicht des Inhalts von:		
	– – – – – – 5 kg oder mehr:		
2008 97 92	– – – – – – – von tropischen Früchten (einschließlich Mischungen mit einem Gehalt an tropischen Früchten und tropischen Nüssen von 50 GHT oder mehr)	11,5	—
2008 97 93	– – – – – – – andere	18,4	—
	– – – – – – 4,5 kg oder mehr, jedoch weniger als 5 kg:		
2008 97 94	– – – – – – – von tropischen Früchten (einschließlich Mischungen mit einem Gehalt an tropischen Früchten und tropischen Nüssen von 50 GHT oder mehr)	11,5	—
2008 97 96	– – – – – – – andere	18,4	—
	– – – – – – weniger als 4,5 kg:		
2008 97 97	– – – – – – – von tropischen Früchten (einschließlich Mischungen mit einem Gehalt an tropischen Früchten und tropischen Nüssen von 50 GHT oder mehr)	11,5	—
2008 97 98	– – – – – – – andere	18,4	—

KN-Code	Warenbezeichnung	Vertragsmäßiger Zollsatz (%)	Besondere Maßeinheit
1	2	3	4
2008 99	– – **andere:**		
	– – – mit Zusatz von Alkohol:		
	– – – – Ingwer:		
2008 99 11	– – – – – mit einem vorhandenen Alkoholgehalt von 11,85 % mas oder weniger	10	—
2008 99 19	– – – – – anderer	16	—
	– – – – Weintrauben:		
2008 99 21	– – – – – mit einem Zuckergehalt von mehr als 13 GHT	25,6 + 3,8 €/ 100 kg/net	—
2008 99 23	– – – – – andere	25,6	—
	– – – – andere:		
	– – – – – mit einem Zuckergehalt von mehr als 9 GHT:		
	– – – – – – mit einem vorhandenen Alkoholgehalt von 11,85 % mas oder weniger:		
2008 99 24	– – – – – – – tropische Früchte	16	—
2008 99 28	– – – – – – – andere	25,6	—
	– – – – – – andere:		
2008 99 31	– – – – – – – tropische Früchte	16 + 2,6 €/100 kg/ net	—
2008 99 34	– – – – – – – andere	25,6 + 4,2 €/ 100 kg/net	—
	– – – – – andere:		
	– – – – – – mit einem vorhandenen Alkoholgehalt von 11,85 % mas oder weniger:		
2008 99 36	– – – – – – – tropische Früchte	15	—
2008 99 37	– – – – – – – andere	24	—
	– – – – – – andere:		
2008 99 38	– – – – – – – tropische Früchte	16	—
2008 99 40	– – – – – – – andere	25,6	—
	– – – ohne Zusatz von Alkohol:		
	– – – – mit Zusatz von Zucker, in unmittelbaren Umschließungen mit einem Gewicht des Inhalts von mehr als 1 kg:		
2008 99 41	– – – – – Ingwer	frei	—
2008 99 43	– – – – – Weintrauben	19,2	—
2008 99 45	– – – – – Pflaumen	17,6	—
2008 99 48	– – – – – tropische Früchte	11	—
2008 99 49	– – – – – andere	17,6	—
	– – – – mit Zusatz von Zucker, in unmittelbaren Umschließungen mit einem Gewicht des Inhalts von 1 kg oder weniger:		
2008 99 51	– – – – – Ingwer	frei	—
2008 99 63	– – – – – tropische Früchte	13	—

KN-Code	Warenbezeichnung	Vertragsmäßiger Zollsatz (%)	Besondere Maßeinheit
1	2	3	4
2008 99 67	– – – – – andere	20,8	—
	– – – – ohne Zusatz von Zucker:		
	– – – – – Pflaumen in unmittelbaren Umschließungen mit einem Gewicht des Inhalts von:		
2008 99 72	– – – – – – 5 kg oder mehr	15,2	—
2008 99 78	– – – – – – weniger als 5 kg	18,4	—
2008 99 85	– – – – – Mais, ausgenommen Zuckermais (*Zea mays* var. *saccharata*)	5,1 + 9,4 €/100 kg/net (1)	—
2008 99 91	– – – – – Yamswurzeln, Süßkartoffeln und ähnliche genießbare Pflanzenteile, mit einem Stärkegehalt von 5 GHT oder mehr	8,3 + 3,8 €/100 kg/net (1)	—
2008 99 99	– – – – – andere	18,4	—
2009	**Fruchtsäfte (einschließlich Traubenmost) und Gemüsesäfte, nicht gegoren, ohne Zusatz von Alkohol, auch mit Zusatz von Zucker oder anderen Süßmitteln:**		
	– **Orangensaft:**		
2009 11	– – **gefroren:**		
	– – – mit einem Brixwert von mehr als 67:		
2009 11 11	– – – – mit einem Wert von 30 € oder weniger für 100 kg Eigengewicht	33,6 + 20,6 €/100 kg/net (2)	—
2009 11 19	– – – – anderer	33,6 (2)	—
	– – – mit einem Brixwert von 67 oder weniger:		
2009 11 91	– – – – mit einem Wert von 30 € oder weniger für 100 kg Eigengewicht und mit einem Gehalt an zugesetztem Zucker von mehr als 30 GHT	15,2 + 20,6 €/100 kg/net	—
2009 11 99	– – – – anderer	15,2 (2)	—
2009 12 00	– – **nicht gefroren, mit einem Brixwert von 20 oder weniger**	12,2	—
2009 19	– – **anderer:**		
	– – – mit einem Brixwert von mehr als 67:		
2009 19 11	– – – – mit einem Wert von 30 € oder weniger für 100 kg Eigengewicht	33,6 + 20,6 €/100 kg/net (2)	—
2009 19 19	– – – – anderer	33,6 (2)	—
	– – – mit einem Brixwert von mehr als 20, jedoch nicht mehr als 67:		
2009 19 91	– – – – mit einem Wert von 30 € oder weniger für 100 kg Eigengewicht und mit einem Gehalt an zugesetztem Zucker von mehr als 30 GHT	15,2 + 20,6 €/100 kg/net	—
2009 19 98	– – – – anderer	12,2	—
	– **Saft aus Pampelmusen oder Grapefruits:**		
2009 21 00	– – **mit einem Brixwert von 20 oder weniger**	12	—

(1) Der spezifische Betrag wird als autonome Maßnahme vom Abtropfgewicht erhoben.
(2) WTO-Zollkontingent.

KN-Code	Warenbezeichnung	Vertragsmäßiger Zollsatz (%)	Besondere Maßeinheit
1	2	3	4
2009 29	– – **anderer:**		
	– – – mit einem Brixwert von mehr als 67:		
2009 29 11	– – – – mit einem Wert von 30 € oder weniger für 100 kg Eigengewicht	33,6 + 20,6 €/ 100 kg/net (1)	—
2009 29 19	– – – – anderer	33,6 (1)	—
	– – – mit einem Brixwert von mehr als 20, jedoch nicht mehr als 67:		
2009 29 91	– – – – mit einem Wert von 30 € oder weniger für 100 kg Eigengewicht und mit einem Gehalt an zugesetztem Zucker von mehr als 30 GHT	12 + 20,6 €/ 100 kg/net	—
2009 29 99	– – – – anderer	12	—
	– **Saft aus anderen Zitrusfrüchten (ausgenommen Mischungen):**		
2009 31	– – **mit einem Brixwert von 20 oder weniger:**		
	– – – mit einem Wert von mehr als 30 € für 100 kg Eigengewicht:		
2009 31 11	– – – – zugesetzten Zucker enthaltend	14,4	—
2009 31 19	– – – – keinen zugesetzten Zucker enthaltend	15,2	—
	– – – mit einem Wert von 30 € oder weniger für 100 kg Eigengewicht:		
	– – – – Zitronensaft:		
2009 31 51	– – – – – zugesetzten Zucker enthaltend	14,4	—
2009 31 59	– – – – – keinen zugesetzten Zucker enthaltend	15,2	—
	– – – – Saft aus anderen Zitrusfrüchten:		
2009 31 91	– – – – – zugesetzten Zucker enthaltend	14,4	—
2009 31 99	– – – – – keinen zugesetzten Zucker enthaltend	15,2	—
2009 39	– – **anderer:**		
	– – – mit einem Brixwert von mehr als 67:		
2009 39 11	– – – – mit einem Wert von 30 € oder weniger für 100 kg Eigengewicht	33,6 + 20,6 €/ 100 kg/net (1)	—
2009 39 19	– – – – anderer	33,6 (1)	—
	– – – mit einem Brixwert von mehr als 20, jedoch nicht mehr als 67:		
	– – – – mit einem Wert von mehr als 30 € für 100 kg Eigengewicht:		
2009 39 31	– – – – – zugesetzten Zucker enthaltend	14,4	—
2009 39 39	– – – – – keinen zugesetzten Zucker enthaltend	15,2	—
	– – – – mit einem Wert von 30 € oder weniger für 100 kg Eigengewicht:		
	– – – – – Zitronensaft:		
2009 39 51	– – – – – – mit einem Gehalt an zugesetztem Zucker von mehr als 30 GHT	14,4 + 20,6 €/ 100 kg/net	—
2009 39 55	– – – – – – mit einem Gehalt an zugesetztem Zucker von 30 GHT oder weniger	14,4	—
2009 39 59	– – – – – – keinen zugesetzten Zucker enthaltend	15,2	—
	– – – – – Saft aus anderen Zitrusfrüchten:		
2009 39 91	– – – – – – mit einem Gehalt an zugesetztem Zucker von mehr als 30 GHT	14,4 + 20,6 €/ 100 kg/net	—
2009 39 95	– – – – – – mit einem Gehalt an zugesetztem Zucker von 30 GHT oder weniger	14,4	—

(1) WTO-Zollkontingent.

KN-Code	Warenbezeichnung	Vertragsmäßiger Zollsatz (%)	Besondere Maßeinheit
1	2	3	4
2009 39 99	– – – – – – keinen zugesetzten Zucker enthaltend	15,2	—
	– **Ananassaft:**		
2009 41	– – **mit einem Brixwert von 20 oder weniger:**		
2009 41 92	– – – zugesetzten Zucker enthaltend	15,2	—
2009 41 99	– – – keinen zugesetzten Zucker enthaltend	16	—
2009 49	– – **anderer:**		
	– – – mit einem Brixwert von mehr als 67:		
2009 49 11	– – – – mit einem Wert von 30 € oder weniger für 100 kg Eigengewicht	33,6 + 20,6 €/ 100 kg/net (1)	—
2009 49 19	– – – – anderer	33,6 (1)	—
	– – – mit einem Brixwert von mehr als 20, jedoch nicht mehr als 67:		
2009 49 30	– – – – mit einem Wert von mehr als 30 € für 100 kg Eigengewicht, zugesetzten Zucker enthaltend	15,2	—
	– – – – anderer:		
2009 49 91	– – – – – mit einem Gehalt an zugesetztem Zucker von mehr als 30 GHT	15,2 + 20,6 €/ 100 kg/net	—
2009 49 93	– – – – – mit einem Gehalt an zugesetztem Zucker von 30 GHT oder weniger	15,2	—
2009 49 99	– – – – – keinen zugesetzten Zucker enthaltend	16	—
2009 50	– **Tomatensaft:**		
2009 50 10	– – zugesetzten Zucker enthaltend	16	—
2009 50 90	– – anderer	16,8	—
	– **Traubensaft (einschließlich Traubenmost):**		
2009 61	– – **mit einem Brixwert von 30 oder weniger:**		
2009 61 10	– – – mit einem Wert von mehr als 18 € für 100 kg Eigengewicht	(2)	—
2009 61 90	– – – mit einem Wert von 18 € oder weniger für 100 kg Eigengewicht	22,4 + 27 €/hl (1)	—
2009 69	– – **anderer:**		
	– – – mit einem Brixwert von mehr als 67:		
2009 69 11	– – – – mit einem Wert von 22 € oder weniger für 100 kg Eigengewicht	40 + 121 €/ hl + 20,6 €/100 kg/ net (1)	—
2009 69 19	– – – – anderer	(2)	—
	– – – mit einem Brixwert von mehr als 30, jedoch nicht mehr als 67:		
	– – – – mit einem Wert von mehr als 18 € für 100 kg Eigengewicht:		
2009 69 51	– – – – – konzentriert	(2)	—
2009 69 59	– – – – – anderer	(2)	—
	– – – – mit einem Wert von 18 € oder weniger für 100 kg Eigengewicht:		
	– – – – – mit einem Gehalt an zugesetztem Zucker von mehr als 30 GHT:		

(1) WTO-Zollkontingent.
(2) Siehe Anhang 2.

KN-Code	Warenbezeichnung	Vertragsmäßiger Zollsatz (%)	Besondere Maßeinheit
1	2	3	4
2009 69 71	– – – – – – konzentriert	22,4 + 131 €/ hl + 20,6 €/100 kg/ net	—
2009 69 79	– – – – – – anderer	22,4 + 27 €/ hl + 20,6 €/100 kg/ net	—
2009 69 90	– – – – – anderer	22,4 + 27 €/hl (1)	—
	– **Apfelsaft:**		
2009 71	– – **mit einem Brixwert von 20 oder weniger:**		
2009 71 20	– – – zugesetzten Zucker enthaltend	18	—
2009 71 99	– – – keinen zugesetzten Zucker enthaltend	18	—
2009 79	– – **anderer:**		
	– – – mit einem Brixwert von mehr als 67:		
2009 79 11	– – – – mit einem Wert von 22 € oder weniger für 100 kg Eigengewicht	30 + 18,4 €/ 100 kg/net (1)	—
2009 79 19	– – – – anderer	30 (1)	—
	– – – mit einem Brixwert von mehr als 20, jedoch nicht mehr als 67:		
2009 79 30	– – – – mit einem Wert von mehr als 18 € für 100 kg Eigengewicht, zugesetzten Zucker enthaltend	18	—
	– – – – anderer:		
2009 79 91	– – – – – mit einem Gehalt an zugesetztem Zucker von mehr als 30 GHT	18 + 19,3 €/ 100 kg/net	—
2009 79 98	– – – – – anderer	18	—
	– **Saft aus anderen Früchten oder Gemüsen (ausgenommen Mischungen):**		
2009 81	– – **Saft aus Preiselbeeren oder Moosbeeren (*Vaccinium macrocarpon, Vaccinium oxycoccos, Vaccinium vitis-idaea*):**		
	– – – mit einem Brixwert von mehr als 67:		
2009 81 11	– – – – mit einem Wert von 30 € oder weniger für 100 kg Eigengewicht	33,6 + 20,6 €/ 100 kg/net (1)	—
2009 81 19	– – – – anderer	33,6 (1)	—
	– – – mit einem Brixwert von 67 oder weniger:		
2009 81 31	– – – – mit einem Wert von mehr als 30 € für 100 kg Eigengewicht, zugesetzten Zucker enthaltend	16,8	—
	– – – – anderer:		
2009 81 51	– – – – – mit einem Gehalt an zugesetztem Zucker von mehr als 30 GHT	16,8 + 20,6 €/ 100 kg/net	—
2009 81 59	– – – – – mit einem Gehalt an zugesetztem Zucker von 30 GHT oder weniger	16,8	—
	– – – – – keinen zugesetzten Zucker enthaltend:		
2009 81 95	– – – – – – aus der Frucht der Art *Vaccinium macrocarpon*	14	—
2009 81 99	– – – – – – anderer	17,6	—
2009 89	– – **anderer:**		
	– – – mit einem Brixwert von mehr als 67:		
	– – – – Birnensaft:		
2009 89 11	– – – – – mit einem Wert von 22 € oder weniger für 100 kg Eigengewicht	33,6 + 20,6 €/ 100 kg/net (1)	—

(1) WTO-Zollkontingent.

KN-Code	Warenbezeichnung	Vertragsmäßiger Zollsatz (%)	Besondere Maßeinheit
1	2	3	4
2009 89 19	– – – – – anderer	33,6 (1)	—
	– – – – anderer:		
	– – – – – mit einem Wert von 30 € oder weniger für 100 kg Eigengewicht:		
2009 89 34	– – – – – – aus tropischen Früchten	21 + 12,9 €/100 kg/net (1)	—
2009 89 35	– – – – – – anderer	33,6 + 20,6 €/100 kg/net (1)	—
	– – – – – anderer:		
2009 89 36	– – – – – – aus tropischen Früchten	21 (1)	—
2009 89 38	– – – – – – anderer	33,6 (1)	—
	– – – mit einem Brixwert von 67 oder weniger:		
	– – – – Birnensaft:		
2009 89 50	– – – – – mit einem Wert von mehr als 18 € für 100 kg Eigengewicht, zugesetzten Zucker enthaltend	19,2	—
	– – – – – anderer:		
2009 89 61	– – – – – – mit einem Gehalt an zugesetztem Zucker von mehr als 30 GHT	19,2 + 20,6 €/100 kg/net	—
2009 89 63	– – – – – – mit einem Gehalt an zugesetztem Zucker von 30 GHT oder weniger	19,2	—
2009 89 69	– – – – – – keinen zugesetzten Zucker enthaltend	20	—
	– – – – anderer:		
	– – – – – mit einem Wert von mehr als 30 € für 100 kg Eigengewicht, zugesetzten Zucker enthaltend:		
2009 89 71	– – – – – – Kirschsaft	16,8	—
2009 89 73	– – – – – – aus tropischen Früchten	10,5	—
2009 89 79	– – – – – – anderer	16,8	—
	– – – – – anderer:		
	– – – – – – mit einem Gehalt an zugesetztem Zucker von mehr als 30 GHT:		
2009 89 85	– – – – – – – aus tropischen Früchten	10,5 + 12,9 €/100 kg/net	—
2009 89 86	– – – – – – – anderer	16,8 + 20,6 €/100 kg/net	
	– – – – – – mit einem Gehalt an zugesetztem Zucker von 30 GHT oder weniger:		
2009 89 88	– – – – – – – aus tropischen Früchten	10,5	—
2009 89 89	– – – – – – – anderer	16,8	—
	– – – – – – keinen zugesetzten Zucker enthaltend:		
2009 89 96	– – – – – – – Kirschsaft	17,6	—
2009 89 97	– – – – – – – aus tropischen Früchten	11	—
2009 89 99	– – – – – – – anderer	17,6	—
2009 90	– **Mischungen von Säften:**		
	– – mit einem Brixwert von mehr als 67:		
	– – – Mischungen aus Apfel- und Birnensaft:		
2009 90 11	– – – – mit einem Wert von 22 € oder weniger für 100 kg Eigengewicht	33,6 + 20,6 €/100 kg/net (1)	—

(1) WTO-Zollkontingent.

KN-Code	Warenbezeichnung	Vertragsmäßiger Zollsatz (%)	Besondere Maßeinheit
1	2	3	4
2009 90 19	– – – – andere	33,6 ([1])	—
	– – – andere:		
2009 90 21	– – – – mit einem Wert von 30 € oder weniger für 100 kg Eigengewicht	33,6 + 20,6 €/ 100 kg/net ([1])	—
2009 90 29	– – – – andere	33,6 ([1])	—
	– – mit einem Brixwert von 67 oder weniger:		
	– – – Mischungen aus Apfel- und Birnensaft:		
2009 90 31	– – – – mit einem Wert von 18 € oder weniger für 100 kg Eigengewicht und mit einem Gehalt an zugesetztem Zucker von mehr als 30 GHT	20 + 20,6 €/ 100 kg/net	—
2009 90 39	– – – – andere	20	—
	– – – andere:		
	– – – – mit einem Wert von mehr als 30 € für 100 kg Eigengewicht:		
	– – – – – Mischungen aus Zitrusfrucht- und Ananassaft:		
2009 90 41	– – – – – – zugesetzten Zucker enthaltend	15,2	—
2009 90 49	– – – – – – andere	16	—
	– – – – – andere:		
2009 90 51	– – – – – – zugesetzten Zucker enthaltend	16,8	—
2009 90 59	– – – – – – andere	17,6	—
	– – – – mit einem Wert von 30 € oder weniger für 100 kg Eigengewicht:		
	– – – – – Mischungen aus Zitrusfrucht- und Ananassaft:		
2009 90 71	– – – – – – mit einem Gehalt an zugesetztem Zucker von mehr als 30 GHT	15,2 + 20,6 €/ 100 kg/net	—
2009 90 73	– – – – – – mit einem Gehalt an zugesetztem Zucker von 30 GHT oder weniger	15,2	—
2009 90 79	– – – – – – keinen zugesetzten Zucker enthaltend	16	—
	– – – – – andere:		
	– – – – – – mit einem Gehalt an zugesetztem Zucker von mehr als 30 GHT:		
2009 90 92	– – – – – – – Mischungen von Säften aus tropischen Früchten	10,5 + 12,9 €/ 100 kg/net	—
2009 90 94	– – – – – – – andere	16,8 + 20,6 €/ 100 kg/net	—
	– – – – – – mit einem Gehalt an zugesetztem Zucker von 30 GHT oder weniger:		
2009 90 95	– – – – – – – Mischungen von Säften aus tropischen Früchten	10,5	—
2009 90 96	– – – – – – – andere	16,8	—
	– – – – – – keinen zugesetzten Zucker enthaltend:		
2009 90 97	– – – – – – – Mischungen von Säften aus tropischen Früchten	11	—
2009 90 98	– – – – – – – andere	17,6	—

([1]) WTO-Zollkontingent.

KAPITEL 21

VERSCHIEDENE LEBENSMITTELZUBEREITUNGEN

Anmerkungen

1. Zu Kapitel 21 gehören nicht:
   a) Gemüsemischungen der Position 0712;
   b) geröstete Kaffeemittel mit beliebigem Gehalt an Kaffee (Position 0901);
   c) aromatisierter Tee (Position 0902);
   d) Gewürze und andere Waren der Positionen 0904 bis 0910;
   e) Lebensmittelzubereitungen, ausgenommen Waren der Positionen 2103 und 2104, mit einem Gehalt an Wurst, Fleisch, Schlachtnebenerzeugnissen, Blut, Fischen, Krebstieren, Weichtieren oder anderen wirbellosen Wassertieren — einzeln oder zusammen — von mehr als 20 GHT (Kapitel 16);
   f) Hefen, als Arzneiwaren aufgemacht, und andere Waren der Position 3003 oder 3004;
   g) zubereitete Enzyme der Position 3507.
2. Zu Position 2101 gehören auch Auszüge aus den in der Anmerkung 1 Buchstabe b) genannten Kaffeemitteln.
3. Im Sinne der Position 2104 gelten als „zusammengesetzte homogenisierte Lebensmittelzubereitungen" Zubereitungen aus einer fein homogenisierten Mischung mehrerer Grundstoffe, wie Fleisch, Fisch, Gemüse, Früchten oder Nüssen, aufgemacht für den Einzelverkauf zur Ernährung von Kindern oder zum Diätgebrauch in Behältnissen mit einem Inhalt von 250 g oder weniger. Bei Anwendung dieser Begriffsbestimmung bleiben Zutaten, die der Mischung ggf. zum Würzen, Haltbarmachen oder zu anderen Zwecken in geringer Menge zugesetzt sind, außer Betracht. Diese Zubereitungen können in geringer Menge sichtbare Stückchen der Bestandteile enthalten.

Zusätzliche Anmerkungen

1. *Für die Anwendung der Unterpositionen 2106 10 20 und 2106 90 92 umfasst der Begriff „Stärke" auch die Stärkeabbauprodukte.*
2. *Für die Anwendung der Unterposition 2106 90 20 gelten als „zusammengesetzte alkoholhaltige Zubereitungen der zum Herstellen von Getränken verwendeten Art, ausgenommen solche auf der Basis von Riechstoffen", die Zubereitungen mit einem Alkoholgehalt von mehr als 0,5 % vol.*
3. *Im Sinne der Unterposition 2106 90 30 gilt als „Isoglucose" das aus Glucose oder Glucosepolymeren gewonnene Erzeugnis mit einem Gehalt, bezogen auf die Trockenmasse, von 10 GHT oder mehr Fructose.*

   Bei der Berechnung des Zollsatzes für die Erzeugnisse der Unterposition 2106 90 30 wird der Gehalt an Trockenmasse gemäß Artikel 42 Absatz 3 der Verordnung (EG) Nr. 951/2006 bestimmt.
4. *Bei der Berechnung des Zollsatzes für die Erzeugnisse der Unterposition 2106 90 59 wird der Saccharosegehalt, einschließlich des Gehalts an anderen als Saccharose berechneten Zuckern, nach der Methode gemäß Artikel 42 Absatz 2 der Verordnung (EG) Nr. 951/2006 bestimmt.*
5. *Andere Lebensmittelzubereitungen, dosiert aufgemacht, wie Kapseln, Tabletten, Pastillen und Pillen, die zur Verwendung als Nahrungsergänzungsmittel bestimmt sind, werden, sofern anderweitig weder genannt noch inbegriffen, in Position 2106 eingereiht.*

KN-Code	Warenbezeichnung	Vertragsmäßiger Zollsatz (%)	Besondere Maßeinheit
1	2	3	4
2101	**Auszüge, Essenzen und Konzentrate aus Kaffee, Tee oder Mate und Zubereitungen auf der Grundlage dieser Waren oder auf der Grundlage von Kaffee, Tee oder Mate; geröstete Zichorien und andere geröstete Kaffeemittel sowie Auszüge, Essenzen und Konzentrate hieraus:**		
	– Auszüge, Essenzen und Konzentrate aus Kaffee und Zubereitungen auf der Grundlage dieser Auszüge, Essenzen und Konzentrate oder auf der Grundlage von Kaffee:		
2101 11 00	**– – Auszüge, Essenzen und Konzentrate**	9	—
2101 12	**– – Zubereitungen auf der Grundlage von Auszügen, Essenzen und Konzentraten oder auf der Grundlage von Kaffee:**		

KN-Code	Warenbezeichnung	Vertragsmäßiger Zollsatz (%)	Besondere Maßeinheit
1	2	3	4
2101 12 92	– – – Zubereitungen auf der Grundlage von Auszügen, Essenzen und Konzentraten aus Kaffee	11,5	—
2101 12 98	– – – andere	9 + EA (1)	—
2101 20	**– Auszüge, Essenzen und Konzentrate aus Tee oder Mate und Zubereitungen auf der Grundlage dieser Auszüge, Essenzen und Konzentrate oder auf der Grundlage von Tee oder Mate:**		
2101 20 20	– – Auszüge, Essenzen und Konzentrate	6	—
	– – Zubereitungen:		
2101 20 92	– – – auf der Grundlage von Auszügen, Essenzen und Konzentraten aus Tee oder Mate	6	—
2101 20 98	– – – andere	6,5 + EA (1)	—
2101 30	**– geröstete Zichorien und andere geröstete Kaffeemittel sowie Auszüge, Essenzen und Konzentrate hieraus:**		
	– – geröstete Zichorien und andere geröstete Kaffeemittel:		
2101 30 11	– – – geröstete Zichorien	11,5	—
2101 30 19	– – – andere	5,1 + 12,7 €/ 100 kg/net	—
	– – Auszüge, Essenzen und Konzentrate aus gerösteten Zichorien oder aus anderen gerösteten Kaffeemitteln:		
2101 30 91	– – – aus gerösteten Zichorien	14,1	—
2101 30 99	– – – andere	10,8 + 22,7 €/ 100 kg/net	—
2102	**Hefen (lebend oder nicht lebend); andere Einzeller-Mikroorganismen, nicht lebend (ausgenommen Vaccine der Position 3002); zubereitete Backtriebmittel in Pulverform:**		
2102 10	**– Hefen, lebend:**		
2102 10 10	– – ausgewählte Mutterhefen (Hefekulturen)	10,9	—
	– – Backhefen:		
2102 10 31	– – – getrocknet	12 + 49,2 €/ 100 kg/net (2)	—
2102 10 39	– – – andere	12 + 14,5 €/ 100 kg/net (2)	—
2102 10 90	– – andere	14,7	—
2102 20	**– Hefen, nicht lebend; andere Einzeller-Mikroorganismen, nicht lebend:**		
	– – Hefen, nicht lebend:		
2102 20 11	– – – in Form von Tabletten, Würfeln oder ähnlichen Aufmachungen, oder in unmittelbaren Umschließungen mit einem Gewicht des Inhalts von 1 kg oder weniger	8,3	—
2102 20 19	– – – andere	5,1	—
2102 20 90	– – andere	frei	—
2102 30 00	**– zubereitete Backtriebmittel in Pulverform**	6,1	—
2103	**Zubereitungen zum Herstellen von Würzsoßen und zubereitete Würzsoßen; zusammengesetzte Würzmittel; Senfmehl, auch zubereitet, und Senf:**		
2103 10 00	**– Sojasoße**	7,7	—
2103 20 00	**– Tomatenketchup und andere Tomatensoßen**	10,2	—

(1) Siehe Anhang 1.
(2) Die Anwendung des spezifischen Zollsatzes wird autonom auf unbestimmte Zeit ausgesetzt.

KN-Code	Warenbezeichnung	Vertragsmäßiger Zollsatz (%)	Besondere Maßeinheit
1	2	3	4
2103 30	– **Senfmehl, auch zubereitet, und Senf:**		
2103 30 10	– – Senfmehl	frei	—
2103 30 90	– – Senf (einschließlich zubereitetes Senfmehl)	9	—
2103 90	– **andere:**		
2103 90 10	– – Mango-Chutney, flüssig	frei	—
2103 90 30	– – aromatische Bitter, mit einem Alkoholgehalt von 44,2 % vol bis 49,2 % vol, zubereitet unter Verwendung von 1,5 bis 6 GHT Enzian, Gewürzen und anderen Zutaten sowie 4 bis 10 GHT Zucker enthaltend, in Behältnissen mit einem Inhalt von 0,5 l oder weniger	frei	l alc. 100 %
2103 90 90	– – andere	7,7	—
2104	**Zubereitungen zum Herstellen von Suppen oder Brühen; Suppen und Brühen; zusammengesetzte homogenisierte Lebensmittelzubereitungen:**		
2104 10 00	– **Zubereitungen zum Herstellen von Suppen oder Brühen; Suppen und Brühen**	11,5	—
2104 20 00	– **zusammengesetzte homogenisierte Lebensmittelzubereitungen**	14,1	—
2105 00	**Speiseeis, auch kakaohaltig:**		
2105 00 10	– kein Milchfett enthaltend oder mit einem Gehalt an Milchfett von weniger als 3 GHT	8,6 + 20,2 €/ 100 kg/net MAX 19,4 + 9,4 €/ 100 kg/net	—
	– mit einem Gehalt an Milchfett von:		
2105 00 91	– – 3 GHT oder mehr, jedoch weniger als 7 GHT	8 + 38,5 €/100 kg/ net MAX 18,1 + 7 €/100 kg/ net	—
2105 00 99	– – 7 GHT oder mehr	7,9 + 54 €/100 kg/ net MAX 17,8 + 6,9 €/ 100 kg/net	—
2106	**Lebensmittelzubereitungen, anderweit weder genannt noch inbegriffen:**		
2106 10	– **Eiweißkonzentrate und texturierte Eiweißstoffe:**		
2106 10 20	– – kein Milchfett und keine Saccharose, Isoglucose, Stärke oder Glucose enthaltend, oder weniger als 1,5 GHT Milchfett, 5 GHT Saccharose oder Isoglucose, 5 GHT Glucose oder Stärke enthaltend	12,8	—
2106 10 80	– – andere	EA [1]	—
2106 90	– **andere:**		
2106 90 20	– – zusammengesetzte alkoholhaltige Zubereitungen der zum Herstellen von Getränken verwendeten Art, ausgenommen solche auf der Basis von Riechstoffen	17,3 MIN 1 €/% vol/hl	l alc. 100 %
	– – Zuckersirupe, aromatisiert oder gefärbt:		
2106 90 30	– – – Isoglucosesirup	42,7 €/100 kg/net mas	—
	– – – andere:		
2106 90 51	– – – – Lactosesirup	14 €/100 kg/net	—

[1] Siehe Anhang 1.

KN-Code	Warenbezeichnung	Vertragsmäßiger Zollsatz (%)	Besondere Maßeinheit
1	2	3	4
2106 90 55	– – – – Glucose- und Maltodextrinsirup	20 €/100 kg/net	—
2106 90 59	– – – – andere	0,4 €/100 kg/net (1)	—
	– – andere:		
2106 90 92	– – – kein Milchfett und keine Saccharose, Isoglucose, Stärke oder Glucose enthaltend, oder weniger als 1,5 GHT Milchfett, 5 GHT Saccharose oder Isoglucose, 5 GHT Glucose oder Stärke enthaltend	12,8	—
2106 90 98	– – – andere	9 + EA (2) (3)	—

(1) Je 1 GHT Saccharose, einschließlich des Gehalts an anderen als Saccharose berechneten Zuckern (siehe Zusätzliche Anmerkung 4 (KN)).
(2) WTO-Zollkontingent.
(3) Siehe Anhang 1.

KAPITEL 22

GETRÄNKE, ALKOHOLHALTIGE FLÜSSIGKEITEN UND ESSIG

Anmerkungen

1. Zu Kapitel 22 gehören nicht:

   a) Erzeugnisse dieses Kapitels (andere als solche der Position 2209), die zum Kochen zubereitet und deshalb zum Trinken ungeeignet geworden sind (im Allgemeinen Position 2103);

   b) Meerwasser (Position 2501);

   c) destilliertes Wasser, Leitfähigkeitswasser oder Wasser von gleicher Reinheit (Position 2853);

   d) Lösungen von Essigsäure in Wasser, mit einem Gehalt an Essigsäure von mehr als 10 GHT (Position 2915);

   e) Arzneiwaren der Position 3003 oder 3004;

   f) Riech-, Körperpflege- und Schönheitsmittel (Kapitel 33).

2. Für die Anwendung dieses Kapitels sowie der Kapitel 20 und 21 ist der Alkoholgehalt bei einer Temperatur von 20 °C zu bestimmen.

3. Für die Anwendung der Position 2202 gelten als „nicht alkoholhaltige Getränke" Getränke mit einem Alkoholgehalt von 0,5 % vol oder weniger. Alkoholhaltige Getränke gehören, je nach Beschaffenheit, zu den Positionen 2203 bis 2206 oder zu Position 2208.

Unterpositions-Anmerkung

1. Für die Anwendung der Unterposition 2204 10 gilt als Schaumwein solcher Wein, der in geschlossenen Behältnissen bei einer Temperatur von 20 °C einen Überdruck von 3 bar oder mehr aufweist.

Zusätzliche Anmerkungen

1. *Zur Unterposition 2202 10 00 gehört nur Wasser, einschließlich Mineralwasser und kohlensäurehaltiges Wasser, mit Zusatz von Zucker oder anderen Süßmitteln oder Aromastoffen, wenn es unmittelbar als Getränk verwendet werden kann.*

2. *Für die Anwendung der Positionen 2204 und 2205 sowie der Unterposition 2206 00 10 versteht man jeweils unter:*

   a) vorhandenem Alkoholgehalt (in % vol) die Volumeneinheiten reinen Alkohols, die bei einer Temperatur von 20 °C in 100 Volumeneinheiten des Erzeugnisses enthalten sind;

   b) potenziellem Alkoholgehalt (in % vol) die Volumeneinheiten reinen Alkohols bei einer Temperatur von 20 °C, die durch vollständiges Vergären des in 100 Volumeneinheiten des Erzeugnisses enthaltenen Zuckers gebildet werden können;

   c) Gesamtalkoholgehalt (in % vol) die Summe des vorhandenen und des potenziellen Alkoholgehalts;

   d) natürlichem Alkoholgehalt (in % vol) den Gesamtalkoholgehalt des betreffenden Erzeugnisses vor jeglicher Anreicherung;

   e) % vol die Abkürzung für die Volumenkonzentration bei 20 °C.

3. *Für die Anwendung der Unterposition 2204 30 10 gilt als „anderer Traubenmost, teilweise gegoren" das aus der Gärung eines Traubenmosts hervorgehende Erzeugnis mit einem vorhandenen Alkoholgehalt von mehr als 1 % vol und von weniger als drei Fünfteln seines Gesamtalkoholgehalts.*

4. *Für die Anwendung der Unterpositionen 2204 21 und 2204 29:*

   A. versteht man unter „Gesamttrockenmasse" die Summe an Stoffen, ausgedrückt in Gramm und bezogen auf einen Liter, die — unter bestimmten physikalischen Voraussetzungen — sich nicht verflüchtigen.

   Die Gesamttrockenmasse ist durch Dichtemessung bei einer Temperatur von 20 °C zu ermitteln.

   B. a) Waren der Unterpositionen 2204 21 11 bis 2204 21 98 und 2204 29 11 bis 2204 29 98 verbleiben in der jeweiligen Unterposition, sofern die vorhandene Gesamttrockenmasse, bezogen auf einen Liter, die nachstehend angegebenen Mengen nicht übersteigt:

   1. 90 g oder weniger Gesamttrockenmasse je Liter, für Waren mit einem vorhandenen Alkoholgehalt von 13 % vol oder weniger;

   2. 130 g oder weniger Gesamttrockenmasse je Liter, für Waren mit einem vorhandenen Alkoholgehalt von mehr als 13 % vol bis 15 % vol;

   3. 130 g oder weniger Gesamttrockenmasse je Liter, für Waren mit einem vorhandenen Alkoholgehalt von mehr als 15 % vol bis 18 % vol;

   4. 330 g oder weniger Gesamttrockenmasse je Liter, für Waren mit einem vorhandenen Alkoholgehalt von mehr als 18 % vol bis 22 % vol.

Waren, deren Gehalt an Gesamttrockenmasse die in den Ziffern 1, 2, 3 und 4 entsprechend dem jeweiligen Alkoholgehalt vorgesehenen Höchstmengen übersteigt, sind der jeweils nächstfolgenden Ziffer zuzuweisen. Waren, deren Gehalt an Gesamttrockenmasse 330 g je Liter übersteigt, sind der Unterposition 2204 21 98 oder 2204 29 98 zuzuweisen.

b) *Die Bestimmungen des Buchstabens a) gelten nicht für Waren der Unterpositionen 2204 21 23 und 2204 29 11.*

5. *Zu den Unterpositionen 2204 21 11 bis 2204 21 98 und 2204 29 11 bis 2204 29 98 gehören z. B.:*

a) *Most aus frischen Weintrauben, dessen Gärung durch Zusatz von Alkohol verhindert oder unterbrochen worden ist, d. h. das Erzeugnis, das*

— *einen vorhandenen Alkoholgehalt von 12 % vol oder mehr, jedoch weniger als 15 % vol aufweist und*

— *durch Zusatz eines Erzeugnisses, das aus der Destillation von Wein gewonnen wurde, zu einem ungegorenen Traubenmost mit einem natürlichen Alkoholgehalt von 8,5 % vol oder mehr gewonnen wird;*

b) *Brennwein, d. h. das Erzeugnis, das*

— *einen vorhandenen Alkoholgehalt von 18 % vol bis 24 % vol aufweist,*

— *ausschließlich dadurch gewonnen wird, dass einem Wein ohne Restzucker ein nicht rektifiziertes, aus der Destillation von Wein hervorgegangenes Erzeugnis mit einem vorhandenen Alkoholgehalt von 86 % vol oder weniger zugesetzt wird, und*

— *einen Gehalt an flüchtiger Säure von 1,50 g/l oder weniger, berechnet als Essigsäure, aufweist;*

c) *Likörwein, d. h. das Erzeugnis, das*

— *einen Gesamtalkoholgehalt von 17,5 % vol oder mehr sowie einen vorhandenen Alkoholgehalt von 15 % vol bis 22 % vol aufweist und*

— *aus Traubenmost oder Wein gewonnen wird, wobei diese Erzeugnisse von Rebsorten, die in dem Drittland ihrer Herkunft für die Herstellung von Likörwein zugelassen sind, stammen und einen natürlichen Alkoholgehalt von 12 % vol oder mehr aufweisen müssen:*

— *durch Anwendung von Kälte oder*

— *durch den Zusatz folgender Erzeugnisse während oder nach der Gärung:*

— *eines Erzeugnisses, das aus der Destillation von Wein gewonnen wurde,*

— *eines konzentrierten Traubenmostes oder im Falle bestimmter Likörweine mit Ursprungsbezeichnung oder einer geografischen Angabe der Liste in Verordnung (EG) Nr. 607/2009 (ABl. L 193 vom 24.7.2009, S. 60), bei denen ein solches Verfahren von jeher angewandt wird, eines Traubenmostes, der durch unmittelbare Einwirkung von Feuerwärme konzentriert worden ist und, abgesehen von diesem Vorgang, der Definition von konzentriertem Traubenmost entspricht, oder*

— *einer Mischung dieser Erzeugnisse.*

Jedoch können bestimmte Likörweine mit Ursprungsbezeichnung oder einer geografischen Angabe der Liste in Verordnung (EG) Nr. 607/2009 (ABl. L 193 vom 24.7.2009, S. 60) aus frischem, ungegorenem Traubenmost gewonnen werden, ohne dass dieser einen natürlichen Alkoholgehalt von 12 % vol oder mehr aufweisen muss.

6. *Für die Anwendung der Unterpositionen 2204 10, 2204 21 und 2204 29:*

a) *gelten als „Weine mit geschützter Ursprungsbezeichnung (g.U.)" und „Weine mit geschützter geografischer Angabe (g.g.A.)" Weine, die den Vorschriften der Artikel 118b bis 118t der Verordnung (EG) Nr. 1234/2007 des Rates (ABl. L 299 vom 16.11.2007, S. 1) sowie den zur Durchführung dieser Verordnung erlassenen Bestimmungen entsprechen und die in den einzelstaatlichen Regelungen definiert sind;*

b) *gelten als „Rebsortenweine" Weine, die den Vorschriften des Artikels 118z der Verordnung (EG) Nr. 1234/2007 des Rates (ABl. L 299 vom 16.11.2007, S. 1) sowie den zur Durchführung dieser Verordnung erlassenen Bestimmungen entsprechen und die in den einzelstaatlichen Regelungen definiert sind;*

c) *gelten als „in der Europäischen Union erzeugte Weine" Weine, die den Vorschriften der Verordnung (EG) Nr. 1234/2007 des Rates (ABl. L 299 vom 16.11.2007, S. 1) und Artikel 55 der Verordnung (EG) Nr. 607/2009 der Kommission (ABl. L 193 vom 24.7.2009, S. 60) entsprechen.*

7. *Als „konzentrierter Traubenmost" im Sinne der Unterpositionen 2204 30 92 und 2204 30 96 gilt der Traubenmost, bei dem der — unter Verwendung der im „Sammelband der internationalen Methoden zur Analyse von Weinen und Traubenmosten" der internationalen Organisation für Wein und Rebe, veröffentlicht in Reihe C des Amtsblatts, vorgesehenen Methode — Trockenmassegehalt, abgelesen bei einer Temperatur von 20 °C auf dem Refraktometer, nicht unter 50,9 % liegt.*

8. *Zu Position 2205 gehören nur die Wermutweine und anderen mit Pflanzen oder anderen Stoffen aromatisierten Weine aus frischen Weintrauben, die einen vorhandenen Alkoholgehalt von 7 % vol oder mehr aufweisen.*

9. *Für die Anwendung der Unterposition 2206 00 10 gilt als „Tresterwein" das Erzeugnis, das durch die Gärung von nicht behandeltem, in Wasser aufgeschwemmtem Traubentrester oder durch Auslaugen von gegorenem Traubentrester mit Wasser gewonnen wird.*

10. *Für die Anwendung der Unterpositionen 2206 00 31 und 2206 00 39 gelten als „schäumend":*

— *gegorene Getränke in Flaschen mit Schaumweinstopfen, die durch besondere Haltevorrichtungen befestigt sind;*

— *gegorene Getränke in anderer Aufmachung mit einem Überdruck von 1,5 bar oder mehr, gemessen bei einer Temperatur von 20 °C.*

11. *Für die Anwendung der Unterpositionen 2209 00 11 und 2209 00 19 gilt als „Weinessig" der Essig, der ausschließlich durch Essigsäuregärung aus Wein hergestellt wird und einen Säuregehalt, berechnet als Essigsäure, von mindestens 60 g/l aufweist.*

KN-Code	Warenbezeichnung	Vertragsmäßiger Zollsatz (%)	Besondere Maßeinheit
1	2	3	4
2201	**Wasser, einschließlich natürliches oder künstliches Mineralwasser und kohlensäurehaltiges Wasser, ohne Zusatz von Zucker, anderen Süßmitteln oder Aromastoffen; Eis und Schnee:**		
2201 10	**– Mineralwasser und kohlensäurehaltiges Wasser:**		
	– – natürliches Mineralwasser:		
2201 10 11	– – – ohne Kohlensäure	frei	l
2201 10 19	– – – anderes	frei	l
2201 10 90	– – andere	frei	l
2201 90 00	**– andere**	frei	—
2202	**Wasser, einschließlich Mineralwasser und kohlensäurehaltiges Wasser, mit Zusatz von Zucker, anderen Süßmitteln oder Aromastoffen, und andere nicht alkoholhaltige Getränke, ausgenommen Frucht- und Gemüsesäfte der Position 2009:**		
2202 10 00	**– Wasser, einschließlich Mineralwasser und kohlensäurehaltiges Wasser, mit Zusatz von Zucker, anderen Süßmitteln oder Aromastoffen**	9,6	l
2202 90	**– andere:**		
2202 90 10	– – keine Erzeugnisse der Positionen 0401 bis 0404 und keine Fette aus Erzeugnissen der Positionen 0401 bis 0404 enthaltend	9,6	l
	– – andere, mit einem Gehalt an Fetten aus Erzeugnissen der Positionen 0401 bis 0404 von:		
2202 90 91	– – – weniger als 0,2 GHT	6,4 + 13,7 €/100 kg/net	l
2202 90 95	– – – 0,2 oder mehr, jedoch weniger als 2 GHT	5,5 + 12,1 €/100 kg/net	l
2202 90 99	– – – 2 GHT oder mehr	5,4 + 21,2 €/100 kg/net	l
2203 00	**Bier aus Malz:**		
	– in Behältnissen mit einem Inhalt von 10 l oder weniger:		
2203 00 01	– – in Flaschen	frei	l
2203 00 09	– – anderes	frei	l
2203 00 10	– in Behältnissen mit einem Inhalt von mehr als 10 l	frei	l
2204	**Wein aus frischen Weintrauben, einschließlich mit Alkohol angereicherter Wein; Traubenmost, ausgenommen solcher der Position 2009:**		
2204 10	**– Schaumwein:**		
	– – Wein mit geschützter Ursprungsbezeichnung (g.U.):		
2204 10 11	– – – Champagner	32 €/hl	l
2204 10 91	– – – Asti spumante	32 €/hl	l
2204 10 93	– – – anderer	32 €/hl	l
2204 10 94	– – Wein mit geschützter geografischer Angabe (g.g.A.)	32 €/hl	l
2204 10 96	– – andere Rebsortenweine	32 €/hl	l
2204 10 98	– – anderer	32 €/hl	l
	– anderer Wein; Traubenmost, dessen Gärung durch Zusatz von Alkohol verhindert oder unterbrochen worden ist:		
2204 21	**– – in Behältnissen mit einem Inhalt von 2 l oder weniger:**		

KN-Code	Warenbezeichnung	Vertragsmäßiger Zollsatz (%)	Besondere Maßeinheit
1	2	3	4
	– – – Wein, ausgenommen Wein der Unterposition 2204 10, in Flaschen mit Schaumweinstopfen, die durch besondere Haltevorrichtungen befestigt sind; Wein in anderen Umschließungen, mit einem auf gelöstes Kohlendioxid zurückzuführenden Überdruck von 1 bar oder mehr, jedoch weniger als 3 bar, gemessen bei einer Temperatur von 20 °C:		
2204 21 06	– – – – Wein mit geschützter Ursprungsbezeichnung (g.U.)	32 €/hl	l
2204 21 07	– – – – Wein mit geschützter geografischer Angabe (g.g.A.)	32 €/hl	l
2204 21 08	– – – – andere Rebsortenweine	32 €/hl	l
2204 21 09	– – – – anderer	32 €/hl	l
	– – – andere:		
	– – – – In der Europäischen Union erzeugt:		
	– – – – – mit einem vorhandenen Alkoholgehalt von 15 % vol oder weniger:		
	– – – – – – Wein mit geschützter Ursprungsbezeichnung (g.U.):		
	– – – – – – – Weißwein:		
2204 21 11	– – – – – – – – Alsace (Elsass)	(1)	l
2204 21 12	– – – – – – – – Bordeaux	(1)	l
2204 21 13	– – – – – – – – Bourgogne (Burgund)	(1)	l
2204 21 17	– – – – – – – – Val de Loire	(1)	l
2204 21 18	– – – – – – – – Mosel	(1)	l
2204 21 19	– – – – – – – – Pfalz	(1)	l
2204 21 22	– – – – – – – – Rheinhessen	(1)	l
2204 21 23	– – – – – – – – Tokaj	(2)	l
2204 21 24	– – – – – – – – Lazio	(1)	l
2204 21 26	– – – – – – – – Toscana	(1)	l
2204 21 27	– – – – – – – – Trentino (Trentin), Alto Adige (Südtirol) und Friuli	(1)	l
2204 21 28	– – – – – – – – Veneto	(1)	l
2204 21 32	– – – – – – – – Vinho Verde	(1)	l
2204 21 34	– – – – – – – – Penedés	(1)	l
2204 21 36	– – – – – – – – Rioja	(1)	l
2204 21 37	– – – – – – – – Valencia	(1)	l
2204 21 38	– – – – – – – – andere	(1)	l
	– – – – – – – andere:		
2204 21 42	– – – – – – – – Bordeaux	(1)	l
2204 21 43	– – – – – – – – Bourgogne (Burgund)	(1)	l
2204 21 44	– – – – – – – – Beaujolais	(1)	l
2204 21 46	– – – – – – – – Côtes-du-Rhône	(1)	l
2204 21 47	– – – – – – – – Languedoc-Roussillon	(1)	l
2204 21 48	– – – – – – – – Val de Loire	(1)	l
2204 21 62	– – – – – – – – Piemonte (Piemont)	(1)	l

(1) Mit einem vorhandenen Alkoholgehalt von 13 % vol oder weniger: 13,1 €/hl.
Mit einem vorhandenen Alkoholgehalt von mehr als 13 % vol bis 15 % vol: 15,4 €/hl.
(2) Mit einem vorhandenen Alkoholgehalt von 13 % vol oder weniger: 14,8 €/hl.
Mit einem vorhandenen Alkoholgehalt von mehr als 13 % vol bis 15 % vol: 15,8 €/hl.

KN-Code	Warenbezeichnung	Vertragsmäßiger Zollsatz (%)	Besondere Maßeinheit
1	2	3	4
2204 21 66	– – – – – – – – Toscana	([1])	l
2204 21 67	– – – – – – – – Trentino (Trentin) und Alto Adige (Südtirol)	([1])	l
2204 21 68	– – – – – – – – Veneto	([1])	l
2204 21 69	– – – – – – – – Dão, Bairrada und Douro	([1])	l
2204 21 71	– – – – – – – – Navarra	([1])	l
2204 21 74	– – – – – – – – Penedés	([1])	l
2204 21 76	– – – – – – – – Rioja	([1])	l
2204 21 77	– – – – – – – – Valdepeñas	([1])	l
2204 21 78	– – – – – – – – andere	([1])	l
	– – – – – – Wein mit geschützter geografischer Angabe (g.g.A.):		
2204 21 79	– – – – – – – Weißwein	([1])	l
2204 21 80	– – – – – – – andere	([1])	l
	– – – – – – andere Rebsortenweine:		
2204 21 81	– – – – – – – Weißwein	([1])	l
2204 21 82	– – – – – – – andere	([1])	l
	– – – – – – andere:		
2204 21 83	– – – – – – – Weißwein	([1])	l
2204 21 84	– – – – – – – andere	([1])	l
	– – – – – mit einem vorhandenen Alkoholgehalt von mehr als 15 % vol bis 22 % vol:		
	– – – – – – Wein mit geschützter Ursprungsbezeichnung (g.U.) oder mit geschützter geografischer Angabe (g.g.A.):		
2204 21 85	– – – – – – – Madeira und Moscatel de Setubal	([2])	l
2204 21 86	– – – – – – – Sherry	([2])	l
2204 21 87	– – – – – – – Marsala	([3])	l
2204 21 88	– – – – – – – Samos und Muskat de Limnos	([3])	l
2204 21 89	– – – – – – – Port	([2])	l
2204 21 90	– – – – – – – andere	([3])	l
2204 21 91	– – – – – – andere	([3])	l
2204 21 92	– – – – – mit einem vorhandenen Alkoholgehalt von mehr als 22 % vol	1,75 €/% vol/hl	l
	– – – – andere:		
	– – – – – Wein mit geschützter Ursprungsbezeichnung (g.U.) oder mit geschützter geografischer Angabe (g.g.A.):		
2204 21 93	– – – – – – Weißwein	([4])	l

([1]) Mit einem vorhandenen Alkoholgehalt von 13 % vol oder weniger: 13,1 €/hl.
Mit einem vorhandenen Alkoholgehalt von mehr als 13 % vol bis 15 % vol: 15,4 €/hl.
([2]) Mit einem vorhandenen Alkoholgehalt von mehr als 15 % vol bis 18 % vol: 14,8 €/hl.
Mit einem vorhandenen Alkoholgehalt von mehr als 18 % vol bis 22 % vol: 15,8 €/hl.
([3]) Mit einem vorhandenen Alkoholgehalt von mehr als 15 % vol bis 18 % vol: 18,6 €/hl.
Mit einem vorhandenen Alkoholgehalt von mehr als 18 % vol bis 22 % vol: 20,9 €/hl.
([4]) Mit einem vorhandenen Alkoholgehalt von 13 % vol oder weniger: 13,1 €/hl.
Mit einem vorhandenen Alkoholgehalt von mehr als 13 % vol bis 15 % vol: 15,4 €/hl.
Mit einem vorhandenen Alkoholgehalt von mehr als 15 % vol bis 18 % vol: 18,6 €/hl.
Mit einem vorhandenen Alkoholgehalt von mehr als 18 % vol bis 22 % vol: 20,9 €/hl.
Mit einem vorhandenen Alkoholgehalt von mehr als 22 % vol: 1,75 €/% vol/hl.

KN-Code	Warenbezeichnung	Vertragsmäßiger Zollsatz (%)	Besondere Maßeinheit
1	2	3	4
2204 21 94	– – – – – – andere	(1)	l
	– – – – – andere Rebsortenweine:		
2204 21 95	– – – – – – Weißwein	(1)	l
2204 21 96	– – – – – – andere	(1)	l
	– – – – – andere:		
2204 21 97	– – – – – – Weißwein	(1)	l
2204 21 98	– – – – – – andere	(1)	l
2204 29	– – **andere:**		
2204 29 10	– – – Wein, ausgenommen Wein der Unterposition 2204 10, in Flaschen mit Schaumweinstopfen, die durch besondere Haltevorrichtungen befestigt sind; Wein in anderen Umschließungen, mit einem auf gelöstes Kohlendioxid zurückzuführenden Überdruck von 1 bar oder mehr, jedoch weniger als 3 bar, gemessen bei einer Temperatur von 20 °C	32 €/hl	l
	– – – andere:		
	– – – – In der Europäischen Union erzeugt:		
	– – – – – mit einem vorhandenen Alkoholgehalt von 15 % vol oder weniger:		
	– – – – – – Wein mit geschützter Ursprungsbezeichnung (g.U.):		
	– – – – – – – Weißwein:		
2204 29 11	– – – – – – – – Tokaj	(2)	l
2204 29 12	– – – – – – – – Bordeaux	(3)	l
2204 29 13	– – – – – – – – Bourgogne (Burgund)	(3)	l
2204 29 17	– – – – – – – – Val de Loire	(3)	l
2204 29 18	– – – – – – – – andere	(3)	l
	– – – – – – – andere:		
2204 29 42	– – – – – – – – Bordeaux	(3)	l
2204 29 43	– – – – – – – – Bourgogne (Burgund)	(3)	l
2204 29 44	– – – – – – – – Beaujolais	(3)	l
2204 29 46	– – – – – – – – Côtes-du-Rhône	(3)	l
2204 29 47	– – – – – – – – Languedoc-Roussillon	(3)	l
2204 29 48	– – – – – – – – Val de Loire	(3)	l
2204 29 58	– – – – – – – – andere	(3)	l
	– – – – – – Wein mit geschützter geografischer Angabe (g.g.A.):		
2204 29 79	– – – – – – – Weißwein	(3)	l
2204 29 80	– – – – – – – andere	(3)	l
	– – – – – – andere Rebsortenweine:		

(1) Mit einem vorhandenen Alkoholgehalt von 13 % vol oder weniger: 13,1 €/hl.
Mit einem vorhandenen Alkoholgehalt von mehr als 13 % vol bis 15 % vol: 15,4 €/hl.
Mit einem vorhandenen Alkoholgehalt von mehr als 15 % vol bis 18 % vol: 18,6 €/hl.
Mit einem vorhandenen Alkoholgehalt von mehr als 18 % vol bis 22 % vol: 20,9 €/hl.
Mit einem vorhandenen Alkoholgehalt von mehr als 22 % vol: 1,75 €/% vol/hl.

(2) Mit einem vorhandenen Alkoholgehalt von 13 % vol oder weniger: 13,1 €/hl.
Mit einem vorhandenen Alkoholgehalt von mehr als 13 % vol bis 15 % vol: 14,2 €/hl.

(3) Mit einem vorhandenen Alkoholgehalt von 13 % vol oder weniger: 9,9 €/hl.
Mit einem vorhandenen Alkoholgehalt von mehr als 13 % vol bis 15 % vol: 12,1 €/hl.

KN-Code	Warenbezeichnung	Vertragsmäßiger Zollsatz (%)	Besondere Maßeinheit
1	2	3	4
2204 29 81	– – – – – – – Weißwein	(1)	l
2204 29 82	– – – – – – – andere	(1)	l
	– – – – – – andere:		
2204 29 83	– – – – – – – Weißwein	(1)	l
2204 29 84	– – – – – – – andere	(1)	l
	– – – – – mit einem vorhandenen Alkoholgehalt von mehr als 15 % vol bis 22 % vol:		
	– – – – – – Wein mit geschützter Ursprungsbezeichnung (g.U.) oder mit geschützter geografischer Angabe (g.g.A.):		
2204 29 85	– – – – – – – Madeira und Moscatel de Setubal	(2)	l
2204 29 86	– – – – – – – Sherry	(2)	l
2204 29 87	– – – – – – – Marsala	(3)	l
2204 29 88	– – – – – – – Samos und Muskat de Limnos	(3)	l
2204 29 89	– – – – – – – Port	(2)	l
2204 29 90	– – – – – – – andere	(3)	l
2204 29 91	– – – – – – andere	(3)	l
2204 29 92	– – – – – mit einem vorhandenen Alkoholgehalt von mehr als 22 % vol	1,75 €/% vol/hl	l
	– – – – andere:		
	– – – – – Wein mit geschützter Ursprungsbezeichnung (g.U.) oder mit geschützter geografischer Angabe (g.g.A.):		
2204 29 93	– – – – – – Weißwein	(4)	l
2204 29 94	– – – – – – andere	(4)	l
	– – – – – andere Rebsortenweine:		
2204 29 95	– – – – – – Weißwein	(4)	l
2204 29 96	– – – – – – andere	(4)	l
	– – – – – andere:		
2204 29 97	– – – – – – Weißwein	(4)	l
2204 29 98	– – – – – – andere	(4)	l
2204 30	– **anderer Traubenmost:**		
2204 30 10	– – teilweise gegoren, auch ohne Alkohol stumm gemacht	32	l
	– – anderer:		
	– – – mit einer Dichte von 1,33 g/cm^3 oder weniger bei 20 °C und einem vorhandenen Alkoholgehalt von 1 % vol oder weniger:		
2204 30 92	– – – – konzentriert	(5)	l

(1) Mit einem vorhandenen Alkoholgehalt von 13 % vol oder weniger: 9,9 €/hl.
Mit einem vorhandenen Alkoholgehalt von mehr als 13 % vol bis 15 % vol: 12,1 €/hl.
(2) Mit einem vorhandenen Alkoholgehalt von mehr als 15 % vol bis 18 % vol: 12,1 €/hl.
Mit einem vorhandenen Alkoholgehalt von mehr als 18 % vol bis 22 % vol: 13,1 €/hl.
(3) Mit einem vorhandenen Alkoholgehalt von mehr als 15 % vol bis 18 % vol: 15,4 €/hl.
Mit einem vorhandenen Alkoholgehalt von mehr als 18 % vol bis 22 % vol: 20,9 €/hl.
(4) Mit einem vorhandenen Alkoholgehalt von 13 % vol oder weniger: 9,9 €/hl.
Mit einem vorhandenen Alkoholgehalt von mehr als 13 % vol bis 15 % vol: 12,1 €/hl.
Mit einem vorhandenen Alkoholgehalt von mehr als 15 % vol bis 18 % vol: 15,4 €/hl.
Mit einem vorhandenen Alkoholgehalt von mehr als 18 % vol bis 22 % vol: 20,9 €/hl.
Mit einem vorhandenen Alkoholgehalt von mehr als 22 % vol: 1,75 €/% vol/hl.
(5) Siehe Anhang 2.

KN-Code	Warenbezeichnung	Vertragsmäßiger Zollsatz (%)	Besondere Maßeinheit
1	2	3	4
2204 30 94	– – – – anderer	([1])	l
	– – – anderer:		
2204 30 96	– – – – konzentriert	([1])	l
2204 30 98	– – – – anderer	([1])	l
2205	**Wermutwein und andere Weine aus frischen Weintrauben, mit Pflanzen oder anderen Stoffen aromatisiert:**		
2205 10	– **in Behältnissen mit einem Inhalt von 2 l oder weniger:**		
2205 10 10	– – mit einem vorhandenen Alkoholgehalt von 18 % vol oder weniger	10,9 €/hl	l
2205 10 90	– – mit einem vorhandenen Alkoholgehalt von mehr als 18 % vol	0,9 €/% vol/ hl + 6,4 €/hl	l
2205 90	– **andere:**		
2205 90 10	– – mit einem vorhandenen Alkoholgehalt von 18 % vol oder weniger	9 €/hl	l
2205 90 90	– – mit einem vorhandenen Alkoholgehalt von mehr als 18 % vol	0,9 €/% vol/hl	l
2206 00	**Andere gegorene Getränke (z. B. Apfelwein, Birnenwein und Met); Mischungen gegorener Getränke und Mischungen gegorener Getränke und nicht alkoholischer Getränke, anderweit weder genannt noch inbegriffen:**		
2206 00 10	– Tresterwein	1,3 €/% vol/hl MIN 7,2 €/hl	l
	– andere:		
	– – schäumend:		
2206 00 31	– – – Apfelwein und Birnenwein	19,2 €/hl	l
2206 00 39	– – – andere	19,2 €/hl	l
	– – andere, in Behältnissen mit einem Inhalt von:		
	– – – 2 l oder weniger:		
2206 00 51	– – – – Apfelwein und Birnenwein	7,7 €/hl	l
2206 00 59	– – – – andere	7,7 €/hl	l
	– – – mehr als 2 l:		
2206 00 81	– – – – Apfelwein und Birnenwein	5,76 €/hl	l
2206 00 89	– – – – andere	5,76 €/hl	l
2207	**Ethylalkohol mit einem Alkoholgehalt von 80 % vol oder mehr, unvergällt; Ethylalkohol und Branntwein mit beliebigem Alkoholgehalt, vergällt:**		
2207 10 00	– **Ethylalkohol mit einem Alkoholgehalt von 80 % vol oder mehr, unvergällt**	19,2 €/hl	l
2207 20 00	– **Ethylalkohol und Branntwein mit beliebigem Alkoholgehalt, vergällt**	10,2 €/hl	l

([1]) Siehe Anhang 2.

KN-Code	Warenbezeichnung	Vertragsmäßiger Zollsatz (%)	Besondere Maßeinheit
1	2	3	4
2208	**Ethylalkohol mit einem Alkoholgehalt von weniger als 80 % vol, unvergällt; Branntwein, Likör und andere alkoholhaltige Getränke:**		
2208 20	– **Branntwein aus Wein oder Traubentrester:**		
	– – in Behältnissen mit einem Inhalt von 2 l oder weniger:		
2208 20 12	– – – Cognac	frei	l alc. 100 %
2208 20 14	– – – Armagnac	frei	l alc. 100 %
2208 20 26	– – – Grappa	frei	l alc. 100 %
2208 20 27	– – – Brandy de Jerez	frei	l alc. 100 %
2208 20 29	– – – anderer	frei	l alc. 100 %
	– – in Behältnissen mit einem Inhalt von mehr als 2 l:		
2208 20 40	– – – Rohbrand	frei	l alc. 100 %
	– – – anderer:		
2208 20 62	– – – – Cognac	frei	l alc. 100 %
2208 20 64	– – – – Armagnac	frei	l alc. 100 %
2208 20 86	– – – – Grappa	frei	l alc. 100 %
2208 20 87	– – – – Brandy de Jerez	frei	l alc. 100 %
2208 20 89	– – – – anderer	frei	l alc. 100 %
2208 30	– **Whisky:**		
	– – „Bourbon"-Whiskey, in Behältnissen mit einem Inhalt von:		
2208 30 11	– – – 2 l oder weniger	frei	l alc. 100 %
2208 30 19	– – – mehr als 2 l	frei	l alc. 100 %
	– – „Scotch"-Whisky:		
2208 30 30	– – – „single malt"-Whisky	frei	l alc. 100 %
	– – – „blended malt"-Whisky, in Behältnissen mit einem Inhalt von:		
2208 30 41	– – – – 2 l oder weniger	frei	l alc. 100 %
2208 30 49	– – – – mehr als 2 l	frei	l alc. 100 %
	– – – „single grain"-Whisky und „blended grain"-Whisky, in Behältnissen mit einem Inhalt von:		
2208 30 61	– – – – 2 l oder weniger	frei	l alc. 100 %
2208 30 69	– – – – mehr als 2 l	frei	l alc. 100 %
	– – – anderer „blended"-Whisky, in Behältnissen mit einem Inhalt von:		
2208 30 71	– – – – 2 l oder weniger	frei	l alc. 100 %
2208 30 79	– – – – mehr als 2 l	frei	l alc. 100 %
	– – anderer, in Behältnissen mit einem Inhalt von:		
2208 30 82	– – – 2 l oder weniger	frei	l alc. 100 %
2208 30 88	– – – mehr als 2 l	frei	l alc. 100 %
2208 40	– **Rum und anderer Branntwein, gewonnen durch Destillieren vergorener Zuckerrohrerzeugnisse:**		
	– – in Behältnissen mit einem Inhalt von 2 l oder weniger:		
2208 40 11	– – – Rum mit einem Gehalt an anderen flüchtigen Stoffen als Ethyl- und Methylalkohol von 225 g oder mehr pro hl reinen Alkohols (+/- 10 %)	0,6 €/% vol/hl + 3,2 €/hl	l alc. 100 %
	– – – andere:		

KN-Code	Warenbezeichnung	Vertragsmäßiger Zollsatz (%)	Besondere Maßeinheit
1	2	3	4
2208 40 31	– – – – mit einem Wert von mehr als 7,9 € pro l reinen Alkohol	frei	l alc. 100 %
2208 40 39	– – – – andere	0,6 €/% vol/ hl + 3,2 €/hl	l alc. 100 %
	– – in Behältnissen mit einem Inhalt von mehr als 2 l:		
2208 40 51	– – – Rum mit einem Gehalt an anderen flüchtigen Stoffen als Ethyl- und Methylalkohol von 225 g oder mehr pro hl reinen Alkohols (+/- 10 %)	0,6 €/% vol/hl	l alc. 100 %
	– – – andere:		
2208 40 91	– – – – mit einem Wert von mehr als 2 € pro l reinen Alkohol	frei	l alc. 100 %
2208 40 99	– – – – andere	0,6 €/% vol/hl	l alc. 100 %
2208 50	– **Gin und Genever:**		
	– – Gin, in Behältnissen mit einem Inhalt von:		
2208 50 11	– – – 2 l oder weniger	frei	l alc. 100 %
2208 50 19	– – – mehr als 2 l	frei	l alc. 100 %
	– – Genever, in Behältnissen mit einem Inhalt von:		
2208 50 91	– – – 2 l oder weniger	frei	l alc. 100 %
2208 50 99	– – – mehr als 2 l	frei	l alc. 100 %
2208 60	– **Wodka:**		
	– – mit einem Alkoholgehalt von 45,4 % vol oder weniger, in Behältnissen mit einem Inhalt von:		
2208 60 11	– – – 2 l oder weniger	frei	l alc. 100 %
2208 60 19	– – – mehr als 2 l	frei	l alc. 100 %
	– – mit einem Alkoholgehalt von mehr als 45,4 % vol, in Behältnissen mit einem Inhalt von:		
2208 60 91	– – – 2 l oder weniger	frei	l alc. 100 %
2208 60 99	– – – mehr als 2 l	frei	l alc. 100 %
2208 70	– **Likör:**		
2208 70 10	– – in Behältnissen mit einem Inhalt von 2 l oder weniger	frei	l alc. 100 %
2208 70 90	– – in Behältnissen mit einem Inhalt von mehr als 2 l	frei	l alc. 100 %
2208 90	– **andere:**		
	– – Arrak, in Behältnissen mit einem Inhalt von:		
2208 90 11	– – – 2 l oder weniger	frei	l alc. 100 %
2208 90 19	– – – mehr als 2 l	frei	l alc. 100 %
	– – Pflaumenbranntwein, Birnenbranntwein und Kirschbranntwein, in Behältnissen mit einem Inhalt von:		
2208 90 33	– – – 2 l oder weniger	frei	l alc. 100 %
2208 90 38	– – – mehr als 2 l	frei	l alc. 100 %
	– – anderer Branntwein und andere alkoholhaltige Getränke, in Behältnissen mit einem Inhalt von:		
	– – – 2 l oder weniger:		
2208 90 41	– – – – Ouzo	frei	l alc. 100 %
	– – – – andere:		
	– – – – – Branntwein:		
	– – – – – – Obstbranntwein:		
2208 90 45	– – – – – – – Calvados	frei	l alc. 100 %

KN-Code	Warenbezeichnung	Vertragsmäßiger Zollsatz (%)	Besondere Maßeinheit
1	2	3	4
2208 90 48	– – – – – – – anderer	frei	l alc. 100 %
	– – – – – – anderer:		
2208 90 54	– – – – – – – Tequila	frei	l alc. 100 %
2208 90 56	– – – – – – – anderer	frei	l alc. 100 %
2208 90 69	– – – – – andere alkoholhaltige Getränke	frei	l alc. 100 %
	– – – mehr als 2 l:		
	– – – – Branntwein:		
2208 90 71	– – – – – Obstbranntwein	frei	l alc. 100 %
2208 90 75	– – – – – Tequila	frei	l alc. 100 %
2208 90 77	– – – – – anderer	frei	l alc. 100 %
2208 90 78	– – – – andere alkoholhaltige Getränke	frei	l alc. 100 %
	– – Ethylalkohol mit einem Alkoholgehalt von weniger als 80 % vol, unvergällt, in Behältnissen mit einem Inhalt von:		
2208 90 91	– – – 2 l oder weniger	1 €/% vol/hl + 6,4 €/hl	l alc. 100 %
2208 90 99	– – – mehr als 2 l	1 €/% vol/hl	l alc. 100 %
2209 00	**Speiseessig:**		
	– Weinessig, in Behältnissen mit einem Inhalt von:		
2209 00 11	– – 2 l oder weniger	6,4 €/hl	l
2209 00 19	– – mehr als 2 l	4,8 €/hl	l
	– anderer, in Behältnissen mit einem Inhalt von:		
2209 00 91	– – 2 l oder weniger	5,12 €/hl	l
2209 00 99	– – mehr als 2 l	3,84 €/hl	l

KAPITEL 23

RÜCKSTÄNDE UND ABFÄLLE DER LEBENSMITTELINDUSTRIE; ZUBEREITETES FUTTER

Anmerkung

1. Zu Position 2309 gehören auch Erzeugnisse der zur Fütterung verwendeten Art, anderweit weder genannt noch inbegriffen, die aus der Verarbeitung von pflanzlichen oder tierischen Stoffen stammen und die durch die Verarbeitung die wesentlichen Merkmale der Ausgangsstoffe verloren haben. Dies gilt nicht für pflanzliche Abfälle, pflanzliche Rückstände und Nebenerzeugnisse aus dieser Verarbeitung.

Unterpositions-Anmerkung

1. Als „erucasäurearme Raps- oder Rübsensamen" im Sinne der Unterposition 2306 41 gelten Samen mit der Beschaffenheit, wie sie in der Unterpositions-Anmerkung 1 zu Kapitel 12 festgelegt ist.

Zusätzliche Anmerkungen

1. *Zu den Unterpositionen 2303 10 11 und 2303 10 19 gehören nur Rückstände aus der Maisstärkegewinnung. Ausgenommen sind Mischungen aus Rückständen der Maisstärkegewinnung mit Erzeugnissen von anderen Pflanzen oder mit Erzeugnissen aus Mais, die mit anderen Verfahren als der Nassmüllerei zur Herstellung von Maisstärke gewonnen wurden.*

   Ihr Stärkegehalt, bestimmt nach der Methode gemäß Anhang III Teil L der Verordnung (EG) Nr. 152/2009 der Kommission und bezogen auf die Trockenmasse, darf 28 GHT nicht übersteigen. Der Fettgehalt, bestimmt nach der Methode gemäß Anhang III Teil H der Verordnung (EG) Nr. 152/2009 der Kommission und bezogen auf die Trockenmasse, darf 4,5 GHT nicht übersteigen.

2. *Zu Unterposition 2306 90 05 gehören nur Rückstände aus der Gewinnung von Maiskeimöl, die die folgenden auf die Trockenmasse bezogenen Gewichtsanteile enthalten:*

   a) Erzeugnisse mit einem Gehalt an Fett von weniger als 3 GHT:

   — *Stärkegehalt: weniger als 45 GHT*

   — *Proteingehalt (Stickstoffgehalt × 6,25): 11,5 GHT oder mehr;*

   b) Erzeugnisse mit einem Gehalt an Fett von 3 GHT oder mehr, jedoch nicht mehr als 8 GHT:

   — *Stärkegehalt: weniger als 45 GHT*

   — *Proteingehalt (Stickstoffgehalt × 6,25): 13 GHT oder mehr.*

   Darüber hinaus dürfen die Rückstände nicht andere als vom Maiskorn stammende Anteile aufweisen.

   Zur Bestimmung des Stärke- und Proteingehalts sind die jeweiligen in Anlage III Teilen L und C der Verordnung (EG) Nr. 152/2009 der Kommission beschriebenen Methoden anzuwenden.

   Zur Bestimmung des Fett- und des Feuchtigkeitsgehalts sind die jeweiligen in der Anlage III Teilen H und A der Verordnung (EG) Nr. 152/2009 der Kommission beschriebenen Methoden anzuwenden.

   Erzeugnisse, die Bestandteile des Maiskorns enthalten, die dem Rückstand nach der Gewinnung des Maiskeimöls zugesetzt wurden, sind ausgenommen, wenn diese Bestandteile nicht dem Verfahren der Gewinnung des Maiskeimöls unterworfen wurden.

3. *Für die Anwendung der Unterpositionen 2307 00 11, 2307 00 19, 2308 00 11 und 2308 00 19 versteht man jeweils unter:*

   — *vorhandenem Alkoholgehalt (in % mas) die Masseneinheiten reinen Alkohols, die in 100 Masseneinheiten des Erzeugnisses enthalten sind;*

   — *potenziellem Alkoholgehalt (in % mas) die Masseneinheiten reinen Alkohols, die durch vollständiges Vergären des in 100 Masseneinheiten des Erzeugnisses enthaltenen Zuckers gebildet werden können;*

   — *Gesamtalkoholgehalt (in % mas) die Summe des vorhandenen Alkoholgehalts und des potenziellen Alkoholgehalts;*

   — *% mas: die Abkürzung für den Massengehalt.*

4. *Für die Anwendung der Unterpositionen 2309 10 11 bis 2309 10 70 und 2309 90 31 bis 2309 90 70 gelten als Milcherzeugnisse die Waren der Positionen 0401, 0402, 0404, 0405, 0406 und der Unterpositionen 0403 10 11 bis 0403 10 39, 0403 90 11 bis 0403 90 69, 1702 11 00, 1702 19 00 und 2106 90 51.*

5. *Zu Unterposition 2309 90 20 gehören — mit Ausnahme von Mischungen aus Rückständen der Maisstärkegewinnung mit Erzeugnissen von anderen Pflanzen oder Erzeugnissen aus Mais, die aus anderen Verfahren als der Nassmüllerei zur Maisstärkeherstellung gewonnen wurden — nur Rückstände aus der Maisstärkegewinnung, die enthalten:*

   — *15 GHT oder weniger Rückstände vom Sichten von Mais aus dem nassmüllerischen Verfahren und/oder*

   — *Rückstände aus Maisquellwasser aus dem nassmüllerischen Verfahren, das zur Herstellung von Alkohol oder anderen Erzeugnissen aus Stärke gebraucht wurde.*

   Diese Erzeugnisse können auch Rückstände aus der Maiskeimölgewinnung mittels nassmüllerischem Verfahren enthalten.

   Ihr Stärkegehalt, bestimmt nach der Methode gemäß Anhang III Teil L der Verordnung (EG) Nr. 152/2009 der Kommission und bezogen auf die Trockenmasse, darf 28 GHT nicht übersteigen. Der Fettgehalt, bestimmt nach der Methode gemäß Anhang III Teil H der Verordnung (EG) Nr. 152/2009 der Kommission und bezogen auf die Trockenmasse, darf 4,5 GHT nicht übersteigen. Der Proteingehalt, bestimmt nach der Methode gemäß Anhang III Teil C der Verordnung (EG) Nr. 152/2009 der Kommission und bezogen auf die Trockenmasse, darf 40 GHT nicht übersteigen.

KN-Code	Warenbezeichnung	Vertragsmäßiger Zollsatz (%)	Besondere Maßeinheit
1	2	3	4
2301	**Mehl und Pellets von Fleisch, von Schlachtnebenerzeugnissen, von Fischen oder von Krebstieren, von Weichtieren oder anderen wirbellosen Wassertieren, ungenießbar; Grieben/Grammeln:**		
2301 10 00	– **Mehl und Pellets von Fleisch oder von Schlachtnebenerzeugnissen; Grieben/Grammeln**	frei	—
2301 20 00	– **Mehl und Pellets von Fischen oder von Krebstieren, von Weichtieren oder anderen wirbellosen Wassertieren**	frei	—
2302	**Kleie und andere Rückstände, auch in Form von Pellets, vom Sichten, Mahlen oder von anderen Bearbeitungen von Getreide oder Hülsenfrüchten:**		
2302 10	– **von Mais:**		
2302 10 10	– – mit einem Gehalt an Stärke von 35 GHT oder weniger	44 €/t	—
2302 10 90	– – andere	89 €/t	—
2302 30	– **von Weizen:**		
2302 30 10	– – mit einem Gehalt an Stärke von 28 GHT oder weniger, vorausgesetzt, dass entweder 10 GHT oder weniger der Ware durch ein Sieb mit einer Maschenweite von 0,2 mm hindurchgehen oder bei einem Siebdurchgang von mehr als 10 GHT der auf die Trockenmasse bezogene Aschegehalt des Siebdurchgangs 1,5 GHT oder mehr beträgt	44 €/t (1)	—
2302 30 90	– – andere	89 €/t (1)	—
2302 40	– **von anderem Getreide:**		
	– – von Reis:		
2302 40 02	– – – mit einem Gehalt an Stärke von 35 GHT oder weniger	44 €/t	—
2302 40 08	– – – andere	89 €/t	—
	– – andere:		
2302 40 10	– – – mit einem Gehalt an Stärke von 28 GHT oder weniger, vorausgesetzt, dass entweder 10 GHT oder weniger der Ware durch ein Sieb mit einer Maschenweite von 0,2 mm hindurchgehen oder bei einem Siebdurchgang von mehr als 10 GHT der auf die Trockenmasse bezogene Aschegehalt des Siebdurchgangs 1,5 GHT oder mehr beträgt . . .	44 €/t (1)	—
2302 40 90	– – – andere	89 €/t (1)	—
2302 50 00	– **von Hülsenfrüchten**	5,1	—

(1) WTO-Zollkontingent.

KN-Code	Warenbezeichnung	Vertragsmäßiger Zollsatz (%)	Besondere Maßeinheit
1	2	3	4
2303	**Rückstände aus der Stärkegewinnung und ähnliche Rückstände, ausgelaugte Rübenschnitzel, Bagasse und andere Abfälle aus der Zuckergewinnung, Treber, Schlempen und Abfälle aus Brauereien oder Brennereien, auch in Form von Pellets:**		
2303 10	– **Rückstände aus der Stärkegewinnung und ähnliche Rückstände:**		
	– – Rückstände aus der Maisstärkegewinnung (ausgenommen eingedicktes Maisquellwasser) mit einem auf die Trockenmasse bezogenen Proteingehalt von:		
2303 10 11	– – – mehr als 40 GHT	320 €/t (1)	—
2303 10 19	– – – 40 GHT oder weniger	frei	—
2303 10 90	– – andere	frei	—
2303 20	– **ausgelaugte Rübenschnitzel, Bagasse und andere Abfälle aus der Zuckergewinnung:**		
2303 20 10	– – ausgelaugte Rübenschnitzel	frei	—
2303 20 90	– – andere	frei	—
2303 30 00	– **Treber, Schlempen und Abfälle aus Brauereien oder Brennereien**	frei	—
2304 00 00	**Ölkuchen und andere feste Rückstände aus der Gewinnung von Sojaöl, auch gemahlen oder in Form von Pellets**	frei	—
2305 00 00	**Ölkuchen und andere feste Rückstände aus der Gewinnung von Erdnussöl, auch gemahlen oder in Form von Pellets**	frei	—
2306	**Ölkuchen und andere feste Rückstände aus der Gewinnung pflanzlicher Fette oder Öle, auch gemahlen oder in Form von Pellets, ausgenommen Waren der Positionen 2304 und 2305:**		
2306 10 00	– **aus Baumwollsamen**	frei	—
2306 20 00	– **aus Leinsamen**	frei	—
2306 30 00	– **aus Sonnenblumenkernen**	frei	—
	– **aus Raps- oder Rübsensamen:**		
2306 41 00	– – **aus erucasäurearmen Raps- oder Rübsensamen**	frei	—
2306 49 00	– – **andere**	frei	—
2306 50 00	– **aus Kokosnüssen (Kopra)**	frei	—
2306 60 00	– **aus Palmnüssen oder Palmkernen**	frei	—
2306 90	– **andere:**		
2306 90 05	– – aus Maiskeimen	frei	—
	– – andere:		
	– – – Olivenölkuchen und andere Rückstände aus der Gewinnung von Olivenöl:		
2306 90 11	– – – – mit einem Gehalt an Olivenöl von 3 GHT oder weniger	frei	—
2306 90 19	– – – – mit einem Gehalt an Olivenöl von mehr als 3 GHT	48 €/t	—
2306 90 90	– – – andere	frei	—
2307 00	**Weintrub/Weingeläger; Weinstein, roh:**		
	– Weintrub/Weingeläger:		
2307 00 11	– – mit einem Gesamtalkoholgehalt von 7,9 % mas oder weniger und einem Trockenmassegehalt von 25 GHT oder mehr	frei	—
2307 00 19	– – anderer	1,62 €/kg/tot. alc.	—

(1) WTO-Zollkontingent.

KN-Code	Warenbezeichnung	Vertragsmäßiger Zollsatz (%)	Besondere Maßeinheit
1	2	3	4
2307 00 90	– Weinstein, roh	frei	—
2308 00	**Pflanzliche Stoffe und pflanzliche Abfälle, pflanzliche Rückstände und pflanzliche Nebenerzeugnisse der zur Fütterung verwendeten Art, auch in Form von Pellets, anderweit weder genannt noch inbegriffen:**		
	– Traubentrester:		
2308 00 11	– – mit einem Gesamtalkoholgehalt von 4,3 % mas oder weniger und einem Trockenmassegehalt von 40 GHT oder mehr	frei	—
2308 00 19	– – anderer	1,62 €/kg/tot. alc.	—
2308 00 40	– Eicheln und Rosskastanien; Trester (ausgenommen Traubentrester)	frei	—
2308 00 90	– andere	1,6	—
2309	**Zubereitungen von der zur Fütterung verwendeten Art:**		
2309 10	– **Hunde- und Katzenfutter, in Aufmachungen für den Einzelverkauf:**		
	– – Glucose, Glucosesirup, Maltodextrin oder Maltodextrinsirup der Unterpositionen 1702 30 50, 1702 30 90, 1702 40 90, 1702 90 50 und 2106 90 55 oder Stärke oder Milcherzeugnisse enthaltend:		
	– – – Stärke, Glucose, Glucosesirup, Maltodextrin oder Maltodextrinsirup enthaltend:		
	– – – – keine Stärke enthaltend oder mit einem Gehalt an Stärke von 10 GHT oder weniger:		
2309 10 11	– – – – – keine Milcherzeugnisse enthaltend oder mit einem Gehalt an Milcherzeugnissen von weniger als 10 GHT	frei	—
2309 10 13	– – – – – mit einem Gehalt an Milcherzeugnissen von 10 oder mehr, jedoch weniger als 50 GHT	498 €/t [1]	—
2309 10 15	– – – – – mit einem Gehalt an Milcherzeugnissen von 50 oder mehr, jedoch weniger als 75 GHT	730 €/t [1]	—
2309 10 19	– – – – – mit einem Gehalt an Milcherzeugnissen von 75 GHT oder mehr	948 €/t [1]	—
	– – – – mit einem Gehalt an Stärke von mehr als 10 bis 30 GHT:		
2309 10 31	– – – – – keine Milcherzeugnisse enthaltend oder mit einem Gehalt an Milcherzeugnissen von weniger als 10 GHT	frei	—
2309 10 33	– – – – – mit einem Gehalt an Milcherzeugnissen von 10 oder mehr, jedoch weniger als 50 GHT	530 €/t [1]	—
2309 10 39	– – – – – mit einem Gehalt an Milcherzeugnissen von 50 GHT oder mehr	888 €/t [1]	—
	– – – – mit einem Gehalt an Stärke von mehr als 30 GHT:		
2309 10 51	– – – – – keine Milcherzeugnisse enthaltend oder mit einem Gehalt an Milcherzeugnissen von weniger als 10 GHT	102 €/t [1]	—
2309 10 53	– – – – – mit einem Gehalt an Milcherzeugnissen von 10 oder mehr, jedoch weniger als 50 GHT	577 €/t [1]	—
2309 10 59	– – – – – mit einem Gehalt an Milcherzeugnissen von 50 GHT oder mehr	730 €/t [1]	—
2309 10 70	– – – weder Stärke, Glucose, Glucosesirup, Maltodextrin noch Maltodextrinsirup, jedoch Milcherzeugnisse enthaltend	948 €/t [1]	—
2309 10 90	– – andere	9,6	—
2309 90	– **andere:**		
2309 90 10	– – Solubles von Fischen oder Meeressäugetieren	3,8	—
2309 90 20	– – Erzeugnisse gemäß der Zusätzlichen Anmerkung 5 zu diesem Kapitel	frei	—

(1) WTO-Zollkontingent.

KN-Code	Warenbezeichnung	Vertragsmäßiger Zollsatz (%)	Besondere Maßeinheit
1	2	3	4
	– – andere, einschließlich Vormischungen:		
	– – – Glucose, Glucosesirup, Maltodextrin oder Maltodextrinsirup der Unterpositionen 1702 30 50, 1702 30 90, 1702 40 90, 1702 90 50 und 2106 90 55 oder Stärke oder Milcherzeugnisse enthaltend:		
	– – – – Stärke, Glucose, Glucosesirup, Maltodextrin oder Maltodextrinsirup enthaltend:		
	– – – – – keine Stärke enthaltend oder mit einem Gehalt an Stärke von 10 GHT oder weniger:		
2309 90 31	– – – – – – keine Milcherzeugnisse enthaltend oder mit einem Gehalt an Milcherzeugnissen von weniger als 10 GHT	23 €/t (1)	—
2309 90 33	– – – – – – mit einem Gehalt an Milcherzeugnissen von 10 oder mehr, jedoch weniger als 50 GHT	498 €/t	—
2309 90 35	– – – – – – mit einem Gehalt an Milcherzeugnissen von 50 oder mehr, jedoch weniger als 75 GHT	730 €/t	—
2309 90 39	– – – – – – mit einem Gehalt an Milcherzeugnissen von 75 GHT oder mehr	948 €/t	—
	– – – – – mit einem Gehalt an Stärke von mehr als 10 bis 30 GHT:		
2309 90 41	– – – – – – keine Milcherzeugnisse enthaltend oder mit einem Gehalt an Milcherzeugnissen von weniger als 10 GHT	55 €/t (1)	—
2309 90 43	– – – – – – mit einem Gehalt an Milcherzeugnissen von 10 oder mehr, jedoch weniger als 50 GHT	530 €/t	—
2309 90 49	– – – – – – mit einem Gehalt an Milcherzeugnissen von 50 GHT oder mehr	888 €/t	—
	– – – – – mit einem Gehalt an Stärke von mehr als 30 GHT:		
2309 90 51	– – – – – – keine Milcherzeugnisse enthaltend oder mit einem Gehalt an Milcherzeugnissen von weniger als 10 GHT	102 €/t (1)	—
2309 90 53	– – – – – – mit einem Gehalt an Milcherzeugnissen von 10 oder mehr, jedoch weniger als 50 GHT	577 €/t	—
2309 90 59	– – – – – – mit einem Gehalt an Milcherzeugnissen von 50 GHT oder mehr	730 €/t	—
2309 90 70	– – – – weder Stärke, Glucose, Glucosesirup, Maltodextrin noch Maltodextrinsirup, jedoch Milcherzeugnisse enthaltend	948 €/t	—
	– – – andere:		
2309 90 91	– – – – ausgelaugte Rübenschnitzel, melassiert	12	—
2309 90 96	– – – – andere	9,6	—

(1) WTO-Zollkontingent.

KAPITEL 24

TABAK UND VERARBEITETE TABAKERSATZSTOFFE

Anmerkung

1. Zu Kapitel 24 gehören nicht Zigaretten für medizinische Zwecke (Kapitel 30).

Unterpositions-Anmerkung

1. Als Wasserpfeifentabak im Sinne der Unterposition 2403 11 gilt Tabak, der dazu bestimmt ist, in einer Wasserpfeife geraucht zu werden und der aus einer Mischung von Tabak und Glyzerin besteht. Er kann auch aromatische Öle und Auszüge, Melassen oder Zucker enthalten, auch mit Früchten aromatisiert sein. Erzeugnisse für Wasserpfeifen, die keinen Tabak enthalten, gehören jedoch nicht zu dieser Unterposition.

KN-Code	Warenbezeichnung	Vertragsmäßiger Zollsatz (%)	Besondere Maßeinheit
1	2	3	4
2401	**Tabak, unverarbeitet; Tabakabfälle:**		
2401 10	– **Tabak, nicht entrippt:**		
2401 10 35	– – „light-air-cured" Tabak	11,2 MIN 22 € MAX 56 €/100 kg/net (1)	—
2401 10 60	– – „sun-cured" Orienttabak	11,2 MIN 22 € MAX 56 €/100 kg/net	—
2401 10 70	– – „dark-air-cured" Tabak	11,2 MIN 22 € MAX 56 €/100 kg/net	—
2401 10 85	– – „flue-cured" Tabak	11,2 MIN 22 € MAX 56 €/100 kg/net (2)	—
2401 10 95	– – anderer	10 MIN 22 € MAX 56 €/100 kg/net (3)	—
2401 20	– **Tabak, teilweise oder ganz entrippt:**		
2401 20 35	– – „light-air-cured" Tabak	11,2 MIN 22 € MAX 56 €/100 kg/net (1)	—
2401 20 60	– – „sun-cured" Orienttabak	11,2 MIN 22 € MAX 56 €/100 kg/net	—
2401 20 70	– – „dark-air-cured" Tabak	11,2 MIN 22 € MAX 56 €/100 kg/net	—
2401 20 85	– – „flue-cured" Tabak	11,2 MIN 22 € MAX 56 €/100 kg/net (2)	—

(1) Zolltarifliche Abgabenbegünstigung für die Tabaksorten „light air-cured Burley" (einschließlich Burleyhybriden) und „light air-cured Maryland": 18,4 MIN 22 € MAX 24 €/100 kg/net. Die zolltarifliche Abgabenbegünstigung wird gewährt, wenn die Förmlichkeiten und Voraussetzungen gemäß den Einführenden Vorschriften II.F erfüllt sind.

(2) Zolltarifliche Abgabenbegünstigung für die Tabaksorte „flue-cured Virginia": 18,4 MIN 22 € MAX 24 €/100 kg/net. Die zolltarifliche Abgabenbegünstigung wird gewährt, wenn die Förmlichkeiten und Voraussetzungen gemäß den Einführenden Vorschriften II.F erfüllt sind.

(3) Zolltarifliche Abgabenbegünstigung für „fire-cured" Tabak: 18,4 MIN 22 € MAX 24 €/100 kg/net. Die zolltarifliche Abgabenbegünstigung wird gewährt, wenn die Förmlichkeiten und Voraussetzungen gemäß den Einführenden Vorschriften II.F erfüllt sind.

KN-Code	Warenbezeichnung	Vertragsmäßiger Zollsatz (%)	Besondere Maßeinheit
1	2	3	4
2401 20 95	– – anderer	11,2 MIN 22 € MAX 56 €/100 kg/ net (1)	—
2401 30 00	– **Tabakabfälle**	11,2 MIN 22 € MAX 56 €/100 kg/ net	—
2402	**Zigarren (einschließlich Stumpen), Zigarillos und Zigaretten, aus Tabak oder Tabakersatzstoffen:**		
2402 10 00	– **Zigarren (einschließlich Stumpen) und Zigarillos, Tabak enthaltend**	26	1 000 p/st
2402 20	– **Zigaretten, Tabak enthaltend:**		
2402 20 10	– – Nelken enthaltend	10	1 000 p/st
2402 20 90	– – andere	57,6	1 000 p/st
2402 90 00	– **andere**	57,6	—
2403	**Anderer verarbeiteter Tabak und andere verarbeitete Tabakersatzstoffe; „homogenisierter" oder „rekonstituierter" Tabak; Tabakauszüge und Tabaksoßen:**		
	– **Rauchtabak, auch mit einem beliebigen Anteil an Tabakersatzstoffen:**		
2403 11 00	– – **Wasserpfeifentabak im Sinne der Unterpositions-Anmerkung 1 zu diesem Kapitel**	74,9	—
2403 19	– – **anderer:**		
2403 19 10	– – – in unmittelbaren Umschließungen mit einem Gewicht des Inhalts von 500 g oder weniger	74,9	—
2403 19 90	– – – anderer	74,9	—
	– **andere:**		
2403 91 00	– – **„homogenisierter" oder „rekonstituierter" Tabak**	16,6	—
2403 99	– – **andere:**		
2403 99 10	– – – Kautabak und Schnupftabak	41,6	—
2403 99 90	– – – andere	16,6	—

(1) Zolltarifliche Abgabenbegünstigung für „fire-cured" Tabak: 18,4 MIN 22 € MAX 24 €/100 kg/net. Die zolltarifliche Abgabenbegünstigung wird gewährt, wenn die Förmlichkeiten und Voraussetzungen gemäß den Einführenden Vorschriften II.F erfüllt sind.

ABSCHNITT V

MINERALISCHE STOFFE

KAPITEL 25

SALZ; SCHWEFEL; STEINE UND ERDEN; GIPS, KALK UND ZEMENT

Anmerkungen

1. Zu Kapitel 25 gehören, soweit sich aus den einzelnen Positionen oder der nachstehenden Anmerkung 4 nichts anderes ergibt, nur Stoffe im Rohzustand sowie Stoffe, die geschlämmt (auch mit Hilfe chemischer Mittel, die Verunreinigungen ausscheiden, ohne die Struktur der Stoffe zu verändern), gebrochen, gemahlen, zerrieben, gesichtet, gesiebt oder durch Flotation, magnetische Trennung oder andere mechanische oder physikalische Verfahren (ausgenommen Kristallisation) angereichert sind, jedoch nicht geröstete, gebrannte oder durch Mischen gewonnene Stoffe und Stoffe, die eine weitergehende Bearbeitung erfahren haben, als bei den einzelnen Positionen angegeben ist.

   Den Stoffen dieses Kapitels kann ein Antistaubmittel zugesetzt sein, vorausgesetzt, dass dieser Zusatz die Ware nicht für bestimmte Verwendungszwecke geeigneter macht als für den allgemeinen Gebrauch.

2. Zu Kapitel 25 gehören nicht:

   a) sublimierter Schwefel, gefällter Schwefel und kolloider Schwefel (Position 2802);

   b) Farberden mit einem Gehalt an gebundenem Eisen, berechnet als Fe_2O_3, von 70 GHT oder mehr (Position 2821);

   c) Arzneiwaren und andere Erzeugnisse des Kapitels 30;

   d) zubereitete Riech-, Körperpflege- und Schönheitsmittel (Kapitel 33);

   e) Pflastersteine, Bordsteine und Pflasterplatten (Position 6801), Würfel und dergleichen für Mosaike (Position 6802), Tonschieferplatten zum Dachdecken oder zum Verkleiden von Gebäuden (Position 6803);

   f) Edelsteine und Schmucksteine (Position 7102 oder 7103);

   g) künstliche Kristalle des Natriumchlorids oder des Magnesiumoxids (ausgenommen optische Elemente) mit einem Stückgewicht von 2,5 g oder mehr der Position 3824; optische Elemente aus Natriumchlorid oder Magnesiumoxid (Position 9001);

   h) Billardkreide (Position 9504);

   ij) Schreib- und Zeichenkreide, Schneiderkreide (Position 9609).

3. Kommt für die Einreihung einer Ware sowohl die Position 2517 als auch eine andere Position dieses Kapitels in Betracht, so ist die Ware der Position 2517 zuzuweisen.

4. Zu Position 2530 gehören insbesondere: Vermiculit, Perlit und Chlorite, nicht gebläht; Farberden, auch gebrannt oder untereinander gemischt; natürlicher Eisenglimmer, natürlicher Meerschaum (auch in polierten Stücken); natürlicher Bernstein; wiedergewonnener Meerschaum und wiedergewonnener Bernstein, in Platten, Stäben, Stangen und ähnlichen Formen, nicht weiter bearbeitet; Gagat (Jett); Strontiumcarbonat (Strontianit), auch gebrannt, ausgenommen Strontiumoxid; Scherben und Bruch von keramisch hergestellten Waren; Stücke von Ziegelsteinen und gebrochenem Beton.

KN-Code	Warenbezeichnung	Vertragsmäßiger Zollsatz (%)	Besondere Maßeinheit
1	2	3	4
2501 00	**Salz (einschließlich präpariertes Speisesalz und denaturiertes Salz) und reines Natriumchlorid, auch in wässriger Lösung oder mit Zusatz von Rieselhilfen (Antibackmittel oder Fluidifiantien); Meerwasser:**		
2501 00 10	– Meerwasser und Salinen-Mutterlauge	frei	—

KN-Code	Warenbezeichnung	Vertragsmäßiger Zollsatz (%)	Besondere Maßeinheit
1	2	3	4
	– Salz (einschließlich präpariertes Speisesalz und denaturiertes Salz) und reines Natriumchlorid, auch in wässriger Lösung oder mit Zusatz von Rieselhilfen (Antibackmittel oder Fluidifiantien):		
2501 00 31	– – zur chemischen Umwandlung (Spaltung in Na und Cl) zum Herstellen anderer Erzeugnisse ([1])	frei	—
	– – anderes:		
2501 00 51	– – – vergällt ([2]) oder zu anderen industriellen Zwecken (einschließlich Raffinage), ausgenommen das Haltbarmachen oder Zubereiten von Lebensmitteln oder Futtermitteln ([1])	1,7 €/1 000 kg/net	—
	– – – anderes:		
2501 00 91	– – – – Speisesalz	2,6 €/1 000 kg/net	—
2501 00 99	– – – – anderes	2,6 €/1 000 kg/net	—
2502 00 00	**Schwefelkies, nicht geröstet**	frei	—
2503 00	**Schwefel aller Art, ausgenommen sublimierter Schwefel, gefällter Schwefel und kolloider Schwefel:**		
2503 00 10	– roh oder nicht raffiniert	frei	—
2503 00 90	– anderer	1,7	—
2504	**Natürlicher Grafit:**		
2504 10 00	– **in Pulverform oder in Flocken**	frei	—
2504 90 00	– **anderer**	frei	—
2505	**Natürliche Sande aller Art, auch gefärbt, ausgenommen metallhaltige Sande des Kapitels 26:**		
2505 10 00	– **kieselsaure Sande und Quarzsande**	frei	—
2505 90 00	– **andere**	frei	—
2506	**Quarz (ausgenommen natürliche Sande); Quarzite, auch grob behauen oder durch Sägen oder auf andere Weise lediglich zerteilt, in Blöcken oder in quadratischen oder rechteckigen Platten:**		
2506 10 00	– **Quarz**	frei	—
2506 20 00	– **Quarzite**	frei	—
2507 00	**Kaolin und anderer kaolinhaltiger Ton und Lehm, auch gebrannt:**		
2507 00 20	– Kaolin	frei	—
2507 00 80	– anderer kaolinhaltiger Ton und Lehm	frei	—
2508	**Anderer Ton und Lehm (ausgenommen geblähter Ton der Position 6806), Andalusit, Cyanit, Sillimanit, auch gebrannt; Mullit; Schamotte-Körnungen und Ton-Dinasmassen:**		
2508 10 00	– **Bentonit**	frei	—
2508 30 00	– **feuerfester Ton und Lehm**	frei	—
2508 40 00	– **anderer Ton und Lehm**	frei	—
2508 50 00	– **Andalusit, Cyanit und Sillimanit**	frei	—
2508 60 00	– **Mullit**	frei	—

([1]) Die Zulassung zu dieser Unterposition erfolgt nach den in den einschlägigen Bestimmungen der Europäischen Union festgesetzten Voraussetzungen (s. Artikel 291 bis 300 der Verordnung (EWG) Nr. 2454/93 der Kommission (ABl. L 253 vom 11.10.1993, S. 1)).

([2]) Die Zulassung zu dieser Unterposition erfolgt nach den in den Einführenden Vorschriften II.F festgesetzten Voraussetzungen.

KN-Code	Warenbezeichnung	Vertragsmäßiger Zollsatz (%)	Besondere Maßeinheit
1	2	3	4
2508 70 00	– Schamotte-Körnungen und Ton-Dinasmassen	frei	—
2509 00 00	**Kreide**	frei	—
2510	**Natürliche Calciumphosphate, natürliche Aluminiumcalciumphosphate und Phosphatkreiden:**		
2510 10 00	– nicht gemahlen	frei	—
2510 20 00	– gemahlen	frei	—
2511	**Natürliches Bariumsulfat (Baryt); natürliches Bariumcarbonat (Witherit), auch gebrannt, ausgenommen Bariumoxid der Position 2816:**		
2511 10 00	– natürliches Bariumsulfat (Baryt)	frei	—
2511 20 00	– natürliches Bariumcarbonat (Witherit), auch gebrannt	frei	—
2512 00 00	**Kieselsäurehaltige Fossilienmehle (z. B. Kieselgur, Tripel und Diatomit) und ähnliche kieselsäurehaltige Erden, auch gebrannt, mit einem Schüttgewicht von 1 oder weniger**	frei	—
2513	**Bimsstein; Schmirgel; natürlicher Korund, natürlicher Granat und andere natürliche Schleifmittel, auch wärmebehandelt:**		
2513 10 00	– Bimsstein	frei	—
2513 20 00	– Schmirgel, natürlicher Korund, natürlicher Granat und andere natürliche Schleifmittel	frei	—
2514 00 00	**Tonschiefer, auch grob behauen oder durch Sägen oder auf andere Weise lediglich zerteilt, in Blöcken oder in quadratischen oder rechteckigen Platten**	frei	—
2515	**Marmor, Travertin, Ecaussine und andere Werksteine aus Kalkstein, mit einem Schüttgewicht von 2,5 oder mehr, und Alabaster, auch grob behauen oder durch Sägen oder auf andere Weise lediglich zerteilt, in Blöcken oder in quadratischen oder rechteckigen Platten:**		
	– Marmor und Travertin:		
2515 11 00	– – roh oder grob behauen	frei	—
2515 12 00	– – durch Sägen oder auf andere Weise lediglich zerteilt, in Blöcken oder in quadratischen oder rechteckigen Platten	frei	—
2515 20 00	– Ecaussine und andere Werksteine aus Kalkstein; Alabaster	frei	—
2516	**Granit, Porphyr, Basalt, Sandstein und andere Werksteine, auch grob behauen oder durch Sägen oder auf andere Weise lediglich zerteilt, in Blöcken oder in quadratischen oder rechteckigen Platten:**		
	– Granit:		
2516 11 00	– – roh oder grob behauen	frei	—
2516 12 00	– – durch Sägen oder auf andere Weise lediglich zerteilt, in Blöcken oder in quadratischen oder rechteckigen Platten	frei	—
2516 20 00	– Sandstein	frei	—

KN-Code	Warenbezeichnung	Vertragsmäßiger Zollsatz (%)	Besondere Maßeinheit
1	2	3	4
2516 90 00	– andere Werksteine	frei	—
2517	**Feldsteine, Kies und zerkleinerte Steine, von der beim Betonbau oder als Steinmaterial im Wege- und Bahnbau verwendeten Art, Feuerstein (Flintstein) und Kiesel, auch wärmebehandelt; Makadam aus Schlacken und ähnlichen Industrieabfällen, auch mit den im ersten Teil dieser Position aufgeführten Stoffen vermischt; Teermakadam; Körnungen/Granalien, Splitter und Mehl von Steinen der Positionen 2515 und 2516, auch wärmebehandelt:**		
2517 10	– Feldsteine, Kies und zerkleinerte Steine, von der beim Betonbau oder als Steinmaterial im Wege- und Bahnbau verwendeten Art, Feuerstein (Flintstein) und Kiesel, auch wärmebehandelt:		
2517 10 10	– – Feldsteine, Kies, Feuerstein (Flintstein) und Kiesel	frei	—
2517 10 20	– – Dolomit und Kalksteine, zerkleinert	frei	—
2517 10 80	– – andere	frei	—
2517 20 00	– Makadam aus Schlacken und ähnlichen Industrieabfällen, auch mit den in der Unterposition 2517 10 aufgeführten Stoffen vermischt	frei	—
2517 30 00	– Teermakadam	frei	—
	– Körnungen/Granalien, Splitter und Mehl von Steinen der Positionen 2515 und 2516, auch wärmebehandelt:		
2517 41 00	– – aus Marmor	frei	—
2517 49 00	– – andere	frei	—
2518	**Dolomit, auch gebrannt oder gesintert, einschließlich Dolomit, grob behauen oder durch Sägen oder auf andere Weise lediglich zerteilt, in Blöcken oder in quadratischen oder rechteckigen Platten; Dolomitstampfmasse:**		
2518 10 00	– Dolomit, weder gebrannt noch gesintert	frei	—
2518 20 00	– Dolomit, gebrannt oder gesintert	frei	—
2518 30 00	– Dolomitstampfmasse	frei	—
2519	**Natürliches Magnesiumcarbonat (Magnesit); geschmolzene Magnesia; totgebrannte (gesinterte) Magnesia, auch mit Zusatz von geringen Mengen anderer Oxide vor dem Sintern; anderes Magnesiumoxid, auch chemisch rein:**		
2519 10 00	– natürliches Magnesiumcarbonat (Magnesit)	frei	—
2519 90	– andere:		
2519 90 10	– – Magnesiumoxid, ausgenommen gebranntes natürliches Magnesiumcarbonat	1,7	—
2519 90 30	– – totgebrannte (gesinterte) Magnesia	frei	—
2519 90 90	– – andere	frei	—
2520	**Gipsstein; Anhydrit; Gips (aus gebranntem Gipsstein oder aus Calciumsulfat), auch gefärbt oder mit geringen Zusätzen von Abbindebeschleunigern oder -verzögerern:**		
2520 10 00	– Gipsstein; Anhydrit	frei	—
2520 20 00	– Gips	frei	—
2521 00 00	**Kalksteine von der als Hochofenzuschläge oder zum Herstellen von Kalk oder Zement verwendeten Art**	frei	—

KN-Code	Warenbezeichnung	Vertragsmäßiger Zollsatz (%)	Besondere Maßeinheit
1	2	3	4
2522	**Luftkalk, auch gelöscht, und hydraulischer Kalk, ausgenommen reines Calciumoxid und Calciumhydroxid der Position 2825:**		
2522 10 00	– Luftkalk, ungelöscht	1,7	—
2522 20 00	– Luftkalk, gelöscht	1,7	—
2522 30 00	– hydraulischer Kalk	1,7	—
2523	**Zement (einschließlich Zementklinker), auch gefärbt:**		
2523 10 00	– Zementklinker	1,7	—
	– Portlandzement:		
2523 21 00	– – weißer Zement, auch künstlich gefärbt	1,7	—
2523 29 00	– – anderer	1,7	—
2523 30 00	– Tonerdezement	1,7	—
2523 90 00	– anderer Zement	1,7	—
2524	**Asbest:**		
2524 10 00	– Krokydolith	frei	—
2524 90 00	– anderer	frei	—
2525	**Glimmer, auch in ungleichmäßige Blätter oder Scheiben gespalten (Schuppen); Glimmerabfall:**		
2525 10 00	– Glimmer, roh oder in ungleichmäßige Blätter oder Scheiben gespalten	frei	—
2525 20 00	– Glimmerpulver	frei	—
2525 30 00	– Glimmerabfall	frei	—
2526	**Natürlicher Speckstein und Talk, auch grob behauen oder durch Sägen oder auf andere Weise lediglich zerteilt, in Blöcken oder quadratischen oder rechteckigen Platten; Talkum:**		
2526 10 00	– weder gemahlen noch sonst zerkleinert	frei	—
2526 20 00	– gemahlen oder sonst zerkleinert	frei	—
[2527]			
2528 00 00	**Natürliche Borate und ihre Konzentrate (auch calciniert), ausgenommen aus natürlichen Solen ausgeschiedene Borate; natürliche Borsäure mit einem Gehalt an H_3BO_3 von nicht mehr als 85 GHT in der Trockenmasse**	frei	—
2529	**Feldspat; Leuzit, Nephelin und Nephelinsyenit; Flussspat:**		
2529 10 00	– Feldspat	frei	—
	– Flussspat:		
2529 21 00	– – mit einem Gehalt an Calciumfluorid von 97 GHT oder weniger	frei	—
2529 22 00	– – mit einem Gehalt an Calciumfluorid von mehr als 97 GHT	frei	—
2529 30 00	– Leuzit, Nephelin und Nephelinsyenit	frei	—
2530	**Mineralische Stoffe, anderweit weder genannt noch inbegriffen:**		
2530 10 00	– Vermiculit, Perlit und Chlorite, nicht gebläht	frei	—

KN-Code	Warenbezeichnung	Vertragsmäßiger Zollsatz (%)	Besondere Maßeinheit
1	2	3	4
2530 20 00	– **Kieserit und Epsomit (natürliche Magnesiumsulfate)**	frei	—
2530 90 00	– **andere**	frei	—

KAPITEL 26

ERZE SOWIE SCHLACKEN UND ASCHEN

Anmerkungen

1. Zu Kapitel 26 gehören nicht:

   a) Schlacken und andere ähnliche Industrieabfälle, als Makadam aufbereitet (Position 2517);

   b) natürliches Magnesiumcarbonat (Magnesit), auch gebrannt (Position 2519);

   c) Schlämme aus Erdöllagertanks, überwiegend aus Ölen dieser Art bestehend (Position 2710);

   d) Dephosphorationsschlacken des Kapitels 31;

   e) Hüttenwolle, Steinwolle und ähnliche mineralische Wollen (Position 6806);

   f) Abfälle und Schrott, von Edelmetallen oder Edelmetallplattierungen; andere Abfälle und Schrott, Edelmetalle oder Edelmetallverbindungen enthaltend, von der hauptsächlich zur Wiedergewinnung von Edelmetallen verwendeten Art (Position 7112);

   g) aus Erzen erschmolzene Kupfer-, Nickel- und Kobaltmatten (Abschnitt XV).

2. Erze der Positionen 2601 bis 2617 sind Mineralien, die die metallurgische Industrie zum Gewinnen von Quecksilber, von Metallen der Position 2844 oder von Metallen des Abschnitts XIV oder XV verwendet, auch wenn sie zu nichtmetallurgischen Zwecken bestimmt sind. Sie dürfen jedoch nicht anders aufbereitet sein, als es bei Erzen für die metallurgische Industrie üblich ist.

3. Zu Position 2620 gehören nur:

   a) Schlacken, Aschen und Rückstände, wie sie in der Industrie zum Gewinnen von Metall oder zum Herstellen von Metallverbindungen verwendet werden, ausgenommen sind Aschen und Rückstände vom Verbrennen von Siedlungsabfällen (Position 2621), und

   b) arsenhaltige Schlacken, Aschen und Rückstände, auch Metalle enthaltend, wie sie zum Gewinnen von Arsen, der Metalle oder zum Herstellen von chemischen Verbindungen daraus verwendet werden.

Unterpositions-Anmerkungen

1. Im Sinne der Unterposition 2620 21 gelten als „bleihaltige Benzinschlämme und Schlämme von bleihaltigen Antiklopfmitteln" Schlämme aus Lagertanks von bleihaltigem Benzin und bleihaltigen Antiklopfmitteln (z. B. Tetraethylblei), die im Wesentlichen aus Blei, Bleiverbindungen und Eisenoxid bestehen.

2. Schlacken, Aschen und Rückstände, die Arsen, Quecksilber, Thallium oder Mischungen davon enthalten, wie sie zum Gewinnen von Arsen, der genannten Metalle oder zum Herstellen von chemischen Verbindungen daraus verwendet werden, gehören zu Unterposition 2620 60.

KN-Code	Warenbezeichnung	Vertragsmäßiger Zollsatz (%)	Besondere Maßeinheit
1	2	3	4
2601	**Eisenerze und ihre Konzentrate, einschließlich Schwefelkiesabbrände:**		
	– Eisenerze und ihre Konzentrate, ausgenommen Schwefelkiesabbrände:		
2601 11 00	**– – nicht agglomeriert**	frei	—
2601 12 00	**– – agglomeriert**	frei	—
2601 20 00	**– Schwefelkiesabbrände**	frei	—
2602 00 00	**Manganerze und ihre Konzentrate, einschließlich eisenhaltige Manganerze und ihre Konzentrate, mit einem Gehalt an Mangan von 20 GHT oder mehr, bezogen auf die Trockenmasse**	frei	—
2603 00 00	**Kupfererze und ihre Konzentrate**	frei	—
2604 00 00	**Nickelerze und ihre Konzentrate**	frei	—

KN-Code	Warenbezeichnung	Vertragsmäßiger Zollsatz (%)	Besondere Maßeinheit
1	2	3	4
2605 00 00	**Cobalterze und ihre Konzentrate**	frei	—
2606 00 00	**Aluminiumerze und ihre Konzentrate**	frei	—
2607 00 00	**Bleierze und ihre Konzentrate**	frei	—
2608 00 00	**Zinkerze und ihre Konzentrate**	frei	—
2609 00 00	**Zinnerze und ihre Konzentrate**	frei	—
2610 00 00	**Chromerze und ihre Konzentrate**	frei	—
2611 00 00	**Wolframerze und ihre Konzentrate**	frei	—
2612	**Uran- oder Thoriumerze und deren Konzentrate:**		
2612 10	– **Uranerze und ihre Konzentrate:**		
2612 10 10	– – Uranerze und Pechblende, mit einem Gehalt an Uran von mehr als 5 GHT (*Euratom*)	frei	—
2612 10 90	– – andere	frei	—
2612 20	– **Thoriumerze und ihre Konzentrate:**		
2612 20 10	– – Monazit; Uran-Thorianit und andere Thoriumerze, mit einem Gehalt an Thorium von mehr als 20 GHT (*Euratom*)	frei	—
2612 20 90	– – andere	frei	—
2613	**Molybdänerze und ihre Konzentrate:**		
2613 10 00	– **geröstet**	frei	—
2613 90 00	– **andere**	frei	—
2614 00 00	**Titanerze und ihre Konzentrate**	frei	—
2615	**Niobium-, Tantal-, Vanadium- oder Zirkonerze und deren Konzentrate:**		
2615 10 00	– **Zirkonerze und ihre Konzentrate**	frei	—
2615 90 00	– **andere**	frei	—
2616	**Edelmetallerze und ihre Konzentrate:**		
2616 10 00	– **Silbererze und ihre Konzentrate**	frei	—
2616 90 00	– **andere**	frei	—
2617	**Andere Erze und ihre Konzentrate:**		
2617 10 00	– **Antimonerze und ihre Konzentrate**	frei	—
2617 90 00	– **andere**	frei	—
2618 00 00	**Granulierte Schlacke (Schlackensand) aus der Eisen- und Stahlherstellung**	frei	—
2619 00	**Schlacken (ausgenommen granulierte Schlacke), Zunder und andere Abfälle der Eisen- und Stahlherstellung:**		
2619 00 20	– Abfälle, geeignet zur Wiedergewinnung von Eisen oder Mangan	frei	—

KN-Code	Warenbezeichnung	Vertragsmäßiger Zollsatz (%)	Besondere Maßeinheit
1	2	3	4
2619 00 90	– andere	frei	—
2620	**Schlacken, Aschen und Rückstände (ausgenommen solche der Eisen- und Stahlherstellung), die Metalle, Arsen oder deren Verbindungen enthalten:**		
	– überwiegend Zink enthaltend:		
2620 11 00	**– – Galvanisationsmatte (Hartzink)**	frei	—
2620 19 00	**– – andere**	frei	—
	– überwiegend Blei enthaltend:		
2620 21 00	**– – Schlämme von bleihaltigem Benzin und Schlämme von bleihaltigen Antiklopfmitteln**	frei	—
2620 29 00	**– – andere**	frei	—
2620 30 00	**– überwiegend Kupfer enthaltend**	frei	—
2620 40 00	**– überwiegend Aluminium enthaltend**	frei	—
2620 60 00	**– Arsen, Quecksilber, Thallium oder deren Mischungen enthaltend, wie sie zum Gewinnen von Arsen, der genannten Metalle oder zum Herstellen von chemischen Verbindungen daraus verwendet werden**	frei	—
	– andere:		
2620 91 00	**– – Antimon, Beryllium, Cadmium, Chrom oder deren Mischungen enthaltend**	frei	—
2620 99	**– – andere:**		
2620 99 10	– – – überwiegend Nickel enthaltend	frei	—
2620 99 20	– – – überwiegend Niob oder Tantal enthaltend	frei	—
2620 99 40	– – – überwiegend Zinn enthaltend	frei	—
2620 99 60	– – – überwiegend Titan enthaltend	frei	—
2620 99 95	– – – andere	frei	—
2621	**Andere Schlacken und Aschen, einschließlich Seetangasche; Aschen und Rückstände vom Verbrennen von Siedlungsabfällen:**		
2621 10 00	**– Aschen und Rückstände vom Verbrennen von Siedlungsabfällen**	frei	—
2621 90 00	**– andere**	frei	—

KAPITEL 27

MINERALISCHE BRENNSTOFFE, MINERALÖLE UND ERZEUGNISSE IHRER DESTILLATION; BITUMINÖSE STOFFE; MINERALWACHSE

Anmerkungen

1. Zu Kapitel 27 gehören nicht:

   a) isolierte chemisch einheitliche organische Verbindungen; chemisch reines Methan und Propan gehören jedoch zu Position 2711;

   b) Arzneiwaren der Position 3003 oder 3004;

   c) Mischungen ungesättigter Kohlenwasserstoffe der Position 3301, 3302 oder 3805.

2. Unter der Bezeichnung „Erdöl und Öl aus bituminösen Mineralien" in der Position 2710 sind neben Erdöl und Öl aus bituminösen Mineralien auch ähnliche Öle sowie vorwiegend aus Mischungen ungesättigter Kohlenwasserstoffe bestehende Öle ohne Rücksicht auf das Herstellungsverfahren zu verstehen, in denen die nicht aromatischen Bestandteile im Gewicht gegenüber den aromatischen Bestandteilen überwiegen.

   Die Bezeichnung gilt jedoch nicht für die flüssigen synthetischen Polyolefine, von denen bei der Vakuumdestillation bei 300 °C — bezogen auf 1 013 Millibar — weniger als 60 RHT übergehen (Kapitel 39).

3. Als „Ölabfälle" im Sinne der Position 2710 gelten Abfälle, die hauptsächlich Erdöl und Öl aus bituminösen Mineralien (gemäß Anmerkung 2 dieses Kapitels), gegebenenfalls mit Wasser vermischt, enthalten. Hierzu gehören:

   a) derartige Öle, die sich nicht länger als Primärprodukte eignen (z. B. gebrauchte Schmieröle, gebrauchte Hydrauliköle und gebrauchte Transformatorenöle);

   b) Ölschlämme aus Tanks zur Lagerung von Erdöl, die hauptsächlich derartige Öle und Zusätze (z. B. chemische Stoffe) in hoher Konzentration enthalten, die zur Herstellung von Primärprodukten eingesetzt werden, sowie

   c) derartige Öle in Form von Öl-in-Wasser-Emulsionen oder von Mischungen mit Wasser wie sie bei Ölleckagen, beim Reinigen von Tanks oder beim Einsatz von Schneidölen bei Bearbeitungsvorgängen entstehen.

Unterpositions-Anmerkungen

1. Als „Anthrazit" im Sinne der Unterposition 2701 11 gilt Steinkohle mit einem Gehalt an flüchtigen Bestandteilen von 14 % oder weniger (bezogen auf die trockene, mineralstofffreie Substanz).

2. Als „bitumenhaltige Steinkohle" im Sinne der Unterposition 2701 12 gilt Steinkohle mit einem Gehalt an flüchtigen Bestandteilen von mehr als 14 % (bezogen auf die trockene, mineralstofffreie Substanz) und einem Heizwert von 5 833 kcal/kg oder mehr (bezogen auf die feuchte, mineralstofffreie Substanz).

3. Als „Benzole", „Toluole", „Xylole" und „Naphthalin" im Sinne der Unterpositionen 2707 10, 2707 20, 2707 30 und 2707 40 gelten Erzeugnisse, die mehr als 50 GHT Benzol bzw. Toluol, Xylol oder Naphthalin enthalten.

4. Als „Leichtöle und Zubereitungen" im Sinne der Unterposition 2710 12 gelten Öle und Zubereitungen, bei deren Destillation nach ASTM D 86 bis 210 °C einschließlich der Destillationsverluste mindestens 90 RHT übergehen.

5. Als „Biodiesel" im Sinne der Unterpositionen von Position 2710 gelten Fettsäuremonoalkylester von der als Treib- oder Brennstoff verwendeten Art, die aus tierischen oder pflanzlichen Fetten und Ölen, auch gebrauchten, hergestellt worden sind.

Zusätzliche Anmerkungen (1)

1. Als „Phenole" im Sinne der Unterposition 2707 99 80 gelten Erzeugnisse, die mehr als 50 GHT Phenole enthalten.

2. Im Sinne der Position 2710 gelten als:

   a) „Spezialbenzine" (Unterpositionen 2710 12 21 und 2710 12 25) die Leichtöle nach Unterpositions-Anmerkung 4 zu Kapitel 27, die keine Antiklopfmittel enthalten, mit einer Spanne von höchstens 60 °C zwischen den beiden Temperaturen, bei denen einschließlich der Destillationsverluste 5 und 90 RHT übergehen;

(1) Soweit nichts anderes bestimmt ist, bezieht sich jede Anführung einer Bestimmungsmethode auf die jeweils vom „Comité européen de normalisation" (CEN), von der „International Standardisation Organisation" (ISO) oder von der „American Society for Testing and Materials" (ASTM) festgelegte gültige Fassung.

b) *„Testbenzin" — white spirit — (Unterposition 2710 12 21) die Spezialbenzine nach Buchstabe a) mit einem Flammpunkt über 21 °C nach EN ISO 13736;*

c) *„mittelschwere Öle" (Unterpositionen 2710 19 11 bis 2710 19 29) die Öle und Zubereitungen, bei deren Destillation nach ISO 3405 (entspricht ASTM D 86) bis 210 °C einschließlich der Destillationsverluste weniger als 90 RHT und bis 250 °C mindestens 65 RHT übergehen;*

d) *„Schweröle" (Unterpositionen 2710 19 31 bis 2710 19 99 und 2710 20 11 bis 2710 20 90) die Öle und Zubereitungen, bei deren Destillation nach ISO 3405 (entspricht ASTM D 86) bis 250 °C einschließlich der Destillationsverluste weniger als 65 RHT übergehen oder bei denen der Hundertsatz der Destillation bei 250 °C nach dieser Methode nicht ermittelt werden kann;*

e) *„Gasöl" (Unterpositionen 2710 19 31 bis 2710 19 48 und 2710 20 11 bis 2710 20 19) die Schweröle nach Buchstabe d), bei deren Destillation nach ISO 3405 (entspricht ASTM D 86) bis 350 °C einschließlich der Destillationsverluste mindestens 85 RHT übergehen;*

f) *„Heizöl" (Unterpositionen 2710 19 51 bis 2710 19 68 und 2710 20 31 bis 2710 20 39) die Schweröle nach Buchstabe d), ausgenommen das Gasöl nach Buchstabe e), deren Viskosität V bei einer Farbe C nach Verdünnung:*

— *den Wert der Zeile I der nachstehenden Tabelle nicht übersteigt, wenn die Sulfatasche nach ISO 3987 weniger als 1 % und die Verseifungszahl nach ISO 6293-1 oder ISO 6293-2 weniger als 4 (1) beträgt;*

— *den Wert der Zeile II übersteigt, wenn ihr Pourpoint nach ISO 3016 10 °C oder mehr beträgt;*

— *zwischen den Werten der Zeilen I und II liegt oder dem Wert der Zeile II gleich ist, wenn bei ihrer Destillation nach ISO 3405 (entspricht ASTM D 86) bei 300 °C mindestens 25 RHT übergehen oder, falls dabei weniger als 25 RHT übergehen, wenn ihr Pourpoint nach ISO 3016 mehr als −10 °C beträgt. Dies gilt nur für Öle mit einer Farbe C nach Verdünnung von weniger als 2.*

Vergleichstabelle Farbe C nach Verdünnung/Viskosität V

Farbe C		0	0,5	1	1,5	2	2,5	3	3,5	4	4,5	5	5,5	6	6,5	7	7,5 und mehr
Viskosität V	I	4	4	4	5,4	9	15,1	25,3	42,4	71,1	119	200	335	562	943	1 580	2 650
	II	7	7	7	7	9	15,1	25,3	42,4	71,1	119	200	335	562	943	1 580	2 650

Die „Viskosität V" im Sinne dieser Anmerkung ist die kinematische Viskosität bei 50 °C in 10^{-6} m^2 s^{-1} nach EN ISO 3104.

Die „Farbe C nach Verdünnung" im Sinne dieser Anmerkung ist die Farbe nach ISO 2049 (entspricht ASTM D 1500) nach Verdünnung eines Raumhundertteils des Erzeugnisses mit 100 RHT Xylol, Toluol oder einem anderen geeigneten Lösemittel. Die Farbe muss unmittelbar nach der Verdünnung ermittelt werden.

Zu den Unterpositionen 2710 19 51 bis 2710 19 68 und 2710 20 31 bis 2710 20 39 gehören nur Öle von natürlicher Farbe.

Zu diesen Unterpositionen gehören nicht die Schweröle nach dem vorstehenden Buchstaben d), bei denen sich nicht ermitteln lässt:

— *der Hundertsatz (Null gilt als ein Hundertsatz) der Destillation bei 250 °C nach ISO 3405 (entspricht ASTM D 86);*

— *oder die kinematische Viskosität bei 50 °C nach EN ISO 3104;*

— *oder die Farbe C nach Verdünnung nach ISO 2049 (entspricht ASTM D 1500).*

Diese Erzeugnisse gehören zu den Unterpositionen 2710 19 71 bis 2710 19 99 oder 2710 20 90.

g) *„die Biodiesel enthalten" bedeutet, dass die Waren der Unterposition 2710 20 einen Mindestgehalt an Biodiesel, d. h. an Fettsäuremonoalkylestern (FAMAE) von der als Treib- oder Brennstoff verwendeten Art, von 0,5 % vol haben (Bestimmung mit der Testmethode EN 14078).*

3. *Im Sinne der Position 2712 gilt als „rohes Vaselin" (Unterposition 2712 10 10) Vaselin mit einer natürlichen Farbe dunkler als 4,5 nach ISO 2049 (entspricht ASTM D 1500).*

4. *Im Sinne der Unterpositionen 2712 90 31 bis 2712 90 39 gelten als „roh" die Erzeugnisse:*

a) *deren Ölgehalt nach ISO 2908 mindestens 3,5 beträgt und deren Viskosität bei 100 °C nach EN ISO 3104 weniger als 9×10^{-6} m^2 s^{-1} beträgt oder*

b) *deren natürliche Farbe nach ISO 2049 (entspricht ASTM D 1500) dunkler als 3 ist und deren Viskosität bei 100 °C nach EN ISO 3104 mindestens 9×10^{-6} m^2 s^{-1} beträgt.*

(1) Dies gilt nicht für Heizöle mit einer Verseifungszahl größer als 4 der Unterpositionen 2710 20 31 bis 2710 20 39, die Fettsäuremonoalkylester (FAMAE) enthalten.

5. *Als „begünstigte Verfahren" im Sinne der Positionen 2710, 2711 und 2712 gelten:*

   a) *die Vakuumdestillation;*

   b) *die Redestillation zur weitgehenden Zerlegung;*

   c) *das Kracken;*

   d) *das Reformieren;*

   e) *die Raffination mit Selektiv-Lösemitteln;*

   f) *die Behandlung mit konzentrierter Schwefelsäure, Oleum oder Schwefelsäureanhydrid und anschließender Neutralisation mit Alkalien sowie Bleichen und Reinigen mit von Natur aus aktiven Erden, mit Bleicherde oder Aktivkohle oder Bauxit;*

   g) *die Polymerisation;*

   h) *die Alkylierung;*

   ij) *die Isomerisation;*

   k) *nur für Erzeugnisse der Unterpositionen 2710 19 31 bis 2710 19 99: das Entschwefeln unter Verwendung von Wasserstoff, wenn dabei der Schwefelgehalt der Erzeugnisse um mindestens 85 % vermindert wird (EN ISO 20846, EN ISO 20884 oder EN ISO 14596 oder EN ISO 24260, EN ISO 20847 und EN ISO 8754);*

   l) *nur für Erzeugnisse der Position 2710: das Entparaffinieren, ausgenommen einfaches Filtern;*

   m) *nur für Erzeugnisse der Unterpositionen 2710 19 31 bis 2710 19 99: die Behandlung mit Wasserstoff bei einem Druck über 20 bar und bei einer Temperatur über 250 °C mit Hilfe eines Katalysators zu anderen Zwecken als zum Entschwefeln, wenn dabei der Wasserstoff aktiv an einer chemischen Reaktion beteiligt ist. Die Nachbehandlung von Schmierölen der Unterpositionen 2710 19 71 bis 2710 19 99 mit Wasserstoff (z. B. Hydrofinishing oder Entfärbung) zur Verbesserung insbesondere der Farbe oder der Stabilität gilt jedoch nicht als begünstigtes Verfahren;*

   n) *nur für Erzeugnisse der Unterpositionen 2710 19 51 bis 2710 19 68: die atmosphärische Destillation, wenn bei der Destillation der Erzeugnisse nach ISO 3405 (entspricht ASTM D 86) bis 300 °C einschließlich der Destillationsverluste weniger als 30 RHT übergehen. Gehen bei der Destillation nach ISO 3405 (entspricht ASTM D 86) bis 300 °C einschließlich der Destillationsverluste 30 RHT oder mehr über und fallen bei der atmosphärischen Destillation Erzeugnisse der Unterpositionen 2710 12 11 bis 2710 12 90 oder 2710 19 11 bis 2710 19 29 an, so ist die Teilmenge des Einsatzproduktes, die der Gesamtmenge der angefallenen Erzeugnisse gleich ist, nach der Beschaffenheit und dem Zollwert bei der Abfertigung zur Bearbeitung in begünstigten Verfahren und nach dem Zollsatz der Unterpositionen 2710 19 62 bis 2710 19 68 zu verzollen. In die Gesamtmenge der angefallenen Erzeugnisse werden die Erzeugnisse nicht eingerechnet, die innerhalb von sechs Monaten unter den von den zuständigen Behörden festzusetzenden Voraussetzungen in begünstigten Verfahren weiter bearbeitet oder in einem anderen Verfahren chemisch umgewandelt werden;*

   o) *nur für Erzeugnisse der Unterpositionen 2710 19 71 bis 2710 19 99: die Bearbeitung durch elektrische Hochfrequenz-Entladung;*

   p) *nur für Erzeugnisse der Unterposition 2712 90 31: die Entölung durch fraktionierte Kristallisation.*

   Ist vor diesen Verfahren aus technischen Gründen eine Vorbehandlung erforderlich, so gilt die Zollfreiheit nur für die Menge der Erzeugnisse, die den oben genannten Verfahren tatsächlich unterzogen werden; bei der Vorbehandlung auftretende Verluste bleiben unverzollt.

6. *Fallen bei der chemischen Umwandlung oder bei einer technisch notwendigen Vorbehandlung Erzeugnisse der Positionen oder Unterpositionen 2707 10 00, 2707 20 00, 2707 30 00, 2707 50 00, 2710, 2711, 2712 10, 2712 20, 2712 90 31 bis 2712 90 99 und 2713 90 an, so ist die Teilmenge des Einsatzproduktes, die der Gesamtmenge dieser Erzeugnisse gleich ist, nach der Beschaffenheit und dem Zollwert bei der Abfertigung zur chemischen Umwandlung und nach dem Zollsatz „zu anderer Verwendung" zu verzollen. In die Gesamtmenge werden die Erzeugnisse der Positionen 2710 bis 2712 nicht eingerechnet, die innerhalb von sechs Monaten unter den von den zuständigen Behörden festzusetzenden Voraussetzungen in begünstigten Verfahren weiter bearbeitet oder einer weiteren chemischen Umwandlung unterworfen werden.*

KN-Code	Warenbezeichnung	Vertragsmäßiger Zollsatz (%)	Besondere Maßeinheit
1	2	3	4
2701	**Steinkohle; Steinkohlenbriketts und ähnliche aus Steinkohle gewonnene feste Brennstoffe:**		
	– Steinkohle, auch in Pulverform, jedoch nicht agglomeriert:		
2701 11 00	**– – Anthrazit**	frei	—
2701 12	**– – bitumenhaltige Steinkohle:**		
2701 12 10	– – – Kokskohle	frei	—
2701 12 90	– – – andere	frei	—
2701 19 00	**– – andere Steinkohle**	frei	—
2701 20 00	**– Steinkohlenbriketts und ähnliche aus Steinkohle gewonnene feste Brennstoffe**	frei	—
2702	**Braunkohle, auch agglomeriert, ausgenommen Gagat (Jett):**		
2702 10 00	**– Braunkohle, auch in Pulverform, jedoch nicht agglomeriert**	frei	—
2702 20 00	**– Braunkohle, agglomeriert**	frei	—
2703 00 00	**Torf (einschließlich Torfstreu), auch agglomeriert**	frei	—
2704 00	**Koks und Schwelkoks, aus Steinkohle, Braunkohle oder Torf, auch agglomeriert; Retortenkohle:**		
★ **2704 00 10**	– Koks und Schwelkoks, aus Steinkohle	frei	—
2704 00 30	– Koks und Schwelkoks, aus Braunkohle	frei	—
2704 00 90	– andere	frei	—
2705 00 00	**Steinkohlengas, Wassergas, Generatorgas, Schwachgas und ähnliche Gase, ausgenommen Erdgas und andere gasförmige Kohlenwasserstoffe**	frei	1 000 m^3
2706 00 00	**Teer aus Steinkohle, Braunkohle oder Torf und andere Mineralteere, auch entwässert oder teilweise destilliert, einschließlich rekonstituierte Teere**	frei	—
2707	**Öle und andere Erzeugnisse der Destillation des Hochtemperatur-Steinkohlenteers; ähnliche Erzeugnisse, in denen die aromatischen Bestandteile in Bezug auf das Gewicht gegenüber den nicht aromatischen Bestandteilen überwiegen:**		
2707 10 00	**– Benzole**	3 (1)	—
2707 20 00	**– Toluole**	3 (1)	—
2707 30 00	**– Xylole**	3 (1)	—
2707 40 00	**– Naphthalin**	frei	—
2707 50 00	**– andere Mischungen aromatischer Kohlenwasserstoffe, bei deren Destillation nach ASTM D 86 bis 250 °C einschließlich der Destillationsverluste mindestens 65 RHT übergehen**	3 (1)	—
	– andere:		
2707 91 00	**– – Kreosotöle**	1,7	—
2707 99	**– – andere:**		
	– – – rohe Öle:		
2707 99 11	– – – – rohe Leichtöle, bei deren Destillation 90 RHT oder mehr bis 200 °C übergehen	1,7	—
2707 99 19	– – – – andere	frei	—
2707 99 20	– – – schwefelhaltige Kopfprodukte; Anthracen	frei	—

(1) „Frei“ für alle Verwendungszwecke mit Ausnahme der Verwendung als Kraft- oder Heizstoffe nach den in den einschlägigen Bestimmungen der Europäischen Union festgesetzten Voraussetzungen (s. Artikel 291 bis 300 der Verordnung (EWG) Nr. 2454/93 der Kommission (ABl. L 253 vom 11.10.1993, S. 1)).

KN-Code	Warenbezeichnung	Vertragsmäßiger Zollsatz (%)	Besondere Maßeinheit
1	2	3	4
2707 99 50	– – – basische Erzeugnisse	1,7	—
2707 99 80	– – – Phenole	1,2	—
	– – – andere:		
2707 99 91	– – – – zum Herstellen von Waren der Position 2803 ([1])	frei	—
2707 99 99	– – – – andere	1,7	—
2708	**Pech und Pechkoks aus Steinkohlenteer oder anderen Mineralteeren:**		
2708 10 00	– **Pech**	frei	—
2708 20 00	– **Pechkoks**	frei	—
2709 00	**Erdöl und Öl aus bituminösen Mineralien, roh:**		
2709 00 10	– Erdgaskondensate	frei	—
2709 00 90	– anderes	frei	—
2710	**Erdöl und Öl aus bituminösen Mineralien, ausgenommen rohe Öle; Zubereitungen mit einem Gehalt an Erdöl oder Öl aus bituminösen Mineralien von 70 GHT oder mehr, in denen diese Öle der Grundbestandteil sind, anderweit weder genannt noch inbegriffen; Ölabfälle:**		
	– **Erdöl und Öl aus bituminösen Mineralien (ausgenommen rohe Öle) und Zubereitungen mit einem Gehalt an Erdöl oder Öl aus bituminösen Mineralien von 70 GHT oder mehr, in denen diese Öle der Grundbestandteil sind, anderweit weder genannt noch inbegriffen, ausgenommen solche, die Biodiesel enthalten, und ausgenommen Ölabfälle:**		
2710 12	– – **Leichtöle und Zubereitungen:**		
2710 12 11	– – – zur Bearbeitung in begünstigten Verfahren ([1])	4,7 ([2])	—
2710 12 15	– – – zur chemischen Umwandlung, ausgenommen Verfahren der Unterposition 2710 12 11 ([1])	4,7 ([2]) ([3])	—
	– – – zu anderer Verwendung:		
	– – – – Spezialbenzine:		
2710 12 21	– – – – – Testbenzin (white spirit)	4,7	—
2710 12 25	– – – – – andere	4,7	—
	– – – – andere:		
	– – – – – Motorenbenzin:		
2710 12 31	– – – – – – Flugbenzin	4,7	—
	– – – – – – anderes, mit einem Bleigehalt von:		
	– – – – – – – 0,013 g/l oder weniger:		
2710 12 41	– – – – – – – – mit einer Oktanzahl (ROZ) von weniger als 95	4,7	1 000 l ([4])
2710 12 45	– – – – – – – – mit einer Oktanzahl (ROZ) von 95 oder mehr, jedoch weniger als 98	4,7	1 000 l ([4])
2710 12 49	– – – – – – – – mit einer Oktanzahl (ROZ) von 98 oder mehr	4,7	1 000 l ([4])
	– – – – – – – mehr als 0,013 g/l:		
2710 12 51	– – – – – – – – mit einer Oktanzahl (ROZ) von weniger als 98	4,7	1 000 l ([4])

([1]) Die Zulassung zu dieser Unterposition erfolgt nach den in den einschlägigen Bestimmungen der Europäischen Union festgesetzten Voraussetzungen (s. Artikel 291 bis 300 der Verordnung (EWG) Nr. 2454/93 der Kommission (ABl. L 253 vom 11.10.1993, S. 1)).
([2]) Autonomer Zollsatz: frei.
([3]) Siehe Zusätzliche Anmerkung 6 (KN).
([4]) Gemessen bei einer Temperatur von 15 °C.

KN-Code	Warenbezeichnung	Vertragsmäßiger Zollsatz (%)	Besondere Maßeinheit
1	2	3	4
2710 12 59	– – – – – – – – mit einer Oktanzahl (ROZ) von 98 oder mehr	4,7	1 000 l (1)
2710 12 70	– – – – – leichter Flugturbinenkraftstoff	4,7	—
2710 12 90	– – – – – andere Leichtöle	4,7	—
2710 19	– – **andere:**		
	– – – mittelschwere Öle:		
2710 19 11	– – – – zur Bearbeitung in begünstigten Verfahren (2)	4,7 (3)	—
2710 19 15	– – – – zur chemischen Umwandlung, ausgenommen Verfahren der Unterposition 2710 19 11 (2)	4,7 (3) (4)	—
	– – – – zu anderer Verwendung:		
	– – – – – Leuchtöl (Kerosin):		
2710 19 21	– – – – – – Flugturbinenkraftstoff	4,7	—
2710 19 25	– – – – – – anderes	4,7	—
2710 19 29	– – – – – andere	4,7	—
	– – – Schweröle:		
	– – – – Gasöl:		
2710 19 31	– – – – – zur Bearbeitung in begünstigten Verfahren (2)	3,5 (3)	—
2710 19 35	– – – – – zur chemischen Umwandlung, ausgenommen Verfahren der Unterposition 2710 19 31 (2)	3,5 (3) (4)	—
	– – – – – zu anderer Verwendung:		
2710 19 43	– – – – – – mit einem Schwefelgehalt von 0,001 GHT oder weniger	3,5 (5)	—
2710 19 46	– – – – – – mit einem Schwefelgehalt von mehr als 0,001 GHT bis 0,002 GHT	3,5 (5)	—
2710 19 47	– – – – – – mit einem Schwefelgehalt von mehr als 0,002 GHT bis 0,1 GHT	3,5 (5)	—
2710 19 48	– – – – – – mit einem Schwefelgehalt von mehr als 0,1 GHT	3,5 (5)	—
	– – – – Heizöle:		
2710 19 51	– – – – – zur Bearbeitung in begünstigten Verfahren (2)	3,5 (3)	—
2710 19 55	– – – – – zur chemischen Umwandlung, ausgenommen Verfahren der Unterposition 2710 19 51 (2)	3,5 (3) (4)	—
	– – – – – zu anderer Verwendung:		
2710 19 62	– – – – – – mit einem Schwefelgehalt von 0,1 GHT oder weniger	3,5	—
2710 19 64	– – – – – – mit einem Schwefelgehalt von mehr als 0,1 GHT bis 1 GHT	3,5	—
2710 19 68	– – – – – – mit einem Schwefelgehalt von mehr als 1 GHT	3,5	—

(1) Gemessen bei einer Temperatur von 15 °C.
(2) Die Zulassung zu dieser Unterposition erfolgt nach den in den einschlägigen Bestimmungen der Europäischen Union festgesetzten Voraussetzungen (s. Artikel 291 bis 300 der Verordnung (EWG) Nr. 2454/93 der Kommission (ABl. L 253 vom 11.10.1993, S. 1)).
(3) Autonomer Zollsatz: frei.
(4) Siehe Zusätzliche Anmerkung 6 (KN).
(5) Dieser Zollsatz ist autonom für Gasöl mit einem Schwefelgehalt von 0,2 GHT oder weniger auf unbestimmte Zeit ausgesetzt.

KN-Code	Warenbezeichnung	Vertragsmäßiger Zollsatz (%)	Besondere Maßeinheit
1	2	3	4
	– – – – Schmieröle; andere Öle:		
2710 19 71	– – – – – zur Bearbeitung in begünstigten Verfahren (1)	3,7 (2)	—
2710 19 75	– – – – – zur chemischen Umwandlung, ausgenommen Verfahren der Unterposition 2710 19 71 (1)	3,7 (2) (3)	—
	– – – – – zu anderer Verwendung:		
2710 19 81	– – – – – – Motorenöle, Kompressorenöle, Turbinenöle	3,7	—
2710 19 83	– – – – – – Hydrauliköle	3,7	—
2710 19 85	– – – – – – Weißöle, Paraffinum liquidum	3,7	—
2710 19 87	– – – – – – Getriebeöle	3,7	—
2710 19 91	– – – – – – Metallbearbeitungsöle, Formöle, Korrosionsschutzöle	3,7	—
2710 19 93	– – – – – – Elektroisolieröle	3,7	—
2710 19 99	– – – – – – andere Schmieröle und andere Öle	3,7	—
2710 20	– **Erdöl und Öl aus bituminösen Mineralien (ausgenommen rohe Öle) und Zubereitungen mit einem Gehalt an Erdöl oder Öl aus bituminösen Mineralien von 70 GHT oder mehr, in denen diese Öle der Grundbestandteil sind, anderweit weder genannt noch inbegriffen, die Biodiesel enthalten, ausgenommen Ölabfälle:**		
	– – Gasöl:		
2710 20 11	– – – mit einem Schwefelgehalt von 0,001 GHT oder weniger	3,5 (4)	—
2710 20 15	– – – mit einem Schwefelgehalt von mehr als 0,001 GHT bis 0,002 GHT	3,5 (4)	—
2710 20 17	– – – mit einem Schwefelgehalt von mehr als 0,002 GHT bis 0,1 GHT	3,5 (4)	—
2710 20 19	– – – mit einem Schwefelgehalt von mehr als 0,1 GHT	3,5 (4)	—
	– – Heizöle:		
2710 20 31	– – – mit einem Schwefelgehalt von 0,1 GHT oder weniger	3,5	—
2710 20 35	– – – mit einem Schwefelgehalt von mehr als 0,1 GHT bis 1 GHT	3,5	—
2710 20 39	– – – mit einem Schwefelgehalt von mehr als 1 GHT	3,5	—
2710 20 90	– – andere Öle	3,7	—
	– **Ölabfälle:**		
2710 91 00	– – **polychlorierte Biphenyle (PCB), polychlorierte Terphenyle (PCT) oder polybromierte Biphenyle (PBB) enthaltend**	3,5	—
2710 99 00	– – **andere**	3,5 (5)	—
2711	**Erdgas und andere gasförmige Kohlenwasserstoffe:**		
	– **verflüssigt:**		
2711 11 00	– – **Erdgas**	0,7 (2)	TJ
2711 12	– – **Propan:**		
	– – – Propan mit einem Reinheitsgrad von 99 Hundertteilen oder mehr:		
2711 12 11	– – – – zur Verwendung als Kraft- oder Heizstoff	8	—

(1) Die Zulassung zu dieser Unterposition erfolgt nach den in den einschlägigen Bestimmungen der Europäischen Union festgesetzten Voraussetzungen (s. Artikel 291 bis 300 der Verordnung (EWG) Nr. 2454/93 der Kommission (ABl. L 253 vom 11.10.1993, S. 1)).

(2) Autonomer Zollsatz: frei.

(3) Siehe Zusätzliche Anmerkung 6 (KN).

(4) Dieser Zollsatz ist autonom für Gasöl mit einem Schwefelgehalt von 0,2 GHT oder weniger auf unbestimmte Zeit ausgesetzt.

(5) Die Erhebung dieses Zolls wird für Waren, die zur Bearbeitung in einem begünstigten Verfahren bestimmt sind (TARIC-Code 2710 99 00 10), für unbestimmte Zeit autonom ausgesetzt. Diese Aussetzung der Zölle unterliegt den in den einschlägigen Vorschriften der Europäischen Union festgelegten Voraussetzungen (s. Artikel 291 bis 300 der Verordnung (EWG) Nr. 2454/93 der Kommission (ABl. L 253 vom 11.10.1993, S. 1)).

KN-Code	Warenbezeichnung	Vertragsmäßiger Zollsatz (%)	Besondere Maßeinheit
1	2	3	4
2711 12 19	– – – – zu anderer Verwendung (1)	frei	—
	– – – anderes:		
2711 12 91	– – – – zur Bearbeitung in begünstigten Verfahren (1)	0,7 (2)	—
2711 12 93	– – – – zur chemischen Umwandlung, ausgenommen Verfahren der Unterposition 2711 12 91 (1)	0,7 (2) (3)	—
	– – – – zu anderer Verwendung:		
2711 12 94	– – – – – mit einem Reinheitsgrad von mehr als 90, jedoch weniger als 99 Hundertteilen	0,7	—
2711 12 97	– – – – – andere	0,7	—
2711 13	– – **Butane:**		
2711 13 10	– – – zur Bearbeitung in begünstigten Verfahren (1)	0,7 (2)	—
2711 13 30	– – – zur chemischen Umwandlung, ausgenommen Verfahren der Unterposition 2711 13 10 (1)	0,7 (2) (3)	—
	– – – zu anderer Verwendung:		
2711 13 91	– – – – mit einem Reinheitsgrad von mehr als 90, jedoch weniger als 95 Hundertteilen	0,7	—
2711 13 97	– – – – andere	0,7	—
2711 14 00	– – **Ethylen, Propylen, Butylen und Butadien**	0,7 (2)	—
2711 19 00	– – **andere**	0,7 (2)	—
	– **in gasförmigem Zustand:**		
2711 21 00	– – **Erdgas**	0,7 (2)	TJ
2711 29 00	– – **andere**	0,7 (2)	—
2712	**Vaselin; Paraffin, mikrokristallines Erdölwachs, paraffinische Rückstände („slack wax"), Ozokerit, Montanwachs, Torfwachs, andere Mineralwachse und ähnliche durch Synthese oder andere Verfahren gewonnene Erzeugnisse, auch gefärbt:**		
2712 10	– **Vaselin:**		
2712 10 10	– – roh	0,7 (2)	—
2712 10 90	– – andere	2,2	—
2712 20	– **Paraffin mit einem Gehalt an Öl von weniger als 0,75 GHT:**		
2712 20 10	– – synthetisches Paraffin mit einem Molekulargewicht von 460 bis 1 560	frei	—
2712 20 90	– – andere	2,2	—
2712 90	– **andere:**		
	– – Ozokerit, Montanwachs oder Torfwachs (natürliche Erzeugnisse):		
2712 90 11	– – – roh	0,7	—
2712 90 19	– – – andere	2,2	—
	– – andere:		
	– – – roh:		
2712 90 31	– – – – zur Bearbeitung in begünstigten Verfahren (1)	0,7 (2)	—

(1) Die Zulassung zu dieser Unterposition erfolgt nach den in den einschlägigen Bestimmungen der Europäischen Union festgesetzten Voraussetzungen (s. Artikel 291 bis 300 der Verordnung (EWG) Nr. 2454/93 der Kommission (ABl. L 253 vom 11.10.1993, S. 1)).
(2) Autonomer Zollsatz: frei.
(3) Siehe Zusätzliche Anmerkung 6 (KN).

KN-Code	Warenbezeichnung	Vertragsmäßiger Zollsatz (%)	Besondere Maßeinheit
1	2	3	4
2712 90 33	– – – – zur chemischen Umwandlung, ausgenommen Verfahren der Unterposition 2712 90 31 ([1])	0,7 ([2]) ([3])	—
2712 90 39	– – – – zu anderer Verwendung	0,7	—
	– – – andere:		
2712 90 91	– – – – Gemisch von 1-Alkenen mit einem Gehalt von 80 GHT oder mehr an 1-Alkenen mit einer Kettenlänge von 24 bis 28 Kohlenstoffatomen	frei	—
2712 90 99	– – – – andere	2,2	—
2713	**Petrolkoks, Bitumen aus Erdöl und andere Rückstände aus Erdöl oder Öl aus bituminösen Mineralien:**		
	– Petrolkoks:		
2713 11 00	**– – nicht calciniert**	frei	—
2713 12 00	**– – calciniert**	frei	—
2713 20 00	**– Bitumen aus Erdöl**	frei	—
2713 90	**– andere Rückstände aus Erdöl oder Öl aus bituminösen Mineralien:**		
2713 90 10	– – zum Herstellen von Waren der Position 2803 ([1])	0,7 ([2])	—
2713 90 90	– – andere	0,7	—
2714	**Naturbitumen und Naturasphalt; bituminöse oder ölhaltige Schiefer und Sande; Asphaltite und Asphaltgestein:**		
2714 10 00	**– bituminöse oder ölhaltige Schiefer und Sande**	frei	—
2714 90 00	**– andere**	frei	—
2715 00 00	**Bituminöse Mischungen auf der Grundlage von Naturasphalt oder Naturbitumen, Bitumen aus Erdöl, Mineralteer oder Mineralteerpech (z. B. Asphaltmastix, Verschnittbitumen)**	frei	—
2716 00 00	**Elektrischer Strom**	frei	1 000 kWh

([1]) Die Zulassung zu dieser Unterposition erfolgt nach den in den einschlägigen Bestimmungen der Europäischen Union festgesetzten Voraussetzungen (s. Artikel 291 bis 300 der Verordnung (EWG) Nr. 2454/93 der Kommission (ABl. L 253 vom 11.10.1993, S. 1)).

([2]) Autonomer Zollsatz: frei.

([3]) Siehe Zusätzliche Anmerkung 6 (KN).

ABSCHNITT VI

ERZEUGNISSE DER CHEMISCHEN INDUSTRIE UND VERWANDTER INDUSTRIEN

Anmerkungen

1. A) Erzeugnisse (ausgenommen radioaktive Erze), die der Warenbeschreibung der Position 2844 oder 2845 entsprechen, gehören zu diesen Positionen, auch wenn andere Positionen der Nomenklatur in Betracht kommen.

   B) Vorbehaltlich des Buchstabens A gehören Erzeugnisse, die der Warenbeschreibung der Position 2843, 2846 oder 2852 entsprechen, zu diesen Positionen, auch wenn andere Positionen dieses Abschnitts in Betracht kommen.

2. Vorbehaltlich der Anmerkung 1 sind Waren, die wegen ihrer Dosierung oder wegen ihrer Aufmachung für den Einzelverkauf zu einer der Positionen 3004, 3005, 3006, 3212, 3303, 3304, 3305, 3306, 3307, 3506, 3707 oder 3808 gehören können, dieser Position zuzuweisen, auch wenn andere Positionen der Nomenklatur in Betracht kommen.

3. Warenzusammenstellungen, die aus zwei oder mehreren voneinander getrennten Bestandteilen bestehen, von denen einige oder alle zu diesem Abschnitt gehören, und die erkennbar dazu bestimmt sind, durch Mischen ein Erzeugnis des Abschnitts VI oder VII herzustellen, sind der für dieses Erzeugnis zutreffenden Position zuzuweisen unter der Voraussetzung, dass die Einzelbestandteile:

   a) ohne weiteres Umpacken aufgrund ihrer Aufmachung eindeutig erkennbar dazu bestimmt sind, zusammen verwendet zu werden,

   b) zusammen gestellt werden und

   c) entweder aufgrund ihrer Beschaffenheit oder ihrer entsprechenden Mengen als einander ergänzend erkennbar sind.

KAPITEL 28

ANORGANISCHE CHEMISCHE ERZEUGNISSE; ANORGANISCHE ODER ORGANISCHE VERBINDUNGEN VON EDELMETALLEN, VON SELTENERDMETALLEN, VON RADIOAKTIVEN ELEMENTEN ODER VON ISOTOPEN

Anmerkungen

1. Zu Kapitel 28 gehören, soweit nichts anderes bestimmt ist, nur:

   a) isolierte chemische Elemente und isolierte chemisch einheitliche Verbindungen, auch wenn sie Verunreinigungen enthalten;

   b) wässrige Lösungen der unter Buchstabe a genannten Erzeugnisse;

   c) andere Lösungen der unter Buchstabe a) genannten Erzeugnisse, sofern die Aufmachung in derartigen Lösungen ausschließlich aus Sicherheits- oder Transportgründen üblich und erforderlich ist, vorausgesetzt, dass der Zusatz des Lösemittels das Erzeugnis nicht für bestimmte Verwendungszwecke geeigneter macht als für den allgemeinen Gebrauch;

   d) die unter den Buchstaben a) bis c) genannten Erzeugnisse mit Zusatz eines zu ihrer Erhaltung oder ihrem Transport notwendigen Stabilisierungsmittels (einschließlich Antibackmittel);

   e) die unter den Buchstaben a) bis d) genannten Erzeugnisse, denen ein Antistaubmittel oder zum leichteren Erkennen oder aus Sicherheitsgründen ein Farbmittel zugesetzt worden ist, vorausgesetzt, dass diese Zusätze das Erzeugnis nicht für bestimmte Verwendungszwecke geeigneter machen als für den allgemeinen Gebrauch.

2. Zu Kapitel 28 gehören außer den durch organische Stoffe stabilisierten Dithioniten und Sulfoxylaten (Position 2831), den Carbonaten und Peroxocarbonaten anorganischer Basen (Position 2836), den Cyaniden, Cyanidoxiden und komplexen Cyaniden anorganischer Basen (Position 2837), den Fulminaten, Cyanaten und Thiocyanaten anorganischer Basen (Position 2842), den organischen Erzeugnissen der Positionen 2843 bis 2846 und 2852 und den Carbiden (Position 2849), nur folgende Kohlenstoffverbindungen:

   a) Kohlenoxide, Hydrogencyanid, Knallsäure, Isocyansäure, Thiocyansäure und andere einfache oder komplexe Cyanogensäuren (Position 2811);

   b) Kohlenstoffhalogenidoxide (Position 2812);

   c) Kohlenstoffdisulfid (Position 2813);

   d) Thiocarbonate, Selenocarbonate, Tellurocarbonate, Selenocyanate, Tellurocyanate, Tetrathiocyanatodiamminochromate (Reineckate) und andere komplexe Cyanate anorganischer Basen (Position 2842);

e) mit Harnstoff verfestigtes Wasserstoffperoxid (Position 2847), Kohlenstoffoxysulfid, Thiocarbonylhalogenide, Cyan, Cyanhalogenide und Cyanamid und seine Metallderivate (Position 2853), ausgenommen Calciumcyanamid, auch rein (Kapitel 31).

3. Nicht zu diesem Kapitel gehören unter Berücksichtigung der Bestimmungen der Anmerkung 1 zu Abschnitt VI:

a) Natriumchlorid und Magnesiumoxid, auch rein, und andere Erzeugnisse des Abschnitts V;

b) organisch-anorganische Verbindungen, ausgenommen die in Anmerkung 2 genannten Verbindungen;

c) die in den Anmerkungen 2, 3, 4 oder 5 zu Kapitel 31 genannten Erzeugnisse;

d) anorganische Erzeugnisse, die als Luminophore verwendet werden, der Position 3206; Glasfritte und anderes Glas in Form von Pulver, Granalien, Schuppen oder Flocken der Position 3207;

e) künstlicher Grafit (Position 3801); Feuerlöschmittel, aufgemacht als Ladungen für Feuerlöschgeräte oder als Feuerlöschgranaten oder -bomben der Position 3813; Tintenentferner in Aufmachungen für den Einzelverkauf der Position 3824; künstliche Kristalle aus Halogensalzen der Alkali- oder Erdalkalimetalle (ausgenommen optische Elemente) mit einem Stückgewicht von 2,5 g oder mehr der Position 3824;

f) Edelsteine oder Schmucksteine (natürliche, synthetische oder rekonstituierte) oder Staub und Pulver solcher Steine (Positionen 7102 bis 7105) sowie Edelmetalle und deren Legierungen des Kapitels 71;

g) Metalle, auch rein, Metall-Legierungen und Cermets, einschließlich gesinterte Metallcarbide (mit einem Metall gesinterte Metallcarbide), des Abschnitts XV;

h) optische Elemente, z. B. aus Halogensalzen der Alkali- oder Erdalkalimetalle (Position 9001).

4. Zu Position 2811 gehören chemisch einheitliche komplexe Säuren, die aus einer nicht metallischen Säure des Teilkapitels II und einer metallischen Säure des Teilkapitels IV bestehen.

5. Zu den Positionen 2826 bis 2842 gehören nur Salze und Peroxosalze (Persalze) von Metallen und von Ammonium.

Zu Position 2842 gehören Doppel- oder Komplexsalze, soweit nichts anderes bestimmt ist.

6. Zu Position 2844 gehören nur:

a) Technetium (Atomzahl 43), Promethium (Atomzahl 61), Polonium (Atomzahl 84) und alle Elemente mit einer höheren Atomzahl als 84;

b) natürliche oder künstliche radioaktive Isotope (einschließlich derjenigen der Edelmetalle oder der unedlen Metalle der Abschnitte XIV und XV), auch untereinander gemischt;

c) anorganische oder organische Verbindungen dieser Elemente oder Isotope, auch chemisch nicht einheitlich, auch untereinander gemischt;

d) Legierungen, Dispersionen (einschließlich Cermets), keramische Erzeugnisse und Mischungen, die diese Elemente oder Isotope oder deren anorganische oder organische Verbindungen enthalten und die eine spezifische Radioaktivität von mehr als 74 Bq/g (0,002 Mikrocurie je Gramm) aufweisen;

e) verbrauchte (bestrahlte) Brennstoffelemente (Stäbe, Kartuschen) von Kernreaktoren;

f) radioaktive Rückstände, auch wenn sie nicht verwertbar sind.

Als „Isotope" im Sinne dieser Anmerkung und des Wortlauts der Positionen 2844 und 2845 gelten:

— isolierte Nuklide, ausgenommen solche, die in der Natur als Mono-Isotope vorliegen;

— Mischungen von Isotopen ein und desselben Elements, die an einem oder mehreren dieser Isotope angereichert sind, also Elemente, bei denen das natürliche Isotopenverhältnis künstlich verändert worden ist.

7. Zu Position 2848 gehören Verbindungen von Phosphor und Kupfer (Kupferphosphide) mit einem Gehalt an Phosphor von mehr als 15 GHT.

8. Zu diesem Kapitel gehören chemische Elemente, z. B. Silicium und Selen, zur Verwendung in der Elektronik dotiert, wenn sie in rohen gezogenen Formen oder in Form von Zylindern oder Stäben vorliegen. Zu Scheiben, Plättchen oder ähnlichen Formen geschnitten gehören sie zu Position 3818.

Unterpositions-Anmerkung:

1. Als „chemisch einheitlich" im Sinne der Unterposition 2852 10 gelten alle organischen oder anorganischen Quecksilberverbindungen, die die Bedingungen der Anmerkung 1 a) bis e) zu Kapitel 28 oder der Anmerkung 1 a) bis h) zu Kapitel 29 erfüllen.

Zusätzliche Anmerkung

1. *Soweit nichts anderes bestimmt ist, gehören zu den in einer Unterposition genannten Salzen auch die sauren und basischen Salze.*

KN-Code	Warenbezeichnung	Vertragsmäßiger Zollsatz (%)	Besondere Maßeinheit
1	2	3	4
	I. CHEMISCHE ELEMENTE		
2801	**Fluor, Chlor, Brom und Iod:**		
2801 10 00	– **Chlor**	5,5	—
2801 20 00	– **Iod**	frei	—
2801 30	– **Fluor; Brom:**		
2801 30 10	– – Fluor	5	—
2801 30 90	– – Brom	5,5	—
2802 00 00	**Sublimierter oder gefällter Schwefel; kolloider Schwefel**	4,6	—
2803 00 00	**Kohlenstoff (Ruß und andere Formen von Kohlenstoff, anderweit weder genannt noch inbegriffen)**	frei	—
2804	**Wasserstoff, Edelgase und andere Nichtmetalle:**		
2804 10 00	– **Wasserstoff**	3,7	m^3 (1)
	– **Edelgase:**		
2804 21 00	– – **Argon**	5	m^3 (1)
2804 29	– – **andere:**		
2804 29 10	– – – Helium	frei	m^3 (1)
2804 29 90	– – – andere	5	m^3 (1)
2804 30 00	– **Stickstoff**	5,5	m^3 (1)
2804 40 00	– **Sauerstoff**	5	m^3 (1)
2804 50	– **Bor; Tellur:**		
2804 50 10	– – Bor	5,5	—
2804 50 90	– – Tellur	2,1	—
	– **Silicium:**		
2804 61 00	– – **mit einem Gehalt an Silicium von 99,99 GHT oder mehr**	frei	—
2804 69 00	– – **anderes**	5,5	—
2804 70 00	– **Phosphor**	5,5	—
2804 80 00	– **Arsen**	2,1	—
2804 90 00	– **Selen**	frei	—

(1) Bei einem Druck von 1 013 mbar und einer Temperatur von 15 °C.

KN-Code	Warenbezeichnung	Vertragsmäßiger Zollsatz (%)	Besondere Maßeinheit
1	2	3	4
2805	**Alkali- oder Erdalkalimetalle; Seltenerdmetalle, Scandium und Yttrium, auch untereinander gemischt oder miteinander legiert; Quecksilber:**		
	– Alkali- oder Erdalkalimetalle:		
2805 11 00	**– – Natrium**	5	—
2805 12 00	**– – Calcium**	5,5	—
2805 19	**– – andere:**		
2805 19 10	– – – Strontium und Barium	5,5	—
2805 19 90	– – – andere	4,1	—
2805 30	**– Seltenerdmetalle, Scandium und Yttrium, auch untereinander gemischt oder miteinander legiert:**		
2805 30 10	– – untereinander gemischt oder miteinander legiert ([1])	5,5	—
2805 30 90	– – andere ([1])	2,7	—
2805 40	**– Quecksilber:**		
2805 40 10	– – in Flaschen, mit einem Gewicht des Inhalts von 34,5 kg (Standard-Gewicht) und mit einem fob-Wert von 224 € oder weniger für 1 Flasche	3	—
2805 40 90	– – anderes	frei	—
	II. ANORGANISCHE SÄUREN UND ANORGANISCHE SAUERSTOFFVERBINDUNGEN DER NICHTMETALLE		
2806	**Chlorwasserstoff (Salzsäure); Chloroschwefelsäure:**		
2806 10 00	**– Chlorwasserstoff (Salzsäure)**	5,5	—
2806 20 00	**– Chloroschwefelsäure**	5,5	—
2807 00 00	**Schwefelsäure; Oleum**	3	—
2808 00 00	**Salpetersäure; Nitriersäuren**	5,5	—
2809	**Diphosphorpentaoxid; Phosphorsäure; Polyphosphorsäuren, auch chemisch nicht einheitlich:**		
2809 10 00	**– Diphosphorpentaoxid**	5,5	kg P_2O_5
2809 20 00	**– Phosphorsäure und Polyphosphorsäuren**	5,5	kg P_2O_5
2810 00	**Boroxide; Borsäuren:**		
2810 00 10	– Dibortrioxid	frei	—
2810 00 90	– andere	3,7	—
2811	**Andere anorganische Säuren und andere anorganische Sauerstoffverbindungen der Nichtmetalle:**		
	– andere anorganische Säuren:		
2811 11 00	**– – Fluorwasserstoff (Flusssäure)**	5,5	—
2811 19	**– – andere:**		
2811 19 10	– – – Hydrogenbromid (Bromwasserstoffsäure)	frei	—
2811 19 20	– – – Hydrogencyanid (Cyanwasserstoffsäure) (Blausäure)	5,3	—
2811 19 80	– – – andere	5,3	—
	– andere anorganische Sauerstoffverbindungen der Nichtmetalle:		
2811 21 00	**– – Kohlenstoffdioxid**	5,5	—
2811 22 00	**– – Siliciumdioxid**	4,6	—

([1]) Statistische TARIC-Codes: siehe Anhang 10.

KN-Code	Warenbezeichnung	Vertragsmäßiger Zollsatz (%)	Besondere Maßeinheit
1	2	3	4
2811 29	– – **andere:**		
2811 29 05	– – – Schwefeldioxid	5,5	—
2811 29 10	– – – Schwefeltrioxid (Schwefelsäureanhydrid); Diarsentrioxid (Arsenigsäureanhydrid)	4,6	—
2811 29 30	– – – Stickstoffoxide	5	—
2811 29 90	– – – andere	5,3	—
	III. **HALOGEN- ODER SCHWEFELVERBINDUNGEN DER NICHTMETALLE**		
2812	**Halogenide und Halogenoxide der Nichtmetalle:**		
2812 10	– **Chloride und Chloridoxide:**		
	– – des Phosphors:		
2812 10 11	– – – Phosphortrichloridoxid (Phosphoryltrichlorid)	5,5	—
2812 10 15	– – – Phosphortrichlorid	5,5	—
2812 10 16	– – – Phosphorpentachlorid	5,5	—
2812 10 18	– – – andere	5,5	—
	– – andere:		
2812 10 91	– – – Dischwefeldichlorid	5,5	—
2812 10 93	– – – Schwefeldichlorid	5,5	—
2812 10 94	– – – Phosgen (Carbonylchlorid)	5,5	—
2812 10 95	– – – Thionyldichlorid (Thionylchlorid)	5,5	—
2812 10 99	– – – andere	5,5	—
2812 90 00	– **andere**	5,5	—
2813	**Sulfide der Nichtmetalle; handelsübliches Phosphortrisulfid:**		
2813 10 00	– **Kohlenstoffdisulfid**	5,5	—
2813 90	– **andere:**		
2813 90 10	– – Phosphorsulfide, einschließlich handelsübliches Phosphortrisulfid	5,3	—
2813 90 90	– – andere	3,7	—
	IV. **ANORGANISCHE BASEN SOWIE METALLOXIDE, -HYDROXIDE UND -PEROXIDE**		
2814	**Ammoniak, wasserfrei oder in wässriger Lösung:**		
2814 10 00	– **Ammoniak, wasserfrei**	5,5	—
2814 20 00	– **Ammoniak in wässriger Lösung**	5,5	—
2815	**Natriumhydroxid (Ätznatron); Kaliumhydroxid (Ätzkali); Peroxide des Natriums oder des Kaliums:**		
	– **Natriumhydroxid (Ätznatron):**		
2815 11 00	– – **fest**	5,5	—
2815 12 00	– – **in wässriger Lösung (Natronlauge)**	5,5	kg NaOH
2815 20 00	– **Kaliumhydroxid (Ätzkali)**	5,5	kg KOH
2815 30 00	– **Natrium- oder Kaliumperoxid**	5,5	—

KN-Code	Warenbezeichnung	Vertragsmäßiger Zollsatz (%)	Besondere Maßeinheit
1	2	3	4
2816	**Magnesiumhydroxid und -peroxid; Oxide, Hydroxide und Peroxide des Strontiums oder des Bariums:**		
2816 10 00	**– Magnesiumhydroxid und -peroxid**	4,1	—
2816 40 00	**– Strontium- und Bariumoxid, -hydroxid und -peroxid**	5,5	—
2817 00 00	**Zinkoxid; Zinkperoxid**	5,5	—
2818	**Künstlicher Korund, auch chemisch nicht einheitlich; Aluminiumoxid; Aluminiumhydroxid:**		
2818 10	**– künstlicher Korund, auch chemisch nicht einheitlich:**		
	– – mit einem Gehalt an Aluminiumoxid von 98,5 GHT oder mehr:		
2818 10 11	– – – von dem weniger als 50 % des Gesamtgewichts eine Korngröße von mehr als 10 mm aufweisen	5,2	—
2818 10 19	– – – von dem mindestens 50 % des Gesamtgewichts eine Korngröße von mehr als 10 mm aufweisen	5,2	—
	– – mit einem Gehalt an Aluminiumoxid von weniger als 98,5 GHT:		
2818 10 91	– – – von dem weniger als 50 % des Gesamtgewichts eine Korngröße von mehr als 10 mm aufweisen	5,2	—
2818 10 99	– – – von dem mindestens 50 % des Gesamtgewichts eine Korngröße von mehr als 10 mm aufweisen	5,2	—
2818 20 00	**– anderes Aluminiumoxid als künstlicher Korund**	4	—
2818 30 00	**– Aluminiumhydroxid**	5,5	—
2819	**Chromoxide und -hydroxide:**		
2819 10 00	**– Chromtrioxid**	5,5	—
2819 90	**– andere:**		
2819 90 10	– – Chromdioxid	3,7	—
2819 90 90	– – andere	5,5	—
2820	**Manganoxide:**		
2820 10 00	**– Mangandioxid**	5,3	—
2820 90	**– andere:**		
2820 90 10	– – Manganoxid mit einem Gehalt an Mangan von 77 GHT oder mehr	frei	—
2820 90 90	– – andere	5,5	—
2821	**Eisenoxide und -hydroxide; Farberden mit einem Gehalt an gebundenem Eisen von 70 GHT oder mehr, berechnet als Fe_2O_3:**		
2821 10 00	**– Eisenoxide und -hydroxide**	4,6	—
2821 20 00	**– Farberden**	4,6	—
2822 00 00	**Cobaltoxide und -hydroxide; handelsübliche Cobaltoxide**	4,6	—
2823 00 00	**Titanoxide**	5,5	—

KN-Code	Warenbezeichnung	Vertragsmäßiger Zollsatz (%)	Besondere Maßeinheit
1	2	3	4
2824	**Bleioxide; Mennige und Orangemennige:**		
2824 10 00	**– Bleimonoxid (Lithargyrum, Massicot)**	5,5	—
2824 90 00	**– andere**	5,5	—
2825	**Hydrazin und Hydroxylamin und ihre anorganischen Salze; andere anorganische Basen; andere Metalloxide, -hydroxide und -peroxide:**		
2825 10 00	**– Hydrazin und Hydroxylamin und ihre anorganischen Salze**	5,5	—
2825 20 00	**– Lithiumoxid und -hydroxid**	5,3	—
2825 30 00	**– Vanadiumoxide und -hydroxide**	5,5	—
2825 40 00	**– Nickeloxide und -hydroxide**	frei	—
2825 50 00	**– Kupferoxide und -hydroxide**	3,2	—
2825 60 00	**– Germaniumoxide und Zirconiumdioxid**	5,5	—
2825 70 00	**– Molybdänoxide und -hydroxide**	5,3	—
2825 80 00	**– Antimonoxide**	5,5	—
2825 90	**– andere:**		
	– – Calciumoxid, -hydroxid und -peroxid:		
2825 90 11	– – – Calciumhydroxid mit einer Reinheit von 98 GHT oder mehr in der Trockensubstanz, in Form von Partikeln, die: — zu nicht mehr als 1 GHT Abmessungen von mehr als 75 Mikrometer aufweisen und — zu nicht mehr als 4 GHT Abmessungen von weniger als 1,3 Mikrometer aufweisen	frei	—
2825 90 19	– – – andere	4,6	—
2825 90 20	– – Berylliumoxid und -hydroxid	5,3	—
2825 90 40	– – Wolframoxide und -hydroxide	4,6	—
2825 90 60	– – Cadmiumoxid	frei	—
2825 90 85	andere	5,5	—
	V. METALLSALZE UND -PEROXOSALZE DER ANORGANISCHEN SÄUREN		
2826	**Fluoride; Fluorosilicate, Fluoroaluminate und andere komplexe Fluorosalze:**		
	– Fluoride:		
2826 12 00	**– – des Aluminiums**	5,3	—
2826 19	**– – andere:**		
2826 19 10	– – – des Ammoniums oder des Natriums	5,5	—
2826 19 90	– – – andere	5,3	—
2826 30 00	**– Natriumhexafluoroaluminat (synthetischer Kryolith)**	5,5	—
2826 90	**– andere:**		
2826 90 10	– – Dikaliumhexafluorozirconat	5	—
2826 90 80	– – andere	5,5	—

KN-Code	Warenbezeichnung	Vertragsmäßiger Zollsatz (%)	Besondere Maßeinheit
1	2	3	4
2827	**Chloride, Chloridoxide und Chloridhydroxide; Bromide und Bromidoxide; Iodide und Iodidoxide:**		
2827 10 00	**– Ammoniumchlorid**	5,5	—
2827 20 00	**– Calciumchlorid**	4,6	—
	– andere Chloride:		
2827 31 00	**– – des Magnesiums**	4,6	—
2827 32 00	**– – des Aluminiums**	5,5	—
2827 35 00	**– – des Nickels**	5,5	—
2827 39	**– – andere:**		
2827 39 10	– – – des Zinns	4,1	—
2827 39 20	– – – des Eisens	2,1	—
2827 39 30	– – – des Cobalts	5,5	—
2827 39 85	– – – andere	5,5	—
	– Chloridoxide und Chloridhydroxide:		
2827 41 00	**– – des Kupfers**	3,2	—
2827 49	**– – andere:**		
2827 49 10	– – – des Bleis	3,2	—
2827 49 90	– – – andere	5,3	—
	– Bromide und Bromidoxide:		
2827 51 00	**– – Bromide des Natriums oder des Kaliums**	5,5	—
2827 59 00	**– – andere**	5,5	—
2827 60 00	**– Iodide und Iodidoxide**	5,5	—
2828	**Hypochlorite; handelsübliches Calciumhypochlorit; Chlorite; Hypobromite:**		
2828 10 00	**– handelsübliches Calciumhypochlorit und andere Calciumhypochlorite**	5,5	—
2828 90 00	**– andere**	5,5	—
2829	**Chlorate und Perchlorate; Bromate und Perbromate; Iodate und Periodate:**		
	– Chlorate:		
2829 11 00	**– – des Natriums**	5,5	—
2829 19 00	**– – andere**	5,5	—
2829 90	**– andere:**		
2829 90 10	– – Perchlorate	4,8	—
2829 90 40	– – Bromate des Kaliums oder des Natriums	frei	—
2829 90 80	– – andere	5,5	—
2830	**Sulfide; Polysulfide, auch chemisch nicht einheitlich:**		
2830 10 00	**– Natriumsulfide**	5,5	—

KN-Code	Warenbezeichnung	Vertragsmäßiger Zollsatz (%)	Besondere Maßeinheit
1	2	3	4
2830 90	– **andere:**		
2830 90 11	– – Sulfide des Calciums, des Antimons oder des Eisens	4,6	—
2830 90 85	– – andere	5,5	—
2831	**Dithionite und Sulfoxylate:**		
2831 10 00	– **des Natriums**	5,5	—
2831 90 00	– **andere**	5,5	—
2832	**Sulfite; Thiosulfate:**		
2832 10 00	– **Natriumsulfite**	5,5	—
2832 20 00	– **andere Sulfite**	5,5	—
2832 30 00	– **Thiosulfate**	5,5	—
2833	**Sulfate; Alaune; Peroxosulfate (Persulfate):**		
	– **Natriumsulfate:**		
2833 11 00	– – **Dinatriumsulfat**	5,5	—
2833 19 00	– – **andere**	5,5	—
	– **andere Sulfate:**		
2833 21 00	– – **des Magnesiums**	5,5	—
2833 22 00	– – **des Aluminiums**	5,5	—
2833 24 00	– – **des Nickels**	5	—
2833 25 00	– – **des Kupfers**	3,2	—
2833 27 00	– – **des Bariums**	5,5	—
2833 29	– – **andere:**		
2833 29 20	– – – des Cadmiums, des Chroms, des Zinks	5,5	—
2833 29 30	– – – des Cobalts, des Titans	5,3	—
2833 29 60	– – – des Bleis	4,6	—
2833 29 80	– – – andere	5	—
2833 30 00	– **Alaune**	5,5	—
2833 40 00	– **Peroxosulfate (Persulfate)**	5,5	—
2834	**Nitrite; Nitrate:**		
2834 10 00	– **Nitrite**	5,5	—
	– **Nitrate:**		
2834 21 00	– – **des Kaliums**	5,5	—
2834 29	– – **andere:**		
2834 29 20	– – – des Bariums, des Berylliums, des Cadmiums, des Cobalts, des Nickels, des Bleis	5,5	—
2834 29 40	– – – des Kupfers	4,6	—
2834 29 80	– – – andere	3	—

KN-Code	Warenbezeichnung	Vertragsmäßiger Zollsatz (%)	Besondere Maßeinheit
1	2	3	4
2835	**Phosphinate (Hypophosphite), Phosphonate (Phosphite) und Phosphate; Polyphosphate, auch chemisch nicht einheitlich:**		
2835 10 00	**– Phosphinate (Hypophosphite) und Phosphonate (Phosphite)**	5,5	—
	– Phosphate:		
2835 22 00	**– – Mononatriumdihydrogenphosphat oder Dinatriumhydrogenphosphat**	5,5	—
2835 24 00	**– – des Kaliums**	5,5	—
2835 25 00	**– – Calciumhydrogenorthophosphat (Dicalciumphosphat)**	5,5	—
2835 26 00	**– – andere Calciumphosphate**	5,5	—
2835 29	**– – andere:**		
2835 29 10	– – – Triammoniumphosphat	5,3	—
2835 29 30	– – – Trinatriumphosphat	5,5	—
2835 29 90	– – – andere	5,5	—
	– Polyphosphate:		
2835 31 00	**– – Natriumtriphosphat (Natriumtripolyphosphat)**	5,5	—
2835 39 00	**– – andere**	5,5	—
2836	**Carbonate; Peroxocarbonate (Percarbonate); handelsübliches Ammoniumcarbonat, Ammoniumcarbamat enthaltend:**		
2836 20 00	**– Dinatriumcarbonat**	5,5	—
2836 30 00	**– Natriumhydrogencarbonat (Natriumbicarbonat)**	5,5	—
2836 40 00	**– Kaliumcarbonate**	5,5	—
2836 50 00	**– Calciumcarbonat**	5	—
2836 60 00	**– Bariumcarbonat**	5,5	—
	– andere:		
2836 91 00	**– – Lithiumcarbonate**	5,5	—
2836 92 00	**– – Strontiumcarbonat**	5,5	—
2836 99	**– – andere:**		
	– – – Carbonate:		
2836 99 11	– – – – des Magnesiums, des Kupfers	3,7	—
2836 99 17	– – – – andere	5,5	—
2836 99 90	– – – Peroxocarbonate (Percarbonate)	5,5	—
2837	**Cyanide, Cyanidoxide und komplexe Cyanide:**		
	– Cyanide und Cyanidoxide:		
2837 11 00	**– – des Natriums**	5,5	—
2837 19 00	**– – andere**	5,5	—
2837 20 00	**– komplexe Cyanide**	5,5	—

KN-Code	Warenbezeichnung	Vertragsmäßiger Zollsatz (%)	Besondere Maßeinheit
1	2	3	4
[2838]			
2839	**Silicate; handelsübliche Silicate der Alkalimetalle:**		
	– des Natriums:		
2839 11 00	**– – Natriummetasilicate**	5	—
2839 19 00	**– – andere**	5	—
2839 90 00	**– andere**	5	—
2840	**Borate; Peroxoborate (Perborate):**		
	– Dinatriumtetraborat (raffinierter Borax):		
2840 11 00	**– – wasserfrei**	frei	—
2840 19	**– – anderes:**		
2840 19 10	– – – Dinatriumtetraboratpentahydrat	frei	—
2840 19 90	– – – anderes	5,3	—
2840 20	**– andere Borate:**		
2840 20 10	– – Natriumborate, wasserfrei	frei	—
2840 20 90	– – andere	5,3	—
2840 30 00	**– Peroxoborate (Perborate)**	5,5	—
2841	**Salze der Säuren der Metalloxide oder Metallperoxide:**		
2841 30 00	**– Natriumdichromat**	5,5	—
2841 50 00	**– andere Chromate und Dichromate; Peroxochromate**	5,5	—
	– Manganite, Manganate und Permanganate:		
2841 61 00	**– – Kaliumpermanganat**	5,5	—
2841 69 00	**– – andere**	5,5	—
2841 70 00	**– Molybdate**	5,5	—
2841 80 00	**– Wolframate**	5,5	—
2841 90	**– andere:**		
2841 90 30	– – Zinkate und Vanadate	4,6	—
2841 90 85	– – andere	5,5	—
2842	**Andere Salze der anorganischen Säuren oder Peroxosäuren (einschließlich Aluminosilicate, auch chemisch nicht einheitlich), ausgenommen Azide:**		
2842 10 00	**– Doppelsilicate oder komplexe Silicate, einschließlich Aluminosilicate, auch chemisch nicht einheitlich**	5,5	—
2842 90	**– andere:**		
2842 90 10	– – Einfach-, Doppel- oder Komplexsalze der Säuren des Selens oder des Tellurs	5,3	—
2842 90 80	– – andere	5,5	—

KN-Code	Warenbezeichnung	Vertragsmäßiger Zollsatz (%)	Besondere Maßeinheit
1	2	3	4
	VI. **VERSCHIEDENES**		
2843	**Edelmetalle in kolloidem Zustand; anorganische oder organische Verbindungen der Edelmetalle, auch chemisch nicht einheitlich; Edelmetallamalgame:**		
2843 10	– **Edelmetalle in kolloidem Zustand:**		
2843 10 10	– – Silber	5,3	—
2843 10 90	– – andere	3,7	—
	– **Silberverbindungen:**		
2843 21 00	– – **Silbernitrat**	5,5	—
2843 29 00	– – **andere**	5,5	—
2843 30 00	– **Goldverbindungen**	3	g
2843 90	– **andere Verbindungen; Amalgame:**		
2843 90 10	– – Amalgame	5,3	—
2843 90 90	– – andere	3	g
2844	**Radioaktive chemische Elemente und radioaktive Isotope (einschließlich der spaltbaren und brütbaren chemischen Elemente oder Isotope) und ihre Verbindungen; Mischungen und Rückstände, die diese Erzeugnisse enthalten:**		
2844 10	– **natürliches Uran und seine Verbindungen; Legierungen, Dispersionen (einschließlich Cermets), keramische Erzeugnisse und Mischungen, die natürliches Uran oder Verbindungen von natürlichem Uran enthalten:**		
	– – natürliches Uran:		
2844 10 10	– – – roh; Bearbeitungsabfälle und Schrott (*Euratom*)	frei	kg U
2844 10 30	– – – verarbeitet (*Euratom*)	frei	kg U
2844 10 50	– – Ferrouran	frei	kg U
2844 10 90	– – andere (*Euratom*)	frei	kg U
2844 20	– **an U 235 angereichertes Uran und seine Verbindungen; Plutonium und seine Verbindungen; Legierungen, Dispersionen (einschließlich Cermets), keramische Erzeugnisse und Mischungen, die an U 235 angereichertes Uran, Plutonium oder Verbindungen dieser Erzeugnisse enthalten:**		
	– – an U 235 angereichertes Uran und seine Verbindungen; Legierungen, Dispersionen (einschließlich Cermets), keramische Erzeugnisse und Mischungen, die an U 235 angereichertes Uran enthalten:		
2844 20 25	– – – Ferrouran	frei	gi F/S
2844 20 35	– – – andere (*Euratom*)	frei	gi F/S
	– – Plutonium und seine Verbindungen; Legierungen, Dispersionen (einschließlich Cermets), keramische Erzeugnisse und Mischungen, die Plutonium oder Verbindungen dieser Erzeugnisse enthalten:		
	– – – Mischungen von Uran und Plutonium:		
2844 20 51	– – – – Ferrouran	frei	gi F/S
2844 20 59	– – – – andere (*Euratom*)	frei	gi F/S
2844 20 99	– – – andere	frei	gi F/S

KN-Code	Warenbezeichnung	Vertragsmäßiger Zollsatz (%)	Besondere Maßeinheit
1	2	3	4
2844 30	– **an U 235 abgereichertes Uran und seine Verbindungen; Thorium und seine Verbindungen; Legierungen, Dispersionen (einschließlich Cermets), keramische Erzeugnisse und Mischungen, die an U 235 abgereichertes Uran, Thorium oder Verbindungen dieser Erzeugnisse enthalten:**		
	– – an U 235 abgereichertes Uran; Legierungen, Dispersionen (einschließlich Cermets), keramische Erzeugnisse und Mischungen, die an U 235 abgereichertes Uran oder Verbindungen dieses Erzeugnisses enthalten:		
2844 30 11	– – – Cermets	5,5	—
2844 30 19	– – – andere	2,9	—
	– – Thorium; Legierungen, Dispersionen (einschließlich Cermets), keramische Erzeugnisse und Mischungen, die Thorium oder Verbindungen dieses Erzeugnisses enthalten:		
2844 30 51	– – – Cermets	5,5	—
	– – – andere:		
2844 30 55	– – – – roh; Bearbeitungsabfälle und Schrott (*Euratom*)	frei	—
	– – – – verarbeitet:		
2844 30 61	– – – – – Stäbe (Stangen), Profile, Draht, Bleche, Bänder und Folien (*Euratom*)	frei	—
2844 30 69	– – – – – andere (*Euratom*)	1,5 ([1])	—
	– – Verbindungen des Thoriums, des an U 235 abgereicherten Urans, auch untereinander gemischt:		
2844 30 91	– – – des Thoriums, des an U 235 abgereicherten Urans, auch untereinander gemischt (*Euratom*), ausgenommen Salze des Thoriums	frei	—
2844 30 99	– – – andere	frei	—
2844 40	– **andere radioaktive Elemente, Isotope und Verbindungen als die der Unterposition 2844 10, 2844 20 oder 2844 30; Legierungen, Dispersionen (einschließlich Cermets), keramische Erzeugnisse und Mischungen, die diese Elemente, Isotope oder Verbindungen enthalten; radioaktive Rückstände:**		
2844 40 10	– – an U 233 abgereichertes Uran und seine Verbindungen; Legierungen, Dispersionen (einschließlich Cermets), keramische Erzeugnisse und Mischungen, die an U 233 abgereichertes Uran oder Verbindungen dieses Erzeugnisses enthalten	frei	—
	– – andere:		
2844 40 20	– – – künstlich radioaktive Isotope (*Euratom*)	frei	—
2844 40 30	– – – Verbindungen künstlicher radioaktiver Isotope (*Euratom*)	frei	—
2844 40 80	– – – andere	frei	—
2844 50 00	– **verbrauchte (bestrahlte) Brennstoffelemente (Stäbe, Kartuschen) von Kernreaktoren (*Euratom*)**	frei	gi F/S
2845	**Isotope (ausgenommen Isotope der Position 2844); anorganische oder organische Verbindungen dieser Isotope, auch chemisch nicht einheitlich:**		
2845 10 00	– **schweres Wasser (Deuteriumoxid) (*Euratom*)**	5,5	—
2845 90	– **andere:**		
2845 90 10	– – Deuterium und andere Deuteriumverbindungen; Wasserstoff und seine Verbindungen, mit Deuterium angereichert; Mischungen und Lösungen, die diese Erzeugnisse enthalten (*Euratom*)	5,5	—
2845 90 90	– – andere	5,5	—

([1]) Autonomer Zollsatz: frei.

KN-Code	Warenbezeichnung	Vertragsmäßiger Zollsatz (%)	Besondere Maßeinheit
1	2	3	4
2846	**Anorganische oder organische Verbindungen der Seltenerdmetalle, des Yttriums oder des Scandiums oder der Mischungen dieser Metalle:**		
2846 10 00	**– Cerverbindungen**	3,2	—
2846 90 00	**– andere**	3,2	—
2847 00 00	**Wasserstoffperoxid, auch mit Harnstoff verfestigt**	5,5	kg H_2O_2
2848 00 00	**Phosphide, auch chemisch nicht einheitlich, ausgenommen Ferrophosphor**	5,5	—
2849	**Carbide, auch chemisch nicht einheitlich:**		
2849 10 00	**– des Calciums**	5,5	—
2849 20 00	**– des Siliciums**	5,5	—
2849 90	**– andere:**		
2849 90 10	– – des Bors	4,1	—
2849 90 30	– – des Wolframs	5,5	—
2849 90 50	– – des Aluminiums, des Chroms, des Molybdäns, des Vanadiums, des Tantals, des Titans	5,5	—
2849 90 90	– – andere	5,3	—
2850 00	**Hydride, Nitride, Azide, Silicide und Boride, auch chemisch nicht einheitlich, ausgenommen Verbindungen, die zugleich Carbide der Position 2849 sind:**		
2850 00 20	– Hydride, Nitride	4,6	—
2850 00 60	– Azide, Silicide	5,5	—
2850 00 90	– Boride	5,3	—
[2851]			
2852	**Anorganische oder organische Verbindungen von Quecksilber, auch chemisch nicht einheitlich, ausgenommen Amalgame:**		
2852 10 00	**– chemisch einheitlich**	5,5	—
2852 90 00	**– andere**	5,5	—
2853 00	**Andere anorganische Verbindungen (einschließlich destilliertes Wasser, Leitfähigkeitswasser oder Wasser von gleicher Reinheit); flüssige Luft (einschließlich von Edelgasen befreite flüssige Luft); Pressluft; Amalgame von anderen Metallen als Edelmetallen:**		
2853 00 10	– destilliertes Wasser, Leitfähigkeitswasser oder Wasser von gleicher Reinheit	2,7	—
2853 00 30	– flüssige Luft (einschließlich der von Edelgasen befreiten flüssigen Luft); Pressluft	4,1	—
2853 00 50	– Cyanogenchlorid	5,5	—
2853 00 90	– andere	5,5	—

KAPITEL 29

ORGANISCHE CHEMISCHE ERZEUGNISSE

Anmerkungen

1. Zu Kapitel 29 gehören, soweit nichts anderes bestimmt ist, nur:

   a) isolierte chemisch einheitliche organische Verbindungen, auch wenn sie Verunreinigungen enthalten;

   b) Isomerengemische der gleichen organischen Verbindung (auch wenn sie Verunreinigungen enthalten), ausgenommen Isomerengemische (andere als Stereoisomere) gesättigter oder ungesättigter acyclischer Kohlenwasserstoffe (Kapitel 27);

   c) Erzeugnisse der Positionen 2936 bis 2939, Ether, Acetale und Ester von Zuckern und ihre Salze der Position 2940 und die Erzeugnisse der Position 2941, auch chemisch nicht einheitlich;

   d) wässrige Lösungen der unter den vorstehenden Buchstaben a), b) oder c) genannten Erzeugnisse;

   e) andere Lösungen der unter den vorstehenden Buchstaben a), b) oder c) genannten Erzeugnisse, sofern die Aufmachung in derartigen Lösungen ausschließlich aus Sicherheits- oder Transportgründen üblich und erforderlich ist, vorausgesetzt, dass der Zusatz des Lösemittels das Erzeugnis nicht für bestimmte Verwendungszwecke geeigneter macht als für den allgemeinen Gebrauch;

   f) die unter den vorstehenden Buchstaben a), b), c), d) oder e) genannten Erzeugnisse mit Zusatz eines zu ihrer Erhaltung oder ihrem Transport notwendigen Stabilisierungsmittels (einschließlich Antibackmittel);

   g) die unter den vorstehenden Buchstaben a), b), c), d), e) oder f) genannten Erzeugnisse, denen ein Antistaubmittel oder zum leichteren Erkennen oder aus Sicherheitsgründen ein Farbmittel oder ein Riechstoff zugesetzt worden ist, vorausgesetzt, dass diese Zusätze das Erzeugnis nicht für bestimmte Verwendungszwecke geeigneter machen als für den allgemeinen Gebrauch;

   h) folgende standardisierte Erzeugnisse zum Herstellen von Azofarbstoffen: Diazoniumsalze, für diese Salze dienende Kupplungskomponenten und diazotierbare Amine und deren Salze.

2. Zu Kapitel 29 gehören nicht:

   a) Waren der Position 1504 oder rohes Glycerin (Position 1520);

   b) Ethylalkohol (Position 2207 oder 2208);

   c) Methan und Propan (Position 2711);

   d) die in der Anmerkung 2 zu Kapitel 28 aufgeführten Kohlenstoffverbindungen;

   e) immunologische Erzeugnisse (Position 3002);

   f) Harnstoff (Position 3102 oder 3105);

   g) Farbmittel pflanzlichen oder tierischen Ursprungs (Position 3203), synthetische organische Farbmittel, synthetische organische Erzeugnisse von der als fluoreszierende Aufheller oder als Luminophore verwendeten Art (Position 3204) sowie Färbemittel in Formen oder Packungen für den Einzelverkauf (Position 3212);

   h) Enzyme (Position 3507);

   ij) Metaldehyd, Hexamethylentetramin und ähnliche Erzeugnisse, in Täfelchen, Stäbchen oder ähnlichen Formen, aus denen sich ihre Verwendung als Brennstoff ergibt, sowie flüssige Brennstoffe und brennbare Flüssiggase in Behältnissen von der zum Auffüllen oder Wiederauffüllen von Feuerzeugen oder Feueranzündern verwendeten Art, mit einem Fassungsvermögen von 300 cm^3 oder weniger (Position 3606);

   k) Feuerlöschmittel, aufgemacht als Ladungen für Feuerlöschgeräte oder als Feuerlöschgranaten oder -bomben der Position 3813; Tintenentferner in Aufmachungen für den Einzelverkauf der Position 3824;

   l) optische Elemente, z. B. aus Ethylendiamintartrat (Position 9001).

3. Kommen für ein Erzeugnis zwei oder mehr Positionen dieses Kapitels in Betracht, so ist es der Letzten dieser Positionen zuzuweisen.

4. In den Positionen 2904 bis 2906, 2908 bis 2911 und 2913 bis 2920 umfasst jede Erwähnung der Halogen-, Sulfo-, Nitro- oder Nitrosoderivate auch die Mischderivate, wie Sulfohalogen-, Nitrohalogen-, Nitrosulfo- und Nitrosulfohalogenderivate.

Nitro- oder Nitrosogruppen gelten nicht als „Stickstoff-Funktionen" im Sinne der Position 2929.

Im Sinne der Positionen 2911, 2912, 2914, 2918 und 2922 ist der Begriff „Sauerstoff-Funktionen" auf diejenigen Funktionen (die charakteristischen organischen Gruppen, die Sauerstoff enthalten) beschränkt, die in den Positionen 2905 bis 2920 genannt sind.

5. A) Aus organischen Verbindungen mit Säurefunktion der Teilkapitel I bis VII mit organischen Verbindungen der gleichen Teilkapitel gebildete Ester sind der letzten Position dieser Teilkapitel zuzuweisen, die für eine ihrer Komponenten in Betracht kommt;

   B) aus Ethanol mit organischen Verbindungen mit Säurefunktion der Teilkapitel I bis VII gebildete Ester sind wie die entsprechende Verbindung mit Säurefunktion einzureihen;

   C) vorbehaltlich der Anmerkung 1 zu Abschnitt VI und der Anmerkung 2 zu Kapitel 28 sind:

      1) anorganische Salze organischer Verbindungen, wie solche mit Säure-, Phenol- oder Enolfunktion oder organische Basen, der Teilkapitel I bis X oder der Position 2942, der für die organische Verbindung in Betracht zu ziehenden Position zuzuweisen;

      2) Salze, die durch Reaktion von organischen Verbindungen der Teilkapitel I bis X oder der Position 2942 miteinander entstanden sind, der letzten Position dieses Kapitels zuzuweisen, die für die Base oder die Säure (einschließlich von Verbindungen mit Phenol- oder Enolfunktion), aus der sie gebildet sind, in Betracht kommt;

      3) Koordinationsverbindungen, andere als die des Teilkapitels XI oder der Position 2941, in die letztgenannte Position des Kapitels 29 einzureihen, entsprechend der Fragmente, die durch „Spalten" aller Metallbindungen, andere als Metall-Kohlenstoff-Bindungen, entstehen;

   D) Metallalkoholate sind wie die entsprechenden Alkohole einzureihen, ausgenommen solche von Ethanol (Position 2905);

   E) die Halogenide der Carbonsäuren sind derselben Position zuzuweisen wie die entsprechenden Säuren.

6. Die Verbindungen der Positionen 2930 und 2931 sind organische Verbindungen, deren Moleküle außer Wasserstoff-, Sauerstoff- oder Stickstoffatomen unmittelbar an den Kohlenstoff gebundene andere Nichtmetallatome oder Metallatome (z. B. Schwefel, Arsen oder Blei) enthalten.

   Zu den Positionen 2930 (organische Thioverbindungen) und 2931 (andere organisch-anorganische Verbindungen) gehören nicht solche Sulfo- oder Halogenderivate (einschließlich Mischderivate), die, abgesehen von Wasserstoff, Sauerstoff oder Stickstoff, in unmittelbarer Bindung an den Kohlenstoff nur Schwefel- oder Halogenatome enthalten, die ihnen den Charakter von Sulfo- oder Halogenderivaten (einschließlich Mischderivate) verleihen.

7. Zu den Positionen 2932, 2933 und 2934 gehören nicht Epoxide mit dreigliedrigem Ring, Ketonperoxide, cyclische Polymere der Aldehyde oder der Thioaldehyde, Anhydride mehrbasischer Carbonsäuren, cyclische Ester mehrwertiger Alkohole oder mehrwertiger Phenole mit mehrbasischen Säuren und Imide mehrbasischer Säuren.

   Die vorstehenden Bestimmungen gelten nur, wenn die im Ring sich befindenden Heteroatome ausschließlich aus den hier aufgezählten Cyclisierungsfunktionen stammen.

8. Für die Anwendung der Position 2937:

   a) als „Hormone" gelten auch die Hormon-Releasingfaktoren und Hormon-Stimulationsfaktoren, die Hormoninhibitoren und die Hormonantagonisten (Antihormone);

   b) der Ausdruck „hauptsächlich als Hormone verwendet" gilt nicht nur für die Hormonderivate und strukturverwandte Verbindungen, die hauptsächlich wegen ihrer hormonellen Wirkung eingesetzt werden, sondern auch für solche Derivate und solche strukturverwandte Verbindungen, die hauptsächlich als Zwischenerzeugnisse bei der Synthese von Erzeugnissen dieser Position verwendet werden.

Unterpositions-Anmerkungen

1. Innerhalb einer Position dieses Kapitels sind die Derivate einer chemischen Verbindung (oder einer Gruppe chemischer Verbindungen) derselben Unterposition wie diese Verbindung (oder Gruppe von Verbindungen) zuzuweisen, wenn sie nicht durch eine andere Unterposition genauer erfasst werden und in der gleichen Gliederungsstufe von Unterpositionen keine Unterposition „andere“ besteht.

2. Anmerkung 3 zu Kapitel 29 ist nicht anwendbar auf Unterpositionen dieses Kapitels.

KN-Code	Warenbezeichnung	Vertragsmäßiger Zollsatz (%)	Besondere Maßeinheit
1	2	3	4
	I. KOHLENWASSERSTOFFE UND IHRE HALOGEN-, SULFO-, NITRO- ODER NITROSODERIVATE		
2901	**Acyclische Kohlenwasserstoffe:**		
2901 10 00	**– gesättigt**	frei	—
	– ungesättigt:		
2901 21 00	**– – Ethylen**	frei	—
2901 22 00	**– – Propen (Propylen)**	frei	—
2901 23 00	**– – Buten (Butylen) und seine Isomere**	frei	—
2901 24 00	**– – Buta-1,3-dien und Isopren**	frei	—
2901 29 00	**– – andere**	frei	—
2902	**Cyclische Kohlenwasserstoffe:**		
	– alicyclische:		
2902 11 00	**– – Cyclohexan**	frei	—
2902 19 00	**– – andere**	frei	—
2902 20 00	**– Benzol**	frei	—
2902 30 00	**– Toluol**	frei	—
	– Xylole:		
2902 41 00	**– – o-Xylol**	frei	—
2902 42 00	**– – m-Xylol**	frei	—
2902 43 00	**– – p-Xylol**	frei	—
2902 44 00	**– – Xylol-Isomerengemische**	frei	—
2902 50 00	**– Styrol**	frei	—
2902 60 00	**– Ethylbenzol**	frei	—
2902 70 00	**– Cumol**	frei	—
2902 90 00	**– andere**	frei	—
2903	**Halogenderivate der Kohlenwasserstoffe:**		
	– gesättigte Chlorderivate der acyclischen Kohlenwasserstoffe:		
2903 11 00	**– – Chlormethan (Methylchlorid) und Chlorethan (Ethylchlorid)**	5,5	—
2903 12 00	**– – Dichlormethan (Methylenchlorid)**	5,5	—
2903 13 00	**– – Chloroform (Trichlormethan)**	5,5	—

KN-Code	Warenbezeichnung	Vertragsmäßiger Zollsatz (%)	Besondere Maßeinheit
1	2	3	4
2903 14 00	– – **Kohlenstofftetrachlorid (Tetrachlorkohlenstoff)**	5,5	—
2903 15 00	– – **Ethylendichlorid (ISO) (1,2-Dichlorethan)**	5,5	—
2903 19	– – **andere:**		
2903 19 10	– – – 1,1,1-Trichlorethan (Methylchloroform)	5,5	—
2903 19 80	– – – andere	5,5	—
	– **ungesättigte Chlorderivate der acyclischen Kohlenwasserstoffe:**		
2903 21 00	– – **Vinylchlorid (Chlorethylen)**	5,5	—
2903 22 00	– – **Trichlorethylen**	5,5	—
2903 23 00	– – **Tetrachlorethylen (Perchlorethylen)**	5,5	—
2903 29 00	– – **andere**	5,5	—
	– **Fluor-, Brom- oder Iodderivate der acyclischen Kohlenwasserstoffe:**		
2903 31 00	– – **Ethylendibromid (ISO) (1,2-Dibromethan)**	5,5	—
2903 39	– – **andere:**		
	– – – Bromide:		
2903 39 11	– – – – Brommethan (Methylbromid)	5,5	—
2903 39 15	– – – – Dibrommethan	frei	—
2903 39 19	– – – – andere	5,5	—
2903 39 90	– – – Fluoride und Iodide	5,5	—
	– **Halogenderivate der acyclischen Kohlenwasserstoffe mit zwei oder mehr verschiedenen Halogenen:**		
2903 71 00	– – **Chlordifluormethan**	5,5	—
2903 72 00	– – **Dichlortrifluorethane**	5,5	—
2903 73 00	– – **Dichlorfluorethane**	5,5	—
2903 74 00	– – **Chlordifluorethane**	5,5	—
2903 75 00	– – **Dichlorpentafluorpropane**	5,5	—
2903 76	– – **Bromchlordifluormethan, Bromtrifluormethan und Dibromtetrafluorethane:**		
2903 76 10	– – – Bromchlordifluormethan	5,5	—
2903 76 20	– – – Bromtrifluormethan	5,5	—
2903 76 90	– – – Dibromtetrafluorethane	5,5	—
2903 77	– – **andere nur mit Fluor und Chlor perhalogenierte Derivate:**		
2903 77 10	– – – Trichlorfluormethan	5,5	—
2903 77 20	– – – Dichlordifluormethan	5,5	—
2903 77 30	– – – Trichlortrifluorethane	5,5	—
2903 77 40	– – – Dichlortetrafluorethane	5,5	—
2903 77 50	– – – Chlorpentafluorethan	5,5	—

KN-Code	Warenbezeichnung	Vertragsmäßiger Zollsatz (%)	Besondere Maßeinheit
1	2	3	4
2903 77 90	– – – andere	5,5	—
2903 78 00	– – **andere perhalogenierte Derivate**	5,5	—
2903 79	– – **andere:**		
	– – – nur mit Fluor und Chlor halogenierte Derivate:		
2903 79 11	– – – – des Methans, Ethans oder Propans (H-FCKW)	5,5	—
2903 79 19	– – – – andere	5,5	—
	– – – nur mit Fluor und Brom halogenierte Derivate:		
2903 79 21	– – – – des Methans, Ethans oder Propans	5,5	—
2903 79 29	– – – – andere	5,5	—
2903 79 90	– – – andere	5,5	—
	– **Halogenderivate der alicyclischen Kohlenwasserstoffe:**		
2903 81 00	– – **1,2,3,4,5,6-Hexachlorcyclohexan (HCH (ISO)), einschließlich Lindan (ISO, INN)**	5,5	—
2903 82 00	– – **Aldrin (ISO), Chlordan (ISO) und Heptachlor (ISO)**	5,5	—
2903 89	– – **andere:**		
2903 89 10	– – – 1,2-Dibrom-4-(1,2-dibromethyl)cyclohexan; Tetrabromcyclooctane	frei	—
2903 89 90	– – – andere	5,5	—
	– **Halogenderivate der aromatischen Kohlenwasserstoffe:**		
2903 91 00	– – **Chlorbenzol, o-Dichlorbenzol und p-Dichlorbenzol**	5,5	—
2903 92 00	– – **Hexachlorbenzol (ISO) und DDT (ISO) (Clofenotan (INN), 1,1,1-Trichlor-2,2-bis(p-chlorphenyl)ethan)**	5,5	—
2903 99	– – **andere:**		
2903 99 10	– – – 2,3,4,5,6-Pentabromethylbenzol	frei	—
2903 99 90	– – – andere	5,5	—
2904	**Sulfo-, Nitro- oder Nitrosoderivate der Kohlenwasserstoffe, auch halogeniert:**		
2904 10 00	– **nur Sulfogruppen enthaltende Derivate, ihre Salze und ihre Ethylester**	5,5	—
2904 20 00	– **nur Nitro- oder nur Nitrosogruppen enthaltende Derivate**	5,5	—
2904 90	– **andere:**		
2904 90 40	– – Trichlornitromethan (Chlorpikrin)	5,5	—
2904 90 95	– – andere	5,5	—
	II. **ALKOHOLE, IHRE HALOGEN-, SULFO-, NITRO- ODER NITROSODERIVATE**		
2905	**Acyclische Alkohole, ihre Halogen-, Sulfo-, Nitro- oder Nitrosoderivate:**		
	– **einwertige gesättigte Alkohole:**		
2905 11 00	– – **Methanol (Methylalkohol)**	5,5	—

KN-Code	Warenbezeichnung	Vertragsmäßiger Zollsatz (%)	Besondere Maßeinheit
1	2	3	4
2905 12 00	**– – Propan-1-ol (Propylalkohol) und Propan-2-ol (Isopropylalkohol)**	5,5	—
2905 13 00	**– – Butan-1-ol (n-Butylalkohol)**	5,5	—
2905 14	**– – andere Butanole:**		
2905 14 10	– – – 2-Methylpropan-2-ol (tert-Butylalkohol)	4,6	—
2905 14 90	– – – andere	5,5	—
2905 16	**– – Octanol (Octylalkohol) und seine Isomere:**		
2905 16 20	– – – Octan-2-ol	frei	—
2905 16 85	– – – andere	5,5	—
2905 17 00	**– – Dodecan-1-ol (Laurylalkohol), Hexadecan-1-ol (Cetylalkohol) und Octadecan-1-ol (Stearylalkohol)**	5,5	—
2905 19 00	**– – andere**	5,5	—
	– einwertige ungesättigte Alkohole:		
2905 22 00	**– – acyclische Terpenalkohole**	5,5	—
2905 29	**– – andere:**		
2905 29 10	– – – Allylalkohol	5,5	—
2905 29 90	– – – andere	5,5	—
	– zweiwertige Alkohole:		
2905 31 00	**– – Ethylenglykol (Ethandiol)**	5,5	—
2905 32 00	**– – Propylenglykol (Propan-1,2-diol)**	5,5	—
2905 39	**– – andere:**		
2905 39 20	– – – Butan-1,3-diol	frei	—
2905 39 25	– – – Butan-1,4-diol	5,5	—
2905 39 30	– – – 2,4,7,9-Tetramethyldec-5-in-4,7-diol	frei	—
2905 39 95	– – – andere	5,5	—
	– andere mehrwertige Alkohole:		
2905 41 00	**– – 2-Ethyl-2-(hydroxymethyl)propan-1,3-diol (Trimethylolpropan)**	5,5	—
2905 42 00	**– – Pentaerythritol**	5,5	—
2905 43 00	**– – Mannitol**	9,6 + 125,8 €/100 kg/net	—
2905 44	**– – D-Glucitol (Sorbit):**		
	– – – in wässriger Lösung:		
2905 44 11	– – – – mit einem Gehalt an D-Mannitol, bezogen auf den Gehalt an D-Glucitol, von 2 GHT oder weniger	7,7 + 16,1 €/100 kg/net	—

KN-Code	Warenbezeichnung	Vertragsmäßiger Zollsatz (%)	Besondere Maßeinheit
1	2	3	4
2905 44 19	– – – – anderer	9,6 + 37,8 €/100 kg/net (1)	—
	– – – anderer:		
2905 44 91	– – – – mit einem Gehalt an D-Mannitol, bezogen auf den Gehalt an D-Glucitol, von 2 GHT oder weniger	7,7 + 23 €/100 kg/net	—
2905 44 99	– – – – anderer	9,6 + 53,7 €/100 kg/net (1)	—
2905 45 00	– – **Glycerin**	3,8	—
2905 49 00	– – **andere**	5,5	—
	– **Halogen-, Sulfo-, Nitro- oder Nitrosoderivate der acyclischen Alkohole:**		
2905 51 00	– – **Ethchlorvynol (INN)**	frei	—
2905 59	– – **andere:**		
2905 59 91	– – – 2,2-Bis(brommethyl)propandiol	frei	—
2905 59 98	– – – andere	5,5	—
2906	**Cyclische Alkohole, ihre Halogen-, Sulfo-, Nitro- oder Nitrosoderivate:**		
	– **alicyclische:**		
2906 11 00	– – **Menthol**	5,5	—
2906 12 00	– – **Cyclohexanol, Methylcyclohexanole, Dimethylcyclohexanole**	5,5	—
2906 13	– – **Sterine und Inosite:**		
2906 13 10	– – – Sterine	5,5	—
2906 13 90	– – – Inosite	frei	—
2906 19 00	– – **andere**	5,5	—
	– **aromatische:**		
2906 21 00	– – **Benzylalkohol**	5,5	—
2906 29 00	– – **andere**	5,5	—
	III. **PHENOLE, PHENOLALKOHOLE UND IHRE HALOGEN-, SULFO-, NITRO- ODER NITROSODERIVATE**		
2907	**Phenole; Phenolalkohole:**		
	– **einwertige Phenole:**		
2907 11 00	– – **Phenol (Hydroxybenzol) und seine Salze**	3	—
2907 12 00	– – **Kresole und ihre Salze**	2,1	—
2907 13 00	– – **Octylphenol, Nonylphenol und ihre Isomere; Salze dieser Erzeugnisse**	5,5	—
2907 15	– – **Naphthole und ihre Salze:**		
2907 15 10	– – – 1-Naphthol	frei	—
2907 15 90	– – – andere	5,5	—

(1) Dieser Wertzollsatz ist autonom auf unbestimmte Zeit auf 9 % ermäßigt (Aussetzung).

KN-Code	Warenbezeichnung	Vertragsmäßiger Zollsatz (%)	Besondere Maßeinheit
1	2	3	4
2907 19	**– – andere:**		
2907 19 10	– – – Xylenole und ihre Salze	2,1	—
2907 19 90	– – – andere	5,5	—
	– mehrwertige Phenole; Phenolalkohole:		
2907 21 00	**– – Resorcin und seine Salze**	5,5	—
2907 22 00	**– – Hydrochinon und seine Salze**	5,5	—
2907 23 00	**– – 4,4′-Isopropylidendiphenol (Bisphenol A, Diphenylolpropan) und seine Salze**	5,5	—
2907 29 00	**– – andere**	5,5	—
2908	**Halogen-, Sulfo-, Nitro- oder Nitrosoderivate der Phenole oder Phenolalkohole:**		
	– nur Halogengruppen enthaltende Derivate und ihre Salze:		
2908 11 00	**– – Pentachlorphenol (ISO)**	5,5	—
2908 19 00	**– – andere**	5,5	—
	– andere:		
2908 91 00	**– – Dinoseb (ISO) und seine Salze**	5,5	—
2908 92 00	**– – 4,6-Dinitro-o-kresol (DNOC (ISO)) und seine Salze**	5,5	—
2908 99 00	**– – andere**	5,5	—
	IV. **ETHER, ALKOHOLPEROXIDE, ETHERPEROXIDE, KETONPEROXIDE, EPOXIDE MIT DREIGLIEDRIGEM RING, ACETALE UND HALBACETALE; IHRE HALOGEN-, SULFO-, NITRO- ODER NITROSODERIVATE**		
2909	**Ether, Etheralkohole, Etherphenole, Etheralkoholphenole, Alkoholperoxide, Etherperoxide, Ketonperoxide (auch chemisch nicht einheitlich); ihre Halogen-, Sulfo-, Nitro- oder Nitrosoderivate:**		
	– acyclische Ether und ihre Halogen-, Sulfo-, Nitro- oder Nitrosoderivate:		
2909 11 00	**– – Diethylether**	5,5	—
2909 19	**– – andere:**		
2909 19 10	– – – tert-Butyl-ethylether (Ethyl-tert-butylether, ETBE)	5,5	—
2909 19 90	– – – andere	5,5	—
2909 20 00	**– alicyclische Ether und ihre Halogen-, Sulfo-, Nitro- oder Nitrosoderivate**	5,5	—
2909 30	**– aromatische Ether und ihre Halogen-, Sulfo-, Nitro- oder Nitrosoderivate:**		
2909 30 10	– – Diphenylether	frei	—
	– – nur mit Brom halogenierte Derivate:		
2909 30 31	– – – Pentabromdiphenylether; 1,2,4,5-Tetrabrom-3,6-bis(pentabromphenoxy)benzol	frei	—
2909 30 35	– – – 1,2-Bis(2,4,6-tribromphenoxy)ethan, zum Herstellen von Acrylnitril-Butadien-Styrol (ABS) ([1])	frei	—
2909 30 38	– – – andere	5,5	—
2909 30 90	– – andere	5,5	—

([1]) Die Zulassung zu dieser Unterposition erfolgt nach den in den einschlägigen Bestimmungen der Europäischen Union festgesetzten Voraussetzungen (s. Artikel 291 bis 300 der Verordnung (EWG) Nr. 2454/93 der Kommission (ABl. L 253 vom 11.10.1993, S. 1)).

KN-Code	Warenbezeichnung	Vertragsmäßiger Zollsatz (%)	Besondere Maßeinheit
1	2	3	4
	– Etheralkohole und ihre Halogen-, Sulfo-, Nitro- oder Nitrosoderivate:		
2909 41 00	– – 2,2′-Oxydiethanol (Diethylenglykol, Digol)	5,5	—
2909 43 00	– – Monobutylether des Ethylenglykols oder des Diethylenglykols	5,5	—
2909 44 00	– – andere Monoalkylether des Ethylenglykols oder des Diethylenglykols	5,5	—
2909 49	– – andere:		
2909 49 11	– – – 2-(2-Chlorethoxy)ethanol	frei	—
2909 49 80	– – – andere	5,5	—
2909 50 00	– Etherphenole, Etheralkoholphenole und ihre Halogen-, Sulfo-, Nitro- oder Nitrosoderivate	5,5	—
2909 60 00	– Alkoholperoxide, Etherperoxide, Ketonperoxide und ihre Halogen-, Sulfo-, Nitro- oder Nitrosoderivate	5,5	—
2910	**Epoxide, Epoxyalkohole, Epoxyphenole und Epoxyether mit dreigliedrigem Ring; ihre Halogen-, Sulfo-, Nitro- oder Nitrosoderivate:**		
2910 10 00	– Oxiran (Ethylenoxid)	5,5	—
2910 20 00	– Methyloxiran (Propylenoxid)	5,5	—
2910 30 00	– 1-Chlor-2,3-epoxypropan (Epichlorhydrin)	5,5	—
2910 40 00	– Dieldrin (ISO, INN)	5,5	—
2910 90 00	– andere	5,5	—
2911 00 00	**Acetale und Halbacetale, auch mit anderen Sauerstoff-Funktionen, und ihre Halogen-, Sulfo-, Nitro- oder Nitrosoderivate**	5	—
	V. VERBINDUNGEN MIT ALDEHYDFUNKTION		
2912	**Aldehyde, auch mit anderen Sauerstoff-Funktionen; cyclische Polymere der Aldehyde; Paraformaldehyd:**		
	– acyclische Aldehyde ohne andere Sauerstoff-Funktionen:		
2912 11 00	– – Methanal (Formaldehyd)	5,5	—
2912 12 00	– – Ethanal (Acetaldehyd)	5,5	—
2912 19 00	– – andere	5,5	—
	– cyclische Aldehyde ohne andere Sauerstoff-Funktionen:		
2912 21 00	– – Benzaldehyd	5,5	—
2912 29 00	– – andere	5,5	—
	– Aldehydalkohole, Aldehydether, Aldehydphenole und Aldehyde mit anderen Sauerstoff-Funktionen:		
2912 41 00	– – Vanillin (4-Hydroxy-3-methoxybenzaldehyd)	5,5	—
2912 42 00	– – Ethylvanillin (3-Ethoxy-4-hydroxybenzaldehyd)	5,5	—
2912 49 00	– – andere	5,5	—
2912 50 00	– cyclische Polymere der Aldehyde	5,5	—
2912 60 00	– Paraformaldehyd	5,5	—
2913 00 00	**Halogen-, Sulfo-, Nitro- oder Nitrosoderivate der Erzeugnisse der Position 2912**	5,5	—

KN-Code	Warenbezeichnung	Vertragsmäßiger Zollsatz (%)	Besondere Maßeinheit
1	2	3	4
	VI. **VERBINDUNGEN MIT KETON- ODER CHINONFUNKTION**		
2914	**Ketone und Chinone, auch mit anderen Sauerstoff-Funktionen; ihre Halogen-, Sulfo-, Nitro- oder Nitrosoderivate:**		
	– **acyclische Ketone ohne andere Sauerstoff-Funktionen:**		
2914 11 00	– – **Aceton**	5,5	—
2914 12 00	– – **Butanon (Methylethylketon)**	5,5	—
2914 13 00	– – **4-Methylpentan-2-on (Methylisobutylketon)**	5,5	—
2914 19	– – **andere:**		
2914 19 10	– – – 5-Methylhexan-2-on	frei	—
2914 19 90	– – – andere	5,5	—
	– **alicyclische Ketone ohne andere Sauerstoff-Funktionen:**		
2914 22 00	– – **Cyclohexanon, Methylcyclohexanone**	5,5	—
2914 23 00	– – **Jonone und Methyljonone**	5,5	—
2914 29 00	– – **andere**	5,5	—
	– **aromatische Ketone ohne andere Sauerstoff-Funktionen:**		
2914 31 00	– – **Phenylaceton (Phenylpropan-2-on)**	5,5	—
2914 39 00	– – **andere**	5,5	—
2914 40	– **Ketonalkohole und Ketonaldehyde:**		
2914 40 10	– – 4-Hydroxy-4-methylpentan-2-on (Diacetonalkohol)	5,5	—
2914 40 90	– – andere	3	—
2914 50 00	– **Ketonphenole und Ketone mit anderen Sauerstoff-Funktionen**	5,5	—
	– **Chinone:**		
2914 61 00	– – **Anthrachinon**	5,5	—
2914 69	– – **andere:**		
2914 69 10	– – – 1,4-Naphthochinon	frei	—
2914 69 90	– – – andere	5,5	—
2914 70 00	– **Halogen-, Sulfo-, Nitro- oder Nitrosoderivate**	5,5	—
	VII. **CARBONSÄUREN, IHRE ANHYDRIDE, HALOGENIDE, PEROXIDE UND PEROXYSÄUREN; IHRE HALOGEN-, SULFO-, NITRO- ODER NITROSODERIVATE**		
2915	**Gesättigte acyclische einbasische Carbonsäuren und ihre Anhydride, Halogenide, Peroxide und Peroxysäuren; ihre Halogen-, Sulfo-, Nitro- oder Nitrosoderivate:**		
	– **Ameisensäure, ihre Salze und Ester:**		

KN-Code	Warenbezeichnung	Vertragsmäßiger Zollsatz (%)	Besondere Maßeinheit
1	2	3	4
2915 11 00	**– – Ameisensäure**	5,5	—
2915 12 00	**– – Salze der Ameisensäure**	5,5	—
2915 13 00	**– – Ester der Ameisensäure**	5,5	—
	– Essigsäure und ihre Salze; Essigsäureanhydrid:		
2915 21 00	**– – Essigsäure**	5,5	—
2915 24 00	**– – Essigsäureanhydrid**	5,5	—
2915 29 00	**– – andere**	5,5	—
	– Ester der Essigsäure:		
2915 31 00	**– – Ethylacetat**	5,5	—
2915 32 00	**– – Vinylacetat**	5,5	—
2915 33 00	**– – n-Butylacetat**	5,5	—
2915 36 00	**– – Dinosebacetat**	5,5	—
2915 39 00	**– – andere**	5,5	—
2915 40 00	**– Mono-, Di- oder Trichloressigsäure, ihre Salze und Ester**	5,5	—
2915 50 00	**– Propionsäure, ihre Salze und Ester**	4,2	—
2915 60	**– Butansäuren, Pentansäuren, ihre Salze und Ester:**		
	– – Butansäuren, ihre Salze und Ester:		
2915 60 11	– – – 1-Isopropyl-2,2-dimethyltrimethylendiisobutyrat	frei	—
2915 60 19	– – – andere	5,5	—
2915 60 90	– – Pentansäuren, ihre Salze und Ester	5,5	—
2915 70	**– Palmitinsäure, Stearinsäure, ihre Salze und Ester:**		
2915 70 40	– – Palmitinsäure, ihre Salze und Ester	5,5	—
2915 70 50	– – Stearinsäure, ihre Salze und Ester	5,5	—
2915 90	**– andere:**		
2915 90 30	– – Laurinsäure und ihre Salze und Ester	5,5	—
2915 90 70	– – andere	5,5	—
2916	**Ungesättigte acyclische einbasische Carbonsäuren, cyclische einbasische Carbonsäuren, ihre Anhydride, Halogenide, Peroxide und Peroxysäuren; ihre Halogen-, Sulfo-, Nitro- oder Nitrosoderivate:**		
	– ungesättigte acyclische einbasische Carbonsäuren, ihre Anhydride, Halogenide, Peroxide, Peroxysäuren und ihre Derivate:		
2916 11 00	**– – Acrylsäure und ihre Salze**	6,5	—
2916 12 00	**– – Ester der Acrylsäure**	6,5	—
2916 13 00	**– – Methacrylsäure und ihre Salze**	6,5	—
2916 14 00	**– – Ester der Methacrylsäure**	6,5	—
2916 15 00	**– – Ölsäure, Linolsäure oder Linolensäure, ihre Salze und Ester**	6,5	—
2916 16 00	**– – Binapacryl (ISO)**	6,5	—

KN-Code	Warenbezeichnung	Vertragsmäßiger Zollsatz (%)	Besondere Maßeinheit
1	2	3	4
2916 19	– – **andere:**		
2916 19 10	– – – Undecensäuren, ihre Salze und Ester	5,9	—
2916 19 40	– – – Crotonsäure	frei	—
2916 19 95	– – – andere	6,5	—
2916 20 00	– **alicyclische einbasische Carbonsäuren, ihre Anhydride, Halogenide, Peroxide, Peroxysäuren und ihre Derivate**	6,5	—
	– **aromatische einbasische Carbonsäuren, ihre Anhydride, Halogenide, Peroxide, Peroxysäuren und ihre Derivate:**		
2916 31 00	– – **Benzoesäure, ihre Salze und Ester**	6,5	—
2916 32 00	– – **Benzoylperoxid und Benzoylchlorid**	6,5	—
2916 34 00	– – **Phenylessigsäure und ihre Salze**	frei	—
2916 39	– – **andere:**		
2916 39 10	– – – Ester der Phenylessigsäure	frei	—
2916 39 90	– – – andere	6,5	—
2917	**Mehrbasische Carbonsäuren, ihre Anhydride, Halogenide, Peroxide und Peroxysäuren; ihre Halogen-, Sulfo-, Nitro- oder Nitrosoderivate:**		
	– **acyclische mehrbasische Carbonsäuren, ihre Anhydride, Halogenide, Peroxide, Peroxysäuren und ihre Derivate:**		
2917 11 00	– – **Oxalsäure, ihre Salze und Ester**	6,5	—
2917 12 00	– – **Adipinsäure, ihre Salze und Ester**	6,5	—
2917 13	– – **Azelainsäure, Sebacinsäure, ihre Salze und Ester:**		
2917 13 10	– – – Sebacinsäure	frei	—
2917 13 90	– – – andere	6	—
2917 14 00	– – **Maleinsäureanhydrid**	6,5	—
2917 19	– – **andere:**		
2917 19 10	– – – Malonsäure, ihre Salze und Ester	6,5	—
2917 19 90	– – – andere	6,3	—
2917 20 00	– **alicyclische mehrbasische Carbonsäuren, ihre Anhydride, Halogenide, Peroxide, Peroxysäuren und ihre Derivate**	6	—
	– **aromatische mehrbasische Carbonsäuren, ihre Anhydride, Halogenide, Peroxide, Peroxysäuren und ihre Derivate:**		
2917 32 00	– – **Dioctylorthophthalate**	6,5	—
2917 33 00	– – **Dinonyl- oder Didecylorthophthalate**	6,5	—
2917 34 00	– – **andere Ester der Orthophthalsäure**	6,5	—
2917 35 00	– – **Phthalsäureanhydrid**	6,5	—
2917 36 00	– – **Terephthalsäure und ihre Salze**	6,5	—
2917 37 00	– – **Dimethylterephthalat**	6,5	—
2917 39	– – **andere:**		
2917 39 20	– – – Ester oder Anhydrid der Tetrabromphthalsäure; Benzol-1,2,4-tricarbonsäure; Isophthaloyldichlorid mit einem Gehalt an Terephthaloyldichlorid von 0,8 GHT oder weniger; Naphthalin-1,4,5,8-tetracarbonsäure; Tetrachlorphthalsäureanhydrid; Natrium-3,5-bis(methoxycarbonyl)benzolsulfonat	frei	—
2917 39 95	– – – andere	6,5	—

KN-Code	Warenbezeichnung	Vertragsmäßiger Zollsatz (%)	Besondere Maßeinheit
1	2	3	4
2918	**Carbonsäuren mit zusätzlichen Sauerstoff-Funktionen und ihre Anhydride, Halogenide, Peroxide und Peroxysäuren; ihre Halogen-, Sulfo-, Nitro- oder Nitrosoderivate:**		
	– Carbonsäuren mit Alkoholfunktion, jedoch ohne andere Sauerstoff-Funktion, ihre Anhydride, Halogenide, Peroxide, Peroxysäuren und ihre Derivate:		
2918 11 00	**– – Milchsäure, ihre Salze und Ester**	6,5	—
2918 12 00	**– – Weinsäure**	6,5	—
2918 13 00	**– – Salze und Ester der Weinsäure**	6,5	—
2918 14 00	**– – Citronensäure**	6,5	—
2918 15 00	**– – Salze und Ester der Citronensäure**	6,5	—
2918 16 00	**– – Gluconsäure, ihre Salze und Ester**	6,5	—
2918 18 00	**– – Chlorbenzilat (ISO)**	6,5	—
2918 19	**– – andere:**		
2918 19 30	– – – Cholsäure und 3α,12α-Dihydroxy-5β-cholan-24-säure (Desoxycholsäure), ihre Salze und Ester	6,3	—
2918 19 40	– – – 2,2-Bis(hydroxymethyl)propionsäure	frei	—
2918 19 50	– – – 2,2-Diphenyl-2-hydroxyessigsäure (Benzilsäure)	6,5	—
2918 19 98	– – – andere	6,5	—
	– Carbonsäuren mit Phenolfunktion, jedoch ohne andere Sauerstoff-Funktion, ihre Anhydride, Halogenide, Peroxide, Peroxysäuren und ihre Derivate:		
2918 21 00	**– – Salicylsäure und ihre Salze**	6,5	—
2918 22 00	**– – o-Acetylsalicylsäure, ihre Salze und Ester**	6,5	—
2918 23 00	**– – andere Ester der Salicylsäure und ihre Salze**	6,5	—
2918 29 00	**– – andere**	6,5	—
2918 30 00	**Carbonsäuren mit Aldehyd oder Ketonfunktion, jedoch ohne andere Sauerstoff Funktion, ihre Anhydride, Halogenide, Peroxide, Peroxysäuren und ihre Derivate**	6,5	—
	– andere:		
2918 91 00	**– – 2,4,5-T (ISO) (2,4,5-Trichlorphenoxyessigsäure), ihre Salze und Ester**	6,5	—
2918 99	**– – andere:**		
2918 99 40	– – – 2,6-Dimethoxybenzoesäure; Dicamba (ISO); Natriumphenoxyacetat	frei	—
2918 99 90	– – – andere	6,5	—
	VIII. **ESTER DER ANORGANISCHEN SÄUREN DER NICHTMETALLE, IHRE SALZE UND IHRE HALOGEN-, SULFO-, NITRO- ODER NITROSODERIVATE**		
2919	**Ester der Phosphorsäuren und ihre Salze, einschließlich Lactophosphate; ihre Halogen-, Sulfo-, Nitro- oder Nitrosoderivate:**		
2919 10 00	**– Tris(2,3-dibrompropyl)phosphat**	6,5	—
2919 90 00	**– andere**	6,5	—

KN-Code	Warenbezeichnung	Vertragsmäßiger Zollsatz (%)	Besondere Maßeinheit
1	2	3	4
2920	**Ester der anderen anorganischen Säuren der Nichtmetalle (ausgenommen Ester der Halogenwasserstoffsäuren) und ihre Salze; ihre Halogen-, Sulfo-, Nitro- oder Nitrosoderivate:**		
	– **Thiophosphorsäureester (Phosphorothioate) und ihre Salze; ihre Halogen-, Sulfo-, Nitro- oder Nitrosoderivate:**		
2920 11 00	– – **Parathion (ISO) und Parathionmethyl (ISO) (Methylparathion)**	6,5	—
2920 19 00	– – **andere**	6,5	—
2920 90	– **andere:**		
2920 90 10	– – Ester der Schwefelsäure und Ester der Kohlensäure, ihre Salze und ihre Halogen-, Sulfo-, Nitro- oder Nitrosoderivate	6,5	—
2920 90 20	– – Dimethylphosphonat (Dimethylphosphit)	6,5	—
2920 90 30	– – Trimethylphosphit (Trimethoxyphosphin)	6,5	—
2920 90 40	– – Triethylphosphit	6,5	—
2920 90 50	– – Diethylphosphonat (Diethylhydrogenphosphit) (Diethylphosphit)	6,5	—
2920 90 85	– – andere	6,5	—
	IX. **VERBINDUNGEN MIT STICKSTOFF-FUNKTIONEN**		
2921	**Verbindungen mit Aminofunktion:**		
	– **acyclische Monoamine und ihre Derivate; Salze dieser Erzeugnisse:**		
2921 11 00	– – **Mono-, Di- und Trimethylamin und ihre Salze**	6,5	kg met.am.
2921 19	– – **andere:**		
2921 19 40	– – – 1,1,3,3-Tetramethylbutylamin	frei	—
2921 19 50	– – – Diethylamin und seine Salze	5,7	—
2921 19 60	– – – 2-(N,N-Diethylamino)ethylchloridhydrochlorid, 2-(N,N-Diisopropylamino)ethylchloridhydrochlorid und 2-(N,N-Dimethylamino)ethylchloridhydrochlorid	6,5	—
2921 19 99	– – – andere	6,5	—
	– **acyclische Polyamine und ihre Derivate; Salze dieser Erzeugnisse:**		
2921 21 00	– – **Ethylendiamin und seine Salze**	6	—
2921 22 00	– – **Hexamethylendiamin und seine Salze**	6,5	—
2921 29 00	– – **andere**	6	—
2921 30	– **alicyclische Mono- oder Polyamine und ihre Derivate; Salze dieser Erzeugnisse:**		
2921 30 10	– – Cyclohexylamin, Cyclohexyldimethylamin und ihre Salze	6,3	—
2921 30 91	– – Cyclohex-1,3-ylendiamin (1,3-Diaminocyclohexan)	frei	—
2921 30 99	– – andere	6,5	—
	– **aromatische Monoamine und ihre Derivate; Salze dieser Erzeugnisse:**		
2921 41 00	– – **Anilin und seine Salze**	6,5	—
2921 42 00	– – **Anilinderivate und ihre Salze**	6,5	—
2921 43 00	– – **Toluidine und ihre Derivate; Salze dieser Erzeugnisse**	6,5	—

KN-Code	Warenbezeichnung	Vertragsmäßiger Zollsatz (%)	Besondere Maßeinheit
1	2	3	4
2921 44 00	– – **Diphenylamin und seine Derivate; Salze dieser Erzeugnisse**	6,5	—
2921 45 00	– – **1-Naphthylamin, 2-Naphthylamin, und ihre Derivate; Salze dieser Erzeugnisse**	6,5	—
2921 46 00	– – **Amfetamin (INN), Benzfetamin (INN), Dexamfetamin (INN), Etilamfetamin (INN), Fencamfamin (INN), Lefetamin (INN), Levamfetamin (INN), Mefenorex (INN) und Phentermin (INN); Salze dieser Erzeugnisse**	frei	—
2921 49 00	– – **andere**	6,5	—
	– **aromatische Polyamine und ihre Derivate; Salze dieser Erzeugnisse:**		
2921 51	– – **o-, m-, p-Phenylendiamin, Diaminotoluole, und ihre Derivate; Salze dieser Erzeugnisse:**		
	– – – o-, m-, p-Phenylendiamin, Diaminotoluole, und ihre Halogen-, Sulfo-, Nitro- oder Nitrosoderivate; Salze dieser Erzeugnisse:		
2921 51 11	– – – – m-Phenylendiamin mit einer Reinheit von 99 GHT oder mehr und einem Gehalt an: — Wasser von 1 GHT oder weniger, — o-Phenylendiamin von 200 mg/kg oder weniger und — p-Phenylendiamin von 450 mg/kg oder weniger	frei	—
2921 51 19	– – – – andere	6,5	—
2921 51 90	– – – andere	6,5	—
2921 59	– – **andere:**		
2921 59 50	– – – m-Phenylenbis(methylamin); 2,2′-Dichlor-4,4′-methylendianilin; 4,4′-Bi-o-toluidin; 1,8-Naphthylendiamin	frei	—
2921 59 90	– – – andere	6,5	—
2922	**Amine mit Sauerstoff-Funktionen:**		
	– **Aminoalkohole, ausgenommen solche mit mehr als einer Art von Sauerstoff-Funktion, ihre Ether und Ester; Salze dieser Erzeugnisse:**		
2922 11 00	– – **Monoethanolamin und seine Salze**	6,5	—
2922 12 00	– – **Diethanolamin und seine Salze**	6,5	—
2922 13	– – **Triethanolamin und seine Salze:**		
2922 13 10	– – – Triethanolamin	6,5	—
2922 13 90	– – – Salze des Triethanolamins	6,5	—
2922 14 00	– – **Dextropropoxyphen (INN) und seine Salze**	frei	—
2922 19	– – **andere:**		
2922 19 10	– – – N-Ethyldiethanolamin	6,5	—
2922 19 20	– – – 2,2′-Methyliminodiethanol (N-Methyldiethanolamin)	6,5	—
2922 19 30	– – – 2-(N,N-Diisopropylamino)ethanol	6,5	—
2922 19 85	– – – andere	6,5	—
	– **Aminonaphthole und andere Aminophenole, ausgenommen solche mit mehr als einer Art von Sauerstoff-Funktion, ihre Ether und Ester; Salze dieser Erzeugnisse:**		
2922 21 00	– – **Aminohydroxynaphthalinsulfonsäuren und ihre Salze**	6,5	—

KN-Code	Warenbezeichnung	Vertragsmäßiger Zollsatz (%)	Besondere Maßeinheit
1	2	3	4
2922 29 00	– – andere	6,5	—
	– Aminoaldehyde, Aminoketone und Aminochinone, ausgenommen solche mit mehr als einer Art von Sauerstoff-Funktion; Salze dieser Erzeugnisse:		
2922 31 00	– – Amfepramon (INN), Methadon (INN) und Normethadon (INN); Salze dieser Erzeugnisse	frei	—
2922 39 00	– – andere	6,5	—
	– Aminosäuren, ausgenommen solche mit mehr als einer Art von Sauerstoff-Funktion, ihre Ester; Salze dieser Erzeugnisse:		
2922 41 00	– – Lysin und seine Ester; Salze dieser Erzeugnisse	6,3	—
2922 42 00	– – Glutaminsäure und ihre Salze	6,5	—
2922 43 00	– – Anthranilsäure und ihre Salze	6,5	—
2922 44 00	– – Tilidin (INN) und seine Salze	frei	—
2922 49	– – andere:		
2922 49 20	– – – ß-Alanin	frei	—
2922 49 85	– – – andere	6,5	—
2922 50 00	– Aminoalkoholphenole, Aminophenolsäuren und andere Aminoverbindungen mit Sauerstoff-Funktionen	6,5	—
2923	**Quartäre Ammoniumsalze und -hydroxide; Lecithine und andere Phosphoaminolipoide, auch chemisch nicht einheitlich:**		
2923 10 00	– Cholin und seine Salze	6,5	—
2923 20 00	– Lecithine und andere Phosphoaminolipoide	5,7	—
2923 90 00	– andere	6,5	—
2924	**Verbindungen mit Carbonsäureamidfunktion; Verbindungen mit Kohlensäureamidfunktion:**		
	– acyclische Amide (einschließlich acyclischer Carbamate) und ihre Derivate; Salze dieser Erzeugnisse:		
2924 11 00	– – Meprobamat (INN)	frei	—
2924 12 00	– – Fluoracetamid (ISO), Monocrotophos (ISO) und Phosphamidon (ISO)	6,5	—
2924 19 00	– – andere	6,5	—
	– cyclische Amide (einschließlich cyclischer Carbamate) und ihre Derivate; Salze dieser Erzeugnisse:		
2924 21 00	– – Ureine und ihre Derivate; Salze dieser Erzeugnisse	6,5	—
2924 23 00	– – 2-Acetamidobenzoesäure (N-Acetylanthranilsäure) und ihre Salze	6,5	—
2924 24 00	– – Ethinamat (INN)	frei	—
2924 29	– – andere:		
2924 29 10	– – – Lidocain (INN)	frei	—
2924 29 98	– – – andere	6,5	—
2925	**Verbindungen mit Carbonsäureimidfunktion (einschließlich Saccharin und seine Salze) oder Verbindungen mit Iminfunktion:**		
	– Imide und ihre Derivate; Salze dieser Erzeugnisse:		
2925 11 00	– – Saccharin und seine Salze	6,5	—

KN-Code	Warenbezeichnung	Vertragsmäßiger Zollsatz (%)	Besondere Maßeinheit
1	2	3	4
2925 12 00	– – **Glutethimid (INN)**	frei	—
2925 19	– – **andere:**		
2925 19 20	– – – 3,3′,4,4′,5,5′,6,6′-Octabrom-N,N′-ethylendiphthalimid; N,N′-Ethylenbis(4,5-dibromhexahydro-3,6-methanophthalimid)	frei	—
2925 19 95	– – – andere	6,5	—
	– **Imine und ihre Derivate; Salze dieser Erzeugnisse:**		
2925 21 00	– – **Chlordimeform (ISO)**	6,5	—
2925 29 00	– – **andere**	6,5	—
2926	**Verbindungen mit Nitrilfunktion:**		
2926 10 00	– **Acrylnitril**	6,5	—
2926 20 00	– **1-Cyanoguanidin (Dicyandiamid)**	6,5	—
2926 30 00	– **Fenproporex (INN) und seine Salze; Methadon (INN)-Zwischenerzeugnis (4-Cyano-2-dimethylamino-4,4-diphenylbutan)**	6,5	—
2926 90	– **andere:**		
2926 90 20	– – Isophthalonitril	6	—
2926 90 95	– – andere	6,5	—
2927 00 00	**Diazo-, Azo- oder Azoxyverbindungen**	6,5	—
2928 00	**Organische Derivate des Hydrazins oder des Hydroxylamins:**		
2928 00 10	– N,N-Bis(2-methoxyethyl)hydroxylamin	frei	—
2928 00 90	– andere	6,5	—
2929	**Verbindungen mit anderen Stickstoff-Funktionen:**		
2929 10 00	– **Isocyanate**	6,5	—
2929 90 00	– **andere**	6,5	—
	X. **ORGANISCH-ANORGANISCHE VERBINDUNGEN, HETEROCYCLISCHE VERBINDUNGEN, NUCLEINSÄUREN UND IHRE SALZE, UND SULFONAMIDE**		
2930	**Organische Thioverbindungen:**		
2930 20 00	– **Thiocarbamate und Dithiocarbamate**	6,5	—
2930 30 00	– **Thiurammono-, -di- oder -tetrasulfide**	6,5	—
2930 40	– **Methionin:**		
2930 40 10	– – Methionin (INN)	frei	—
2930 40 90	– – anderes	6,5	—
2930 50 00	– **Captafol (ISO) und Methamidophos (ISO)**	6,5	—
2930 90	– **andere:**		
2930 90 13	– – Cystein und Cystin	6,5	—
2930 90 16	– – Derivate des Cysteins oder des Cystins	6,5	—
2930 90 20	– – Thiodiglycol (INN) (2,2′-Thiodiethanol)	6,5	—
2930 90 30	– – DL-2-Hydroxy-4-(methylthio)buttersäure	frei	—

KN-Code	Warenbezeichnung	Vertragsmäßiger Zollsatz (%)	Besondere Maßeinheit
1	2	3	4
2930 90 40	– – 2,2′-Thiodiethylbis[3-(3,5-di-tert-butyl-4-hydroxyphenyl)propionat]	frei	—
2930 90 50	– – Isomerengemisch aus 4-Methyl-2,6-bis(methylthio)-m-phenylendiamin und 2-Methyl-4,6-bis(methylthio)-m-phenylendiamin	frei	—
2930 90 60	– – 2-(N,N-Diethylamino)ethanthiol	6,5	—
2930 90 99	– – andere	6,5	—
2931	**Andere organisch-anorganische Verbindungen:**		
2931 10 00	– **Tetramethylblei und Tetraethylblei**	6,5	—
2931 20 00	– **Tributylzinnverbindungen**	6,5	—
2931 90	– **andere:**		
2931 90 10	– – Dimethylmethylphosphonat	6,5	—
2931 90 20	– – Methylphosphonoyldifluorid (Methylphosphonsäuredifluorid)	6,5	—
2931 90 30	– – Methylphosphonoyldichlorid (Methylphosphonsäuredichlorid)	6,5	—
2931 90 40	– – (5-Ethyl-2-methyl-2-oxido-1,3,2-dioxaphosphinan-5-yl)methyl-methyl-methylphosphonat; Bis[(5-ethyl-2-methyl-2-oxido-1,3,2-dioxaphosphinan-5-yl)methyl]methylphosphonat; 2,4,6-Tripropyl-1,3,5,2,4,6-trioxatriphosphinan-2,4,6-trioxid; Dimethylpropylphosphonat; Diethylethylphosphonat; Natrium-3-(trihydroxysilyl)propylmethylphosphonat; Mischungen, hauptsächlich bestehend aus Methylphosphonsäure und (Aminoiminomethyl)harnstoff (im Verhältnis 50:50)	6,5	—
2931 90 90	– – andere	6,5	—
2932	**Heterocyclische Verbindungen, nur mit Sauerstoff als Heteroatom(e):**		
	– **Verbindungen, die einen nicht kondensierten Furanring (auch hydriert) in der Struktur enthalten:**		
2932 11 00	– – **Tetrahydrofuran**	6,5	—
2932 12 00	– – **2-Furaldehyd (Furfural)**	6,5	—
2932 13 00	– – **Furfurylalkohol und Tetrahydrofurfurylalkohol**	6,5	—
2932 19 00	– – **andere**	6,5	—
2932 20	– **Lactone:**		
2932 20 10	– – Phenolphthalein; 1-Hydroxy-4-[1-(4-hydroxy-3-methoxycarbonyl-1-naphthyl)-3-oxo-1H,3H-benzo[de]isochromen-1-yl]-6-octadecyloxy-2-naphthoesäure; 3′-Chlor-6′-cyclohexylaminospiro[isobenzofuran-1(3H),9′-xanthen]-3-on; 6′-(N-Ethyl-p-toluidin)-2′-methylspiro[isobenzofuran-1(3H),9′-xanthen]-3-on; Methyl-6-docosyloxy-1-hydroxy-4-[1-(4-hydroxy-3-methyl-1-phenanthryl)-3-oxo-1H,3H-naphtho[1,8-cd]pyran-1-yl]naphthalin-2-carboxylat	frei	—
2932 20 20	– – gamma-Butyrolacton	6,5	—
2932 20 90	– – andere	6,5	—
	– **andere:**		
2932 91 00	– – **Isosafrol**	6,5	—
2932 92 00	– – **1-(1,3-Benzodioxol-5-yl)propan-2-on**	6,5	—
2932 93 00	– – **Piperonal**	6,5	—
2932 94 00	– – **Safrol**	6,5	—

KN-Code	Warenbezeichnung	Vertragsmäßiger Zollsatz (%)	Besondere Maßeinheit
1	2	3	4
2932 95 00	**– – Tetrahydrocannabinole (alle Isomere)**	6,5	—
2932 99 00	**– – andere**	6,5	—
2933	**Heterocyclische Verbindungen, nur mit Stickstoff als Heteroatom(e):**		
	– Verbindungen, die einen nicht kondensierten Pyrazolring (auch hydriert) in der Struktur enthalten:		
2933 11	**– – Phenazon (Antipyrin) und seine Derivate:**		
2933 11 10	– – – Propyphenazon (INN)	frei	—
2933 11 90	– – – andere	6,5	—
2933 19	**– – andere:**		
2933 19 10	– – – Phenylbutazon (INN)	frei	—
2933 19 90	– – – andere	6,5	—
	– Verbindungen, die einen nicht kondensierten Imidazolring (auch hydriert) in der Struktur enthalten:		
2933 21 00	**– – Hydantoin und seine Derivate**	6,5	—
2933 29	**– – andere:**		
2933 29 10	– – – Naphazolin-Hydrochlorid (INNM) und Naphazolin-Nitrat (INNM); Phentolamin (INN); Tolazolin-Hydrochlorid (INNM)	frei	—
2933 29 90	– – – andere	6,5	—
	– Verbindungen, die einen nicht kondensierten Pyridinring (auch hydriert) in der Struktur enthalten:		
2933 31 00	**– – Pyridin und seine Salze**	5,3	—
2933 32 00	**– – Piperidin und seine Salze**	6,5	—
2933 33 00	**– – Alfentanil (INN), Anileridin (INN), Bezitramid (INN), Bromazepam (INN), Difenoxin (INN), Diphenoxylat (INN), Dipipanon (INN), Fentanyl (INN), Ketobemidon (INN), Methylphenidat (INN), Pentazocin (INN), Pethidin (INN), Pethidin (INN)-Zwischenerzeugnis A, Phencyclidin (INN) (PCP), Phenoperidin (INN), Pipradrol (INN), Piritramid (INN), Propiram (INN) und Trimeperidin (INN); Salze dieser Erzeugnisse**	6,5	—
2933 39	**– – andere:**		
2933 39 10	– – – Iproniazid (INN); Cetobemidon-Hydrochlorid (INNM); Pyridostigminbromid (INN)	frei	—
2933 39 20	– – – 2,3,5,6-Tetrachlorpyridin	frei	—
2933 39 25	– – – 3,6-Dichlorpyridin-2-carbonsäure	frei	—
2933 39 35	– – – 2-Hydroxyethylammonium-3,6-dichlorpyridin-2-carboxylat	frei	—
2933 39 40	– – – 2-Butoxyethyl-(3,5,6-trichlor-2-pyridyloxy)acetat	frei	—
2933 39 45	– – – 3,5-Dichlor-2,4,6-trifluorpyridin	frei	—
2933 39 50	– – – Methylester von Fluroxypyr (ISO)	4	—
2933 39 55	– – – 4-Methylpyridin	frei	—
2933 39 99	– – – andere	6,5	—
	– Verbindungen, die ein Chinolinringsystem oder Isochinolinringsystem (auch hydriert) in der Struktur enthalten, nicht weiter kondensiert:		
2933 41 00	**– – Levorphanol (INN) und seine Salze**	frei	—

KN-Code	Warenbezeichnung	Vertragsmäßiger Zollsatz (%)	Besondere Maßeinheit
1	2	3	4
2933 49	– – **andere:**		
2933 49 10	– – – Halogenderivate des Chinolins; Chinolincarbonsäurederivate	5,5	—
2933 49 30	– – – Dextromethorphan (INN) und seine Salze	frei	—
2933 49 90	– – – andere	6,5	—
	– **Verbindungen, die einen Pyrimidinring (auch hydriert) oder Piperazinring in der Struktur enthalten:**		
2933 52 00	– – **Malonylharnstoff (Barbitursäure) und seine Salze**	6,5	—
2933 53	– – **Allobarbital (INN), Amobarbital (INN), Barbital (INN), Butalbital (INN), Butobarbital, Cyclobarbital (INN), Methylphenobarbital (INN), Pentobarbital (INN), Phenobarbital (INN), Secbutabarbital (INN), Secobarbital (INN) und Vinylbital (INN); Salze dieser Erzeugnisse:**		
2933 53 10	– – – Phenobarbital (INN), Barbital (INN), und ihre Salze	frei	—
2933 53 90	– – – andere	6,5	—
2933 54 00	– – **andere Derivate von Malonylharnstoff (Barbitursäure); Salze dieser Erzeugnisse**	6,5	—
2933 55 00	– – **Loprazolam (INN), Mecloqualon (INN), Methaqualon (INN) und Zipeprol (INN); Salze dieser Erzeugnisse**	frei	—
2933 59	– – **andere:**		
2933 59 10	– – – Diazinon (ISO)	frei	—
2933 59 20	– – – 1,4-Diazabicyclo[2.2.2]octan (Triethylenediamin)	frei	—
2933 59 95	– – – andere	6,5	—
	– **Verbindungen, die einen nicht kondensierten Triazinring (auch hydriert) in der Struktur enthalten:**		
2933 61 00	– – **Melamin**	6,5	—
2933 69	– – **andere:**		
2933 69 10	– – – Atrazin (ISO); Propazin (ISO); Simazin (ISO); Hexahydro-1,3,5-trinitro-1,3,5-triazin (Hexogen, Trimethylentrinitramin)	5,5	—
2933 69 40	– – – Methenamin (INN) (Hexamethylentetramin); 2,6-Di-tert-butyl-4-[4,6-bis(octylthio)-1,3,5-triazin-2-ylamino]phenol	frei	—
2933 69 80	– – – andere	6,5	—
	– **Lactame:**		
2933 71 00	– – **6-Hexanlactam (epsilon-Caprolactam)**	6,5	—
2933 72 00	– – **Clobazam (INN) und Methyprylon (INN)**	frei	—
2933 79 00	– – **andere Lactame**	6,5	—
	– **andere:**		
2933 91	– – **Alprazolam (INN), Camazepam (INN), Chlordiazepoxid (INN), Clonazepam (INN), Clorazepat, Delorazepam (INN), Diazepam (INN), Estazolam (INN), Ethylloflazepat (INN), Fludiazepam (INN), Flunitrazepam (INN), Flurazepam (INN), Halazepam (INN), Lorazepam (INN), Lormetazepam (INN), Mazindol (INN), Medazepam (INN), Midazolam (INN), Nimetazepam (INN), Nitrazepam (INN), Nordazepam (INN), Oxazepam (INN), Pinazepam (INN), Prazepam (INN), Pyrovaleron (INN), Temazepam (INN), Tetrazepam (INN) und Triazolam (INN); Salze dieser Erzeugnisse:**		
2933 91 10	– – – Chlordiazepoxid (INN)	frei	—
2933 91 90	– – – andere	6,5	—

KN-Code	Warenbezeichnung	Vertragsmäßiger Zollsatz (%)	Besondere Maßeinheit
1	2	3	4
2933 99	– – **andere:**		
2933 99 20	– – – Indol, 3-Methylindol (Skatol), 6-Allyl-6,7-dihydro-5H-dibenz[c,e]azepin (Azapetin), Phenindamin (INN) und ihre Salze; Imipramin-Hydrochlorid (INNM)	5,5	—
2933 99 50	– – – 2,4-Di-tert-butyl-6-(5-chlorbenzotriazol-2-yl)phenol	frei	—
2933 99 80	– – – andere	6,5	—
2934	**Nucleinsäuren und ihre Salze, auch chemisch nicht einheitlich; andere heterocyclische Verbindungen:**		
2934 10 00	– **Verbindungen, die einen nicht kondensierten Thiazolring (auch hydriert) in der Struktur enthalten**	6,5	—
2934 20	– **Verbindungen, die ein Benzothiazolringsystem (auch hydriert) in der Struktur enthalten, nicht weiter kondensiert:**		
2934 20 20	– – Di(benzothiazol-2-yl)disulfid; Benzothiazol-2-thiol (Mercaptobenzthiazol) und seine Salze	6,5	—
2934 20 80	– – andere	6,5	—
2934 30	– **Verbindungen, die ein Phenothiazinringsystem (auch hydriert) in der Struktur enthalten, nicht weiter kondensiert:**		
2934 30 10	– – Thiethylperazin (INN); Thioridazin (INN) und seine Salze	frei	—
2934 30 90	– – andere	6,5	—
	– **andere:**		
2934 91 00	– – **Aminorex (INN), Brotizolam (INN), Clotiazepam (INN), Cloxazolam (INN), Dextromoramid (INN), Haloxazolam (INN), Ketazolam (INN), Mesocarb (INN), Oxazolam (INN), Pemolin (INN), Phendimetrazin (INN), Phenmetrazin (INN) und Sufentanil (INN); Salze dieser Erzeugnisse**	frei	—
2934 99	– – **andere:**		
2934 99 60	– – – Chlorprothixen (INN); Thenalidin (INN) und seine Tartrate und Maleate; Furazolidon (INN); 7-Aminocephalosporansäure; Salze und Ester der (6R,7R)-3-Acetoxymethyl-7-[(R)-2-formyloxy-2-phenylacetamid]-8-oxo-5-thia-1-azabicyclo[4.2.0]oct-2-en-2-carbonsäure; 1-[2-(1,3-Dioxan-2-yl)ethyl]-2-methylpyridiniumbromid	frei	—
2934 99 90	– – – andere	6,5	—
2935 00	**Sulfonamide:**		
2935 00 30	– 3-{1-[7-(Hexadecylsulfonylamino)-1H-indol-3-yl]-3-oxo-1H,3H-naphtho[1,8-cd]pyran-1-yl}-N,N-dimethyl-1H-indol-7-sulfonamid; Metosulam (ISO)	frei	—
2935 00 90	– andere	6,5	—
	XI. **PROVITAMINE, VITAMINE UND HORMONE**		
2936	**Natürliche, auch synthetisch hergestellte Provitamine und Vitamine (einschließlich natürliche Konzentrate) und ihre hauptsächlich als Vitamine gebrauchten Derivate, auch untereinander gemischt, auch in Lösemitteln aller Art:**		
	– **Vitamine und ihre Derivate, ungemischt:**		
2936 21 00	– – **Vitamine A und ihre Derivate**	frei	—
2936 22 00	– – **Vitamin B_1 und seine Derivate**	frei	—
2936 23 00	– – **Vitamin B_2 und seine Derivate**	frei	—
2936 24 00	– – **D- oder DL-Pantothensäure (Vitamin B_3 oder Vitamin B_5) und ihre Derivate**	frei	—

KN-Code	Warenbezeichnung	Vertragsmäßiger Zollsatz (%)	Besondere Maßeinheit
1	2	3	4
2936 25 00	**– – Vitamin B_6 und seine Derivate**	frei	—
2936 26 00	**– – Vitamin B_{12} und seine Derivate**	frei	—
2936 27 00	**– – Vitamin C und seine Derivate**	frei	—
2936 28 00	**– – Vitamin E und seine Derivate**	frei	—
2936 29 00	**– – andere Vitamine und ihre Derivate**	frei	—
2936 90 00	**– andere, einschließlich natürliche Konzentrate**	frei	—
2937	**Natürliche, auch synthetisch hergestellte Hormone, Prostaglandine, Thromboxane und Leukotriene; deren Derivate und deren strukturverwandte Verbindungen, einschließlich Polypeptide mit modifizierter Kette, hauptsächlich als Hormone verwendet:**		
	– Polypeptidhormone, Proteinhormone und Glycoproteinhormone, deren Derivate und deren strukturverwandte Verbindungen:		
2937 11 00	**– – Somatotropin (Wachstumshormon), seine Derivate und seine strukturverwandten Verbindungen**	frei	g
2937 12 00	**– – Insulin und seine Salze**	frei	g
2937 19 00	**– – andere**	frei	g
	– Steroidhormone, deren Derivate und deren strukturverwandte Verbindungen:		
2937 21 00	**– – Cortison, Hydrocortison, Prednison (Dehydrocortison) und Prednisolon (Dehydrohydrocortison)**	frei	g
2937 22 00	**– – Halogenderivate und halogenierte Derivate der Corticosteroide (Hormone der Nebennierenrinde)**	frei	g
2937 23 00	**– – Östrogene und Gestagene**	frei	g
2937 29 00	**– – andere**	frei	g
2937 50 00	**– Prostaglandine, Thromboxane und Leukotriene, deren Derivate und deren strukturverwandte Verbindungen**	frei	g
2937 90 00	**– andere**	frei	g
	XII. **NATÜRLICHE, AUCH SYNTHETISCH HERGESTELLTE GLYKOSIDE UND PFLANZLICHE ALKALOIDE, IHRE SALZE, ETHER, ESTER UND ANDEREN DERIVATE**		
2938	**Natürliche, auch synthetisch hergestellte Glykoside, ihre Salze, Ether, Ester und anderen Derivate:**		
2938 10 00	**– Rutosid (Rutin) und seine Derivate**	6,5	—
2938 90	**– andere:**		
2938 90 10	– – Digitalis-Glykoside	6	—
2938 90 30	– – Glycyrrhizin und Glycyrrhizinate	5,7	—
2938 90 90	– – andere	6,5	—
2939	**Natürliche, auch synthetisch hergestellte pflanzliche Alkaloide, ihre Salze, Ether, Ester und anderen Derivate:**		
	– Opiumalkaloide und ihre Derivate; Salze dieser Erzeugnisse:		
2939 11 00	**– – Mohnstrohkonzentrate; Buprenorphin (INN), Codein, Dihydrocodein (INN), Ethylmorphin, Etorphin (INN), Heroin, Hydrocodon (INN), Hydromorphon (INN), Morphin, Nicomorphin (INN), Oxycodon (INN), Oxymorphon (INN), Pholcodin (INN), Thebacon (INN) und Thebain; Salze dieser Erzeugnisse**	frei	—

KN-Code	Warenbezeichnung	Vertragsmäßiger Zollsatz (%)	Besondere Maßeinheit
1	2	3	4
2939 19 00	– – andere	frei	—
2939 20 00	– Chinaalkaloide und ihre Derivate; Salze dieser Erzeugnisse	frei	—
2939 30 00	– Coffein und seine Salze	frei	—
	– Ephedrine und ihre Salze:		
2939 41 00	– – Ephedrin und seine Salze	frei	—
2939 42 00	– – Pseudoephedrin (INN) und seine Salze	frei	—
2939 43 00	– – Cathin (INN) und seine Salze	frei	—
2939 44 00	– – Norephedrin und seine Salze	frei	—
2939 49 00	– – andere	frei	—
	– Theophyllin und Aminophyllin (Theophyllin-Ethylendiamin) und ihre Derivate; Salze dieser Erzeugnisse:		
2939 51 00	– – Fenetyllin (INN) und seine Salze	frei	—
2939 59 00	– – andere	frei	—
	– Mutterkornalkaloide und ihre Derivate; Salze dieser Erzeugnisse:		
2939 61 00	– – Ergometrin (INN) und seine Salze	frei	—
2939 62 00	– – Ergotamin (INN) und seine Salze	frei	—
2939 63 00	– – Lysergsäure und ihre Salze	frei	—
2939 69 00	– – andere	frei	—
	– andere:		
2939 91 00	– – Cocain, Ecgonin, Levometamfetamin, Metamfetamin (INN), Metamfetamin-Racemat; ihre Salze, Ester und anderen Derivate	frei	—
2939 99 00	– – andere	frei	—
	XIII. ANDERE ORGANISCHE VERBINDUNGEN		
2940 00 00	**Chemisch reine Zucker, ausgenommen Saccharose, Lactose, Maltose, Glucose und Fructose (Lävulose); Zuckerether, Zuckeracetale und Zuckerester und ihre Salze, ausgenommen Erzeugnisse der Position 2937, 2938 oder 2939**	6,5	—
2941	**Antibiotika:**		
2941 10 00	– Penicilline und ihre Derivate mit Penicillansäurestruktur; Salze dieser Erzeugnisse	frei	—
2941 20	– Streptomycine und ihre Derivate; Salze dieser Erzeugnisse:		
2941 20 30	– – Dihydrostreptomycin, seine Salze, Ester und Hydrate	5,3	—
2941 20 80	– – andere	frei	—
2941 30 00	– Tetracycline und ihre Derivate; Salze dieser Erzeugnisse	frei	—
2941 40 00	– Chloramphenicol und seine Derivate; Salze dieser Erzeugnisse	frei	—
2941 50 00	– Erythromycin und seine Derivate; Salze dieser Erzeugnisse	frei	—
2941 90 00	– andere	frei	—
2942 00 00	**Andere organische Verbindungen**	6,5	—

KAPITEL 30

PHARMAZEUTISCHE ERZEUGNISSE

Anmerkungen

1. Zu Kapitel 30 gehören nicht:

   a) Nahrungsmittel oder Getränke (wie diätetische, diabetische oder angereicherte Lebensmittel, Nahrungsergänzungsmittel, tonische Getränke und Mineralwasser), andere nicht intravenös zu verabreichende Nährstoffzubereitungen (Abschnitt IV);

   b) Zubereitungen wie Tabletten, Kaugummis oder Pflaster (transdermale Systeme), zur Unterstützung bei der Raucherentwöhnung (Position 2106 bzw. 3824);

   c) besonders gebrannter oder fein gemahlener Gips, von der in der Zahnheilkunde verwendeten Art (Position 2520);

   d) destillierte aromatische Wässer und wässrige Lösungen ätherischer Öle, von der für medizinische Zwecke verwendeten Art (Position 3301);

   e) Zubereitungen der Positionen 3303 bis 3307, auch mit therapeutischen oder prophylaktischen Eigenschaften;

   f) Seifen oder andere Erzeugnisse der Position 3401 mit medikamentösen Zusätzen;

   g) Zubereitungen auf der Grundlage von Gips, von der in der Zahnheilkunde verwendeten Art (Position 3407);

   h) Blutalbumin, nicht zu therapeutischen oder prophylaktischen Zwecken zubereitet (Position 3502).

2. Im Sinne der Position 3002 gelten als „immunologische Erzeugnisse" Peptide und Proteine (ausgenommen Erzeugnisse der Position 2937), die direkt an der Regulation immunologischer Abläufe beteiligt sind, wie monoklonale Antikörper (MAK, MAB), Antikörperfragmente, Antikörperkonjugate und Antikörperfragmentkonjugate, Interleukine, Interferone (IFN), Chemokine sowie bestimmte Tumornekrosefaktoren (TNF), Wachstumsfaktoren (GF), Hämatopoetine und koloniestimulierende Faktoren (CSF).

3. Im Sinne der Positionen 3003 und 3004 und der Anmerkung 4 d) dieses Kapitels gelten:

   a) als ungemischte Erzeugnisse:

      1) wässrige Lösungen ungemischter Erzeugnisse;

      2) alle Erzeugnisse des Kapitels 28 oder 29;

      3) einfache Pflanzenauszüge der Position 1302, nur auf einen bestimmten Wirkungswert eingestellt oder in einem beliebigen Lösemittel gelöst;

   b) als gemischte Erzeugnisse:

      1) kolloide Lösungen und kolloide Suspensionen (ausgenommen kolloider Schwefel);

      2) Pflanzenauszüge, durch Behandlung von Mischungen pflanzlicher Stoffe erhalten;

      3) Salze und konzentrierte Wässer, durch Eindampfen natürlicher Mineralwässer erhalten.

4. Zu Position 3006 gehören nur die nachstehend aufgeführten Erzeugnisse, die dieser Position und keiner anderen Position der Nomenklatur zuzuweisen sind:

   a) steriles chirurgisches Catgut, ähnliches steriles Nahtmaterial (einschließlich sterile resorbierbare Garne zu chirurgischen oder zahnärztlichen Zwecken) und sterile Klebstoffe für organische Gewebe, die in der Chirurgie zum Schließen von Wunden verwendet werden;

   b) sterile Laminariastifte und -tampons;

   c) sterile resorbierbare Blut stillende Einlagen zu chirurgischen oder zahnärztlichen Zwecken; sterile Adhäsionsbarrieren zu chirurgischen oder zahnärztlichen Zwecken, auch resorbierbar;

   d) Röntgenkontrastmittel sowie diagnostische Reagenzien zur Verwendung am Patienten, soweit es sich um ungemischte dosierte oder für die gleichen Zwecke verwendbare, aus zwei oder mehr Stoffen gemischte Erzeugnisse handelt;

   e) Reagenzien zum Bestimmen der Blutgruppen oder Blutfaktoren;

   f) Zahnzement und andere Zahnfüllstoffe; Zement zum Wiederherstellen von Knochen;

   g) Taschen und andere Behältnisse mit Apothekenausstattung für erste Hilfe;

   h) empfängnisverhütende chemische Zubereitungen auf der Grundlage von Hormonen, von anderen Erzeugnissen der Position 2937 oder von Spermiziden;

   ij) Zubereitungen in Form von Gelen, die in der Human- oder Veterinärmedizin als Gleitmittel für Körperteile bei chirurgischen Operationen oder medizinischen Untersuchungen oder als Kontaktmittel zwischen dem Körper und den medizinischen Geräten verwendet werden;

k) pharmazeutische Abfälle, d. h. pharmazeutische Erzeugnisse, die für den eigentlichen Verwendungszweck nicht mehr geeignet sind, z. B. weil das Verfallsdatum überschritten ist; und

l) Vorrichtungen erkennbar zur Verwendung für Stomata, wie zugeschnittene Beutel für Colostoma, Ileostoma und Urostoma und ihre selbstklebenden Basisplatten oder Hautschutzplatten.

Zusätzliche Anmerkung

1. *Zu Position 3004 gehören pflanzliche Arzneizubereitungen und Zubereitungen auf der Grundlage folgender Wirkstoffe: Vitamine, Mineralstoffe, essentielle Aminosäuren oder Fettsäuren, in Aufmachungen für den Einzelverkauf. Diese Zubereitungen sind in Position 3004 einzureihen, wenn auf dem Etikett, der Verpackung oder dem Beipackzettel folgende Angaben gemacht werden:*

   a) *die spezifischen Krankheiten, Leiden oder deren Symptome, bei denen diese Erzeugnisse verwendet werden sollen;*

   b) *die Konzentration des enthaltenen Wirkstoffs oder der enthaltenen Wirkstoffe;*

   c) *die zu verabreichende Menge und*

   d) *die Art der Anwendung.*

   In diese Position gehören homöopathische Arzneizubereitungen, vorausgesetzt, sie erfüllen die unter den Buchstaben a), c) und d) genannten Bedingungen.

   Bei Zubereitungen auf der Grundlage von Vitaminen, Mineralstoffen, essentiellen Aminosäuren oder Fettsäuren muss die Menge eines dieser Stoffe pro auf dem Etikett angegebener empfohlener Tagesdosis deutlich höher sein als die für den Erhalt der allgemeinen Gesundheit oder des allgemeinen Wohlbefindens empfohlene Tagesdosis.

KN-Code	Warenbezeichnung	Vertragsmäßiger Zollsatz (%)	Besondere Maßeinheit
1	2	3	4
3001	**Drüsen und andere Organe zu organotherapeutischen Zwecken, getrocknet, auch als Pulver; Auszüge aus Drüsen oder anderen Organen oder ihren Absonderungen zu organotherapeutischen Zwecken; Heparin und seine Salze; andere menschliche oder tierische Stoffe, zu therapeutischen oder prophylaktischen Zwecken zubereitet, anderweit weder genannt noch inbegriffen:**		
3001 20	– **Auszüge aus Drüsen oder anderen Organen oder ihren Absonderungen:**		
3001 20 10	– – von Menschen	frei	—
3001 20 90	– – andere	frei	—
3001 90	– **andere:**		
3001 90 20	– – von Menschen	frei	—
	– – andere:		
3001 90 91	– – – Heparin und seine Salze	frei	—
3001 90 98	– – – andere	frei	—
3002	**Menschliches Blut; tierisches Blut, zu therapeutischen, prophylaktischen oder diagnostischen Zwecken zubereitet; Antisera, andere Blutfraktionen und immunologische Erzeugnisse, auch modifiziert oder in einem biotechnologischen Verfahren hergestellt; Vaccine, Toxine, Kulturen von Mikroorganismen (ausgenommen Hefen) und ähnliche Erzeugnisse:**		
3002 10	– **Antisera, andere Blutfraktionen und immunologische Erzeugnisse, auch modifiziert oder in einem biotechnologischen Verfahren hergestellt:**		
3002 10 10	– – Antisera	frei	—
	– – andere:		
3002 10 91	– – – Hämoglobin, Blutglobuline und Serumglobuline	frei	—
3002 10 98	– – – andere	frei	—
3002 20 00	– **Vaccine für die Humanmedizin**	frei	—
3002 30 00	– **Vaccine für die Veterinärmedizin**	frei	—

KN-Code	Warenbezeichnung	Vertragsmäßiger Zollsatz (%)	Besondere Maßeinheit
1	2	3	4
3002 90	– andere:		
3002 90 10	– – menschliches Blut	frei	—
3002 90 30	– – tierisches Blut, zu therapeutischen, prophylaktischen oder diagnostischen Zwecken zubereitet	frei	—
3002 90 50	– – Kulturen von Mikroorganismen	frei	—
3002 90 90	– – andere	frei	—
3003	**Arzneiwaren (ausgenommen Erzeugnisse der Position 3002, 3005 oder 3006), die aus zwei oder mehr zu therapeutischen oder prophylaktischen Zwecken gemischten Bestandteilen bestehen, weder dosiert noch in Aufmachungen für den Einzelverkauf:**		
3003 10 00	– **Penicilline oder ihre Derivate (mit Penicillansäuregerüst) oder Streptomycine oder ihre Derivate enthaltend**	frei	—
3003 20 00	– **andere Antibiotika enthaltend**	frei	—
	– **Hormone oder andere Erzeugnisse der Position 2937, jedoch keine Antibiotika enthaltend:**		
3003 31 00	– – **Insulin enthaltend**	frei	—
3003 39 00	– – **andere**	frei	—
3003 40	– **Alkaloide oder ihre Derivate, jedoch weder Hormone noch andere Erzeugnisse der Position 2937 noch Antibiotika enthaltend:**		
3003 40 20	– – Ephedrin oder seine Salze enthaltend	frei	—
3003 40 30	– – Pseudoephedrin (INN) oder seine Salze enthaltend	frei	—
3003 40 40	– – Norephedrin oder seine Salze enthaltend	frei	—
3003 40 80	– – andere	frei	—
3003 90 00	– **andere**	frei	—
3004	**Arzneiwaren (ausgenommen Erzeugnisse der Position 3002, 3005 oder 3006), die aus gemischten oder ungemischten Erzeugnissen zu therapeutischen oder prophylaktischen Zwecken bestehen, dosiert (einschließlich solcher, die über die Haut verabreicht werden) oder in Aufmachungen für den Einzelverkauf:**		
3004 10 00	– **Penicilline oder ihre Derivate (mit Penicillansäuregerüst) oder Streptomycine oder ihre Derivate enthaltend**	frei	—
3004 20 00	– **andere Antibiotika enthaltend**	frei	—
	– **Hormone oder andere Erzeugnisse der Position 2937, jedoch keine Antibiotika enthaltend:**		
3004 31 00	– – **Insulin enthaltend**	frei	—
3004 32 00	– – **Corticosteroidhormone, deren Derivate oder deren strukturverwandte Verbindungen enthaltend**	frei	—
3004 39 00	– – **andere**	frei	—

KN-Code	Warenbezeichnung	Vertragsmäßiger Zollsatz (%)	Besondere Maßeinheit
1	2	3	4
3004 40	**– Alkaloide oder ihre Derivate, jedoch weder Hormone noch andere Erzeugnisse der Position 2937 noch Antibiotika enthaltend:**		
3004 40 20	– – Ephedrin oder seine Salze enthaltend	frei	—
3004 40 30	– – Pseudoephedrin (INN) oder seine Salze enthaltend	frei	—
3004 40 40	– – Norephedrin oder seine Salze enthaltend	frei	—
3004 40 80	– – andere	frei	—
3004 50 00	**– andere Arzneiwaren, Vitamine oder andere Erzeugnisse der Position 2936 enthaltend**	frei	—
3004 90 00	**– andere**	frei	—
3005	**Watte, Gaze, Binden und ähnliche Erzeugnisse (z. B. Verbandzeug, Pflaster zum Heilgebrauch, Senfpflaster), mit medikamentösen Stoffen getränkt oder überzogen oder in Aufmachungen für den Einzelverkauf zu medizinischen, chirurgischen, zahnärztlichen oder tierärztlichen Zwecken:**		
3005 10 00	**– Heftpflaster und andere Waren mit Klebeschicht**	frei	—
3005 90	**– andere:**		
3005 90 10	– – Watte und Waren daraus	frei	—
	– – andere:		
	– – – aus Spinnstoffen:		
3005 90 31	– – – – Gaze und Waren daraus	frei	—
3005 90 50	– – – – andere	frei	—
3005 90 99	– – – andere	frei	—
3006	**Pharmazeutische Zubereitungen und Waren im Sinne der Anmerkung 4 zu Kapitel 30:**		
3006 10	**– steriles chirurgisches Catgut, ähnliches steriles Nahtmaterial (einschließlich sterile resorbierbare Garne zu chirurgischen oder zahnärztlichen Zwecken) und sterile Klebstoffe für organische Gewebe, die in der Chirurgie zum Schließen von Wunden verwendet werden; sterile Laminariastifte und -tampons; sterile resorbierbare Blut stillende Einlagen zu chirurgischen oder zahnärztlichen Zwecken; sterile Adhäsionsbarrieren zu chirurgischen oder zahnärztlichen Zwecken, auch resorbierbar:**		
3006 10 10	– – steriles chirurgisches Catgut	frei	—
3006 10 30	– – sterile Adhäsionsbarrieren zu chirurgischen oder zahnärztlichen Zwecken, auch resorbierbar	6,5 (1)	—
3006 10 90	– – andere	frei	—
3006 20 00	**– Reagenzien zum Bestimmen der Blutgruppen oder Blutfaktoren**	frei	—
3006 30 00	**– Röntgenkontrastmittel; diagnostische Reagenzien zur Verwendung am Patienten**	frei	—
3006 40 00	**– Zahnzement und andere Zahnfüllstoffe; Zement zum Wiederherstellen von Knochen**	frei	—
3006 50 00	**– Taschen und andere Behältnisse mit Apothekenausstattung für erste Hilfe**	frei	—
3006 60 00	**– empfängnisverhütende chemische Zubereitungen auf der Grundlage von Hormonen, von anderen Erzeugnissen der Position 2937 oder von Spermiziden**	frei	—
3006 70 00	**– Zubereitungen in Form von Gelen, die in der Human- oder Veterinärmedizin als Gleitmittel für Körperteile bei chirurgischen Operationen oder medizinischen Untersuchungen oder als Kontaktmittel zwischen dem Körper und den medizinischen Geräten verwendet werden**	6,5 (1)	—
	– andere:		
3006 91 00	**– – Vorrichtungen erkennbar zur Verwendung für Stomata**	6,5 (1)	—
3006 92 00	**– – pharmazeutische Abfälle**	frei	—

(1) Autonomer Zollsatz: frei.

KAPITEL 31

DÜNGEMITTEL

Anmerkungen

1. Zu Kapitel 31 gehören nicht:

   a) Tierblut der Position 0511;

   b) isolierte chemisch einheitliche Verbindungen, ausgenommen die in den nachstehenden Anmerkungen 2 a), 3 a), 4 a) oder 5 genannten Erzeugnisse;

   c) künstliche Kristalle aus Kaliumchlorid (ausgenommen optische Elemente) mit einem Stückgewicht von 2,5 g oder mehr der Position 3824; optische Elemente aus Kaliumchlorid (Position 9001).

2. Zu Position 3102 gehören — vorausgesetzt, dass die Erzeugnisse nicht wie in Position 3105 vorgesehen aufgemacht sind — nur:

   a) folgende Erzeugnisse:

      1) Natriumnitrat (Natronsalpeter), auch rein;

      2) Ammoniumnitrat (Ammonsalpeter), auch rein;

      3) Doppelsalze aus Ammoniumsulfat und Ammoniumnitrat (Ammonsalpeter), auch rein;

      4) Ammoniumsulfat, auch rein;

      5) Doppelsalze (auch rein) oder Mischungen aus Calciumnitrat (Kalksalpeter) und Ammoniumnitrat (Ammonsalpeter);

      6) Doppelsalze (auch rein) oder Mischungen aus Calciumnitrat (Kalksalpeter) und Magnesiumnitrat (Magnesiumsalpeter);

      7) Calciumcyanamid (Kalkstickstoff), auch rein, auch mit Öl getränkt;

      8) Harnstoff, auch rein;

   b) Düngemittel, die aus untereinander gemischten Erzeugnissen des Buchstabens a bestehen;

   c) Düngemittel, die aus Mischungen von Ammoniumchlorid oder von Erzeugnissen der Buchstaben a) und b) mit Kreide, Gips oder anderen nicht düngenden anorganischen Stoffen bestehen;

   d) flüssige Düngemittel, die aus wässrigen oder ammoniakalischen Lösungen von Erzeugnissen der Buchstaben a) 2) oder a) 8) oder von Mischungen dieser Erzeugnisse bestehen.

3. Zu Position 3103 gehören — vorausgesetzt, dass die Erzeugnisse nicht wie in Position 3105 vorgesehen aufgemacht sind — nur:

   a) folgende Erzeugnisse:

      1) Dephosphorationsschlacken;

      2) natürliche Phosphate der Position 2510, geröstet, gebrannt oder weiter gehend thermisch behandelt, als zum Entfernen von Verunreinigungen erforderlich;

      3) Superphosphate (einfache, doppelte oder dreifache);

      4) Calciumhydrogenorthophosphat mit einem Gehalt an Fluor, bezogen auf den wasserfreien Stoff, von 0,2 GHT oder mehr;

   b) Düngemittel, die aus untereinander gemischten Erzeugnissen des Buchstabens a) bestehen, ohne Rücksicht auf den Fluorgehalt;

   c) Düngemittel, die aus Mischungen von Erzeugnissen der Buchstaben a) und b) mit Kreide, Gips oder anderen nicht düngenden anorganischen Stoffen bestehen, ohne Berücksichtigung des Fluorgehalts.

4. Zu Position 3104 gehören — vorausgesetzt, dass die Erzeugnisse nicht wie in Position 3105 vorgesehen aufgemacht sind — nur:

   a) folgende Erzeugnisse:

      1) natürliche rohe Kalisalze (z. B. Carnallit, Kainit, Sylvinit);

      2) Kaliumchlorid, auch rein, vorbehaltlich der Anmerkung 1 c);

3) Kaliumsulfat, auch rein;

4) Kaliummagnesiumsulfat, auch rein;

b) Düngemittel, die aus untereinander gemischten Erzeugnissen des Buchstabens a) bestehen.

5. Ammoniumdihydrogenorthophosphat (Monoammoniumphosphat) und Diammoniumhydrogenorthophosphat (Diammoniumphosphat), auch rein, und Mischungen dieser Erzeugnisse untereinander gehören zu Position 3105.

6. Als „andere Düngemittel" im Sinne der Position 3105 gelten nur Erzeugnisse von der als Düngemittel verwendeten Art, die als Hauptbestandteil einen oder mehrere der düngenden Stoffe Stickstoff, Phosphor oder Kalium enthalten.

KN-Code	Warenbezeichnung	Vertragsmäßiger Zollsatz (%)	Besondere Maßeinheit
1	2	3	4
3101 00 00	**Tierische oder pflanzliche Düngemittel, auch untereinander gemischt oder chemisch behandelt; durch Mischen oder chemische Behandlung von tierischen oder pflanzlichen Erzeugnissen gewonnene Düngemittel**	frei	—
3102	**Mineralische oder chemische Stickstoffdüngemittel:**		
3102 10	– **Harnstoff, auch in wässriger Lösung:**		
3102 10 10	– – Harnstoff mit einem Gehalt an Stickstoff von mehr als 45 GHT, bezogen auf das Gewicht des wasserfreien Stoffes	6,5	kg N
3102 10 90	– – anderer	6,5	kg N
	– **Ammoniumsulfat; Doppelsalze und Mischungen von Ammoniumsulfat und Ammoniumnitrat (Ammonsalpeter):**		
3102 21 00	– – **Ammoniumsulfat**	6,5	kg N
3102 29 00	– – **andere**	6,5	kg N
3102 30	– **Ammoniumnitrat (Ammonsalpeter), auch in wässriger Lösung:**		
3102 30 10	– – in wässriger Lösung	6,5	kg N
3102 30 90	– – anderes	6,5	kg N
3102 40	– **Mischungen von Ammoniumnitrat (Ammonsalpeter) und Calciumcarbonat oder anderen nicht düngenden anorganischen Stoffen:**		
3102 40 10	– – mit einem Gehalt an Stickstoff von 28 GHT oder weniger	6,5	kg N
3102 40 90	– – mit einem Gehalt an Stickstoff von mehr als 28 GHT	6,5	kg N
★ **3102 50 00**	– **Natriumnitrat (Natronsalpeter)**	6,5 (1)	kg N
3102 60 00	– **Doppelsalze und Mischungen von Calciumnitrat (Kalksalpeter) und Ammoniumnitrat (Ammonsalpeter)**	6,5	kg N
3102 80 00	– **Mischungen von Harnstoff und Ammoniumnitrat (Ammonsalpeter) in wässriger oder ammoniakalischer Lösung**	6,5	kg N
3102 90 00	– **andere, einschließlich der in den vorhergehenden Unterpositionen nicht genannten Mischungen**	6,5	kg N
3103	**Mineralische oder chemische Phosphatdüngemittel:**		
3103 10	– **Superphosphate:**		
3103 10 10	– – mit einem Gehalt an Diphosphorpentaoxid von mehr als 35 GHT	4,8	kg P_2O_5
3103 10 90	– – andere	4,8	kg P_2O_5
3103 90 00	– **andere**	frei	kg P_2O_5
3104	**Mineralische oder chemische Kalidüngemittel:**		
3104 20	– **Kaliumchlorid:**		

(1) Zollsatz für „natürlichem Natriumnitrat aus Chile" (TARIC-Code 3102 50 00 10): frei. Die zolltarifliche Abgabenbegünstigung wird gewährt, wenn die Förmlichkeiten und Voraussetzungen gemäß den Einführenden Vorschriften II.F erfüllt sind.

KN-Code	Warenbezeichnung	Vertragsmäßiger Zollsatz (%)	Besondere Maßeinheit
1	2	3	4
3104 20 10	– – mit einem Gehalt an Kalium, berechnet als K_2O, von 40 GHT oder weniger, bezogen auf den wasserfreien Stoff	frei	kg K_2O
3104 20 50	– – mit einem Gehalt an Kalium, berechnet als K_2O, von mehr als 40 bis 62 GHT, bezogen auf den wasserfreien Stoff	frei	kg K_2O
3104 20 90	– – mit einem Gehalt an Kalium, berechnet als K_2O, von mehr als 62 GHT, bezogen auf den wasserfreien Stoff	frei	kg K_2O
3104 30 00	– **Kaliumsulfat**	frei	kg K_2O
3104 90 00	– **andere**	frei	kg K_2O
3105	**Mineralische oder chemische Düngemittel, zwei oder drei der düngenden Stoffe Stickstoff, Phosphor und Kalium enthaltend; andere Düngemittel; Erzeugnisse dieses Kapitels in Tabletten oder ähnlichen Formen oder in Packungen mit einem Rohgewicht von 10 kg oder weniger:**		
3105 10 00	– **Erzeugnisse dieses Kapitels in Tabletten oder ähnlichen Formen oder in Packungen mit einem Rohgewicht von 10 kg oder weniger**	6,5	—
3105 20	– **mineralische oder chemische Düngemittel, die drei düngenden Stoffe Stickstoff, Phosphor und Kalium enthaltend:**		
3105 20 10	– – mit einem Gehalt an Stickstoff von mehr als 10 GHT, bezogen auf den wasserfreien Stoff	6,5	—
3105 20 90	– – andere	6,5	—
3105 30 00	– **Diammoniumhydrogenorthophosphat (Diammoniumphosphat)**	6,5	—
3105 40 00	– **Ammoniumdihydrogenorthophosphat (Monoammoniumphosphat), auch mit Diammoniumhydrogenorthophosphat (Diammoniumphosphat) gemischt**	6,5	—
	– **andere mineralische oder chemische Düngemittel, die beiden düngenden Stoffe Stickstoff und Phosphor enthaltend:**		
3105 51 00	– – **Nitrate und Phosphate enthaltend**	6,5	—
3105 59 00	– – **andere**	6,5	—
3105 60 00	– **mineralische oder chemische Düngemittel, die beiden düngenden Stoffe Phosphor und Kalium enthaltend**	3,2	—
3105 90	– **andere:**		
★ 3105 90 20	– – mit einem Gehalt an Stickstoff von mehr als 10 GHT, bezogen auf den wasserfreien Stoff	6,5 (1)	—
★ 3105 90 80	– – andere	3,2 (1)	—

(1) Zollsatz für „natürlichem Kaliumnatriumnitrat aus Chile, bestehend aus natürlichen Mischungen von Natriumnitrat und Kaliumnitrat (mit einem Anteil an Kaliumnitrat von 44 GHT oder weniger), mit einem Gesamtgehalt an Stickstoff von 16,3 GHT oder weniger, bezogen auf den wasserfreien Stoff" (TARIC-Code 3105 90 20 10 und 3105 90 80 10): frei. Die zolltarifliche Abgabenbegünstigung wird gewährt, wenn die Förmlichkeiten und Voraussetzungen gemäß den Einführenden Vorschriften II.F erfüllt sind.

KAPITEL 32

GERB- UND FARBSTOFFAUSZÜGE; TANNINE UND IHRE DERIVATE; FARBSTOFFE, PIGMENTE UND ANDERE FARBMITTEL; ANSTRICHFARBEN UND LACKE; KITTE; TINTEN

Anmerkungen

1. Zu Kapitel 32 gehören nicht:

   a) isolierte chemisch einheitliche Elemente und Verbindungen (ausgenommen Waren der Position 3203 oder 3204, anorganische Erzeugnisse von der als Luminophore verwendeten Art (Position 3206), Glas aus geschmolzenem Quarz oder aus anderem geschmolzenen Siliciumdioxid in Formen im Sinne der Position 3207 und Färbemittel sowie andere Farbmittel in Formen oder Packungen für den Einzelverkauf der Position 3212);

   b) Tannate und andere Tanninderivate der in den Positionen 2936 bis 2939, 2941 oder 3501 bis 3504 erfassten Erzeugnisse;

   c) Asphaltmastix und andere bituminöse Mastix (Position 2715).

2. Zu Position 3204 gehören Mischungen von stabilisierten Diazoniumsalzen und Kupplungskomponenten für diese Salze, zum Herstellen von Azofarbstoffen.

3. Zu den Positionen 3203, 3204, 3205 und 3206 gehören auch Zubereitungen auf der Grundlage von Farbmitteln (einschließlich, soweit es die Position 3206 betrifft, Pigmente der Position 2530 oder des Kapitels 28, Metallflitter und Metallpulver) von der zum Färben beliebiger Stoffe oder zum Herstellen von Farbzubereitungen verwendeten Art. Zu diesen Positionen gehören jedoch weder in nicht wässrigen Medien dispergierte flüssige oder pastenförmige Pigmente von der zum Herstellen von Anstrichfarben verwendeten Art (Position 3212) noch die anderen Zubereitungen der Position 3207, 3208, 3209, 3210, 3212, 3213 oder 3215.

4. Zu Position 3208 gehören Lösungen von Erzeugnissen der Positionen 3901 bis 3913 (ausgenommen Collodium) in flüchtigen organischen Lösemitteln, wenn der Anteil des Lösemittels 50 GHT der Lösung übersteigt.

5. Zu den „Farbmitteln" im Sinne dieses Kapitels gehören nicht Erzeugnisse, die als Füllstoffe in Ölfarben verwendet werden, auch wenn sie als Farbpigmente in Wasserfarben dienen können.

6. Im Sinne der Position 3212 sind „Prägefolien" nur Folien von der zum Bedrucken von Bucheinbänden oder Hutschweißledern verwendeten Art, bestehend aus:

   a) Metallpulver (auch Edelmetallpulver) oder Pigmenten in dünnen Blättern, die durch Leim, Gelatine oder andere Bindemittel zusammengehalten werden; oder

   b) Metallen (auch Edelmetallen) oder Pigmenten, die auf eine als Unterlage dienende Folie aus Stoffen aller Art aufgebracht sind.

KN-Code	Warenbezeichnung	Vertragsmäßiger Zollsatz (%)	Besondere Maßeinheit
1	2	3	4
3201	**Pflanzliche Gerbstoffauszüge; Tannine und ihre Salze, Ether, Ester und andere Derivate:**		
3201 10 00	– **Quebrachoauszug**	frei	—
3201 20 00	– **Mimosaauszug**	6,5 (1)	—
3201 90	– **andere:**		
3201 90 20	– – Sumach-, Valonea-, Eichen- oder Kastanienauszug	5,8	—
3201 90 90	– – andere	5,3 (2)	—
3202	**Synthetische organische Gerbstoffe; anorganische Gerbstoffe; Gerbstoffzubereitungen, auch natürliche Gerbstoffe enthaltend; Enzymzubereitungen zum Vorgerben:**		
3202 10 00	– **synthetische organische Gerbstoffe**	5,3	—
3202 90 00	– **andere**	5,3	—

(1) Dieser Wertzollsatz ist autonom auf unbestimmte Zeit auf 3 % ermäßigt (Aussetzung).
(2) WTO-Zollkontingent.

KN-Code	Warenbezeichnung	Vertragsmäßiger Zollsatz (%)	Besondere Maßeinheit
1	2	3	4
3203 00	**Farbmittel pflanzlichen oder tierischen Ursprungs (einschließlich Farbstoffauszüge, ausgenommen Tierisches Schwarz), auch chemisch einheitlich; Zubereitungen im Sinne der Anmerkung 3 zu diesem Kapitel auf der Grundlage von Farbmitteln pflanzlichen oder tierischen Ursprungs:**		
3203 00 10	– pflanzliche Farbmittel und Zubereitungen auf der Grundlage dieser Farbmittel	frei	—
3203 00 90	– tierische Farbmittel und Zubereitungen auf der Grundlage dieser Farbmittel	2,5	—
3204	**Synthetische organische Farbmittel, auch chemisch einheitlich; Zubereitungen im Sinne der Anmerkung 3 zu diesem Kapitel auf der Grundlage synthetischer organischer Farbmittel; synthetische organische Erzeugnisse von der als fluoreszierende Aufheller oder als Luminophore verwendeten Art, auch chemisch einheitlich:**		
	– synthetische organische Farbmittel und Zubereitungen im Sinne der Anmerkung 3 zu diesem Kapitel auf der Grundlage dieser Farbmittel:		
3204 11 00	– – Dispersionsfarbstoffe und Zubereitungen auf der Grundlage dieser Farbstoffe	6,5	—
3204 12 00	– – Säurefarbstoffe, auch metallisiert, und Zubereitungen auf der Grundlage dieser Farbstoffe; Beizenfarbstoffe und Zubereitungen auf der Grundlage dieser Farbstoffe	6,5	—
3204 13 00	– – basische Farbstoffe und Zubereitungen auf der Grundlage dieser Farbstoffe	6,5	—
3204 14 00	– – Direktfarbstoffe und Zubereitungen auf der Grundlage dieser Farbstoffe	6,5	—
3204 15 00	– – Küpenfarbstoffe (einschließlich der in diesem Zustand als Pigmente verwendbaren) und Zubereitungen auf der Grundlage dieser Farbstoffe	6,5	—
3204 16 00	– – Reaktivfarbstoffe und Zubereitungen auf der Grundlage dieser Farbstoffe	6,5	—
3204 17 00	– – Pigmente (organische) und Zubereitungen auf der Grundlage dieser Farbmittel	6,5	—
3204 19 00	– – andere, einschließlich der Mischungen von Farbmitteln aus mehreren der Unterpositionen 3204 11 bis 3204 19	6,5	—
3204 20 00	– synthetische organische Erzeugnisse von der als fluoreszierende Aufheller verwendeten Art	6	—
3204 90 00	– andere	6,5	—
3205 00 00	**Farblacke; Zubereitungen im Sinne der Anmerkung 3 zu diesem Kapitel auf der Grundlage von Farblacken**	6,5	—
3206	**Andere Farbmittel; Zubereitungen im Sinne der Anmerkung 3 zu diesem Kapitel, ausgenommen solche der Position 3203, 3204 oder 3205; anorganische Erzeugnisse von der als Luminophore verwendeten Art, auch chemisch einheitlich:**		
	– Pigmente und Zubereitungen auf der Grundlage von Titandioxid:		
3206 11 00	– – mit einem Gehalt an Titandioxid von 80 GHT oder mehr, bezogen auf die Trockensubstanz	6	—
3206 19 00	– – andere	6,5	—
3206 20 00	– Pigmente und Zubereitungen auf der Grundlage von Chromverbindungen	6,5	—
	– andere Farbmittel und andere Zubereitungen:		
3206 41 00	– – Ultramarin und seine Zubereitungen	6,5	—

KN-Code	Warenbezeichnung	Vertragsmäßiger Zollsatz (%)	Besondere Maßeinheit
1	2	3	4
3206 42 00	**– – Lithopone und andere Pigmente und Zubereitungen auf der Grundlage von Zinksulfid**	6,5	—
3206 49	**– – andere:**		
3206 49 10	– – – Magnetit	4,9 (1)	—
3206 49 70	– – – andere	6,5	—
3206 50 00	**– anorganische Erzeugnisse von der als Luminophore verwendeten Art**	5,3	—
3207	**Zubereitete Pigmente, zubereitete Trübungsmittel und zubereitete Farben, Schmelzglasuren und andere verglasbare Massen, Engoben, flüssige Glanzmittel und ähnliche Zubereitungen von der in der Keramik-, Emaillier- oder Glasindustrie verwendeten Art; Glasfritte und anderes Glas in Form von Pulver, Granalien, Schuppen oder Flocken:**		
3207 10 00	**– zubereitete Pigmente, zubereitete Trübungsmittel, zubereitete Farben und ähnliche Zubereitungen**	6,5	—
3207 20	**– Schmelzglasuren und andere verglasbare Massen, Engoben und ähnliche Zubereitungen:**		
3207 20 10	– – Engoben	5,3	—
3207 20 90	– – andere	6,3	—
3207 30 00	**– flüssige Glanzmittel und ähnliche Zubereitungen**	5,3	—
3207 40	**– Glasfritte und anderes Glas in Form von Pulver, Granalien, Schuppen oder Flocken:**		
3207 40 40	– – Glas in Form von Flocken mit einer Länge von 0,1 mm bis 3,5 mm und einer Dicke von 2 Mikrometer bis 5 Mikrometer; Glas in Form von Pulver oder Granalien, mit einem Gehalt an Siliciumdioxid von 99 GHT oder mehr	frei	—
3207 40 85	– – anderes	3,7	—
3208	**Anstrichfarben und Lacke auf der Grundlage von synthetischen Polymeren oder chemisch modifizierten natürlichen Polymeren, in einem nicht wässrigen Medium dispergiert oder gelöst; Lösungen im Sinne der Anmerkung 4 zu diesem Kapitel:**		
3208 10	**– auf der Grundlage von Polyestern:**		
3208 10 10	– – Lösungen im Sinne der Anmerkung 4 zu diesem Kapitel	6,5	—
3208 10 90	– – andere	6,5	—
3208 20	**– auf der Grundlage von Acryl- oder Vinylpolymeren:**		
3208 20 10	– – Lösungen im Sinne der Anmerkung 4 zu diesem Kapitel	6,5	—
3208 20 90	– – andere	6,5	—
3208 90	**– andere:**		
	– – Lösungen im Sinne der Anmerkung 4 zu diesem Kapitel:		
3208 90 11	– – – Polyurethan aus 2,2′-(tert-Butylimino)diethanol und 4,4′-Methylendicyclohexyl-diisocyanat, in Form einer Lösung in N,N-Dimethylacetamid, mit einem Gehalt an Polymer von 48 GHT oder mehr	frei	—
3208 90 13	– – – Copolymer aus p-Kresol und Divinylbenzol, in Form einer Lösung in N,N-Dimethylacetamid, mit einem Gehalt an Polymer von 48 GHT oder mehr	frei	—
3208 90 19	– – – andere	6,5	—
	– – andere:		
3208 90 91	– – – auf der Grundlage von synthetischen Polymeren	6,5	—
3208 90 99	– – – auf der Grundlage von chemisch modifizierten natürlichen Polymeren	6,5	—

(1) Autonomer Zollsatz: frei.

KN-Code	Warenbezeichnung	Vertragsmäßiger Zollsatz (%)	Besondere Maßeinheit
1	2	3	4
3209	**Anstrichfarben und Lacke auf der Grundlage von synthetischen Polymeren oder chemisch modifizierten natürlichen Polymeren, in einem wässrigen Medium dispergiert oder gelöst:**		
3209 10 00	– auf der Grundlage von Acryl- oder Vinylpolymeren	6,5	—
3209 90 00	– andere	6,5	—
3210 00	**Andere Anstrichfarben und Lacke; zubereitete Wasserpigmentfarben von der für die Lederzurichtung verwendeten Art:**		
3210 00 10	– Anstrichfarben und Lacke auf der Grundlage von trocknenden Ölen	6,5	—
3210 00 90	– andere	6,5	—
3211 00 00	**Zubereitete Sikkative**	6,5	—
3212	**Pigmente (einschließlich Metallpulver und -flitter), in nicht wässrigen Medien dispergiert, flüssig oder pastenförmig, von der zum Herstellen von Anstrichfarben verwendeten Art; Prägefolien; Färbemittel und andere Farbmittel, in Formen oder Packungen für den Einzelverkauf:**		
3212 10 00	– Prägefolien	6,5	—
3212 90 00	– andere	6,5	—
3213	**Farben für Kunstmaler, für den Unterricht, für die Plakatmalerei, für Farbtönungen, zur Unterhaltung und ähnliche Farben, in Täfelchen, Tuben, Töpfchen, Fläschchen, Näpfchen oder ähnlichen Aufmachungen:**		
3213 10 00	– Farben in Zusammenstellungen	6,5	—
3213 90 00	– andere	6,5	—
3214	**Glaserkitt, Harzzement und andere Kitte; Spachtelmassen für Anstreicherarbeiten; nicht feuerfeste Spachtel- und Verputzmassen für Fassaden, Innenwände, Fußböden, Decken und dergleichen:**		
3214 10	– Glaserkitt, Harzzement und andere Kitte; Spachtelmassen für Anstreicherarbeiten:		
3214 10 10	– – Glaserkitt, Harzzement und andere Kitte	5	—
3214 10 90	– – Spachtelmassen für Anstreicherarbeiten	5	—
3214 90 00	– andere	5	—
3215	**Druckfarben, Tinte und Tusche zum Schreiben oder Zeichnen und andere Tinten und Tuschen, auch konzentriert oder in fester Form:**		
	– Druckfarben:		
3215 11 00	– – schwarz	6,5	—
3215 19 00	– – andere	6,5	—
3215 90 00	– andere	6,5	—

KAPITEL 33

ÄTHERISCHE ÖLE UND RESINOIDE; ZUBEREITETE RIECH-, KÖRPERPFLEGE- ODER SCHÖNHEITSMITTEL

Anmerkungen

1. Zu Kapitel 33 gehören nicht:
   a) natürliche Oleoresine und Pflanzenauszüge der Position 1301 oder 1302;
   b) Seifen und andere Erzeugnisse der Position 3401;
   c) Balsam-, Holz- oder Sulfatterpentinöl und andere Erzeugnisse der Position 3805.
2. Als Riechstoffe im Sinne der Position 3302 gelten nur die Substanzen der Position 3301, die aus diesen Substanzen isolierten Riechstoffe sowie synthetische Aromastoffe.
3. Zu den Positionen 3303 bis 3307 gehören insbesondere Erzeugnisse, auch ungemischt (ausgenommen destillierte aromatische Wässer und wässrige Lösungen ätherischer Öle), die zur Verwendung als Erzeugnisse dieser Positionen geeignet und zu diesem Zweck für den Einzelverkauf aufgemacht sind.
4. Als „zubereitete Riech-, Körperpflege- oder Schönheitsmittel" im Sinne der Position 3307 gelten — unter anderem — folgende Erzeugnisse: kleine Säckchen mit Teilen von Aromapflanzen; duftende zubereitete Räuchermittel; parfümierte Papiere oder Schminkpapiere; Lösungen für Kontaktlinsen oder künstliche Augen; mit Riechmitteln oder Schminken getränkte, bestrichene oder überzogene Watte, Filze oder Vliesstoffe; zubereitete Körperpflegemittel für Tiere.

KN-Code	Warenbezeichnung	Vertragsmäßiger Zollsatz (%)	Besondere Maßeinheit
1	2	3	4
3301	**Ätherische Öle (auch entterpenisiert), einschließlich „konkrete" oder „absolute" Öle; Resinoide; extrahierte Oleoresine; Konzentrate ätherischer Öle in Fetten, nicht flüchtigen Ölen, Wachsen oder ähnlichen Stoffen, durch Enfleurage oder Mazeration gewonnen; terpenhaltige Nebenerzeugnisse aus ätherischen Ölen; destillierte aromatische Wässer und wässrige Lösungen ätherischer Öle:**		
	– **ätherische Öle von Citrusfrüchten:**		
3301 12	– – **Süß- und Bitterorangenöl:**		
3301 12 10	– – – nicht entterpenisiert	7	—
3301 12 90	– – – entterpenisiert	4,4	—
3301 13	– – **Citronenöl:**		
3301 13 10	– – – nicht entterpenisiert	7	—
3301 13 90	– – – entterpenisiert	4,4	—
3301 19	– – **andere:**		
3301 19 20	– – – nicht entterpenisiert	7	—
3301 19 80	– – – entterpenisiert	4,4	—
	– **andere ätherische Öle als solche von Citrusfrüchten:**		
3301 24	– – **Pfefferminzöl (Mentha piperita):**		
3301 24 10	– – – nicht entterpenisiert	frei	—
3301 24 90	– – – entterpenisiert	2,9	—
3301 25	– – **andere Minzenöle:**		
3301 25 10	– – – nicht entterpenisiert	frei	—
3301 25 90	– – – entterpenisiert	2,9	—

KN-Code	Warenbezeichnung	Vertragsmäßiger Zollsatz (%)	Besondere Maßeinheit
1	2	3	4
3301 29	– – **andere:**		
	– – – Gewürznelkenöl, Niaouliöl, Ylang-Ylang-Öl:		
3301 29 11	– – – – nicht entterpenisiert	frei	—
3301 29 31	– – – – entterpenisiert	2,9 (1)	—
	– – – andere:		
3301 29 41	– – – – nicht entterpenisiert	frei	—
	– – – – entterpenisiert:		
3301 29 71	– – – – – Geraniumöl, Jasminöl, Vetiveröl	2,3	—
3301 29 79	– – – – – Lavendelöl und Lavandinöl	2,9	—
3301 29 91	– – – – – andere	2,9 (1)	—
3301 30 00	– **Resinoide**	2	—
3301 90	– **andere:**		
3301 90 10	– – terpenhaltige Nebenerzeugnisse aus ätherischen Ölen	2,3	—
	– – extrahierte Oleoresine:		
3301 90 21	– – – von Süßholzwurzeln und von Hopfen	3,2	—
3301 90 30	– – – andere	frei	—
3301 90 90	– – andere	3	—
3302	**Mischungen von Riechstoffen und Mischungen (einschließlich alkoholische Lösungen) auf der Grundlage eines oder mehrerer dieser Stoffe, von der als Rohstoffe für die Industrie verwendeten Art; andere Zubereitungen auf der Grundlage von Riechstoffen von der zum Herstellen von Getränken verwendeten Art:**		
3302 10	– **von der in der Lebensmittel- oder Getränkeindustrie verwendeten Art:**		
	– – von der in der Getränkeindustrie verwendeten Art:		
	– – – Zubereitungen, die alle charakteristischen Aromastoffe eines Getränks enthalten:		
3302 10 10	– – – – mit einem vorhandenen Alkoholgehalt von mehr als 0,5 % vol	17,3 MIN 1 €/% vol/hl	—
	– – – – andere:		
3302 10 21	– – – – – kein Milchfett und keine Saccharose, Isoglucose, Stärke oder Glucose enthaltend, oder weniger als 1,5 GHT Milchfett, 5 GHT Saccharose oder Isoglucose, 5 GHT Glucose oder Stärke enthaltend	12,8	—
3302 10 29	– – – – – andere	9 + EA (2)	—
3302 10 40	– – – andere	frei	—
3302 10 90	– – von der in der Lebensmittelindustrie verwendeten Art	frei	—
3302 90	– **andere:**		
3302 90 10	– – alkoholische Lösungen	frei	—
3302 90 90	– – andere	frei	—
3303 00	**Duftstoffe (Parfüms) und Duftwässer (Toilettewässer):**		
3303 00 10	– Duftstoffe (Parfüms)	frei	—
3303 00 90	– Duftwässer (Toilettewässer)	frei	—

(1) Autonomer Zollsatz: 2,3.
(2) Siehe Anhang 1.

KN-Code	Warenbezeichnung	Vertragsmäßiger Zollsatz (%)	Besondere Maßeinheit
1	2	3	4
3304	**Zubereitete Schönheitsmittel oder Erzeugnisse zum Schminken und Zubereitungen zur Hautpflege (ausgenommen Arzneiwaren), einschließlich Sonnenschutz- und Bräunungsmittel; Zubereitungen für die Maniküre oder Pediküre:**		
3304 10 00	– Schminkmittel (Make-up) für die Lippen	frei	—
3304 20 00	– Schminkmittel (Make-up) für die Augen	frei	—
3304 30 00	– Zubereitungen für die Maniküre oder Pediküre	frei	—
	– andere:		
3304 91 00	– – Puder, lose oder fest	frei	—
3304 99 00	– – andere	frei	—
3305	**Zubereitete Haarbehandlungsmittel:**		
3305 10 00	– Haarwaschmittel (Shampoo)	frei	—
3305 20 00	– Dauerwellmittel und Entkrausungsmittel (Zubereitungen zur Haardauerverformung)	frei	—
3305 30 00	– Haarlacke	frei	—
3305 90 00	– andere	frei	—
3306	**Zubereitete Zahn- und Mundpflegemittel, einschließlich Haftpuder und -pasten für Zahnprothesen; Garne zum Reinigen der Zahnzwischenräume (Zahnseide), in Aufmachungen für den Einzelverkauf:**		
3306 10 00	– Zahnputzmittel	frei	—
3306 20 00	– Garne zum Reinigen der Zahnzwischenräume (Zahnseide)	4	—
3306 90 00	– andere	frei	—
3307	**Zubereitete Rasiermittel (einschließlich Vor- und Nachbehandlungsmittel), Körperdesodorierungsmittel, zubereitete Badezusätze, Haarentfernungsmittel und andere zubereitete Riech-, Körperpflege- oder Schönheitsmittel, anderweit weder genannt noch inbegriffen; zubereitete Raumdesodorierungsmittel, auch nicht parfümiert, auch mit desinfizierenden Eigenschaften:**		
3307 10 00	– zubereitete Rasiermittel (einschließlich Vor- und Nachbehandlungsmittel)	6,5	—
3307 20 00	– Körperdesodorierungs- und Antitranspirationsmittel	6,5	—
3307 30 00	– parfümierte Badesalze und andere zubereitete Badezusätze	6,5	—
	– Zubereitungen zum Parfümieren oder Desodorieren von Räumen, einschließlich duftende Zubereitungen für religiöse Zeremonien:		
3307 41 00	– – „Agarbatti" und andere duftende zubereitete Räuchermittel	6,5	—
3307 49 00	– – andere	6,5	—
3307 90 00	– andere	6,5	—

KAPITEL 34

SEIFEN, ORGANISCHE GRENZFLÄCHENAKTIVE STOFFE, ZUBEREITETE WASCHMITTEL, ZUBEREITETE SCHMIERMITTEL, KÜNSTLICHE WACHSE, ZUBEREITETE WACHSE, SCHUHCREME, SCHEUERPULVER UND DERGLEICHEN, KERZEN UND ÄHNLICHE ERZEUGNISSE, MODELLIERMASSEN, „DENTALWACHS" UND ZUBEREITUNGEN FÜR ZAHNÄRZTLICHE ZWECKE AUF DER GRUNDLAGE VON GIPS

Anmerkungen

1. Zu Kapitel 34 gehören nicht:

   a) genießbare Mischungen und Zubereitungen von tierischen oder pflanzlichen Fetten oder Ölen von der als Form- oder Trennöle verwendeten Art (Position 1517);

   b) isolierte chemisch einheitliche Verbindungen;

   c) Haarwaschmittel (Shampoo), Zahnpflegemittel, Rasiercreme und -schaum und zubereitete Badezusätze, Seife oder andere organische grenzflächenaktive Stoffe enthaltend (Position 3305, 3306 oder 3307).

2. Im Sinne der Position 3401 umfasst die Bezeichnung „Seifen" nur wasserlösliche Seifen. Die Seifen und anderen Erzeugnisse dieser Position können auch Zusätze enthalten (z. B. Stoffe mit desinfizierenden oder scheuernden Eigenschaften, Füllstoffe, Heilmittel). Erzeugnisse, die Stoffe mit scheuernden Eigenschaften enthalten, gehören jedoch nur dann zu dieser Position, wenn sie in Form von Tafeln, Riegeln oder geformten Stücken oder Figuren vorliegen. In anderen Formen sind sie als Scheuerpasten oder -pulver oder ähnliche Zubereitungen der Position 3405 zuzuweisen.

3. „Grenzflächenaktive Stoffe" im Sinne der Position 3402 sind Erzeugnisse, die, wenn man sie in einer Konzentration von 0,5 % bei einer Temperatur von 20 °C mit Wasser mischt und eine Stunde bei derselben Temperatur stehen lässt,

   a) eine durchsichtige oder durchscheinende Flüssigkeit oder eine stabile Emulsion ohne Abscheidung unlöslicher Stoffe geben und

   b) die Oberflächenspannung des Wassers auf $4{,}5 \times 10^{-2}$ N/m (45 dyn/cm) oder weniger herabsetzen.

4. „Erdöl oder Öl aus bituminösen Mineralien" im Sinne der Position 3403 sind die in der Anmerkung 2 zu Kapitel 27 beschriebenen Erzeugnisse.

5. Vorbehaltlich der nachstehend aufgeführten Ausnahmen sind „künstliche Wachse und zubereitete Wachse" im Sinne der Position 3404 nur:

   a) durch ein chemisches Verfahren hergestellte organische Erzeugnisse mit den Eigenschaften von Wachsen, auch wasserlöslich;

   b) durch Mischen verschiedener Wachse untereinander hergestellte Erzeugnisse;

   c) Erzeugnisse mit den Eigenschaften von Wachsen auf der Grundlage von Wachsen oder Paraffin, die außerdem Fette, Harze, mineralische oder andere Stoffe enthalten.

   Zu Position 3404 gehören jedoch nicht:

   a) Erzeugnisse der Position 1516, 3402 oder 3823, auch wenn sie die Eigenschaften von Wachsen aufweisen;

   b) ungemischte tierische oder pflanzliche Wachse, auch raffiniert oder gefärbt, der Position 1521;

   c) Mineralwachse und ähnliche Erzeugnisse der Position 2712, auch untereinander gemischt oder nur gefärbt;

   d) mit einer Flüssigkeit gemischte oder in einem flüssigen Medium dispergierte oder gelöste Wachse (Positionen 3405, 3809 usw.).

KN-Code	Warenbezeichnung	Vertragsmäßiger Zollsatz (%)	Besondere Maßeinheit
1	2	3	4
3401	**Seifen; organische grenzflächenaktive Erzeugnisse und Zubereitungen, als Seife verwendbar, in Form von Tafeln, Riegeln, geformten Stücken oder Figuren, auch ohne Gehalt an Seife; organische grenzflächenaktive Erzeugnisse und Zubereitungen zum Waschen der Haut, in Form einer Flüssigkeit oder Creme, in Aufmachungen für den Einzelverkauf, auch ohne Gehalt an Seife; Papier, Watte, Filz und Vliesstoffe, mit Seife oder Reinigungsmitteln getränkt, bestrichen oder überzogen:**		
	– Seifen, organische grenzflächenaktive Erzeugnisse und Zubereitungen, in Form von Tafeln, Riegeln, geformten Stücken oder Figuren, und Papier, Watte, Filz und Vliesstoffe, mit Seife oder Reinigungsmitteln getränkt, bestrichen oder überzogen:		
3401 11 00	– – zur Körperpflege (einschließlich solcher zu medizinischen Zwecken)	frei	—
3401 19 00	– – andere	frei	—
3401 20	– Seifen in anderen Formen:		
3401 20 10	– – Flocken, Körner oder Pulver	frei	—
3401 20 90	– – andere	frei	—
3401 30 00	– organische grenzflächenaktive Erzeugnisse und Zubereitungen zum Waschen der Haut, in Form einer Flüssigkeit oder Creme, in Aufmachungen für den Einzelverkauf, auch ohne Gehalt an Seife	4	—
3402	**Organische grenzflächenaktive Stoffe (ausgenommen Seifen); grenzflächenaktive Zubereitungen, zubereitete Waschmittel (einschließlich zubereitete Waschhilfsmittel) und zubereitete Reinigungsmittel, auch Seife enthaltend, ausgenommen solche der Position 3401:**		
	– organische grenzflächenaktive Stoffe, auch in Aufmachungen für den Einzelverkauf:		
3402 11	– – anionisch wirkend:		
3402 11 10	– – – wässrige Lösung mit einem Gehalt an Dinatriumalkyl[oxydi(benzolsulfonat)] von 30 GHT bis 50 GHT	frei	—
3402 11 90	– – – andere	4	—
3402 12 00	– – kationisch wirkend	4	—
3402 13 00	– – nicht ionogen wirkend	4	—
3402 19 00	– – andere	4	—
3402 20	– Zubereitungen in Aufmachung für den Einzelverkauf:		
3402 20 20	– – grenzflächenaktive Zubereitungen	4	—
3402 20 90	– – zubereitete Waschmittel, Waschhilfsmittel und zubereitete Reinigungsmittel	4	—
3402 90	– andere:		
3402 90 10	– – grenzflächenaktive Zubereitungen	4	—
3402 90 90	– – zubereitete Waschmittel, Waschhilfsmittel und zubereitete Reinigungsmittel	4	—
3403	**Zubereitete Schmiermittel (einschließlich Schneidöle, Zubereitungen zum Lösen von Schrauben oder Bolzen, zubereitete Rostschutzmittel oder Korrosionsschutzmittel und zubereitete Form- und Trennöle, auf der Grundlage von Schmierstoffen) und Zubereitungen nach Art der Schmälzmittel für Spinnstoffe oder der Mittel zum Ölen oder Fetten von Leder, Pelzfellen oder anderen Stoffen, ausgenommen solche, die als Grundbestandteil 70 GHT oder mehr an Erdöl oder Öl aus bituminösen Mineralien enthalten:**		
	– Erdöl oder Öl aus bituminösen Mineralien enthaltend:		
3403 11 00	– – Zubereitungen zum Behandeln von Spinnstoffen, Leder, Pelzfellen oder anderen Stoffen	4,6	—

KN-Code	Warenbezeichnung	Vertragsmäßiger Zollsatz (%)	Besondere Maßeinheit
1	2	3	4
3403 19	– – **andere:**		
3403 19 10	– – – mit einem Gehalt an Erdöl oder Öl aus bituminösen Mineralien von 70 GHT oder mehr, in denen diese Öle nicht der Grundbestandteil sind	6,5	—
3403 19 90	– – – andere	4,6	—
	– **andere:**		
3403 91 00	– – **Zubereitungen zum Behandeln von Spinnstoffen, Leder, Pelzfellen oder anderen Stoffen**	4,6	—
3403 99 00	– – **andere**	4,6	—
3404	**Künstliche Wachse und zubereitete Wachse:**		
3404 20 00	– **Poly(oxyethylen)-Wachs (Polyethylenglycolwachs)**	frei	—
3404 90 00	– **andere**	frei	—
3405	**Schuhcreme, Möbel- und Bohnerwachs, Poliermittel für Karosserien, Glas oder Metall, Scheuerpasten und -pulver und ähnliche Zubereitungen (auch in Form von Papier, Watte, Filz, Vliesstoff, Schaum-, Schwamm-, Zellkunststoff oder Zellkautschuk, mit diesen Zubereitungen getränkt, bestrichen oder überzogen), ausgenommen Wachse der Position 3404:**		
3405 10 00	– **Schuhcreme und ähnliche Schuh- oder Lederpflegemittel**	frei	—
3405 20 00	– **Möbel- und Bohnerwachs und ähnliche Zubereitungen**	frei	—
3405 30 00	– **Poliermittel für Karosserien und ähnliche Autopflegemittel, ausgenommen Poliermittel für Metall**	frei	—
3405 40 00	– **Scheuerpasten und -pulver und ähnliche Zubereitungen**	frei	—
3405 90	– **andere:**		
3405 90 10	– – zum Polieren von Metall	frei	—
3405 90 90	– – andere	frei	—
3406 00 00	**Kerzen (Lichte) aller Art und dergleichen**	frei	—
3407 00 00	**Modelliermassen, auch zur Unterhaltung für Kinder; zubereitetes „Dentalwachs" oder „Zahnabdruckmassen" in Zusammenstellungen, in Packungen für den Einzelverkauf oder in Tafeln, Hufeisenform, Stäben oder ähnlichen Formen; andere Zubereitungen für zahnärztliche Zwecke auf der Grundlage von Gips**	frei	—

KAPITEL 35

EIWEISSSTOFFE; MODIFIZIERTE STÄRKE; KLEBSTOFFE; ENZYME

Anmerkungen

1. Zu Kapitel 35 gehören nicht:
   a) Hefen (Position 2102);
   b) Bestandteile (Fraktionen) des Blutes (ausgenommen nicht zu therapeutischen oder prophylaktischen Zwecken zubereitetes Blutalbumin), Arzneiwaren und andere Erzeugnisse des Kapitels 30;
   c) Enzymzubereitungen zum Vorgerben (Position 3202);
   d) zubereitete enzymatische Waschmittel und Waschhilfsmittel und andere Erzeugnisse des Kapitels 34;
   e) gehärtete Eiweißstoffe (Position 3913);
   f) Druckerzeugnisse auf Gelatine als Trägermaterial (Kapitel 49).
2. „Dextrine" im Sinne der Position 3505 sind Stärkeabbauprodukte mit einem Gehalt an reduzierenden Zuckern, berechnet als Dextrose, von 10 % oder weniger, bezogen auf die Trockenmasse.

   Erzeugnisse mit einem Gehalt an reduzierenden Zuckern von mehr als 10 % gehören zu Position 1702.

Zusätzliche Anmerkung

1. *Zu Unterposition 3504 00 10 gehören Konzentrate aus Milcheiweiß mit einem Proteingehalt, bezogen auf die Trockenmasse, von mehr als 85 GHT.*

KN-Code	Warenbezeichnung	Vertragsmäßiger Zollsatz (%)	Besondere Maßeinheit
1	2	3	4
3501	**Casein, Caseinate und andere Caseinderivate; Caseinleime:**		
3501 10	- **Casein:**		
3501 10 10	- - zum Herstellen von künstlichen Spinnstoffen ([1])	frei	—
3501 10 50	- - zu industriellen Zwecken, ausgenommen zum Herstellen von Lebens- und Futtermitteln ([1])	3,2	—
3501 10 90	- - anderes	9	—
3501 90	- **andere:**		
3501 90 10	- - Caseinleime	8,3	—
3501 90 90	- - andere	6,4	—
3502	**Albumine (einschließlich Konzentrate aus zwei oder mehr Molkenproteinen, die mehr als 80 GHT Molkenproteine, bezogen auf die Trockenmasse, enthalten), Albuminate und andere Albuminderivate:**		
	- **Eieralbumin:**		
3502 11	- - **getrocknet:**		
3502 11 10	- - - ungenießbar oder ungenießbar gemacht ([2])	frei	—
3502 11 90	- - - anderes	123,5 €/100 kg/net ([3])	—

([1]) Die Zulassung zu dieser Unterposition erfolgt nach den in den einschlägigen Bestimmungen der Europäischen Union festgesetzten Voraussetzungen (s. Artikel 291 bis 300 der Verordnung (EWG) Nr. 2454/93 der Kommission (ABl. L 253 vom 11.10.1993, S. 1)).

([2]) Die Zulassung zu dieser Unterposition erfolgt nach den in den Einführenden Vorschriften II.F festgesetzten Voraussetzungen.

([3]) WTO-Zollkontingent.

KN-Code	Warenbezeichnung	Vertragsmäßiger Zollsatz (%)	Besondere Maßeinheit
1	2	3	4
3502 19	– – **anderes:**		
3502 19 10	– – – ungenießbar oder ungenießbar gemacht ([1])	frei	—
3502 19 90	– – – anderes	16,7 €/100 kg/net ([2])	—
3502 20	– **Molkenproteine (Lactalbumin), einschließlich Konzentrate aus zwei oder mehr Molkenproteinen:**		
3502 20 10	– – ungenießbar oder ungenießbar gemacht ([1])	frei	—
	– – andere:		
3502 20 91	– – – getrocknet (in Blättern, Flocken, Kristallen, Pulver usw.)	123,5 €/100 kg/net	—
3502 20 99	– – – andere	16,7 €/100 kg/net	—
3502 90	– **andere:**		
	– – Albumine, ausgenommen Eieralbumin und Molkenproteine (Lactalbumin):		
3502 90 20	– – – ungenießbar oder ungenießbar gemacht ([1])	frei	—
3502 90 70	– – – andere	6,4	—
3502 90 90	– – Albuminate und andere Albuminderivate	7,7	—
3503 00	**Gelatine (auch in quadratischen oder rechteckigen Blättern, auch an der Oberfläche bearbeitet oder gefärbt) und ihre Derivate; Hausenblase; andere Leime tierischen Ursprungs, ausgenommen Caseinleime der Position 3501:**		
3503 00 10	– Gelatine und ihre Derivate	7,7	—
3503 00 80	– andere	7,7	—
3504 00	**Peptone und ihre Derivate; andere Eiweißstoffe und ihre Derivate, anderweit weder genannt noch inbegriffen; Hautpulver, auch chromiert:**		
3504 00 10	– Konzentrate aus Milcheiweiß im Sinne der Zusätzlichen Anmerkung 1 zu Kapitel 35	3,4	—
3504 00 90	– andere	3,4	—
3505	**Dextrine und andere modifizierte Stärken (z. B. Quellstärke oder veresterte Stärke); Leime auf der Grundlage von Stärken, Dextrinen oder anderen modifizierten Stärken:**		
3505 10	– **Dextrine und andere modifizierte Stärken:**		
3505 10 10	– – Dextrine	9 + 17,7 €/100 kg/net	—
	– – andere modifizierte Stärken:		
3505 10 50	– – – veretherte Stärken und veresterte Stärken	7,7	—
3505 10 90	– – – andere	9 + 17,7 €/100 kg/net	—
3505 20	– **Leime:**		
3505 20 10	– – mit einem Gehalt an Stärken, Dextrinen oder anderen modifizierten Stärken von weniger als 25 GHT	8,3 + 4,5 €/100 kg/net MAX 11,5	—
3505 20 30	– – mit einem Gehalt an Stärken, Dextrinen oder anderen modifizierten Stärken von 25 oder mehr, jedoch weniger als 55 GHT	8,3 + 8,9 €/100 kg/net MAX 11,5	—
3505 20 50	– – mit einem Gehalt an Stärken, Dextrinen oder anderen modifizierten Stärken von 55 oder mehr, jedoch weniger als 80 GHT	8,3 + 14,2 €/100 kg/net MAX 11,5	—

([1]) Die Zulassung zu dieser Unterposition erfolgt nach den in den Einführenden Vorschriften II.F festgesetzten Voraussetzungen.
([2]) WTO-Zollkontingent.

KN-Code	Warenbezeichnung	Vertragsmäßiger Zollsatz (%)	Besondere Maßeinheit
1	2	3	4
3505 20 90	– – mit einem Gehalt an Stärken, Dextrinen oder anderen modifizierten Stärken von 80 GHT oder mehr	8,3 + 17,7 €/ 100 kg/net MAX 11,5	—
3506	**Zubereitete Leime und andere zubereitete Klebstoffe, anderweit weder genannt noch inbegriffen; zur Verwendung als Klebstoff geeignete Erzeugnisse aller Art in Aufmachungen für den Einzelverkauf mit einem Gewicht des Inhalts von 1 kg oder weniger:**		
3506 10 00	– **zur Verwendung als Klebstoff geeignete Erzeugnisse aller Art in Aufmachungen für den Einzelverkauf mit einem Gewicht des Inhalts von 1 kg oder weniger**	6,5	—
	– **andere:**		
3506 91 00	– – **Klebstoffe auf der Grundlage von Polymeren der Positionen 3901 bis 3913 oder von Kautschuk**	6,5	—
3506 99 00	– – **andere**	6,5	—
3507	**Enzyme; zubereitete Enzyme, anderweit weder genannt noch inbegriffen:**		
3507 10 00	– **Lab und seine Konzentrate**	6,3	—
3507 90	– **andere:**		
3507 90 30	– – Lipoproteinlipase; Aspergillus-Alkalin Protease	frei	—
3507 90 90	– – andere	6,3	—

KAPITEL 36

PULVER UND SPRENGSTOFFE; PYROTECHNISCHE ARTIKEL; ZÜNDHÖLZER; ZÜNDMETALL-LEGIERUNGEN; LEICHT ENTZÜNDLICHE STOFFE

Anmerkungen

1. Zu Kapitel 36 gehören nicht isolierte chemisch einheitliche Verbindungen, ausgenommen die in der nachstehenden Anmerkung 2 Buchstabe a) oder b) aufgeführten Erzeugnisse.

2. Als „Waren aus leicht entzündlichen Stoffen" im Sinne der Position 3606 gelten ausschließlich:

   a) Metaldehyd, Hexamethylentetramin und ähnliche Erzeugnisse in Tabletten, Stäbchen oder ähnlichen Formen, aus denen sich ihre Verwendung als Brennstoff ergibt; Brennstoffe auf der Grundlage von Alkohol und ähnliche zubereitete Brennstoffe, fest oder pastenförmig;

   b) flüssige Brennstoffe und brennbare Flüssiggase, in Behältnissen von der zum Auffüllen oder Wiederauffüllen von Feuerzeugen oder Anzündern verwendeten Art mit einem Fassungsvermögen von 300 cm^3 oder weniger;

   c) Pech- und Harzfackeln, Kohlenanzünder und ähnliche Erzeugnisse.

KN-Code	Warenbezeichnung	Vertragsmäßiger Zollsatz (%)	Besondere Maßeinheit
1	2	3	4
3601 00 00	**Schießpulver**	5,7	—
3602 00 00	**Zubereitete Sprengstoffe, ausgenommen Schießpulver**	6,5	—
3603 00	**Sicherheitszündschnüre; Sprengzündschnüre; Zündhütchen, Sprengkapseln; Zünder; elektrische Sprengzünder:**		
3603 00 10	– Sicherheitszündschnüre; Sprengzündschnüre	6	—
3603 00 90	– andere	6,5	—
3604	**Feuerwerkskörper, Signalraketen, Raketen zum Wetterschießen und dergleichen, Knallkörper und andere pyrotechnische Artikel:**		
3604 10 00	– **Feuerwerkskörper**	6,5	—
3604 90 00	– **andere**	6,5	—
3605 00 00	**Zündhölzer, ausgenommen pyrotechnische Waren der Position 3604**	6,5	—
3606	**Cer-Eisen und andere Zündmetall-Legierungen in jeder Form; Waren aus leicht entzündlichen Stoffen im Sinne der Anmerkung 2 zu diesem Kapitel:**		
3606 10 00	– **flüssige Brennstoffe und brennbare Flüssiggase, in Behältnissen von der zum Auffüllen oder Wiederauffüllen von Feuerzeugen oder Anzündern verwendeten Art mit einem Fassungsvermögen von 300 cm^3 oder weniger**	6,5	—
3606 90	– **andere:**		
3606 90 10	– – Cer-Eisen und andere Zündmetall-Legierungen in jeder Form	6	—
3606 90 90	– – andere	6,5	—

KAPITEL 37

ERZEUGNISSE ZU FOTOGRAFISCHEN ODER KINEMATOGRAFISCHEN ZWECKEN

Anmerkungen

1. Zu Kapitel 37 gehören weder Abfälle noch Ausschusswaren.
2. Im Kapitel 37 bezieht sich der Begriff „fotografisch" auf das Verfahren, mit dem sichtbare Bilder direkt oder indirekt durch das Einwirken von Licht oder anderen Strahlenarten auf fotosensitive Oberflächen erzeugt werden.

Zusätzliche Anmerkungen

1. *Bei Tonfilmen, die getrennt als Bild- und Tonband eingehen, ist jedes Band für sich getrennt nach seiner Beschaffenheit einzureihen.*
2. *Als „Wochenschaufilme" im Sinne der Unterposition 3706 90 52 gelten Filme mit einer Länge von weniger als 330 m, die aktuelle Ereignisse, z. B. politischen, geschichtlichen, sozialen, wirtschaftlichen, sportlichen, militärischen, wissenschaftlichen, literarischen, volkskundlichen, touristischen oder gesellschaftlichen Charakters, darstellen.*

KN-Code	Warenbezeichnung	Vertragsmäßiger Zollsatz (%)	Besondere Maßeinheit
1	2	3	4
3701	**Fotografische Platten und Planfilme, sensibilisiert, nicht belichtet, aus Stoffen aller Art (ausgenommen Papier, Pappe oder Spinnstoffe); fotografische Sofortbild-Planfilme, sensibilisiert, nicht belichtet, auch in Kassetten:**		
3701 10 00	– **für Röntgenaufnahmen**	6,5	m^2
3701 20 00	– **Sofortbild-Planfilme**	6,5	p/st
3701 30 00	– **andere Platten und Planfilme, bei denen mindestens eine Seite mehr als 255 mm misst**	6,5	m^2
	– **andere:**		
3701 91 00	– – **für mehrfarbige Aufnahmen**	6,5	—
3701 99 00	– – **andere**	6,5	—
3702	**Fotografische Filme in Rollen, sensibilisiert, nicht belichtet, aus Stoffen aller Art (ausgenommen Papier, Pappe oder Spinnstoffe); fotografische Sofortbild-Rollfilme, sensibilisiert, nicht belichtet:**		
3702 10 00	– **für Röntgenaufnahmen**	6,5	m^2
	– **andere Filme, nicht gelocht, mit einer Breite von 105 mm oder weniger:**		
3702 31	– – **für mehrfarbige Aufnahmen:**		
3702 31 91	– – – Negativfarbfilme mit: — einer Breite von 75 mm bis 105 mm und — einer Länge von 100 m oder mehr zum Herstellen von Sofortbildfilmen ([1])	frei	m
3702 31 97	– – – andere	6,5	m
3702 32	– – **andere, mit einer Silberhalogenid-Emulsion:**		
	– – – mit einer Breite von 35 mm oder weniger:		
3702 32 10	– – – – Mikrofilme; Filme für grafische Zwecke	6,5	—

([1]) Die Zulassung zu dieser Unterposition erfolgt nach den in den einschlägigen Bestimmungen der Europäischen Union festgesetzten Voraussetzungen (s. Artikel 291 bis 300 der Verordnung (EWG) Nr. 2454/93 der Kommission (ABl. L 253 vom 11.10.1993, S. 1)).

KN-Code	Warenbezeichnung	Vertragsmäßiger Zollsatz (%)	Besondere Maßeinheit
1	2	3	4
3702 32 20	– – – – andere	5,3	—
3702 32 85	– – – mit einer Breite von mehr als 35 mm	6,5	—
3702 39 00	**– – andere**	6,5	—
	– andere Filme, nicht gelocht, mit einer Breite von mehr als 105 mm:		
3702 41 00	**– – mit einer Breite von mehr als 610 mm und einer Länge von mehr als 200 m, für mehrfarbige Aufnahmen**	6,5	m^2
3702 42 00	**– – mit einer Breite von mehr als 610 mm und einer Länge von mehr als 200 m, ausgenommen für mehrfarbige Aufnahmen**	6,5	m^2
3702 43 00	**– – mit einer Breite von mehr als 610 mm und einer Länge von 200 m oder weniger**	6,5	m^2
3702 44 00	**– – mit einer Breite von mehr als 105 mm bis 610 mm**	6,5	m^2
	– andere Filme, für mehrfarbige Aufnahmen:		
3702 52 00	**– – mit einer Breite von 16 mm oder weniger**	5,3	—
3702 53 00	**– – mit einer Breite von mehr als 16 mm bis 35 mm und einer Länge von 30 m oder weniger, für Diapositive**	5,3	p/st
3702 54 00	**– – mit einer Breite von mehr als 16 mm bis 35 mm und einer Länge von 30 m oder weniger, ausgenommen für Diapositive**	5	p/st
3702 55 00	**– – mit einer Breite von mehr als 16 mm bis 35 mm und einer Länge von mehr als 30 m**	5,3	m
3702 56 00	**– – mit einer Breite von mehr als 35 mm**	6,5	—
	– andere:		
3702 96	**– – mit einer Breite von 35 mm oder weniger und einer Länge von 30 m oder weniger:**		
3702 96 10	– – – Mikrofilme; Filme für grafische Zwecke	6,5	—
3702 96 90	– – – andere	5,3	p/st
3702 97	**– – mit einer Breite von 35 mm oder weniger und einer Länge von mehr als 30 m:**		
3702 97 10	– – – Mikrofilme; Filme für grafische Zwecke	6,5	—
3702 97 90	– – – andere	5,3	m
3702 98 00	**– – mit einer Breite von mehr als 35 mm**	6,5	—
3703	**Fotografische Papiere, Pappen und Spinnstoffwaren, sensibilisiert, nicht belichtet:**		
3703 10 00	**– in Rollen, mit einer Breite von mehr als 610 mm**	6,5	—
3703 20 00	**– andere, für mehrfarbige Aufnahmen**	6,5	—
3703 90 00	**– andere**	6,5	—
3704 00	**Fotografische Platten, Filme, Papiere, Pappen und Spinnstoffwaren, belichtet, jedoch nicht entwickelt:**		
3704 00 10	– Platten und Filme	frei	—

KN-Code	Warenbezeichnung	Vertragsmäßiger Zollsatz (%)	Besondere Maßeinheit
1	2	3	4
3704 00 90	– andere	6,5	—
3705	**Fotografische Platten und Filme, belichtet und entwickelt, ausgenommen kinematografische Filme:**		
3705 10 00	– **für Offsetreproduktionen**	5,3	—
3705 90	– **andere:**		
3705 90 10	– – Mikrofilme	3,2	—
3705 90 90	– – andere	5,3	—
3706	**Kinematografische Filme, belichtet und entwickelt, auch mit Tonaufzeichnung oder nur mit Tonaufzeichnung:**		
3706 10	– **mit einer Breite von 35 mm oder mehr:**		
3706 10 20	– – nur mit Tonaufzeichnung; Negative; Zwischenpositive	frei	m
3706 10 99	– – andere Positive	6,5 (1)	m
3706 90	– **andere:**		
3706 90 52	– – nur mit Tonaufzeichnung; Negative; Zwischenpositive; Wochenschaufilme	frei	m
	– – andere, mit einer Breite von:		
3706 90 91	– – – weniger als 10 mm	frei	m
3706 90 99	– – – 10 mm oder mehr	5,4 (2)	m
3707	**Zubereitete chemische Erzeugnisse zu fotografischen Zwecken (ausgenommen Lacke, Klebstoffe und ähnliche Zubereitungen); ungemischte Erzeugnisse zu fotografischen Zwecken, dosiert oder gebrauchsfertig in Aufmachung für den Einzelverkauf:**		
3707 10 00	– **Emulsionen zum Sensibilisieren von Oberflächen**	6	—
3707 90	– **andere:**		
3707 90 20	– – Entwickler und Fixierer	6	—
3707 90 90	– – andere	6	—

(1) Autonomer Zollsatz: 5 €/100 m.
(2) Autonomer Zollsatz: 3,5 €/100 m.

KAPITEL 38

VERSCHIEDENE ERZEUGNISSE DER CHEMISCHEN INDUSTRIE

Anmerkungen

1. Zu Kapitel 38 gehören nicht:

   a) isolierte chemisch einheitliche Elemente oder Verbindungen, ausgenommen die nachstehend aufgeführten:

      1) künstlicher Grafit (Position 3801);

      2) Insektizide, Rodentizide, Fungizide, Herbizide, Keimhemmungsmittel und Pflanzenwuchsregulatoren, Desinfektionsmittel und ähnliche Erzeugnisse, in Formen oder Aufmachungen der in Position 3808 beschriebenen Art;

      3) Feuerlöschmittel in Form von Ladungen für Feuerlöschgeräte oder von Feuerlöschgranaten oder Feuerlöschbomben (Position 3813);

      4) zertifizierte Referenzmaterialien gemäß nachstehender Anmerkung 2;

      5) die in der nachstehenden Anmerkung 3 a) oder 3 c) aufgeführten Erzeugnisse;

   b) Mischungen von chemischen Erzeugnissen und Lebensmitteln oder anderen Stoffen mit Nährwert, von der zum Zubereiten von Lebensmitteln für die menschliche Ernährung verwendeten Art (im Allgemeinen Position 2106);

   c) Schlacken, Aschen und Rückstände (einschließlich Schlämme, andere als Klärschlamm), die Metalle, Arsen oder deren Mischungen enthalten und die die Bedingungen der Anmerkung 3 a) oder 3 b) des Kapitels 26 erfüllen (Position 2620);

   d) Arzneiwaren (Position 3003 oder 3004);

   e) ausgebrauchte Katalysatoren, von der zur Gewinnung von unedlen Metallen oder zur Herstellung von chemischen Verbindungen unedler Metalle verwendeten Art (Position 2620), ausgebrauchte Katalysatoren von der hauptsächlich zur Wiedergewinnung von Edelmetallen verwendeten Art (Position 7112) sowie Katalysatoren, die aus Metallen oder Metall-Legierungen in Form von z. B. sehr feinem Pulver oder Metallgewebe bestehen (Abschnitt XIV oder XV).

2. A) Im Sinne der Position 3822 gelten als „zertifizierte Referenzmaterialien" solche Referenzmaterialien, die mit einem Zertifikat versehen sind, das die Angaben zu den zertifizierten Beschaffenheitsmerkmalen, zu den angewendeten Methoden, mit denen die entsprechenden Werte bestimmt wurden, und Genauigkeitsangaben für jeden Wert enthält, und die zur Analyse, zur Kalibrierung oder als Referenz geeignet sind.

   B) Mit Ausnahme der Erzeugnisse des Kapitels 28 oder 29 hat die Einreihung von zertifizierten Referenzmaterialien in die Position 3822 Vorrang vor allen anderen Positionen der Nomenklatur.

3. Zu Position 3824 und nicht zu anderen Positionen der Nomenklatur gehören:

   a) künstliche Kristalle aus Magnesiumoxid oder aus Halogensalzen der Alkali- oder Erdalkalimetalle (ausgenommen optische Elemente) mit einem Stückgewicht von 2,5 g oder mehr;

   b) Fuselöle; Dippelöl;

   c) Tintenentferner in Aufmachungen für den Einzelverkauf;

   d) Korrekturlacke für Dauerschablonen, andere Korrekturflüssigkeiten sowie Korrekturbänder (ausgenommen solche der Position 9612), in Aufmachungen für den Einzelverkauf; und

   e) schmelzbare Temperaturmesser für Öfen (z. B. Segerkegel).

4. In der Nomenklatur gelten als „Siedlungsabfälle" solche Abfälle, die von Haushalten, Hotels, Restaurants, Krankenhäusern, Geschäften, Büros usw. entsorgt werden, und auch Abfälle der Straßenreinigung sowie Abfälle von Bau- und Abbrucharbeiten. Siedlungsabfälle enthalten allgemein eine Vielzahl von verschiedenen Materialien wie Kunststoffe, Kautschuk, Holz, Papier, Textilien, Glas, Metalle, Nahrungsmittel, defekte Möbel und andere beschädigte oder zu entsorgende Gegenstände. Der Begriff „Siedlungsabfälle" erfasst jedoch nicht:

   a) einzelne Materialien oder einzelne Erzeugnisse, die von den Abfällen getrennt wurden, wie Abfälle aus Kunststoffen, Kautschuk, Holz, Papier, Textilien, Glas oder Metall und gebrauchte Batterien, die in die vorgesehenen Positionen eingereiht werden;

   b) Industrieabfälle;

c) pharmazeutische Abfälle gemäß Anmerkung 4 k zu Kapitel 30; oder

d) klinische Abfälle gemäß der nachstehenden Anmerkung 6 a).

5. Im Sinne der Position 3825 gelten als „Klärschlamm" die Schlämme, wie sie in städtischen Kläranlagen anfallen und auch vorbehandelte Abfälle, Grabenabfälle und nicht stabilisierte Schlämme. Stabilisierte Schlämme, die als Düngemittel verwendet werden, sind ausgeschlossen (Kapitel 31).

6. Im Sinne der Position 3825 gelten als „andere Abfälle":

a) klinische Abfälle, wie kontaminierte Abfälle aus der medizinischen Forschung, von Analysen, von Behandlungen oder von anderen medizinischen, chirurgischen, zahnärztlichen oder veterinärmedizinischen Eingriffen, die häufig pathogene und pharmazeutische Substanzen enthalten und einer speziellen Entsorgung zuzuführen sind (z. B. gebrauchtes Verbandsmaterial, gebrauchte Handschuhe und gebrauchte Spritzen);

b) Abfälle von organischen Lösemitteln;

c) Abfälle von flüssigen Abbeizmitteln für Metalle, Hydraulikflüssigkeiten, Bremsflüssigkeiten und Gefrierschutzflüssigkeiten; und

d) andere Abfälle der chemischen Industrie oder verwandter Industrien.

Als „andere Abfälle" gelten jedoch nicht Abfälle, die überwiegend Erdöl oder Öle aus bituminösen Mineralien enthalten (Position 2710).

7. Als „Biodiesel" im Sinne der Position 3826 gelten Fettsäuremonoalkylester von der als Treib- oder Brennstoff verwendeten Art, die aus tierischen oder pflanzlichen Fetten und Ölen, auch gebrauchten, hergestellt worden sind.

Unterpositions-Anmerkungen

1. Zu Unterposition 3808 50 gehören nur Erzeugnisse der Position 3808, die eine oder mehrere der folgenden Substanzen enthalten: Aldrin (ISO); Binapacryl (ISO); Camphechlor (ISO) (Toxaphen); Captafol (ISO); Chlordan (ISO); Chlordimeform (ISO); Chlorbenzilat (ISO); DDT (ISO) (Clofenotan (INN), 1,1,1-Trichlor-2,2-bis(p-chlorphenyl)ethan); Dieldrin (ISO, INN); 4,6-Dinitro-o-kresol (DNOC (ISO)) oder seine Salze; Dinoseb (ISO), seine Salze oder Ester; Ethylendibromid (ISO) (1,2-Dibromethan); Ethylendichlorid (ISO) (1,2-Dichlorethan); Fluoracetamid (ISO); Heptachlor (ISO); Hexachlorbenzol (ISO); 1,2,3,4,5,6-Hexachlorcyclohexan (HCH (ISO)), einschließlich Lindan (ISO, INN); Methamidophos (ISO); Monocrotophos (ISO); Oxiran (Ethylenoxid); Parathion (ISO); Parathionmethyl (ISO) (Methylparathion); Pentachlorphenol (ISO), seine Salze oder Ester; Phosphamidon (ISO); Quecksilberverbindungen; 2,4,5-T (ISO) (2,4,5-Trichlorphenoxyessigsäure), ihre Salze oder ihre Ester; Tributylzinnverbindungen.

Die Unterposition 3808 50 umfasst ferner verstäubbare Pulverformulierungen, die Mischungen aus Benomyl (ISO), Carbofuran (ISO) und Thiram (ISO) enthalten.

2. Im Sinne der Unterpositionen 3825 41 und 3825 49 gelten als „Abfälle von organischen Lösemitteln" solche Abfälle, die überwiegend organische Lösemittel enthalten und die nach ihren Beschaffenheitsmerkmalen nicht mehr für den eigentlichen Verwendungszweck geeignet sind, unabhängig davon, ob sie zur Rückgewinnung der Lösemittel vorgesehen sind oder nicht.

KN-Code	Warenbezeichnung	Vertragsmäßiger Zollsatz (%)	Besondere Maßeinheit
1	2	3	4
3801	**Künstlicher Grafit; kolloider oder halbkolloider Grafit; Zubereitungen auf der Grundlage von Grafit oder anderem Kohlenstoff, in Form von Pasten, Blöcken, Platten oder anderen Halbfertigerzeugnissen:**		
3801 10 00	– **künstlicher Grafit**	3,6	—
3801 20	– **kolloider und halbkolloider Grafit:**		
3801 20 10	– – kolloider Grafit in öliger Suspension; halbkolloider Grafit	6,5	—
3801 20 90	– – anderer	4,1	—
3801 30 00	– **kohlenstoffhaltige Pasten für Elektroden und ähnliche Pasten für die Innenauskleidung von Öfen**	5,3	—
3801 90 00	– **andere**	3,7	—
3802	**Aktivkohle; aktivierte natürliche mineralische Stoffe; Tierisches Schwarz, auch ausgebraucht:**		
3802 10 00	– **Aktivkohle**	3,2	—
3802 90 00	– **andere**	5,7	—

KN-Code	Warenbezeichnung	Vertragsmäßiger Zollsatz (%)	Besondere Maßeinheit
1	2	3	4
3803 00	**Tallöl, auch raffiniert:**		
3803 00 10	– roh	frei	—
3803 00 90	– anderes	4,1	—
3804 00 00	**Ablaugen aus der Zellstoffherstellung, auch konzentriert, entzuckert oder chemisch behandelt, einschließlich Ligninsulfonate, jedoch ausgenommen Tallöl der Position 3803**	5	—
3805	**Balsamterpentinöl, Holzterpentinöl, Sulfatterpentinöl und andere terpenhaltige Öle aus der Destillation oder einer anderen Behandlung der Nadelhölzer; Dipenten, roh; Sulfitterpentinöl und anderes rohes para-Cymol; Pine-Oil, alpha-Terpineol als Hauptbestandteil enthaltend:**		
3805 10	– **Balsamterpentinöl, Holzterpentinöl und Sulfatterpentinöl:**		
3805 10 10	– – Balsamterpentinöl	4	—
3805 10 30	– – Holzterpentinöl	3,7	—
3805 10 90	– – Sulfatterpentinöl	3,2	—
3805 90	– **andere:**		
3805 90 10	– – Pine-Oil	3,7	—
3805 90 90	– – andere	3,4	—
3806	**Kolofonium und Harzsäuren, und deren Derivate; leichte und schwere Harzöle; durch Schmelzen modifizierte natürliche Harze (Schmelzharze):**		
3806 10 00	– **Kolofonium und Harzsäuren**	5	—
3806 20 00	– **Salze des Kolofoniums, der Harzsäuren oder der Derivate von Kolofonium oder von Harzsäuren, ausgenommen Salze von Kolofoniumaddukten**	4,2	—
3806 30 00	– **Harzester**	6,5	—
3806 90 00	– **andere**	4,2	—
3807 00	**Holzteere; Holzteeröle; Holzkreosot; Holzgeist; pflanzliches Pech; Brauerpech und ähnliche Zubereitungen auf der Grundlage von Kolofonium, Harzsäuren oder pflanzlichem Pech:**		
3807 00 10	– Holzteere	2,1	—
3807 00 90	– andere	4,6	—
3808	**Insektizide, Rodentizide, Fungizide, Herbizide, Keimhemmungsmittel und Pflanzenwuchsregulatoren, Desinfektionsmittel und ähnliche Erzeugnisse, in Formen oder Aufmachungen für den Einzelverkauf oder als Zubereitungen oder Waren (z. B. Schwefelbänder, Schwefelfäden, Schwefelkerzen und Fliegenfänger):**		
3808 50 00	– **Erzeugnisse im Sinne der Unterpositions-Anmerkung 1 zu diesem Kapitel**	6	—
	– **andere:**		
3808 91	– – **Insektizide:**		
3808 91 10	– – – auf der Grundlage von Pyrethroiden	6	—
3808 91 20	– – – auf der Grundlage von Chlorkohlenwasserstoffen	6	—
3808 91 30	– – – auf der Grundlage von Carbamaten	6	—
3808 91 40	– – – auf der Grundlage von organischen Phosphorverbindungen	6	—
3808 91 90	– – – andere	6	—

KN-Code	Warenbezeichnung	Vertragsmäßiger Zollsatz (%)	Besondere Maßeinheit
1	2	3	4
3808 92	– – **Fungizide:**		
	– – – anorganische:		
3808 92 10	– – – – Zubereitungen auf der Grundlage von Kupferverbindungen	4,6	—
3808 92 20	– – – – andere	6	—
	– – – andere:		
3808 92 30	– – – – auf der Grundlage von Dithiocarbamaten	6	—
3808 92 40	– – – – auf der Grundlage von Benzimidazolen	6	—
3808 92 50	– – – – auf der Grundlage von Diazolen oder Triazolen	6	—
3808 92 60	– – – – auf der Grundlage von Diazinen oder Morpholinen	6	—
3808 92 90	– – – – andere	6	—
3808 93	– – **Herbizide, Keimhemmungsmittel und Pflanzenwuchsregulatoren:**		
	– – – Herbizide:		
3808 93 11	– – – – auf der Grundlage von Phenoxyphytohormonen	6	—
3808 93 13	– – – – auf der Grundlage von Triazinen	6	—
3808 93 15	– – – – auf der Grundlage von Amiden	6	—
3808 93 17	– – – – auf der Grundlage von Carbamaten	6	—
3808 93 21	– – – – auf der Grundlage von Dinitroanilinderivaten	6	—
3808 93 23	– – – – auf der Grundlage von Harnstoff-, Uracil- oder Sulfonylharnstoffderivaten	6	—
3808 93 27	– – – – andere	6	—
3808 93 30	– – – Keimhemmungsmittel	6	—
3808 93 90	– – – Pflanzenwuchsregulatoren	6,5	—
3808 94	– – **Desinfektionsmittel:**		
3808 94 10	– – – auf der Grundlage von quartären Ammoniumsalzen	6	—
3808 94 20	– – – auf der Grundlage von halogenierten Verbindungen	6	—
3808 94 90	– – – andere	6	—
3808 99	– – **andere:**		
3808 99 10	– – – Rodentizide	6	—
3808 99 90	– – – andere	6	—
3809	**Appretur- oder Endausrüstungsmittel, Beschleuniger zum Färben oder Fixieren von Farbstoffen und andere Erzeugnisse und Zubereitungen (z. B. zubereitete Schlichtemittel und Zubereitungen zum Beizen), von der in der Textilindustrie, Papierindustrie, Lederindustrie oder ähnlichen Industrien verwendeten Art, anderweit weder genannt noch inbegriffen:**		
3809 10	– **auf der Grundlage von Stärke oder Stärkederivaten:**		
3809 10 10	– – mit einem Gehalt an diesen Stoffen von weniger als 55 GHT	8,3 + 8,9 €/100 kg/net MAX 12,8	—
3809 10 30	– – mit einem Gehalt an diesen Stoffen von 55 oder mehr, jedoch weniger als 70 GHT	8,3 + 12,4 €/100 kg/net MAX 12,8	—
3809 10 50	– – mit einem Gehalt an diesen Stoffen von 70 oder mehr, jedoch weniger als 83 GHT	8,3 + 15,1 €/100 kg/net MAX 12,8	—

KN-Code	Warenbezeichnung	Vertragsmäßiger Zollsatz (%)	Besondere Maßeinheit
1	2	3	4
3809 10 90	– – mit einem Gehalt an diesen Stoffen von 83 GHT oder mehr	8,3 + 17,7 €/ 100 kg/net MAX 12,8	—
	– andere:		
3809 91 00	– – von der in der Textilindustrie oder in ähnlichen Industrien verwendeten Art	6,3	—
3809 92 00	– – von der in der Papierindustrie oder in ähnlichen Industrien verwendeten Art	6,3	—
3809 93 00	– – von der in der Lederindustrie oder in ähnlichen Industrien verwendeten Art	6,3	—
3810	**Zubereitungen zum Abbeizen von Metallen; Flussmittel und andere Hilfsmittel zum Schweißen oder Löten von Metallen; Pasten und Pulver zum Schweißen oder Löten, aus Metall und anderen Stoffen; Zubereitungen von der als Überzugs- oder Füllmasse für Schweißelektroden oder Schweißstäbe verwendeten Art:**		
3810 10 00	– Zubereitungen zum Abbeizen von Metallen; Pasten und Pulver zum Schweißen oder Löten, aus Metall und anderen Stoffen	6,5	—
3810 90	– andere:		
3810 90 10	– – Zubereitungen von der als Überzugs- oder Füllmasse für Schweißelektroden oder Schweißstäbe verwendeten Art	4,1	—
3810 90 90	– – andere	5	—
3811	**Zubereitete Antiklopfmittel, Antioxidantien, Antigums, Viskositätsverbesserer, Antikorrosivadditive und andere zubereitete Additive für Mineralöle (einschließlich Kraftstoffe) oder für andere, zu denselben Zwecken wie Mineralöle verwendete Flüssigkeiten:**		
	– zubereitete Antiklopfmittel:		
3811 11	– – auf der Grundlage von Bleiverbindungen:		
3811 11 10	– – – auf der Grundlage von Tetraethylblei (Ethylfluid)	6,5	—
3811 11 90	– – – andere	5,8	—
3811 19 00	– – andere	5,8	—
	– Additive für Schmieröle:		
3811 21 00	– – Erdöl oder Öl aus bituminösen Mineralien enthaltend	5,3	—
3811 29 00	– – andere	5,8	—
3811 90 00	– andere	5,8	—
3812	**Zubereitete Vulkanisationsbeschleuniger; zusammengesetzte Weichmacher für Kautschuk oder Kunststoffe, anderweit weder genannt noch inbegriffen; zubereitete Antioxidationsmittel und andere zusammengesetzte Stabilisatoren für Kautschuk oder Kunststoffe:**		
3812 10 00	– zubereitete Vulkanisationsbeschleuniger	6,3	—
3812 20	– zusammengesetzte Weichmacher für Kautschuk oder Kunststoffe:		
3812 20 10	– – Reaktionsgemisch, Benzyl-3-isobutyryloxy-1-isopropyl-2,2-dimethylpropylphthalat und Benzyl-3-isobutyryloxy-2,2,4-trimethylpentylphthalat enthaltend	frei	—
3812 20 90	– – andere	6,5	—
3812 30	– zubereitete Antioxidationsmittel und andere zusammengesetzte Stabilisatoren für Kautschuk oder Kunststoffe:		
	– – zubereitete Antioxidationsmittel:		
3812 30 21	– – – Mischungen von Oligomeren des 1,2-Dihydro-2,2,4-trimethylchinolins	6,5	—
3812 30 29	– – – andere	6,5	—

KN-Code	Warenbezeichnung	Vertragsmäßiger Zollsatz (%)	Besondere Maßeinheit
1	2	3	4
3812 30 80	– – andere	6,5	—
3813 00 00	**Gemische und Ladungen für Feuerlöschgeräte; Feuerlöschgranaten und Feuerlöschbomben**	6,5	—
3814 00	**Zusammengesetzte organische Löse- und Verdünnungsmittel, anderweit weder genannt noch inbegriffen; Zubereitungen zum Entfernen von Farben oder Lacken:**		
3814 00 10	– auf der Grundlage von Butylacetat	6,5	—
3814 00 90	– andere	6,5	—
3815	**Reaktionsauslöser, Reaktionsbeschleuniger und katalytische Zubereitungen, anderweit weder genannt noch inbegriffen:**		
	– **auf Trägern fixierte Katalysatoren:**		
3815 11 00	– – **mit Nickel oder einer Nickelverbindung als aktiver Substanz**	6,5	—
3815 12 00	– – **mit Edelmetall oder einer Edelmetallverbindung als aktiver Substanz**	6,5	—
3815 19	– – **andere:**		
3815 19 10	– – – Katalysator in Form von Körnern, die zu 90 GHT oder mehr Abmessungen von 10 Mikrometer oder weniger aufweisen, aus einer auf einem Träger aus Magnesiumsilicat fixierten Mischung von Oxiden, mit einem Gehalt an: — Kupfer von 20 GHT bis 35 GHT und — Bismut von 2 GHT bis 3 GHT und einer augenscheinlichen Dichte von 0,2 bis 1,0	frei	—
3815 19 90	– – – andere	6,5	—
3815 90	– **andere:**		
3815 90 10	– – Ethyltriphenylphosphoniumacetat-Katalysator, in Methanol gelöst	frei	—
3815 90 90	– – andere	6,5	—
3816 00 00	**Feuerfeste Zemente, feuerfeste Mörtel, feuerfester Beton und ähnliche feuerfeste Mischungen, ausgenommen Erzeugnisse der Position 3801**	2,7	—
3817 00	**Alkylbenzol-Gemische und Alkylnaphthalin-Gemische, ausgenommen Waren der Position 2707 oder 2902:**		
3817 00 50	– lineares Alkylbenzol	6,3	—
3817 00 80	– andere	6,3	—
3818 00	**Chemische Elemente, zur Verwendung in der Elektronik dotiert, in Scheiben, Plättchen oder ähnlichen Formen; chemische Verbindungen, zur Verwendung in der Elektronik dotiert:**		
3818 00 10	– dotiertes Silicium	frei	—
3818 00 90	– andere	frei	—
3819 00 00	**Flüssigkeiten für hydraulische Bremsen und andere zubereitete Flüssigkeiten für hydraulische Kraftübertragung, kein Erdöl oder Öl aus bituminösen Mineralien enthaltend oder mit einem Gehalt an Erdöl oder Öl aus bituminösen Mineralien von weniger als 70 GHT**	6,5	—
3820 00 00	**Zubereitete Gefrierschutzmittel und zubereitete Flüssigkeiten zum Enteisen**	6,5	—

KN-Code	Warenbezeichnung	Vertragsmäßiger Zollsatz (%)	Besondere Maßeinheit
1	2	3	4
3821 00 00	**Zubereitete Nährsubstrate zum Züchten und Erhalten von Mikroorganismen (einschließlich Viren und dergleichen) oder pflanzlichen, menschlichen oder tierischen Zellen**	5	—
3822 00 00	**Diagnostik- oder Laborreagenzien auf einem Träger und zubereitete Diagnostik- oder Laborreagenzien, auch auf einem Träger, ausgenommen Waren der Position 3002 oder 3006; zertifizierte Referenzmaterialien**	frei	—
3823	**Technische einbasische Fettsäuren; saure Öle aus der Raffination; technische Fettalkohole:**		
	– technische einbasische Fettsäuren; saure Öle aus der Raffination:		
3823 11 00	**– – Stearinsäure**	5,1	—
3823 12 00	**– – Ölsäure**	4,5	—
3823 13 00	**– – Tallölfettsäuren**	2,9	—
3823 19	**– – andere:**		
3823 19 10	– – – destillierte Fettsäuren	2,9	—
3823 19 30	– – – Destillationsfettsäuren	2,9	—
3823 19 90	– – – andere	2,9	—
3823 70 00	**– technische Fettalkohole**	3,8	—
3824	**Zubereitete Bindemittel für Gießereiformen oder -kerne; chemische Erzeugnisse und Zubereitungen der chemischen Industrie oder verwandter Industrien (einschließlich Mischungen von Naturprodukten), anderweit weder genannt noch inbegriffen:**		
3824 10 00	**– zubereitete Bindemittel für Gießereiformen oder -kerne**	6,5	—
3824 30 00	**– nicht gesinterte Metallcarbide, untereinander oder mit metallischen Bindemitteln gemischt**	5,3	—
3824 40 00	**– zubereitete Additive für Zement, Mörtel oder Beton**	6,5	—
3824 50	**– Mörtel und Beton, nicht feuerfest:**		
3824 50 10	– – Frischbeton	6,5	—
3824 50 90	– – anderer	6,5	—
3824 60	**– Sorbit, ausgenommen Waren der Unterposition 2905 44:**		
	– – in wässriger Lösung:		
3824 60 11	– – – mit einem Gehalt an D-Mannitol von 2 GHT oder weniger, bezogen auf den Gehalt an D-Glucitol	7,7 + 16,1 €/100 kg/net	—
3824 60 19	– – – anderer	9,6 + 37,8 €/100 kg/net ([1])	—
	– – anderer:		
3824 60 91	– – – mit einem Gehalt an D-Mannitol von 2 GHT oder weniger, bezogen auf den Gehalt an D-Glucitol	7,7 + 23 €/100 kg/net	—
3824 60 99	– – – anderer	9,6 + 53,7 €/100 kg/net ([1])	—
	– Mischungen, die halogenierte Derivate von Methan, Ethan oder Propan enthalten:		
3824 71 00	**– – perhalogenierte Chlorfluorkohlenwasserstoffe (CFK) enthaltend, auch teilhalogenierte Chlorfluorkohlenwasserstoffe (HCFKW), perfluorierte Kohlenwasserstoffe (FKW) oder teilfluorierte Kohlenwasserstoffe (HFKW) enthaltend**	6,5	—
3824 72 00	**– – Bromchlordifluormethan, Bromtrifluormethan oder Dibromtetrafluorethan enthaltend**	6,5	—
3824 73 00	**– – teilhalogenierte Bromfluorkohlenwasserstoffe (HBFKW) enthaltend**	6,5	—

([1]) Dieser Wertzollsatz ist autonom auf unbestimmte Zeit auf 9 % ermäßigt (Aussetzung).

KN-Code	Warenbezeichnung	Vertragsmäßiger Zollsatz (%)	Besondere Maßeinheit
1	2	3	4
3824 74 00	**– – teilhalogenierte Chlorfluorkohlenwasserstoffe (HCFKW) enthaltend, auch perfluorierte Kohlenwasserstoffe (FKW) oder teilfluorierte Kohlenwasserstoffe (HFKW), jedoch keine perhalogenierten Chlorfluorkohlenwasserstoffe (CFK) enthaltend**	6,5	—
3824 75 00	**– – Tetrachlorkohlenstoff enthaltend**	6,5	—
3824 76 00	**– – 1,1,1-Trichlorethan (Methylchloroform) enthaltend**	6,5	—
3824 77 00	**– – Brommethan (Methylbromid) oder Bromchlormethan enthaltend**	6,5	—
3824 78 00	**– – perfluorierte Kohlenwasserstoffe (FKW) oder teilfluorierte Kohlenwasserstoffe (HFKW) enthaltend, jedoch keine perhalogenierten Chlorfluorkohlenstoffe (CFK) oder teilhalogenierte Chlorfluorkohlenwasserstoffe (HCFKW) enthaltend**	6,5	—
3824 79 00	**– – andere**	6,5	—
	– Mischungen und Zubereitungen, die Oxiran (Ethylenoxid), polybromierte Biphenyle (PBB), polychlorierte Biphenyle (PCB), polychlorierte Terphenyle (PCT) oder Tris(2,3-dibrompropyl)phosphat enthalten:		
3824 81 00	**– – Oxiran (Ethylenoxid) enthaltend**	6,5	—
3824 82 00	**– – polychlorierte Biphenyle (PCB), polychlorierte Terphenyle (PCT) oder polybromierte Biphenyle (PBB) enthaltend**	6,5	—
3824 83 00	**– – Tris(2,3-dibrompropyl)phosphat enthaltend**	6,5	—
3824 90	**– andere:**		
3824 90 10	– – Petroleumsulfonate, ausgenommen solche des Ammoniums, der Alkalimetalle oder der Ethanolamine; thiophenhaltige Sulfosäuren von Öl aus bituminösen Mineralien und ihre Salze	5,7	—
3824 90 15	– – Ionenaustauscher	6,5	—
3824 90 20	– – Absorbentien zum Vervollständigen des Vakuums in elektrischen Röhren	6	—
3824 90 25	– – Pyrolignite (z. B. Calciumpyrolignit); rohes Calciumtartrat; rohes Calciumcitrat	5,1	—
3824 90 30	– – Naphthensäuren, ihre wasserunlöslichen Salze und ihre Ester	3,2	—
3824 90 35	– – zubereitete Rostschutzmittel, Amine als wirksame Bestandteile enthaltend	6,5	—
3824 90 40	– – zusammengesetzte anorganische Löse- und Verdünnungsmittel für Lacke und ähnliche Erzeugnisse	6,5	—
	– – andere:		
3824 90 45	– – – Kesselsteinentfernungsmittel und dergleichen	6,5	—
3824 90 50	– – – Zubereitungen für die Galvanotechnik	6,5	—
3824 90 55	– – – Mischungen von Glycerinmono-, -di- und -trifettsäureestern (Emulgiermittel für Fettstoffe)	6,5	—
3824 90 58	– – – Nikotinpflaster (transdermal) zur Unterstützung bei der Raucherentwöhnung	frei	—
	– – – Erzeugnisse und Zubereitungen zu pharmazeutischen oder chirurgischen Zwecken:		
3824 90 61	– – – – Zwischenerzeugnisse der Antibiotikagewinnung, erhalten aus der Fermentation von Streptomyces tenebrarius, auch getrocknet, zum Herstellen von Arzneiwaren der Position 3004 für die Humanmedizin [1]	frei	—
3824 90 62	– – – – Zwischenerzeugnisse aus der Gewinnung von Salzen des Monensins	frei	—
3824 90 64	– – – – andere	6,5	—

[1] Die Zulassung zu dieser Unterposition erfolgt nach den in den einschlägigen Bestimmungen der Europäischen Union festgesetzten Voraussetzungen (s. Artikel 291 bis 300 der Verordnung (EWG) Nr. 2454/93 der Kommission (ABl. L 253 vom 11.10.1993, S. 1)).

KN-Code	Warenbezeichnung	Vertragsmäßiger Zollsatz (%)	Besondere Maßeinheit
1	2	3	4
3824 90 65	– – – Hilfsmittel von der in der Gießereiindustrie verwendeten Art (ausgenommen Waren der Unterposition 3824 10 00)	6,5	—
3824 90 70	– – – Flammschutz-, Wasserschutzmittel und ähnliche Zubereitungen für den Schutz von Bauwerken	6,5	—
	– – – andere:		
3824 90 75	– – – – Lithium-Niobat-Scheiben, nicht dotiert	frei	—
3824 90 80	– – – – Mischung von Aminen aus dimerisierten Fettsäuren, mit einem mittleren Molekulargewicht von 520 bis 550	frei	—
3824 90 85	– – – – 3-(1-Ethyl-1-methylpropyl)isoxazol-5-ylamin, in Toluol gelöst	frei	—
3824 90 87	– – – – Mischungen, hauptsächlich bestehend aus (5-Ethyl-2-methyl-2-oxido-1,3,2-dioxaphosphinan-5-yl)methyl-methyl-methylphosphonat und Bis[(5-ethyl-2-methyl-2-oxido-1,3,2-dioxaphosphinan-5-yl)methyl] methylphosphonat, und Mischungen, hauptsächlich bestehend aus Dimethylmethylphosphonat, Oxiran und Diphosphorpentaoxid	6,5	—
3824 90 97	– – – – andere	6,5	—
3825	**Rückstände der chemischen Industrie oder verwandter Industrien, anderweit weder genannt noch inbegriffen; Siedlungsabfälle; Klärschlamm; andere in Anmerkung 6 zu diesem Kapitel genannte Abfälle:**		
3825 10 00	**– Siedlungsabfälle**	6,5	—
3825 20 00	**– Klärschlamm**	6,5	—
3825 30 00	**– klinische Abfälle**	6,5	—
	– Abfälle von organischen Lösemitteln:		
3825 41 00	**– – halogeniert**	6,5	—
3825 49 00	**– – andere**	6,5	—
3825 50 00	**– Abfälle von flüssigen Abbeizmitteln für Metalle, Hydraulikflüssigkeiten, Bremsflüssigkeiten und Gefrierschutzflüssigkeiten**	6,5	—
	– andere Abfälle der chemischen Industrie oder verwandter Industrien:		
3825 61 00	**– – überwiegend organische Bestandteile enthaltend**	6,5	—
3825 69 00	**– – andere**	6,5	—
3825 90	**– andere:**		
3825 90 10	– – alkalische Eisenoxide (Gasreinigungsmasse)	5	—
3825 90 90	– – andere	6,5	—
3826 00	**Biodiesel und Biodieselmischungen, kein Erdöl oder Öl aus bituminösen Mineralien enthaltend oder mit einem Gehalt an Erdöl oder Öl aus bituminösen Materialien von weniger als 70 GHT:**		
3826 00 10	– Fettsäuremonoalkylester, mit einem Gehalt an Estern von 96,5 % vol oder mehr (FAMAE)	6,5	—
3826 00 90	– andere	6,5	—

ABSCHNITT VII

KUNSTSTOFFE UND WAREN DARAUS; KAUTSCHUK UND WAREN DARAUS

Anmerkungen

1. Warenzusammenstellungen, die aus zwei oder mehreren voneinander getrennten Bestandteilen bestehen, von denen einige oder alle zu diesem Abschnitt gehören, und die erkennbar dazu bestimmt sind, durch Vermischen ein Erzeugnis des Abschnitts VI oder VII herzustellen, sind der für dieses Erzeugnis zutreffenden Position zuzuweisen unter der Voraussetzung, dass die Einzelbestandteile:

   a) ohne weiteres Umpacken aufgrund ihrer Aufmachung eindeutig erkennbar dazu bestimmt sind, zusammen verwendet zu werden,

   b) zusammen gestellt werden und

   c) entweder aufgrund ihrer Beschaffenheit oder ihrer entsprechenden Mengen als einander ergänzend erkennbar sind.

2. Mit Ausnahme der Waren der Position 3918 oder 3919 sind Kunststoffe, Kautschuk und Waren daraus, mit Motiven, Buchstaben oder bildlichen Darstellungen bedruckt, die im Hinblick auf den eigentlichen (ursprünglichen) Gebrauch der Waren nicht nur nebensächlich sind, dem Kapitel 49 zuzuweisen.

KAPITEL 39

KUNSTSTOFFE UND WAREN DARAUS

Anmerkungen

1. Als „Kunststoffe" gelten in der Nomenklatur die Stoffe der Positionen 3901 bis 3914, die im Zeitpunkt der Polymerisation oder in einem späteren Stadium unter einer äußeren Einwirkung (im Allgemeinen Wärme und Druck, falls erforderlich auch unter Zuhilfenahme von Lösemitteln oder Weichmachern) durch Gießen, Pressen, Strangpressen, Walzen oder ein anderes Verfahren eine Form erhalten können oder erhalten haben, die auch nach Beendigung der äußeren Einwirkung erhalten bleibt.

   Der Begriff „Kunststoffe" umfasst in der Nomenklatur auch Vulkanfiber. Dagegen ist dieser Begriff nicht anwendbar auf Stoffe, die als Spinnstoffe des Abschnitts XI gelten.

2. Zu Kapitel 39 gehören nicht:

   a) zubereitete Schmiermittel der Position 2710 oder 3403;

   b) Wachse der Position 2712 oder 3404;

   c) isolierte chemisch einheitliche organische Verbindungen (Kapitel 29);

   d) Heparin oder seine Salze (Position 3001);

   e) Lösungen von Erzeugnissen der Positionen 3901 bis 3913 (ausgenommen Kollodium) in flüchtigen organischen Lösemitteln, wenn der Anteil des Lösemittels 50 GHT der Lösung übersteigt (Position 3208); Prägefolien der Position 3212;

   f) organische grenzflächenaktive Stoffe oder Zubereitungen der Position 3402;

   g) Schmelzharze und Harzester (Position 3806);

   h) zubereitete Additives für Mineralöle (einschließlich Kraftstoffe) oder für andere, zu denselben Zwecken wie Mineralöle verwendete Flüssigkeiten (Position 3811);

   ij) zubereitete hydraulische Flüssigkeiten auf der Grundlage von Polyglykolen, Siliconen oder anderen Polymeren des Kapitels 39 (Position 3819);

   k) Diagnostik- oder Laborreagenzien auf einem Träger aus Kunststoffen (Position 3822);

   l) synthetischer Kautschuk im Sinne des Kapitels 40 und Waren daraus;

   m) Sattlerwaren (Position 4201), Koffer, Handtaschen oder andere Behältnisse der Position 4202;

   n) Flechtwaren und Korbmacherwaren des Kapitels 46;

   o) Wandverkleidungen der Position 4814;

   p) Erzeugnisse des Abschnitts XI (Spinnstoffe und Waren daraus);

   q) Waren des Abschnitts XII (z. B. Schuhe und Schuhteile, Kopfbedeckungen und Teile davon, Regenschirme, Sonnenschirme, Spazierstöcke, Peitschen, Reitpeitschen und Teile davon);

r) Fantasieschmuck der Position 7117;

s) Waren des Abschnitts XVI (Maschinen und Apparate, elektrotechnische Waren);

t) Teile von Beförderungsmitteln des Abschnitts XVII;

u) Waren des Kapitels 90 (z. B. optische Elemente, Brillenfassungen, Zeicheninstrumente);

v) Waren des Kapitels 91 (z. B. Gehäuse für Uhren und andere Uhrmacherwaren);

w) Waren des Kapitels 92 (z. B. Musikinstrumente und Teile davon);

x) Waren des Kapitels 94 (z. B. Möbel, Beleuchtungskörper, Reklameleuchten, vorgefertigte Gebäude);

y) Waren des Kapitels 95 (z. B. Spielzeug, Spiele, Sportgeräte);

z) Waren des Kapitels 96 (z. B. Bürsten, Knöpfe, Reißverschlüsse, Kämme, Mundstücke und Rohre für Tabakpfeifen, Zigarettenspitzen oder dergleichen, Teile von Isolierflaschen, Kugelschreiber, Füllhalter, Drehbleistifte).

3. Zu den Positionen 3901 bis 3911 gehören nur durch chemische Synthese hergestellte Erzeugnisse der folgenden Kategorien:

a) flüssige synthetische Polyolefine, bei deren Destillation weniger als 60 RHT bis 300 °C übergehen, nach Umrechnung auf 1 013 mbar, wenn eine Vakuumdestillation durchgeführt wird (Positionen 3901 und 3902);

b) niedrig polymerisierte Harze vom Cumaron-Inden-Typ (Position 3911);

c) andere synthetische Polymere aus durchschnittlich fünf oder mehr monomeren Einheiten;

d) Silicone (Position 3910);

e) Resole (Position 3909) und andere Prepolymere.

4. Als „Copolymere" gelten alle Polymere, bei denen keine einzelne Monomereinheit 95 GHT oder mehr zum Gesamtpolymergehalt beiträgt.

Im Sinne des Kapitels 39 sind, wenn nichts anderes bestimmt ist, Copolymere (einschließlich Copolykondensate, Copolyadditionserzeugnisse, Blockcopolymere und Pfropfcopolymere) und Polymergemische der Position zuzuweisen, welche die Polymere derjenigen Comonomereinheit erfasst, die gewichtsmäßig gegenüber jeder anderen einzelnen Comonomereinheit überwiegt. Im Sinne dieser Anmerkung sind dabei die konstitutionellen Comonomereinheiten von Polymeren, die zur selben Position gehören, zusammenzuziehen.

Wenn keine einzelne Comonomereinheit überwiegt, sind Copolymere oder Polymergemische der Letzten der in Betracht kommenden Position zuzuweisen.

5. Chemisch modifizierte Polymere — das sind solche, bei denen nur an den Seitengruppen der Hauptpolymerkette Änderungen durch chemische Reaktionen vorgenommen wurden — sind derjenigen Position zuzuweisen, die das nicht modifizierte Polymer erfasst. Diese Bestimmung gilt nicht für Pfropfcopolymere.

6. Als „Primärformen" im Sinne der Positionen 3901 bis 3914 gelten nur folgende Formen:

a) Flüssigkeiten und Pasten, einschließlich Dispersionen (Emulsionen und Suspensionen) und Lösungen;

b) Blöcke von unregelmäßiger Form, Brocken, Krümel, Pulver (einschließlich Formmassen), Granulate, Flocken und ähnliche lose Formen.

7. Zu Position 3915 gehören nicht Abfälle, Schnitzel und Bruch eines einzelnen thermoplastischen Stoffes, die in Primärformen umgewandelt wurden (Positionen 3901 bis 3914).

8. Als „Rohre und Schläuche" im Sinne der Position 3917 gelten Hohlprodukte, die Halb- oder Fertigerzeugnisse sind (z. B. gerippte Gartenschläuche, perforierte Rohre), wie sie üblicherweise zum Leiten, Befördern und Verteilen von Gasen oder Flüssigkeiten dienen. Diese Bezeichnungen erfassen auch schlauchförmige Wursthüllen und andere flachliegende Rohre und Schläuche. Mit Ausnahme der letztgenannten Erzeugnisse gelten jedoch solche mit einem anderen als runden, ovalen, rechteckigen (mit einer Länge von nicht mehr als dem 1,5fachen der Breite) oder ein regelmäßiges Vieleck aufweisenden Innenquerschnitt als Profile und nicht als Rohre oder Schläuche.

9. Als „Wand- oder Deckenverkleidungen aus Kunststoffen" im Sinne der Position 3918 gelten zur Verschönerung von Wänden oder Decken geeignete Erzeugnisse in Rollen mit einer Breite von 45 cm oder mehr, die aus dauerhaft auf einem Träger aus anderen Stoffen als Papier befestigtem Kunststoff bestehen und deren Kunststoffschicht (auf der Schauseite) gemasert, geprägt, farbig gemustert, mit Motiven bedruckt oder anders verziert ist.

10. Als „Tafeln, Platten, Folien, Filme, Bänder und Streifen“ im Sinne der Positionen 3920 und 3921 gelten ausschließlich Tafeln, Platten, Folien, Filme, Bänder und Streifen (ausgenommen solche des Kapitels 54) und Blöcke von regelmäßiger geometrischer Form, auch bedruckt oder anders oberflächenbearbeitet, nicht geschnitten oder lediglich rechteckig oder quadratisch geschnitten (auch wenn sie dadurch den Charakter von Fertigwaren erhalten haben), aber nicht weiter bearbeitet.

11. Zu Position 3925 gehören nur die nachstehend aufgeführten Waren, soweit sie nicht in vorhergehenden Positionen des Teilkapitels II erfasst sind:

a) Sammelbehälter, Tanks (einschließlich Klärtanks), Bottiche und ähnliche Behälter, mit einem Fassungsvermögen von mehr als 300 l;

b) Bauelemente, wie sie z. B. zum Herstellen von Fußböden, Mauern, Trennwänden, Decken und Bedachungen verwendet werden;

c) Regenrinnen und deren Zubehör;

d) Türen, Fenster und deren Rahmen, Verkleidungen und Schwellen;

e) Geländer, Zäune und ähnliche Absperrungen;

f) Fensterläden, Jalousien (einschließlich Jalousetten) und ähnliche Waren, und deren Teile und Zubehör;

g) große Regale, zur Montage und zum festen Einbau z. B. in Läden, Werkstätten oder Lagerräumen bestimmt;

h) architektonische Ornamente, z. B. Kannelierungen, Gewölbe, Friese;

ij) Beschläge und ähnliche Waren zur bleibenden Befestigung an Türen, Fenstern, Treppen, Wänden oder anderen Gebäudeteilen, z. B. Knöpfe, Griffe, Haken, Konsolen, Handtuchhalter, Schalterplatten und andere Abdeckplatten.

Unterpositions-Anmerkungen

1. Innerhalb einer Position dieses Kapitels sind Polymere (einschließlich Copolymere) und chemisch modifizierte Polymere gemäß den folgenden Regeln einzureihen:

a) Besteht eine Unterposition „andere“ in derselben Gliederungsstufe von Unterpositionen, gilt Folgendes:

1) Die dem Namen eines spezifischen Polymers in der Warenbezeichnung einer Unterposition angefügte Vorsilbe „Poly“ (z. B. Polyethylen oder Polyamid-6,6) bedeutet, dass die konstitutionelle Monomereinheit oder konstitutionellen Monomereinheiten des namentlich genannten Polymers zusammengenommen 95 GHT oder mehr zum Gesamtpolymergehalt beitragen müssen.

2) Die in den Unterpositionen 3901 30, 3903 20, 3903 30 und 3904 30 genannten Copolymere sind diesen Unterpositionen zuzuweisen, wenn die Comonomereinheiten der genannten Copolymere 95 GHT oder mehr zum Gesamtpolymergehalt beitragen.

3) Chemisch modifizierte Polymere sind in die Unterposition „andere“ einzureihen, vorausgesetzt, dass diese chemisch modifizierten Polymere nicht in einer anderen Unterposition genauer erfasst sind.

4) Polymere, die nicht die in den vorstehenden Absätzen 1), 2) oder 3) vorgegebene Beschaffenheit aufweisen, sind innerhalb derselben Gliederungsstufe von Unterpositionen in jene Unterposition einzureihen, die Polymere derjenigen Monomereinheit erfasst, die gewichtsmäßig gegenüber jeder anderen einzelnen Comonomereinheit überwiegt. Dabei sind konstitutionelle Monomereinheiten von Polymeren, die in dieselbe Unterposition fallen, zusammenzuziehen. Nur die konstitutionellen Comonomereinheiten von Polymeren derselben Gliederungsstufe von Unterpositionen sind miteinander zu vergleichen.

b) Besteht keine Unterposition „andere“ in derselben Gliederungsstufe von Unterpositionen, so gilt Folgendes:

1) Polymere sind der Unterposition zuzuweisen, die Polymere derjenigen Monomereinheit erfasst, die gewichtsmäßig gegenüber jeder anderen einzelnen Comonomereinheit überwiegt. Dabei sind konstitutionelle Monomereinheiten von Polymeren, die in dieselbe Unterposition fallen, zusammenzuziehen. Nur die konstitutionellen Comonomereinheiten von Polymeren derselben Gliederungsstufe sind miteinander zu vergleichen.

2) Chemisch modifizierte Polymere sind der für das nicht modifizierte Polymer zutreffenden Unterposition zuzuweisen.

Polymergemische sind derselben Unterposition zuzuweisen wie die aus denselben Monomereinheiten im selben Mengenverhältnis erhaltenen Polymere.

2. Im Sinne der Unterposition 3920 43 schließt der Begriff „Weichmacher“ auch die Sekundärweichmacher ein.

Zusätzliche Anmerkung

1. *In das Kapitel 39 gehören mit Zellkunststoff getränkte, bestrichene oder überzogene Fingerhandschuhe, Handschuhe ohne Fingerspitzen und Fausthandschuhe unabhängig davon,*

   — *ob sie aus mit Zellkunststoff getränkten, bestrichenen oder überzogenen Geweben, Gewirken, Gestricken (anderen als solchen der Position 5903), Filzen oder Vliesstoffen konfektioniert sind oder*

   — *aus nicht getränkten, bestrichenen oder überzogenen Geweben, Gewirken, Gestricken, Filzen oder Vliesstoffen konfektioniert und anschließend mit Zellkunststoff getränkt, bestrichen oder überzogen worden sind,*

   sofern diese Gewebe, Gewirke, Gestricke, Filze oder Vliesstoffe nur der Verstärkung dienen (Anmerkung 3 c) zu Kapitel 56 und Anmerkung 2 a) Ziffer 5) zu Kapitel 59).

KN-Code	Warenbezeichnung	Vertragsmäßiger Zollsatz (%)	Besondere Maßeinheit
1	2	3	4
	I. PRIMÄRFORMEN		
3901	**Polymere des Ethylens, in Primärformen:**		
3901 10	- **Polyethylen mit einer Dichte von weniger als 0,94:**		
3901 10 10	- - lineares Polyethylen	6,5	—
3901 10 90	- - anderes	6,5	—
3901 20	- **Polyethylen mit einer Dichte von 0,94 oder mehr:**		
3901 20 10	- - Polyethylen in Formen im Sinne der Anmerkung 6 b) zu diesem Kapitel, mit einer Dichte von 0,958 oder mehr bei 23 °C und einem Gehalt an: — Aluminium von 50 mg/kg oder weniger, — Calcium von 2 mg/kg oder weniger, — Chrom von 2 mg/kg oder weniger, — Eisen von 2 mg/kg oder weniger, — Nickel von 2 mg/kg oder weniger, — Titan von 2 mg/kg oder weniger, und — Vanadium von 8 mg/kg oder weniger, zum Herstellen von chlorsulfoniertem Polyethylen (1)	frei	—
3901 20 90	- - anderes	6,5	—
3901 30 00	- **Ethylen-Vinylacetat-Copolymere**	6,5	—
3901 90	- **andere:**		
3901 90 30	- - ionomeres Harz, bestehend aus einem Salz eines Ethylen-Isobutylacrylat-Methacrylsäure-Copolymers; A-B-A-Blockcopolymer aus Polystyrol, Ethylen-Butylen-Copolymer und Polystyrol, mit einem Gehalt an Styrol von 35 GHT oder weniger, in Formen im Sinne der Anmerkung 6 b) zu diesem Kapitel	frei	—
3901 90 90	- - andere	6,5	—
3902	**Polymere des Propylens oder anderer Olefine, in Primärformen:**		
3902 10 00	- **Polypropylen**	6,5	—
3902 20 00	- **Polyisobutylen**	6,5	—
3902 30 00	- **Propylen-Copolymere**	6,5	—

(1) Die Zulassung zu dieser Unterposition erfolgt nach den in den einschlägigen Bestimmungen der Europäischen Union festgesetzten Voraussetzungen (s. Artikel 291 bis 300 der Verordnung (EWG) Nr. 2454/93 der Kommission (ABl. L 253 vom 11.10.1993, S. 1)).

KN-Code	Warenbezeichnung	Vertragsmäßiger Zollsatz (%)	Besondere Maßeinheit
1	2	3	4
3902 90	– **andere:**		
3902 90 10	– – A-B-A-Blockcopolymer aus Polystyrol, Ethylen-Butylen-Copolymer und Polystyrol, mit einem Gehalt an Styrol von 35 GHT oder weniger, in Formen im Sinne der Anmerkung 6 b) zu diesem Kapitel	frei	—
3902 90 20	– – Poly(1-buten), 1-Buten-Ethylen-Copolymer mit einem Gehalt an Ethylen von 10 GHT oder weniger, oder eine Mischung von Poly(1-buten) und Polyethylen und/oder Polypropylen, mit einem Gehalt an Polyethylen von 10 GHT oder weniger und/oder an Polypropylen von 25 GHT oder weniger, in Formen im Sinne der Anmerkung 6 b) zu diesem Kapitel	frei	—
3902 90 90	– – andere	6,5	—
3903	**Polymere des Styrols, in Primärformen:**		
	– **Polystyrol:**		
3903 11 00	– – **expandierbar**	6,5	—
3903 19 00	– – **anderes**	6,5	—
3903 20 00	– **Styrol-Acrylnitril-Copolymere (SAN)**	6,5	—
3903 30 00	– **Acrylnitril-Butadien-Styrol-Copolymere (ABS)**	6,5	—
3903 90	– **andere:**		
3903 90 10	– – Copolymer, ausschließlich aus Styrol und Allylalkohol, mit einer Acetylzahl von 175 oder mehr	frei	—
3903 90 20	– – bromiertes Polystyrol mit einem Gehalt an Brom von 58 GHT bis 71 GHT, in Formen im Sinne der Anmerkung 6 b) zu diesem Kapitel	frei	—
3903 90 90	– – andere	6,5	—
3904	**Polymere des Vinylchlorids oder anderer halogenierter Olefine, in Primärformen:**		
3904 10 00	– **Poly(vinylchlorid), nicht mit anderen Stoffen gemischt**	6,5	—
	– **anderes Poly(vinylchlorid):**		
3904 21 00	– – **nicht weich gemacht**	6,5	—
3904 22 00	– – **weich gemacht**	6,5	—
3904 30 00	– **Vinylchlorid-Vinylacetat-Copolymere**	6,5	—
3904 40 00	– **andere Copolymere des Vinylchlorids**	6,5	—
3904 50	– **Polymere des Vinylidenchlorids:**		
3904 50 10	– – Vinylidenchlorid-Acrylnitril-Copolymer in Form von expandierbaren Kügelchen mit einem Durchmesser von 4 Mikrometer bis 20 Mikrometer	frei	—
3904 50 90	– – andere	6,5	—
	– **fluorierte Polymere:**		
3904 61 00	– – **Polytetrafluorethylen**	6,5	—
3904 69	– – **andere:**		
3904 69 10	– – – Poly(vinylfluorid) in Formen im Sinne der Anmerkung 6 b) zu diesem Kapitel	frei	—
3904 69 20	– – – Fluorelastomere FKM	6,5	—
3904 69 80	– – – andere	6,5	—
3904 90 00	– **andere**	6,5	—
3905	**Polymere des Vinylacetats oder anderer Vinylester, in Primärformen; andere Vinylpolymere, in Primärformen:**		
	– **Poly(vinylacetat):**		
3905 12 00	– – **in wässriger Dispersion**	6,5	—

KN-Code	Warenbezeichnung	Vertragsmäßiger Zollsatz (%)	Besondere Maßeinheit
1	2	3	4
3905 19 00	**– – anderes**	6,5	—
	– Vinylacetat-Copolymere:		
3905 21 00	**– – in wässriger Dispersion**	6,5	—
3905 29 00	**– – andere**	6,5	—
3905 30 00	**– Poly(vinylalkohol), auch nicht hydrolisierte Acetatgruppen enthaltend**	6,5	—
	– andere:		
3905 91 00	**– – Copolymere**	6,5	—
3905 99	**– – andere:**		
3905 99 10	– – – Poly(vinylformal), in Formen im Sinne der Anmerkung 6 b) zu diesem Kapitel, mit einem Molekulargewicht von 10 000 bis 40 000 und einem Gehalt an: — Acetylgruppen, berechnet als Vinylacetat, von 9,5 GHT bis 13 GHT und — Hydroxylgruppen, berechnet als Vinylalkohol, von 5 GHT bis 6,5 GHT	frei	—
3905 99 90	– – – andere	6,5	—
3906	**Acrylpolymere in Primärformen:**		
3906 10 00	**– Poly(methylmethacrylat)**	6,5	—
3906 90	**– andere:**		
3906 90 10	– – Poly[N-(3-hydroxyimino-1,1-dimethylbutyl)acrylamid]	frei	—
3906 90 20	– – Copolymer aus 2-Diisopropylaminoethylmethacrylat und Decylmethacrylat, in Form einer Lösung in N,N-Dimethylacetamid, mit einem Gehalt an Copolymer von 55 GHT oder mehr	frei	—
3906 90 30	– – Copolymer aus Acrylsäure und 2-Ethylhexylacrylat, mit einem Gehalt an 2-Ethylhexylacrylat von 10 GHT bis 11 GHT	frei	—
3906 90 40	– – Acrylnitril-Methylacrylat-Copolymer, modifiziert mit Polybutadien-Acrylnitril (NBR)	frei	—
3906 90 50	– – Polymerisationserzeugnis aus Acrylsäure und Alkylmethacrylat mit geringen Mengen anderer Monomere, zur Verwendung als Verdickungsmittel in Druckpasten für den Textildruck [1]	frei	—
3906 90 60	– – Copolymer aus Methylacrylat, Ethylen und einem Monomer, das eine austauschbare, nicht am Kettenende befindliche Carboxylgruppe enthält, mit einem Gehalt an Methylacrylat von 50 GHT oder mehr, auch mit Kieselerde vermischt	5	—
3906 90 90	– – andere	6,5	—
3907	**Polyacetale, andere Polyether und Epoxidharze, in Primärformen; Polycarbonate, Alkydharze, Allylpolyester und andere Polyester, in Primärformen:**		
3907 10 00	**– Polyacetale**	6,5	—
3907 20	**– andere Polyether:**		
	– – Polyetheralkohole:		
3907 20 11	– – – Polyethylenglykole	6,5	—
3907 20 20	– – – andere	6,5	—
	– – andere:		
3907 20 91	– – – Copolymer aus 1-Chlor-2,3-epoxypropan und Ethylenoxid	frei	—

[1] Die Zulassung zu dieser Unterposition erfolgt nach den in den einschlägigen Bestimmungen der Europäischen Union festgesetzten Voraussetzungen (s. Artikel 291 bis 300 der Verordnung (EWG) Nr. 2454/93 der Kommission (ABl. L 253 vom 11.10.1993, S. 1)).

KN-Code	Warenbezeichnung	Vertragsmäßiger Zollsatz (%)	Besondere Maßeinheit
1	2	3	4
3907 20 99	– – – andere	6,5	—
3907 30 00	– **Epoxidharze**	6,5	—
3907 40 00	– **Polycarbonate**	6,5	—
3907 50 00	– **Alkydharze**	6,5	—
3907 60	– **Poly(ethylenterephthalat):**		
3907 60 20	– – mit einer Viskositätszahl von 78 ml/g oder mehr	6,5	—
3907 60 80	– – anderes	6,5	—
3907 70 00	– **Poly(milchsäure)**	6,5	—
	– **andere Polyester:**		
3907 91	– – **ungesättigt:**		
3907 91 10	– – – flüssig	6,5	—
3907 91 90	– – – andere	6,5	—
3907 99	– – **andere:**		
3907 99 10	– – – Poly(ethylennaphthalin-2,6-dicarboxylat)	frei	—
3907 99 90	– – – andere	6,5	—
3908	**Polyamide in Primärformen:**		
3908 10 00	– **Polyamid-6, -11, -12, -6,6, -6,9, -6,10 oder -6,12**	6,5	—
3908 90 00	– **andere**	6,5	—
3909	**Aminoharze, Phenolharze und Polyurethane, in Primärformen:**		
3909 10 00	– **Harnstoffharze; Thioharnstoffharze**	6,5	—
3909 20 00	– **Melaminharze**	6,5	—
3909 30 00	– **andere Aminoharze**	6,5	—
3909 40 00	– **Phenolharze**	6,5	—
3909 50	– **Polyurethane:**		
3909 50 10	– – Polyurethan aus 2,2′-(tert-Butylimino)diethanol und 4,4′-Methylendicyclohexyldiisocyanat, in Form einer Lösung in N,N-Dimethylacetamid, mit einem Gehalt an Polymer von 50 GHT oder mehr	frei	—
3909 50 90	– – andere	6,5	—
3910 00 00	**Silicone in Primärformen**	6,5	—
3911	**Petroleumharze, Cumaron-Inden-Harze, Polyterpene, Polysulfide, Polysulfone und andere Erzeugnisse im Sinne der Anmerkung 3 zu diesem Kapitel, anderweit weder genannt noch inbegriffen, in Primärformen:**		
3911 10 00	– **Petroleumharze, Cumaronharze, Indenharze oder Cumaron-Inden-Harze und Polyterpene**	6,5	—

KN-Code	Warenbezeichnung	Vertragsmäßiger Zollsatz (%)	Besondere Maßeinheit
1	2	3	4
3911 90	– **andere:**		
	– – Kondensationspolymerisations- und Umlagerungspolymerisationserzeugnisse, auch chemisch modifiziert:		
3911 90 11	– – – Poly(oxy-1,4-phenylensulfonyl-1,4-phenylenoxy-1,4-phenylenisopropyliden-1,4-phenylen), in Formen im Sinne der Anmerkung 6 b) zu diesem Kapitel	3,5	—
3911 90 13	– – – Poly(thio-1,4-phenylen)	frei	—
3911 90 19	– – – andere	6,5	—
	– – andere:		
3911 90 92	– – – Copolymer aus p-Kresol und Divinylbenzol, in Form einer Lösung in N,N-Dimethylacetamid, mit einem Gehalt an Polymer von 50 GHT oder mehr; hydrierte Copolymere aus Vinyltoluol und α-Methylstyrol	frei	—
3911 90 99	– – – andere	6,5	—
3912	**Cellulose und ihre chemischen Derivate, anderweit weder genannt noch inbegriffen, in Primärformen:**		
	– **Celluloseacetate:**		
3912 11 00	– – **nicht weich gemacht**	6,5	—
3912 12 00	– – **weich gemacht**	6,5	—
3912 20	– **Cellulosenitrate (einschließlich Collodium):**		
	– – nicht weich gemacht:		
3912 20 11	– – – Collodium und Celloidin	6,5	—
3912 20 19	– – – andere	6	—
3912 20 90	– – weich gemacht	6,5	—
	– **Celluloseether:**		
3912 31 00	– – **Carboxymethylcellulose und ihre Salze**	6,5	—
3912 39	– – **andere:**		
3912 39 20	– – – Hydroxypropylcellulose	frei	—
3912 39 85	– – – andere	6,5	—
3912 90	– **andere:**		
3912 90 10	– – Celluloseester	6,4	—
3912 90 90	– – andere	6,5	—
3913	**Natürliche Polymere (z. B. Alginsäure) und modifizierte natürliche Polymere (z. B. gehärtete Eiweißstoffe, chemische Derivate von Naturkautschuk), anderweit weder genannt noch inbegriffen, in Primärformen:**		
3913 10 00	– **Alginsäure, ihre Salze und Ester**	5	—
3913 90 00	– **andere**	6,5	—
3914 00 00	**Ionenaustauscher auf der Grundlage von Polymeren der Positionen 3901 bis 3913, in Primärformen**	6,5	—

KN-Code	Warenbezeichnung	Vertragsmäßiger Zollsatz (%)	Besondere Maßeinheit
1	2	3	4
	II. ABFÄLLE, SCHNITZEL UND BRUCH; HALBERZEUGNISSE; FERTIGERZEUGNISSE		
3915	**Abfälle, Schnitzel und Bruch von Kunststoffen:**		
3915 10 00	– **von Polymeren des Ethylens**	6,5	—
3915 20 00	– **von Polymeren des Styrols**	6,5	—
3915 30 00	– **von Polymeren des Vinylchlorids**	6,5	—
3915 90	– **von anderen Kunststoffen:**		
3915 90 11	– – von Polymeren des Propylens	6,5	—
3915 90 80	– – andere	6,5	—
3916	**Monofile mit einem größten Durchmesser von mehr als 1 mm, Stäbe, Stangen und Profile, auch mit Oberflächenbearbeitung, jedoch nicht weiter bearbeitet, aus Kunststoffen:**		
3916 10 00	– **aus Polymeren des Ethylens**	6,5	—
3916 20 00	– **aus Polymeren des Vinylchlorids**	6,5	—
3916 90	– **aus anderen Kunststoffen:**		
3916 90 10	– – aus Kondensationspolymerisations- und Umlagerungspolymerisationserzeugnissen, auch chemisch modifiziert	6,5	—
3916 90 50	– – aus Additionspolymerisationserzeugnissen	6,5	—
3916 90 90	– – andere	6,5	—
3917	**Rohre und Schläuche sowie Formstücke, Verschlussstücke und Verbindungsstücke (Kniestücke, Flansche und dergleichen), aus Kunststoffen:**		
3917 10	– **Kunstdärme aus gehärteten Eiweißstoffen oder aus Cellulosekunststoffen:**		
3917 10 10	– – aus gehärteten Eiweißstoffen	5,3	—
3917 10 90	– – aus Cellulosekunststoffen	6,5	—
	– **Rohre und Schläuche, nicht biegsam:**		
3917 21	– – **aus Polymeren des Ethylens:**		
3917 21 10	– – – nahtlos und mit einer Länge, die den größten Durchmesser überschreitet, auch mit Oberflächenbearbeitung, jedoch nicht weiter bearbeitet	6,5	—
3917 21 90	– – – andere	6,5	—
3917 22	– – **aus Polymeren des Propylens:**		
3917 22 10	– – – nahtlos und mit einer Länge, die den größten Durchmesser überschreitet, auch mit Oberflächenbearbeitung, jedoch nicht weiter bearbeitet	6,5	—

KN-Code	Warenbezeichnung	Vertragsmäßiger Zollsatz (%)	Besondere Maßeinheit
1	2	3	4
3917 22 90	– – – andere	6,5	—
3917 23	– – **aus Polymeren des Vinylchlorids:**		
3917 23 10	– – – nahtlos und mit einer Länge, die den größten Durchmesser überschreitet, auch mit Oberflächenbearbeitung, jedoch nicht weiter bearbeitet	6,5	—
3917 23 90	– – – andere	6,5	—
3917 29 00	– – **aus anderen Kunststoffen**	6,5	—
	– **andere Rohre und Schläuche:**		
3917 31 00	– – **biegsame Rohre und Schläuche, die einem Druck von 27,6 MPa oder mehr standhalten**	6,5	—
3917 32 00	– – **andere, weder mit anderen Stoffen verstärkt noch in Verbindung mit anderen Stoffen, ohne Formstücke, Verschlussstücke oder Verbindungsstücke**	6,5	—
3917 33 00	– – **andere, weder mit anderen Stoffen verstärkt noch in Verbindung mit anderen Stoffen, mit Formstücken, Verschlussstücken oder Verbindungsstücken**	6,5	—
3917 39 00	– – **andere**	6,5	—
3917 40 00	– **Formstücke, Verschlussstücke oder Verbindungsstücke**	6,5	—
3918	**Bodenbeläge aus Kunststoffen, auch selbstklebend, in Rollen oder in Form von Fliesen oder Platten; Wand- oder Deckenverkleidungen aus Kunststoffen, im Sinne der Anmerkung 9 zu diesem Kapitel:**		
3918 10	– **aus Polymeren des Vinylchlorids:**		
3918 10 10	– – bestehend aus einem Träger, mit Poly(vinylchlorid) getränkt, bestrichen oder überzogen	6,5	m^2
3918 10 90	– – andere	6,5	m^2
3918 90 00	– **aus anderen Kunststoffen**	6,5	m^2
3919	**Tafeln, Platten, Folien, Filme, Bänder, Streifen und andere Flacherzeugnisse, selbstklebend, aus Kunststoffen, auch in Rollen:**		
3919 10	– **in Rollen mit einer Breite von 20 cm oder weniger:**		
	– – Bänder (Streifen), mit nicht vulkanisiertem Naturkautschuk oder nicht vulkanisiertem synthetischen Kautschuk bestrichen:		
3919 10 12	– – – aus Poly(vinylchlorid) oder aus Polyethylen	6,3	—
3919 10 15	– – – aus Polypropylen	6,3	—
3919 10 19	– – – andere	6,3	—
3919 10 80	– – andere	6,5	—
3919 90 00	– **andere**	6,5	—
3920	**Andere Tafeln, Platten, Folien, Filme, Bänder und Streifen, nicht aus Zellkunststoffen, weder verstärkt noch geschichtet (laminiert) oder auf ähnliche Weise mit anderen Stoffen verbunden, ohne Unterlage:**		
3920 10	– **aus Polymeren des Ethylens:**		
	– – mit einer Dicke von 0,125 mm oder weniger:		
	– – – aus Polyethylen mit einer Dichte von:		
	– – – – weniger als 0,94:		
3920 10 23	– – – – – Polyethylenfolien mit einer Dicke von 20 Mikrometer bis 40 Mikrometer, zum Herstellen von Fotoresist-Filmen für die Halbleiterfertigung oder für gedruckte Schaltungen (1)	frei	—

(1) Die Zulassung zu dieser Unterposition erfolgt nach den in den einschlägigen Bestimmungen der Europäischen Union festgesetzten Voraussetzungen (s. Artikel 291 bis 300 der Verordnung (EWG) Nr. 2454/93 der Kommission (ABl. L 253 vom 11.10.1993, S. 1)).

KN-Code	Warenbezeichnung	Vertragsmäßiger Zollsatz (%)	Besondere Maßeinheit
1	2	3	4
3920 10 24	– – – – – Stretchfolien, nicht bedruckt	6,5	—
3920 10 25	– – – – – andere	6,5	—
3920 10 28	– – – – 0,94 oder mehr	6,5	—
3920 10 40	– – – andere	6,5	—
	– – mit einer Dicke von mehr als 0,125 mm:		
3920 10 81	– – – synthetischer Papierhalbstoff, bestehend aus feuchten Blättern aus nicht kohärenten Polyethylenfasern (Fibrillen), auch mit Zusatz von Cellulosefasern von 15 GHT oder weniger mit in Wasser gelöstem Poly(vinylalkohol) als Feuchthaltemittel	frei	—
3920 10 89	– – – andere	6,5	—
3920 20	– **aus Polymeren des Propylens:**		
	– – mit einer Dicke von 0,10 mm oder weniger:		
3920 20 21	– – – biaxial orientiert	6,5	—
3920 20 29	– – – andere	6,5	—
3920 20 80	– – mit einer Dicke von mehr als 0,10 mm	6,5	—
3920 30 00	– **aus Polymeren des Styrols**	6,5	—
	– **aus Polymeren des Vinylchlorids:**		
3920 43	– – **mit einem Gehalt an Weichmachern von 6 GHT oder mehr:**		
3920 43 10	– – – mit einer Dicke von 1 mm oder weniger	6,5	—
3920 43 90	– – – mit einer Dicke von mehr als 1 mm	6,5	—
3920 49	– – **andere:**		
3920 49 10	– – – mit einer Dicke von 1 mm oder weniger	6,5	—
3920 49 90	– – – mit einer Dicke von mehr als 1 mm	6,5	—
	– **aus Acrylpolymeren:**		
3920 51 00	– – **aus Poly(methylmethacrylat)**	6,5	—
3920 59	– – **andere:**		
3920 59 10	– – – Copolymer aus Acrylsäure- und Methacrylsäureestern, in Form von Folien mit einer Dicke von 150 Mikrometer oder weniger	frei	—
3920 59 90	– – – andere	6,5	—
	– **aus Polycarbonaten, Alkydharzen, Allylpolyestern oder anderen Polyestern:**		
3920 61 00	– – **aus Polycarbonaten**	6,5	—
3920 62	– – **aus Poly(ethylenterephthalat):**		
	– – – mit einer Dicke von 0,35 mm oder weniger:		
3920 62 12	– – – – Folien aus Poly(ethylenterephthalat) mit einer Dicke von 72 Mikrometer bis 79 Mikrometer, zum Herstellen von flexiblen Magnetplatten ([1]); Folien aus Poly(ethylenterephthalat) mit einer Dicke von 100 Mikrometer bis 150 Mikrometer, zum Herstellen von Fotopolymer-Hochdruckplatten ([1])	frei	—

([1]) Die Zulassung zu dieser Unterposition erfolgt nach den in den einschlägigen Bestimmungen der Europäischen Union festgesetzten Voraussetzungen (s. Artikel 291 bis 300 der Verordnung (EWG) Nr. 2454/93 der Kommission (ABl. L 253 vom 11.10.1993, S. 1)).

KN-Code	Warenbezeichnung	Vertragsmäßiger Zollsatz (%)	Besondere Maßeinheit
1	2	3	4
3920 62 19	– – – – andere	6,5	—
3920 62 90	– – – mit einer Dicke von mehr als 0,35 mm	6,5	—
3920 63 00	– – **aus ungesättigten Polyestern**	6,5	—
3920 69 00	– – **aus anderen Polyestern**	6,5	—
	– **aus Cellulose oder ihren chemischen Derivaten:**		
3920 71 00	– – **aus regenerierter Cellulose**	6,5	—
3920 73	– – **aus Celluloseacetaten:**		
3920 73 10	– – – Filmunterlagen in Rollen oder Streifen	6,3	—
3920 73 80	– – – andere	6,5	—
3920 79	– – **aus anderen Cellulosederivaten:**		
3920 79 10	– – – aus Vulkanfiber	5,7	—
3920 79 90	– – – andere	6,5	—
	– **aus anderen Kunststoffen:**		
3920 91 00	– – **aus Poly(vinylbutyral)**	6,1	—
3920 92 00	– – **aus Polyamiden**	6,5	—
3920 93 00	– – **aus Aminoharzen**	6,5	—
3920 94 00	– – **aus Phenolharzen**	6,5	—
3920 99	– – **aus anderen Kunststoffen:**		
	– – – aus Kondensationspolymerisations- und Umlagerungspolymerisationserzeugnissen, auch chemisch modifiziert:		
3920 99 21	– – – – Polyimidfolien und -streifen, unbeschichtet oder nur mit Kunststoff beschichtet	frei	—
3920 99 28	– – – – andere	6,5	—
	– – – aus Additionspolymerisationserzeugnissen:		
3920 99 52	– – – – Folien aus Poly(vinylfluorid); biaxial orientierte Folien aus Poly(vinylalkohol) mit einem Gehalt an Poly(vinylalkohol) von 97 GHT oder mehr, unbeschichtet, mit einer Dicke von 1 mm oder weniger	frei	—
3920 99 53	– – – – Ionenaustauschermembranen aus fluorierten Kunststoffen, zur Verwendung in Chloralkali-Elektrolytzellen [1]	frei	—
3920 99 59	– – – – andere	6,5	—
3920 99 90	– – – andere	6,5	—
3921	**Andere Tafeln, Platten, Folien, Filme, Bänder und Streifen, aus Kunststoffen:**		
	– **aus Zellkunststoff:**		
3921 11 00	– – **aus Polymeren des Styrols**	6,5	—
3921 12 00	– – **aus Polymeren des Vinylchlorids**	6,5	—

[1] Die Zulassung zu dieser Unterposition erfolgt nach den in den einschlägigen Bestimmungen der Europäischen Union festgesetzten Voraussetzungen (s. Artikel 291 bis 300 der Verordnung (EWG) Nr. 2454/93 der Kommission (ABl. L 253 vom 11.10.1993, S. 1)).

KN-Code	Warenbezeichnung	Vertragsmäßiger Zollsatz (%)	Besondere Maßeinheit
1	2	3	4
3921 13	– – **aus Polyurethanen:**		
3921 13 10	– – – aus Weichschaum	6,5	—
3921 13 90	– – – andere	6,5	—
3921 14 00	– – **aus regenerierter Cellulose**	6,5	—
3921 19 00	– – **aus anderen Kunststoffen**	6,5	—
3921 90	– **andere:**		
	– – aus Kondensationspolymerisations- und Umlagerungspolymerisationserzeugnissen, auch chemisch modifiziert:		
3921 90 10	– – – aus Polyester	6,5	—
3921 90 30	– – – aus Phenolharzen	6,5	—
	– – – aus Aminoharzen:		
	– – – – geschichtet:		
3921 90 41	– – – – – Hochdruckschichtpressstoffe mit Dekorschicht auf einer oder auf beiden Seiten	6,5	—
3921 90 43	– – – – – andere	6,5	—
3921 90 49	– – – – andere	6,5	—
3921 90 55	– – – andere	6,5	—
3921 90 60	– – aus Additionspolymerisationserzeugnissen	6,5	—
3921 90 90	– – andere	6,5	—
3922	**Badewannen, Duschen, Ausgüsse (Spülbecken), Waschbecken, Bidets, Klosettschüsseln, -sitze und -deckel, Spülkästen und ähnliche Waren zu sanitären oder hygienischen Zwecken, aus Kunststoffen:**		
3922 10 00	– **Badewannen, Duschen, Ausgüsse (Spülbecken) und Waschbecken**	6,5	—
3922 20 00	– **Klosettsitze und -deckel**	6,5	—
3922 90 00	– **andere**	6,5	—
3923	**Transport- oder Verpackungsmittel, aus Kunststoffen; Stöpsel, Deckel, Kapseln und andere Verschlüsse, aus Kunststoffen:**		
3923 10 00	– **Schachteln (einschließlich Dosen), Kisten, Verschläge und ähnliche Waren**	6,5	—
	– **Säcke und Beutel (einschließlich Tüten):**		
3923 21 00	– – **aus Polymeren des Ethylens**	6,5	—
3923 29	– – **aus anderen Kunststoffen:**		
3923 29 10	– – – aus Poly(vinylchlorid)	6,5	—
3923 29 90	– – – andere	6,5	—
3923 30	– **Ballons, Flaschen, Flakons und ähnliche Waren:**		
3923 30 10	– – mit einem Fassungsvermögen von 2 l oder weniger	6,5	p/st

KN-Code	Warenbezeichnung	Vertragsmäßiger Zollsatz (%)	Besondere Maßeinheit
1	2	3	4
3923 30 90	– – mit einem Fassungsvermögen von mehr als 2 l	6,5	p/st
3923 40	– **Spulen, Spindeln, Hülsen und ähnliche Warenträger:**		
3923 40 10	– – Spulen und ähnliche Unterlagen für fotografische und kinematografische Filme oder für Bänder, Filme und dergleichen der Position 8523	5,3	—
3923 40 90	– – andere	6,5	—
3923 50	– **Stöpsel, Deckel, Kapseln und andere Verschlüsse:**		
3923 50 10	– – Verschluss- oder Flaschenkapseln	6,5	—
3923 50 90	– – andere	6,5	—
3923 90 00	– **andere**	6,5	—
3924	**Geschirr, andere Haushalts- oder Hauswirtschaftsartikel, Hygiene- oder Toilettengegenstände, aus Kunststoffen:**		
3924 10 00	– **Geschirr und andere Artikel für den Tisch- oder Küchengebrauch**	6,5	—
3924 90 00	– **andere**	6,5	—
3925	**Baubedarfsartikel aus Kunststoffen, anderweit weder genannt noch inbegriffen:**		
3925 10 00	– **Sammelbehälter, Tanks, Bottiche und ähnliche Behälter, mit einem Fassungsvermögen von mehr als 300 l**	6,5	—
3925 20 00	– **Türen, Fenster und deren Rahmen, Verkleidungen und Schwellen**	6,5	p/st (1)
3925 30 00	– **Fensterläden, Jalousien (einschließlich Jalousetten) und ähnliche Waren, und Teile davon**	6,5	—
3925 90	– **andere:**		
3925 90 10	– – Beschläge und ähnliche Waren zur bleibenden Befestigung an Türen, Fenstern, Treppen, Wänden oder anderen Gebäudeteilen	6,5	—
3925 90 20	– – Kabelkanäle für elektrische Leitungen	6,5	—
3925 90 80	– – andere	6,5	—
3926	**Andere Waren aus Kunststoffen und Waren aus anderen Stoffen der Positionen 3901 bis 3914:**		
3926 10 00	– **Büro- oder Schulartikel**	6,5	—
3926 20 00	– **Kleidung und Bekleidungszubehör (einschließlich Fingerhandschuhe, Handschuhe ohne Fingerspitzen und Fausthandschuhe)**	6,5	—
3926 30 00	– **Beschläge für Möbel, Karosserien und dergleichen**	6,5	—
3926 40 00	– **Statuetten und andere Ziergegenstände**	6,5	—
3926 90	– **andere:**		
3926 90 50	– – Schmutzkörbe und ähnliche Abwassersiebe, für Kanalisationsabflüsse	6,5	—
	– – andere:		
3926 90 92	– – – aus Folien hergestellt	6,5	—
3926 90 97	– – – andere	6,5 (2)	—

(1) Eine Tür oder ein Fenster mit oder ohne Rahmen, Verkleidung oder Schwelle gilt als ein Stück.
(2) Die Anwendung des Zollsatzes für Präservative aus Polyurethan wird autonom auf unbestimmte Zeit vollständig ausgesetzt (TARIC-Code 3926 90 97 60).

KAPITEL 40

KAUTSCHUK UND WAREN DARAUS

Anmerkungen

1. Als „Kautschuk“ im Sinne der Nomenklatur gelten, wenn nichts anderes bestimmt ist, die folgenden Erzeugnisse, auch weich oder hart vulkanisiert: Naturkautschuk, Balata, Guttapercha, Guayule, Chicle und ähnliche natürliche Kautschukarten; synthetischer Kautschuk, Faktis und deren Regenerate.

2. Zu Kapitel 40 gehören nicht:

   a) Waren des Abschnitts XI (Spinnstoffe und Waren daraus);

   b) Schuhe und Schuhteile des Kapitels 64;

   c) Kopfbedeckungen und Teile davon (einschließlich Badekappen) des Kapitels 65;

   d) Hartkautschukteile für Maschinen, mechanische oder elektrische Apparate sowie alle Gegenstände und Teile aus Hartkautschuk zu elektrotechnischen Zwecken des Abschnitts XVI;

   e) Waren des Kapitels 90, 92, 94 oder 96;

   f) Waren des Kapitels 95, ausgenommen Fingerhandschuhe, Handschuhe ohne Fingerspitzen und Fausthandschuhe zu Sportzwecken und Waren der Positionen 4011 bis 4013.

3. Als „Primärformen“ im Sinne der Positionen 4001 bis 4003 und 4005 gelten ausschließlich:

   a) Flüssigkeiten und Pasten (einschließlich Latex, auch vorvulkanisiert, sowie andere Dispersionen und Lösungen);

   b) unregelmäßige Blöcke, Stücke, Ballen, Pulver, Granulate, Krümel und ähnliche lose Formen.

4. Als „synthetischer Kautschuk“ im Sinne der Anmerkung 1 zu Kapitel 40 und der Position 4002 gelten:

   a) ungesättigte synthetische Stoffe, die durch Vulkanisation mit Schwefel irreversibel in nicht thermoplastische Stoffe umgewandelt werden können, welche bei einer Temperatur zwischen 18 °C und 29 °C eine Dehnung bis zum Dreifachen ihrer ursprünglichen Länge aushalten ohne zu reißen, und die sich nach einer Dehnung auf das Doppelte ihrer ursprünglichen Länge innerhalb von fünf Minuten auf das Eineinhalbfache ihrer ursprünglichen Länge zusammenziehen. Für die Durchführung dieser Prüfung dürfen Stoffe zugesetzt werden, die für die Vernetzung erforderlich sind, wie Vulkanisationsaktivatoren oder -beschleuniger; erlaubt ist auch die Anwesenheit solcher Stoffe, die in Anmerkung 5 B Ziffern 2) und 3) genannt sind. Dagegen ist die Anwesenheit anderer Stoffe, die für die Vernetzung nicht erforderlich sind, wie Streckmittel, Weichmacher und Füllstoffe, nicht erlaubt;

   b) Thioplaste (TM);

   c) Naturkautschuk, modifiziert durch Pfropfen oder Mischen mit Kunststoffen, depolymerisierter Naturkautschuk sowie Mischungen von ungesättigten synthetischen Stoffen mit gesättigten synthetischen Hochpolymeren, sofern diese Erzeugnisse den unter Buchstabe a) festgelegten Bedingungen der Vulkanisations-, der Dehnungs- und der Kontraktionsfähigkeit entsprechen.

5. A) Zu den Positionen 4001 und 4002 gehören nicht Kautschuk oder Mischungen von Kautschuken, denen vor oder nach der Koagulation zugesetzt worden sind:

      1) Vulkanisationsmittel, Vulkanisationsbeschleuniger, Vulkanisationsverzögerer, Vulkanisationsaktivatoren (ausgenommen solche, die zum Herstellen von vorvulkanisiertem Kautschuklatex zugefügt wurden);

      2) Pigmente oder andere Farbmittel, ausgenommen solche, die nur zur Kennzeichnung zugefügt wurden;

      3) Weichmacher oder Streckmittel (ausgenommen Mineralöl bei ölgestreckten Kautschuken), inerte oder aktive Füllstoffe, organische Lösemittel oder andere Stoffe, ausgenommen Waren, die nach Buchstabe B erlaubt sind;

   B) zu Position 4001 oder 4002 gehören auch Kautschuk oder Mischungen von Kautschuken, die die folgenden Stoffe enthalten, wenn der Kautschuk oder die Mischungen von Kautschuken ihren wesentlichen Charakter als Rohstoff behalten haben:

      1) Emulgiermittel und Mittel zum Verhindern des Zusammenklebens;

      2) geringe Mengen der Zersetzungsprodukte von Emulgiermitteln;

3) sehr geringe Mengen von wärmeempfindlichen Stoffen (im Allgemeinen, um wärmeempfindlichen Kautschuklatex zu erhalten), kationischen grenzflächenaktiven Stoffen (im Allgemeinen, um elektropositiven Kautschuklatex zu erhalten), Antioxidantien, Koagulantien, Stoffen zum Zerkrümeln, kältebeständig machenden Stoffen, Peptisiermitteln, Konservierungsmitteln, Stabilisierungsmitteln, Mitteln zum Beeinflussen der Viskosität oder anderen Additiven für spezielle Zwecke.

6. Als „Abfälle, Bruch und Schnitzel" im Sinne der Position 4004 gelten Abfälle, Altwaren und Schnitzel, die beim Herstellen oder Bearbeiten von Kautschuk oder von Kautschukwaren anfallen, und Waren aus Kautschuk, die als solche infolge Zerschnitt, Verschleiß oder aus anderen Gründen endgültig unbrauchbar geworden sind.

7. Zu Position 4008 gehören nichtumsponnene Fäden jeden Profils aus Weichkautschuk, deren größter Durchmesser mehr als 5 mm beträgt.

8. Zu Position 4010 gehören auch Förderbänder und Treibriemen aus Geweben, die mit Kautschuk getränkt, bestrichen oder überzogen oder mit Lagen aus Kautschuk versehen sind, sowie solche, die unter Verwendung von mit Kautschuk getränkten oder bestrichenen Garnen oder Bindfäden aus Spinnstoffen hergestellt sind.

9. Als „Platten, Blätter und Streifen" im Sinne der Positionen 4001, 4002, 4003, 4005 und 4008 gelten nur Platten, Blätter und Streifen sowie Blöcke von regelmäßiger Form, die nicht geschnitten sind oder die durch einfaches Schneiden eine quadratische oder rechteckige Form erhalten haben (auch wenn sie dadurch zu Fertigwaren geworden sind), die jedoch, abgesehen von einer einfachen Oberflächenbearbeitung (z. B. Bedrucken), nicht weiter bearbeitet sind.

Stäbe, Stangen und Profile der Position 4008 dürfen auch auf bestimmte Längen zugeschnitten, jedoch — abgesehen von einer einfachen Oberflächenbearbeitung — nicht weiter bearbeitet sein.

Zusätzliche Anmerkung

1. *In das Kapitel 40 gehören mit Zellkautschuk getränkte, bestrichene oder überzogene Fingerhandschuhe, Handschuhe ohne Fingerspitzen und Fausthandschuhe unabhängig davon,*

   — *ob sie aus mit Zellkautschuk getränkten, bestrichenen oder überzogenen Geweben, Gewirken, Gestricken (anderen als solchen der Position 5906), Filzen oder Vliesstoffen konfektioniert sind oder*

   — *aus nicht getränkten, bestrichenen oder überzogenen Geweben, Gewirken, Gestricken, Filzen oder Vliesstoffen konfektioniert und anschließend mit Zellkautschuk getränkt, bestrichen oder überzogen worden sind,*

   sofern diese Gewebe, Gewirke, Gestricke, Filze oder Vliesstoffe nur der Verstärkung dienen (Anmerkung 3 c) zu Kapitel 56 und Anmerkung 4 letzter Absatz zu Kapitel 59).

KN-Code	Warenbezeichnung	Vertragsmäßiger Zollsatz (%)	Besondere Maßeinheit
1	2	3	4
4001	**Naturkautschuk, Balata, Guttapercha, Guayule, Chicle und ähnliche natürliche Kautschukarten, in Primärformen oder in Platten, Blättern oder Streifen:**		
4001 10 00	**– Latex von Naturkautschuk, auch vorvulkanisiert**	frei	—
	– Naturkautschuk in anderen Formen:		
4001 21 00	**– – geräucherte Blätter (smoked sheets)**	frei	—
4001 22 00	**– – technisch spezifizierter Naturkautschuk (TSNR)**	frei	—
4001 29 00	**– – andere**	frei	—
4001 30 00	**– Balata, Guttapercha, Guayule, Chicle und ähnliche natürliche Kautschukarten**	frei	—
4002	**Synthetischer Kautschuk und Faktis, in Primärformen oder in Platten, Blättern oder Streifen; Mischungen von Erzeugnissen der Position 4001 mit Erzeugnissen dieser Position, in Primärformen oder in Platten, Blättern oder Streifen:**		
	– Styrol-Butadien-Kautschuk (SBR); carboxylierter Styrol-Butadien-Kautschuk (XSBR):		
4002 11 00	**– – Latex**	frei	—

KN-Code	Warenbezeichnung	Vertragsmäßiger Zollsatz (%)	Besondere Maßeinheit
1	2	3	4
4002 19	– – **andere:**		
4002 19 10	– – – Styrol-Butadien-Kautschuk, durch Emulsionspolymerisation hergestellt (E-SBR), in Ballen	frei	—
4002 19 20	– – – Styrol-Butadien-Styrol-Blockcopolymere, durch Lösungspolymerisation hergestellt (SBS, thermoplastische Elastomere), in Granulaten, Krümeln oder Pulverform	frei	—
4002 19 30	– – – Styrol-Butadien-Kautschuk, durch Lösungspolymerisation hergestellt (S-SBR), in Ballen	frei	—
4002 19 90	– – – andere	frei	—
4002 20 00	– **Butadien-Kautschuk (BR)**	frei	—
	– **Butylkautschuk (IIR); Chlorbutylkautschuk und Brombutylkautschuk (CIIR oder BIIR):**		
4002 31 00	– – **Butylkautschuk (IIR)**	frei	—
4002 39 00	– – **andere**	frei	—
	– **Chloropren (Chlorbutadien)-Kautschuk (CR):**		
4002 41 00	– – **Latex**	frei	—
4002 49 00	– – **andere**	frei	—
	– **Acrylnitril-Butadien-Kautschuk (NBR):**		
4002 51 00	– – **Latex**	frei	—
4002 59 00	– – **andere**	frei	—
4002 60 00	– **Isopren-Kautschuk (IR)**	frei	—
4002 70 00	– **Ethylen-Propylen-Dien-Terpolymer-Kautschuk, nicht konjugiert (EPDM)**	frei	—
4002 80 00	– **Mischungen von Erzeugnissen der Position 4001 mit Erzeugnissen dieser Position**	frei	—
	– **andere:**		
4002 91 00	– – **Latex**	frei	—
4002 99	– – **andere:**		
4002 99 10	– – – durch Zusatz von Kunststoffen modifizierte Erzeugnisse	2,9	—
4002 99 90	– – – andere	frei	—
4003 00 00	**Regenerierter Kautschuk in Primärformen oder in Platten, Blättern oder Streifen**	frei	—
4004 00 00	**Abfälle, Bruch und Schnitzel von Weichkautschuk, auch zu Pulver oder Granulat zerkleinert**	frei	—
4005	**Kautschukmischungen, nicht vulkanisiert, in Primärformen oder in Platten, Blättern oder Streifen:**		
4005 10 00	– **Kautschuk mit Zusatz von Ruß oder Siliciumdioxid**	frei	—
4005 20 00	– **Lösungen; Dispersionen, ausgenommen solche der Unterposition 4005 10**	frei	—

KN-Code	Warenbezeichnung	Vertragsmäßiger Zollsatz (%)	Besondere Maßeinheit
1	2	3	4
	– andere:		
4005 91 00	– – Platten, Blätter und Streifen	frei	—
4005 99 00	– – andere	frei	—
4006	**Andere Formen (z. B. Stäbe, Stangen, Rohre, Profile) und Waren (z. B. Scheiben, Ringe), aus nicht vulkanisiertem Kautschuk:**		
4006 10 00	– Rohlaufprofile	frei	—
4006 90 00	– andere	frei	—
4007 00 00	**Fäden und Schnüre, aus vulkanisiertem Kautschuk**	3	—
4008	**Platten, Blätter, Streifen, Stäbe, Stangen und Profile, aus Weichkautschuk:**		
	– aus Zellkautschuk:		
4008 11 00	– – Platten, Blätter und Streifen	3	—
4008 19 00	– – andere	2,9	—
	– aus Vollkautschuk:		
4008 21	– – Platten, Blätter und Streifen:		
4008 21 10	– – – Bodenbelag und Fußmatten	3	m^2
4008 21 90	– – – andere	3	—
4008 29 00	– – andere	2,9	—
4009	**Rohre und Schläuche, aus Weichkautschuk, auch mit Formstücken, Verschlussstücken oder Verbindungsstücken (z. B. Nippel, Bögen):**		
	– weder mit anderen Stoffen verstärkt noch in Verbindung mit anderen Stoffen:		
4009 11 00	– – ohne Formstücke, Verschlussstücke oder Verbindungsstücke	3	—
4009 12 00	– – mit Formstücken, Verschlussstücken oder Verbindungsstücken	3	—
	– ausschließlich mit Metall verstärkt oder in Verbindung mit Metall:		
4009 21 00	– – ohne Formstücke, Verschlussstücke oder Verbindungsstücke	3	—
4009 22 00	– – mit Formstücken, Verschlussstücken oder Verbindungsstücken	3	—
	– ausschließlich mit Spinnstoffen verstärkt oder in Verbindung mit Spinnstoffen:		
4009 31 00	– – ohne Formstücke, Verschlussstücke oder Verbindungsstücke	3	—
4009 32 00	– – mit Formstücken, Verschlussstücken oder Verbindungsstücken	3	—
	– mit anderen Stoffen verstärkt oder in Verbindung mit anderen Stoffen:		
4009 41 00	– – ohne Formstücke, Verschlussstücke oder Verbindungsstücke	3	—
4009 42 00	– – mit Formstücken, Verschlussstücken oder Verbindungsstücken	3	—
4010	**Förderbänder und Treibriemen, aus vulkanisiertem Kautschuk:**		
	– Förderbänder:		
4010 11 00	– – nur mit Metall verstärkt	6,5	—
4010 12 00	– – nur mit textilen Spinnstoffen verstärkt	6,5	—

KN-Code	Warenbezeichnung	Vertragsmäßiger Zollsatz (%)	Besondere Maßeinheit
1	2	3	4
4010 19 00	– – andere	6,5	—
	– Treibriemen:		
4010 31 00	– – endlose Treibriemen mit trapezförmigem Querschnitt (Keilriemen), V-artig gerippt, mit einem äußeren Umfang von mehr als 60 cm bis 180 cm	6,5	—
4010 32 00	– – endlose Treibriemen mit trapezförmigem Querschnitt (Keilriemen), andere als V-artig gerippt, mit einem äußeren Umfang von mehr als 60 cm bis 180 cm	6,5	—
4010 33 00	– – endlose Treibriemen mit trapezförmigem Querschnitt (Keilriemen), V-artig gerippt, mit einem äußeren Umfang von mehr als 180 cm bis 240 cm	6,5	—
4010 34 00	– – endlose Treibriemen mit trapezförmigem Querschnitt (Keilriemen), andere als V-artig gerippt, mit einem äußeren Umfang von mehr als 180 cm bis 240 cm	6,5	—
4010 35 00	– – endlose Synchrontreibriemen (Zahnriemen) mit einem äußeren Umfang von mehr als 60 cm bis 150 cm	6,5	—
4010 36 00	– – endlose Synchrontreibriemen (Zahnriemen) mit einem äußeren Umfang von mehr als 150 cm bis 198 cm	6,5	—
4010 39 00	– – andere	6,5	—
4011	**Luftreifen aus Kautschuk, neu:**		
4011 10 00	– von der für Personenkraftwagen (einschließlich Kombinationskraftwagen und Rennwagen) verwendeten Art	4,5	p/st
4011 20	– von der für Omnibusse und Kraftfahrzeuge für den Transport von Waren verwendeten Art:		
4011 20 10	– – mit einer Tragfähigkeitskennzahl von 121 oder weniger	4,5	p/st
4011 20 90	– – mit einer Tragfähigkeitskennzahl von mehr als 121	4,5	p/st
4011 30 00	– von der für Luftfahrzeuge verwendeten Art	4,5	p/st
4011 40 00	– von der für Motorräder und Motorroller verwendeten Art	4,5	p/st
4011 50 00	– von der für Fahrräder verwendeten Art	4	p/st
	– andere, mit Stollenprofil, Winkelprofil und ähnlichen Profilen:		
4011 61 00	– – von der für Maschinen und Fahrzeuge in der Land- und Forstwirtschaft verwendeten Art	4	p/st
4011 62 00	– – von der für Maschinen und Fahrzeuge im Hoch- und Tiefbau verwendeten Art, mit einem Felgendurchmesser von 61 cm oder weniger	4	p/st
4011 63 00	– – von der für Maschinen und Fahrzeuge im Hoch- und Tiefbau verwendeten Art, mit einem Felgendurchmesser von mehr als 61 cm	4	p/st
4011 69 00	– – andere	4	p/st
	– andere:		
4011 92 00	– – von der für Maschinen und Fahrzeuge in der Land- und Forstwirtschaft verwendeten Art	4	p/st
4011 93 00	– – von der für Maschinen und Fahrzeuge im Hoch- und Tiefbau verwendeten Art, mit einem Felgendurchmesser von 61 cm oder weniger	4	p/st
4011 94 00	– – von der für Maschinen und Fahrzeuge im Hoch- und Tiefbau verwendeten Art, mit einem Felgendurchmesser von mehr als 61 cm	4	p/st
4011 99 00	– – andere	4	p/st

KN-Code	Warenbezeichnung	Vertragsmäßiger Zollsatz (%)	Besondere Maßeinheit
1	2	3	4
4012	**Luftreifen aus Kautschuk, runderneuert oder gebraucht; Vollreifen oder Hohlkammerreifen, Überreifen und Felgenbänder, aus Kautschuk:**		
	– Luftreifen, runderneuert:		
4012 11 00	**– – von der für Personenkraftwagen (einschließlich Kombinationskraftwagen und Rennwagen) verwendeten Art**	4,5	p/st
4012 12 00	**– – von der für Omnibusse und Kraftfahrzeuge für den Transport von Waren verwendeten Art**	4,5	p/st
4012 13 00	**– – von der für Luftfahrzeuge verwendeten Art**	4,5	p/st
4012 19 00	**– – andere**	4,5	p/st
4012 20 00	**– Luftreifen, gebraucht**	4,5	p/st
4012 90	**– andere:**		
4012 90 20	– – Voll- oder Hohlkammerreifen	2,5	—
4012 90 30	– – Überreifen	2,5	—
4012 90 90	– – Felgenbänder	4	—
4013	**Luftschläuche aus Kautschuk:**		
4013 10 00	**– von der für Personenkraftwagen (einschließlich Kombinationskraftwagen und Rennwagen), Omnibusse und Kraftfahrzeuge für den Transport von Waren verwendeten Art**	4	p/st
4013 20 00	**– von der für Fahrräder verwendeten Art**	4	p/st
4013 90 00	**– andere**	4	p/st
4014	**Waren zu hygienischen oder medizinischen Zwecken (einschließlich Sauger), aus Weichkautschuk, auch in Verbindung mit Hartkautschukteilen:**		
4014 10 00	**– Präservative**	frei	—
4014 90 00	**– andere**	frei	—
4015	**Kleidung und Bekleidungszubehör (einschließlich Fingerhandschuhe, Handschuhe ohne Fingerspitzen und Fausthandschuhe) für alle Zwecke, aus Weichkautschuk:**		
	– Fingerhandschuhe, Handschuhe ohne Fingerspitzen und Fausthandschuhe:		
4015 11 00	**– – für chirurgische Zwecke**	2	pa
4015 19 00	**– – andere**	2,7	pa
4015 90 00	**– andere**	5	—
4016	**Andere Waren aus Weichkautschuk:**		
4016 10 00	**– aus Zellkautschuk**	3,5	—
	– andere:		
4016 91 00	**– – Bodenbeläge und Fußmatten**	2,5	—
4016 92 00	**– – Radiergummi**	2,5	—
4016 93 00	**– – Dichtungen**	2,5	—
4016 94 00	**– – Fender, auch aufblasbar**	2,5	—

KN-Code	Warenbezeichnung	Vertragsmäßiger Zollsatz (%)	Besondere Maßeinheit
1	2	3	4
4016 95 00	**– – andere aufblasbare Waren**	2,5	—
4016 99	**– – andere:**		
	– – – für Kraftfahrzeuge der Positionen 8701 bis 8705:		
4016 99 52	– – – – Gummi-Metall-Teile	2,5	—
4016 99 57	– – – – andere	2,5	—
	– – – andere:		
4016 99 91	– – – – Gummi-Metall-Teile	2,5	—
4016 99 97	– – – – andere	2,5	—
4017 00 00	**Hartkautschuk (z. B. Ebonit) in allen Formen, einschließlich Abfälle und Bruch; Waren aus Hartkautschuk**	frei	—

ABSCHNITT VIII

HÄUTE, FELLE, LEDER, PELZFELLE UND WAREN DARAUS; SATTLERWAREN; REISEARTIKEL, HANDTASCHEN UND ÄHNLICHE BEHÄLTNISSE; WAREN AUS DÄRMEN

KAPITEL 41

HÄUTE, FELLE (ANDERE ALS PELZFELLE) UND LEDER

Anmerkungen

1. Zu Kapitel 41 gehören nicht:

   a) Schnitzel und ähnliche Abfälle roher Häute oder Felle (Position 0511);

   b) Vogelbälge und Teile davon, mit ihren Federn oder Daunen (Position 0505 oder 6701);

   c) nicht enthaarte, rohe, gegerbte oder zugerichtete Häute und Felle (Kapitel 43). Jedoch gehören zu Kapitel 41 rohe, nicht enthaarte Häute und Felle von Rindern oder Kälbern (auch von Büffeln), von Pferden oder anderen Einhufern, von Schafen oder Lämmern (ausgenommen Felle von so genannten Astrachan-, Karakul-, Persianer-, Breitschwanz- und ähnlichen Lämmern und von indischen, chinesischen, mongolischen oder tibetanischen Lämmern), von Ziegen oder Zickeln (ausgenommen Felle von Ziegen oder Zickeln aus dem Jemen oder von mongolischen oder tibetanischen Ziegen oder Zickeln), von Schweinen (einschließlich Pekaris), von Gämsen, Gazellen, Kamelen (einschließlich Dromedaren), Rentieren, Elchen, Hirschen, Rehen oder Hunden.

2. A) Zu den Positionen 4104 bis 4106 gehören nicht Häute und Felle, die einem reversiblen Gerb-(einschließlich Vorgerbungs-)prozess unterzogen wurden (Positionen 4101 bis 4103, je nach Beschaffenheit).

   B) Im Sinne der Positionen 4104 bis 4106 umfasst der Begriff „in trockenem Zustand (crust)“ Häute und Felle, die vor dem Trocknen nachgegerbt, gefärbt oder gefettet (zugerichtet) worden sind.

3. Der Begriff „rekonstituiertes Leder“ umfasst in allen Teilen der Nomenklatur nur Stoffe der in Position 4115 erfassten Art.

KN-Code	Warenbezeichnung	Vertragsmäßiger Zollsatz (%)	Besondere Maßeinheit
1	2	3	4
4101	**Rohe Häute und Felle von Rindern und Kälbern (einschließlich Büffeln) oder von Pferden und anderen Einhufern (frisch oder gesalzen, getrocknet, geäschert, gepickelt oder anders konserviert, jedoch weder gegerbt noch zu Pergament- oder Rohhautleder konserviert, noch zugerichtet), auch enthaart oder gespalten:**		
4101 20	**– ganze Häute und Felle, ungespalten, mit einem Stückgewicht von 8 kg oder weniger, wenn sie nur getrocknet, von 10 kg oder weniger, wenn sie trocken gesalzen, oder von 16 kg oder weniger, wenn sie frisch, nass gesalzen oder anders konserviert sind:**		
4101 20 10	– – frisch	frei	p/st
4101 20 30	– – nass gesalzen	frei	p/st
4101 20 50	– – getrocknet oder trocken gesalzen	frei	p/st
4101 20 80	– – andere	frei	p/st
4101 50	**– ganze Häute und Felle, mit einem Stückgewicht von mehr als 16 kg:**		
4101 50 10	– – frisch	frei	p/st
4101 50 30	– – nass gesalzen	frei	p/st
4101 50 50	– – getrocknet oder trocken gesalzen	frei	p/st
4101 50 90	– – andere	frei	p/st
4101 90 00	**– andere, einschließlich Croupons, Halbcroupons und Bauchstücke**	frei	—

KN-Code	Warenbezeichnung	Vertragsmäßiger Zollsatz (%)	Besondere Maßeinheit
1	2	3	4
4102	**Rohe Häute und Felle von Schafen oder Lämmern (frisch oder gesalzen, getrocknet, geäschert, gepickelt oder anders konserviert, jedoch weder gegerbt noch zu Pergament- oder Rohhautleder konserviert, noch zugerichtet), auch enthaart oder gespalten, ausgenommen solche, die aufgrund der Anmerkung 1 c) zu Kapitel 41 ausgeschlossen sind:**		
4102 10	– **nicht enthaart:**		
4102 10 10	– – von Lämmern	frei	p/st
4102 10 90	– – andere	frei	p/st
	– **enthaart:**		
4102 21 00	– – **gepickelt**	frei	p/st
4102 29 00	– – **andere**	frei	p/st
4103	**Andere rohe Häute und Felle (frisch oder gesalzen, getrocknet, geäschert, gepickelt oder anders konserviert, jedoch weder gegerbt noch zu Pergament- oder Rohhautleder konserviert, noch zugerichtet), auch enthaart oder gespalten, ausgenommen solche, die aufgrund der Anmerkungen 1 b) und 1 c) zu Kapitel 41 ausgeschlossen sind:**		
4103 20 00	– **von Kriechtieren**	frei	p/st
4103 30 00	– **von Schweinen**	frei	p/st
4103 90 00	– **andere**	frei	—
4104	**Gegerbte, auch getrocknete Häute und Felle von Rindern und Kälbern (einschließlich Büffeln) oder von Pferden und anderen Einhufern, enthaart, auch gespalten, aber nicht zugerichtet:**		
	– **in nassem Zustand (einschließlich wet-blue):**		
4104 11	– – **Vollleder, ungespalten; Narbenspalt:**		
4104 11 10	– – – ganze Häute und Felle von Rindern und Kälbern (einschließlich Büffeln), mit einer Oberfläche von 2,6 m^2 oder weniger	frei	p/st
	– – – andere:		
	– – – – von Rindern und Kälbern (einschließlich Büffeln):		
4104 11 51	– – – – – ganze Häute und Felle, mit einer Oberfläche von mehr als 2,6 m^2	frei	p/st
4104 11 59	– – – – – andere	frei	p/st
4104 11 90	– – – – andere	5,5	p/st
4104 19	– – **andere:**		
4104 19 10	– – – ganze Häute und Felle von Rindern und Kälbern (einschließlich Büffeln), mit einer Oberfläche von 2,6 m^2 oder weniger	frei	p/st
	– – – andere:		
	– – – – von Rindern und Kälbern (einschließlich Büffeln):		
4104 19 51	– – – – – ganze Häute und Felle, mit einer Oberfläche von mehr als 2,6 m^2	frei	p/st
4104 19 59	– – – – – andere	frei	p/st
4104 19 90	– – – – andere	5,5	p/st

KN-Code	Warenbezeichnung	Vertragsmäßiger Zollsatz (%)	Besondere Maßeinheit
1	2	3	4
	– in getrocknetem Zustand (crust):		
4104 41	**– – Vollleder, ungespalten; Narbenspalt:**		
	– – – ganze Häute und Felle von Rindern und Kälbern (einschließlich Büffeln), mit einer Oberfläche von 2,6 m^2 oder weniger:		
4104 41 11	– – – – indisches Kipsleder, ganz, auch ohne Kopf und Füße, mit einem Stückgewicht von 4,5 kg oder weniger, nur pflanzlich gegerbt, auch weiter bearbeitet, jedoch augenscheinlich zur unmittelbaren Herstellung von Lederwaren nicht verwendbar	frei	p/st
4104 41 19	– – – – andere	6,5	p/st
	– – – andere:		
	– – – – von Rindern und Kälbern (einschließlich Büffeln):		
4104 41 51	– – – – – ganze Häute und Felle, mit einer Oberfläche von mehr als 2,6 m^2	6,5	p/st
4104 41 59	– – – – – andere	6,5	p/st
4104 41 90	– – – – andere	5,5	p/st
4104 49	**– – andere:**		
	– – – ganze Häute und Felle von Rindern und Kälbern (einschließlich Büffeln), mit einer Oberfläche von 2,6 m^2 oder weniger:		
4104 49 11	– – – – indisches Kipsleder, ganz, auch ohne Kopf und Füße, mit einem Stückgewicht von 4,5 kg oder weniger, nur pflanzlich gegerbt, auch weiter bearbeitet, jedoch augenscheinlich zur unmittelbaren Herstellung von Lederwaren nicht verwendbar	frei	p/st
4104 49 19	– – – – andere	6,5	p/st
	– – – andere:		
	– – – – von Rindern und Kälbern (einschließlich Büffeln):		
4104 49 51	– – – – – ganze Häute und Felle, mit einer Oberfläche von mehr als 2,6 m^2	6,5	p/st
4104 49 59	– – – – – andere	6,5	p/st
4104 49 90	– – – – andere	5,5	p/st
4105	**Gegerbte, auch getrocknete Häute und Felle von Schafen oder Lämmern, enthaart, auch gespalten, aber nicht zugerichtet:**		
4105 10 00	**– in nassem Zustand (einschließlich wet-blue)**	2	p/st
4105 30	**– in getrocknetem Zustand (crust):**		
4105 30 10	– – von indischen Metis, pflanzlich vorgegerbt, auch weiter bearbeitet, jedoch augenscheinlich zur unmittelbaren Herstellung von Lederwaren nicht verwendbar	frei	p/st
4105 30 90	– – andere	2	p/st
4106	**Gegerbte, auch getrocknete Häute und Felle von anderen Tieren, enthaart, auch gespalten, aber nicht zugerichtet:**		
	– von Ziegen oder Zickeln:		
4106 21 00	**– – in nassem Zustand (einschließlich wet-blue)**	2	p/st
4106 22	**– – in getrocknetem Zustand (crust):**		
4106 22 10	– – – von indischen Ziegen, pflanzlich vorgegerbt, auch weiter bearbeitet, jedoch augenscheinlich zur unmittelbaren Herstellung von Lederwaren nicht verwendbar	frei	p/st
4106 22 90	– – – andere	2	p/st

KN-Code	Warenbezeichnung	Vertragsmäßiger Zollsatz (%)	Besondere Maßeinheit
1	2	3	4
	– von Schweinen:		
4106 31 00	**– – in nassem Zustand (einschließlich wet-blue)**	2	p/st
4106 32 00	**– – in getrocknetem Zustand (crust)**	2	p/st
4106 40	**– von Kriechtieren:**		
4106 40 10	– – pflanzlich vorgegerbt	frei	p/st
4106 40 90	– – andere	2	p/st
	– von anderen Tieren:		
4106 91 00	**– – in nassem Zustand (einschließlich wet-blue)**	2	—
4106 92 00	**– – in getrocknetem Zustand (crust)**	2	p/st
4107	**Nach dem Gerben oder Trocknen zugerichtetes Leder, einschließlich Pergament- oder Rohhautleder, von Rindern und Kälbern (einschließlich Büffeln) oder von Pferden und anderen Einhufern, enthaart, auch gespalten, ausgenommen Leder der Position 4114:**		
	– ganze Häute und Felle:		
4107 11	**– – Vollleder, ungespalten:**		
	– – – von Rindern und Kälbern (einschließlich Büffeln), mit einer Oberfläche von 2,6 m^2 oder weniger:		
4107 11 11	– – – – Boxcalf	6,5	m^2
4107 11 19	– – – – anderes	6,5	m^2
4107 11 90	– – – anderes	6,5	m^2
4107 12	**– – Narbenspalt:**		
	– – – von Rindern und Kälbern (einschließlich Büffeln), mit einer Oberfläche von 2,6 m^2 oder weniger:		
4107 12 11	– – – – Boxcalf	6,5	m^2
4107 12 19	– – – – anderes	6,5	m^2
	– – – anderes:		
4107 12 91	– – – – Leder von Rindern und Kälbern (einschließlich Büffeln)	5,5	m^2
4107 12 99	– – – – Rossleder und Leder von anderen Einhufern	6,5	m^2
4107 19	**– – anderes:**		
4107 19 10	– – – von Rindern und Kälbern (einschließlich Büffeln), mit einer Oberfläche von 2,6 m^2 oder weniger	6,5	m^2
4107 19 90	– – – anderes	6,5	m^2
	– anderes, einschließlich Flanken:		
4107 91	**– – Vollleder, ungespalten:**		
4107 91 10	– – – Sohlenleder	6,5	—
4107 91 90	– – – anderes	6,5	m^2
4107 92	**– – Narbenspalt:**		
4107 92 10	– – – von Rindern und Kälbern (einschließlich Büffeln)	5,5	m^2
4107 92 90	– – – Rossleder und Leder von anderen Einhufern	6,5	m^2
4107 99	**– – anderes:**		
4107 99 10	– – – Leder von Rindern und Kälbern (einschließlich Büffeln)	6,5	m^2

KN-Code	Warenbezeichnung	Vertragsmäßiger Zollsatz (%)	Besondere Maßeinheit
1	2	3	4
4107 99 90	– – – Rossleder und Leder von anderen Einhufern	6,5	m^2
[4108]			
[4109]			
[4110]			
[4111]			
4112 00 00	**Nach dem Gerben oder Trocknen zugerichtetes Leder, einschließlich Pergament- oder Rohhautleder, von Schafen oder Lämmern, enthaart, auch gespalten, ausgenommen Leder der Position 4114**	3,5	m^2
4113	**Nach dem Gerben oder Trocknen zugerichtetes Leder, einschließlich Pergament- oder Rohhautleder, von anderen Tieren, enthaart, auch gespalten, ausgenommen Leder der Position 4114:**		
4113 10 00	– von Ziegen oder Zickeln	3,5	m^2
4113 20 00	– von Schweinen	2	m^2
4113 30 00	– von Kriechtieren	2	m^2
4113 90 00	– von anderen Tieren	2	m^2
4114	**Sämischleder (einschließlich Neusämischleder); Lackleder und folienkaschierte Lackleder; metallisierte Leder:**		
4114 10	– Sämischleder (einschließlich Neusämischleder):		
4114 10 10	– – von Schafen oder Lämmern	2,5	p/st
4114 10 90	– – von anderen Tieren	2,5	p/st
4114 20 00	– Lackleder und folienkaschierte Lackleder; metallisierte Leder	2,5	m^2
4115	**Rekonstituiertes Leder auf der Grundlage von Leder oder Lederfasern hergestellt, in Platten, Blättern oder Streifen, auch in Rollen; Schnitzel und andere Abfälle von Leder, Pergament- oder Rohhautleder oder rekonstituiertem Leder, nicht zur Herstellung von Waren aus Leder verwendbar; Lederspäne, Lederpulver und Ledermehl:**		
4115 10 00	– rekonstituiertes Leder auf der Grundlage von Leder oder Lederfasern hergestellt, in Platten, Blättern oder Streifen, auch in Rollen	2,5	—
4115 20 00	– Schnitzel und andere Abfälle von Leder, Pergament- oder Rohhautleder oder rekonstituiertem Leder, nicht zur Herstellung von Waren aus Leder verwendbar; Lederspäne, Lederpulver und Ledermehl	frei	—

KAPITEL 42

LEDERWAREN; SATTLERWAREN; REISEARTIKEL, HANDTASCHEN UND ÄHNLICHE BEHÄLTNISSE;WAREN AUS DÄRMEN

Anmerkungen

1. Im Sinne dieses Kapitels umfasst die Bezeichnung „Leder" auch Sämischleder (einschließlich Neusämischleder), Lackleder, folienkaschierte Lackleder und metallisierte Leder.
2. Zu Kapitel 42 gehören nicht:
   a) steriles Catgut und anderes steriles chirurgisches Nahtmaterial (Position 3006);
   b) Kleidung und Bekleidungszubehör, aus Leder (ausgenommen Fingerhandschuhe, Handschuhe ohne Fingerspitzen und Fausthandschuhe), mit Futter aus Pelzfellen oder künstlichem Pelzwerk oder mit äußeren Teilen aus Pelzfellen oder künstlichem Pelzwerk, wenn diese äußeren Teile über den Umfang eines einfachen Besatzes hinausgehen (Position 4303 oder 4304);
   c) konfektionierte Waren aus Netzstoffen der Position 5608;
   d) Waren des Kapitels 64;
   e) Kopfbedeckungen und Teile davon des Kapitels 65;
   f) Peitschen, Reitpeitschen und andere Waren der Position 6602;
   g) Manschettenknöpfe, Armbänder und anderer Fantasieschmuck (Position 7117);
   h) Zubehör und Ausstattung für Sattlerwaren (z. B. Gebisse, Steigbügel, Schnallen), gesondert gestellt (im Allgemeinen Abschnitt XV);
   ij) Saiten für Musikinstrumente, Felle für Trommeln und für ähnliche Instrumente sowie andere Teile von Musikinstrumenten (Position 9209);
   k) Waren des Kapitels 94 (z. B. Möbel, Beleuchtungskörper);
   l) Waren des Kapitels 95 (z. B. Spielzeug, Spiele, Sportgeräte);
   m) Knöpfe, Druckknöpfe, Knopfformen und andere Teile von Knöpfen und Druckknöpfen, Knopfrohlinge, der Position 9606.
3. A) In Ergänzung der vorstehenden Anmerkung 2 gehören zu Position 4202 nicht:
      a) Einkaufstaschen, mit Griffen, aus Kunststofffolie, auch bedruckt, für eine längere Verwendung nicht vorgesehen (Position 3923);
      b) Waren aus Flechtstoffen (Position 4602).
   B) Waren der Positionen 4202 und 4203 mit Teilen aus Edelmetallen oder Edelmetallplattierungen, echten Perlen oder Zuchtperlen, Edelsteinen oder Schmucksteinen (natürlichen, synthetischen oder rekonstituierten) bleiben auch dann in diesen Positionen eingereiht, selbst wenn diese Teile mehr als geringfügige Verzierungen oder unwesentliche Zutaten darstellen, vorausgesetzt, diese Teile verleihen den Waren nicht ihren wesentlichen Charakter. Wenn die Teile jedoch den Waren ihren wesentlichen Charakter verleihen, sind die Waren in Kapitel 71 einzureihen.
4. Im Sinne der Position 4203 gelten als „Kleidung und Bekleidungszubehör" insbesondere Fingerhandschuhe, Handschuhe ohne Fingerspitzen und Fausthandschuhe (einschließlich solche für Sport- und Schutzzwecke), Schürzen und andere Schutzkleidung für alle Berufe, Hosenträger, Gürtel, Koppel aller Art, Schulterriemen, Handgelenkbänder, ausgenommen Uhrarmbänder (Position 9113).

Zusätzliche Anmerkung

1. *Der Begriff „Außenseite" im Sinne der Unterpositionen der Position 4202 bezeichnet den mit bloßem Auge wahrnehmbaren Stoff an der Oberfläche des Behältnisses, selbst wenn es sich bei diesem Stoff um die äußere Lage eines Verbundstoffes handelt, der das Außenmaterial des Behältnisses bildet.*

KN-Code	Warenbezeichnung	Vertragsmäßiger Zollsatz (%)	Besondere Maßeinheit
1	2	3	4
4201 00 00	**Sattlerwaren für alle Tiere (einschließlich Zugtaue, Leinen, Kniekappen, Maulkörbe, Satteldecken, Satteltaschen, Hundedecken und dergleichen), aus Stoffen aller Art**	2,7	—

KN-Code	Warenbezeichnung	Vertragsmäßiger Zollsatz (%)	Besondere Maßeinheit
1	2	3	4
4202	**Reisekoffer, Handkoffer, Kosmetikkoffer und Aktenkoffer, Aktentaschen, Schultaschen, Brillenetuis, Etuis für Ferngläser, Fotoapparate, Filmkameras, Musikinstrumente oder Waffen und ähnliche Behältnisse; Reisetaschen, Isoliertaschen für Nahrungsmittel oder Getränke, Toilettentaschen (Necessaires), Rucksäcke, Handtaschen, Einkaufstaschen, Brieftaschen, Geldbörsen, Kartentaschen, Zigarettenetuis, Tabakbeutel, Werkzeugtaschen, Taschen für Sportartikel, Schachteln für Flakons oder Schmuckwaren, Puderdosen, Besteckkästen und ähnliche Behältnisse, aus Leder, rekonstituiertem Leder, Kunststofffolien, Spinnstoffen, Vulkanfiber oder Pappe, oder ganz oder überwiegend mit diesen Stoffen oder mit Papier überzogen:**		
	– Reisekoffer, Handkoffer, Kosmetikkoffer und Aktenkoffer, Aktentaschen, Schultaschen und ähnliche Behältnisse:		
4202 11	**– – mit Außenseite aus Leder oder rekonstituiertem Leder:**		
4202 11 10	– – – Aktenkoffer, Aktentaschen, Schultaschen und ähnliche Behältnisse	3	p/st
4202 11 90	– – – andere	3	—
4202 12	**– – mit Außenseite aus Kunststoff oder aus Spinnstoffen:**		
	– – – aus Kunststofffolien:		
4202 12 11	– – – – Aktenkoffer, Aktentaschen, Schultaschen und ähnliche Behältnisse	9,7	p/st
4202 12 19	– – – – andere	9,7	—
4202 12 50	– – – aus formgepresstem Kunststoff	5,2	—
	– – – aus anderen Stoffen, einschließlich Vulkanfiber:		
4202 12 91	– – – – Aktenkoffer, Aktentaschen, Schultaschen und ähnliche Behältnisse	3,7	p/st
4202 12 99	– – – – andere	3,7	—
4202 19	**– – andere:**		
4202 19 10	– – – aus Aluminium	5,7	—
4202 19 90	– – – aus anderen Stoffen	3,7	—
	– Handtaschen, auch mit Schulterriemen, einschließlich solche ohne Handgriff:		
4202 21 00	**– – mit Außenseite aus Leder oder rekonstituiertem Leder**	3	p/st
4202 22	**– – mit Außenseite aus Kunststofffolien oder Spinnstoffen:**		
4202 22 10	– – – aus Kunststofffolien	9,7	p/st
4202 22 90	– – – aus Spinnstoffen	3,7	p/st
4202 29 00	**– – andere**	3,7	p/st
	– Taschen- oder Handtaschenartikel:		
4202 31 00	**– – mit Außenseite aus Leder oder rekonstituiertem Leder**	3	—
4202 32	**– – mit Außenseite aus Kunststofffolien oder Spinnstoffen:**		
4202 32 10	– – – aus Kunststofffolien	9,7	—
4202 32 90	– – – aus Spinnstoffen	3,7	—
4202 39 00	**– – andere**	3,7	—

KN-Code	Warenbezeichnung	Vertragsmäßiger Zollsatz (%)	Besondere Maßeinheit
1	2	3	4
	– **andere:**		
4202 91	– – **mit Außenseite aus Leder oder rekonstituiertem Leder:**		
4202 91 10	– – – Reisetaschen, Toilettentaschen (Necessaires), Rucksäcke und Taschen für Sportartikel . .	3	—
4202 91 80	– – – andere	3	—
4202 92	– – **mit Außenseite aus Kunststofffolien oder Spinnstoffen:**		
	– – – aus Kunststofffolien:		
4202 92 11	– – – – Reisetaschen, Toilettentaschen (Necessaires), Rucksäcke und Taschen für Sportartikel	9,7	—
4202 92 15	– – – – Behältnisse für Musikinstrumente	6,7	—
4202 92 19	– – – – andere	9,7	—
	– – – aus Spinnstoffen:		
4202 92 91	– – – – Reisetaschen, Toilettentaschen (Necessaires), Rucksäcke und Taschen für Sportartikel	2,7	—
4202 92 98	– – – – andere	2,7	—
4202 99 00	– – **andere**	3,7	—
4203	**Kleidung und Bekleidungszubehör, aus Leder oder rekonstituiertem Leder:**		
4203 10 00	– **Kleidung**	4	—
	– **Fingerhandschuhe, Handschuhe ohne Fingerspitzen und Fausthandschuhe:**		
4203 21 00	– – **Spezialsporthandschuhe**	9	pa
4203 29	– – **andere:**		
4203 29 10	– – – Schutzhandschuhe für alle Berufe	9	pa
4203 29 90	– – – andere	7	pa
4203 30 00	– **Gürtel, Koppel und Schulterriemen**	5	—
4203 40 00	– **anderes Bekleidungszubehör**	5	—
[4204]			
4205 00	**Andere Waren aus Leder oder rekonstituiertem Leder:**		
	– zu technischen Zwecken:		
4205 00 11	– – Treibriemen und Förderbänder	2	—
4205 00 19	– – andere	3	—
4205 00 90	– andere	2,5	—
4206 00 00	**Waren aus Därmen, Goldschlägerhäutchen, Blasen oder Sehnen**	1,7	—

KAPITEL 43

PELZFELLE UND KÜNSTLICHES PELZWERK; WAREN DARAUS

Anmerkungen

1. Als „Pelzfelle" im Sinne der Nomenklatur gelten, abgesehen von den rohen Pelzfellen der Position 4301, die mit dem Haarkleid gegerbten oder zugerichteten Häute und Felle von Tieren aller Art.

2. Zu Kapitel 43 gehören nicht:

   a) Vogelbälge und Teile davon, mit ihren Federn oder Daunen (Position 0505 oder 6701, je nach Beschaffenheit);

   b) nicht enthaarte, rohe Häute und Felle des Kapitels 41 (siehe Anmerkung 1 Buchstabe c) zu Kapitel 41);

   c) Fingerhandschuhe, Handschuhe ohne Fingerspitzen und Fausthandschuhe, die aus Leder und Pelzfellen oder aus Leder und künstlichem Pelzwerk bestehen (Position 4203);

   d) Waren des Kapitels 64;

   e) Kopfbedeckungen und Teile davon des Kapitels 65;

   f) Waren des Kapitels 95 (z. B. Spielzeug, Spiele, Sportgeräte).

3. Zu Position 4303 gehören Pelzfelle oder Teile davon, die unter Zusatz anderer Stoffe zusammengesetzt worden sind, sowie Pelzfelle oder Teile davon, die zu Kleidung, Teilen davon oder zu Bekleidungszubehör oder anderen Waren zusammengenäht worden sind.

4. Kleidung und Bekleidungszubehör aller Art (ausgenommen Waren der Anmerkung 2 zu Kapitel 43), mit Pelzfellen oder künstlichem Pelzwerk gefüttert, gehören je nach Beschaffenheit des Futters zu Position 4303 oder 4304. Das Gleiche gilt für Kleidung und Bekleidungszubehör, mit äußeren Teilen aus Pelzfellen oder künstlichem Pelzwerk, wenn diese Teile über den Umfang eines einfachen Besatzes hinausgehen.

5. Als „künstliches Pelzwerk" im Sinne der Nomenklatur gelten Nachahmungen von Pelzfellen, die durch Aufkleben oder Aufnähen von Wolle, anderen Tierhaaren oder anderen Fasern auf Leder, Gewebe oder andere Stoffe hergestellt worden sind. Jedoch gelten Nachahmungen, die durch Weben oder Wirken hergestellt worden sind, nicht als „künstliches Pelzwerk" (im Allgemeinen Position 5801 oder 6001).

KN-Code	Warenbezeichnung	Vertragsmäßiger Zollsatz (%)	Besondere Maßeinheit
1	2	3	4
4301	**Rohe Pelzfelle (einschließlich Kopf, Schwanz, Klauen und andere zu Kürschnerzwecken verwendbare Teile), ausgenommen rohe Häute und Felle der Position 4101, 4102 oder 4103:**		
4301 10 00	**– von Nerzen, ganz, auch ohne Kopf, Schwanz oder Klauen**	frei	p/st
4301 30 00	**– von Astrachan-, Karakul-, Persianer-, Breitschwanz- oder ähnlichen Lämmern, von indischen, chinesischen, mongolischen oder tibetanischen Lämmern, ganz, auch ohne Kopf, Schwanz oder Klauen**	frei	p/st
4301 60 00	**– von Füchsen, ganz, auch ohne Kopf, Schwanz oder Klauen**	frei	p/st
4301 80 00	**– andere Pelzfelle, ganz, auch ohne Kopf, Schwanz oder Klauen**	frei	—
4301 90 00	**– Köpfe, Schwänze, Klauen und andere zu Kürschnerzwecken verwendbare Teile**	frei	—
4302	**Gegerbte oder zugerichtete Pelzfelle (einschließlich Kopf, Schwanz, Klauen und andere Teile, Abfälle und Überreste), auch zusammengesetzt (ohne Zusatz anderer Stoffe), ausgenommen solche der Position 4303:**		
	– ganze Pelzfelle, auch ohne Kopf, Schwanz oder Klauen, nicht zusammengesetzt:		
4302 11 00	**– – von Nerzen**	frei	p/st
4302 19	**– – andere:**		
4302 19 15	– – – von Bibern, Bisamratten oder Füchsen	frei	p/st
4302 19 35	– – – von Kaninchen oder Hasen	frei	p/st

KN-Code	Warenbezeichnung	Vertragsmäßiger Zollsatz (%)	Besondere Maßeinheit
1	2	3	4
	– – – von Hundsrobben oder Ohrenrobben:		
4302 19 41	– – – – von Jungtieren der Sattelrobbe (whitecoats) oder von Jungtieren der Mützenrobbe (bluebacks)	2,2	p/st
4302 19 49	– – – – andere	2,2	p/st
	– – – von Schafen und Lämmern:		
4302 19 75	– – – – von Astrachan-, Karakul-, Persianer-, Breitschwanz- oder ähnlichen Lämmern, von indischen, chinesischen, mongolischen oder tibetanischen Lämmern	frei	p/st
4302 19 80	– – – – andere	2,2	p/st
4302 19 99	– – – andere	2,2	—
4302 20 00	– **Köpfe, Schwänze, Klauen und andere Teile, Abfälle und Überreste, nicht zusammengesetzt**	frei	—
4302 30	– **ganze Pelzfelle, Teile und Überreste davon, zusammengesetzt:**		
4302 30 10	– – „ausgelassene" Pelzfelle	2,7	—
	– – andere:		
4302 30 25	– – – von Kaninchen oder Hasen	2,2	p/st
	– – – von Hundsrobben oder Ohrenrobben:		
4302 30 51	– – – – von Jungtieren der Sattelrobbe (whitecoats) oder von Jungtieren der Mützenrobbe (bluebacks)	2,2	p/st
4302 30 55	– – – – andere	2,2	p/st
4302 30 99	– – – andere	2,2	—
4303	**Kleidung, Bekleidungszubehör und andere Waren, aus Pelzfellen:**		
4303 10	– **Kleidung und Bekleidungszubehör:**		
4303 10 10	– – aus Pelzfellen von Jungtieren der Sattelrobbe (whitecoats) oder von Jungtieren der Mützenrobbe (bluebacks)	3,7	—
4303 10 90	– – andere	3,7	—
4303 90 00	– **andere**	3,7	—
4304 00 00	**Künstliches Pelzwerk und Waren daraus**	3,2	—

ABSCHNITT IX

HOLZ UND HOLZWAREN; HOLZKOHLE; KORK UND KORKWAREN; FLECHTWAREN UND KORBMACHERWAREN

KAPITEL 44

HOLZ UND HOLZWAREN; HOLZKOHLE

Anmerkungen

1. Zu Kapitel 44 gehören nicht:

a) Holz in Form von Spänen, Plättchen oder Schnitzeln, zerkleinert, gemahlen oder pulverisiert, von der hauptsächlich zur Riechmittelherstellung oder zu Zwecken der Medizin, Insektenvertilgung, Schädlingsbekämpfung und dergleichen verwendeten Art (Position 1211);

b) Bambus oder andere holzige Stoffe von der hauptsächlich zum Herstellen von Korb- oder Flechtwaren verwendeten Art, roh, auch gespalten, in der Längsrichtung gesägt oder auf Längen zugeschnitten (Position 1401);

c) Holz, in Form von Spänen, Plättchen oder Schnitzeln, gemahlen oder pulverisiert, von der hauptsächlich zum Färben oder Gerben verwendeten Art (Position 1404);

d) Aktivkohle (Position 3802);

e) Waren der Position 4202;

f) Waren des Kapitels 46;

g) Schuhe und Teile davon des Kapitels 64;

h) Waren des Kapitels 66 (z. B. Regenschirme, Gehstöcke und Teile);

ij) Waren der Position 6808;

k) Fantasieschmuck der Position 7117;

l) Waren der Abschnitte XVI und XVII (z. B. Maschinenteile, Kästen, Behältnisse, Gehäuse für Maschinen und Apparate sowie Stellmacherwaren);

m) Waren des Abschnitts XVIII (z. B. Uhrengehäuse und Musikinstrumente sowie Teile davon);

n) Waffenteile (Position 9305);

o) Waren des Kapitels 94 (z. B. Möbel, Beleuchtungskörper, vorgefertigte Gebäude);

p) Waren des Kapitels 95 (z. B. Spielzeug, Spiele, Sportgeräte);

q) Waren des Kapitels 96 (z. B. Tabakpfeifen und Teile davon, Knöpfe, Bleistifte), ausgenommen Stiele und Fassungen, aus Holz, für Waren der Position 9603;

r) Waren des Kapitels 97 (z. B. Kunstgegenstände).

2. „Verdichtetes Holz“ im Sinne dieses Kapitels ist massives oder aus Lagen zusammengesetztes Holz, das chemisch oder physikalisch behandelt ist (bei Holz aus zusammengesetzten Lagen in stärkerem Maße als es für einen guten Zusammenhalt notwendig ist) und dessen Dichte, Härte und Widerstandsfähigkeit gegen mechanische, chemische oder elektrische Einflüsse hierdurch deutlich erhöht sind.

3. Zu den Positionen 4414 bis 4421 gehören auch die entsprechenden Waren aus Spanplatten, Faserplatten, Sperrholz, furniertem Holz oder ähnlichem aus Lagen bestehendem Holz oder verdichtetem Holz.

4. Die Waren der Position 4410, 4411 oder 4412 können so bearbeitet sein, dass sie die für Waren der Position 4409 zugelassenen Profile erhalten haben, sie können gebogen, gewellt, perforiert, anders als quadratisch oder rechteckig zugeschnitten oder geformt sein oder eine beliebige andere Bearbeitung erfahren haben, vorausgesetzt, sie verleiht ihnen nicht den Charakter von Waren anderer Positionen.

5. Zu Position 4417 gehören nicht Werkzeuge, deren Klinge, Schneide, arbeitende Fläche oder sonstiger arbeitender Teil aus den in Anmerkung 1 zu Kapitel 82 genannten Stoffen besteht.

6. Vorbehaltlich der vorstehenden Anmerkung 1 und gegenteiliger Bestimmungen ist jede Bezugnahme auf „Holz“ in einer Position dieses Kapitels auch auf Bambus und andere holzige Stoffe anwendbar.

Unterpositions-Anmerkungen

1. Als „Holzpellets" im Sinne der Unterposition 4401 31 gelten Nebenerzeugnisse, wie Splitter, Sägespäne oder Schnitzel aus der mechanischen Holzverarbeitungsindustrie, der Möbelindustrie oder anderen Holzverarbeitungen, die durch einfachen Druck oder Zugabe eines Bindemittelanteils von nicht mehr als 3 GHT agglomeriert worden sind. Diese Pellets sind zylindrisch, mit einem Durchmesser von 25 mm oder weniger und einer Länge von 100 mm oder weniger.

2. Im Sinne der Unterpositionen 4403 41 bis 4403 49, 4407 21 bis 4407 29, 4408 31 bis 4408 39 und 4412 31 bezieht sich der Ausdruck „tropisches Holz" auf eine der nachstehend genannten Holzarten: Abura, Acajou d'Afrique, Afrormosia, Ako, Alan, Andiroba, Aningré, Avodiré, Azobé, Balau, Balsa, Bossé clair, Bossé foncé, Cativo, Cedro, Dabema, Dark Red Meranti, Dibétou, Doussié, Framiré, Freijo, Fromager, Fuma, Geronggang, Ilomba, Imbuia, Ipé, Iroko, Jaboty, Jelutong, Jequitiba, Jongkong, Kapur, Kempas, Keruing, Kosipo, Kotibé, Koto, Light Red Meranti, Limba, Louro, Maçaranduba, Mahogany, Makoré, Mandioqueira, Mansonia, Mengkulang, Meranti Bakau, Merawan, Merbau, Merpauh, Mersawa, Moabi, Niangon, Nyatoh, Obéché, Okoumé, Onzabili, Orey, Ovengkol, Ozigo, Padauk, Paldao, Palissandre de Guatemala, Palissandre de Para, Palissandre de Rio, Palissandre de Rose, Pau Amarelo, Pau Marfim, Pulai, Punah, Quaruba, Ramin, Sapelli, Saqui-Saqui, Sepetir, Sipo, Sucupira, Suren, Tauari, Teak, Tiama, Tola, Virola, White Lauan, White Meranti, White Seraya, Yellow Meranti.

Zusätzliche Anmerkungen

1. *Als „Holzmehl" im Sinne der Position 4405 gilt Holzpulver, das mit einem Rückstand von 8 GHT oder weniger ein Sieb mit einer lichten Maschenweite von 0,63 mm passiert.*

2. *Als „tropisches Holz" im Sinne der Unterpositionen 4414 00 10, 4418 10 10, 4418 20 10, 4419 00 10, 4420 10 11 und 4420 90 91 gelten folgende tropische Hölzer: Acajou d'Afrique, Alan, Azobé, Balsa, Dark Red Meranti, Dibétou, Ilomba, Imbuia, Iroko, Jelutong, Jongkong, Kapur, Keruing, Kempas, Light Red Meranti, Limba, Mahogany (Swietenia spp.), Makoré, Mansonia, Meranti Bakau, Merbau, Obéché, Okoumé, Palissandre de Para, Palissandre de Rio, Palissandre de Rose, Ramin, Sapelli, Sipo, Teak, Tiama, Virola, White Lauan, White Meranti, White Seraya und Yellow Meranti.*

KN-Code	Warenbezeichnung	Vertragsmäßiger Zollsatz (%)	Besondere Maßeinheit
1	2	3	4
4401	**Brennholz in Form von Rundlingen, Scheiten, Zweigen, Reisigbündeln oder ähnlichen Formen; Holz in Form von Plättchen oder Schnitzeln; Sägespäne, Holzabfälle und Holzausschuss, auch zu Pellets, Briketts, Scheiten oder ähnlichen Formen zusammengepresst:**		
4401 10 00	**– Brennholz in Form von Rundlingen, Scheiten, Zweigen, Reisigbündeln oder ähnlichen Formen**	frei	—
	– Holz in Form von Plättchen oder Schnitzeln:		
4401 21 00	**– – Nadelholz**	frei	—
4401 22 00	**– – anderes Holz**	frei	—
	– Sägespäne, Holzabfälle und Holzausschuss, auch zu Pellets, Briketts, Scheiten oder ähnlichen Formen zusammengepresst:		
4401 31 00	**– – Holzpellets**	frei	—
4401 39	**– – andere:**		
4401 39 20	– – – zusammengepresst (z. B. Briketts)	frei	—
	– – – andere:		
4401 39 30	– – – – Sägespäne	frei	—
4401 39 80	– – – – andere	frei	—
4402	**Holzkohle (einschließlich Kohle aus Schalen oder Nüssen), auch zusammengepresst:**		
4402 10 00	**– aus Bambus**	frei	—
4402 90 00	**– andere**	frei	—

KN-Code	Warenbezeichnung	Vertragsmäßiger Zollsatz (%)	Besondere Maßeinheit
1	2	3	4
4403	**Rohholz, auch entrindet, vom Splint befreit oder zwei- oder vierseitig grob zugerichtet:**		
4403 10 00	**– mit Farbe, Beize, Kreosot oder anderen Konservierungsmitteln behandelt**	frei	m^3
4403 20	**– anderes, von Nadelholz:**		
	– – Fichtenholz von der Art *Picea abies Karst.* oder Tannenholz von der Art *Abies alba Mill.*:		
4403 20 11	– – – Sägerundholz	frei	m^3
4403 20 19	– – – anderes	frei	m^3
	– – Kiefernholz von der Art *Pinus sylvestris* L.:		
4403 20 31	– – – Sägerundholz	frei	m^3
4403 20 39	– – – anderes	frei	m^3
	– – anderes:		
4403 20 91	– – – Sägerundholz	frei	m^3
4403 20 99	– – – anderes	frei	m^3
	– anderes, von den in der Unterpositions-Anmerkung 2 zu diesem Kapitel genannten tropischen Hölzern:		
4403 41 00	**– – Dark Red Meranti, Light Red Meranti und Meranti Bakau**	frei	m^3
4403 49	**– – anderes:**		
4403 49 10	– – – Acajou d'Afrique, Iroko und Sapelli	frei	m^3
4403 49 35	– – – Okoumé und Sipo	frei	m^3
4403 49 95	– – – anderes	frei	m^3
	– anderes:		
4403 91	**– – Eichenholz (*Quercus* spp.):**		
4403 91 10	– – – Sägerundholz	frei	m^3
4403 91 90	– – – anderes	frei	m^3
4403 92	**– – Buchenholz (*Fagus* spp.):**		
4403 92 10	– – – Sägerundholz	frei	m^3
4403 92 90	– – – anderes	frei	m^3
4403 99	**– – anderes:**		
4403 99 10	– – – Pappelholz	frei	m^3
4403 99 30	– – – Eukalyptusholz	frei	m^3
	– – – Birkenholz:		
4403 99 51	– – – – Sägerundholz	frei	m^3
4403 99 59	– – – – anderes	frei	m^3
4403 99 95	– – – anderes	frei	m^3
4404	**Holz für Fassreifen; Holzpfähle, gespalten; Pfähle und Pflöcke aus Holz, gespitzt, nicht in der Längsrichtung gesägt; Holz, nur grob zugerichtet oder abgerundet, jedoch weder gedrechselt, gebogen noch anders bearbeitet, für Spazierstöcke, Regenschirme, Werkzeuggriffe, Werkzeugstiele und dergleichen; Holzspan, Holzstreifen, Holzbänder und dergleichen:**		
4404 10 00	**– Nadelholz**	frei	—
4404 20 00	**– anderes Holz**	frei	—
4405 00 00	**Holzwolle; Holzmehl**	frei	—

KN-Code	Warenbezeichnung	Vertragsmäßiger Zollsatz (%)	Besondere Maßeinheit
1	2	3	4
4406	**Bahnschwellen aus Holz:**		
4406 10 00	**– nicht imprägniert**	frei	m^3
4406 90 00	**– andere**	frei	m^3
4407	**Holz, in der Längsrichtung gesägt oder gesäumt, gemessert oder geschält, auch gehobelt, geschliffen oder an den Enden verbunden, mit einer Dicke von mehr als 6 mm:**		
4407 10	**– Nadelholz:**		
4407 10 15	– – geschliffen; an den Enden verbunden (auch gehobelt oder geschliffen)	frei	m^3
	– – anderes:		
	– – – gehobelt:		
4407 10 31	– – – – Fichtenholz von der Art *Picea abies Karst.* oder Tannenholz von der Art *Abies alba Mill.*	frei	m^3
4407 10 33	– – – – Kiefernholz von der Art *Pinus sylvestris* L.	frei	m^3
4407 10 38	– – – – anderes	frei	m^3
	– – – anderes:		
4407 10 91	– – – – Fichtenholz von der Art *Picea abies Karst.* oder Tannenholz von der Art *Abies alba Mill.*	frei	m^3
4407 10 93	– – – – Kiefernholz von der Art *Pinus sylvestris* L.	frei	m^3
4407 10 98	– – – – anderes	frei	m^3
	– von den in der Unterpositions-Anmerkung 2 zu diesem Kapitel genannten tropischen Hölzern:		
4407 21	**– – Mahogany (*Swietenia* spp.):**		
4407 21 10	– – – geschliffen; an den Enden verbunden (auch gehobelt oder geschliffen)	4,9 (1)	m^3
	– – – anderes:		
4407 21 91	– – – – gehobelt	4 (2)	m^3
4407 21 99	– – – – anderes	frei	m^3
4407 22	**– – Virola, Imbuia und Balsa:**		
4407 22 10	– – – geschliffen; an den Enden verbunden (auch gehobelt oder geschliffen)	4,9 (1)	m^3
	– – – anderes:		
4407 22 91	– – – – gehobelt	4 (2)	m^3
4407 22 99	– – – – anderes	frei	m^3
4407 25	**– – Dark Red Meranti, Light Red Meranti und Meranti Bakau:**		
4407 25 10	– – – an den Enden verbunden (auch gehobelt oder geschliffen)	4,9 (1)	m^3
	– – – anderes:		
4407 25 30	– – – – gehobelt	4 (2)	m^3
4407 25 50	– – – – geschliffen	4,9 (1)	m^3
4407 25 90	– – – – anderes	frei	m^3
4407 26	**– – White Lauan, White Meranti, White Seraya, Yellow Meranti und Alan:**		
4407 26 10	– – – an den Enden verbunden (auch gehobelt oder geschliffen)	4,9 (1)	m^3
	– – – anderes:		
4407 26 30	– – – – gehobelt	4 (2)	m^3

(1) Autonomer Zollsatz: 2,5.
(2) Autonomer Zollsatz: 2.

KN-Code	Warenbezeichnung	Vertragsmäßiger Zollsatz (%)	Besondere Maßeinheit
1	2	3	4
4407 26 50	– – – – geschliffen	4,9 (1)	m³
4407 26 90	– – – – anderes	frei	m³
4407 27	– – **Sapelli:**		
4407 27 10	– – – geschliffen; an den Enden verbunden (auch gehobelt oder geschliffen)	4,9 (1)	m³
	– – – anderes:		
4407 27 91	– – – – gehobelt	4 (2)	m³
4407 27 99	– – – – anderes	frei	m³
4407 28	– – **Iroko:**		
4407 28 10	– – – geschliffen; an den Enden verbunden (auch gehobelt oder geschliffen)	4,9 (1)	m³
	– – – anderes:		
4407 28 91	– – – – gehobelt	4 (2)	m³
4407 28 99	– – – – anderes	frei	m³
4407 29	– – **anderes:**		
4407 29 15	– – – an den Enden verbunden (auch gehobelt oder geschliffen)	4,9 (1)	m³
	– – – anderes:		
	– – – – Acajou d'Afrique, Azobé, Dibétou, Ilomba, Jelutong, Jongkong, Kapur, Kempas, Keruing, Limba, Makoré, Mansonia, Merbau, Obéché, Okoumé, Palissandre de Para, Palissandre de Rio, Palissandre de Rose, Ramin, Sipo, Teak und Tiama:		
	– – – – – gehobelt:		
4407 29 20	– – – – – – Palissandre de Para, Palissandre de Rio und Palissandre de Rose	4,9 (2)	m³
4407 29 25	– – – – – – anderes	4 (2)	m³
4407 29 45	– – – – – geschliffen	4,9 (1)	m³
4407 29 60	– – – – – anderes	frei	m³
	– – – – anderes:		
4407 29 83	– – – – – gehobelt	4 (2)	m³
4407 29 85	– – – – – geschliffen	4,9 (1)	m³
4407 29 95	– – – – – anderes	frei	m³
	– **anderes:**		
4407 91	– – **Eichenholz (*Quercus* spp.):**		
4407 91 15	– – – geschliffen; an den Enden verbunden (auch gehobelt oder geschliffen)	frei	m³
	– – – anderes:		
	– – – – gehobelt:		
4407 91 31	– – – – – Stäbe und Friese für Parkett, nicht zusammengesetzt	frei	m²
4407 91 39	– – – – – anderes	frei	m³
4407 91 90	– – – – anderes	frei	m³
4407 92 00	– – **Buchenholz (*Fagus* spp.)**	frei	m³
4407 93	– – **Ahornholz (*Acer* spp.):**		
4407 93 10	– – – gehobelt; an den Enden verbunden (auch gehobelt oder geschliffen)	frei	m³
	– – – anderes:		
4407 93 91	– – – – geschliffen	2,5	m³

(1) Autonomer Zollsatz: 2,5.
(2) Autonomer Zollsatz: 2.

KN-Code	Warenbezeichnung	Vertragsmäßiger Zollsatz (%)	Besondere Maßeinheit
1	2	3	4
4407 93 99	– – – – anderes	frei	m^3
4407 94	– – **Kirschbaumholz (*Prunus* spp.):**		
4407 94 10	– – – gehobelt; an den Enden verbunden (auch gehobelt oder geschliffen)	frei	m^3
	– – – anderes:		
4407 94 91	– – – – geschliffen	2,5	m^3
4407 94 99	– – – – anderes	frei	m^3
4407 95	– – **Eschenholz (*Fraxinus* spp.):**		
4407 95 10	– – – gehobelt; an den Enden verbunden (auch gehobelt oder geschliffen)	frei	m^3
	– – – anderes:		
4407 95 91	– – – – geschliffen	2,5	m^3
4407 95 99	– – – – anderes	frei	m^3
4407 99	– – **anderes:**		
4407 99 27	– – – gehobelt; an den Enden verbunden (auch gehobelt oder geschliffen)	frei	m^3
	– – – anderes:		
4407 99 40	– – – – geschliffen	2,5	m^3
	– – – – anderes:		
4407 99 91	– – – – – Pappelholz	frei	m^3
4407 99 96	– – – – – von tropischen Hölzern	frei	m^3
4407 99 98	– – – – – anderes	frei	m^3
4408	**Furnierblätter (einschließlich der durch Messern von Lagenholz gewonnenen Blätter), Blätter für Sperrholz oder ähnliches Lagenholz und anderes Holz, in der Längsrichtung gesägt, gemessert oder geschält, auch gehobelt, geschliffen, an den Kanten oder an den Enden verbunden, mit einer Dicke von 6 mm oder weniger:**		
4408 10	– **Nadelholz:**		
4408 10 15	– – gehobelt; geschliffen; an den Enden verbunden (auch gehobelt oder geschliffen)	3	m^3
	– – anderes:		
4408 10 91	– – – Brettchen zum Herstellen von Blei-, Kopier-, Farbstiften, Schiefergriffeln und anderen holzgefassten Stiften (1)	frei	m^3
4408 10 98	– – – anderes	4	m^3
	– **von den in der Unterpositions-Anmerkung 2 zu diesem Kapitel genannten tropischen Hölzern:**		
4408 31	– – **Dark Red Meranti, Light Red Meranti und Meranti Bakau:**		
4408 31 11	– – – an den Enden verbunden (auch gehobelt oder geschliffen)	4,9	m^3
	– – – anderes:		
4408 31 21	– – – – gehobelt	4	m^3
4408 31 25	– – – – geschliffen	4,9	m^3
4408 31 30	– – – – anderes	6	m^3
4408 39	– – **anderes:**		
	– – – Acajou d'Afrique, Limba, Mahogany (*Swietenia* spp.), Obéché, Okoumé, Palissandre de Para, Palissandre de Rio, Palissandre de Rose, Sapelli, Sipo, Virola und White Lauan:		
4408 39 15	– – – – geschliffen; an den Enden verbunden (auch gehobelt oder geschliffen)	4,9	m^3

(1) Die Zulassung zu dieser Unterposition erfolgt nach den in den einschlägigen Bestimmungen der Europäischen Union festgesetzten Voraussetzungen (s. Artikel 291 bis 300 der Verordnung (EWG) Nr. 2454/93 der Kommission (ABl. L 253 vom 11.10.1993, S. 1)).

KN-Code	Warenbezeichnung	Vertragsmäßiger Zollsatz (%)	Besondere Maßeinheit
1	2	3	4
	– – – – anderes:		
4408 39 21	– – – – – gehobelt	4	m^3
4408 39 30	– – – – – anderes	6	m^3
	– – – anderes:		
4408 39 55	– – – – gehobelt; geschliffen; an den Enden verbunden (auch gehobelt oder geschliffen)	3	m^3
	– – – – anderes:		
4408 39 70	– – – – – Brettchen zum Herstellen von Blei-, Kopier-, Farbstiften, Schiefergriffeln und anderen holzgefassten Stiften (1)	frei	m^3
	– – – – – anderes:		
4408 39 85	– – – – – – mit einer Dicke von 1 mm oder weniger	4	m^3
4408 39 95	– – – – – – mit einer Dicke von mehr als 1 mm	4	m^3
4408 90	– **anderes:**		
4408 90 15	– – gehobelt; geschliffen; an den Enden verbunden (auch gehobelt oder geschliffen)	3	m^3
	– – anderes:		
4408 90 35	– – – Brettchen zum Herstellen von Blei-, Kopier-, Farbstiften, Schiefergriffeln und anderen holzgefassten Stiften (1)	frei	m^3
	– – – anderes:		
4408 90 85	– – – – mit einer Dicke von 1 mm oder weniger	4	m^3
4408 90 95	– – – – mit einer Dicke von mehr als 1 mm	4	m^3
4409	**Holz (einschließlich Stäbe und Friese für Parkett, nicht zusammengesetzt), entlang einer oder mehrerer Kanten, Enden oder Flächen profiliert (gekehlt, genutet, gefedert, gefalzt, abgeschrägt, gefriest, gerundet oder in ähnlicher Weise bearbeitet), auch gehobelt, geschliffen oder an den Enden verbunden:**		
4409 10	– **Nadelholz:**		
4409 10 11	– – Leisten für Rahmen für Bilder, Fotografien, Spiegel oder dergleichen	frei	m
4409 10 18	– – anderes	frei	—
	– **anderes:**		
4409 21 00	– – **Bambus**	frei	—
4409 29	– – **anderes:**		
4409 29 10	– – – Leisten für Rahmen für Bilder, Fotografien, Spiegel oder dergleichen	frei	m
	– – – anderes:		
4409 29 91	– – – – Stäbe und Friese für Parkett, nicht zusammengesetzt	frei	m^2
4409 29 99	– – – – anderes	frei	—
4410	**Spanplatten, „oriented strand board"-Platten (OSB) und ähnliche Platten (z. B. „waferboard"-Platten) aus Holz oder anderen holzigen Stoffen, auch mit Harz oder anderen organischen Bindemitteln hergestellt:**		
	– **aus Holz:**		
4410 11	– – **Spanplatten:**		
4410 11 10	– – – roh oder nur geschliffen	7	m^3
4410 11 30	– – – auf der Oberfläche mit Melamin imprägniertem Papier beschichtet	7	m^3

(1) Die Zulassung zu dieser Unterposition erfolgt nach den in den einschlägigen Bestimmungen der Europäischen Union festgesetzten Voraussetzungen (s. Artikel 291 bis 300 der Verordnung (EWG) Nr. 2454/93 der Kommission (ABl. L 253 vom 11.10.1993, S. 1)).

KN-Code	Warenbezeichnung	Vertragsmäßiger Zollsatz (%)	Besondere Maßeinheit
1	2	3	4
4410 11 50	– – – auf der Oberfläche mit Dekorplatten oder Dekorfolie aus Kunststoff beschichtet	7	m^3
4410 11 90	– – – andere	7	m^3
4410 12	– – **„oriented strand board"-Platten (OSB):**		
4410 12 10	– – – roh oder nur geschliffen	7	m^3
4410 12 90	– – – andere	7	m^3
4410 19 00	– – **andere**	7	m^3
4410 90 00	– **andere**	7	m^3
4411	**Faserplatten aus Holz oder anderen holzigen Stoffen, auch mit Harz oder anderen organischen Stoffen hergestellt:**		
	– **mitteldichte Faserplatten (MDF):**		
4411 12	– – **mit einer Dicke von 5 mm oder weniger:**		
4411 12 10	– – – weder mechanisch bearbeitet noch oberflächenbeschichtet	7	m^3
4411 12 90	– – – andere	7	m^3
4411 13	– – **mit einer Dicke von mehr als 5 mm bis 9 mm:**		
4411 13 10	– – – weder mechanisch bearbeitet noch oberflächenbeschichtet	7	m^3
4411 13 90	– – – andere	7	m^3
4411 14	– – **mit einer Dicke von mehr als 9 mm:**		
4411 14 10	– – – weder mechanisch bearbeitet noch oberflächenbeschichtet	7	m^3
4411 14 90	– – – andere	7	m^3
	– **andere:**		
4411 92	– – **mit einer Dichte von mehr als 0,8 g/cm^3:**		
4411 92 10	– – – weder mechanisch bearbeitet noch oberflächenbeschichtet	7	m^3
4411 92 90	– – – andere	7	m^3
4411 93	– – **mit einer Dichte von mehr als 0,5 g/cm^3 bis 0,8 g/cm^3:**		
4411 93 10	– – – weder mechanisch bearbeitet noch oberflächenbeschichtet	7	m^3
4411 93 90	– – – andere	7	m^3
4411 94	– – **mit einer Dichte von 0,5 g/cm^3 oder weniger:**		
4411 94 10	– – – weder mechanisch bearbeitet noch oberflächenbeschichtet	7	m^3
4411 94 90	– – – andere	7	m^3
4412	**Sperrholz, furniertes Holz und ähnliches Lagenholz:**		
4412 10 00	– **aus Bambus**	10	m^3
	– **anderes Sperrholz, ausschließlich aus Furnieren (andere als Bambus) mit einer Dicke von 6 mm oder weniger:**		
4412 31	– – **mit mindestens einer äußeren Lage aus den in der Unterpositions-Anmerkung 2 zu diesem Kapitel genannten tropischen Hölzern:**		
4412 31 10	– – – aus Acajou d'Afrique, Dark Red Meranti, Light Red Meranti, Limba, Mahogany (*Swietenia* spp.), Obéché, Okoumé, Palissandre de Para, Palissandre de Rio, Palissandre de Rose, Sapelli, Sipo, Virola oder White Lauan	10	m^3

KN-Code	Warenbezeichnung	Vertragsmäßiger Zollsatz (%)	Besondere Maßeinheit
1	2	3	4
4412 31 90	– – – anderes	7	m^3
4412 32	– – **anderes, mit mindestens einer äußeren Lage aus anderem Holz als Nadelholz:**		
4412 32 10	– – – aus Ahorn, Birke, Buche, Eiche, Erle, Esche, gelbe Pappel, Hainbuche, Hickory, Kastanie, Kirschbaum, Linde, Nussbaum, Pappel, Platane, Robinie (falsche Akazie), Rosskastanie oder Ulme	7	m^3
4412 32 90	– – – anderes	7	m^3
4412 39 00	– – **anderes**	7 (1)	m^3
	– **anderes:**		
4412 94	– – **mit Block-, Stab-, Stäbchen- oder Streifenholzmittellage:**		
4412 94 10	– – – mit mindestens einer äußeren Lage aus anderem Holz als Nadelholz	10	m^3
4412 94 90	– – – anderes	6	m^3
4412 99	– – **anderes:**		
4412 99 30	– – – mindestens eine Spanplatte enthaltend	6	m^3
	– – – anderes:		
	– – – – mit mindestens einer äußeren Lage aus anderem Holz als Nadelholz:		
4412 99 40	– – – – – aus Ahorn, Birke, Buche, Eiche, Erle, Esche, gelbe Pappel, Hainbuche, Hickory, Kastanie, Kirschbaum, Linde, Nussbaum, Pappel, Platane, Robinie (falsche Akazie), Rosskastanie oder Ulme	10	m^3
4412 99 50	– – – – – anderes	10	m^3
4412 99 85	– – – – anderes	10 (1)	m^3
4413 00 00	**Verdichtetes Holz in Blöcken, Platten, Brettern oder Profilen**	frei	m^3
4414 00	**Holzrahmen für Bilder, Fotografien, Spiegel oder dergleichen:**		
4414 00 10	– aus tropischem Holz im Sinne der Zusätzlichen Anmerkung 2 zu diesem Kapitel	5,1 (2)	—
4414 00 90	– andere	frei	—
4415	**Kisten, Kistchen, Verschläge, Trommeln und ähnliche Verpackungsmittel, aus Holz; Kabeltrommeln aus Holz; Flachpaletten, Boxpaletten und andere Ladungsträger, aus Holz; Palettenaufsatzwände aus Holz:**		
4415 10	– **Kisten, Kistchen, Verschläge, Trommeln und ähnliche Verpackungsmittel; Kabeltrommeln:**		
4415 10 10	– – Kisten, Kistchen, Verschläge, Trommeln und ähnliche Verpackungsmittel	4	—
4415 10 90	– – Kabeltrommeln	3	—
4415 20	– **Flachpaletten, Boxpaletten und andere Ladungsträger; Palettenaufsatzwände:**		
4415 20 20	– – Flachpaletten; Palettenaufsatzwände	3	p/st
4415 20 90	– – andere	4	—
4416 00 00	**Fässer, Tröge, Bottiche, Kübel und andere Böttcherwaren und Teile davon, aus Holz, einschließlich Fassstäbe**	frei	—
4417 00 00	**Werkzeuge, Werkzeugfassungen, Werkzeuggriffe und Werkzeugstiele, Fassungen, Stiele und Griffe für Besen, Bürsten und Pinsel, aus Holz; Schuhformen, Schuhleisten und Schuhspanner, aus Holz**	frei	—

(1) WTO-Zollkontingent.
(2) Autonomer Zollsatz: 2,5.

KN-Code	Warenbezeichnung	Vertragsmäßiger Zollsatz (%)	Besondere Maßeinheit
1	2	3	4
4418	**Bautischler- und Zimmermannsarbeiten, einschließlich Verbundplatten mit Hohlraum-Mittellagen, zusammengesetzte Fußbodenplatten, Schindeln („shingles“ und „shakes“), aus Holz:**		
4418 10	**– Fenster, Fenstertüren, Rahmen und Verkleidungen dafür:**		
4418 10 10	– – aus tropischem Holz im Sinne der Zusätzlichen Anmerkung 2 zu diesem Kapitel	3	p/st (1)
4418 10 50	– – aus Nadelholz	3	p/st (1)
4418 10 90	– – andere	3	p/st (1)
4418 20	**– Türen und Rahmen dafür, Türverkleidungen und -schwellen:**		
4418 20 10	– – aus tropischem Holz im Sinne der Zusätzlichen Anmerkung 2 zu diesem Kapitel	6 (2)	p/st (3)
4418 20 50	– – aus Nadelholz	frei	p/st (3)
4418 20 80	– – andere	frei	p/st (3)
4418 40 00	**– Verschalungen für Betonarbeiten**	frei	—
4418 50 00	**– Schindeln („shingles“ und „shakes“)**	frei	—
4418 60 00	**– Pfosten und Balken**	frei	—
	– zusammengesetzte Fußbodenplatten:		
4418 71 00	**– – für Mosaikfußböden**	3	m^2
4418 72 00	**– – andere, mehrlagig**	frei	m^2
4418 79 00	**– – andere**	frei	m^2
4418 90	**– andere:**		
4418 90 10	– – Lamellenholz	frei	—
4418 90 80	– – andere	frei	—
4419 00	**Holzwaren zur Verwendung bei Tisch oder in der Küche:**		
4419 00 10	– aus tropischem Holz im Sinne der Zusätzlichen Anmerkung 2 zu diesem Kapitel	3 (4)	—
4419 00 90	– andere	frei	—
4420	**Hölzer mit Einlegearbeit (Intarsien oder Marketerie); Schmuckkassetten, Besteckkästchen und ähnliche Waren, aus Holz; Statuetten und andere Ziergegenstände, aus Holz; Innenausstattungsgegenstände aus Holz, ausgenommen Waren des Kapitels 94:**		
4420 10	**– Statuetten und andere Ziergegenstände, aus Holz:**		
4420 10 11	– – aus tropischem Holz im Sinne der Zusätzlichen Anmerkung 2 zu diesem Kapitel	6 (2)	—
4420 10 19	– – andere	frei	—
4420 90	**– andere:**		
4420 90 10	– – Hölzer mit Einlegearbeit (Intarsien oder Marketerie)	4	m^3
	– – andere:		
4420 90 91	– – – aus tropischem Holz im Sinne der Zusätzlichen Anmerkung 2 zu diesem Kapitel	6 (2)	—
4420 90 99	– – – andere	frei	—
4421	**Andere Waren aus Holz:**		
4421 10 00	**– Kleiderbügel**	frei	p/st
4421 90	**– andere:**		
4421 90 91	– – aus Faserplatten	4	—
	– – andere:	4	—
★ **4421 90 95**	– – – Särge	frei	p/st
★ **4421 90 97**	– – – andere	frei	—

(1) Ein Fenster oder eine Fenstertür mit oder ohne Rahmen oder Verkleidung gilt als ein Stück.
(2) Autonomer Zollsatz: 3.
(3) Eine Tür mit oder ohne Rahmen, Verkleidung oder Schwelle gilt als ein Stück.
(4) Autonomer Zollsatz: frei.

KAPITEL 45

KORK UND KORKWAREN

Anmerkung

1. Zu Kapitel 45 gehören nicht:
   a) Schuhe und Teile davon des Kapitels 64;
   b) Kopfbedeckungen und Teile davon des Kapitels 65;
   c) Waren des Kapitels 95 (z. B. Spielzeug, Spiele, Sportgeräte).

KN-Code	Warenbezeichnung	Vertragsmäßiger Zollsatz (%)	Besondere Maßeinheit
1	2	3	4
4501	**Naturkork, unbearbeitet oder nur zugerichtet; Korkabfälle; Korkschrot und Korkmehl:**		
4501 10 00	**– Naturkork, unbearbeitet oder nur zugerichtet**	frei	—
4501 90 00	**– anderer**	frei	—
4502 00 00	**Naturkork, entrindet, zwei- oder vierseitig grob zugerichtet oder in Würfeln, Platten, Blättern oder Streifen von quadratischer oder rechteckiger Form (einschließlich scharfkantige Rohlinge zum Herstellen von Stopfen)**	frei	—
4503	**Waren aus Naturkork:**		
4503 10	**– Stopfen:**		
4503 10 10	– – zylindrisch	4,7	—
4503 10 90	– – andere	4,7	—
4503 90 00	**– andere**	4,7	—
4504	**Presskork (auch mit Bindemittel) und Waren aus Presskork:**		
4504 10	**– Würfel, Quader, Platten, Blätter und Streifen; Fliesen in beliebiger Form; massive Zylinder, einschließlich Scheiben:**		
	– – Stopfen:		
4504 10 11	– – – für Schaumwein, auch mit Scheiben aus Naturkork	4,7	—
4504 10 19	– – – andere	4,7	—
	– – andere:		
4504 10 91	– – – mit Bindemittel	4,7	—
4504 10 99	– – – andere	4,7	—
4504 90	**– andere:**		
4504 90 20	– – Stopfen	4,7	—
4504 90 80	– – andere	4,7	—

KAPITEL 46

FLECHTWAREN UND KORBMACHERWAREN

Anmerkungen

1. Als „Flechtstoffe" im Sinne dieses Kapitels gelten Stoffe, die aufgrund ihrer Beschaffenheit und Form zum Flechten, Weben oder für ähnliche Verarbeitungsverfahren geeignet sind; dazu gehören insbesondere Stroh, Korbweiden/Flechtweiden, Bambus und Rattan, Binsen, Schilf, Holzspan, Streifen aus anderem pflanzlichen Material (z. B. Streifen aus Rinde, schmale Blätter und Raffiabast oder andere Streifen, die aus breiten Blättern gewonnen wurden), nicht versponnene natürliche Spinnfasern, Monofile und Streifen oder dergleichen aus Kunststoffen sowie Streifen aus Papier, jedoch nicht Streifen aus Leder, rekonstituiertem Leder, Filz oder Vliesstoffen, Menschenhaar, Rosshaar, Vorgarne und Garne aus Spinnstoffen sowie Monofilamente und Streifen oder dergleichen des Kapitels 54.

2. Zu Kapitel 46 gehören nicht:

   a) Wandverkleidungen der Position 4814;

   b) Bindfäden, Seile und Taue, auch geflochten (Position 5607);

   c) Schuhe und Kopfbedeckungen oder Teile davon des Kapitels 64 oder 65;

   d) Fahrzeuge und Fahrzeugaufbauten, aus Korbgeflecht (Kapitel 87);

   e) Waren des Kapitels 94 (z. B. Möbel, Beleuchtungskörper).

3. „Parallel aneinander gefügte Flechtstoffe, Geflechte und ähnliche Waren aus Flechtstoffen" im Sinne der Position 4601 sind Waren aus Flechtstoffen, Geflechten und ähnlichen Waren, bei denen diese nebeneinander gelegt und durch Bindematerial, auch durch Garne aus Spinnstoffen, in Flächenform miteinander verbunden sind.

KN-Code	Warenbezeichnung	Vertragsmäßiger Zollsatz (%)	Besondere Maßeinheit
1	2	3	4
4601	**Geflechte und ähnliche Waren aus Flechtstoffen, auch miteinander zu Bändern verbunden; Flechtstoffe, Geflechte und ähnliche Waren aus Flechtstoffen, in Flächenform verwebt oder parallel aneinander gefügt, auch wenn sie dadurch den Charakter von Fertigwaren erhalten haben (z. B. Matten, Strohmatten, Gittergeflechte):**		
	– **Matten, Strohmatten und Gittergeflechte, aus pflanzlichen Stoffen:**		
4601 21	– – **aus Bambus:**		
4601 21 10	– – – aus Geflechten oder ähnlichen Waren aus Flechtstoffen	3,7	—
4601 21 90	– – – andere	2,2	—
4601 22	– – **aus Rattan:**		
4601 22 10	– – – aus Geflechten oder ähnlichen Waren aus Flechtstoffen	3,7	—
4601 22 90	– – – andere	2,2	—
4601 29	– – **andere:**		
4601 29 10	– – – aus Geflechten oder ähnlichen Waren aus Flechtstoffen	3,7	—
4601 29 90	– – – andere	2,2	—
	– **andere:**		
4601 92	– – **aus Bambus:**		
4601 92 05	– – – Geflechte und ähnliche Waren aus Flechtstoffen, auch miteinander zu Bändern verbunden	frei	—
	– – – andere:		
4601 92 10	– – – – aus Geflechten oder ähnlichen Waren aus Flechtstoffen	3,7	—
4601 92 90	– – – – andere	2,2	—

KN-Code	Warenbezeichnung	Vertragsmäßiger Zollsatz (%)	Besondere Maßeinheit
1	2	3	4
4601 93	– – **aus Rattan:**		
4601 93 05	– – – Geflechte und ähnliche Waren aus Flechtstoffen, auch miteinander zu Bändern verbunden	frei	—
	– – – andere:		
4601 93 10	– – – – aus Geflechten oder ähnlichen Waren aus Flechtstoffen	3,7	—
4601 93 90	– – – – andere	2,2	—
4601 94	– – **aus anderen pflanzlichen Stoffen:**		
4601 94 05	– – – Geflechte und ähnliche Waren aus Flechtstoffen, auch miteinander zu Bändern verbunden	frei	—
	– – – andere:		
4601 94 10	– – – – aus Geflechten oder ähnlichen Waren aus Flechtstoffen	3,7	—
4601 94 90	– – – – andere	2,2	—
4601 99	– – **andere:**		
4601 99 05	– – – Geflechte und ähnliche Waren aus Flechtstoffen, auch miteinander zu Bändern verbunden	1,7	—
	– – – andere:		
4601 99 10	– – – – aus Geflechten oder ähnlichen Waren aus Flechtstoffen	4,7	—
4601 99 90	– – – – andere	2,7	—
4602	**Korbmacherwaren und andere Waren, unmittelbar aus Flechtstoffen oder aus Waren der Position 4601 hergestellt; Waren aus Luffa:**		
	– **aus pflanzlichen Stoffen:**		
4602 11 00	– – **aus Bambus**	3,7	—
4602 12 00	– – **aus Rattan**	3,7	—
4602 19	– – **andere:**		
4602 19 10	– – – Flaschenhülsen aus Stroh	1,7	—
4602 19 90	– – – andere	3,7	—
4602 90 00	– **andere**	4,7	—

ABSCHNITT X

HALBSTOFFE AUS HOLZ ODER ANDEREN CELLULOSEHALTIGEN FASERSTOFFEN; PAPIER ODER PAPPE (ABFÄLLE UND AUSSCHUSS) ZUR WIEDERGEWINNUNG; PAPIER, PAPPE UND WAREN DARAUS

KAPITEL 47

HALBSTOFFE AUS HOLZ ODER ANDEREN CELLULOSEHALTIGEN FASERSTOFFEN; PAPIER ODER PAPPE (ABFÄLLE UND AUSSCHUSS) ZUR WIEDERGEWINNUNG

Anmerkung

1. Als „chemische Halbstoffe aus Holz, zum Auflösen“ im Sinne der Position 4702 gelten chemische Halbstoffe mit einem Anteil an unlöslichem Halbstoff von 92 GHT oder mehr bei Natron- oder Sulfatzellstoffen bzw. 88 GHT oder mehr bei Sulfitzellstoffen, nach einstündiger Lagerung in einer 18-prozentigen Natronlauge (NaOH) bei 20 °C und mit einem Aschegehalt von 0,15 GHT oder weniger (ausschließlich bei Sulfitzellstoffen).

KN-Code	Warenbezeichnung	Vertragsmäßiger Zollsatz (%)	Besondere Maßeinheit
1	2	3	4
4701 00	**Mechanische Halbstoffe aus Holz:**		
4701 00 10	– thermo-mechanische Halbstoffe aus Holz	frei	kg 90 % sdt
4701 00 90	– andere	frei	kg 90 % sdt
4702 00 00	**Chemische Halbstoffe aus Holz, zum Auflösen**	frei	kg 90 % sdt
4703	**Chemische Halbstoffe aus Holz (Natron- oder Sulfatzellstoff), ausgenommen solche zum Auflösen:**		
	– ungebleicht:		
4703 11 00	**– – aus Nadelholz**	frei	kg 90 % sdt
4703 19 00	**– – aus anderem Holz**	frei	kg 90 % sdt
	– halbgebleicht oder gebleicht:		
4703 21 00	**– – aus Nadelholz**	frei	kg 90 % sdt
4703 29 00	**– – aus anderem Holz**	frei	kg 90 % sdt
4704	**Chemische Halbstoffe aus Holz (Sulfitzellstoff), ausgenommen solche zum Auflösen:**		
	– ungebleicht:		
4704 11 00	**– – aus Nadelholz**	frei	kg 90 % sdt
4704 19 00	**– – aus anderem Holz**	frei	kg 90 % sdt
	– halbgebleicht oder gebleicht:		
4704 21 00	**– – aus Nadelholz**	frei	kg 90 % sdt
4704 29 00	**– – aus anderem Holz**	frei	kg 90 % sdt
4705 00 00	**Halbstoffe aus Holz, durch Kombination aus mechanischem und chemischem Aufbereitungsverfahren hergestellt**	frei	kg 90 % sdt
4706	**Halbstoffe aus der Aufbereitung von Abfällen und Ausschuss von Papier oder Pappe oder aus anderen cellulosehaltigen Faserstoffen:**		
4706 10 00	**– aus Baumwoll-Linters**	frei	—
4706 20 00	**– Halbstoffe aus der Aufbereitung von Abfällen und Ausschuss von Papier oder Pappe**	frei	kg 90 % sdt
4706 30 00	**– andere, aus Bambus**	frei	kg 90 % sdt

KN-Code	Warenbezeichnung	Vertragsmäßiger Zollsatz (%)	Besondere Maßeinheit
1	2	3	4
	– andere:		
4706 91 00	– – **mechanisch aufbereitet**	frei	kg 90 % sdt
4706 92 00	– – **chemisch aufbereitet**	frei	kg 90 % sdt
4706 93 00	– – **gewonnen aus einer Kombination mechanischer und chemischer Aufbereitung**	frei	kg 90 % sdt
4707	**Papier oder Pappe (Abfälle und Ausschuss) zur Wiedergewinnung:**		
4707 10 00	– **ungebleichte Kraftpapiere oder Kraftpappen oder Wellpapiere oder Wellpappen**	frei	—
4707 20 00	– **Papier oder Pappe, hauptsächlich aus gebleichten, nicht in der Masse gefärbten chemischen Halbstoffen hergestellt**	frei	—
4707 30	– **Papier oder Pappe, hauptsächlich aus mechanischen Halbstoffen hergestellt (z. B. Zeitungen, Zeitschriften und ähnliche Drucke):**		
4707 30 10	– – alte und unverkaufte Zeitungen und Zeitschriften, Telefonbücher, Broschüren, Werbedrucke und Werbeschriften	frei	—
4707 30 90	– – andere	frei	—
4707 90	– **andere (einschließlich Abfälle und Ausschuss, unsortiert):**		
4707 90 10	– – unsortiert	frei	—
4707 90 90	– – sortiert	frei	—

KAPITEL 48

PAPIER UND PAPPE; WAREN AUS PAPIERHALBSTOFF, PAPIER ODER PAPPE

Anmerkungen

1. Im Sinne dieses Kapitels schließt vorbehaltlich gegenteiliger Bestimmungen die Bezugnahme auf „Papier" die Bezugnahme auf „Pappe" (ohne Rücksicht auf die Dicke oder das Quadratmetergewicht) ein.

2. Zu Kapitel 48 gehören nicht:

   a) Waren des Kapitels 30;

   b) Prägefolien der Position 3212;

   c) parfümierte Papiere oder Schminkpapiere (Kapitel 33);

   d) Papier und Zellstoffwatte, getränkt, gestrichen oder überzogen mit Seife oder Reinigungsmitteln (Position 3401) oder mit Schuhcreme, Möbel- oder Bohnerwachs, Poliermitteln oder ähnlichen Zubereitungen (Position 3405);

   e) lichtempfindliche Papiere und Pappen der Positionen 3701 bis 3704;

   f) Papier, mit Diagnostik- oder Laborreagenzien getränkt (Position 3822);

   g) Papier oder Pappe enthaltende Schichtpressstoffe aus Kunststoff oder Erzeugnisse aus einer Lage Papier oder Pappe, gestrichen oder überzogen mit einer Lage Kunststoff, wenn die Dicke dieser Lage mehr als die Hälfte der Gesamtdicke ausmacht, und Waren aus diesen Stoffen, ausgenommen Wandverkleidungen der Position 4814 (Kapitel 39);

   h) Waren der Position 4202 (z. B. Reiseartikel);

   ij) Waren des Kapitels 46 (Flechtwaren und Korbmacherwaren);

   k) Papiergarne und Spinnstoffwaren aus Papiergarnen (Abschnitt XI);

   l) Waren des Kapitels 64 oder 65;

   m) Schleifmittel, auf Papier oder Pappe aufgebracht (Position 6805), und Glimmer, auf Papier oder Pappe aufgebracht (Position 6814); mit Glimmerstaub überzogene Papiere und Pappen gehören jedoch zu diesem Kapitel;

   n) Folien und dünne Bänder aus Metall, auf Papier- oder Pappunterlage (im Allgemeinen Abschnitt XIV oder XV);

   o) Waren der Position 9209;

   p) Waren des Kapitels 95 (z. B. Spielzeug, Spiele, Sportgeräte); oder

   q) Waren des Kapitels 96 (z. B. Knöpfe, hygienische Binden (Einlagen) und Tampons, Windeln und Windeleinlagen für Säuglinge und Kleinkinder).

3. Zu den Positionen 4801 bis 4805 gehören, vorbehaltlich der Anmerkung 7, auch Papiere und Pappen, durch Kalandern oder in anderer Weise geglättet, satiniert, geglänzt oder ähnlich ausgerüstet oder auch mit unechten Wasserzeichen oder einer Oberflächenleimung versehen, sowie Papiere, Pappen, Zellstoffwatte und Vliese aus Zellstofffasern, in der Masse (nicht auf der Oberfläche) in beliebigem Verfahren gefärbt oder marmoriert. Zu diesen Positionen gehören jedoch nicht Papiere, Pappen, Zellstoffwatte und Vliese aus Zellstofffasern, die darüber hinaus bearbeitet sind, soweit die Position 4803 nicht etwas anderes vorschreibt.

4. Als „Zeitungsdruckpapier" im Sinne dieses Kapitels gilt Papier, weder gestrichen noch überzogen, von der zum Druck von Zeitungen verwendeten Art, mit einem auf die Gesamtfasermenge bezogenen Gehalt an mechanisch oder chemisch-mechanisch gewonnenen Holzfasern von mindestens 50 GHT, nicht oder sehr schwach geleimt, mit einer Oberflächenrauigkeit nach Parker Print Surf (1 MPa) auf jeder Seite von mehr als 2,5 Mikrometer (Mikron) und mit einem Quadratmetergewicht von mindestens 40 g bis 65 g.

5. Im Sinne der Position 4802 bezeichnen die Ausdrücke „Papier und Pappen von der Art, wie sie als Schreibpapiere, Druckpapiere oder als Papiere und Pappen zu anderen grafischen Zwecken verwendet werden" und „Papiere und Pappen für Lochkarten oder Lochstreifen, nicht perforiert", Papiere und Pappen, die hauptsächlich aus gebleichtem Halbstoff hergestellt wurden oder aus Halbstoff, der in einem mechanischen oder chemisch-mechanischem Aufbereitungsverfahren gewonnen wurde, und eine der nachstehenden Voraussetzungen erfüllen:

   — Papiere oder Pappen mit einem Quadratmetergewicht von 150 g oder weniger haben:

     a) einen Gehalt an Fasern von 10 GHT oder mehr, die in einem mechanischen oder chemisch-mechanischen Aufbereitungsverfahren gewonnen wurden, und

        1) ein Quadratmetergewicht von 80 g oder weniger oder

        2) sind in der Masse gefärbt oder

b) einen Aschegehalt von mehr als 8 GHT und

1) ein Quadratmetergewicht von 80 g oder weniger oder

2) sind in der Masse gefärbt oder

c) einen Aschegehalt von mehr als 3 GHT und einen Weißgrad (Reflexionsfaktor) von 60 % oder mehr oder

d) einen Aschegehalt von mehr als 3 bis 8 GHT, einen Weißgrad (Reflexionsfaktor) von weniger als 60 % sowie einen Berstdruckindex von 2,5 $kPa \cdot m^2/g$ oder weniger oder

e) einen Aschegehalt von 3 GHT oder weniger, einen Weißgrad (Reflexionsfaktor) von 60 % oder mehr und einen Berstdruckindex von 2,5 $kPa \cdot m^2/g$ oder weniger.

— Papiere oder Pappen mit einem Quadratmetergewicht von mehr als 150 g:

a) sind in der Masse gefärbt oder

b) weisen einen Weißgrad (Reflexionsfaktor) von 60 % oder mehr auf und haben

1) eine Dicke von 225 Mikrometer (Mikron) oder weniger oder

2) eine Dicke von mehr als 225 bis 508 Mikrometer (Mikron) und einen Aschegehalt von mehr als 3 GHT oder

c) weisen einen Weißgrad (Reflexionsfaktor) von weniger als 60 % auf, haben eine Dicke von 254 Mikrometer (Mikron) oder weniger und einen Aschegehalt von mehr als 8 GHT.

Zu Position 4802 gehören jedoch nicht Filterpapiere und -pappen (einschließlich Papiere für Teebeutel), Filzpapiere und -pappen.

6. Als „Kraftpapier und Kraftpappe“ im Sinne dieses Kapitels gelten Papiere und Pappen mit einem auf die Gesamtfasermenge bezogenen Gehalt an Sulfat- oder Natronzellstoff von 80 GHT oder mehr.

7. Soweit der Wortlaut der Positionen nichts anderes bestimmt, gehören Papiere, Pappen, Zellstoffwatte und Vliese aus Zellstofffasern, die die Merkmale zweier oder mehrerer der Positionen 4801 bis 4811 aufweisen, zu der zuletzt genannten in Betracht kommenden Position.

8. Zu den Positionen 4801 und 4803 bis 4809 gehören nur Papiere, Pappen, Zellstoffwatte und Vliese aus Zellstofffasern:

a) in Streifen oder Rollen mit einer Breite von mehr als 36 cm oder

b) in quadratischen oder rechteckigen Bogen, die ungefaltet auf einer Seite mehr als 36 cm und auf der anderen Seite mehr als 15 cm messen.

9. Als „Papiertapeten und ähnliche Wandverkleidungen“ im Sinne der Position 4814 gelten nur:

a) Papiere in Rollen, mit einer Breite von 45 bis 160 cm, zum Ausschmücken von Wänden oder Decken geeignet:

1) genarbt, durch Pressen oder Prägen gemustert, farbig oder mit Motiven bedruckt oder auf andere Weise oberflächenverziert (z. B. mit Scherstaub), auch mit einer durchsichtigen Schutzschicht aus Kunststoff gestrichen oder überzogen;

2) mit einer Oberfläche, die durch eingebettete Holz- oder Strohpartikel usw. gekörnt ist;

3) auf der Schauseite mit einer Kunststoffschicht gestrichen oder überzogen, die genarbt, durch Pressen oder Prägen gemustert, farbig oder mit Motiven bedruckt oder auf andere Weise verziert ist oder

4) auf der Schauseite mit Flechtstoffen, auch in Flächenform verwebt oder parallel aneinander gefügt, überzogen;

b) Borten und Friese aus Papier, wie oben beschrieben bearbeitet, auch in Rollen, zum Ausschmücken von Wänden oder Decken geeignet;

c) Wandverkleidungen, aus Papier aus mehreren Bahnen bestehend, in Rollen oder Bogen, derart bedruckt, dass beim Anbringen auf der Wand eine Landschaft, ein Bild oder ein sonstiges Motiv entsteht.

Erzeugnisse mit Papier- oder Pappunterlage, die sich sowohl als Fußbodenbelag als auch als Wandverkleidung eignen, gehören zu Position 4823.

10. Zu Position 4820 gehören nicht lose Bogen oder Karten, zugeschnitten, auch bedruckt, durch Pressen oder Prägen gemustert oder perforiert.

11. Zu Position 4823 gehören insbesondere Papiere und Pappen, perforiert, für Jacquardvorrichtungen oder dergleichen sowie Spitzenpapier.

12. Mit Ausnahme der Waren der Positionen 4814 und 4821 gehören Papiere, Pappen, Zellstoffwatte und Waren aus diesen Stoffen, mit Aufdrucken oder Bildern, die im Hinblick auf ihre eigentliche Zweckbestimmung nicht nebensächlicher Art sind, zu Kapitel 49.

Unterpositions-Anmerkungen

1. Als „Kraftliner" im Sinne der Unterpositionen 4804 11 und 4804 19 gelten maschinenglatte oder einseitig glatte Papiere und Pappen, in Rollen, mit einem auf die Gesamtfasermenge bezogenen Gehalt an Sulfat- oder Natronzellstoff aus Holz von 80 GHT oder mehr, mit einem Quadratmetergewicht von mehr als 115 g und einer Berstfestigkeit nach Mullen, die den Werten in der nachstehenden Tabelle gleich ist oder die für alle anderen Gewichte den durch lineare Interpolation oder Extrapolation errechneten Werten entspricht.

Quadratmetergewicht (g/m^2)	Mindestwert der Berstfestigkeit nach Mullen (kPa)
115	393
125	417
200	637
300	824
400	961

2. Als „Kraftsackpapier" im Sinne der Unterpositionen 4804 21 und 4804 29 gelten maschinenglatte Papiere in Rollen, mit einem auf die Gesamtfasermenge bezogenen Gehalt an Sulfat- oder Natronzellstoff von 80 GHT oder mehr, mit einem Quadratmetergewicht von 60 g bis 115 g, die einer der beiden nachstehend aufgeführten Voraussetzungen entsprechen:

   a) der Berstdruckindex nach Mullen muss 3,7 $kPa·m^2/g$ und der Dehnungsfaktor mehr als 4,5 % in der Querrichtung und mehr als 2 % in Maschinenrichtung betragen;

   b) die Mindestwerte des Durchreißwiderstands und der Bruchdehnung müssen den Werten der nachstehenden Tabelle gleich sein oder für alle anderen Gewichte den durch lineare Interpolation ermittelten Werten entsprechen:

Quadratmetergewicht (g/m^2)	Mindestwert des Durchreißwiderstands (mN)		Mindestwert der Bruchdehnung (kN/m)	
	Maschinenrichtung	Maschinenrichtung plus Querrichtung	Querrichtung	Maschinenrichtung plus Querrichtung
60	700	1 510	1,9	6,0
70	830	1 790	2,3	7,2
80	965	2 070	2,8	8,3
100	1 230	2 635	3,7	10,6
115	1 425	3 060	4,4	12,3

3. Als „Halbzellstoffpapier für die Welle der Wellpappe" im Sinne der Unterposition 4805 11 gilt Papier in Rollen, mit einem auf die Gesamtfasermenge bezogenen Gehalt an aus einer Kombination mechanischem und chemischem ungebleicht aufbereitetem Zellstoff aus Laubhölzern von 65 GHT oder mehr und einer Druckfestigkeit nach der CMT-Methode 30 (Corrugated Medium Test mit einer 30-minütigen Konditionierung) von mehr als 1,8 $N/g/m^2$, bei relativer Luftfeuchte von 50 % und einer Temperatur von 23 °C.

4. Zu Unterposition 4805 12 gehört Papier in Rollen, hauptsächlich hergestellt aus Halbstoff aus Stroh, der aus einer Kombination mechanischer und chemischer Aufbereitungsverfahren gewonnen wurde, mit einem Quadratmetergewicht von 130 g oder mehr und einer Druckfestigkeit nach der CMT-Methode 30 (Corrugated Medium Test mit einer 30-minütigen Konditionierung) von mehr als 1,4 $N/g/m^2$ bei relativer Luftfeuchte von 50 % und einer Temperatur von 23 °C.

5. Zu den Unterpositionen 4805 24 und 4805 25 gehören Papiere und Pappen, die ausschließlich oder hauptsächlich aus Halbstoff aus wiederaufbereitetem Papier oder wiederaufbereiteter Pappe (Abfälle und Ausschuss) gewonnen wurden. Testliner kann auch eine Außenlage aus gefärbtem Papier aus gebleichtem nicht wiederaufbereitetem Halbstoff aufweisen. Die Erzeugnisse haben einen Berstdruck nach Mullen von 2 $kPa \cdot m^2/g$ oder mehr.

6. Als „Sulfitpackpapier" im Sinne der Unterposition 4805 30 gilt einseitig glattes Papier, mit einem auf die Gesamtfasermenge bezogenen Gehalt an Sulfitzellstoff aus Holz von mehr als 40 GHT, mit einem Aschegehalt von 8 GHT oder weniger und einem Berstdruckindex nach Mullen von 1,47 $kPa \cdot m^2/g$ oder mehr.

7. Als „leichtgewichtiges gestrichenes Papier, sog. LWC-Papier" im Sinne der Unterposition 4810 22 gilt beidseitig gestrichenes Papier, mit einem Quadratmetergewicht von 72 g oder weniger, mit einem Gewicht der Beschichtung je Seite von 15 g/m^2 oder weniger, auf einer Unterlage, die zu 50 GHT oder mehr (bezogen auf die Gesamtfasermenge) aus mechanisch gewonnenen Holzfasern besteht.

KN-Code	Warenbezeichnung	Vertragsmäßiger Zollsatz (%)	Besondere Maßeinheit
1	2	3	4
4801 00 00	**Zeitungsdruckpapier, in Rollen oder Bogen**	frei	—
4802	**Papiere und Pappen, weder gestrichen noch überzogen, von der Art, wie sie als Schreibpapiere, Druckpapiere oder als Papiere und Pappen zu anderen grafischen Zwecken verwendet werden, und Papiere und Pappen für Lochkarten oder Lochstreifen, nicht perforiert, in Rollen oder quadratischen oder rechteckigen Bogen, jeder Größe, ausgenommen Papiere der Position 4801 oder 4803; Büttenpapier und Büttenpappe (handgeschöpft):**		
4802 10 00	**– Büttenpapier und Büttenpappe (handgeschöpft)**	frei	—
4802 20 00	**– Rohpapier und Rohpappe für lichtempfindliche, wärmeempfindliche oder elektroempfindliche Papiere und Pappen**	frei	—
4802 40	**– Tapetenrohpapier:**		
4802 40 10	– – ohne Gehalt an Fasern, in einem mechanischen Aufbereitungsverfahren gewonnen, oder von 10 GHT oder weniger solcher Fasern, bezogen auf die Gesamtfasermenge	frei	—
4802 40 90	– – andere	frei	—
	– andere Papiere und Pappen ohne Gehalt an Fasern, in einem mechanischen oder chemisch-mechanischen Aufbereitungsverfahren gewonnen, oder von 10 GHT oder weniger solcher Fasern, bezogen auf die Gesamtfasermenge:		
4802 54 00	**– – mit einem Quadratmetergewicht von weniger als 40 g**	frei	—
4802 55	**– – mit einem Quadratmetergewicht von 40 g bis 150 g, in Rollen:**		
4802 55 15	– – – mit einem Quadratmetergewicht von 40 g oder mehr, jedoch weniger als 60 g	frei	—
4802 55 25	– – – mit einem Quadratmetergewicht von 60 g oder mehr, jedoch weniger als 75 g	frei	—
4802 55 30	– – – mit einem Quadratmetergewicht von 75 g oder mehr, jedoch weniger als 80 g	frei	—
4802 55 90	– – – mit einem Quadratmetergewicht von 80 g oder mehr	frei	—
4802 56	**– – mit einem Quadratmetergewicht von 40 g bis 150 g, in Bogen, die ungefaltet auf einer Seite nicht mehr als 435 mm und auf der anderen Seite nicht mehr als 297 mm messen:**		
4802 56 20	– – – auf einer Seite 297 mm und auf der anderen Seite 210 mm messend (A4-Format)	frei	—
4802 56 80	– – – andere	frei	—

KN-Code	Warenbezeichnung	Vertragsmäßiger Zollsatz (%)	Besondere Maßeinheit
1	2	3	4
4802 57 00	**– – andere, mit einem Quadratmetergewicht von 40 g bis 150 g**	frei	—
4802 58	**– – mit einem Quadratmetergewicht von mehr als 150 g:**		
4802 58 10	– – – in Rollen	frei	—
4802 58 90	– – – andere	frei	—
	– andere Papiere und Pappen, mit einem Gehalt an Fasern, in einem mechanischen oder chemisch-mechanischem Aufbereitungsverfahren gewonnen, von mehr als 10 GHT, bezogen auf die Gesamtfasermenge:		
4802 61	**– – in Rollen:**		
4802 61 15	– – – mit einem Quadratmetergewicht von weniger als 72 g und mit einem Gehalt an Fasern, in einem mechanischen Aufbereitungsverfahren gewonnen, von mehr als 50 GHT, bezogen auf die Gesamtfasermenge	frei	—
4802 61 80	– – – andere	frei	—
4802 62 00	**– – in Bogen, die ungefaltet auf einer Seite nicht mehr als 435 mm und auf der anderen Seite nicht mehr als 297 mm messen**	frei	—
4802 69 00	**– – andere**	frei	—
4803 00	**Papiere von der Art, wie sie für die Herstellung von Toilettenpapier, Abschmink- oder Handtüchern, Servietten oder ähnlichen Papiererzeugnissen zur Verwendung im Haushalt, zu hygienischen Zwecken oder für die Körperpflege benutzt werden, Zellstoffwatte und Vliese aus Zellstofffasern, auch gekreppt, gefältelt, durch Pressen oder Prägen gemustert, perforiert, auf der Oberfläche gefärbt, verziert oder bedruckt, in Rollen oder Bogen:**		
4803 00 10	– Zellstoffwatte	frei	—
	– gekrepptes Papier und Vliese aus Zellstofffasern (sog. Tissue), mit einem Quadratmetergewicht pro Lage von:		
4803 00 31	– – 25 g oder weniger	frei	—
4803 00 39	– – mehr als 25 g	frei	—
4803 00 90	– andere	frei	—
4804	**Kraftpapier und Kraftpappe, weder gestrichen noch überzogen, in Rollen oder Bogen, ausgenommen Waren der Position 4802 oder 4803:**		
	– Kraftliner:		
4804 11	**– – ungebleicht:**		
	– – – mit einem Gehalt an Sulfat- oder Natronzellstoff aus Nadelholz von 80 GHT oder mehr der Gesamtfasermenge:		
4804 11 11	– – – – mit einem Quadratmetergewicht von weniger als 150 g	frei	—
4804 11 15	– – – – mit einem Quadratmetergewicht von 150 g oder mehr, jedoch weniger als 175 g	frei	—
4804 11 19	– – – – mit einem Quadratmetergewicht von 175 g oder mehr	frei	—
4804 11 90	– – – andere	frei	—
4804 19	**– – anderer:**		
	– – – mit einem Gehalt an Sulfat- oder Natronzellstoff aus Nadelholz von 80 GHT oder mehr der Gesamtfasermenge:		
	– – – – aus einer oder mehreren ungebleichten Lagen und einer äußeren gebleichten, halbgebleichten oder gefärbten Lage, mit einem Quadratmetergewicht von:		
4804 19 12	– – – – – weniger als 175 g	frei	—
4804 19 19	– – – – – 175 g oder mehr	frei	—

KN-Code	Warenbezeichnung	Vertragsmäßiger Zollsatz (%)	Besondere Maßeinheit
1	2	3	4
4804 19 30	– – – – andere	frei	—
4804 19 90	– – – andere	frei	—
	– **Kraftsackpapier:**		
4804 21	– – **ungebleicht:**		
4804 21 10	– – – mit einem Gehalt an Sulfat- oder Natronzellstoff aus Nadelholz von 80 GHT oder mehr der Gesamtfasermenge	frei	—
4804 21 90	– – – anderes	frei	—
4804 29	– – **anderes:**		
4804 29 10	– – – mit einem Gehalt an Sulfat- oder Natronzellstoff aus Nadelholz von 80 GHT oder mehr der Gesamtfasermenge	frei	—
4804 29 90	– – – anderes	frei	—
	– **andere Kraftpapiere und Kraftpappen, mit einem Quadratmetergewicht von 150 g oder weniger:**		
4804 31	– – **ungebleicht:**		
	– – – mit einem Gehalt an Sulfat- oder Natronzellstoff aus Nadelholz von 80 GHT oder mehr der Gesamtfasermenge:		
4804 31 51	– – – – Isolierkraftpapier für elektrotechnische Zwecke	frei	—
4804 31 58	– – – – andere	frei	—
4804 31 80	– – – andere	frei	—
4804 39	– – **andere:**		
	– – – mit einem Gehalt an Sulfat- oder Natronzellstoff aus Nadelholz von 80 GHT oder mehr der Gesamtfasermenge:		
4804 39 51	– – – – in der Masse einheitlich gebleicht	frei	—
4804 39 58	– – – – andere	frei	—
4804 39 80	– – – andere	frei	—
	– **andere Kraftpapiere und Kraftpappen, mit einem Quadratmetergewicht von mehr als 150 g, jedoch weniger als 225 g:**		
4804 41	– – **ungebleicht:**		
4804 41 91	– – – sog. „saturating kraft“	frei	—
4804 41 98	– – – andere	frei	—
4804 42 00	– – **in der Masse einheitlich gebleicht, mit einem Gehalt an chemisch aufbereiteten Fasern aus Holz von mehr als 95 GHT, bezogen auf die Gesamtfasermenge**	frei	—
4804 49 00	– – **andere**	frei	—
	– **andere Kraftpapiere und Kraftpappen, mit einem Quadratmetergewicht von 225 g oder mehr:**		
4804 51 00	– – **ungebleicht**	frei	—
4804 52 00	– – **in der Masse einheitlich gebleicht, mit einem Gehalt an chemisch aufbereiteten Fasern aus Holz von mehr als 95 GHT, bezogen auf die Gesamtfasermenge**	frei	—

KN-Code	Warenbezeichnung	Vertragsmäßiger Zollsatz (%)	Besondere Maßeinheit
1	2	3	4
4804 59	– – **andere:**		
4804 59 10	– – – mit einem Gehalt an Sulfat- oder Natronzellstoff aus Nadelholz von 80 GHT oder mehr der Gesamtfasermenge	frei	—
4804 59 90	– – – andere	frei	—
4805	**Andere Papiere und Pappen, weder gestrichen noch überzogen, in Rollen oder Bogen, nicht weiter bearbeitet als in Anmerkung 3 zu diesem Kapitel angegeben:**		
	– **Wellenpapier:**		
4805 11 00	– – **Halbzellstoffpapier für die Welle der Wellpappe (sog. „fluting“)**	frei	—
4805 12 00	– – **Strohpapier für die Welle der Wellpappe**	frei	—
4805 19	– – **anderes:**		
4805 19 10	– – – Wellenstoff	frei	—
4805 19 90	– – – anderes	frei	—
	– **Testliner (wiederaufbereiteter Liner):**		
4805 24 00	– – **mit einem Quadratmetergewicht von 150 g oder weniger**	frei	—
4805 25 00	– – **mit einem Quadratmetergewicht von mehr als 150 g**	frei	—
4805 30 00	– **Sulfitpackpapier**	frei	—
4805 40 00	– **Filterpapier und Filterpappe**	frei	—
4805 50 00	– **Filzpapier und Filzpappe**	frei	—
	– **andere:**		
4805 91 00	– – **mit einem Quadratmetergewicht von 150 g oder weniger**	frei	—
4805 92 00	– – **mit einem Quadratmetergewicht von mehr als 150 g, jedoch weniger als 225 g**	frei	—
4805 93	– – **mit einem Quadratmetergewicht von 225 g oder mehr:**		
4805 93 20	– – – aus wiederaufbereitetem Papier	frei	—
4805 93 80	– – – andere	frei	—
4806	**Pergamentpapier und Pergamentpappe, Pergamentersatzpapier, Naturpauspapier, Pergaminpapier und andere kalandrierte, durchsichtige oder durchscheinende Papiere, in Rollen oder Bogen:**		
4806 10 00	– **Pergamentpapier und -pappe**	frei	—
4806 20 00	– **Pergamentersatzpapier**	frei	—
4806 30 00	– **Naturpauspapier**	frei	—
4806 40	– **Pergaminpapier und andere kalandrierte, durchsichtige oder durchscheinende Papiere:**		
4806 40 10	– – Pergaminpapier	frei	—

KN-Code	Warenbezeichnung	Vertragsmäßiger Zollsatz (%)	Besondere Maßeinheit
1	2	3	4
4806 40 90	– – andere	frei	—
4807 00	**Papier und Pappe, zusammengeklebt, auf der Oberfläche weder gestrichen noch überzogen oder getränkt, auch mit Innenverstärkung, in Rollen oder Bogen:**		
4807 00 30	– aus wiederaufbereitetem Papier, auch mit Papier versehen	frei	—
4807 00 80	– andere	frei	—
4808	**Papiere und Pappen, gewellt (auch mit aufgeklebter Decke), gekreppt, gefältelt, durch Pressen oder Prägen gemustert oder perforiert, in Rollen oder Bogen, ausgenommen Waren von der in der Position 4803 beschriebenen Art:**		
4808 10 00	– Wellpapier oder Wellpappe, auch perforiert	frei	—
4808 40 00	– Kraftpapier, gekreppt oder gefältelt, auch durch Pressen oder Prägen gemustert oder perforiert	frei	—
4808 90 00	– andere	frei	—
4809	**Kohlepapier, präpariertes Durchschreibepapier und anderes Vervielfältigungs- oder Umdruckpapier (einschließlich gestrichenes, überzogenes oder getränktes Papier für Dauerschablonen oder Offsetplatten), auch bedruckt, in Rollen oder Bogen:**		
4809 20 00	– präpariertes Durchschreibepapier	frei	—
4809 90 00	– anderes	frei	—
4810	**Papiere und Pappen, ein- oder beidseitig mit Kaolin oder anderen anorganischen Stoffen gestrichen, auch mit Bindemitteln, ausgenommen alle anders gestrichenen oder überzogenen Papiere und Pappen, auch auf der Oberfläche gefärbt, verziert oder bedruckt, in Rollen oder quadratischen oder rechteckigen Bogen, jeder Größe:**		
	– Papiere und Pappen von der Art, wie sie als Schreibpapiere, Druckpapiere oder als Papiere und Pappen zu anderen grafischen Zwecken verwendet werden, ohne Gehalt an Fasern, in einem mechanischen oder chemisch-mechanischen Aufbereitungsverfahren gewonnen, oder mit einem Gehalt von 10 GHT oder weniger solcher Fasern, bezogen auf die Gesamtfasermenge:		
4810 13 00	– – in Rollen	frei	—
4810 14 00	– – in Bogen, die ungefaltet auf einer Seite nicht mehr als 435 mm und auf der anderen Seite nicht mehr als 297 mm messen	frei	—
4810 19 00	– – andere	frei	—
	– Papiere und Pappen von der Art, wie sie als Schreibpapiere, Druckpapiere oder als Papiere und Pappen zu anderen grafischen Zwecken verwendet werden, mit einem Gehalt an Fasern, in einem mechanischen oder chemisch-mechanischen Aufbereitungsverfahren gewonnen, von mehr als 10 GHT, bezogen auf die Gesamtfasermenge:		
4810 22 00	– – leichtgewichtiges gestrichenes Papier, sog. „LWC-Papier“	frei	—
4810 29	– – andere:		
4810 29 30	– – – in Rollen	frei	—
4810 29 80	– – – andere	frei	—
	– Kraftpapiere und -pappen, ausgenommen Papiere und Pappen von der Art, wie sie als Schreibpapiere, Druckpapiere oder als Papiere und Pappen zu anderen grafischen Zwecken verwendet werden:		
4810 31 00	– – in der Masse einheitlich gebleicht, mit einem Gehalt an chemisch aufbereiteten Fasern aus Holz von mehr als 95 GHT, bezogen auf die Gesamtfasermenge, mit einem Quadratmetergewicht von 150 g oder weniger	frei	—

KN-Code	Warenbezeichnung	Vertragsmäßiger Zollsatz (%)	Besondere Maßeinheit
1	2	3	4
4810 32	**– – in der Masse einheitlich gebleicht, mit einem Gehalt an chemisch aufbereiteten Fasern aus Holz von mehr als 95 GHT, bezogen auf die Gesamtfasermenge, mit einem Quadratmetergewicht von mehr als 150 g:**		
4810 32 10	– – – mit Kaolin gestrichen oder überzogen	frei	—
4810 32 90	– – – andere	frei	—
4810 39 00	**– – andere**	frei	—
	– andere Papiere und Pappen:		
4810 92	**– – Multiplex:**		
4810 92 10	– – – jede Lage gebleicht	frei	—
4810 92 30	– – – mit nur einer gebleichten Außenlage	frei	—
4810 92 90	– – – andere	frei	—
4810 99	**– – andere:**		
4810 99 10	– – – Papier und Pappe, gebleicht, mit Kaolin gestrichen oder überzogen	frei	—
4810 99 80	– – – andere	frei	—
4811	**Papiere, Pappen, Zellstoffwatte und Vliese aus Zellstofffasern, gestrichen, überzogen, getränkt, auf der Oberfläche gefärbt, verziert oder bedruckt, in Rollen oder quadratischen oder rechteckigen Bogen, jeder Größe, ausgenommen Waren von der in der Position 4803, 4809 oder 4810 beschriebenen Art:**		
4811 10 00	**– Papier und Pappe, geteert, bituminiert oder asphaltiert**	frei	—
	– Papier und Pappe, gummiert oder mit Klebeschicht versehen:		
4811 41	**– – selbstklebend:**		
4811 41 20	– – – mit einer Breite von 10 cm oder weniger, mit nicht vulkanisiertem Naturkautschuk oder nicht vulkanisiertem synthetischen Kautschuk gestrichen	frei	—
4811 41 90	– – – andere	frei	—
4811 49 00	**– – andere**	frei	—
	– mit Kunstharz oder Kunststoff gestrichene, überzogene oder getränkte Papiere und Pappen, ausgenommen mit Klebeschicht versehene Papiere und Pappen:		
4811 51 00	**– – gebleicht, mit einem Quadratmetergewicht von mehr als 150 g**	frei	—
4811 59 00	**– – andere**	frei	—
4811 60 00	**– Papiere und Pappen, mit Wachs, Paraffin, Stearin, Öl oder Glycerin überzogen oder getränkt**	frei	—
4811 90 00	**– andere Papiere und Pappen, Zellstoffwatte und Vliese aus Zellstofffasern**	frei	—
4812 00 00	**Filterblöcke und Filterplatten, aus Papierhalbstoff**	frei	—
4813	**Zigarettenpapier, auch zugeschnitten oder in Form von Heftchen oder Hülsen:**		
4813 10 00	**– in Form von Heftchen oder Hülsen**	frei	—
4813 20 00	**– in Rollen mit einer Breite von 5 cm oder weniger**	frei	—

KN-Code	Warenbezeichnung	Vertragsmäßiger Zollsatz (%)	Besondere Maßeinheit
1	2	3	4
4813 90	– anderes:		
4813 90 10	– – in Rollen mit einer Breite von mehr als 5 cm bis 15 cm	frei	—
4813 90 90	– – anderes	frei	—
4814	**Papiertapeten und ähnliche Wandverkleidungen; Buntglaspapier:**		
4814 20 00	– Tapeten und ähnliche Wandverkleidungen aus Papier, gestrichen oder überzogen, auf der Schauseite mit einer Lage Kunststoff versehen, die durch Pressen oder Prägen gemustert, farbig oder mit Motiven bedruckt oder auf andere Weise verziert wurde	frei	—
4814 90	– andere:		
4814 90 10	– – Tapeten und ähnliche Wandverkleidungen aus Papier, genarbt, durch Pressen oder Prägen gemustert, farbig oder mit Motiven bedruckt oder mit anderer Oberflächenverzierung, mit einer durchsichtigen Schutzschicht aus Kunststoff gestrichen oder überzogen	frei	—
4814 90 70	– – andere	frei	—
[4815]			
4816	**Kohlepapier, präpariertes Durchschreibepapier und anderes Vervielfältigungs- und Umdruckpapier (ausgenommen Waren der Position 4809), vollständige Dauerschablonen und Offsetplatten aus Papier, auch in Kartons:**		
4816 20 00	– präpariertes Durchschreibepapier	frei	—
4816 90 00	– andere	frei	—
4817	**Briefumschläge, Kartenbriefe, Postkarten (ohne Bilder) und Korrespondenzkarten, aus Papier oder Pappe; Zusammenstellungen von Schreibwaren aus Papier, in Schachteln, Taschen und ähnlichen Behältnissen, aus Papier oder Pappe:**		
4817 10 00	– Briefumschläge	frei	—
4817 20 00	– Kartenbriefe, Postkarten (ohne Bilder) und Korrespondenzkarten	frei	—
4817 30 00	– Zusammenstellungen von Schreibwaren aus Papier, in Schachteln, Taschen und ähnlichen Behältnissen, aus Papier oder Pappe	frei	—
4818	**Toilettenpapier und ähnliches Papier, Zellstoffwatte oder Vliese aus Zellstofffasern, von der im Haushalt oder zu sanitären Zwecken verwendeten Art, in Rollen mit einer Breite von 36 cm oder weniger, oder auf Größe oder auf Form zugeschnitten; Taschentücher, Abschminktücher, Handtücher, Tischtücher, Servietten, Betttücher und ähnliche Waren zum Gebrauch im Haushalt, im Krankenhaus, bei der Körperpflege oder zu hygienischen Zwecken, Kleidung und Bekleidungszubehör, aus Papierhalbstoff, Papier, Zellstoffwatte oder Vliesen aus Zellstofffasern:**		
4818 10	– Toilettenpapier:		
4818 10 10	– – mit einem Quadratmetergewicht pro Lage von 25 g oder weniger	frei	—
4818 10 90	– – mit einem Quadratmetergewicht pro Lage von mehr als 25 g	frei	—
4818 20	– Taschentücher, Abschminktücher und Handtücher:		
4818 20 10	– – Taschentücher und Abschminktücher	frei	—
	– – Handtücher:		
4818 20 91	– – – in Rollen	frei	—
4818 20 99	– – – andere	frei	—

KN-Code	Warenbezeichnung	Vertragsmäßiger Zollsatz (%)	Besondere Maßeinheit
1	2	3	4
4818 30 00	**– Tischtücher und Servietten**	frei	—
4818 50 00	**– Kleidung und Bekleidungszubehör**	frei	—
4818 90	**– andere:**		
4818 90 10	– – Waren für chirurgische, medizinische oder hygienische Zwecke, nicht in Aufmachung für den Einzelverkauf	frei	—
4818 90 90	– – andere	frei	—
4819	**Schachteln, Kartons, Säcke, Beutel, Tüten und andere Verpackungsmittel, aus Papier, Pappe, Zellstoffwatte oder Vliesen aus Zellstofffasern; Pappwaren von der in Büros, Geschäften und dergleichen verwendeten Art:**		
4819 10 00	**– Schachteln und Kartons aus Wellpapier oder Wellpappe**	frei	—
4819 20 00	**– Faltschachteln und -kartons aus nicht gewelltem Papier oder nicht gewellter Pappe**	frei	—
4819 30 00	**– Säcke und Beutel mit einer Bodenbreite von 40 cm oder mehr**	frei	—
4819 40 00	**– andere Säcke, Beutel oder Tüten, ausgenommen Schallplattenhüllen**	frei	—
4819 50 00	**– andere Verpackungsmittel, einschließlich Schallplattenhüllen**	frei	—
4819 60 00	**– Pappwaren von der in Büros, Geschäften und dergleichen verwendeten Art**	frei	—
4820	**Register, Bücher für die kaufmännische Buchführung, Merkbücher, Auftragsbücher, Quittungsbücher, Notiz- und Tagebücher, auch mit Kalendarium, Notizblöcke, Briefpapierblöcke und dergleichen, Hefte, Schreibunterlagen, Ordner, Schnellhefter (für Lose-Blatt-Systeme oder andere), Einbände und Aktendeckel und andere Waren des Schulbedarfs, des Bürobedarfs und des Papierhandels, einschließlich Durchschreibesätze und -hefte, auch mit eingelegtem Kohlepapier, aus Papier oder Pappe; Alben für Muster oder für Sammlungen und Buchhüllen, aus Papier oder Pappe:**		
4820 10	**– Register, Bücher für die kaufmännische Buchführung, Merkbücher, Auftragsbücher, Quittungsbücher, Notiz- und Tagebücher, auch mit Kalendarium, Notizblöcke, Briefpapierblöcke und dergleichen:**		
4820 10 10	– – Register, Bücher für die kaufmännische Buchführung, Auftragsbücher und Quittungsbücher	frei	—
4820 10 30	– – Briefpapierblöcke und Notizblöcke; Merkbücher und Notizbücher, ohne Kalendarium	frei	—
4820 10 50	– – Merkbücher, Notizbücher und Tagebücher, mit Kalendarium	frei	—
4820 10 90	– – andere	frei	—
4820 20 00	**– Hefte**	frei	—
4820 30 00	**– Ordner, Schnellhefter, Einbände (andere als Buchhüllen) und Aktendeckel**	frei	—
4820 40 00	**– Durchschreibesätze und -hefte, auch mit eingelegtem Kohlepapier**	frei	—
4820 50 00	**– Alben für Muster oder für Sammlungen**	frei	—
4820 90 00	**– andere**	frei	—
4821	**Etiketten aller Art aus Papier oder Pappe, auch bedruckt:**		
4821 10	**– bedruckt:**		
4821 10 10	– – selbstklebend	frei	—
4821 10 90	– – andere	frei	—

KN-Code	Warenbezeichnung	Vertragsmäßiger Zollsatz (%)	Besondere Maßeinheit
1	2	3	4
4821 90	– **andere:**		
4821 90 10	– – selbstklebend	frei	—
4821 90 90	– – andere	frei	—
4822	**Rollen, Spulen, Spindeln und ähnliche Unterlagen, aus Papierhalbstoff, Papier oder Pappe, auch gelocht oder gehärtet:**		
4822 10 00	– **zum Aufwickeln von Spinnstoffgarnen**	frei	—
4822 90 00	– **andere**	frei	—
4823	**Andere Papiere, Pappen, Zellstoffwatte und Vliese aus Zellstofffasern, zugeschnitten; andere Waren aus Papierhalbstoff, Papier, Pappe, Zellstoffwatte oder Vliesen aus Zellstofffasern:**		
4823 20 00	– **Filterpapier und Filterpappe**	frei	—
4823 40 00	– **Diagrammpapier für Registriergeräte, in Rollen, Bogen oder Scheiben**	frei	—
	– **Tabletts, Schüsseln, Teller, Tassen, Becher und ähnliche Waren, aus Papier oder Pappe:**		
4823 61 00	– – **aus Bambus**	frei	—
4823 69	– – **andere:**		
4823 69 10	– – – Tabletts, Schüsseln und Teller	frei	—
4823 69 90	– – – andere	frei	—
4823 70	– **formgepresste oder gepresste Waren aus Papierhalbstoff:**		
4823 70 10	– – Höckerpappe und Kleinverpackungen für Eier	frei	—
4823 70 90	– – andere	frei	—
4823 90	– **andere:**		
4823 90 40	– – Papiere und Pappen zum Beschreiben, Bedrucken oder zu anderen grafischen Zwecken	frei	—
4823 90 85	– – andere	frei	—

KAPITEL 49

BÜCHER, ZEITUNGEN, BILDDRUCKE UND ANDERE ERZEUGNISSE DES GRAFISCHEN GEWERBES; HAND- ODER MASCHINENGESCHRIEBENE SCHRIFTSTÜCKE UND PLÄNE

Anmerkungen

1. Zu Kapitel 49 gehören nicht:

   a) fotografische Negative und Positive auf durchsichtigem Träger (Kapitel 37);

   b) Reliefkarten, -pläne und -globen, auch bedruckt (Position 9023);

   c) Spielkarten und andere Waren des Kapitels 95;

   d) Originalstiche, -schnitte und -steindrucke (Position 9702), Briefmarken, Stempelmarken, Steuerzeichen, Ersttagsbriefe, Ganzsachen und dergleichen der Position 9704 sowie Antiquitäten, mehr als 100 Jahre alt, und andere Waren des Kapitels 97.

2. Als „gedruckt" im Sinne des Kapitels 49 gelten auch Erzeugnisse, die mit einem Vervielfältigungsapparat, in einem computergesteuerten Verfahren, maschinenschriftlich oder durch Gaufrieren, Fotografieren, Fotokopieren oder Thermokopieren hergestellt worden sind.

3. Zeitungen und andere periodische Druckschriften, kartoniert, gebunden oder in Sammlungen mit mehr als einer Nummer in gemeinsamem Umschlag, gehören zu Position 4901, auch wenn sie Werbung enthalten.

4. Zu Position 4901 gehören auch:

   a) Sammlungen gedruckter Reproduktionen von Kunstwerken, Zeichnungen usw., die ein vollständiges Werk mit nummerierten Seiten sind, sich zum Binden als Bücher eignen und außerdem einen Begleittext enthalten, der sich auf diese Darstellungen oder ihre Schöpfer bezieht;

   b) Illustrationsbeilagen für Bücher, die mit den Büchern gestellt werden;

   c) Bücher in Form von Teilheften oder in losen Bogen oder Blättern jeden Formats, die ein vollständiges Werk oder einen Teil davon bilden und zum Broschieren, Kartonieren oder Binden bestimmt sind.

   Jedoch gehören Bilddrucke und Illustrationen, ohne Text, in losen Bogen oder Blättern jeden Formats, zu Position 4911.

5. Vorbehaltlich der Anmerkung 3 zu Kapitel 49 gehören zu Position 4901 nicht Veröffentlichungen, die überwiegend Werbezwecken dienen (z. B. Broschüren, Prospekte, Faltblätter, Handelskataloge, von Handelsgesellschaften veröffentlichte Jahrbücher, Reisewerbung). Diese Veröffentlichungen gehören zu Position 4911.

6. „Bilderalben und Bilderbücher für Kinder" im Sinne der Position 4903 sind Kinderalben und -bücher, deren Hauptmerkmal Bilder sind, während dem Text nur untergeordnete Bedeutung zukommt.

KN-Code	Warenbezeichnung	Vertragsmäßiger Zollsatz (%)	Besondere Maßeinheit
1	2	3	4
4901	**Bücher, Broschüren und ähnliche Drucke, auch in losen Bogen oder Blättern:**		
4901 10 00	**– in losen Bogen oder Blättern, auch gefalzt**	frei	—
	– andere:		
4901 91 00	**– – Wörterbücher und Enzyklopädien, auch in Form von Teilheften**	frei	—
4901 99 00	**– – andere**	frei	—
4902	**Zeitungen und andere periodische Druckschriften, auch mit Bildern oder Werbung enthaltend:**		
4902 10 00	**– mindestens vier Mal wöchentlich erscheinend**	frei	—
4902 90 00	**– andere**	frei	—

KN-Code	Warenbezeichnung	Vertragsmäßiger Zollsatz (%)	Besondere Maßeinheit
1	2	3	4
4903 00 00	**Bilderalben, Bilderbücher und Zeichen- oder Malbücher, für Kinder**	frei	—
4904 00 00	**Noten, handgeschrieben oder gedruckt, auch mit Bildern, auch gebunden**	frei	—
4905	**Kartografische Erzeugnisse aller Art, einschließlich Wandkarten, topografische Pläne und Globen, gedruckt:**		
4905 10 00	– Globen	frei	—
	– andere:		
4905 91 00	– – in Form von Büchern oder Broschüren	frei	—
4905 99 00	– – andere	frei	—
4906 00 00	**Baupläne und -zeichnungen, technische Zeichnungen und andere Pläne und Zeichnungen zu Gewerbe-, Handels-, topografischen oder ähnlichen Zwecken, als Originale mit der Hand hergestellt; handgeschriebene Schriftstücke; auf lichtempfindlichem Papier hergestellte fotografische Reproduktionen und mit Kohlepapier hergestellte Kopien der genannten Pläne, Zeichnungen und Schriftstücke**	frei	—
4907 00	**Briefmarken, Stempelmarken, Steuerzeichen und dergleichen, nicht entwertet, gültig oder zum Umlauf vorgesehen in dem Land, in dem sie einen Frankaturwert verbriefen oder verbriefen werden; Papier mit Stempel; Banknoten; Scheckformulare; Aktien; Schuldverschreibungen und ähnliche Wertpapiere:**		
4907 00 10	– Briefmarken, Stempelmarken, Steuerzeichen und dergleichen	frei	—
4907 00 30	– Banknoten	frei	—
4907 00 90	– andere	frei	—
4908	**Abziehbilder aller Art:**		
4908 10 00	– Abziehbilder, verglasbar	frei	—
4908 90 00	– andere	frei	—
4909 00 00	**Bedruckte oder illustrierte Postkarten; Glückwunschkarten und bedruckte Karten mit persönlichen Mitteilungen, auch illustriert, auch mit Umschlägen oder Verzierungen aller Art**	frei	—
4910 00 00	**Kalender aller Art, bedruckt, einschließlich Blöcke von Abreißkalendern**	frei	—
4911	**Andere Drucke, einschließlich Bilddrucke und Fotografien:**		
4911 10	– Werbedrucke und Werbeschriften, Verkaufskataloge und dergleichen:		
4911 10 10	– – Verkaufskataloge	frei	—
4911 10 90	– – andere	frei	—
	– andere:		
4911 91 00	– – Bilder, Bilddrucke und Fotografien	frei	—
4911 99 00	– – andere	frei	—

ABSCHNITT XI

SPINNSTOFFE UND WAREN DARAUS

Anmerkungen

1. Zu Abschnitt XI gehören nicht:

   a) Borsten und Tierhaare zum Herstellen von Besen, Bürsten oder Pinseln (Position 0502); Rosshaar und Rosshaarabfälle (Position 0511);

   b) Menschenhaare und Waren daraus (Position 0501, 6703 oder 6704); jedoch gehören Filtertücher aus Menschenhaaren, wie sie üblicherweise zum Pressen von Öl oder zu ähnlichen technischen Zwecken verwendet werden, zu Position 5911;

   c) Baumwoll-Linters und andere Erzeugnisse pflanzlichen Ursprungs des Kapitels 14;

   d) Asbest der Position 2524, Asbestwaren und andere Waren der Position 6812 oder 6813;

   e) Waren der Position 3005 oder 3006; Garne zum Reinigen der Zahnzwischenräume (Zahnseide), in Aufmachungen für den Einzelverkauf, der Position 3306;

   f) lichtempfindliche Spinnstoffwaren der Positionen 3701 bis 3704;

   g) Monofile, mit einem größten Durchmesser von mehr als 1 mm, und Streifen und dergleichen (z. B. künstliches Stroh), mit einer augenscheinlichen Breite von mehr als 5 mm, aus Kunststoffen (Kapitel 39), sowie Geflechte, Gewebe und andere Flechtwaren und Korbmacherwaren daraus (Kapitel 46);

   h) Gewebe, Gewirke, Gestricke, Filze und Vliesstoffe, mit Kunststoff getränkt, bestrichen oder überzogen oder mit Lagen aus Kunststoff versehen, und Waren daraus, des Kapitels 39;

   ij) Gewebe, Gewirke, Gestricke, Filze und Vliesstoffe, mit Kautschuk getränkt, bestrichen oder überzogen oder mit Lagen aus Kautschuk versehen, und Waren daraus, des Kapitels 40;

   k) nicht enthaarte Häute und Felle (Kapitel 41 oder 43) und Waren aus Pelzfellen sowie künstliches Pelzwerk und Waren daraus der Position 4303 oder 4304;

   l) Waren aus Spinnstoffen der Position 4201 oder 4202;

   m) Erzeugnisse und Waren des Kapitels 48 (z. B. Zellstoffwatte);

   n) Schuhe und Teile davon, Gamaschen und ähnliche Waren des Kapitels 64;

   o) Haarnetze und andere Kopfbedeckungen und Teile davon, des Kapitels 65;

   p) Waren des Kapitels 67;

   q) Spinnstoffwaren, mit Schleifmitteln überzogen (Position 6805), sowie Kohlenstofffasern und Waren daraus der Position 6815;

   r) Glasfasern und Waren daraus, Ätzstickereien sowie Stickereien ohne sichtbaren Grund, deren Stickfäden aus Glasfasern bestehen (Kapitel 70);

   s) Waren des Kapitels 94 (z. B. Möbel, Bettausstattungen, Beleuchtungskörper);

   t) Waren des Kapitels 95 (z. B. Spielzeug, Spiele, Sportgeräte, Netze zur Sportausübung);

   u) Waren des Kapitels 96 (z. B. Bürsten, Reisezusammenstellungen von Waren zum Nähen, Reißverschlüsse, Farbbänder für Schreibmaschinen, hygienische Binden (Einlagen) und Tampons, Windeln und Windeleinlagen für Säuglinge und Kleinkinder); oder

   v) Waren des Kapitels 97.

2. A) Waren der Kapitel 50 bis 55 oder der Position 5809 oder 5902, die aus zwei oder mehr Spinnstoffen bestehen, sind so einzureihen, als beständen sie ganz aus dem Spinnstoff, der dem Gewicht nach gegenüber jedem anderen Spinnstoff vorherrscht.

   Wenn kein Spinnstoff dem Gewicht nach vorherrscht, sind die Waren so einzureihen, als beständen sie ganz aus dem Spinnstoff, der zu der von den gleichermaßen in Betracht kommenden Positionen in dieser Nomenklatur zuletzt genannten Position gehört.

B) Für die Anwendung dieser Regel gilt:

a) umsponnene Garne aus Rosshaar (Position 5110) und Metallgarne und metallisierte Garne (Position 5605) gelten mit ihrem Gesamtgewicht als Garne aus einem einheitlichen Spinnstoff; Metallfäden, die in Geweben enthalten sind, gelten für die Einreihung dieser Waren als Garne aus Spinnstoffen;

b) die Wahl der zutreffenden Position hat in der Weise zu erfolgen, dass zuerst das Kapitel und danach innerhalb dieses Kapitels die anzuwendende Position ermittelt wird, wobei alle Spinnstoffe, die nicht zu diesem Kapitel gehören, außer Betracht bleiben;

c) wenn die beiden Kapitel 54 und 55 und ein anderes Kapitel in Betracht kommen, so sind die Kapitel 54 und 55 wie ein einziges Kapitel zu behandeln;

d) wenn in einem Kapitel oder in einer Position mehrere Spinnstoffe erfasst sind, werden diese als ein einheitlicher Spinnstoff behandelt.

C) Die Bestimmungen der Absätze A und B sind auch auf die in den nachstehenden Anmerkungen 3, 4, 5 und 6 aufgeführten Garne anzuwenden.

3. A) Als „Bindfäden, Seile und Taue" gelten im Abschnitt XI, vorbehaltlich der im nachstehenden Absatz B enthaltenen Ausnahmen, Garne (ungezwirnt oder gezwirnt):

a) aus Seide, Schappeseide oder Bourretteseide, mit einem Titer von mehr als 20 000 dtex;

b) aus Chemiefasern (einschließlich solcher Garne, die aus zwei oder mehr Monofilen des Kapitels 54 hergestellt sind), mit einem Titer von mehr als 10 000 dtex;

c) aus Hanf oder Flachs:

1) poliert oder glasiert, mit einem Titer von 1 429 dtex oder mehr;

2) weder poliert noch glasiert, mit einem Titer von mehr als 20 000 dtex;

d) aus Kokosfasern, drei- oder mehrdrähtig;

e) aus anderen pflanzlichen Fasern, mit einem Titer von mehr als 20 000 dtex;

f) mit Metalldraht verstärkt.

B) Als „Bindfäden, Seile und Taue" gelten nicht:

a) Garne aus Wolle, feinen oder groben Tierhaaren oder aus Rosshaar und Papiergarne, alle diese, wenn sie nicht mit Metalldraht verstärkt sind;

b) Kabel aus synthetischen oder künstlichen Filamenten in Form von Kabeln des Kapitels 55 und Garne aus Multifilamenten ohne Drehung oder mit weniger als 5 Drehungen je Meter, des Kapitels 54;

c) Messinahaar der Position 5006 und Monofile des Kapitels 54;

d) Metallgarne und metallisierte Garne der Position 5605; Garne aus Spinnstoffen, mit Metalldraht verstärkt, werden gemäß vorstehendem Absatz A Buchstabe f) eingereiht;

e) Chenillegarne, Gimpen und „Maschengarne" der Position 5606.

4. A) Als „Garne in Aufmachungen für den Einzelverkauf" gelten in den Kapiteln 50, 51, 52, 54 und 55, vorbehaltlich der im nachstehenden Absatz B enthaltenen Ausnahmen, Garne (ungezwirnt oder gezwirnt), die aufgemacht sind:

a) auf Karten, Spulen, Hülsen oder ähnlichen Unterlagen, sofern das Gewicht (einschließlich Unterlage) je Stück nicht mehr beträgt als:

1) 85 g bei Garnen aus Seide, Schappeseide oder Bourretteseide oder aus synthetischen oder künstlichen Filamenten;

2) 125 g bei anderen Garnen;

b) in Kugeln, Knäueln oder im Strang, sofern das Gewicht je Stück nicht mehr beträgt als:

1) 85 g bei Garnen aus synthetischen oder künstlichen Filamenten mit einem Titer von weniger als 3 000 dtex, oder aus Seide, Schappeseide oder Bourretteseide;

2) 125 g bei anderen Garnen, mit einem Titer von weniger als 2 000 dtex;

3) 500 g bei anderen Garnen;

c) im Strang, sofern der Strang durch einen oder mehrere Fitzfäden in gewichtsmäßig gleiche, abtrennbare Teilstränge unterteilt ist und das Gewicht je Teilstrang nicht mehr beträgt als:

1) 85 g bei Garnen aus Seide, Schappeseide oder Bourretteseide oder aus synthetischen oder künstlichen Filamenten;

2) 125 g bei anderen Garnen.

B) Als „Garne in Aufmachungen für den Einzelverkauf" gelten nicht:

a) ungezwirnte Garne aus Spinnstoffen aller Art, ausgenommen:

1) ungezwirnte rohe Garne aus Wolle oder feinen Tierhaaren;

2) ungezwirnte Garne aus Wolle oder feinen Tierhaaren, gebleicht, gefärbt oder bedruckt, mit einem Titer von mehr als 5 000 dtex;

b) gezwirnte Garne, roh:

1) aus Seide, Schappeseide oder Bourretteseide, in Aufmachungen aller Art;

2) aus anderen Spinnstoffen (ausgenommen Wolle und feine Tierhaare), im Strang;

c) gezwirnte Garne, gebleicht, gefärbt oder bedruckt, aus Seide, Schappeseide oder Bourretteseide, mit einem Titer von 133 dtex oder weniger;

d) Garne aus Spinnstoffen aller Art, ungezwirnt oder gezwirnt, die aufgemacht sind:

1) im Strang mit Kreuzhaspelung;

2) auf Unterlagen oder in anderen Aufmachungen, die ihre Verwendung in der Textilindustrie anzeigen (z. B. auf Zwirnmaschinenspulen, Kanetten (Kopsen), konischen Spulen oder Konen oder in Wickel für Stickmaschinen).

5. Als „Nähgarne" im Sinne der Positionen 5204, 5401 und 5508 gelten gezwirnte Garne, die allen nachstehenden Bedingungen entsprechen:

a) auf Unterlagen (z. B. Rollen, Spulen) aufgemacht und mit einem Gewicht, einschließlich Unterlage, von nicht mehr als 1 000 g;

b) appretiert für die Verwendung als Nähgarn und

c) mit einer Z-Drehung als letzter Drehung.

6. Als „hochfeste Garne" im Sinne des Abschnitts XI gelten Garne, deren Festigkeit, ausgedrückt in cN/tex (centinewton je tex), die nachstehenden Grenzwerte überschreitet:

— ungezwirnte Garne aus Nylon oder anderen Polyamiden oder aus Polyestern:	60 cN/tex,
— gezwirnte Garne aus Nylon oder anderen Polyamiden oder aus Polyestern:	53 cN/tex,
— ungezwirnte oder gezwirnte Garne aus Viskose:	27 cN/tex.

7. Als „konfektioniert" im Sinne des Abschnitts XI gelten:

a) Waren in anderer als quadratischer oder rechteckiger Form zugeschnitten;

b) Waren, die abgepasst hergestellt und gebrauchsfertig sind oder durch bloßes Zerschneiden der nicht gebundenen Fäden ohne Nähen oder eine andere zusätzliche Arbeit gebrauchsfertig werden (z. B. Putztücher, Handtücher, Tischtücher, Halstücher und Decken);

c) Zugeschnittene Waren mit mindestens einem heiß versiegeltem Rand mit einem sichtbaren sich verjüngendem oder zusammengedrückten/zusammengepressten Rand und anderen Rändern, die entsprechend den übrigen Buchstaben dieser Anmerkung behandelt wurden, nicht als konfektioniert gelten Spinnstoffwaren, deren Schnittkanten wegen des Fehlens der Webkante in einfacher Weise gegen Ausriefeln gesichert oder heiß zugeschnitten sind;

d) Waren, deren Ränder entweder durch Säume aller Art, auch Rollsäume, oder durch geknüpfte Fransen aus den Fäden der Waren selbst oder aus nachträglich angebrachten Fäden befestigt sind; Meterwaren, deren Schnittkanten wegen des Fehlens eines festen Randes in einfacher Weise gegen Ausriefeln gesichert sind, gelten nicht als konfektioniert;

e) Waren, beliebig zugeschnitten, mit Auszieharbeit;

f) Waren, durch Nähen, Kleben oder in anderer Weise zusammengefügt, ausgenommen Meterwaren, die aus zwei oder mehr Stücken des gleichen Spinnstofferzeugnisses bestehen, die an ihren Enden zu einem Stück von größerer Länge vereinigt sind, und Meterwaren, die aus zwei oder mehr mit ihrer ganzen Fläche aufeinander liegenden und so miteinander verbundenen Spinnstofferzeugnissen bestehen, auch mit Zwischenlagen aus einem Polsterfüllstoff;

g) Waren, abgepasst gewirkt oder abgepasst gestrickt, als Einzelstücke oder als Meterware, die mehrere Einzelstücke umfasst.

8. Für die Anwendung der Kapitel 50 bis 60 gilt:

a) konfektionierte Waren im Sinne der vorstehenden Anmerkung 7 gehören nicht zu den Kapiteln 50 bis 55 und 60 und, soweit nichts anderes bestimmt ist, nicht zu den Kapiteln 56 bis 59;

b) zu den Kapiteln 50 bis 55 und 60 gehören nicht die Waren der Kapitel 56 bis 59.

9. Den Geweben der Kapitel 50 bis 55 werden Erzeugnisse gleichgestellt, die aus Lagen parallel gelegter Spinnstoffgarne bestehen und bei denen die Lagen im spitzen oder rechten Winkel übereinander liegen. Diese Lagen sind an den Berührungspunkten der Garne durch ein Bindemittel verklebt oder verschweißt.

10. Elastische Erzeugnisse aus Spinnstoffwaren in Verbindung mit Kautschukfäden gehören zu Abschnitt XI.

11. Im Abschnitt XI gilt als „getränkt“ auch „getaucht“ („gedippt“).

12. Im Abschnitt XI gelten als „Polyamide“ auch „Aramide“.

13. In diesem Abschnitt und gegebenenfalls in der übrigen Nomenklatur gelten als „Elastomergarne“ Filamentgarne (einschließlich Monofile) aus synthetischen Spinnstoffen, andere als texturierte Garne, die, ohne zu reißen, eine Dehnung bis zum Dreifachen ihrer ursprünglichen Länge aushalten, und die, wenn sie eine Dehnung auf das Doppelte ihrer ursprünglichen Länge erfahren haben, sich innerhalb von fünf Minuten mindestens auf das Eineinhalbfache ihrer ursprünglichen Länge zusammenziehen

14. Soweit nichts anderes bestimmt ist, werden Kleidungsstücke aus Spinnstoff, die zu verschiedenen Positionen gehören, auch dann getrennt in diese Positionen eingereiht, wenn sie als Warenzusammenstellungen für den Einzelverkauf aufgemacht sind. Als „Kleidungsstücke aus Spinnstoff“ im Sinne dieser Anmerkung gilt Kleidung der Positionen 6101 bis 6114 und 6201 bis 6211.

Unterpositions-Anmerkungen

1. Im Abschnitt XI und in allen anderen Teilen der Nomenklatur gelten als:

a) rohe Garne:

1) Garne, die die natürliche Farbe ihrer Fasern aufweisen und weder gebleicht noch gefärbt (auch nicht in der Masse) noch bedruckt sind, oder

2) Garne, die von unbestimmter Farbe aus Reißspinnstoffen hergestellt sind („Grau-Garne“).

Diese Garne können farblos appretiert oder flüchtig gefärbt (die Anfärbung lässt sich durch bloßes Waschen mit Seife entfernen) und, im Falle der Garne aus Chemiefasern, in der Masse mit Mattierungsstoffen (z. B. Titandioxid) behandelt sein;

b) gebleichte Garne:

1) Garne, die einen Bleichprozess erfahren haben oder aus gebleichten Fasern hergestellt sind, oder, sofern nicht anderes bestimmt ist, weiß gefärbt sind (auch in der Masse) oder weiß appretiert sind, oder

2) Garne, die aus einer Mischung von rohen und gebleichten Fasern bestehen, oder

3) Garne, die gezwirnt sind und aus rohen und gebleichten Garnen bestehen;

c) farbige Garne (gefärbt oder bedruckt):

1) Garne, die (auch in der Masse) anders als weiß oder flüchtig gefärbt sind oder bedruckt oder aus gefärbten oder bedruckten Fasern hergestellt sind, oder

2) Garne, die aus einer Mischung von verschieden gefärbten Fasern oder einer Mischung von rohen oder gebleichten Fasern und farbigen Fasern bestehen (Jaspé-Garne oder melierte Garne) oder in Abständen mit einer oder mehreren Farben bedruckt sind in der Weise, dass eine Art Punktierung entsteht, oder

3) Garne, deren Vorgarn oder Lunte bedruckt worden ist, oder

4) Garne, die gezwirnt sind und aus rohen oder gebleichten Garnen und aus farbigen Garnen bestehen.

Die vorstehenden Bestimmungen gelten sinngemäß auch für Monofile, Streifen und dergleichen des Kapitels 54;

d) rohe Gewebe:

Gewebe, die aus rohen Garnen hergestellt und weder gebleicht noch gefärbt noch bedruckt sind. Diese Gewebe können farblos appretiert oder flüchtig gefärbt sein;

e) gebleichte Gewebe:

1) Gewebe, die im Stück gebleicht oder, wenn nichts anderes bestimmt ist, weiß gefärbt oder weiß appretiert sind, oder

2) Gewebe, die aus gebleichten Garnen bestehen, oder

3) Gewebe, die aus rohen Garnen und gebleichten Garnen bestehen;

f) gefärbte Gewebe:

1) Gewebe, die im Stück in einer einzigen einheitlichen Farbe, anders als weiß (wenn nichts anderes bestimmt ist), gefärbt sind oder farbig appretiert sind, anders als weiß (wenn nichts anderes bestimmt ist), oder

2) Gewebe, die aus farbigen Garnen mit einer einzigen einheitlichen Farbe bestehen;

g) buntgewebte Gewebe:

Gewebe (andere als bedruckte Gewebe):

1) die aus verschiedenfarbigen Garnen oder aus Garnen mit verschiedenen Schattierungen der gleichen Farbe (einer anderen als der natürlichen Farbe der verwendeten Fasern) bestehen oder

2) die aus rohen oder gebleichten Garnen und farbigen Garnen bestehen oder

3) die aus Jaspé-Garnen oder melierten Garnen bestehen.

(Garne, die die Webkante bilden oder aus denen die Stückenden bestehen, bleiben außer Betracht);

h) bedruckte Gewebe:

Gewebe, die im Stück bedruckt sind, auch wenn sie aus verschiedenfarbigen Garnen bestehen.

(Den bedruckten Geweben werden Gewebe gleichgestellt, die Muster aufweisen, die z. B. mit Pinsel, Bürste, Spritzpistole, Transferpapier, durch Beflocken oder in einem Batikverfahren hergestellt sind.)

Bei Anwendung der vorstehenden Bestimmungen bleibt das Mercerisieren ohne Einfluss auf die Einreihung der Garne und Gewebe.

Die vorstehenden Bestimmungen der Buchstaben d) bis h) gelten sinngemäß auch für Gewirke oder Gestricke;

ij) Leinwandbindung:

eine Gewebebindung, in der jeder Schussfaden abwechselnd oberhalb und unterhalb der aufeinander folgenden Kettfäden und jeder Kettfaden abwechselnd oberhalb und unterhalb der aufeinander folgenden Schussfäden verläuft.

2. A) Waren der Kapitel 56 bis 63, die aus zwei oder mehr Spinnstoffen bestehen, sind so zu behandeln, als beständen sie ganz aus dem Spinnstoff, der nach der Anmerkung 2 zu Abschnitt XI ermittelt werden müsste bei der Einreihung einer aus den gleichen Spinnstoffen bestehenden Ware der Kapitel 50 bis 55 oder der Position 5809.

B) Hierbei ist zu beachten:

a) es ist gegebenenfalls nur der Teil zu berücksichtigen, der im Sinne der Allgemeinen Vorschrift 3 für die Auslegung der Nomenklatur maßgebend ist;

b) bei Spinnstofferzeugnissen aus einem Grund und einer Flor- oder Schlingenoberfläche bleibt der Grund außer Betracht;

c) bei Stickereien der Position 5810 und Waren daraus wird nur der Stickgrund berücksichtigt. Bei Stickereien ohne sichtbaren Stickgrund und Waren daraus richtet sich die Einreihung jedoch ausschließlich nach den Stickfäden.

KAPITEL 50

SEIDE

KN-Code	Warenbezeichnung	Vertragsmäßiger Zollsatz (%)	Besondere Maßeinheit
1	2	3	4
5001 00 00	**Seidenraupenkokons, zum Abhaspeln geeignet**	frei	—
5002 00 00	**Grège, weder gedreht noch gezwirnt**	frei	—
5003 00 00	**Abfälle von Seide (einschließlich nicht abhaspelbare Kokons, Garnabfälle und Reißspinnstoff)**	frei	—
5004 00	**Seidengarne (andere als Schappeseidengarne oder Bourretteseidengarne), nicht in Aufmachungen für den Einzelverkauf:**		
5004 00 10	– roh, abgekocht oder gebleicht	4	—
5004 00 90	– andere	4	—
5005 00	**Schappeseidengarne oder Bourretteseidengarne, nicht in Aufmachungen für den Einzelverkauf:**		
5005 00 10	– roh, abgekocht oder gebleicht	2,9	—
5005 00 90	– andere	2,9	—
5006 00	**Seidengarne, Schappeseidengarne oder Bourretteseidengarne, in Aufmachungen für den Einzelverkauf; Messinahaar:**		
5006 00 10	– Seidengarne	5	—
5006 00 90	– Schappeseidengarne oder Bourretteseidengarne; Messinahaar	2,9	—
5007	**Gewebe aus Seide, Schappeseide oder Bourretteseide:**		
5007 10 00	– **Gewebe aus Bourretteseide**	3	m^2
5007 20	– **andere Gewebe, mit einem Anteil an Seide oder Schappeseide von 85 GHT oder mehr:**		
	– – Kreppgewebe:		
5007 20 11	– – – roh, abgekocht oder gebleicht	6,9	m^2
5007 20 19	– – – andere	6,9	m^2
	– – Pongée-, Habutai-, Honan-, Shantung- oder Corahgewebe und ähnliche ostasiatische Gewebe, ganz aus Seide (nicht mit Schappeseide, Bourretteseide oder anderen Spinnstoffen gemischt):		
5007 20 21	– – – taftbindig, roh oder nur abgekocht	5,3	m^2
	– – – andere:		
5007 20 31	– – – – taftbindig	7,5	m^2
5007 20 39	– – – – andere	7,5	m^2
	– – andere:		
5007 20 41	– – – undichte Gewebe	7,2	m^2
	– – – andere:		
5007 20 51	– – – – roh, abgekocht oder gebleicht	7,2	m^2
5007 20 59	– – – – gefärbt	7,2	m^2
	– – – – buntgewebt:		
5007 20 61	– – – – – mit einer Breite von mehr als 57 cm bis 75 cm	7,2	m^2
5007 20 69	– – – – – andere	7,2	m^2
5007 20 71	– – – – bedruckt	7,2	m^2

KN-Code	Warenbezeichnung	Vertragsmäßiger Zollsatz (%)	Besondere Maßeinheit
1	2	3	4
5007 90	– **andere Gewebe:**		
5007 90 10	– – roh, abgekocht oder gebleicht	6,9	m^2
5007 90 30	– – gefärbt	6,9	m^2
5007 90 50	– – buntgewebt	6,9	m^2
5007 90 90	– – bedruckt	6,9	m^2

KAPITEL 51

WOLLE, FEINE UND GROBE TIERHAARE; GARNE UND GEWEBE AUS ROSSHAAR

Anmerkung

1. In der Nomenklatur gelten als:
   a) „Wolle" die natürliche Faser des Haarkleides von Schafen;
   b) „feine Tierhaare" die Haare folgender Tiere: Alpaka, Lama, Vikunja, Kamel (einschließlich Dromedaren), Jak, Angora-, Tibet-, Kaschmir- und ähnliche Ziegen (ausgenommen gemeine Ziegen), Kaninchen (auch Angorakaninchen), Hasen, Biber, Nutria und Bisamratten;
   c) „grobe Tierhaare" die Haare der vorstehend nicht genannten Tiere, ausgenommen Haare und Borsten zum Herstellen von Besen, Bürsten oder Pinseln (Position 0502) und Rosshaar (Position 0511).

KN-Code	Warenbezeichnung	Vertragsmäßiger Zollsatz (%)	Besondere Maßeinheit
1	2	3	4
5101	**Wolle, weder gekrempelt noch gekämmt:**		
	– Schweißwolle, einschließlich auf dem Rücken gewaschene Wolle:		
5101 11 00	**– – Schurwolle**	frei	—
5101 19 00	**– – andere**	frei	—
	– entschweißt, nicht carbonisiert:		
5101 21 00	**– – Schurwolle**	frei	—
5101 29 00	**– – andere**	frei	—
5101 30 00	**– carbonisiert**	frei	—
5102	**Feine oder grobe Tierhaare, weder gekrempelt noch gekämmt:**		
	– feine Tierhaare:		
5102 11 00	**– – Kaschmirziegenhaare (cashmere)**	frei	—
5102 19	**– – andere:**		
5102 19 10	– – – Angorakaninchenhaare	frei	—
5102 19 30	– – – Alpaka-, Lama- und Vikunjahaare	frei	—
5102 19 40	– – – Kamel- (einschließlich Dromedar) und Jakhaare; Angora-, Tibetziegenhaare und ähnliche Ziegenhaare	frei	—
5102 19 90	– – – Kaninchenhaare (ausgenommen Angorakaninchenhaare), Hasenhaare, Biber-, Nutria- und Bisamrattenhaare	frei	—
5102 20 00	**– grobe Tierhaare**	frei	—
5103	**Abfälle von Wolle oder feinen oder groben Tierhaaren (einschließlich Garnabfälle), ausgenommen Reißspinnstoff:**		
5103 10	**– Kämmlinge von Wolle oder feinen Tierhaaren:**		
5103 10 10	– – nicht carbonisiert	frei	—
5103 10 90	– – carbonisiert	frei	—
5103 20 00	**– andere Abfälle von Wolle oder feinen Tierhaaren**	frei	—
5103 30 00	**– Abfälle von groben Tierhaaren**	frei	—

KN-Code	Warenbezeichnung	Vertragsmäßiger Zollsatz (%)	Besondere Maßeinheit
1	2	3	4
5104 00 00	**Reißspinnstoff aus Wolle oder feinen oder groben Tierhaaren**	frei	—
5105	**Wolle, feine oder grobe Tierhaare, gekrempelt oder gekämmt (einschließlich gekämmte Wolle in loser Form):**		
5105 10 00	**– gekrempelte Wolle**	2	—
	– gekämmte Wolle:		
5105 21 00	**– – gekämmte Wolle in loser Form („open tops“)**	2	—
5105 29 00	**– – andere**	2	—
	– feine Tierhaare, gekrempelt oder gekämmt:		
5105 31 00	**– – Kaschmirziegenhaare (cashmere)**	2	—
5105 39 00	**– – andere**	2	—
5105 40 00	**– grobe Tierhaare, gekrempelt oder gekämmt**	2	—
5106	**Streichgarne aus Wolle, nicht in Aufmachungen für den Einzelverkauf:**		
5106 10	**– mit einem Anteil an Wolle von 85 GHT oder mehr:**		
5106 10 10	– – roh	3,8	—
5106 10 90	– – andere	3,8	—
5106 20	**– mit einem Anteil an Wolle von weniger als 85 GHT:**		
5106 20 10	– – mit einem Anteil an Wolle und feinen Tierhaaren von 85 GHT oder mehr	4 (1)	—
	– – andere:		
5106 20 91	– – – roh	4	—
5106 20 99	– – – andere	4	—
5107	**Kammgarne aus Wolle, nicht in Aufmachungen für den Einzelverkauf:**		
5107 10	**– mit einem Anteil an Wolle von 85 GHT oder mehr:**		
5107 10 10	– – roh	3,8	—
5107 10 90	– – andere	3,8	—
5107 20	**– mit einem Anteil an Wolle von weniger als 85 GHT:**		
	– – mit einem Anteil an Wolle und feinen Tierhaaren von 85 GHT oder mehr:		
5107 20 10	– – – roh	4	—
5107 20 30	– – – andere	4	—
	– – andere:		
	– – – hauptsächlich oder ausschließlich mit synthetischen Spinnfasern gemischt:		
5107 20 51	– – – – roh	4	—
5107 20 59	– – – – andere	4	—
	– – – anders gemischt:		
5107 20 91	– – – – roh	4	—
5107 20 99	– – – – andere	4	—

(1) Autonomer Zollsatz: 3,8.

KN-Code	Warenbezeichnung	Vertragsmäßiger Zollsatz (%)	Besondere Maßeinheit
1	2	3	4
5108	**Streichgarne oder Kammgarne aus feinen Tierhaaren, nicht in Aufmachungen für den Einzelverkauf:**		
5108 10	– **Streichgarne:**		
5108 10 10	– – roh	3,2	—
5108 10 90	– – andere	3,2	—
5108 20	– **Kammgarne:**		
5108 20 10	– – roh	3,2	—
5108 20 90	– – andere	3,2	—
5109	**Garne aus Wolle oder feinen Tierhaaren, in Aufmachungen für den Einzelverkauf:**		
5109 10	– **mit einem Anteil an Wolle oder feinen Tierhaaren von 85 GHT oder mehr:**		
5109 10 10	– – in Kugeln, Knäueln oder im Strang, mit einem Gewicht von mehr als 125 g bis 500 g	3,8	—
5109 10 90	– – andere	5	—
5109 90 00	– **andere**	5	—
5110 00 00	**Garne aus groben Tierhaaren oder aus Rosshaar (einschließlich umsponnene Garne aus Rosshaar), auch in Aufmachungen für den Einzelverkauf**	3,5	—
5111	**Streichgarngewebe aus Wolle oder feinen Tierhaaren:**		
	– **mit einem Anteil an Wolle oder feinen Tierhaaren von 85 GHT oder mehr:**		
5111 11 00	– – **mit einem Quadratmetergewicht von 300 g oder weniger**	8	m^2
5111 19 00	– – **andere**	8	m^2
5111 20 00	– **andere, hauptsächlich oder ausschließlich mit synthetischen oder künstlichen Filamenten gemischt**	8	m^2
5111 30	– **andere, hauptsächlich oder ausschließlich mit synthetischen oder künstlichen Spinnfasern gemischt:**		
5111 30 10	– – mit einem Quadratmetergewicht von 300 g oder weniger	8	m^2
5111 30 80	– – mit einem Quadratmetergewicht von mehr als 300 g	8	m^2
5111 90	– **andere:**		
5111 90 10	– – mit einem Anteil an Spinnstoffen des Kapitels 50 von mehr als 10 GHT	7,2	m^2
	– – andere:		
5111 90 91	– – – mit einem Quadratmetergewicht von 300 g oder weniger	8	m^2
5111 90 98	– – – mit einem Quadratmetergewicht von mehr als 300 g	8	m^2
5112	**Kammgarngewebe aus Wolle oder feinen Tierhaaren:**		
	– **mit einem Anteil an Wolle oder feinen Tierhaaren von 85 GHT oder mehr:**		
5112 11 00	– – **mit einem Quadratmetergewicht von 200 g oder weniger**	8	m^2

KN-Code	Warenbezeichnung	Vertragsmäßiger Zollsatz (%)	Besondere Maßeinheit
1	2	3	4
5112 19 00	– – **andere**	8	m^2
5112 20 00	– **andere, hauptsächlich oder ausschließlich mit synthetischen oder künstlichen Filamenten gemischt**	8	m^2
5112 30	– **andere, hauptsächlich oder ausschließlich mit synthetischen oder künstlichen Spinnfasern gemischt:**		
5112 30 10	– – mit einem Quadratmetergewicht von 200 g oder weniger	8	m^2
5112 30 80	– – mit einem Quadratmetergewicht von mehr als 200 g	8	m^2
5112 90	– **andere:**		
5112 90 10	– – mit einem Anteil an Spinnstoffen des Kapitels 50 von mehr als 10 GHT	7,2	m^2
	– – andere:		
5112 90 91	– – – mit einem Quadratmetergewicht von 200 g oder weniger	8	m^2
5112 90 98	– – – mit einem Quadratmetergewicht von mehr als 200 g	8	m^2
5113 00 00	**Gewebe aus groben Tierhaaren oder aus Rosshaar**	5,3	m^2

KAPITEL 52

BAUMWOLLE

Unterpositions-Anmerkung

1. Als „Denim" im Sinne der Unterpositionen 5209 42 und 5211 42 gelten buntgewebte Gewebe aus 3- oder 4-bindigem Kettköper, einschließlich Kreuzkettköper, deren Kettfäden von ein und derselben Farbe und deren Schussfäden roh, gebleicht, grau gefärbt oder in einem helleren Farbton als die Kettfäden gefärbt sind.

KN-Code	Warenbezeichnung	Vertragsmäßiger Zollsatz (%)	Besondere Maßeinheit
1	2	3	4
5201 00	**Baumwolle, weder kardiert noch gekämmt:**		
5201 00 10	– hydrophil oder gebleicht	frei	—
5201 00 90	– andere	frei	—
5202	**Abfälle von Baumwolle (einschließlich Garnabfälle und Reißspinnstoff):**		
5202 10 00	– Garnabfälle	frei	—
	– andere:		
5202 91 00	– – Reißspinnstoff	frei	—
5202 99 00	– – andere	frei	—
5203 00 00	**Baumwolle, kardiert oder gekämmt**	frei	—
5204	**Nähgarne aus Baumwolle, auch in Aufmachungen für den Einzelverkauf:**		
	– nicht in Aufmachungen für den Einzelverkauf:		
5204 11 00	– – mit einem Anteil an Baumwolle von 85 GHT oder mehr	4	—
5204 19 00	– – andere	4	—
5204 20 00	– in Aufmachungen für den Einzelverkauf	5	—
5205	**Garne aus Baumwolle (andere als Nähgarne), mit einem Anteil an Baumwolle von 85 GHT oder mehr, nicht in Aufmachungen für den Einzelverkauf:**		
	– ungezwirnte Garne aus nicht gekämmten Fasern:		
5205 11 00	– – mit einem Titer von 714,29 dtex oder mehr (Nm 14 oder weniger)	4	—
5205 12 00	– – mit einem Titer von weniger als 714,29 dtex, jedoch nicht weniger als 232,56 dtex (mehr als Nm 14 bis Nm 43)	4	—
5205 13 00	– – mit einem Titer von weniger als 232,56 dtex, jedoch nicht weniger als 192,31 dtex (mehr als Nm 43 bis Nm 52)	4	—
5205 14 00	– – mit einem Titer von weniger als 192,31 dtex, jedoch nicht weniger als 125 dtex (mehr als Nm 52 bis Nm 80)	4	—
5205 15	– – mit einem Titer von weniger als 125 dtex (mehr als Nm 80):		
5205 15 10	– – – mit einem Titer von weniger als 125 dtex, jedoch nicht weniger als 83,33 dtex (mehr als Nm 80 bis Nm 120)	4,4	—
5205 15 90	– – – mit einem Titer von weniger als 83,33 dtex (mehr als Nm 120)	4	—
	– ungezwirnte Garne aus gekämmten Fasern:		
5205 21 00	– – mit einem Titer von 714,29 dtex oder mehr (Nm 14 oder weniger)	4	—
5205 22 00	– – mit einem Titer von weniger als 714,29 dtex, jedoch nicht weniger als 232,56 dtex (mehr als Nm 14 bis Nm 43)	4	—
5205 23 00	– – mit einem Titer von weniger als 232,56 dtex, jedoch nicht weniger als 192,31 dtex (mehr als Nm 43 bis Nm 52)	4	—

KN-Code	Warenbezeichnung	Vertragsmäßiger Zollsatz (%)	Besondere Maßeinheit
1	2	3	4
5205 24 00	– – mit einem Titer von weniger als 192,31 dtex, jedoch nicht weniger als 125 dtex (mehr als Nm 52 bis Nm 80)	4	—
5205 26 00	– – mit einem Titer von weniger als 125 dtex, jedoch nicht weniger als 106,38 dtex (mehr als Nm 80 bis Nm 94)	4	—
5205 27 00	– – mit einem Titer von weniger als 106,38 dtex, jedoch nicht weniger als 83,33 dtex (mehr als Nm 94 bis Nm 120)	4	—
5205 28 00	– – mit einem Titer von weniger als 83,33 dtex (mehr als Nm 120)	4	—
	– gezwirnte Garne aus nicht gekämmten Fasern:		
5205 31 00	– – mit einem Titer der einfachen Garne von 714,29 dtex oder mehr (Nm 14 oder weniger der einfachen Garne)	4	—
5205 32 00	– – mit einem Titer der einfachen Garne von weniger als 714,29 dtex, jedoch nicht weniger als 232,56 dtex (mehr als Nm 14 bis Nm 43 der einfachen Garne)	4	—
5205 33 00	– – mit einem Titer der einfachen Garne von weniger als 232,56 dtex, jedoch nicht weniger als 192,31 dtex (mehr als Nm 43 bis Nm 52 der einfachen Garne)	4	—
5205 34 00	– – mit einem Titer der einfachen Garne von weniger als 192,31 dtex, jedoch nicht weniger als 125 dtex (mehr als Nm 52 bis Nm 80 der einfachen Garne)	4	—
5205 35 00	– – mit einem Titer der einfachen Garne von weniger als 125 dtex (mehr als Nm 80 der einfachen Garne)	4	—
	– gezwirnte Garne aus gekämmten Fasern:		
5205 41 00	– – mit einem Titer der einfachen Garne von 714,29 dtex oder mehr (Nm 14 oder weniger der einfachen Garne)	4	—
5205 42 00	– – mit einem Titer der einfachen Garne von weniger als 714,29 dtex, jedoch nicht weniger als 232,56 dtex (mehr als Nm 14 bis Nm 43 der einfachen Garne)	4	—
5205 43 00	– – mit einem Titer der einfachen Garne von weniger als 232,56 dtex, jedoch nicht weniger als 192,31 dtex (mehr als Nm 43 bis Nm 52 der einfachen Garne)	4	—
5205 44 00	– – mit einem Titer der einfachen Garne von weniger als 192,31 dtex, jedoch nicht weniger als 125 dtex (mehr als Nm 52 bis Nm 80 der einfachen Garne)	4	—
5205 46 00	– – mit einem Titer der einfachen Garne von weniger als 125 dtex, jedoch nicht weniger als 106,38 dtex (mehr als Nm 80 bis Nm 94 der einfachen Garne)	4	—
5205 47 00	– – mit einem Titer der einfachen Garne von weniger als 106,38 dtex, jedoch nicht weniger als 83,33 dtex (mehr als Nm 94 bis Nm 120 der einfachen Garne)	4	—
5205 48 00	– – mit einem Titer der einfachen Garne von weniger als 83,33 dtex (mehr als Nm 120 der einfachen Garne)	4	—
5206	**Garne aus Baumwolle (andere als Nähgarne), mit einem Anteil an Baumwolle von weniger als 85 GHT, nicht in Aufmachungen für den Einzelverkauf:**		
	– ungezwirnte Garne aus nicht gekämmten Fasern:		
5206 11 00	– – mit einem Titer von 714,29 dtex oder mehr (Nm 14 oder weniger)	4	—
5206 12 00	– – mit einem Titer von weniger als 714,29 dtex, jedoch nicht weniger als 232,56 dtex (mehr als Nm 14 bis Nm 43)	4	—
5206 13 00	– – mit einem Titer von weniger als 232,56 dtex, jedoch nicht weniger als 192,31 dtex (mehr als Nm 43 bis Nm 52)	4	—
5206 14 00	– – mit einem Titer von weniger als 192,31 dtex, jedoch nicht weniger als 125 dtex (mehr als Nm 52 bis Nm 80)	4	—

KN-Code	Warenbezeichnung	Vertragsmäßiger Zollsatz (%)	Besondere Maßeinheit
1	2	3	4
5206 15 00	– – mit einem Titer von weniger als 125 dtex (mehr als Nm 80)	4	—
	– ungezwirnte Garne aus gekämmten Fasern:		
5206 21 00	– – mit einem Titer von 714,29 dtex oder mehr (Nm 14 oder weniger)	4	—
5206 22 00	– – mit einem Titer von weniger als 714,29 dtex, jedoch nicht weniger als 232,56 dtex (mehr als Nm 14 bis Nm 43)	4	—
5206 23 00	– – mit einem Titer von weniger als 232,56 dtex, jedoch nicht weniger als 192,31 dtex (mehr als Nm 43 bis Nm 52)	4	—
5206 24 00	– – mit einem Titer von weniger als 192,31 dtex, jedoch nicht weniger als 125 dtex (mehr als Nm 52 bis Nm 80)	4	—
5206 25 00	– – mit einem Titer von weniger als 125 dtex (mehr als Nm 80)	4	—
	– gezwirnte Garne aus nicht gekämmten Fasern:		
5206 31 00	– – mit einem Titer der einfachen Garne von 714,29 dtex oder mehr (Nm 14 oder weniger der einfachen Garne)	4	—
5206 32 00	– – mit einem Titer der einfachen Garne von weniger als 714,29 dtex, jedoch nicht weniger als 232,56 dtex (mehr als Nm 14 bis Nm 43 der einfachen Garne)	4	—
5206 33 00	– – mit einem Titer der einfachen Garne von weniger als 232,56 dtex, jedoch nicht weniger als 192,31 dtex (mehr als Nm 43 bis Nm 52 der einfachen Garne)	4	—
5206 34 00	– – mit einem Titer der einfachen Garne von weniger als 192,31 dtex, jedoch nicht weniger als 125 dtex (mehr als Nm 52 bis Nm 80 der einfachen Garne)	4	—
5206 35 00	– – mit einem Titer der einfachen Garne von weniger als 125 dtex (mehr als Nm 80 der einfachen Garne)	4	—
	– gezwirnte Garne aus gekämmten Fasern:		
5206 41 00	– – mit einem Titer der einfachen Garne von 714,29 dtex oder mehr (Nm 14 oder weniger der einfachen Garne)	4	—
5206 42 00	– – mit einem Titer der einfachen Garne von weniger als 714,29 dtex, jedoch nicht weniger als 232,56 dtex (mehr als Nm 14 bis Nm 43 der einfachen Garne)	4	—
5206 43 00	– – mit einem Titer der einfachen Garne von weniger als 232,56 dtex, jedoch nicht weniger als 192,31 dtex (mehr als Nm 43 bis Nm 52 der einfachen Garne)	4	—
5206 44 00	– – mit einem Titer der einfachen Garne von weniger als 192,31 dtex, jedoch nicht weniger als 125 dtex (mehr als Nm 52 bis Nm 80 der einfachen Garne)	4	—
5206 45 00	– – mit einem Titer der einfachen Garne von weniger als 125 dtex (mehr als Nm 80 der einfachen Garne)	4	—
5207	**Garne aus Baumwolle (andere als Nähgarne), in Aufmachungen für den Einzelverkauf:**		
5207 10 00	– mit einem Anteil an Baumwolle von 85 GHT oder mehr	5	—
5207 90 00	– andere	5	—
5208	**Gewebe aus Baumwolle, mit einem Anteil an Baumwolle von 85 GHT oder mehr und einem Quadratmetergewicht von 200 g oder weniger:**		
	– roh:		
5208 11	– – in Leinwandbindung, mit einem Quadratmetergewicht von 100 g oder weniger:		
5208 11 10	– – – Verbandmull	8	m^2
5208 11 90	– – – andere	8	m^2

KN-Code	Warenbezeichnung	Vertragsmäßiger Zollsatz (%)	Besondere Maßeinheit
1	2	3	4
5208 12	– – **in Leinwandbindung, mit einem Quadratmetergewicht von mehr als 100 g:**		
	– – – in Leinwandbindung, mit einem Quadratmetergewicht von mehr als 100 g bis 130 g und mit einer Breite von:		
5208 12 16	– – – – 165 cm oder weniger	8	m^2
5208 12 19	– – – – mehr als 165 cm	8	m^2
	– – – in Leinwandbindung, mit einem Quadratmetergewicht von mehr als 130 g und mit einer Breite von:		
5208 12 96	– – – – 165 cm oder weniger	8	m^2
5208 12 99	– – – – mehr als 165 cm	8	m^2
5208 13 00	– – **in 3- oder 4-bindigem Köper, einschließlich Doppelköper**	8	m^2
5208 19 00	– – **andere Gewebe**	8	m^2
	– **gebleicht:**		
5208 21	– – **in Leinwandbindung, mit einem Quadratmetergewicht von 100 g oder weniger:**		
5208 21 10	– – – Verbandmull	8	m^2
5208 21 90	– – – andere	8	m^2
5208 22	– – **in Leinwandbindung, mit einem Quadratmetergewicht von mehr als 100 g:**		
	– – – in Leinwandbindung, mit einem Quadratmetergewicht von mehr als 100 g bis 130 g und mit einer Breite von:		
5208 22 16	– – – – 165 cm oder weniger	8	m^2
5208 22 19	– – – – mehr als 165 cm	8	m^2
	– – – in Leinwandbindung, mit einem Quadratmetergewicht von mehr als 130 g und mit einer Breite von:		
5208 22 96	– – – – 165 cm oder weniger	8	m^2
5208 22 99	– – – – mehr als 165 cm	8	m^2
5208 23 00	– – **in 3- oder 4-bindigem Köper, einschließlich Doppelköper**	8	m^2
5208 29 00	**andere Gewebe**	8	m^2
	– **gefärbt:**		
5208 31 00	– – **in Leinwandbindung, mit einem Quadratmetergewicht von 100 g oder weniger**	8	m^2
5208 32	– – **in Leinwandbindung, mit einem Quadratmetergewicht von mehr als 100 g:**		
	– – – in Leinwandbindung, mit einem Quadratmetergewicht von mehr als 100 g bis 130 g und mit einer Breite von:		
5208 32 16	– – – – 165 cm oder weniger	8	m^2
5208 32 19	– – – – mehr als 165 cm	8	m^2
	– – – in Leinwandbindung, mit einem Quadratmetergewicht von mehr als 130 g und mit einer Breite von:		
5208 32 96	– – – – 165 cm oder weniger	8	m^2
5208 32 99	– – – – mehr als 165 cm	8	m^2
5208 33 00	– – **in 3- oder 4-bindigem Köper, einschließlich Doppelköper**	8	m^2

KN-Code	Warenbezeichnung	Vertragsmäßiger Zollsatz (%)	Besondere Maßeinheit
1	2	3	4
5208 39 00	**– – andere Gewebe**	8	m^2
	– buntgewebt:		
5208 41 00	**– – in Leinwandbindung, mit einem Quadratmetergewicht von 100 g oder weniger**	8	m^2
5208 42 00	**– – in Leinwandbindung, mit einem Quadratmetergewicht von mehr als 100 g**	8	m^2
5208 43 00	**– – in 3- oder 4-bindigem Köper, einschließlich Doppelköper**	8	m^2
5208 49 00	**– – andere Gewebe**	8	m^2
	– bedruckt:		
5208 51 00	**– – in Leinwandbindung, mit einem Quadratmetergewicht von 100 g oder weniger**	8	m^2
5208 52 00	**– – in Leinwandbindung, mit einem Quadratmetergewicht von mehr als 100 g**	8	m^2
5208 59	**– – andere Gewebe:**		
5208 59 10	– – – in 3- oder 4-bindigem Köper, einschließlich Doppelköper	8	m^2
5208 59 90	– – – andere	8	m^2
5209	**Gewebe aus Baumwolle, mit einem Anteil an Baumwolle von 85 GHT oder mehr und mit einem Quadratmetergewicht von mehr als 200 g:**		
	– roh:		
5209 11 00	**– – in Leinwandbindung**	8	m^2
5209 12 00	**– – in 3- oder 4-bindigem Köper, einschließlich Doppelköper**	8	m^2
5209 19 00	**– – andere Gewebe**	8	m^2
	– gebleicht:		
5209 21 00	**– – in Leinwandbindung**	8	m^2
5209 22 00	**– – in 3- oder 4-bindigem Köper, einschließlich Doppelköper**	8	m^2
5209 29 00	**– – andere Gewebe**	8	m^2
	– gefärbt:		
5209 31 00	**– – in Leinwandbindung**	8	m^2
5209 32 00	**– – in 3- oder 4-bindigem Köper, einschließlich Doppelköper**	8	m^2
5209 39 00	**– – andere Gewebe**	8	m^2
	– buntgewebt:		
5209 41 00	**– – in Leinwandbindung**	8	m^2
5209 42 00	**– – Denim**	8	m^2
5209 43 00	**– – andere Gewebe in 3- oder 4-bindigem Köper, einschließlich Doppelköper**	8	m^2
5209 49 00	**– – andere Gewebe**	8	m^2
	– bedruckt:		
5209 51 00	**– – in Leinwandbindung**	8	m^2
5209 52 00	**– – in 3- oder 4-bindigem Köper, einschließlich Doppelköper**	8	m^2
5209 59 00	**– – andere Gewebe**	8	m^2

KN-Code	Warenbezeichnung	Vertragsmäßiger Zollsatz (%)	Besondere Maßeinheit
1	2	3	4
5210	**Gewebe aus Baumwolle, mit einem Anteil an Baumwolle von weniger als 85 GHT, hauptsächlich oder ausschließlich mit Chemiefasern gemischt, mit einem Quadratmetergewicht von 200 g oder weniger:**		
	– roh:		
5210 11 00	– – in Leinwandbindung	8	m^2
5210 19 00	– – andere Gewebe	8	m^2
	– gebleicht:		
5210 21 00	– – in Leinwandbindung	8	m^2
5210 29 00	– – andere Gewebe	8	m^2
	– gefärbt:		
5210 31 00	– – in Leinwandbindung	8	m^2
5210 32 00	– – in 3- oder 4-bindigem Köper, einschließlich Doppelköper	8	m^2
5210 39 00	– – andere Gewebe	8	m^2
	– buntgewebt:		
5210 41 00	– – in Leinwandbindung	8	m^2
5210 49 00	– – andere Gewebe	8	m^2
	– bedruckt:		
5210 51 00	– – in Leinwandbindung	8	m^2
5210 59 00	– – andere Gewebe	8	m^2
5211	**Gewebe aus Baumwolle, mit einem Anteil an Baumwolle von weniger als 85 GHT, hauptsächlich oder ausschließlich mit Chemiefasern gemischt, mit einem Quadratmetergewicht von mehr als 200 g:**		
	– roh:		
5211 11 00	– – in Leinwandbindung	8	m^2
5211 12 00	– – in 3- oder 4-bindigem Köper, einschließlich Doppelköper	8	m^2
5211 19 00	– – andere Gewebe	8	m^2
5211 20 00	– gebleicht	8	m^2
	– gefärbt:		
5211 31 00	– – in Leinwandbindung	8	m^2
5211 32 00	– – in 3- oder 4-bindigem Köper, einschließlich Doppelköper	8	m^2
5211 39 00	– – andere Gewebe	8	m^2
	– buntgewebt:		
5211 41 00	– – in Leinwandbindung	8	m^2
5211 42 00	– – Denim	8	m^2
5211 43 00	– – andere Gewebe in 3- oder 4-bindigem Köper, einschließlich Doppelköper	8	m^2
5211 49	– – andere Gewebe:		
5211 49 10	– – – Jacquard-Gewebe	8	m^2
5211 49 90	– – – andere	8	m^2
	– bedruckt:		
5211 51 00	– – in Leinwandbindung	8	m^2
5211 52 00	– – in 3- oder 4-bindigem Köper, einschließlich Doppelköper	8	m^2

KN-Code	Warenbezeichnung	Vertragsmäßiger Zollsatz (%)	Besondere Maßeinheit
1	2	3	4
5211 59 00	– – **andere Gewebe**	8	m^2
5212	**Andere Gewebe aus Baumwolle:**		
	– **mit einem Quadratmetergewicht von 200 g oder weniger:**		
5212 11	– – **roh:**		
5212 11 10	– – – hauptsächlich oder ausschließlich mit Flachs gemischt	8	m^2
5212 11 90	– – – anders gemischt	8	m^2
5212 12	– – **gebleicht:**		
5212 12 10	– – – hauptsächlich oder ausschließlich mit Flachs gemischt	8	m^2
5212 12 90	– – – anders gemischt	8	m^2
5212 13	– – **gefärbt:**		
5212 13 10	– – – hauptsächlich oder ausschließlich mit Flachs gemischt	8	m^2
5212 13 90	– – – anders gemischt	8	m^2
5212 14	– – **buntgewebt:**		
5212 14 10	– – – hauptsächlich oder ausschließlich mit Flachs gemischt	8	m^2
5212 14 90	– – – anders gemischt	8	m^2
5212 15	– – **bedruckt:**		
5212 15 10	– – – hauptsächlich oder ausschließlich mit Flachs gemischt	8	m^2
5212 15 90	– – – anders gemischt	8	m^2
	– **mit einem Quadratmetergewicht von mehr als 200 g:**		
5212 21	– – **roh:**		
5212 21 10	– – – hauptsächlich oder ausschließlich mit Flachs gemischt	8	m^2
5212 21 90	– – – anders gemischt	8	m^2
5212 22	– – **gebleicht:**		
5212 22 10	– – – hauptsächlich oder ausschließlich mit Flachs gemischt	8	m^2
5212 22 90	– – – anders gemischt	8	m^2
5212 23	– – **gefärbt:**		
5212 23 10	– – – hauptsächlich oder ausschließlich mit Flachs gemischt	8	m^2
5212 23 90	– – – anders gemischt	8	m^2
5212 24	– – **buntgewebt:**		
5212 24 10	– – – hauptsächlich oder ausschließlich mit Flachs gemischt	8	m^2
5212 24 90	– – – anders gemischt	8	m^2
5212 25	– – **bedruckt:**		
5212 25 10	– – – hauptsächlich oder ausschließlich mit Flachs gemischt	8	m^2
5212 25 90	– – – anders gemischt	8	m^2

KAPITEL 53

ANDERE PFLANZLICHE SPINNSTOFFE; PAPIERGARNE UND GEWEBE AUS PAPIERGARNEN

Zusätzliche Anmerkung

1. A) *Als „Garne in Aufmachungen für den Einzelverkauf" gelten in den Unterpositionen 5306 10 90, 5306 20 90 und 5308 20 90, vorbehaltlich der im nachstehenden Buchstaben B enthaltenen Ausnahmen, Garne (ungezwirnt oder gezwirnt), die aufgemacht sind:*

   a) *auf Karten, Spulen, Hülsen oder ähnlichen Unterlagen, in Kugeln oder Knäueln, sofern das Gewicht (einschließlich Unterlage) je Stück nicht mehr als 200 g beträgt;*

   b) *im Strang mit einem Gewicht von nicht mehr als 125 g;*

   c) *im Strang, sofern der Strang durch einen oder mehrere Fitzfäden in gewichtsmäßig gleiche, abtrennbare Teilstränge unterteilt ist und das Gewicht je Teilstrang nicht mehr als 125 g beträgt.*

   B) *Als „Garne in Aufmachungen für den Einzelverkauf" gelten nicht:*

   a) *gezwirnte Garne, roh, im Strang;*

   b) *gezwirnte Garne, die aufgemacht sind:*

      1) *im Strang mit Kreuzhaspelung;*

      2) *auf Unterlagen oder in anderen Aufmachungen, die ihre Verwendung in der Textilindustrie anzeigen (z. B. auf Zwirnmaschinenspulen, Kanetten (Kopsen), konischen Spulen oder Konen oder in Wickeln für Stickmaschinen).*

KN-Code	Warenbezeichnung	Vertragsmäßiger Zollsatz (%)	Besondere Maßeinheit
1	2	3	4
5301	**Flachs (Leinen), roh oder bearbeitet, jedoch nicht versponnen; Werg und Abfälle von Flachs (Leinen) (einschließlich Garnabfälle und Reißspinnstoff):**		
5301 10 00	**– Flachs (Leinen), roh oder geröstet**	frei	—
	– Flachs (Leinen), gebrochen, geschwungen, gehechelt oder anders bearbeitet, jedoch nicht versponnen:		
5301 21 00	**– – gebrochen oder geschwungen**	frei	—
5301 29 00	**– – anderer**	frei	—
5301 30 00	**– Werg und Abfälle von Flachs (Leinen)**	frei	—
5302	**Hanf (*Cannabis sativa* L.), roh oder bearbeitet, jedoch nicht versponnen; Werg und Abfälle von Hanf (einschließlich Garnabfälle und Reißspinnstoff):**		
5302 10 00	**– Hanf, roh oder geröstet**	frei	—
5302 90 00	**– andere**	frei	—
5303	**Jute und andere textile Bastfasern (ausgenommen Flachs, Hanf und Ramie), roh oder bearbeitet, jedoch nicht versponnen; Werg und Abfälle von diesen Spinnstoffen (einschließlich Garnabfälle und Reißspinnstoff):**		
5303 10 00	**– Jute und andere textile Bastfasern, roh oder geröstet**	frei	—
5303 90 00	**– andere**	frei	—

KN-Code	Warenbezeichnung	Vertragsmäßiger Zollsatz (%)	Besondere Maßeinheit
1	2	3	4
[5304]			
5305 00 00	**Kokos, Abaca (Manilahanf oder *Musa textilis Nee*), Ramie und andere pflanzliche Spinnstoffe, anderweit weder genannt noch inbegriffen, roh oder bearbeitet, jedoch nicht versponnen; Werg und Abfälle von diesen Spinnstoffen (einschließlich Garnabfälle und Reißspinnstoff)**	frei	—
5306	**Garne aus Flachs (Leinengarne):**		
5306 10	– **ungezwirnt:**		
	– – nicht in Aufmachungen für den Einzelverkauf:		
5306 10 10	– – – mit einem Titer von 833,3 dtex oder mehr (Nm 12 oder weniger)	4 (1)	—
5306 10 30	– – – mit einem Titer von weniger als 833,3 dtex, jedoch nicht weniger als 277,8 dtex (mehr als Nm 12 bis Nm 36)	4 (1)	—
5306 10 50	– – – mit einem Titer von weniger als 277,8 dtex (mehr als Nm 36)	3,8	—
5306 10 90	– – in Aufmachungen für den Einzelverkauf	5	—
5306 20	– **gezwirnt:**		
5306 20 10	– – nicht in Aufmachungen für den Einzelverkauf	4	—
5306 20 90	– – in Aufmachungen für den Einzelverkauf	5	—
5307	**Garne aus Jute oder anderen textilen Bastfasern der Position 5303:**		
5307 10 00	– **ungezwirnt**	frei	—
5307 20 00	– **gezwirnt**	frei	—
5308	**Garne aus anderen pflanzlichen Spinnstoffen; Papiergarne:**		
5308 10 00	– **Kokosgarne**	frei	—
5308 20	– **Hanfgarne:**		
5308 20 10	– – nicht in Aufmachungen für den Einzelverkauf	3	—
5308 20 90	– – in Aufmachungen für den Einzelverkauf	4,9	—
5308 90	– **andere:**		
	– – Ramiegarne:		
5308 90 12	– – – mit einem Titer von 277,8 dtex oder mehr (Nm 36 oder weniger)	4	—
5308 90 19	– – – mit einem Titer von weniger als 277,8 dtex (mehr als Nm 36)	3,8	—
5308 90 50	– – Papiergarne	4	—
5308 90 90	– – andere	3,8	—

(1) WTO-Zollkontingent.

KN-Code	Warenbezeichnung	Vertragsmäßiger Zollsatz (%)	Besondere Maßeinheit
1	2	3	4
5309	**Gewebe aus Flachs (Leinengewebe):**		
	– mit einem Anteil an Flachs von 85 GHT oder mehr:		
5309 11	**– – roh oder gebleicht:**		
5309 11 10	– – – roh	8	m^2
5309 11 90	– – – gebleicht	8	m^2
5309 19 00	**– – andere**	8	m^2
	– mit einem Anteil an Flachs von weniger als 85 GHT:		
5309 21 00	**– – roh oder gebleicht**	8	m^2
5309 29 00	**– – andere**	8	m^2
5310	**Gewebe aus Jute oder anderen textilen Bastfasern der Position 5303:**		
5310 10	**– roh:**		
5310 10 10	– – mit einer Breite von 150 cm oder weniger	4	m^2
5310 10 90	– – mit einer Breite von mehr als 150 cm	4	m^2
5310 90 00	**– andere**	4	m^2
5311 00	**Gewebe aus anderen pflanzlichen Spinnstoffen; Gewebe aus Papiergarnen:**		
5311 00 10	– Gewebe aus Ramie	8	m^2
5311 00 90	– andere	5,8	m^2

KAPITEL 54

SYNTHETISCHE ODER KÜNSTLICHE FILAMENTE; STREIFEN UND DERGLEICHEN AUS SYNTHETISCHER ODER KÜNSTLICHER SPINNMASSE

Anmerkungen

1. Als „Chemiefasern" gelten in allen Teilen der Nomenklatur Spinnfasern und Filamente aus organischen Polymeren, die hergestellt sind:

   a) durch Polymerisation von organischen Monomeren, um Polymere wie Polyamide, Polyester, Polyolefine oder Polyurethane zu erhalten, oder durch chemische Modifikation von Polymeren von aus diesem Prozess hervorgegangenen Polymeren (z. B. Poly(vinylalkohol) hergestellt aus der Hydrolyse von Poly(vinylacetat));

   b) durch Auflösung oder durch chemische Behandlung von natürlichen organischen Polymeren (z. B. Cellulose), um Polymere wie Kupferseide (Cupra) oder Viskose zu erhalten oder durch chemische Modifikation von natürlichen organischen Polymeren (z. B. Cellulose, Kasein und andere Proteine, Alginsäure), um Polymere wie Acetat-Cellulose oder Alginate zu erhalten.

   Als „synthetisch" gelten die unter a) und als „künstlich" die unter b) definierten Fasern. Streifen und dergleichen der Position 5404 oder 5405 gelten nicht als synthetische oder künstliche Fasern.

   Die Begriffe „synthetisch" und „künstlich" gelten bei Anwendung auf die Begriffe „Spinnstoffe" und „Spinnmasse" sinngemäß.

2. Zu den Positionen 5402 und 5403 gehören nicht die Kabel aus synthetischen oder künstlichen Filamenten des Kapitels 55.

KN-Code	Warenbezeichnung	Vertragsmäßiger Zollsatz (%)	Besondere Maßeinheit
1	2	3	4
5401	**Nähgarne aus synthetischen oder künstlichen Filamenten, auch in Aufmachungen für den Einzelverkauf:**		
5401 10	– **aus synthetischen Filamenten:**		
	– – nicht in Aufmachungen für den Einzelverkauf:		
	– – – Umspinnungsgarn (sog. „Core Yarn"):		
5401 10 12	– – – – Polyester-Filamente mit Baumwollfasern umsponnen	4	—
5401 10 14	– – – – andere	4	—
	– – – andere:		
5401 10 16	– – – – texturierte Garne	4	—
5401 10 18	– – – – andere	4	—
5401 10 90	– – in Aufmachungen für den Einzelverkauf	5	—
5401 20	– **aus künstlichen Filamenten:**		
5401 20 10	– – nicht in Aufmachungen für den Einzelverkauf	4	—
5401 20 90	– – in Aufmachungen für den Einzelverkauf	5	—
5402	**Garne aus synthetischen Filamenten (ausgenommen Nähgarne), nicht in Aufmachungen für den Einzelverkauf, einschließlich synthetische Monofile von weniger als 67 dtex:**		
	– **hochfeste Garne aus Nylon oder anderen Polyamiden:**		
5402 11 00	– – **aus Aramid**	4	—
5402 19 00	– – **andere**	4	—
5402 20 00	– **hochfeste Garne aus Polyestern**	4	—
	– **texturierte Garne:**		
5402 31 00	– – **aus Nylon oder anderen Polyamiden, mit einem Titer der einfachen Garne von 50 tex oder weniger**	4	—

KN-Code	Warenbezeichnung	Vertragsmäßiger Zollsatz (%)	Besondere Maßeinheit
1	2	3	4
5402 32 00	– – aus Nylon oder anderen Polyamiden, mit einem Titer der einfachen Garne von mehr als 50 tex	4	—
5402 33 00	– – aus Polyestern	4	—
5402 34 00	– – aus Polypropylen	4	—
5402 39 00	– – andere	4	—
	– andere Garne, ungezwirnt, ungedreht oder mit 50 Drehungen oder weniger je Meter:		
5402 44 00	– – aus Elastomeren	4	—
5402 45 00	– – andere, aus Nylon oder anderen Polyamiden	4	—
5402 46 00	– – andere, aus Polyestern, teilverstreckt	4	—
5402 47 00	– – andere, aus Polyestern	4	—
5402 48 00	– – andere, aus Polypropylen	4	—
5402 49 00	– – andere	4	—
	– andere Garne, ungezwirnt, mit mehr als 50 Drehungen je Meter:		
5402 51 00	– – aus Nylon oder anderen Polyamiden	4	—
5402 52 00	– – aus Polyestern	4	—
5402 59	– – andere:		
5402 59 10	– – – aus Polypropylen	4	—
5402 59 90	– – – andere	4	—
	– andere Garne, gezwirnt:		
5402 61 00	– – aus Nylon oder anderen Polyamiden	4	—
5402 62 00	– – aus Polyestern	4	—
5402 69	– – andere:		
5402 69 10	– – – aus Polypropylen	4	—
5402 69 90	– – – andere	4	—
5403	Garne aus künstlichen Filamenten (ausgenommen Nähgarne), nicht in Aufmachungen für den Einzelverkauf, einschließlich künstliche Monofile von weniger als 67 dtex:		
5403 10 00	– hochfeste Garne aus Viskose	4	—
	– andere Garne, ungezwirnt:		
5403 31 00	– – aus Viskose, ungedreht oder mit 120 Drehungen oder weniger je Meter	4	—
5403 32 00	– – aus Viskose, mit mehr als 120 Drehungen je Meter	4	—
5403 33 00	– – aus Celluloseacetat	4	—
5403 39 00	– – andere	4	—
	– andere Garne, gezwirnt:		
5403 41 00	– – aus Viskose	4	—
5403 42 00	– – aus Celluloseacetat	4	—
5403 49 00	– – andere	4	—

KN-Code	Warenbezeichnung	Vertragsmäßiger Zollsatz (%)	Besondere Maßeinheit
1	2	3	4
5404	**Synthetische Monofile von 67 dtex oder mehr und einem größten Durchmesser von 1 mm oder weniger; Streifen und dergleichen (z. B. künstliches Stroh) aus synthetischer Spinnmasse, mit einer augenscheinlichen Breite von 5 mm oder weniger:**		
	– Monofile:		
5404 11 00	**– – aus Elastomeren**	4	—
5404 12 00	**– – andere, aus Polypropylen**	4	—
5404 19 00	**– – andere**	4	—
5404 90	**– andere:**		
5404 90 10	– – aus Polypropylen	4	—
5404 90 90	– – andere	4	—
5405 00 00	**Künstliche Monofile von 67 dtex oder mehr und einem größten Durchmesser von 1 mm oder weniger; Streifen und dergleichen (z. B. künstliches Stroh) aus künstlicher Spinnmasse, mit einer augenscheinlichen Breite von 5 mm oder weniger**	3,8	—
5406 00 00	**Garne aus synthetischen oder künstlichen Filamenten (ausgenommen Nähgarne), in Aufmachungen für den Einzelverkauf**	5	—
5407	**Gewebe aus Garnen aus synthetischen Filamenten, einschließlich Gewebe aus Erzeugnissen der Position 5404:**		
5407 10 00	**– Gewebe aus hochfesten Garnen aus Nylon oder anderen Polyamiden oder aus Polyester**	8	m^2
5407 20	**– Gewebe aus Streifen oder dergleichen:**		
	– – aus Polyethylen oder Polypropylen, mit einer Breite von:		
5407 20 11	– – – weniger als 3 m	8	m^2
5407 20 19	– – – 3 m oder mehr	8	m^2
5407 20 90	– – andere	8	m^2
5407 30 00	**– Gewebe im Sinne der Anmerkung 9 zu Abschnitt XI**	8	m^2
	– andere Gewebe, mit einem Anteil an Filamenten aus Nylon oder anderen Polyamiden von 85 GHT oder mehr:		
5407 41 00	**– – roh oder gebleicht**	8	m^2
5407 42 00	**– – gefärbt**	8	m^2
5407 43 00	**– – buntgewebt**	8	m^2
5407 44 00	**– – bedruckt**	8	m^2
	– andere Gewebe, mit einem Anteil an texturierten Polyester-Filamenten von 85 GHT oder mehr:		
5407 51 00	**– – roh oder gebleicht**	8	m^2
5407 52 00	**– – gefärbt**	8	m^2
5407 53 00	**– – buntgewebt**	8	m^2

KN-Code	Warenbezeichnung	Vertragsmäßiger Zollsatz (%)	Besondere Maßeinheit
1	2	3	4
5407 54 00	– – bedruckt	8	m²
	– andere Gewebe, mit einem Anteil an Polyester-Filamenten von 85 GHT oder mehr:		
5407 61	– – mit einem Anteil an nicht texturierten Polyester-Filamenten von 85 GHT oder mehr:		
5407 61 10	– – – roh oder gebleicht	8	m²
5407 61 30	– – – gefärbt	8	m²
5407 61 50	– – – buntgewebt	8	m²
5407 61 90	– – – bedruckt	8	m²
5407 69	– – andere:		
5407 69 10	– – – roh oder gebleicht	8	m²
5407 69 90	– – – andere	8	m²
	– andere Gewebe, mit einem Anteil an synthetischen Filamenten von 85 GHT oder mehr:		
5407 71 00	– – roh oder gebleicht	8	m²
5407 72 00	– – gefärbt	8	m²
5407 73 00	– – buntgewebt	8	m²
5407 74 00	– – bedruckt	8	m²
	– andere Gewebe, mit einem Anteil an synthetischen Filamenten von weniger als 85 GHT, hauptsächlich oder ausschließlich mit Baumwolle gemischt:		
5407 81 00	– – roh oder gebleicht	8	m²
5407 82 00	– – gefärbt	8	m²
5407 83 00	– – buntgewebt	8	m²
5407 84 00	– – bedruckt	8	m²
	– andere Gewebe:		
5407 91 00	– – roh oder gebleicht	8	m²
5407 92 00	– – gefärbt	8	m²
5407 93 00	– – buntgewebt	8	m²
5407 94 00	– – bedruckt	8	m²
5408	Gewebe aus Garnen aus künstlichen Filamenten, einschließlich Gewebe aus Erzeugnissen der Position 5405:		
5408 10 00	– Gewebe aus hochfesten Viskose-Garnen	8	m²
	– andere Gewebe, mit einem Anteil an künstlichen Filamenten, Streifen oder dergleichen von 85 GHT oder mehr:		
5408 21 00	– – roh oder gebleicht	8	m²
5408 22	– – gefärbt:		
5408 22 10	– – – mit einer Breite von mehr als 135 cm bis 155 cm, in Leinwand-, Köper- oder Satinbindung	8	m²
5408 22 90	– – – andere	8	m²

KN-Code	Warenbezeichnung	Vertragsmäßiger Zollsatz (%)	Besondere Maßeinheit
1	2	3	4
5408 23 00	– – **buntgewebt**	8	m^2
5408 24 00	– – **bedruckt**	8	m^2
	– **andere Gewebe:**		
5408 31 00	– – **roh oder gebleicht**	8	m^2
5408 32 00	– – **gefärbt**	8	m^2
5408 33 00	– – **buntgewebt**	8	m^2
5408 34 00	– – **bedruckt**	8	m^2

KAPITEL 55

SYNTHETISCHE ODER KÜNSTLICHE SPINNFASERN

Anmerkung

1. Als „Kabel aus synthetischen oder künstlichen Filamenten" im Sinne der Positionen 5501 und 5502 gelten ausschließlich Kabel, die aus einem Bündel parallel liegender Filamente von einheitlicher und gleicher Länge wie die Kabel bestehen und folgenden Bedingungen entsprechen:
   a) Länge des Kabels mehr als 2 m;
   b) Zahl der Drehungen des Kabels weniger als 5 je Meter;
   c) Einzeltiter der Filamente weniger als 67 dtex;
   d) Kabel aus synthetischen Filamenten müssen verstreckt sein, d. h. sie dürfen nicht um mehr als 100 % ihrer Länge dehnbar sein;
   e) Gesamttiter des Kabels mehr als 20 000 dtex.

   Kabel mit einer Länge von 2 m oder weniger gehören zu Position 5503 oder 5504.

KN-Code	Warenbezeichnung	Vertragsmäßiger Zollsatz (%)	Besondere Maßeinheit
1	2	3	4
5501	**Kabel aus synthetischen Filamenten:**		
5501 10 00	**– aus Nylon oder anderen Polyamiden**	4	—
5501 20 00	**– aus Polyestern**	4	—
5501 30 00	**– aus Polyacryl oder Modacryl**	4	—
5501 40 00	**– aus Polypropylen**	4	—
5501 90 00	**– andere**	4	—
5502 00	**Kabel aus künstlichen Filamenten:**		
5502 00 10	– aus Viskose	4	—
5502 00 40	– aus Acetat	4	—
5502 00 80	– andere	4	—
5503	**Synthetische Spinnfasern, weder gekrempelt noch gekämmt noch anders für die Spinnerei bearbeitet:**		
	– aus Nylon oder anderen Polyamiden:		
5503 11 00	**– – aus Aramid**	4	—
5503 19 00	**– – andere**	4	—
5503 20 00	**– aus Polyestern**	4	—
5503 30 00	**– aus Polyacryl oder Modacryl**	4	—
5503 40 00	**– aus Polypropylen**	4	—
5503 90 00	**– andere**	4	—
5504	**Künstliche Spinnfasern, weder gekrempelt noch gekämmt noch anders für die Spinnerei bearbeitet:**		
5504 10 00	**– aus Viskose**	4	—
5504 90 00	**– andere**	4	—

KN-Code	Warenbezeichnung	Vertragsmäßiger Zollsatz (%)	Besondere Maßeinheit
1	2	3	4
5505	**Abfälle von Chemiefasern (einschließlich Kämmlinge, Garnabfälle und Reißspinnstoff):**		
5505 10	**– aus synthetischen Chemiefasern:**		
5505 10 10	– – aus Nylon oder anderen Polyamiden	4	—
5505 10 30	– – aus Polyestern	4	—
5505 10 50	– – aus Polyacryl oder Modacryl	4	—
5505 10 70	– – aus Polypropylen	4	—
5505 10 90	– – andere	4	—
5505 20 00	**– aus künstlichen Chemiefasern**	4	—
5506	**Synthetische Spinnfasern, gekrempelt, gekämmt oder anders für die Spinnerei bearbeitet:**		
5506 10 00	**– aus Nylon oder anderen Polyamiden**	4	—
5506 20 00	**– aus Polyestern**	4	—
5506 30 00	**– aus Polyacryl oder Modacryl**	4	—
5506 90 00	**– andere**	4	—
5507 00 00	**Künstliche Spinnfasern, gekrempelt, gekämmt oder anders für die Spinnerei bearbeitet**	4	—
5508	**Nähgarne aus synthetischen oder künstlichen Spinnfasern, auch in Aufmachungen für den Einzelverkauf:**		
5508 10	**– aus synthetischen Spinnfasern:**		
5508 10 10	– – nicht in Aufmachungen für den Einzelverkauf	4	—
5508 10 90	– – in Aufmachungen für den Einzelverkauf	5	—
5508 20	**– aus künstlichen Spinnfasern:**		
5508 20 10	– – nicht in Aufmachungen für den Einzelverkauf	4	—
5508 20 90	– – in Aufmachungen für den Einzelverkauf	5	—
5509	**Garne aus synthetischen Spinnfasern (ausgenommen Nähgarne), nicht in Aufmachungen für den Einzelverkauf:**		
	– mit einem Anteil an Nylon- oder anderen Polyamid-Spinnfasern von 85 GHT oder mehr:		
5509 11 00	**– – ungezwirnt**	4	—
5509 12 00	**– – gezwirnt**	4	—
	– mit einem Anteil an Polyester-Spinnfasern von 85 GHT oder mehr:		
5509 21 00	**– – ungezwirnt**	4	—
5509 22 00	**– – gezwirnt**	4	—
	– mit einem Anteil an Polyacryl- oder Modacryl-Spinnfasern von 85 GHT oder mehr:		
5509 31 00	**– – ungezwirnt**	4	—
5509 32 00	**– – gezwirnt**	4	—
	– andere Garne, mit einem Anteil an synthetischen Spinnfasern von 85 GHT oder mehr:		
5509 41 00	**– – ungezwirnt**	4	—

KN-Code	Warenbezeichnung	Vertragsmäßiger Zollsatz (%)	Besondere Maßeinheit
1	2	3	4
5509 42 00	**– – gezwirnt**	4	—
	– andere Garne, aus Polyester-Spinnfasern:		
5509 51 00	**– – hauptsächlich oder ausschließlich mit künstlichen Spinnfasern gemischt**	4	—
5509 52 00	**– – hauptsächlich oder ausschließlich mit Wolle oder feinen Tierhaaren gemischt**	4	—
5509 53 00	**– – hauptsächlich oder ausschließlich mit Baumwolle gemischt**	4	—
5509 59 00	**– – andere**	4	—
	– andere Garne, aus Polyacryl- oder Modacryl-Spinnfasern:		
5509 61 00	**– – hauptsächlich oder ausschließlich mit Wolle oder feinen Tierhaaren gemischt**	4	—
5509 62 00	**– – hauptsächlich oder ausschließlich mit Baumwolle gemischt**	4	—
5509 69 00	**– – andere**	4	—
	– andere Garne:		
5509 91 00	**– – hauptsächlich oder ausschließlich mit Wolle oder feinen Tierhaaren gemischt**	4	—
5509 92 00	**– – hauptsächlich oder ausschließlich mit Baumwolle gemischt**	4	—
5509 99 00	**– – andere**	4	—
5510	**Garne aus künstlichen Spinnfasern (ausgenommen Nähgarne), nicht in Aufmachungen für den Einzelverkauf:**		
	– mit einem Anteil an künstlichen Spinnfasern von 85 GHT oder mehr:		
5510 11 00	**– – ungezwirnt**	4	—
5510 12 00	**– – gezwirnt**	4	—
5510 20 00	**– andere Garne, hauptsächlich oder ausschließlich mit Wolle oder feinen Tierhaaren gemischt**	4	—
5510 30 00	**– andere Garne, hauptsächlich oder ausschließlich mit Baumwolle gemischt**	4	—
5510 90 00	**– andere Garne**	4	—
5511	**Garne aus synthetischen oder künstlichen Spinnfasern (ausgenommen Nähgarne), in Aufmachungen für den Einzelverkauf:**		
5511 10 00	**– aus synthetischen Spinnfasern mit einem Anteil an diesen Spinnfasern von 85 GHT oder mehr**	5	—
5511 20 00	**– aus synthetischen Spinnfasern, mit einem Anteil an diesen Spinnfasern von weniger als 85 GHT**	5	—
5511 30 00	**– aus künstlichen Spinnfasern**	5	—
5512	**Gewebe aus synthetischen Spinnfasern, mit einem Anteil an diesen Spinnfasern von 85 GHT oder mehr:**		
	– mit einem Anteil an Polyester-Spinnfasern von 85 GHT oder mehr:		
5512 11 00	**– – roh oder gebleicht**	8	m^2
5512 19	**– – andere:**		
5512 19 10	– – – bedruckt	8	m^2
5512 19 90	– – – andere	8	m^2
	– mit einem Anteil an Polyacryl- oder Modacryl-Spinnfasern von 85 GHT oder mehr:		
5512 21 00	**– – roh oder gebleicht**	8	m^2

KN-Code	Warenbezeichnung	Vertragsmäßiger Zollsatz (%)	Besondere Maßeinheit
1	2	3	4
5512 29	– – **andere:**		
5512 29 10	– – – bedruckt	8	m^2
5512 29 90	– – – andere	8	m^2
	– **andere:**		
5512 91 00	– – **roh oder gebleicht**	8	m^2
5512 99	– – **andere:**		
5512 99 10	– – – bedruckt	8	m^2
5512 99 90	– – – andere	8	m^2
5513	**Gewebe aus synthetischen Spinnfasern, mit einem Anteil an diesen Spinnfasern von weniger als 85 GHT, hauptsächlich oder ausschließlich mit Baumwolle gemischt und mit einem Quadratmetergewicht von 170 g oder weniger:**		
	– **roh oder gebleicht:**		
5513 11	– – **aus Polyester-Spinnfasern, in Leinwandbindung:**		
5513 11 20	– – – mit einer Breite von 165 cm oder weniger	8	m^2
5513 11 90	– – – mit einer Breite von mehr als 165 cm	8	m^2
5513 12 00	– – **aus Polyester-Spinnfasern, in 3- oder 4-bindigem Köper, einschließlich Doppelköper**	8	m^2
5513 13 00	– – **andere Gewebe aus Polyester-Spinnfasern**	8	m^2
5513 19 00	– – **andere Gewebe**	8	m^2
	– **gefärbt:**		
5513 21 00	– – **aus Polyester-Spinnfasern, in Leinwandbindung**	8	m^2
5513 23	– – **andere Gewebe aus Polyester-Spinnfasern:**		
5513 23 10	– – – in 3- oder 4-bindigem Köper, einschließlich Doppelköper	8	m^2
5513 23 90	– – – andere	8	m^2
5513 29 00	– – **andere Gewebe**	8	m^2
	– **buntgewebt:**		
5513 31 00	– – **aus Polyester-Spinnfasern, in Leinwandbindung**	8	m^2
5513 39 00	– – **andere Gewebe**	8	m^2
	– **bedruckt:**		
5513 41 00	– – **aus Polyester-Spinnfasern, in Leinwandbindung**	8	m^2
5513 49 00	– – **andere Gewebe**	8	m^2

KN-Code	Warenbezeichnung	Vertragsmäßiger Zollsatz (%)	Besondere Maßeinheit
1	2	3	4
5514	**Gewebe aus synthetischen Spinnfasern, mit einem Anteil an diesen Fasern von weniger als 85 GHT, hauptsächlich oder ausschließlich mit Baumwolle gemischt, mit einem Quadratmetergewicht von mehr als 170 g:**		
	– roh oder gebleicht:		
5514 11 00	**– – aus Polyester-Spinnfasern, in Leinwandbindung**	8	m^2
5514 12 00	**– – aus Polyester-Spinnfasern, in 3- oder 4-bindigem Köper, einschließlich Doppelköper**	8	m^2
5514 19	**– – andere Gewebe:**		
5514 19 10	– – – aus Polyester-Spinnfasern	8	m^2
5514 19 90	– – – andere	8	m^2
	– gefärbt:		
5514 21 00	**– – aus Polyester-Spinnfasern, in Leinwandbindung**	8	m^2
5514 22 00	**– – aus Polyester-Spinnfasern, in 3- oder 4-bindigem Köper, einschließlich Doppelköper**	8	m^2
5514 23 00	**– – andere Gewebe aus Polyester-Spinnfasern**	8	m^2
5514 29 00	**– – andere Gewebe**	8	m^2
5514 30	**– buntgewebt:**		
5514 30 10	– – aus Polyester-Spinnfasern, in Leinwandbindung	8	m^2
5514 30 30	– – aus Polyester-Spinnfasern, in 3- oder 4-bindigem Köper, einschließlich Doppelköper	8	m^2
5514 30 50	– – andere Gewebe aus Polyester-Spinnfasern	8	m^2
5514 30 90	– – andere Gewebe	8	m^2
	– bedruckt:		
5514 41 00	**– – aus Polyester-Spinnfasern, in Leinwandbindung**	8	m^2
5514 42 00	**– – aus Polyester-Spinnfasern, in 3- oder 4-bindigem Köper, einschließlich Doppelköper**	8	m^2
5514 43 00	**– – andere Gewebe aus Polyester-Spinnfasern**	8	m^2
5514 49 00	**andere Gewebe**	8	m^2
5515	**Andere Gewebe aus synthetischen Spinnfasern:**		
	– aus Polyester-Spinnfasern:		
5515 11	**– – hauptsächlich oder ausschließlich mit Viskose-Spinnfasern gemischt:**		
5515 11 10	– – – roh oder gebleicht	8	m^2
5515 11 30	– – – bedruckt	8	m^2
5515 11 90	– – – andere	8	m^2
5515 12	**– – hauptsächlich oder ausschließlich mit synthetischen oder künstlichen Filamenten gemischt:**		
5515 12 10	– – – roh oder gebleicht	8	m^2
5515 12 30	– – – bedruckt	8	m^2
5515 12 90	– – – andere	8	m^2

KN-Code	Warenbezeichnung	Vertragsmäßiger Zollsatz (%)	Besondere Maßeinheit
1	2	3	4
5515 13	– – **hauptsächlich oder ausschließlich mit Wolle oder feinen Tierhaaren gemischt:**		
	– – – hauptsächlich oder ausschließlich mit gestrichener Wolle oder mit gestrichenen feinen Tierhaaren gemischt:		
5515 13 11	– – – – roh oder gebleicht	8	m^2
5515 13 19	– – – – andere	8	m^2
	– – – hauptsächlich oder ausschließlich mit gekämmter Wolle oder mit gekämmten feinen Tierhaaren gemischt:		
5515 13 91	– – – – roh oder gebleicht	8	m^2
5515 13 99	– – – – andere	8	m^2
5515 19	– – **andere:**		
5515 19 10	– – – roh oder gebleicht	8	m^2
5515 19 30	– – – bedruckt	8	m^2
5515 19 90	– – – andere	8	m^2
	– **aus Polyacryl- oder Modacryl-Spinnfasern:**		
5515 21	– – **hauptsächlich oder ausschließlich mit synthetischen oder künstlichen Filamenten gemischt:**		
5515 21 10	– – – roh oder gebleicht	8	m^2
5515 21 30	– – – bedruckt	8	m^2
5515 21 90	– – – andere	8	m^2
5515 22	– – **hauptsächlich oder ausschließlich mit Wolle oder feinen Tierhaaren gemischt:**		
	– – – hauptsächlich oder ausschließlich mit gestrichener Wolle oder mit gestrichenen feinen Tierhaaren gemischt:		
5515 22 11	– – – – roh oder gebleicht	8	m^2
5515 22 19	– – – – andere	8	m^2
	– – – hauptsächlich oder ausschließlich mit gekämmter Wolle oder mit gekämmten feinen Tierhaaren gemischt:		
5515 22 91	– – – – roh oder gebleicht	8	m^2
5515 22 99	– – – – andere	8	m^2
5515 29 00	– – **andere**	8	m^2
	– **andere Gewebe:**		
5515 91	– – **hauptsächlich oder ausschließlich mit synthetischen oder künstlichen Filamenten gemischt:**		
5515 91 10	– – – roh oder gebleicht	8	m^2
5515 91 30	– – – bedruckt	8	m^2
5515 91 90	– – – andere	8	m^2
5515 99	– – **andere:**		
5515 99 20	– – – roh oder gebleicht	8	m^2
5515 99 40	– – – bedruckt	8	m^2
5515 99 80	– – – andere	8	m^2

KN-Code	Warenbezeichnung	Vertragsmäßiger Zollsatz (%)	Besondere Maßeinheit
1	2	3	4
5516	**Gewebe aus künstlichen Spinnfasern:**		
	– mit einem Anteil an künstlichen Spinnfasern von 85 GHT oder mehr:		
5516 11 00	**– – roh oder gebleicht**	8	m^2
5516 12 00	**– – gefärbt**	8	m^2
5516 13 00	**– – buntgewebt**	8	m^2
5516 14 00	**– – bedruckt**	8	m^2
	– mit einem Anteil an künstlichen Spinnfasern von weniger als 85 GHT, hauptsächlich oder ausschließlich mit synthetischen oder künstlichen Filamenten gemischt:		
5516 21 00	**– – roh oder gebleicht**	8	m^2
5516 22 00	**– – gefärbt**	8	m^2
5516 23	**– – buntgewebt:**		
5516 23 10	– – – Jacquard-Gewebe mit einer Breite von 140 cm oder mehr (Matratzendrelle)	8	m^2
5516 23 90	– – – andere	8	m^2
5516 24 00	**– – bedruckt**	8	m^2
	– mit einem Anteil an künstlichen Spinnfasern von weniger als 85 GHT, hauptsächlich oder ausschließlich mit Wolle oder feinen Tierhaaren gemischt:		
5516 31 00	**– – roh oder gebleicht**	8	m^2
5516 32 00	**– – gefärbt**	8	m^2
5516 33 00	**– – buntgewebt**	8	m^2
5516 34 00	**– – bedruckt**	8	m^2
	– mit einem Anteil an künstlichen Spinnfasern von weniger als 85 GHT, hauptsächlich oder ausschließlich mit Baumwolle gemischt:		
5516 41 00	**– – roh oder gebleicht**	8	m^2
5516 42 00	**– – gefärbt**	8	m^2
5516 43 00	**– – buntgewebt**	8	m^2
5516 44 00	**– – bedruckt**	8	m^2
	– andere:		
5516 91 00	**– – roh oder gebleicht**	8	m^2
5516 92 00	**– – gefärbt**	8	m^2
5516 93 00	**– – buntgewebt**	8	m^2
5516 94 00	**– – bedruckt**	8	m^2

KAPITEL 56

WATTE, FILZE UND VLIESSTOFFE; SPEZIALGARNE; BINDFÄDEN, SEILE UND TAUE; SEILERWAREN

Anmerkungen

1. Zu Kapitel 56 gehören nicht:

   a) Watte, Filze oder Vliesstoffe, mit Stoffen oder Zubereitungen (z. B. Riechmittel oder Schminken des Kapitels 33, Seifen oder Reinigungsmittel der Position 3401, Poliermittel, Schuhcreme oder ähnliche Zubereitungen der Position 3405, Weichmacher der Position 3809 für Spinnstofferzeugnisse) getränkt, bestrichen oder überzogen, sofern die Spinnstoffe lediglich als Unterlage dienen;

   b) Spinnstofferzeugnisse der Position 5811;

   c) natürliche oder künstliche Schleifstoffe, in Pulver- oder Körnerform, aufgebracht auf Filz- oder Vliesstoffunterlagen (Position 6805);

   d) agglomerierter oder wiedergewonnener Glimmer auf Filz- oder Vliesstoffunterlagen (Position 6814);

   e) Metallfolien auf Filz- oder Vliesstoffunterlagen (im Allgemeinen Abschnitt XIV oder XV); oder

   f) hygienische Binden (Einlagen) und Tampons, Windeln und Windeleinlagen für Säuglinge und Kleinkinder und ähnliche Waren der Position 9619.

2. Als „Filze" gelten sowohl Nadelfilze als auch Flächenerzeugnisse, die aus einer Faserlage aus Spinnstoffen bestehen, deren Zusammenhalt durch ein Nähwirkverfahren mittels Fasern aus der Faserlage selbst verstärkt worden ist.

3. Zu den Positionen 5602 und 5603 gehören auch Filze und Vliesstoffe, mit Kunststoff oder Kautschuk getränkt, bestrichen oder überzogen oder mit Lagen aus diesen Stoffen versehen, ohne Rücksicht auf die Beschaffenheit dieser Stoffe (fest oder zellförmig).

   Zu Position 5603 gehören auch Vliesstoffe, die als Bindemittel Kunststoff oder Kautschuk enthalten.

   Zu den Positionen 5602 und 5603 gehören jedoch nicht:

   a) Filze, mit Kunststoff oder Kautschuk getränkt, bestrichen oder überzogen oder mit Lagen aus diesen Stoffen versehen, mit einem Anteil an Spinnstoffen von 50 GHT oder weniger, oder Filze, ganz in Kunststoff oder Kautschuk eingebettet (Kapitel 39 oder 40);

   b) Vliesstoffe, entweder ganz in Kunststoff oder Kautschuk eingebettet oder vollständig auf beiden Seiten mit diesen Stoffen bestrichen oder überzogen, vorausgesetzt, dass ein solches Bestreichen oder Überziehen mit bloßem Auge wahrnehmbar ist; dabei bleiben Veränderungen der Farbe, die hierdurch hervorgerufen sind, außer Betracht (Kapitel 39 oder 40);

   c) Platten, Blätter oder Streifen aus Zellkunststoff oder Zellkautschuk, in Verbindung mit Filz oder Vliesstoff, bei denen der Spinnstoff nur der Verstärkung dient (Kapitel 39 oder 40).

4. Zu Position 5604 gehören nicht Garne aus Spinnstoffen und nicht Streifen und dergleichen der Position 5404 oder 5405, bei denen das Tränken, Bestreichen oder Überziehen mit bloßem Auge nicht wahrnehmbar ist (im Allgemeinen Kapitel 50 bis 55); dabei bleiben Veränderungen der Farbe, die hierdurch hervorgerufen sind, außer Betracht.

KN-Code	Warenbezeichnung	Vertragsmäßiger Zollsatz (%)	Besondere Maßeinheit
1	2	3	4
5601	**Watte aus Spinnstoffen und Waren daraus; Spinnstofffasern mit einer Länge von 5 mm oder weniger (Scherstaub), Knoten und Noppen aus Spinnstoffen:**		
	– **Watte aus Spinnstoffen und Waren daraus:**		
5601 21	– – **aus Baumwolle:**		
5601 21 10	– – – hydrophil	3,8	—
5601 21 90	– – – andere	3,8	—
5601 22	– – **aus Chemiefasern:**		
5601 22 10	– – – Watterollen mit einem Durchmesser von 8 mm oder weniger	3,8	—

KN-Code	Warenbezeichnung	Vertragsmäßiger Zollsatz (%)	Besondere Maßeinheit
1	2	3	4
5601 22 90	– – – andere	4	—
5601 29 00	– – andere	3,8	—
5601 30 00	– Scherstaub, Knoten und Noppen, aus Spinnstoffen	3,2	—
5602	Filze, auch getränkt, bestrichen, überzogen oder mit Lagen versehen:		
5602 10	– Nadelfilze und nähgewirkte Flächenerzeugnisse:		
	– – weder getränkt, bestrichen, überzogen noch mit Lagen versehen:		
	– – – Nadelfilze:		
5602 10 11	– – – – aus Jute oder anderen textilen Bastfasern der Position 5303	6,7	—
5602 10 19	– – – – aus anderen Spinnstoffen	6,7	—
	– – – nähgewirkte Flächenerzeugnisse:		
5602 10 31	– – – – aus Wolle oder feinen Tierhaaren	6,7	—
5602 10 38	– – – – aus anderen Spinnstoffen	6,7	—
5602 10 90	– – getränkt, bestrichen, überzogen oder mit Lagen versehen	6,7	—
	– andere Filze, weder getränkt, bestrichen, überzogen noch mit Lagen versehen:		
5602 21 00	– – aus Wolle oder feinen Tierhaaren	6,7	—
5602 29 00	– – aus anderen Spinnstoffen	6,7	—
5602 90 00	– andere	6,7	—
5603	Vliesstoffe, auch getränkt, bestrichen, überzogen oder mit Lagen versehen:		
	– aus synthetischen oder künstlichen Filamenten:		
5603 11	– – mit einem Quadratmetergewicht von 25 g oder weniger:		
5603 11 10	– – – bestrichen oder überzogen	4,3	—
5603 11 90	– – – andere	4,3	—
5603 12	– – mit einem Quadratmetergewicht von mehr als 25 g bis 70 g:		
5603 12 10	– – – bestrichen oder überzogen	4,3	—
5603 12 90	– – – andere	4,3	—
5603 13	– – mit einem Quadratmetergewicht von mehr als 70 g bis 150 g:		
5603 13 10	– – – bestrichen oder überzogen	4,3	—
5603 13 90	– – – andere	4,3	—
5603 14	– – mit einem Quadratmetergewicht von mehr als 150 g:		
5603 14 10	– – – bestrichen oder überzogen	4,3	—
5603 14 90	– – – andere	4,3	—
	– andere:		
5603 91	– – mit einem Quadratmetergewicht von 25 g oder weniger:		
5603 91 10	– – – bestrichen oder überzogen	4,3	—

KN-Code	Warenbezeichnung	Vertragsmäßiger Zollsatz (%)	Besondere Maßeinheit
1	2	3	4
5603 91 90	– – – andere	4,3	—
5603 92	– – **mit einem Quadratmetergewicht von mehr als 25 g bis 70 g:**		
5603 92 10	– – – bestrichen oder überzogen	4,3	—
5603 92 90	– – – andere	4,3	—
5603 93	– – **mit einem Quadratmetergewicht von mehr als 70 g bis 150 g:**		
5603 93 10	– – – bestrichen oder überzogen	4,3	—
5603 93 90	– – – andere	4,3	—
5603 94	– – **mit einem Quadratmetergewicht von mehr als 150 g:**		
5603 94 10	– – – bestrichen oder überzogen	4,3	—
5603 94 90	– – – andere	4,3	—
5604	**Fäden und Schnüre aus Kautschuk, mit einem Überzug aus Spinnstoffen; Streifen und dergleichen der Position 5404 oder 5405, Garne aus Spinnstoffen, mit Kautschuk oder Kunststoff getränkt, bestrichen, überzogen oder umhüllt:**		
5604 10 00	– **Fäden und Schnüre aus Kautschuk, mit einem Überzug aus Spinnstoffen**	4	—
5604 90	– **andere:**		
5604 90 10	– – hochfeste Garne aus Polyester, Nylon oder anderen Polyamiden oder aus Viskose, getränkt oder bestrichen	4	—
5604 90 90	– – andere	4	—
5605 00 00	**Metallgarne und metallisierte Garne, auch umsponnen, bestehend aus Streifen und dergleichen der Position 5404 oder 5405 oder aus Garnen aus Spinnstoffen, in Verbindung mit Metall in Form von Fäden, Streifen oder Pulver oder mit Metall überzogen**	4	—
5606 00	**Gimpen, umsponnene Streifen und dergleichen der Position 5404 oder 5405 (ausgenommen Waren der Position 5605 und umsponnene Garne aus Rosshaar); Chenillegarne; „Maschengarne":**		
5606 00 10	– „Maschengarne"	8	—
	– andere:		
5606 00 91	– – Gimpen	5,3	—
5606 00 99	– – andere	5,3	—
5607	**Bindfäden, Seile und Taue, auch geflochten, auch mit Kautschuk oder Kunststoff getränkt, bestrichen, überzogen oder umhüllt:**		
	– **aus Sisal oder anderen textilen Agavefasern:**		
5607 21 00	– – **Bindegarne oder Pressengarne**	12	—
5607 29 00	– – **andere**	12	—
	– **aus Polyethylen oder Polypropylen:**		
5607 41 00	– – **Bindegarne oder Pressengarne**	8	—

KN-Code	Warenbezeichnung	Vertragsmäßiger Zollsatz (%)	Besondere Maßeinheit
1	2	3	4
5607 49	– – **andere:**		
	– – – mit einem Titer von mehr als 50 000 dtex (5 g je m):		
5607 49 11	– – – – geflochten	8	—
5607 49 19	– – – – andere	8	—
5607 49 90	– – – mit einem Titer von 50 000 dtex (5 g je m) oder weniger	8	—
5607 50	– **aus anderen synthetischen Chemiefasern:**		
	– – aus Nylon oder anderen Polyamiden oder aus Polyestern:		
	– – – mit einem Titer von mehr als 50 000 dtex (5 g je m):		
5607 50 11	– – – – geflochten	8	—
5607 50 19	– – – – andere	8	—
5607 50 30	– – – mit einem Titer von 50 000 dtex (5 g je m) oder weniger	8	—
5607 50 90	– – aus anderen synthetischen Chemiefasern	8	—
5607 90	– **andere:**		
5607 90 20	– – aus Abaca (Manilahanf oder Musa textilis Nee) oder aus anderen harten Blattfasern; aus Jute oder anderen textilen Bastfasern der Position 5303	6	—
5607 90 90	– – andere	8	—
5608	**Geknüpfte Netze, in Stücken oder als Meterware, aus Bindfäden, Seilen oder Tauen; konfektionierte Fischernetze und andere konfektionierte Netze, aus Spinnstoffen:**		
	– **aus synthetischen oder künstlichen Spinnstoffen:**		
5608 11	– – **konfektionierte Fischernetze:**		
5608 11 20	– – – aus Bindfäden, Seilen oder Tauen	8	—
5608 11 80	– – – andere	8	—
5608 19	– – **andere:**		
	– – – konfektionierte Netze:		
	– – – – aus Nylon oder anderen Polyamiden:		
5608 19 11	– – – – – aus Bindfäden, Seilen oder Tauen	8	—
5608 19 19	– – – – – andere	8	—
5608 19 30	– – – – andere	8	—
5608 19 90	– – – andere	8	—
5608 90 00	– **andere**	8	—
5609 00 00	**Waren aus Garnen, aus Streifen oder dergleichen der Position 5404 oder 5405, aus Bindfäden, Seilen und Tauen, anderweit weder genannt noch inbegriffen**	5,8	—

KAPITEL 57

TEPPICHE UND ANDERE FUSSBODENBELÄGE, AUS SPINNSTOFFEN

Anmerkungen

1. Als „Teppiche und andere Fußbodenbeläge, aus Spinnstoffen" im Sinne des Kapitels 57 gelten Fußbodenbeläge, bei denen die Spinnstoffe die Schauseite der Ware bei deren Verwendung bilden. Hierzu gehören auch Waren, die die charakteristischen Merkmale von Fußbodenbelägen aus Spinnstoffen aufweisen, jedoch zu anderen Zwecken bestimmt sind.
2. Zu Kapitel 57 gehören nicht Teppichunterlagen.

Zusätzliche Anmerkung

1. *Für die Anwendung des für Teppiche der Unterposition 5701 10 90 festgesetzten Höchstzollsatzes gehören die florfreien Kopfenden, die Webkanten und die Fransen nicht zu der für die Verzollung zu berücksichtigenden Fläche.*

KN-Code	Warenbezeichnung	Vertragsmäßiger Zollsatz (%)	Besondere Maßeinheit
1	2	3	4
5701	**Geknüpfte Teppiche aus Spinnstoffen, auch konfektioniert:**		
5701 10	- **aus Wolle oder feinen Tierhaaren:**		
5701 10 10	- - mit einem Anteil an Seide oder Schappeseide von mehr als 10 GHT	8	m^2
5701 10 90	- - andere	8 MAX 2,8 €/m^2	m^2
5701 90	- **aus anderen Spinnstoffen:**		
5701 90 10	- - aus Seide, Schappeseide, synthetischen Chemiefasern oder metallisierten Garnen der Position 5605 oder aus Spinnstoffen und Metallfäden	8	m^2
5701 90 90	- - aus anderen Spinnstoffen	3,5	m^2
5702	**Teppiche und andere Fußbodenbeläge, aus Spinnstoffen, gewebt, weder getuftet noch beflockt, auch konfektioniert, einschließlich Kelim, Sumak, Karamanie und ähnliche handgewebte Teppiche:**		
5702 10 00	- **Kelim, Sumak, Karamanie und ähnliche handgewebte Teppiche**	3	m^2
5702 20 00	- **Fußbodenbeläge aus Kokosfasern**	4	m^2
	- **andere, mit Flor, nicht konfektioniert:**		
5702 31	- - **aus Wolle oder feinen Tierhaaren:**		
5702 31 10	- - - Axminster-Teppiche	8	m^2
5702 31 80	- - - andere	8	m^2
5702 32	- - **aus synthetischen oder künstlichen Spinnstoffen:**		
5702 32 10	- - - Axminster-Teppiche	8	m^2
5702 32 90	- - - andere	8	m^2
5702 39 00	- - **aus anderen Spinnstoffen**	8	m^2
	- **andere, mit Flor, konfektioniert:**		
5702 41	- - **aus Wolle oder feinen Tierhaaren:**		
5702 41 10	- - - Axminster-Teppiche	8	m^2
5702 41 90	- - - andere	8	m^2

KN-Code	Warenbezeichnung	Vertragsmäßiger Zollsatz (%)	Besondere Maßeinheit
1	2	3	4
5702 42	– – **aus synthetischen oder künstlichen Spinnstoffen:**		
5702 42 10	– – – Axminster-Teppiche	8	m^2
5702 42 90	– – – andere	8	m^2
5702 49 00	– – **aus anderen Spinnstoffen**	8	m^2
5702 50	– **andere, ohne Flor, nicht konfektioniert:**		
5702 50 10	– – aus Wolle oder feinen Tierhaaren	8	m^2
	– – aus synthetischen oder künstlichen Spinnstoffen:		
5702 50 31	– – – aus Polypropylen	8	m^2
5702 50 39	– – – andere	8	m^2
5702 50 90	– – aus anderen Spinnstoffen	8	m^2
	– **andere, ohne Flor, konfektioniert:**		
5702 91 00	– – **aus Wolle oder feinen Tierhaaren**	8	m^2
5702 92	– – **aus synthetischen oder künstlichen Spinnstoffen:**		
5702 92 10	– – – aus Polypropylen	8	m^2
5702 92 90	– – – andere	8	m^2
5702 99 00	– – **aus anderen Spinnstoffen**	8	m^2
5703	**Teppiche und andere Fußbodenbeläge, aus Spinnstoffen, getuftet (Nadelflor), auch konfektioniert:**		
5703 10 00	– **aus Wolle oder feinen Tierhaaren**	8	m^2
5703 20	– **aus Nylon oder anderen Polyamiden:**		
	– – bedruckt:		
5703 20 12	– – – Fliesen mit einer Oberfläche von 1 m^2 oder weniger	8	m^2
5703 20 18	– – – andere	8	m^2
	andere:		
5703 20 92	– – – Fliesen mit einer Oberfläche von 1 m^2 oder weniger	8	m^2
5703 20 98	– – – andere	8	m^2
5703 30	– **aus anderen synthetischen Spinnstoffen oder aus künstlichen Spinnstoffen:**		
	– – aus Polypropylen:		
5703 30 12	– – – Fliesen mit einer Oberfläche von 1 m^2 oder weniger	8	m^2
5703 30 18	– – – andere	8	m^2
	– – andere:		
5703 30 82	– – – Fliesen mit einer Oberfläche von 1 m^2 oder weniger	8	m^2
5703 30 88	– – – andere	8	m^2
5703 90	– **aus anderen Spinnstoffen:**		
5703 90 20	– – Fliesen mit einer Oberfläche von 1 m^2 oder weniger	8	m^2

KN-Code	Warenbezeichnung	Vertragsmäßiger Zollsatz (%)	Besondere Maßeinheit
1	2	3	4
5703 90 80	– – andere	8	m^2
5704	**Teppiche und andere Fußbodenbeläge, aus Filz, weder getuftet noch beflockt, auch konfektioniert:**		
5704 10 00	**– Fliesen mit einer Oberfläche von 0,3 m^2 oder weniger**	6,7	m^2
5704 90 00	**– andere**	6,7	m^2
5705 00	**Andere Teppiche und andere Fußbodenbeläge, aus Spinnstoffen, auch konfektioniert:**		
5705 00 30	– aus synthetischen oder künstlichen Spinnstoffen	8	m^2
5705 00 80	– aus anderen Spinnstoffen	8	m^2

KAPITEL 58

SPEZIALGEWEBE; GETUFTETE SPINNSTOFFERZEUGNISSE; SPITZEN; TAPISSERIEN; POSAMENTIERWAREN; STICKEREIEN

Anmerkungen

1. Zu Kapitel 58 gehören nicht die in Anmerkung 1 zu Kapitel 59 erfassten Gewebe, getränkt, bestrichen, überzogen oder mit Lagen versehen, sowie die übrigen Waren des Kapitels 59.
2. Zu Position 5801 gehören auch noch nicht aufgeschnittener Schusssamt und Schussplüsch ohne Flor oder Schlingen auf der Oberfläche.
3. Als „Drehergewebe" im Sinne der Position 5803 gelten Gewebe, deren Kette ganz oder teilweise aus Stehfäden und Drehfäden besteht; die Drehfäden führen um die Stehfäden eine Halbdrehung, eine Ganzdrehung oder mehr als eine Ganzdrehung aus und bilden so Schlingen, durch die die Schussfäden hindurchlaufen.
4. Zu Position 5804 gehören nicht geknüpfte Netze, in Stücken oder als Meterware, aus Bindfäden, Seilen oder Tauen, der Position 5608.
5. Als Bänder im Sinne der Position 5806 gelten:
   a) Schmalgewebe mit Kette und Schuss (einschließlich Samt), mit einer Breite von 30 cm oder weniger, mit echten Webkanten, und Streifen, aus Geweben mit Kette und Schuss geschnitten, mit einer Breite von 30 cm oder weniger, mit unechten (gewebten, geklebten oder in anderer Weise hergestellten) Webkanten;
   b) Schlauchgewebe mit Kette und Schuss, in flach gedrücktem Zustand mit einer Breite von 30 cm oder weniger;
   c) Schrägbänder mit gefalzten Rändern, in ungefalztem Zustand mit einer Breite von 30 cm oder weniger.

   Bänder mit angewebten Fransen gehören zu Position 5808.
6. Als „Stickereien" der Position 5810 gelten auch Applikationen (Aufnäh- oder Aufstickarbeiten) von Flittern, Perlen oder verzierenden Motiven aus Spinnstoffen oder anderen Stoffen sowie mit Metallfäden oder Glasfäden ausgeführte Stickarbeiten. Zu Position 5810 gehören nicht Tapisserien als Nadelarbeit (Position 5805).
7. Neben den Waren der Position 5809 gehören zu diesem Kapitel auch Waren aus Metallfäden, von der zur Bekleidung, Innenausstattung oder zu ähnlichen Zwecken verwendeten Art.

KN-Code	Warenbezeichnung	Vertragsmäßiger Zollsatz (%)	Besondere Maßeinheit
1	2	3	4
5801	**Samt und Plüsch, gewebt, und Chenillegewebe, ausgenommen Waren der Position 5802 oder 5806:**		
5801 10 00	**– aus Wolle oder feinen Tierhaaren**	8	m²
	– aus Baumwolle:		
5801 21 00	**– – Schusssamt und Schussplüsch, nicht aufgeschnitten**	8	m²
5801 22 00	**– – Rippenschusssamt und Rippenschussplüsch, aufgeschnitten**	8	m²
5801 23 00	**– – anderer Schusssamt und Schussplüsch**	8	m²
5801 26 00	**– – Chenillegewebe**	8	m²
5801 27 00	**– – Kettsamt und Kettplüsch**	8	m²
	– aus Chemiefasern:		
5801 31 00	**– – Schusssamt und Schussplüsch, nicht aufgeschnitten**	8	m²
5801 32 00	**– – Rippenschusssamt und Rippenschussplüsch, aufgeschnitten**	8	m²
5801 33 00	**– – anderer Schusssamt und Schussplüsch**	8	m²
5801 36 00	**– – Chenillegewebe**	8	m²
5801 37 00	**– – Kettsamt und Kettplüsch**	8	m²

KN-Code	Warenbezeichnung	Vertragsmäßiger Zollsatz (%)	Besondere Maßeinheit
1	2	3	4
5801 90	**– aus anderen Spinnstoffen:**		
5801 90 10	– – aus Flachs	8	m^2
5801 90 90	– – andere	8	m^2
5802	**Schlingengewebe nach Art der Frottiergewebe, ausgenommen Waren der Position 5806; getuftete Spinnstofferzeugnisse, ausgenommen Erzeugnisse der Position 5703:**		
	– Schlingengewebe nach Art der Frottiergewebe, aus Baumwolle:		
5802 11 00	**– – roh**	8	m^2
5802 19 00	**– – andere**	8	m^2
5802 20 00	**– Schlingengewebe nach Art der Frottiergewebe, aus anderen Spinnstoffen**	8	m^2
5802 30 00	**– getuftete Spinnstofferzeugnisse**	8	m^2
5803 00	**Drehergewebe, ausgenommen Waren der Position 5806:**		
5803 00 10	– aus Baumwolle	5,8	m^2
5803 00 30	– aus Seide, Schappeseide oder Bourretteseide	7,2	m^2
5803 00 90	– andere	8	m^2
5804	**Tülle (einschließlich Bobinetgardinenstoffe) und geknüpfte Netzstoffe; Spitzen, als Meterware, Streifen oder als Motive, ausgenommen Erzeugnisse der Positionen 6002 bis 6006:**		
5804 10	**– Tülle (einschließlich Bobinetgardinenstoffe) und geknüpfte Netzstoffe:**		
5804 10 10	– – ungemustert	6,5	—
5804 10 90	– – andere	8	—
	– maschinengefertigte Spitzen:		
5804 21	**– – aus Chemiefasern:**		
5804 21 10	– – – Flecht- und Klöppelspitzen	8	—
5804 21 90	– – – andere	8	—
5804 29	**– – aus anderen Spinnstoffen:**		
5804 29 10	– – – Flecht- und Klöppelspitzen	8	—
5804 29 90	– – – andere	8	—
5804 30 00	**– handgefertigte Spitzen**	8	—
5805 00 00	**Tapisserien, handgewebt (Gobelins, Flandrische Gobelins, Aubusson, Beauvais und ähnliche), und Tapisserien als Nadelarbeit (z. B. Petit Point, Kreuzstich), auch konfektioniert**	5,6	—
5806	**Bänder, ausgenommen Waren der Position 5807; schusslose Bänder aus parallel gelegten und geklebten Garnen oder Fasern (Bolducs):**		
5806 10 00	**– Bänder aus Samt, Plüsch, Chenillegewebe oder aus Schlingengewebe nach Art der Frottiergewebe**	6,3	—
5806 20 00	**– andere Bänder, mit einem Anteil an Elastomergarnen oder Kautschukfäden von 5 GHT oder mehr**	7,5	—
	– andere Bänder:		
5806 31 00	**– – aus Baumwolle**	7,5	—
5806 32	**– – aus Chemiefasern:**		
5806 32 10	– – – mit echten Webkanten	7,5	—

KN-Code	Warenbezeichnung	Vertragsmäßiger Zollsatz (%)	Besondere Maßeinheit
1	2	3	4
5806 32 90	– – – andere	7,5	—
5806 39 00	**– – aus anderen Spinnstoffen**	7,5	—
5806 40 00	**– schusslose Bänder aus parallel gelegten und geklebten Garnen oder Fasern (Bolducs)**	6,2	—
5807	**Etiketten, Abzeichen und ähnliche Waren, aus Spinnstoffen, als Meterware, Streifen oder zugeschnitten, nicht bestickt:**		
5807 10	**– gewebt:**		
5807 10 10	– – mit eingewebten Inschriften oder Motiven	6,2	—
5807 10 90	– – andere	6,2	—
5807 90	**– andere:**		
5807 90 10	– – aus Filz oder aus Vliesstoffen	6,3	—
5807 90 90	– – andere	8	—
5808	**Geflechte als Meterware; Posamentierwaren und ähnliche Zierwaren, als Meterware, ohne Stickerei, andere als solche aus Gewirken oder Gestricken; Quasten, Troddeln, Oliven, Nüsse, Pompons und ähnliche Waren:**		
5808 10 00	**– Geflechte als Meterware**	5	—
5808 90 00	**– andere**	5,3	—
5809 00 00	**Gewebe aus Metallfäden und Gewebe aus Metallgarnen oder aus metallisierten Garnen der Position 5605, von der zur Bekleidung, Innenausstattung oder zu ähnlichen Zwecken verwendeten Art, anderweit weder genannt noch inbegriffen**	5,6	—
5810	**Stickereien als Meterware, Streifen oder als Motive:**		
5810 10	**– Ätzstickereien und Stickereien mit herausgeschnittenem Grund:**		
5810 10 10	– – mit einem Wert von mehr als 35 € je kg Eigengewicht	5,8	—
5810 10 90	– – andere	8	—
	– andere Stickereien:		
5810 91	**– – aus Baumwolle:**		
5810 91 10	– – – mit einem Wert von mehr als 17,50 € je kg Eigengewicht	5,8	—
5810 91 90	– – – andere	7,2	—
5810 92	**– – aus Chemiefasern:**		
5810 92 10	– – – mit einem Wert von mehr als 17,50 € je kg Eigengewicht	5,8	—
5810 92 90	– – – andere	7,2	—
5810 99	**– – aus anderen Spinnstoffen:**		
5810 99 10	– – – mit einem Wert von mehr als 17,50 € je kg Eigengewicht	5,8	—
5810 99 90	– – – andere	7,2	—
5811 00 00	**Wattierte Spinnstofferzeugnisse als Meterware, aus einer oder mehreren Spinnstofflagen, mit Wattierungsstoff verbunden, durch Steppen oder auf andere Weise abgeteilt, ausgenommen Stickereien der Position 5810**	8	m^2

KAPITEL 59

GETRÄNKTE, BESTRICHENE, ÜBERZOGENE ODER MIT LAGEN VERSEHENE GEWEBE; WAREN DES TECHNISCHEN BEDARFS, AUS SPINNSTOFFEN

Anmerkungen

1. Als „Gewebe" im Sinne des Kapitels 59 gelten, wenn nichts anderes bestimmt ist, die Gewebe der Kapitel 50 bis 55 und der Positionen 5803 und 5806, Geflechte, Posamentierwaren und ähnliche Zierwaren, als Meterware, der Position 5808 sowie Gewirke und Gestricke der Positionen 6002 bis 6006.

2. Zu Position 5903 gehören:

   a) Gewebe, mit Kunststoff getränkt, bestrichen oder überzogen oder mit Lagen aus Kunststoff versehen, ohne Rücksicht auf das Quadratmetergewicht und die Beschaffenheit des Kunststoffs (fest oder zellförmig), ausgenommen:

      1) Gewebe, bei denen das Tränken, Bestreichen oder Überziehen mit bloßem Auge nicht wahrnehmbar ist (im Allgemeinen Kapitel 50 bis 55, 58 oder 60); dabei bleiben Veränderungen der Farbe, die hierdurch hervorgerufen sind, außer Betracht;

      2) Erzeugnisse, die von Hand bei einer Temperatur zwischen 15 und 30 °C nicht auf einen Dorn von 7 mm Durchmesser aufgerollt werden können, ohne rissig zu werden (im Allgemeinen Kapitel 39);

      3) Erzeugnisse, bei denen das Gewebe entweder ganz in Kunststoff eingebettet ist oder auf beiden Seiten vollständig mit Kunststoff bestrichen oder überzogen ist, vorausgesetzt, dass das Bestreichen oder Überziehen mit bloßem Auge wahrnehmbar ist; dabei bleiben Veränderungen der Farbe, die hierdurch hervorgerufen sind, außer Betracht (Kapitel 39);

      4) Gewebe, die mit Kunststoff teilweise bestrichen oder überzogen sind und durch diese Behandlung Muster aufweisen (im Allgemeinen Kapitel 50 bis 55, 58 oder 60);

      5) Platten, Folien oder Streifen aus Zellkunststoff, in Verbindung mit Geweben, sofern die Gewebe nur der Verstärkung dienen (Kapitel 39);

      6) Spinnstofferzeugnisse der Position 5811;

   b) Gewebe aus Garnen, Streifen oder dergleichen, mit Kunststoff getränkt, bestrichen, überzogen oder umhüllt, der Position 5604.

3. Als „Wandverkleidungen aus Spinnstoffen" im Sinne der Position 5905 gelten zum Ausschmücken von Wänden oder Decken geeignete Erzeugnisse in Rollen, mit einer Breite von 45 cm oder mehr, mit einer Oberfläche aus Spinnstoffen, die entweder auf eine Unterlage aufgebracht oder — bei fehlender Unterlage — auf der Rückseite behandelt sind (getränkt oder bestrichen, um ein Ankleben zu ermöglichen).

   Zu dieser Position gehören jedoch nicht Wandverkleidungen, bei denen Scherstaub unmittelbar aufgebracht worden ist auf eine Papierunterlage (Position 4814) oder auf eine Spinnstoffunterlage (im Allgemeinen Position 5907).

4. Als „kautschutierte Gewebe" im Sinne der Position 5906 gelten:

   a) mit Kautschuk getränkte, bestrichene, überzogene oder mit Lagen aus Kautschuk versehene Gewebe,

      — mit einem Quadratmetergewicht von 1 500 g oder weniger; oder

      — mit einem Quadratmetergewicht von mehr als 1 500 g und einem Anteil an Spinnstoffen von mehr als 50 GHT;

   b) Gewebe aus Garnen, Streifen oder dergleichen, mit Kautschuk getränkt, bestrichen, überzogen oder umhüllt, der Position 5604;

   c) Flächenerzeugnisse aus parallel liegenden und miteinander durch Kautschuk verklebten Garnen aus Spinnstoffen.

   Zu dieser Position gehören jedoch nicht Platten, Blätter oder Streifen aus Zellkautschuk in Verbindung mit Geweben, sofern die Gewebe nur der Verstärkung dienen (Kapitel 40), und Spinnstofferzeugnisse der Position 5811.

5. Zu Position 5907 gehören nicht:

   a) Gewebe, bei denen das Tränken, Bestreichen oder Überziehen mit bloßem Auge nicht wahrnehmbar ist (im Allgemeinen Kapitel 50 bis 55, 58 oder 60); dabei bleiben Veränderungen der Farbe, die hierdurch hervorgerufen sind, außer Betracht;

   b) bemalte Gewebe (andere als bemalte Gewebe für Theaterdekorationen, Atelierhintergründe und dergleichen);

   c) Gewebe, die mit Scherstaub, Korkmehl oder dergleichen teilweise überzogen sind und durch diese Behandlung Muster aufweisen; jedoch bleiben Nachahmungen von Samt in dieser Position;

d) Gewebe, mit den üblichen Schlussappreturen auf der Grundlage von stärkehaltigen oder ähnlichen Stoffen ausgerüstet;

e) Furnierblätter auf einer Unterlage aus Gewebe (Position 4408);

f) natürliche oder künstliche Schleifmittel, in Pulver- oder Körnerform, auf einer Unterlage aus Gewebe (Position 6805);

g) agglomerierter oder rekonstituierter Glimmer auf einer Unterlage aus Gewebe (Position 6814);

h) dünne Bänder und Folien, aus Metall, auf einer Unterlage aus Gewebe (im Allgemeinen Abschnitt XIV oder XV).

6. Zu Position 5910 gehören nicht:

a) Förderbänder und Treibriemen, aus Spinnstoffen, mit einer Dicke von weniger als 3 mm, als Meterware oder in Längen geschnitten;

b) Förderbänder und Treibriemen, aus Geweben, mit Kautschuk getränkt, bestrichen oder überzogen oder mit Lagen aus Kautschuk versehen, sowie Förderbänder und Treibriemen, aus mit Kautschuk getränkten, bestrichenen, überzogenen oder umhüllten Spinnstoffgarnen oder -bindfäden (Position 4010).

7. Zu Position 5911, und nicht zu anderen Positionen des Abschnitts XI, gehören die folgenden Waren:

a) Die nachstehend erschöpfend aufgeführten Erzeugnisse aus Spinnstoffen, als Meterware, auf Länge geschnitten oder nur quadratisch oder rechteckig zugeschnitten (ausgenommen Waren der Positionen 5908 bis 5910):

— Gewebe, Filze oder mit Filz belegte Gewebe, mit Kautschuk oder anderen Stoffen bestrichen oder überzogen oder mit Lagen aus Kautschuk, Leder oder anderen Stoffen versehen, von der zum Herstellen von Kratzengarnituren verwendeten Art, sowie ähnliche Erzeugnisse zu anderen technischen Zwecken, einschließlich Bänder aus mit Kautschuk getränktem Samt zum Überziehen von Kett- oder Warenbäumen;

— Müllergaze;

— Filtertücher, von der zum Pressen von Öl oder zu ähnlichen technischen Zwecken verwendeten Art, auch aus Menschenhaaren;

— Gewebe, auch verfilzt, auch getränkt oder bestrichen, von der auf Maschinen oder zu anderen technischen Zwecken verwendeten Art, flach gewebt, mit mehrfacher Kette oder mehrfachem Schuss;

— Gewebe mit Metalleinlagen, von der zu technischen Zwecken verwendeten Art;

— Schnüre, Seile, Geflechte und ähnliche Spinnstofferzeugnisse, von der zu technischen Zwecken als Schmier- oder Dichtungsmaterial verwendeten Art, auch getränkt, bestrichen oder mit Metalleinlagen;

b) Waren des technischen Bedarfs, aus Spinnstoffen (ausgenommen Waren der Positionen 5908 bis 5910) (z. B. Gewebe und Filze, endlos oder mit Verbindungsvorrichtungen, von der auf Papiermaschinen oder ähnlichen Maschinen verwendeten Art (z. B. zum Herstellen von Halbstoff oder Asbestzement), Polierscheiben, Dichtungen, Unterlegscheiben und andere Teile von Maschinen oder Apparaten).

KN-Code	Warenbezeichnung	Vertragsmäßiger Zollsatz (%)	Besondere Maßeinheit
1	2	3	4
5901	**Gewebe, mit Leim oder stärkehaltigen Stoffen bestrichen, von der zum Einbinden von Büchern, zum Herstellen von Futteralen, Kartonagen oder zu ähnlichen Zwecken verwendeten Art; Pausleinwand; präparierte Malleinwand; Bougram und ähnliche steife Gewebe, von der für die Hutmacherei verwendeten Art:**		
5901 10 00	**– Gewebe, mit Leim oder stärkehaltigen Stoffen bestrichen, von der zum Einbinden von Büchern, zum Herstellen von Futteralen, Kartonagen oder zu ähnlichen Zwecken verwendeten Art**	6,5	m^2
5901 90 00	**– andere**	6,5	m^2
5902	**Reifencordgewebe aus hochfesten Garnen aus Nylon oder anderen Polyamiden, Polyestern oder Viskose:**		
5902 10	**– aus Nylon oder anderen Polyamiden:**		
5902 10 10	– – mit Kautschuk getränkt	5,6	m^2
5902 10 90	– – andere	8	m^2

KN-Code	Warenbezeichnung	Vertragsmäßiger Zollsatz (%)	Besondere Maßeinheit
1	2	3	4
5902 20	– **aus Polyestern:**		
5902 20 10	– – mit Kautschuk getränkt	5,6	m^2
5902 20 90	– – andere	8	m^2
5902 90	– **andere:**		
5902 90 10	– – mit Kautschuk getränkt	5,6	m^2
5902 90 90	– – andere	8	m^2
5903	**Gewebe, mit Kunststoff getränkt, bestrichen, überzogen oder mit Lagen aus Kunststoff versehen, andere als solche der Position 5902:**		
5903 10	– **mit Poly(vinylchlorid):**		
5903 10 10	– – getränkt	8	m^2
5903 10 90	– – bestrichen, überzogen oder mit Lagen versehen	8	m^2
5903 20	– **mit Polyurethan:**		
5903 20 10	– – getränkt	8	m^2
5903 20 90	– – bestrichen, überzogen oder mit Lagen versehen	8	m^2
5903 90	– **andere:**		
5903 90 10	– – getränkt	8	m^2
	– – bestrichen, überzogen oder mit Lagen versehen:		
5903 90 91	– – – mit Cellulosederivaten oder anderem Kunststoff, mit Schauseite aus Spinnstoffen	8	m^2
5903 90 99	– – – andere	8	m^2
5904	**Linoleum, auch zugeschnitten; Fußbodenbeläge, aus einer Spinnstoffunterlage mit einer Deckschicht oder einem Überzug bestehend, auch zugeschnitten:**		
5904 10 00	– **Linoleum**	5,3	m^2
5904 90 00	– **andere**	5,3	m^2
5905 00	**Wandverkleidungen aus Spinnstoffen:**		
5905 00 10	– aus parallel auf eine Unterlage aufgebrachten Garnen bestehend	5,8	—
	– andere:		
5905 00 30	– – aus Flachs	8	—
5905 00 50	– – aus Jute	4	—
5905 00 70	– – aus Chemiefasern	8	—
5905 00 90	– – andere	6	—
5906	**Kautschutierte Gewebe, andere als solche der Position 5902:**		
5906 10 00	– **Klebebänder, mit einer Breite von 20 cm oder weniger**	4,6	—
	– **andere:**		
5906 91 00	– – **aus Gewirken oder Gestricken**	6,5	—
5906 99	– – **andere:**		
5906 99 10	– – – gewebeähnliche Erzeugnisse im Sinne der Anmerkung 4 c) zu diesem Kapitel	8	—

KN-Code	Warenbezeichnung	Vertragsmäßiger Zollsatz (%)	Besondere Maßeinheit
1	2	3	4
5906 99 90	– – – andere	5,6	—
5907 00 00	**Andere Gewebe, getränkt, bestrichen oder überzogen; bemalte Gewebe für Theaterdekorationen, Atelierhintergründe oder dergleichen**	4,9	m²
5908 00 00	**Dochte, gewebt, geflochten, gewirkt oder gestrickt, aus Spinnstoffen, für Lampen, Kocher, Feuerzeuge, Kerzen oder dergleichen; Glühstrümpfe und schlauchförmige Gewirke oder Gestricke für Glühstrümpfe, auch getränkt**	5,6	—
5909 00	**Pumpenschläuche und ähnliche Schläuche, aus Spinnstoffen, auch mit Armaturen oder Zubehör aus anderen Stoffen:**		
5909 00 10	– aus synthetischen Chemiefasern	6,5	—
5909 00 90	– aus anderen Spinnstoffen	6,5	—
5910 00 00	**Förderbänder und Treibriemen, aus Spinnstoffen, auch mit Kunststoff getränkt, bestrichen, überzogen oder mit Lagen aus Kunststoff versehen oder mit Metall oder anderen Stoffen verstärkt**	5,1	—
5911	**Erzeugnisse und Waren des technischen Bedarfs, aus Spinnstoffen, aufgeführt in Anmerkung 7 zu diesem Kapitel:**		
5911 10 00	– **Gewebe, Filze oder mit Filz belegte Gewebe, mit Kautschuk oder anderen Stoffen bestrichen oder überzogen oder mit Lagen aus Kautschuk, Leder oder anderen Stoffen versehen, von der zum Herstellen von Kratzengarnituren verwendeten Art, sowie ähnliche Erzeugnisse zu anderen technischen Zwecken, einschließlich Bänder aus mit Kautschuk getränktem Samt zum Überziehen von Kett- oder Warenbäumen**	5,3	—
5911 20 00	– **Müllergaze, auch konfektioniert** (¹)	4,6	—
	– **Gewebe und Filze, endlos oder mit Verbindungsvorrichtungen, von der auf Papiermaschinen oder ähnlichen Maschinen verwendeten Art (z. B. zum Herstellen von Halbstoff oder Asbestzement):**		
5911 31	– – **mit einem Quadratmetergewicht von weniger als 650 g:**		
	– – – aus Seide oder Chemiefasern:		
5911 31 11	– – – – Gewebe von der auf Papiermaschinen verwendeten Art (z. B. Formiersiebe)	5,8	m²
5911 31 19	– – – – andere	5,8	—
5911 31 90	– – – aus anderen Spinnstoffen	4,4	—
5911 32	– – **mit einem Quadratmetergewicht von 650 g oder mehr:**		
	– – – aus Seide oder Chemiefasern:		
5911 32 11	Gewebe mit einer mittels Vernadelung aufgebrachten Faserauflage, von der auf Papiermaschinen verwendeten Art (z. B. Pressfilze)	5,8	m²
5911 32 19	– – – – andere	5,8	m²
5911 32 90	– – – aus anderen Spinnstoffen	4,4	—
5911 40 00	– **Filtertücher, von der zum Pressen von Öl oder zu ähnlichen technischen Zwecken verwendeten Art, auch aus Menschenhaaren**	6	—
5911 90	– **andere:**		
5911 90 10	– – aus Filz	6	—
5911 90 90	– – andere	6	—

(¹) Die Zulassung von Müllergaze, nicht konfektioniert, zu dieser Unterposition erfolgt nach den in den Einführenden Vorschriften II.F. festgesetzten Voraussetzungen.

KAPITEL 60

GEWIRKE UND GESTRICKE

Anmerkungen

1. Zu Kapitel 60 gehören nicht:
   a) Häkelspitzen der Position 5804;
   b) Etiketten, Abzeichen und ähnliche Waren, aus Gewirken oder Gestricken der Position 5807;
   c) Gewirke oder Gestricke, getränkt, bestrichen, überzogen oder mit Lagen versehen, des Kapitels 59. Jedoch gehören Samt und Plüsch, gewirkt oder gestrickt, Schlingengewirke und Schlingengestricke, getränkt, bestrichen, überzogen oder mit Lagen versehen, zu Position 6001.
2. Zu Kapitel 60 gehören auch Gewirke und Gestricke aus Metallfäden, von der zur Herstellung von Bekleidung, Innenausstattungen oder zu ähnlichen Zwecken verwendeten Art.
3. Als „Gewirke" im Sinne der Nomenklatur gelten auch nähgewirkte Waren, bei denen die Maschen aus Spinnstoffgarnen gebildet werden.

KN-Code	Warenbezeichnung	Vertragsmäßiger Zollsatz (%)	Besondere Maßeinheit
1	2	3	4
6001	**Samt, Plüsch (einschließlich „Hochflorerzeugnisse"), gewirkt oder gestrickt, Schlingengewirke und Schlingengestricke:**		
6001 10 00	**– „Hochflorerzeugnisse"**	8	—
	– Schlingengewirke und Schlingengestricke:		
6001 21 00	**– – aus Baumwolle**	8	—
6001 22 00	**– – aus Chemiefasern**	8	—
6001 29 00	**– – aus anderen Spinnstoffen**	8	—
	– andere:		
6001 91 00	**– – aus Baumwolle**	8	—
6001 92 00	**– – aus Chemiefasern**	8	—
6001 99 00	**– – aus anderen Spinnstoffen**	8	—
6002	**Gewirke und Gestricke mit einer Breite von 30 cm oder weniger und mit einem Anteil an Elastomergarnen oder Kautschukfäden von 5 GHT oder mehr, andere als solche der Position 6001:**		
6002 40 00	**– mit einem Anteil an Elastomergarnen von 5 GHT oder mehr, jedoch keine Kautschukfäden enthaltend**	8	—
6002 90 00	**– andere**	6,5	—
6003	**Gewirke und Gestricke mit einer Breite von 30 cm oder weniger, andere als solche der Positionen 6001 und 6002:**		
6003 10 00	**– aus Wolle oder feinen Tierhaaren**	8	—
6003 20 00	**– aus Baumwolle**	8	—
6003 30	**– aus synthetischen Chemiefasern:**		
6003 30 10	– – Raschelspitzen	8	—
6003 30 90	– – andere	8	—
6003 40 00	**– aus künstlichen Chemiefasern**	8	—

KN-Code	Warenbezeichnung	Vertragsmäßiger Zollsatz (%)	Besondere Maßeinheit
1	2	3	4
6003 90 00	**– andere**	8	—
6004	**Gewirke und Gestricke mit einer Breite von mehr als 30 cm und mit einem Anteil an Elastomergarnen oder Kautschukfäden von 5 GHT oder mehr, andere als solche der Position 6001:**		
6004 10 00	**– mit einem Anteil an Elastomergarnen von 5 GHT oder mehr, jedoch keine Kautschukfäden enthaltend**	8	—
6004 90 00	**– andere**	6,5	—
6005	**Kettengewirke (einschließlich solcher, die auf Häkelgalonmaschinen hergestellt sind), andere als solche der Positionen 6001 bis 6004:**		
	– aus Baumwolle:		
6005 21 00	**– – roh oder gebleicht**	8	—
6005 22 00	**– – gefärbt**	8	—
6005 23 00	**– – buntgewirkt**	8	—
6005 24 00	**– – bedruckt**	8	—
	– aus synthetischen Chemiefasern:		
6005 31	**– – roh oder gebleicht:**		
6005 31 10	– – – für Vorhänge und Gardinen	8	—
6005 31 50	– – – Raschelspitzen, ausgenommen für Vorhänge und Gardinen	8	—
6005 31 90	– – – andere	8	—
6005 32	**– – gefärbt:**		
6005 32 10	– – – für Vorhänge und Gardinen	8	—
6005 32 50	– – – Raschelspitzen, ausgenommen für Vorhänge und Gardinen	8	—
6005 32 90	– – – andere	8	—
6005 33	**– – buntgewirkt:**		
6005 33 10	– – – für Vorhänge und Gardinen	8	—
6005 33 50	– – – Raschelspitzen, ausgenommen für Vorhänge und Gardinen	8	—
6005 33 90	– – – andere	8	—
6005 34	**– – bedruckt:**		
6005 34 10	– – – für Vorhänge und Gardinen	8	—
6005 34 50	– – – Raschelspitzen, ausgenommen für Vorhänge und Gardinen	8	—
6005 34 90	– – – andere	8	—
	– aus künstlichen Chemiefasern:		
6005 41 00	**– – roh oder gebleicht**	8	—
6005 42 00	**– – gefärbt**	8	—
6005 43 00	**– – buntgewirkt**	8	—
6005 44 00	**– – bedruckt**	8	—
6005 90	**– andere:**		
6005 90 10	– – aus Wolle oder feinen Tierhaaren	8	—
6005 90 90	– – andere	8	—

KN-Code	Warenbezeichnung	Vertragsmäßiger Zollsatz (%)	Besondere Maßeinheit
1	2	3	4
6006	**Andere Gewirke und Gestricke:**		
6006 10 00	**– aus Wolle oder feinen Tierhaaren**	8	—
	– aus Baumwolle:		
6006 21 00	**– – roh oder gebleicht**	8	—
6006 22 00	**– – gefärbt**	8	—
6006 23 00	**– – buntgewirkt**	8	—
6006 24 00	**– – bedruckt**	8	—
	– aus synthetischen Chemiefasern:		
6006 31	**– – roh oder gebleicht:**		
6006 31 10	– – – für Vorhänge und Gardinen	8	—
6006 31 90	– – – andere	8	—
6006 32	**– – gefärbt:**		
6006 32 10	– – – für Vorhänge und Gardinen	8	—
6006 32 90	– – – andere	8	—
6006 33	**– – buntgewirkt:**		
6006 33 10	– – – für Vorhänge und Gardinen	8	—
6006 33 90	– – – andere	8	—
6006 34	**– – bedruckt:**		
6006 34 10	– – – für Vorhänge und Gardinen	8	—
6006 34 90	– – – andere	8	—
	– aus künstlichen Chemiefasern:		
6006 41 00	**– – roh oder gebleicht**	8	—
6006 42 00	**– – gefärbt**	8	—
6006 43 00	**– – buntgewirkt**	8	—
6006 44 00	**– – bedruckt**	8	—
6006 90 00	**– andere**	8	—

KAPITEL 61

KLEIDUNG UND BEKLEIDUNGSZUBEHÖR, AUS GEWIRKEN ODER GESTRICKEN

Anmerkungen

1. Zu Kapitel 61 gehören nur konfektionierte Waren aus Gewirken oder Gestricken.

2. Zu Kapitel 61 gehören nicht:

   a) Waren der Position 6212;

   b) Altwaren der Position 6309;

   c) orthopädische Apparate und andere orthopädische Vorrichtungen, z. B. Bruchbänder, medizinisch-chirurgische Gürtel (Position 9021).

3. Im Sinne der Positionen 6103 und 6104 gilt:

   a) Die Begriffe „Anzüge" und „Kostüme" beziehen sich auf eine Zusammenstellung von Kleidungsstücken, die aus zwei oder drei hinsichtlich ihrer Schauseite aus dem gleichen Flächenerzeugnis hergestellten Teilen besteht und sich zusammensetzt aus:

   — einer einzigen Jacke zum Bedecken des Oberkörpers, deren Außenseite, ohne Ärmel, aus vier oder mehr Teilen (Bahnen) zusammengesetzt ist, möglicherweise um eine geschneiderte Weste ergänzt, deren Vorderseite aus dem gleichen Flächenerzeugnis wie die Schauseite der anderen Teile der Zusammenstellung und deren Rückseite aus dem gleichen Flächenerzeugnis wie der Futterstoff der Jacke hergestellt ist, und

   — einem einzigen Kleidungsstück zum Bedecken des Unterkörpers, nämlich einer langen Hose, einer Kniebundhose oder ähnlichen Hose, einer kurzen Hose (ausgenommen Badehose), einem Rock oder einem Hosenrock, alle diese ohne Träger oder Latz.

   Alle Teile eines „Anzugs" oder „Kostüms" müssen aus einem Flächenerzeugnis gleicher Struktur, gleicher Farbe und gleicher stofflicher Zusammensetzung sein; sie müssen auch von gleichem Stil und gleicher oder einander entsprechender Größe sein. Diese Teile dürfen jedoch eine Biese oder Paspel aus einem anderen Flächenerzeugnis aufweisen (ein in die Naht eingenähter Besatz).

   Wenn mehrere zum Bedecken des Unterkörpers bestimmte Kleidungsstücke gemeinsam vorliegen (z. B. eine lange und eine kurze Hose oder zwei lange Hosen, oder ein Rock oder Hosenrock und eine lange Hose), gilt als wesentliches zum Bedecken des Unterkörpers bestimmtes Kleidungsstück des „Anzugs" eine lange Hose, oder, im Falle des „Kostüms", der Rock oder Hosenrock; die anderen Kleidungsstücke sind getrennt einzureihen.

   Der Begriff „Anzug" umfasst, auch wenn nicht alle vorstehenden Bedingungen erfüllt sind, auch folgende Zusammenstellungen von Kleidungsstücken:

   — Cut, bestehend aus einem einfarbigen Sakko mit hinten weit herabhängenden, abgerundeten Schößen und einer längsgestreiften Hose;

   — Frack, gewöhnlich in schwarz, dessen Jacke vorn verhältnismäßig kurz ist, stets offen getragen wird und schmale, auf der Hüfte angesetzte Schöße aufweist, die hinten herabhängen;

   — Smoking, dessen Jacke im Schnitt einem gewöhnlichen Sakko ähnlich ist (vorn aber auch mit einem größeren Ausschnitt versehen), die aber glänzende Revers aus Seide oder Seidenimitation aufweist.

   b) Der Begriff „Kombination" bezieht sich auf eine Zusammenstellung von Kleidungsstücken (ausgenommen „Anzüge", „Kostüme" und Zusammenstellungen ganz oder zum Teil aus Waren der Position 6107, 6108 oder 6109), die aus mehreren, aus dem gleichen Flächenerzeugnis hergestellten Teilen besteht, für den Einzelverkauf aufgemacht ist und sich zusammensetzt aus:

   — einem einzigen Kleidungsstück zum Bedecken des Oberkörpers; als zweites Oberteil ist ein Pullover, wenn er mit dem ersten Kleidungsstück ein Twinset bildet, oder eine Weste zulässig, und

   — einem oder zwei verschiedenen Kleidungsstücken zum Bedecken des Unterkörpers: entweder eine lange Hose, eine Latzhose, eine Kniebundhose oder ähnliche Hose, eine kurze Hose (ausgenommen Badehose), ein Rock oder ein Hosenrock.

   Alle Teile einer Kombination müssen von gleicher Struktur, gleichem Stil, gleicher Farbe und gleicher stofflicher Zusammensetzung sein; sie müssen sich in der Größe gleichen oder entsprechen. Der Begriff „Kombination" umfasst nicht Trainingsanzüge und Skianzüge der Position 6112.

4. Zu den Positionen 6105 und 6106 gehören nicht Kleidungsstücke mit Taschen unterhalb der Taille, mit einem gerippten Bund oder einem anderen verengenden Abschluss am unteren Ende, sowie Kleidungsstücke, die, gezählt auf einer Fläche von 10 × 10 cm oder mehr, in jeder Richtung durchschnittlich weniger als 10 Maschen je linearen Zentimeter aufweisen. Zu Position 6105 gehören nicht ärmellose Kleidungsstücke.

5. Zu Position 6109 gehören nicht Kleidungsstücke mit einer Zugkordel, einem gerippten Bund oder einem anderen verengenden Abschluss am unteren Ende des Kleidungsstücks.

6. Im Sinne der Position 6111 gilt Folgendes:

   a) Der Begriff „Kleidung und Bekleidungszubehör für Kleinkinder" umfasst Waren für Kleinkinder mit einer Körpergröße von 86 cm oder weniger;

   b) Waren, für die sowohl die Position 6111 als auch andere Positionen des Kapitels 61 in Betracht kommen, gehören zu Position 6111.

7. Als „Skianzüge" im Sinne der Position 6112 gelten Kleidungsstücke oder Zusammenstellungen von Kleidungsstücken, die aufgrund ihres allgemeinen Aussehens und ihrer Beschaffenheit erkennen lassen, dass sie hauptsächlich beim Skisport (Alpinskilauf oder Skilanglauf) getragen werden. Sie bestehen:

   a) entweder aus einem „Ski-Overall", d. h. einem einteiligen Kleidungsstück zum Bedecken des Ober- und Unterkörpers; zusätzlich zu den Ärmeln und einem Kragen kann der Ski-Overall Taschen und Fußstege haben;

   b) oder aus einer „Skikombination", d. h. einer Zusammenstellung von zwei oder drei Kleidungsstücken, die für den Einzelverkauf aufgemacht ist und umfasst:

      — ein einziges Kleidungsstück in der Art eines Anoraks, einer Windjacke, eines Blousons oder einer ähnlichen Ware, mit einem Reißverschluss versehen, auch um eine Weste ergänzt, und

      — eine einzige lange Hose, die über die Taille hinausreichen kann, oder eine einzige Kniebundhose oder ähnliche Hose oder eine einzige Latzhose.

   Die „Skikombination" kann auch aus einem Overall der in Buchstabe a) beschriebenen Art und aus einer Art wattierter ärmelloser Jacke, die über dem Overall getragen wird, bestehen.

   Alle Kleidungsstücke einer „Skikombination" müssen von gleicher Struktur, gleichem Stil, gleicher stofflicher Zusammensetzung, jedoch nicht von gleicher Farbe sein; sie müssen sich in der Größe gleichen oder entsprechen.

8. Kleidung, für die sowohl die Position 6113 als auch andere Positionen des Kapitels 61, ausgenommen Position 6111, in Betracht kommen, gehört zu Position 6113.

9. Kleidungsstücke dieses Kapitels, die vorn einen Verschluss „links über rechts" aufweisen, gelten als Männer- oder Knabenkleidung und solche, die vorn einen Verschluss „rechts über links" aufweisen, als Frauen- oder Mädchenkleidung. Diese Bestimmungen werden nicht angewendet, wenn der Schnitt eines Kleidungsstücks klar erkennen lässt, dass es für das eine oder für das andere Geschlecht bestimmt ist.

   Kleidungsstücke, die nicht als Männer- oder Knabenkleidung oder als Frauen- oder Mädchenkleidung erkennbar sind, werden als Frauen- oder Mädchenkleidung eingereiht.

10. Waren des Kapitels 61 können aus Metallfäden hergestellt sein.

Zusätzliche Anmerkungen

1. *Für die Anwendung der Anmerkung 3 b) zu diesem Kapitel müssen die Kleidungsstücke einer Kombination, abgesehen von den sonstigen in vorbezeichneter Anmerkung genannten Bedingungen, vollständig aus ein und demselben Flächenerzeugnis hergestellt sein.*

   Hierbei

   — *kann das verwendete Flächenerzeugnis roh, gebleicht, gefärbt, buntgewirkt, buntgestrickt oder bedruckt sein,*

   — *ist ein Pullover oder eine Weste auch dann als Bestandteil einer Kombination zugelassen, wenn diese Kleidungsstücke Bündchen aufweisen, das zum Bedecken des Unterkörpers bestimmte Kleidungsstück aber nicht, vorausgesetzt, die Bündchen sind nicht angenäht, sondern unmittelbar im Wirk- oder Strickvorgang entstanden.*

   Nicht als Kombination gelten Zusammenstellungen von Kleidungsstücken, wenn die Kleidungsstücke aus verschiedenen Flächenerzeugnissen hergestellt sind, selbst wenn diese Verschiedenheit sich nur aus ihren jeweiligen Farben ergibt.

   Alle Kleidungsstücke einer Kombination müssen zusammen als eine selbstständige Einheit für den Einzelverkauf aufgemacht sein. Getrennte Unterverpackung oder getrennte Etikettierung einer solchen Einheit beeinflussen nicht ihre Einreihung als Kombination.

2. *Der Begriff „Unterhemden" im Sinne der Position 6109 schließt Kleidungsstücke ein, die auch modisch gestaltet sein können und unmittelbar auf der Haut getragen werden, ohne Kragen, mit oder ohne Ärmel, einschließlich solche mit Trägern.*

   Diese Kleidungsstücke, die den Oberkörper bedecken, haben mit den T-Shirts oder anderen mehr herkömmlichen Typen von Unterhemden meistens mehrere charakteristische Merkmale gemeinsam.

3. *Zu Position 6111 oder zu den Unterpositionen 6116 10 20 bzw. 6116 10 80 gehören mit Kautschuk oder Kunststoff getränkte, bestrichene oder überzogene Fingerhandschuhe, Handschuhe ohne Fingerspitzen und Fausthandschuhe unabhängig davon:*

   — *ob sie aus mit Kunststoff oder Kautschuk getränkten, bestrichenen oder überzogenen Gewirken oder Gestricken der Position 5903 oder 5906 konfektioniert sind oder*

   — *aus nicht getränkten, bestrichenen oder überzogenen Gewirken oder Gestricken konfektioniert und anschließend mit Kunststoff oder Kautschuk getränkt, bestrichen oder überzogen worden sind.*

   In die Kapitel 39 bzw. 40 gehören mit Zellkautschuk oder Zellkunststoff getränkte, bestrichene oder überzogene Fingerhandschuhe, Handschuhe ohne Fingerspitzen und Fausthandschuhe, auch wenn sie aus nicht getränkten, bestrichenen oder überzogenen Gewirken oder Gestricken konfektioniert und anschließend mit Zellkunststoff oder Zellkautschuk getränkt, bestrichen oder überzogen worden sind, sofern die Gewirke oder Gestricke nur der Verstärkung dienen (Anmerkung 2 a) Ziffer 5 und Anmerkung 4 letzter Absatz zu Kapitel 59).

KN-Code	Warenbezeichnung	Vertragsmäßiger Zollsatz (%)	Besondere Maßeinheit
1	2	3	4
6101	**Mäntel (einschließlich Kurzmäntel), Umhänge, Anoraks, Windjacken, Blousons und ähnliche Waren, aus Gewirken oder Gestricken, für Männer oder Knaben, ausgenommen Waren der Position 6103:**		
6101 20	– **aus Baumwolle:**		
6101 20 10	– – Mäntel (einschließlich Kurzmäntel), Umhänge und ähnliche Waren	12	p/st
6101 20 90	– – Anoraks, Windjacken, Blousons und ähnliche Waren	12	p/st
6101 30	– **aus Chemiefasern:**		
6101 30 10	– – Mäntel (einschließlich Kurzmäntel), Umhänge und ähnliche Waren	12	p/st
6101 30 90	– – Anoraks, Windjacken, Blousons und ähnliche Waren	12	p/st
6101 90	– **aus anderen Spinnstoffen:**		
6101 90 20	– – Mäntel (einschließlich Kurzmäntel), Umhänge und ähnliche Waren	12	p/st
6101 90 80	– – Anoraks, Windjacken, Blousons und ähnliche Waren	12	p/st
6102	**Mäntel (einschließlich Kurzmäntel), Umhänge, Anoraks, Windjacken, Blousons und ähnliche Waren, aus Gewirken oder Gestricken, für Frauen oder Mädchen, ausgenommen Waren der Position 6104:**		
6102 10	– **aus Wolle oder feinen Tierhaaren:**		
6102 10 10	– – Mäntel (einschließlich Kurzmäntel), Umhänge und ähnliche Waren	12	p/st
6102 10 90	– – Anoraks, Windjacken, Blousons und ähnliche Waren	12	p/st
6102 20	– **aus Baumwolle:**		
6102 20 10	– – Mäntel (einschließlich Kurzmäntel), Umhänge und ähnliche Waren	12	p/st
6102 20 90	– – Anoraks, Windjacken, Blousons und ähnliche Waren	12	p/st
6102 30	– **aus Chemiefasern:**		
6102 30 10	– – Mäntel (einschließlich Kurzmäntel), Umhänge und ähnliche Waren	12	p/st
6102 30 90	– – Anoraks, Windjacken, Blousons und ähnliche Waren	12	p/st

KN-Code	Warenbezeichnung	Vertragsmäßiger Zollsatz (%)	Besondere Maßeinheit
1	2	3	4
6102 90	**– aus anderen Spinnstoffen:**		
6102 90 10	– – Mäntel (einschließlich Kurzmäntel), Umhänge und ähnliche Waren	12	p/st
6102 90 90	– – Anoraks, Windjacken, Blousons und ähnliche Waren	12	p/st
6103	**Anzüge, Kombinationen, Jacken, lange Hosen (einschließlich Kniebundhosen und ähnliche Hosen), Latzhosen und kurze Hosen (ausgenommen Badehosen), aus Gewirken oder Gestricken, für Männer oder Knaben:**		
6103 10	**– Anzüge:**		
6103 10 10	– – aus Wolle oder feinen Tierhaaren	12	p/st
6103 10 90	– – aus anderen Spinnstoffen	12	p/st
	– Kombinationen:		
6103 22 00	**– – aus Baumwolle**	12	p/st
6103 23 00	**– – aus synthetischen Chemiefasern**	12	p/st
6103 29 00	**– – aus anderen Spinnstoffen**	12	p/st
	– Jacken:		
6103 31 00	**– – aus Wolle oder feinen Tierhaaren**	12	p/st
6103 32 00	**– – aus Baumwolle**	12	p/st
6103 33 00	**– – aus synthetischen Chemiefasern**	12	p/st
6103 39 00	**– – aus anderen Spinnstoffen**	12	p/st
	– lange Hosen (einschließlich Kniebundhosen und ähnliche Hosen), Latzhosen und kurze Hosen:		
6103 41 00	**– – aus Wolle oder feinen Tierhaaren**	12	p/st
6103 42 00	**– – aus Baumwolle**	12	p/st
6103 43 00	**– – aus synthetischen Chemiefasern**	12	p/st
6103 49 00	**– – aus anderen Spinnstoffen**	12	p/st
6104	**Kostüme, Kombinationen, Jacken, Kleider, Röcke, Hosenröcke, lange Hosen (einschließlich Kniebundhosen und ähnliche Hosen), Latzhosen und kurze Hosen (ausgenommen Badehosen), aus Gewirken oder Gestricken, für Frauen oder Mädchen:**		
	– Kostüme:		
6104 13 00	**– – aus synthetischen Chemiefasern**	12	p/st
6104 19	**– – aus anderen Spinnstoffen:**		
6104 19 20	– – – aus Baumwolle	12	p/st
6104 19 90	– – – aus anderen Spinnstoffen	12	p/st
	– Kombinationen:		
6104 22 00	**– – aus Baumwolle**	12	p/st
6104 23 00	**– – aus synthetischen Chemiefasern**	12	p/st
6104 29	**– – aus anderen Spinnstoffen:**		
6104 29 10	– – – aus Wolle oder feinen Tierhaaren	12	p/st
6104 29 90	– – – aus anderen Spinnstoffen	12	p/st
	– Jacken:		
6104 31 00	**– – aus Wolle oder feinen Tierhaaren**	12	p/st

KN-Code	Warenbezeichnung	Vertragsmäßiger Zollsatz (%)	Besondere Maßeinheit
1	2	3	4
6104 32 00	**– – aus Baumwolle**	12	p/st
6104 33 00	**– – aus synthetischen Chemiefasern**	12	p/st
6104 39 00	**– – aus anderen Spinnstoffen**	12	p/st
	– Kleider:		
6104 41 00	**– – aus Wolle oder feinen Tierhaaren**	12	p/st
6104 42 00	**– – aus Baumwolle**	12	p/st
6104 43 00	**– – aus synthetischen Chemiefasern**	12	p/st
6104 44 00	**– – aus künstlichen Chemiefasern**	12	p/st
6104 49 00	**– – aus anderen Spinnstoffen**	12	p/st
	– Röcke und Hosenröcke:		
6104 51 00	**– – aus Wolle oder feinen Tierhaaren**	12	p/st
6104 52 00	**– – aus Baumwolle**	12	p/st
6104 53 00	**– – aus synthetischen Chemiefasern**	12	p/st
6104 59 00	**– – aus anderen Spinnstoffen**	12	p/st
	– lange Hosen (einschließlich Kniebundhosen und ähnliche Hosen), Latzhosen und kurze Hosen:		
6104 61 00	**– – aus Wolle oder feinen Tierhaaren**	12	p/st
6104 62 00	**– – aus Baumwolle**	12	p/st
6104 63 00	**– – aus synthetischen Chemiefasern**	12	p/st
6104 69 00	**– – aus anderen Spinnstoffen**	12	p/st
6105	**Hemden aus Gewirken oder Gestricken, für Männer oder Knaben:**		
6105 10 00	**– aus Baumwolle**	12	p/st
6105 20	**– aus Chemiefasern:**		
6105 20 10	– – aus synthetischen Chemiefasern	12	p/st
6105 20 90	– – aus künstlichen Chemiefasern	12	p/st
6105 90	**– aus anderen Spinnstoffen:**		
6105 90 10	– – aus Wolle oder feinen Tierhaaren	12	p/st
6105 90 90	– – aus anderen Spinnstoffen	12	p/st
6106	**Blusen und Hemdblusen, aus Gewirken oder Gestricken, für Frauen oder Mädchen:**		
6106 10 00	**– aus Baumwolle**	12	p/st
6106 20 00	**– aus Chemiefasern**	12	p/st
6106 90	**– aus anderen Spinnstoffen:**		
6106 90 10	– – aus Wolle oder feinen Tierhaaren	12	p/st
6106 90 30	– – aus Seide, Schappeseide oder Bourretteseide	12	p/st
6106 90 50	– – aus Flachs (Leinen) oder Ramie	12	p/st
6106 90 90	– – aus anderen Spinnstoffen	12	p/st
6107	**Slips und andere Unterhosen, Nachthemden, Schlafanzüge, Bademäntel und -jacken, Hausmäntel und ähnliche Waren, aus Gewirken oder Gestricken, für Männer oder Knaben:**		
	– Slips und andere Unterhosen:		
6107 11 00	**– – aus Baumwolle**	12	p/st

KN-Code	Warenbezeichnung	Vertragsmäßiger Zollsatz (%)	Besondere Maßeinheit
1	2	3	4
6107 12 00	– – aus Chemiefasern	12	p/st
6107 19 00	– – aus anderen Spinnstoffen	12	p/st
	– Nachthemden und Schlafanzüge:		
6107 21 00	– – aus Baumwolle	12	p/st
6107 22 00	– – aus Chemiefasern	12	p/st
6107 29 00	– – aus anderen Spinnstoffen	12	p/st
	– andere:		
6107 91 00	– – aus Baumwolle	12	p/st
6107 99 00	– – aus anderen Spinnstoffen	12	p/st
6108	**Unterkleider, Unterröcke, Slips und andere Unterhosen, Nachthemden, Schlafanzüge, Negligees, Bademäntel und -jacken, Hausmäntel und ähnliche Waren, aus Gewirken oder Gestricken, für Frauen oder Mädchen:**		
	– Unterkleider und Unterröcke:		
6108 11 00	– – aus Chemiefasern	12	p/st
6108 19 00	– – aus anderen Spinnstoffen	12	p/st
	– Slips und andere Unterhosen:		
6108 21 00	– – aus Baumwolle	12	p/st
6108 22 00	– – aus Chemiefasern	12	p/st
6108 29 00	– – aus anderen Spinnstoffen	12	p/st
	– Nachthemden und Schlafanzüge:		
6108 31 00	– – aus Baumwolle	12	p/st
6108 32 00	– – aus Chemiefasern	12	p/st
6108 39 00	– – aus anderen Spinnstoffen	12	p/st
	– andere:		
6108 91 00	– – aus Baumwolle	12	p/st
6108 92 00	– – aus Chemiefasern	12	p/st
6108 99 00	– – aus anderen Spinnstoffen	12	p/st
6109	**T-Shirts und Unterhemden, aus Gewirken oder Gestricken:**		
6109 10 00	– aus Baumwolle	12	p/st
6109 90	– aus anderen Spinnstoffen:		
6109 90 20	– – aus Wolle oder feinen Tierhaaren oder Chemiefasern	12	p/st
6109 90 90	– – aus anderen Spinnstoffen	12	p/st
6110	**Pullover, Strickjacken, Westen und ähnliche Waren, einschließlich Unterziehpullis, aus Gewirken oder Gestricken:**		
	– aus Wolle oder feinen Tierhaaren:		
6110 11	– – aus Wolle:		
6110 11 10	– – – Pullover mit einem Anteil an Wolle von 50 GHT oder mehr und mit einem Stückgewicht von 600 g oder mehr	10,5	p/st
	– – – andere:		
6110 11 30	– – – – für Männer oder Knaben	12	p/st

KN-Code	Warenbezeichnung	Vertragsmäßiger Zollsatz (%)	Besondere Maßeinheit
1	2	3	4
6110 11 90	– – – – für Frauen oder Mädchen	12	p/st
6110 12	– – **aus Kaschmirziegenhaaren (cashmere):**		
6110 12 10	– – – für Männer oder Knaben	12	p/st
6110 12 90	– – – für Frauen oder Mädchen	12	p/st
6110 19	– – **andere:**		
6110 19 10	– – – für Männer oder Knaben	12	p/st
6110 19 90	– – – für Frauen oder Mädchen	12	p/st
6110 20	– **aus Baumwolle:**		
6110 20 10	– – Unterziehpullis	12	p/st
	– – andere:		
6110 20 91	– – – für Männer oder Knaben	12	p/st
6110 20 99	– – – für Frauen oder Mädchen	12	p/st
6110 30	– **aus Chemiefasern:**		
6110 30 10	– – Unterziehpullis	12	p/st
	– – andere:		
6110 30 91	– – – für Männer oder Knaben	12	p/st
6110 30 99	– – – für Frauen oder Mädchen	12	p/st
6110 90	– **aus anderen Spinnstoffen:**		
6110 90 10	– – aus Flachs (Leinen) oder Ramie	12	p/st
6110 90 90	– – aus anderen Spinnstoffen	12	p/st
6111	**Kleidung und Bekleidungszubehör, aus Gewirken oder Gestricken, für Kleinkinder:**		
6111 20	– **aus Baumwolle:**		
6111 20 10	– – Handschuhe	8,9	pa
6111 20 90	– – andere	12	—
6111 30	– **aus synthetischen Chemiefasern:**		
6111 30 10	– – Handschuhe	8,9	pa
6111 30 90	– – andere	12	—
6111 90	– **aus anderen Spinnstoffen:**		
	– – aus Wolle oder feinen Tierhaaren:		
6111 90 11	– – – Handschuhe	8,9	pa
6111 90 19	– – – andere	12	—
6111 90 90	– – aus anderen Spinnstoffen	12	—
6112	**Trainingsanzüge, Skianzüge, Badeanzüge und Badehosen, aus Gewirken oder Gestricken:**		
	– **Trainingsanzüge:**		
6112 11 00	– – **aus Baumwolle**	12	p/st
6112 12 00	– – **aus synthetischen Chemiefasern**	12	p/st
6112 19 00	– – **aus anderen Spinnstoffen**	12	p/st

KN-Code	Warenbezeichnung	Vertragsmäßiger Zollsatz (%)	Besondere Maßeinheit
1	2	3	4
6112 20 00	– **Skianzüge**	12	—
	– **Badeanzüge und Badehosen, für Männer oder Knaben:**		
6112 31	– – **aus synthetischen Chemiefasern:**		
6112 31 10	– – – mit einem Anteil an Kautschukfäden von 5 GHT oder mehr	8	p/st
6112 31 90	– – – andere	12	p/st
6112 39	– – **aus anderen Spinnstoffen:**		
6112 39 10	– – – mit einem Anteil an Kautschukfäden von 5 GHT oder mehr	8	p/st
6112 39 90	– – – andere	12	p/st
	– **Badeanzüge und Badehosen, für Frauen oder Mädchen:**		
6112 41	– – **aus synthetischen Chemiefasern:**		
6112 41 10	– – – mit einem Anteil an Kautschukfäden von 5 GHT oder mehr	8	p/st
6112 41 90	– – – andere	12	p/st
6112 49	– – **aus anderen Spinnstoffen:**		
6112 49 10	– – – mit einem Anteil an Kautschukfäden von 5 GHT oder mehr	8	p/st
6112 49 90	– – – andere	12	p/st
6113 00	**Kleidung aus Gewirken oder Gestricken der Position 5903, 5906 oder 5907:**		
6113 00 10	– aus Gewirken oder Gestricken der Position 5906	8	—
6113 00 90	– andere	12	—
6114	**Andere Kleidung aus Gewirken oder Gestricken:**		
6114 20 00	– **aus Baumwolle**	12	—
6114 30 00	– **aus Chemiefasern**	12	—
6114 90 00	– **aus anderen Spinnstoffen**	12	—
6115	**Strumpfhosen, Strümpfe, Kniestrümpfe, Socken und andere Strumpfwaren, einschließlich solcher mit degressiver Kompression (z. B. Krampfaderstrümpfe), aus Gewirken oder Gestricken:**		
6115 10	– **Strumpfhosen, Strümpfe und Kniestrümpfe mit degressiver Kompression (z. B. Krampfaderstrümpfe):**		
6115 10 10	– – aus synthetischen Chemiefasern	8	pa
6115 10 90	– – andere	12	—
	– **andere Strumpfhosen:**		
6115 21 00	– – **aus synthetischen Chemiefasern, mit einem Titer der einfachen Garne von weniger als 67 dtex**	12	p/st
6115 22 00	– – **aus synthetischen Chemiefasern, mit einem Titer der einfachen Garne von 67 dtex oder mehr**	12	p/st
6115 29 00	– – **aus anderen Spinnstoffen**	12	p/st
6115 30	– **andere Strümpfe für Frauen (einschließlich Kniestrümpfe) mit einem Titer der einfachen Garne von weniger als 67 dtex:**		
	– – aus synthetischen Chemiefasern:		
6115 30 11	– – – Kniestrümpfe	12	pa

b) Waren, für die sowohl die Position 6209 als auch andere Positionen des Kapitels 62 in Betracht kommen, gehören zu Position 6209.

5. Kleidung, für die sowohl die Position 6210 als auch andere Positionen des Kapitels 62, ausgenommen Position 6209, in Betracht kommen, gehört zu Position 6210.

6. Als „Skianzüge" im Sinne der Position 6211 gelten Kleidungsstücke oder Zusammenstellungen von Kleidungsstücken, die aufgrund ihres allgemeinen Aussehens und ihrer Beschaffenheit erkennen lassen, dass sie hauptsächlich beim Skisport (Alpinskilauf oder Skilanglauf) getragen werden. Sie bestehen:

a) entweder aus einem „Ski-Overall", d. h. einem einteiligen Kleidungsstück zum Bedecken des Ober- und Unterkörpers; zusätzlich zu den Ärmeln und einem Kragen kann der Ski-Overall Taschen und Fußstege haben;

b) oder aus einer „Skikombination", d. h. einer Zusammenstellung von zwei oder drei Kleidungsstücken, die für den Einzelverkauf aufgemacht ist und umfasst:

— ein einziges Kleidungsstück in der Art eines Anoraks, einer Windjacke, eines Blousons oder einer ähnlichen Ware, mit einem Reißverschluss versehen, auch um eine Weste ergänzt, und

— eine einzige lange Hose, die über die Taille hinausreichen kann, oder eine einzige Kniebundhose oder ähnliche Hose oder eine einzige Latzhose.

Die „Skikombination" kann auch aus einem Overall der in Buchstabe a) beschriebenen Art und einer Art wattierter, ärmelloser Jacke, die über dem Overall getragen wird, bestehen.

Alle Kleidungsstücke einer „Skikombination" müssen von gleicher Struktur, gleichem Stil, gleicher stofflicher Zusammensetzung, jedoch nicht von gleicher Farbe sein; sie müssen sich in der Größe gleichen oder entsprechen.

7. Halstücher und ähnliche Waren der Position 6214 von quadratischer oder annähernd quadratischer Form, bei denen jede Seite 60 cm oder weniger misst, werden wie Ziertaschentücher der Position 6213 behandelt. Taschentücher und Ziertaschentücher, bei denen eine Seite mehr als 60 cm misst, gehören zu Position 6214.

8. Kleidungsstücke dieses Kapitels, die vorn einen Verschluss „links über rechts" aufweisen, gelten als Männer- oder Knabenkleidung und solche, die vorn einen Verschluss „rechts über links" aufweisen, als Frauen- oder Mädchenkleidung. Diese Bestimmungen werden nicht angewendet, wenn der Schnitt eines Kleidungsstücks klar erkennen lässt, dass es für das eine oder für das andere Geschlecht bestimmt ist.

Kleidungsstücke, die nicht als Männer- oder Knabenkleidung oder als Frauen- oder Mädchenkleidung erkennbar sind, werden als Frauen- oder Mädchenkleidung eingereiht.

9. Waren des Kapitels 62 können aus Metallfäden hergestellt sein.

Zusätzliche Anmerkungen

1. *Für die Anwendung der Anmerkung 3 b) zu diesem Kapitel müssen die Kleidungsstücke einer Kombination, abgesehen von den sonstigen in vorbezeichneter Anmerkung genannten Bedingungen, vollständig aus ein und demselben Flächenerzeugnis hergestellt sein.*

Hierbei kann das verwendete Flächenerzeugnis roh, gebleicht, gefärbt, buntgewebt oder bedruckt sein.

Nicht als Kombination gelten Zusammenstellungen von Kleidungsstücken, wenn die Kleidungsstücke aus verschiedenen Flächenerzeugnissen hergestellt sind, selbst wenn diese Verschiedenheit sich nur aus ihren jeweiligen Farben ergibt.

Alle Kleidungsstücke einer Kombination müssen zusammen als eine selbstständige Einheit für den Einzelverkauf aufgemacht sein. Getrennte Unterverpackung oder getrennte Etikettierung einer solchen Einheit beeinflussen nicht ihre Einreihung als Kombination.

2. *Zu Position 6209 bzw. 6216 gehören mit Kautschuk oder Kunststoff getränkte, bestrichene oder überzogene Fingerhandschuhe, Handschuhe ohne Fingerspitzen und Fausthandschuhe unabhängig davon:*

— *ob sie aus einem mit Kunststoff oder Kautschuk getränkten, bestrichenen oder überzogenen textilen Flächenerzeugnis (anderes als Gewirke oder Gestricke) der Position 5903 oder 5906 konfektioniert sind oder*

— *aus einem nicht getränkten, bestrichenen oder überzogenen textilen Flächenerzeugnis (anderes als Gewirke oder Gestricke) konfektioniert und anschließend mit Kunststoff oder Kautschuk getränkt, bestrichen oder überzogen worden sind.*

In die Kapitel 39 bzw. 40 gehören mit Zellkautschuk oder Zellkunststoff getränkte, bestrichene oder überzogene Fingerhandschuhe, Handschuhe ohne Fingerspitzen und Fausthandschuhe, auch wenn sie aus einem nicht getränkten, bestrichenen oder überzogenen textilen Flächenerzeugnis (anderes als Gewirke oder Gestricke) konfektioniert und anschließend mit Zellkunststoff oder Zellkautschuk getränkt, bestrichen oder überzogen worden sind, sofern dieses textile Flächenerzeugnis nur der Verstärkung dient (Anmerkung 2 a) Ziffer 5 und Anmerkung 4 letzter Absatz zu Kapitel 59).

KN-Code	Warenbezeichnung	Vertragsmäßiger Zollsatz (%)	Besondere Maßeinheit
1	2	3	4
6201	**Mäntel (einschließlich Kurzmäntel), Umhänge, Anoraks, Windjacken, Blousons und ähnliche Waren, für Männer oder Knaben, ausgenommen Waren der Position 6203:**		
	– Mäntel (einschließlich Kurzmäntel), Umhänge und ähnliche Waren:		
6201 11 00	**– – aus Wolle oder feinen Tierhaaren**	12	p/st
6201 12	**– – aus Baumwolle:**		
6201 12 10	– – – mit einem Stückgewicht von 1 kg oder weniger	12	p/st
6201 12 90	– – – mit einem Stückgewicht von mehr als 1 kg	12	p/st
6201 13	**– – aus Chemiefasern:**		
6201 13 10	– – – mit einem Stückgewicht von 1 kg oder weniger	12	p/st
6201 13 90	– – – mit einem Stückgewicht von mehr als 1 kg	12	p/st
6201 19 00	**– – aus anderen Spinnstoffen**	12	p/st
	– andere:		
6201 91 00	**– – aus Wolle oder feinen Tierhaaren**	12	p/st
6201 92 00	**– – aus Baumwolle**	12	p/st
6201 93 00	**– – aus Chemiefasern**	12	p/st
6201 99 00	**– – aus anderen Spinnstoffen**	12	p/st
6202	**Mäntel (einschließlich Kurzmäntel), Umhänge, Anoraks, Windjacken, Blousons und ähnliche Waren, für Frauen oder Mädchen, ausgenommen Waren der Position 6204:**		
	– Mäntel (einschließlich Kurzmäntel), Umhänge und ähnliche Waren:		
6202 11 00	**– – aus Wolle oder feinen Tierhaaren**	12	p/st
6202 12	**– – aus Baumwolle:**		
6202 12 10	– – – mit einem Stückgewicht von 1 kg oder weniger	12	p/st
6202 12 90	– – – mit einem Stückgewicht von mehr als 1 kg	12	p/st
6202 13	**– – aus Chemiefasern:**		
6202 13 10	– – – mit einem Stückgewicht von 1 kg oder weniger	12	p/st
6202 13 90	– – – mit einem Stückgewicht von mehr als 1 kg	12	p/st
6202 19 00	**– – aus anderen Spinnstoffen**	12	p/st
	– andere:		
6202 91 00	**– – aus Wolle oder feinen Tierhaaren**	12	p/st
6202 92 00	**– – aus Baumwolle**	12	p/st
6202 93 00	**– – aus Chemiefasern**	12	p/st
6202 99 00	**– – aus anderen Spinnstoffen**	12	p/st
6203	**Anzüge, Kombinationen, Jacken, lange Hosen (einschließlich Kniebundhosen und ähnliche Hosen), Latzhosen und kurze Hosen (ausgenommen Badehosen), für Männer oder Knaben:**		
	– Anzüge:		
6203 11 00	**– – aus Wolle oder feinen Tierhaaren**	12	p/st
6203 12 00	**– – aus synthetischen Chemiefasern**	12	p/st
6203 19	**– – aus anderen Spinnstoffen:**		
6203 19 10	– – – aus Baumwolle	12	p/st
6203 19 30	– – – aus künstlichen Chemiefasern	12	p/st

KN-Code	Warenbezeichnung	Vertragsmäßiger Zollsatz (%)	Besondere Maßeinheit
1	2	3	4
6203 19 90	– – – aus anderen Spinnstoffen	12	p/st
	– **Kombinationen:**		
6203 22	– – **aus Baumwolle:**		
6203 22 10	– – – Arbeits- und Berufskleidung	12	p/st
6203 22 80	– – – andere	12	p/st
6203 23	– – **aus synthetischen Chemiefasern:**		
6203 23 10	– – – Arbeits- und Berufskleidung	12	p/st
6203 23 80	– – – andere	12	p/st
6203 29	– – **aus anderen Spinnstoffen:**		
	– – – aus künstlichen Chemiefasern:		
6203 29 11	– – – – Arbeits- und Berufskleidung	12	p/st
6203 29 18	– – – – andere	12	p/st
6203 29 30	– – – aus Wolle oder feinen Tierhaaren	12	p/st
6203 29 90	– – – aus anderen Spinnstoffen	12	p/st
	– **Jacken:**		
6203 31 00	– – **aus Wolle oder feinen Tierhaaren**	12	p/st
6203 32	– – **aus Baumwolle:**		
6203 32 10	– – – Arbeits- und Berufskleidung	12	p/st
6203 32 90	– – – andere	12	p/st
6203 33	– – **aus synthetischen Chemiefasern:**		
6203 33 10	– – – Arbeits- und Berufskleidung	12	p/st
6203 33 90	– – – andere	12	p/st
6203 39	– – **aus anderen Spinnstoffen:**		
	– – – aus künstlichen Chemiefasern:		
6203 39 11	– – – – Arbeits- und Berufskleidung	12	p/st
6203 39 19	– – – – andere	12	p/st
6203 39 90	– – – aus anderen Spinnstoffen	12	p/st
	– **lange Hosen (einschließlich Kniebundhosen und ähnliche Hosen), Latzhosen und kurze Hosen:**		
6203 41	– – **aus Wolle oder feinen Tierhaaren:**		
6203 41 10	– – – lange Hosen (einschließlich Kniebundhosen und ähnliche Hosen)	12	p/st
6203 41 30	– – – Latzhosen	12	p/st
6203 41 90	– – – andere	12	p/st
6203 42	– – **aus Baumwolle:**		
	– – – lange Hosen (einschließlich Kniebundhosen und ähnliche Hosen):		
6203 42 11	– – – – Arbeits- und Berufskleidung	12	p/st
	– – – – andere:		
6203 42 31	– – – – – aus Denim	12	p/st
6203 42 33	– – – – – aus Rippenschusssamt und Rippenschussplüsch, aufgeschnitten	12	p/st
6203 42 35	– – – – – andere	12	p/st

KN-Code	Warenbezeichnung	Vertragsmäßiger Zollsatz (%)	Besondere Maßeinheit
1	2	3	4
	– – – Latzhosen:		
6203 42 51	– – – – Arbeits- und Berufskleidung	12	p/st
6203 42 59	– – – – andere	12	p/st
6203 42 90	– – – andere	12	p/st
6203 43	– – **aus synthetischen Chemiefasern:**		
	– – – lange Hosen (einschließlich Kniebundhosen und ähnliche Hosen):		
6203 43 11	– – – – Arbeits- und Berufskleidung	12	p/st
6203 43 19	– – – – andere	12	p/st
	– – – Latzhosen:		
6203 43 31	– – – – Arbeits- und Berufskleidung	12	p/st
6203 43 39	– – – – andere	12	p/st
6203 43 90	– – – andere	12	p/st
6203 49	– – **aus anderen Spinnstoffen:**		
	– – – aus künstlichen Chemiefasern:		
	– – – – lange Hosen (einschließlich Kniebundhosen und ähnliche Hosen):		
6203 49 11	– – – – – Arbeits- und Berufskleidung	12	p/st
6203 49 19	– – – – – andere	12	p/st
	– – – – Latzhosen:		
6203 49 31	– – – – – Arbeits- und Berufskleidung	12	p/st
6203 49 39	– – – – – andere	12	p/st
6203 49 50	– – – – andere	12	p/st
6203 49 90	– – – aus anderen Spinnstoffen	12	p/st
6204	**Kostüme, Kombinationen, Jacken, Kleider, Röcke, Hosenröcke, lange Hosen (einschließlich Kniebundhosen und ähnliche Hosen), Latzhosen und kurze Hosen (ausgenommen Badehosen), für Frauen oder Mädchen:**		
	– **Kostüme:**		
6204 11 00	– – **aus Wolle oder feinen Tierhaaren**	12	p/st
6204 12 00	– – **aus Baumwolle**	12	p/st
6204 13 00	– – **aus synthetischen Chemiefasern**	12	p/st
6204 19	– – **aus anderen Spinnstoffen:**		
6204 19 10	– – – aus künstlichen Chemiefasern	12	p/st
6204 19 90	– – – aus anderen Spinnstoffen	12	p/st
	– **Kombinationen:**		
6204 21 00	– – **aus Wolle oder feinen Tierhaaren**	12	p/st
6204 22	– – **aus Baumwolle:**		
6204 22 10	– – – Arbeits- und Berufskleidung	12	p/st
6204 22 80	– – – andere	12	p/st
6204 23	– – **aus synthetischen Chemiefasern:**		
6204 23 10	– – – Arbeits- und Berufskleidung	12	p/st
6204 23 80	– – – andere	12	p/st

KN-Code	Warenbezeichnung	Vertragsmäßiger Zollsatz (%)	Besondere Maßeinheit
1	2	3	4
6204 29	– – **aus anderen Spinnstoffen:**		
	– – – aus künstlichen Chemiefasern:		
6204 29 11	– – – – Arbeits- und Berufskleidung	12	p/st
6204 29 18	– – – – andere	12	p/st
6204 29 90	– – – aus anderen Spinnstoffen	12	p/st
	– **Jacken:**		
6204 31 00	– – **aus Wolle oder feinen Tierhaaren**	12	p/st
6204 32	– – **aus Baumwolle:**		
6204 32 10	– – – Arbeits- und Berufskleidung	12	p/st
6204 32 90	– – – andere	12	p/st
6204 33	– – **aus synthetischen Chemiefasern:**		
6204 33 10	– – – Arbeits- und Berufskleidung	12	p/st
6204 33 90	– – – andere	12	p/st
6204 39	– – **aus anderen Spinnstoffen:**		
	– – – aus künstlichen Chemiefasern:		
6204 39 11	– – – – Arbeits- und Berufskleidung	12	p/st
6204 39 19	– – – – andere	12	p/st
6204 39 90	– – – aus anderen Spinnstoffen	12	p/st
	– **Kleider:**		
6204 41 00	– – **aus Wolle oder feinen Tierhaaren**	12	p/st
6204 42 00	– – **aus Baumwolle**	12	p/st
6204 43 00	– – **aus synthetischen Chemiefasern**	12	p/st
6204 44 00	– – **aus künstlichen Chemiefasern**	12	p/st
6204 49	– – **aus anderen Spinnstoffen:**		
6204 49 10	– – – aus Seide, Schappeseide oder Bourretteseide	12	p/st
6204 49 90	– – – aus anderen Spinnstoffen	12	p/st
	– **Röcke und Hosenröcke:**		
6204 51 00	– – **aus Wolle oder feinen Tierhaaren**	12	p/st
6204 52 00	– – **aus Baumwolle**	12	p/st
6204 53 00	– – **aus synthetischen Chemiefasern**	12	p/st
6204 59	– – **aus anderen Spinnstoffen:**		
6204 59 10	– – – aus künstlichen Chemiefasern	12	p/st
6204 59 90	– – – aus anderen Spinnstoffen	12	p/st
	– **lange Hosen (einschließlich Kniebundhosen und ähnliche Hosen), Latzhosen und kurze Hosen:**		
6204 61	– – **aus Wolle oder feinen Tierhaaren:**		
6204 61 10	– – – lange Hosen (einschließlich Kniebundhosen und ähnliche Hosen)	12	p/st
6204 61 85	– – – andere	12	p/st
6204 62	– – **aus Baumwolle:**		
	– – – lange Hosen (einschließlich Kniebundhosen und ähnliche Hosen):		
6204 62 11	– – – – Arbeits- und Berufskleidung	12	p/st

KN-Code	Warenbezeichnung	Vertragsmäßiger Zollsatz (%)	Besondere Maßeinheit
1	2	3	4
	– – – – andere:		
6204 62 31	– – – – – aus Denim	12	p/st
6204 62 33	– – – – – aus Rippenschusssamt und Rippenschussplüsch, aufgeschnitten	12	p/st
6204 62 39	– – – – – andere	12	p/st
	– – – Latzhosen:		
6204 62 51	– – – – Arbeits- und Berufskleidung	12	p/st
6204 62 59	– – – – andere	12	p/st
6204 62 90	– – – andere	12	p/st
6204 63	**– – aus synthetischen Chemiefasern:**		
	– – – lange Hosen (einschließlich Kniebundhosen und ähnliche Hosen):		
6204 63 11	– – – – Arbeits- und Berufskleidung	12	p/st
6204 63 18	– – – – andere	12	p/st
	– – – Latzhosen:		
6204 63 31	– – – – Arbeits- und Berufskleidung	12	p/st
6204 63 39	– – – – andere	12	p/st
6204 63 90	– – – andere	12	p/st
6204 69	**– – aus anderen Spinnstoffen:**		
	– – – aus künstlichen Chemiefasern:		
	– – – – lange Hosen (einschließlich Kniebundhosen und ähnliche Hosen):		
6204 69 11	– – – – – Arbeits- und Berufskleidung	12	p/st
6204 69 18	– – – – – andere	12	p/st
	– – – – Latzhosen:		
6204 69 31	– – – – – Arbeits- und Berufskleidung	12	p/st
6204 69 39	– – – – – andere	12	p/st
6204 69 50	– – – – andere	12	p/st
6204 69 90	– – – aus anderen Spinnstoffen	12	p/st
6205	**Hemden für Männer oder Knaben:**		
6205 20 00	**– aus Baumwolle**	12	p/st
6205 30 00	**– aus Chemiefasern**	12	p/st
6205 90	**– aus anderen Spinnstoffen:**		
6205 90 10	– – aus Flachs (Leinen) oder Ramie	12	p/st
6205 90 80	– – aus anderen Spinnstoffen	12	p/st
6206	**Blusen und Hemdblusen, für Frauen oder Mädchen:**		
6206 10 00	**– aus Seide, Schappeseide oder Bourretteseide**	12	p/st
6206 20 00	**– aus Wolle oder feinen Tierhaaren**	12	p/st
6206 30 00	**– aus Baumwolle**	12	p/st
6206 40 00	**– aus Chemiefasern**	12	p/st
6206 90	**– aus anderen Spinnstoffen:**		
6206 90 10	– – aus Flachs (Leinen) oder Ramie	12	p/st
6206 90 90	– – aus anderen Spinnstoffen	12	p/st

KN-Code	Warenbezeichnung	Vertragsmäßiger Zollsatz (%)	Besondere Maßeinheit
1	2	3	4
6207	**Unterhemden, Slips und andere Unterhosen, Nachthemden, Schlafanzüge, Bademäntel und -jacken, Hausmäntel und ähnliche Waren, für Männer oder Knaben:**		
	– Slips und andere Unterhosen:		
6207 11 00	**– – aus Baumwolle**	12	p/st
6207 19 00	**– – aus anderen Spinnstoffen**	12	p/st
	– Nachthemden und Schlafanzüge:		
6207 21 00	**– – aus Baumwolle**	12	p/st
6207 22 00	**– – aus Chemiefasern**	12	p/st
6207 29 00	**– – aus anderen Spinnstoffen**	12	p/st
	– andere:		
6207 91 00	**– – aus Baumwolle**	12	—
6207 99	**– – aus anderen Spinnstoffen:**		
6207 99 10	– – – aus Chemiefasern	12	—
6207 99 90	– – – aus anderen Spinnstoffen	12	—
6208	**Unterhemden, Unterkleider, Unterröcke, Slips und andere Unterhosen, Nachthemden, Schlafanzüge, Negligees, Bademäntel und -jacken, Hausmäntel und ähnliche Waren, für Frauen oder Mädchen:**		
	– Unterkleider und Unterröcke:		
6208 11 00	**– – aus Chemiefasern**	12	p/st
6208 19 00	**– – aus anderen Spinnstoffen**	12	p/st
	– Nachthemden und Schlafanzüge:		
6208 21 00	**– – aus Baumwolle**	12	p/st
6208 22 00	**– – aus Chemiefasern**	12	p/st
6208 29 00	**– – aus anderen Spinnstoffen**	12	p/st
	– andere:		
6208 91 00	**– – aus Baumwolle**	12	—
6208 92 00	**– – aus Chemiefasern**	12	—
6208 99 00	**– – aus anderen Spinnstoffen**	12	—
6209	**Kleidung und Bekleidungszubehör, für Kleinkinder:**		
6209 20 00	**– aus Baumwolle**	10,5	—
6209 30 00	**– aus synthetischen Chemiefasern**	10,5	—
6209 90	**– aus anderen Spinnstoffen:**		
6209 90 10	– – aus Wolle oder feinen Tierhaaren	10,5	—
6209 90 90	– – aus anderen Spinnstoffen	10,5	—
6210	**Kleidung aus Erzeugnissen der Position 5602, 5603, 5903, 5906 oder 5907:**		
6210 10	**– aus Erzeugnissen der Position 5602 oder 5603:**		
6210 10 10	– – aus Erzeugnissen der Position 5602	12	—
	– – aus Erzeugnissen der Position 5603:		
6210 10 92	– – – Einwegkittel, von der durch Patienten bzw. Chirurgen bei chirurgischen Eingriffen verwendeten Art	12	—

KN-Code	Warenbezeichnung	Vertragsmäßiger Zollsatz (%)	Besondere Maßeinheit
1	2	3	4
6210 10 98	– – – andere	12	—
6210 20 00	**– andere Kleidung, von der Art der in den Unterpositionen 6201 11 bis 6201 19 genannten Waren**	12	p/st
6210 30 00	**– andere Kleidung, von der Art der in den Unterpositionen 6202 11 bis 6202 19 genannten Waren**	12	p/st
6210 40 00	**– andere Kleidung für Männer oder Knaben**	12	—
6210 50 00	**– andere Kleidung für Frauen oder Mädchen**	12	—
6211	**Trainingsanzüge, Skianzüge, Badeanzüge und Badehosen; andere Kleidung:**		
	– Badeanzüge und Badehosen:		
6211 11 00	**– – für Männer oder Knaben**	12	p/st
6211 12 00	**– – für Frauen oder Mädchen**	12	p/st
6211 20 00	**– Skianzüge**	12	p/st
	– andere Kleidung für Männer oder Knaben:		
6211 32	**– – aus Baumwolle:**		
6211 32 10	– – – Arbeits- und Berufskleidung	12	—
	– – – Trainingsanzüge, gefüttert:		
6211 32 31	– – – – mit Außenseite aus ein und demselben Flächenerzeugnis	12	p/st
	– – – – andere:		
6211 32 41	– – – – – Oberteile	12	p/st
6211 32 42	– – – – – Unterteile	12	p/st
6211 32 90	– – – andere	12	—
6211 33	**– – aus Chemiefasern:**		
6211 33 10	– – – Arbeits- und Berufskleidung	12	—
	– – – Trainingsanzüge, gefüttert:		
6211 33 31	– – – – mit Außenseite aus ein und demselben Flächenerzeugnis	12	p/st
	– – – – andere:		
6211 33 41	– – – – – Oberteile	12	p/st
6211 33 42	– – – – – Unterteile	12	p/st
6211 33 90	– – – andere	12	—
6211 39 00	**– – aus anderen Spinnstoffen**	12	—
	– andere Kleidung für Frauen oder Mädchen:		
6211 42	**– – aus Baumwolle:**		
6211 42 10	– – – Schürzen, Kittel und andere Arbeits- und Berufskleidung	12	—
	– – – Trainingsanzüge, gefüttert:		
6211 42 31	– – – – mit Außenseite aus ein und demselben Flächenerzeugnis	12	p/st
	– – – – andere:		
6211 42 41	– – – – – Oberteile	12	p/st
6211 42 42	– – – – – Unterteile	12	p/st
6211 42 90	– – – andere	12	—
6211 43	**– – aus Chemiefasern:**		
6211 43 10	– – – Schürzen, Kittel und andere Arbeits- und Berufskleidung	12	—

KN-Code	Warenbezeichnung	Vertragsmäßiger Zollsatz (%)	Besondere Maßeinheit
1	2	3	4
	– – – Trainingsanzüge, gefüttert:		
6211 43 31	– – – – mit Außenseite aus ein und demselben Flächenerzeugnis	12	p/st
	– – – – andere:		
6211 43 41	– – – – – Oberteile	12	p/st
6211 43 42	– – – – – Unterteile	12	p/st
6211 43 90	– – – andere	12	—
6211 49 00	– – **aus anderen Spinnstoffen**	12	—
6212	**Büstenhalter, Hüftgürtel, Korsette, Hosenträger, Strumpfhalter, Strumpfbänder und ähnliche Waren, Teile davon, auch aus Gewirken oder Gestricken:**		
6212 10	– **Büstenhalter:**		
6212 10 10	– – aufgemacht in Warenzusammenstellungen für den Einzelverkauf, bestehend aus einem Büstenhalter und einem Slip bzw. einer anderen Unterhose	6,5	p/st
6212 10 90	– – andere	6,5	p/st
6212 20 00	– **Hüftgürtel und Miederhosen**	6,5	p/st
6212 30 00	– **Korseletts**	6,5	p/st
6212 90 00	– **andere**	6,5	—
6213	**Taschentücher und Ziertaschentücher:**		
6213 20 00	– **aus Baumwolle**	10	p/st
6213 90 00	– **aus anderen Spinnstoffen**	10	p/st
6214	**Schals, Umschlagtücher, Halstücher, Kragenschoner, Kopftücher, Schleier und ähnliche Waren:**		
6214 10 00	– **aus Seide, Schappeseide oder Bourretteseide**	8	p/st
6214 20 00	– **aus Wolle oder feinen Tierhaaren**	8	p/st
6214 30 00	– **aus synthetischen Chemiefasern**	8	p/st
6214 40 00	– **aus künstlichen Chemiefasern**	8	p/st
6214 90 00	– **aus anderen Spinnstoffen**	8	p/st
6215	**Krawatten, Schleifen (z. B. Querbinder) und Krawattenschals:**		
6215 10 00	– **aus Seide, Schappeseide oder Bourretteseide**	6,3	p/st
6215 20 00	– **aus Chemiefasern**	6,3	p/st
6215 90 00	– **aus anderen Spinnstoffen**	6,3	p/st
6216 00 00	**Fingerhandschuhe, Handschuhe ohne Fingerspitzen und Fausthandschuhe**	7,6	pa
6217	**Anderes konfektioniertes Bekleidungszubehör; Teile von Kleidung oder von Bekleidungszubehör, ausgenommen solche der Position 6212:**		
6217 10 00	– **Bekleidungszubehör**	6,3	—
6217 90 00	– **Teile**	12	—

KAPITEL 63

ANDERE KONFEKTIONIERTE SPINNSTOFFWAREN; WARENZUSAMMENSTELLUNGEN; ALTWAREN UND LUMPEN

Anmerkungen

1. Zu Teilkapitel I gehören nur konfektionierte Waren aus Spinnstofferzeugnissen aller Art.
2. Zu Teilkapitel I gehören nicht:
   a) Waren der Kapitel 56 bis 62;
   b) Altwaren der Position 6309.
3. Zu Position 6309 gehören nur folgende Waren:
   a) Waren aus Spinnstoffen:
      — Kleidung und Bekleidungszubehör und Teile davon;
      — Decken;
      — Bettwäsche, Tischwäsche, Wäsche zur Körperpflege und Küchenwäsche;
      — Waren zur Innenausstattung, ausgenommen Teppiche der Positionen 5701 bis 5705 und Tapisserien der Position 5805;
   b) Schuhe und Kopfbedeckungen aus Stoffen aller Art, ausgenommen aus Asbest.

   Die vorstehend aufgeführten Waren werden von der Position 6309 nur dann erfasst, wenn sie die beiden folgenden Voraussetzungen erfüllen:

   — sie müssen augenscheinlich gebraucht sein,

   — sie müssen lose in Massenladungen oder in Ballen, Säcken oder ähnlichen Verpackungen gestellt werden.

KN-Code	Warenbezeichnung	Vertragsmäßiger Zollsatz (%)	Besondere Maßeinheit
1	2	3	4
	I. ANDERE KONFEKTIONIERTE SPINNSTOFFWAREN		
6301	**Decken:**		
6301 10 00	- **Decken mit elektrischer Heizvorrichtung**	6,9	p/st
6301 20	- **Decken (ausgenommen Decken mit elektrischer Heizvorrichtung) aus Wolle oder feinen Tierhaaren:**		
6301 20 10	- - aus Gewirken oder Gestricken	12	p/st
6301 20 90	- - andere	12	p/st
6301 30	- **Decken (ausgenommen Decken mit elektrischer Heizvorrichtung) aus Baumwolle:**		
6301 30 10	- - aus Gewirken oder Gestricken	12	p/st
6301 30 90	- - andere	7,5	p/st
6301 40	- **Decken (ausgenommen Decken mit elektrischer Heizvorrichtung) aus synthetischen Chemiefasern:**		
6301 40 10	- - aus Gewirken oder Gestricken	12	p/st
6301 40 90	- - andere	12	p/st
6301 90	- **andere Decken:**		
6301 90 10	- - aus Gewirken oder Gestricken	12	p/st

KN-Code	Warenbezeichnung	Vertragsmäßiger Zollsatz (%)	Besondere Maßeinheit
1	2	3	4
6301 90 90	– – andere	12	p/st
6302	**Bettwäsche, Tischwäsche, Wäsche zur Körperpflege und Küchenwäsche:**		
6302 10 00	**– Bettwäsche aus Gewirken oder Gestricken**	12	—
	– andere Bettwäsche, bedruckt:		
6302 21 00	**– – aus Baumwolle**	12	—
6302 22	**– – aus Chemiefasern:**		
6302 22 10	– – – aus Vliesstoffen	6,9	—
6302 22 90	– – – andere	12	—
6302 29	**– – aus anderen Spinnstoffen:**		
6302 29 10	– – – aus Flachs (Leinen) oder Ramie	12	—
6302 29 90	– – – andere	12	—
	– andere Bettwäsche:		
6302 31 00	**– – aus Baumwolle**	12	—
6302 32	**– – aus Chemiefasern:**		
6302 32 10	– – – aus Vliesstoffen	6,9	—
6302 32 90	– – – andere	12	—
6302 39	**– – aus anderen Spinnstoffen:**		
6302 39 20	– – – aus Flachs (Leinen) oder Ramie	12	—
6302 39 90	– – – andere	12	—
6302 40 00	**– Tischwäsche aus Gewirken oder Gestricken**	12	—
	– andere Tischwäsche:		
6302 51 00	**– – aus Baumwolle**	12	—
6302 53	**– – aus Chemiefasern:**		
6302 53 10	– – – aus Vliesstoffen	6,9	—
6302 53 90	– – – andere	12	—
6302 59	**– – aus anderen Spinnstoffen:**		
6302 59 10	– – – aus Flachs (Leinen)	12	—
6302 59 90	– – – andere	12	—
6302 60 00	**– Wäsche zur Körperpflege und Küchenwäsche, aus Frottierware aus Baumwolle**	12	—
	– andere:		
6302 91 00	**– – aus Baumwolle**	12	—
6302 93	**– – aus Chemiefasern:**		
6302 93 10	– – – aus Vliesstoffen	6,9	—
6302 93 90	– – – andere	12	—

KN-Code	Warenbezeichnung	Vertragsmäßiger Zollsatz (%)	Besondere Maßeinheit
1	2	3	4
6302 99	– – **aus anderen Spinnstoffen:**		
6302 99 10	– – – aus Flachs (Leinen)	12	—
6302 99 90	– – – andere	12	—
6303	**Gardinen, Vorhänge und Innenrollos; Fenster- und Bettbehänge (Schabracken):**		
	– **aus Gewirken oder Gestricken:**		
6303 12 00	– – **aus synthetischen Chemiefasern**	12	m^2
6303 19 00	– – **aus anderen Spinnstoffen**	12	m^2
	– **andere:**		
6303 91 00	– – **aus Baumwolle**	12	m^2
6303 92	– – **aus synthetischen Chemiefasern:**		
6303 92 10	– – – aus Vliesstoffen	6,9	m^2
6303 92 90	– – – andere	12	m^2
6303 99	– – **aus anderen Spinnstoffen:**		
6303 99 10	– – – aus Vliesstoffen	6,9	m^2
6303 99 90	– – – andere	12	m^2
6304	**Andere Waren zur Innenausstattung, ausgenommen Waren der Position 9404:**		
	– **Bettüberwürfe:**		
6304 11 00	– – **aus Gewirken oder Gestricken**	12	p/st
6304 19	– – **andere:**		
6304 19 10	– – – aus Baumwolle	12	p/st
6304 19 30	– – – aus Flachs (Leinen) oder Ramie	12	p/st
6304 19 90	– – – aus anderen Spinnstoffen	12	p/st
	– **andere:**		
6304 91 00	– – **aus Gewirken oder Gestricken**	12	—
6304 92 00	– – **aus Baumwolle (ausgenommen aus Gewirken oder Gestricken)**	12	—
6304 93 00	– – **aus synthetischen Chemiefasern (ausgenommen aus Gewirken oder Gestricken)**	12	—
6304 99 00	– – **aus anderen Spinnstoffen (ausgenommen aus Gewirken oder Gestricken)**	12	—
6305	**Säcke und Beutel zu Verpackungszwecken:**		
6305 10	– **aus Jute oder anderen textilen Bastfasern der Position 5303:**		
6305 10 10	– – gebraucht	2	—
6305 10 90	– – andere	4	—
6305 20 00	– **aus Baumwolle**	7,2	—
	– **aus synthetischen oder künstlichen Spinnstoffen:**		
6305 32	– – **flexible Schüttgutbehälter:**		
	– – – aus Streifen oder dergleichen, aus Polyethylen oder Polypropylen:		
6305 32 11	– – – – aus Gewirken oder Gestricken	12	—

KN-Code	Warenbezeichnung	Vertragsmäßiger Zollsatz (%)	Besondere Maßeinheit
1	2	3	4
6305 32 19	– – – – andere	7,2	—
6305 32 90	– – – andere	7,2	—
6305 33	**– – andere, aus Streifen oder dergleichen, aus Polyethylen oder Polypropylen:**		
6305 33 10	– – – aus Gewirken oder Gestricken	12	—
6305 33 90	– – – andere	7,2	—
6305 39 00	**– – andere**	7,2	—
6305 90 00	**– aus anderen Spinnstoffen**	6,2	—
6306	**Planen und Markisen; Zelte; Segel für Wasserfahrzeuge, für Surfbretter und für Landfahrzeuge; Campingausrüstungen:**		
	– Planen und Markisen:		
6306 12 00	**– – aus synthetischen Chemiefasern**	12	—
6306 19 00	**– – aus anderen Spinnstoffen**	12	—
	– Zelte:		
6306 22 00	**– – aus synthetischen Chemiefasern**	12	—
6306 29 00	**– – aus anderen Spinnstoffen**	12	—
6306 30 00	**– Segel**	12	—
6306 40 00	**– Luftmatratzen**	12	p/st
6306 90 00	**– andere**	12	—
6307	**Andere konfektionierte Waren, einschließlich Schnittmuster zum Herstellen von Kleidung:**		
6307 10	**– Scheuertücher, Wischtücher, Spültücher, Staubtücher und ähnliche Reinigungstücher:**		
6307 10 10	– – aus Gewirken oder Gestricken	12	—
6307 10 30	– – aus Vliesstoffen	6,9	—
6307 10 90	– – andere	7,7	—
6307 20 00	**– Schwimmwesten und Rettungsgürtel**	6,3	—
6307 90	**– andere:**		
6307 90 10	– – aus Gewirken oder Gestricken	12	—
	– – andere:		
6307 90 91	– – – aus Filz	6,3	—
	– – – andere:		
6307 90 92	– – – – Einweg-Abdecktücher aus Erzeugnissen der Position 5603, von der bei chirurgischen Eingriffen verwendeten Art	6,3	—
6307 90 98	– – – – andere	6,3	—

KN-Code	Warenbezeichnung	Vertragsmäßiger Zollsatz (%)	Besondere Maßeinheit
1	2	3	4
	II. WARENZUSAMMENSTELLUNGEN		
6308 00 00	**Warenzusammenstellungen, aus Geweben und Garn, auch mit Zubehör, für die Herstellung von Teppichen, Tapisserien, bestickten Tischdecken oder Servietten oder ähnlichen Spinnstoffwaren, in Aufmachungen für den Einzelverkauf**	12	—
	III. ALTWAREN UND LUMPEN		
6309 00 00	**Altwaren**	5,3	—
6310	**Lumpen, aus Spinnstoffen; Bindfäden, Seile, Taue und Waren daraus, aus Spinnstoffen, in Form von Abfällen oder unbrauchbar gewordenen Waren:**		
6310 10 00	**– sortiert**	frei	—
6310 90 00	**– andere**	frei	—

ABSCHNITT XII

SCHUHE, KOPFBEDECKUNGEN, REGEN- UND SONNENSCHIRME, GEHSTÖCKE, SITZSTÖCKE, PEITSCHEN, REITPEITSCHEN UND TEILE DAVON; ZUGERICHTETE FEDERN UND WAREN AUS FEDERN; KÜNSTLICHE BLUMEN; WAREN AUS MENSCHENHAAREN

KAPITEL 64

SCHUHE, GAMASCHEN UND ÄHNLICHE WAREN; TEILE DAVON

Anmerkungen

1. Zu Kapitel 64 gehören nicht:

   a) Einwegartikel zum Bedecken der Füße oder Schuhe, aus leichtem oder wenig widerstandsfähigem Material (z. B. Papier, Kunststofffolie), ohne angebrachte Sohlen (Einreihung nach stofflicher Beschaffenheit);

   b) Fußbekleidung aus Spinnstoffen, ohne an das Oberteil durch Kleben, Nähen oder auf andere Weise angebrachte Laufsohle (Abschnitt XI);

   c) gebrauchte Schuhe der Position 6309;

   d) Waren aus Asbest (Position 6812);

   e) orthopädische Schuhe, orthopädische Apparate und andere orthopädische Vorrichtungen, Teile davon (Position 9021);

   f) Schuhe, die den Charakter von Spielzeug haben, und Schuhe mit fest angebrachten Schlittschuhen oder Rollschuhen; Schienbeinschützer und ähnliche Sportschutzausrüstungen (Kapitel 95).

2. Als „Teile" im Sinne der Position 6406 gelten nicht Stifte, Sohlenschützer, Ösen, Haken, Schnallen, Tressen, Pompons, Schnürsenkel und andere Zier- und Posamentierwaren (Einreihung nach stofflicher Beschaffenheit), Schuhknöpfe und andere Waren der Position 9606.

3. Im Sinne des Kapitels 64 gelten als:

   a) „Kautschuk" und „Kunststoff" auch Gewebe und andere Spinnstofferzeugnisse, welche auf der Außenseite mit einer mit bloßem Auge wahrnehmbaren Kautschuk- oder Kunststoffschicht versehen sind; dabei bleiben Veränderungen der Farbe, die durch diese Behandlungen zur Erlangung dieser Außenschicht hervorgerufen sind, außer Betracht;

   b) „Leder" Erzeugnisse der Positionen 4107 und 4112 bis 4114.

4. Vorbehaltlich der Anmerkung 3 zu Kapitel 64 gelten als:

   a) Stoff des Oberteils der Stoff, der den größten Teil der Außenfläche bildet, unabhängig von Zubehör- oder Verstärkungsteilen wie Randeinfassungen, Knöchelschützer, Verzierungen, Schnallen, Laschen, Ösen oder ähnliche Vorrichtungen;

   b) Stoff der Laufsohle der Stoff, der den größten Teil der Berührungsfläche mit dem Boden bildet, unabhängig von Zubehör- oder Verstärkungsteilen wie Dornen, Stollen, Nägel, Sohlenschützer oder ähnliche Vorrichtungen.

Unterpositions-Anmerkung

1. Als „Sportschuhe" im Sinne der Unterpositionen 6402 12, 6402 19, 6403 12, 6403 19 und 6404 11 gelten nur:

   a) Schuhe, die für die Ausübung einer Sportart bestimmt und mit Dornen, Krampen, Klammern, Stollen oder ähnlichen Vorrichtungen versehen oder für deren Anbringung hergerichtet sind;

   b) Schuhe für Schlittschuhe oder Rollschuhe, Skistiefel, Skilanglaufschuhe, Snowboardschuhe, Ringerschuhe, Boxerstiefel oder Radsportschuhe.

Zusätzliche Anmerkungen

1. *Im Sinne der Anmerkung 4 a gelten als „Verstärkungsteile" alle Teile (z. B. aus Kunststoff oder Leder), die die Außenfläche des Oberteils bedecken, ihm eine höhere Festigkeit verleihen und mit der Sohle verbunden sein können. Nach Entfernung der Verstärkungsteile muss der sichtbare Teil die charakteristischen Merkmale eines Oberteils und nicht die eines Futters aufweisen und dem Fuß genügend Halt bieten, um dem Benutzer bei angebrachter Befestigung das Laufen zu ermöglichen.*

   Bei der Bestimmung des Stoffes, aus dem das Oberteil besteht, sind die Flächen des Oberteils zu berücksichtigen, die von Zubehör- oder Verstärkungsteilen bedeckt sind.

2. *Im Sinne der Anmerkung 4 b sind eine oder mehrere textile Lagen, die nicht die an eine normal genutzte Laufsohle gestellten Anforderungen (z. B. Dauerhaftigkeit, Widerstandsfähigkeit usw.) erfüllen, für Einreihungszwecke außer Betracht zu lassen.*

KN-Code	Warenbezeichnung	Vertragsmäßiger Zollsatz (%)	Besondere Maßeinheit
1	2	3	4
6401	**Wasserdichte Schuhe mit Laufsohlen und Oberteil aus Kautschuk oder Kunststoff, bei denen weder das Oberteil mit der Laufsohle noch das Oberteil selbst durch Nähen, Nieten, Nageln, Schrauben, Stecken oder ähnliche Verfahren zusammengefügt ist:**		
6401 10 00	**– Schuhe, mit einem Metallschutz in der Vorderkappe**	17	pa
	– andere Schuhe:		
6401 92	**– – den Knöchel, jedoch nicht das Knie bedeckend:**		
6401 92 10	– – – mit Oberteil aus Kautschuk	17	pa
6401 92 90	– – – mit Oberteil aus Kunststoff	17	pa
6401 99 00	**– – andere**	17	pa
6402	**Andere Schuhe mit Laufsohlen und Oberteil aus Kautschuk oder Kunststoff:**		
	– Sportschuhe:		
6402 12	**– – Skistiefel, Skilanglaufschuhe und Snowboardschuhe:**		
6402 12 10	– – – Skistiefel und Skilanglaufschuhe	17	pa
6402 12 90	– – – Snowboardschuhe	17	pa
6402 19 00	**– – andere**	16,9	pa
6402 20 00	**– Schuhe mit Oberteil aus Bändern oder Riemen, mit der Sohle durch Zapfen zusammengesteckt**	17	pa
	– andere Schuhe:		
6402 91	**– – den Knöchel bedeckend:**		
6402 91 10	– – – mit einem Metallschutz in der Vorderkappe	17	pa
6402 91 90	– – – andere	16,9	pa
6402 99	**– – andere:**		
6402 99 05	– – – mit einem Metallschutz in der Vorderkappe	17	pa
	– – – andere:		
6402 99 10	– – – – mit Oberteil aus Kautschuk	16,8	pa
	– – – – mit Oberteil aus Kunststoff:		
	– – – – – Schuhe, deren Blatt aus Riemen gefertigt oder nicht geschlossen ist:		
6402 99 31	– – – – – – mit Absatz und Sohle mit einer größten Höhe von mehr als 3 cm	16,8	pa
6402 99 39	– – – – – – andere	16,8	pa
6402 99 50	– – – – – Pantoffeln und andere Hausschuhe	16,8	pa
	– – – – – andere, mit einer Länge der Innensohle von:		
6402 99 91	– – – – – – weniger als 24 cm	16,8	pa

KN-Code	Warenbezeichnung	Vertragsmäßiger Zollsatz (%)	Besondere Maßeinheit
1	2	3	4
	– – – – – – 24 cm oder mehr:		
6402 99 93	– – – – – – – Schuhe, die nicht als Männer- oder Frauenschuhe erkennbar sind	16,8	pa
	– – – – – – – andere:		
6402 99 96	– – – – – – – – für Männer	16,8	pa
6402 99 98	– – – – – – – – für Frauen	16,8	pa
6403	**Schuhe mit Laufsohlen aus Kautschuk, Kunststoff, Leder oder rekonstituiertem Leder und Oberteil aus Leder:**		
	– **Sportschuhe:**		
6403 12 00	– – **Skistiefel, Skilanglaufschuhe und Snowboardschuhe**	8	pa
6403 19 00	– – **andere**	8	pa
6403 20 00	– **Schuhe mit Laufsohlen aus Leder und Oberteil aus Lederriemen, die über den Spann und um die große Zehe führen**	8	pa
6403 40 00	– **andere Schuhe, mit einem Metallschutz in der Vorderkappe**	8	pa
	– **andere Schuhe, mit Laufsohlen aus Leder:**		
6403 51	– – **den Knöchel bedeckend:**		
6403 51 05	– – – mit einer Hauptsohle aus Holz, ohne Innensohle	8	pa
	– – – andere: – – – – den Knöchel, jedoch nicht die Wade bedeckend, mit einer Länge der Innensohle von:		
6403 51 11	– – – – – weniger als 24 cm	8	pa
	– – – – – 24 cm oder mehr:		
6403 51 15	– – – – – – für Männer	8	pa
6403 51 19	– – – – – – für Frauen	8	pa
	– – – – andere, mit einer Länge der Innensohle von:		
6403 51 91	– – – – – weniger als 24 cm	8	pa
	– – – – – 24 cm oder mehr:		
6403 51 95	– – – – – – für Männer	8	pa
6403 51 99	– – – – – – für Frauen	8	pa
6403 59	– – **andere:**		
6403 59 05	– – – mit einer Hauptsohle aus Holz, ohne Innensohle	8	pa
	– – – andere: – – – – Schuhe, deren Blatt aus Riemen gefertigt oder nicht geschlossen ist:		
6403 59 11	– – – – – mit Absatz und Sohle mit einer größten Höhe von mehr als 3 cm	5	pa
	– – – – – andere, mit einer Länge der Innensohle von:		
6403 59 31	– – – – – – weniger als 24 cm	8	pa
	– – – – – – 24 cm oder mehr:		
6403 59 35	– – – – – – – für Männer	8	pa

KN-Code	Warenbezeichnung	Vertragsmäßiger Zollsatz (%)	Besondere Maßeinheit
1	2	3	4
6403 59 39	– – – – – – – für Frauen	8	pa
6403 59 50	– – – – Pantoffeln und andere Hausschuhe	8	pa
	– – – – andere, mit einer Länge der Innensohle von:		
6403 59 91	– – – – – weniger als 24 cm	8	pa
	– – – – – 24 cm oder mehr:		
6403 59 95	– – – – – – für Männer	8	pa
6403 59 99	– – – – – – für Frauen	8	pa
	– **andere Schuhe:**		
6403 91	– – **den Knöchel bedeckend:**		
6403 91 05	– – – mit einer Hauptsohle aus Holz, ohne Innensohle	8	pa
	– – – andere: – – – – den Knöchel, jedoch nicht die Wade bedeckend, mit einer Länge der Innensohle von:		
6403 91 11	– – – – – weniger als 24 cm	8	pa
	– – – – – 24 cm oder mehr:		
6403 91 13	– – – – – – Schuhe, die nicht als Männer- oder Frauenschuhe erkennbar sind	8	pa
	– – – – – – andere:		
6403 91 16	– – – – – – – für Männer	8	pa
6403 91 18	– – – – – – – für Frauen	8	pa
	– – – – andere, mit einer Länge der Innensohle von:		
6403 91 91	– – – – – weniger als 24 cm	8	pa
	– – – – – 24 cm oder mehr:		
6403 91 93	– – – – – – Schuhe, die nicht als Männer- oder Frauenschuhe erkennbar sind	8	pa
	– – – – – – andere:		
6403 91 96	– – – – – – – für Männer	8	pa
6403 91 98	– – – – – – – für Frauen	5	pa
6403 99	– – **andere:**		
6403 99 05	– – – mit einer Hauptsohle aus Holz, ohne Innensohle	8	pa
	– – – andere: – – – – Schuhe, deren Blatt aus Riemen gefertigt oder nicht geschlossen ist:		
6403 99 11	– – – – – mit Absatz und Sohle mit einer größten Höhe von mehr als 3 cm	8	pa
	– – – – – andere, mit einer Länge der Innensohle von:		
6403 99 31	– – – – – – weniger als 24 cm	8	pa
	– – – – – – 24 cm oder mehr:		
6403 99 33	– – – – – – – Schuhe, die nicht als Männer- oder Frauenschuhe erkennbar sind	8	pa
	– – – – – – – andere:		
6403 99 36	– – – – – – – – für Männer	8	pa
6403 99 38	– – – – – – – – für Frauen	5	pa

KN-Code	Warenbezeichnung	Vertragsmäßiger Zollsatz (%)	Besondere Maßeinheit
1	2	3	4
6403 99 50	– – – – Pantoffeln und andere Hausschuhe	8	pa
	– – – – andere, mit einer Länge der Innensohle von:		
6403 99 91	– – – – – weniger als 24 cm	8	pa
	– – – – – 24 cm oder mehr:		
6403 99 93	– – – – – – Schuhe, die nicht als Männer- oder Frauenschuhe erkennbar sind	8	pa
	– – – – – – andere:		
6403 99 96	– – – – – – – für Männer	8	pa
6403 99 98	– – – – – – – für Frauen	7	pa
6404	**Schuhe mit Laufsohlen aus Kautschuk, Kunststoff, Leder oder rekonstituiertem Leder und Oberteil aus Spinnstoffen:**		
	– **Schuhe mit Laufsohlen aus Kautschuk oder Kunststoff:**		
6404 11 00	– – **Sportschuhe; Tennisschuhe, Basketballschuhe, Turnschuhe, Trainingsschuhe und ähnliche Schuhe**	16,9	pa
6404 19	– – **andere:**		
6404 19 10	– – – Pantoffeln und andere Hausschuhe	16,9	pa
6404 19 90	– – – andere	17	pa
6404 20	– **Schuhe mit Laufsohlen aus Leder oder rekonstituiertem Leder:**		
6404 20 10	– – Pantoffeln und andere Hausschuhe	17	pa
6404 20 90	– – andere	17	pa
6405	**Andere Schuhe:**		
6405 10 00	– **mit Oberteil aus Leder oder rekonstituiertem Leder**	3,5	pa
6405 20	– **mit Oberteil aus Spinnstoffen:**		
6405 20 10	– – mit Laufsohlen aus Holz oder Kork	3,5	pa
	– – mit Laufsohlen aus anderen Stoffen:		
6405 20 91	– – – Pantoffeln und andere Hausschuhe	4	pa
6405 20 99	– – – andere	4	pa
6405 90	– **andere:**		
6405 90 10	– – mit Laufsohlen aus Kautschuk, Kunststoff, Leder oder rekonstituiertem Leder	17	pa
6405 90 90	– – mit Laufsohlen aus anderen Stoffen	4	pa
6406	**Schuhteile (einschließlich Schuhoberteile, auch an Sohlen befestigt, nicht jedoch an Laufsohlen); Einlegesohlen, Fersenstücke und ähnliche herausnehmbare Waren; Gamaschen und ähnliche Waren sowie Teile davon:**		
6406 10	– **Schuhoberteile und Teile davon, ausgenommen Verstärkungen:**		
6406 10 10	– – aus Leder	3	—
6406 10 90	– – aus anderen Stoffen	3	—
6406 20	– **Laufsohlen und Absätze, aus Kautschuk oder Kunststoff:**		
6406 20 10	– – aus Kautschuk	3	—
6406 20 90	– – aus Kunststoff	3	—

KN-Code	Warenbezeichnung	Vertragsmäßiger Zollsatz (%)	Besondere Maßeinheit
1	2	3	4
6406 90	– **andere:**		
6406 90 30	– – Zusammensetzungen aus Schuhoberteilen, die mit einer Brandsohle oder anderen Bodenteilen (ausgenommen Laufsohlen) verbunden sind	3	pa
6406 90 50	– – Einlegesohlen und anderes herausnehmbares Zubehör	3	—
6406 90 60	– – Laufsohlen aus Leder oder rekonstituiertem Leder	3	—
6406 90 90	– – andere	3	—

KAPITEL 65

KOPFBEDECKUNGEN UND TEILE DAVON

Anmerkungen

1. Zu Kapitel 65 gehören nicht:

   a) gebrauchte Kopfbedeckungen der Position 6309;

   b) Kopfbedeckungen aus Asbest (Position 6812);

   c) Puppenhüte und andere Kopfbedeckungen, die den Charakter von Spielzeug haben, und Karnevalsartikel (Kapitel 95).

2. Zu Position 6502 gehören auch Hutstumpen und Hutrohlinge, die aus Streifen spiralförmig zusammengenäht sind. Andere durch Nähen hergestellte Hutstumpen und Hutrohlinge gehören nicht zu Position 6502.

KN-Code	Warenbezeichnung	Vertragsmäßiger Zollsatz (%)	Besondere Maßeinheit
1	2	3	4
6501 00 00	**Hutstumpen, weder geformt noch randgeformt, aus Filz; Hutplatten, Bandeaux (auch aufgeschnitten), aus Filz, zum Herstellen von Hüten**	2,7	p/st
6502 00 00	**Hutstumpen oder Hutrohlinge, geflochten oder durch Verbindung von Streifen aus Stoffen aller Art hergestellt, weder geformt noch randgeformt noch ausgestattet**	frei	p/st
[6503]			
6504 00 00	**Hüte und andere Kopfbedeckungen, geflochten oder durch Verbindung von Streifen aus Stoffen aller Art hergestellt, auch ausgestattet**	frei	p/st
6505 00	**Hüte und andere Kopfbedeckungen, gewirkt oder gestrickt oder aus einem oder mehreren Stücken (ausgenommen Streifen) von Spitzen, Filz oder anderen Spinnstofferzeugnissen hergestellt, auch ausgestattet; Haarnetze aus Stoffen aller Art, auch ausgestattet:**		
6505 00 10	– aus Haarfilz oder aus Woll-Haarfilz, aus Hutstumpen oder Hutplatten der Position 6501 00 00	5,7	p/st
	– andere:		
6505 00 30	– – Mützen, Uniformkappen und dergleichen, mit Schirm	2,7	p/st
6505 00 90	– – andere	2,7	—
6506	**Andere Hüte und Kopfbedeckungen, auch ausgestattet:**		
6506 10	– **Sicherheitskopfbedeckungen:**		
6506 10 10	– – aus Kunststoff	2,7	p/st
6506 10 80	– – aus anderen Stoffen	2,7	p/st
	– **andere:**		
6506 91 00	– – **aus Kautschuk oder Kunststoff**	2,7	p/st
6506 99	– – **aus anderen Stoffen:**		
6506 99 10	– – – aus Haarfilz oder aus Woll-Haarfilz, aus Hutstumpen oder Hutplatten der Position 6501 00 00	5,7	p/st
6506 99 90	– – – andere	2,7	p/st
6507 00 00	**Bänder zur Innenausrüstung, Innenfutter, Bezüge, Gestelle, Schirme und Kinnbänder, für Kopfbedeckungen**	2,7	—

KAPITEL 66

REGENSCHIRME, SONNENSCHIRME, GEHSTÖCKE, SITZSTÖCKE, PEITSCHEN, REITPEITSCHEN UND TEILE DAVON

Anmerkungen

1. Zu Kapitel 66 gehören nicht:

   a) Messstöcke und dergleichen (Position 9017);

   b) Stockflinten, Stockdegen, Spazierstöcke mit Bleifüllung und dergleichen (Kapitel 93);

   c) Waren des Kapitels 95 (z. B. Regen- und Sonnenschirme, die den Charakter von Spielzeug haben).

2. Zu Position 6603 gehören nicht Teile, Ausstattungen und Zubehör, aus Spinnstoffen, sowie Schirmhüllen, Schirmbezüge, Quasten, Troddeln und dergleichen, aus Stoffen aller Art, für die in Positionen 6601 und 6602 erfassten Waren. Derartige Waren werden nach eigener Beschaffenheit eingereiht. Dies gilt auch dann, wenn sie mit den Gegenständen, für die sie bestimmt sind, gestellt werden, sofern sie mit diesen Gegenständen nicht verbunden sind.

KN-Code	Warenbezeichnung	Vertragsmäßiger Zollsatz (%)	Besondere Maßeinheit
1	2	3	4
6601	**Regenschirme und Sonnenschirme (einschließlich Stockschirme, Gartenschirme und ähnliche Waren):**		
6601 10 00	**– Gartenschirme und ähnliche Waren**	4,7	p/st
	– andere:		
6601 91 00	**– – Schirme mit Teleskopauszug**	4,7	p/st
6601 99	**– – andere:**		
6601 99 20	– – – mit Bezug aus Geweben aus Spinnstoffen	4,7	p/st
6601 99 90	– – – andere	4,7	p/st
6602 00 00	**Gehstöcke, Sitzstöcke, Peitschen, Reitpeitschen und ähnliche Waren**	2,7	—
6603	**Teile, Ausstattungen und Zubehör für Waren der Positionen 6601 und 6602:**		
6603 20 00	**– Schirmgestelle, zusammengesetzt, auch mit Unterstock oder Griffstock**	5,2	—
6603 90	**– andere:**		
6603 90 10	– – Griffe und Knäufe	2,7	—
6603 90 90	– – andere	5	—

KAPITEL 67

ZUGERICHTETE FEDERN UND DAUNEN UND WAREN AUS FEDERN ODER DAUNEN; KÜNSTLICHE BLUMEN; WAREN AUS MENSCHENHAAREN

Anmerkungen

1. Zu Kapitel 67 gehören nicht:
   a) Filtertücher aus Menschenhaaren (Position 5911);
   b) Blumenmotive aus Spitzen, Stickereien oder anderen Spinnstoffwaren (Abschnitt XI);
   c) Schuhe (Kapitel 64);
   d) Kopfbedeckungen und Haarnetze (Kapitel 65);
   e) Spielzeug, Sportgeräte und Karnevalsartikel (Kapitel 95);
   f) Staubwedel, Puderquasten und Siebe aus Menschenhaaren (Kapitel 96).
2. Zu Position 6701 gehören nicht:
   a) Waren, bei denen die Federn oder Daunen nur als Füllung der Polsterung dienen, insbesondere Bettausstattungen der Position 9404;
   b) Kleidung und Bekleidungszubehör, bei denen die Federn oder Daunen nur Besätze oder Auspolsterungen sind;
   c) künstliche Blumen, künstliches Blattwerk, Teile davon und daraus hergestellte Waren der Position 6702.
3. Zu Position 6702 gehören nicht:
   a) Waren aus Glas (Kapitel 70);
   b) künstliche Blumen, künstliches Blattwerk oder künstliche Früchte, aus keramischen Stoffen, Stein, Metall, Holz oder anderen Stoffen, die durch Gießen, Schmieden, Behauen, Stanzen oder in anderer Weise in einem Stück hergestellt sind oder die aus mehreren Teilen bestehen, die anders als durch Binden, Kleben, Ineinanderstecken oder ähnliche Verfahren miteinander verbunden sind.

KN-Code	Warenbezeichnung	Vertragsmäßiger Zollsatz (%)	Besondere Maßeinheit
1	2	3	4
6701 00 00	**Vogelbälge und andere Vogelteile mit ihren Federn oder Daunen, Federn, Teile von Federn, Daunen und Waren daraus (ausgenommen Waren der Position 0505 und bearbeitete Federspulen und -kiele)**	2,7	—
6702	**Künstliche Blumen, künstliches Blattwerk und künstliche Früchte sowie Teile davon; Waren aus künstlichen Blumen, künstlichem Blattwerk oder künstlichen Früchten:**		
6702 10 00	**– aus Kunststoff**	4,7	—
6702 90 00	**– aus anderen Stoffen**	4,7	—
6703 00 00	**Menschenhaare, gleichgerichtet, gedünnt, gebleicht oder in anderer Weise zugerichtet; Wolle, Tierhaare und andere Spinnstoffe, für die Herstellung von Perücken und ähnlichen Waren zugerichtet**	1,7	—
6704	**Perücken, Bärte, Augenbrauen, Augenwimpern, Locken und dergleichen, aus Menschenhaaren, Tierhaaren oder Spinnstoffen; Waren aus Menschenhaaren, anderweit weder genannt noch inbegriffen:**		
	– aus synthetischen Spinnstoffen:		
6704 11 00	**– – vollständige Perücken**	2,2	—
6704 19 00	**– – andere**	2,2	—
6704 20 00	**– aus Menschenhaaren**	2,2	—
6704 90 00	**– aus anderen Stoffen**	2,2	—

ABSCHNITT XIII

WAREN AUS STEINEN, GIPS, ZEMENT, ASBEST, GLIMMER ODER ÄHNLICHEN STOFFEN; KERAMISCHE WAREN; GLAS UND GLASWAREN

KAPITEL 68

WAREN AUS STEINEN, GIPS, ZEMENT, ASBEST, GLIMMER ODER ÄHNLICHEN STOFFEN

Anmerkungen

1. Zu Kapitel 68 gehören nicht:
   a) Waren des Kapitels 25;
   b) gestrichene, überzogene oder getränkte Papiere und Pappen der Position 4810 oder 4811 (z. B. mit Glimmerstaub oder Grafit überzogene oder mit Bitumen oder Asphalt getränkte Papiere und Pappen);
   c) bestrichene, überzogene oder getränkte textile Flächenerzeugnisse des Kapitels 56 oder 59 und andere Spinnstofferzeugnisse (z. B. mit Glimmerstaub überzogene oder mit Bitumen oder Asphalt getränkte Gewebe);
   d) Waren des Kapitels 71;
   e) Werkzeuge und Werkzeugteile des Kapitels 82;
   f) Lithografiesteine (Position 8442);
   g) elektrische Isolatoren der Position 8546 und Isolierteile der Position 8547;
   h) kleine Schleifscheiben, Trennscheiben und dergleichen, für Dentalbohrmaschinen (Position 9018);
   ij) Waren des Kapitels 91 (z. B. Gehäuse für Uhren oder für andere Uhrmacherwaren);
   k) Waren des Kapitels 94 (z. B. Möbel, Beleuchtungskörper, vorgefertigte Gebäude);
   l) Waren des Kapitels 95 (z. B. Spielzeug, Spiele, Sportgeräte);
   m) Waren der Position 9602, wenn sie aus den in Anmerkung 2 Buchstabe b) zu Kapitel 96 genannten Stoffen bestehen, Waren der Position 9606 (z. B. Knöpfe), der Position 9609 (z. B. Schiefergriffel) oder der Position 9610 (z. B. Schiefertafeln zum Schreiben oder Zeichnen);
   n) Waren des Kapitels 97 (z. B. Kunstgegenstände).
2. Der Begriff „bearbeitete Werksteine" in Position 6802 bezieht sich nicht nur auf Steine der in der Position 2515 oder 2516 erfassten Art, sondern auch auf alle anderen natürlichen Steine (z. B. Quarzit, Flintstein, Dolomit und Speckstein), die in gleicher Weise bearbeitet sind; das gilt jedoch nicht für Tonschiefer.

KN-Code	Warenbezeichnung	Vertragsmäßiger Zollsatz (%)	Besondere Maßeinheit
1	2	3	4
6801 00 00	**Pflastersteine, Randsteine und Pflasterplatten, aus Naturstein (ausgenommen Schiefer)**	frei	—
6802	**Bearbeitete Werksteine (ausgenommen Schiefer) und Waren daraus, ausgenommen Waren der Position 6801; Würfel und dergleichen für Mosaike aus Naturstein (einschließlich Schiefer), auch auf Unterlagen; Körnungen, Splitter und Mehl von Naturstein (einschließlich Schiefer), künstlich gefärbt:**		
6802 10 00	**– Fliesen, Würfel und dergleichen, auch in anderer als quadratischer oder rechteckiger Form, deren größte Fläche in ein Quadrat mit einer Seitenlänge von weniger als 7 cm eingeschlossen werden kann; Körnungen, Splitter und Mehl, künstlich gefärbt**	frei	—
	– andere Werksteine und Waren daraus, lediglich geschnitten oder gesägt, mit ebener oder glatter Oberfläche:		
6802 21 00	**– – Marmor, Travertin und Alabaster**	1,7	—
6802 23 00	**– – Granit**	1,7	—
6802 29 00	**– – andere Steine**	1,7	—

KN-Code	Warenbezeichnung	Vertragsmäßiger Zollsatz (%)	Besondere Maßeinheit
1	2	3	4
	– andere:		
6802 91 00	– – Marmor, Travertin und Alabaster	1,7	—
6802 92 00	– – andere Kalksteine	1,7	—
6802 93	– – Granit:		
6802 93 10	– – – poliert, verziert oder anders bearbeitet, jedoch ohne Bildhauerarbeit, mit einem Eigengewicht von 10 kg oder mehr	frei	—
6802 93 90	– – – andere	1,7	—
6802 99	– – andere Steine:		
6802 99 10	– – – poliert, verziert oder anders bearbeitet, jedoch ohne Bildhauerarbeit, mit einem Eigengewicht von 10 kg oder mehr	frei	—
6802 99 90	– – – andere	1,7	—
6803 00	**Bearbeiteter Tonschiefer und Waren aus Tonschiefer oder aus Pressschiefer:**		
6803 00 10	– Schiefer für Dächer oder Fassaden	1,7	—
6803 00 90	– andere	1,7	—
6804	**Mühlsteine, Schleifsteine und dergleichen, ohne Gestell, zum Mahlen, Zerfasern, Brechen, Schleifen, Polieren, Richten, Schneiden oder Trennen, Wetz- oder Poliersteine zum Handgebrauch und Teile davon, aus Natursteinen, aus agglomerierten natürlichen oder künstlichen Schleifstoffen oder keramisch hergestellt, auch mit Teilen aus anderen Stoffen:**		
6804 10 00	– Mühlsteine und Steine zum Mahlen, Zerfasern oder Brechen	frei	—
	– andere Mühlsteine, Schleifsteine und dergleichen:		
6804 21 00	– – aus agglomerierten synthetischen oder natürlichen Diamanten	1,7	—
6804 22	– – aus anderen agglomerierten Schleifstoffen oder keramisch hergestellt:		
	– – – aus künstlichen Schleifstoffen, mit Bindemittel:		
	– – – – aus Kunstharz:		
6804 22 12	– – – – – nicht verstärkt	frei	—
6804 22 18	– – – – – verstärkt	frei	—
6804 22 30	– – – – aus keramischen Stoffen oder Silicaten	frei	—
6804 22 50	– – – – aus anderen Stoffen	frei	—
6804 22 90	– – – andere	frei	—
6804 23 00	– – aus Naturstein	frei	—
6804 30 00	– Wetz- oder Poliersteine zum Handgebrauch	frei	—
6805	**Natürliche oder künstliche Schleifmittel, in Pulver- oder Körnerform, auf einer Unterlage aus Spinnstoffen, Papier, Pappe oder anderen Stoffen, auch zugeschnitten, genäht oder anders zusammengefügt:**		
6805 10 00	– nur auf einer Unterlage aus Gewebe aus Spinnstoffen	1,7	—
6805 20 00	– nur auf einer Unterlage aus Papier oder Pappe	1,7	—
6805 30 00	– auf einer Unterlage aus anderen Stoffen	1,7	—
6806	**Hüttenwolle/Schlackenwolle, Steinwolle und ähnliche mineralische Wollen; geblähter Vermiculit, geblähter Ton, Schaumschlacke und ähnliche geblähte mineralische Erzeugnisse; Mischungen und Waren aus mineralischen Stoffen zu Wärme-, Kälte- oder Schallschutzzwecken, ausgenommen Waren der Positionen 6811 und 6812 oder des Kapitels 69:**		
6806 10 00	– Hüttenwolle/Schlackenwolle, Steinwolle und ähnliche mineralische Wollen, auch miteinander gemischt, lose, in Platten oder in Rollen	frei	—

KN-Code	Warenbezeichnung	Vertragsmäßiger Zollsatz (%)	Besondere Maßeinheit
1	2	3	4
6806 20	**– geblähter Vermiculit, geblähter Ton, Schaumschlacke und ähnliche geblähte mineralische Erzeugnisse, auch miteinander gemischt:**		
6806 20 10	– – geblähter Ton	frei	—
6806 20 90	– – andere	frei	—
6806 90 00	**– andere**	frei	—
6807	**Waren aus Asphalt oder aus ähnlichen Stoffen (z. B. Erdölpech, Kohlenteerpech):**		
6807 10 00	**– in Rollen**	frei	m^2
6807 90 00	**– andere**	frei	—
6808 00 00	**Platten, Dielen, Fliesen, Blöcke und dergleichen, aus Pflanzenfasern, Stroh oder aus Holzspänen, -schnitzeln, -fasern, Sägemehl oder anderen Holzabfällen, mit Zement, Gips oder anderen mineralischen Bindemitteln hergestellt**	1,7	—
6809	**Waren aus Gips oder aus Mischungen auf der Grundlage von Gips:**		
	– Platten, Tafeln, Dielen, Fliesen und ähnliche Waren, nicht verziert:		
6809 11 00	**– – nur mit Papier oder Pappe überzogen oder verstärkt**	1,7	m^2
6809 19 00	**– – andere**	1,7	m^2
6809 90 00	**– andere**	1,7	—
6810	**Waren aus Zement, Beton oder Kunststein, auch bewehrt:**		
	– Ziegel, Fliesen, Mauersteine und dergleichen:		
6810 11	**– – Baublöcke und Mauersteine:**		
6810 11 10	– – – aus Leichtbeton (auf Basis von Bimskies, granulierter Schlacke usw.)	1,7	—
6810 11 90	– – – andere	1,7	—
6810 19 00	**– – andere**	1,7	—
	– andere:		
6810 91 00	**– – vorgefertigte Bauelemente**	1,7	—
6810 99 00	**– – andere**	1,7	—
6811	**Waren aus Asbestzement, Cellulosezement oder dergleichen:**		
6811 40 00	**– Asbest enthaltend**	1,7	—
	– keinen Asbest enthaltend:		
6811 81 00	**– – Wellplatten**	1,7	—
6811 82 00	**– – andere Platten, Tafeln, Fliesen, Ziegel und dergleichen**	1,7	—
6811 89 00	**– – andere**	1,7	—
6812	**Bearbeitete Asbestfasern; Mischungen auf der Grundlage von Asbest oder auf der Grundlage von Asbest und Magnesiumcarbonat; Waren aus solchen Mischungen oder aus Asbest (z. B. Garne, Gewebe, Kleidung, Kopfbedeckungen, Schuhe, Dichtungen), auch bewehrt, ausgenommen Waren der Position 6811 oder 6813:**		
6812 80	**– aus Krokydolith:**		
6812 80 10	– – bearbeitete Fasern; Mischungen auf der Grundlage von Asbest oder auf der Grundlage von Asbest und Magnesiumcarbonat	1,7	—

KN-Code	Warenbezeichnung	Vertragsmäßiger Zollsatz (%)	Besondere Maßeinheit
1	2	3	4
6812 80 90	– – andere	3,7	—
	– **andere:**		
6812 91 00	– – **Kleidung, Bekleidungszubehör, Schuhe und Kopfbedeckungen**	3,7	—
6812 92 00	– – **Papier, Pappe und Filz**	3,7	—
6812 93 00	– – **Dichtungsmaterial aus zusammengepressten Asbestfasern und Elastomeren, in Platten oder Rollen**	3,7	—
6812 99	– – **andere:**		
6812 99 10	– – – bearbeitete Asbestfasern; Mischungen auf der Grundlage von Asbest oder auf der Grundlage von Asbest und Magnesiumcarbonat	1,7	—
6812 99 90	– – – andere	3,7	—
6813	**Reibungsbeläge (z. B. Platten, Rollen, Streifen, Segmente, Scheiben, Ringe, Klötze), nicht montiert, für Bremsen, Kupplungen und dergleichen, auf der Grundlage von Asbest, anderen mineralischen Stoffen oder Zellstoff, auch in Verbindung mit Spinnstoffen oder anderen Stoffen:**		
6813 20 00	– **Asbest enthaltend**	2,7	—
	– **keinen Asbest enthaltend:**		
6813 81 00	– – **Bremsbeläge und Bremsklötze**	2,7	—
6813 89 00	– – **andere**	2,7	—
6814	**Bearbeiteter Glimmer und Glimmerwaren, einschließlich agglomerierter oder rekonstituierter Glimmer, auch auf Unterlagen aus Papier, Pappe oder aus anderen Stoffen:**		
6814 10 00	– **Platten, Blätter oder Streifen aus agglomeriertem oder rekonstituiertem Glimmer, auch auf Unterlagen**	1,7	—
6814 90 00	– **andere**	1,7	—
6815	**Waren aus Steinen oder anderen mineralischen Stoffen (einschließlich Kohlenstofffasern, Waren aus Kohlenstofffasern und Waren aus Torf), anderweit weder genannt noch inbegriffen:**		
6815 10	– **Waren aus Grafit oder anderem Kohlenstoff, nicht für elektrotechnische Zwecke:**		
6815 10 10	– – Kohlenstofffasern und Waren aus Kohlenstofffasern	frei	—
6815 10 90	– – andere	frei	—
6815 20 00	– **Waren aus Torf**	frei	—
	– **andere:**		
6815 91 00	– – **Magnesit, Dolomit oder Chromit enthaltend**	frei	—
6815 99 00	– – **andere**	frei	—

KAPITEL 69

KERAMISCHE WAREN

Anmerkungen

1. Zu Kapitel 69 gehören nur keramische Waren, die nach vorheriger Formgebung gebrannt sind. Zu den Positionen 6904 bis 6914 gehören nicht Waren der Positionen 6901 bis 6903.
2. Zu Kapitel 69 gehören nicht:
   a) Waren der Position 2844;
   b) Waren der Position 6804;
   c) Waren des Kapitels 71 (z. B. Fantasieschmuck);
   d) Cermets der Position 8113;
   e) Waren des Kapitels 82;
   f) elektrische Isolatoren der Position 8546 und Isolierteile der Position 8547;
   g) künstliche Zähne aus keramischen Stoffen (Position 9021);
   h) Waren des Kapitels 91 (z. B. Uhren und Gehäuse für Uhren);
   ij) Waren des Kapitels 94 (z. B. Möbel, Beleuchtungskörper, vorgefertigte Gebäude);
   k) Waren des Kapitels 95 (z. B. Spielzeug, Spiele, Sportgeräte);
   l) Waren der Position 9606 (z. B. Knöpfe) oder der Position 9614 (z. B. Tabakpfeifen);
   m) Waren des Kapitels 97 (z. B. Kunstgegenstände).

KN-Code	Warenbezeichnung	Vertragsmäßiger Zollsatz (%)	Besondere Maßeinheit
1	2	3	4
	I. WAREN AUS KIESELSÄUREHALTIGEN FOSSILEN MEHLEN ODER ÄHNLICHEN KIESELSÄUREHALTIGEN ERDEN UND FEUERFESTE WAREN		
6901 00 00	**Steine, Platten, Fliesen und andere keramische Waren aus kieselsäurehaltigen fossilen Mehlen (z. B. Kieselgur, Tripel, Diatomit) oder aus ähnlichen kieselsäurehaltigen Erden**	2	—
6902	**Feuerfeste Steine, Platten, Fliesen und ähnliche feuerfeste keramische Bauteile, ausgenommen Waren aus kieselsäurehaltigen fossilen Mehlen oder ähnlichen kieselsäurehaltigen Erden:**		
6902 10 00	**– mit einem Gehalt der Elemente Mg, Ca oder Cr, berechnet als MgO, CaO oder Cr_2O_3, einzeln oder gemeinsam, von mehr als 50 GHT**	2	—
6902 20	**– mit einem Gehalt an Tonerde (Al_2O_3), an Kieselsäure (SiO_2) oder einer Mischung oder Verbindung dieser Erzeugnisse von mehr als 50 GHT:**		
6902 20 10	– – mit einem Gehalt an Kieselsäure (SiO_2) von 93 GHT oder mehr	2	—
	– – andere:		
6902 20 91	– – – mit einem Gehalt an Tonerde (Al_2O_3) von mehr als 7, jedoch weniger als 45 GHT	2	—
6902 20 99	– – – andere	2	—
6902 90 00	**– andere**	2	—
6903	**Andere feuerfeste keramische Waren (z. B. Retorten, Schmelztiegel, Muffeln, Ausgüsse, Stopfen, Stützen, Kapellen, Rohre, Schutzrohre, Stäbe), ausgenommen Waren aus kieselsäurehaltigen fossilen Mehlen oder aus ähnlichen kieselsäurehaltigen Erden:**		
6903 10 00	**– mit einem Gehalt an Grafit oder anderem Kohlenstoff, auch untereinander gemischt, von mehr als 50 GHT**	5	—

KN-Code	Warenbezeichnung	Vertragsmäßiger Zollsatz (%)	Besondere Maßeinheit
1	2	3	4
6903 20	**– mit einem Gehalt an Tonerde (Al_2O_3) oder einer Mischung oder Verbindung von Tonerde und Kieselsäure (SiO_2) von mehr als 50 GHT:**		
6903 20 10	– – mit einem Gehalt an Tonerde (Al_2O_3) von weniger als 45 GHT	5	—
6903 20 90	– – mit einem Gehalt an Tonerde (Al_2O_3) von 45 GHT oder mehr	5	—
6903 90	**– andere:**		
6903 90 10	– – mit einem Gehalt an Grafit oder anderem Kohlenstoff, auch untereinander gemischt, von mehr als 25 bis 50 GHT	5	—
6903 90 90	– – andere	5	—
	II. **ANDERE KERAMISCHE WAREN**		
6904	**Mauerziegel, Hourdis, Deckenziegel und dergleichen, aus keramischen Stoffen:**		
6904 10 00	**– Mauerziegel**	2	p/st
6904 90 00	**– andere**	2	—
6905	**Dachziegel, Schornsteinteile/Elemente für Rauchfänge, Rauchleitungen, Bauzierrate und andere Baukeramik:**		
6905 10 00	**– Dachziegel**	frei	p/st
6905 90 00	**– andere**	frei	—
6906 00 00	**Keramische Rohre, Rohrleitungen, Rinnen, Rohrformstücke, Rohrverschlussstücke und Rohrverbindungsstücke**	frei	—
6907	**Unglasierte keramische Fliesen, Boden- und Wandplatten; unglasierte keramische Steinchen, Würfel und ähnliche Waren für Mosaike, auch auf Unterlage:**		
6907 10 00	**– Fliesen, Würfel, Steinchen und ähnliche Waren, auch in anderer als quadratischer oder rechteckiger Form, deren größte Fläche in ein Quadrat mit einer Seitenlänge von weniger als 7 cm eingeschlossen werden kann**	5	m^2
6907 90	**– andere:**		
6907 90 20	– – aus Steinzeug	5	m^2
6907 90 80	– – andere	5	m^2
6908	**Glasierte keramische Fliesen, Boden- und Wandplatten; glasierte keramische Steinchen, Würfel und ähnliche Waren für Mosaike, auch auf Unterlage:**		
6908 10 00	**– Fliesen, Würfel, Steinchen und ähnliche Waren, auch in anderer als quadratischer oder rechteckiger Form, deren größte Fläche in ein Quadrat mit einer Seitenlänge von weniger als 7 cm eingeschlossen werden kann**	7	m^2
6908 90	**– andere:**		
	– – aus gewöhnlichem Ton:		
6908 90 11	– – – Spaltplatten	6	m^2
6908 90 20	– – – andere	5	m^2
	– – andere:		
6908 90 31	– – – Spaltplatten	5	m^2
	– – – andere:		
6908 90 51	– – – – mit einer Oberfläche von 90 cm^2 oder weniger	7	m^2
	– – – – andere:		
6908 90 91	– – – – – aus Steinzeug	5	m^2
6908 90 93	– – – – – aus Steingut oder feinen Erden	5	m^2
6908 90 99	– – – – – andere	5	m^2

KN-Code	Warenbezeichnung	Vertragsmäßiger Zollsatz (%)	Besondere Maßeinheit
1	2	3	4
6909	**Keramische Waren zu chemischen und anderen technischen Zwecken; keramische Tröge, Wannen und ähnliche Behältnisse für die Landwirtschaft; keramische Krüge und ähnliche Behältnisse zu Transport- oder Verpackungszwecken:**		
	– Waren zu chemischen und anderen technischen Zwecken:		
6909 11 00	**– – aus Porzellan**	5	—
6909 12 00	**– – Waren mit einer Mohsschen Härte von 9 oder mehr**	5	—
6909 19 00	**– – andere**	5	—
6909 90 00	**– andere**	5	—
6910	**Keramische Ausgüsse (Spülbecken), Waschbecken, Waschbeckensockel, Badewannen, Bidets, Klosettbecken, Spülkästen, Urinierbecken und ähnliche Installationsgegenstände zu sanitären Zwecken:**		
6910 10 00	**– aus Porzellan**	7	—
6910 90 00	**– andere**	7	—
6911	**Geschirr, andere Haushalts- oder Hauswirtschaftsartikel, Hygiene- oder Toilettengegenstände, aus Porzellan:**		
6911 10 00	**– Geschirr und andere Artikel für den Tisch- oder Küchengebrauch**	12	—
6911 90 00	**– andere**	12	—
6912 00	**Anderes keramisches Geschirr, andere keramische Haushalts- oder Hauswirtschaftsartikel, Hygiene- oder Toilettengegenstände:**		
6912 00 10	– aus gewöhnlichem Ton	5	—
6912 00 30	– aus Steinzeug	5,5	—
6912 00 50	– aus Steingut oder feinen Erden	9	—
6912 00 90	– andere	7	—
6913	**Statuetten und andere keramische Ziergegenstände:**		
6913 10 00	**– aus Porzellan**	6	—
6913 90	**– andere:**		
6913 90 10	– – aus gewöhnlichem Ton	3,5	—
	– – andere:		
6913 90 93	– – – aus Steingut oder feinen Erden	6	—
6913 90 98	– – – andere	6	—
6914	**Andere keramische Waren:**		
6914 10 00	**– aus Porzellan**	5	—
6914 90 00	**– andere**	3	—

KAPITEL 70

GLAS UND GLASWAREN

Anmerkungen

1. Zu Kapitel 70 gehören nicht:
   a) Waren der Position 3207 (z. B. Schmelzglasuren und andere verglasbare Massen, Glasfritten, anderes Glas in Form von Pulver, Granalien oder Flocken);
   b) Waren des Kapitels 71 (z. B. Fantasieschmuck);
   c) Kabel aus optischen Fasern der Position 8544, elektrische Isolatoren (Position 8546) oder Isolierteile der Position 8547;
   d) optische Fasern, optisch bearbeitete optische Elemente, Injektionsspritzen, künstliche Augen, Thermometer, Barometer, Dichtemesser und andere Waren des Kapitels 90;
   e) Beleuchtungskörper, Leuchtschilder, Reklameleuchten, Namensschilder und ähnliche Waren, mit fest angebrachter Lichtquelle, und Teile davon, der Position 9405;
   f) Spielzeug, Spiele, Sportgeräte, Weihnachtsartikel und andere Waren des Kapitels 95, ausgenommen Augen ohne Mechanismus für Puppen oder für andere Waren des Kapitels 95;
   g) Knöpfe, Parfümzerstäuber, Vakuumisolierflaschen und andere Waren des Kapitels 96.
2. Für die Anwendung der Positionen 7003, 7004 und 7005
   a) werden die vor dem Aushärten liegenden Arbeitsvorgänge bei dem Merkmal „bearbeitet" nicht berücksichtigt;
   b) bleibt ein Zuschneiden auf bestimmte Formen für die Einreihung von Glas in Platten oder Tafeln ohne Einfluss;
   c) gelten als „absorbierende, reflektierende oder nicht reflektierende Schicht" mikroskopisch dünne Überzüge aus Metall oder einer chemischen Verbindung (z. B. Metalloxid), die z. B. Infrarotlicht absorbieren oder das Reflexionsvermögen des Glases verbessern, ohne es undurchsichtig oder lichtundurchlässig zu machen oder die Lichtreflexion an der Glasoberfläche verhindern.
3. Waren der Position 7006 bleiben in dieser Position, auch wenn sie den Charakter von Fertigwaren haben.
4. Als „Glaswolle" im Sinne der Position 7019 gelten:
   a) mineralische Wollen mit einem Gehalt an Siliciumdioxid (SiO_2) von 60 GHT oder mehr;
   b) mineralische Wollen mit einem Gehalt an Siliciumdioxid (SiO_2) von weniger als 60 GHT, jedoch mit einem Gehalt an Alkalioxiden (K_2O oder Na_2O) von mehr als 5 GHT oder mit einem Gehalt an Bortrioxid (B_2O_3) von mehr als 2 GHT.

   Mineralische Wollen, welche die vorstehenden Voraussetzungen nicht erfüllen, gehören zu Position 6806.
5. Als „Glas" im Sinne der Nomenklatur gelten auch geschmolzener Quarz und anderes geschmolzenes Siliciumdioxid.

Unterpositions-Anmerkung

1. Als „Bleikristall" im Sinne der Unterpositionen 7013 22, 7013 33, 7013 41 und 7013 91 gilt nur Glas mit einem Gehalt an Bleimonoxid (PbO) von 24 GHT oder mehr.

KN-Code	Warenbezeichnung	Vertragsmäßiger Zollsatz (%)	Besondere Maßeinheit
1	2	3	4
7001 00	**Bruchglas und andere Abfälle und Scherben von Glas; Glasmasse:**		
7001 00 10	– Bruchglas und andere Abfälle und Scherben von Glas	frei	—
	– Glasmasse:		
7001 00 91	– – optisches Glas	3	—
7001 00 99	– – anderes	frei	—

KN-Code	Warenbezeichnung	Vertragsmäßiger Zollsatz (%)	Besondere Maßeinheit
1	2	3	4
7002	**Glas in Kugeln (ausgenommen Mikrokugeln der Position 7018), Stangen, Stäben oder Rohren, nicht bearbeitet:**		
7002 10 00	**– Kugeln**	3	—
7002 20	**– Stangen oder Stäbe:**		
7002 20 10	– – aus optischem Glas	3	—
7002 20 90	– – andere	3	—
	– Rohre:		
7002 31 00	**– – aus geschmolzenem Quarz oder aus anderem geschmolzenen Siliciumdioxid**	3	—
7002 32 00	**– – aus anderem Glas, mit einem linearen Ausdehnungskoeffizienten von 5×10^{-6} oder weniger je Kelvin in einem Temperaturbereich von 0 °C bis 300 °C**	3	—
7002 39 00	**– – andere**	3	—
7003	**Gegossenes oder gewalztes Glas, in Platten, Tafeln oder Profilen, auch mit absorbierender, reflektierender oder nicht reflektierender Schicht, jedoch nicht anders bearbeitet:**		
	– Platten oder Tafeln, nicht mit Drahteinlagen oder dergleichen verstärkt:		
7003 12	**– – in der Masse gefärbt, undurchsichtig, überfangen oder mit absorbierender, reflektierender oder nicht reflektierender Schicht:**		
7003 12 10	– – – aus optischem Glas	3	m^2
	– – – andere:		
7003 12 91	– – – – mit nicht reflektierender Schicht	3	m^2
7003 12 99	– – – – andere	3,8 MIN 0,6 €/ 100 kg/br	m^2
7003 19	**– – andere:**		
7003 19 10	– – – aus optischem Glas	3	m^2
7003 19 90	– – – andere	3,8 MIN 0,6 €/ 100 kg/br	m^2
7003 20 00	**– Platten oder Tafeln, mit Drahteinlagen oder dergleichen verstärkt**	3,8 MIN 0,4 €/ 100 kg/br	m^2
7003 30 00	**– Profile**	3	—
7004	**Gezogenes oder geblasenes Glas in Tafeln, auch mit absorbierender, reflektierender oder nicht reflektierender Schicht, jedoch nicht anders bearbeitet:**		
7004 20	**– in der Masse gefärbt, undurchsichtig, überfangen oder mit absorbierender, reflektierender oder nicht reflektierender Schicht:**		
7004 20 10	– – optisches Glas	3	m^2
	– – anderes:		
7004 20 91	– – – mit nicht reflektierender Schicht	3	m^2
7004 20 99	– – – anderes	4,4 MIN 0,4 €/ 100 kg/br	m^2
7004 90	**– anderes:**		
7004 90 10	– – optisches Glas	3	m^2
7004 90 80	– – anderes	4,4 MIN 0,4 €/ 100 kg/br	m^2

KN-Code	Warenbezeichnung	Vertragsmäßiger Zollsatz (%)	Besondere Maßeinheit
1	2	3	4
7005	**Feuerpoliertes Glas (float-glass) und auf einer oder beiden Seiten geschliffenes oder poliertes Glas, in Platten oder Tafeln, auch mit absorbierender, reflektierender oder nicht reflektierender Schicht, jedoch nicht anders bearbeitet:**		
7005 10	**– nicht mit Drahteinlagen oder dergleichen verstärkt, mit absorbierender, reflektierender oder nicht reflektierender Schicht:**		
7005 10 05	– – mit nicht reflektierender Schicht	3	m^2
	– – anderes, mit einer Dicke von:		
7005 10 25	– – – 3,5 mm oder weniger	2	m^2
7005 10 30	– – – mehr als 3,5 mm bis 4,5 mm	2	m^2
7005 10 80	– – – mehr als 4,5 mm	2	m^2
	– anderes, nicht mit Drahteinlagen oder dergleichen verstärkt:		
7005 21	**– – in der Masse gefärbt, undurchsichtig, überfangen oder nur geschliffen:**		
7005 21 25	– – – mit einer Dicke von 3,5 mm oder weniger	2	m^2
7005 21 30	– – – mit einer Dicke von mehr als 3,5 mm bis 4,5 mm	2	m^2
7005 21 80	– – – mit einer Dicke von mehr als 4,5 mm	2	m^2
7005 29	**– – anderes:**		
7005 29 25	– – – mit einer Dicke von 3,5 mm oder weniger	2	m^2
7005 29 35	– – – mit einer Dicke von mehr als 3,5 mm bis 4,5 mm	2	m^2
7005 29 80	– – – mit einer Dicke von mehr als 4,5 mm	2	m^2
7005 30 00	**– mit Drahteinlagen oder dergleichen verstärkt**	2	m^2
7006 00	**Glas der Position 7003, 7004 oder 7005, gebogen, mit bearbeiteten Kanten, graviert, gelocht, emailliert oder anders bearbeitet, jedoch weder gerahmt noch in Verbindung mit anderen Stoffen:**		
7006 00 10	– optisches Glas	3	—
7006 00 90	– anderes	3	—
7007	**Vorgespanntes Einschichten-Sicherheitsglas und Mehrschichten-Sicherheitsglas (Verbundglas):**		
	– vorgespanntes Einschichten-Sicherheitsglas:		
7007 11	**– – in Abmessungen und Formen von der in Kraftfahrzeugen, Luftfahrzeugen, Wasserfahrzeugen oder anderen Fahrzeugen verwendeten Art:**		
7007 11 10	– – – in Abmessungen und Formen von der in Kraftfahrzeugen verwendeten Art	3	—
7007 11 90	– – – anderes	3	—
7007 19	**– – anderes:**		
7007 19 10	– – – emailliert	3	m^2
7007 19 20	– – – in der Masse gefärbt, undurchsichtig, überfangen oder mit absorbierender oder reflektierender Schicht	3	m^2
7007 19 80	– – – anderes	3	m^2

KN-Code	Warenbezeichnung	Vertragsmäßiger Zollsatz (%)	Besondere Maßeinheit
1	2	3	4
	– **Mehrschichten-Sicherheitsglas (Verbundglas):**		
7007 21	– – **in Abmessungen und Formen von der in Kraftfahrzeugen, Luftfahrzeugen, Wasserfahrzeugen oder anderen Fahrzeugen verwendeten Art:**		
7007 21 20	– – – in Abmessungen und Formen von der in Kraftfahrzeugen verwendeten Art	3	—
7007 21 80	– – – anderes	3	—
7007 29 00	– – **anderes**	3	m^2
7008 00	**Mehrschichtige Isolierverglasungen:**		
7008 00 20	– in der Masse gefärbt, undurchsichtig, überfangen oder mit absorbierender oder reflektierender Schicht	3	m^2
	– andere:		
7008 00 81	– – bestehend aus zwei entlang der Ränder durch eine luftdichte Abdichtung verschweißte Glasplatten und getrennt durch eine Schicht aus Luft, anderen Gasen oder durch ein Vakuum	3	m^2
7008 00 89	– – andere	3	m^2
7009	**Spiegel aus Glas, auch gerahmt, einschließlich Rückspiegel:**		
7009 10 00	– **Rückspiegel für Fahrzeuge**	4	p/st
	– **andere:**		
7009 91 00	– – **nicht gerahmt**	4	—
7009 92 00	– – **gerahmt**	4	—
7010	**Flaschen, Glasballons, Korbflaschen, Flakons, Krüge, Töpfe, Röhrchen, Ampullen und andere Behältnisse aus Glas, zu Transport- oder Verpackungszwecken; Konservengläser; Stopfen, Deckel und andere Verschlüsse, aus Glas:**		
7010 10 00	– **Ampullen**	3	p/st
7010 20 00	– **Stopfen, Deckel und andere Verschlüsse**	5	—
7010 90	– **andere:**		
7010 90 10	– – Haushaltskonservengläser	5	p/st
	– – andere:		
7010 90 21	– – – hergestellt aus Glasröhren	5	p/st
	– – – andere, mit einem Nenninhalt von:		
7010 90 31	– – – – 2,5 l oder mehr	5	p/st
	– – – – weniger als 2,5 l:		
	– – – – – für Nahrungsmittel und Getränke:		
	– – – – – – Flaschen:		
	– – – – – – – aus nicht gefärbtem Glas, mit einem Nenninhalt von:		
7010 90 41	– – – – – – – – 1 l oder mehr	5	p/st
7010 90 43	– – – – – – – – mehr als 0,33 l, jedoch weniger als 1 l	5	p/st
7010 90 45	– – – – – – – – 0,15 l bis 0,33 l	5	p/st
7010 90 47	– – – – – – – – weniger als 0,15 l	5	p/st
	– – – – – – – aus gefärbtem Glas, mit einem Nenninhalt von:		
7010 90 51	– – – – – – – – 1 l oder mehr	5	p/st
7010 90 53	– – – – – – – – mehr als 0,33 l, jedoch weniger als 1 l	5	p/st

KN-Code	Warenbezeichnung	Vertragsmäßiger Zollsatz (%)	Besondere Maßeinheit
1	2	3	4
7010 90 55	– – – – – – – – 0,15 l bis 0,33 l	5	p/st
7010 90 57	– – – – – – – – weniger als 0,15 l	5	p/st
	– – – – – – andere, mit einem Nenninhalt von:		
7010 90 61	– – – – – – – 0,25 l oder mehr	5	p/st
7010 90 67	– – – – – – – weniger als 0,25 l	5	p/st
	– – – – – für pharmazeutische Erzeugnisse, mit einem Nenninhalt von:		
7010 90 71	– – – – – – mehr als 0,055 l	5	p/st
7010 90 79	– – – – – – 0,055 l oder weniger	5	p/st
	– – – – – für andere Erzeugnisse:		
7010 90 91	– – – – – – aus nicht gefärbtem Glas	5	p/st
7010 90 99	– – – – – – aus gefärbtem Glas	5	p/st
7011	**Offene Glaskolben und Glasrohre, Glasteile davon, ohne Ausrüstung, für elektrische Lampen, Kathodenstrahlröhren oder dergleichen:**		
7011 10 00	– **für elektrische Beleuchtung**	4	—
7011 20 00	– **für Kathodenstrahlröhren**	4	—
7011 90 00	– **andere**	4	—
[7012]			
7013	**Glaswaren zur Verwendung bei Tisch, in der Küche, bei der Toilette, im Büro, zur Innenausstattung oder zu ähnlichen Zwecken (ausgenommen Waren der Position 7010 oder 7018):**		
7013 10 00	– **aus Glaskeramik**	11	p/st
	– **Trinkgläser mit Stiel, ausgenommen Waren aus Glaskeramik:**		
7013 22	– – **aus Bleikristall:**		
7013 22 10	– – – handgefertigt (manuelle Glasentnahme)	11	p/st
7013 22 90	– – – mechanisch gefertigt (mechanische Glasentnahme)	11	p/st
7013 28	– – **andere:**		
7013 28 10	– – – handgefertigt (manuelle Glasentnahme)	11	p/st
7013 28 90	– – – mechanisch gefertigt (mechanische Glasentnahme)	11	p/st
	– **andere Trinkgläser, ausgenommen Waren aus Glaskeramik:**		
7013 33	– – **aus Bleikristall:**		
	– – – handgefertigt (manuelle Glasentnahme):		
7013 33 11	– – – – geschliffen oder anders bearbeitet	11	p/st
7013 33 19	– – – – andere	11	p/st
	– – – mechanisch gefertigt (mechanische Glasentnahme):		
7013 33 91	– – – – geschliffen oder anders bearbeitet	11	p/st
7013 33 99	– – – – andere	11	p/st
7013 37	– – **andere:**		
7013 37 10	– – – aus vorgespanntem Glas	11	p/st
	– – – andere:		
	– – – – handgefertigt (manuelle Glasentnahme):		
7013 37 51	– – – – – geschliffen oder anders bearbeitet	11	p/st
7013 37 59	– – – – – andere	11	p/st

KN-Code	Warenbezeichnung	Vertragsmäßiger Zollsatz (%)	Besondere Maßeinheit
1	2	3	4
	– – – – mechanisch gefertigt (mechanische Glasentnahme):		
7013 37 91	– – – – – geschliffen oder anders bearbeitet	11	p/st
7013 37 99	– – – – – andere	11	p/st
	– Glaswaren zur Verwendung bei Tisch (ausgenommen Trinkgläser) oder in der Küche, ausgenommen Waren aus Glaskeramik:		
7013 41	**– – aus Bleikristall:**		
7013 41 10	– – – handgefertigt (manuelle Glasentnahme)	11	p/st
7013 41 90	– – – mechanisch gefertigt (mechanische Glasentnahme)	11	p/st
7013 42 00	**– – aus anderem Glas, mit einem linearen Ausdehnungskoeffizienten von 5 × 10^{-6} oder weniger je Kelvin bei Temperaturen von 0 °C bis 300 °C**	11	p/st
7013 49	**– – andere:**		
7013 49 10	– – – aus vorgespanntem Glas	11	p/st
	– – – andere:		
7013 49 91	– – – – handgefertigt (manuelle Glasentnahme)	11	p/st
7013 49 99	– – – – mechanisch gefertigt (mechanische Glasentnahme)	11	p/st
	– andere Glaswaren:		
7013 91	**– – aus Bleikristall:**		
7013 91 10	– – – handgefertigt (manuelle Glasentnahme)	11	p/st
7013 91 90	– – – mechanisch gefertigt (mechanische Glasentnahme)	11	p/st
7013 99 00	**– – andere**	11	p/st
7014 00 00	**Glaswaren für Signalvorrichtungen und optische Elemente, aus Glas (ausgenommen Waren der Position 7015), jedoch nicht optisch bearbeitet**	3	—
7015	**Gläser für Uhren und ähnliche Gläser, Gläser für einfache oder medizinische Brillen, gewölbt, gebogen, hohl oder dergleichen, nicht optisch bearbeitet; Hohlkugeln und Hohlkugelsegmente, aus Glas, zum Herstellen solcher Gläser:**		
7015 10 00	**– Gläser für medizinische Brillen**	3	—
7015 90 00	**– andere**	3	—
7016	**Bausteine, Platten, Fliesen, Dachziegel und andere Waren, aus gepresstem oder geformtem Glas, auch mit Drahteinlagen oder dergleichen verstärkt, zu Bauzwecken; Glaswürfel und andere Glaskurzwaren, auch auf Unterlagen, für Mosaike oder zu ähnlichen Zierzwecken; Kunstverglasungen; vielzelliges Glas oder Schaumglas, in Blöcken, Tafeln, Platten, Schalen oder dergleichen:**		
7016 10 00	**– Glaswürfel und andere Glaskurzwaren, auch auf Unterlagen, für Mosaike oder zu ähnlichen Zierzwecken**	8	—
7016 90	**– andere:**		
7016 90 10	– – Kunstverglasungen	3	m^2
7016 90 40	– – Glassteine, zu Bauzwecken	3 MIN 1,2 €/ 100 kg/br	—
7016 90 70	– – andere	3 MIN 1,2 €/ 100 kg/br	—

KN-Code	Warenbezeichnung	Vertragsmäßiger Zollsatz (%)	Besondere Maßeinheit
1	2	3	4
7017	**Glaswaren für Laboratorien, hygienische oder pharmazeutische Bedarfsartikel aus Glas, auch mit Skalen oder Eichzeichen:**		
7017 10 00	**– aus geschmolzenem Quarz oder anderem geschmolzenen Siliciumdioxid**	3	—
7017 20 00	**– aus anderem Glas, mit einem linearen Ausdehnungskoeffizienten von 5×10^{-6} oder weniger je Kelvin in einem Temperaturbereich von 0 °C bis 300 °C**	3	—
7017 90 00	**– andere**	3	—
7018	**Glasperlen, Nachahmungen von Perlen, Edelsteinen oder Schmucksteinen und ähnliche Glaskurzwaren und Waren daraus, ausgenommen Fantasieschmuck; Glasaugen, ausgenommen Prothesen; Zier- und Fantasiegegenstände aus lampengeblasenem (gesponnenem) Glas, ausgenommen Fantasieschmuck; Mikrokugeln aus Glas, mit einem Durchmesser von 1 mm oder weniger:**		
7018 10	**– Glasperlen, Nachahmungen von Perlen, Edelsteinen oder Schmucksteinen und ähnliche Glaskurzwaren:**		
	– – Glasperlen:		
7018 10 11	– – – geschliffen und mechanisch poliert	frei	—
7018 10 19	– – – andere	7	—
7018 10 30	– – Nachahmungen von Perlen	frei	—
	– – Nachahmungen von Edelsteinen und Schmucksteinen:		
7018 10 51	– – – geschliffen und mechanisch poliert	frei	—
7018 10 59	– – – andere	3	—
7018 10 90	– – andere	3 (1)	—
7018 20 00	**– Mikrokugeln mit einem Durchmesser von 1 mm oder weniger**	3	—
7018 90	**– andere:**		
7018 90 10	– – Glasaugen; Erzeugnisse aus Glaskurzwaren	3	—
7018 90 90	– – andere	6	—
7019	**Glasfasern (einschließlich Glaswolle) und Waren daraus (z. B. Garne, Gewebe):**		
	– Vorgarne (Lunten), Glasseidenstränge (Rovings), Garne und geschnittenes Textilglas:		
7019 11 00	**– – geschnittenes Textilglas mit einer Länge von 50 mm oder weniger (chopped strands)**	7	—
7019 12 00	**– – Glasseidenstränge (Rovings)**	7	—
7019 19	**– – andere:**		
7019 19 10	– – – aus Filamenten	7	—
7019 19 90	– – – aus Stapelfasern	7	—
	– Vliese, Matten, Matratzen, Platten und ähnliche nicht gewebte Erzeugnisse:		
★ **7019 31 00**	**– – Matten**	7	—
★ **7019 32 00**	**– – Vliese**	5	—
7019 39 00	**– – andere**	5	—

(1) WTO-Zollkontingent.

KN-Code	Warenbezeichnung	Vertragsmäßiger Zollsatz (%)	Besondere Maßeinheit
1	2	3	4
7019 40 00	**– Gewebe aus Glasseidensträngen (Rovings)**	7	—
	– andere Gewebe:		
7019 51 00	**– – mit einer Breite von 30 cm oder weniger**	7	—
7019 52 00	**– – mit einer Breite von mehr als 30 cm, in Leinwandbindung, mit einem Quadratmetergewicht von weniger als 250 g, aus Filamenten mit einem Titer des einfachen Garns von 136 tex oder weniger**	7	—
7019 59 00	**– – andere**	7	—
7019 90 00	**– andere**	7	—
7020 00	**Andere Waren aus Glas:**		
7020 00 05	– Reagenzröhren und Halterungen aus Quarz zur Verwendung in Diffusions- und Oxidationsöfen bei der Herstellung von Halbleitermaterialien	frei	—
	– Glaskolben für Vakuum-Isolierflaschen oder für andere Vakuum-Isolierbehälter:		
7020 00 07	– – unfertig	3	—
7020 00 08	– – fertig	6	—
	– andere:		
7020 00 10	– – aus geschmolzenem Quarz oder anderem geschmolzenen Siliciumdioxid	3	—
7020 00 30	– – aus anderem Glas, mit einem linearen Ausdehnungskoeffizienten von 5×10^{-6} oder weniger je Kelvin in einem Temperaturbereich von 0 °C bis 300 °C	3	—
7020 00 80	– – andere	3	—

ABSCHNITT XIV

ECHTE PERLEN ODER ZUCHTPERLEN, EDELSTEINE ODER SCHMUCKSTEINE, EDELMETALLE, EDELMETALLPLATTIERUNGEN UND WAREN DARAUS; FANTASIESCHMUCK; MÜNZEN

KAPITEL 71

ECHTE PERLEN ODER ZUCHTPERLEN, EDELSTEINE ODER SCHMUCKSTEINE, EDELMETALLE, EDELMETALLPLATTIERUNGEN UND WAREN DARAUS; FANTASIESCHMUCK; MÜNZEN

Anmerkungen

1. Zu Kapitel 71 gehören, vorbehaltlich der Anmerkung 1 a) zu Abschnitt VI und der nachstehenden Ausnahmen, alle Waren, die ganz oder teilweise bestehen:

   a) aus echten Perlen oder Zuchtperlen oder aus Edelsteinen oder Schmucksteinen (natürlichen, synthetischen oder rekonstituierten) oder

   b) aus Edelmetallen oder Edelmetallplattierungen.

2. A) Zu den Positionen 7113, 7114 und 7115 gehören nicht Waren, die Edelmetalle oder Edelmetallplattierungen nur als geringfügige Verzierungen oder als unwesentliche Zutaten (z. B. Monogramme, Ringbeschläge, Kanten) enthalten; auf diese Waren findet die vorstehende Anmerkung 1 b) keine Anwendung.

   B) Zu Position 7116 gehören nur Waren, die Edelmetalle oder Edelmetallplattierungen nicht oder nur als geringfügige Verzierungen oder unwesentliche Zutaten enthalten.

3. Zu Kapitel 71 gehören nicht:

   a) Edelmetallamalgame oder Edelmetalle in kolloidem Zustand (Position 2843);

   b) steriles chirurgisches Nahtmaterial, Zahnfüllstoffe und andere Waren des Kapitels 30;

   c) Waren des Kapitels 32 (z. B. flüssige Glanzmittel);

   d) auf Trägern fixierte Katalysatoren (Position 3815);

   e) Waren der Position 4202 oder 4203, die in Anmerkung 3 B zu Kapitel 42 genannt sind;

   f) Waren der Position 4303 oder 4304;

   g) Waren des Abschnitts XI (Spinnstoffe und Waren daraus);

   h) Schuhe, Kopfbedeckungen und andere Waren des Kapitels 64 oder 65;

   ij) Schirme, Gehstöcke und andere Waren des Kapitels 66;

   k) Waren aus Schleifmitteln, die Pulver von Edelsteinen oder Schmucksteinen (natürlichen, synthetischen oder rekonstituierten) enthalten, der Position 6804 oder 6805 oder des Kapitels 82, Werkzeuge oder andere Waren des Kapitels 82, mit arbeitendem Teil aus Edelsteinen oder Schmucksteinen (natürlichen, synthetischen oder rekonstituierten); Maschinen, Apparate, elektrotechnische Erzeugnisse und Teile davon, des Abschnitts XVI; Waren und Teile davon, ganz aus Edelsteinen oder Schmucksteinen (natürlichen, synthetischen oder rekonstituierten), bleiben jedoch im Kapitel 71, ausgenommen bearbeitete, nicht montierte Saphire und Diamanten für Tonabnehmer-Abtastnadeln (Position 8522);

   l) Waren des Kapitels 90, 91 oder 92 (wissenschaftliche Instrumente, Uhrmacherwaren und Musikinstrumente);

   m) Waffen und Teile davon (Kapitel 93);

   n) Waren, die von Anmerkung 2 zu Kapitel 95 erfasst sind;

   o) Waren des Kapitels 96 gemäß Anmerkung 4 zu jenem Kapitel;

   p) Originalerzeugnisse der Bildhauerkunst (Position 9703), Sammlungsstücke (Position 9705) und Antiquitäten, mehr als 100 Jahre alt (Position 9706). Echte Perlen oder Zuchtperlen, Edelsteine oder Schmucksteine bleiben jedoch in Kapitel 71.

4. A) Als „Edelmetalle" gelten Silber, Gold und Platin.

   B) Als „Platin" gelten Platin, Iridium, Osmium, Palladium, Rhodium und Ruthenium.

   C) Als „Edelsteine oder Schmucksteine (natürliche, synthetische oder rekonstituierte)" gelten nicht die in Anmerkung 2 b) zu Kapitel 96 genannten Stoffe.

5. Als „Edelmetalllegierungen" im Sinne des Kapitels 71 gelten alle Legierungen (einschließlich gesinterte Mischungen und intermetallische Verbindungen), die ein oder mehrere Edelmetalle enthalten, vorausgesetzt, dass das Gewicht eines Edelmetalls 2 GHT oder mehr der Legierung beträgt. Edelmetalllegierungen sind wie folgt einzureihen:

a) alle Legierungen, die 2 GHT oder mehr Platin enthalten, als Platinlegierungen;

b) alle Legierungen, die 2 GHT oder mehr Gold, jedoch kein Platin oder weniger als 2 GHT Platin enthalten, als Goldlegierungen;

c) andere Legierungen, die 2 GHT oder mehr Silber enthalten, als Silberlegierungen.

6. Der Begriff „Edelmetalle" oder die Nennung eines bestimmten Edelmetalls umfasst in der Nomenklatur, wenn nichts anderes bestimmt ist, auch die Legierungen, die nach Anmerkung 5 als Edelmetalllegierungen einzureihen sind, jedoch weder Edelmetallplattierungen nach Anmerkung 7 noch unedle Metalle oder Nichtmetalle, die platiniert, vergoldet oder versilbert sind.

7. Als „Edelmetallplattierungen" im Sinne der Nomenklatur gelten Waren, bei denen auf einer Metallunterlage auf einer Seite oder mehreren Seiten Edelmetalle durch Löten, Schweißen, Warmwalzen oder ähnliche mechanische Verfahren aufgebracht sind. Waren aus unedlen Metallen mit eingelegten Edelmetallen sind, wenn nichts anderes bestimmt ist, als Edelmetallplattierungen einzureihen.

8. Vorbehaltlich der Anmerkung 1 A zu Abschnitt VI sind Waren, die den Merkmalen der Position 7112 entsprechen, dieser Position und nicht einer anderen Position der Nomenklatur zuzuweisen.

9. Als „Schmuckwaren" im Sinne der Position 7113 gelten:

a) kleine Gegenstände, die als Schmuck dienen (z. B. Ringe, Armbänder, Halsketten, Broschen, Ohrringe, Uhrketten, Uhrgehänge, Anhänger, Krawattennadeln, Manschettenknöpfe, Anstecknadeln, religiöse oder andere Medaillen oder Abzeichen);

b) Gegenstände des persönlichen Gebrauchs, die dazu bestimmt sind, an der Person getragen zu werden, sowie Taschen- und Handtaschenartikel (z. B. Zigaretten- oder Zigarrenetuis, Schnupftabakdosen, Bonbonnieren und Puderdosen, Pillendosen, Rosenkränze).

Diese Waren können auch echte Perlen, Zuchtperlen oder Imitationsperlen, Edelsteine oder Schmucksteine (natürliche, synthetische oder rekonstituierte) sowie Edelstein- oder Schmucksteinimitationen enthalten oder auch Teile aus Schildpatt, Perlmutter, Elfenbein, natürlichem oder rekonstituiertem Bernstein, Gagat (Jett) oder Korallen enthalten.

10. Als „Gold- und Silberschmiedewaren" im Sinne der Position 7114 gelten Waren wie Tafelgeräte, Toilettengarnituren, Schreibtischgarnituren, Rauchservice, Gegenstände zur Innenausstattung und Geräte für religiöse Zwecke.

11. Als „Fantasieschmuck" im Sinne der Position 7117 gelten Waren von der in der Anmerkung 9 a) genannten Art (ausgenommen Knöpfe und andere Waren der Position 9606, Einsteckkämme, Haarspangen und ähnliche Waren sowie Haarnadeln der Position 9615), wenn sie weder echte Perlen oder Zuchtperlen, Edelsteine oder Schmucksteine (natürliche, synthetische oder rekonstituierte) noch — abgesehen von geringfügigen Verzierungen oder unwesentlichen Zutaten — Edelmetalle oder Edelmetallplattierungen enthalten.

Unterpositions-Anmerkungen

1. Die Begriffe „Pulver" und „als Pulverform" im Sinne der Unterpositionen 7106 10, 7108 11, 7110 11, 7110 21, 7110 31 und 7110 41 umfassen Erzeugnisse, die mit einem Anteil von 90 GHT oder mehr durch ein Sieb mit einer lichten Maschenweite von 0,5 mm hindurchgehen.

2. Der Begriff „Platin" im Sinne der Unterpositionen 7110 11 und 7110 19 umfasst, abweichend von Anmerkung 4 B zu Kapitel 71, nicht Iridium, Osmium, Palladium, Rhodium und Ruthenium.

3. Bei der Einreihung von Legierungen in die Unterpositionen der Position 7110 wird jede Legierung so behandelt wie das Metall Platin, Palladium, Rhodium, Iridium, Osmium oder Ruthenium, das gewichtsmäßig gegenüber jedem anderen dieser Metalle vorherrscht.

KN-Code	Warenbezeichnung	Vertragsmäßiger Zollsatz (%)	Besondere Maßeinheit
1	2	3	4
	I. ECHTE PERLEN ODER ZUCHTPERLEN, EDELSTEINE ODER SCHMUCKSTEINE		
7101	**Echte Perlen oder Zuchtperlen, auch bearbeitet oder einheitlich zusammengestellt, jedoch weder aufgereiht noch montiert oder gefasst; echte Perlen oder Zuchtperlen, zur Erleichterung der Versendung vorübergehend aufgereiht:**		
7101 10 00	– echte Perlen	frei	g
	– Zuchtperlen:		
7101 21 00	– – roh	frei	g
7101 22 00	– – bearbeitet	frei	g
7102	**Diamanten, auch bearbeitet, jedoch weder montiert noch gefasst:**		
7102 10 00	– nicht sortiert	frei	c/k
	– Industriediamanten:		
7102 21 00	– – roh oder nur gesägt, gespalten oder rau geschliffen	frei	c/k
7102 29 00	– – andere	frei	c/k
	– andere:		
7102 31 00	– – roh oder nur gesägt, gespalten oder rau geschliffen	frei	c/k
7102 39 00	– – andere	frei	c/k
7103	**Edelsteine (ausgenommen Diamanten) und Schmucksteine, auch bearbeitet oder einheitlich zusammengestellt, jedoch weder aufgereiht noch montiert oder gefasst; Edelsteine (ausgenommen Diamanten) und Schmucksteine, nicht einheitlich zusammengestellt, zur Erleichterung der Versendung vorübergehend aufgereiht:**		
7103 10 00	– roh oder nur gesägt oder grob geformt	frei	—
	– anders bearbeitet:		
7103 91 00	– – Rubine, Saphire und Smaragde	frei	g
7103 99 00	– – andere	frei	g
7104	**Synthetische oder rekonstituierte Edelsteine oder Schmucksteine, auch bearbeitet oder einheitlich zusammengestellt, jedoch weder aufgereiht noch montiert oder gefasst; synthetische oder rekonstituierte Edelsteine oder Schmucksteine, nicht einheitlich zusammengestellt, zur Erleichterung der Versendung vorübergehend aufgereiht:**		
7104 10 00	– piezoelektrischer Quarz	frei	g
7104 20 00	– andere, roh oder nur gesägt oder grob geformt	frei	g
7104 90 00	– andere	frei	g
7105	**Staub und Pulver von Edelsteinen, Schmucksteinen oder synthetischen Edelsteinen oder Schmucksteinen:**		
7105 10 00	– von Diamanten	frei	g
7105 90 00	– andere	frei	g
	II. EDELMETALLE UND EDELMETALLPLATTIERUNGEN		
7106	**Silber (einschließlich vergoldetes oder platiniertes Silber), in Rohform oder als Halbzeug oder Pulver:**		
7106 10 00	– Pulver	frei	g
	– anderes:		
7106 91 00	– – in Rohform	frei	g
7106 92 00	– – als Halbzeug	frei	g

KN-Code	Warenbezeichnung	Vertragsmäßiger Zollsatz (%)	Besondere Maßeinheit
1	2	3	4
7107 00 00	**Silberplattierungen auf unedlen Metallen, in Rohform oder als Halbzeug**	frei	—
7108	**Gold (einschließlich platiniertes Gold), in Rohform oder als Halbzeug oder Pulver:**		
	– zu nicht monetären Zwecken:		
7108 11 00	**– – Pulver**	frei	g
7108 12 00	**– – in Rohform**	frei	g
7108 13	**– – als Halbzeug:**		
7108 13 10	– – – Stäbe, Drähte und Profile, massiv; Bleche und Bänder, mit einer Dicke (ohne Unterlage) von mehr als 0,15 mm	frei	g
7108 13 80	– – – anderes	frei	g
7108 20 00	**– zu monetären Zwecken**	frei	g
7109 00 00	**Goldplattierungen auf unedlen Metallen oder auf Silber, in Rohform oder als Halbzeug**	frei	—
7110	**Platin, in Rohform oder als Halbzeug oder Pulver:**		
	– Platin:		
7110 11 00	**– – in Rohform oder als Pulver**	frei	g
7110 19	**– – anderes:**		
7110 19 10	– – – Stäbe, Drähte und Profile, massiv; Bleche und Bänder, mit einer Dicke (ohne Unterlage) von mehr als 0,15 mm	frei	g
7110 19 80	– – – anderes	frei	g
	– Palladium:		
7110 21 00	**– – in Rohform oder als Pulver**	frei	g
7110 29 00	**– – anderes**	frei	g
	– Rhodium:		
7110 31 00	**– – in Rohform oder als Pulver**	frei	g
7110 39 00	**– – anderes**	frei	g
	– Iridium, Osmium und Ruthenium:		
7110 41 00	**– – in Rohform oder als Pulver**	frei	g
7110 49 00	**– – anderes**	frei	g
7111 00 00	**Platinplattierungen auf unedlen Metallen, auf Silber oder auf Gold, in Rohform oder als Halbzeug**	frei	—
7112	**Abfälle und Schrott von Edelmetallen oder Edelmetallplattierungen; andere Abfälle und Schrott, Edelmetalle oder Edelmetallverbindungen enthaltend, von der hauptsächlich zur Wiedergewinnung von Edelmetallen verwendeten Art:**		
7112 30 00	**– Aschen, Edelmetalle oder Edelmetallverbindungen enthaltend**	frei	—
	– andere:		
7112 91 00	**– – von Gold, einschließlich Goldplattierungen, ausgenommen andere Edelmetalle enthaltende Rückstände (Gekrätz)**	frei	—
7112 92 00	**– – von Platin, einschließlich Platinplattierungen, ausgenommen andere Edelmetalle enthaltende Rückstände (Gekrätz)**	frei	—
7112 99 00	**– – andere**	frei	—

KN-Code	Warenbezeichnung	Vertragsmäßiger Zollsatz (%)	Besondere Maßeinheit
1	2	3	4
	III. SCHMUCKWAREN, GOLD- UND SILBERSCHMIEDEWAREN UND ANDERE WAREN		
7113	**Schmuckwaren und Teile davon, aus Edelmetallen oder Edelmetallplattierungen:**		
	– aus Edelmetallen, auch mit Edelmetallen überzogen oder plattiert:		
7113 11 00	– – aus Silber, auch mit anderen Edelmetallen überzogen oder plattiert	2,5	g
7113 19 00	– – aus anderen Edelmetallen, auch mit Edelmetallen überzogen oder plattiert	2,5	g
7113 20 00	– aus Edelmetallplattierungen auf unedlen Metallen	4	—
7114	**Gold- und Silberschmiedewaren und Teile davon, aus Edelmetallen oder Edelmetallplattierungen:**		
	– aus Edelmetallen, auch mit Edelmetallen überzogen oder plattiert:		
7114 11 00	– – aus Silber, auch mit anderen Edelmetallen überzogen oder plattiert	2	g
7114 19 00	– – aus anderen Edelmetallen, auch mit Edelmetallen überzogen oder plattiert	2	g
7114 20 00	– aus Edelmetallplattierungen auf unedlen Metallen	2	—
7115	**Andere Waren aus Edelmetallen oder Edelmetallplattierungen:**		
7115 10 00	– Katalysatoren in Form von Geweben oder Gittern, aus Platin	frei	—
7115 90 00	– andere	3	—
7116	**Waren aus echten Perlen oder Zuchtperlen, aus Edelsteinen oder Schmucksteinen (natürlichen, synthetischen oder rekonstituierten):**		
7116 10 00	– aus echten Perlen oder Zuchtperlen	frei	g
7116 20	– aus Edelsteinen oder Schmucksteinen (natürlichen, synthetischen oder rekonstituierten):		
7116 20 11	– – Halsketten, Armbänder und andere Waren, ausschließlich aus natürlichen Edelsteinen oder Schmucksteinen, nur aufgereiht, ohne Verschlüsse oder anderes Zubehör	frei	g
7116 20 80	– – andere	2,5	g
7117	**Fantasieschmuck:**		
	– aus unedlen Metallen, auch versilbert, vergoldet oder platiniert:		
7117 11 00	– – Manschettenknöpfe und ähnliche Knöpfe	4	—
7117 19 00	– – anderer	4	—
7117 90 00	– anderer	4	—
7118	**Münzen:**		
7118 10 00	– Münzen (ausgenommen Goldmünzen), ausgenommen gesetzliche Zahlungsmittel	frei	g
7118 90 00	– andere	frei	g

ABSCHNITT XV

UNEDLE METALLE UND WAREN DARAUS

Anmerkungen

1. Zu Abschnitt XV gehören nicht:

   a) Farben und Tinten, auf der Grundlage von Metallpulver oder Metallflitter, sowie Prägefolien (Positionen 3207 bis 3210, 3212, 3213 oder 3215);

   b) Cer-Eisen und andere Zündmetall-Legierungen (Position 3606);

   c) Kopfbedeckungen und Teile davon, aus Metall, der Position 6506 oder 6507;

   d) Schirmgestelle und andere Waren der Position 6603;

   e) Waren des Kapitels 71 (z. B. Edelmetall-Legierungen, Edelmetallplattierungen auf unedlen Metallen, Fantasieschmuck);

   f) Waren des Abschnitts XVI (Maschinen und Apparate; elektrotechnische Waren);

   g) zusammengesetzte Eisenbahn- oder Straßenbahnschienen (Position 8608) und andere Waren des Abschnitts XVII (Land-, Wasser- und Luftfahrzeuge);

   h) Instrumente und Apparate des Abschnitts XVIII, einschließlich Uhrfedern;

   ij) Jagdschrot (Position 9306) und andere Waren des Abschnitts XIX (Waffen und Munition);

   k) Waren des Kapitels 94 (z. B. Möbel, Sprungrahmen, Beleuchtungskörper, beleuchtete Zeichen, Leuchtschilder, vorgefertigte Gebäude);

   l) Waren des Kapitels 95 (z. B. Spielzeug, Spiele, Sportgeräte);

   m) Waren des Kapitels 96 (z. B. Handsiebe, Knöpfe, Federhalter, Kugelschreiber, Füllbleistifte, Schreibfedern);

   n) Waren des Kapitels 97 (z. B. Kunstgegenstände).

2. In der Nomenklatur gelten als „Teile mit allgemeiner Verwendungsmöglichkeit“:

   a) Waren der Position 7307, 7312, 7315, 7317 oder 7318 und gleichartige Waren aus anderen unedlen Metallen;

   b) Federn und Federblätter, aus unedlen Metallen, ausgenommen Uhrfedern (Position 9114);

   c) Waren der Positionen 8301, 8302, 8308, 8310 sowie Rahmen und Spiegel, aus unedlen Metallen, der Position 8306.

   In den Kapiteln 73 bis 76 und 78 bis 82 (ausgenommen Position 7315) bezieht sich die Bezeichnung „Teile“ nicht auf „Teile mit allgemeiner Verwendungsmöglichkeit“.

   Vorbehaltlich des vorstehenden Absatzes und der Anmerkung 1 zu Kapitel 83 gehören Waren der Kapitel 82 und 83 nicht zu den Kapiteln 72 bis 76 und 78 bis 81.

3. In der Nomenklatur gelten als „unedle Metalle“: Eisen und Stahl, Kupfer, Nickel, Aluminium, Blei, Zink, Zinn, Wolfram, Molybdän, Tantal, Magnesium, Cobalt, Bismut, Cadmium, Titan, Zirconium, Antimon, Mangan, Beryllium, Chrom, Germanium, Vanadium, Gallium, Hafnium, Indium, Niob (Columbium), Rhenium und Thallium.

4. In der Nomenklatur gelten als „Cermets“ Erzeugnisse mit mikroskopisch heterogener Zusammensetzung aus einem Metall und einem keramischen Erzeugnis als Bestandteil. Der Begriff „Cermets“ erfasst auch gesinterte Metallcarbide (mit einem Metall gesinterte Metallcarbide).

5. Einreihung von Legierungen (andere als Ferrolegierungen und Kupfervorlegierungen der Kapitel 72 und 74):

   a) Legierungen unedler Metalle werden wie das gegenüber jedem anderen Metall gewichtsmäßig vorherrschende Metall eingereiht;

   b) Legierungen aus unedlen Metallen des Abschnitts XV und Stoffen anderer Abschnitte werden wie Legierungen unedler Metalle des Abschnitts XV eingereiht, wenn das Gesamtgewicht dieser Metalle gleich oder größer ist als das der anderen Stoffe;

   c) gesinterte Mischungen von Metallpulver, innige heterogene, durch Verschmelzen hergestellte Mischungen (ausgenommen Cermets) und intermetallische Verbindungen gelten als Legierungen.

6. Soweit nichts anderes bestimmt ist, umfasst in der Nomenklatur jede Nennung eines unedlen Metalls auch die Legierungen, die ihm nach Anmerkung 5 gleichgestellt sind.

7. Einreihung zusammengesetzter Waren:

Soweit der Wortlaut der Positionen nichts anderes bestimmt, werden Waren aus unedlen Metallen oder diesen in Anwendung der Allgemeinen Vorschriften gleichgestellte Waren, wenn sie aus zwei oder mehr unedlen Metallen bestehen, wie entsprechende Waren aus dem Metall eingereiht, das gewichtsmäßig gegenüber jedem anderen Metall vorherrscht.

Bei Anwendung dieser Anmerkung

a) werden Eisen und Stahl oder ihre verschiedenen Sorten als einheitliches Metall angesehen;

b) werden Legierungen mit ihrem Gesamtgewicht so behandelt wie das Metall, das für die Einreihung nach Anmerkung 5 maßgebend ist;

c) wird ein Cermet der Position 8113 als ein einheitliches unedles Metall angesehen.

8. In Abschnitt XV gelten als:

a) Abfälle und Schrott

Abfälle und Schrott aus Metall, die beim Herstellen oder beim Be- und Verarbeiten von Metallen anfallen, und Waren aus Metall, die durch Bruch, Verschnitt, Verschleiß oder aus anderen Gründen als solche endgültig unbrauchbar sind;

b) Pulver

Erzeugnisse, die mit einem Anteil von 90 GHT oder mehr durch ein Sieb mit einer lichten Maschenweite von 1 mm hindurchgehen.

KAPITEL 72

EISEN UND STAHL

Anmerkungen

1. Im Sinne des Kapitels 72 — und in Bezug auf die Buchstaben d), e) und f) in der Nomenklatur insgesamt — gelten als:

a) Roheisen

Eisen-Kohlenstoff-Legierungen, die gewöhnlich nicht plastisch verformbar sind, mit einem Kohlenstoffgehalt von mehr als 2 GHT und die eines oder mehrere andere Elemente mit folgenden Anteilen enthalten können:

— 10 GHT oder weniger Chrom,

— 6 GHT oder weniger Mangan,

— 3 GHT oder weniger Phosphor,

— 8 GHT oder weniger Silicium,

— 10 GHT oder weniger andere Elemente insgesamt.

b) Spiegeleisen

Eisen-Kohlenstoff-Legierungen, die mehr als 6 bis 30 GHT Mangan enthalten und die im Übrigen der Begriffsbestimmung der Anmerkung 1 a) entsprechen.

c) Ferrolegierungen

Legierungen, die im Allgemeinen nicht plastisch verformbar sind und üblicherweise als Zusatzstoff bei der Herstellung anderer Legierungen oder als Desoxidations- oder Entschwefelungsmittel oder zu ähnlichen Zwecken in der Eisen- und Stahlindustrie verwendet werden, in Masseln, Blöcken, Klumpen oder ähnlichen Rohformen, in im Stranggussverfahren hergestellten Formen oder als Körner oder Pulver, auch agglomeriert, mit einem Eisengehalt von 4 GHT oder mehr und mit einem oder mehreren Elementen mit folgenden Anteilen:

— mehr als 10 GHT Chrom,

— mehr als 30 GHT Mangan,

— mehr als 3 GHT Phosphor,

— mehr als 8 GHT Silicium,

— mehr als insgesamt 10 GHT andere Elemente, ausgenommen Kohlenstoff, jedoch 10 GHT oder weniger Kupfer.

d) Stahl

Andere Eisenwerkstoffe als die der Position 7203, die mit Ausnahme bestimmter Stahlgussstücke gewöhnlich plastisch verformbar sind und 2 GHT oder weniger Kohlenstoff enthalten. Chromstähle dürfen jedoch höhere Kohlenstoffgehalte aufweisen.

e) Nicht rostender Stahl

Legierte Stähle, die 1,2 GHT oder weniger Kohlenstoff und 10,5 GHT oder mehr Chrom enthalten, auch mit anderen Elementen.

f) Anderer legierter Stahl

Stähle, die nicht der Begriffsbestimmung für nicht rostenden Stahl entsprechen und eines oder mehrere der folgenden Elemente mit den angegebenen Anteilen enthalten:

— 0,3 GHT oder mehr Aluminium,

— 0,0008 GHT oder mehr Bor,

— 0,3 GHT oder mehr Chrom,

— 0,3 GHT oder mehr Cobalt,

— 0,4 GHT oder mehr Kupfer,

— 0,4 GHT oder mehr Blei,

— 1,65 GHT oder mehr Mangan,

— 0,08 GHT oder mehr Molybdän,

— 0,3 GHT oder mehr Nickel,

— 0,06 GHT oder mehr Niob,

— 0,6 GHT oder mehr Silicium,

— 0,05 GHT oder mehr Titan,

— 0,3 GHT oder mehr Wolfram,

— 0,1 GHT oder mehr Vanadium,

— 0,05 GHT oder mehr Zirconium,

— 0,1 GHT oder mehr von jedem anderen einzelnen Element (ausgenommen Schwefel, Phosphor, Kohlenstoff und Stickstoff).

g) Abfallblöcke aus Eisen oder Stahl

Grob in Masseln oder Rohblöcke ohne Gießköpfe gegossene Erzeugnisse mit deutlich sichtbaren Oberflächenfehlern, die hinsichtlich ihrer chemischen Zusammensetzung nicht den Begriffsbestimmungen für Roheisen, Spiegeleisen oder Ferrolegierungen entsprechen.

h) Körner

Erzeugnisse, die mit einem Anteil von weniger als 90 GHT durch ein Sieb mit einer lichten Maschenweite von 1 mm und mit einem Anteil von 90 GHT oder mehr durch ein Sieb mit einer lichten Maschenweite von 5 mm hindurchgehen.

ij) Halbzeug

Stranggegossene, massive Erzeugnisse, auch warm vorgewalzt, und andere massive Erzeugnisse, nur warm vorgewalzt oder nur vorgeschmiedet, einschließlich vorprofiliertes Halbzeug.

Diese Erzeugnisse sind nicht aufgerollt.

k) Flachgewalzte Erzeugnisse

Gewalzte massive Erzeugnisse mit rechteckigem (nicht quadratischem) Querschnitt, die der Begriffsbestimmung des vorstehenden Buchstabens ij) nicht entsprechen,

— in Rollen (Coils) mit übereinander liegenden Lagen oder

— nicht in Rollen (Coils), mit einer Breite von mindestens dem Zehnfachen der Dicke, sofern diese weniger als 4,75 mm beträgt, oder mit einer Breite von mehr als 150 mm, sofern die Dicke 4,75 mm oder mehr, jedoch nicht mehr als die Hälfte der Breite beträgt.

Als „flachgewalzte Erzeugnisse" gelten auch solche Erzeugnisse, die unmittelbar vom Walzen herrührende Oberflächenmuster (z. B. Rillen, Riefen, Waffelungen, Tränen, Warzen, Rauten) aufweisen oder die gelocht, gewellt oder poliert sind, sofern sie durch diese Bearbeitungen nicht den Charakter anderweit genannter Waren erhalten haben.

Flachgewalzte Erzeugnisse beliebiger Abmessungen von anderer als quadratischer oder rechteckiger Form sind wie Erzeugnisse mit einer Breite von 600 mm oder mehr einzureihen, sofern sie nicht den Charakter von Waren erhalten haben, die von anderen Positionen erfasst werden.

l) Walzdraht

In Ringen regellos aufgehaspelte warmgewalzte massive Erzeugnisse mit Querschnitt in Form eines Kreises, Kreisabschnitts, Ovals, Quadrats, Rechtecks, Dreiecks oder eines anderen konvexen Vielecks (einschließlich „abgeflachte Kreise" und „modifizierte Rechtecke", bei denen zwei gegenüberliegende Seiten die Form von konvexen Bogen aufweisen, während die beiden anderen Seiten gerade, von gleicher Länge und parallel sind). Diese Erzeugnisse können vom Walzen herrührende Einschnitte, Rippen (Wülste), Vertiefungen oder Erhöhungen aufweisen (Betonarmierungsstähle).

m) Stabstahl

Massive Erzeugnisse, die weder den Begriffsbestimmungen der vorstehenden Buchstaben ij), k) oder l) noch der Begriffsbestimmung für Draht entsprechen, mit über die gesamte Länge gleich bleibendem Querschnitt in Form eines Kreises, Kreisabschnitts, Ovals, Quadrats, Rechtecks, Dreiecks oder anderen konvexen Vielecks (einschließlich „abgeflachte Kreise" und „modifizierte Rechtecke", bei denen zwei gegenüberliegende Seiten die Form von konvexen Bogen aufweisen, während die beiden anderen Seiten gerade, von gleicher Länge und parallel sind).

Diese Erzeugnisse können:

— vom Walzen herrührende Einschnitte, Rippen (Wülste), Vertiefungen oder Erhöhungen aufweisen (Betonarmierungsstähle);

— nach dem Walzen verwunden sein.

n) Profile

Massive Erzeugnisse mit über die gesamte Länge gleich bleibendem Querschnitt, die weder den Begriffsbestimmungen der vorstehenden Buchstaben ij), k), l) oder m) noch der Begriffsbestimmung für Draht entsprechen.

Zu Kapitel 72 gehören nicht Erzeugnisse der Position 7301 oder 7302.

o) Draht

Kalthergestellte massive Erzeugnisse, mit beliebigem, über die gesamte Länge gleich bleibendem Querschnitt, in Ringen oder Rollen, die der Begriffsbestimmung für flachgewalzte Erzeugnisse nicht entsprechen.

p) Hohlbohrerstäbe

Hohlstäbe, zum Herstellen von Bohrern geeignet, mit beliebiger Form des Querschnitts, dessen größte äußere Abmessung mehr als 15 mm bis 52 mm und mindestens das Doppelte der größten inneren Abmessung beträgt. Hohlstäbe aus Eisen oder Stahl, die dieser Begriffsbestimmung nicht entsprechen, gehören zu Position 7304.

2. Eisen- oder Stahlerzeugnisse, die mit Eisen oder Stahl anderer Sorten plattiert sind, werden wie Erzeugnisse der Eisen- oder Stahlsorte behandelt, die gewichtsmäßig vorherrscht.

3. Durch Elektrolyse, Druckgießen oder Sintern hergestellte Eisen- oder Stahlerzeugnisse sind je nach Form, Zusammensetzung und Aussehen den Positionen für die entsprechenden warmgewalzten Erzeugnisse zuzuweisen.

Unterpositions-Anmerkungen

1. In Kapitel 72 gelten als:

a) legiertes Roheisen

Roheisen, das eines oder mehrere der nachstehenden Elemente mit den angegebenen Anteilen enthält:

— mehr als 0,2 GHT Chrom,

— mehr als 0,3 GHT Kupfer,

— mehr als 0,3 GHT Nickel,

— mehr als 0,1 GHT eines der nachstehenden Elemente, Aluminium, Molybdän, Titan, Wolfram, Vanadium;

b) nicht legierter Automatenstahl

nicht legierte Stähle, die eines oder mehrere der nachstehenden Elemente mit den angegebenen Anteilen enthalten:

— 0,08 GHT oder mehr Schwefel,

— 0,1 GHT oder mehr Blei,

— mehr als 0,05 GHT Selen,

— mehr als 0,01 GHT Tellur,

— mehr als 0,05 GHT Bismut;

c) Silicium-Elektrostahl

legierte Stähle, die 0,6 bis 6 GHT Silicium und 0,08 GHT oder weniger Kohlenstoff enthalten. Mit Ausnahme von 1 GHT oder weniger Aluminium dürfen sie andere Elemente nicht mit einem Anteil enthalten, der ihnen den Charakter anderer legierter Stähle verleiht;

d) Schnellarbeitsstahl

legierte Stähle, die mindestens zwei der drei Elemente Molybdän, Wolfram und Vanadium mit insgesamt 7 GHT oder mehr sowie Kohlenstoff mit 0,6 GHT oder mehr und Chrom mit 3 bis 6 GHT enthalten. Sie dürfen andere Elemente enthalten;

e) Mangan-Silicium-Stahl

legierte Stähle, die

— 0,7 GHT oder weniger Kohlenstoff,

— 0,5 GHT bis 1,9 GHT Mangan und

— 0,6 GHT bis 2,3 GHT Silicium enthalten. Sie dürfen andere Elemente nur mit einem Anteil enthalten, der ihnen nicht den Charakter anderer legierter Stähle verleiht.

2. Für die Einreihung von Ferrolegierungen in die Unterpositionen der Position 7202 gilt:

Eine Ferrolegierung gilt als binär und wird der betreffenden Unterposition (soweit vorhanden) zugewiesen, wenn nur eines der Legierungselemente den in der Anmerkung 1 c) zu Kapitel 72 festgesetzten Mindestanteil überschreitet. Entsprechend gilt eine Ferrolegierung als ternär oder quaternär, sofern zwei oder drei Legierungselemente die Mindestanteile übersteigen.

Für die Anwendung dieser Bestimmung müssen die in Anmerkung 1 c) zu Kapitel 72 nicht gesondert aufgeführten „anderen Elemente" einzeln einen Anteil von mehr als 10 GHT aufweisen.

Zusätzliche Anmerkung

1. *Es gelten folgende Begriffsbestimmungen:*

— *Elektrobleche und -bänder (Unterpositionen 7209 16 10, 7209 17 10, 7209 18 10, 7209 26 10, 7209 27 10, 7209 28 10 und 7211 23 20) sind flachgewalzte Erzeugnisse mit Ummagnetisierungsverlusten je Kilogramm von (ermittelt nach dem Epstein-Verfahren mit einem Strom von 50 Perioden und einer Induktion von 1 Tesla):*

— *2,1 Watt oder weniger bei Blechen oder Bändern mit einer Dicke von 0,2 mm oder weniger,*

— *3,6 Watt oder weniger bei Blechen oder Bändern mit einer Dicke von mehr als 0,2 mm, jedoch weniger als 0,6 mm,*

— *6 Watt oder weniger bei Blechen oder Bändern mit einer Dicke von 0,6 mm bis 1,5 mm.*

— *Weißbleche und -bänder (Unterpositionen 7210 12 20, 7210 70 10, 7212 10 10 und 7212 40 20) sind flachgewalzte Erzeugnisse mit einer Dicke von weniger als 0,5 mm und mit einer metallischen Überzugsschicht mit einem Zinngehalt von 97 GHT oder mehr.*

— *Werkzeugstahl (Unterpositionen 7224 10 10, 7224 90 02, 7225 30 10, 7225 40 12, 7226 91 20, 7228 30 20, 7228 40 10, 7228 50 20 und 7228 60 20) ist legierter Stahl (anderer als nicht rostender Stahl oder Schnellarbeitsstahl), der eine der folgenden Zusammensetzungen mit den angegebenen Anteilen enthält, auch mit anderen Elementen:*

— *weniger als 0,6 GHT Kohlenstoff*

und

0,7 GHT oder mehr Silicium und 0,05 GHT oder mehr Vanadium

oder

4 GHT oder mehr Wolfram;

— *0,8 GHT oder mehr Kohlenstoff*

und

0,05 GHT oder mehr Vanadium;

— *mehr als 1,2 GHT Kohlenstoff*

und

11 GHT bis 15 GHT Chrom;

— *0,16 GHT bis 0,5 GHT Kohlenstoff*
und
3,8 GHT bis 4,3 GHT Nickel
und
1,1 GHT bis 1,5 GHT Chrom
und
0,15 GHT bis 0,5 GHT Molybdän;

— *0,3 GHT bis 0,5 GHT Kohlenstoff*
und
1,4 GHT bis 2,1 GHT Chrom
und
0,15 GHT bis 0,5 GHT Molybdän
und
weniger als 1,2 GHT Nickel;

— *0,3 GHT oder mehr Kohlenstoff*
und
weniger als 5,2 GHT Chrom
und
0,65 GHT oder mehr Molybdän oder 0,4 GHT oder mehr Wolfram;

— *0,5 GHT bis 0,6 GHT Kohlenstoff*
und
1,25 GHT bis 1,8 GHT Nickel
und
0,5 GHT bis 1,2 GHT Chrom
und
0,15 GHT bis 0,5 GHT Molybdän.

KN-Code	Warenbezeichnung	Vertragsmäßiger Zollsatz (%)	Besondere Maßeinheit
1	2	3	4
	I. GRUNDERZEUGNISSE; KÖRNER ODER PULVER		
7201	**Roheisen und Spiegeleisen, in Masseln, Blöcken oder anderen Rohformen:**		
7201 10	- **Roheisen, nicht legiert, mit einem Phosphorgehalt von 0,5 GHT oder weniger:**		
	- - mit einem Mangangehalt von 0,4 GHT oder mehr:		
7201 10 11	- - - mit einem Siliciumgehalt von 1 GHT oder weniger	1,7	—
7201 10 19	- - - mit einem Siliciumgehalt von mehr als 1 GHT	1,7	—
7201 10 30	- - mit einem Mangangehalt von 0,1 GHT oder mehr, jedoch weniger als 0,4 GHT	1,7	—
7201 10 90	- - mit einem Mangangehalt von weniger als 0,1 GHT	frei	—
7201 20 00	- **Roheisen, nicht legiert, mit einem Phosphorgehalt von mehr als 0,5 GHT**	2,2	—

KN-Code	Warenbezeichnung	Vertragsmäßiger Zollsatz (%)	Besondere Maßeinheit
1	2	3	4
7201 50	– **Roheisen, legiert; Spiegeleisen:**		
7201 50 10	– – Roheisen, legiert, mit einem Gehalt an Titan von 0,3 bis 1 GHT und an Vanadium von 0,5 bis 1 GHT	frei	—
7201 50 90	– – anderes	1,7	—
7202	**Ferrolegierungen:**		
	– **Ferromangan:**		
7202 11	– – **mit einem Kohlenstoffgehalt von mehr als 2 GHT:**		
7202 11 20	– – – mit einer Körnung von 5 mm oder weniger und einem Mangangehalt von mehr als 65 GHT	2,7	—
7202 11 80	– – – anderes	2,7	—
7202 19 00	– – **anderes**	2,7	—
	– **Ferrosilicium:**		
7202 21 00	– – **mit einem Siliciumgehalt von mehr als 55 GHT**	5,7 (1)	—
7202 29	– – **anderes:**		
7202 29 10	– – – mit einem Magnesiumgehalt von 4 bis 10 GHT	5,7 (1)	—
7202 29 90	– – – anderes	5,7 (1)	—
7202 30 00	– **Ferrosiliciummangan**	3,7	—
	– **Ferrochrom:**		
7202 41	– – **mit einem Kohlenstoffgehalt von mehr als 4 GHT:**		
7202 41 10	– – – mit einem Kohlenstoffgehalt von mehr als 4 bis 6 GHT	4	—
7202 41 90	– – – mit einem Kohlenstoffgehalt von mehr als 6 GHT	4	—
7202 49	– – **anderes:**		
7202 49 10	– – – mit einem Kohlenstoffgehalt von 0,05 GHT oder weniger	7	—
7202 49 50	– – – mit einem Kohlenstoffgehalt von mehr als 0,05 bis 0,5 GHT	7	—
7202 49 90	– – – mit einem Kohlenstoffgehalt von mehr als 0,5 bis 4 GHT	7	—
7202 50 00	– **Ferrosiliciumchrom**	2,7	—
7202 60 00	– **Ferronickel**	frei	—
7202 70 00	– **Ferromolybdän**	2,7	—
7202 80 00	– **Ferrowolfram und Ferrosiliciumwolfram**	frei	—
	– **andere:**		
7202 91 00	– – **Ferrotitan und Ferrosiliciumtitan**	2,7	—
7202 92 00	– – **Ferrovanadium**	2,7	—
7202 93 00	– – **Ferroniob**	frei	—
7202 99	– – **andere:**		
7202 99 10	– – – Ferrophosphor	frei	—
7202 99 30	– – – Ferrosiliciummagnesium	2,7	—
7202 99 80	– – – andere	2,7	—

(1) WTO-Zollkontingent.

KN-Code	Warenbezeichnung	Vertragsmäßiger Zollsatz (%)	Besondere Maßeinheit
1	2	3	4
7203	**Durch Direktreduktion aus Eisenerzen hergestellte Eisenerzeugnisse und anderer Eisenschwamm, in Stücken, Pellets oder ähnlichen Formen; Eisen mit einer Reinheit von 99,94 GHT oder mehr, in Stücken, Pellets oder ähnlichen Formen:**		
7203 10 00	**– durch Direktreduktion aus Eisenerzen hergestellte Eisenerzeugnisse**	frei	—
7203 90 00	**– andere**	frei	—
7204	**Abfälle und Schrott, aus Eisen oder Stahl; Abfallblöcke aus Eisen oder Stahl:**		
7204 10 00	**– Abfälle und Schrott, aus Gusseisen**	frei	—
	– Abfälle und Schrott, aus legiertem Stahl:		
7204 21	**– – aus nicht rostendem Stahl:**		
7204 21 10	– – – mit einem Nickelgehalt von 8 GHT oder mehr	frei	—
7204 21 90	– – – andere	frei	—
7204 29 00	**– – andere**	frei	—
7204 30 00	**– Abfälle und Schrott, aus verzinntem Eisen oder Stahl**	frei	—
	– andere Abfälle und anderer Schrott:		
7204 41	**– – Drehspäne, Frässpäne, Hobelspäne, Schleifspäne, Sägespäne, Feilspäne und Stanz- oder Schneidabfälle, auch paketiert:**		
7204 41 10	– – – Drehspäne, Frässpäne, Hobelspäne, Schleifspäne, Sägespäne und Feilspäne	frei	—
	– – – Stanz- oder Schneidabfälle:		
7204 41 91	– – – – paketiert	frei	—
7204 41 99	– – – – andere	frei	—
7204 49	**– – andere:**		
7204 49 10	– – – geschreddert	frei	—
	– – – andere:		
7204 49 30	– – – – paketiert	frei	—
7204 49 90	– – – – andere	frei	—
7204 50 00	**– Abfallblöcke**	frei	—
7205	**Körner und Pulver, aus Roheisen, Spiegeleisen, Eisen oder Stahl:**		
7205 10 00	**– Körner**	frei	—
	– Pulver:		
7205 21 00	**– – aus legiertem Stahl**	frei	—
7205 29 00	**– – andere**	frei	—
	II. EISEN UND NICHT LEGIERTER STAHL		
7206	**Eisen und nicht legierter Stahl, in Rohblöcken (Ingots) oder anderen Rohformen, ausgenommen Eisen der Position 7203:**		
7206 10 00	**– Rohblöcke (Ingots)**	frei	—
7206 90 00	**– andere**	frei	—

KN-Code	Warenbezeichnung	Vertragsmäßiger Zollsatz (%)	Besondere Maßeinheit
1	2	3	4
7207	**Halbzeug aus Eisen oder nicht legiertem Stahl:**		
	– mit einem Kohlenstoffgehalt von weniger als 0,25 GHT:		
7207 11	**– – mit quadratischem Querschnitt oder mit rechteckigem Querschnitt und einer Breite von weniger als dem Zweifachen der Dicke:**		
	– – – warm vorgewalzt oder stranggegossen:		
7207 11 11	– – – – aus Automatenstahl	frei	—
	– – – – anderes:		
7207 11 14	– – – – – mit einer Dicke von 130 mm oder weniger	frei	—
7207 11 16	– – – – – mit einer Dicke von mehr als 130 mm	frei	—
7207 11 90	– – – vorgeschmiedet	frei	—
7207 12	**– – anderes, mit rechteckigem (nicht quadratischem) Querschnitt:**		
7207 12 10	– – – warm vorgewalzt oder stranggegossen	frei	—
7207 12 90	– – – vorgeschmiedet	frei	—
7207 19	**– – anderes:**		
	– – – mit rundem oder vieleckigem Querschnitt:		
7207 19 12	– – – – warm vorgewalzt oder stranggegossen	frei	—
7207 19 19	– – – – vorgeschmiedet	frei	—
7207 19 80	– – – anderes	frei	—
7207 20	**– mit einem Kohlenstoffgehalt von 0,25 GHT oder mehr:**		
	– – mit quadratischem Querschnitt oder mit rechteckigem Querschnitt und einer Breite von weniger als dem Zweifachen der Dicke:		
	– – – warm vorgewalzt oder stranggegossen:		
7207 20 11	– – – – aus Automatenstahl	frei	—
	– – – – anderes, mit einem Kohlenstoffgehalt von:		
7207 20 15	– – – – – 0,25 GHT oder mehr, jedoch weniger als 0,6 GHT	frei	—
7207 20 17	– – – – – 0,6 GHT oder mehr	frei	—
7207 20 19	– – – vorgeschmiedet	frei	—
	– – anderes, mit rechteckigem (nicht quadratischem) Querschnitt:		
7207 20 32	– – – warm vorgewalzt oder stranggegossen	frei	—
7207 20 39	– – – vorgeschmiedet	frei	—
	– – mit rundem oder vieleckigem Querschnitt:		
7207 20 52	– – – warm vorgewalzt oder stranggegossen	frei	—
7207 20 59	– – – vorgeschmiedet	frei	—
7207 20 80	– – anderes	frei	—
7208	**Flachgewalzte Erzeugnisse aus Eisen oder nicht legiertem Stahl, mit einer Breite von 600 mm oder mehr, warmgewalzt, weder plattiert noch überzogen:**		
7208 10 00	**– in Rollen (Coils), nur warmgewalzt, mit Oberflächenmuster**	frei	—
	– andere, in Rollen (Coils), nur warmgewalzt, gebeizt:		
7208 25 00	**– – mit einer Dicke von 4,75 mm oder mehr**	frei	—
7208 26 00	**– – mit einer Dicke von 3 mm oder mehr, jedoch weniger als 4,75 mm**	frei	—
7208 27 00	**– – mit einer Dicke von weniger als 3 mm**	frei	—

KN-Code	Warenbezeichnung	Vertragsmäßiger Zollsatz (%)	Besondere Maßeinheit
1	2	3	4
	– andere, in Rollen (Coils), nur warmgewalzt:		
7208 36 00	**– – mit einer Dicke von mehr als 10 mm**	frei	—
7208 37 00	**– – mit einer Dicke von 4,75 mm bis 10 mm**	frei	—
7208 38 00	**– – mit einer Dicke von 3 mm oder mehr, jedoch weniger als 4,75 mm**	frei	—
7208 39 00	**– – mit einer Dicke von weniger als 3 mm**	frei	—
7208 40 00	**– nicht in Rollen (Coils), nur warmgewalzt, mit Oberflächenmuster**	frei	—
	– andere, nicht in Rollen (Coils), nur warmgewalzt:		
7208 51	**– – mit einer Dicke von mehr als 10 mm:**		
7208 51 20	– – – mit einer Dicke von mehr als 15 mm	frei	—
	– – – mit einer Dicke von mehr als 10 mm bis 15 mm, mit einer Breite von:		
7208 51 91	– – – – 2 050 mm oder mehr	frei	—
7208 51 98	– – – – weniger als 2 050 mm	frei	—
7208 52	**– – mit einer Dicke von 4,75 mm bis 10 mm:**		
7208 52 10	– – – auf vier Flächen oder in geschlossenen Kalibern gewalzt, mit einer Breite von 1 250 mm oder weniger	frei	—
	– – – andere, mit einer Breite von:		
7208 52 91	– – – – 2 050 mm oder mehr	frei	—
7208 52 99	– – – – weniger als 2 050 mm	frei	—
7208 53	**– – mit einer Dicke von 3 mm oder mehr, jedoch weniger als 4,75 mm:**		
7208 53 10	– – – auf vier Flächen oder in geschlossenen Kalibern gewalzt, mit einer Breite von 1 250 mm oder weniger und einer Dicke von 4 mm oder mehr	frei	—
7208 53 90	– – – andere	frei	—
7208 54 00	**– – mit einer Dicke von weniger als 3 mm**	frei	—
7208 90	**– andere:**		
7208 90 20	– – gelocht	frei	—
7208 90 80	– – andere	frei	—
7209	**Flachgewalzte Erzeugnisse aus Eisen oder nicht legiertem Stahl, mit einer Breite von 600 mm oder mehr, kaltgewalzt, weder plattiert noch überzogen:**		
	– in Rollen (Coils), nur kaltgewalzt:		
7209 15 00	**– – mit einer Dicke von 3 mm oder mehr**	frei	—
7209 16	**– – mit einer Dicke von mehr als 1 mm, jedoch weniger als 3 mm:**		
7209 16 10	– – – Elektrobleche	frei	—
7209 16 90	– – – andere	frei	—
7209 17	**– – mit einer Dicke von 0,5 mm bis 1 mm:**		
7209 17 10	– – – Elektrobleche	frei	—
7209 17 90	– – – andere	frei	—
7209 18	**– – mit einer Dicke von weniger als 0,5 mm:**		
7209 18 10	– – – Elektrobleche	frei	—
	– – – andere:		
7209 18 91	– – – – mit einer Dicke von 0,35 mm oder mehr, jedoch weniger als 0,5 mm	frei	—
7209 18 99	– – – – mit einer Dicke von weniger als 0,35 mm	frei	—

KN-Code	Warenbezeichnung	Vertragsmäßiger Zollsatz (%)	Besondere Maßeinheit
1	2	3	4
	– nicht in Rollen (Coils), nur kaltgewalzt:		
7209 25 00	– – mit einer Dicke von 3 mm oder mehr	frei	—
7209 26	– – mit einer Dicke von mehr als 1 mm, jedoch weniger als 3 mm:		
7209 26 10	– – – Elektrobleche	frei	—
7209 26 90	– – – andere	frei	—
7209 27	– – mit einer Dicke von 0,5 mm bis 1 mm:		
7209 27 10	– – – Elektrobleche	frei	—
7209 27 90	– – – andere	frei	—
7209 28	– – mit einer Dicke von weniger als 0,5 mm:		
7209 28 10	– – – Elektrobleche	frei	—
7209 28 90	– – – andere	frei	—
7209 90	– andere:		
7209 90 20	– – gelocht	frei	—
7209 90 80	– – andere	frei	—
7210	**Flachgewalzte Erzeugnisse aus Eisen oder nicht legiertem Stahl, mit einer Breite von 600 mm oder mehr, plattiert oder überzogen:**		
	– verzinnt:		
7210 11 00	– – mit einer Dicke von 0,5 mm oder mehr	frei	—
7210 12	– – mit einer Dicke von weniger als 0,5 mm:		
7210 12 20	– – – Weißbleche	frei	—
7210 12 80	– – – andere	frei	—
7210 20 00	– verbleit, einschließlich Terneblech oder -band	frei	—
7210 30 00	– elektrolytisch verzinkt	frei	—
	– anders verzinkt:		
7210 41 00	– – gewellt	frei	—
7210 49 00	– – andere	frei	—
7210 50 00	– mit Chromoxiden oder mit Chrom und Chromoxiden überzogen	frei	—
	– mit Aluminium überzogen:		
7210 61 00	– – mit Aluminium-Zink-Legierungen überzogen	frei	—
7210 69 00	– – andere	frei	—
7210 70	– mit Farbe versehen, lackiert oder mit Kunststoff überzogen:		
7210 70 10	– – Weißbleche, lackiert; mit Chromoxiden oder mit Chrom und Chromoxiden überzogene Erzeugnisse, lackiert	frei	—
7210 70 80	– – andere	frei	—
7210 90	– andere:		
7210 90 30	– – plattiert	frei	—
7210 90 40	– – verzinnt und bedruckt	frei	—
7210 90 80	– – andere	frei	—

KN-Code	Warenbezeichnung	Vertragsmäßiger Zollsatz (%)	Besondere Maßeinheit
1	2	3	4
7211	**Flachgewalzte Erzeugnisse aus Eisen oder nicht legiertem Stahl, mit einer Breite von weniger als 600 mm, weder plattiert noch überzogen:**		
	– nur warmgewalzt:		
7211 13 00	**– – auf vier Flächen oder in geschlossenen Kalibern gewalzt, mit einer Breite von mehr als 150 mm und einer Dicke von 4 mm oder mehr, nicht in Rollen (Coils), ohne Oberflächenmuster**	frei	—
7211 14 00	**– – andere, mit einer Dicke von 4,75 mm oder mehr**	frei	—
7211 19 00	**– – andere**	frei	—
	– nur kaltgewalzt:		
7211 23	**– – mit einem Kohlenstoffgehalt von weniger als 0,25 GHT:**		
7211 23 20	– – – Elektrobänder	frei	—
	– – – andere:		
7211 23 30	– – – – mit einer Dicke von 0,35 mm oder mehr	frei	—
7211 23 80	– – – – mit einer Dicke von weniger als 0,35 mm	frei	—
7211 29 00	**– – andere**	frei	—
7211 90	**– andere:**		
7211 90 20	– – gelocht	frei	—
7211 90 80	– – andere	frei	—
7212	**Flachgewalzte Erzeugnisse aus Eisen oder nicht legiertem Stahl, mit einer Breite von weniger als 600 mm, plattiert oder überzogen:**		
7212 10	**– verzinnt:**		
7212 10 10	– – Weißbleche und -bänder, nur oberflächenbearbeitet	frei	—
7212 10 90	– – andere	frei	—
7212 20 00	**– elektrolytisch verzinkt**	frei	—
7212 30 00	**– anders verzinkt**	frei	—
7212 40	**– mit Farbe versehen, lackiert oder mit Kunststoff überzogen:**		
7212 40 20	– – Weißbleche und -bänder, nur lackiert; mit Chromoxiden oder mit Chrom und Chromoxiden überzogene Erzeugnisse, lackiert	frei	—
7212 40 80	– – andere	frei	—
7212 50	**– anders überzogen:**		
7212 50 20	– – mit Chromoxiden oder mit Chrom und Chromoxiden überzogen	frei	—
7212 50 30	– – verchromt oder vernickelt	frei	—
7212 50 40	– – verkupfert	frei	—
	– – mit Aluminium überzogen:		
7212 50 61	– – – mit Aluminium-Zink-Legierungen überzogen	frei	—
7212 50 69	– – – andere	frei	—
7212 50 90	– – andere	frei	—
7212 60 00	**– plattiert**	frei	—
7213	**Walzdraht aus Eisen oder nicht legiertem Stahl:**		
7213 10 00	**– mit vom Walzen herrührenden Einschnitten, Rippen (Wülsten), Vertiefungen oder Erhöhungen**	frei	—
7213 20 00	**– anderer, aus Automatenstahl**	frei	—

KN-Code	Warenbezeichnung	Vertragsmäßiger Zollsatz (%)	Besondere Maßeinheit
1	2	3	4
	– anderer:		
7213 91	**– – mit kreisförmigem Querschnitt mit einem Durchmesser von weniger als 14 mm:**		
7213 91 10	– – – von der für Betonarmierung verwendeten Art	frei	—
7213 91 20	– – – von der für Reifencord verwendeten Art	frei	—
	– – – anderer:		
7213 91 41	– – – – mit einem Kohlenstoffgehalt von 0,06 GHT oder weniger	frei	—
7213 91 49	– – – – mit einem Kohlenstoffgehalt von mehr als 0,06 GHT, jedoch weniger als 0,25 GHT	frei	—
7213 91 70	– – – – mit einem Kohlenstoffgehalt von 0,25 GHT bis 0,75 GHT	frei	—
7213 91 90	– – – – mit einem Kohlenstoffgehalt von mehr als 0,75 GHT	frei	—
7213 99	**– – anderer:**		
7213 99 10	– – – mit einem Kohlenstoffgehalt von weniger als 0,25 GHT	frei	—
7213 99 90	– – – mit einem Kohlenstoffgehalt von 0,25 GHT oder mehr	frei	—
7214	**Stabstahl aus Eisen oder nicht legiertem Stahl, nur geschmiedet, nur warmgewalzt, nur warmgezogen oder nur warmstranggepresst, auch nach dem Walzen verwunden:**		
7214 10 00	**– geschmiedet**	frei	—
7214 20 00	**– mit vom Walzen herrührenden Einschnitten, Rippen (Wülsten), Vertiefungen oder Erhöhungen oder nach dem Walzen verwunden**	frei	—
7214 30 00	**– anderer, aus Automatenstahl**	frei	—
	– anderer:		
7214 91	**– – mit rechteckigem (nicht quadratischem) Querschnitt:**		
7214 91 10	– – – mit einem Kohlenstoffgehalt von weniger als 0,25 GHT	frei	—
7214 91 90	– – – mit einem Kohlenstoffgehalt von 0,25 GHT oder mehr	frei	—
7214 99	**– – anderer:**		
	– – – mit einem Kohlenstoffgehalt von weniger als 0,25 GHT:		
7214 99 10	– – – – von der für Betonarmierung verwendeten Art	frei	—
	– – – – anderer, mit kreisförmigem Querschnitt mit einem Durchmesser von:		
7214 99 31	– – – – – 80 mm oder mehr	frei	—
7214 99 39	– – – – – weniger als 80 mm	frei	—
7214 99 50	– – – – anderer	frei	—
	– – – mit einem Kohlenstoffgehalt von 0,25 GHT oder mehr:		
	– – – – mit kreisförmigem Querschnitt mit einem Durchmesser von:		
7214 99 71	– – – – – 80 mm oder mehr	frei	—
7214 99 79	– – – – – weniger als 80 mm	frei	—
7214 99 95	– – – – anderer	frei	—
7215	**Anderer Stabstahl aus Eisen oder nicht legiertem Stahl:**		
7215 10 00	**– aus Automatenstahl, nur kalthergestellt oder nur kaltfertiggestellt**	frei	—
7215 50	**– anderer, nur kalthergestellt oder nur kaltfertiggestellt:**		
	– – mit einem Kohlenstoffgehalt von weniger als 0,25 GHT:		
7215 50 11	– – – mit rechteckigem (nicht quadratischem) Querschnitt	frei	—
7215 50 19	– – – anderer	frei	—

KN-Code	Warenbezeichnung	Vertragsmäßiger Zollsatz (%)	Besondere Maßeinheit
1	2	3	4
7215 50 80	– – mit einem Kohlenstoffgehalt von 0,25 GHT oder mehr	frei	—
7215 90 00	– **anderer**	frei	—
7216	**Profile aus Eisen oder nicht legiertem Stahl:**		
7216 10 00	– **U-, I- oder H-Profile, nur warmgewalzt, nur warmgezogen oder nur warmstranggepresst, mit einer Höhe von weniger als 80 mm**	frei	—
	– **L- oder T-Profile, nur warmgewalzt, nur warmgezogen oder nur warmstranggepresst, mit einer Höhe von weniger als 80 mm:**		
7216 21 00	– – **L-Profile**	frei	—
7216 22 00	– – **T-Profile**	frei	—
	– **U-, I- oder H-Profile, nur warmgewalzt, nur warmgezogen oder nur warmstranggepresst, mit einer Höhe von 80 mm oder mehr:**		
7216 31	– – **U-Profile:**		
7216 31 10	– – – mit einer Höhe von 80 mm bis 220 mm	frei	—
7216 31 90	– – – mit einer Höhe von mehr als 220 mm	frei	—
7216 32	– – **I-Profile:**		
	– – – mit einer Höhe von 80 mm bis 220 mm:		
7216 32 11	– – – – mit parallelen Flanschflächen	frei	—
7216 32 19	– – – – andere	frei	—
	– – – mit einer Höhe von mehr als 220 mm:		
7216 32 91	– – – – mit parallelen Flanschflächen	frei	—
7216 32 99	– – – – andere	frei	—
7216 33	– – **H-Profile:**		
7216 33 10	– – – mit einer Höhe von 80 mm bis 180 mm	frei	—
7216 33 90	– – – mit einer Höhe von mehr als 180 mm	frei	—
7216 40	– **L- oder T-Profile, nur warmgewalzt, nur warmgezogen oder nur warmstranggepresst, mit einer Höhe von 80 mm oder mehr:**		
7216 40 10	– – L-Profile	frei	—
7216 40 90	– – T-Profile	frei	—
7216 50	– **andere Profile, nur warmgewalzt, nur warmgezogen oder nur warmstranggepresst:**		
7216 50 10	– – mit einem Querschnitt, der in ein Quadrat mit einer Seite von 80 mm passt	frei	—
	– – andere:		
7216 50 91	– – – Wulstflachprofile (Wulstflachstahl)	frei	—
7216 50 99	– – – andere	frei	—
	– **Profile, nur kalthergestellt oder nur kaltfertiggestellt:**		
7216 61	– – **aus flachgewalzten Erzeugnissen hergestellt:**		
7216 61 10	– – – C-, L-, U-, Z-, Omega- oder Schlitzprofile	frei	—
7216 61 90	– – – andere	frei	—
7216 69 00	– – **andere**	frei	—
	– **andere:**		
7216 91	– – **aus flachgewalzten Erzeugnissen kalthergestellt oder kaltfertiggestellt:**		
7216 91 10	– – – profilierte Bleche	frei	—

KN-Code	Warenbezeichnung	Vertragsmäßiger Zollsatz (%)	Besondere Maßeinheit
1	2	3	4
7216 91 80	– – – andere	frei	—
7216 99 00	– – **andere**	frei	—
7217	**Draht aus Eisen oder nicht legiertem Stahl:**		
7217 10	– **nicht überzogen, auch poliert:**		
	– – mit einem Kohlenstoffgehalt von weniger als 0,25 GHT:		
7217 10 10	– – – mit einer größten Querschnittsabmessung von weniger als 0,8 mm	frei	—
	– – – mit einer größten Querschnittsabmessung von 0,8 mm oder mehr:		
7217 10 31	– – – – mit vom Walzen herrührenden Einschnitten, Rippen (Wülsten), Vertiefungen oder Erhöhungen	frei	—
7217 10 39	– – – – anderer	frei	—
7217 10 50	– – mit einem Kohlenstoffgehalt von 0,25 GHT oder mehr, jedoch weniger als 0,6 GHT	frei	—
7217 10 90	– – mit einem Kohlenstoffgehalt von 0,6 GHT oder mehr	frei	—
7217 20	– **verzinkt:**		
	– – mit einem Kohlenstoffgehalt von weniger als 0,25 GHT:		
7217 20 10	– – – mit einer größten Querschnittsabmessung von weniger als 0,8 mm	frei	—
7217 20 30	– – – mit einer größten Querschnittsabmessung von 0,8 mm oder mehr	frei	—
7217 20 50	– – mit einem Kohlenstoffgehalt von 0,25 GHT oder mehr, jedoch weniger als 0,6 GHT	frei	—
7217 20 90	– – mit einem Kohlenstoffgehalt von 0,6 GHT oder mehr	frei	—
7217 30	– **mit anderen unedlen Metallen überzogen:**		
	– – mit einem Kohlenstoffgehalt von weniger als 0,25 GHT:		
7217 30 41	– – – verkupfert	frei	—
7217 30 49	– – – anderer	frei	—
7217 30 50	– – mit einem Kohlenstoffgehalt von 0,25 GHT oder mehr, jedoch weniger als 0,6 GHT	frei	—
7217 30 90	– – mit einem Kohlenstoffgehalt von 0,6 GHT oder mehr	frei	—
7217 90	– **anderer:**		
7217 90 20	– – mit einem Kohlenstoffgehalt von weniger als 0,25 GHT	frei	—
7217 90 50	– – mit einem Kohlenstoffgehalt von 0,25 GHT oder mehr, jedoch weniger als 0,6 GHT	frei	—
7217 90 90	– – mit einem Kohlenstoffgehalt von 0,6 GHT oder mehr	frei	—
	III. **NICHT ROSTENDER STAHL**		
7218	**Nicht rostender Stahl in Rohblöcken (Ingots) oder anderen Rohformen; Halbzeug aus nicht rostendem Stahl:**		
7218 10 00	– **Rohblöcke (Ingots) und andere Rohformen**	frei	—
	– **andere:**		
7218 91	– – **mit rechteckigem (nicht quadratischem) Querschnitt:**		
7218 91 10	– – – mit einem Nickelgehalt von 2,5 GHT oder mehr	frei	—
7218 91 80	– – – mit einem Nickelgehalt von weniger als 2,5 GHT	frei	—

KN-Code	Warenbezeichnung	Vertragsmäßiger Zollsatz (%)	Besondere Maßeinheit
1	2	3	4
7218 99	– – **andere:**		
	– – – mit quadratischem Querschnitt:		
7218 99 11	– – – – warm vorgewalzt oder stranggegossen	frei	—
7218 99 19	– – – – vorgeschmiedet	frei	—
	– – – andere:		
7218 99 20	– – – – warm vorgewalzt oder stranggegossen	frei	—
7218 99 80	– – – – vorgeschmiedet	frei	—
7219	**Flachgewalzte Erzeugnisse aus nicht rostendem Stahl, mit einer Breite von 600 mm oder mehr:**		
	– **nur warmgewalzt, in Rollen (Coils):**		
7219 11 00	– – **mit einer Dicke von mehr als 10 mm**	frei	—
7219 12	– – **mit einer Dicke von 4,75 mm bis 10 mm:**		
7219 12 10	– – – mit einem Nickelgehalt von 2,5 GHT oder mehr	frei	—
7219 12 90	– – – mit einem Nickelgehalt von weniger als 2,5 GHT	frei	—
7219 13	– – **mit einer Dicke von 3 mm oder mehr, jedoch weniger als 4,75 mm:**		
7219 13 10	– – – mit einem Nickelgehalt von 2,5 GHT oder mehr	frei	—
7219 13 90	– – – mit einem Nickelgehalt von weniger als 2,5 GHT	frei	—
7219 14	– – **mit einer Dicke von weniger als 3 mm:**		
7219 14 10	– – – mit einem Nickelgehalt von 2,5 GHT oder mehr	frei	—
7219 14 90	– – – mit einem Nickelgehalt von weniger als 2,5 GHT	frei	—
	– **nur warmgewalzt, nicht in Rollen (Coils):**		
7219 21	– – **mit einer Dicke von mehr als 10 mm:**		
7219 21 10	– – – mit einem Nickelgehalt von 2,5 GHT oder mehr	frei	—
7219 21 90	– – – mit einem Nickelgehalt von weniger als 2,5 GHT	frei	—
7219 22	– – **mit einer Dicke von 4,75 mm bis 10 mm:**		
7219 22 10	– – – mit einem Nickelgehalt von 2,5 GHT oder mehr	frei	—
7219 22 90	– – – mit einem Nickelgehalt von weniger als 2,5 GHT	frei	—
7219 23 00	– – **mit einer Dicke von 3 mm oder mehr, jedoch weniger als 4,75 mm**	frei	—
7219 24 00	– – **mit einer Dicke von weniger als 3 mm**	frei	—
	– **nur kaltgewalzt:**		
7219 31 00	– – **mit einer Dicke von 4,75 mm oder mehr**	frei	—
7219 32	– – **mit einer Dicke von 3 mm oder mehr, jedoch weniger als 4,75 mm:**		
7219 32 10	– – – mit einem Nickelgehalt von 2,5 GHT oder mehr	frei	—
7219 32 90	– – – mit einem Nickelgehalt von weniger als 2,5 GHT	frei	—
7219 33	– – **mit einer Dicke von mehr als 1 mm, jedoch weniger als 3 mm:**		
7219 33 10	– – – mit einem Nickelgehalt von 2,5 GHT oder mehr	frei	—
7219 33 90	– – – mit einem Nickelgehalt von weniger als 2,5 GHT	frei	—
7219 34	– – **mit einer Dicke von 0,5 mm bis 1 mm:**		
7219 34 10	– – – mit einem Nickelgehalt von 2,5 GHT oder mehr	frei	—
7219 34 90	– – – mit einem Nickelgehalt von weniger als 2,5 GHT	frei	—

KN-Code	Warenbezeichnung	Vertragsmäßiger Zollsatz (%)	Besondere Maßeinheit
1	2	3	4
7219 35	– – **mit einer Dicke von weniger als 0,5 mm:**		
7219 35 10	– – – mit einem Nickelgehalt von 2,5 GHT oder mehr	frei	—
7219 35 90	– – – mit einem Nickelgehalt von weniger als 2,5 GHT	frei	—
7219 90	– **andere:**		
7219 90 20	– – gelocht	frei	—
7219 90 80	– – andere	frei	—
7220	**Flachgewalzte Erzeugnisse aus nicht rostendem Stahl, mit einer Breite von weniger als 600 mm:**		
	– **nur warmgewalzt:**		
7220 11 00	– – **mit einer Dicke von 4,75 mm oder mehr**	frei	—
7220 12 00	– – **mit einer Dicke von weniger als 4,75 mm**	frei	—
7220 20	– **nur kaltgewalzt:**		
	– – mit einer Dicke von 3 mm oder mehr, mit einem Nickelgehalt von:		
7220 20 21	– – – 2,5 GHT oder mehr	frei	—
7220 20 29	– – – weniger als 2,5 GHT	frei	—
	– – mit einer Dicke von mehr als 0,35 mm, jedoch weniger als 3 mm, mit einem Nickelgehalt von:		
7220 20 41	– – – 2,5 GHT oder mehr	frei	—
7220 20 49	– – – weniger als 2,5 GHT	frei	—
	– – mit einer Dicke von 0,35 mm oder weniger, mit einem Nickelgehalt von:		
7220 20 81	– – – 2,5 GHT oder mehr	frei	—
7220 20 89	– – – weniger als 2,5 GHT	frei	—
7220 90	– **andere:**		
7220 90 20	– – gelocht	frei	—
7220 90 80	– – andere	frei	—
7221 00	**Walzdraht aus nicht rostendem Stahl:**		
7221 00 10	– mit einem Nickelgehalt von 2,5 GHT oder mehr	frei	—
7221 00 90	– mit einem Nickelgehalt von weniger als 2,5 GHT	frei	—
7222	**Stabstahl und Profile, aus nicht rostendem Stahl:**		
	– **Stabstahl, nur warmgewalzt, nur warmgezogen oder nur warmstranggepresst:**		
7222 11	– – **mit kreisförmigem Querschnitt:**		
	– – – mit einem Durchmesser von 80 mm oder mehr, mit einem Nickelgehalt von:		
7222 11 11	– – – – 2,5 GHT oder mehr	frei	—
7222 11 19	– – – – weniger als 2,5 GHT	frei	—
	– – – mit einem Durchmesser von weniger als 80 mm, mit einem Nickelgehalt von:		
7222 11 81	– – – – 2,5 GHT oder mehr	frei	—
7222 11 89	– – – – weniger als 2,5 GHT	frei	—
7222 19	– – **anderer:**		
7222 19 10	– – – mit einem Nickelgehalt von 2,5 GHT oder mehr	frei	—
7222 19 90	– – – mit einem Nickelgehalt von weniger als 2,5 GHT	frei	—

KN-Code	Warenbezeichnung	Vertragsmäßiger Zollsatz (%)	Besondere Maßeinheit
1	2	3	4
7222 20	– **Stabstahl, nur kalthergestellt oder nur kaltfertiggestellt:**		
	– – mit kreisförmigem Querschnitt:		
	– – – mit einem Durchmesser von 80 mm oder mehr, mit einem Nickelgehalt von:		
7222 20 11	– – – – 2,5 GHT oder mehr	frei	—
7222 20 19	– – – – weniger als 2,5 GHT	frei	—
	– – – mit einem Durchmesser von 25 mm oder mehr, jedoch weniger als 80 mm, mit einem Nickelgehalt von:		
7222 20 21	– – – – 2,5 GHT oder mehr	frei	—
7222 20 29	– – – – weniger als 2,5 GHT	frei	—
	– – – mit einem Durchmesser von weniger als 25 mm, mit einem Nickelgehalt von:		
7222 20 31	– – – – 2,5 GHT oder mehr	frei	—
7222 20 39	– – – – weniger als 2,5 GHT	frei	—
	– – anderer, mit einem Nickelgehalt von:		
7222 20 81	– – – 2,5 GHT oder mehr	frei	—
7222 20 89	– – – weniger als 2,5 GHT	frei	—
7222 30	– **anderer Stabstahl:**		
	– – geschmiedet, mit einem Nickelgehalt von:		
7222 30 51	– – – 2,5 GHT oder mehr	frei	—
7222 30 91	– – – weniger als 2,5 GHT	frei	—
7222 30 97	– – anderer	frei	—
7222 40	– **Profile:**		
7222 40 10	– – nur warmgewalzt, nur warmgezogen oder nur warmstranggepresst	frei	—
7222 40 50	– – nur kalthergestellt oder nur kaltfertiggestellt	frei	—
7222 40 90	– – andere	frei	—
7223 00	**Draht aus nicht rostendem Stahl:**		
	– mit einem Nickelgehalt von 2,5 GHT oder mehr:		
7223 00 11	– – mit einem Gehalt an Nickel von 28 bis 31 GHT und an Chrom von 20 bis 22 GHT	frei	—
7223 00 19	– – anderer	frei	—
	– mit einem Nickelgehalt von weniger als 2,5 GHT:		
7223 00 91	– – mit einem Gehalt an Chrom von 13 bis 25 GHT und an Aluminium von 3,5 bis 6 GHT	frei	—
7223 00 99	– – anderer	frei	—
	IV. **ANDERER LEGIERTER STAHL; HOHLBOHRERSTÄBE AUS LEGIERTEM ODER NICHT LEGIERTEM STAHL**		
7224	**Anderer legierter Stahl in Rohblöcken (Ingots) oder anderen Rohformen; Halbzeug aus anderem legierten Stahl:**		
7224 10	– **Rohblöcke (Ingots) und andere Rohformen:**		
7224 10 10	– – aus Werkzeugstahl	frei	—
7224 10 90	– – anderer	frei	—

KN-Code	Warenbezeichnung	Vertragsmäßiger Zollsatz (%)	Besondere Maßeinheit
1	2	3	4
7224 90	– **andere:**		
7224 90 02	– – aus Werkzeugstahl	frei	—
	– – andere:		
	– – – mit quadratischem oder rechteckigem Querschnitt:		
	– – – – warm vorgewalzt oder stranggegossen:		
	– – – – – mit einer Breite von weniger als dem Zweifachen der Dicke:		
7224 90 03	– – – – – – aus Schnellarbeitsstahl	frei	—
7224 90 05	– – – – – – aus Stahl mit einem Gehalt an Kohlenstoff von 0,7 GHT oder weniger, an Mangan von 0,5 bis 1,2 GHT und an Silicium von 0,6 bis 2,3 GHT; aus Stahl mit einem Borgehalt von 0,0008 GHT oder mehr, ohne dass ein anderes Element den in der Anmerkung 1 f) zu Kapitel 72 angegebenen Mindestanteil erreicht	frei	—
7224 90 07	– – – – – – andere	frei	—
7224 90 14	– – – – – andere	frei	—
7224 90 18	– – – – vorgeschmiedet	frei	—
	– – – andere:		
	– – – – warm vorgewalzt oder stranggegossen:		
7224 90 31	– – – – – mit einem Gehalt an Kohlenstoff von 0,9 bis 1,15 GHT und an Chrom von 0,5 bis 2 GHT, auch mit einem Gehalt an Molybdän von 0,5 GHT oder weniger	frei	—
7224 90 38	– – – – – andere	frei	—
7224 90 90	– – – – vorgeschmiedet	frei	—
7225	**Flachgewalzte Erzeugnisse aus anderem legierten Stahl, mit einer Breite von 600 mm oder mehr:**		
	– **aus Silicium-Elektrostahl:**		
7225 11 00	– – **kornorientiert**	frei	—
7225 19	– – **andere:**		
7225 19 10	– – – warmgewalzt	frei	—
7225 19 90	– – – kaltgewalzt	frei	—
7225 30	– **andere, nur warmgewalzt, in Rollen (Coils):**		
7225 30 10	– – aus Werkzeugstahl	frei	—
7225 30 30	– – aus Schnellarbeitsstahl	frei	—
7225 30 90	– – andere	frei	—
7225 40	– **andere, nur warmgewalzt, nicht in Rollen (Coils):**		
7225 40 12	– – aus Werkzeugstahl	frei	—
7225 40 15	– – aus Schnellarbeitsstahl	frei	—
	– – andere:		
7225 40 40	– – – mit einer Dicke von mehr als 10 mm	frei	—
7225 40 60	– – – mit einer Dicke von 4,75 mm bis 10 mm	frei	—
7225 40 90	– – – mit einer Dicke von weniger als 4,75 mm	frei	—

KN-Code	Warenbezeichnung	Vertragsmäßiger Zollsatz (%)	Besondere Maßeinheit
1	2	3	4
7225 50	– **andere, nur kaltgewalzt:**		
7225 50 20	– – aus Schnellarbeitsstahl	frei	—
7225 50 80	– – andere	frei	—
	– **andere:**		
7225 91 00	– – **elektrolytisch verzinkt**	frei	—
7225 92 00	– – **anders verzinkt**	frei	—
7225 99 00	– – **andere**	frei	—
7226	**Flachgewalzte Erzeugnisse aus anderem legierten Stahl, mit einer Breite von weniger als 600 mm:**		
	– **aus Silicium-Elektrostahl:**		
7226 11 00	– – **kornorientiert**	frei	—
7226 19	– – **andere:**		
7226 19 10	– – – nur warmgewalzt	frei	—
7226 19 80	– – – andere	frei	—
7226 20 00	– **aus Schnellarbeitsstahl**	frei	—
	– **andere:**		
7226 91	– – **nur warmgewalzt:**		
7226 91 20	– – – aus Werkzeugstahl	frei	—
	– – – andere:		
7226 91 91	– – – – mit einer Dicke von 4,75 mm oder mehr	frei	—
7226 91 99	– – – – mit einer Dicke von weniger als 4,75 mm	frei	—
7226 92 00	– – **nur kaltgewalzt**	frei	—
7226 99	– – **andere:**		
7226 99 10	– – – elektrolytisch verzinkt	frei	—
7226 99 30	– – – anders verzinkt	frei	—
7226 99 70	– – – andere	frei	—
7227	**Walzdraht aus anderem legierten Stahl:**		
7227 10 00	– **aus Schnellarbeitsstahl**	frei	—
7227 20 00	– **aus Mangan-Silicium-Stahl**	frei	—
7227 90	– **anderer:**		
7227 90 10	– – mit einem Borgehalt von 0,0008 GHT oder mehr, ohne dass ein anderes Element den in der Anmerkung 1 f) zu Kapitel 72 angegebenen Mindestanteil erreicht	frei	—
7227 90 50	– – mit einem Gehalt an Kohlenstoff von 0,9 bis 1,15 GHT und an Chrom von 0,5 bis 2 GHT, auch mit einem Gehalt an Molybdän von 0,5 GHT oder weniger	frei	—
7227 90 95	– – anderer	frei	—
7228	**Stabstahl und Profile, aus anderem legierten Stahl; Hohlbohrerstäbe aus legiertem oder nicht legiertem Stahl:**		
7228 10	– **Stabstahl aus Schnellarbeitsstahl:**		
7228 10 20	– – nur warmgewalzt, nur warmgezogen oder nur warmstranggepresst; warmgewalzt, warmgezogen oder warmstranggepresst, nur plattiert	frei	—

KN-Code	Warenbezeichnung	Vertragsmäßiger Zollsatz (%)	Besondere Maßeinheit
1	2	3	4
7228 10 50	– – geschmiedet	frei	—
7228 10 90	– – anderer	frei	—
7228 20	– **Stabstahl aus Mangan-Silicium-Stahl:**		
7228 20 10	– – mit rechteckigem (nicht quadratischem) Querschnitt, auf vier Flächen warmgewalzt	frei	—
	– – anderer:		
7228 20 91	– – – nur warmgewalzt, nur warmgezogen oder nur warmstranggepresst; warmgewalzt, warmgezogen oder warmstranggepresst, nur plattiert	frei	—
7228 20 99	– – – anderer	frei	—
7228 30	– **anderer Stabstahl, nur warmgewalzt, nur warmgezogen oder nur warmstranggepresst:**		
7228 30 20	– – aus Werkzeugstahl	frei	—
	– – mit einem Gehalt an Kohlenstoff von 0,9 bis 1,15 GHT und an Chrom von 0,5 bis 2 GHT, auch mit einem Gehalt an Molybdän von 0,5 GHT oder weniger:		
7228 30 41	– – – mit kreisförmigem Querschnitt mit einem Durchmesser von 80 mm oder mehr	frei	—
7228 30 49	– – – anderer	frei	—
	– – anderer:		
	– – – mit kreisförmigem Querschnitt mit einem Durchmesser von:		
7228 30 61	– – – – 80 mm oder mehr	frei	—
7228 30 69	– – – – weniger als 80 mm	frei	—
7228 30 70	– – – mit rechteckigem (nicht quadratischem) Querschnitt, auf vier Flächen warmgewalzt	frei	—
7228 30 89	– – – anderer	frei	—
7228 40	– **anderer Stabstahl, nur geschmiedet:**		
7228 40 10	– – aus Werkzeugstahl	frei	—
7228 40 90	– – anderer	frei	—
7228 50	– **anderer Stabstahl, nur kalthergestellt oder nur kaltfertiggestellt:**		
7228 50 20	– – aus Werkzeugstahl	frei	—
7228 50 40	– – mit einem Gehalt an Kohlenstoff von 0,9 bis 1,15 GHT und an Chrom von 0,5 bis 2 GHT, auch mit einem Gehalt an Molybdän von 0,5 GHT oder weniger	frei	—
	– – anderer:		
	– – – mit kreisförmigem Querschnitt mit einem Durchmesser von:		
7228 50 61	– – – – 80 mm oder mehr	frei	—
7228 50 69	– – – – weniger als 80 mm	frei	—
7228 50 80	– – – anderer	frei	—
7228 60	– **anderer Stabstahl:**		
7228 60 20	– – aus Werkzeugstahl	frei	—
7228 60 80	– – anderer	frei	—

KN-Code	Warenbezeichnung	Vertragsmäßiger Zollsatz (%)	Besondere Maßeinheit
1	2	3	4
7228 70	– **Profile:**		
7228 70 10	– – nur warmgewalzt, nur warmgezogen oder nur warmstranggepresst	frei	—
7228 70 90	– – andere	frei	—
7228 80 00	– **Hohlbohrerstäbe**	frei	—
7229	**Draht aus anderem legierten Stahl:**		
7229 20 00	– **aus Mangan-Silicium-Stahl**	frei	—
7229 90	– **anderer:**		
7229 90 20	– – aus Schnellarbeitsstahl	frei	—
7229 90 50	– – mit einem Gehalt an Kohlenstoff von 0,9 bis 1,15 GHT und an Chrom von 0,5 bis 2 GHT, auch mit einem Gehalt an Molybdän von 0,5 GHT oder weniger	frei	—
7229 90 90	– – andere	frei	—

KAPITEL 73

WAREN AUS EISEN ODER STAHL

Anmerkungen

1. Als „Gusseisen“ im Sinne des Kapitels 73 gelten durch Gießen hergestellte Erzeugnisse, deren chemische Zusammensetzung nicht der für Stahl nach Anmerkung 1 d) zu Kapitel 72 entspricht und in denen Eisen gegenüber jedem anderen Element gewichtsmäßig vorherrscht.
2. Als „Draht“ im Sinne des Kapitels 73 gelten warm- oder kalthergestellte Erzeugnisse mit beliebiger Form des Querschnitts, dessen größte Abmessung 16 mm oder weniger beträgt.

KN-Code	Warenbezeichnung	Vertragsmäßiger Zollsatz (%)	Besondere Maßeinheit
1	2	3	4
7301	**Spundwanderzeugnisse aus Eisen oder Stahl, auch gelocht oder aus zusammengesetzten Elementen hergestellt; durch Schweißen hergestellte Profile aus Eisen oder Stahl:**		
7301 10 00	**– Spundwanderzeugnisse**	frei	—
7301 20 00	**– Profile**	frei	—
7302	**Oberbaumaterial für Bahnen, aus Eisen oder Stahl, wie Schienen, Leitschienen und Zahnstangen, Weichenzungen, Herzstücke, Zungenverbindungsstangen und anderes Material für Kreuzungen oder Weichen, Bahnschwellen, Laschen, Schienenstühle, Winkel, Unterlagsplatten, Klemmplatten, Spurplatten und Spurstangen und anderes für das Verlegen, Zusammenfügen oder Befestigen von Schienen besonders hergerichtetes Material:**		
7302 10	**– Schienen:**		
7302 10 10	– – Stromschienen mit einem Leiter aus Nichteisenmetall	frei	—
	– – andere:		
	– – – neu:		
	– – – – Vignolschienen:		
7302 10 22	– – – – – mit einem Gewicht je Meter von 36 kg oder mehr	frei	—
7302 10 28	– – – – – mit einem Gewicht je Meter von weniger als 36 kg	frei	—
7302 10 40	– – – – Rillenschienen	frei	—
7302 10 50	– – – – andere	frei	—
7302 10 90	– – – gebraucht	frei	—
7302 30 00	**– Weichenzungen, Herzstücke, Zungenverbindungsstangen und anderes Material für Kreuzungen oder Weichen**	2,7	—
7302 40 00	**– Laschen und Unterlagsplatten**	frei	—
7302 90 00	**– andere**	frei	—
7303 00	**Rohre und Hohlprofile, aus Gusseisen:**		
7303 00 10	– Druckrohre	3,2	—
7303 00 90	– andere	3,2	—
7304	**Rohre und Hohlprofile, nahtlos, aus Eisen (ausgenommen Gusseisen) oder Stahl:**		
	– Rohre von der für Öl- oder Gasfernleitungen verwendeten Art (line pipe):		
7304 11 00	**– – aus nicht rostendem Stahl**	frei	—
7304 19	**– – andere:**		
7304 19 10	– – – mit einem äußeren Durchmesser von 168,3 mm oder weniger	frei	—

KN-Code	Warenbezeichnung	Vertragsmäßiger Zollsatz (%)	Besondere Maßeinheit
1	2	3	4
7304 19 30	– – – mit einem äußeren Durchmesser von mehr als 168,3 mm bis 406,4 mm	frei	—
7304 19 90	– – – mit einem äußeren Durchmesser von mehr als 406,4 mm	frei	—
	– **Futterrohre, Steigrohre und Bohrgestänge von der für das Bohren oder Fördern von Öl oder Gas verwendeten Art (casing, tubing, drill pipe):**		
7304 22 00	– – **Bohrgestänge (drill pipe), aus nicht rostendem Stahl**	frei	—
7304 23 00	– – **andere Bohrgestänge (drill pipe)**	frei	—
7304 24 00	– – **andere, aus nicht rostendem Stahl**	frei	—
7304 29	– – **andere:**		
7304 29 10	– – – mit einem äußeren Durchmesser von 168,3 mm oder weniger	frei	—
7304 29 30	– – – mit einem äußeren Durchmesser von mehr als 168,3 mm bis 406,4 mm	frei	—
7304 29 90	– – – mit einem äußeren Durchmesser von mehr als 406,4 mm	frei	—
	– **andere, mit kreisförmigem Querschnitt, aus Eisen oder nicht legiertem Stahl:**		
7304 31	– – **kaltgezogen oder kaltgewalzt:**		
7304 31 20	– – – Präzisionsstahlrohre	frei	—
7304 31 80	– – – andere	frei	—
7304 39	– – **andere:**		
7304 39 10	– – – roh, gerade und von gleichmäßiger Wanddicke, ausschließlich zum Herstellen von Rohren mit anderem Querschnitt und anderer Wanddicke bestimmt	frei	—
	– – – andere:		
	– – – – Gewinderohre (glattendig oder mit Gewinde):		
7304 39 52	– – – – – verzinkt	frei	—
7304 39 58	– – – – – andere	frei	—
	– – – – andere, mit einem äußeren Durchmesser von:		
7304 39 92	– – – – – 168,3 mm oder weniger	frei	—
7304 39 93	– – – – – mehr als 168,3 mm bis 406,4 mm	frei	—
7304 39 98	– – – – – mehr als 406,4 mm	frei	—
	– **andere, mit kreisförmigem Querschnitt, aus nicht rostendem Stahl:**		
7304 41 00	– – **kaltgezogen oder kaltgewalzt**	frei	—
7304 49	– – **andere:**		
7304 49 10	– – – roh, gerade und von gleichmäßiger Wanddicke, ausschließlich zum Herstellen von Rohren mit anderem Querschnitt und anderer Wanddicke bestimmt	frei	—
	– – – andere:		
7304 49 93	– – – – mit einem äußeren Durchmesser von 168,3 mm oder weniger	frei	—
7304 49 95	– – – – mit einem äußeren Durchmesser von mehr als 168,3 mm bis 406,4 mm	frei	—
7304 49 99	– – – – mit einem äußeren Durchmesser von mehr als 406,4 mm	frei	—

KN-Code	Warenbezeichnung	Vertragsmäßiger Zollsatz (%)	Besondere Maßeinheit
1	2	3	4
	– andere, mit kreisförmigem Querschnitt, aus anderem legierten Stahl:		
7304 51	**– – kaltgezogen oder kaltgewalzt:**		
	– – – gerade und von gleichmäßiger Wanddicke, aus legiertem Stahl mit einem Gehalt an Kohlenstoff von 0,9 bis 1,15 GHT und an Chrom von 0,5 bis 2 GHT, auch mit einem Gehalt an Molybdän von 0,5 GHT oder weniger, mit einer Länge von:		
7304 51 12	– – – – 0,5 m oder weniger	frei	—
7304 51 18	– – – – mehr als 0,5 m	frei	—
	– – – andere:		
7304 51 81	– – – – Präzisionsstahlrohre	frei	—
7304 51 89	– – – – andere	frei	—
7304 59	**– – andere:**		
7304 59 10	– – – roh, gerade und von gleichmäßiger Wanddicke, ausschließlich zum Herstellen von Rohren mit anderem Querschnitt und anderer Wanddicke bestimmt	frei	—
	– – – andere, gerade und von gleichmäßiger Wanddicke, aus legiertem Stahl mit einem Gehalt an Kohlenstoff von 0,9 bis 1,15 GHT und an Chrom von 0,5 bis 2 GHT, auch mit einem Gehalt an Molybdän von 0,5 GHT oder weniger, mit einer Länge von:		
7304 59 32	– – – – 0,5 m oder weniger	frei	—
7304 59 38	– – – – mehr als 0,5 m	frei	—
	– – – andere:		
7304 59 92	– – – – mit einem äußeren Durchmesser von 168,3 mm oder weniger	frei	—
7304 59 93	– – – – mit einem äußeren Durchmesser von mehr als 168,3 mm bis 406,4 mm	frei	—
7304 59 99	– – – – mit einem äußeren Durchmesser von mehr als 406,4 mm	frei	—
7304 90 00	**– andere**	frei	—
7305	**Andere Rohre (z. B. geschweißt oder genietet) mit kreisförmigem Querschnitt und einem äußeren Durchmesser von mehr als 406,4 mm, aus Eisen oder Stahl:**		
	– Rohre von der für Öl- oder Gasfernleitungen verwendeten Art (line pipe):		
7305 11 00	**– – mit verdecktem Lichtbogen längsnahtgeschweißt**	frei	—
7305 12 00	**– – anders längsnahtgeschweißt**	frei	—
7305 19 00	**– – andere**	frei	—
7305 20 00	**– Futterrohre von der für das Fördern von Öl oder Gas verwendeten Art (casing)**	frei	—
	– andere, geschweißt:		
7305 31 00	**– – längsnahtgeschweißt**	frei	—
7305 39 00	**– – andere**	frei	—
7305 90 00	**– andere**	frei	—

KN-Code	Warenbezeichnung	Vertragsmäßiger Zollsatz (%)	Besondere Maßeinheit
1	2	3	4
7306	**Andere Rohre und Hohlprofile (z. B. geschweißt, genietet, gefalzt oder mit einfach aneinander gelegten Rändern), aus Eisen oder Stahl:**		
	– **Rohre von der für Öl- oder Gasfernleitungen verwendeten Art (line pipe):**		
7306 11	– – **geschweißt, aus nicht rostendem Stahl:**		
7306 11 10	– – – längsnahtgeschweißt	frei	—
7306 11 90	– – – spiralnahtgeschweißt	frei	—
7306 19	– – **andere:**		
7306 19 10	– – – längsnahtgeschweißt	frei	—
7306 19 90	– – – spiralnahtgeschweißt	frei	—
	– **Futterrohre und Steigrohre von der für das Fördern von Öl oder Gas verwendeten Art (casing und tubing):**		
7306 21 00	– – **geschweißt, aus nicht rostendem Stahl**	frei	—
7306 29 00	– – **andere**	frei	—
7306 30	– **andere, geschweißt, mit kreisförmigem Querschnitt, aus Eisen oder nicht legiertem Stahl:**		
	– – Präzisionsstahlrohre, mit einer Wanddicke von:		
7306 30 11	– – – 2 mm oder weniger	frei	—
7306 30 19	– – – mehr als 2 mm	frei	—
	– – andere:		
	– – – Gewinderohre (glattendig oder mit Gewinde):		
7306 30 41	– – – – verzinkt	frei	—
7306 30 49	– – – – andere	frei	—
	– – – andere, mit einem äußeren Durchmesser von:		
	– – – – 168,3 mm oder weniger:		
7306 30 72	– – – – – verzinkt	frei	—
7306 30 77	– – – – – andere	frei	—
7306 30 80	– – – – mehr als 168,3 mm bis 406,4 mm	frei	—
7306 40	– **andere, geschweißt, mit kreisförmigem Querschnitt, aus nicht rostendem Stahl:**		
7306 40 20	– – kaltgezogen oder kaltgewalzt	frei	—
7306 40 80	– – andere	frei	—
7306 50	– **andere, geschweißt, mit kreisförmigem Querschnitt, aus anderem legierten Stahl:**		
7306 50 20	– – Präzisionsstahlrohre	frei	—
7306 50 80	– – andere	frei	—
	– **andere, geschweißt, mit nicht kreisförmigem Querschnitt:**		
7306 61	– – **mit quadratischem oder rechteckigem Querschnitt:**		
7306 61 10	– – – aus nicht rostendem Stahl	frei	—
	– – – andere:		
7306 61 92	– – – – mit einer Wanddicke von 2 mm oder weniger	frei	—
7306 61 99	– – – – mit einer Wanddicke von mehr als 2 mm	frei	—

KN-Code	Warenbezeichnung	Vertragsmäßiger Zollsatz (%)	Besondere Maßeinheit
1	2	3	4
7306 69	– – **mit anderem nicht kreisförmigem Querschnitt:**		
7306 69 10	– – – aus nicht rostendem Stahl	frei	—
7306 69 90	– – – andere	frei	—
7306 90 00	– **andere**	frei	—
7307	**Rohrformstücke, Rohrverschlussstücke und Rohrverbindungsstücke (z. B. Bogen, Muffen), aus Eisen oder Stahl:**		
	– **gegossen:**		
7307 11	– – **aus nicht verformbarem Gusseisen:**		
7307 11 10	– – – von der für Druckrohre verwendeten Art	3,7	—
7307 11 90	– – – andere	3,7	—
7307 19	– – **andere:**		
7307 19 10	– – – aus verformbarem Gusseisen	3,7	—
7307 19 90	– – – andere	3,7	—
	– **andere, aus nicht rostendem Stahl:**		
7307 21 00	– – **Flansche**	3,7	—
7307 22	– – **Bogen, Winkel und Muffen, mit Gewinde:**		
7307 22 10	– – – Muffen	frei	—
7307 22 90	– – – Bogen und Winkel	3,7	—
7307 23	– – **Formstücke, Verschlussstücke und Verbindungsstücke, zum Stumpfschweißen:**		
7307 23 10	– – – Bogen und Winkel	3,7	—
7307 23 90	– – – andere	3,7	—
7307 29	– – **andere:**		
7307 29 10	– – – mit Gewinde	3,7	—
7307 29 80	– – – andere	3,7	—
	– **andere:**		
7307 91 00	– – **Flansche**	3,7	—
7307 92	– – **Bogen, Winkel und Muffen, mit Gewinde:**		
7307 92 10	– – – Muffen	frei	—
7307 92 90	– – – Bogen und Winkel	3,7	—
7307 93	– – **Formstücke, Verschlussstücke und Verbindungsstücke, zum Stumpfschweißen:**		
	– – – mit einem größten äußeren Durchmesser von 609,6 mm oder weniger:		
7307 93 11	– – – – Bogen und Winkel	3,7	—
7307 93 19	– – – – andere	3,7	—
	– – – mit einem größten äußeren Durchmesser von mehr als 609,6 mm:		
7307 93 91	– – – – Bogen und Winkel	3,7	—
7307 93 99	– – – – andere	3,7	—
7307 99	– – **andere:**		
7307 99 10	– – – mit Gewinde	3,7	—
7307 99 80	– – – andere	3,7	—

KN-Code	Warenbezeichnung	Vertragsmäßiger Zollsatz (%)	Besondere Maßeinheit
1	2	3	4
7308	**Konstruktionen und Konstruktionsteile (z. B. Brücken und Brückenelemente, Schleusentore, Türme, Gittermaste, Pfeiler, Säulen, Gerüste, Dächer, Dachstühle, Tore, Türen, Fenster, und deren Rahmen und Verkleidungen, Tor- und Türschwellen, Tür- und Fensterläden, Geländer), aus Eisen oder Stahl, ausgenommen vorgefertigte Gebäude der Position 9406; zu Konstruktionszwecken vorgearbeitete Bleche, Stäbe, Profile, Rohre und dergleichen, aus Eisen oder Stahl:**		
7308 10 00	**– Brücken und Brückenelemente**	frei	—
7308 20 00	**– Türme und Gittermaste**	frei	—
7308 30 00	**– Tore, Türen, Fenster, und deren Rahmen und Verkleidungen, Tor- und Türschwellen**	frei	p/st (1)
7308 40 00	**– Gerüst-, Schalungs- oder Stützmaterial**	frei	—
7308 90	**– andere:**		
	– – ausschließlich oder hauptsächlich aus Blech:		
7308 90 51	– – – Verbundplatten aus zwei Profilblechen und einer isolierenden Mittellage	frei	—
7308 90 59	– – – andere	frei	—
7308 90 98	– – andere	frei	—
7309 00	**Sammelbehälter, Fässer, Bottiche und ähnliche Behälter, aus Eisen oder Stahl, für Stoffe aller Art (ausgenommen verdichtete oder verflüssigte Gase), mit einem Fassungsvermögen von mehr als 300 l, ohne mechanische oder wärmetechnische Einrichtungen, auch mit Innenauskleidung oder Wärmeschutzverkleidung:**		
7309 00 10	– für gasförmige Stoffe (ausgenommen verdichtete oder verflüssigte Gase)	2,2	—
	– für flüssige Stoffe:		
7309 00 30	– – mit Innenauskleidung oder Wärmeschutzverkleidung	2,2	—
	– – andere, mit einem Fassungsvermögen von:		
7309 00 51	– – – mehr als 100 000 l	2,2	—
7309 00 59	– – – 100 000 l oder weniger	2,2	—
7309 00 90	– für feste Stoffe	2,2	—
7310	**Sammelbehälter, Fässer, Trommeln, Kannen, Dosen und ähnliche Behälter, aus Eisen oder Stahl, für Stoffe aller Art (ausgenommen verdichtete oder verflüssigte Gase), mit einem Fassungsvermögen von 300 l oder weniger, ohne mechanische oder wärmetechnische Einrichtungen, auch mit Innenauskleidung oder Wärmeschutzverkleidung:**		
7310 10 00	**– mit einem Fassungsvermögen von 50 l oder mehr**	2,7	—
	– mit einem Fassungsvermögen von weniger als 50 l:		
7310 21	**– – Dosen, die durch Schweißen, Löten oder Falzen verschlossen werden:**		
7310 21 11	– – – Dosen von der für Nahrungsmittel verwendeten Art	2,7	—
7310 21 19	– – – Dosen von der für Getränke verwendeten Art	2,7	—
	– – – andere, mit einer Wanddicke von:		
7310 21 91	– – – – weniger als 0,5 mm	2,7	—
7310 21 99	– – – – 0,5 mm oder mehr	2,7	—

(1) Ein Tor, eine Tür oder ein Fenster mit oder ohne Rahmen, Verkleidung oder Schwelle gilt als ein Stück.

KN-Code	Warenbezeichnung	Vertragsmäßiger Zollsatz (%)	Besondere Maßeinheit
1	2	3	4
7310 29	– – **andere:**		
7310 29 10	– – – mit einer Wanddicke von weniger als 0,5 mm	2,7	—
7310 29 90	– – – mit einer Wanddicke von 0,5 mm oder mehr	2,7	—
7311 00	**Behälter aus Eisen oder Stahl, für verdichtete oder verflüssigte Gase:**		
	– nahtlos:		
	– – für einen Druck von mindestens 165 bar, mit einem Fassungsvermögen von:		
7311 00 11	– – – weniger als 20 l	2,7	p/st
7311 00 13	– – – 20 l oder mehr jedoch nicht mehr als 50 l	2,7	p/st
7311 00 19	– – – mehr als 50 l	2,7	p/st
7311 00 30	– – andere	2,7	p/st
	– andere, mit einem Fassungsvermögen von:		
7311 00 91	– – weniger als 1 000 l	2,7	—
7311 00 99	– – 1 000 l oder mehr	2,7	—
7312	**Litzen, Kabel, Seile, Seilschlingen und ähnliche Waren, aus Eisen oder Stahl, ausgenommen isolierte Erzeugnisse für die Elektrotechnik:**		
7312 10	– **Litzen, Kabel und Seile:**		
7312 10 20	– – aus nicht rostendem Stahl	frei	—
	– – andere, mit einer größten Querschnittsabmessung von:		
	– – – 3 mm oder weniger:		
7312 10 41	– – – – mit Kupfer-Zink-Legierungen (Messing) überzogen	frei	—
7312 10 49	– – – – andere	frei	—
	– – – mehr als 3 mm:		
	– – – – Litzen:		
7312 10 61	– – – – – nicht überzogen	frei	—
	– – – – – überzogen:		
7312 10 65	– – – – – – verzinkt	frei	—
7312 10 69	– – – – – – andere	frei	—
	– – – – Kabel und Seile (einschließlich verschlossene Seile):		
	– – – – – nicht überzogen oder nur verzinkt, mit einer größten Querschnittsabmessung von:		
7312 10 81	– – – – – – mehr als 3 mm bis 12 mm	frei	—
7312 10 83	– – – – – – mehr als 12 mm bis 24 mm	frei	—
7312 10 85	– – – – – – mehr als 24 mm bis 48 mm	frei	—
7312 10 89	– – – – – – mehr als 48 mm	frei	—
7312 10 98	– – – – – andere	frei	—
7312 90 00	– **andere**	frei	—
7313 00 00	**Stacheldraht aus Eisen oder Stahl; verwundene Drähte oder Bänder, auch mit Stacheln, von der für Einzäunungen verwendeten Art, aus Eisen oder Stahl**	frei	—
7314	**Gewebe (einschließlich endlose Gewebe), Gitter und Geflechte, aus Eisen- oder Stahldraht; Streckbleche und -bänder, aus Eisen oder Stahl:**		
	– **Gewebe:**		
7314 12 00	– – **endlose Gewebe für Maschinen, aus nicht rostendem Stahl**	frei	—
7314 14 00	– – **andere, aus nicht rostendem Stahl**	frei	—

KN-Code	Warenbezeichnung	Vertragsmäßiger Zollsatz (%)	Besondere Maßeinheit
1	2	3	4
7314 19 00	– – andere	frei	—
7314 20	– Gitter und Geflechte, an den Kreuzungsstellen verschweißt, mit einer Maschengröße von 100 cm^2 oder mehr, aus Draht mit einer größten Querschnittsabmessung von 3 mm oder mehr:		
7314 20 10	– – aus geripptem Draht	frei	—
7314 20 90	– – andere	frei	—
	– andere Gitter und Geflechte, an den Kreuzungsstellen verschweißt:		
7314 31 00	– – verzinkt	frei	—
7314 39 00	– – andere	frei	—
	– andere Gitter und Geflechte:		
7314 41 00	– – verzinkt	frei	—
7314 42 00	– – mit Kunststoff überzogen	frei	—
7314 49 00	– – andere	frei	—
7314 50 00	– Streckbleche und -bänder	frei	—
7315	Ketten und Teile davon, aus Eisen oder Stahl:		
	– Gelenkketten und Teile davon:		
7315 11	– – Rollenketten:		
7315 11 10	– – – von der für Fahrräder, Mopeds und Krafträder verwendeten Art	2,7	—
7315 11 90	– – – andere	2,7	—
7315 12 00	– – andere Gelenkketten	2,7	—
7315 19 00	– – Teile	2,7	—
7315 20 00	– Gleitschutzketten	2,7	—
	– andere Ketten:		
7315 81 00	– – Stegketten	2,7	—
7315 82 00	– – andere Ketten, mit geschweißten Gliedern	2,7	—
7315 89 00	– – andere	2,7	—
7315 90 00	– andere Teile	2,7	—
7316 00 00	Schiffsanker, Draggen, und Teile davon, aus Eisen oder Stahl	2,7	—
7317 00	Stifte, Nägel, Reißnägel, Krampen, gewellte oder abgeschrägte Klammern (ausgenommen Klammern der Position 8305) und ähnliche Waren, aus Eisen oder Stahl, auch mit Kopf aus anderen Stoffen, ausgenommen mit Kopf aus Kupfer:		
	– aus Draht:		
7317 00 20	– – Nägel, zusammenhängend in Streifen oder Rollen	frei	—
7317 00 60	– – andere	frei	—
7317 00 80	– andere	frei	—
7318	Schrauben, Bolzen, Muttern, Schwellenschrauben, Schraubhaken, Niete, Splinte, Keile, Unterlegscheiben (einschließlich Federringe und -scheiben) und ähnliche Waren, aus Eisen oder Stahl:		
	– Waren mit Gewinde:		
7318 11 00	– – Schwellenschrauben	3,7	—
7318 12	– – andere Holzschrauben:		
7318 12 10	– – – aus nicht rostendem Stahl	3,7	—
7318 12 90	– – – andere	3,7	—

KN-Code	Warenbezeichnung	Vertragsmäßiger Zollsatz (%)	Besondere Maßeinheit
1	2	3	4
7318 13 00	– – **Schraubhaken, Ring- und Ösenschrauben**	3,7	—
7318 14	– – **gewindeformende Schrauben:**		
7318 14 10	– – – aus nicht rostendem Stahl	3,7	—
	– – – andere:		
7318 14 91	– – – – Blechschrauben	3,7	—
7318 14 99	– – – – andere	3,7	—
7318 15	– – **andere Schrauben und Bolzen, auch mit dazugehörenden Muttern oder Unterlegscheiben:**		
7318 15 10	– – – aus vollem Material gedreht, mit einer Stiftdicke von 6 mm oder weniger	3,7	—
	– – – andere:		
7318 15 20	– – – – zum Befestigen von Oberbaumaterial für Bahnen	3,7	—
	– – – – andere:		
	– – – – – ohne Kopf:		
7318 15 30	– – – – – – aus nicht rostendem Stahl	3,7	—
	– – – – – – andere, mit einer Zugfestigkeit von:		
7318 15 41	– – – – – – – weniger als 800 MPa	3,7	—
7318 15 49	– – – – – – – 800 MPa oder mehr	3,7	—
	– – – – – mit Kopf:		
	– – – – – – mit Schlitz oder Kreuzschlitz:		
7318 15 51	– – – – – – – aus nicht rostendem Stahl	3,7	—
7318 15 59	– – – – – – – andere	3,7	—
	– – – – – – mit Innensechskant:		
7318 15 61	– – – – – – – aus nicht rostendem Stahl	3,7	—
7318 15 69	– – – – – – – andere	3,7	—
	– – – – – – mit Außensechskant:		
7318 15 70	– – – – – – – aus nicht rostendem Stahl	3,7	—
	– – – – – – – andere, mit einer Zugfestigkeit von:		
7318 15 81	– – – – – – – – weniger als 800 MPa	3,7	—
7318 15 89	– – – – – – – – 800 MPa oder mehr	3,7	—
7318 15 90	– – – – – – andere	3,7	—
7318 16	– – **Muttern:**		
7318 16 10	– – – aus vollem Material gedreht, mit einer Lochweite von 6 mm oder weniger	3,7	—
	– – – andere:		
7318 16 30	– – – – aus nicht rostendem Stahl	3,7	—
	– – – – andere:		
7318 16 50	– – – – – Sicherungsmuttern	3,7	—

KN-Code	Warenbezeichnung	Vertragsmäßiger Zollsatz (%)	Besondere Maßeinheit
1	2	3	4
	– – – – – andere, mit einer Lochweite von:		
7318 16 91	– – – – – – 12 mm oder weniger	3,7	—
7318 16 99	– – – – – – mehr als 12 mm	3,7	—
7318 19 00	**– – andere**	3,7	—
	– Waren ohne Gewinde:		
7318 21 00	**– – Federringe und -scheiben und andere Sicherungsringe und -scheiben**	3,7	—
7318 22 00	**– – andere Unterlegscheiben**	3,7	—
7318 23 00	**– – Niete**	3,7	—
7318 24 00	**– – Splinte und Keile**	3,7	—
7318 29 00	**– – andere**	3,7	—
7319	**Nähnadeln, Stricknadeln, Schnürnadeln, Häkelnadeln, Stichel zum Sticken und ähnliche Waren, zum Handgebrauch, aus Eisen oder Stahl; Sicherheitsnadeln, Stecknadeln und ähnliche Nadeln, aus Eisen oder Stahl, anderweit weder genannt noch inbegriffen:**		
7319 40 00	**– Sicherheitsnadeln, Stecknadeln und ähnliche Nadeln**	2,7	—
7319 90	**– andere:**		
7319 90 10	– – Nähnadeln, Stopfnadeln oder Sticknadeln	2,7	—
7319 90 90	– – andere	2,7	—
7320	**Federn und Federblätter, aus Eisen oder Stahl:**		
7320 10	**– Blattfedern und Federblätter dafür:**		
	– – warmgeformt:		
7320 10 11	– – – Parabelfedern und Federblätter dafür	2,7	—
7320 10 19	– – – andere	2,7	—
7320 10 90	– – andere	2,7	—
7320 20	**– schraubenlinienförmige Federn:**		
7320 20 20	– – warmgeformt	2,7	—
	– – andere:		
7320 20 81	– – – Druckfedern (ausgenommen Kegelstumpffedern)	2,7	—
7320 20 85	– – – Zugfedern	2,7	—
7320 20 89	– – – andere	2,7	—
7320 90	**– andere:**		
7320 90 10	– – Spiralflachfedern	2,7	—
7320 90 30	– – Tellerfedern	2,7	—
7320 90 90	– – andere	2,7	—
7321	**Raumheizöfen, Kesselöfen, Küchenherde (auch zusätzlich für Zentralheizung verwendbar), Grillgeräte, Kohlenbecken, Gaskocher, Tellerwärmer und ähnliche nicht elektrische Haushaltsgeräte, und Teile davon, aus Eisen oder Stahl:**		
	– Back-, Brat-, Grill-, Koch- und Warmhaltevorrichtungen sowie Tellerwärmer:		
7321 11	**– – für Feuerung mit gasförmigen Brennstoffen oder mit Gas und anderen Brennstoffen:**		
7321 11 10	– – – mit Backofen, einschließlich Einbau-Backöfen	2,7	p/st
7321 11 90	– – – andere	2,7	p/st
7321 12 00	**– – für Feuerung mit flüssigen Brennstoffen**	2,7	p/st

KN-Code	Warenbezeichnung	Vertragsmäßiger Zollsatz (%)	Besondere Maßeinheit
1	2	3	4
7321 19 00	– – andere, einschließlich Geräte für Festbrennstoffe	2,7	p/st
	– andere Geräte:		
7321 81 00	– – für Feuerung mit gasförmigen Brennstoffen oder mit Gas und anderen Brennstoffen	2,7	p/st
7321 82 00	– – für Feuerung mit flüssigen Brennstoffen	2,7	p/st
7321 89 00	– – andere, einschließlich Geräte für Festbrennstoffe	2,7	p/st
7321 90 00	– Teile	2,7	—
7322	**Heizkörper für Zentralheizungen, nicht elektrisch beheizt, und Teile davon, aus Eisen oder Stahl; Heißlufterzeuger und -verteiler (einschließlich der Verteiler, die auch frische oder klimatisierte Luft verteilen können), nicht elektrisch beheizt, mit motorbetriebenem Ventilator oder Gebläse, und Teile davon, aus Eisen oder Stahl:**		
	– Heizkörper und Teile davon:		
7322 11 00	– – aus Gusseisen	3,2	—
7322 19 00	– – andere	3,2	—
7322 90 00	– andere	3,2	—
7323	**Haushaltsartikel, Hauswirtschaftsartikel, und Teile davon, aus Eisen oder Stahl; Eisen- oder Stahlwolle; Schwämme, Putzlappen, Handschuhe und ähnliche Waren, zum Scheuern, Polieren oder dergleichen, aus Eisen oder Stahl:**		
7323 10 00	– Eisen- oder Stahlwolle; Schwämme, Putzlappen, Handschuhe und ähnliche Waren, zum Scheuern, Polieren oder dergleichen	3,2	—
	– andere:		
7323 91 00	– – aus Gusseisen, nicht emailliert	3,2	—
7323 92 00	– – aus Gusseisen, emailliert	3,2	—
7323 93 00	– – aus nicht rostendem Stahl	3,2	—
7323 94 00	– – aus Eisen (ausgenommen Gusseisen) oder Stahl, emailliert	3,2	—
7323 99 00	– – andere	3,2	—
7324	**Sanitär-, Hygiene- oder Toilettenartikel, und Teile davon, aus Eisen oder Stahl:**		
7324 10 00	– Abwasch- und Waschbecken, aus nicht rostendem Stahl	2,7	—
	– Badewannen:		
7324 21 00	– – aus Gusseisen, auch emailliert	3,2	p/st
7324 29 00	– – andere	3,2	p/st
7324 90 00	– andere, einschließlich Teile	3,2	—
7325	**Andere Waren aus Eisen oder Stahl, gegossen:**		
★ 7325 10 00	– aus nicht verformbarem Gusseisen	1,7	—
	– andere:		
7325 91 00	– – Mahlkugeln und ähnliche Mahlkörper	2,7	—
7325 99	– – andere:		
7325 99 10	– – – aus verformbarem Gusseisen	2,7	—
7325 99 90	– – – andere	2,7	—
7326	**Andere Waren aus Eisen oder Stahl:**		
	– geschmiedet, jedoch nicht weiter bearbeitet:		

KN-Code	Warenbezeichnung	Vertragsmäßiger Zollsatz (%)	Besondere Maßeinheit
1	2	3	4
7326 11 00	– – **Mahlkugeln und ähnliche Mahlkörper**	2,7	—
7326 19	– – **andere:**		
7326 19 10	– – – freiformgeschmiedet	2,7	—
7326 19 90	– – – andere	2,7	—
7326 20 00	– **Waren aus Eisen- oder Stahldraht**	2,7	—
7326 90	– **andere:**		
7326 90 30	– – Leitern und Trittschemel	2,7	—
7326 90 40	– – Paletten und ähnliche stapelfähige Transportmittel	2,7	—
7326 90 50	– – Rollen und Trommeln für Kabel, Schläuche und dergleichen	2,7	—
7326 90 60	– – nicht mechanische Dachentlüfter, Dachrinnen, Haken und andere Bauartikel	2,7	—
	– – andere Waren aus Eisen oder Stahl:		
7326 90 92	– – – freiformgeschmiedet	2,7	—
7326 90 94	– – – gesenkgeschmiedet	2,7	—
7326 90 96	– – – gesintert	2,7	—
7326 90 98	– – – andere	2,7	—

KAPITEL 74

KUPFER UND WAREN DARAUS

Anmerkung

1. Im Sinne des Kapitels 74 gelten als:

a) raffiniertes Kupfer:

Metall mit einem Kupfergehalt von 99,85 GHT oder mehr oder

Metall mit einem Kupfergehalt von 97,5 GHT oder mehr, sofern der Gehalt an jedem anderen Element die in der nachstehenden Tabelle angegebenen Höchstgrenzen nicht überschreitet:

Andere Elemente

Element		Höchstgrenze in GHT
Ag	Silber	0,25
As	Arsen	0,5
Cd	Cadmium	1,3
Cr	Chrom	1,4
Mg	Magnesium	0,8
Pb	Blei	1,5
S	Schwefel	0,7
Sn	Zinn	0,8
Te	Tellur	0,8
Zn	Zink	1
Zr	Zirconium	0,3
Andere Elemente [1], je		0,3

[1] Andere Elemente, z. B. Al, Be, Co, Fe, Mn, Ni, Si.

b) Kupferlegierungen:

metallische Stoffe, ausgenommen nicht raffiniertes Kupfer, in denen Kupfer gegenüber jedem der anderen Elemente gewichtsmäßig vorherrscht, sofern

1) der Gehalt an mindestens einem dieser anderen Elemente die in der vorstehenden Tabelle angegebene Höchstgrenze überschreitet oder

2) der Gesamtgehalt an diesen anderen Elementen mehr als 2,5 GHT beträgt.

c) Kupfervorlegierungen:

Legierungen, die neben anderen Elementen mehr als 10 GHT Kupfer enthalten, gewöhnlich nicht plastisch verformbar sind und üblicherweise als Zusatzstoffe bei der Herstellung anderer Legierungen oder als Desoxidations- oder Entschwefelungsmittel oder zu ähnlichen Zwecken in der Metallurgie der Nichteisenmetalle verwendet werden. Jedoch gehören Verbindungen von Phosphor und Kupfer (Kupferphosphide), die mehr als 15 GHT Phosphor enthalten, zu Position 2848.

d) Stangen (Stäbe):

gewalzte, stranggepresste, gezogene oder geschmiedete massive Erzeugnisse, nicht in Rollen, mit über die gesamte Länge gleich bleibendem Querschnitt in Form eines Kreises, Ovals, Quadrats, Rechtecks, gleichseitigen Dreiecks oder regelmäßig konvexen Vielecks (einschließlich „abgeflachte Kreise" und „modifizierte Rechtecke", bei denen zwei gegenüberliegende Seiten die Form von konvexen Bogen aufweisen, während die beiden anderen Seiten gerade, von gleicher Länge und parallel sind). Erzeugnisse mit quadratischem, rechteckigem, dreieckigem oder vieleckigem Querschnitt können über die gesamte Länge auch abgerundete Kanten aufweisen. Die Dicke der Erzeugnisse mit rechteckigem Querschnitt (einschließlich der Erzeugnisse mit „modifiziert rechteckigem" Querschnitt) muss mehr als 1/10 der Breite betragen. Als Stangen (Stäbe) gelten auch gegossene oder gesinterte Erzeugnisse mit den gleichen Formen und Abmessungen, die nach der Herstellung eine über grobes Abgraten oder Entzundern hinausgehende Bearbeitung erfahren haben, wenn sie durch diese Bearbeitung nicht den Charakter von Waren erhalten haben, die von anderen Positionen erfasst werden.

Drahtbarren und Knüppel gelten jedoch als Kupfer in Rohform der Position 7403, wenn sie an ihren Enden zugespitzt oder anders bearbeitet worden sind, um lediglich das Einführen in Maschinen zu erleichtern, in denen sie z. B. zu Walzdraht oder Rohren umgeformt werden.

e) Profile:

gewalzte, stranggepresste, gezogene, geschmiedete oder geformte Erzeugnisse, auch in Rollen, mit über die gesamte Länge gleich bleibendem Querschnitt, die keiner der Begriffsbestimmungen für Stangen (Stäbe), Draht, Bleche, Bänder, Folien oder Rohre entsprechen. Als Profile gelten auch gegossene oder gesinterte Erzeugnisse mit den gleichen Formen, die nach der Herstellung eine über grobes Abgraten oder Entzundern hinausgehende Bearbeitung erfahren haben, wenn sie durch diese Bearbeitung nicht den Charakter von Waren erhalten haben, die von anderen Positionen erfasst werden.

f) Draht:

gewalzte, stranggepresste oder gezogene massive Erzeugnisse, in Ringen oder Rollen, mit über die gesamte Länge gleich bleibendem Querschnitt in Form eines Kreises, Ovals, Quadrats, Rechtecks, gleichseitigen Dreiecks oder regelmäßig konvexen Vielecks (einschließlich „abgeflachte Kreise" und „modifizierte Rechtecke", bei denen zwei gegenüberliegende Seiten die Form von konvexen Bogen aufweisen, während die beiden anderen Seiten gerade, von gleicher Länge und parallel sind). Erzeugnisse mit quadratischem, rechteckigem, dreieckigem oder vieleckigem Querschnitt können über die gesamte Länge auch abgerundete Kanten aufweisen. Die Dicke der Erzeugnisse mit rechteckigem Querschnitt (einschließlich der Erzeugnisse mit „modifiziert rechteckigem" Querschnitt) muss mehr als 1/10 der Breite betragen.

g) Bleche, Bänder und Folien:

massive Flacherzeugnisse (ausgenommen Erzeugnisse in Rohform der Position 7403), auch in Rollen, mit rechteckigem Querschnitt, auch mit abgerundeten Kanten (einschließlich „modifizierte Rechtecke", bei denen zwei gegenüberliegende Seiten die Form von konvexen Bogen aufweisen, während die beiden anderen Seiten gerade, von gleicher Länge und parallel sind), mit gleich bleibender Dicke,

— in quadratischer oder rechteckiger Form, deren Dicke 1/10 der Breite oder weniger beträgt,

— in anderer als quadratischer oder rechteckiger Form mit beliebigen Abmessungen, wenn sie nicht den Charakter von Waren haben, die von anderen Positionen erfasst werden.

Zu den Positionen 7409 und 7410 gehören insbesondere auch Bleche, Bänder und Folien mit Mustern (z. B. Rillen, Riffeln, Waffeln, Tränen, Warzen, Rauten) und gelochte, gewellte, polierte oder überzogene Erzeugnisse, sofern sie durch diese Bearbeitungen nicht den Charakter von Waren erhalten haben, die von anderen Positionen erfasst werden.

h) Rohre:

Hohlerzeugnisse, auch in Rollen, mit über die gesamte Länge gleich bleibendem, nur einen einzigen geschlossenen Hohlraum aufweisenden Querschnitt in Form eines Kreises, Ovals, Quadrats, Rechtecks, gleichseitigen Dreiecks oder regelmäßig konvexen Vielecks und mit gleichmäßiger Wanddicke. Als Rohre gelten auch Erzeugnisse mit Querschnitten in Form eines Quadrats, Rechtecks, gleichseitigen Dreiecks oder regelmäßig konvexen Vielecks, die über die gesamte Länge abgerundete Kanten aufweisen, sofern der innere und der äußere Querschnitt die gleiche Form, die gleiche Richtung und den gleichen Mittelpunkt haben. Rohre mit den vorstehend genannten Querschnitten können poliert, überzogen, gebogen, mit Gewinde versehen, gelocht, eingezogen, ausgeweitet, konisch oder mit Flanschen, Schellen oder Ringen versehen sein.

Unterpositions-Anmerkung

1. Im Sinne des Kapitels 74 gelten als:

   a) Kupfer-Zink-Legierungen (Messing):

   Legierungen aus Kupfer und Zink, auch mit anderen Elementen. Sind andere Elemente vorhanden,

   — muss Zink gegenüber jedem dieser anderen Elemente gewichtsmäßig vorherrschen;

   — muss ein etwaiger Nickelgehalt weniger als 5 GHT betragen (siehe Kupfer-Nickel-Zink-Legierungen (Neusilber));

   — muss ein etwaiger Zinngehalt weniger als 3 GHT betragen (siehe Kupfer-Zinn-Legierungen (Bronze)).

   b) Kupfer-Zinn-Legierungen (Bronze):

   Legierungen aus Kupfer und Zinn, auch mit anderen Elementen. Sind andere Elemente vorhanden, muss Zinn gegenüber jedem dieser anderen Elemente gewichtsmäßig vorherrschen. Beträgt der Zinngehalt jedoch 3 GHT oder mehr, darf der Zinkgehalt gegenüber dem Zinngehalt vorherrschen, sofern er weniger als 10 GHT beträgt.

   c) Kupfer-Nickel-Zink-Legierungen (Neusilber):

   Legierungen aus Kupfer, Nickel und Zink, auch mit anderen Elementen. Der Nickelgehalt muss 5 GHT oder mehr betragen (siehe Kupfer-Zink-Legierungen (Messing)).

   d) Kupfer-Nickel-Legierungen (Kupfernickel):

   Legierungen aus Kupfer und Nickel, auch mit anderen Elementen, jedoch nur 1 GHT oder weniger Zink enthaltend. Sind andere Elemente vorhanden, muss Nickel gegenüber jedem dieser anderen Elemente gewichtsmäßig vorherrschen.

KN-Code	Warenbezeichnung	Vertragsmäßiger Zollsatz (%)	Besondere Maßeinheit
1	2	3	4
7401 00 00	**Kupfermatte; Zementkupfer (gefälltes Kupfer)**	frei	—
7402 00 00	**Nicht raffiniertes Kupfer; Kupferanoden zum elektrolytischen Raffinieren**	frei	—
7403	**Raffiniertes Kupfer und Kupferlegierungen, in Rohform:**		
	– raffiniertes Kupfer:		
7403 11 00	**– – Kathoden und Kathodenabschnitte**	frei	—
7403 12 00	**– – Drahtbarren**	frei	—
7403 13 00	**– – Knüppel**	frei	—
7403 19 00	**– – anderes**	frei	—
	– Kupferlegierungen:		
7403 21 00	**– – Kupfer-Zink-Legierungen (Messing)**	frei	—
7403 22 00	**– – Kupfer-Zinn-Legierungen (Bronze)**	frei	—
7403 29 00	**– – andere Kupferlegierungen (ausgenommen Kupfervorlegierungen der Position 7405)**	frei	—
7404 00	**Abfälle und Schrott, aus Kupfer:**		
7404 00 10	– aus raffiniertem Kupfer	frei	—
	– aus Kupferlegierungen:		
7404 00 91	– – aus Kupfer-Zink-Legierungen (Messing)	frei	—
7404 00 99	– – andere	frei	—

KN-Code	Warenbezeichnung	Vertragsmäßiger Zollsatz (%)	Besondere Maßeinheit
1	2	3	4
7405 00 00	**Kupfervorlegierungen**	frei	—
7406	**Pulver und Flitter, aus Kupfer:**		
7406 10 00	**– Pulver ohne Lamellenstruktur**	frei	—
7406 20 00	**– Pulver mit Lamellenstruktur; Flitter**	frei	—
7407	**Stangen (Stäbe) und Profile, aus Kupfer:**		
7407 10 00	**– aus raffiniertem Kupfer**	4,8	—
	– aus Kupferlegierungen:		
7407 21	**– – aus Kupfer-Zink-Legierungen (Messing):**		
7407 21 10	– – – Stangen (Stäbe)	4,8	—
7407 21 90	– – – Profile	4,8	—
7407 29 00	**– – andere**	4,8	—
7408	**Draht aus Kupfer:**		
	– aus raffiniertem Kupfer:		
7408 11 00	**– – mit einer größten Querschnittsabmessung von mehr als 6 mm**	4,8	—
7408 19	**– – anderer:**		
7408 19 10	– – – mit einer größten Querschnittsabmessung von mehr als 0,5 mm	4,8	—
7408 19 90	– – – mit einer größten Querschnittsabmessung von 0,5 mm oder weniger	4,8	—
	– aus Kupferlegierungen:		
7408 21 00	**– – aus Kupfer-Zink-Legierungen (Messing)**	4,8	—
7408 22 00	**– – aus Kupfer-Nickel-Legierungen (Kupfernickel) oder Kupfer-Nickel-Zink-Legierungen (Neusilber)**	4,8	—
7408 29 00	**– – anderer**	4,8	—
7409	**Bleche und Bänder, aus Kupfer, mit einer Dicke von mehr als 0,15 mm:**		
	– aus raffiniertem Kupfer:		
7409 11 00	**– – in Rollen**	4,8	—
7409 19 00	**– – andere**	4,8	—
	– aus Kupfer-Zink-Legierungen (Messing):		
7409 21 00	**– – in Rollen**	4,8	—
7409 29 00	**– – andere**	4,8	—
	– aus Kupfer-Zinn-Legierungen (Bronze):		
7409 31 00	**– – in Rollen**	4,8	—
7409 39 00	**– – andere**	4,8	—
7409 40 00	**– aus Kupfer-Nickel-Legierungen (Kupfernickel) oder Kupfer-Nickel-Zink-Legierungen (Neusilber)**	4,8	—
7409 90 00	**– aus anderen Kupferlegierungen**	4,8	—
7410	**Folien und dünne Bänder, aus Kupfer (auch bedruckt oder auf Papier, Pappe, Kunststoff oder ähnlichen Unterlagen), mit einer Dicke (ohne Unterlage) von 0,15 mm oder weniger:**		
	– ohne Unterlage:		
7410 11 00	**– – aus raffiniertem Kupfer**	5,2	—
7410 12 00	**– – aus Kupferlegierungen**	5,2	—

KN-Code	Warenbezeichnung	Vertragsmäßiger Zollsatz (%)	Besondere Maßeinheit
1	2	3	4
	– auf Unterlage:		
7410 21 00	– – aus raffiniertem Kupfer	5,2	—
7410 22 00	– – aus Kupferlegierungen	5,2	—
7411	**Rohre aus Kupfer:**		
7411 10	– aus raffiniertem Kupfer:		
7411 10 10	– – gerade	4,8	—
7411 10 90	– – andere	4,8	—
	– aus Kupferlegierungen:		
7411 21	– – aus Kupfer-Zink-Legierungen (Messing):		
7411 21 10	– – – gerade	4,8	—
7411 21 90	– – – andere	4,8	—
7411 22 00	– – aus Kupfer-Nickel-Legierungen (Kupfernickel) oder Kupfer-Nickel-Zink-Legierungen (Neusilber)	4,8	—
7411 29 00	– – andere	4,8	—
7412	**Rohrformstücke, Rohrverschlussstücke und Rohrverbindungsstücke (z. B. Bogen, Muffen), aus Kupfer:**		
7412 10 00	– aus raffiniertem Kupfer	5,2	—
7412 20 00	– aus Kupferlegierungen	5,2	—
7413 00 00	**Litzen, Kabel, Seile und ähnliche Waren, aus Kupfer, ausgenommen isolierte Erzeugnisse für die Elektrotechnik**	5,2	—
[7414]			
7415	**Stifte, Nägel, Reißnägel, Krampen, Klammern (ausgenommen Klammern der Position 8305) und ähnliche Waren, aus Kupfer oder mit Schaft aus Eisen oder Stahl und Kupferkopf; Schrauben, Bolzen, Muttern, Schraubhaken, Niete, Splinte, Keile, Unterlegscheiben (einschließlich Federringe und -scheiben) und ähnliche Waren, aus Kupfer:**		
7415 10 00	– Stifte und Nägel, Reißnägel, Krampen, Klammern und ähnliche Waren	4	—
	– andere Waren, ohne Gewinde:		
7415 21 00	– – Unterlegscheiben (einschließlich Federringe und -scheiben)	3	—
7415 29 00	– – andere	3	—
	– andere Waren, mit Gewinde:		
7415 33 00	– – Schrauben; Bolzen und Muttern	3	—
7415 39 00	– – andere	3	—
[7416]			
[7417]			
7418	**Haushaltsartikel, Hauswirtschaftsartikel, Sanitär-, Hygiene- oder Toilettenartikel, und Teile davon, aus Kupfer; Schwämme, Putzlappen, Handschuhe und ähnliche Waren, zum Scheuern, Polieren oder dergleichen, aus Kupfer:**		
7418 10	– Haushaltsartikel, Hauswirtschaftsartikel, und Teile davon; Schwämme, Putzlappen, Handschuhe und ähnliche Waren, zum Scheuern, Polieren oder dergleichen:		
7418 10 10	– – nicht elektrische Koch- und Heizgeräte von der im Haushalt verwendeten Art und Teile davon	4	—

KN-Code	Warenbezeichnung	Vertragsmäßiger Zollsatz (%)	Besondere Maßeinheit
1	2	3	4
7418 10 90	– – andere	3	—
7418 20 00	**– Sanitär-, Hygiene- oder Toilettenartikel, und Teile davon**	3	—
7419	**Andere Waren aus Kupfer:**		
7419 10 00	**– Ketten und Teile davon**	3	—
	– andere:		
7419 91 00	**– – gegossen oder geschmiedet, jedoch nicht weiter bearbeitet**	3	—
7419 99	**– – andere:**		
7419 99 10	– – – Gewebe (einschließlich endlose Gewebe), Gitter und Geflechte, aus Kupferdraht mit einem größten Durchmesser von 6 mm oder weniger; Streckbleche und -bänder	4,3	—
7419 99 30	– – – Federn	4	—
7419 99 90	– – – andere	3	—

KAPITEL 75

NICKEL UND WAREN DARAUS

Anmerkung

1. Im Sinne des Kapitels 75 gelten als:

a) Stangen (Stäbe):

gewalzte, stranggepresste, gezogene oder geschmiedete massive Erzeugnisse, nicht in Rollen, mit über die gesamte Länge gleich bleibendem Querschnitt in Form eines Kreises, Ovals, Quadrats, Rechtecks, gleichseitigen Dreiecks oder regelmäßig konvexen Vielecks (einschließlich „abgeflachte Kreise" und „modifizierte Rechtecke", bei denen zwei gegenüberliegende Seiten die Form von konvexen Bogen aufweisen, während die beiden anderen Seiten gerade, von gleicher Länge und parallel sind). Erzeugnisse mit quadratischem, rechteckigem, dreieckigem oder vieleckigem Querschnitt können über die gesamte Länge auch abgerundete Kanten aufweisen. Die Dicke der Erzeugnisse mit rechteckigem Querschnitt (einschließlich der Erzeugnisse mit „modifiziert rechteckigem" Querschnitt) muss mehr als 1/10 der Breite betragen. Als Stangen (Stäbe) gelten auch gegossene oder gesinterte Erzeugnisse mit den gleichen Formen und Abmessungen, die nach der Herstellung eine über grobes Abgraten oder Entzundern hinausgehende Bearbeitung erfahren haben, wenn sie durch diese Bearbeitung nicht den Charakter von Waren erhalten haben, die von anderen Positionen erfasst werden.

b) Profile:

gewalzte, stranggepresste, gezogene, geschmiedete oder geformte Erzeugnisse, auch in Rollen, mit über die gesamte Länge gleich bleibendem Querschnitt, die keiner der Begriffsbestimmungen für Stangen (Stäbe), Draht, Bleche, Bänder, Folien oder Rohre entsprechen. Als Profile gelten auch gegossene oder gesinterte Erzeugnisse mit den gleichen Formen, die nach der Herstellung eine über grobes Abgraten oder Entzundern hinausgehende Bearbeitung erfahren haben, wenn sie durch diese Bearbeitung nicht den Charakter von Waren erhalten haben, die von anderen Positionen erfasst werden.

c) Draht:

gewalzte, stranggepresste oder gezogene massive Erzeugnisse, in Ringen oder Rollen, mit über die gesamte Länge gleich bleibendem Querschnitt in Form eines Kreises, Ovals, Quadrats, Rechtecks, gleichseitigen Dreiecks oder regelmäßig konvexen Vielecks (einschließlich „abgeflachte Kreise" und „modifizierte Rechtecke", bei denen zwei gegenüberliegende Seiten die Form von konvexen Bogen aufweisen, während die beiden anderen Seiten gerade, von gleicher Länge und parallel sind). Erzeugnisse mit quadratischem, rechteckigem, dreieckigem oder vieleckigem Querschnitt können über die gesamte Länge auch abgerundete Kanten aufweisen. Die Dicke der Erzeugnisse mit rechteckigem Querschnitt (einschließlich der Erzeugnisse mit „modifiziert rechteckigem" Querschnitt) muss mehr als 1/10 der Breite betragen.

d) Bleche, Bänder und Folien:

massive Flacherzeugnisse (ausgenommen Erzeugnisse in Rohform der Position 7502), auch in Rollen, mit rechteckigem Querschnitt, auch mit abgerundeten Kanten (einschließlich „modifizierte Rechtecke", bei denen zwei gegenüberliegende Seiten die Form von konvexen Bogen aufweisen, während die beiden anderen Seiten gerade, von gleicher Länge und parallel sind), mit gleich bleibender Dicke,

— in quadratischer oder rechteckiger Form, deren Dicke 1/10 der Breite oder weniger beträgt,

— in anderer als quadratischer oder rechteckiger Form mit beliebigen Abmessungen, wenn sie nicht den Charakter von Waren haben, die von anderen Positionen erfasst werden.

Zu Position 7506 gehören insbesondere auch Bleche, Bänder und Folien mit Mustern (z. B. Rillen, Riffeln, Waffeln, Tränen, Warzen, Rauten) und gelochte, gewellte, polierte oder überzogene Erzeugnisse, sofern sie durch diese Bearbeitungen nicht den Charakter von Waren erhalten haben, die von anderen Positionen erfasst werden.

e) Rohre:

Hohlerzeugnisse, auch in Rollen, mit über die gesamte Länge gleich bleibendem, nur einen einzigen geschlossenen Hohlraum aufweisenden Querschnitt in Form eines Kreises, Ovals, Quadrats, Rechtecks, gleichseitigen Dreiecks oder regelmäßig konvexen Vielecks und mit gleichmäßiger Wanddicke. Als Rohre gelten auch Erzeugnisse mit Querschnitten in Form eines Quadrats, Rechtecks, gleichseitigen Dreiecks oder regelmäßig konvexen Vielecks, die über die gesamte Länge abgerundete Kanten aufweisen, sofern der innere und der äußere Querschnitt die gleiche Form, die gleiche Richtung und den gleichen Mittelpunkt haben. Rohre mit den vorstehend genannten Querschnitten können poliert, überzogen, gebogen, mit Gewinde versehen, gelocht, eingezogen, ausgeweitet, konisch oder mit Flanschen, Schellen oder Ringen versehen sein.

Unterpositions-Anmerkungen

1. Im Sinne des Kapitels 75 gelten als:

   a) nicht legiertes Nickel:

   Metall mit einem Nickel- und Cobaltgehalt von insgesamt 99 GHT oder mehr, sofern

   1) der Cobaltgehalt 1,5 GHT oder weniger beträgt und

   2) der Gehalt an jedem der anderen Elemente die in der nachstehenden Tabelle angegebenen Höchstgrenzen nicht überschreitet:

Andere Elemente

Element		Höchstgrenze in GHT
Fe	Eisen	0,5
O	Sauerstoff	0,4
Andere Elemente, je		0,3

   b) Nickellegierungen:

   metallische Stoffe, in denen Nickel gegenüber jedem der anderen Elemente gewichtsmäßig vorherrscht, sofern

   1) der Cobaltgehalt mehr als 1,5 GHT beträgt,

   2) der Gehalt an mindestens einem der anderen Elemente die in der vorstehenden Tabelle angegebene Höchstgrenze überschreitet oder

   3) der Gesamtgehalt an anderen Elementen als Nickel und Cobalt mehr als 1 GHT beträgt.

2. Abweichend von Anmerkung 1 c) gilt der Begriff „Draht" im Sinne der Unterposition 7508 10 nur für Erzeugnisse, auch in Ringen oder Rollen, mit beliebiger Form des Querschnitts, dessen größte Abmessung 6 mm oder weniger beträgt.

KN-Code	Warenbezeichnung	Vertragsmäßiger Zollsatz (%)	Besondere Maßeinheit
1	2	3	4
7501	**Nickelmatte, Nickeloxidsinter und andere Zwischenerzeugnisse der Nickelmetallurgie:**		
7501 10 00	**– Nickelmatte**	frei	—
7501 20 00	**– Nickeloxidsinter und andere Zwischenerzeugnisse der Nickelmetallurgie**	frei	—
7502	**Nickel in Rohform:**		
7502 10 00	**– nicht legiertes Nickel**	frei	—
7502 20 00	**– Nickellegierungen**	frei	—
7503 00	**Abfälle und Schrott, aus Nickel:**		
7503 00 10	– aus nicht legiertem Nickel	frei	—
7503 00 90	– aus Nickellegierungen	frei	—
7504 00 00	**Pulver und Flitter, aus Nickel**	frei	—
7505	**Stangen (Stäbe), Profile und Draht, aus Nickel:**		
	– Stangen (Stäbe) und Profile:		
7505 11 00	**– – aus nicht legiertem Nickel**	frei	—

KN-Code	Warenbezeichnung	Vertragsmäßiger Zollsatz (%)	Besondere Maßeinheit
1	2	3	4
7505 12 00	– – aus Nickellegierungen	2,9	—
	– Draht:		
7505 21 00	– – aus nicht legiertem Nickel	frei	—
7505 22 00	– – aus Nickellegierungen	2,9	—
7506	**Bleche, Bänder und Folien, aus Nickel:**		
7506 10 00	– aus nicht legiertem Nickel	frei	—
7506 20 00	– aus Nickellegierungen	3,3	—
7507	**Rohre, Rohrformstücke, Rohrverschlussstücke und Rohrverbindungsstücke (z. B. Bogen, Muffen), aus Nickel:**		
	– Rohre:		
7507 11 00	– – aus nicht legiertem Nickel	frei	—
7507 12 00	– – aus Nickellegierungen	frei	—
7507 20 00	– Rohrformstücke, Rohrverschlussstücke und Rohrverbindungsstücke	2,5	—
7508	**Andere Waren aus Nickel:**		
7508 10 00	– Gewebe, Gitter und Geflechte, aus Nickeldraht	frei	—
7508 90 00	– andere	frei	—

KAPITEL 76

ALUMINIUM UND WAREN DARAUS

Anmerkung

1. Im Sinne des Kapitels 76 gelten als:

a) Stangen (Stäbe):

gewalzte, stranggepresste, gezogene oder geschmiedete massive Erzeugnisse, nicht in Rollen, mit über die gesamte Länge gleich bleibendem Querschnitt in Form eines Kreises, Ovals, Quadrats, Rechtecks, gleichseitigen Dreiecks oder regelmäßig konvexen Vielecks (einschließlich „abgeflachte Kreise" und „modifizierte Rechtecke", bei denen zwei gegenüberliegende Seiten die Form von konvexen Bogen aufweisen, während die beiden anderen Seiten gerade, von gleicher Länge und parallel sind). Erzeugnisse mit quadratischem, rechteckigem, dreieckigem oder vieleckigem Querschnitt können über die gesamte Länge auch abgerundete Kanten aufweisen. Die Dicke der Erzeugnisse mit rechteckigem Querschnitt (einschließlich der Erzeugnisse mit „modifiziert rechteckigem" Querschnitt) muss mehr als 1/10 der Breite betragen. Als Stangen (Stäbe) gelten auch gegossene oder gesinterte Erzeugnisse mit den gleichen Formen und Abmessungen, die nach der Herstellung eine über grobes Abgraten oder Entzundern hinausgehende Bearbeitung erfahren haben, wenn sie durch diese Bearbeitung nicht den Charakter von Waren erhalten haben, die von anderen Positionen erfasst werden.

b) Profile:

gewalzte, stranggepresste, gezogene, geschmiedete oder geformte Erzeugnisse, auch in Rollen, mit über die gesamte Länge gleich bleibendem Querschnitt, die keiner der Begriffsbestimmungen für Stangen (Stäbe), Draht, Bleche, Bänder, Folien oder Rohre entsprechen. Als Profile gelten auch gegossene oder gesinterte Erzeugnisse mit den gleichen Formen, die nach der Herstellung eine über grobes Abgraten oder Entzundern hinausgehende Bearbeitung erfahren haben, wenn sie durch diese Bearbeitung nicht den Charakter von Waren erhalten haben, die von anderen Positionen erfasst werden.

c) Draht:

gewalzte, stranggepresste oder gezogene massive Erzeugnisse, in Ringen oder Rollen, mit über die gesamte Länge gleich bleibendem Querschnitt in Form eines Kreises, Ovals, Quadrats, Rechtecks, gleichseitigen Dreiecks oder regelmäßig konvexen Vielecks (einschließlich „abgeflachte Kreise" und „modifizierte Rechtecke", bei denen zwei gegenüberliegende Seiten die Form von konvexen Bogen aufweisen, während die beiden anderen Seiten gerade, von gleicher Länge und parallel sind). Erzeugnisse mit quadratischem, rechteckigem, dreieckigem oder vieleckigem Querschnitt können über die gesamte Länge auch abgerundete Kanten aufweisen. Die Dicke der Erzeugnisse mit rechteckigem Querschnitt (einschließlich der Erzeugnisse mit „modifiziert rechteckigem" Querschnitt) muss mehr als 1/10 der Breite betragen.

d) Bleche, Bänder und Folien:

massive Flacherzeugnisse (ausgenommen Erzeugnisse in Rohform der Position 7601), auch in Rollen, mit rechteckigem Querschnitt, auch mit abgerundeten Kanten (einschließlich „modifizierte Rechtecke", bei denen zwei gegenüberliegende Seiten die Form von konvexen Bogen aufweisen, während die beiden anderen Seiten gerade, von gleicher Länge und parallel sind), mit gleich bleibender Dicke,

- in quadratischer oder rechteckiger Form, deren Dicke 1/10 der Breite oder weniger beträgt,
- in anderer als quadratischer oder rechteckiger Form mit beliebigen Abmessungen, wenn sie nicht den Charakter von Waren haben, die von anderen Positionen erfasst werden.

Zu den Positionen 7606 und 7607 gehören insbesondere auch Bleche, Bänder und Folien mit Mustern (z. B. Rillen, Riffeln, Waffeln, Tränen, Warzen, Rauten) und gelochte, gewellte, polierte oder überzogene Erzeugnisse, sofern sie durch diese Bearbeitungen nicht den Charakter von Waren erhalten haben, die von anderen Positionen erfasst werden.

e) Rohre:

Hohlerzeugnisse, auch in Rollen, mit über die gesamte Länge gleich bleibendem, nur einen einzigen geschlossenen Hohlraum aufweisenden Querschnitt in Form eines Kreises, Ovals, Quadrats, Rechtecks, gleichseitigen Dreiecks oder regelmäßig konvexen Vielecks und mit gleichmäßiger Wanddicke. Als Rohre gelten auch Erzeugnisse mit Querschnitten in Form eines Quadrats, Rechtecks, gleichseitigen Dreiecks oder regelmäßig konvexen Vielecks, die über die gesamte Länge abgerundete Kanten aufweisen, sofern der innere und der äußere Querschnitt die gleiche Form, die gleiche Richtung und den gleichen Mittelpunkt haben. Rohre mit den vorstehend genannten Querschnitten können poliert, überzogen, gebogen, mit Gewinde versehen, gelocht, eingezogen, ausgeweitet, konisch oder mit Flanschen, Schellen oder Ringen versehen sein.

Unterpositions-Anmerkungen

1. Im Sinne des Kapitels 76 gelten als:

a) nicht legiertes Aluminium:

Metall mit einem Aluminiumgehalt von 99 GHT oder mehr, sofern der Gehalt an jedem anderen Element die in der nachstehenden Tabelle angegebenen Höchstgrenzen nicht überschreitet:

Andere Elemente

Element	Höchstgrenze in GHT
Fe + Si (Eisen und Silicium zusammen)	1
Andere Elemente (1), je	0,1 (2)

(1) Andere Elemente, insbesondere Cr, Cu, Mg, Mn, Ni, Zn.
(2) Ein Kupfergehalt von mehr als 0,1 bis 0,2 GHT ist zugelassen, sofern der Chrom- und Mangangehalt jeweils 0,05 GHT oder weniger betragen.

b) Aluminiumlegierungen:

metallische Stoffe, in denen Aluminium gegenüber jedem der anderen Elemente gewichtsmäßig vorherrscht, sofern

1) der Gehalt an einem der anderen Elemente oder an Eisen und Silicium zusammen die in der vorstehenden Tabelle angegebenen Höchstgrenzen überschreitet oder

2) der Gesamtgehalt an diesen anderen Elementen mehr als 1 GHT beträgt.

2. Abweichend von Anmerkung 1 c) gilt der Begriff „Draht" im Sinne der Unterposition 7616 91 nur für Erzeugnisse, auch in Ringen oder Rollen, mit beliebiger Form des Querschnitts, dessen größte Abmessung 6 mm oder weniger beträgt.

Zusätzliche Anmerkung

1. *Im Sinne der Unterposition 7601 20 20 gelten als:*

— *Barren: Waren in Rohform mit über die gesamte Länge gleich bleibendem Querschnitt in Form eines Rechtecks oder anderen Vielecks, mit einer Breite von mehr als 800 mm und einer Dicke von mehr als 280 mm, wobei die Länge immer die Breite und die Dicke überschreitet. Diese Waren sind zum Walzen bestimmt;*

— *Bolzen: Waren in Rohform mit über die gesamte Länge gleich bleibendem Querschnitt in Form eines Kreises (einschließlich „abgeflachte Kreise"), mit einem Durchmesser von mehr als 125 mm. Diese Waren sind zum Strangpressen bestimmt.*

KN-Code	Warenbezeichnung	Vertragsmäßiger Zollsatz (%)	Besondere Maßeinheit
1	2	3	4
7601	**Aluminium in Rohform:**		
7601 10 00	– **nicht legiertes Aluminium**	6 (1)	—
7601 20	– **Aluminiumlegierungen:**		
7601 20 20	– – Barren und Bolzen	6	—
7601 20 80	– – andere	6	—
7602 00	**Abfälle und Schrott, aus Aluminium:**		

(1) Autonomer Zollsatz: 3.

KN-Code	Warenbezeichnung	Vertragsmäßiger Zollsatz (%)	Besondere Maßeinheit
1	2	3	4
	– Abfälle:		
7602 00 11	– – Drehspäne, Frässpäne, Hobelspäne, Schleifspäne, Sägespäne und Feilspäne; Abfälle von bunten, beschichteten oder kaschierten Folien und dünnen Bändern, mit einer Dicke (ohne Unterlage) von 0,2 mm oder weniger	frei	—
7602 00 19	– – andere (einschließlich der fehlerhaften oder der bei der Be- oder Verarbeitung unbrauchbar gewordenen Werkstücke)	frei	—
7602 00 90	– Schrott	frei	—
7603	**Pulver und Flitter, aus Aluminium:**		
7603 10 00	– **Pulver ohne Lamellenstruktur**	5	—
7603 20 00	– **Pulver mit Lamellenstruktur; Flitter**	5	—
7604	**Stangen (Stäbe) und Profile, aus Aluminium:**		
7604 10	– **aus nicht legiertem Aluminium:**		
7604 10 10	– – Stangen (Stäbe)	7,5	—
7604 10 90	– – Profile	7,5	—
	– **aus Aluminiumlegierungen:**		
7604 21 00	– – **Hohlprofile**	7,5	—
7604 29	– – **andere:**		
7604 29 10	– – – Stangen (Stäbe)	7,5	—
7604 29 90	– – – Profile	7,5	—
7605	**Draht aus Aluminium:**		
	– **aus nicht legiertem Aluminium:**		
7605 11 00	– – **mit einer größten Querschnittsabmessung von mehr als 7 mm**	7,5	—
7605 19 00	– – **anderer**	7,5	—
	– **aus Aluminiumlegierungen:**		
7605 21 00	– – **mit einer größten Querschnittsabmessung von mehr als 7 mm**	7,5	—
7605 29 00	– – **anderer**	7,5	—
7606	**Bleche und Bänder, aus Aluminium, mit einer Dicke von mehr als 0,2 mm:**		
	– **quadratisch oder rechteckig:**		
7606 11	– – **aus nicht legiertem Aluminium:**		
7606 11 10	– – – mit Farbe versehen, lackiert oder mit Kunststoff beschichtet	7,5	—
	– – – andere, mit einer Dicke von:		
7606 11 91	– – – – weniger als 3 mm	7,5	—
7606 11 93	– – – – 3 mm oder mehr, jedoch weniger als 6 mm	7,5	—
7606 11 99	– – – – 6 mm oder mehr	7,5	—
7606 12	– – **aus Aluminiumlegierungen:**		
7606 12 20	– – – mit Farbe versehen, lackiert oder mit Kunststoff beschichtet	7,5	—
	– – – andere, mit einer Dicke von:		
7606 12 92	– – – – weniger als 3 mm	7,5	—
7606 12 93	– – – – 3 mm oder mehr, jedoch weniger als 6 mm	7,5	—
7606 12 99	– – – – 6 mm oder mehr	7,5	—
	– **andere:**		

KN-Code	Warenbezeichnung	Vertragsmäßiger Zollsatz (%)	Besondere Maßeinheit
1	2	3	4
7606 91 00	– – **aus nicht legiertem Aluminium**	7,5	—
7606 92 00	– – **aus Aluminiumlegierungen**	7,5	—
7607	**Folien und dünne Bänder, aus Aluminium (auch bedruckt oder auf Papier, Pappe, Kunststoff oder ähnlichen Unterlagen), mit einer Dicke (ohne Unterlage) von 0,2 mm oder weniger:**		
	– **ohne Unterlage:**		
7607 11	– – **nur gewalzt:**		
	– – – mit einer Dicke von weniger als 0,021 mm:		
7607 11 11	– – – – in Rollen mit einem Stückgewicht von 10 kg oder weniger	7,5	—
7607 11 19	– – – – andere	7,5	—
7607 11 90	– – – mit einer Dicke von 0,021 mm bis 0,2 mm	7,5	—
7607 19	– – **andere:**		
7607 19 10	– – – mit einer Dicke von weniger als 0,021 mm	7,5	—
7607 19 90	– – – mit einer Dicke von 0,021 mm bis 0,2 mm	7,5	—
7607 20	– **auf Unterlage:**		
7607 20 10	– – mit einer Dicke (ohne Unterlage) von weniger als 0,021 mm	10	—
7607 20 90	– – mit einer Dicke (ohne Unterlage) von 0,021 mm bis 0,2 mm	7,5	—
7608	**Rohre aus Aluminium:**		
7608 10 00	– **aus nicht legiertem Aluminium**	7,5	—
7608 20	– **aus Aluminiumlegierungen:**		
7608 20 20	– – geschweißt	7,5	—
	– – andere:		
7608 20 81	– – – nur stranggepresst	7,5	—
7608 20 89	– – – andere	7,5	—
7609 00 00	**Rohrformstücke, Rohrverschlussstücke und Rohrverbindungsstücke (z. B. Bogen, Muffen), aus Aluminium**	5,9	—
7610	**Konstruktionen und Konstruktionsteile (z. B. Brücken und Brückenelemente, Türme, Gittermaste, Pfeiler, Säulen, Gerüste, Dächer, Dachstühle, Tore, Türen, Fenster, und deren Rahmen und Verkleidungen, Tor- und Türschwellen, Geländer), aus Aluminium, ausgenommen vorgefertigte Gebäude der Position 9406; zu Konstruktionszwecken vorgearbeitete Bleche, Stangen (Stäbe), Profile, Rohre und dergleichen, aus Aluminium:**		
7610 10 00	– **Tore, Türen, Fenster, und deren Rahmen und Verkleidungen, Tor- und Türschwellen**	6	p/st (1)
7610 90	– **andere:**		

(1) Ein Tor, eine Tür oder ein Fenster mit oder ohne Rahmen, Verkleidung oder Schwelle gilt als ein Stück.

KN-Code	Warenbezeichnung	Vertragsmäßiger Zollsatz (%)	Besondere Maßeinheit
1	2	3	4
7610 90 10	– – Brücken und Brückenelemente, Türme und Gittermaste	7	—
7610 90 90	– – andere	6	—
7611 00 00	**Sammelbehälter, Fässer, Bottiche und ähnliche Behälter, aus Aluminium, für Stoffe aller Art (ausgenommen verdichtete oder verflüssigte Gase), mit einem Fassungsvermögen von mehr als 300 l, ohne mechanische oder wärmetechnische Einrichtungen, auch mit Innenauskleidung oder Wärmeschutzverkleidung**	6	—
7612	**Sammelbehälter, Fässer, Trommeln, Kannen, Dosen und ähnliche Behälter (einschließlich Verpackungsröhrchen und Tuben), aus Aluminium, für Stoffe aller Art (ausgenommen verdichtete oder verflüssigte Gase), mit einem Fassungsvermögen von 300 l oder weniger, ohne mechanische oder wärmetechnische Einrichtungen, auch mit Innenauskleidung oder Wärmeschutzverkleidung:**		
7612 10 00	**– Tuben**	6	—
7612 90	**– andere:**		
7612 90 20	– – Behälter von der für Aerosole verwendeten Art	6	p/st
★ 7612 90 30	– – aus Folie hergestellt, deren Dicke 0,2 mm oder weniger beträgt	6	—
★ 7612 90 80	– – andere	6	—
7613 00 00	**Behälter aus Aluminium für verdichtete oder verflüssigte Gase**	6	—
7614	**Litzen, Kabel, Seile und ähnliche Waren, aus Aluminium, ausgenommen isolierte Erzeugnisse für die Elektrotechnik:**		
7614 10 00	**– mit Stahlseele**	6	—
7614 90 00	**– andere**	6	—
7615	**Haushaltsartikel, Hauswirtschaftsartikel, Sanitär-, Hygiene- oder Toilettenartikel, und Teile davon, aus Aluminium; Schwämme, Putzlappen, Handschuhe und ähnliche Waren, zum Scheuern, Polieren oder dergleichen, aus Aluminium:**		
7615 10	**– Haushaltsartikel, Hauswirtschaftsartikel, und Teile davon; Schwämme, Putzlappen, Handschuhe und ähnliche Waren, zum Scheuern, Polieren oder dergleichen:**		
7615 10 10	– – gegossen	6	—
★ 7615 10 30	– – aus Folie hergestellt, deren Dicke 0,2 mm oder weniger beträgt	6	—
★ 7615 10 80	– – andere	6	—
7615 20 00	**– Sanitär-, Hygiene- oder Toilettenartikel und Teile davon**	6	—
7616	**Andere Waren aus Aluminium:**		
7616 10 00	**– Stifte, Nägel, Krampen, Klammern (ausgenommen Klammern der Position 8305), Schrauben, Bolzen, Muttern, Schraubhaken, Niete, Splinte, Keile, Unterlegscheiben und ähnliche Waren**	6	—
	– andere:		
7616 91 00	**– – Gewebe, Gitter und Geflechte, aus Aluminiumdraht**	6	—
7616 99	**– – andere:**		
7616 99 10	– – – gegossen	6	—
7616 99 90	– – – andere	6	—

KAPITEL 78

BLEI UND WAREN DARAUS

Anmerkung

1. Im Sinne des Kapitels 78 gelten als:

a) Stangen (Stäbe):

gewalzte, stranggepresste, gezogene oder geschmiedete massive Erzeugnisse, nicht in Rollen, mit über die gesamte Länge gleich bleibendem Querschnitt in Form eines Kreises, Ovals, Quadrats, Rechtecks, gleichseitigen Dreiecks oder regelmäßig konvexen Vielecks (einschließlich „abgeflachte Kreise" und „modifizierte Rechtecke", bei denen zwei gegenüberliegende Seiten die Form von konvexen Bogen aufweisen, während die beiden anderen Seiten gerade, von gleicher Länge und parallel sind). Erzeugnisse mit quadratischem, rechteckigem, dreieckigem oder vieleckigem Querschnitt können über die gesamte Länge auch abgerundete Kanten aufweisen. Die Dicke der Erzeugnisse mit rechteckigem Querschnitt (einschließlich der Erzeugnisse mit „modifiziert rechteckigem" Querschnitt) muss mehr als 1/10 der Breite betragen. Als Stangen (Stäbe) gelten auch gegossene oder gesinterte Erzeugnisse mit den gleichen Formen und Abmessungen, die nach der Herstellung eine über grobes Abgraten oder Entzundern hinausgehende Bearbeitung erfahren haben, wenn sie durch diese Bearbeitung nicht den Charakter von Waren erhalten haben, die von anderen Positionen erfasst werden.

b) Profile:

gewalzte, stranggepresste, gezogene, geschmiedete oder geformte Erzeugnisse, auch in Rollen, mit über die gesamte Länge gleich bleibendem Querschnitt, die keiner der Begriffsbestimmungen für Stangen (Stäbe), Draht, Platten, Bleche, Bänder, Folien oder Rohre entsprechen. Als Profile gelten auch gegossene oder gesinterte Erzeugnisse mit den gleichen Formen, die nach der Herstellung eine über grobes Abgraten oder Entzundern hinausgehende Bearbeitung erfahren haben, wenn sie durch diese Bearbeitung nicht den Charakter von Waren erhalten haben, die von anderen Positionen erfasst werden.

c) Draht:

gewalzte, stranggepresste oder gezogene massive Erzeugnisse, in Ringen oder Rollen, mit über die gesamte Länge gleich bleibendem Querschnitt in Form eines Kreises, Ovals, Quadrats, Rechtecks, gleichseitigen Dreiecks oder regelmäßig konvexen Vielecks (einschließlich „abgeflachte Kreise" und „modifizierte Rechtecke", bei denen zwei gegenüberliegende Seiten die Form von konvexen Bogen aufweisen, während die beiden anderen Seiten gerade, von gleicher Länge und parallel sind). Erzeugnisse mit quadratischem, rechteckigem, dreieckigem oder vieleckigem Querschnitt können über die gesamte Länge auch abgerundete Kanten aufweisen. Die Dicke der Erzeugnisse mit rechteckigem Querschnitt (einschließlich der Erzeugnisse mit „modifiziert rechteckigem" Querschnitt) muss mehr als 1/10 der Breite betragen.

d) Platten, Bleche, Bänder und Folien:

massive Flacherzeugnisse (ausgenommen Erzeugnisse in Rohform der Position 7801), auch in Rollen, mit rechteckigem Querschnitt, auch mit abgerundeten Kanten (einschließlich „modifizierte Rechtecke", bei denen zwei gegenüberliegende Seiten die Form von konvexen Bogen aufweisen, während die beiden anderen Seiten gerade, von gleicher Länge und parallel sind), mit gleich bleibender Dicke,

— in quadratischer oder rechteckiger Form, deren Dicke 1/10 der Breite oder weniger beträgt,

— in anderer als quadratischer oder rechteckiger Form mit beliebigen Abmessungen, wenn sie nicht den Charakter von Waren haben, die von anderen Positionen erfasst werden.

Zu Position 7804 gehören insbesondere auch Platten, Bleche, Bänder und Folien mit Mustern (z. B. Rillen, Riffeln, Waffeln, Tränen, Warzen, Rauten) und gelochte, gewellte, polierte oder überzogene Erzeugnisse, sofern sie durch diese Bearbeitungen nicht den Charakter von Waren erhalten haben, die von anderen Positionen erfasst werden.

e) Rohre:

Hohlerzeugnisse, auch in Rollen, mit über die gesamte Länge gleich bleibendem, nur einen einzigen geschlossenen Hohlraum aufweisenden Querschnitt in Form eines Kreises, Ovals, Quadrats, Rechtecks, gleichseitigen Dreiecks oder regelmäßig konvexen Vielecks und mit gleichmäßiger Wanddicke. Als Rohre gelten auch Erzeugnisse mit Querschnitten in Form eines Quadrats, Rechtecks, gleichseitigen Dreiecks oder regelmäßig konvexen Vielecks, die über die gesamte Länge abgerundete Kanten aufweisen, sofern der innere und der äußere Querschnitt die gleiche Form, die gleiche Richtung und den gleichen Mittelpunkt haben. Rohre mit den vorstehend genannten Querschnitten können poliert, überzogen, gebogen, mit Gewinde versehen, gelocht, eingezogen, ausgeweitet, konisch oder mit Flanschen, Schellen oder Ringen versehen sein.

Unterpositions-Anmerkung

1. Als „raffiniertes Blei" im Sinne des Kapitels 78 gilt:

   Metall mit einem Bleigehalt von 99,9 GHT oder mehr, sofern der Gehalt an jedem der anderen Elemente die in der nachstehenden Tabelle angegebenen Höchstgrenzen nicht überschreitet:

Andere Elemente

Element		Höchstgrenze in GHT
Ag	Silber	0,02
As	Arsen	0,005
Bi	Bismut	0,05
Ca	Calcium	0,002
Cd	Cadmium	0,002
Cu	Kupfer	0,08
Fe	Eisen	0,002
S	Schwefel	0,002
Sb	Antimon	0,005
Sn	Zinn	0,005
Zn	Zink	0,002
Andere (z. B. Te), je		0,001

KN-Code	Warenbezeichnung	Vertragsmäßiger Zollsatz (%)	Besondere Maßeinheit
1	2	3	4
7801	**Blei in Rohform:**		
7801 10 00	– **raffiniertes Blei**	2,5	—
	– **anderes:**		
7801 91 00	– – **Antimon als gewichtsmäßig vorherrschendes anderes Element enthaltend**	2,5 (1)	—
7801 99	– – **anderes:**		
7801 99 10	– – – mit einem Silbergehalt von 0,02 GHT oder mehr, zum Raffinieren (Werkblei) (2)	frei	—
7801 99 90	– – – anderes	2,5	—
7802 00 00	**Abfälle und Schrott, aus Blei**	frei	—
[7803]			

(1) Dieser Zollsatz ist autonom auf unbestimmte Zeit vollständig ausgesetzt für Blei mit einem Silbergehalt von 0,02 GHT oder mehr, zum Raffinieren („Werkblei") (TARIC-Code 7801 91 00 10). Die Zulassung zu dieser Unterposition erfolgt nach den in den einschlägigen Bestimmungen der Europäischen Union festgesetzten Voraussetzungen (s. Artikel 291 bis 300 der Verordnung (EWG) Nr. 2454/93 der Kommission (ABl. L 253 vom 11.10.1993, S. 1)).

(2) Die Zulassung zu dieser Unterposition erfolgt nach den in den einschlägigen Bestimmungen der Europäischen Union festgesetzten Voraussetzungen (s. Artikel 291 bis 300 der Verordnung (EWG) Nr. 2454/93 der Kommission (ABl. L 253 vom 11.10.1993, S. 1)).

KN-Code	Warenbezeichnung	Vertragsmäßiger Zollsatz (%)	Besondere Maßeinheit
1	2	3	4
7804	**Platten, Bleche, Bänder und Folien, aus Blei; Pulver und Flitter, aus Blei:**		
	– Platten, Bleche, Bänder und Folien:		
7804 11 00	**– – Bänder und Folien, mit einer Dicke (ohne Unterlage) von 0,2 mm oder weniger . .**	5	—
7804 19 00	**– – andere . . . .**	5	—
7804 20 00	**– Pulver und Flitter . . . .**	frei	—
[7805]			
7806 00	**Andere Waren aus Blei:**		
7806 00 10	– Verpackungsmittel mit Abschirmung aus Blei gegen Strahlung, zum Befördern oder Lagern radioaktiver Stoffe (*Euratom*)	frei	—
7806 00 80	– andere	5	—

KAPITEL 79

ZINK UND WAREN DARAUS

Anmerkung

1. Im Sinne des Kapitels 79 gelten als:

a) Stangen (Stäbe):

gewalzte, stranggepresste, gezogene oder geschmiedete massive Erzeugnisse, nicht in Rollen, mit über die gesamte Länge gleich bleibendem Querschnitt in Form eines Kreises, Ovals, Quadrats, Rechtecks, gleichseitigen Dreiecks oder regelmäßig konvexen Vielecks (einschließlich „abgeflachte Kreise" und „modifizierte Rechtecke", bei denen zwei gegenüberliegende Seiten die Form von konvexen Bogen aufweisen, während die beiden anderen Seiten gerade, von gleicher Länge und parallel sind). Erzeugnisse mit quadratischem, rechteckigem, dreieckigem oder vieleckigem Querschnitt können über die gesamte Länge auch abgerundete Kanten aufweisen. Die Dicke der Erzeugnisse mit rechteckigem Querschnitt (einschließlich der Erzeugnisse mit „modifiziert rechteckigem" Querschnitt) muss mehr als 1/10 der Breite betragen. Als Stangen (Stäbe) gelten auch gegossene oder gesinterte Erzeugnisse mit den gleichen Formen und Abmessungen, die nach der Herstellung eine über grobes Abgraten oder Entzundern hinausgehende Bearbeitung erfahren haben, wenn sie durch diese Bearbeitung nicht den Charakter von Waren erhalten haben, die von anderen Positionen erfasst werden.

b) Profile:

gewalzte, stranggepresste, gezogene, geschmiedete oder geformte Erzeugnisse, auch in Rollen, mit über die gesamte Länge gleich bleibendem Querschnitt, die keiner der Begriffsbestimmungen für Stangen (Stäbe), Draht, Bleche, Bänder, Folien oder Rohre entsprechen. Als Profile gelten auch gegossene oder gesinterte Erzeugnisse mit den gleichen Formen, die nach der Herstellung eine über grobes Abgraten oder Entzundern hinausgehende Bearbeitung erfahren haben, wenn sie durch diese Bearbeitung nicht den Charakter von Waren erhalten haben, die von anderen Positionen erfasst werden.

c) Draht:

gewalzte, stranggepresste oder gezogene massive Erzeugnisse, in Ringen oder Rollen, mit über die gesamte Länge gleich bleibendem Querschnitt in Form eines Kreises, Ovals, Quadrats, Rechtecks, gleichseitigen Dreiecks oder regelmäßig konvexen Vielecks (einschließlich „abgeflachte Kreise" und „modifizierte Rechtecke", bei denen zwei gegenüberliegende Seiten die Form von konvexen Bogen aufweisen, während die beiden anderen Seiten gerade, von gleicher Länge und parallel sind). Erzeugnisse mit quadratischem, rechteckigem, dreieckigem oder vieleckigem Querschnitt können über die gesamte Länge auch abgerundete Kanten aufweisen. Die Dicke der Erzeugnisse mit rechteckigem Querschnitt (einschließlich der Erzeugnisse mit „modifiziert rechteckigem" Querschnitt) muss mehr als 1/10 der Breite betragen.

d) Bleche, Bänder und Folien:

massive Flacherzeugnisse (ausgenommen Erzeugnisse in Rohform der Position 7901), auch in Rollen, mit rechteckigem Querschnitt, auch mit abgerundeten Kanten (einschließlich „modifizierte Rechtecke", bei denen zwei gegenüberliegende Seiten die Form von konvexen Bogen aufweisen, während die beiden anderen Seiten gerade, von gleicher Länge und parallel sind), mit gleich bleibender Dicke,

— in quadratischer oder rechteckiger Form, deren Dicke 1/10 der Breite oder weniger beträgt,

— in anderer als quadratischer oder rechteckiger Form mit beliebigen Abmessungen, wenn sie nicht den Charakter von Waren haben, die von anderen Positionen erfasst werden.

Zu Position 7905 gehören insbesondere auch Bleche, Bänder und Folien mit Mustern (z. B. Rillen, Riffeln, Waffeln, Tränen, Warzen, Rauten) und gelochte, gewellte, polierte oder überzogene Erzeugnisse, sofern sie durch diese Bearbeitungen nicht den Charakter von Waren erhalten haben, die von anderen Positionen erfasst werden.

e) Rohre:

Hohlerzeugnisse, auch in Rollen, mit über die gesamte Länge gleich bleibendem, nur einen einzigen geschlossenen Hohlraum aufweisenden Querschnitt in Form eines Kreises, Ovals, Quadrats, Rechtecks, gleichseitigen Dreiecks oder regelmäßig konvexen Vielecks und mit gleichmäßiger Wanddicke. Als Rohre gelten auch Erzeugnisse mit Querschnitten in Form eines Quadrats, Rechtecks, gleichseitigen Dreiecks oder regelmäßig konvexen Vielecks, die über die gesamte Länge abgerundete Kanten aufweisen, sofern der innere und der äußere Querschnitt die gleiche Form, die gleiche Richtung und den gleichen Mittelpunkt haben. Rohre mit den vorstehend genannten Querschnitten können poliert, überzogen, gebogen, mit Gewinde versehen, gelocht, eingezogen, ausgeweitet, konisch oder mit Flanschen, Schellen oder Ringen versehen sein.

Unterpositions-Anmerkung

1. Im Sinne des Kapitels 79 gelten als:
   a) nicht legiertes Zink:
      Metall mit einem Zinkgehalt von 97,5 GHT oder mehr.
   b) Zinklegierungen:
      metallische Stoffe, in denen Zink gegenüber jedem der anderen Elemente gewichtsmäßig vorherrscht, sofern der Gesamtgehalt an diesen anderen Elementen mehr als 2,5 GHT beträgt.
   c) Zinkstaub:
      Staub, der durch Kondensieren von Zinkdämpfen gewonnen wird und aus kugelförmigen Partikeln besteht, die feiner als beim Pulver sind. Sie müssen mit einem Anteil von 80 GHT oder mehr durch ein Sieb mit einer lichten Maschenweite von 63 µm (Mikron) hindurchgehen und 85 GHT oder mehr metallisches Zink enthalten.

KN-Code	Warenbezeichnung	Vertragsmäßiger Zollsatz (%)	Besondere Maßeinheit
1	2	3	4
7901	**Zink in Rohform:**		
	– nicht legiertes Zink:		
7901 11 00	**– – mit einem Zinkgehalt von 99,99 GHT oder mehr**	2,5	—
7901 12	**– – mit einem Zinkgehalt von weniger als 99,99 GHT:**		
7901 12 10	– – – mit einem Zinkgehalt von 99,95 GHT oder mehr, jedoch weniger als 99,99 GHT	2,5	—
7901 12 30	– – – mit einem Zinkgehalt von 98,5 GHT oder mehr, jedoch weniger als 99,95 GHT	2,5	—
7901 12 90	– – – mit einem Zinkgehalt von 97,5 GHT oder mehr, jedoch weniger als 98,5 GHT	2,5	—
7901 20 00	**– Zinklegierungen**	2,5	—
7902 00 00	**Abfälle und Schrott, aus Zink**	frei	—
7903	**Staub, Pulver und Flitter, aus Zink:**		
7903 10 00	**– Zinkstaub**	2,5	—
7903 90 00	**– andere**	2,5	—
7904 00 00	**Stangen (Stäbe), Profile und Draht, aus Zink**	5	—
7905 00 00	**Bleche, Bänder und Folien, aus Zink**	5	—
[7906]			
7907 00 00	**Andere Waren aus Zink**	5	—

KAPITEL 80

ZINN UND WAREN DARAUS

Anmerkung

1. Im Sinne des Kapitels 80 gelten als:

a) Stangen (Stäbe):

gewalzte, stranggepresste, gezogene oder geschmiedete massive Erzeugnisse, nicht in Rollen, mit über die gesamte Länge gleich bleibendem Querschnitt in Form eines Kreises, Ovals, Quadrats, Rechtecks, gleichseitigen Dreiecks oder regelmäßig konvexen Vielecks (einschließlich „abgeflachte Kreise" und „modifizierte Rechtecke", bei denen zwei gegenüberliegende Seiten die Form von konvexen Bogen aufweisen, während die beiden anderen Seiten gerade, von gleicher Länge und parallel sind). Erzeugnisse mit quadratischem, rechteckigem, dreieckigem oder vieleckigem Querschnitt können über die gesamte Länge auch abgerundete Kanten aufweisen. Die Dicke der Erzeugnisse mit rechteckigem Querschnitt (einschließlich der Erzeugnisse mit „modifiziert rechteckigem" Querschnitt) muss mehr als 1/10 der Breite betragen. Als Stangen (Stäbe) gelten auch gegossene oder gesinterte Erzeugnisse mit den gleichen Formen und Abmessungen, die nach der Herstellung eine über grobes Abgraten oder Entzundern hinausgehende Bearbeitung erfahren haben, wenn sie durch diese Bearbeitung nicht den Charakter von Waren erhalten haben, die von anderen Positionen erfasst werden.

b) Profile:

gewalzte, stranggepresste, gezogene, geschmiedete oder geformte Erzeugnisse, auch in Rollen, mit über die gesamte Länge gleich bleibendem Querschnitt, die keiner der Begriffsbestimmungen für Stangen (Stäbe), Draht, Bleche, Bänder, Folien oder Rohre entsprechen. Als Profile gelten auch gegossene oder gesinterte Erzeugnisse mit den gleichen Formen, die nach der Herstellung eine über grobes Abgraten oder Entzundern hinausgehende Bearbeitung erfahren haben, wenn sie durch diese Bearbeitung nicht den Charakter von Waren erhalten haben, die von anderen Positionen erfasst werden.

c) Draht:

gewalzte, stranggepresste oder gezogene massive Erzeugnisse, in Ringen oder Rollen, mit über die gesamte Länge gleich bleibendem Querschnitt in Form eines Kreises, Ovals, Quadrats, Rechtecks, gleichseitigen Dreiecks oder regelmäßig konvexen Vielecks (einschließlich „abgeflachte Kreise" und „modifizierte Rechtecke", bei denen zwei gegenüberliegende Seiten die Form von konvexen Bogen aufweisen, während die beiden anderen Seiten gerade, von gleicher Länge und parallel sind). Erzeugnisse mit quadratischem, rechteckigem, dreieckigem oder vieleckigem Querschnitt können über die gesamte Länge auch abgerundete Kanten aufweisen. Die Dicke der Erzeugnisse mit rechteckigem Querschnitt (einschließlich der Erzeugnisse mit „modifiziert rechteckigem" Querschnitt) muss mehr als 1/10 der Breite betragen.

d) Bleche, Bänder und Folien:

massive Flacherzeugnisse (ausgenommen Erzeugnisse in Rohform der Position 8001), auch in Rollen, mit rechteckigem Querschnitt, auch mit abgerundeten Kanten (einschließlich „modifizierte Rechtecke", bei denen zwei gegenüberliegende Seiten die Form von konvexen Bogen aufweisen, während die beiden anderen Seiten gerade, von gleicher Länge und parallel sind), mit gleich bleibender Dicke,

— in quadratischer oder rechteckiger Form, deren Dicke 1/10 der Breite oder weniger beträgt,

— in anderer als quadratischer oder rechteckiger Form mit beliebigen Abmessungen, wenn sie nicht den Charakter von Waren haben, die von anderen Positionen erfasst werden.

e) Rohre:

Hohlerzeugnisse, auch in Rollen, mit über die gesamte Länge gleich bleibendem, nur einen einzigen geschlossenen Hohlraum aufweisenden Querschnitt in Form eines Kreises, Ovals, Quadrats, Rechtecks, gleichseitigen Dreiecks oder regelmäßig konvexen Vielecks und mit gleichmäßiger Wanddicke. Als Rohre gelten auch Erzeugnisse mit Querschnitten in Form eines Quadrats, Rechtecks, gleichseitigen Dreiecks oder regelmäßig konvexen Vielecks, die über die gesamte Länge abgerundete Kanten aufweisen, sofern der innere und der äußere Querschnitt die gleiche Form, die gleiche Richtung und den gleichen Mittelpunkt haben. Rohre mit den vorstehend genannten Querschnitten können poliert, überzogen, gebogen, mit Gewinde versehen, gelocht, eingezogen, ausgeweitet, konisch oder mit Flanschen, Schellen oder Ringen versehen sein.

Unterpositions-Anmerkung

1. Im Sinne des Kapitels 80 gelten als:

   a) nicht legiertes Zinn:

   Metall mit einem Zinngehalt von 99 GHT oder mehr, sofern ein etwaiger Gehalt an Bismut oder Kupfer unter den in der nachstehenden Tabelle angegebenen Höchstgrenzen liegt:

Andere Elemente

Element		Höchstgrenze in GHT
Bi	Bismut	0,1
Cu	Kupfer	0,4

   b) Zinnlegierungen:

   metallische Stoffe, in denen Zinn gegenüber jedem anderen Element gewichtsmäßig vorherrscht, sofern

   1) der Gesamtgehalt an diesen anderen Elementen mehr als 1 GHT beträgt oder

   2) der Gehalt an Bismut oder Kupfer der jeweiligen Höchstgrenze in der vorstehenden Tabelle entspricht oder sie überschreitet.

KN-Code	Warenbezeichnung	Vertragsmäßiger Zollsatz (%)	Besondere Maßeinheit
1	2	3	4
8001	**Zinn in Rohform:**		
8001 10 00	**– nicht legiertes Zinn**	frei	—
8001 20 00	**– Zinnlegierungen**	frei	—
8002 00 00	**Abfälle und Schrott, aus Zinn**	frei	—
8003 00 00	**Stangen (Stäbe), Profile und Draht, aus Zinn**	frei	—
[8004]			
[8005]			
[8006]			
8007 00	**Andere Waren aus Zinn:**		
8007 00 10	– Bleche und Bänder, mit einer Dicke von mehr als 0,2 mm	frei	—
8007 00 80	– andere	frei	—

KAPITEL 81

ANDERE UNEDLE METALLE; CERMETS; WAREN DARAUS

Unterpositions-Anmerkung

1. Die Begriffsbestimmungen für „Stangen (Stäbe)“, „Profile“, „Draht“ und „Bleche, Bänder und Folien“ aus Anmerkung 1 zu Kapitel 74 gelten sinngemäß auch für das Kapitel 81.

KN-Code	Warenbezeichnung	Vertragsmäßiger Zollsatz (%)	Besondere Maßeinheit
1	2	3	4
8101	**Wolfram und Waren daraus, einschließlich Abfälle und Schrott:**		
8101 10 00	**– Pulver**	5	—
	– andere:		
8101 94 00	**– – Wolfram in Rohform, einschließlich nur gesinterte Stangen (Stäbe)**	5	—
8101 96 00	**– – Draht**	6	—
8101 97 00	**– – Abfälle und Schrott**	frei	—
8101 99	**– – andere:**		
8101 99 10	– – – Stangen (Stäbe), ausgenommen nur gesinterte, Profile, Bleche, Bänder und Folien	6	—
8101 99 90	– – – andere	7	—
8102	**Molybdän und Waren daraus, einschließlich Abfälle und Schrott:**		
8102 10 00	**– Pulver**	4	—
	– andere:		
8102 94 00	**– – Molybdän in Rohform, einschließlich nur gesinterte Stangen (Stäbe)**	3	—
8102 95 00	**– – Stangen (Stäbe), ausgenommen nur gesinterte, Profile, Bleche, Bänder und Folien**	5	—
8102 96 00	**– – Draht**	6,1	—
8102 97 00	**– – Abfälle und Schrott**	frei	—
8102 99 00	**– – andere**	7	—
8103	**Tantal und Waren daraus, einschließlich Abfälle und Schrott:**		
8103 20 00	**– Tantal in Rohform, einschließlich nur gesinterte Stangen (Stäbe); Pulver**	frei	—
8103 30 00	**– Abfälle und Schrott**	frei	—
8103 90	**– andere:**		
8103 90 10	– – Stangen (Stäbe), ausgenommen nur gesinterte, Profile, Draht, Bleche, Bänder und Folien	3	—
8103 90 90	– – andere	4	—
8104	**Magnesium und Waren daraus, einschließlich Abfälle und Schrott:**		
	– Magnesium in Rohform:		
8104 11 00	**– – mit einem Magnesiumgehalt von 99,8 GHT oder mehr**	5,3	—
8104 19 00	**– – anderes**	4	—
8104 20 00	**– Abfälle und Schrott**	frei	—

KN-Code	Warenbezeichnung	Vertragsmäßiger Zollsatz (%)	Besondere Maßeinheit
1	2	3	4
8104 30 00	**– Drehspäne und Körner, nach Größe sortiert; Pulver**	4	—
8104 90 00	**– andere**	4	—
8105	**Cobaltmatte und andere Zwischenerzeugnisse der Cobaltmetallurgie; Cobalt und Waren daraus, einschließlich Abfälle und Schrott:**		
8105 20 00	**– Cobaltmatte und andere Zwischenerzeugnisse der Cobaltmetallurgie; Cobalt in Rohform; Pulver**	frei	—
8105 30 00	**– Abfälle und Schrott**	frei	—
8105 90 00	**– andere**	3	—
8106 00	**Bismut und Waren daraus, einschließlich Abfälle und Schrott:**		
8106 00 10	– Bismut in Rohform; Abfälle und Schrott; Pulver	frei	—
8106 00 90	– andere	2	—
8107	**Cadmium und Waren daraus, einschließlich Abfälle und Schrott:**		
8107 20 00	**– Cadmium in Rohform; Pulver**	3	—
8107 30 00	**– Abfälle und Schrott**	frei	—
8107 90 00	**– andere**	4	—
8108	**Titan und Waren daraus, einschließlich Abfälle und Schrott:**		
8108 20 00	**– Titan in Rohform; Pulver**	5	—
8108 30 00	**– Abfälle und Schrott**	5	—
8108 90	**– andere:**		
8108 90 30	– – Stangen (Stäbe), Profile und Draht	7	—
8108 90 50	– – Bleche, Bänder und Folien	7	—
8108 90 60	– – Rohre	7	—
8108 90 90	– – andere	7	—
8109	**Zirconium und Waren daraus, einschließlich Abfälle und Schrott:**		
8109 20 00	**– Zirconium in Rohform; Pulver**	5	—
8109 30 00	**– Abfälle und Schrott**	frei	—
8109 90 00	**– andere**	9	—
8110	**Antimon und Waren daraus, einschließlich Abfälle und Schrott:**		
8110 10 00	**– Antimon in Rohform; Pulver**	7	—
8110 20 00	**– Abfälle und Schrott**	frei	—
8110 90 00	**– andere**	7	—
8111 00	**Mangan und Waren daraus, einschließlich Abfälle und Schrott:**		
	– Mangan in Rohform; Abfälle und Schrott; Pulver:		
8111 00 11	– – Mangan in Rohform; Pulver	frei	—
8111 00 19	– – Abfälle und Schrott	frei	—
8111 00 90	– andere	5	—

KN-Code	Warenbezeichnung	Vertragsmäßiger Zollsatz (%)	Besondere Maßeinheit
1	2	3	4
8112	**Beryllium, Chrom, Germanium, Vanadium, Gallium, Hafnium, Indium, Niob (Columbium), Rhenium, Thallium, und Waren daraus, einschließlich Abfälle und Schrott:**		
	– Beryllium:		
8112 12 00	**– – in Rohform; Pulver**	frei	—
8112 13 00	**– – Abfälle und Schrott**	frei	—
8112 19 00	**– – andere**	3	—
	– Chrom:		
8112 21	**– – in Rohform; Pulver:**		
8112 21 10	– – – Chromlegierungen mit einem Nickelgehalt von mehr als 10 GHT	frei	—
8112 21 90	– – – andere	3	—
8112 22 00	**– – Abfälle und Schrott**	frei	—
8112 29 00	**– – andere**	5	—
	– Thallium:		
8112 51 00	**– – in Rohform; Pulver**	1,5	—
8112 52 00	**– – Abfälle und Schrott**	frei	—
8112 59 00	**– – andere**	3	—
	– andere:		
8112 92	**– – in Rohform; Abfälle und Schrott; Pulver:**		
8112 92 10	– – – Hafnium	3	—
	– – – Niob (Columbium), Rhenium, Gallium, Indium, Vanadium, Germanium:		
8112 92 21	– – – – Abfälle und Schrott	frei	—
	– – – – andere:		
8112 92 31	– – – – – Niob (Columbium), Rhenium	3	—
8112 92 81	– – – – – Indium	2	—
8112 92 89	– – – – – Gallium	1,5	—
8112 92 91	– – – – – Vanadium	frei	—
8112 92 95	Germanium	4,5	—
8112 99	**– – andere:**		
8112 99 20	– – – Hafnium, Germanium	7	—
8112 99 30	– – – Niob (Columbium), Rhenium	9	—
8112 99 70	– – – Gallium, Indium, Vanadium	3	—
8113 00	**Cermets und Waren daraus, einschließlich Abfälle und Schrott:**		
8113 00 20	– in Rohform	4	—
8113 00 40	– Abfälle und Schrott	frei	—
8113 00 90	– andere	5	—

KAPITEL 82

WERKZEUGE, SCHNEIDWAREN UND ESSBESTECKE, AUS UNEDLEN METALLEN; TEILE DAVON, AUS UNEDLEN METALLEN

Anmerkungen

1. Außer Lötlampen, tragbaren Feldschmieden, Schleifapparaten, Zusammenstellungen für die Hand- oder Fußpflege und Waren der Position 8209 erfasst Kapitel 82 nur Waren mit Klinge oder arbeitendem Teil:

   a) aus unedlem Metall;

   b) aus Metallcarbiden oder aus Cermets;

   c) aus Edelsteinen oder Schmucksteinen (natürlichen, synthetischen oder rekonstituierten), auf einem Träger aus unedlem Metall, Metallcarbid oder Cermet;

   d) aus Schleifstoffen auf einem Träger aus unedlem Metall, sofern es sich um Werkzeuge handelt, deren Zähne, Schneiden oder andere trennende oder schneidende Teile auch nach Aufbringen von Schleifstoffen ihre eigentliche Funktion beibehalten.

2. Teile aus unedlen Metallen von Waren des Kapitels 82 werden wie die entsprechenden Waren eingereiht, ausgenommen Werkzeughalter für Handwerkzeug der Position 8466 und besonders genannte Teile. Teile mit allgemeiner Verwendungsmöglichkeit im Sinne der Anmerkung 2 zu Abschnitt XV gehören in keinem Fall zu Kapitel 82.

   Köpfe, Kämme, Klingen, Messer und Schneidblätter für elektrische Rasierapparate oder elektrische Haarschneide- und -schermaschinen gehören zur Position 8510.

3. Zu Position 8215 gehören Zusammenstellungen aus einem oder mehreren Messern der Position 8211 und einer zumindest gleichen Anzahl von Waren der Position 8215.

KN-Code	Warenbezeichnung	Vertragsmäßiger Zollsatz (%)	Besondere Maßeinheit
1	2	3	4
8201	**Spaten, Schaufeln, Spitzhacken, Hacken aller Art, Gabeln, Rechen und Schaber; Äxte, Beile, Haumesser und ähnliche Werkzeuge zum Hauen oder Spalten; Geflügelscheren, Gartenscheren, Baumscheren und ähnliche Scheren; Sensen und Sicheln, Heu- und Strohmesser, Heckenscheren, Keile und andere Handwerkzeuge für die Landwirtschaft, den Gartenbau oder die Forstwirtschaft:**		
8201 10 00	**– Spaten und Schaufeln**	1,7	p/st
8201 30 00	**– Spitzhacken, Hacken aller Art, Rechen und Schaber**	1,7	—
8201 40 00	**– Äxte, Beile, Haumesser und ähnliche Werkzeuge zum Hauen oder Spalten**	1,7	—
8201 50 00	**– Gartenscheren, Rosenscheren und ähnliche mit einer Hand zu betätigende Scheren (einschließlich Geflügelscheren)**	1,7	p/st
8201 60 00	**– Heckenscheren, Baumscheren und ähnliche mit zwei Händen zu betätigende Scheren**	1,7	—
8201 90 00	**– andere Handwerkzeuge für die Landwirtschaft, den Gartenbau oder die Forstwirtschaft**	1,7	—
8202	**Handsägen; Sägeblätter aller Art (einschließlich Frässägeblätter und nicht gezahnte Sägeblätter):**		
8202 10 00	**– Handsägen**	1,7	—
8202 20 00	**– Bandsägeblätter**	1,7	—
	– Kreissägeblätter, einschließlich Frässägeblätter:		
8202 31 00	**– – mit arbeitendem Teil aus Stahl**	2,7	—
8202 39 00	**– – andere, einschließlich Teile**	2,7	—
8202 40 00	**– Sägeketten**	1,7	—

KN-Code	Warenbezeichnung	Vertragsmäßiger Zollsatz (%)	Besondere Maßeinheit
1	2	3	4
	– andere Sägeblätter:		
8202 91 00	– – Langsägeblätter für die Metallbearbeitung	2,7	—
8202 99	– – andere:		
8202 99 20	– – – für die Metallbearbeitung	2,7	—
8202 99 80	– – – für die Bearbeitung anderer Stoffe	2,7	—
8203	**Feilen, Raspeln, Kneifzangen/Beißzangen und andere Zangen (auch zum Schneiden), Pinzetten, Scheren zum Schneiden von Metallen, Rohrschneider, Bolzenschneider, Locheisen, Lochzangen, und ähnliche Handwerkzeuge:**		
8203 10 00	– Feilen, Raspeln, und ähnliche Werkzeuge	1,7	—
8203 20 00	– Kneifzangen/Beißzangen und andere Zangen (auch zum Schneiden), Pinzetten, und ähnliche Werkzeuge	1,7	—
8203 30 00	– Scheren zum Schneiden von Metallen und ähnliche Werkzeuge	1,7	—
8203 40 00	– Rohrschneider, Bolzenschneider, Locheisen, Lochzangen, und ähnliche Werkzeuge	1,7	—
8204	**Von Hand zu betätigende Schrauben- und Spannschlüssel (einschließlich Drehmomentschlüssel); auswechselbare Steckschlüsseleinsätze, auch mit Griff:**		
	– von Hand zu betätigende Schrauben- und Spannschlüssel:		
8204 11 00	– – mit nicht verstellbarer Spannweite	1,7	—
8204 12 00	– – mit verstellbarer Spannweite	1,7	—
8204 20 00	– auswechselbare Steckschlüsseleinsätze, auch mit Griff	1,7	—
8205	**Handwerkzeuge (einschließlich Glasschneidediamanten), anderweit weder genannt noch inbegriffen; Lötlampen und dergleichen; Schraubstöcke, Schraubzwingen und dergleichen, die nicht Zubehör oder Teile von Werkzeugmaschinen sind; Ambosse; tragbare Feldschmieden; Schleifapparate zum Hand- oder Fußbetrieb:**		
8205 10 00	– Bohrwerkzeuge, Gewindeschneid- und Gewindebohrwerkzeuge	1,7	—
8205 20 00	– Hämmer und Fäustel	3,7	—
8205 30 00	– Hobel, Stechbeitel, Hohlbeitel und ähnliche schneidende Werkzeuge für die Holzbearbeitung	3,7	—
8205 40 00	– Schraubenzieher (Schraubendreher)	3,7	—
	– andere Handwerkzeuge (einschließlich Glasschneidediamanten):		
8205 51 00	– – Haushaltswerkzeuge	3,7	—
8205 59	– – andere:		
8205 59 10	– – – Werkzeuge für Maurer, Former und Gießer, Zementarbeiter, Gipser und Maler	3,7	—
8205 59 80	– – – andere	2,7	—
8205 60 00	– Lötlampen und dergleichen	2,7	—
8205 70 00	– Schraubstöcke, Schraubzwingen und dergleichen	3,7	—
8205 90	– andere, einschließlich Zusammenstellungen von Waren aus zwei oder mehr der Unterpositionen dieser Position:		
8205 90 10	– – Ambosse; tragbare Feldschmieden; Schleifapparate zum Hand- oder Fußbetrieb	2,7	—
8205 90 90	– – Zusammenstellungen von Waren aus zwei oder mehr der Unterpositionen dieser Position	3,7	—
8206 00 00	**Zusammenstellungen von Werkzeugen aus zwei oder mehr der Positionen 8202 bis 8205, in Aufmachungen für den Einzelverkauf**	3,7	—

KN-Code	Warenbezeichnung	Vertragsmäßiger Zollsatz (%)	Besondere Maßeinheit
1	2	3	4
8207	**Auswechselbare Werkzeuge zur Verwendung in mechanischen oder nicht mechanischen Handwerkzeugen oder in Werkzeugmaschinen (z. B. zum Pressen, Prägen, Tiefziehen, Gesenkschmieden, Stanzen, Lochen, zum Herstellen von Innen- und Außengewinden, Bohren, Reiben, Räumen, Fräsen, Drehen, Schrauben), einschließlich Ziehwerkzeuge und Pressmatrizen zum Ziehen oder Strang- und Fließpressen von Metallen, und Erd-, Gesteins- oder Tiefbohrwerkzeuge:**		
	– Erd-, Gesteins- oder Tiefbohrwerkzeuge:		
8207 13 00	**– – mit arbeitendem Teil aus Cermets**	2,7	—
8207 19	**– – andere, einschließlich Teile:**		
8207 19 10	– – – mit arbeitendem Teil aus Diamant oder agglomeriertem Diamant	2,7	—
8207 19 90	– – – andere	2,7	—
8207 20	**– Ziehwerkzeuge und Pressmatrizen zum Ziehen oder Strang- und Fließpressen von Metallen:**		
8207 20 10	– – mit arbeitendem Teil aus Diamant oder agglomeriertem Diamant	2,7	—
8207 20 90	– – mit arbeitendem Teil aus anderen Stoffen	2,7	—
8207 30	**– Press-, Präge-, Tiefzieh-, Gesenkschmiede-, Stanz- oder Lochwerkzeuge:**		
8207 30 10	– – für die Metallbearbeitung	2,7	—
8207 30 90	– – andere	2,7	—
8207 40	**– Werkzeuge zum Herstellen von Innen- und Außengewinden:**		
	– – für die Metallbearbeitung:		
8207 40 10	– – – Werkzeuge zum Herstellen von Innengewinden	2,7	—
8207 40 30	– – – Werkzeuge zum Herstellen von Außengewinden	2,7	—
8207 40 90	– – andere	2,7	—
8207 50	**– Bohrwerkzeuge:**		
8207 50 10	– – mit arbeitendem Teil aus Diamant oder agglomeriertem Diamant	2,7	—
	– – mit arbeitendem Teil aus anderen Stoffen:		
8207 50 30	– – – Mauerbohrer	2,7	—
	– – – andere:		
	– – – – für die Metallbearbeitung, mit arbeitendem Teil:		
8207 50 50	– – – – – aus Cermets	2,7	—
8207 50 60	– – – – – aus Schnellarbeitsstahl	2,7	—
8207 50 70	– – – – – aus anderen Stoffen	2,7	—
8207 50 90	– – – – andere	2,7	—
8207 60	**– Reibahlen, Ausbohr- und Räumwerkzeuge:**		
8207 60 10	– – mit arbeitendem Teil aus Diamant oder agglomeriertem Diamant	2,7	—
	– – mit arbeitendem Teil aus anderen Stoffen:		
	– – – Reibahlen und Ausbohrwerkzeuge:		
8207 60 30	– – – – für die Metallbearbeitung	2,7	—

KN-Code	Warenbezeichnung	Vertragsmäßiger Zollsatz (%)	Besondere Maßeinheit
1	2	3	4
8207 60 50	– – – – andere	2,7	—
	– – – Räumwerkzeuge:		
8207 60 70	– – – – für die Metallbearbeitung	2,7	—
8207 60 90	– – – – andere	2,7	—
8207 70	– **Fräswerkzeuge:**		
	– – für die Metallbearbeitung, mit arbeitendem Teil:		
8207 70 10	– – – aus Cermets	2,7	—
	– – – aus anderen Stoffen:		
8207 70 31	– – – – Schaftfräser	2,7	—
8207 70 37	– – – – andere	2,7	—
8207 70 90	– – andere	2,7	—
8207 80	– **Drehwerkzeuge:**		
	– – für die Metallbearbeitung, mit arbeitendem Teil:		
8207 80 11	– – – aus Cermets	2,7	—
8207 80 19	– – – aus anderen Stoffen	2,7	—
8207 80 90	– – andere	2,7	—
8207 90	– **andere auswechselbare Werkzeuge:**		
8207 90 10	– – mit arbeitendem Teil aus Diamant oder agglomeriertem Diamant	2,7	—
	– – mit arbeitendem Teil aus anderen Stoffen:		
8207 90 30	– – – Schraubendrehereinsätze	2,7	—
8207 90 50	– – – Verzahnwerkzeuge	2,7	—
	– – – andere, mit arbeitendem Teil:		
	– – – – aus Cermets:		
8207 90 71	– – – – – für die Metallbearbeitung	2,7	—
8207 90 78	– – – – – andere	2,7	—
	– – – – aus anderen Stoffen:		
8207 90 91	– – – – – für die Metallbearbeitung	2,7	—
8207 90 99	– – – – – andere	2,7	—
8208	**Messer und Schneidklingen, für Maschinen oder mechanische Geräte:**		
8208 10 00	– **für die Metallbearbeitung**	1,7	—
8208 20 00	– **für die Holzbearbeitung**	1,7	—
8208 30 00	– **für Küchenmaschinen oder Maschinen für die Nahrungsmittelindustrie**	1,7	—
8208 40 00	– **für Maschinen für die Landwirtschaft, den Gartenbau oder die Forstwirtschaft**	1,7	—
8208 90 00	– **andere**	1,7	—
8209 00	**Plättchen, Stäbchen, Spitzen und ähnliche Formstücke für Werkzeuge, nicht gefasst, aus Cermets:**		
8209 00 20	– Wendeschneidplatten	2,7	—
8209 00 80	– andere	2,7	—

KN-Code	Warenbezeichnung	Vertragsmäßiger Zollsatz (%)	Besondere Maßeinheit
1	2	3	4
8210 00 00	**Von Hand zu betätigende mechanische Geräte, mit einem Gewicht von 10 kg oder weniger, zum Vorbereiten, Zubereiten oder Anrichten von Speisen oder Getränken**	2,7	—
8211	**Messer (ausgenommen Messer der Position 8208) mit schneidender Klinge, auch gezahnt (einschließlich Klappmesser für den Gartenbau), und Klingen dafür:**		
8211 10 00	**– Zusammenstellungen**	8,5	—
	– andere:		
8211 91 00	**– – Tischmesser mit feststehender Klinge**	8,5	—
8211 92 00	**– – andere Messer mit feststehender Klinge**	8,5	—
8211 93 00	**– – Messer mit nicht feststehender Klinge, einschließlich Klappmesser für den Gartenbau**	8,5	—
8211 94 00	**– – Klingen**	6,7	—
8211 95 00	**– – Griffe aus unedlen Metallen**	2,7	—
8212	**Rasiermesser, Rasierapparate und Rasierklingen (einschließlich Rasierklingenrohlinge im Band):**		
8212 10	**– Rasiermesser und Rasierapparate:**		
8212 10 10	– – Rasierapparate mit nicht auswechselbaren Klingen	2,7	p/st
8212 10 90	– – andere	2,7	p/st
8212 20 00	**– Rasierklingen, einschließlich Rasierklingenrohlinge im Band**	2,7	1 000 p/st
8212 90 00	**– andere Teile**	2,7	—
8213 00 00	**Scheren und Scherenblätter**	4,2	—
8214	**Andere Schneidwaren (z. B. Haarschneide- und -scherapparate, Spaltmesser, Hackmesser, Wiegemesser für Metzger/Fleischhauer oder für den Küchengebrauch, Papiermesser); Instrumente und Zusammenstellungen, für die Maniküre oder Pediküre (einschließlich Nagelfeilen):**		
8214 10 00	**Papiermesser, Brieföffner, Radiermesser, Bleistiftspitzer, und Klingen dafür**	2,7	—
8214 20 00	**– Instrumente und Zusammenstellungen, für die Maniküre oder Pediküre (einschließlich Nagelfeilen)**	2,7	—
8214 90 00	**– andere**	2,7	—
8215	**Löffel, Gabeln, Schöpflöffel, Schaumlöffel, Tortenheber, Fischmesser, Buttermesser, Zuckerzangen und ähnliche Waren:**		
8215 10	**– Zusammenstellungen, die mindestens einen versilberten, vergoldeten oder platinierten Bestandteil enthalten:**		
8215 10 20	– – nur versilberte, vergoldete oder platinierte Bestandteile enthaltend	4,7	—
	– – andere:		
8215 10 30	– – – aus nicht rostendem Stahl	8,5	—
8215 10 80	– – – andere	4,7	—
8215 20	**– andere Zusammenstellungen:**		
8215 20 10	– – aus nicht rostendem Stahl	8,5	—
8215 20 90	– – andere	4,7	—

KN-Code	Warenbezeichnung	Vertragsmäßiger Zollsatz (%)	Besondere Maßeinheit
1	2	3	4
	– **andere:**		
8215 91 00	– – **versilbert, vergoldet oder platiniert**	4,7	—
8215 99	– – **andere:**		
8215 99 10	– – – aus nicht rostendem Stahl	8,5	—
8215 99 90	– – – andere	4,7	—

KAPITEL 83

VERSCHIEDENE WAREN AUS UNEDLEN METALLEN

Anmerkungen

1. Teile aus unedlen Metallen von Waren des Kapitels 83 werden wie die entsprechenden Waren eingereiht. Jedoch gelten Waren aus Eisen oder Stahl der Position 7312, 7315, 7317, 7318 oder 7320 sowie die gleichen Waren aus anderen unedlen Metallen (Kapitel 74 bis 76 und 78 bis 81) nicht als Teile von Waren des Kapitels 83.

2. Als „Laufrädchen oder -rollen" im Sinne der Position 8302 gelten solche mit einem Durchmesser (auch mit aufgebrachter Lauffläche) von 75 mm oder weniger oder solche mit einem Durchmesser (auch mit aufgebrachter Lauffläche) von mehr als 75 mm und einer Radbreite oder einer Breite der aufgebrachten Lauffläche von weniger als 30 mm.

KN-Code	Warenbezeichnung	Vertragsmäßiger Zollsatz (%)	Besondere Maßeinheit
1	2	3	4
8301	**Vorhängeschlösser, Schlösser und Sicherheitsriegel (zum Schließen mit Schlüssel, als Kombinationsschlösser oder als elektrische Schlösser), aus unedlen Metallen; Verschlüsse und Verschlussbügel, mit Schloss, aus unedlen Metallen; Schlüssel für diese Waren, aus unedlen Metallen:**		
8301 10 00	**– Vorhängeschlösser**	2,7	—
8301 20 00	**– Schlösser von der für Kraftfahrzeuge verwendeten Art**	2,7	—
8301 30 00	**– Schlösser von der für Möbel verwendeten Art**	2,7	—
8301 40	**– andere Schlösser; Sicherheitsriegel:**		
	– – Schlösser von der für Gebäudetüren verwendeten Art:		
8301 40 11	– – – Zylinderschlösser	2,7	—
8301 40 19	– – – andere	2,7	—
8301 40 90	– – andere Schlösser; Sicherheitsriegel	2,7	—
8301 50 00	**– Verschlüsse und Verschlussbügel, mit Schloss**	2,7	—
8301 60 00	**– Teile**	2,7	—
8301 70 00	**– Schlüssel, gesondert gestellt**	2,7	—
8302	**Beschläge und ähnliche Waren, aus unedlen Metallen, für Möbel, Türen, Treppen, Fenster, Fensterläden, Karosserien, Sattlerwaren, Koffer, Reisekisten oder andere derartige Waren; Kleiderhaken, Huthalter, Konsolen, Stützen und ähnliche Waren, aus unedlen Metallen; Laufrädchen oder -rollen mit Befestigungsvorrichtung aus unedlen Metallen; automatische Türschließer aus unedlen Metallen:**		
8302 10 00	**– Scharniere**	2,7	—
8302 20 00	**– Laufrädchen oder -rollen**	2,7	—
8302 30 00	**– andere Beschläge und ähnliche Waren, für Kraftfahrzeuge**	2,7	—
	– andere Beschläge und andere ähnliche Waren:		
8302 41	**– – Baubeschläge:**		
8302 41 10	– – – für Türen	2,7	—
8302 41 50	– – – für Fenster und Fenstertüren	2,7	—
8302 41 90	– – – andere	2,7	—
8302 42 00	**– – andere, für Möbel**	2,7	—
8302 49 00	**– – andere**	2,7	—
8302 50 00	**– Kleiderhaken, Huthalter, Konsolen, Stützen und ähnliche Waren**	2,7	—
8302 60 00	**– automatische Türschließer**	2,7	—

KN-Code	Warenbezeichnung	Vertragsmäßiger Zollsatz (%)	Besondere Maßeinheit
1	2	3	4
8303 00	**Panzerschränke, Türen und Fächer für Stahlkammern, Sicherheitskassetten und ähnliche Waren, aus unedlen Metallen:**		
8303 00 40	– Panzerschränke, Türen und Fächer für Stahlkammern	2,7	—
8303 00 90	– Sicherheitskassetten und ähnliche Waren	2,7	—
8304 00 00	**Sortierkästen, Ablegekästen, Karteikästen, Manuskriptständer, Federschalen, Stempelhalter und ähnliche Ausstattungsgegenstände für Büros, aus unedlen Metallen, ausgenommen Büromöbel der Position 9403**	2,7	—
8305	**Mechaniken für Schnellhefter oder Aktenordner, Briefklammern, Heftecken, Aktenklammern, Karteireiter und ähnliches Büromaterial, aus unedlen Metallen; Heftklammern, zusammenhängend in Streifen (z. B. zur Verwendung im Büro, beim Dekorieren oder Verpacken), aus unedlen Metallen:**		
8305 10 00	– Mechaniken für Schnellhefter oder Aktenordner	2,7	—
8305 20 00	– Heftklammern, zusammenhängend in Streifen	2,7	—
8305 90 00	– andere, einschließlich Teile	2,7	—
8306	**Glocken, Klingeln, Gongs und ähnliche Waren, nicht elektrisch, aus unedlen Metallen; Statuetten und andere Ziergegenstände, aus unedlen Metallen; Rahmen für Fotografien, Bilder oder dergleichen, aus unedlen Metallen; Spiegel aus unedlen Metallen:**		
8306 10 00	– Glocken, Klingeln, Gongs und ähnliche Waren	frei	—
	– Statuetten und andere Ziergegenstände:		
8306 21 00	– – versilbert, vergoldet oder platiniert	frei	—
8306 29 00	– – andere	frei	—
8306 30 00	– Rahmen für Fotografien, Bilder oder dergleichen; Spiegel	2,7	—
8307	**Schläuche aus unedlen Metallen, auch mit Verschlussstücken oder Verbindungsstücken:**		
8307 10 00	– aus Eisen oder Stahl	2,7	—
8307 90 00	– aus anderen unedlen Metallen	2,7	—
8308	**Verschlüsse, Verschlussbügel, Schnallen, Spangen, Klammern, Haken, Ösen und ähnliche Waren, aus unedlen Metallen, für Kleidung, Schuhe, Planen, Täschnerwaren oder zum Fertigen oder Ausrüsten anderer Waren; Hohlniete und Zweispitzniete, aus unedlen Metallen; Perlen und zugeschnittener Flitter, aus unedlen Metallen:**		
8308 10 00	– Klammern, Haken und Ösen	2,7	—
8308 20 00	– Hohlniete oder Zweispitzniete	2,7	—
8308 90 00	– andere, einschließlich Teile	2,7	—
8309	**Stopfen (einschließlich Kronenverschlüsse, Stopfen mit Schraubgewinde und Gießpfropfen), Deckel, Flaschenkapseln, Spunde mit Schraubgewinde, Spundbleche, Plomben und anderes Verpackungszubehör, aus unedlen Metallen:**		
8309 10 00	– Kronenverschlüsse	2,7	—
8309 90	– andere:		
8309 90 10	– – Verschluss- oder Flaschenkapseln, aus Blei; Verschluss- oder Flaschenkapseln, aus Aluminium, mit einem Durchmesser von mehr als 21 mm	3,7	—

KN-Code	Warenbezeichnung	Vertragsmäßiger Zollsatz (%)	Besondere Maßeinheit
1	2	3	4
8309 90 90	– – andere	2,7	—
8310 00 00	**Aushängeschilder, Hinweisschilder, Namensschilder und ähnliche Schilder, Zahlen, Buchstaben und andere Zeichen, aus unedlen Metallen, ausgenommen Schilder und Zeichen der Position 9405**	2,7	—
8311	**Drähte, Stäbe, Rohre, Platten, Elektroden und ähnliche Waren, aus unedlen Metallen oder aus Metallcarbiden, mit Dekapier- oder Flussmitteln umhüllt oder gefüllt, zum Schweißen oder Löten oder zum Auftragen von Metall oder von Metallcarbiden; Drähte und Stäbe, aus agglomeriertem Pulver von unedlen Metallen, zum Metallisieren im Aufspritzverfahren:**		
8311 10 00	– umhüllte Elektroden aus unedlen Metallen, für das Lichtbogenschweißen	2,7	—
8311 20 00	– gefüllte Drähte aus unedlen Metallen, für das Lichtbogenschweißen	2,7	—
8311 30 00	– umhüllte Stäbe und gefüllte Drähte, aus unedlen Metallen, für das Löten oder das Autogenschweißen	2,7	—
8311 90 00	– andere	2,7	—

ABSCHNITT XVI

MASCHINEN, APPARATE, MECHANISCHE GERÄTE UND ELEKTROTECHNISCHE WAREN, TEILE DAVON; TONAUFNAHME- ODER TONWIEDERGABEGERÄTE, FERNSEH-BILD- UND -TONAUFZEICHNUNGSGERÄTE ODER FERNSEH-BILD- UND -TONWIEDERGABEGERÄTE, TEILE UND ZUBEHÖR FÜR DIESE GERÄTE

Anmerkungen

1. Zu Abschnitt XVI gehören nicht:

   a) Förderbänder oder Treibriemen, aus Kunststoffen des Kapitels 39 oder aus vulkanisiertem Kautschuk (Position 4010) oder andere Waren von der Art wie sie in Maschinen, Apparaten, mechanischen Geräten oder elektrotechnischen Waren verwendet werden oder zu anderen technischen Zwecken aus Weichkautschuk (Position 4016);

   b) Waren zu technischen Zwecken aus Leder oder rekonstituiertem Leder (Position 4205) oder aus Pelzfellen (Position 4303);

   c) Spulen, Hülsen, Röhrchen und ähnliche Träger, aus Stoffen aller Art (z. B. Kapitel 39, 40, 44, 48 oder Abschnitt XV);

   d) Lochkarten für Jacquard- oder ähnliche Maschinen (z. B. Kapitel 39 oder 48 bzw. Abschnitt XV);

   e) Förderbänder und Treibriemen, aus Spinnstoffen (Position 5910), sowie Gegenstände des technischen Bedarfs aus Spinnstoffen (Position 5911);

   f) Edelsteine oder Schmucksteine (natürliche, synthetische oder rekonstituierte) der Positionen 7102 bis 7104 sowie Waren ganz aus diesen Steinen der Position 7116, ausgenommen bearbeitete, nicht montierte Saphire und Diamanten für Tonabnehmer-Abtastnadeln (Position 8522);

   g) Teile mit allgemeiner Verwendungsmöglichkeit im Sinne der Anmerkung 2 zu Abschnitt XV, aus unedlen Metallen (Abschnitt XV), und gleichartige Waren aus Kunststoffen (Kapitel 39);

   h) Bohrgestänge (Position 7304);

   ij) endlose Gewebe und Bänder, aus Metalldraht oder -streifen (Abschnitt XV);

   k) Waren des Kapitels 82 oder 83;

   l) Waren des Abschnitts XVII;

   m) Waren des Kapitels 90;

   n) Uhrmacherwaren (Kapitel 91);

   o) auswechselbare Werkzeuge der Position 8207 und Bürsten von der als Maschinenteile verwendeten Art (Position 9603) sowie ähnliche, nach Stoffbeschaffenheit ihres arbeitenden Teils einzureihende auswechselbare Werkzeuge (z. B. Kapitel 40, 42, 43, 45 oder 59 bzw. Position 6804 oder 6909);

   p) Waren des Kapitels 95;

   q) Bänder für Schreibmaschinen oder ähnliche Bänder, auch auf Spulen oder in Kassetten (Einreihung nach stofflicher Beschaffenheit oder in die Position 9612, wenn sie mit Tinte oder anders für Abdrucke präpariert sind).

2. Teile von Maschinen (ausgenommen Teile von Waren der Position 8484, 8544, 8545, 8546 oder 8547), die nicht durch Anmerkung 1 zu Abschnitt XVI, Anmerkung 1 zu Kapitel 84 oder Anmerkung 1 zu Kapitel 85 von Abschnitt XVI ausgenommen werden, sind nach folgenden Regeln einzureihen:

   a) Teile, die sich als Waren einer Position des Kapitels 84 oder 85 (ausgenommen die Positionen 8409, 8431, 8448, 8466, 8473, 8487, 8503, 8522, 8529, 8538 und 8548) darstellen, sind dieser Position zuzuweisen, ohne Rücksicht darauf, für welche Maschine sie bestimmt sind;

   b) andere Teile sind, wenn sie erkennbar ausschließlich oder hauptsächlich für eine bestimmte Maschine oder für mehrere in der gleichen Position (auch in Position 8479 oder Position 8543) erfasste Maschinen bestimmt sind, der Position für diese Maschine oder Maschinen oder, soweit zutreffend, der Position 8409, 8431, 8448, 8466, 8473, 8503, 8522, 8529 oder 8538 zuzuweisen. Teile, die hauptsächlich sowohl für Waren der Position 8517 als auch für Waren der Positionen 8525 bis 8528 bestimmt sind, gehören zu Position 8517;

   c) alle übrigen Teile sind der Position 8409, 8431, 8448, 8466, 8473, 8503, 8522, 8529 oder 8538 oder, soweit diese nicht zutreffen, der Position 8487 oder 8548 zuzuweisen.

3. Soweit nichts anderes bestimmt ist, sind kombinierte Maschinen aus zwei oder mehr Maschinen verschiedener Art, die zusammen arbeiten sollen und ein Ganzes bilden, sowie Maschinen, die ihrer Beschaffenheit nach dazu bestimmt sind, zwei oder mehrere verschiedene, sich abwechselnde oder ergänzende Tätigkeiten (Funktionen) auszuführen, nach der das Ganze kennzeichnenden Haupttätigkeit (Hauptfunktion) einzureihen.

4. Besteht eine Maschine oder eine Kombination aus Maschinen aus entweder voneinander getrennten oder durch Leitungen, Übertragungsvorrichtungen, elektrischen Kabeln oder anderen Vorrichtungen miteinander verbundenen Einzelkomponenten, die gemeinsam eine genau bestimmte, in einer der Positionen des Kapitels 84 oder 85 erfasste Funktion ausüben, so ist das Ganze in die Position einzureihen, die diese Funktion erfasst.

5. Bei der Anwendung der Anmerkungen des Abschnitts XVI umfasst der Begriff „Maschinen" alle Maschinen, Apparate, Geräte und Vorrichtungen der in den Positionen des Kapitels 84 oder 85 genannten Art.

Zusätzliche Anmerkungen

1. *Zur Montage oder zur Instandhaltung der Maschinen benötigte Werkzeuge sind wie die Maschinen einzureihen, zu denen sie gehören, wenn sie mit ihnen gestellt werden. Dies gilt auch für auswechselbare Werkzeuge, wenn sie mit den Maschinen, deren übliche Ausrüstung sie darstellen, gestellt und üblicherweise zusammen mit ihnen verkauft werden.*

2. *Auf Verlangen der Anmeldestelle/Zollstelle hat der Anmelder zur Ergänzung der Anmeldung/Zollanmeldung erläuternde Unterlagen (z. B. eine Warenbeschreibung, Prospekte, Katalogauszüge, Fotografien) beizufügen, aus denen die geläufige Bezeichnung der Maschine, ihre Verwendung und ihre wesentlichen Merkmale hervorgehen. Bei zerlegten oder nicht zusammengesetzten Maschinen hat der Anmelder auf Verlangen der Anmeldestelle/Zollstelle ferner einen Montageplan und ein Verzeichnis des Inhalts der einzelnen Packstücke als Beleg zur Anmeldung/Zollanmeldung vorzulegen.*

3. *Auf Antrag des Anmelders und bei Beachtung der von den zuständigen Behörden festzusetzenden Voraussetzungen werden die Bestimmungen der Allgemeinen Vorschrift 2 Buchstabe a) auch auf Maschinen angewendet, die in Teilsendungen ein- oder ausgehen.*

KAPITEL 84

KERNREAKTOREN, KESSEL, MASCHINEN, APPARATE UND MECHANISCHE GERÄTE; TEILE DAVON

Anmerkungen

1. Zu Kapitel 84 gehören nicht:

   a) Mühlsteine, Schleifsteine und andere Waren des Kapitels 68;

   b) Maschinen, Apparate und Geräte (z. B. Pumpen), aus keramischen Stoffen, und Teile aus keramischen Stoffen für Maschinen, Apparate und Geräte, aus Stoffen aller Art (Kapitel 69);

   c) Glaswaren für Laboratorien (Position 7017); Glaswaren zu technischen Zwecken (Position 7019 oder 7020);

   d) Waren der Position 7321 oder 7322 sowie ähnliche Waren aus anderen unedlen Metallen (Kapitel 74 bis 76 oder 78 bis 81);

   e) Staubsauger der Position 8508;

   f) elektromechanische Haushaltsgeräte der Position 8509; digitale Fotoapparate der Position 8525;

   g) nicht motorbetriebene Handkehrgeräte (Position 9603).

2. Vorbehaltlich der Anmerkung 3 zu Abschnitt XVI und der Anmerkung 9 zu diesem Kapitel sind Maschinen, Apparate und Geräte, die sowohl in die Positionen 8401 bis 8424 oder die Position 8486 als auch in die Positionen 8425 bis 8480 eingereiht werden können, in die Positionen 8401 bis 8424 oder die Position 8486 einzureihen.

   Zu Position 8419 gehören jedoch nicht:

   a) Brutapparate und Aufzuchtapparate, für die Geflügelzucht, sowie Keimapparate (Position 8436);

   b) Getreidenetzapparate für die Müllerei (Position 8437);

   c) Diffuseure für die Zuckerherstellung (Position 8438);

   d) Maschinen und Apparate zum Warmbehandeln von Garnen, Geweben oder anderen Spinnstoffwaren (Position 8451);

   e) Apparate und Vorrichtungen, die eine mechanische Arbeit verrichten, bei der eine Temperaturänderung zwar notwendig, aber nur von untergeordneter Bedeutung ist.

Zu Position 8422 gehören jedoch nicht:

a) Nähmaschinen zum Verschließen von Verpackungen (Position 8452);

b) Büromaschinen und -apparate der Position 8472.

Zu Position 8424 gehören jedoch nicht:

a) Tintenstrahldruckmaschinen (Position 8443) oder

b) Wasserstrahlschneidemaschinen (Position 8456).

3. Werkzeugmaschinen zum Abtragen von Stoffen aller Art, die sowohl in die Position 8456 als auch in die Position 8457, 8458, 8459, 8460, 8461, 8464 oder 8465 eingereiht werden können, sind der Position 8456 zuzuweisen.

4. Zu Position 8457 gehören nur metallbearbeitende Werkzeugmaschinen, ausgenommen Drehmaschinen (einschließlich Drehzentren), die mehrere verschiedenartige Bearbeitungsvorgänge ausführen können, und zwar entweder

a) durch automatischen Werkzeugwechsel aus einem Werkzeugmagazin oder dergleichen entsprechend einem Bearbeitungsprogramm (Bearbeitungszentren) oder

b) durch automatischen Einsatz verschiedener Bearbeitungseinheiten, die gleichzeitig oder nacheinander ein feststehendes Werkstück bearbeiten (Mehrwegemaschinen) oder

c) durch automatisches Zuführen des Werkstücks zu verschiedenen Bearbeitungseinheiten (Transfermaschinen).

5. A) Als „automatische Datenverarbeitungsmaschinen" im Sinne der Position 8471 gelten Maschinen, die

1) das Datenverarbeitungsprogramm oder die Datenverarbeitungsprogramme und mindestens die Daten speichern können, die zur Durchführung dieses Programms oder dieser Programme unmittelbar benötigt werden;

2) frei programmiert werden können entsprechend den Benutzeranforderungen;

3) Rechenoperationen entsprechend den Anweisungen des Benutzers durchzuführen vermögen, und

4) in der Lage sind, ohne menschliche Mitwirkung ein Datenerarbeitungsprogramm durchzuführen, dessen Ausführung sie während des Programmablaufs aufgrund logischer Entscheidung selbst ändern können.

B) Automatische Datenverarbeitungsmaschinen können in Form von Systemen vorkommen, die aus einer unterschiedlichen Anzahl gesonderter Einheiten bestehen.

C) Vorbehaltlich der Bestimmungen der nachstehenden Absätze D und E wird eine Einheit dann als Teil eines automatischen Datenverarbeitungssystems angesehen, wenn sie alle folgenden Bedingungen erfüllt:

1) sie ist von der ausschließlich oder hauptsächlich in einem automatischen Datenverarbeitungssystem verwendeten Art;

2) sie ist an die Zentraleinheit unmittelbar oder über eine oder mehrere andere Einheiten anschließbar, und

3) sie ist in der Lage, Daten in einer Form (Codes oder Signale) zu empfangen oder zu liefern, die vom System verwendbar sind.

Gesondert gestellte Einheiten einer automatischen Datenverarbeitungsmaschine sind in die Position 8471 einzureihen.

Tastaturen, X/Y-Koordinateneingabegeräte und Plattenspeichereinheiten, die die Bedingungen der vorstehenden Absätze C 2 und C 3 erfüllen, sind jedoch stets als Einheiten in die Position 8471 einzureihen.

D) Die Position 8471 erfasst nicht die nachstehenden, gesondert gestellten Apparate, selbst wenn sie alle Bedingungen der Anmerkung 5 C erfüllen:

1) Drucker, Kopierer, Fernkopierer, auch kombiniert;

2) Sende- oder Empfangsgeräte für Töne, Bilder oder andere Daten, einschließlich Geräte für die Kommunikation in einem drahtgebundenen oder drahtlosen Netzwerk (wie ein lokales Netzwerk oder ein Weitverkehrsnetzwerk);

3) Lautsprecher und Mikrofone;

4) Fernsehkameras, digitale Fotoapparate und Videokameraaufnahmegeräte, oder

5) Monitoren und Projektoren, ohne eingebautes Fernsehempfangsgerät.

E) Maschinen, in die eine automatische Datenverarbeitungsmaschine eingebaut ist oder die mit einer automatischen Datenverarbeitungsmaschine zusammenarbeiten und die eine eigene Funktion (andere als die Datenverarbeitung) ausführen, sind in die ihrer Funktion entsprechende Position oder, falls keine solche vorhanden ist, in eine Sammelposition einzureihen.

6. Zu Position 8482 gehören nur solche polierten Stahlkugeln, deren Grenzabmaß nicht mehr als ± 1 v. H. vom angegebenen Durchmesser (Nennmaß), höchstens jedoch ± 0,05 mm beträgt.

Stahlkugeln, die dieser Begriffsbestimmung nicht entsprechen, gehören zu Position 7326.

7. Maschinen mit vielseitiger Verwendungsmöglichkeit gehören, wenn nichts anderes bestimmt ist und vorbehaltlich der Anmerkung 2 zu Kapitel 84 und der Anmerkung 3 zu Abschnitt XVI, zu der Position, die ihrem Hauptverwendungszweck entspricht. Besteht eine derartige Position nicht oder ist der Hauptverwendungszweck nicht feststellbar, sind sie der Position 8479 zuzuweisen.

   Zu Position 8479 gehören jedoch stets Maschinen, die aus beliebigen Stoffen Bindfäden, Seile, Taue oder Kabel herstellen (z. B. Litzenschlagmaschinen, Seilschlagmaschinen und Kabelmaschinen).

8. Im Sinne der Position 8470 gilt der Begriff „im Taschenformat" nur für Geräte, deren Abmessungen 170 mm × 100 mm × 45 mm nicht übersteigen.

9. A) Die Anmerkungen 8 a) und 8 b) zu Kapitel 85 gelten auch für die in dieser Anmerkung oder in der Position 8486 verwendeten Begriffe „Halbleiterbauelemente" und „elektronische integrierte Schaltungen". Im Sinne dieser Anmerkung und der Position 8486 umfasst der Begriff „Halbleiterbauelemente" jedoch auch lichtempfindliche Halbleiterbauelemente und Leuchtdioden.

   B) Im Sinne dieser Anmerkung und der Position 8486 umfasst der Begriff „Herstellen von Flachbildschirmen" die Herstellung der Trägermaterialien, die in solchen Flachbildschirmen verwendet werden. Er umfasst nicht die Herstellung von Glas oder die Montage von gedruckten Schaltungen oder anderen elektronischen Komponenten auf einen Flachbildschirm. Der Begriff „Flachbildschirm" umfasst nicht die Kathodenstrahlröhrentechnologie.

   C) Zur Position 8486 gehören auch Maschinen, Apparate und Geräte, von der Art, wie sie ausschließlich oder hautsächlich verwendet werden zum:

      1) Herstellen oder zur Reparatur von Masken und Reticles;

      2) Zusammenbauen von Halbleiterbauelementen oder elektronischen integrierten Schaltungen;

      3) Heben, Fördern, Laden und Entladen von Halbleiterbarren (boules), Halbleiterscheiben (wafers) oder Halbleiterbauelementen, elektronischen integrierten Schaltungen und Flachbildschirmen.

   D) Vorbehaltlich der Bestimmungen der Anmerkung 1 zu Abschnitt XVI und der Anmerkung 1 zu Kapitel 84 sind Maschinen, Apparate und Geräte, die dem Wortlaut der Position 8486 entsprechen, in Position 8486 und nicht in eine andere Position der Nomenklatur einzureihen.

Unterpositions-Anmerkungen

1. Im Sinne der Unterposition 8471 49 umfasst der Begriff „System" automatische Datenverarbeitungsmaschinen, deren Einheiten die Bedingungen der Anmerkung 5 C zu Kapitel 84 erfüllen und die mindestens aus einer Zentraleinheit, einer Eingabeeinheit (z. B. einer Tastatur oder einem Scanner) und einer Ausgabeeinheit (z. B. einem Bildschirm oder einem Drucker) bestehen.

2. Zu Unterposition 8482 40 gehören nur Wälzlager mit zylindrischen Rollen, deren gleich bleibender Durchmesser 5 mm oder weniger und deren Länge mindestens das Dreifache des Durchmessers beträgt. Die Rollen können an den Enden abgerundet sein.

Zusätzliche Anmerkungen

1. *Als „Motoren für Luftfahrzeuge" der Unterpositionen 8407 10 und 8409 10 gelten nur Motoren, die ihrer Beschaffenheit nach zum Anbringen einer Luftschraube oder eines Rotors bestimmt sind.*

2. *Zu Unterposition 8471 70 30 gehören auch CD-ROM-Leser, die Speichereinheiten von automatischen Datenverarbeitungsmaschinen sind und aus Laufwerken bestehen, die ihrer Beschaffenheit nach zum Lesen von CD-ROM-, CD-Audio- und CD-Foto-Signalen bestimmt und mit einem Kopfhöreranschluss, einem Lautstärkeregler oder einem Ein-Aus-Schalter ausgestattet sind.*

KN-Code	Warenbezeichnung	Vertragsmäßiger Zollsatz (%)	Besondere Maßeinheit
1	2	3	4
8401	**Kernreaktoren; nicht bestrahlte Brennstoffelemente für Kernreaktoren; Maschinen und Apparate für die Isotopentrennung:**		
8401 10 00	**– Kernreaktoren (*Euratom*)**	5,7	—
8401 20 00	**– Maschinen und Apparate für die Isotopentrennung sowie Teile davon (*Euratom*)**	3,7	—
8401 30 00	**– nicht bestrahlte Brennstoffelemente (*Euratom*)**	3,7	gi F/S

KN-Code	Warenbezeichnung	Vertragsmäßiger Zollsatz (%)	Besondere Maßeinheit
1	2	3	4
8401 40 00	– Teile von Kernreaktoren (*Euratom*)	3,7	—
8402	**Dampfkessel (Dampferzeuger), ausgenommen Zentralheizungskessel, die sowohl heißes Wasser als auch Niederdruckdampf erzeugen können; Kessel zum Erzeugen von überhitztem Wasser:**		
	– Dampfkessel:		
8402 11 00	– – Wasserrohrkessel mit einer Dampfleistung von mehr als 45 t/h	2,7	—
8402 12 00	– – Wasserrohrkessel mit einer Dampfleistung von 45 t/h oder weniger	2,7	—
8402 19	– – andere Dampfkessel, einschließlich kombinierte Kessel (Hybridkessel):		
8402 19 10	– – – Flammrohrkessel und Rauchrohrkessel	2,7	—
8402 19 90	– – – andere	2,7	—
8402 20 00	– Kessel zum Erzeugen von überhitztem Wasser	2,7	—
8402 90 00	– Teile	2,7	—
8403	**Zentralheizungskessel, ausgenommen solche der Position 8402:**		
8403 10	– Heizkessel:		
8403 10 10	– – aus Gusseisen	2,7	—
8403 10 90	– – andere	2,7	—
8403 90	– Teile:		
8403 90 10	– – aus Gusseisen	2,7	—
8403 90 90	– – andere	2,7	—
8404	**Hilfsapparate für Kessel der Position 8402 oder 8403 (z. B. Vorwärmer, Überhitzer, Rußbläser und Rauchgasrückführungen); Kondensatoren für Dampfkraftmaschinen:**		
8404 10 00	– Hilfsapparate für Kessel der Position 8402 oder 8403	2,7	—
8404 20 00	– Kondensatoren für Dampfkraftmaschinen	2,7	
8404 90 00	– Teile	2,7	—
8405	**Generatorgas- und Wassergaserzeuger, auch mit ihren Gasreinigern; Acetylenentwickler und ähnliche mit Wasser arbeitende Gaserzeuger, auch mit ihren Gasreinigern:**		
8405 10 00	– Generatorgas- und Wassergaserzeuger, auch mit ihren Gasreinigern; Acetylenentwickler und ähnliche mit Wasser arbeitende Gaserzeuger, auch mit ihren Gasreinigern	1,7	—
8405 90 00	– Teile	1,7	—
8406	**Dampfturbinen:**		
8406 10 00	– Turbinen für den Antrieb von Wasserfahrzeugen	2,7	—
	– andere Turbinen:		
8406 81 00	– – mit einer Leistung von mehr als 40 MW	2,7	—
8406 82 00	– – mit einer Leistung von 40 MW oder weniger	2,7	—

KN-Code	Warenbezeichnung	Vertragsmäßiger Zollsatz (%)	Besondere Maßeinheit
1	2	3	4
8406 90	– **Teile:**		
8406 90 10	– – Lauf- und Leitschaufeln, Rotoren	2,7	—
8406 90 90	– – andere	2,7	—
8407	**Hub- und Rotationskolbenverbrennungsmotoren mit Fremdzündung:**		
8407 10 00	– **Motoren für Luftfahrzeuge**	1,7 (1)	p/st
	– **Antriebsmotoren für Wasserfahrzeuge:**		
8407 21	– – **Außenbordmotoren:**		
8407 21 10	– – – mit einem Hubraum von 325 cm³ oder weniger	6,2	p/st
	– – – mit einem Hubraum von mehr als 325 cm³:		
8407 21 91	– – – – mit einer Leistung von 30 kW oder weniger	4,2	p/st
8407 21 99	– – – – mit einer Leistung von mehr als 30 kW	4,2	p/st
8407 29 00	– – **andere**	4,2	p/st
	– **Hubkolbenmotoren von der zum Antrieb von Fahrzeugen des Kapitels 87 verwendeten Art:**		
8407 31 00	– – **mit einem Hubraum von 50 cm³ oder weniger**	2,7	p/st
8407 32	– – **mit einem Hubraum von mehr als 50 cm³ bis 250 cm³:**		
8407 32 10	– – – mit einem Hubraum von mehr als 50 cm³ bis 125 cm³	2,7	p/st
8407 32 90	– – – mit einem Hubraum von mehr als 125 cm³ bis 250 cm³	2,7	p/st
8407 33	– – **mit einem Hubraum von mehr als 250 cm³ bis 1 000 cm³:**		
★ **8407 33 20**	– – – mit einem Hubraum von mehr als 250 cm³ bis 500 cm³	2,7	p/st
★ **8407 33 80**	– – – mit einem Hubraum von mehr als 500 cm³ bis 1 000 cm³	2,7	p/st
8407 34	– – **mit einem Hubraum von mehr als 1 000 cm³:**		
8407 34 10	– – – für die industrielle Montage: von Einachsschleppern der Unterposition 8701 10, von Kraftfahrzeugen der Position 8703, von Kraftfahrzeugen der Position 8704, mit Motor mit einem Hubraum von weniger als 2 800 cm³, von Kraftfahrzeugen der Position 8705 (2)	2,7	p/st
	– – – andere:		
8407 34 30	– – – – gebraucht	4,2	p/st
	– – – – neu, mit einem Hubraum von:		
8407 34 91	– – – – – 1 500 cm³ oder weniger	4,2	p/st
8407 34 99	– – – – – mehr als 1 500 cm³	4,2	p/st

(1) Für eingeführte und für die Montage bestimmte Waren für Luftfahrzeuge, schwerer als Luft, die selbst zollfrei eingeführt worden sind oder in der Europäischen Union hergestellt werden, wird die Anwendung des Zollsatzes vorläufig autonom ausgesetzt. Bei Inanspruchnahme dieser Aussetzung sind die in den einschlägigen Bestimmungen der Europäischen Union festgesetzten Modalitäten und Bedingungen zu beachten (siehe Artikel 291 bis 300 der Verordnung (EWG) Nr. 2454/93 der Kommission (ABl. L 253 vom 11.10.1993, S. 1)).

(2) Die Zulassung zu dieser Unterposition erfolgt nach den in den einschlägigen Bestimmungen der Europäischen Union festgesetzten Voraussetzungen (s. Artikel 291 bis 300 der Verordnung (EWG) Nr. 2454/93 der Kommission (ABl. L 253 vom 11.10.1993, S. 1)).

KN-Code	Warenbezeichnung	Vertragsmäßiger Zollsatz (%)	Besondere Maßeinheit
1	2	3	4
8407 90	– **andere Motoren:**		
8407 90 10	– – mit einem Hubraum von 250 cm^3 oder weniger	2,7	p/st
	– – mit einem Hubraum von mehr als 250 cm^3:		
8407 90 50	– – – für die industrielle Montage: von Einachsschleppern der Unterposition 8701 10, von Kraftfahrzeugen der Position 8703, von Kraftfahrzeugen der Position 8704, mit Motor mit einem Hubraum von weniger als 2 800 cm^3, von Kraftfahrzeugen der Position 8705 (1)	2,7	p/st
	– – – andere:		
8407 90 80	– – – – mit einer Leistung von 10 kW oder weniger	4,2	p/st
8407 90 90	– – – – mit einer Leistung von mehr als 10 kW	4,2	p/st
8408	**Kolbenverbrennungsmotoren mit Selbstzündung (Diesel- oder Halbdieselmotoren):**		
8408 10	– **Antriebsmotoren für Wasserfahrzeuge:**		
	– – gebraucht:		
8408 10 11	– – – für Schiffe für die Seeschifffahrt der Positionen 8901 bis 8906, für Schlepper der Unterposition 8904 00 10 und für Kriegsschiffe der Unterposition 8906 10 00 (1)	frei	p/st
8408 10 19	– – – andere	2,7	p/st
	– – neu, mit einer Leistung von:		
	– – – 50 kW oder weniger:		
8408 10 23	– – – – für Schiffe für die Seeschifffahrt der Positionen 8901 bis 8906, für Schlepper der Unterposition 8904 00 10 und für Kriegsschiffe der Unterposition 8906 10 00 (1)	frei	p/st
8408 10 27	– – – – andere	2,7	p/st
	– – – mehr als 50 kW bis 100 kW:		
8408 10 31	– – – – für Schiffe für die Seeschifffahrt der Positionen 8901 bis 8906, für Schlepper der Unterposition 8904 00 10 und für Kriegsschiffe der Unterposition 8906 10 00 (1)	frei	p/st
8408 10 39	– – – – andere	2,7	p/st
	– – – mehr als 100 kW bis 200 kW:		
8408 10 41	– – – – für Schiffe für die Seeschifffahrt der Positionen 8901 bis 8906, für Schlepper der Unterposition 8904 00 10 und für Kriegsschiffe der Unterposition 8906 10 00 (1)	frei	p/st
8408 10 49	– – – – andere	2,7	p/st
	– – – mehr als 200 kW bis 300 kW:		
8408 10 51	– – – – für Schiffe für die Seeschifffahrt der Positionen 8901 bis 8906, für Schlepper der Unterposition 8904 00 10 und für Kriegsschiffe der Unterposition 8906 10 00 (1)	frei	p/st
8408 10 59	– – – – andere	2,7	p/st

(1) Die Zulassung zu dieser Unterposition erfolgt nach den in den einschlägigen Bestimmungen der Europäischen Union festgesetzten Voraussetzungen (s. Artikel 291 bis 300 der Verordnung (EWG) Nr. 2454/93 der Kommission (ABl. L 253 vom 11.10.1993, S. 1)).

KN-Code	Warenbezeichnung	Vertragsmäßiger Zollsatz (%)	Besondere Maßeinheit
1	2	3	4
	– – – mehr als 300 kW bis 500 kW:		
8408 10 61	– – – – für Schiffe für die Seeschifffahrt der Positionen 8901 bis 8906, für Schlepper der Unterposition 8904 00 10 und für Kriegsschiffe der Unterposition 8906 10 00 (1) . .	frei	p/st
8408 10 69	– – – – andere	2,7	p/st
	– – – mehr als 500 kW bis 1 000 kW:		
8408 10 71	– – – – für Schiffe für die Seeschifffahrt der Positionen 8901 bis 8906, für Schlepper der Unterposition 8904 00 10 und für Kriegsschiffe der Unterposition 8906 10 00 (1) . .	frei	p/st
8408 10 79	– – – – andere	2,7	p/st
	– – – mehr als 1 000 kW bis 5 000 kW:		
8408 10 81	– – – – für Schiffe für die Seeschifffahrt der Positionen 8901 bis 8906, für Schlepper der Unterposition 8904 00 10 und für Kriegsschiffe der Unterposition 8906 10 00 (1) . .	frei	p/st
8408 10 89	– – – – andere	2,7	p/st
	– – – mehr als 5 000 kW:		
8408 10 91	– – – – für Schiffe für die Seeschifffahrt der Positionen 8901 bis 8906, für Schlepper der Unterposition 8904 00 10 und für Kriegsschiffe der Unterposition 8906 10 00 (1) . .	frei	p/st
8408 10 99	– – – – andere	2,7	p/st
8408 20	– **Motoren von der zum Antrieb von Fahrzeugen des Kapitels 87 verwendeten Art:**		
8408 20 10	– – für die industrielle Montage: von Einachsschleppern der Unterposition 8701 10, von Kraftfahrzeugen der Position 8703, von Kraftfahrzeugen der Position 8704, mit Motor mit einem Hubraum von weniger als 2 500 cm^3, von Kraftfahrzeugen der Position 8705 (1)	2,7	p/st
	– – andere:		
	– – – für Acker- und Forstschlepper auf Rädern, mit einer Leistung von:		
8408 20 31	– – – – 50 kW oder weniger	4,2	p/st
8408 20 35	– – – – mehr als 50 kW bis 100 kW	4,2	p/st
8408 20 37	– – – – mehr als 100 kW	4,2	p/st
	– – – für andere Fahrzeuge des Kapitels 87, mit einer Leistung von:		
8408 20 51	– – – – 50 kW oder weniger	4,2	p/st
8408 20 55	– – – – mehr als 50 kW bis 100 kW	4,2	p/st
8408 20 57	– – – – mehr als 100 kW bis 200 kW	4,2	p/st
8408 20 99	– – – – mehr als 200 kW	4,2	p/st
8408 90	– **andere Motoren:**		
8408 90 21	– – Antriebsmotoren für Schienenfahrzeuge	4,2	p/st
	– – andere:		
8408 90 27	– – – gebraucht	4,2	p/st
	– – – neu, mit einer Leistung von:		
8408 90 41	– – – – 15 kW oder weniger	4,2	p/st
8408 90 43	– – – – mehr als 15 kW bis 30 kW	4,2	p/st
8408 90 45	– – – – mehr als 30 kW bis 50 kW	4,2	p/st

(1) Die Zulassung zu dieser Unterposition erfolgt nach den in den einschlägigen Bestimmungen der Europäischen Union festgesetzten Voraussetzungen (s. Artikel 291 bis 300 der Verordnung (EWG) Nr. 2454/93 der Kommission (ABl. L 253 vom 11.10.1993, S. 1)).

KN-Code	Warenbezeichnung	Vertragsmäßiger Zollsatz (%)	Besondere Maßeinheit
1	2	3	4
8408 90 47	– – – – mehr als 50 kW bis 100 kW	4,2	p/st
8408 90 61	– – – – mehr als 100 kW bis 200 kW	4,2	p/st
8408 90 65	– – – – mehr als 200 kW bis 300 kW	4,2	p/st
8408 90 67	– – – – mehr als 300 kW bis 500 kW	4,2	p/st
8408 90 81	– – – – mehr als 500 kW bis 1 000 kW	4,2	p/st
8408 90 85	– – – – mehr als 1 000 kW bis 5 000 kW	4,2	p/st
8408 90 89	– – – – mehr als 5 000 kW	4,2	p/st
8409	**Teile, erkennbar ausschließlich oder hauptsächlich für Motoren der Position 8407 oder 8408 bestimmt:**		
8409 10 00	**– von Motoren für Luftfahrzeuge**	1,7 (1)	—
	– andere:		
8409 91 00	**– – erkennbar ausschließlich oder hauptsächlich für Kolbenverbrennungsmotoren mit Fremdzündung bestimmt**	2,7	—
8409 99 00	**– – andere**	2,7	—
8410	**Wasserturbinen, Wasserräder und Regler dafür:**		
	– Wasserturbinen und Wasserräder:		
8410 11 00	**– – mit einer Leistung von 1 000 kW oder weniger**	4,5	—
8410 12 00	**– – mit einer Leistung von mehr als 1 000 kW bis 10 000 kW**	4,5	—
8410 13 00	**– – mit einer Leistung von mehr als 10 000 kW**	4,5	—
8410 90 00	**– Teile, einschließlich Regler**	4,5	—
8411	**Turbo-Strahltriebwerke, Turbo-Propellertriebwerke und andere Gasturbinen:**		
	– Turbo-Strahltriebwerke:		
8411 11 00	**– – mit einer Schubkraft von 25 kN oder weniger**	3,2 (1)	p/st
8411 12	**– – mit einer Schubkraft von mehr als 25 kN:**		
8411 12 10	– – – mit einer Schubkraft von mehr als 25 kN bis 44 kN	2,7 (1)	p/st
8411 12 30	– – – mit einer Schubkraft von mehr als 44 kN bis 132 kN	2,7 (1)	p/st
8411 12 80	– – – mit einer Schubkraft von mehr als 132 kN	2,7 (1)	p/st
	– Turbo-Propellertriebwerke:		
8411 21 00	**– – mit einer Leistung von 1 100 kW oder weniger**	3,6 (1)	p/st
8411 22	**– – mit einer Leistung von mehr als 1 100 kW:**		
8411 22 20	– – – mit einer Leistung von mehr als 1 100 kW bis 3 730 kW	2,7 (1)	p/st
8411 22 80	– – – mit einer Leistung von mehr als 3 730 kW	2,7 (1)	p/st
	– andere Gasturbinen:		
8411 81 00	**– – mit einer Leistung von 5 000 kW oder weniger**	4,1	p/st
8411 82	**– – mit einer Leistung von mehr als 5 000 kW:**		
8411 82 20	– – – mit einer Leistung von mehr als 5 000 kW bis 20 000 kW	4,1	p/st

(1) Für eingeführte und für die Montage bestimmte Waren für Luftfahrzeuge, schwerer als Luft, die selbst zollfrei eingeführt worden sind oder in der Europäischen Union hergestellt werden, wird die Anwendung des Zollsatzes vorläufig autonom ausgesetzt. Bei Inanspruchnahme dieser Aussetzung sind die in den einschlägigen Bestimmungen der Europäischen Union festgesetzten Modalitäten und Bedingungen zu beachten (siehe Artikel 291 bis 300 der Verordnung (EWG) Nr. 2454/93 der Kommission (ABl. L 253 vom 11.10.1993, S. 1)).

KN-Code	Warenbezeichnung	Vertragsmäßiger Zollsatz (%)	Besondere Maßeinheit
1	2	3	4
8411 82 60	– – – mit einer Leistung von mehr als 20 000 kW bis 50 000 kW	4,1	p/st
8411 82 80	– – – mit einer Leistung von mehr als 50 000 kW	4,1	p/st
	– **Teile:**		
8411 91 00	– – **von Turbo-Strahltriebwerken oder Turbo-Propellertriebwerken**	2,7 ([1])	—
8411 99 00	– – **andere**	4,1	—
8412	**Andere Motoren und Kraftmaschinen:**		
8412 10 00	– **Strahltriebwerke, andere als Turbo-Strahltriebwerke**	2,2 ([1])	p/st
	– **Wasserkraftmaschinen und Hydromotoren:**		
8412 21	– – **linear arbeitend (Zylinder):**		
8412 21 20	– – – Hydrosysteme	2,7	—
8412 21 80	– – – andere	2,7	—
8412 29	– – **andere:**		
8412 29 20	– – – Hydrosysteme	4,2	—
	– – – andere:		
8412 29 81	– – – – Hydromotoren	4,2	—
8412 29 89	– – – – andere	4,2	—
	– **Druckluftmotoren:**		
8412 31 00	– – **linear arbeitend (Zylinder)**	4,2	—
8412 39 00	– – **andere**	4,2	—
8412 80	– **andere:**		
8412 80 10	– – Dampfkraftmaschinen für Wasserdampf oder anderen Dampf	2,7	—
8412 80 80	– – andere	4,2	—
8412 90	– **Teile:**		
8412 90 20	– – von Strahltriebwerken, anderen als Turbo-Strahltriebwerken	1,7 ([1])	—
8412 90 40	– – von Hydromotoren	2,7	—
8412 90 80	– – andere	2,7	—
8413	**Flüssigkeitspumpen, auch mit Flüssigkeitsmesser; Hebewerke für Flüssigkeiten:**		
	– **Pumpen, mit Messvorrichtung ausgestattet oder ihrer Beschaffenheit nach zur Aufnahme einer Messvorrichtung bestimmt:**		
8413 11 00	– – **Ausgabepumpen für Kraftstoffe oder Schmiermittel, von der in Tankstellen oder Kraftfahrzeugwerkstätten verwendeten Art**	1,7	p/st
8413 19 00	– – **andere**	1,7	p/st
8413 20 00	– **Handpumpen, ausgenommen solche der Unterposition 8413 11 oder 8413 19**	1,7	p/st
8413 30	– **Kraftstoff-, Öl- oder Kühlmittelpumpen für Kolbenverbrennungsmotoren:**		
8413 30 20	– – Einspritzpumpen	1,7	p/st

([1]) Für eingeführte und für die Montage bestimmte Waren für Luftfahrzeuge, schwerer als Luft, die selbst zollfrei eingeführt worden sind oder in der Europäischen Union hergestellt werden, wird die Anwendung des Zollsatzes vorläufig autonom ausgesetzt. Bei Inanspruchnahme dieser Aussetzung sind die in den einschlägigen Bestimmungen der Europäischen Union festgesetzten Modalitäten und Bedingungen zu beachten (siehe Artikel 291 bis 300 der Verordnung (EWG) Nr. 2454/93 der Kommission (ABl. L 253 vom 11.10.1993, S. 1)).

KN-Code	Warenbezeichnung	Vertragsmäßiger Zollsatz (%)	Besondere Maßeinheit
1	2	3	4
8413 30 80	– – andere	1,7	p/st
8413 40 00	– **Betonpumpen**	1,7	p/st
8413 50	– **andere oszillierende Verdrängerpumpen:**		
8413 50 20	– – Hydroaggregate	1,7	—
8413 50 40	– – Dosierpumpen	1,7	p/st
	– – andere:		
	– – – Kolbenpumpen:		
8413 50 61	– – – – Hydropumpen	1,7	p/st
8413 50 69	– – – – andere	1,7	p/st
8413 50 80	– – – andere	1,7	p/st
8413 60	– **andere rotierende Verdrängerpumpen:**		
8413 60 20	– – Hydroaggregate	1,7	—
	– – andere:		
	– – – Zahnradpumpen:		
8413 60 31	– – – – Hydropumpen	1,7	p/st
8413 60 39	– – – – andere	1,7	p/st
	– – – Flügelzellenpumpen:		
8413 60 61	– – – – Hydropumpen	1,7	p/st
8413 60 69	– – – – andere	1,7	p/st
8413 60 70	– – – Schraubenspindelpumpen	1,7	p/st
8413 60 80	– – – andere	1,7	p/st
8413 70	– **andere Kreiselpumpen:**		
	– – Tauchmotorpumpen:		
8413 70 21	– – – einstufig	1,7	p/st
8413 70 29	– – – mehrstufig	1,7	p/st
8413 70 30	– – Umlaufbeschleuniger für Heizungs- und Heißwasseranlagen, ohne Wellenabdichtung	1,7	p/st
	– – andere, mit einer Nennweite des Austrittsstutzens von:		
8413 70 35	– – – 15 mm oder weniger	1,7	p/st
	– – – mehr als 15 mm:		
8413 70 45	– – – – Kanalradpumpen und Seitenkanalpumpen	1,7	p/st
	– – – – Radialkreiselpumpen:		
	– – – – – einstufig:		
	– – – – – – einströmig:		
8413 70 51	– – – – – – – in Blockbauweise	1,7	p/st
8413 70 59	– – – – – – – andere	1,7	p/st
8413 70 65	– – – – – – mehrströmig	1,7	p/st
8413 70 75	– – – – – mehrstufig	1,7	p/st
	– – – – andere Kreiselpumpen:		
8413 70 81	– – – – – einstufig	1,7	p/st
8413 70 89	– – – – – mehrstufig	1,7	p/st

KN-Code	Warenbezeichnung	Vertragsmäßiger Zollsatz (%)	Besondere Maßeinheit
1	2	3	4
	– **andere Pumpen; Hebewerke für Flüssigkeiten:**		
8413 81 00	– – **Pumpen**	1,7	p/st
8413 82 00	– – **Hebewerke für Flüssigkeiten**	1,7	p/st
	– **Teile:**		
8413 91 00	– – **von Pumpen**	1,7	—
8413 92 00	– – **von Hebewerken für Flüssigkeiten**	1,7	—
8414	**Luft- oder Vakuumpumpen, Luft- oder andere Gaskompressoren sowie Ventilatoren; Abluft- oder Umluftabzugshauben mit eingebautem Ventilator, auch mit Filter:**		
8414 10	– **Vakuumpumpen:**		
8414 10 20	– – zur Verwendung bei der Herstellung von Halbleitern (1)	1,7 (2)	p/st
	– – andere:		
8414 10 25	– – – Drehschieberpumpen, Sperrschieberpumpen, Molekularpumpen und Wälzkolbenpumpen	1,7	p/st
	– – – andere:		
8414 10 81	– – – – Diffusionspumpen, Kryopumpen und Adsorptionspumpen	1,7	p/st
8414 10 89	– – – – andere	1,7	p/st
8414 20	– **hand- oder fußbetriebene Luftpumpen:**		
8414 20 20	– – Handpumpen für Fahrräder	1,7	p/st
8414 20 80	– – andere	2,2	p/st
8414 30	– **Kompressoren von der für Kältemaschinen verwendeten Art:**		
8414 30 20	– – mit einer Leistung von 0,4 kW oder weniger	2,2	p/st
	– – mit einer Leistung von mehr als 0,4 kW:		
8414 30 81	– – – hermetische oder halbhermetische	2,2	p/st
8414 30 89	– – – andere	2,2	p/st
8414 40	– **Luftkompressoren, auf Anhängerfahrgestell montiert:**		
8414 40 10	– – mit einer Liefermenge je Minute von 2 m^3 oder weniger	2,2	p/st
8414 40 90	– – mit einer Liefermenge je Minute von mehr als 2 m^3	2,2	p/st
	– **Ventilatoren:**		
8414 51 00	– – **Tisch-, Boden-, Wand-, Decken-, Dach- oder Fensterventilatoren, mit eingebautem Elektromotor mit einer Leistung von 125 W oder weniger**	3,2	p/st
8414 59	– – **andere:**		
8414 59 20	– – – Axialventilatoren	2,3	p/st
8414 59 40	– – – Zentrifugalventilatoren	2,3	p/st
8414 59 80	– – – andere	2,3	p/st
8414 60 00	– **Abzugshauben mit einer größten horizontalen Seitenlänge von 120 cm oder weniger**	2,7	p/st
8414 80	– **andere:**		
	– – Turbokompressoren:		
8414 80 11	– – – einstufig	2,2	p/st

(1) Die Zulassung zu dieser Unterposition erfolgt nach den in den einschlägigen Bestimmungen der Europäischen Union festgesetzten Voraussetzungen (s. Artikel 291 bis 300 der Verordnung (EWG) Nr. 2454/93 der Kommission (ABl. L 253 vom 11.10.1993, S. 1)).

(2) Autonomer Zollsatz: frei.

KN-Code	Warenbezeichnung	Vertragsmäßiger Zollsatz (%)	Besondere Maßeinheit
1	2	3	4
8414 80 19	– – – mehrstufig	2,2	p/st
	– – oszillierende Verdrängerkompressoren zum Erzeugen eines Überdrucks von:		
	– – – 15 bar oder weniger, mit einer Liefermenge je Stunde von:		
8414 80 22	– – – – 60 m^3 oder weniger	2,2	p/st
8414 80 28	– – – – mehr als 60 m^3	2,2	p/st
	– – – mehr als 15 bar, mit einer Liefermenge je Stunde von:		
8414 80 51	– – – – 120 m^3 oder weniger	2,2	p/st
8414 80 59	– – – – mehr als 120 m^3	2,2	p/st
	– – rotierende Verdrängerkompressoren:		
8414 80 73	– – – einwellig	2,2	p/st
	– – – mehrwellig:		
8414 80 75	– – – – Schraubenkompressoren	2,2	p/st
8414 80 78	– – – – andere	2,2	p/st
8414 80 80	– – andere	2,2	p/st
8414 90 00	– **Teile**	2,2	—
8415	**Klimageräte, bestehend aus einem motorbetriebenen Ventilator und Vorrichtungen zum Ändern der Temperatur und des Feuchtigkeitsgehalts der Luft, einschließlich solcher, bei denen der Luftfeuchtigkeitsgrad nicht unabhängig von der Lufttemperatur reguliert wird:**		
8415 10	– **von der Art für Wände oder Fenster, als Kompaktgeräte oder „Split-Systeme" (Anlagen aus getrennten Einzelelementen):**		
8415 10 10	– – Kompaktgeräte	2,2	—
8415 10 90	– – „Split-Systeme" (Anlagen aus getrennten Einzelelementen)	2,7	—
8415 20 00	– **von der zum Komfort von Personen in Kraftfahrzeugen verwendeten Art**	2,7	—
	– **andere:**		
8415 81 00	– – **mit Kälteerzeugungsvorrichtung und einem Ventil zum Umkehren des Kühl-Heizkreislaufs (Umkehrwärmepumpen)**	2,7	—
8415 82 00	– – **andere, mit Kälteerzeugungsvorrichtung**	2,7	—
8415 83 00	– – **ohne Kälteerzeugungsvorrichtung**	2,7	—
8415 90 00	– **Teile**	2,7	—
8416	**Brenner für Feuerungen, die mit flüssigem Brennstoff, pulverisiertem festem Brennstoff oder Gas betrieben werden; automatische Feuerungen, einschließlich ihrer mechanischen Beschicker, mechanischen Roste, mechanischen Entascher und ähnlichen Vorrichtungen:**		
8416 10	– **Brenner für flüssigen Brennstoff:**		
8416 10 10	– – mit fest angebauter automatischer Steuerung	1,7	p/st
8416 10 90	– – andere	1,7	p/st
8416 20	– **andere Brenner, einschließlich kombinierte Brenner:**		
8416 20 10	– – ausschließlich für Gas, in Blockbauweise, mit eingebautem Ventilator und Kontrollvorrichtung	1,7	p/st
	– – andere:		
8416 20 20	– – – kombinierte Brenner	1,7	p/st
8416 20 80	– – – andere	1,7	—

KN-Code	Warenbezeichnung	Vertragsmäßiger Zollsatz (%)	Besondere Maßeinheit
1	2	3	4
8416 30 00	**– automatische Feuerungen, einschließlich ihrer mechanischen Beschicker, mechanischen Roste, mechanischen Entascher und ähnlichen Vorrichtungen**	1,7	—
8416 90 00	**– Teile**	1,7	—
8417	**Nicht elektrische Industrie- und Laboratoriumsöfen, einschließlich Verbrennungsöfen:**		
8417 10 00	**– Öfen zum Rösten, Schmelzen oder anderem Warmbehandeln von Erzen, Schwefelkies oder Metallen**	1,7	—
8417 20	**– Backöfen:**		
8417 20 10	– – Tunnelöfen	1,7	—
8417 20 90	– – andere	1,7	—
8417 80	**– andere:**		
8417 80 30	– – Öfen zum Brennen von keramischen Produkten	1,7	p/st
8417 80 50	– – Öfen zum Brennen von Zement, Glas oder chemischen Produkten	1,7	p/st
8417 80 70	– – andere	1,7	—
8417 90 00	**– Teile**	1,7	—
8418	**Kühl- und Gefrierschränke, Gefrier- und Tiefkühltruhen und andere Einrichtungen, Maschinen, Apparate und Geräte zur Kälteerzeugung, mit elektrischer oder anderer Ausrüstung; Wärmepumpen, ausgenommen Klimageräte der Position 8415:**		
8418 10	**– kombinierte Kühl- und Gefrierschränke mit gesonderten Außentüren:**		
8418 10 20	– – mit einem Inhalt von mehr als 340 l	1,9	p/st
8418 10 80	– – andere	1,9	p/st
	– Haushaltskühlschränke:		
8418 21	**– – Kompressorkühlschränke:**		
8418 21 10	– – – mit einem Inhalt von mehr als 340 l	1,5	p/st
	– – – andere:		
8418 21 51	– – – – Tischkühlschränke	2,5	p/st
8418 21 59	– – – – Einbaukühlschränke	1,9	p/st
	– – – – andere, mit einem Inhalt von:		
8418 21 91	– – – – – 250 l oder weniger	2,5	p/st
8418 21 99	– – – – – mehr als 250 l bis 340 l	1,9	p/st
8418 29 00	**– – andere**	2,2	p/st
8418 30	**– Gefrier- und Tiefkühltruhen mit einem Inhalt von 800 l oder weniger:**		
8418 30 20	– – mit einem Inhalt von 400 l oder weniger	2,2	p/st
8418 30 80	– – mit einem Inhalt von mehr als 400 l bis 800 l	2,2	p/st
8418 40	**– Gefrier- und Tiefkühlschränke mit einem Inhalt von 900 l oder weniger:**		
8418 40 20	– – mit einem Inhalt von 250 l oder weniger	2,2	p/st
8418 40 80	– – mit einem Inhalt von mehr als 250 l bis 900 l	2,2	p/st
8418 50	**– andere Möbel (Truhen, Schränke, Vitrinen, Theken und dergleichen) zur Aufbewahrung und Auslage von Waren, mit eingebauter Ausrüstung zum Kühlen, Tiefkühlen oder Gefrieren:**		
	– – Schaukühlmöbel (mit eingebautem Kältesatz oder Verdampfer):		
8418 50 11	– – – für tiefgekühlte Waren	2,2	p/st

KN-Code	Warenbezeichnung	Vertragsmäßiger Zollsatz (%)	Besondere Maßeinheit
1	2	3	4
8418 50 19	– – – andere	2,2	p/st
8418 50 90	– – andere Kühlmöbel	2,2	p/st
	– andere Einrichtungen, Maschinen, Apparate und Geräte zur Kälteerzeugung; Wärmepumpen:		
8418 61 00	– – Wärmepumpen, andere als Klimageräte der Position 8415	2,2	—
8418 69 00	– – andere	2,2	—
	– Teile:		
8418 91 00	– – Möbel, ihrer Beschaffenheit nach zur Aufnahme einer Kälteerzeugungseinrichtung bestimmt	2,2	—
8418 99	– – andere:		
8418 99 10	– – – Verdampfer und Kondensatoren, ausgenommen für Haushaltsgeräte	2,2	—
8418 99 90	– – – andere	2,2	—
8419	**Apparate und Vorrichtungen, auch elektrisch beheizt (ausgenommen Öfen und andere Apparate der Position 8514), zum Behandeln von Stoffen durch auf einer Temperaturänderung beruhende Vorgänge, z. B. Heizen, Kochen, Rösten, Destillieren, Rektifizieren, Sterilisieren, Pasteurisieren, Dämpfen, Trocknen, Verdampfen, Kondensieren oder Kühlen, ausgenommen Haushaltsapparate; nicht elektrische Durchlauferhitzer und Heißwasserspeicher:**		
	– nicht elektrische Durchlauferhitzer und Heißwasserspeicher:		
8419 11 00	– – Gasdurchlauferhitzer	2,6	—
8419 19 00	– – andere	2,6	—
8419 20 00	– Sterilisierapparate für medizinische oder chirurgische Zwecke oder für Laboratorien	frei	—
	– Trockner:		
8419 31 00	– – für landwirtschaftliche Erzeugnisse	1,7	—
8419 32 00	– – für Holz, Papierhalbstoff, Papier oder Pappe	1,7	—
8419 39 00	– – andere	1,7	—
8419 40 00	– Destillier- und Rektifizierapparate	1,7	—
8419 50 00	– Wärmeaustauscher	1,7	—
8419 60 00	– Apparate und Vorrichtungen für die Luft- oder andere Gasverflüssigung	1,7	—
	– andere Apparate und Vorrichtungen:		
8419 81	– – zum Zubereiten heißer Getränke oder zum Kochen oder Wärmen von Speisen:		
8419 81 20	– – – Dampffiltriermaschinen und andere Maschinen zum Zubereiten von Kaffee oder anderen heißen Getränken	2,7	—
8419 81 80	– – – andere	1,7	—
8419 89	– – andere:		
8419 89 10	– – – Wasserrückkühlvorrichtungen und -apparate, in denen der Wärmeaustausch nicht über Wandungen erfolgt	1,7	—
8419 89 30	– – – Apparate und Vorrichtungen zum Aufdampfen von Metall im Vakuum	2,4	—
8419 89 98	– – – andere	2,4	—

KN-Code	Warenbezeichnung	Vertragsmäßiger Zollsatz (%)	Besondere Maßeinheit
1	2	3	4
8419 90	– **Teile:**		
8419 90 15	– – von Sterilisierapparaten der Unterposition 8419 20 00	frei	—
8419 90 85	– – andere	1,7	—
8420	**Kalander und Walzwerke (ausgenommen Metallwalzwerke und Glaswalzmaschinen) sowie Walzen für diese Maschinen:**		
8420 10	– **Kalander und Walzwerke:**		
8420 10 10	– – von der in der Textilindustrie verwendeten Art	1,7	—
8420 10 30	– – von der in der Papierindustrie verwendeten Art	1,7	—
8420 10 80	– – andere	1,7	—
	– **Teile:**		
8420 91	– – **Walzen:**		
8420 91 10	– – – aus Gusseisen	1,7	—
8420 91 80	– – – andere	2,2	—
8420 99 00	– – **andere**	2,2	—
8421	**Zentrifugen, einschließlich Zentrifugaltrockner; Apparate zum Filtrieren oder Reinigen von Flüssigkeiten oder Gasen:**		
	– **Zentrifugen, einschließlich Zentrifugaltrockner:**		
8421 11 00	– – **Milchentrahmer**	2,2	—
8421 12 00	– – **Wäscheschleudern**	2,7	p/st
8421 19	– – **andere:**		
8421 19 20	– – – Zentrifugen von der in Laboratorien verwendeten Art	1,5	—
8421 19 70	– – – andere	frei	—
	– **Apparate zum Filtrieren oder Reinigen von Flüssigkeiten:**		
8421 21 00	– – **zum Filtrieren oder Reinigen von Wasser**	1,7	—
8421 22 00	– – **zum Filtrieren oder Reinigen von Getränken, ausgenommen Wasser**	1,7	—
8421 23 00	– – **Öl- und Kraftstofffilter für Kolbenverbrennungsmotoren**	1,7	—
8421 29 00	– – **andere**	1,7	—
	– **Apparate zum Filtrieren oder Reinigen von Gasen:**		
8421 31 00	– – **Luftansaugfilter für Kolbenverbrennungsmotoren**	1,7	—
8421 39	– – **andere:**		
8421 39 20	– – – Apparate zum Filtrieren oder Reinigen von Luft	1,7	—
	– – – Apparate zum Filtrieren oder Reinigen von anderen Gasen:		
8421 39 60	– – – – durch katalytisches Verfahren	1,7	—
8421 39 80	– – – – andere	1,7	—
	– **Teile:**		
8421 91 00	– – **von Zentrifugen, einschließlich Zentrifugaltrockner**	1,7	—

KN-Code	Warenbezeichnung	Vertragsmäßiger Zollsatz (%)	Besondere Maßeinheit
1	2	3	4
8421 99 00	**– – andere**	1,7	—
8422	**Geschirrspülmaschinen; Maschinen und Apparate zum Reinigen oder Trocknen von Flaschen oder anderen Behältnissen; Maschinen und Apparate zum Füllen, Verschließen, Versiegeln oder Etikettieren von Flaschen, Dosen, Schachteln, Säcken oder anderen Behältnissen; Maschinen und Apparate zum Verkapseln von Flaschen, Gläsern, Tuben oder ähnlichen Behältnissen; andere Maschinen und Apparate zum Verpacken oder Umhüllen von Waren (einschließlich Schrumpffolienverpackungsmaschinen); Maschinen und Apparate zum Versetzen von Getränken mit Kohlensäure:**		
	– Geschirrspülmaschinen:		
8422 11 00	**– – Haushaltsgeschirrspülmaschinen**	2,7	p/st
8422 19 00	**– – andere**	1,7	p/st
8422 20 00	**– Maschinen und Apparate zum Reinigen oder Trocknen von Flaschen oder anderen Behältnissen**	1,7	—
8422 30 00	**– Maschinen und Apparate zum Füllen, Verschließen, Versiegeln oder Etikettieren von Flaschen, Dosen, Schachteln, Säcken oder anderen Behältnissen; Maschinen und Apparate zum Verkapseln von Flaschen, Gläsern, Tuben oder ähnlichen Behältnissen; Maschinen und Apparate zum Versetzen von Getränken mit Kohlensäure**	1,7	—
8422 40 00	**– andere Maschinen und Apparate zum Verpacken oder Umhüllen von Waren (einschließlich Schrumpffolienverpackungsmaschinen)**	1,7	—
8422 90	**– Teile:**		
8422 90 10	– – von Geschirrspülmaschinen	1,7	—
8422 90 90	– – andere	1,7	—
8423	**Waagen (einschließlich Zähl- und Kontrollwaagen), ausgenommen Waagen mit einer Empfindlichkeit von 50 mg oder feiner; Gewichte für Waagen aller Art:**		
8423 10	**– Personenwaagen, einschließlich Säuglingswaagen; Haushaltswaagen:**		
8423 10 10	– – Haushaltswaagen	1,7	p/st
8423 10 90	– – andere	1,7	p/st
8423 20 00	**– Waagen für Stetigförderer, zum kontinuierlichen Wiegen**	1,7	p/st
8423 30 00	**– Absackwaagen, Abfüllwaagen, Dosierwaagen und andere Waagen zur Verwiegung konstanter Gewichtsmengen**	1,7	p/st
	– andere Waagen:		
8423 81	**– – für eine Höchstlast von 30 kg oder weniger:**		
8423 81 10	– – – Sortierwaagen und selbsttätige Kontrollwaagen zum Überprüfen eines vorgegebenen Gewichts	1,7	p/st
8423 81 30	– – – Apparate und Geräte zum Wiegen und Etikettieren verpackter Waren	1,7	p/st
8423 81 50	– – – Ladenwaagen	1,7	p/st
8423 81 90	– – – andere	1,7	p/st
8423 82	**– – für eine Höchstlast von mehr als 30 kg bis 5 000 kg:**		
8423 82 10	– – – Sortierwaagen und selbsttätige Kontrollwaagen zum Überprüfen eines vorgegebenen Gewichts	1,7	p/st
8423 82 90	– – – andere	1,7	p/st

KN-Code	Warenbezeichnung	Vertragsmäßiger Zollsatz (%)	Besondere Maßeinheit
1	2	3	4
8423 89 00	**– – andere**	1,7	p/st
8423 90 00	**– Gewichte für Waagen aller Art; Teile von Waagen**	1,7	—
8424	**Mechanische Apparate, auch handbetrieben, zum Verteilen, Verspritzen oder Zerstäuben von Flüssigkeiten oder Pulver; Feuerlöscher, auch mit Füllung; Spritzpistolen und ähnliche Apparate; Sandstrahlmaschinen, Dampfstrahlapparate und ähnliche Strahlapparate:**		
8424 10 00	**– Feuerlöscher, auch mit Füllung**	1,7	—
8424 20 00	**– Spritzpistolen und ähnliche Apparate**	1,7	—
8424 30	**– Sandstrahlmaschinen, Dampfstrahlapparate und ähnliche Strahlapparate:**		
	– – Wasserstrahlreinigungsapparate mit eingebautem Motor:		
8424 30 01	– – – mit Heizvorrichtung	1,7	p/st
8424 30 08	– – – andere	1,7	p/st
	– – andere Maschinen und Apparate:		
8424 30 10	– – – mit Druckluft betrieben	1,7	—
8424 30 90	– – – andere	1,7	—
	– andere Apparate:		
8424 81	**– – für die Landwirtschaft oder den Gartenbau:**		
8424 81 10	– – – Apparate zur Bewässerung	1,7	—
	– – – andere:		
8424 81 30	– – – – tragbare Apparate	1,7	p/st
	– – – – andere:		
8424 81 91	– – – – – Spritz-, Sprüh- und Stäubegeräte, ihrer Beschaffenheit nach für den Schlepperanbau oder Schlepperzug bestimmt	1,7	p/st
8424 81 99	– – – – – andere	1,7	p/st
8424 89 00	**– – andere**	1,7	—
8424 90 00	**– Teile**	1,7	—
8425	**Flaschenzüge; Zugwinden und Spille; Hubwinden:**		
	– Flaschenzüge:		
8425 11 00	**– – mit Elektromotor**	frei	p/st
8425 19 00	**– – andere**	frei	p/st
	– Zugwinden; Spille:		
8425 31 00	**– – mit Elektromotor**	frei	p/st
8425 39 00	**– – andere**	frei	p/st

KN-Code	Warenbezeichnung	Vertragsmäßiger Zollsatz (%)	Besondere Maßeinheit
1	2	3	4
	– Hubwinden:		
8425 41 00	– – ortsfeste Hebebühnen von der in Kraftfahrzeugwerkstätten verwendeten Art	frei	p/st
8425 42 00	– – andere hydraulische Hubwinden	frei	p/st
8425 49 00	– – andere	frei	p/st
8426	**Derrickkrane; Kabelkrane, Laufkrane, Verladebrücken und andere Krane; fahrbare Hubportale, Portalhubkraftkarren und Krankraftkarren:**		
	– Laufkrane, Portalkrane (ausgenommen Portaldrehkrane), Verladebrücken, fahrbare Hubportale und Portalhubkraftkarren:		
8426 11 00	– – Konsol- oder Wandlaufkrane	frei	—
8426 12 00	– – auf luftbereiften Rädern fahrende Hubportale sowie Portalhubkraftkarren	frei	—
8426 19 00	– – andere	frei	—
8426 20 00	– Turmdrehkrane	frei	—
8426 30 00	– Portaldrehkrane	frei	—
	– andere selbstfahrende Maschinen, Apparate und Geräte:		
8426 41 00	– – mit luftbereiften Rädern	frei	—
8426 49 00	– – andere	frei	—
	– andere Maschinen, Apparate und Geräte:		
8426 91	– – ihrer Beschaffenheit nach zum Aufbau auf Straßenfahrzeuge bestimmt:		
8426 91 10	– – – hydraulische Fahrzeug-Selbstladekrane	frei	p/st
8426 91 90	– – – andere	frei	—
8426 99 00	– – andere	frei	—
8427	**Gabelstapler; andere mit Hebevorrichtung ausgerüstete Karren zum Fördern und für das Hantieren:**		
8427 10	– Elektrokraftkarren:		
8427 10 10	– – zum Heben auf eine Höhe von 1 m oder mehr	4,5	p/st
8427 10 90	– – andere	4,5	p/st
8427 20	– andere selbstfahrende Karren:		
	– – zum Heben auf eine Höhe von 1 m oder mehr:		
8427 20 11	– – – geländegängige Gabelstapler und Stapelkraftkarren	4,5	p/st
8427 20 19	– – – andere	4,5	p/st
8427 20 90	– – andere	4,5	p/st
8427 90 00	– andere Karren	4	p/st
8428	**Andere Maschinen, Apparate und Geräte zum Heben, Beladen, Entladen oder Fördern (z. B. Aufzüge, Rolltreppen, Stetigförderer und Seilschwebebahnen):**		
8428 10	– Personen- und Lastenaufzüge:		
8428 10 20	– – elektrische	frei	—
8428 10 80	– – andere	frei	—
8428 20	– pneumatische Stetigförderer:		
8428 20 20	– – für Schüttgut	frei	—

KN-Code	Warenbezeichnung	Vertragsmäßiger Zollsatz (%)	Besondere Maßeinheit
1	2	3	4
8428 20 80	– – andere	frei	—
	– andere Stetigförderer für Waren:		
8428 31 00	**– – ihrer Beschaffenheit nach für Arbeiten unter Tage bestimmt**	frei	—
8428 32 00	**– – andere, mit Kübeln**	frei	—
8428 33 00	**– – andere, mit Bändern oder Gurten**	frei	—
8428 39	**– – andere:**		
8428 39 20	– – – Scheibenrollenbahnen und andere Rollenbahnen	frei	—
8428 39 90	– – – andere	frei	—
8428 40 00	**– Rolltreppen und Rollsteige**	frei	—
8428 60 00	**– Seilschwebebahnen, Sessellifte und Schlepplifte; Zugmechanismen für Standseilbahnen**	frei	—
8428 90	**– andere Maschinen, Apparate und Geräte:**		
	– – Lademaschinen, ihrer Beschaffenheit nach besonders zur Verwendung in der Landwirtschaft bestimmt:		
8428 90 71	– – – ihrer Beschaffenheit nach zum Anbau an Ackerschlepper bestimmt	frei	—
8428 90 79	– – – andere	frei	—
8428 90 90	– – andere	frei	—
8429	**Selbstfahrende Planiermaschinen (Bulldozer und Angledozer), Erd- oder Straßenhobel (Grader), Schürfwagen (Scraper), Bagger, Schürf- und andere Schaufellader, Straßenwalzen und andere Bodenverdichter:**		
	– Planiermaschinen (Bulldozer und Angledozer):		
8429 11 00	**– – auf Gleisketten**	frei	p/st
8429 19 00	**– – andere**	frei	p/st
8429 20 00	**– Erd- oder Straßenhobel (Grader)**	frei	p/st
8429 30 00	**– Schürfwagen (Scraper)**	frei	p/st
8429 40	**– Straßenwalzen und andere Bodenverdichter:**		
	– – Straßenwalzen:		
8429 40 10	– – – Vibrationswalzen	frei	p/st
8429 40 30	– – – andere	frei	p/st
8429 40 90	– – andere Bodenverdichter	frei	p/st
	– Bagger sowie Schürf- und andere Schaufellader:		
8429 51	**– – Frontschaufellader:**		
8429 51 10	– – – Lader, ihrer Beschaffenheit nach besonders zur Verwendung unter Tage bestimmt	frei	p/st
	– – – andere:		
8429 51 91	– – – – Schaufellader auf Gleisketten	frei	p/st

KN-Code	Warenbezeichnung	Vertragsmäßiger Zollsatz (%)	Besondere Maßeinheit
1	2	3	4
8429 51 99	– – – – andere	frei	p/st
8429 52	– – Maschinen mit um 360° drehbarem Oberwagen:		
8429 52 10	– – – Bagger auf Gleisketten	frei	p/st
8429 52 90	– – – andere	frei	p/st
8429 59 00	– – andere	frei	p/st
8430	**Andere Maschinen, Apparate und Geräte zur Erdbewegung, zum Planieren, Verdichten oder Bohren des Bodens oder zum Abbauen von Erzen oder anderen Mineralien; Rammen und Pfahlzieher; Schneeräumer:**		
8430 10 00	– Rammen und Pfahlzieher	frei	p/st
8430 20 00	– Schneeräumer	frei	p/st
	– Schrämmaschinen und andere Abbaumaschinen sowie Tunnelbohrmaschinen und andere Streckenvortriebsmaschinen:		
8430 31 00	– – selbstfahrend	frei	—
8430 39 00	– – andere	frei	—
	– andere Bohrmaschinen und Tiefbohrgeräte:		
8430 41 00	– – selbstfahrend	frei	—
8430 49 00	– – andere	frei	—
8430 50 00	– andere selbstfahrende Maschinen, Apparate und Geräte	frei	—
	– andere nicht selbstfahrende Maschinen, Apparate und Geräte:		
8430 61 00	– – Maschinen, Apparate und Geräte zum Feststampfen oder Verdichten des Bodens	frei	p/st
8430 69 00	– – andere	frei	—
8431	**Teile, erkennbar ausschließlich oder hauptsächlich für Maschinen, Apparate und Geräte der Positionen 8425 bis 8430 bestimmt:**		
8431 10 00	– von Maschinen, Apparaten und Geräten der Position 8425	frei	—
8431 20 00	– von Maschinen, Apparaten und Geräten der Position 8427	4	—
	– von Maschinen, Apparaten und Geräten der Position 8428:		
8431 31 00	– – von Personenaufzügen, Lastenaufzügen oder Rolltreppen	frei	—
8431 39 00	– – andere	frei	—
	– von Maschinen, Apparaten und Geräten der Position 8426, 8429 oder 8430:		
8431 41 00	– – Eimer, Kübel, Schaufeln, Löffel, Greifer und Zangen	frei	—
8431 42 00	– – Planierschilde für Planiermaschinen (Bulldozer oder Angledozer)	frei	—
8431 43 00	– – Teile von Bohrmaschinen oder Tiefbohrgeräten der Unterposition 8430 41 oder 8430 49	frei	—
8431 49	– – andere:		
8431 49 20	– – – aus Eisen oder Stahl, gegossen	frei	—
8431 49 80	– – – andere	frei	—
8432	**Maschinen, Apparate und Geräte für die Land- und Forstwirtschaft oder den Gartenbau, zum Bearbeiten oder Bestellen des Bodens oder zur Pflege der Pflanzen; Walzen für Rasenflächen oder Sportplätze:**		
8432 10 00	– Pflüge	frei	p/st

KN-Code	Warenbezeichnung	Vertragsmäßiger Zollsatz (%)	Besondere Maßeinheit
1	2	3	4
	– **Eggen, Vertikutierer, Grubber (Kultivatoren), Jätmaschinen und Hackmaschinen:**		
8432 21 00	– – **Scheibeneggen**	frei	p/st
8432 29	– – **andere:**		
8432 29 10	– – – Vertikutierer und Grubber (Kultivatoren)	frei	p/st
8432 29 30	– – – Eggen	frei	p/st
8432 29 50	– – – Motorhacken	frei	p/st
8432 29 90	– – – andere	frei	p/st
8432 30	– **Sämaschinen, Pflanzmaschinen und Setzmaschinen:**		
	– – Sämaschinen:		
8432 30 11	– – – Einzelkorndrillgeräte und Einzelkorndrillmaschinen mit Zentralantrieb	frei	p/st
8432 30 19	– – – andere	frei	p/st
8432 30 90	– – Pflanzmaschinen und Setzmaschinen	frei	p/st
8432 40	– **Düngerstreuer:**		
8432 40 10	– – für Kunstdünger	frei	p/st
8432 40 90	– – andere	frei	p/st
8432 80 00	– **andere Maschinen, Apparate und Geräte**	frei	—
8432 90 00	– **Teile**	frei	—
8433	**Maschinen, Apparate und Geräte zum Ernten oder Dreschen von landwirtschaftlichen Erzeugnissen, einschließlich Stroh- oder Futterpressen; Rasenmäher und andere Mähmaschinen; Maschinen zum Reinigen oder Sortieren von Eiern, Obst oder anderen landwirtschaftlichen Erzeugnissen, ausgenommen Maschinen, Apparate und Geräte der Position 8437:**		
	– **Rasenmäher:**		
8433 11	– – **mit Motor und horizontal rotierendem Schneidwerk:**		
8433 11 10	– – – mit Elektromotor	frei	p/st
	– – – andere:		
	– – – – selbstfahrend:		
8433 11 51	– – – – – mit Sitz	frei	p/st
8433 11 59	– – – – – andere	frei	p/st
8433 11 90	– – – – andere	frei	p/st
8433 19	– – **andere:**		
	– – – mit Motor:		
8433 19 10	– – – – mit Elektromotor	frei	p/st
	– – – – andere:		
	– – – – – selbstfahrend:		
8433 19 51	– – – – – – mit Sitz	frei	p/st
8433 19 59	– – – – – – andere	frei	p/st
8433 19 70	– – – – – andere	frei	p/st
8433 19 90	– – – ohne Motor	frei	p/st

KN-Code	Warenbezeichnung	Vertragsmäßiger Zollsatz (%)	Besondere Maßeinheit
1	2	3	4
8433 20	**– andere Mähmaschinen, einschließlich Mähbalken für Schlepperanbau:**		
8433 20 10	– – mit Motor	frei	p/st
	– – andere:		
8433 20 50	– – – ihrer Beschaffenheit nach für den Schlepperanbau oder Schlepperzug bestimmt	frei	p/st
8433 20 90	– – – andere	frei	p/st
8433 30 00	**– andere Heuernte-(Heuwerbungs-)maschinen, -apparate und -geräte**	frei	p/st
8433 40 00	**– Stroh- und Futterpressen, einschließlich Aufnahmepressen**	frei	p/st
	– andere Erntemaschinen, -apparate und -geräte; Dreschmaschinen und -geräte:		
8433 51 00	**– – Mähdrescher**	frei	p/st
8433 52 00	**– – andere Dreschmaschinen und -geräte**	frei	p/st
8433 53	**– – Maschinen zum Ernten von Wurzeln oder Knollenfrüchten:**		
8433 53 10	– – – Kartoffelerntemaschinen	frei	p/st
8433 53 30	– – – Rübenköpf- und andere Rübenerntemaschinen	frei	p/st
8433 53 90	– – – andere	frei	p/st
8433 59	**– – andere:**		
	– – – Feldhäcksler:		
8433 59 11	– – – – selbstfahrend	frei	p/st
8433 59 19	– – – – andere	frei	p/st
8433 59 85	– – – andere	frei	p/st
8433 60 00	**– Maschinen zum Reinigen oder Sortieren von Eiern, Obst oder anderen landwirtschaftlichen Erzeugnissen**	frei	
8433 90 00	**– Teile**	frei	—
8434	**Melkmaschinen und andere milchwirtschaftliche Maschinen, Apparate und Geräte:**		
8434 10 00	**– Melkmaschinen**	frei	—
8434 20 00	**– andere milchwirtschaftliche Maschinen, Apparate und Geräte**	frei	—
8434 90 00	**– Teile**	frei	—
8435	**Pressen, Mühlen und ähnliche Maschinen, Apparate und Geräte, zum Bereiten von Wein, Most, Fruchtsäften oder ähnlichen Getränken:**		
8435 10 00	**– Maschinen, Apparate und Geräte**	1,7	—
8435 90 00	**– Teile**	1,7	—

KN-Code	Warenbezeichnung	Vertragsmäßiger Zollsatz (%)	Besondere Maßeinheit
1	2	3	4
8436	**Andere Maschinen, Apparate und Geräte für die Land- und Forstwirtschaft, den Gartenbau, die Geflügel- oder Bienenhaltung, einschließlich Keimapparate mit mechanischen oder wärmetechnischen Vorrichtungen und Brut- und Aufzuchtapparate für die Geflügelzucht:**		
8436 10 00	**– Maschinen, Apparate und Geräte für die Futterbereitung**	1,7	—
	– Maschinen, Apparate und Geräte für die Geflügelhaltung, einschließlich Brut- und Aufzuchtapparate:		
8436 21 00	**– – Brut- und Aufzuchtapparate**	1,7	—
8436 29 00	**– – andere**	1,7	—
8436 80	**– andere Maschinen, Apparate und Geräte:**		
8436 80 10	– – für die Forstwirtschaft	1,7	p/st
8436 80 90	– – andere	1,7	—
	– Teile:		
8436 91 00	**– – von Maschinen, Apparaten und Geräten für die Geflügelhaltung, einschließlich Geflügelzucht**	1,7	—
8436 99 00	**– – andere**	1,7	—
8437	**Maschinen, Apparate und Geräte zum Reinigen, Sortieren oder Sieben von Körner- oder Hülsenfrüchten; Maschinen, Apparate und Geräte für die Müllerei oder zum Behandeln von Getreide oder Hülsenfrüchten, ausgenommen Maschinen, Apparate und Geräte von der in der Landwirtschaft verwendeten Art:**		
8437 10 00	**– Maschinen, Apparate und Geräte zum Reinigen, Sortieren oder Sieben von Körner- oder Hülsenfrüchten**	1,7	p/st
8437 80 00	**– andere Maschinen, Apparate und Geräte**	1,7	—
8437 90 00	**– Teile**	1,7	—
8438	**Maschinen und Apparate, im Kapitel 84 anderweit weder genannt noch inbegriffen, zum industriellen Auf- oder Zubereiten oder Herstellen von Lebensmitteln, Futtermitteln oder Getränken, ausgenommen Maschinen und Apparate zum Gewinnen oder Aufbereiten von tierischen oder pflanzlichen Ölen oder Fetten:**		
8438 10	**– Maschinen und Apparate zum Herstellen von Back- oder Teigwaren:**		
8438 10 10	– – zum Herstellen von Backwaren	1,7	—
8438 10 90	– – zum Herstellen von Teigwaren	1,7	—
8438 20 00	**– Maschinen und Apparate zum Herstellen von Süßwaren, Kakao oder Schokolade**	1,7	—
8438 30 00	**– Maschinen und Apparate zum Herstellen von Zucker**	1,7	—
8438 40 00	**– Brauereimaschinen und -apparate**	1,7	—
8438 50 00	**– Maschinen und Apparate zum Verarbeiten von Fleisch**	1,7	—
8438 60 00	**– Maschinen und Apparate zum Be- oder Verarbeiten von Früchten oder Gemüsen**	1,7	—
8438 80	**– andere Maschinen und Apparate:**		
8438 80 10	– – zum Auf- oder Zubereiten oder Verarbeiten von Kaffee oder Tee	1,7	—
	– – andere:		
8438 80 91	– – – zum Zubereiten oder Herstellen von Getränken	1,7	—
8438 80 99	– – – andere	1,7	—
8438 90 00	**– Teile**	1,7	—

KN-Code	Warenbezeichnung	Vertragsmäßiger Zollsatz (%)	Besondere Maßeinheit
1	2	3	4
8439	**Maschinen und Apparate zum Herstellen von Halbstoff aus cellulosehaltigen Faserstoffen oder zum Herstellen oder Fertigstellen von Papier oder Pappe:**		
8439 10 00	**– Maschinen und Apparate zum Herstellen von Halbstoff aus cellulosehaltigen Faserstoffen**	1,7	—
8439 20 00	**– Maschinen und Apparate zum Herstellen von Papier oder Pappe**	1,7	—
8439 30 00	**– Maschinen und Apparate zum Fertigstellen von Papier oder Pappe**	1,7	—
	– Teile:		
8439 91 00	**– – von Maschinen und Apparaten zum Herstellen von Halbstoff aus cellulosehaltigen Faserstoffen**	1,7	—
8439 99 00	**– – andere**	1,7	—
8440	**Buchbindereimaschinen und -apparate, einschließlich Fadenheftmaschinen:**		
8440 10	**– Maschinen und Apparate:**		
8440 10 10	– – Falzmaschinen	1,7	—
8440 10 20	– – Zusammentragmaschinen	1,7	—
8440 10 30	– – Faden-, Draht- und Klammerheftmaschinen	1,7	—
8440 10 40	– – Klebebindemaschinen	1,7	—
8440 10 90	– – andere	1,7	—
8440 90 00	**– Teile**	1,7	—
8441	**Andere Maschinen und Apparate zum Be- oder Verarbeiten von Papierhalbstoff, Papier oder Pappe, einschließlich Schneidemaschinen aller Art:**		
8441 10	**– Schneidemaschinen:**		
8441 10 10	– – kombinierte Rollenschneide- und -wickelmaschinen	1,7	—
8441 10 20	– – Längs- und Querschneider	1,7	—
8441 10 30	– – Schnellschneider	1,7	—
8441 10 70	– – andere	1,7	—
8441 20 00	**– Maschinen zum Herstellen von Tüten, Beuteln, Säcken oder Briefumschlägen**	1,7	—
8441 30 00	**– Maschinen zum Herstellen von Schachteln, Hülsen, Trommeln oder ähnlichen, nicht durch Formpressen hergestellten Behältnissen**	1,7	—
8441 40 00	**– Maschinen zum Formpressen von Waren aus Papierhalbstoff, Papier oder Pappe**	1,7	—
8441 80 00	**– andere Maschinen und Apparate**	1,7	—
8441 90	**– Teile:**		
8441 90 10	– – von Schneidemaschinen	1,7	—
8441 90 90	– – andere	1,7	—
8442	**Maschinen, Apparate und Geräte (ausgenommen Werkzeugmaschinen der Positionen 8456 bis 8465) zum Zurichten oder Herstellen von Druckplatten, Druckformzylinder oder anderen Druckformen; Druckplatten, Druckformzylinder und andere Druckformen; Lithografiesteine, Platten und Zylinder, für den Druck zugerichtet (z. B. geschliffen, gekörnt, poliert):**		
8442 30	**– Maschinen, Apparate und Geräte:**		
8442 30 10	– – Fotosetzmaschinen	1,7	p/st
	– – andere:		
8442 30 91	– – – kombinierte Schriftgieß- und –setzmaschinen (z. B. Linotype-, Monotype-, Intertype-Maschinen), auch mit Gießvorrichtung	frei	p/st

KN-Code	Warenbezeichnung	Vertragsmäßiger Zollsatz (%)	Besondere Maßeinheit
1	2	3	4
8442 30 99	– – – andere	1,7	—
8442 40 00	– **Teile der vorstehend genannten Maschinen, Apparate und Geräte**	1,7	—
8442 50	– **Druckplatten, Druckformzylinder und andere Druckformen; Lithografiesteine, Platten und Zylinder, für den Druck zugerichtet (z. B. geschliffen, gekörnt, poliert):**		
8442 50 20	– – mit Druckbild	1,7	—
8442 50 80	– – andere	1,7	—
8443	**Maschinen, Apparate und Geräte zum Drucken mittels Druckplatten, Druckformzylindern und anderen Druckformen der Position 8442; andere Drucker, Kopiergeräte und Fernkopierer, auch miteinander kombiniert; Teile und Zubehör für diese Maschinen, Apparate oder Geräte:**		
	– **Maschinen, Apparate und Geräte zum Drucken mittels Druckplatten, Druckformzylindern und anderen Druckformen der Position 8442:**		
8443 11 00	– – **Rollenoffsetdruckmaschinen, –apparate und -geräte**	1,7	p/st
8443 12 00	– – **Bogenoffsetdruckmaschinen, -apparate und -geräte, für Bogen, die ungefaltet auf einer Seite nicht mehr als 22 cm und auf der anderen Seite nicht mehr als 36 cm messen**	1,7	p/st
8443 13	– – **andere Offsetdruckmaschinen, -apparate und -geräte:**		
	– – – Bogenoffsetdruckmaschinen, -apparate und -geräte:		
8443 13 10	– – – – gebraucht	1,7	p/st
	– – – – neu, für ein Format von:		
8443 13 31	– – – – – 52 × 74 cm oder weniger	1,7	p/st
8443 13 35	– – – – – mehr als 52 × 74 cm bis 74 × 107 cm	1,7	p/st
8443 13 39	– – – – – mehr als 74 × 107 cm	1,7	p/st
8443 13 90	– – – andere	1,7	p/st
8443 14 00	– – **Rollenhochdruckmaschinen, -apparate und -geräte, ausgenommen Flexodruckmaschinen, -apparate und -geräte**	1,7	p/st
8443 15 00	– – **Hochdruckmaschinen, -apparate und -geräte, andere als Rollendruckmaschinen, ausgenommen Flexodruckmaschinen, -apparate und -geräte**	1,7	p/st
8443 16 00	– – **Flexodruckmaschinen, -apparate und -geräte**	1,7	p/st
8443 17 00	– – **Tiefdruckmaschinen, -apparate und -geräte**	1,7	p/st
8443 19	– – **andere:**		
8443 19 20	– – – zum Bedrucken von Spinnstoffen	1,7	p/st
8443 19 40	– – – zur Verwendung bei der Herstellung von Halbleitern ([1])	1,7 ([2])	p/st
8443 19 70	– – – andere	1,7	p/st
	– **andere Drucker, Kopiergeräte und Fernkopierer, auch miteinander kombiniert:**		
8443 31	– – **Maschinen, die mindestens zwei der Funktionen Drucken, Kopieren oder Übertragen von Fernkopien ausführen und die an eine automatische Datenverarbeitungsmaschine oder ein Netzwerk angeschlossen werden können:**		

([1]) Die Zulassung zu dieser Unterposition erfolgt nach den in den einschlägigen Bestimmungen der Europäischen Union festgesetzten Voraussetzungen (s. Artikel 291 bis 300 der Verordnung (EWG) Nr. 2454/93 der Kommission (ABl. L 253 vom 11.10.1993, S. 1)).
([2]) Autonomer Zollsatz: frei.

KN-Code	Warenbezeichnung	Vertragsmäßiger Zollsatz (%)	Besondere Maßeinheit
1	2	3	4
8443 31 20	– – – Maschinen, deren Hauptfunktion das digitale Kopieren ist, wobei Originale gescannt und Kopien mittels eines elektrostatischen Verfahrens gedruckt werden	2,2	p/st
8443 31 80	– – – andere	frei	p/st
8443 32	– – **andere Maschinen, die an eine automatische Datenverarbeitungsmaschine oder ein Netzwerk angeschlossen werden können:**		
8443 32 10	– – – Drucker	frei	p/st
8443 32 30	– – – Fernkopiergeräte	frei	p/st
	– – – andere:		
8443 32 91	– – – – Maschinen, die die Funktion Kopieren durch Scannen von Originalen ausführen und Kopien mittels eines elektrostatischen Verfahrens drucken	6	p/st
8443 32 93	– – – – andere Maschinen mit Kopierfunktion mit optischem System	frei	p/st
8443 32 99	– – – – andere	2,2	p/st
8443 39	– – **andere:**		
8443 39 10	– – – Maschinen, die die Funktion Kopieren durch Scannen von Originalen ausführen und Kopien mittels eines elektrostatischen Verfahrens drucken	6	p/st
	– – – andere Kopiergeräte:		
8443 39 31	– – – – mit optischem System	frei	p/st
8443 39 39	– – – – andere	3	p/st
8443 39 90	– – – andere	2,2	p/st
	– **Teile und Zubehör:**		
8443 91	– – **Teile und Zubehör für Maschinen, Apparate oder Geräte zum Drucken mittels Druckplatten, Druckformzylindern oder anderen Druckformen der Position 8442:**		
8443 91 10	– – – von Apparaten der Unterposition 8443 19 40 (1)	1,7 (2)	—
	– – – andere:		
8443 91 91	– – – – aus Eisen oder Stahl, gegossen	1,7	—
8443 91 99	– – – – andere	1,7	—
8443 99	– – **andere:**		
8443 99 10	– – – zusammengesetzte elektronische Schaltungen (Baugruppen)	frei	—
8443 99 90	– – – andere	frei	—
8444 00	**Maschinen zum Düsenspinnen, Verstrecken, Texturieren oder Schneiden von synthetischen oder künstlichen Spinnstoffen:**		
8444 00 10	– Düsenspinnmaschinen	1,7	p/st
8444 00 90	– andere	1,7	p/st
8445	**Maschinen zum Vorbereiten oder Aufbereiten von Spinnstoffen; Maschinen zum Spinnen, Dublieren oder Zwirnen von Spinnstoffen und andere Maschinen und Apparate zum Herstellen von Spinnstoffgarnen; Maschinen zum Spulen (einschließlich Schussspulmaschinen), Wickeln oder Haspeln von Spinnstoffen sowie Maschinen zum Vorbereiten von Spinnstoffgarnen zur Verwendung auf Maschinen der Position 8446 oder 8447:**		
	– **Maschinen zum Vorbereiten oder Aufbereiten von Spinnstoffen:**		
8445 11 00	– – **Krempeln (Karden)**	1,7	p/st

(1) Die Zulassung zu dieser Unterposition erfolgt nach den in den einschlägigen Bestimmungen der Europäischen Union festgesetzten Voraussetzungen (s. Artikel 291 bis 300 der Verordnung (EWG) Nr. 2454/93 der Kommission (ABl. L 253 vom 11.10.1993, S. 1)).
(2) Autonomer Zollsatz: frei.

KN-Code	Warenbezeichnung	Vertragsmäßiger Zollsatz (%)	Besondere Maßeinheit
1	2	3	4
8445 12 00	– – Kämmmaschinen	1,7	p/st
8445 13 00	– – Vorspinnmaschinen (Spindelbänke, Flyer)	1,7	p/st
8445 19 00	– – andere	1,7	p/st
8445 20 00	– Maschinen zum Spinnen von Spinnstoffen	1,7	p/st
8445 30 00	– Maschinen zum Dublieren oder Zwirnen von Spinnstoffen	1,7	p/st
8445 40 00	– Maschinen zum Spulen (einschließlich Schussspulmaschinen), Wickeln oder Haspeln von Spinnstoffen	1,7	p/st
8445 90 00	– andere	1,7	p/st
8446	Webmaschinen:		
8446 10 00	– Webmaschinen zum Herstellen von Geweben mit einer Breite von 30 cm oder weniger	1,7	p/st
	– Webmaschinen mit Schusseintrag durch Webschützen, zum Herstellen von Geweben mit einer Breite von mehr als 30 cm:		
8446 21 00	– – motorbetrieben	1,7	p/st
8446 29 00	– – andere	1,7	p/st
8446 30 00	– Webmaschinen mit schützenlosem Schusseintrag, zum Herstellen von Geweben mit einer Breite von mehr als 30 cm	1,7	p/st
8447	Wirk-, Strick-, Nähwirk-, Gimpen-, Tüll-, Spitzen-, Stick-, Posamentier-, Flecht-, Netzknüpf- und Tuftingmaschinen:		
	– Rundwirk- und Rundstrickmaschinen:		
8447 11 00	– – mit einem Zylinderdurchmesser von 165 mm oder weniger	1,7	p/st
8447 12 00	– – mit einem Zylinderdurchmesser von mehr als 165 mm	1,7	p/st
8447 20	– Flachwirk- und Flachstrickmaschinen; Nähwirkmaschinen:		
8447 20 20	– – Flachkettenwirkmaschinen, einschließlich Raschelmaschinen; Nähwirkmaschinen	1,7	p/st
8447 20 80	– – andere	1,7	p/st
8447 90 00	– andere	1,7	p/st
8448	Hilfsmaschinen und -apparate für Maschinen der Position 8444, 8445, 8446 oder 8447 (z. B. Schaftmaschinen, Jacquardmaschinen, Kett- und Schussfadenwächter und Webschützenwechsler); Teile und Zubehör, erkennbar ausschließlich oder hauptsächlich für Maschinen und Apparate dieser Position oder der Position 8444, 8445, 8446 oder 8447 bestimmt (z. B. Spindeln, Spindelflügel, Kratzengarnituren, Webeblätter, Nadelstäbe, Spinndüsen, Webschützen, Weblitzen, Webschäfte, Nadeln und Platinen):		
	– Hilfsmaschinen und -apparate für Maschinen der Position 8444, 8445, 8446 oder 8447:		
8448 11 00	– – Schaftmaschinen und Jacquardmaschinen; Kartensparvorrichtungen, Kartenschlagmaschinen, Kartenkopiermaschinen und Kartenbindemaschinen	1,7	—
8448 19 00	– – andere	1,7	—
8448 20 00	– Teile und Zubehör für Maschinen der Position 8444 oder deren Hilfsmaschinen oder -apparate	1,7	—
	– Teile und Zubehör für Maschinen der Position 8445 oder deren Hilfsmaschinen oder -apparate:		
8448 31 00	– – Kratzengarnituren	1,7	—
8448 32 00	– – für Maschinen zum Vorbereiten oder Aufbereiten von Spinnstoffen, ausgenommen Kratzengarnituren	1,7	—

KN-Code	Warenbezeichnung	Vertragsmäßiger Zollsatz (%)	Besondere Maßeinheit
1	2	3	4
8448 33 00	– – Spindeln, Spindelflügel, Spinnringe und Ringläufer	1,7	—
8448 39 00	– – andere	1,7	—
	– Teile und Zubehör für Webmaschinen oder deren Hilfsmaschinen oder -apparate:		
8448 42 00	– – Webeblätter, Weblitzen und Webschäfte	1,7	—
8448 49 00	– – andere	1,7	—
	– Teile und Zubehör für Maschinen der Position 8447 oder deren Hilfsmaschinen oder -apparate:		
8448 51	– – Platinen, Nadeln und andere Waren zur Maschenbildung:		
8448 51 10	– – – Platinen	1,7	—
8448 51 90	– – – andere	1,7	—
8448 59 00	– – andere	1,7	—
8449 00 00	Maschinen und Apparate zum Herstellen oder Ausrüsten von Filz oder Vliesstoffen (als Meterware oder geformt), einschließlich Maschinen und Apparate zum Herstellen von Filzhüten; Formen für die Hutmacherei	1,7	—
8450	Maschinen zum Waschen von Wäsche, auch mit Trockenvorrichtung:		
	– Maschinen mit einem Fassungsvermögen an Trockenwäsche von 10 kg oder weniger:		
8450 11	– – Waschvollautomaten:		
	– – – mit einem Fassungsvermögen an Trockenwäsche von 6 kg oder weniger:		
8450 11 11	– – – – Frontlader	3	p/st
8450 11 19	– – – – Toplader	3	p/st
8450 11 90	– – – mit einem Fassungsvermögen an Trockenwäsche von mehr als 6 kg bis 10 kg	2,6	p/st
8450 12 00	– – andere Waschmaschinen, mit eingebautem Zentrifugaltrockner	2,7	p/st
8450 19 00	– – andere	2,7	p/st
8450 20 00	– Maschinen mit einem Fassungsvermögen an Trockenwäsche von mehr als 10 kg	2,2	p/st
8450 90 00	– Teile	2,7	—
8451	Maschinen und Apparate (ausgenommen Maschinen der Position 8450) zum Waschen, Reinigen, Wringen, Trocknen, Bügeln, Pressen (einschließlich Fixierpressen), Bleichen, Färben, Appretieren, Ausrüsten, Überziehen oder Imprägnieren von Garnen, Geweben oder anderen Spinnstoffwaren und Maschinen zum Beschichten von Geweben oder anderen Unterlagen, zum Herstellen von Fußbodenbelägen (z. B. Linoleum); Maschinen zum Auf- oder Abwickeln, Falten, Schneiden oder Auszacken von textilen Flächenerzeugnissen:		
8451 10 00	– Maschinen für die chemische Reinigung	2,2	—
	– Trockner:		
8451 21 00	– – mit einem Fassungsvermögen an Trockenwäsche von 10 kg oder weniger	2,2	—

KN-Code	Warenbezeichnung	Vertragsmäßiger Zollsatz (%)	Besondere Maßeinheit
1	2	3	4
8451 29 00	**– – andere**	2,2	—
8451 30 00	**– Bügelmaschinen und Bügelpressen, einschließlich Fixierpressen**	2,2	p/st
8451 40 00	**– Maschinen zum Waschen, Bleichen oder Färben**	2,2	—
8451 50 00	**– Maschinen zum Auf- oder Abwickeln, Falten, Schneiden oder Auszacken von textilen Flächenerzeugnissen**	2,2	—
8451 80	**– andere Maschinen und Apparate:**		
8451 80 10	– – Maschinen zum Herstellen von Linoleum oder anderem Fußbodenbelag durch Beschichten von Geweben oder anderen Unterlagen	2,2	—
8451 80 30	– – Maschinen zum Appretieren oder Ausrüsten	2,2	—
8451 80 80	– – andere	2,2	—
8451 90 00	**– Teile**	2,2	—
8452	**Nähmaschinen, andere als Fadenheftmaschinen der Position 8440; Möbel, Sockel und Deckel, ihrer Beschaffenheit nach besonders für Nähmaschinen bestimmt; Nähmaschinennadeln:**		
8452 10	**– Haushaltsnähmaschinen:**		
	– – Steppstichnähmaschinen, deren Kopf ohne Motor 16 kg oder weniger oder mit Motor 17 kg oder weniger wiegt; Steppstichnähmaschinenköpfe, die ohne Motor 16 kg oder weniger oder mit Motor 17 kg oder weniger wiegen:		
8452 10 11	– – – Nähmaschinen mit einem Stückwert (Gestelle, Tische und Möbel nicht inbegriffen) von mehr als 65 €	5,7	p/st
8452 10 19	– – – andere	9,7	p/st
8452 10 90	– – andere Nähmaschinen und andere Nähmaschinenköpfe	3,7	p/st
	– andere Nähmaschinen:		
8452 21 00	**– – Nähautomaten**	3,7	p/st
8452 29 00	**– – andere**	3,7	p/st
8452 30 00	**– Nähmaschinennadeln**	2,7	1 000 p/st
8452 90 00	**– Möbel, Sockel und Deckel für Nähmaschinen sowie Teile davon; andere Nähmaschinenteile**	2,7	—
8453	**Maschinen und Apparate zum Aufbereiten, Gerben oder Bearbeiten von Häuten, Fellen oder Leder oder zum Herstellen oder Instandsetzen von Schuhen oder anderen Waren aus Häuten, Fellen oder Leder, ausgenommen Nähmaschinen:**		
8453 10 00	**– Maschinen und Apparate zum Aufbereiten, Gerben oder Bearbeiten von Häuten, Fellen oder Leder**	1,7	—
8453 20 00	**– Maschinen und Apparate zum Herstellen oder Instandsetzen von Schuhen**	1,7	—
8453 80 00	**– andere Maschinen und Apparate**	1,7	—
8453 90 00	**– Teile**	1,7	—
8454	**Konverter, Gießpfannen, Gießformen zum Gießen von Ingots, Masseln oder dergleichen und Gießmaschinen für Gießereien, Stahlwerke oder andere metallurgische Betriebe:**		
8454 10 00	**– Konverter**	1,7	—
8454 20 00	**– Gießformen zum Gießen von Ingots, Masseln oder dergleichen sowie Gießpfannen**	1,7	—

KN-Code	Warenbezeichnung	Vertragsmäßiger Zollsatz (%)	Besondere Maßeinheit
1	2	3	4
8454 30	– **Gießmaschinen:**		
8454 30 10	– – Druckgießmaschinen	1,7	—
8454 30 90	– – andere	1,7	—
8454 90 00	– **Teile**	1,7	—
8455	**Metallwalzwerke und Walzen dafür:**		
8455 10 00	– **Rohrwalzwerke**	2,7	—
	– **andere Walzwerke:**		
8455 21 00	– – **Warmwalzwerke und kombinierte Warm- und Kaltwalzwerke**	2,7	—
8455 22 00	– – **Kaltwalzwerke**	2,7	—
8455 30	– **Walzen für Walzwerke:**		
8455 30 10	– – aus Gusseisen	2,7	—
	– – aus Stahl, freiformgeschmiedet:		
8455 30 31	– – – Arbeitswalzen für Warmwalzwerke; Stützwalzen für Warm- und Kaltwalzwerke	2,7	—
8455 30 39	– – – Arbeitswalzen für Kaltwalzwerke	2,7	—
8455 30 90	– – andere	2,7	—
8455 90 00	– **andere Teile**	2,7	—
8456	**Werkzeugmaschinen zum Abtragen von Stoffen aller Art durch Laser-, Licht- oder anderen Photonenstrahl, Ultraschall, Elektroerosion, elektrochemische Verfahren oder Elektronen-, Ionen- oder Plasmastrahl; Wasserstrahlschneidemaschinen:**		
8456 10 00	– **Laser-, Licht- und andere Photonenstrahlwerkzeugmaschinen**	4,5	p/st
8456 20 00	– **Ultraschallwerkzeugmaschinen**	3,5	p/st
8456 30	– **Elektroerosionswerkzeugmaschinen:**		
	– – numerisch gesteuert:		
8456 30 11	– – – Drahterodiermaschinen	3,5	p/st
8456 30 19	– – – andere	3,5	p/st
8456 30 90	– – andere	3,5	p/st
8456 90	– **andere:**		
8456 90 20	– – Wasserstrahlschneidemaschinen	1,7	p/st
8456 90 80	– – andere	3,5	p/st
8457	**Bearbeitungszentren, Mehrwegemaschinen und Transfermaschinen, zum Bearbeiten von Metallen:**		
8457 10	– **Bearbeitungszentren:**		
8457 10 10	– – Horizontal-Maschinenzentren	2,7	p/st
8457 10 90	– – andere	2,7	p/st
8457 20 00	– **Mehrwegemaschinen**	2,7	p/st

KN-Code	Warenbezeichnung	Vertragsmäßiger Zollsatz (%)	Besondere Maßeinheit
1	2	3	4
8457 30	– **Transfermaschinen:**		
8457 30 10	– – numerisch gesteuert	2,7	p/st
8457 30 90	– – andere	2,7	p/st
8458	**Drehmaschinen (einschließlich Drehzentren) zur spanabhebenden Metallbearbeitung:**		
	– **Horizontal-Drehmaschinen:**		
8458 11	– – **numerisch gesteuert:**		
8458 11 20	– – – Drehzentren	2,7	p/st
	– – – Drehautomaten:		
8458 11 41	– – – – Einspindeldrehautomaten	2,7	p/st
8458 11 49	– – – – Mehrspindeldrehautomaten	2,7	p/st
8458 11 80	– – – andere	2,7	p/st
8458 19 00	– – **andere**	2,7	p/st
	– **andere Drehmaschinen:**		
8458 91	– – **numerisch gesteuert:**		
8458 91 20	– – – Drehzentren	2,7	p/st
8458 91 80	– – – andere	2,7	p/st
8458 99 00	– – **andere**	2,7	p/st
8459	**Spanabhebende Werkzeugmaschinen (einschließlich Bearbeitungseinheiten auf Schlitten) zum Bohren, Ausbohren, Fräsen oder Außen- oder Innengewindeschneiden von Metallen, ausgenommen Drehmaschinen (einschließlich Drehzentren) der Position 8458:**		
8459 10 00	– **Bearbeitungseinheiten auf Schlitten**	2,7	p/st
	– **andere Bohrmaschinen:**		
8459 21 00	– – **numerisch gesteuert**	2,7	p/st
8459 29 00	– – **andere**	2,7	p/st
	– **andere kombinierte Ausbohr- und Fräsmaschinen:**		
8459 31 00	– – **numerisch gesteuert**	1,7	p/st
8459 39 00	– – **andere**	1,7	p/st
8459 40	– **andere Ausbohrmaschinen:**		
8459 40 10	– – numerisch gesteuert	1,7	p/st
8459 40 90	– – andere	1,7	p/st
	– **Konsolfräsmaschinen:**		
8459 51 00	– – **numerisch gesteuert**	2,7	p/st
8459 59 00	– – **andere**	2,7	p/st
	– **andere Fräsmaschinen:**		
8459 61	– – **numerisch gesteuert:**		

KN-Code	Warenbezeichnung	Vertragsmäßiger Zollsatz (%)	Besondere Maßeinheit
1	2	3	4
8459 61 10	– – – Werkzeugfräsmaschinen	2,7	p/st
8459 61 90	– – – andere	2,7	p/st
8459 69	– – **andere:**		
8459 69 10	– – – Werkzeugfräsmaschinen	2,7	p/st
8459 69 90	– – – andere	2,7	p/st
8459 70 00	– **andere Außen- oder Innengewindeschneidmaschinen**	2,7	p/st
8460	**Werkzeugmaschinen zum Entgraten, Schärfen, Schleifen, Honen, Läppen, Polieren oder zu anderem Fertigbearbeiten von Metallen oder Cermets mit Hilfe von Schleifscheiben, Schleifstoffen oder Poliermitteln, ausgenommen Verzahnmaschinen und Zahnfertigbearbeitungsmaschinen der Position 8461:**		
	– **Flach- oder Planschleifmaschinen mit einer Einstellgenauigkeit in einer der Achsen von mindestens 0,01 mm:**		
8460 11 00	– – **numerisch gesteuert**	2,7	p/st
8460 19 00	– – **andere**	2,7	p/st
	– **andere Schleifmaschinen mit einer Einstellgenauigkeit in einer der Achsen von mindestens 0,01 mm:**		
8460 21	– – **numerisch gesteuert:**		
	– – – Rundschleifmaschinen:		
8460 21 11	– – – – Innenrundschleifmaschinen	2,7	p/st
8460 21 15	– – – – spitzenlose Außenrundschleifmaschinen	2,7	p/st
8460 21 19	– – – – andere	2,7	p/st
8460 21 90	– – – andere	2,7	p/st
8460 29	– – **andere:**		
8460 29 10	– – – Rundschleifmaschinen	2,7	p/st
8460 29 90	– – – andere	2,7	p/st
	– **Schärfmaschinen:**		
8460 31 00	– – **numerisch gesteuert**	1,7	p/st
8460 39 00	– – **andere**	1,7	p/st
8460 40	– **Honmaschinen und Läppmaschinen:**		
8460 40 10	– – numerisch gesteuert	1,7	p/st
8460 40 90	– – andere	1,7	p/st
8460 90	– **andere:**		
8460 90 10	– – mit einer Einstellgenauigkeit in einer der Achsen von mindestens 0,01 mm	2,7	p/st
8460 90 90	– – andere	1,7	p/st
8461	**Hobelmaschinen, Waagerecht- und Senkrechtstoßmaschinen, Räummaschinen, Verzahnmaschinen, Zahnfertigbearbeitungsmaschinen, Sägemaschinen, Trennmaschinen und andere Werkzeugmaschinen zur spanabhebenden Bearbeitung von Metallen oder Cermets, anderweit weder genannt noch inbegriffen:**		
8461 20 00	– **Waagerecht- und Senkrechtstoßmaschinen**	1,7	p/st
8461 30	– **Räummaschinen:**		
8461 30 10	– – numerisch gesteuert	1,7	p/st

KN-Code	Warenbezeichnung	Vertragsmäßiger Zollsatz (%)	Besondere Maßeinheit
1	2	3	4
8461 30 90	– – andere	1,7	p/st
8461 40	– **Verzahnmaschinen und Zahnfertigbearbeitungsmaschinen:**		
	– – Verzahnmaschinen:		
	– – – für zylindrische Verzahnungen:		
8461 40 11	– – – – numerisch gesteuert	2,7	p/st
8461 40 19	– – – – andere	2,7	p/st
	– – – für andere Verzahnungen:		
8461 40 31	– – – – numerisch gesteuert	1,7	p/st
8461 40 39	– – – – andere	1,7	p/st
	– – Maschinen zum Fertigbearbeiten der Zähne:		
	– – – mit einer Einstellgenauigkeit in einer der Achsen von mindestens 0,01 mm:		
8461 40 71	– – – – numerisch gesteuert	2,7	p/st
8461 40 79	– – – – andere	2,7	p/st
8461 40 90	– – – andere	1,7	p/st
8461 50	– **Sägemaschinen und Trennmaschinen:**		
	– – Sägemaschinen:		
8461 50 11	– – – Kreissägemaschinen	1,7	p/st
8461 50 19	– – – andere	1,7	p/st
8461 50 90	– – Trennmaschinen	1,7	p/st
8461 90 00	– **andere**	2,7	p/st
8462	**Werkzeugmaschinen (einschließlich Pressen) zum Freiformschmieden, Gesenkschmieden oder Hämmern von Metallen; Werkzeugmaschinen (einschließlich Pressen) zum Biegen, Abkanten, Richten, Scheren, Lochstanzen oder Ausklinken von Metallen; Pressen zum Bearbeiten von Metallen oder Metallcarbiden, vorstehend nicht genannt:**		
8462 10	– **Freiformschmiede- oder Gesenkschmiedemaschinen (einschließlich Pressen) und Schmiedehämmer:**		
8462 10 10	– – numerisch gesteuert	2,7	p/st
8462 10 90	– – andere	1,7	p/st
	– **Biegemaschinen, Abkantmaschinen und Richtmaschinen (einschließlich Pressen):**		
8462 21	– – **numerisch gesteuert:**		
8462 21 10	– – – zum Bearbeiten von Flacherzeugnissen	2,7	p/st
8462 21 80	– – – andere	2,7	p/st
8462 29	– – **andere:**		
8462 29 10	– – – zum Bearbeiten von Flacherzeugnissen	1,7	p/st
	– – – andere:		
8462 29 91	– – – – hydraulisch arbeitend	1,7	p/st

KN-Code	Warenbezeichnung	Vertragsmäßiger Zollsatz (%)	Besondere Maßeinheit
1	2	3	4
8462 29 98	– – – – andere	1,7	p/st
	– **Scheren (einschließlich Pressen), ausgenommen mit Lochstanzen kombinierte Scheren:**		
8462 31 00	– – **numerisch gesteuert**	2,7	p/st
8462 39	– – **andere:**		
8462 39 10	– – – zum Bearbeiten von Flacherzeugnissen	1,7	p/st
	– – – andere:		
8462 39 91	– – – – hydraulisch arbeitend	1,7	p/st
8462 39 99	– – – – andere	1,7	p/st
	– **Lochstanzen und Ausklinkmaschinen (einschließlich Pressen) sowie mit Lochstanzen kombinierte Scheren:**		
8462 41	– – **numerisch gesteuert:**		
8462 41 10	– – – zum Bearbeiten von Flacherzeugnissen	2,7	p/st
8462 41 90	– – – andere	2,7	p/st
8462 49	– – **andere:**		
8462 49 10	– – – zum Bearbeiten von Flacherzeugnissen	1,7	p/st
8462 49 90	– – – andere	1,7	p/st
	– **andere:**		
8462 91	– – **hydraulische Pressen:**		
8462 91 20	– – – numerisch gesteuert	2,7	p/st
8462 91 80	– – – andere	2,7	p/st
8462 99	– – **andere:**		
8462 99 20	– – – numerisch gesteuert	2,7	p/st
8462 99 80	– – – andere	2,7	p/st
8463	**Andere Werkzeugmaschinen zum spanlosen Be- oder Verarbeiten von Metallen oder Cermets:**		
8463 10	– **Ziehbänke für Stangen, Rohre, Profile, Drähte oder dergleichen:**		
8463 10 10	– – Drahtziehmaschinen	2,7	p/st
8463 10 90	– – andere	2,7	p/st
8463 20 00	– **Gewindewalz- oder Gewinderollmaschinen**	2,7	p/st
8463 30 00	– **Maschinen zum Be- oder Verarbeiten von Metalldraht**	2,7	p/st
8463 90 00	– **andere**	2,7	p/st
8464	**Werkzeugmaschinen zum Bearbeiten von Steinen, keramischen Waren, Beton, Asbestzement oder ähnlichen mineralischen Stoffen oder zum Kaltbearbeiten von Glas:**		
8464 10 00	– **Sägemaschinen**	2,2	p/st
8464 20	– **Schleifmaschinen und Poliermaschinen:**		
	– – Maschinen zum Bearbeiten von Glas:		
8464 20 11	– – – von optischen Gläsern	2,2	p/st
8464 20 19	– – – andere	2,2	—

KN-Code	Warenbezeichnung	Vertragsmäßiger Zollsatz (%)	Besondere Maßeinheit
1	2	3	4
8464 20 80	– – andere	2,2	—
8464 90 00	– andere	2,2	—
8465	**Werkzeugmaschinen (einschließlich Nagel-, Heft-, Klebe-, Verleim- und andere Zusammenfügemaschinen) zum Bearbeiten von Holz, Kork, Bein, Hartkautschuk, harten Kunststoffen oder ähnlichen harten Stoffen:**		
8465 10	– **Maschinen, die verschiedenartige Bearbeitungen ohne Werkzeugwechsel zwischen diesen Vorgängen durchführen können:**		
8465 10 10	– – Maschinen, denen das Werkstück zwischen jedem Bearbeitungsvorgang von Hand zugeführt wird	2,7	p/st
8465 10 90	– – Maschinen, denen das Werkstück zwischen jedem Bearbeitungsvorgang automatisch zugeführt wird	2,7	p/st
	– **andere:**		
8465 91	– – **Sägemaschinen:**		
8465 91 10	– – – Bandsägen	2,7	p/st
8465 91 20	– – – Kreissägen	2,7	p/st
8465 91 90	– – – andere	2,7	p/st
8465 92 00	– – **Hobelmaschinen, Fräsmaschinen und Kehlmaschinen**	2,7	p/st
8465 93 00	– – **Schleifmaschinen und Poliermaschinen**	2,7	p/st
8465 94 00	– – **Biegemaschinen und Zusammenfügemaschinen**	2,7	p/st
8465 95 00	– – **Bohrmaschinen und Stemmmaschinen**	2,7	p/st
8465 96 00	– – **Spaltmaschinen, Hackmaschinen und Schälmaschinen**	2,7	p/st
8465 99 00	– – **andere**	2,7	p/st
8466	**Teile und Zubehör, erkennbar ausschließlich oder hauptsächlich für Maschinen der Positionen 8456 bis 8465 bestimmt, einschließlich Werkstück- und Werkzeughalter, selbstöffnende Gewindeschneidköpfe, Teilköpfe und andere Spezialvorrichtungen für Werkzeugmaschinen; Werkzeughalter für von Hand zu führende Werkzeuge aller Art:**		
8466 10	– **Werkzeughalter und selbstöffnende Gewindeschneidköpfe:**		
	– – Werkzeughalter:		
8466 10 20	– – – Dorne, Spannzangen und Hülsen	1,2	—
	– – – andere:		
8466 10 31	– – – – für Drehmaschinen	1,2	—
8466 10 38	– – – – andere	1,2	—
8466 10 80	– – selbstöffnende Gewindeschneidköpfe	1,2	—
8466 20	– **Werkstückhalter:**		
8466 20 20	– – werkstückgebundene Vorrichtungen; Vorrichtungssätze zum Zusammenstellen von werkstückgebundenen Vorrichtungen	1,2	—
	– – andere:		
8466 20 91	– – – für Drehmaschinen	1,2	—

KN-Code	Warenbezeichnung	Vertragsmäßiger Zollsatz (%)	Besondere Maßeinheit
1	2	3	4
8466 20 98	– – – andere	1,2	—
8466 30 00	– **Teilköpfe und andere Spezialvorrichtungen für Werkzeugmaschinen**	1,2	—
	– **andere:**		
8466 91	– – **für Maschinen der Position 8464:**		
8466 91 20	– – – aus Eisen oder Stahl, gegossen	1,2	—
8466 91 95	– – – andere	1,2	—
8466 92	– – **für Maschinen der Position 8465:**		
8466 92 20	– – – aus Eisen oder Stahl, gegossen	1,2	—
8466 92 80	– – – andere	1,2	—
8466 93	– – **für Maschinen der Positionen 8456 bis 8461:**		
8466 93 30	– – – für Maschinen der Unterposition 8456 90 20	1,7	—
8466 93 70	– – – andere	1,2	—
8466 94 00	– – **für Maschinen der Position 8462 oder 8463**	1,2	—
8467	**Pneumatische, hydraulische oder von eingebautem Motor (elektrisch oder nicht elektrisch) betriebene Werkzeuge, von Hand zu führen:**		
	– **pneumatische Werkzeuge:**		
8467 11	– – **rotierende (auch schlagende) Werkzeuge:**		
8467 11 10	– – – zum Bearbeiten von Metallen	1,7	—
8467 11 90	– – – andere	1,7	—
8467 19 00	– – **andere**	1,7	—
	– **mit eingebautem Elektromotor:**		
8467 21	– – **Bohrmaschinen aller Art:**		
8467 21 10	– – – zum Betrieb ohne externe Energiequelle	2,7	p/st
	– – – andere:		
8467 21 91	– – – – elektropneumatische	2,7	p/st
8467 21 99	– – – – andere	2,7	p/st
8467 22	– – **Sägen:**		
8467 22 10	– – – Kettensägen	2,7	p/st
8467 22 30	– – – Kreissägen	2,7	p/st
8467 22 90	– – – andere	2,7	p/st
8467 29	– – **andere:**		
8467 29 20	– – – zum Betrieb ohne externe Energiequelle	2,7	p/st
	– – – andere:		
	– – – – Schleifmaschinen:		
8467 29 51	– – – – – Winkelschleifer	2,7	p/st
8467 29 53	– – – – – Bandschleifmaschinen	2,7	p/st
8467 29 59	– – – – – andere	2,7	p/st

KN-Code	Warenbezeichnung	Vertragsmäßiger Zollsatz (%)	Besondere Maßeinheit
1	2	3	4
8467 29 70	– – – – Hobelmaschinen	2,7	p/st
8467 29 80	– – – – Heckenscheren, Grasscheren und Rasenkantenschneider	2,7	p/st
8467 29 85	– – – – andere	2,7	p/st
	– andere Werkzeuge:		
8467 81 00	– – Kettensägen	1,7	p/st
8467 89 00	– – andere	1,7	—
	– Teile:		
8467 91 00	– – von Kettensägen	1,7	—
8467 92 00	– – von pneumatischen Werkzeugen	1,7	—
8467 99 00	– – andere	1,7	—
8468	**Maschinen, Apparate und Geräte zum Löten oder Schweißen, auch wenn sie zum Brennschneiden verwendbar sind, jedoch ausgenommen solche der Position 8515; Maschinen und Apparate zum autogenen Oberflächenhärten:**		
8468 10 00	– Handapparate und -geräte (Brenner)	2,2	—
8468 20 00	– andere Autogenmaschinen, -apparate und -geräte	2,2	—
8468 80 00	– andere Maschinen, Apparate und Geräte	2,2	—
8468 90 00	– Teile	2,2	—
8469 00	**Schreibmaschinen, ausgenommen Drucker der Position 8443; Textverarbeitungsmaschinen:**		
8469 00 10	– Textverarbeitungsmaschinen	frei	p/st
	– andere:		
8469 00 91	– – elektrisch	2,3	p/st
8469 00 99	– – andere	2,5	p/st
8470	**Rechenmaschinen und Geräte im Taschenformat, zum Aufzeichnen, Wiedergeben und Anzeigen von Daten, mit Rechenfunktionen; Abrechnungsmaschinen, Frankiermaschinen, Fahrkarten- oder Eintrittskarten-Ausgabemaschinen und ähnliche Maschinen, mit eingebautem Rechenwerk; Registrierkassen:**		
8470 10 00	– elektronische Rechenmaschinen, die ohne externe elektrische Energiequelle betrieben werden können, und Geräte im Taschenformat, zum Aufzeichnen, Wiedergeben und Anzeigen von Daten, mit Rechenfunktionen	frei	p/st
	– andere elektronische Rechenmaschinen:		
8470 21 00	– – druckende	frei	p/st
8470 29 00	– – andere	frei	p/st
8470 30 00	– andere Rechenmaschinen	frei	p/st
8470 50 00	– Registrierkassen	frei	p/st
8470 90 00	– andere	frei	p/st

KN-Code	Warenbezeichnung	Vertragsmäßiger Zollsatz (%)	Besondere Maßeinheit
1	2	3	4
8471	**Automatische Datenverarbeitungsmaschinen und ihre Einheiten; magnetische oder optische Leser, Maschinen zum Aufzeichnen von Daten auf Datenträger in codierter Form und Maschinen zum Verarbeiten solcher Daten, anderweit weder genannt noch inbegriffen:**		
8471 30 00	**– tragbare automatische Datenverarbeitungsmaschinen mit einem Gewicht von 10 kg oder weniger, mindestens aus einer Zentraleinheit, einer Tastatur und einem Bildschirm bestehend**	frei	p/st
	– andere automatische Datenverarbeitungsmaschinen:		
8471 41 00	**– – mindestens eine Zentraleinheit sowie eine Eingabe- und eine Ausgabeeinheit, auch kombiniert, in einem gemeinsamen Gehäuse enthaltend**	frei	p/st
8471 49 00	**– – andere, als System gestellt**	frei	p/st
8471 50 00	**– Verarbeitungseinheiten (ausgenommen solche der Unterposition 8471 41 oder 8471 49), auch wenn sie eine oder zwei der Einheitenarten Speichereinheiten, Eingabeeinheiten, Ausgabeeinheiten in einem gemeinsamen Gehäuse enthalten**	frei	p/st
8471 60	**– Ein- oder Ausgabeeinheiten, auch wenn sie in einem gemeinsamen Gehäuse Speichereinheiten enthalten:**		
8471 60 60	– – Tastaturen	frei	p/st
8471 60 70	– – andere	frei	p/st
8471 70	**– Speichereinheiten:**		
8471 70 20	– – Zentralspeichereinheiten	frei	p/st
	– – andere:		
	– – – Plattenspeichereinheiten:		
8471 70 30	– – – – optisch, einschließlich magneto-optisch	frei	p/st
	– – – – andere:		
8471 70 50	– – – – – Festplattenspeichereinheiten	frei	p/st
8471 70 70	– – – – – andere	frei	p/st
8471 70 80	– – – Bandspeichereinheiten	frei	p/st
8471 70 98	– – – andere	frei	p/st
8471 80 00	**– andere Einheiten von automatischen Datenverarbeitungsmaschinen**	frei	p/st
8471 90 00	**– andere**	frei	p/st
8472	**Andere Büromaschinen und -apparate (z. B. Hektografen, Schablonenvervielfältiger, Adressiermaschinen, automatische Banknotenausgabegeräte, Münzsortier-, Münzzähl- oder Münzeinwickelmaschinen, Bleistiftspitzmaschinen, Perforiermaschinen und Büroheftmaschinen):**		
8472 10 00	**– Vervielfältigungsmaschinen**	2	p/st
8472 30 00	**– Briefsortiermaschinen, Brieffaltmaschinen, Briefkuvertier- und Streifbandanlegemaschinen, Brieföffnungsmaschinen, Briefschließmaschinen, Briefsiegelmaschinen, Markenfrankiermaschinen und Briefmarkenentwertungsmaschinen**	2,2	p/st
8472 90	**– andere:**		
8472 90 10	– – Münzsortier-, Münzzähl- oder Münzeinwickelmaschinen	2,2	p/st
8472 90 30	– – Bankautomaten	frei	p/st
8472 90 70	– – andere	2,2	—
8473	**Teile und Zubehör (ausgenommen Koffer, Schutzhüllen und dergleichen), erkennbar ausschließlich oder hauptsächlich für Maschinen, Apparate oder Geräte der Positionen 8469 bis 8472 bestimmt:**		
8473 10	**– Teile und Zubehör, für Maschinen der Position 8469:**		
	– – zusammengesetzte elektronische Schaltungen (Baugruppen):		
8473 10 11	– – – von Maschinen der Unterposition 8469 00 10	frei	—

KN-Code	Warenbezeichnung	Vertragsmäßiger Zollsatz (%)	Besondere Maßeinheit
1	2	3	4
8473 10 19	– – – andere	3	—
8473 10 90	– – andere	frei	—
	– Teile und Zubehör, für Maschinen und Geräte der Position 8470:		
8473 21	**– – für elektronische Rechenmaschinen und Geräte der Unterposition 8470 10, 8470 21 oder 8470 29:**		
8473 21 10	– – – zusammengesetzte elektronische Schaltungen (Baugruppen)	frei	—
8473 21 90	– – – andere	frei	—
8473 29	**– – andere:**		
8473 29 10	– – – zusammengesetzte elektronische Schaltungen (Baugruppen)	frei	—
8473 29 90	– – – andere	frei	—
8473 30	**– Teile und Zubehör, für Maschinen der Position 8471:**		
8473 30 20	– – zusammengesetzte elektronische Schaltungen (Baugruppen)	frei	—
8473 30 80	– – andere	frei	—
8473 40	**– Teile und Zubehör, für Maschinen und Apparate der Position 8472:**		
	– – zusammengesetzte elektronische Schaltungen (Baugruppen):		
8473 40 11	– – – für Geräte der Unterposition 8472 90 30	frei	—
8473 40 18	– – – andere	3	—
8473 40 80	– – andere	frei	—
8473 50	**– Teile und Zubehör, gleichermaßen für die Verwendung mit Maschinen, Apparaten oder Geräten der Positionen 8469 bis 8472 bestimmt:**		
8473 50 20	– – zusammengesetzte elektronische Schaltungen (Baugruppen)	frei	—
8473 50 80	– – andere	frei	—
8474	**Maschinen und Apparate zum Sortieren, Sieben, Trennen, Waschen, Zerkleinern, Mahlen, Mischen oder Kneten von Erden, Steinen, Erzen oder anderen festen (auch pulver- oder breiförmigen) mineralischen Stoffen; Maschinen zum Pressen oder Formen von festen mineralischen Brennstoffen, keramischen Massen, Zement, Gips oder anderen pulver- oder breiförmigen mineralischen Stoffen; Maschinen zum Herstellen von Gießformen aus Sand:**		
8474 10 00	**– Maschinen und Apparate zum Sortieren, Sieben, Trennen oder Waschen**	frei	—
8474 20 00	**– Maschinen und Apparate zum Zerkleinern oder Mahlen**	frei	—
	– Maschinen und Apparate zum Mischen oder Kneten:		
8474 31 00	**– – Beton- und Mörtelmischmaschinen**	frei	—
8474 32 00	**– – Maschinen zum Mischen mineralischer Stoffe mit Bitumen**	frei	—
8474 39 00	**– – andere**	frei	—
8474 80	**– andere Maschinen und Apparate:**		
8474 80 10	– – Maschinen zum Pressen oder Formen von keramischen Massen	frei	—
8474 80 90	– – andere	frei	—
8474 90	**– Teile:**		
8474 90 10	– – aus Eisen oder Stahl, gegossen	frei	—
8474 90 90	– – andere	frei	—

KN-Code	Warenbezeichnung	Vertragsmäßiger Zollsatz (%)	Besondere Maßeinheit
1	2	3	4
8475	**Maschinen zum Zusammenbauen von mit Glaskolben oder Glasröhre ausgestatteten elektrischen Lampen, Elektronenröhren oder Blitzlampen; Maschinen zum Herstellen oder Warmbearbeiten von Glas oder Glaswaren:**		
8475 10 00	– Maschinen zum Zusammenbauen von mit Glaskolben oder Glasröhre ausgestatteten elektrischen Lampen, Elektronenröhren oder Blitzlampen	1,7	—
	– Maschinen zum Herstellen oder Warmbearbeiten von Glas oder Glaswaren:		
8475 21 00	– – Maschinen zum Herstellen von optischen Fasern oder deren Vorformen	1,7	—
8475 29 00	– – andere	1,7	—
8475 90 00	– Teile	1,7	—
8476	**Warenverkaufsautomaten (z. B. Briefmarken-, Zigaretten-, Lebensmittel- oder Getränkeautomaten), einschließlich Geldwechselautomaten:**		
	– Getränkeverkaufsautomaten:		
8476 21 00	– – mit Heiz- oder Kühlvorrichtungen	1,7	p/st
8476 29 00	– – andere	1,7	p/st
	– andere Maschinen:		
8476 81 00	– – mit Heiz- oder Kühlvorrichtungen	1,7	p/st
8476 89 00	– – andere	1,7	p/st
8476 90 00	– Teile	1,7	—
8477	**Maschinen und Apparate zum Be- oder Verarbeiten von Kautschuk oder Kunststoffen oder zum Herstellen von Waren aus diesen Stoffen, in diesem Kapitel anderweit weder genannt noch inbegriffen:**		
8477 10 00	– Spritzgießmaschinen	1,7	p/st
8477 20 00	– Extruder	1,7	p/st
8477 30 00	– Blasformmaschinen	1,7	p/st
8477 40 00	– Vakuumformmaschinen und andere Warmformmaschinen	1,7	p/st
	– andere Maschinen und Apparate zum Formen:		
8477 51 00	– – zum Formen oder Runderneuern von Luftreifen oder zum Formen von Luftschläuchen	1,7	p/st
8477 59	– – andere:		
8477 59 10	– – – Pressen	1,7	p/st
8477 59 80	– – – andere	1,7	p/st
8477 80	– andere Maschinen und Apparate:		
	– – Maschinen zum Herstellen von Zellkunststoff oder Zellkautschuk:		
8477 80 11	– – – Maschinen für die Verarbeitung von Reaktionsharzen	1,7	p/st
8477 80 19	– – – andere	1,7	p/st

KN-Code	Warenbezeichnung	Vertragsmäßiger Zollsatz (%)	Besondere Maßeinheit
1	2	3	4
	– – andere:		
8477 80 91	– – – Zerkleinerungsmaschinen	1,7	p/st
8477 80 93	– – – Mischer, Kneter und Rührwerke	1,7	p/st
8477 80 95	– – – Schneid-, Spalt- und Schälmaschinen	1,7	p/st
8477 80 99	– – – andere	1,7	—
8477 90	– **Teile:**		
8477 90 10	– – aus Eisen oder Stahl, gegossen	1,7	—
8477 90 80	– – andere	1,7	—
8478	**Maschinen und Apparate zum Aufbereiten oder Verarbeiten von Tabak, in diesem Kapitel anderweit weder genannt noch inbegriffen:**		
8478 10 00	– **Maschinen und Apparate**	1,7	—
8478 90 00	– **Teile**	1,7	—
8479	**Maschinen, Apparate und mechanische Geräte mit eigener Funktion, in diesem Kapitel anderweit weder genannt noch inbegriffen:**		
8479 10 00	– **Maschinen, Apparate und Geräte für den Straßen-, Hoch- oder Tiefbau oder für ähnliche Arbeiten**	frei	—
8479 20 00	– **Maschinen, Apparate und Geräte zum Gewinnen oder Aufbereiten von tierischen oder fetten pflanzlichen Ölen oder Fetten**	1,7	—
8479 30	– **Pressen zum Herstellen von Span- oder Faserplatten aus Holz oder anderen holzartigen Stoffen und andere Maschinen und Apparate zum Behandeln von Holz oder Kork:**		
8479 30 10	– – Pressen	1,7	—
8479 30 90	– – andere	1,7	—
8479 40 00	– **Maschinen zum Herstellen von Bindfäden, Seilen, Tauen oder Kabeln**	1,7	p/st
8479 50 00	– **Industrieroboter, anderweit weder genannt noch inbegriffen**	1,7	—
8479 60 00	– **Verdunstungsluftkühler**	1,7	—
	– **Fahrgastbrücken:**		
8479 71 00	– – **von der auf Flughäfen verwendeten Art**	1,7	—
8479 79 00	– – **andere**	1,7	
	– **andere Maschinen, Apparate und Geräte:**		
8479 81 00	– – **zum Behandeln von Metallen, einschließlich Spulenwickelmaschinen für elektrotechnische Zwecke**	1,7	—
8479 82 00	– – **zum Mischen, Kneten, Zerkleinern, Mahlen, Sieben, Sichten, Homogenisieren, Emulgieren oder Rühren**	1,7	—
8479 89	– – **andere:**		
8479 89 30	– – – schreitender hydraulischer Grubenausbau	1,7	—
8479 89 60	– – – Zentralschmiersysteme	1,7	—
8479 89 97	– – – andere	1,7	—
8479 90	– **Teile:**		
8479 90 20	– – aus Eisen oder Stahl, gegossen	1,7	—
8479 90 80	– – andere	1,7	—
8480	**Gießerei-Formkästen; Grundplatten für Formen; Gießereimodelle; Formen für Metalle (andere als solche zum Gießen von Ingots, Masseln oder dergleichen), Metallcarbide, Glas, mineralische Stoffe, Kautschuk oder Kunststoffe:**		
8480 10 00	– **Gießerei-Formkästen**	1,7	—

KN-Code	Warenbezeichnung	Vertragsmäßiger Zollsatz (%)	Besondere Maßeinheit
1	2	3	4
8480 20 00	– **Grundplatten für Formen**	1,7	—
8480 30	– **Gießereimodelle:**		
8480 30 10	– – aus Holz	1,7	—
8480 30 90	– – andere	2,7	—
	– **Formen für Metalle oder Metallcarbide:**		
8480 41 00	– – **zum Druckgießen (einschließlich Spritzgießen)**	1,7	—
8480 49 00	– – **andere**	1,7	—
8480 50 00	– **Formen für Glas**	1,7	—
8480 60 00	– **Formen für mineralische Stoffe**	1,7	—
	– **Formen für Kautschuk oder Kunststoffe:**		
8480 71 00	– – **zum Spritzgießen oder Formpressen**	1,7	—
8480 79 00	– – **andere**	1,7	—
8481	**Armaturen und ähnliche Apparate für Rohr- oder Schlauchleitungen, Dampfkessel, Sammelbehälter, Wannen oder ähnliche Behälter, einschließlich Druckminderventile und thermostatisch gesteuerte Ventile:**		
8481 10	– **Druckminderventile:**		
8481 10 05	– – kombiniert mit Filtern oder Ölern	2,2	—
	– – andere:		
8481 10 19	– – – aus Gusseisen oder Stahl	2,2	—
8481 10 99	– – – andere	2,2	—
8481 20	– **Ventile für die ölhydraulische oder pneumatische Energieübertragung:**		
8481 20 10	– – Ventile für ölhydraulische Energieübertragung	2,2	—
8481 20 90	– – Ventile für pneumatische Energieübertragung	2,2	—
8481 30	– **Rückschlagklappen und -ventile:**		
8481 30 91	– – aus Gusseisen oder Stahl	2,2	—
8481 30 99	– – andere	2,2	—
8481 40	– **Überdruckventile und Sicherheitsventile:**		
8481 40 10	– – aus Gusseisen oder Stahl	2,2	—
8481 40 90	– – andere	2,2	—
8481 80	– **andere Armaturen und ähnliche Apparate:**		
	– – Sanitärarmaturen:		
8481 80 11	– – – Mischarmaturen	2,2	—
8481 80 19	– – – andere	2,2	—
	– – Armaturen für Heizkörper von Zentralheizungen:		
8481 80 31	– – – Thermostatventile	2,2	—

KN-Code	Warenbezeichnung	Vertragsmäßiger Zollsatz (%)	Besondere Maßeinheit
1	2	3	4
8481 80 39	– – – andere	2,2	—
8481 80 40	– – Ventile für Reifen oder Luftschläuche	2,2	—
	– – andere:		
	– – – Regelventile:		
8481 80 51	– – – – Temperaturregelventile	2,2	—
8481 80 59	– – – – andere	2,2	—
	– – – andere:		
	– – – – Schieber:		
8481 80 61	– – – – – aus Gusseisen	2,2	—
8481 80 63	– – – – – aus Stahl	2,2	—
8481 80 69	– – – – – andere	2,2	—
	– – – – Ventile:		
8481 80 71	– – – – – aus Gusseisen	2,2	—
8481 80 73	– – – – – aus Stahl	2,2	—
8481 80 79	– – – – – andere	2,2	—
8481 80 81	– – – – Kugel-, Kegel- und Zylinderhähne	2,2	—
8481 80 85	– – – – Klappen	2,2	—
8481 80 87	– – – – Membranarmaturen	2,2	—
8481 80 99	– – – – andere	2,2	—
8481 90 00	– **Teile**	2,2	—
8482	**Wälzlager (Kugellager, Rollenlager und Nadellager):**		
8482 10	– **Kugellager:**		
8482 10 10	– – mit einem größten äußeren Durchmesser von 30 mm oder weniger	8	—
8482 10 90	– – andere	8	—
8482 20 00	– **Kegelrollenlager, einschließlich der Zusammenstellungen aus Kegeln und Kegelrollen**	8	—
8482 30 00	– **Tonnenlager (Pendelrollenlager)**	8	—
8482 40 00	– **Nadellager**	8	—
8482 50 00	– **Zylinderrollenlager**	8	—
8482 80 00	– **andere, einschließlich kombinierte Wälzlager**	8	—
	– **Teile:**		
8482 91	– – **Kugeln, Rollen und Nadeln:**		
8482 91 10	– – – Kegelrollen	8	—
8482 91 90	– – – andere	7,7	—
8482 99 00	– – **andere**	8	—
8483	**Wellen (einschließlich Nockenwellen und Kurbelwellen) und Kurbeln; Lagergehäuse mit eingebautem Wälzlager; Gleitlager; Lagergehäuse und Lagerschalen; Zahnräder, Zahnstangen, Friktionsräder, Kettenräder und Getriebe, auch in Form von Wechsel- oder Schaltgetrieben oder Drehmomentwandlern; Kugel- oder Rollenrollspindeln; Schwungräder, Riemen- und Seilscheiben (einschließlich Seilrollenblöcke für Flaschenzüge); Schaltkupplungen und andere Wellenkupplungen (einschließlich Universalkupplungen):**		
8483 10	– **Wellen (einschließlich Nockenwellen und Kurbelwellen) und Kurbeln:**		
	– – Kurbeln und Kurbelwellen:		

KN-Code	Warenbezeichnung	Vertragsmäßiger Zollsatz (%)	Besondere Maßeinheit
1	2	3	4
8483 10 21	– – – aus Eisen oder Stahl, gegossen	4	—
8483 10 25	– – – aus Stahl, freiformgeschmiedet	4	—
8483 10 29	– – – andere	4	—
8483 10 50	– – Gelenkwellen	4	—
8483 10 95	– – andere	4	—
8483 20 00	– **Lagergehäuse mit eingebautem Wälzlager**	6	—
8483 30	– **Lagergehäuse ohne eingebaute Wälzlager; Gleitlager und Lagerschalen:**		
	– – Lagergehäuse:		
8483 30 32	– – – für Wälzlager aller Art	5,7	—
8483 30 38	– – – andere	3,4	—
8483 30 80	– – Gleitlager und Lagerschalen	3,4	—
8483 40	– **Getriebe, auch in Form von Wechsel- oder Schaltgetrieben oder Drehmomentwandlern, ausgenommen Zahnräder, Kettenräder und andere Kraftübertragungsvorrichtungen, gesondert gestellt; Kugel- oder Rollenrollspindeln:**		
	– – Zahnradgetriebe (ausgenommen Schaltgetriebe):		
8483 40 21	– – – Stirnradgetriebe	3,7	—
8483 40 23	– – – Kegelrad- und Kegelstirnradgetriebe	3,7	—
8483 40 25	– – – Schneckengetriebe	3,7	—
8483 40 29	– – – andere	3,7	—
8483 40 30	– – Kugel- oder Rollenrollspindeln	3,7	—
	– – Schaltgetriebe:		
8483 40 51	– – – Zahnradschaltgetriebe	3,7	—
8483 40 59	– – – andere	3,7	—
8483 40 90	– – andere	3,7	—
8483 50	– **Schwungräder sowie Riemen- und Seilscheiben (einschließlich Seilrollenblöcke für Flaschenzüge):**		
8483 50 20	– – aus Eisen oder Stahl, gegossen	2,7	—
8483 50 80	– – andere	2,7	—
8483 60	– **Schaltkupplungen und andere Wellenkupplungen (einschließlich Universalkupplungen):**		
8483 60 20	– – aus Eisen oder Stahl, gegossen	2,7	—
8483 60 80	– – andere	2,7	—
8483 90	– **Zahnräder, Kettenräder und andere Kraftübertragungsvorrichtungen, gesondert gestellt; Teile:**		
8483 90 20	– – Teile von Lagergehäusen für Wälzlager aller Art	5,7	—
	– – andere:		
8483 90 81	– – – aus Eisen oder Stahl, gegossen	2,7	—
8483 90 89	– – – andere	2,7	—
8484	**Metalloplastische Dichtungen; Sätze oder Zusammenstellungen von Dichtungen verschiedener stofflicher Beschaffenheit, in Beuteln, Kartons oder ähnlichen Umschließungen; mechanische Dichtungen:**		
8484 10 00	– **metalloplastische Dichtungen**	1,7	—

KN-Code	Warenbezeichnung	Vertragsmäßiger Zollsatz (%)	Besondere Maßeinheit
1	2	3	4
8484 20 00	**– mechanische Dichtungen**	1,7	—
8484 90 00	**– andere**	1,7	—
[8485]			
8486	**Maschinen, Apparate und Geräte von der ausschließlich oder hauptsächlich zum Herstellen von Halbleiterbarren (boules), Halbleiterscheiben (wafers) oder Halbleiterbauelementen, elektronischen integrierten Schaltungen oder Flachbildschirmen verwendeten Art; in Anmerkung 9 C zu diesem Kapitel genannte Maschinen, Apparate und Geräte; Teile und Zubehör:**		
8486 10 00	**– Maschinen, Apparate und Geräte zum Herstellen von Halbleiterbarren (boules) oder Halbleiterscheiben (wafers)**	frei	—
8486 20	**– Maschinen, Apparate und Geräte zum Herstellen von Halbleiterbauelementen oder elektronischen integrierten Schaltungen:**		
8486 20 10	– – Ultraschallwerkzeugmaschinen	3,5	p/st
8486 20 90	– – andere	frei	—
8486 30	**– Maschinen, Apparate und Geräte zum Herstellen von Flachbildschirmen:**		
8486 30 10	– – Apparate und Vorrichtungen zum Beschichten von Trägermaterialien für Flüssigkristallanzeigen (LCD) durch chemische Gasphasenabscheidung (CVD-Verfahren)	2,4 (¹)	—
8486 30 30	– – Apparate für die Trockenätzung von Mustern auf Trägermaterialien für Flüssigkristallanzeigen (LCD)	3,5 (¹)	—
8486 30 50	– – Apparate zum physikalischen Beschichten von Trägermaterialien für Flüssigkristallanzeigen (LCD) durch Kathodenzerstäubung (sputtering)	3,7 (¹)	—
8486 30 90	– – andere	frei	—
8486 40 00	**– in Anmerkung 9 C zu diesem Kapitel genannte Maschinen, Apparate und Geräte**	frei	—
8486 90	**– Teile und Zubehör:**		
8486 90 10	– – Werkzeughalter und selbstöffnende Gewindeschneidköpfe; Werkstückhalter	1,2	—
	– – andere:		
8486 90 20	– – – Teile von Schleudern zum Beschichten von Trägermaterialien für Flüssigkristallanzeigen (LCD) mit fotografischen Emulsionen	1,7 (¹)	—
8486 90 30	– – – Teile für Maschinen für die Reinigung der Anschlussstifte von Halbleitergehäusen vor dem Galvanisieren (deflash machines)	1,7 (¹)	—
8486 90 40	– – – Teile von Apparaten zum physikalischen Beschichten von Trägermaterialien für Flüssigkristallanzeigen (LCD) durch Kathodenzerstäubung (sputtering)	3,7 (¹)	—
8486 90 50	– – – Teile und Zubehör von Apparaten für die Trockenätzung von Mustern auf Trägermaterialien für Flüssigkristallanzeigen (LCD)	1,2 (¹)	—
8486 90 60	– – – Teile und Zubehör für Apparate und Vorrichtungen zum Beschichten von Trägermaterialien für Flüssigkristallanzeigen (LCD) durch chemische Gasphasenabscheidung (CVD-Verfahren)	1,7 (¹)	—
8486 90 70	– – – Teile und Zubehör für Ultraschallwerkzeugmaschinen	1,2	—
8486 90 90	– – – andere	frei	—
8487	**Teile von Maschinen, Apparaten oder Geräten, in diesem Kapitel anderweit weder genannt noch inbegriffen, ausgenommen Teile mit elektrischer Isolierung, elektrischen Anschlussstücken, Wicklungen, Kontakten oder anderen charakteristischen Merkmalen elektrotechnischer Waren:**		
8487 10	**– Schiffsschrauben und Schraubenflügel dafür:**		

(¹) Autonomer Zollsatz: frei.

KN-Code	Warenbezeichnung	Vertragsmäßiger Zollsatz (%)	Besondere Maßeinheit
1	2	3	4
8487 10 10	– – aus Bronze	1,7	p/st
8487 10 90	– – andere	1,7	p/st
8487 90	– **andere:**		
8487 90 40	– – aus Gusseisen	1,7	—
	– – aus Eisen oder Stahl:		
8487 90 51	– – – aus Stahl, gegossen	1,7	—
8487 90 57	– – – aus freiformgeschmiedetem oder gesenkgeschmiedetem Eisen oder Stahl	1,7	—
8487 90 59	– – – andere	1,7	—
8487 90 90	– – andere	1,7	—

KAPITEL 85

ELEKTRISCHE MASCHINEN, APPARATE, GERÄTE UND ANDERE ELEKTROTECHNISCHE WAREN, TEILE DAVON; TONAUFNAHME- ODER TONWIEDERGABEGERÄTE, BILD- UND TONAUFZEICHNUNGS- ODER -WIEDERGABEGERÄTE, FÜR DAS FERNSEHEN, TEILE UND ZUBEHÖR FÜR DIESE GERÄTE

Anmerkungen

1. Zu Kapitel 85 gehören nicht:

   a) Bettdecken, Heizkissen, Fußwärmer und ähnliche Gegenstände, mit elektrischer Heizvorrichtung; Kleidung, Schuhe, Ohrenschützer und andere am Körper zu tragende Gegenstände, mit elektrischer Heizvorrichtung;

   b) Glaswaren der Position 7011;

   c) Maschinen, Apparate und Geräte der Position 8486;

   d) Staubsauger von der für medizinische, chirurgische, zahnärztliche oder tierärztliche Zwecke verwendeten Art (Position 9018); oder

   e) elektrisch beheizte Möbel des Kapitels 94.

2. Waren, die sowohl den Positionen 8501 bis 8504 als auch der Position 8511, 8512, 8540, 8541 oder 8542 zugewiesen werden können, sind in eine der fünf zuletzt genannten Positionen einzureihen.

   Quecksilberdampfgleichrichter mit Metallgefäß gehören jedoch zu Position 8504.

3. Zu Position 8509 gehören folgende elektromechanische Geräte, sofern sie von einer üblicherweise im Haushalt verwendeten Art sind:

   a) Bohnergeräte, Lebensmittelzerkleinerungs- und -mischgeräte, Frucht- und Gemüsepressen, mit beliebigem Gewicht;

   b) andere Geräte mit einem Höchstgewicht von 20 kg, ausgenommen Ventilatoren und Abluft- oder Umluftabzugshauben mit eingebautem Ventilator, auch mit Filter (Position 8414), Wäscheschleudern (Position 8421), Geschirrspülmaschinen (Position 8422), Waschmaschinen für Wäsche (Position 8450), Bügelkalander und andere Bügelmaschinen (Position 8420 oder 8451), Nähmaschinen (Position 8452), elektrische Handscheren (Position 8467) und Elektrowärmegeräte (Position 8516).

4. Im Sinne der Position 8523 gelten:

   a) als „nicht flüchtige Halbleiterspeichervorrichtung" (z. B. „Flash Memory Card" oder „Flash Electronic Storage Card") Speichervorrichtungen mit einer elektrischen Anschlussvorrichtung, die im gleichen Gehäuse einen oder mehrere Flashspeicher (z. B. „Flash E2PROM") in Form von auf gedruckten Schaltungen montierten integrierten Schaltungen enthalten. Sie können einen Controller in Form einer integrierten Schaltung und diskrete passive Bauelemente wie Kondensatoren und Widerstände enthalten;

   b) als „intelligente Karten (smart cards)", Karten, mit einer oder mehreren in ihnen als Mikroplättchen (Chip) eingelassenen elektronischen integrierten Schaltungen (Mikroprozessor, Schreib-/Lesespeicher (RAM — random access memory) oder Festwertspeicher (ROM — read-only memory)). Diese Karten dürfen Kontakte, ein Magnetstreifen oder eine eingelassene Antenne, aber keine anderen aktiven oder passiven Bauelemente enthalten.

5. „Gedruckte Schaltungen" im Sinne der Position 8534 sind Schaltungen, bei denen auf einem isolierenden Träger durch ein beliebiges Druckverfahren (z. B. durch Ausstanzen, Elektroplattieren oder Ätzen) oder in der Technik der „Schichtschaltungen" Leiterbahnen, Kontakte oder andere aufgedruckte Elemente (z. B. Induktionsspulen, Widerstände oder Kondensatoren) — einzeln oder miteinander nach einem vorher festgelegten Schaltplan verbunden — aufgebracht sind, nicht jedoch Bauelemente (wie z. B. Halbleiterbauelemente), die ein elektrisches Signal erzeugen, umformen, verändern oder verstärken können.

   Der Begriff „gedruckte Schaltungen" umfasst weder Schaltungen, die mit anderen als gedruckten Elementen versehen sind, noch einzelne diskrete Widerstände, Kondensatoren oder Induktionsspulen. Gedruckte Schaltungen können jedoch mit nicht durch Drucken hergestellten Anschlussstücken ausgestattet sein.

   Dünnschicht- oder Dickschichtschaltungen gehören zu Position 8542, wenn sie passive und aktive Elemente enthalten, die während des gleichen technologischen Vorgangs hergestellt worden sind.

6. Im Sinne der Position 8536 gelten als „Verbinder für optische Fasern, Bündel aus optischen Fasern oder optische Kabel" Verbinder, die lediglich dazu dienen, die optischen Fasern in einem digitalen drahtgebundenen System an den Enden zueinander mechanisch auszurichten. Sie üben keine andere Funktion, wie z. B. Verstärken, Wiederherstellen oder Verändern eines Signals aus.

7. Zu Position 8537 gehören nicht kabellose Infrarot-Fernbedienungen für Fernsehempfangsgeräte oder andere elektrische Apparate (Position 8543).

8. Im Sinne der Positionen 8541 und 8542 sind:

   a) „Dioden, Transistoren und ähnliche Halbleiterbauelemente" Bauelemente, deren Arbeitsweise auf der Veränderung des spezifischen Widerstandes unter dem Einfluss eines elektrischen Feldes beruht;

   b) „elektronische integrierte Schaltungen":

      1) monolithische integrierte Schaltungen, bei denen die Schaltungselemente (Dioden, Transistoren, Widerstände, Kondensatoren, Induktivitäten usw.) hauptsächlich im halbleitenden Material sowie auf der Oberfläche halbleitenden Materials (z. B. dotiertes Silizium, Galliumarsenid, Silizium-Germanium, Indiumphosphid) hergestellt worden sind und ein untrennbares Ganzes bilden;

      2) hybride integrierte Schaltungen, bei denen passive Bauelemente (Widerstände, Kondensatoren, Induktivitäten usw.), die in der Dünnschicht oder Dickschichttechnik hergestellt worden sind und aktive Bauelemente (Dioden, Transistoren, monolithische integrierte Schaltungen usw.), die in der Halbleitertechnik hergestellt worden sind, auf praktisch untrennbare Weise auf dem gleichen isolierenden Träger (z. B. Glas oder Keramik) vereinigt und durch Leiterbahnen oder Drähte verbunden sind. Diese Schaltungen können auch diskrete Bauelemente enthalten;

      3) integrierte Multichip-Schaltungen, bei denen zwei oder mehr monolithische integrierte Schaltungen miteinander verbunden und auf praktisch untrennbare Weise vereinigt sind, auch auf einem oder mehreren isolierenden Trägern, auch mit Anschlussrahmen (Leadframes), jedoch ohne andere aktive oder passive Bauelemente.

   Mit Ausnahme der Position 8523 haben die Positionen 8541 und 8542 für die in dieser Anmerkung beschriebenen Waren Vorrang vor jeder anderen Position der Nomenklatur, die für diese Waren, insbesondere wegen ihrer Funktion, in Betracht kommen könnte.

9. Als ausgebrauchte elektrische Primärelemente und Primärbatterien sowie ausgebrauchte elektrische Akkumulatoren im Sinne der Position 8548 gelten derartige Waren, die wegen Bruchs, Zerstörung, Abnutzung oder anderer Gründe als solche nicht mehr verwendet werden können oder nicht wiederaufladbar sind.

Unterpositions-Anmerkung

1. Zu der Unterposition 8527 12 gehören nur Kassettengeräte mit eingebautem Verstärker aber ohne eingebauten Lautsprecher, die ohne externe elektrische Energiequelle betrieben werden können und deren Abmessungen 170 mm × 100 mm × 45 mm oder weniger betragen.

Zusätzliche Anmerkungen

1. *Tonwiedergabegeräte mit Laserabnehmersystem gehören nicht zu Unterposition 8519 20 10, 8519 30 00 oder 8519 89 11.*

2. *Die Unterpositions-Anmerkung 1 gilt für die Unterpositionen 8519 81 15 und 8519 81 65 sinngemäß.*

3. *Nur für die Zwecke der Unterpositionen 8528 71 15 und 8528 71 91 erfasst der Begriff „Modem" Geräte oder Vorrichtungen, die Eingangs- und Ausgangssignale modulieren und demodulieren, wie V.90-Modems oder Kabelmodems, sowie andere Geräte, die für den Zugang zum Internet ähnliche Technologien verwenden, wie WLAN, ISDN und Ethernet. Der Zugang zum Internet kann durch den Dienstanbieter beschränkt sein.*

   Geräte dieser Unterpositionen müssen einen wechselseitigen Kommunikationsprozess oder einen wechselseitigen Informationsfluss zur Herstellung eines interaktiven Informationsaustausches ermöglichen.

KN-Code	Warenbezeichnung	Vertragsmäßiger Zollsatz (%)	Besondere Maßeinheit
1	2	3	4
8501	**Elektromotoren und elektrische Generatoren, ausgenommen Stromerzeugungsaggregate:**		
8501 10	**– Motoren mit einer Leistung von 37,5 W oder weniger:**		
8501 10 10	– – Synchronmotoren mit einer Leistung von 18 W oder weniger	4,7	p/st
	– – andere:		
8501 10 91	– – – Allstrom-(Universal-)motoren	2,7	p/st
8501 10 93	– – – Wechselstrommotoren	2,7	p/st
8501 10 99	– – – Gleichstrommotoren	2,7	p/st
8501 20 00	**– Allstrom-(Universal-)motoren mit einer Leistung von mehr als 37,5 W**	2,7	p/st
	– andere Gleichstrommotoren; Gleichstromgeneratoren:		
8501 31 00	**– – mit einer Leistung von 750 W oder weniger**	2,7	p/st
8501 32 00	**– – mit einer Leistung von mehr als 750 W bis 75 kW**	2,7	p/st

KN-Code	Warenbezeichnung	Vertragsmäßiger Zollsatz (%)	Besondere Maßeinheit
1	2	3	4
8501 33 00	**– – mit einer Leistung von mehr als 75 kW bis 375 kW**	2,7	p/st
8501 34 00	**– – mit einer Leistung von mehr als 375 kW**	2,7	p/st
8501 40	**– andere Einphasen-Wechselstrommotoren:**		
8501 40 20	– – mit einer Leistung von 750 W oder weniger	2,7	p/st
8501 40 80	– – mit einer Leistung von mehr als 750 W	2,7	p/st
	– andere Mehrphasen-Wechselstrommotoren:		
8501 51 00	**– – mit einer Leistung von 750 W oder weniger**	2,7	p/st
8501 52	**– – mit einer Leistung von mehr als 750 W bis 75 kW:**		
8501 52 20	– – – mit einer Leistung von mehr als 750 W bis 7,5 kW	2,7	p/st
8501 52 30	– – – mit einer Leistung von mehr als 7,5 kW bis 37 kW	2,7	p/st
8501 52 90	– – – mit einer Leistung von mehr als 37 kW bis 75 kW	2,7	p/st
8501 53	**– – mit einer Leistung von mehr als 75 kW:**		
8501 53 50	– – – Fahrmotoren	2,7	p/st
	– – – andere, mit einer Leistung von:		
8501 53 81	– – – – mehr als 75 kW bis 375 kW	2,7	p/st
8501 53 94	– – – – mehr als 375 kW bis 750 kW	2,7	p/st
8501 53 99	– – – – mehr als 750 kW	2,7	p/st
	– Wechselstromgeneratoren:		
8501 61	**– – mit einer Leistung von 75 kVA oder weniger:**		
8501 61 20	– – – mit einer Leistung von 7,5 kVA oder weniger	2,7	p/st
8501 61 80	– – – mit einer Leistung von mehr als 7,5 kVA bis 75 kVA	2,7	p/st
8501 62 00	**– – mit einer Leistung von mehr als 75 kVA bis 375 kVA**	2,7	p/st
8501 63 00	**– – mit einer Leistung von mehr als 375 kVA bis 750 kVA**	2,7	p/st
8501 64 00	**– – mit einer Leistung von mehr als 750 kVA**	2,7	p/st
8502	**Stromerzeugungsaggregate und elektrische rotierende Umformer:**		
	– Stromerzeugungsaggregate, angetrieben durch Kolbenverbrennungsmotor mit Selbstzündung (Diesel- oder Halbdieselmotor):		
8502 11	**– – mit einer Leistung von 75 kVA oder weniger:**		
8502 11 20	– – – mit einer Leistung von 7,5 kVA oder weniger	2,7	p/st
8502 11 80	– – – mit einer Leistung von mehr als 7,5 kVA bis 75 kVA	2,7	p/st
8502 12 00	**– – mit einer Leistung von mehr als 75 kVA bis 375 kVA**	2,7	p/st
8502 13	**– – mit einer Leistung von mehr als 375 kVA:**		
8502 13 20	– – – mit einer Leistung von mehr als 375 kVA bis 750 kVA	2,7	p/st
8502 13 40	– – – mit einer Leistung von mehr als 750 kVA bis 2 000 kVA	2,7	p/st
8502 13 80	– – – mit einer Leistung von mehr als 2 000 kVA	2,7	p/st
8502 20	**– Stromerzeugungsaggregate, angetrieben durch Kolbenverbrennungsmotor mit Fremdzündung:**		
8502 20 20	– – mit einer Leistung von 7,5 kVA oder weniger	2,7	p/st
8502 20 40	– – mit einer Leistung von mehr als 7,5 kVA bis 375 kVA	2,7	p/st

KN-Code	Warenbezeichnung	Vertragsmäßiger Zollsatz (%)	Besondere Maßeinheit
1	2	3	4
8502 20 60	– – mit einer Leistung von mehr als 375 kVA bis 750 kVA	2,7	p/st
8502 20 80	– – mit einer Leistung von mehr als 750 kVA	2,7	p/st
	– **andere Stromerzeugungsaggregate:**		
8502 31 00	– – **windgetrieben**	2,7	p/st
8502 39	– – **andere:**		
8502 39 20	– – – Turbogeneratoren	2,7	p/st
8502 39 80	– – – andere	2,7	p/st
8502 40 00	– **elektrische rotierende Umformer**	2,7	p/st
8503 00	**Teile, erkennbar ausschließlich oder hauptsächlich für Maschinen der Position 8501 oder 8502 bestimmt:**		
8503 00 10	– amagnetische Schrumpfringe	2,7	—
	– andere:		
8503 00 91	– – aus Eisen oder Stahl, gegossen	2,7	—
8503 00 99	– – andere	2,7	—
8504	**Elektrische Transformatoren, elektrische Stromrichter (z. B. Gleichrichter) sowie Drossel- und andere Selbstinduktionsspulen:**		
8504 10	– **Vorschaltgeräte für Entladungslampen:**		
8504 10 20	– – Vorschaltdrosselspulen (Einfach- und Doppeldrosselspulen), auch mit angeschaltetem Kondensator	3,7	p/st
8504 10 80	– – andere	3,7	p/st
	– **Transformatoren mit Flüssigkeitsisolation:**		
8504 21 00	– – **mit einer Leistung von 650 kVA oder weniger**	3,7	p/st
8504 22	– – **mit einer Leistung von mehr als 650 kVA bis 10 000 kVA:**		
8504 22 10	– – – mit einer Leistung von mehr als 650 kVA bis 1 600 kVA	3,7	p/st
8504 22 90	– – – mit einer Leistung von mehr als 1 600 kVA bis 10 000 kVA	3,7	p/st
8504 23 00	– – **mit einer Leistung von mehr als 10 000 kVA**	3,7	p/st
	– **andere Transformatoren:**		
8504 31	– – **mit einer Leistung von 1 kVA oder weniger:**		
	– – – Messwandler:		
8504 31 21	– – – – Spannungswandler	3,7	p/st
8504 31 29	– – – – andere	3,7	p/st
8504 31 80	– – – andere	3,7	p/st
8504 32 00	– – **mit einer Leistung von mehr als 1 kVA bis 16 kVA**	3,7	p/st
8504 33 00	– – **mit einer Leistung von mehr als 16 kVA bis 500 kVA**	3,7	p/st
8504 34 00	– – **mit einer Leistung von mehr als 500 kVA**	3,7	p/st
8504 40	– **Stromrichter:**		
8504 40 30	– – von der mit Telekommunikationsgeräten oder automatischen Datenverarbeitungsmaschinen und ihren Einheiten verwendeten Art	frei	p/st
	– – andere:		
8504 40 55	– – – Akkumulatorenladegeräte	3,3	p/st

KN-Code	Warenbezeichnung	Vertragsmäßiger Zollsatz (%)	Besondere Maßeinheit
1	2	3	4
	– – – andere:		
8504 40 82	– – – – Gleichrichter	3,3	—
	– – – – Wechselrichter:		
8504 40 84	– – – – – mit einer Leistung von 7,5 kVA oder weniger	3,3	—
8504 40 88	– – – – – mit einer Leistung von mehr als 7,5 kVA	3,3	—
8504 40 90	– – – – andere	3,3	—
8504 50	– **andere Drosselspulen und andere Selbstinduktionsspulen:**		
8504 50 20	– – von der mit Telekommunikationsgeräten und für Stromversorgungseinheiten von automatischen Datenverarbeitungsmaschinen und ihren Einheiten verwendeten Art	frei	—
8504 50 95	– – andere	3,7	—
8504 90	– **Teile:**		
	– – von Transformatoren und Selbstinduktionsspulen:		
8504 90 05	– – – zusammengesetzte elektronische Schaltungen (Baugruppen) für Geräte der Unterposition 8504 50 20	frei	—
	– – – andere:		
8504 90 11	– – – – Ferritkerne	2,2	—
8504 90 18	– – – – andere	2,2	—
	– – von Stromrichtern:		
8504 90 91	– – – zusammengesetzte elektronische Schaltungen (Baugruppen) für Geräte der Unterposition 8504 40 30	frei	—
8504 90 99	– – – andere	2,2	—
8505	**Elektromagnete; Dauermagnete und Waren, die dazu bestimmt sind, nach Magnetisierung Dauermagnete zu werden; Spannplatten, Spannfutter und ähnliche dauermagnetische oder elektromagnetische Aufspannvorrichtungen; elektromagnetische Kupplungen und Bremsen; elektromagnetische Hebeköpfe:**		
	– **Dauermagnete und Waren, die dazu bestimmt sind, nach Magnetisierung Dauermagnete zu werden:**		
8505 11 00	– – **aus Metall**	2,2	—
8505 19	– – **andere:**		
8505 19 10	– – – Dauermagnete aus agglomeriertem Ferrit	2,2	—
8505 19 90	– – – andere	2,2	—
8505 20 00	– **elektromagnetische Kupplungen und Bremsen**	2,2	—
8505 90	– **andere, einschließlich Teile:**		
8505 90 20	– – Elektromagnete; Spannplatten und Spannfutter und ähnliche dauermagnetische oder elektromagnetische Aufspannvorrichtungen	1,8	—
8505 90 50	– – elektromagnetische Hebeköpfe	2,2	—
8505 90 90	– – Teile	1,8	—
8506	**Elektrische Primärelemente und Primärbatterien:**		
8506 10	– **Mangandioxidelemente und -batterien:**		
	– – alkalische:		
8506 10 11	– – – Rundzellen	4,7	p/st
8506 10 18	– – – andere	4,7	p/st

KN-Code	Warenbezeichnung	Vertragsmäßiger Zollsatz (%)	Besondere Maßeinheit
1	2	3	4
	– – andere:		
8506 10 91	– – – Rundzellen	4,7	p/st
8506 10 98	– – – andere	4,7	p/st
8506 30 00	– **Quecksilberoxidelemente und -batterien**	4,7	p/st
8506 40 00	– **Silberoxidelemente und -batterien**	4,7	p/st
8506 50	– **Lithiumelemente und -batterien:**		
8506 50 10	– – Rundzellen	4,7	p/st
8506 50 30	– – Knopfzellen	4,7	p/st
8506 50 90	– – andere	4,7	p/st
8506 60 00	– **Luft-Zink-Elemente und -Batterien**	4,7	p/st
8506 80	– **andere Primärelemente und Primärbatterien:**		
8506 80 05	– – Zink-Kohle-Trockenbatterien mit einer Spannung von 5,5 V bis 6,5 V	frei	p/st
8506 80 80	– – andere	4,7	p/st
8506 90 00	– **Teile**	4,7	—
8507	**Elektrische Akkumulatoren, einschließlich Scheider (Separatoren) dafür, auch in quadratischer oder rechteckiger Form:**		
8507 10	– **Blei-Akkumulatoren von der zum Starten von Kolbenverbrennungsmotoren verwendeten Art (Starterbatterien):**		
8507 10 20	– – mit flüssigem Elektrolyt arbeitend	3,7	p/st
8507 10 80	– – andere	3,7	p/st
8507 20	– **andere Blei-Akkumulatoren:**		
8507 20 20	– – mit flüssigem Elektrolyt arbeitend	3,7	ce/el
8507 20 80	– – andere	3,7	ce/el
8507 30	– **Nickel-Cadmium-Akkumulatoren:**		
8507 30 20	– – gasdichte	2,6	p/st
8507 30 80	– – andere	2,6	ce/el
8507 40 00	– **Nickel-Eisen-Akkumulatoren**	2,7	p/st
8507 50 00	– **Nickelhydrid-Akkumulatoren**	2,7	p/st
8507 60 00	– **Lithium-Ionen-Akkumulatoren**	2,7	p/st
8507 80 00	– **andere Akkumulatoren**	2,7	p/st
8507 90	– **Teile:**		
8507 90 30	– – Scheider (Separatoren)	2,7	—
8507 90 80	– – andere	2,7	—
8508	**Staubsauger:**		
	– **mit eingebautem Elektromotor:**		
8508 11 00	– – **mit einer Leistung von 1 500 W oder weniger und einem Fassungsvermögen des Staubbehälters von 20 l oder weniger**	2,2	p/st
8508 19 00	– – **andere**	1,7	p/st
8508 60 00	– **andere Staubsauger**	1,7	p/st
8508 70 00	– **Teile**	1,7	—
8509	**Elektromechanische Haushaltsgeräte mit eingebautem Elektromotor, ausgenommen Staubsauger der Position 8508:**		
8509 40 00	– **Lebensmittelzerkleinerungs- und -mischgeräte (Küchenmaschinen); Frucht- und Gemüsepressen**	2,2	p/st
8509 80 00	– **andere Geräte**	2,2	—

KN-Code	Warenbezeichnung	Vertragsmäßiger Zollsatz (%)	Besondere Maßeinheit
1	2	3	4
8509 90 00	– Teile	2,2	—
8510	**Rasierapparate, Haarschneide- und Schermaschinen sowie Haarentferner (Epilatoren), mit eingebautem Elektromotor:**		
8510 10 00	– Rasierapparate	2,2	p/st
8510 20 00	– Haarschneide- und Schermaschinen	2,2	p/st
8510 30 00	– Haarentferner (Epilatoren)	2,2	p/st
8510 90 00	– Teile	2,2	—
8511	**Elektrische Zündapparate, Zündvorrichtungen und Anlasser, für Verbrennungsmotoren mit Fremd- oder Selbstzündung (z. B. Magnetzünder, Lichtmagnetzünder, Zündspulen, Zündkerzen und Glühkerzen); mit den vorstehend genannten Motoren verwendete Lichtmaschinen (z. B. Gleich- und Wechselstrommaschinen) und Lade- oder Rückstromschalter:**		
8511 10 00	– Zündkerzen	3,2	—
8511 20 00	– Magnetzünder; Lichtmagnetzünder; Schwungmagnetzünder	3,2	—
8511 30 00	– Zündverteiler; Zündspulen	3,2	—
8511 40 00	– Anlasser und Lichtanlasser	3,2	—
8511 50 00	– andere Lichtmaschinen	3,2	—
8511 80 00	– andere Apparate und Vorrichtungen	3,2	—
8511 90 00	– Teile	3,2	—
8512	**Elektrische Beleuchtungs- und Signalgeräte (ausgenommen Waren der Position 8539), Scheibenwischer, Scheibenentfroster und Vorrichtungen gegen das Beschlagen der Fensterscheiben, von der für Kraftfahrzeuge oder Fahrräder verwendeten Art:**		
8512 10 00	– Beleuchtungs- und Sichtsignalgeräte von der für Fahrräder verwendeten Art	2,7	—
8512 20 00	– andere Beleuchtungs- und Sichtsignalgeräte	2,7	—
8512 30	– Hörsignalgeräte:		
8512 30 10	– – Diebstahlalarmanlagen von der für Kraftfahrzeuge verwendeten Art	2,2	p/st
8512 30 90	– – andere	2,7	—
8512 40 00	– Scheibenwischer, Scheibenentfroster und Vorrichtungen gegen das Beschlagen der Fensterscheiben	2,7	—
8512 90	– Teile:		
8512 90 10	– – von Geräten der Unterposition 8512 30 10	2,2	—
8512 90 90	– – andere	2,7	—
8513	**Tragbare elektrische Leuchten zum Betrieb mit eigener Stromquelle (z. B. Primärbatterien, Akkumulatoren oder Dynamos), ausgenommen Beleuchtungsgeräte der Position 8512:**		
8513 10 00	– Leuchten	5,7	—
8513 90 00	– Teile	5,7	—
8514	**Elektrische Industrie- oder Laboratoriumsöfen, einschließlich Induktionsöfen oder Öfen mit dielektrischer Erwärmung; andere Industrie- oder Laboratoriumsapparate zum Warmbehandeln von Stoffen mittels Induktion oder dielektrischer Erwärmung:**		
8514 10	– Widerstandsöfen mit indirekter Beheizung:		
8514 10 10	– – Backöfen für Brotfabriken, Bäckereien, Konditoreien und Keksfabriken	2,2	p/st
8514 10 80	– – andere	2,2	p/st

KN-Code	Warenbezeichnung	Vertragsmäßiger Zollsatz (%)	Besondere Maßeinheit
1	2	3	4
8514 20	**– Induktionsöfen oder Öfen mit dielektrischer Erwärmung:**		
8514 20 10	– – Induktionsöfen	2,2	p/st
8514 20 80	– – Öfen mit dielektrischer Erwärmung	2,2	p/st
8514 30 00	**– andere Öfen**	2,2	p/st
8514 40 00	**– andere Apparate zum Warmbehandeln von Stoffen mittels Induktion oder dielektrischer Erwärmung**	2,2	p/st
8514 90 00	**– Teile**	2,2	—
8515	**Löt- und Schweißmaschinen, -apparate und -geräte (auch wenn sie zum Schneiden verwendbar sind), elektrisch (auch mit elektrisch beheiztem Gas) oder mit Laser-, Licht- oder anderem Photonenstrahl, mit Ultraschall, Elektronenstrahl, magnetischen Impulsen oder Plasmastrahl arbeitend; elektrische Maschinen, Apparate und Geräte zum Spritzen schmelzflüssiger Metalle oder Cermets:**		
	– Maschinen, Apparate und Geräte zum Hart- oder Weichlöten:		
8515 11 00	**– – Lötkolben und Lötpistolen**	2,7	—
8515 19 00	**– – andere**	2,7	—
	– Maschinen, Apparate und Geräte zum Widerstandsschweißen von Metallen:		
8515 21 00	**– – voll- oder teilautomatische**	2,7	—
8515 29 00	**– – andere**	2,7	—
	– Maschinen, Apparate und Geräte zum Lichtbogen- oder Plasmaschweißen von Metallen:		
8515 31 00	**– – voll- oder teilautomatische**	2,7	—
8515 39	**– – andere:**		
	– – – zum manuellen Schweißen, mit umhüllten Elektroden, bestehend aus Schweißköpfen oder Schweißzangen und:		
8515 39 13	– – – – Transformator	2,7	—
8515 39 18	– – – – Generator oder rotierendem Umformer oder Stromrichter	2,7	—
8515 39 90	– – – andere	2,7	—
8515 80	**– andere Maschinen, Apparate und Geräte:**		
8515 80 10	– – zum Behandeln von Metallen	2,7	p/st
8515 80 90	– – andere	2,7	p/st
8515 90 00	**– Teile**	2,7	—
8516	**Elektrische Warmwasserbereiter und Tauchsieder; elektrische Geräte zum Raum- oder Bodenbeheizen oder zu ähnlichen Zwecken; Elektrowärmegeräte zur Haarpflege (z. B. Haartrockner, Dauerwellengeräte und Brennscherenwärmer) oder zum Händetrocknen; elektrische Bügeleisen; andere Elektrowärmegeräte für den Haushalt; elektrische Heizwiderstände, ausgenommen solche der Position 8545:**		
8516 10	**– elektrische Warmwasserbereiter und Tauchsieder:**		
8516 10 11	– – Durchlauferhitzer	2,7	p/st
8516 10 80	– – andere	2,7	p/st
	– elektrische Geräte zum Raum- oder Bodenbeheizen oder zu ähnlichen Zwecken:		
8516 21 00	**– – Speicherheizgeräte**	2,7	p/st
8516 29	**– – andere:**		
8516 29 10	– – – Radiatoren mit Flüssigkeitsumlauf	2,7	p/st
8516 29 50	– – – Konvektoren	2,7	p/st

KN-Code	Warenbezeichnung	Vertragsmäßiger Zollsatz (%)	Besondere Maßeinheit
1	2	3	4
	– – – andere:		
8516 29 91	– – – – mit eingebautem Ventilator	2,7	p/st
8516 29 99	– – – – andere	2,7	p/st
	– **Elektrowärmegeräte zur Haarpflege oder zum Händetrocknen:**		
8516 31 00	– – **Haartrockner**	2,7	p/st
8516 32 00	– – **andere Elektrowärmegeräte zur Haarpflege**	2,7	—
8516 33 00	– – **Händetrockner**	2,7	p/st
8516 40 00	– **elektrische Bügeleisen**	2,7	p/st
8516 50 00	– **Mikrowellengeräte**	5	p/st
8516 60	– **andere Öfen; Küchenherde, Kochplatten, Grillgeräte und Bratgeräte:**		
8516 60 10	– – Vollherde	2,7	p/st
8516 60 50	– – Einzel- oder Mehrfachkochplatten und Kochmulden	2,7	p/st
8516 60 70	– – Grillgeräte und Bratgeräte	2,7	p/st
8516 60 80	– – Einbau-Backöfen	2,7	p/st
8516 60 90	– – andere	2,7	p/st
	– **andere Elektrowärmegeräte:**		
8516 71 00	– – **Kaffeemaschinen und Teemaschinen**	2,7	p/st
8516 72 00	– – **Brotröster (Toaster)**	2,7	p/st
8516 79	– – **andere:**		
8516 79 20	– – – Fritteusen	2,7	p/st
8516 79 70	– – – andere	2,7	p/st
8516 80	– **elektrische Heizwiderstände:**		
8516 80 20	– – mit einem Träger aus Isolierstoff versehen	2,7	—
8516 80 80	– – andere	2,7	—
8516 90 00	– **Teile**	2,7	—
8517	**Fernsprechapparate, einschließlich Telefone für zellulare Netzwerke oder für andere drahtlose Netzwerke; andere Sende- oder Empfangsgeräte für Töne, Bilder oder andere Daten, einschließlich Apparate für die Kommunikation in einem drahtgebundenen oder drahtlosen Netzwerk (wie ein lokales Netzwerk oder ein Weitverkehrsnetzwerk), ausgenommen solche der Position 8443, 8525, 8527 oder 8528:**		
	– **Fernsprechapparate, einschließlich Telefone für zellulare Netzwerke und andere drahtlose Netzwerke:**		
8517 11 00	– – **Fernsprechapparate für die drahtgebundene Fernsprechtechnik mit schnurlosem Hörer**	frei	p/st
8517 12 00	– – **Telefone für zellulare Netzwerke oder andere drahtlose Netzwerke**	frei	p/st
8517 18 00	– – **andere**	frei	—

KN-Code	Warenbezeichnung	Vertragsmäßiger Zollsatz (%)	Besondere Maßeinheit
1	2	3	4
	– andere Sende- oder Empfangsgeräte für Töne, Bilder oder andere Daten, einschließlich Apparate für die Kommunikation in einem drahtgebundenen oder drahtlosen Netzwerk (wie ein lokales Netzwerk oder ein Weitverkehrsnetzwerk):		
8517 61 00	**– – Basisstationen**	frei	p/st
8517 62 00	**– – Geräte zum Empfangen, Konvertieren und Senden oder Regenerieren von Tönen, Bildern oder anderen Daten, einschließlich Geräte für die Vermittlung (switching) und Wegewahl (routing)**	frei	—
8517 69	**– – andere:**		
8517 69 10	– – – Videofone	frei	p/st
8517 69 20	– – – Gegensprechanlagen	frei	—
	– – – Empfangsgeräte für den Funksprech- oder Funktelegrafieverkehr:		
8517 69 31	– – – – tragbare Personenruf-, -warn- oder -suchempfänger	frei	p/st
8517 69 39	– – – – andere	9,3	p/st
8517 69 90	– – – andere	frei	—
8517 70	**– Teile:**		
	– – Antennen und Antennenreflektoren aller Art; Teile, die erkennbar mit diesen Waren verwendet werden:		
8517 70 11	– – – Antennen für Geräte für den Funksprech- und Funktelegrafieverkehr	frei	—
8517 70 15	– – – Teleskop- und Stabantennen für Taschen-, Koffer- und Kraftfahrzeugempfangsgeräte	5	—
8517 70 19	– – – andere	3,6	—
8517 70 90	– – andere	frei	—
8518	**Mikrofone und Haltevorrichtungen dafür; Lautsprecher, auch in Gehäusen; Kopf- und Ohrhörer, auch mit Mikrofon kombiniert, und Zusammenstellungen, aus einem Mikrofon und einem oder mehreren Lautsprechern bestehend; elektrische Tonfrequenzverstärker; elektrische Tonverstärkereinrichtungen:**		
8518 10	**– Mikrofone und Haltevorrichtungen dafür:**		
8518 10 30	– – Mikrofone mit einem Frequenzbereich von 300 Hz bis 3,4 kHz, einem Durchmesser von 10 mm oder weniger und einer Höhe von 3 mm oder weniger, von der für Telekommunikationszwecke verwendeten Art	frei	—
8518 10 95	– – andere	2,5	—
	– Lautsprecher, auch in Gehäusen:		
8518 21 00	**– – Einzellautsprecher im Gehäuse**	4,5	p/st
8518 22 00	**– – zwei oder mehr Lautsprecher in einem gemeinsamen Gehäuse (Mehrfachlautsprecher)**	4,5	p/st
8518 29	**– – andere:**		
8518 29 30	– – – Lautsprecher mit einem Frequenzbereich von 300 Hz bis 3,4 kHz und einem Durchmesser von 50 mm oder weniger, von der für Telekommunikationszwecke verwendeten Art	frei	p/st
8518 29 95	– – – andere	3	p/st
8518 30	**– Kopf- und Ohrhörer, auch mit Mikrofon kombiniert, und Zusammenstellungen, aus einem Mikrofon und einem oder mehreren Lautsprechern bestehend:**		
8518 30 20	– – Telefonhörer für Apparate der drahtgebundenen Fernsprechtechnik	frei	—
8518 30 95	– – andere	2	—
8518 40	**– elektrische Tonfrequenzverstärker:**		
8518 40 30	– – für die Fernsprech- oder Messtechnik	3	—
8518 40 80	– – andere	4,5	p/st
8518 50 00	**– elektrische Tonverstärkereinrichtungen**	2	p/st

KN-Code	Warenbezeichnung	Vertragsmäßiger Zollsatz (%)	Besondere Maßeinheit
1	2	3	4
8518 90 00	– **Teile**	2	—
8519	**Tonaufnahmegeräte; Tonwiedergabegeräte; Tonaufnahme- und -wiedergabegeräte:**		
8519 20	– **Geräte, die durch Eingabe von Münzen, Banknoten, Bankkarten, Wertmarken oder anderer Zahlungsmittel betätigt werden:**		
8519 20 10	– – münz- oder markenbetätigte Schallplatten-Musikautomaten	6	p/st
	– – andere:		
8519 20 91	– – – mit Laserabnehmersystem	9,5	p/st
8519 20 99	– – – andere	4,5	p/st
8519 30 00	– **Plattenteller**	2	p/st
8519 50 00	– **Telefonanrufbeantworter**	frei	p/st
	– **andere Geräte:**		
8519 81	– – **magnetische, optische oder Halbleiter-Aufzeichnungsträger verwendend:**		
	– – – Tonwiedergabegeräte (einschließlich Kassettenabspielgeräte), ohne eingebaute Tonaufnahmevorrichtung:		
8519 81 11	– – – – Diktiergeräte	5	p/st
	– – – – andere Tonwiedergabegeräte:		
8519 81 15	– – – – – Kassettenabspielgeräte im Taschenformat	frei	p/st
	– – – – – andere Kassettenabspielgeräte:		
8519 81 21	– – – – – – mit analogem und digitalem Abnehmersystem	9	p/st
8519 81 25	– – – – – – andere	2	p/st
	– – – – – andere:		
	– – – – – – mit Laserabnehmersystem:		
8519 81 31	– – – – – – – von der in Kraftfahrzeugen verwendeten Art, für „discs" mit einem Durchmesser von 6,5 cm oder weniger	9	p/st
8519 81 35	– – – – – – – andere	9,5	p/st
8519 81 45	– – – – – – andere	4,5	p/st
	andere Geräte:		
8519 81 51	– – – – Diktiergeräte, die nur mit externer Energiequelle betrieben werden können	4	p/st
	– – – – andere Magnetbandgeräte für die Tonaufnahme und Tonwiedergabe:		
	– – – – – Kassettengeräte:		
	– – – – – – mit eingebautem Verstärker und mit einem oder mehreren eingebauten Lautsprechern:		
8519 81 55	– – – – – – – Geräte, die ohne externe Energiequelle betrieben werden können	frei	p/st
8519 81 61	– – – – – – – andere	2	p/st
8519 81 65	– – – – – – im Taschenformat	frei	p/st
8519 81 75	– – – – – – andere	2	p/st
	– – – – – andere:		
8519 81 81	– – – – – – für Magnetbänder auf Spulen, mit ausschließlich einer Bandlaufgeschwindigkeit bei der Tonaufnahme und -wiedergabe von 19 cm pro Sekunde oder mit unterschiedlichen Bandlaufgeschwindigkeiten bei der Tonaufnahme und -wiedergabe, sofern eine dieser Bandlaufgeschwindigkeiten 19 cm pro Sekunde beträgt und die anderen Geschwindigkeiten niedriger sind	2	p/st
8519 81 85	– – – – – – andere	7	p/st
8519 81 95	– – – – andere	2	p/st

KN-Code	Warenbezeichnung	Vertragsmäßiger Zollsatz (%)	Besondere Maßeinheit
1	2	3	4
8519 89	– – **andere:**		
	– – – Tonwiedergabegeräte, ohne eingebaute Tonaufnahmevorrichtung:		
8519 89 11	– – – – Schallplattenspieler, ausgenommen solche der Unterposition 8519 20	2	p/st
8519 89 15	– – – – Diktiergeräte	5	p/st
8519 89 19	– – – – andere	4,5	p/st
8519 89 90	– – – andere	2	p/st
[8520]			
8521	**Videogeräte zur Bild- und Tonaufzeichnung oder -wiedergabe, auch mit eingebautem Videotuner:**		
8521 10	– **Magnetbandgeräte:**		
8521 10 20	– – für Magnetbänder mit einer Breite von 1,3 cm oder weniger und einer Bandlaufgeschwindigkeit bei der Bild- und Tonaufzeichnung oder -wiedergabe von 50 mm oder weniger pro Sekunde	14	p/st
8521 10 95	– – andere	8	p/st
8521 90 00	– **andere**	13,9	p/st
8522	**Teile und Zubehör, erkennbar ausschließlich oder hauptsächlich für Geräte der Positionen 8519 oder 8521 bestimmt:**		
8522 10 00	– **Tonabnehmer für Rillentonträger**	4	—
8522 90	– **andere:**		
8522 90 30	– – Nadeln; Diamanten, Saphire, andere Edelsteine, Schmucksteine, synthetische oder rekonstituierte Steine, auch montiert	frei	—
	– – andere:		
	– – – zusammengesetzte elektronische Schaltungen (Baugruppen):		
8522 90 41	– – – – für Telefonanrufbeantworter der Unterposition 8519 50 00	frei	—
8522 90 49	– – – – andere	4	—
8522 90 70	– – – Baugruppen für Kassetteneinzellaufwerke mit einer Gesamthöhe von 53 mm oder weniger, von der für die Herstellung von Geräten für die Tonaufnahme und für die Herstellung von Geräten für die Tonwiedergabe verwendeten Art	frei	—
8522 90 80	– – – andere	4	—
8523	**Platten, Bänder, nicht flüchtige Halbleiterspeichervorrichtungen, „intelligente Karten (smart cards)" und andere Tonträger oder ähnliche Aufzeichnungsträger, mit oder ohne Aufzeichnung, einschließlich der zur Plattenherstellung dienenden Matrizen und Galvanos, ausgenommen Waren des Kapitels 37:**		
	– **magnetische Aufzeichnungsträger:**		
8523 21 00	– – **Karten mit Magnetstreifen**	3,5	p/st
8523 29	– – **andere:**		
	– – – Magnetbänder, Magnetplatten:		
8523 29 15	– – – – ohne Aufzeichnung	frei	p/st
	– – – – andere:		
8523 29 31	– – – – – zur anderen als Ton- oder Bildwiedergabe	frei	p/st
8523 29 33	– – – – – zur Wiedergabe von Programmen, Daten, Ton und Bildern, die in maschinenlesbarer Binärform aufgezeichnet sind und über eine automatische Datenverarbeitungsmaschine gehandhabt oder verändert werden können	frei	p/st
8523 29 39	– – – – – andere	3,5	p/st
8523 29 90	– – – andere	3,5	—

KN-Code	Warenbezeichnung	Vertragsmäßiger Zollsatz (%)	Besondere Maßeinheit
1	2	3	4
	– **optische Aufzeichnungsträger:**		
8523 41	– – **ohne Aufzeichnung:**		
8523 41 10	– – – Platten („discs") für Laserabnehmersysteme, mit einer Aufnahmekapazität von 900 Megabytes oder weniger, nicht löschbar	frei	p/st
8523 41 30	– – – Platten („discs") für Laserabnehmersysteme, mit einer Aufnahmekapazität von mehr als 900 Megabytes bis 18 Gigabytes, nicht löschbar	frei	p/st
8523 41 90	– – – andere	frei	—
8523 49	– – **andere:**		
	– – – Platten („discs") für Laserabnehmersysteme:		
8523 49 25	– – – – zur anderen als Ton- oder Bildwiedergabe	frei	p/st
	– – – – nur zur Tonwiedergabe:		
8523 49 31	– – – – – mit einem Durchmesser von 6,5 cm oder weniger	3,5	p/st
8523 49 39	– – – – – mit einem Durchmesser von mehr als 6,5 cm	3,5	p/st
	– – – – andere:		
8523 49 45	– – – – – zur Wiedergabe von Programmen, Daten, Ton und Bildern, die in maschinenlesbarer Binärform aufgezeichnet sind und über eine automatische Datenverarbeitungsmaschine gehandhabt oder verändert werden können	frei	p/st
	– – – – – andere:		
8523 49 51	– – – – – – „Digital versatile discs (DVD)"	3,5	p/st
8523 49 59	– – – – – – andere	3,5	p/st
	– – – andere:		
8523 49 91	– – – – zur anderen als Ton- oder Bildwiedergabe	frei	p/st
8523 49 93	– – – – zur Wiedergabe von Programmen, Daten, Ton und Bildern, die in maschinenlesbarer Binärform aufgezeichnet sind und über eine automatische Datenverarbeitungsmaschine gehandhabt oder verändert werden können	frei	p/st
8523 49 99	– – – – andere	3,5	p/st
	– **Halbleiter-Aufzeichnungsträger:**		
8523 51	– – **nicht flüchtige Halbleiterspeichervorrichtungen:**		
8523 51 10	– – – ohne Aufzeichnung	frei	p/st
	– – – andere:		
8523 51 91	– – – – zur anderen als Ton- oder Bildwiedergabe	frei	p/st
8523 51 93	– – – – zur Wiedergabe von Programmen, Daten, Ton und Bildern, die in maschinenlesbarer Binärform aufgezeichnet sind und über eine automatische Datenverarbeitungsmaschine gehandhabt oder verändert werden können	frei	p/st
8523 51 99	– – – – andere	3,5	p/st
8523 52	– – **„intelligente Karten (smart cards)":**		
8523 52 10	– – – mit mindestens zwei elektronischen integrierten Schaltungen	3,7	p/st
8523 52 90	– – – andere	frei	p/st
8523 59	– – **andere:**		
8523 59 10	– – – ohne Aufzeichnung	frei	p/st
	– – – andere:		
8523 59 91	– – – – zur anderen als Ton- oder Bildwiedergabe	frei	p/st
8523 59 93	– – – – zur Wiedergabe von Programmen, Daten, Ton und Bildern, die in maschinenlesbarer Binärform aufgezeichnet sind und über eine automatische Datenverarbeitungsmaschine gehandhabt oder verändert werden können	frei	p/st

KN-Code	Warenbezeichnung	Vertragsmäßiger Zollsatz (%)	Besondere Maßeinheit
1	2	3	4
8523 59 99	– – – – andere	3,5	p/st
8523 80	– **andere:**		
8523 80 10	– – ohne Aufzeichnung	frei	—
	– – andere:		
8523 80 91	– – – zur anderen als Ton- oder Bildwiedergabe	frei	—
8523 80 93	– – – zur Wiedergabe von Programmen, Daten, Ton und Bildern, die in maschinenlesbarer Binärform aufgezeichnet sind und über eine automatische Datenverarbeitungsmaschine gehandhabt oder verändert werden können	frei	—
8523 80 99	– – – andere	3,5	—
[8524]			
8525	**Sendegeräte für den Rundfunk oder das Fernsehen, auch mit eingebautem Empfangsgerät oder Tonaufnahme oder Tonwiedergabegerät; Fernsehkameras, digitale Fotoapparate und Videokameraaufnahmegeräte:**		
8525 50 00	– **Sendegeräte**	3,6	p/st
8525 60 00	– **Sendegeräte mit eingebautem Empfangsgerät**	frei	p/st
8525 80	– **Fernsehkameras, digitale Fotoapparate und Videokameraaufnahmegeräte:**		
	– – Fernsehkameras:		
8525 80 11	– – – mit 3 oder mehr Bildaufnahmeröhren	3	p/st
8525 80 19	– – – andere	4,9	p/st
8525 80 30	– – digitale Fotoapparate	frei	p/st
	– – Videokameraaufnahmegeräte:		
8525 80 91	– – – nur mit Aufzeichnungsmöglichkeit des durch die Kamera aufgenommenen Tons und Bildes	4,9	p/st
8525 80 99	– – – andere	14	p/st
8526	**Funkmessgeräte (Radargeräte), Funknavigationsgeräte und Funkfernsteuergeräte:**		
8526 10 00	– **Funkmessgeräte (Radargeräte)**	3,7	—
	– **andere:**		
8526 91	– – **Funknavigationsgeräte:**		
8526 91 20	– – – Funknavigationsempfangsgeräte	3,7	p/st
8526 91 80	– – – andere	3,7	—
8526 92 00	– – **Funkfernsteuergeräte**	3,7	—
8527	**Rundfunkempfangsgeräte, auch in einem gemeinsamen Gehäuse mit einem Tonaufnahme- oder Tonwiedergabegerät oder einer Uhr kombiniert:**		
	– **Rundfunkempfangsgeräte, die ohne externe Energiequelle betrieben werden können:**		
8527 12	– – **Radiokassettengeräte im Taschenformat:**		
8527 12 10	– – – mit analogem und digitalem Abnehmersystem	14	p/st

KN-Code	Warenbezeichnung	Vertragsmäßiger Zollsatz (%)	Besondere Maßeinheit
1	2	3	4
8527 12 90	– – – andere	10	p/st
8527 13	– – **andere Geräte, kombiniert mit Tonaufnahme- oder Tonwiedergabegeräten:**		
8527 13 10	– – – mit Laserabnehmersystem	12	p/st
	– – – andere:		
8527 13 91	– – – – Kassettengeräte mit analogem und digitalem Abnehmersystem	14	p/st
8527 13 99	– – – – andere	10	p/st
8527 19 00	– – **andere**	frei	p/st
	– **Rundfunkempfangsgeräte von der in Kraftfahrzeugen verwendeten Art, die nur mit externer Energiequelle betrieben werden können:**		
8527 21	– – **kombiniert mit Tonaufnahme- oder Tonwiedergabegeräten:**		
	– – – Geräte, die digitale Radio-Daten-System-Signale (RDS) empfangen und decodieren können:		
8527 21 20	– – – – mit Laserabnehmersystem	14	p/st
	– – – – andere:		
8527 21 52	– – – – – Kassettengeräte mit analogem und digitalem Abnehmersystem	14	p/st
8527 21 59	– – – – – andere	10	p/st
	– – – andere:		
8527 21 70	– – – – mit Laserabnehmersystem	14	p/st
	– – – – andere:		
8527 21 92	– – – – – Kassettengeräte mit analogem und digitalem Abnehmersystem	14	p/st
8527 21 98	– – – – – andere	10	p/st
8527 29 00	– – **andere**	12	p/st
	– **andere:**		
8527 91	– – **kombiniert mit Tonaufnahme- oder Tonwiedergabegeräten:**		
	– – – mit einem oder mehreren Lautsprechern in einem gemeinsamen Gehäuse:		
8527 91 11	– – – – Kassettengeräte mit analogem und digitalem Abnehmersystem	14	p/st
8527 91 19	– – – – andere	10	p/st
	– – – andere:		
8527 91 35	– – – – mit Laserabnehmersystem	12	p/st
	– – – – andere:		
8527 91 91	– – – – – Kassettengeräte mit analogem und digitalem Abnehmersystem	14	p/st
8527 91 99	– – – – – andere	10	p/st
8527 92	– – **nicht mit Tonaufnahme- oder Tonwiedergabegeräten, jedoch mit Uhr kombiniert:**		
8527 92 10	– – – Radiowecker	frei	p/st
8527 92 90	– – – andere	9	p/st
8527 99 00	– – **andere**	9	p/st

KN-Code	Warenbezeichnung	Vertragsmäßiger Zollsatz (%)	Besondere Maßeinheit
1	2	3	4
8528	**Monitore und Projektoren, ohne eingebautes Fernsehempfangsgerät; Fernsehempfangsgeräte, auch mit eingebautem Rundfunkempfangsgerät oder Ton- oder Bildaufzeichnungs- oder -wiedergabegerät:**		
	– Monitore mit Kathodenstrahlröhre:		
8528 41 00	**– – von der ausschließlich oder hauptsächlich in einem automatischen Datenverarbeitungssystem der Position 8471 verwendeten Art**	frei	p/st
8528 49	**– – andere:**		
8528 49 10	– – – für einfarbiges Bild	14	p/st
8528 49 80	– – – für mehrfarbiges Bild	14	p/st
	– andere Monitore:		
8528 51 00	**– – von der ausschließlich oder hauptsächlich in einem automatischen Datenverarbeitungssystem der Position 8471 verwendeten Art**	frei	p/st
8528 59	**– – andere:**		
	– – – Flachbildschirme, die mit einem akzeptablen Funktionalitätsgrad Signale von automatischen Datenverarbeitungsmaschinen darstellen können:		
8528 59 20	– – – – für einfarbiges Bild	14 ([1])	p/st
	– – – – für mehrfarbiges Bild:		
8528 59 31	– – – – – mit einem Bildschirm mit Flüssigkristallanzeige (LCD)	14 ([1])	p/st
8528 59 39	– – – – – andere	14 ([1])	p/st
8528 59 70	– – – andere	14	p/st
	– Projektoren:		
8528 61 00	**– – von der ausschließlich oder hauptsächlich in einem automatischen Datenverarbeitungssystem der Position 8471 verwendeten Art**	frei	p/st
8528 69	**– – andere:**		
8528 69 10	– – – mittels Flachbildschirm (z. B. einer Flüssigkristallvorrichtung) von automatischen Datenverarbeitungsmaschinen erzeugte digitale Informationen anzeigend	frei	p/st
	– – – andere:		
8528 69 91	– – – – für einfarbiges Bild	2	p/st
8528 69 99	– – – – für mehrfarbiges Bild	14	p/st
	– Fernsehempfangsgeräte, auch mit eingebautem Rundfunkempfangsgerät oder Ton- oder Bildaufzeichnungs- oder -wiedergabegerät:		
8528 71	**– – der Beschaffenheit nach nicht für den Einbau eines Videobildschirms hergerichtet:**		
	– – – Videotuner:		
8528 71 11	– – – – zusammengesetzte elektronische Schaltungen (Baugruppen) zum Einbau in automatische Datenverarbeitungsmaschinen	frei	p/st
8528 71 15	– – – – Geräte auf Mikroprozessorenbasis, mit eingebautem Modem für den Internetanschluss, für den interaktiven Informationsaustausch, geeignet zum Empfang von Fernsehsignalen (sog. „Set-Top-Boxen (STB) mit Kommunikationsfunktion", einschließlich Geräte, die mit einer Aufnahme- oder Wiedergabefunktion ausgestattet sind, vorausgesetzt, das Gerät behält den wesentlichen Charakter einer Set-Top-Box mit Kommunikationsfunktion)	frei	p/st
8528 71 19	– – – – andere	14	p/st

([1]) Autonomer Zollsatz: frei.

KN-Code	Warenbezeichnung	Vertragsmäßiger Zollsatz (%)	Besondere Maßeinheit
1	2	3	4
	– – – andere:		
8528 71 91	– – – – Geräte auf Mikroprozessorenbasis, mit eingebautem Modem für den Internetanschluss, für den interaktiven Informationsaustausch, geeignet zum Empfang von Fernsehsignalen (sog. „Set-Top-Boxen (STB) mit Kommunikationsfunktion", einschließlich Geräte, die mit einer Aufnahme- oder Wiedergabefunktion ausgestattet sind, vorausgesetzt, das Gerät behält den wesentlichen Charakter einer Set-Top-Box mit Kommunikationsfunktion)	frei	p/st
8528 71 99	– – – – andere	14	p/st
8528 72	– – **andere, für mehrfarbiges Bild:**		
8528 72 10	– – – Projektionsfernsehgeräte	14	p/st
8528 72 20	– – – Geräte mit eingebautem Videoaufnahme- oder Videowiedergabegerät	14	p/st
	– – – andere:		
8528 72 30	– – – – mit eingebauter Bildröhre	14	p/st
8528 72 40	– – – – mit einem Bildschirm mit Flüssigkristallanzeige (LCD)	14	p/st
8528 72 60	– – – – mit einem Bildschirm mit Plasmaanzeige (PDP)	14	p/st
8528 72 80	– – – – andere	14	p/st
8528 73 00	– – **andere, für einfarbiges Bild**	2	p/st
8529	**Teile, erkennbar ausschließlich oder hauptsächlich für Geräte der Positionen 8525 bis 8528 bestimmt:**		
8529 10	– **Antennen und Antennenreflektoren aller Art; Teile, die erkennbar mit diesen Waren verwendet werden:**		
	– – Antennen:		
8529 10 11	– – – Teleskop- und Stabantennen für Taschen-, Koffer- und Kraftfahrzeugempfangsgeräte	5	—
	– – – Außenantennen für Rundfunk- und Fernsehempfang:		
8529 10 31	– – – – für Empfang über Satellit	3,6	—
8529 10 39	– – – – andere	3,6	—
8529 10 65	– – – Innenantennen für Rundfunk- und Fernsehempfang, einschließlich Geräteeinbauantennen	4	—
8529 10 69	– – – andere	3,6	—
8529 10 80	– – Filter und Weichen, für Antennen	3,6	—
8529 10 95	– – andere	3,6	—
8529 90	– **andere:**		
8529 90 20	– – Teile von Geräten der Unterpositionen 8525 60 00, 8525 80 30, 8528 41 00, 8528 51 00 und 8528 61 00	frei	—
	– – andere:		
	– – – Möbel und Gehäuse:		
8529 90 41	– – – – aus Holz	2	—
8529 90 49	– – – – andere	3	—
8529 90 65	– – – zusammengesetzte elektronische Schaltungen (Baugruppen)	3	—
	– – – andere:		
8529 90 92	– – – – für Fernsehkameras der Unterpositionen 8525 80 11 und 8525 80 19 und Geräte der Positionen 8527 und 8528	5	—
8529 90 97	– – – – andere	3	—

KN-Code	Warenbezeichnung	Vertragsmäßiger Zollsatz (%)	Besondere Maßeinheit
1	2	3	4
8530	**Elektrische Verkehrssignal-, Verkehrssicherungs-, Verkehrsüberwachungs- und Verkehrssteuergeräte für Schienenwege oder dergleichen, Straßen, Binnenwasserstraßen, Parkplätze oder Parkhäuser, Hafenanlagen oder Flughäfen (ausgenommen solche der Position 8608):**		
8530 10 00	**– Geräte für Schienenwege oder dergleichen**	1,7	—
8530 80 00	**– andere Geräte**	1,7	—
8530 90 00	**– Teile**	1,7	—
8531	**Elektrische Hör- und Sichtsignalgeräte (z. B. Läutewerke, Sirenen, Anzeigetafeln, Einbruchs- oder Diebstahlalarmgeräte und Feuermelder), ausgenommen solche der Position 8512 oder 8530:**		
8531 10	**– Einbruchs- oder Diebstahlalarmgeräte, Feuermelder und ähnliche Geräte:**		
8531 10 30	– – von der für Gebäude verwendeten Art	2,2	p/st
8531 10 95	– – andere	2,2	p/st
8531 20	**– Anzeigetafeln mit Flüssigkristallanzeige (LCD) oder Leuchtdiodenanzeige (LED):**		
8531 20 20	– – mit Leuchtdiodenanzeige (LED)	frei	—
	– – mit Flüssigkristallanzeige (LCD):		
8531 20 40	– – – mit aktiver Matrix-Flüssigkristallanzeige (LCD)	frei	—
8531 20 95	– – – andere	frei	—
8531 80	**– andere Geräte:**		
8531 80 20	– – mit Flachbildschirm	frei	—
8531 80 95	– – andere	2,2	—
8531 90	**– Teile:**		
8531 90 20	– – von Geräten der Unterpositionen 8531 20 und 8531 80 20	frei	—
8531 90 85	– – andere	2,2	—
8532	**Elektrische Festkondensatoren, Drehkondensatoren und andere einstellbare Kondensatoren:**		
8532 10 00	**– Festkondensatoren, ihrer Beschaffenheit nach für Ströme mit 50/60 Hz bestimmt und mit einer Blindleistung von 0,5 kvar oder mehr (Leistungskondensatoren)**	frei	—
	– andere Festkondensatoren:		
8532 21 00	**– – Tantalkondensatoren**	frei	—
8532 22 00	**– – Aluminium-Elektrolytkondensatoren**	frei	—
8532 23 00	**– – einschichtige Keramikkondensatoren**	frei	—
8532 24 00	**– – mehrschichtige Keramikkondensatoren**	frei	—
8532 25 00	**– – Papierkondensatoren und Kunststoffkondensatoren**	frei	—
8532 29 00	**– – andere**	frei	—
8532 30 00	**– Drehkondensatoren und andere einstellbare Kondensatoren**	frei	—
8532 90 00	**– Teile**	frei	—
8533	**Elektrische Widerstände (einschließlich Rheostate und Potenziometer), ausgenommen Heizwiderstände:**		
8533 10 00	**– Kohlemasse- und Kohleschichtfestwiderstände**	frei	—
	– andere Festwiderstände:		
8533 21 00	**– – für eine Leistung von 20 W oder weniger**	frei	—

KN-Code	Warenbezeichnung	Vertragsmäßiger Zollsatz (%)	Besondere Maßeinheit
1	2	3	4
8533 29 00	**– – andere**	frei	—
	– Draht-Stellwiderstände (einschließlich Rheostate und Potenziometer):		
8533 31 00	**– – für eine Leistung von 20 W oder weniger**	frei	—
8533 39 00	**– – andere**	frei	—
8533 40	**– andere Stellwiderstände (einschließlich Rheostate und Potenziometer):**		
8533 40 10	– – für eine Leistung von 20 W oder weniger	frei	—
8533 40 90	– – andere	frei	—
8533 90 00	**– Teile**	frei	—
8534 00	**Gedruckte Schaltungen:**		
	– nur mit Leiterbahnen oder Kontakten:		
8534 00 11	– – Mehrlagenschaltungen	frei	—
8534 00 19	– – andere	frei	—
8534 00 90	– mit anderen passiven Elementen	frei	—
8535	**Elektrische Geräte zum Schließen, Unterbrechen, Schützen oder Verbinden von elektrischen Stromkreisen (z. B. Schalter, Sicherungen, Blitzschutzvorrichtungen, Spannungsbegrenzer, Überspannungsableiter, Steckvorrichtungen und andere Verbindungselemente sowie Verbindungskästen), für eine Spannung von mehr als 1 000 V:**		
8535 10 00	**– Sicherungen**	2,7	—
	– Leistungsschalter:		
8535 21 00	**– – für eine Spannung von weniger als 72,5 kV**	2,7	—
8535 29 00	**– – andere**	2,7	—
8535 30	**– Trennschalter sowie Ein- und Ausschalter:**		
8535 30 10	– – für eine Spannung von weniger als 72,5 kV	2,7	—
8535 30 90	– – andere	2,7	—
8535 40 00	**– Blitzschutzvorrichtungen, Spannungsbegrenzer und Überspannungsableiter**	2,7	—
8535 90 00	**– andere**	2,7	—
8536	**Elektrische Geräte zum Schließen, Unterbrechen, Schützen oder Verbinden von elektrischen Stromkreisen (z. B. Schalter, Relais, Sicherungen, Überspannungsableiter, Steckvorrichtungen, Lampenfassungen und andere Verbindungselemente, Verbindungskästen), für eine Spannung von 1 000 V oder weniger; Verbinder für optische Fasern, Bündel aus optischen Fasern oder optische Kabel:**		
8536 10	**– Sicherungen:**		
8536 10 10	– – für eine Stromstärke von 10 A oder weniger	2,3	—
8536 10 50	– – für eine Stromstärke von mehr als 10 A bis 63 A	2,3	—
8536 10 90	– – für eine Stromstärke von mehr als 63 A	2,3	—
8536 20	**– Leistungsschalter:**		
8536 20 10	– – für eine Stromstärke von 63 A oder weniger	2,3	—
8536 20 90	– – für eine Stromstärke von mehr als 63 A	2,3	—
8536 30	**– andere Geräte zum Schützen von elektrischen Stromkreisen:**		
8536 30 10	– – für eine Stromstärke von 16 A oder weniger	2,3	—

KN-Code	Warenbezeichnung	Vertragsmäßiger Zollsatz (%)	Besondere Maßeinheit
1	2	3	4
8536 30 30	– – für eine Stromstärke von mehr als 16 A bis 125 A	2,3	—
8536 30 90	– – für eine Stromstärke von mehr als 125 A	2,3	—
	– **Relais:**		
8536 41	– – **für eine Spannung von 60 V oder weniger:**		
8536 41 10	– – – für eine Stromstärke von 2 A oder weniger	2,3	—
8536 41 90	– – – für eine Stromstärke von mehr als 2 A	2,3	—
8536 49 00	– – **andere**	2,3	—
8536 50	– **andere Schalter:**		
8536 50 03	– – elektronische Wechselstromschalter, aus optisch gekoppelten Ein- und Ausgangsschaltkreisen (Thyristor-Wechselstromschalter)	frei	—
8536 50 05	– – elektronische Schalter, auch temperaturgeschützt, aus einem Transistor und einem Logikschaltkreis (Chip-on-chip-Technologie)	frei	—
8536 50 07	– – elektromechanische Schnappschalter für eine Stromstärke von 11 A oder weniger	frei	—
	– – andere:		
	– – – für eine Spannung von 60 V oder weniger:		
8536 50 11	– – – – Tastenschalter	2,3	—
8536 50 15	– – – – Drehschalter	2,3	—
8536 50 19	– – – – andere	2,3	—
8536 50 80	– – – andere	2,3	—
	– **Lampenfassungen und Steckvorrichtungen:**		
8536 61	– – **Lampenfassungen:**		
8536 61 10	– – – mit Edisongewinde	2,3	—
8536 61 90	– – – andere	2,3	—
8536 69	– – **andere:**		
8536 69 10	– – – für Koaxialkabel	frei	—
8536 69 30	– – – für gedruckte Schaltungen	frei	—
8536 69 90	– – – andere	2,3	—
8536 70 00	– **Verbinder für optische Fasern, Bündel aus optischen Fasern oder optische Kabel**	3	—
8536 90	– **andere Geräte:**		
8536 90 01	– – vorgefertigte Schienenverteilungen für elektrische Leitungen	2,3	—
8536 90 10	– – Verbindungs- und Kontaktelemente für Drähte und Kabel	frei	—
8536 90 20	– – Wafer-Prober	frei	—
8536 90 85	– – andere	2,3	—
8537	**Tafeln, Felder, Konsolen, Pulte, Schränke und andere Träger, mit mehreren Geräten der Position 8535 oder 8536 ausgerüstet, zum elektrischen Schalten oder Steuern oder für die Stromverteilung, einschließlich solcher mit eingebauten Instrumenten oder Geräten des Kapitels 90, sowie numerische Steuerungen, ausgenommen Vermittlungseinrichtungen der Position 8517:**		
8537 10	– **für eine Spannung von 1 000 V oder weniger:**		
8537 10 10	– – Steuerschränke für numerische Steuerungen mit eingebauter automatischer Datenverarbeitungsmaschine	2,1	—
	– – andere:		
8537 10 91	– – – speicherprogrammierbare Steuerungen	2,1	—

KN-Code	Warenbezeichnung	Vertragsmäßiger Zollsatz (%)	Besondere Maßeinheit
1	2	3	4
8537 10 99	– – – andere	2,1	—
8537 20	**– für eine Spannung von mehr als 1 000 V:**		
8537 20 91	– – für eine Spannung von mehr als 1 000 V bis 72,5 kV	2,1	—
8537 20 99	– – für eine Spannung von mehr als 72,5 kV	2,1	—
8538	**Teile, erkennbar ausschließlich oder hauptsächlich für Geräte der Position 8535, 8536 oder 8537 bestimmt:**		
8538 10 00	**– Tafeln, Felder, Konsolen, Pulte, Schränke und andere Träger für Waren der Position 8537, nicht mit den zugehörigen Geräten ausgerüstet**	2,2	—
8538 90	**– andere:**		
	– – für Wafer-Prober der Unterposition 8536 90 20:		
8538 90 11	– – – zusammengesetzte elektronische Schaltungen (Baugruppen)	3,2 [1]	—
8538 90 19	– – – andere	1,7 [1]	—
	– – andere:		
8538 90 91	– – – zusammengesetzte elektronische Schaltungen (Baugruppen)	3,2	—
8538 90 99	– – – andere	1,7	—
8539	**Elektrische Glühlampen und Entladungslampen, einschließlich innenverspiegelte Scheinwerferlampen (sealed beam lamp units) und Ultraviolett- und Infrarotlampen; Bogenlampen:**		
8539 10 00	**– innenverspiegelte Scheinwerferlampen (sealed beam lamp units)**	2,7	p/st
	– andere Glühlampen, ausgenommen Ultraviolett- und Infrarotlampen:		
8539 21	**– – Wolfram-Halogen-Glühlampen:**		
8539 21 30	– – – Lampen von der für Krafträder und andere Kraftfahrzeuge verwendeten Art	2,7	p/st
	– – – andere, für eine Spannung von:		
8539 21 92	– – – – mehr als 100 V	2,7	p/st
8539 21 98	– – – – 100 V oder weniger	2,7	p/st
8539 22	**– – andere, mit einer Leistung von 200 W oder weniger und für eine Spannung von mehr als 100 V:**		
8539 22 10	– – – Reflektorlampen	2,7	p/st
8539 22 90	– – – andere	2,7	p/st
8539 29	**– – andere:**		
8539 29 30	– – – Lampen von der für Krafträder und andere Kraftfahrzeuge verwendeten Art	2,7	p/st
	– – – andere, für eine Spannung von:		
8539 29 92	– – – – mehr als 100 V	2,7	p/st
8539 29 98	– – – – 100 V oder weniger	2,7	p/st
	– Entladungslampen, ausgenommen Ultraviolettlampen:		
8539 31	**– – Glühkathoden-Leuchtstofflampen:**		
8539 31 10	– – – mit zwei Lampensockeln	2,7	p/st
8539 31 90	– – – andere	2,7	p/st
8539 32	**– – Quecksilber- oder Natriumdampflampen; Halogen-Metalldampflampen:**		
8539 32 20	– – – Quecksilber- oder Natriumdampflampen	2,7	p/st

[1] Autonomer Zollsatz: frei.

KN-Code	Warenbezeichnung	Vertragsmäßiger Zollsatz (%)	Besondere Maßeinheit
1	2	3	4
8539 32 90	– – – Halogen-Metalldampflampen	2,7	p/st
8539 39 00	– – andere	2,7	p/st
	– Ultraviolett- und Infrarotlampen; Bogenlampen:		
8539 41 00	– – Bogenlampen	2,7	p/st
8539 49 00	– – andere	2,7	p/st
8539 90	– Teile:		
8539 90 10	– – Lampensockel	2,7	—
8539 90 90	– – andere	2,7	—
8540	Glühkathoden-, Kaltkathoden- und Fotokathoden-Elektronenröhren (z. B. Vakuumröhren, dampf- oder gasgefüllte Röhren, Quecksilberdampfgleichrichterröhren, Kathodenstrahlröhren und Bildaufnahmeröhren für Fernsehkameras):		
	– Kathodenstrahlröhren für Fernsehempfangsgeräte, einschließlich Kathodenstrahlröhren für Videomonitore:		
8540 11 00	– – für mehrfarbiges Bild	14	p/st
8540 12 00	– – für einfarbiges Bild	7,5	p/st
8540 20	– Bildaufnahmeröhren für Fernsehkameras; Bildwandler- und Bildverstärkerröhren; andere Fotokathodenröhren:		
8540 20 10	– – Bildaufnahmeröhren für Fernsehkameras	2,7	p/st
8540 20 80	– – andere	2,7	p/st
8540 40 00	– Anzeigeröhren für Datenmonitore, für einfarbiges Bild; Anzeigeröhren für Datenmonitore für mehrfarbiges Bild, mit einem Phosphor- Bildpunkteabstand von weniger als 0,4 mm	2,6	p/st
8540 60 00	– andere Kathodenstrahlröhren	2,6	p/st
	– Höchstfrequenzröhren (z. B. Magnetrone, Klystrone, Wanderfeldröhren, Karcinotrone), ausgenommen gittergesteuerte Röhren:		
8540 71 00	– – Magnetrone	2,7	p/st
8540 79 00	– – andere	2,7	p/st
	– andere Elektronenröhren:		
8540 81 00	– – Empfänger- und Verstärkerröhren	2,7	p/st
8540 89 00	– – andere	2,7	p/st
	– Teile:		
8540 91 00	– – von Kathodenstrahlröhren	2,7	—
8540 99 00	– – andere	2,7	—
8541	Dioden, Transistoren und ähnliche Halbleiterbauelemente; lichtempfindliche Halbleiterbauelemente (einschließlich Fotoelemente, auch zu Modulen zusammengesetzt oder in Form von Tafeln); Leuchtdioden; gefasste oder montierte piezoelektrische Kristalle:		
8541 10 00	– Dioden, andere als Fotodioden und Leuchtdioden	frei	—
	– Transistoren, andere als Fototransistoren:		
8541 21 00	– – mit einer Verlustleistung von weniger als 1 W	frei	—
8541 29 00	– – andere	frei	—
8541 30 00	– Thyristoren, Diacs und Triacs, ausgenommen lichtempfindliche Halbleiterbauelemente	frei	—

KN-Code	Warenbezeichnung	Vertragsmäßiger Zollsatz (%)	Besondere Maßeinheit
1	2	3	4
8541 40	– **lichtempfindliche Halbleiterbauelemente (einschließlich Fotoelemente, auch zu Modulen zusammengesetzt oder in Form von Tafeln); Leuchtdioden:**		
8541 40 10	– – Leuchtdioden, einschließlich Laserdioden	frei	—
8541 40 90	– – andere	frei	—
8541 50 00	– **andere Halbleiterbauelemente**	frei	—
8541 60 00	– **gefasste oder montierte piezoelektrische Kristalle**	frei	—
8541 90 00	– **Teile**	frei	—
8542	**Elektronische integrierte Schaltungen:**		
	– **elektronische integrierte Schaltungen:**		
8542 31	– – **Prozessoren und Steuer- und Kontrollschaltungen, auch in Verbindung mit Speichern, Wandlern, logischen Schaltungen, Verstärkern, Uhren und Taktgeberschaltungen oder anderen Schaltungen:**		
8542 31 10	– – – in Anmerkung 8 b) Ziffer 3 zu diesem Kapitel genannte Waren	frei	—
8542 31 90	– – – andere	frei	—
8542 32	– – **Speicher:**		
8542 32 10	– – – in Anmerkung 8 b) Ziffer 3 zu diesem Kapitel genannte Waren	frei	—
	– – – andere:		
	– – – – dynamische Schreib-Lesespeicher mit wahlfreiem Zugriff (so genannte dynamische RAMs, DRAMs):		
8542 32 31	– – – – – mit einer Speicherkapazität von 512 Mbit oder weniger	frei	p/st
8542 32 39	– – – – – mit einer Speicherkapazität von mehr als 512 Mbit	frei	p/st
8542 32 45	– – – – statische Schreib-Lesespeicher mit wahlfreiem Zugriff (so genannte statische RAMs, SRAMs), einschließlich Cache-Schreib-Lesespeicher mit wahlfreiem Zugriff (so genannte Cache-RAMs)	frei	p/st
8542 32 55	– – – – UV-löschbare, programmierbare Lesespeicher (so genannte EPROMs)	frei	p/st
	– – – – elektrisch löschbare, programmierbare Lesespeicher (so genannte E^2PROMs), einschließlich Flash E^2PROMs:		
	– – – – – Flash E^2PROMs:		
8542 32 61	– – – – – – mit einer Speicherkapazität von 512 Mbit oder weniger	frei	p/st
8542 32 69	– – – – – – mit einer Speicherkapazität von mehr als 512 Mbit	frei	p/st
8542 32 75	– – – – – andere	frei	p/st
8542 32 90	– – – – andere Speicher	frei	—
8542 33 00	– – **Verstärker**	frei	—
8542 39	– – **andere:**		
8542 39 10	– – – in Anmerkung 8 b) Ziffer 3 zu diesem Kapitel genannte Waren	frei	—
8542 39 90	– – – andere	frei	—
8542 90 00	– **Teile**	frei	—
8543	**Elektrische Maschinen, Apparate und Geräte, mit eigener Funktion, in diesem Kapitel anderweit weder genannt noch inbegriffen:**		
8543 10 00	– **Teilchenbeschleuniger**	4	—
8543 20 00	– **Signalgeneratoren**	3,7	—
8543 30 00	– **Maschinen, Apparate und Geräte für die Galvanotechnik, Elektrolyse oder Elektrophorese**	3,7	—

KN-Code	Warenbezeichnung	Vertragsmäßiger Zollsatz (%)	Besondere Maßeinheit
1	2	3	4
8543 70	– **andere Maschinen, Apparate und Geräte:**		
8543 70 10	– – Geräte mit Übersetzungs- oder Wörterbuchfunktionen	frei	—
8543 70 30	– – Antennenverstärker	3,7	—
8543 70 50	– – Sonnenbänke, Sonnenlampen und ähnliche Bräunungsgeräte	3,7	p/st
8543 70 60	– – Elektrozaungeräte	3,7	—
8543 70 90	– – andere	3,7	—
8543 90 00	– **Teile**	3,7	—
8544	**Isolierte (auch lackisolierte oder elektrolytisch oxidierte) Drähte, Kabel (einschließlich Koaxialkabel) und andere isolierte elektrische Leiter, auch mit Anschlussstücken; Kabel aus optischen, einzeln umhüllten Fasern, auch elektrische Leiter enthaltend oder mit Anschlussstücken versehen:**		
	– **Wickeldrähte:**		
8544 11	– – **aus Kupfer:**		
8544 11 10	– – – lackiert	3,7	—
8544 11 90	– – – andere	3,7	—
8544 19 00	– – **andere**	3,7	—
8544 20 00	– **Koaxialkabel und andere koaxiale elektrische Leiter**	3,7	—
8544 30 00	– **Zündkabelsätze und andere Kabelsätze von der für Beförderungsmittel verwendeten Art**	3,7	—
	– **andere elektrische Leiter, für eine Spannung von 1 000 V oder weniger:**		
8544 42	– – **mit Anschlussstücken versehen:**		
8544 42 10	– – – von der für die Telekommunikation verwendeten Art	frei	—
8544 42 90	– – – andere	3,3	—
8544 49	– – **andere:**		
8544 49 20	– – – von der für die Telekommunikation verwendeten Art, für eine Spannung von 80 V oder weniger	frei	—
	– – – andere:		
8544 49 91	– – – – Drähte und Kabel, mit einem Durchmesser der Leitereinzeldrähte von mehr als 0,51 mm	3,7	—
	– – – – andere:		
8544 49 93	– – – – – für eine Spannung von 80 V oder weniger	3,7	—
8544 49 95	– – – – – für eine Spannung von mehr als 80 V, jedoch weniger als 1 000 V	3,7	—
8544 49 99	– – – – – für eine Spannung von 1 000 V	3,7	—
8544 60	– **andere elektrische Leiter, für eine Spannung von mehr als 1 000 V:**		
8544 60 10	– – mit Kupferleitern	3,7	—
8544 60 90	– – mit anderen Leitern	3,7	—
8544 70 00	– **Kabel aus optischen Fasern**	frei	—
8545	**Kohleelektroden, Kohlebürsten, Lampenkohlen, Batterie- und Elementekohlen und andere Waren für elektrotechnische Zwecke, aus Grafit oder anderem Kohlenstoff, auch in Verbindung mit Metall:**		
	– **Elektroden:**		
8545 11 00	– – **von der für Öfen verwendeten Art**	2,7	—
8545 19 00	– – **andere**	2,7	—

KN-Code	Warenbezeichnung	Vertragsmäßiger Zollsatz (%)	Besondere Maßeinheit
1	2	3	4
8545 20 00	**– Kohlebürsten**	2,7	—
8545 90	**– andere:**		
8545 90 10	– – Heizwiderstände	1,7	—
8545 90 90	– – andere	2,7	—
8546	**Elektrische Isolatoren aus Stoffen aller Art:**		
8546 10 00	**– aus Glas**	3,7	—
8546 20 00	**– aus keramischen Stoffen**	4,7	—
8546 90	**– andere:**		
8546 90 10	– – aus Kunststoffen	3,7	—
8546 90 90	– – andere	3,7	—
8547	**Isolierteile, ganz aus Isolierstoffen oder nur mit in die Masse eingepressten einfachen Metallteilen zum Befestigen (z. B. mit eingepressten Hülsen mit Innengewinde), für elektrische Maschinen, Apparate, Geräte oder Installationen, ausgenommen Isolatoren der Position 8546; Isolierrohre und Verbindungsstücke dazu, aus unedlen Metallen, mit Innenisolierung:**		
8547 10 00	**– Isolierteile aus keramischen Stoffen**	4,7	—
8547 20 00	**– Isolierteile aus Kunststoffen**	3,7	—
8547 90 00	**– andere**	3,7	—
8548	**Abfälle und Schrott von elektrischen Primärelementen, Primärbatterien und Akkumulatoren; ausgebrauchte elektrische Primärelemente, Primärbatterien und Akkumulatoren; elektrische Teile von Maschinen, Apparaten und Geräten, in diesem Kapitel anderweit weder genannt noch inbegriffen:**		
8548 10	**– Abfälle und Schrott von elektrischen Primärelementen, Primärbatterien und Akkumulatoren; ausgebrauchte elektrische Primärelemente, Primärbatterien und Akkumulatoren:**		
8548 10 10	– – ausgebrauchte elektrische Primärelemente und Primärbatterien	4,7	p/st
	– – ausgebrauchte elektrische Akkumulatoren:		
8548 10 21	– – – Blei-Akkumulatoren	2,6	—
8548 10 29	– – – andere	2,6	—
	– – Abfälle und Schrott von elektrischen Primärelementen, Primärbatterien und Akkumulatoren:		
8548 10 91	– – – Blei enthaltend	frei	—
8548 10 99	– – – andere	frei	
8548 90	**– andere:**		
8548 90 20	– – Speicher in Form von Mehrfachkombinationen wie Stack-D-RAMs oder Module	frei	—
8548 90 90	– – andere	2,7	—

ABSCHNITT XVII

BEFÖRDERUNGSMITTEL

Anmerkungen

1. Zu Abschnitt XVII gehören nicht die in Position 9503 oder 9508 erfassten Waren sowie Rodelschlitten, Bobschlitten und dergleichen (Position 9506).

2. Folgende Waren sind nicht als „Teile" oder als „Zubehör" einzureihen, auch wenn sie erkennbar für Waren des Abschnitts XVII bestimmt sind:

   a) Dichtungen und dergleichen aus Stoffen aller Art (Einreihung nach Stoffbeschaffenheit oder nach Position 8484) sowie andere Waren aus Weichkautschuk (Position 4016);

   b) Teile mit allgemeiner Verwendungsmöglichkeit im Sinne der Anmerkung 2 zu Abschnitt XV, aus unedlen Metallen (Abschnitt XV), und gleichartige Waren aus Kunststoffen (Kapitel 39);

   c) Waren des Kapitels 82 (Werkzeuge);

   d) Waren der Position 8306;

   e) Maschinen, Apparate und Geräte der Positionen 8401 bis 8479 sowie Teile davon; Waren der Position 8481 oder 8482 und die in Position 8483 erfassten Teile von Motoren oder anderen Kraftmaschinen;

   f) elektrische Maschinen, Apparate und Geräte sowie elektrisches Zubehör (Kapitel 85);

   g) Instrumente, Apparate und Geräte des Kapitels 90;

   h) Waren des Kapitels 91;

   ij) Waffen (Kapitel 93);

   k) Beleuchtungskörper und Teile davon, der Position 9405;

   l) Bürsten, die Fahrzeugteile sind (Position 9603).

3. „Teile" und „Zubehör" im Sinne der Kapitel 86 bis 88 sind nur Teile und Zubehör, die erkennbar ausschließlich oder hauptsächlich für Waren des Kapitels 86, 87 oder 88 bestimmt sind. Teile und Zubehör, für die zwei oder mehr Positionen der Kapitel 86 bis 88 in Betracht kommen, sind der Position zuzuweisen, die dem Hauptverwendungszweck der Teile oder des Zubehörs entspricht.

4. In diesem Abschnitt werden:

   a) Fahrzeuge, die ihrer Beschaffenheit nach zur Fortbewegung sowohl auf der Straße als auch auf Schienen gebaut sind, in die in Betracht kommende Position des Kapitels 87 eingereiht;

   b) schwimmfähige Kraftfahrzeuge (Amphibienfahrzeuge) in die in Betracht kommende Position des Kapitels 87 eingereiht;

   c) Luftfahrzeuge, die ihrer Beschaffenheit nach so gebaut sind, dass sie auch als Landfahrzeuge verwendet werden können, in die in Betracht kommende Position des Kapitels 88 eingereiht.

5. Luftkissenfahrzeuge sind wie die Fahrzeuge einzureihen, denen sie am ähnlichsten sind, und zwar:

   a) in Kapitel 86, wenn sie ihrer Beschaffenheit nach dazu bestimmt sind, sich über einer Führungsschiene fortzubewegen (Luftkissenzüge);

   b) in Kapitel 87, wenn sie ihrer Beschaffenheit nach dazu bestimmt sind, sich über dem Boden oder in gleichem Maße über dem Boden und über dem Wasser fortzubewegen;

   c) in Kapitel 89, wenn sie ihrer Beschaffenheit nach dazu bestimmt sind, sich über dem Wasser fortzubewegen, auch wenn sie am Strand oder auf Landungsbrücken landen oder sich über Eisflächen fortbewegen können.

   Teile und Zubehör für Luftkissenfahrzeuge sind wie Teile und Zubehör von Fahrzeugen der Position einzureihen, der die Luftkissenfahrzeuge aufgrund der vorstehenden Bestimmungen zugewiesen werden.

   Ortsfestes Material für Verkehrswege von Luftkissenfahrzeugen ist wie ortsfestes Gleismaterial einzureihen; Signal-, Sicherungs-, Überwachungs- oder Steuergeräte für Verkehrswege von Luftkissenfahrzeugen sind wie Signal-, Sicherungs-, Überwachungs- oder Steuergeräte für Schienenwege einzureihen.

Zusätzliche Anmerkungen

1. *Vorbehaltlich der Zusätzlichen Anmerkung 3 zu Kapitel 89 sind Werkzeuge und andere Waren zur Instandhaltung und Instandsetzung von Beförderungsmitteln wie die Beförderungsmittel einzureihen, zu denen sie gehören, wenn sie mit ihnen gestellt werden. Dies gilt auch für anderes Zubehör, das mit den Beförderungsmitteln, deren übliche Ausrüstung es darstellt, gestellt und üblicherweise zusammen mit ihnen verkauft wird.*

2. *Auf Antrag des Anmelders und bei Beachtung der von den zuständigen Behörden festgesetzten Voraussetzungen werden die Bestimmungen der Allgemeinen Vorschrift 2 Buchstabe a) auch auf Waren der Positionen 8608, 8805, 8905 und 8907 angewendet, die in Teilsendungen ein- oder ausgehen.*

KAPITEL 86

SCHIENENFAHRZEUGE UND ORTSFESTES GLEISMATERIAL, TEILE DAVON; MECHANISCHE (AUCH ELEKTRO-MECHANISCHE) SIGNALGERÄTE FÜR VERKEHRSWEGE

Anmerkungen

1. Zu Kapitel 86 gehören nicht:
   a) Bahnschwellen aus Holz oder aus Beton, für Schienenwege, sowie Betonelemente zum Bau von Führungsschienen für Luftkissenzüge (Position 4406 oder 6810);
   b) Oberbaumaterial für Bahnen, aus Eisen oder Stahl, der Position 7302;
   c) elektrische Signal-, Sicherungs-, Überwachungs- oder Steuergeräte der Position 8530.
2. Zu Position 8607 gehören insbesondere:
   a) Achsen, Räder, Radsätze, Radreifen, Radsprengringe, Radkörper und andere Radteile;
   b) Untergestelle, Drehgestelle und Lenkgestelle;
   c) Achslager, Bremsvorrichtungen aller Art;
   d) Puffer, Zughaken und andere Kupplungsvorrichtungen, Faltenbälge;
   e) Wagenkästen und andere Aufbauten.
3. Vorbehaltlich der Anmerkung 1 zu Kapitel 86 gehören zu Position 8608 insbesondere:
   a) zusammengesetzte Gleise, Drehscheiben, Prellböcke und Lademaße;
   b) bewegliche Scheiben- und Flügelsignale, Bahnschrankenbetätigungsvorrichtungen für schienengleiche Bahnübergänge, Vorrichtungen zur Nahbedienung der Weichen (Handstellböcke), Stellwerke zur Fernbedienung der Weichen oder Signale und andere mechanische (auch elektromechanische) Signal-, Sicherungs-, Überwachungs- oder Steuergeräte, auch mit elektrischer Beleuchtungsvorrichtung ausgestattet, für Schienenwege oder dergleichen, Straßen, Binnenwasserstraßen, Parkplätze oder Parkhäuser, Hafenanlagen oder Flughäfen.

KN-Code	Warenbezeichnung	Vertragsmäßiger Zollsatz (%)	Besondere Maßeinheit
1	2	3	4
8601	**Elektrische Lokomotiven mit Stromspeisung aus dem Stromnetz oder aus Akkumulatoren:**		
8601 10 00	**– mit Stromspeisung aus dem Stromnetz**	1,7	p/st
8601 20 00	**– mit Stromspeisung aus Akkumulatoren**	1,7	p/st
8602	**Andere Lokomotiven; Lokomotivtender:**		
8602 10 00	**– dieselelektrische Lokomotiven**	1,7	—
8602 90 00	**– andere**	1,7	—
8603	**Triebwagen und Schienenbusse, ausgenommen solche der Position 8604:**		
8603 10 00	**– mit Stromspeisung aus dem Stromnetz**	1,7	p/st
8603 90 00	**– andere**	1,7	p/st

KN-Code	Warenbezeichnung	Vertragsmäßiger Zollsatz (%)	Besondere Maßeinheit
1	2	3	4
8604 00 00	**Schienenfahrzeuge zur Gleisunterhaltung und andere Bahndienstfahrzeuge, auch selbstfahrend (z. B. Gerätewagen, Kranwagen, Wagen mit Gleisstopfmaschinen, Gleiskorrekturwagen, Messwagen und Draisinen)**	1,7	p/st
8605 00 00	**Personenwagen, Gepäckwagen, Postwagen und andere schienengebundene Spezialwagen (ausgenommen Wagen der Position 8604)**	1,7	p/st
8606	**Schienengebundene Güterwagen:**		
8606 10 00	**– Kesselwagen und dergleichen**	1,7	p/st
8606 30 00	**– Selbstentladewagen, ausgenommen solche der Unterposition 8606 10**	1,7	p/st
	– andere:		
8606 91	**– – gedeckt und geschlossen:**		
8606 91 10	– – – ihrer Beschaffenheit nach zum Befördern von Waren mit starker Radioaktivität bestimmt (*Euratom*)	1,7	p/st
8606 91 80	– – – andere	1,7	p/st
8606 92 00	**– – offen, mit nicht abnehmbaren Stirn- und Seitenwänden, deren Höhe mehr als 60 cm beträgt**	1,7	p/st
8606 99 00	**– – andere**	1,7	p/st
8607	**Teile von Schienenfahrzeugen:**		
	– Drehgestelle, Lenkgestelle, Achsen und Räder, Teile davon:		
8607 11 00	**– – Triebgestelle**	1,7	—
8607 12 00	**– – andere Drehgestelle und Lenkgestelle**	1,7	—
8607 19	**– – andere, einschließlich Teile davon:**		
8607 19 10	– – – Achsen, Radsätze, Räder und Radteile	2,7	—
8607 19 90	– – – Teile von Drehgestellen und Lenkgestellen	1,7	—
	– Bremsvorrichtungen und Teile davon:		
8607 21	**– – Druckluftbremsvorrichtungen und Teile davon:**		
8607 21 10	– – – aus Eisen oder Stahl, gegossen	1,7	—
8607 21 90	– – – andere	1,7	—
8607 29 00	**– – andere**	1,7	—
8607 30 00	**– Zughaken und andere Kupplungsvorrichtungen, Puffer, Teile davon**	1,7	—
	– andere:		
8607 91	**– – von Lokomotiven:**		
8607 91 10	– – – Achslager und Teile davon	3,7	—
8607 91 90	– – – andere	1,7	—
8607 99	**– – andere:**		
8607 99 10	– – – Achslager und Teile davon	3,7	—
8607 99 80	– – – andere	1,7	—

KN-Code	Warenbezeichnung	Vertragsmäßiger Zollsatz (%)	Besondere Maßeinheit
1	2	3	4
8608 00 00	**Ortsfestes Gleismaterial; mechanische (auch elektromechanische) Signal-, Sicherungs-, Überwachungs- oder Steuergeräte für Schienenwege oder dergleichen, Straßen, Binnenwasserstraßen, Parkplätze oder Parkhäuser, Hafenanlagen oder Flughäfen; Teile davon**	1,7	—
8609 00	**Warenbehälter (Container), einschließlich solcher für Flüssigkeiten oder Gase, ihrer Beschaffenheit nach für eine oder mehrere Beförderungsarten besonders bestimmt und ausgestattet:**		
8609 00 10	– Warenbehälter (Container), die zum Schutz gegen Strahlung mit Blei verkleidet und zum Befördern radioaktiver Stoffe bestimmt sind (*Euratom*)	frei	p/st
8609 00 90	– andere	frei	p/st

KAPITEL 87

ZUGMASCHINEN, KRAFTWAGEN, KRAFTRÄDER, FAHRRÄDER UND ANDERE NICHT SCHIENENGEBUNDENE LANDFAHRZEUGE, TEILE DAVON UND ZUBEHÖR

Anmerkungen

1. Zu Kapitel 87 gehören nicht Fahrzeuge, die aufgrund ihrer Beschaffenheit dazu bestimmt sind, nur auf Schienen zu fahren.

2. Im Sinne des Kapitels 87 sind Zugmaschinen Kraftfahrzeuge, die im Wesentlichen zum Ziehen oder Schieben anderer Fahrzeuge, Geräte oder Lasten gebaut sind. Sie können auch Zusatzvorrichtungen haben, die es möglich machen, im Zusammenhang mit der Hauptverwendung der Zugmaschinen Werkzeuge, Geräte, Saatgut, Düngemittel usw. zu befördern.

   Maschinen und Arbeitsgeräte, die ihrer Beschaffenheit nach auswechselbare Vorrichtungen zum Anbringen an Zugmaschinen der Position 8701 sind, werden in die für sie zutreffende Position eingereiht, selbst wenn sie mit der Zugmaschine, auch an ihr montiert, gestellt werden.

3. Kraftwagenfahrgestelle mit Fahrerhaus gehören nicht zu Position 8706, sondern zu den Positionen 8702 bis 8704.

4. Zu Position 8712 gehören alle zweirädrigen Kinderfahrräder. Andere Kinderfahrräder gehören zu Position 9503.

KN-Code	Warenbezeichnung	Vertragsmäßiger Zollsatz (%)	Besondere Maßeinheit
1	2	3	4
8701	**Zugmaschinen (ausgenommen Zugkraftkarren der Position 8709):**		
8701 10 00	– **Einachsschlepper**	3	p/st
8701 20	– **Sattel-Straßenzugmaschinen:**		
8701 20 10	– – neu	16	p/st
8701 20 90	– – gebraucht	16	p/st
8701 30 00	– **Gleiskettenzugmaschinen**	frei	p/st
8701 90	– **andere:**		
	– – Ackerschlepper und Forstschlepper (ausgenommen Einachsschlepper), auf Rädern:		
	– – – neu, mit einer Motorleistung von:		
8701 90 11	– – – – 18 kW oder weniger	frei	p/st
8701 90 20	– – – – mehr als 18 kW bis 37 kW	frei	p/st
8701 90 25	– – – – mehr als 37 kW bis 59 kW	frei	p/st
8701 90 31	– – – – mehr als 59 kW bis 75 kW	frei	p/st
8701 90 35	– – – – mehr als 75 kW bis 90 kW	frei	p/st
8701 90 39	– – – – mehr als 90 kW	frei	p/st
8701 90 50	– – – gebraucht	frei	p/st
8701 90 90	– – andere	7	p/st
8702	**Kraftfahrzeuge zum Befördern von 10 oder mehr Personen, einschließlich Fahrer:**		
8702 10	– **mit Kolbenverbrennungsmotor mit Selbstzündung (Diesel- oder Halbdieselmotor):**		
	– – mit einem Hubraum von mehr als 2 500 cm^3:		
8702 10 11	– – – neu	16	p/st

KN-Code	Warenbezeichnung	Vertragsmäßiger Zollsatz (%)	Besondere Maßeinheit
1	2	3	4
8702 10 19	– – – gebraucht	16	p/st
	– – mit einem Hubraum von 2 500 cm^3 oder weniger:		
8702 10 91	– – – neu	10	p/st
8702 10 99	– – – gebraucht	10	p/st
8702 90	– **andere:**		
	– – mit Kolbenverbrennungsmotor mit Fremdzündung:		
	– – – mit einem Hubraum von mehr als 2 800 cm^3:		
8702 90 11	– – – – neu	16	p/st
8702 90 19	– – – – gebraucht	16	p/st
	– – – mit einem Hubraum von 2 800 cm^3 oder weniger:		
8702 90 31	– – – – neu	10	p/st
8702 90 39	– – – – gebraucht	10	p/st
8702 90 90	– – andere	10	p/st
8703	**Personenkraftwagen und andere Kraftfahrzeuge, ihrer Beschaffenheit nach hauptsächlich zur Personenbeförderung bestimmt (ausgenommen solche der Position 8702), einschließlich Kombinationskraftwagen und Rennwagen:**		
8703 10	– **Schneespezialfahrzeuge (einschließlich Motorschlitten); Spezialfahrzeuge zur Personenbeförderung auf Golfplätzen sowie ähnliche Fahrzeuge:**		
8703 10 11	– – Schneespezialfahrzeuge (einschließlich Motorschlitten), mit Kolbenverbrennungsmotor	5	p/st
8703 10 18	– – andere	10	p/st
	– **andere Fahrzeuge mit Hubkolbenverbrennungsmotor mit Fremdzündung:**		
8703 21	– – **mit einem Hubraum von 1 000 cm^3 oder weniger:**		
8703 21 10	– – – neu	10	p/st
8703 21 90	– – – gebraucht	10	p/st
8703 22	– – **mit einem Hubraum von mehr als 1 000 cm^3 bis 1 500 cm^3:**		
8703 22 10	– – – neu	10	p/st
8703 22 90	– – – gebraucht	10	p/st
8703 23	– – **mit einem Hubraum von mehr als 1 500 cm^3 bis 3 000 cm^3:**		
	– – – neu:		
8703 23 11	– – – – Wohnmobile	10	p/st
8703 23 19	– – – – andere	10	p/st
8703 23 90	– – – gebraucht	10	p/st
8703 24	– – **mit einem Hubraum von mehr als 3 000 cm^3:**		
8703 24 10	– – – neu	10	p/st
8703 24 90	– – – gebraucht	10	p/st
	– **andere Fahrzeuge mit Kolbenverbrennungsmotor mit Selbstzündung (Diesel- oder Halbdieselmotor):**		
8703 31	– – **mit einem Hubraum von 1 500 cm^3 oder weniger:**		
8703 31 10	– – – neu	10	p/st
8703 31 90	– – – gebraucht	10	p/st

KN-Code	Warenbezeichnung	Vertragsmäßiger Zollsatz (%)	Besondere Maßeinheit
1	2	3	4
8703 32	– – **mit einem Hubraum von mehr als 1 500 cm^3 bis 2 500 cm^3:**		
	– – – neu:		
8703 32 11	– – – – Wohnmobile	10	p/st
8703 32 19	– – – – andere	10	p/st
8703 32 90	– – – gebraucht	10	p/st
8703 33	– – **mit einem Hubraum von mehr als 2 500 cm^3:**		
	– – – neu:		
8703 33 11	– – – – Wohnmobile	10	p/st
8703 33 19	– – – – andere	10	p/st
8703 33 90	– – – gebraucht	10	p/st
8703 90	– **andere:**		
8703 90 10	– – Fahrzeuge mit Elektromotor	10	p/st
8703 90 90	– – andere	10	p/st
8704	**Kraftfahrzeuge für den Transport von Waren:**		
8704 10	– **Muldenkipper (Dumper), ihrer Beschaffenheit nach zur Verwendung außerhalb des Straßennetzes bestimmt:**		
8704 10 10	– – mit Kolbenverbrennungsmotor	frei	p/st
8704 10 90	– – andere	frei	p/st
	– **andere, mit Kolbenverbrennungsmotor mit Selbstzündung (Diesel- oder Halbdieselmotor):**		
8704 21	– – **mit einem zulässigen Gesamtgewicht von 5 t oder weniger:**		
8704 21 10	– – – ihrer Beschaffenheit nach zum Befördern von Waren mit starker Radioaktivität besonders bestimmt (*Euratom*)	3,5	p/st
	– – – andere:		
	– – – – mit Motor mit einem Hubraum von mehr als 2 500 cm^3:		
8704 21 31	– – – – – neu	22	p/st
8704 21 39	– – – – – gebraucht	22	p/st
	– – – – mit Motor mit einem Hubraum von 2 500 cm^3 oder weniger:		
8704 21 91	– – – – – neu	10	p/st
8704 21 99	– – – – – gebraucht	10	p/st
8704 22	– – **mit einem zulässigen Gesamtgewicht von mehr als 5 t bis 20 t:**		
8704 22 10	– – – ihrer Beschaffenheit nach zum Befördern von Waren mit starker Radioaktivität besonders bestimmt (*Euratom*)	3,5	p/st
	– – – andere:		
8704 22 91	– – – – neu	22	p/st
8704 22 99	– – – – gebraucht	22	p/st
8704 23	– – **mit einem zulässigen Gesamtgewicht von mehr als 20 t:**		
8704 23 10	– – – ihrer Beschaffenheit nach zum Befördern von Waren mit starker Radioaktivität besonders bestimmt (*Euratom*)	3,5	p/st
	– – – andere:		
8704 23 91	– – – – neu	22	p/st
8704 23 99	– – – – gebraucht	22	p/st

KN-Code	Warenbezeichnung	Vertragsmäßiger Zollsatz (%)	Besondere Maßeinheit
1	2	3	4
	– **andere, mit Kolbenverbrennungsmotor mit Fremdzündung:**		
8704 31	– – **mit einem zulässigen Gesamtgewicht von 5 t oder weniger:**		
8704 31 10	– – – ihrer Beschaffenheit nach zum Befördern von Waren mit starker Radioaktivität besonders bestimmt (*Euratom*)	3,5	p/st
	– – – andere:		
	– – – – mit Motor mit einem Hubraum von mehr als 2 800 cm^3:		
8704 31 31	– – – – – neu	22	p/st
8704 31 39	– – – – – gebraucht	22	p/st
	– – – – mit Motor mit einem Hubraum von 2 800 cm^3 oder weniger:		
8704 31 91	– – – – – neu	10	p/st
8704 31 99	– – – – – gebraucht	10	p/st
8704 32	– – **mit einem zulässigen Gesamtgewicht von mehr als 5 t:**		
8704 32 10	– – – ihrer Beschaffenheit nach zum Befördern von Waren mit starker Radioaktivität besonders bestimmt (*Euratom*)	3,5	p/st
	– – – andere:		
8704 32 91	– – – – neu	22	p/st
8704 32 99	– – – – gebraucht	22	p/st
8704 90 00	– **andere**	10	p/st
8705	**Kraftfahrzeuge zu besonderen Zwecken, ihrer Beschaffenheit nach nicht hauptsächlich zur Personen- oder Güterbeförderung bestimmt (z. B. Abschleppwagen, Kranwagen, Feuerwehrwagen, Betonmischwagen, Straßenkehrwagen, Straßensprengwagen, Werkstattwagen, Wagen mit Röntgenanlage):**		
8705 10 00	– **Kranwagen (Autokrane)**	3,7	p/st
8705 20 00	– **Kraftfahrzeuge mit Bohrturm zum Tiefbohren**	3,7	p/st
8705 30 00	– **Feuerwehrwagen**	3,7	p/st
8705 40 00	– **Betonmischwagen (Lkw-Betonmischer)**	3,7	p/st
8705 90	– **andere:**		
8705 90 30	– – Betonpumpenwagen	3,7	p/st
8705 90 80	– – andere	3,7	p/st
8706 00	**Fahrgestelle für Kraftfahrzeuge der Positionen 8701 bis 8705, mit Motor:**		
	– Fahrgestelle für Zugmaschinen der Position 8701; Fahrgestelle für Kraftwagen der Position 8702, 8703 oder 8704, mit Kolbenverbrennungsmotor mit Selbstzündung (Diesel- oder Halbdieselmotor), mit einem Hubraum von mehr als 2 500 cm^3 oder mit Kolbenverbrennungsmotor mit Fremdzündung und einem Hubraum von mehr als 2 800 cm^3:		
8706 00 11	– – für Kraftfahrzeuge der Position 8702 oder 8704	19	p/st
8706 00 19	– – andere	6	p/st
	– andere:		
8706 00 91	– – für Kraftfahrzeuge der Position 8703	4,5	p/st
8706 00 99	– – andere	10	p/st

KN-Code	Warenbezeichnung	Vertragsmäßiger Zollsatz (%)	Besondere Maßeinheit
1	2	3	4
8707	**Karosserien (einschließlich Fahrerhäuser), für Kraftfahrzeuge der Positionen 8701 bis 8705:**		
8707 10	**– für Kraftfahrzeuge der Position 8703:**		
8707 10 10	– – für die industrielle Montage	4,5	p/st
8707 10 90	– – andere	4,5	p/st
8707 90	**– andere:**		
8707 90 10	– – für die industrielle Montage: von Einachsschleppern der Unterposition 8701 10, von Kraftfahrzeugen der Position 8704, mit Kolbenverbrennungsmotor mit Selbstzündung (Diesel- oder Halbdieselmotor) und einem Hubraum von 2 500 cm^3 oder weniger oder mit Kolbenverbrennungsmotor mit Fremdzündung und einem Hubraum von 2 800 cm^3 oder weniger, von Kraftfahrzeugen der Position 8705	4,5	p/st
8707 90 90	– – andere	4,5	p/st
8708	**Teile und Zubehör für Kraftfahrzeuge der Positionen 8701 bis 8705:**		
8708 10	**– Stoßstangen und Teile davon:**		
8708 10 10	– – für die industrielle Montage: von Kraftfahrzeugen der Position 8703, von Kraftfahrzeugen der Position 8704, mit Kolbenverbrennungsmotor mit Selbstzündung (Diesel- oder Halbdieselmotor) und einem Hubraum von 2 500 cm^3 oder weniger oder mit Kolbenverbrennungsmotor mit Fremdzündung und einem Hubraum von 2 800 cm^3 oder weniger, von Kraftfahrzeugen der Position 8705 ([1])	3	—
8708 10 90	– – andere	4,5	—
	– andere Karosserieteile und anderes Karosseriezubehör (auch für Fahrerhäuser):		
8708 21	**– – Sicherheitsgurte:**		
8708 21 10	– – – für die industrielle Montage: von Kraftfahrzeugen der Position 8703, von Kraftfahrzeugen der Position 8704, mit Kolbenverbrennungsmotor mit Selbstzündung (Diesel- oder Halbdieselmotor) und einem Hubraum von 2 500 cm^3 oder weniger oder mit Kolbenverbrennungsmotor mit Fremdzündung und einem Hubraum von 2 800 cm^3 oder weniger, von Kraftfahrzeugen der Position 8705 ([1])	3	p/st
8708 21 90	– – – andere	4,5	p/st
8708 29	**– – andere:**		
8708 29 10	– – – für die industrielle Montage: von Einachsschleppern der Unterposition 8701 10, von Kraftfahrzeugen der Position 8703, von Kraftfahrzeugen der Position 8704, mit Kolbenverbrennungsmotor mit Selbstzündung (Diesel- oder Halbdieselmotor) und einem Hubraum von 2 500 cm^3 oder weniger oder mit Kolbenverbrennungsmotor mit Fremdzündung und einem Hubraum von 2 800 cm^3 oder weniger, von Kraftfahrzeugen der Position 8705 ([1])	3	—
8708 29 90	– – – andere	4,5	—

([1]) Die Zulassung zu dieser Unterposition erfolgt nach den in den einschlägigen Bestimmungen der Europäischen Union festgesetzten Voraussetzungen (s. Artikel 291 bis 300 der Verordnung (EWG) Nr. 2454/93 der Kommission (ABl. L 253 vom 11.10.1993, S. 1)).

KN-Code	Warenbezeichnung	Vertragsmäßiger Zollsatz (%)	Besondere Maßeinheit
1	2	3	4
8708 30	– **Bremsen und Servobremsen; Teile davon:**		
8708 30 10	– – für die industrielle Montage: von Einachsschleppern der Unterposition 8701 10, von Kraftfahrzeugen der Position 8703, von Kraftfahrzeugen der Position 8704, mit Kolbenverbrennungsmotor mit Selbstzündung (Diesel- oder Halbdieselmotor) und einem Hubraum von 2 500 cm³ oder weniger oder mit Kolbenverbrennungsmotor mit Fremdzündung und einem Hubraum von 2 800 cm³ oder weniger, von Kraftfahrzeugen der Position 8705 (1)	3	—
	– – andere:		
8708 30 91	– – – für Scheibenbremsen	4,5	—
8708 30 99	– – – andere	4,5	—
8708 40	– **Schaltgetriebe und Teile davon:**		
8708 40 20	– – für die industrielle Montage: von Einachsschleppern der Unterposition 8701 10, von Kraftfahrzeugen der Position 8703, von Kraftfahrzeugen der Position 8704, mit Kolbenverbrennungsmotor mit Selbstzündung (Diesel- oder Halbdieselmotor) und einem Hubraum von 2 500 cm³ oder weniger oder mit Kolbenverbrennungsmotor mit Fremdzündung und einem Hubraum von 2 800 cm³ oder weniger, von Kraftfahrzeugen der Position 8705 (1)	3	—
	– – andere:		
8708 40 50	– – – Schaltgetriebe	4,5	—
	– – – Teile:		
8708 40 91	– – – – aus Stahl, gesenkgeschmiedet	4,5	—
8708 40 99	– – – – andere	3,5	—
8708 50	– **Triebachsen mit Differential, auch mit anderen Kraftübertragungsvorrichtungen versehen, und nicht angetriebene Achsen; Teile davon:**		
8708 50 20	– – für die industrielle Montage: von Kraftfahrzeugen der Position 8703, von Kraftfahrzeugen der Position 8704, mit Kolbenverbrennungsmotor mit Selbstzündung (Diesel- oder Halbdieselmotor) und einem Hubraum von 2 500 cm³ oder weniger oder mit Kolbenverbrennungsmotor mit Fremdzündung und einem Hubraum von 2 800 cm³ oder weniger, von Kraftfahrzeugen der Position 8705 (1)	3	—
	– – andere:		
8708 50 35	– – – Triebachsen mit Differential, auch mit anderen Kraftübertragungsvorrichtungen versehen, und nicht angetriebene Achsen	4,5	—
	– – – Teile:		
8708 50 55	– – – – aus Stahl, gesenkgeschmiedet	4,5	—
	– – – – andere:		
8708 50 91	– – – – – für nicht angetriebene Achsen	4,5	—
8708 50 99	– – – – – andere	3,5	—

(1) Die Zulassung zu dieser Unterposition erfolgt nach den in den einschlägigen Bestimmungen der Europäischen Union festgesetzten Voraussetzungen (s. Artikel 291 bis 300 der Verordnung (EWG) Nr. 2454/93 der Kommission (ABl. L 253 vom 11.10.1993, S. 1)).

KN-Code	Warenbezeichnung	Vertragsmäßiger Zollsatz (%)	Besondere Maßeinheit
1	2	3	4
8708 70	– **Räder sowie Teile davon und Zubehör:**		
8708 70 10	– – für die industrielle Montage: von Einachsschleppern der Unterposition 8701 10, von Kraftfahrzeugen der Position 8703, von Kraftfahrzeugen der Position 8704, mit Kolbenverbrennungsmotor mit Selbstzündung (Diesel- oder Halbdieselmotor) und einem Hubraum von 2 500 cm^3 oder weniger oder mit Kolbenverbrennungsmotor mit Fremdzündung und einem Hubraum von 2 800 cm^3 oder weniger, von Kraftfahrzeugen der Position 8705 (1)	3	—
	– – andere:		
8708 70 50	– – – Räder aus Aluminium; Teile davon und Zubehör, aus Aluminium	4,5	—
8708 70 91	– – – in einem Stück gegossene Radteile in Sternform, aus Eisen oder Stahl	3	—
8708 70 99	– – – andere	4,5	—
8708 80	– **Aufhängesysteme und Teile davon (einschließlich Stoßdämpfer):**		
8708 80 20	– – für die industrielle Montage: von Kraftfahrzeugen der Position 8703, von Kraftfahrzeugen der Position 8704, mit Kolbenverbrennungsmotor mit Selbstzündung (Diesel- oder Halbdieselmotor) und einem Hubraum von 2 500 cm^3 oder weniger oder mit Kolbenverbrennungsmotor mit Fremdzündung und einem Hubraum von 2 800 cm^3 oder weniger, von Kraftfahrzeugen der Position 8705 (1)	3	—
	– – andere:		
8708 80 35	– – – Stoßdämpfer	4,5	—
8708 80 55	– – – Stabilisatoren; Drehstabfedern	3,5	—
	– – – andere:		
8708 80 91	– – – – aus Stahl, gesenkgeschmiedet	4,5	—
8708 80 99	– – – – andere	3,5	—
	– **andere Teile und anderes Zubehör:**		
8708 91	– – **Kühler und Teile davon:**		
8708 91 20	– – – für die industrielle Montage: von Einachsschleppern der Unterposition 8701 10, von Kraftfahrzeugen der Position 8703, von Kraftfahrzeugen der Position 8704, mit Kolbenverbrennungsmotor mit Selbstzündung (Diesel- oder Halbdieselmotor) und einem Hubraum von 2 500 cm^3 oder weniger oder mit Kolbenverbrennungsmotor mit Fremdzündung und einem Hubraum von 2 800 cm^3 oder weniger, von Kraftfahrzeugen der Position 8705 (1)	3	—
	– – – andere:		
8708 91 35	– – – – Kühler	4,5	—
	– – – – Teile:		
8708 91 91	– – – – – aus Stahl, gesenkgeschmiedet	4,5	—
8708 91 99	– – – – – andere	3,5	—

(1) Die Zulassung zu dieser Unterposition erfolgt nach den in den einschlägigen Bestimmungen der Europäischen Union festgesetzten Voraussetzungen (s. Artikel 291 bis 300 der Verordnung (EWG) Nr. 2454/93 der Kommission (ABl. L 253 vom 11.10.1993, S. 1)).

KN-Code	Warenbezeichnung	Vertragsmäßiger Zollsatz (%)	Besondere Maßeinheit
1	2	3	4
8708 92	– – **Auspufftöpfe (Schalldämpfer) und Auspuffrohre; Teile davon:**		
8708 92 20	– – – für die industrielle Montage: von Einachsschleppern der Unterposition 8701 10, von Kraftfahrzeugen der Position 8703, von Kraftfahrzeugen der Position 8704, mit Kolbenverbrennungsmotor mit Selbstzündung (Diesel- oder Halbdieselmotor) und einem Hubraum von 2 500 cm^3 oder weniger oder mit Kolbenverbrennungsmotor mit Fremdzündung und einem Hubraum von 2 800 cm^3 oder weniger, von Kraftfahrzeugen der Position 8705 (1)	3	—
	– – – andere:		
8708 92 35	– – – – Auspufftöpfe (Schalldämpfer) und Auspuffrohre	4,5	—
	– – – – Teile:		
8708 92 91	– – – – – aus Stahl, gesenkgeschmiedet	4,5	—
8708 92 99	– – – – – andere	3,5	—
8708 93	– – **Schaltkupplungen und Teile davon:**		
8708 93 10	– – – für die industrielle Montage: von Einachsschleppern der Unterposition 8701 10, von Kraftfahrzeugen der Position 8703, von Kraftfahrzeugen der Position 8704, mit Kolbenverbrennungsmotor mit Selbstzündung (Diesel- oder Halbdieselmotor) und einem Hubraum von 2 500 cm^3 oder weniger oder mit Kolbenverbrennungsmotor mit Fremdzündung und einem Hubraum von 2 800 cm^3 oder weniger, von Kraftfahrzeugen der Position 8705 (1)	3	—
8708 93 90	– – – andere	4,5	—
8708 94	– – **Lenkräder, Lenksäulen und Lenkgetriebe; Teile davon:**		
8708 94 20	– – – für die industrielle Montage: von Kraftfahrzeugen der Position 8703, von Kraftfahrzeugen der Position 8704, mit Kolbenverbrennungsmotor mit Selbstzündung (Diesel- oder Halbdieselmotor) und einem Hubraum von 2 500 cm^3 oder weniger oder mit Kolbenverbrennungsmotor mit Fremdzündung und einem Hubraum von 2 800 cm^3 oder weniger, von Kraftfahrzeugen der Position 8705 (1)	3	—
	– – – andere:		
8708 94 35	– – – – Lenkräder, Lenksäulen und Lenkgetriebe	4,5	—
	– – – – Teile:		
8708 94 91	– – – – – aus Stahl, gesenkgeschmiedet	4,5	—
8708 94 99	– – – – – andere	3,5	—
8708 95	– – **aufblasbare Sicherheits-Luftsäcke mit Füllsystem (Airbags); Teile davon:**		
8708 95 10	– – – für die industrielle Montage: von Einachsschleppern der Unterposition 8701 10, von Kraftfahrzeugen der Position 8703, von Kraftfahrzeugen der Position 8704, mit Kolbenverbrennungsmotor mit Selbstzündung (Diesel- oder Halbdieselmotor) und einem Hubraum von 2 500 cm^3 oder weniger oder mit Kolbenverbrennungsmotor mit Fremdzündung und einem Hubraum von 2 800 cm^3 oder weniger, von Kraftfahrzeugen der Position 8705 (1)	3	p/st
	– – – andere:		
8708 95 91	– – – – aus Stahl, gesenkgeschmiedet	4,5	—
8708 95 99	– – – – andere	3,5	—

(1) Die Zulassung zu dieser Unterposition erfolgt nach den in den einschlägigen Bestimmungen der Europäischen Union festgesetzten Voraussetzungen (s. Artikel 291 bis 300 der Verordnung (EWG) Nr. 2454/93 der Kommission (ABl. L 253 vom 11.10.1993, S. 1)).

KN-Code	Warenbezeichnung	Vertragsmäßiger Zollsatz (%)	Besondere Maßeinheit
1	2	3	4
8708 99	– – **andere:**		
8708 99 10	– – – für die industrielle Montage: von Einachsschleppern der Unterposition 8701 10, von Kraftfahrzeugen der Position 8703, von Kraftfahrzeugen der Position 8704, mit Kolbenverbrennungsmotor mit Selbstzündung (Diesel- oder Halbdieselmotor) und einem Hubraum von 2 500 cm^3 oder weniger oder mit Kolbenverbrennungsmotor mit Fremdzündung und einem Hubraum von 2 800 cm^3 oder weniger, von Kraftfahrzeugen der Position 8705 ([1])	3	—
	– – – andere:		
8708 99 93	– – – – aus Stahl, gesenkgeschmiedet	4,5	—
8708 99 97	– – – – andere	3,5	—
8709	**Kraftkarren ohne Hebevorrichtung, von der in Fabriken, Lagerhäusern, Hafenanlagen oder auf Flugplätzen zum Kurzstreckentransport von Waren verwendeten Art; Zugkraftkarren, von der auf Bahnhöfen verwendeten Art; Teile davon:**		
	– **Kraftkarren:**		
8709 11	– – **Elektrokarren:**		
8709 11 10	– – – ihrer Beschaffenheit nach zum Befördern von Waren mit starker Radioaktivität besonders bestimmt (*Euratom*)	2	p/st
8709 11 90	– – – andere	4	p/st
8709 19	– – **andere:**		
8709 19 10	– – – ihrer Beschaffenheit nach zum Befördern von Waren mit starker Radioaktivität besonders bestimmt (*Euratom*)	2	p/st
8709 19 90	– – – andere	4	p/st
8709 90 00	– **Teile**	3,5	—
8710 00 00	**Panzerkampfwagen und andere selbstfahrende gepanzerte Kampffahrzeuge, auch mit Waffen; Teile davon**	1,7	—
8711	**Krafträder (einschließlich Mopeds) und Fahrräder mit Hilfsmotor, auch mit Beiwagen; Beiwagen:**		
8711 10 00	– **mit Hubkolbenverbrennungsmotor mit einem Hubraum von 50 cm^3 oder weniger**	8	p/st
8711 20	– **mit Hubkolbenverbrennungsmotor mit einem Hubraum von mehr als 50 cm^3 bis 250 cm^3:**		
8711 20 10	– – Motorroller	8	p/st
	– – andere, mit einem Hubraum von:		
8711 20 92	– – – mehr als 50 cm^3 bis 125 cm^3	8	p/st
8711 20 98	– – – mehr als 125 cm^3 bis 250 cm^3	8	p/st
8711 30	– **mit Hubkolbenverbrennungsmotor mit einem Hubraum von mehr als 250 cm^3 bis 500 cm^3:**		
8711 30 10	– – mit einem Hubraum von mehr als 250 cm^3 bis 380 cm^3	6	p/st
8711 30 90	– – mit einem Hubraum von mehr als 380 cm^3 bis 500 cm^3	6	p/st

([1]) Die Zulassung zu dieser Unterposition erfolgt nach den in den einschlägigen Bestimmungen der Europäischen Union festgesetzten Voraussetzungen (s. Artikel 291 bis 300 der Verordnung (EWG) Nr. 2454/93 der Kommission (ABl. L 253 vom 11.10.1993, S. 1)).

KN-Code	Warenbezeichnung	Vertragsmäßiger Zollsatz (%)	Besondere Maßeinheit
1	2	3	4
8711 40 00	**– mit Hubkolbenverbrennungsmotor mit einem Hubraum von mehr als 500 cm³ bis 800 cm³**	6	p/st
8711 50 00	**– mit Hubkolbenverbrennungsmotor mit einem Hubraum von mehr als 800 cm³**	6	p/st
8711 90	**– andere:**		
8711 90 10	– – Fahrräder mit Elektrohilfsmotor mit einer Nenndauerleistung von 250 Watt oder weniger	6	p/st
8711 90 90	– – andere	6	p/st
8712 00	**Zweiräder und andere Fahrräder (einschließlich Lastendreiräder), ohne Motor:**		
8712 00 30	– Zweiräder mit Kugellager	14	p/st
8712 00 70	– andere	15	p/st
8713	**Rollstühle und andere Fahrzeuge für Behinderte, auch mit Motor oder anderer Vorrichtung zur mechanischen Fortbewegung:**		
8713 10 00	**– ohne Vorrichtung zur mechanischen Fortbewegung**	frei	p/st
8713 90 00	**– andere**	frei	p/st
8714	**Teile und Zubehör für Fahrzeuge der Positionen 8711 bis 8713:**		
8714 10	**– für Krafträder (einschließlich Mopeds):**		
★ **8714 10 10**	– – Bremsen und Teile davon	3,7	—
★ **8714 10 20**	– – Schaltgetriebe und Teile davon	3,7	—
★ **8714 10 30**	– – Räder sowie Teile davon und Zubehör	3,7	—
★ **8714 10 40**	– – Auspufftöpfe (Schalldämpfer) und Auspuffrohre; Teile davon	3,7	—
★ **8714 10 50**	– – Schaltkupplungen und Teile davon	3,7	—
★ **8714 10 90**	– – andere	3,7	—
8714 20 00	**– für Rollstühle und andere Fahrzeuge für Behinderte**	frei	—
	– andere:		
8714 91	**– – Rahmen und Gabeln sowie Teile davon:**		
8714 91 10	– – – Rahmen	4,7	p/st
8714 91 30	– – – Vorderradgabeln	4,7	p/st
8714 91 90	– – – Teile	4,7	—
8714 92	**– – Felgen und Speichen:**		
8714 92 10	– – – Felgen	4,7	p/st
8714 92 90	– – – Speichen	4,7	—
8714 93 00	**– – Naben (andere als Bremsnaben) und Freilaufzahnkränze**	4,7	—
8714 94	**– – Bremsen, einschließlich Bremsnaben, und Teile davon:**		
8714 94 20	– – – Bremsen	4,7	—
8714 94 90	– – – Teile	4,7	—
8714 95 00	**– – Sättel**	4,7	—
8714 96	**– – Pedale und Kurbelgarnituren sowie Teile davon:**		
8714 96 10	– – – Pedale	4,7	pa
8714 96 30	– – – Kurbelgarnituren	4,7	—

KN-Code	Warenbezeichnung	Vertragsmäßiger Zollsatz (%)	Besondere Maßeinheit
1	2	3	4
8714 96 90	– – – Teile	4,7	—
8714 99	– – **andere:**		
8714 99 10	– – – Lenker	4,7	p/st
8714 99 30	– – – Gepäckträger	4,7	p/st
8714 99 50	– – – Kettenschaltungen	4,7	—
8714 99 90	– – – andere; Teile	4,7	—
8715 00	**Kinderwagen und Teile davon:**		
8715 00 10	– Kinderwagen	2,7	p/st
8715 00 90	– Teile	2,7	—
8716	**Anhänger, einschließlich Sattelanhänger, für Fahrzeuge aller Art; andere nicht selbstfahrende Fahrzeuge; Teile davon:**		
8716 10	– **Wohnanhänger, zum Wohnen oder Campen:**		
8716 10 92	– – mit einem Gewicht von 1 600 kg oder weniger	2,7	p/st
8716 10 98	– – mit einem Gewicht von mehr als 1 600 kg	2,7	p/st
8716 20 00	– **Anhänger und Sattelanhänger für landwirtschaftliche Zwecke, mit Selbstlade- oder -entladevorrichtung**	2,7	p/st
	– **andere Anhänger und Sattelanhänger zum Befördern von Gütern:**		
8716 31 00	– – **Anhänger und Sattelanhänger mit Tankaufbau**	2,7	p/st
8716 39	– – **andere:**		
8716 39 10	– – – ihrer Beschaffenheit nach zum Befördern von Waren mit starker Radioaktivität besonders bestimmt (*Euratom*)	2,7	p/st
	– – – andere:		
	– – – – neu:		
8716 39 30	– – – – – Sattelanhänger	2,7	p/st
8716 39 50	– – – – – andere	2,7	p/st
8716 39 80	– – – – gebraucht	2,7	p/st
8716 40 00	– **andere Anhänger und Sattelanhänger**	2,7	—
8716 80 00	– **andere Fahrzeuge**	1,7	—
8716 90	– **Teile:**		
8716 90 10	– – Fahrgestelle	1,7	—
8716 90 30	– – Karosserien und Aufbauten	1,7	—
8716 90 50	– – Achsen	1,7	—
8716 90 90	– – andere Teile	1,7	—

KAPITEL 88

LUFTFAHRZEUGE UND RAUMFAHRZEUGE, TEILE DAVON

Unterpositions-Anmerkung

1. Als „Leergewicht" im Sinne der Unterpositionen 8802 11 bis 8802 40 gilt das Gewicht des Luftfahrzeugs im flugbereiten Zustand unter Ausschluss des Gewichts der Besatzung, des Treibstoffs sowie der Ausrüstung, die nicht fest eingebaut ist.

KN-Code	Warenbezeichnung	Vertragsmäßiger Zollsatz (%)	Besondere Maßeinheit
1	2	3	4
8801 00	**Ballone und Luftschiffe; Segelflugzeuge, Hanggleiter und andere nicht für maschinellen Antrieb bestimmte Luftfahrzeuge:**		
8801 00 10	– Ballone und Luftschiffe; Segelflugzeuge und Hanggleiter	3,7	p/st
8801 00 90	– andere	2,7	p/st
8802	**Andere Luftfahrzeuge (z. B. Hubschrauber und Starrflügelflugzeuge); Raumfahrzeuge (einschließlich Satelliten) und Trägerraketen für Raumfahrzeuge sowie Suborbitalfahrzeuge:**		
	– **Hubschrauber:**		
8802 11 00	– – **mit einem Leergewicht von 2 000 kg oder weniger**	7,5	p/st
8802 12 00	– – **mit einem Leergewicht von mehr als 2 000 kg**	2,7	p/st
8802 20 00	– **Starrflügelflugzeuge und andere Luftfahrzeuge, mit einem Leergewicht von 2 000 kg oder weniger**	7,7	p/st
8802 30 00	– **Starrflügelflugzeuge und andere Luftfahrzeuge, mit einem Leergewicht von mehr als 2 000 kg bis 15 000 kg**	2,7	p/st
8802 40 00	– **Starrflügelflugzeuge und andere Luftfahrzeuge, mit einem Leergewicht von mehr als 15 000 kg**	2,7	p/st
8802 60	– **Raumfahrzeuge (einschließlich Satelliten) und Trägerraketen für Raumfahrzeuge sowie Suborbitalfahrzeuge:**		
8802 60 10	– – Raumfahrzeuge (einschließlich Satelliten)	4,2	p/st
8802 60 90	– – Trägerraketen für Raumfahrzeuge sowie Suborbitalfahrzeuge	4,2	p/st
8803	**Teile von Waren der Position 8801 oder 8802:**		
8803 10 00	– **Propeller und Rotoren, Teile davon**	2,7 (1)	—
8803 20 00	– **Fahrgestelle und Teile davon**	2,7 (1)	—
8803 30 00	– **andere Teile von Hubschraubern oder Starrflügelflugzeugen (ausgenommen Segelflugzeuge)**	2,7 (1)	—
8803 90	– **andere:**		
8803 90 10	– – von Drachen	1,7	—
8803 90 20	– – von Raumfahrzeugen (einschließlich Satelliten)	1,7	—
8803 90 30	– – von Trägerraketen für Raumfahrzeuge sowie Suborbitalfahrzeuge	1,7	—
8803 90 90	– – andere	2,7 (1)	—
8804 00 00	**Fallschirme (einschließlich lenkbare und rotierende Fallschirme) und Gleitschirme; Teile davon und Zubehör**	2,7	—

(1) Für eingeführte und für die Montage bestimmte Waren für Luftfahrzeuge, schwerer als Luft, die selbst zollfrei eingeführt worden sind oder in der Europäischen Union hergestellt werden, wird die Anwendung des Zollsatzes vorläufig autonom ausgesetzt. Bei Inanspruchnahme dieser Aussetzung sind die in den einschlägigen Bestimmungen der Europäischen Union festgesetzten Modalitäten und Bedingungen zu beachten (siehe Artikel 291 bis 300 der Verordnung (EWG) Nr. 2454/93 der Kommission (ABl. L 253 vom 11.10.1993, S. 1)).

KN-Code	Warenbezeichnung	Vertragsmäßiger Zollsatz (%)	Besondere Maßeinheit
1	2	3	4
8805	**Startvorrichtungen für Luftfahrzeuge; Abbremsvorrichtungen für Schiffsdecks und ähnliche Landehilfen für Luftfahrzeuge; Bodengeräte zur Flugausbildung; Teile davon:**		
8805 10	**– Startvorrichtungen für Luftfahrzeuge und Teile davon; Abbremsvorrichtungen für Schiffsdecks und ähnliche Landehilfen für Luftfahrzeuge, Teile davon:**		
8805 10 10	– – Startvorrichtungen für Luftfahrzeuge und Teile davon	2,7	—
8805 10 90	– – andere	1,7	—
	– Bodengeräte zur Flugausbildung und Teile davon:		
8805 21 00	**– – Luftkampfsimulatoren und Teile davon**	1,7	—
8805 29 00	**– – andere**	1,7	—

KAPITEL 89

WASSERFAHRZEUGE UND SCHWIMMENDE VORRICHTUNGEN

Anmerkung

1. Rümpfe von Wasserfahrzeugen und unvollständige oder unfertige Wasserfahrzeuge, auch zerlegt, sowie zerlegte vollständige Wasserfahrzeuge sind, wenn die Wasserfahrzeuggattung zweifelhaft ist, in die Position 8906 einzureihen.

Zusätzliche Anmerkungen

1. *Zu den Unterpositionen 8901 10 10, 8901 20 10, 8901 30 10, 8901 90 10, 8902 00 10, 8903 91 10, 8903 92 10, 8904 00 91 und 8906 90 10 gehören nur Wasserfahrzeuge, die ihrer Beschaffenheit nach seetüchtig sind und deren größte Rumpflänge (ohne Berücksichtigung überragender Teile) 12 m oder mehr beträgt. Fischereifahrzeuge und Rettungsfahrzeuge, die ihrer Beschaffenheit nach seetüchtig sind, gelten ohne Rücksicht auf ihre Rumpflänge stets als Wasserfahrzeuge für die Seeschifffahrt.*

2. *Zu den Unterpositionen 8905 10 10 und 8905 90 10 gehören nur Wasserfahrzeuge und Schwimmdocks, die ihrer Beschaffenheit nach seetüchtig sind.*

3. *Die Position 8908 erfasst mit dem Begriff „Wasserfahrzeuge und andere schwimmende Vorrichtungen, zum Abwracken" auch folgende Waren, sofern sie mit Wasserfahrzeugen und anderen schwimmenden Vorrichtungen zum Abwracken gestellt werden und zu deren üblicher Ausrüstung gehören:*

   — *gebrauchte oder neue Ersatzteile (z. B. Schiffsschrauben),*

   — *bewegliche Gegenstände (Möbel, Küchengeräte, Geschirr usw.), augenscheinlich gebraucht.*

KN-Code	Warenbezeichnung	Vertragsmäßiger Zollsatz (%)	Besondere Maßeinheit
1	2	3	4
8901	**Fahrgastschiffe, Kreuzfahrtschiffe, Fährschiffe, Frachtschiffe, Lastkähne und ähnliche Wasserfahrzeuge zum Befördern von Personen oder Gütern:**		
8901 10	**– Fahrgastschiffe, Kreuzfahrtschiffe und ähnliche, ihrer Beschaffenheit nach hauptsächlich zur Personenbeförderung bestimmte Wasserfahrzeuge; Fährschiffe:**		
8901 10 10	– – für die Seeschifffahrt	frei	p/st
8901 10 90	– – andere	1,7	p/st
8901 20	**– Tankschiffe:**		
8901 20 10	– – für die Seeschifffahrt	frei	p/st
8901 20 90	– – andere	1,7	ct/l
8901 30	**– Kühlschiffe, ausgenommen solche der Unterposition 8901 20:**		
8901 30 10	– – für die Seeschifffahrt	frei	p/st
8901 30 90	– – andere	1,7	ct/l
8901 90	**– andere Wasserfahrzeuge zum Befördern von Gütern sowie Wasserfahrzeuge, die ihrer Beschaffenheit nach zur Personen- und Güterbeförderung bestimmt sind:**		
8901 90 10	– – für die Seeschifffahrt	frei	p/st
8901 90 90	– – andere	1,7	ct/l
8902 00	**Fischereifahrzeuge; Fabrikschiffe und andere Schiffe für das Verarbeiten oder Konservieren von Fischereierzeugnissen:**		
8902 00 10	– für die Seeschifffahrt	frei	p/st

KN-Code	Warenbezeichnung	Vertragsmäßiger Zollsatz (%)	Besondere Maßeinheit
1	2	3	4
8902 00 90	– andere	1,7	p/st
8903	**Jachten und andere Vergnügungs- oder Sportboote; Ruderboote und Kanus:**		
8903 10	– **aufblasbare Boote:**		
8903 10 10	– – mit einem Gewicht von 100 kg oder weniger	2,7	p/st
8903 10 90	– – andere	1,7	p/st
	– **andere:**		
8903 91	– – **Segelboote, auch mit Hilfsmotor:**		
8903 91 10	– – – für die Seeschifffahrt	frei	p/st
8903 91 90	– – – andere	1,7	p/st
8903 92	– – **Motorboote, ausgenommen solche mit Außenbordmotor:**		
8903 92 10	– – – für die Seeschifffahrt	frei	p/st
	– – – andere:		
8903 92 91	– – – – mit einer Länge von 7,5 m oder weniger	1,7	p/st
8903 92 99	– – – – mit einer Länge von mehr als 7,5 m	1,7	p/st
8903 99	– – **andere:**		
8903 99 10	– – – mit einem Gewicht von 100 kg oder weniger	2,7	p/st
	– – – andere:		
8903 99 91	– – – – mit einer Länge von 7,5 m oder weniger	1,7	p/st
8903 99 99	– – – – mit einer Länge von mehr als 7,5 m	1,7	p/st
8904 00	**Schlepper und Schubschiffe:**		
8904 00 10	– Schlepper	frei	p/st
	– Schubschiffe:		
8904 00 91	– – für die Seeschifffahrt	frei	p/st
8904 00 99	– – andere	1,7	—
8905	**Feuerschiffe, Feuerlöschschiffe, Schwimmbagger, Schwimmkrane und andere Wasserfahrzeuge, bei denen das Fahren im Vergleich zu ihrer Hauptfunktion von untergeordneter Bedeutung ist; Schwimmdocks, schwimmende oder tauchende Bohr- oder Förderplattformen:**		
8905 10	– **Schwimmbagger:**		
8905 10 10	– – für die Seeschifffahrt	frei	p/st
8905 10 90	– – andere	1,7	p/st
8905 20 00	– **schwimmende oder tauchende Bohr- oder Förderplattformen**	frei	p/st
8905 90	– **andere:**		
8905 90 10	– – für die Seeschifffahrt	frei	p/st
8905 90 90	– – andere	1,7	p/st
8906	**Andere Wasserfahrzeuge, einschließlich Kriegsschiffe und Rettungsfahrzeuge, ausgenommen Ruderboote:**		
8906 10 00	– **Kriegsschiffe**	frei	p/st
8906 90	– **andere:**		
8906 90 10	– – für die Seeschifffahrt	frei	p/st

KN-Code	Warenbezeichnung	Vertragsmäßiger Zollsatz (%)	Besondere Maßeinheit
1	2	3	4
	– – andere:		
8906 90 91	– – – mit einem Gewicht von 100 kg oder weniger	2,7	p/st
8906 90 99	– – – andere	1,7	p/st
8907	**Andere schwimmende Vorrichtungen (z. B. Flöße, Schwimmtanks, Senkkästen, Festmachetonnen, Bojen und schwimmende Baken):**		
8907 10 00	– **aufblasbare Flöße**	2,7	p/st
8907 90 00	– **andere**	2,7	p/st
8908 00 00	**Wasserfahrzeuge und andere schwimmende Vorrichtungen, zum Abwracken** ([1])	frei	—

([1]) Die Zulassung zu dieser Unterposition erfolgt nach den in den einschlägigen Bestimmungen der Europäischen Union festgesetzten Voraussetzungen (s. Artikel 291 bis 300 der Verordnung (EWG) Nr. 2454/93 der Kommission (ABl. L 253 vom 11.10.1993, S. 1)).

ABSCHNITT XVIII

OPTISCHE, FOTOGRAFISCHE ODER KINEMATOGRAFISCHE INSTRUMENTE, APPARATE UND GERÄTE; MESS-, PRÜF- ODER PRÄZISIONSINSTRUMENTE, -APPARATE UND -GERÄTE; MEDIZINISCHE UND CHIRURGISCHE INSTRUMENTE, APPARATE UND GERÄTE; UHRMACHERWAREN; MUSIKINSTRUMENTE; TEILE UND ZUBEHÖR FÜR DIESE INSTRUMENTE, APPARATE UND GERÄTE

KAPITEL 90

OPTISCHE, FOTOGRAFISCHE ODER KINEMATOGRAFISCHE INSTRUMENTE, APPARATE UND GERÄTE; MESS-, PRÜF- ODER PRÄZISIONSINSTRUMENTE, -APPARATE UND -GERÄTE; MEDIZINISCHE UND CHIRURGISCHE INSTRUMENTE, APPARATE UND GERÄTE; TEILE UND ZUBEHÖR FÜR DIESE INSTRUMENTE, APPARATE UND GERÄTE

Anmerkungen

1. Zu Kapitel 90 gehören nicht:

   a) Waren von der in Maschinen, Vorrichtungen oder für andere technische Zwecke verwendeten Art, aus Weichkautschuk (Position 4016), aus Leder oder rekonstituiertem Leder (Position 4205) oder aus Spinnstoffen (Position 5911);

   b) Stützgürtel oder andere Stützvorrichtungen aus Spinnstoffen, deren Wirkung auf den Körperteil, der gestützt oder gehalten werden soll, sich ausschließlich aus ihrer Elastizität herleitet (z. B. Schwangerschaftsgürtel, Brustbandagen, Leibbinden, Muskel- oder Gelenkbandagen) (Abschnitt XI);

   c) feuerfeste Waren der Position 6903; Waren zu chemischen oder anderen technischen Zwecken der Position 6909;

   d) Spiegel aus Glas, nicht optisch bearbeitet, der Position 7009 und Spiegel aus unedlen Metallen oder Edelmetallen, die nicht die charakterbestimmenden Merkmale optischer Elemente haben (Position 8306 oder Kapitel 71);

   e) Glaswaren der Position 7007, 7008, 7011, 7014, 7015 oder 7017;

   f) Teile mit allgemeiner Verwendungsmöglichkeit im Sinne der Anmerkung 2 zu Abschnitt XV, aus unedlen Metallen (Abschnitt XV) und gleichartige Waren aus Kunststoffen (Kapitel 39);

   g) Ausgabepumpen mit Flüssigkeitsmesser der Position 8413; Zähl- und Kontrollwaagen und gesondert gestellte Gewichte (Position 8423); Maschinen, Apparate und Geräte zum Heben oder Fördern (Positionen 8425 bis 8428); Papier- oder Pappeschneidemaschinen aller Art (Position 8441); Spezialvorrichtungen zum Einstellen der Werkstücke oder Werkzeuge an Werkzeugmaschinen, auch mit optischer Ablesevorrichtung (z. B. sog. „optische" Teilköpfe), der Position 8466 (ausgenommen rein optische Vorrichtungen, wie z. B. Zentrierfernrohre und Fluchtfernrohre); Rechenmaschinen (Position 8470); Druckminderventile sowie andere Ventile und Armaturen der Position 8481; Maschinen und Apparate (einschließlich Apparate zum Projizieren oder Aufbringen von Schaltungsbildern auf sensibilisierte Halbleitermaterialien), der Position 8486;

   h) Scheinwerfer von der für Kraftfahrzeuge oder Fahrräder verwendeten Art (Position 8512); tragbare elektrische Leuchten der Position 8513; kinematografische Tonaufnahme- oder Tonwiedergabegeräte sowie Geräte zum serienweisen Kopieren von Tonträgern (Position 8519); Tonabnehmer (Position 8522); Fernsehkameras, digitale Fotoapparate und Videokameraaufnahmegeräte (Position 8525); Funkmessgeräte, Funknavigationsgeräte und Funkfernsteuergeräte (Position 8526); Verbinder für optische Fasern, Bündel aus optischen Fasern oder optische Kabel (Position 8536); numerische Steuerungen der Position 8537; innenverspiegelte Scheinwerferlampen (Position 8539); Kabel aus optischen Fasern, der Position 8544;

   ij) Scheinwerfer der Position 9405;

   k) Waren des Kapitels 95;

   l) Hohlmaße; sie sind nach ihrer stofflichen Beschaffenheit einzureihen;

   m) Spulen und ähnliche Materialträger (Einreihung nach ihrer stofflichen Beschaffenheit, z. B. nach Position 3923 oder Abschnitt XV).

2. Vorbehaltlich der vorstehenden Anmerkung 1 sind Teile und Zubehör für Maschinen, Apparate, Geräte, Instrumente oder andere Waren des Kapitels 90 nach folgenden Regeln einzureihen:

   a) Teile und Zubehör, die sich als Waren einer Position des Kapitels 90 oder des Kapitels 84, 85 oder 91 (ausgenommen der Position 8487, 8548 oder 9033) darstellen, sind dieser Position zuzuweisen, ohne Rücksicht darauf, für welche Maschinen, Apparate, Geräte oder Instrumente sie bestimmt sind;

b) andere Teile und anderes Zubehör sind, wenn zu erkennen ist, dass sie ausschließlich oder hauptsächlich für eine bestimmte Maschine, einen bestimmten Apparat oder ein bestimmtes Gerät oder Instrument oder für mehrere Maschinen, Apparate, Geräte oder Instrumente der gleichen Position (auch der Position 9010, 9013 oder 9031) bestimmt sind, der Position für diese Maschinen, Apparate, Geräte oder Instrumente zuzuweisen;

c) alle übrigen Teile und alles übrige Zubehör sind nach Position 9033 einzureihen.

3. Die Bestimmungen der Anmerkungen 3 und 4 zu Abschnitt XVI gelten auch für dieses Kapitel.

4. Nicht zu Position 9005 gehören Zielfernrohre für Waffen, Periskope für Unterseeboote oder Kampffahrzeuge sowie Fernrohre für Maschinen, Apparate, Geräte oder Instrumente des Kapitels 90 oder des Abschnitts XVI (Position 9013).

5. Optische Instrumente, Geräte oder Maschinen zum Messen oder Prüfen, für die sowohl die Position 9013 als auch die Position 9031 in Betracht kommen, sind der Position 9031 zuzuweisen.

6. Im Sinne der Position 9021 gelten als „orthopädische Apparate und Vorrichtungen" Apparate und Vorrichtungen

— zum Verhüten oder Korrigieren körperlicher Fehlbildungen oder

— zum Stützen oder Halten von Körperteilen oder Organen nach einer Krankheit, Operation oder Verletzung.

Zu den orthopädischen Apparaten und Vorrichtungen gehören auch Schuhe und spezielle Einlegesohlen zum Korrigieren orthopädischer Leiden unter der Voraussetzung, dass sie 1) maßgerecht gefertigt sind oder 2) serienmäßig hergestellt sind, einzeln und nicht paarweise gestellt werden und passend zu jedem Fuß gleichermaßen hergerichtet sind.

7. Zu Position 9032 gehören nur:

a) Instrumente, Apparate und Geräte zum Regeln der Durchflussmenge, der Füllhöhe, des Druckes oder anderer veränderlicher Größen von Flüssigkeiten oder Gasen oder zum Regeln von Temperaturen, auch wenn deren Arbeitsweise auf einer elektrischen Erscheinung beruht, die sich mit der zu regelnden Größe ändert. Diese Instrumente, Apparate und Geräte sind dazu bestimmt, die zu regelnde Größe auf einen vorgegebenen Wert zu bringen und ihn aufgrund fortlaufender oder periodischer Messungen des jeweiligen tatsächlichen Wertes gegen störende Einflüsse aufrechtzuerhalten;

b) selbsttätige Regler für elektrische Größen und Instrumente, Apparate oder Geräte zum Regeln nicht elektrischer Größen, deren Arbeitsweise auf einer elektrischen Erscheinung beruht, die sich mit der zu regelnden Größe ändert. Diese Instrumente, Apparate und Geräte sind dazu bestimmt, die zu regelnde Größe auf einen vorgegebenen Wert zu bringen und ihn aufgrund fortlaufender oder periodischer Messungen des jeweiligen tatsächlichen Wertes gegen störende Einflüsse aufrechtzuerhalten.

Zusätzliche Anmerkung

1. *Als „elektronisch" im Sinne der Unterpositionen 9015 10 10, 9015 20 10, 9015 30 10, 9015 40 10, 9015 80 11, 9015 80 19, 9024 10 11, 9024 10 13, 9024 10 19, 9024 80 11, 9024 80 19, 9025 19 20, 9025 80 40, 9026 10 21, 9026 10 29, 9026 20 20, 9026 80 20, 9027 10 10, 9027 80 11, 9027 80 13, 9027 80 17, 9030 20 91, 9030 33 10, 9030 89 30, 9031 80 32, 9031 80 34, 9031 80 38 und 9032 10 20 gelten Instrumente, Apparate und Geräte, die eine oder mehrere Waren der Position 8540, 8541 oder 8542 enthalten. Bei der Anwendung dieser Anmerkung bleiben jedoch solche Waren der Position 8540, 8541 oder 8542 unberücksichtigt, die nur eine Gleichrichterfunktion haben oder die zum Stromversorgungsteil der Instrumente, Apparate oder Geräte gehören.*

KN-Code	Warenbezeichnung	Vertragsmäßiger Zollsatz (%)	Besondere Maßeinheit
1	2	3	4
9001	**Optische Fasern und Bündel aus optischen Fasern; Kabel aus optischen Fasern, ausgenommen solche der Position 8544; polarisierende Stoffe in Form von Folien oder Platten; Linsen (einschließlich Kontaktlinsen), Prismen, Spiegel und andere optische Elemente, aus Stoffen aller Art, nicht gefasst (ausgenommen solche aus optisch nicht bearbeitetem Glas):**		
9001 10	**– optische Fasern sowie Bündel und Kabel aus optischen Fasern:**		
9001 10 10	– – Kabel zur Bildübertragung	2,9	—
9001 10 90	– – andere	2,9	—
9001 20 00	**– polarisierende Stoffe in Form von Folien oder Platten**	2,9	—
9001 30 00	**– Kontaktlinsen**	2,9	p/st

KN-Code	Warenbezeichnung	Vertragsmäßiger Zollsatz (%)	Besondere Maßeinheit
1	2	3	4
9001 40	– **Brillengläser aus Glas:**		
9001 40 20	– – ohne Korrektionswirkung	2,9	p/st
	– – mit Korrektionswirkung:		
	– – – beide Flächen fertig bearbeitet:		
9001 40 41	– – – – Einstärkengläser (unifokal)	2,9	p/st
9001 40 49	– – – – andere	2,9	p/st
9001 40 80	– – – andere	2,9	p/st
9001 50	– **Brillengläser aus anderen Stoffen:**		
9001 50 20	– – ohne Korrektionswirkung	2,9	p/st
	– – mit Korrektionswirkung:		
	– – – beide Flächen fertig bearbeitet:		
9001 50 41	– – – – Einstärkengläser (unifokal)	2,9	p/st
9001 50 49	– – – – andere	2,9	p/st
9001 50 80	– – – andere	2,9	p/st
9001 90 00	– **andere**	2,9	—
9002	**Linsen, Prismen, Spiegel und andere optische Elemente, aus Stoffen aller Art, für Instrumente, Apparate und Geräte, gefasst (ausgenommen solche aus optisch nicht bearbeitetem Glas):**		
	– **Objektive:**		
9002 11 00	– – **für Kameras, Projektoren oder fotografische oder kinematografische Vergrößerungs- oder Verkleinerungsapparate**	6,7	p/st
9002 19 00	– – **andere**	6,7	p/st
9002 20 00	– **Filter**	6,7	p/st
9002 90 00	– **andere**	6,7	—
9003	**Fassungen für Brillen oder für ähnliche Waren sowie Teile davon:**		
	– **Fassungen:**		
9003 11 00	– – **aus Kunststoffen**	2,2	p/st
9003 19 00	– – **aus anderen Stoffen**	2,2	p/st
9003 90 00	– **Teile**	2,2	—
9004	**Brillen (Korrektionsbrillen, Schutzbrillen und andere Brillen) und ähnliche Waren:**		
9004 10	– **Sonnenbrillen:**		
9004 10 10	– – mit optisch bearbeiteten Gläsern	2,9	p/st
	– – andere:		
9004 10 91	– – – mit Brillengläsern aus Kunststoffen	2,9	p/st
9004 10 99	– – – andere	2,9	p/st
9004 90	– **andere:**		
9004 90 10	– – mit Brillengläsern aus Kunststoffen	2,9	—
9004 90 90	– – andere	2,9	—
9005	**Ferngläser, Fernrohre, astronomische Fernrohre, optische Teleskope und Montierungen dafür; andere astronomische Instrumente und Montierungen dafür (ausgenommen Instrumente für Radioastronomie):**		
9005 10 00	– **Ferngläser**	4,2	p/st
9005 80 00	– **andere Instrumente**	4,2	—

KN-Code	Warenbezeichnung	Vertragsmäßiger Zollsatz (%)	Besondere Maßeinheit
1	2	3	4
9005 90 00	– Teile und Zubehör (einschließlich Montierungen)	4,2	—
9006	**Fotoapparate; Blitzlichtgeräte und -vorrichtungen für fotografische Zwecke sowie Fotoblitzlampen (ausgenommen Entladungslampen der Position 8539):**		
9006 10 00	– Fotoapparate von der zum Herstellen von Klischees oder Druckformzylindern verwendeten Art	4,2	p/st
9006 30 00	– Fotoapparate, ihrer Beschaffenheit nach besonders für Unterwasser- oder Luftbildaufnahmen, für die medizinische Untersuchung innerer Organe oder für gerichtsmedizinische oder kriminalistische Laboratorien bestimmt	4,2	p/st
9006 40 00	– Sofortbildkameras	3,2	p/st
	– andere Fotoapparate:		
9006 51 00	– – Spiegelreflexkameras für Filme in Rollen mit einer Breite von 35 mm oder weniger	4,2	p/st
9006 52 00	– – andere, für Filme in Rollen mit einer Breite von weniger als 35 mm	4,2	p/st
9006 53	– – andere, für Filme in Rollen mit einer Breite von 35 mm:		
9006 53 10	– – – Wegwerffotoapparate	4,2	p/st
9006 53 80	– – – andere	4,2	p/st
9006 59 00	– – andere	4,2	p/st
	– Blitzlichtgeräte und -vorrichtungen, für fotografische Zwecke, sowie Fotoblitzlampen:		
9006 61 00	– – Blitzlichtgeräte mit Entladungslampe (Elektronenblitzgeräte)	3,2	p/st
9006 69 00	– – andere	3,2	p/st
	– Teile und Zubehör:		
9006 91 00	– – für Fotoapparate	3,7	—
9006 99 00	– – andere	3,2	—
9007	**Filmkameras und Filmvorführapparate, auch mit eingebauten Tonaufnahme- oder Tonwiedergabegeräten:**		
9007 10 00	– Filmkameras	3,7	p/st
9007 20 00	– Filmvorführapparate	3,7	p/st
	– Teile und Zubehör:		
9007 91 00	– – für Filmkameras	3,7	—
9007 92 00	– – für Filmvorführapparate	3,7	—
9008	**Stehbildwerfer; fotografische Vergrößerungs- oder Verkleinerungsapparate:**		
9008 50 00	– Stehbildwerfer; fotografische Vergrößerungs- oder Verkleinerungsapparate	3,7	p/st
9008 90 00	– Teile und Zubehör	3,7	—
[9009]			
9010	**Apparate und Ausrüstungen für fotografische oder kinematografische Laboratorien, in diesem Kapitel anderweit weder genannt noch inbegriffen; Negativbetrachter; Lichtbildwände:**		
9010 10 00	– Filmentwicklungsmaschinen und -ausrüstungen, zum automatischen Entwickeln von fotografischen oder kinematografischen Filmen oder von fotografischem Papier in Rollen sowie Maschinen und Ausrüstungen, die automatisch von entwickelten Filmen Abzüge auf fotografischem Papier in Rollen herstellen	2,7	—
9010 50 00	– andere Apparate und Ausrüstungen für fotografische oder kinematografische Laboratorien; Negativbetrachter	2,7	—

KN-Code	Warenbezeichnung	Vertragsmäßiger Zollsatz (%)	Besondere Maßeinheit
1	2	3	4
9010 60 00	**– Lichtbildwände**	2,7	—
9010 90 00	**– Teile und Zubehör**	2,7	—
9011	**Optische Mikroskope, einschließlich solcher für Mikrofotografie, Mikrokinematografie oder Mikroprojektion:**		
9011 10	**– Stereomikroskope:**		
9011 10 10	– – mit Vorrichtungen versehen, die ihrer Beschaffenheit nach zum Handhaben und Transportieren von Halbleiterscheiben (wafers) oder Reticles besonders bestimmt sind	frei	p/st
9011 10 90	– – andere	6,7	p/st
9011 20	**– andere Mikroskope für Mikrofotografie, Mikrokinematografie oder Mikroprojektion:**		
9011 20 10	– – Mikrofotografie-Mikroskope, mit Vorrichtungen versehen, die ihrer Beschaffenheit nach zum Handhaben und Transportieren von Halbleiterscheiben (wafers) oder Reticles besonders bestimmt sind	frei	p/st
9011 20 90	– – andere	6,7	p/st
9011 80 00	**– andere Mikroskope**	6,7	p/st
9011 90	**– Teile und Zubehör:**		
9011 90 10	– – für Mikroskope der Unterposition 9011 10 10 oder 9011 20 10	frei	—
9011 90 90	– – andere	6,7	—
9012	**Andere als optische Mikroskope; Diffraktografen:**		
9012 10	**– andere als optische Mikroskope; Diffraktografen:**		
9012 10 10	– – Elektronenmikroskope, mit Vorrichtungen versehen, die ihrer Beschaffenheit nach zum Handhaben und Transportieren von Halbleiterscheiben (wafers) oder Reticles besonders bestimmt sind	frei	—
9012 10 90	– – andere	3,7	—
9012 90	**– Teile und Zubehör:**		
9012 90 10	– – von Geräten der Unterposition 9012 10 10	frei	—
9012 90 90	– – andere	3,7	—
9013	**Flüssigkristallvorrichtungen, die anderweit als Waren nicht genauer erfasst sind; Laser, ausgenommen Laserdioden; andere in diesem Kapitel anderweit weder genannte noch inbegriffene optische Instrumente, Apparate und Geräte:**		
9013 10 00	**– Zielfernrohre für Waffen; Periskope; Fernrohre für Maschinen, Apparate, Geräte oder Instrumente des Kapitels 90 oder des Abschnitts XVI**	4,7	—
9013 20 00	**– Laser, ausgenommen Laserdioden**	4,7	—
9013 80	**– andere Vorrichtungen, Instrumente, Apparate und Geräte:**		
	– – Flüssigkristallvorrichtungen:		
9013 80 20	– – – aktive Matrix-Flüssigkristallvorrichtungen	frei	—
9013 80 30	– – – andere	frei	—
9013 80 90	– – andere	4,7	—
9013 90	**– Teile und Zubehör:**		
9013 90 10	– – von Flüssigkristallvorrichtungen (LCD)	frei	—
9013 90 90	– – andere	4,7	—

KN-Code	Warenbezeichnung	Vertragsmäßiger Zollsatz (%)	Besondere Maßeinheit
1	2	3	4
9014	**Kompasse, einschließlich Navigationskompasse; andere Navigationsinstrumente, -apparate und -geräte:**		
9014 10 00	**– Kompasse, einschließlich Navigationskompasse**	2,7	—
9014 20	**– Navigationsinstrumente, -apparate und -geräte für die Luft- oder Raumfahrt (andere als Kompasse):**		
9014 20 20	– – Trägheitsnavigationssysteme	3,7	p/st
9014 20 80	– – andere	3,7	—
9014 80 00	**– andere Navigationsinstrumente, -apparate und -geräte**	3,7	—
9014 90 00	**– Teile und Zubehör**	2,7	—
9015	**Instrumente, Apparate und Geräte für die Geodäsie, Topografie, Fotogrammmetrie, Hydrografie, Ozeanografie, Hydrologie, Meteorologie oder Geophysik, ausgenommen Kompasse; Entfernungsmesser:**		
9015 10	**– Entfernungsmesser:**		
9015 10 10	– – elektronische	3,7	—
9015 10 90	– – andere	2,7	—
9015 20	**– Theodolite und Tachymeter:**		
9015 20 10	– – elektronische	3,7	—
9015 20 90	– – andere	2,7	—
9015 30	**– Nivellierinstrumente:**		
9015 30 10	– – elektronische	3,7	—
9015 30 90	– – andere	2,7	—
9015 40	**– Instrumente, Apparate und Geräte für die Fotogrammmetrie:**		
9015 40 10	– – elektronische	3,7	—
9015 40 90	– – andere	2,7	—
9015 80	**– andere Instrumente, Apparate und Geräte:**		
	– – elektronische:		
9015 80 11	– – – für die Meteorologie, Hydrologie oder Geophysik	3,7	—
9015 80 19	– – – andere	3,7	—
	– – andere:		
9015 80 91	– – – für die Geodäsie, Topografie oder Hydrografie	2,7	—
9015 80 93	– – – für die Meteorologie, Hydrologie oder Geophysik	2,7	—
9015 80 99	– – – andere	2,7	—
9015 90 00	**– Teile und Zubehör**	2,7	—
9016 00	**Waagen mit einer Empfindlichkeit von 50 mg oder feiner, auch mit Gewichten:**		
9016 00 10	– Waagen	3,7	p/st

KN-Code	Warenbezeichnung	Vertragsmäßiger Zollsatz (%)	Besondere Maßeinheit
1	2	3	4
9016 00 90	– Teile und Zubehör	3,7	—
9017	**Zeichen-, Anreiß- oder Recheninstrumente und -geräte (z. B. Zeichenmaschinen, Pantografen, Winkelmesser, Reißzeuge, Rechenschieber und Rechenscheiben); Längenmessinstrumente und -geräte, für den Handgebrauch (z. B. Maßstäbe und Maßbänder, Mikrometer, Schieblehren und andere Lehren), in diesem Kapitel anderweit weder genannt noch inbegriffen:**		
9017 10	**– Zeichentische und Zeichenmaschinen, auch automatische:**		
9017 10 10	– – Plotter	frei	p/st
9017 10 90	– – andere	2,7	p/st
9017 20	**– andere Zeichen-, Anreiß- oder Recheninstrumente und -geräte:**		
9017 20 05	– – Plotter	frei	p/st
9017 20 10	– – andere Zeicheninstrumente und -geräte	2,7	—
9017 20 39	– – Anreißinstrumente und -geräte	2,7	p/st
9017 20 90	– – Recheninstrumente und -geräte	2,7	p/st
9017 30 00	**– Mikrometer, Schieblehren und andere Lehren sowie Eichmaße**	2,7	p/st
9017 80	**– andere Instrumente und Geräte:**		
9017 80 10	– – Maßstäbe, Maßbänder und Lineale mit Maßeinteilung	2,7	—
9017 80 90	– – andere	2,7	—
9017 90 00	**– Teile und Zubehör**	2,7	—
9018	**Medizinische, chirurgische, zahnärztliche oder tierärztliche Instrumente, Apparate und Geräte, einschließlich Szintigrafen und andere elektromedizinische Apparate und Geräte, sowie Apparate und Geräte zum Prüfen der Sehschärfe:**		
	– Elektrodiagnoseapparate und -geräte (einschließlich der Apparate und Geräte für Funktionsprüfungen oder zum Überwachen von physiologischen Parametern):		
9018 11 00	**– – Elektrokardiografen**	frei	—
9018 12 00	**– – Ultraschalldiagnosegeräte**	frei	—
9018 13 00	**– – Magnetresonanzgeräte**	frei	—
9018 14 00	**– – Szintigrafiegeräte**	frei	—
9018 19	**– – andere:**		
9018 19 10	– – – Überwachungsapparate und -geräte zur gleichzeitigen Überwachung von zwei oder mehr Parametern	frei	—
9018 19 90	– – – andere	frei	—
9018 20 00	**– Ultraviolett- oder Infrarotbestrahlungsgeräte**	frei	—
	– Spritzen, Nadeln, Katheter, Kanülen und dergleichen:		
9018 31	**– – Spritzen, auch mit Nadeln:**		
9018 31 10	– – – aus Kunststoffen	frei	—
9018 31 90	– – – andere	frei	—
9018 32	**– – Hohlnadeln aus Metall und Operationsnähnadeln:**		
9018 32 10	– – – Hohlnadeln aus Metall	frei	—
9018 32 90	– – – Operationsnähnadeln	frei	—
9018 39 00	**– – andere**	frei	—

KN-Code	Warenbezeichnung	Vertragsmäßiger Zollsatz (%)	Besondere Maßeinheit
1	2	3	4
	– andere zahnärztliche Instrumente, Apparate und Geräte:		
9018 41 00	– – Dentalbohrmaschinen, auch mit anderen zahnärztlichen Ausrüstungen auf einem gemeinsamen Sockel	frei	—
9018 49	– – andere:		
9018 49 10	– – – Schleifrädchen, Scheiben, Fräser und Bürsten, zur Verwendung in Dentalbohrmaschinen	frei	—
9018 49 90	– – – andere	frei	—
9018 50	– andere augenärztliche Instrumente, Apparate und Geräte:		
9018 50 10	– – nicht optische	frei	—
9018 50 90	– – optische	frei	—
9018 90	– andere Instrumente, Apparate und Geräte:		
9018 90 10	– – Blutdruckmessgeräte	frei	—
9018 90 20	– – Endoskope	frei	—
9018 90 30	– – künstliche Nieren	frei	—
9018 90 40	– – Apparate und Geräte für Diathermie	frei	—
9018 90 50	– – Transfusionsgeräte, einschließlich Infusionsgeräte	frei	—
9018 90 60	– – Apparate und Geräte für Anästhesie	frei	—
9018 90 75	– – Apparate und Geräte zur Nervenreizung	frei	—
9018 90 84	– – andere	frei	—
9019	**Apparate und Geräte für Mechanotherapie; Massageapparate und -geräte; Apparate und Geräte für Psychotechnik; Apparate und Geräte für Ozontherapie, Sauerstofftherapie oder Aerosoltherapie, Beatmungsapparate zum Wiederbeleben und andere Apparate und Geräte für Atmungstherapie:**		
9019 10	– Apparate und Geräte für Mechanotherapie; Massageapparate und -geräte; Apparate und Geräte für Psychotechnik:		
9019 10 10	– – elektrische Vibrationsmassagegeräte	frei	—
9019 10 90	– – andere	frei	—
9019 20 00	– Apparate und Geräte für Ozontherapie, Sauerstofftherapie oder Aerosoltherapie, Beatmungsapparate zum Wiederbeleben und andere Apparate und Geräte für Atmungstherapie	frei	—
9020 00 00	**Andere Atmungsapparate und -geräte und Gasmasken, ausgenommen Schutzmasken ohne mechanische Teile und ohne auswechselbares Filterelement**	1,7	—
9021	**Orthopädische Apparate und Vorrichtungen, einschließlich Krücken sowie medizinisch-chirurgische Gürtel und Bandagen; Schienen und andere Vorrichtungen zum Behandeln von Knochenbrüchen; künstliche Körperteile und Organe; Schwerhörigengeräte und andere Vorrichtungen zum Tragen in der Hand oder zum Implantieren in den oder zum Tragen am Körper, zum Beheben von Funktionsschäden oder Gebrechen:**		
9021 10	– Apparate und Vorrichtungen zu orthopädischen Zwecken oder zum Behandeln von Knochenbrüchen:		
9021 10 10	– – orthopädische Apparate und Vorrichtungen	frei	—
9021 10 90	– – Schienen und andere Vorrichtungen zum Behandeln von Knochenbrüchen	frei	—
	– künstliche Zähne und andere Waren der Zahnprothetik:		
9021 21	– – künstliche Zähne:		
9021 21 10	– – – aus Kunststoffen	frei	100 p/st
9021 21 90	– – – aus anderen Stoffen	frei	100 p/st

KN-Code	Warenbezeichnung	Vertragsmäßiger Zollsatz (%)	Besondere Maßeinheit
1	2	3	4
9021 29 00	**– – andere**	frei	—
	– andere künstliche Körperteile und Organe:		
9021 31 00	**– – künstliche Gelenke**	frei	—
9021 39	**– – andere:**		
9021 39 10	– – – Augenprothesen	frei	—
9021 39 90	– – – andere	frei	—
9021 40 00	**– Schwerhörigengeräte, ausgenommen Teile und Zubehör**	frei	p/st
9021 50 00	**– Herzschrittmacher, ausgenommen Teile und Zubehör**	frei	p/st
9021 90	**– andere:**		
9021 90 10	– – Teile und Zubehör für Schwerhörigengeräte	frei	—
9021 90 90	– – andere	frei	—
9022	**Röntgenapparate und -geräte und Apparate und Geräte, die Alpha-, Beta- oder Gammastrahlen verwenden, auch für medizinische, chirurgische, zahnärztliche oder tierärztliche Zwecke, einschließlich Apparate und Geräte für Schirmbildfotografie oder Strahlentherapie, Röntgenröhren und andere Vorrichtungen zum Erzeugen von Röntgenstrahlen, Hochspannungsgeneratoren, Schaltpulte, Durchleuchtungsschirme, Untersuchungs- und Behandlungstische, -sessel und dergleichen:**		
	– Röntgenapparate und -geräte, auch für medizinische, chirurgische, zahnärztliche oder tierärztliche Zwecke, einschließlich Apparate und Geräte für Schirmbildfotografie oder Strahlentherapie:		
9022 12 00	**– – Apparate für die Computertomografie**	frei	p/st
9022 13 00	**– – andere, für zahnärztliche Zwecke**	frei	p/st
9022 14 00	**– – andere, für medizinische, chirurgische oder tierärztliche Zwecke**	frei	p/st
9022 19 00	**– – für andere Zwecke**	frei	p/st
	– Apparate und Geräte, die Alpha-, Beta- oder Gammastrahlen verwenden, auch für medizinische, chirurgische, zahnärztliche oder tierärztliche Zwecke, einschließlich Apparate und Geräte für die Schirmbildfotografie oder Strahlentherapie:		
9022 21 00	**– – für medizinische, chirurgische, zahnärztliche oder tierärztliche Zwecke**	frei	p/st
9022 29 00	**– – für andere Zwecke**	2,1	p/st
9022 30 00	**– Röntgenröhren**	2,1	p/st
9022 90 00	**– andere, einschließlich Teile und Zubehör**	2,1	—
9023 00	**Instrumente, Apparate, Geräte und Modelle, ihrer Beschaffenheit nach zu Vorführzwecken bestimmt (z. B. beim Unterricht oder auf Ausstellungen), nicht zu anderer Verwendung geeignet:**		
9023 00 10	– von der für den Unterricht in Physik, Chemie oder Technik verwendeten Art	1,4	—
9023 00 80	– andere	1,4 [1]	—
9024	**Maschinen, Apparate und Geräte zum Prüfen der Härte, Zugfestigkeit, Druckfestigkeit, Elastizität oder anderer mechanischer Eigenschaften von Materialien (z. B. von Metallen, Holz, Spinnstoffen, Papier oder Kunststoffen):**		
9024 10	**– Materialprüfmaschinen, -apparate und -geräte für Metalle:**		
	– – elektronische:		
9024 10 11	– – – Universal- und Zugfestigkeitsprüfmaschinen, -apparate und -geräte	3,2	—

[1] Dieser Zollsatz ist autonom auf unbestimmte Zeit vollständig ausgesetzt für Simulatoren für die Bodenwartung von Zivilluftfahrzeugen (TARIC-Code 9023 00 80 10).
Die Zulassung zu dieser Unterposition erfolgt nach den in den einschlägigen Bestimmungen der Europäischen Union festgesetzten Voraussetzungen (s. Artikel 291 bis 300 der Verordnung (EWG) Nr. 2454/93 der Kommission (ABl. L 253 vom 11.10.1993, S. 1)).

KN-Code	Warenbezeichnung	Vertragsmäßiger Zollsatz (%)	Besondere Maßeinheit
1	2	3	4
9024 10 13	– – – Härteprüfmaschinen, -apparate und -geräte	3,2	—
9024 10 19	– – – andere	3,2	—
9024 10 90	– – andere	2,1	—
9024 80	**– andere Maschinen, Apparate und Geräte:**		
	– – elektronische:		
9024 80 11	– – – zum Prüfen von Spinnstoffen, Papier und Pappe	3,2	—
9024 80 19	– – – andere	3,2	—
9024 80 90	– – andere	2,1	—
9024 90 00	**– Teile und Zubehör**	2,1	—
9025	**Dichtemesser (Aräometer, Senkwaagen) und ähnliche schwimmende Instrumente, Thermometer, Pyrometer, Barometer, Hygrometer und Psychrometer, auch mit Registriervorrichtung, auch miteinander kombiniert:**		
	– Thermometer und Pyrometer, nicht mit anderen Instrumenten kombiniert:		
9025 11	– – **unmittelbar ablesbar, flüssigkeitsgefüllt:**		
9025 11 20	– – – Fieberthermometer	frei	p/st
9025 11 80	– – – andere	2,8	p/st
9025 19	– – **andere:**		
9025 19 20	– – – elektronische	3,2	p/st
9025 19 80	– – – andere	2,1	p/st
9025 80	– **andere Instrumente:**		
9025 80 20	– – Barometer, nicht mit anderen Instrumenten kombiniert	2,1	p/st
	– – andere:		
9025 80 40	– – – elektronische	3,2	—
9025 80 80	– – – andere	2,1	—
9025 90 00	**– Teile und Zubehör**	3,2	—
9026	**Instrumente, Apparate und Geräte zum Messen oder Überwachen von Durchfluss, Füllhöhe, Druck oder anderen veränderlichen Größen von Flüssigkeiten oder Gasen (z. B. Durchflussmesser, Flüssigkeitsstand- oder Gasstandanzeiger, Manometer, Wärmemengenzähler), ausgenommen Instrumente, Apparate und Geräte der Position 9014, 9015, 9028 oder 9032:**		
9026 10	**– zum Messen oder Überwachen von Durchfluss oder Füllhöhe von Flüssigkeiten:**		
	– – elektronische:		
9026 10 21	– – – Durchflussmesser	frei	p/st
9026 10 29	– – – andere	frei	p/st
	– – andere:		
9026 10 81	– – – Durchflussmesser	frei	p/st
9026 10 89	– – – andere	frei	p/st
9026 20	**– zum Messen oder Überwachen des Druckes:**		
9026 20 20	– – elektronische	frei	p/st
	– – andere:		
9026 20 40	– – – Manometer mit Metallfedermesswerk (mit Kapsel-, Platten-, Rohr- oder Schneckenfeder)	frei	p/st

KN-Code	Warenbezeichnung	Vertragsmäßiger Zollsatz (%)	Besondere Maßeinheit
1	2	3	4
9026 20 80	– – – andere	frei	p/st
9026 80	– **andere Instrumente, Apparate und Geräte:**		
9026 80 20	– – elektronische	frei	—
9026 80 80	– – andere	frei	—
9026 90 00	– **Teile und Zubehör**	frei	—
9027	**Instrumente, Apparate und Geräte für physikalische oder chemische Untersuchungen (z. B. Polarimeter, Refraktometer, Spektrometer und Untersuchungsgeräte für Gase oder Rauch); Instrumente, Apparate und Geräte zum Bestimmen der Viskosität, Porosität, Dilatation, Oberflächenspannung oder dergleichen oder für kalorimetrische, akustische oder fotometrische Messungen (einschließlich Belichtungsmesser); Mikrotome:**		
9027 10	– **Untersuchungsgeräte für Gase oder Rauch:**		
9027 10 10	– – elektronische	2,5	p/st
9027 10 90	– – andere	2,5	p/st
9027 20 00	– **Chromatografen und Elektrophoresegeräte**	frei	—
9027 30 00	– **Spektrometer, Spektrofotometer und Spektrografen, die optische Strahlen (UV-Strahlen, sichtbares Licht, Infrarotstrahlen) verwenden**	frei	—
9027 50 00	– **andere Instrumente, Apparate und Geräte, die optische Strahlen (UV-Strahlen, sichtbares Licht, Infrarotstrahlen) verwenden**	frei	—
9027 80	– **andere Instrumente, Apparate und Geräte:**		
9027 80 05	– – Belichtungsmesser	2,5	—
	– – andere:		
	– – – elektronische:		
9027 80 11	– – – – pH-Messer, rH-Messer und andere Geräte zum Messen der Leitfähigkeit	frei	—
9027 80 13	– – – – Apparate und Geräte zum Messen physikalischer Eigenschaften von Halbleitermaterial oder Trägermaterialien für Flüssigkristallanzeigen oder damit verbundenen isolierenden oder leitfähigen Schichten während der Herstellung von Halbleiterscheiben (wafers) oder Flüssigkristallanzeigen	frei	—
9027 80 17	– – – – andere	frei	—
	– – – andere:		
9027 80 91	– – – – Viskosimeter, Porosimeter und Dilatometer	frei	—
9027 80 99	– – – – andere	frei	—
9027 90	– **Mikrotome; Teile und Zubehör:**		
9027 90 10	– – Mikrotome	2,5	p/st
	– – Teile und Zubehör:		
9027 90 50	– – – für Instrumente, Apparate und Geräte der Unterpositionen 9027 20 bis 9027 80	frei	—
9027 90 80	– – – von Mikrotomen oder Untersuchungsgeräten für Gase oder Rauch	2,5	—
9028	**Gaszähler, Flüssigkeitszähler oder Elektrizitätszähler, einschließlich Eichzähler dafür:**		
9028 10 00	– **Gaszähler**	2,1	p/st
9028 20 00	– **Flüssigkeitszähler**	2,1	p/st
9028 30	– **Elektrizitätszähler:**		
	– – Wechselstromzähler:		
9028 30 11	– – – Einphasen-Wechselstromzähler	2,1	p/st
9028 30 19	– – – Drehstromzähler	2,1	p/st

KN-Code	Warenbezeichnung	Vertragsmäßiger Zollsatz (%)	Besondere Maßeinheit
1	2	3	4
9028 30 90	– – andere	2,1	p/st
9028 90	– **Teile und Zubehör:**		
9028 90 10	– – für Elektrizitätszähler	2,1	—
9028 90 90	– – andere	2,1	—
9029	**Andere Zähler (z. B. Tourenzähler, Produktionszähler, Taxameter, Kilometerzähler oder Schrittzähler); Tachometer und andere Geschwindigkeitsmesser, ausgenommen solche der Position 9014 oder 9015; Stroboskope:**		
9029 10 00	– **Tourenzähler, Produktionszähler, Taxameter, Kilometerzähler, Schrittzähler und andere Zähler**	1,9	—
9029 20	– **Tachometer und andere Geschwindigkeitsmesser; Stroboskope:**		
	– – Tachometer und andere Geschwindigkeitsmesser:		
9029 20 31	– – – Geschwindigkeitsmesser für Landfahrzeuge	2,6	—
9029 20 38	– – – andere	2,6	—
9029 20 90	– – Stroboskope	2,6	—
9029 90 00	– **Teile und Zubehör**	2,2	—
9030	**Oszilloskope, Spektralanalysatoren und andere Instrumente, Apparate und Geräte zum Messen oder Prüfen elektrischer Größen, ausgenommen Zähler der Position 9028; Instrumente, Apparate und Geräte zum Messen oder zum Nachweis von Alpha-, Beta-, Gamma-, Röntgenstrahlen, kosmischen oder anderen ionisierenden Strahlen:**		
9030 10 00	– **Instrumente, Apparate und Geräte zum Messen oder zum Nachweis von ionisierenden Strahlen**	4,2	—
9030 20	– **Oszilloskope und Oszillografen:**		
9030 20 10	– – Kathodenstrahloszilloskope und Kathodenstrahloszillografen	4,2	—
9030 20 30	– – andere, mit Registriervorrichtung	frei	—
	– – andere:		
9030 20 91	– – – elektronische	frei	—
9030 20 99	– – – andere	2,1	—
	– **andere Instrumente, Apparate und Geräte zum Messen oder Prüfen von Spannung, Stromstärke, Widerstand oder Leistung:**		
9030 31 00	– – **Multimeter, ohne Registriervorrichtung**	4,2	—
9030 32 00	– – **Multimeter, mit Registriervorrichtung**	frei	—
9030 33	– – **andere, ohne Registriervorrichtung:**		
9030 33 10	– – – elektronische	4,2	—
	– – – andere:		
9030 33 91	– – – – Voltmeter	2,1	—
9030 33 99	– – – – andere	2,1	—
9030 39 00	– – **andere, mit Registriervorrichtung**	frei	—
9030 40 00	– **andere Instrumente, Apparate und Geräte, ihrer Beschaffenheit nach besonders für die Telekommunikation bestimmt (z. B. Nebensprechmesser, Verstärkungsgradmesser, Verzerrungsmesser und Geräuschspannungsmesser)**	frei	—

KN-Code	Warenbezeichnung	Vertragsmäßiger Zollsatz (%)	Besondere Maßeinheit
1	2	3	4
	– andere Instrumente, Apparate und Geräte:		
9030 82 00	**– – zum Messen oder Prüfen von Halbleiterscheiben (wafers) oder Halbleiterbauelementen**	frei	—
9030 84 00	**– – andere, mit Registriervorrichtung**	frei	—
9030 89	**– – andere:**		
9030 89 30	– – – elektronische	frei	—
9030 89 90	– – – andere	2,1	—
9030 90	**– Teile und Zubehör:**		
9030 90 20	– – für Instrumente, Apparate und Geräte der Unterposition 9030 82 00	frei	—
9030 90 85	– – andere	2,5	—
9031	**Instrumente, Apparate, Geräte und Maschinen zum Messen oder Prüfen, in diesem Kapitel anderweit weder genannt noch inbegriffen; Profilprojektoren:**		
9031 10 00	**– Auswuchtmaschinen**	2,8	—
9031 20 00	**– Prüfstände**	2,8	—
	– andere optische Instrumente, Apparate und Geräte:		
9031 41 00	**– – zum Prüfen von Halbleiterscheiben (wafers) oder Halbleiterbauelementen oder zum Prüfen von Fotomasken und Reticles für die Herstellung von Halbleiterbauelementen**	frei	—
9031 49	**– – andere:**		
9031 49 10	– – – Profilprojektoren	2,8	p/st
9031 49 90	– – – andere	frei	—
9031 80	**– andere Instrumente, Apparate, Geräte und Maschinen:**		
	– – elektronische:		
	– – – zum Messen oder Prüfen geometrischer Größen:		
9031 80 32	– – – – zum Prüfen von Halbleiterscheiben (wafers) oder Halbleiterbauelementen oder zum Prüfen von Fotomasken oder Reticles für die Herstellung von Halbleiterbauelementen	2,8 (1)	—
9031 80 34	– – – – andere	2,8	—
9031 80 38	– – – andere	4	—
	– – andere:		
9031 80 91	– – – zum Messen oder Prüfen geometrischer Größen	2,8	—
9031 80 98	– – – andere	4	—
9031 90	**– Teile und Zubehör:**		
9031 90 20	– – für Instrumente, Apparate und Geräte der Unterposition 9031 41 00 oder für optische Instrumente, Apparate und Geräte zum Messen von Oberflächenpartikelverunreinigungen von Halbleiterscheiben (wafers) der Unterposition 9031 49 90	frei	—
9031 90 30	– – für Instrumente, Apparate und Geräte der Unterposition 9031 80 32	2,8 (1)	—
9031 90 85	– – andere	2,8	—
9032	**Instrumente, Apparate und Geräte zum Regeln:**		
9032 10	**– Thermostate:**		
9032 10 20	– – elektronische	2,8	p/st

(1) Autonomer Zollsatz: frei.

KN-Code	Warenbezeichnung	Vertragsmäßiger Zollsatz (%)	Besondere Maßeinheit
1	2	3	4
	– – andere:		
9032 10 81	– – – mit elektrischer Schalteinrichtung	2,1	p/st
9032 10 89	– – – andere	2,1	p/st
9032 20 00	– **Druckregler**	2,8	p/st
	– **andere Regler:**		
9032 81 00	– – **hydraulische oder pneumatische**	2,8	—
9032 89 00	– – **andere**	2,8	—
9032 90 00	– **Teile und Zubehör**	2,8	—
9033 00 00	**Teile und Zubehör (im Kapitel 90 anderweit weder genannt noch inbegriffen) für Maschinen, Apparate, Geräte, Instrumente oder andere Waren des Kapitels 90**	3,7	—

KAPITEL 91

UHRMACHERWAREN

Anmerkungen

1. Zu Kapitel 91 gehören nicht:

   a) Uhrgläser und Uhrgewichte (Einreihung nach ihrer stofflichen Beschaffenheit);

   b) Uhrketten (Position 7113 oder 7117, je nach Beschaffenheit);

   c) Teile mit allgemeiner Verwendungsmöglichkeit im Sinne der Anmerkung 2 zu Abschnitt XV, aus unedlen Metallen (Abschnitt XV), und gleichartige Waren aus Kunststoffen (Kapitel 39) oder aus Edelmetallen oder Edelmetallplattierungen (im Allgemeinen Position 7115); Uhrfedern (einschließlich Spiralfedern) gehören jedoch zu Position 9114;

   d) Kugeln für Kugellager (Position 7326 oder 8482, je nach Beschaffenheit);

   e) Waren der Position 8412, die so konstruiert sind, dass sie ohne Hemmung laufen;

   f) Kugellager (Position 8482);

   g) Waren des Kapitels 85, noch nicht miteinander oder mit anderen Bauelementen zu Uhrwerken oder zu Teilen zusammengesetzt, die ihrer Beschaffenheit nach erkennbar ausschließlich oder hauptsächlich für Uhrwerke bestimmt sind (Kapitel 85).

2. Zu Position 9101 gehören nur Uhren, deren Gehäuse ganz aus Edelmetallen oder Edelmetallplattierungen bestehen oder aus diesen Stoffen hergestellt und mit echten Perlen oder Zuchtperlen, Edelsteinen oder Schmucksteinen (natürlichen, synthetischen oder rekonstituierten) der Positionen 7101 bis 7104 besetzt sind. Uhren mit Gehäuse aus unedlem Metall mit darin eingelegten Edelmetallen sind der Position 9102 zuzuweisen.

3. Als „Kleinuhr-Werke" im Sinne des Kapitels 91 gelten Vorrichtungen, deren Gang durch eine Unruh mit Spiralfeder, einen Quarz oder ein anderes geeignetes Zeitteilersystem geregelt wird und die eine Anzeige oder ein System zur Aufnahme einer mechanischen Anzeige besitzen. Diese Uhrwerke dürfen eine Dicke von 12 mm und eine Breite, Länge oder einen Durchmesser von 50 mm nicht überschreiten.

4. Vorbehaltlich der Anmerkung 1 zu Kapitel 91 bleiben Werke und Teile, die sowohl für Waren des Kapitels 91 als auch für andere Waren (z. B. für Mess- oder Präzisionsinstrumente) verwendet werden können, in Kapitel 91.

KN-Code	Warenbezeichnung	Vertragsmäßiger Zollsatz (%)	Besondere Maßeinheit
1	2	3	4
9101	**Armbanduhren, Taschenuhren und ähnliche Uhren (einschließlich Stoppuhren vom gleichen Typ), mit Gehäuse aus Edelmetallen oder Edelmetallplattierungen:**		
	– Armbanduhren, elektrisch betrieben, auch mit Stoppeinrichtung:		
9101 11 00	– – nur mit mechanischer Anzeige	4,5 MIN 0,3 € p/st MAX 0,8 € p/st	p/st
9101 19 00	– – andere	4,5 MIN 0,3 € p/st MAX 0,8 € p/st	p/st
	– andere Armbanduhren, auch mit Stoppeinrichtung:		
9101 21 00	– – mit automatischem Aufzug	4,5 MIN 0,3 € p/st MAX 0,8 € p/st	p/st
9101 29 00	– – andere	4,5 MIN 0,3 € p/st MAX 0,8 € p/st	p/st
	– andere:		
9101 91 00	– – elektrisch betrieben	4,5 MIN 0,3 € p/st MAX 0,8 € p/st	p/st
9101 99 00	– – andere	4,5 MIN 0,3 € p/st MAX 0,8 € p/st	p/st

KN-Code	Warenbezeichnung	Vertragsmäßiger Zollsatz (%)	Besondere Maßeinheit
1	2	3	4
9102	**Armbanduhren, Taschenuhren und ähnliche Uhren (einschließlich Stoppuhren vom gleichen Typ), ausgenommen Uhren der Position 9101:**		
	– Armbanduhren, elektrisch betrieben, auch mit Stoppeinrichtung:		
9102 11 00	– – nur mit mechanischer Anzeige	4,5 MIN 0,3 € p/st MAX 0,8 € p/st	p/st
9102 12 00	– – nur mit optoelektronischer Anzeige	4,5 MIN 0,3 € p/st MAX 0,8 € p/st	p/st
9102 19 00	– – andere	4,5 MIN 0,3 € p/st MAX 0,8 € p/st	p/st
	– andere Armbanduhren, auch mit Stoppeinrichtung:		
9102 21 00	– – mit automatischem Aufzug	4,5 MIN 0,3 € p/st MAX 0,8 € p/st	p/st
9102 29 00	– – andere	4,5 MIN 0,3 € p/st MAX 0,8 € p/st	p/st
	– andere:		
9102 91 00	– – elektrisch betrieben	4,5 MIN 0,3 € p/st MAX 0,8 € p/st	p/st
9102 99 00	– – andere	4,5 MIN 0,3 € p/st MAX 0,8 € p/st	p/st
9103	**Uhren mit Kleinuhr-Werk, ausgenommen Uhren der Position 9101, 9102 oder 9104:**		
9103 10 00	– elektrisch betrieben	4,7	p/st
9103 90 00	– andere	4,7	p/st
9104 00 00	**Armaturenbrettuhren und ähnliche Uhren, für Kraftfahrzeuge, Luftfahrzeuge, Schiffe oder andere Fahrzeuge**	3,7	p/st
9105	**Andere Uhren:**		
	– Wecker:		
9105 11 00	– – elektrisch betrieben	4,7	p/st
9105 19 00	– – andere	3,7	p/st
	– Wanduhren:		
9105 21 00	– – elektrisch betrieben	4,7	p/st
9105 29 00	– – andere	3,7	p/st
	– andere:		
9105 91 00	– – elektrisch betrieben	4,7	p/st
9105 99 00	– – andere	3,7	p/st
9106	**Zeitkontrollapparate und Zeitmesser, mit Uhrwerk oder Synchronmotor (z. B. Arbeitszeitregistrieruhren, Zeit- und Datumstempeluhren):**		
9106 10 00	– Arbeitszeitregistrieruhren; Zeit- und Datumstempeluhren	4,7	p/st
9106 90 00	– andere	4,7	p/st
9107 00 00	**Zeitschalter und andere Zeitauslöser, mit Uhrwerk oder Synchronmotor**	4,7	p/st
9108	**Kleinuhr-Werke, vollständig und zusammengesetzt:**		
	– elektrisch betrieben:		
9108 11 00	– – nur mit mechanischer Anzeige oder mit Vorrichtung zur Aufnahme einer mechanischen Anzeige	4,7	p/st

KN-Code	Warenbezeichnung	Vertragsmäßiger Zollsatz (%)	Besondere Maßeinheit
1	2	3	4
9108 12 00	**– – nur mit optoelektronischer Anzeige**	4,7	p/st
9108 19 00	**– – andere**	4,7	p/st
9108 20 00	**– mit automatischem Aufzug**	5 MIN 0,17 € p/st	p/st
9108 90 00	**– andere**	5 MIN 0,17 € p/st	p/st
9109	**Andere Uhrwerke (ausgenommen Kleinuhr-Werke), vollständig und zusammengesetzt:**		
9109 10 00	**– elektrisch betrieben**	4,7	p/st
9109 90 00	**– andere**	4,7	p/st
9110	**Nicht oder nur teilweise zusammengesetzte, vollständige Uhrwerke (Schablonen); unvollständige, zusammengesetzte Uhrwerke; Uhrrohwerke:**		
	– Kleinuhr-Werke:		
9110 11	**– – nicht oder nur teilweise zusammengesetzte, vollständige Uhrwerke (Schablonen):**		
9110 11 10	– – – mit einer Unruh mit Spiralfeder	5 MIN 0,17 € p/st	p/st
9110 11 90	– – – andere	4,7	p/st
9110 12 00	**– – unvollständige, zusammengesetzte Uhrwerke**	3,7	—
9110 19 00	**– – Uhrrohwerke**	4,7	—
9110 90 00	**– andere**	3,7	—
9111	**Gehäuse für Uhren der Position 9101 oder 9102, Teile davon:**		
9111 10 00	**– Gehäuse aus Edelmetallen oder Edelmetallplattierungen**	0,5 € p/st MIN 2,7 MAX 4,6	p/st
9111 20 00	**– Gehäuse aus unedlen Metallen, auch vergoldet oder versilbert**	0,5 € p/st MIN 2,7 MAX 4,6	p/st
9111 80 00	**– andere Gehäuse**	0,5 € p/st MIN 2,7 MAX 4,6	p/st
9111 90 00	**– Teile**	0,5 € p/st MIN 2,7 MAX 4,6	—
9112	**Gehäuse für andere Uhrmacherwaren, Teile davon:**		
9112 20 00	**– Gehäuse**	2,7	p/st
9112 90 00	**– Teile**	2,7	—
9113	**Uhrarmbänder und Teile davon:**		
9113 10	**– aus Edelmetallen oder Edelmetallplattierungen:**		
9113 10 10	– – aus Edelmetallen	2,7	—
9113 10 90	– – aus Edelmetallplattierungen	3,7	—
9113 20 00	**– aus unedlen Metallen, auch vergoldet oder versilbert**	6	—
9113 90 00	**– andere**	6	—
9114	**Andere Uhrenteile:**		
9114 10 00	**– Uhrfedern, einschließlich Spiralfedern**	3,7	—
9114 30 00	**– Zifferblätter**	2,7	—
9114 40 00	**– Werkplatten und Brücken**	2,7	—
9114 90 00	**– andere**	2,7	—

KAPITEL 92

MUSIKINSTRUMENTE; TEILE UND ZUBEHÖR FÜR DIESE INSTRUMENTE

Anmerkungen

1. Zu Kapitel 92 gehören nicht:

   a) Teile mit allgemeiner Verwendungsmöglichkeit im Sinne der Anmerkung 2 zu Abschnitt XV, aus unedlen Metallen (Abschnitt XV), und gleichartige Waren aus Kunststoffen (Kapitel 39);

   b) Mikrofone, Verstärker, Lautsprecher, Kopfhörer, Schalter, Stroboskope und andere Instrumente, Apparate und zusätzliche Ausrüstungsstücke zur Verwendung mit den Waren des Kapitels 92, wenn sie nicht in diese Waren oder nicht mit diesen Waren in das gleiche Gehäuse eingebaut sind (Kapitel 85 oder 90);

   c) Instrumente und Geräte, die den Charakter von Spielzeug haben (Position 9503);

   d) Wischer und andere Bürstenwaren zum Reinigen von Musikinstrumenten (Position 9603);

   e) Instrumente und Geräte, die den Charakter von Sammlungsstücken oder Antiquitäten haben (Position 9705 oder 9706).

2. Bogen, Schlägel und dergleichen für Musikinstrumente der Position 9202 oder 9206 werden wie die Instrumente eingereiht, für die sie bestimmt sind, wenn sie mit diesen Instrumenten gestellt werden und ihnen der Anzahl nach entsprechen.

   Karten, Scheiben und Walzen der Position 9209 werden auch dann getrennt eingereiht, wenn sie mit den Instrumenten oder Geräten gestellt werden, für die sie bestimmt sind.

KN-Code	Warenbezeichnung	Vertragsmäßiger Zollsatz (%)	Besondere Maßeinheit
1	2	3	4
9201	**Klaviere, einschließlich selbsttätige Klaviere; Cembalos und andere Saiteninstrumente mit Klaviatur:**		
9201 10	– **Klaviere mit aufrecht stehendem Rahmen:**		
9201 10 10	– – neu	4	p/st
9201 10 90	– – gebraucht	4	p/st
9201 20 00	– **Flügel**	4	p/st
9201 90 00	– **andere**	4	—
9202	**Andere Saiteninstrumente (z. B. Gitarren, Geigen und Harfen):**		
9202 10	– **Streichinstrumente:**		
9202 10 10	– – Geigen	3,2	p/st
9202 10 90	– – andere	3,2	p/st
9202 90	– **andere:**		
9202 90 30	– – Gitarren	3,2	p/st
9202 90 80	– – andere	3,2	p/st
[9203]			
[9204]			
9205	**Blasinstrumente (z.B. Pfeifenorgeln mit Klaviatur, Akkordeons, Klarinetten, Trompeten, Dudelsäcke), andere als Orchestrien und Drehorgeln:**		
9205 10 00	– **Blechblasinstrumente**	3,2	p/st
9205 90	– **andere:**		
9205 90 10	– – Akkordeons und ähnliche Musikinstrumente	3,7	p/st
9205 90 30	– – Mundharmonikas	3,7	p/st

KN-Code	Warenbezeichnung	Vertragsmäßiger Zollsatz (%)	Besondere Maßeinheit
1	2	3	4
9205 90 50	– – Orgeln (mit Pfeifen und Klaviatur); Harmonien und ähnliche Musikinstrumente mit Klaviatur und durchschlagenden Metallzungen	3,2	—
9205 90 90	– – andere	3,2	—
9206 00 00	**Schlaginstrumente (z. B. Trommeln, Xylofone, Becken, Kastagnetten und Maracas)**	3,2	—
9207	**Musikinstrumente, bei denen der Ton elektrisch erzeugt wird oder elektrisch verstärkt werden muss (z. B. derartige Orgeln, Gitarren und Akkordeons):**		
9207 10	– **Instrumente mit Klaviatur, ausgenommen Akkordeons:**		
9207 10 10	– – Orgeln	3,2	p/st
9207 10 30	– – Digital-Pianos	3,2	p/st
9207 10 50	– – Synthesizer	3,2	p/st
9207 10 80	– – andere	3,2	—
9207 90	– **andere:**		
9207 90 10	– – Gitarren	3,7	p/st
9207 90 90	– – andere	3,7	—
9208	**Spieldosen, Orchestrien, Drehorgeln, singende mechanische Vögel, singende Sägen und andere in diesem Kapitel anderweit nicht erfasste Musikinstrumente; Lockpfeifen aller Art; Signalpfeifen, Signalhörner und andere Mundblasinstrumente zu Ruf- oder Signalzwecken:**		
9208 10 00	– **Spieldosen**	2,7	—
9208 90 00	– **andere**	3,2	—
9209	**Teile und Zubehör für Musikinstrumente (z. B. Musikwerke für Spieldosen, Karten, Scheiben und Walzen für mechanische Musikinstrumente); Metronome, Stimmgabeln und Stimmpfeifen aller Art:**		
9209 30 00	– **Musiksaiten**	2,7	—
	– **andere:**		
9209 91 00	– – **Teile und Zubehör für Klaviere**	2,7	—
9209 92 00	– – **Teile und Zubehör für Musikinstrumente der Position 9202**	2,7	—
9209 94 00	– – **Teile und Zubehör für Musikinstrumente der Position 9207**	2,7	—
9209 99	– – **andere:**		
9209 99 20	– – – Teile und Zubehör für Musikinstrumente der Position 9205	2,7	—
	– – – andere:		
9209 99 40	– – – – Metronome, Stimmgabeln und Stimmpfeifen	3,2	—
9209 99 50	– – – – Musikwerke für Spieldosen	1,7	—
9209 99 70	– – – – andere	2,7	—

ABSCHNITT XIX

WAFFEN UND MUNITION; TEILE DAVON UND ZUBEHÖR

KAPITEL 93

WAFFEN UND MUNITION; TEILE DAVON UND ZUBEHÖR

Anmerkungen

1. Zu Kapitel 93 gehören nicht:

   a) Waren des Kapitels 36 (z. B. Zündhütchen, Sprengkapseln, Sprengzünder, Leuchtraketen, Raketen zum Wetterschießen);

   b) Teile mit allgemeiner Verwendungsmöglichkeit im Sinne der Anmerkung 2 zu Abschnitt XV, aus unedlen Metallen (Abschnitt XV), und gleichartige Waren aus Kunststoffen (Kapitel 39);

   c) Panzerwagen und andere gepanzerte Kampffahrzeuge (Position 8710);

   d) Zielfernrohre und andere optische Vorrichtungen, für Waffen, ausgenommen solche, die auf Waffen montiert sind oder die mit den Waffen, für die sie bestimmt sind, gestellt werden (Kapitel 90);

   e) Armbrüste, Bogen und Pfeile für den Schießsport, stumpfe Waffen für den Fechtsport und Spielzeugwaffen (Kapitel 95);

   f) Sammlungsstücke oder Antiquitäten (Position 9705 oder 9706).

2. Als „Teile" im Sinne der Position 9306 gelten nicht Funk- oder Radargeräte der Position 8526.

KN-Code	Warenbezeichnung	Vertragsmäßiger Zollsatz (%)	Besondere Maßeinheit
1	2	3	4
9301	**Kriegswaffen, ausgenommen Revolver, Pistolen und Waffen der Position 9307:**		
9301 10 00	**– Artilleriewaffen (z. B. Kanonen, Haubitzen, Mörser (Granatwerfer))**	frei	—
9301 20 00	**– Raketenwerfer, Flammenwerfer, Granatwerfer, Torpedorohre und ähnliche Werfer**	frei	—
9301 90 00	**– andere**	frei	—
9302 00 00	**Revolver und Pistolen, ausgenommen solche der Position 9303 oder 9304**	2,7	p/st
9303	**Andere Feuerwaffen und ähnliche Geräte, bei denen die Explosionswirkung einer Treibladung genutzt wird (z. B. Jagd- und Sportgewehre, Vorderlader, Leuchtpistolen und andere nur Leuchtraketen abfeuernde Geräte, Schreckschusspistolen und -revolver, Bolzen-Viehtötungsapparate und Leinenschießgeräte):**		
9303 10 00	**– Vorderlader**	3,2	p/st
9303 20	**– andere Jagd- und Sportgewehre mit mindestens einem glatten Lauf:**		
9303 20 10	– – mit einem Lauf, glatt	3,2	p/st
9303 20 95	– – andere	3,2	p/st
9303 30 00	**– andere Jagd- und Sportgewehre**	3,2	p/st
9303 90 00	**– andere**	3,2	p/st
9304 00 00	**Andere Waffen (z. B. Feder-, Luft- und Gasdruckgewehre, -büchsen und -pistolen und Schlagstöcke), ausgenommen Waffen der Position 9307**	3,2	—

KN-Code	Warenbezeichnung	Vertragsmäßiger Zollsatz (%)	Besondere Maßeinheit
1	2	3	4
9305	**Teile und Zubehör für Waren der Positionen 9301 bis 9304:**		
9305 10 00	**– für Revolver oder Pistolen**	3,2	—
9305 20 00	**– für Gewehre der Position 9303**	2,7	—
	– andere:		
9305 91 00	**– – von Kriegswaffen der Position 9301**	frei	—
9305 99 00	**– – andere**	2,7	—
9306	**Bomben, Granaten, Torpedos, Minen, Raketen, Patronen und andere Munition und Geschosse, Teile davon, einschließlich Rehposten, Jagdschrot und Patronenpfropfen:**		
	– Patronen für Gewehre mit glattem Lauf, Teile davon; Geschosse für Luftgewehre und -pistolen:		
9306 21 00	**– – Patronen**	2,7	1 000 p/st
9306 29 00	**– – andere**	2,7	—
9306 30	**– andere Patronen und Teile davon:**		
9306 30 10	– – für Revolver und Pistolen der Position 9302 und für Maschinenpistolen der Position 9301	2,7	—
	– – andere:		
9306 30 30	– – – für Kriegswaffen	1,7	—
9306 30 90	– – – andere	2,7	—
9306 90	**– andere:**		
9306 90 10	– – zu Kriegszwecken	1,7	—
9306 90 90	– – andere	2,7	—
9307 00 00	**Säbel, Degen, Bajonette, Lanzen und andere blanke Waffen, Teile davon und Scheiden für diese Waffen**	1,7	—

ABSCHNITT XX

VERSCHIEDENE WAREN

KAPITEL 94

MÖBEL; MEDIZINISCH-CHIRURGISCHE MÖBEL; BETTAUSSTATTUNGEN UND ÄHNLICHE WAREN; BELEUCHTUNGSKÖRPER, ANDERWEIT WEDER GENANNT NOCH INBEGRIFFEN; REKLAMELEUCHTEN, LEUCHTSCHILDER, BELEUCHTETE NAMENSSCHILDER UND DERGLEICHEN; VORGEFERTIGTE GEBÄUDE

Anmerkungen

1. Zu Kapitel 94 gehören nicht:

a) aufblasbare Matratzen, Kopfkissen oder Kissen; Matratzen, Kopfkissen oder Kissen für Wasserfüllung, des Kapitels 39, 40 oder 63;

b) auf dem Boden stehende Spiegel, z. B. schwenkbare Ankleidespiegel der Position 7009;

c) Waren des Kapitels 71;

d) Teile mit allgemeiner Verwendungsmöglichkeit im Sinne der Anmerkung 2 zu Abschnitt XV, aus unedlen Metallen (Abschnitt XV), gleichartige Waren aus Kunststoff (Kapitel 39) oder Panzerschränke der Position 8303;

e) Möbel als besondere Teile von Einrichtungen, Maschinen, Apparaten und Geräten zur Kälteerzeugung der Position 8418, auch wenn sie unausgerüstet gestellt werden; Möbel, die zum Einbau von Nähmaschinen (Position 8452) besonders hergerichtet sind;

f) Beleuchtungskörper des Kapitels 85;

g) Möbel als besondere Teile von Geräten der Positionen 8518 (Position 8518), 8519 oder 8521 (Position 8522) oder 8525 bis 8528 (Position 8529);

h) Waren der Position 8714;

ij) Dentalstühle mit eingebauten Zahnbehandlungsgeräten der Position 9018 sowie Speibecken für die zahnärztliche Praxis (Position 9018);

k) Waren des Kapitels 91 (z. B. Uhren und Uhrengehäuse);

l) Möbel oder Beleuchtungskörper, die den Charakter von Spielzeug haben (Position 9503), Billardtische oder andere Spielmöbel der Position 9504, Möbel für Zauberkunststücke oder Dekorationsartikel (ausgenommen elektrische Girlanden) wie Lampions, Papierlaternen (Position 9505).

2. Die in den Positionen 9401 bis 9403 erfassten Waren (ausgenommen Teile) müssen dazu bestimmt sein, auf den Boden gestellt zu werden.

Es bleiben jedoch in diesen Positionen, selbst wenn sie aufgehängt, an der Wand befestigt oder aufeinander gestellt werden:

a) Schränke, Bücherschränke, Regale (einschließlich Regale aus einem Regalboden mit dazugehörigen Haltevorrichtungen zum Befestigen an der Wand) und Möbel aus zusammengehörenden Einzelstücken;

b) Sitze und Bettgestelle.

3. A) Als Teile von Waren im Sinne der Positionen 9401 bis 9403 gelten nicht Platten aus Glas (einschließlich Spiegel), Marmor oder Stein oder aus einem anderen in Kapitel 68 oder 69 genannten Stoff, auch zugeschnitten, jedoch nicht mit anderen Teilen verbunden, wenn sie gesondert gestellt werden.

B) Gesondert gestellte Waren der Position 9404 verbleiben in dieser Position, auch wenn sie zugleich Teile von Möbeln der Positionen 9401 bis 9403 sind.

4. Als „vorgefertigte Gebäude" im Sinne der Position 9406 gelten Gebäude, die im Werk fertig gestellt worden sind oder als Einzelteile geliefert, gemeinsam zur Abfertigung gestellt, auf der Baustelle zusammengesetzt werden, wie Wohngebäude, Baustellenunterkünfte, Bürogebäude, Schulen, Kaufhäuser, Schuppen, Garagen oder ähnliche Gebäude.

KN-Code	Warenbezeichnung	Vertragsmäßiger Zollsatz (%)	Besondere Maßeinheit
1	2	3	4
9401	**Sitzmöbel (ausgenommen solche der Position 9402), auch wenn sie in Liegen umgewandelt werden können, und Teile davon:**		
9401 10 00	**– Sitze von der für Luftfahrzeuge verwendeten Art**	frei	—
9401 20 00	**– Sitze von der für Kraftfahrzeuge verwendeten Art**	3,7	—
9401 30 00	**– Drehstühle mit verstellbarer Sitzhöhe**	frei	—
9401 40 00	**– in Liegen umwandelbare Sitzmöbel, ausgenommen Gartenmöbel und Campingausstattungen**	frei	—
	– Sitzmöbel aus Stuhlrohr, Korbweiden/Flechtweiden, Bambus oder ähnlichen Stoffen:		
9401 51 00	**– – aus Bambus oder Rattan**	5,6	—
9401 59 00	**– – andere**	5,6	—
	– andere Sitzmöbel, mit Gestell aus Holz:		
9401 61 00	**– – gepolstert**	frei	—
9401 69 00	**– – andere**	frei	—
	– andere Sitzmöbel, mit Gestell aus Metall:		
9401 71 00	**– – gepolstert**	frei	—
9401 79 00	**– – andere**	frei	—
9401 80 00	**– andere Sitzmöbel**	frei	—
9401 90	**– Teile:**		
9401 90 10	– – von Sitzen von der für Luftfahrzeuge verwendeten Art	1,7	—
	– – andere:		
9401 90 30	– – – aus Holz	2,7	—
9401 90 80	– – – andere	2,7	—
9402	**Möbel für die Human-, Zahn-, Tiermedizin oder die Chirurgie (z. B. Operationstische, Untersuchungstische, Betten mit mechanischen Vorrichtungen für Krankenanstalten, Dentalstühle); Friseurstühle und ähnliche Stühle, mit Schwenk-, Kipp- und Hebevorrichtung; Teile davon:**		
9402 10 00	**– Dentalstühle, Friseurstühle oder ähnliche Stühle und Teile davon**	frei	—
9402 90 00	**– andere**	frei	—
9403	**Andere Möbel und Teile davon:**		
9403 10	**– Metallmöbel von der in Büros verwendeten Art:**		
	– – mit einer Höhe von 80 cm oder weniger:		
9403 10 51	– – – Schreibtische	frei	—
9403 10 58	– – – andere	frei	—
	– – mit einer Höhe von mehr als 80 cm:		
9403 10 91	– – – Schränke mit Türen oder Rollläden	frei	—
9403 10 93	– – – Karteischränke und andere Schränke mit Schubladen	frei	—
9403 10 98	– – – andere	frei	—
9403 20	**– andere Metallmöbel:**		
9403 20 20	– – Betten	frei	—
9403 20 80	– – andere	frei	—

KN-Code	Warenbezeichnung	Vertragsmäßiger Zollsatz (%)	Besondere Maßeinheit
1	2	3	4
9403 30	– **Holzmöbel von der in Büros verwendeten Art:**		
	– – mit einer Höhe von 80 cm oder weniger:		
9403 30 11	– – – Schreibtische	frei	—
9403 30 19	– – – andere	frei	—
	– – mit einer Höhe von mehr als 80 cm:		
9403 30 91	– – – Schränke	frei	—
9403 30 99	– – – andere	frei	—
9403 40	– **Holzmöbel von der in der Küche verwendeten Art:**		
9403 40 10	– – Einbauküchenelemente	2,7	—
9403 40 90	– – andere	2,7	—
9403 50 00	– **Holzmöbel von der im Schlafzimmer verwendeten Art**	frei	—
9403 60	– **andere Holzmöbel:**		
9403 60 10	– – Holzmöbel von der in Ess- und Wohnzimmern verwendeten Art	frei	—
9403 60 30	– – Holzmöbel von der in Läden verwendeten Art	frei	—
9403 60 90	– – andere Holzmöbel	frei	—
9403 70 00	– **Kunststoffmöbel**	frei	—
	– **Möbel aus anderen Stoffen, einschließlich Stuhlrohr, Korbweide/Flechtweide, Bambus oder ähnliche Stoffe:**		
9403 81 00	– – **aus Bambus oder Rattan**	5,6	—
9403 89 00	– – **andere**	5,6	—
9403 90	– **Teile:**		
9403 90 10	– – aus Metall	2,7	—
9403 90 30	– – aus Holz	2,7	—
9403 90 90	– – aus anderen Stoffen	2,7	—
9404	**Sprungrahmen; Bettausstattungen und ähnliche Waren (z. B. Auflegematratzen, Steppdecken, Deckbetten, Polster, Schlummerrollen und Kopfkissen) mit Federung oder gepolstert oder mit Füllung aus Stoffen aller Art oder aus Zellkautschuk oder Zellkunststoff, auch überzogen:**		
9404 10 00	– **Sprungrahmen**	3,7	—
	– **Auflegematratzen:**		
9404 21	– – **aus Zellkautschuk oder Zellkunststoff, auch überzogen:**		
9404 21 10	– – – aus Zellkautschuk	3,7	—
9404 21 90	– – – aus Zellkunststoff	3,7	—
9404 29	– – **aus anderen Stoffen:**		
9404 29 10	– – – mit Federkern	3,7	—
9404 29 90	– – – andere	3,7	—
9404 30 00	– **Schlafsäcke**	3,7	p/st

KN-Code	Warenbezeichnung	Vertragsmäßiger Zollsatz (%)	Besondere Maßeinheit
1	2	3	4
9404 90	**– andere:**		
9404 90 10	– – mit Federn oder Daunen gefüllt	3,7	—
9404 90 90	– – andere	3,7	—
9405	**Beleuchtungskörper (einschließlich Scheinwerfer) und Teile davon, anderweit weder genannt noch inbegriffen; Reklameleuchten, Leuchtschilder, beleuchtete Namensschilder und dergleichen, mit fest angebrachter Lichtquelle, und Teile davon, anderweit weder genannt noch inbegriffen:**		
9405 10	**– Lüster und andere elektrische Decken- und Wandleuchten, ausgenommen solche von der für öffentliche Plätze oder Verkehrswege verwendeten Art:**		
	– – aus Kunststoffen oder aus keramischen Stoffen:		
9405 10 21	– – – aus Kunststoffen, von der mit Glühlampen verwendeten Art	4,7	—
9405 10 40	– – – andere	4,7	—
9405 10 50	– – aus Glas	3,7	—
	– – aus anderen Stoffen:		
9405 10 91	– – – von der mit Glühlampen verwendeten Art	2,7	—
9405 10 98	– – – andere	2,7	—
9405 20	**– elektrische Tisch-, Schreibtisch-, Nachttisch- oder Stehlampen:**		
	– – aus Kunststoffen oder aus keramischen Stoffen:		
9405 20 11	– – – aus Kunststoffen, von der mit Glühlampen verwendeten Art	4,7	—
9405 20 40	– – – andere	4,7	—
9405 20 50	– – aus Glas	3,7	—
	– – aus anderen Stoffen:		
9405 20 91	– – – von der mit Glühlampen verwendeten Art	2,7	—
9405 20 99	– – – andere	2,7	—
9405 30 00	**– elektrische Beleuchtungen von der für Weihnachtsbäume verwendeten Art**	3,7	—
9405 40	**– andere elektrische Beleuchtungskörper:**		
9405 40 10	– – Scheinwerfer	3,7	—
	– – andere:		
	– – – aus Kunststoffen:		
9405 40 31	– – – – von der mit Glühlampen verwendeten Art	4,7	—
9405 40 35	– – – – von der mit Leuchtstoffröhren (Fluoreszenzröhren) verwendeten Art	4,7	—
9405 40 39	– – – – andere	4,7	—
	– – – aus anderen Stoffen:		
9405 40 91	– – – – von der mit Glühlampen verwendeten Art	2,7	—
9405 40 95	– – – – von der mit Leuchtstoffröhren (Fluoreszenzröhren) verwendeten Art	2,7	—
9405 40 99	– – – – andere	2,7	—
9405 50 00	**– nicht elektrische Beleuchtungskörper**	2,7	—

KN-Code	Warenbezeichnung	Vertragsmäßiger Zollsatz (%)	Besondere Maßeinheit
1	2	3	4
9405 60	– **Reklameleuchten, Leuchtschilder, beleuchtete Namensschilder und dergleichen:**		
9405 60 20	– – aus Kunststoffen	4,7	—
9405 60 80	– – aus anderen Stoffen	2,7	—
	– **Teile:**		
9405 91	– – **aus Glas:**		
9405 91 10	– – – Waren zum Ausstatten von elektrischen Beleuchtungskörpern (ausgenommen Scheinwerfer)	5,7	—
9405 91 90	– – – andere	3,7	—
9405 92 00	– – **aus Kunststoffen**	4,7	—
9405 99 00	– – **aus anderen Stoffen**	2,7	—
9406 00	**Vorgefertigte Gebäude:**		
9406 00 11	– Mobilheime	2,7	—
	– andere:		
9406 00 20	– – aus Holz	2,7	—
	– – aus Eisen oder Stahl:		
9406 00 31	– – – Gewächshäuser	2,7	—
9406 00 38	– – – andere	2,7	—
9406 00 80	– – aus anderen Stoffen	2,7	—

KAPITEL 95

SPIELZEUG, SPIELE, UNTERHALTUNGSARTIKEL UND SPORTGERÄTE; TEILE DAVON UND ZUBEHÖR

Anmerkungen

1. Zu Kapitel 95 gehören nicht:

   a) Kerzen (Position 3406);

   b) Feuerwerkskörper oder andere pyrotechnische Artikel der Position 3604;

   c) Garne, Monofile, Schnüre oder Messinahaar oder dergleichen für den Fischfang, auch abgepasst, jedoch nicht zusammengesetzte Angelleinen, des Kapitels 39, der Position 4206 oder des Abschnitts XI;

   d) Taschen für Sportgeräte und andere Behältnisse der Position 4202, 4303 oder 4304;

   e) Sportkleidung sowie Maskenkostüme, aus Spinnstoffen, des Kapitels 61 oder 62;

   f) Fahnen und Wimpelgirlanden, aus Spinnstoffen, sowie Segel für Boote, Windsurfbretter oder Segelwagen, des Kapitels 63;

   g) Sportschuhe (ausgenommen solche, an denen Schlittschuhe oder Rollschuhe fest angebracht sind) des Kapitels 64 und besondere Kopfbedeckungen zu Sportzwecken des Kapitels 65;

   h) Gehstöcke, Peitschen, Reitpeitschen oder dergleichen (Position 6602), Teile davon (Position 6603);

   ij) Glasaugen, nicht montiert, für Puppen oder anderes Spielzeug, der Position 7018;

   k) Teile mit allgemeiner Verwendungsmöglichkeit im Sinne der Anmerkung 2 zu Abschnitt XV, aus unedlen Metallen (Abschnitt XV), und gleichartige Waren aus Kunststoff (Kapitel 39);

   l) Glocken, Klingeln, Gongs und ähnliche Waren der Position 8306;

   m) Flüssigkeitspumpen (Position 8413), Apparate zum Filtrieren oder Reinigen von Flüssigkeiten oder Gasen (Position 8421), Elektromotoren (Position 8501), elektrische Transformatoren (Position 8504), Platten, Bänder, nicht flüchtige Halbleiterspeichervorrichtungen, „intelligente Karten (smart cards)" und andere Tonträger oder ähnliche Aufzeichnungsträger, mit oder ohne Aufzeichnung (Position 8523), Geräte für die Funkfernsteuerung (Position 8526) oder schnurlose Infrarot-Fernbedienungen (Position 8543);

   n) Sportfahrzeuge (ausgenommen Rodelschlitten, Bobschlitten und dergleichen) des Abschnitts XVII;

   o) zweirädrige Kinderfahrräder (Position 8712);

   p) Sportboote, wie Kanus und Ruderboote (Kapitel 89), und Fortbewegungsmittel dazu (Kapitel 44, wenn sie aus Holz sind);

   q) Schutzbrillen für Sport und Freiluftspiele (Position 9004);

   r) Lockpfeifen und Signalpfeifen (Position 9208);

   s) Waffen und andere Waren des Kapitels 93;

   t) elektrische Girlanden aller Art (Position 9405);

   u) Saiten für Schläger, Zelte, Campingausrüstungen und Fingerhandschuhe, Handschuhe ohne Fingerspitzen und Fausthandschuhe aus Stoffen aller Art (Einreihung nach ihrer stofflichen Beschaffenheit);

   v) Geschirr, Küchenartikel, Toilettenartikel, Teppiche und andere textile Fußbodenbeläge, Kleidung, Bettwäsche, Tischwäsche, Wäsche zur Körperpflege, Küchenwäsche und ähnliche Erzeugnisse, die einen Gebrauchswert haben (Einreihung nach ihrer stofflichen Beschaffenheit).

2. Die Waren dieses Kapitels können einfache Verzierungen oder unwesentliche Zutaten aus echten Perlen oder Zuchtperlen, Edelsteinen oder Schmucksteinen (natürlichen, synthetischen oder rekonstituierten), Edelmetallen oder Edelmetallplattierungen enthalten.

3. Vorbehaltlich der vorstehenden Anmerkung 1 werden Teile und Zubehör, erkennbar ausschließlich oder hauptsächlich für Waren dieses Kapitels bestimmt, wie diese Waren eingereiht.

4. Vorbehaltlich der Bestimmungen der vorstehenden Anmerkung 1 zu diesem Kapitel gehören zu Position 9503 insbesondere auch Kombinationen von Waren dieser Position mit einem oder mehreren Bestandteilen, die nicht als Zusammenstellung nach den Bedingungen der Allgemeinen Vorschrift 3 b) betrachtet werden können und die gesondert gestellt in andere Positionen eingereiht werden würden, vorausgesetzt die Waren sind für den Einzelverkauf aufgemacht und die Kombination hat den wesentlichen Charakter von Spielzeug.

5. Zu Position 9503 gehören nicht Waren, die aufgrund ihrer Aufmachung, Form oder des verwendeten Materials erkennbar ausschließlich für Tiere bestimmt sind, z. B. Spielzeuge für Haustiere (Einreihung nach Beschaffenheit).

Unterpositions-Anmerkung

1. Unterposition 9504 50 umfasst:
   a) Videospielkonsolen, bei denen das Bild auf einem Fernsehempfangsgerät, einem Monitor oder einem anderen externen Bildschirm dargestellt wird, oder
   b) Videospielgeräte mit eigenem Videomonitor, auch tragbar.

   Zu dieser Unterposition gehören nicht Videospielkonsolen oder -geräte, die durch Einwurf eines Geldstücks, einer Banknote, einer Bankkarte, einer Spielmarke oder jedes anderen Zahlungsmittels in Gang gesetzt werden (Unterposition 9504 30).

KN-Code	Warenbezeichnung	Vertragsmäßiger Zollsatz (%)	Besondere Maßeinheit
1	2	3	4
[9501]			
[9502]			
9503 00	**Dreiräder, Roller, Autos mit Tretwerk und ähnliche Spielfahrzeuge; Puppenwagen; Puppen; anderes Spielzeug; maßstabgetreu verkleinerte Modelle und ähnliche Modelle zur Unterhaltung, auch mit Antrieb; Puzzles aller Art:**		
9503 00 10	– Dreiräder, Roller, Autos mit Tretwerk und ähnliche Spielfahrzeuge; Puppenwagen	frei	—
	– Puppen, nur Nachbildungen von Menschen darstellend, einschließlich Teile davon und Zubehör:		
9503 00 21	– – Puppen	4,7	—
9503 00 29	– – Teile und Zubehör	frei	—
9503 00 30	– elektrische Eisenbahnen, einschließlich Schienen, Signale und anderes Zubehör; maßstabgetreu verkleinerte Modelle zum Zusammenbauen	frei	—
	– andere Bausätze und Baukastenspielzeug:		
9503 00 35	– – aus Kunststoff	4,7	—
9503 00 39	– – aus anderen Stoffen	frei	—
	– Spielzeug, Tiere oder nicht menschliche Wesen darstellend:		
9503 00 41	– – Füllmaterial enthaltend	4,7	—
9503 00 49	– – andere	frei	—
9503 00 55	– Musikspielzeuginstrumente und -geräte	frei	—
	– Puzzles:		
9503 00 61	– – aus Holz	frei	—
9503 00 69	– – andere	4,7	—
9503 00 70	– anderes Spielzeug, aufgemacht in Zusammenstellungen oder Aufmachungen	4,7	—
	– anderes Spielzeug und Modelle, mit eingebautem Motor:		
9503 00 75	– – aus Kunststoff	4,7	—
9503 00 79	– – aus anderen Stoffen	frei	—
	– andere:		
9503 00 81	– – Spielzeugwaffen	frei	—
9503 00 85	– – im Gussverfahren hergestellte Miniaturmodelle aus Metall	4,7	—
	– – andere:		
9503 00 95	– – – aus Kunststoff	4,7	—
9503 00 99	– – – andere	frei	—
9504	**Videospielkonsolen und -geräte; Gesellschaftsspiele, einschließlich mechanisch betriebene Spiele, Billardspiele, Glücksspieltische und automatische Kegelbahnen (z. B. Bowlingbahnen):**		
9504 20 00	– **Billardspiele aller Art und Zubehör**	frei	—

KN-Code	Warenbezeichnung	Vertragsmäßiger Zollsatz (%)	Besondere Maßeinheit
1	2	3	4
9504 30	**– andere Spiele, mit Münzen, Geldscheinen, Bankkarten, Spielmarken oder anderen Zahlungsmitteln betrieben, ausgenommen automatische Kegelbahnen (Bowlingbahnen):**		
9504 30 10	– – Spiele mit Bildschirm	frei	p/st
9504 30 20	– – andere Spiele	frei	p/st
9504 30 90	– – Teile	frei	—
9504 40 00	**– Spielkarten**	2,7	—
9504 50 00	**– Videospielkonsolen und -geräte, andere als solche der Unterposition 9504 30**	frei	—
9504 90	**– andere:**		
9504 90 10	– – elektrische Auto-Rennspiele, die den Charakter von Gesellschaftsspielen haben	frei	—
9504 90 80	– – andere	frei	—
9505	**Fest-, Karnevals-/Faschings- oder andere Unterhaltungsartikel, einschließlich Zauber- und Scherzartikel:**		
9505 10	**– Weihnachtsartikel:**		
9505 10 10	– – aus Glas	frei	—
9505 10 90	– – aus anderen Stoffen	2,7	—
9505 90 00	**– andere**	2,7	—
9506	**Geräte und Ausrüstungsgegenstände für die allgemeine körperliche Ertüchtigung, Gymnastik, Leicht- und Schwerathletik, andere Sportarten (einschließlich Tischtennis) oder Freiluftspiele, in diesem Kapitel anderweit weder genannt noch inbegriffen; Schwimm- und Planschbecken:**		
	– Ski und Skiausrüstungen für den Wintersport:		
9506 11	**– – Ski:**		
9506 11 10	– – – Langlaufski	3,7	pa
	– – – Ski für den alpinen Skilauf:		
9506 11 21	– – – – Monoski und Snowboards	3,7	p/st
9506 11 29	– – – – andere	3,7	pa
9506 11 80	– – – andere Ski	3,7	pa
9506 12 00	**– – Skibindungen**	3,7	—
9506 19 00	**– – andere**	2,7	—
	– Wasserski, Surfbretter, Windsurfer und andere Ausrüstungen für den Wassersport:		
9506 21 00	**– – Windsurfer**	2,7	—
9506 29 00	**– – andere**	2,7	—
	– Golfschläger und andere Golfausrüstungen:		
9506 31 00	**– – vollständige Golfschläger**	2,7	p/st
9506 32 00	**– – Bälle**	2,7	p/st
9506 39	**– – andere:**		
9506 39 10	– – – Teile von Golfschlägern	2,7	—
9506 39 90	– – – andere	2,7	—
9506 40 00	**– Geräte und Ausrüstungen für Tischtennis**	2,7	—
	– Tennis-, Federball- oder ähnliche Schläger, auch ohne Bespannung:		
9506 51 00	**– – Tennisschläger, auch ohne Bespannung**	4,7	—
9506 59 00	**– – andere**	2,7	—

KN-Code	Warenbezeichnung	Vertragsmäßiger Zollsatz (%)	Besondere Maßeinheit
1	2	3	4
	– **Bälle, ausgenommen Golf- und Tischtennisbälle:**		
9506 61 00	– – **Tennisbälle**	2,7	—
9506 62 00	– – **aufblasbare Bälle**	2,7	—
9506 69	– – **andere:**		
9506 69 10	– – – Kricket- und Polobälle	frei	—
9506 69 90	– – – andere	2,7	—
9506 70	– **Schlittschuhe und Rollschuhe, einschließlich Stiefel mit fest angebrachten Roll- oder Schlittschuhen:**		
9506 70 10	– – Schlittschuhe	frei	pa
9506 70 30	– – Rollschuhe	2,7	pa
9506 70 90	– – Teile und Zubehör	2,7	—
	– **andere:**		
9506 91	– – **Geräte und Ausrüstungsgegenstände für die allgemeine körperliche Ertüchtigung, Gymnastik oder Leicht- und Schwerathletik:**		
9506 91 10	– – – Übungsgeräte mit Systemen zum Einstellen unterschiedlicher Belastungen	2,7	—
9506 91 90	– – – andere	2,7	—
9506 99	– – **andere:**		
9506 99 10	– – – Kricket- und Poloausrüstungen, ausgenommen Bälle	frei	—
9506 99 90	– – – andere	2,7	—
9507	**Angelruten, Angelhaken und anderes Angelgerät; Handnetze zum Landen von Fischen, Schmetterlingsnetze und ähnliche Netze; Lockgeräte (ausgenommen solche der Position 9208 oder 9705) und ähnliche Jagdgeräte:**		
9507 10 00	– **Angelruten**	3,7	—
9507 20	– **Angelhaken, auch mit Vorfach:**		
9507 20 10	– – Angelhaken, nicht montiert	1,7	—
9507 20 90	– – andere	3,7	—
9507 30 00	– **Angelrollen**	3,7	—
9507 90 00	– **andere**	3,7	—
9508	**Karusselle, Luftschaukeln, Schießbuden und andere Schaustellerattraktionen; Wanderzirkusse und Wandertierschauen; Wanderbühnen:**		
9508 10 00	– **Wanderzirkusse und Wandertierschauen**	1,7	—
9508 90 00	– **andere**	1,7	—

KAPITEL 96

VERSCHIEDENE WAREN

Anmerkungen

1. Zu Kapitel 96 gehören nicht:
   a) Schminkstifte und Stifte für die Körperpflege (Kapitel 33);
   b) Waren des Kapitels 66 (z. B. Teile von Regenschirmen oder Gehstöcken);
   c) Fantasieschmuck (Position 7117);
   d) Teile mit allgemeiner Verwendungsmöglichkeit im Sinne der Anmerkung 2 zu Abschnitt XV, aus unedlen Metallen (Abschnitt XV), und gleichartige Waren aus Kunststoff (Kapitel 39);
   e) Waren des Kapitels 82 (Werkzeuge, Schneidwaren, Essbestecke) mit Griffen oder Teilen aus Schnitz- oder Formstoffen; gesondert gestellt gehören diese Griffe und Teile zu Position 9601 oder 9602;
   f) Waren des Kapitels 90 (z. B. Brillenfassungen (Position 9003), Reißfedern (Position 9017), Bürstenwaren, die offensichtlich in der Medizin, in der Chirurgie, in der Zahn- oder Tierheilkunde Verwendung finden (Position 9018));
   g) Waren des Kapitels 91 (z. B. Uhrengehäuse);
   h) Musikinstrumente, Teile und Zubehör davon (Kapitel 92);
   ij) Waren des Kapitels 93 (Waffen und Teile davon);
   k) Waren des Kapitels 94 (z. B. Möbel, Beleuchtungskörper);
   l) Waren des Kapitels 95 (z. B. Spielzeug, Spiele, Sportgeräte);
   m) Waren des Kapitels 97 (Kunstgegenstände, Sammlungsstücke, Antiquitäten).
2. Als „pflanzliche oder mineralische Schnitzstoffe“ im Sinne der Position 9602 gelten:
   a) harte Samen, Kerne, Schalen und Nüsse und ähnliche pflanzliche Stoffe, von der zum Schnitzen verwendeten Art (z. B. Steinnuss und Dumpalmnüsse);
   b) Meerschaum und Bernstein, auch rekonstituiert, Gagat (Jett) und jettähnliche mineralische Schnitz- und Formstoffe.
3. Als „Pinselköpfe“ im Sinne der Position 9603 gelten ungefasste Bündel aus Tierhaaren, Pflanzenfasern oder anderen Stoffen, die ohne Teilung zum Herstellen von Pinseln oder ähnlichen Waren geeignet sind oder die hierzu nur einer geringen ergänzenden Bearbeitung bedürfen, wie Gleichrichten oder Schleifen der Enden.
4. Waren des Kapitels 96, ausgenommen Waren der Positionen 9601 bis 9606 und 9615, die ganz oder teilweise aus Edelmetallen, Edelmetallplattierungen, Edelsteinen oder Schmucksteinen (natürlichen, synthetischen oder rekonstituierten) oder aus echten Perlen oder Zuchtperlen bestehen, verbleiben in diesem Kapitel. Jedoch verbleiben Waren der Positionen 9601 bis 9606 und 9615 nur dann in Kapitel 96, wenn sie nur geringfügige Verzierungen oder unwesentliche Zutaten aus Edelmetallen, Edelmetallplattierungen, echten Perlen oder Zuchtperlen, Edelsteinen oder Schmucksteinen (natürlichen, synthetischen oder rekonstituierten) enthalten.

KN-Code	Warenbezeichnung	Vertragsmäßiger Zollsatz (%)	Besondere Maßeinheit
1	2	3	4
9601	**Elfenbein, Bein, Schildpatt, Horn, Geweihe, Korallen, Perlmutter und andere tierische Schnitzstoffe, bearbeitet, und Waren aus diesen Stoffen (einschließlich durch Formen hergestellte Waren):**		
9601 10 00	**– Elfenbein, bearbeitet, und Waren aus Elfenbein**	2,7	—
9601 90 00	**– andere**	frei	—
9602 00 00	**Pflanzliche oder mineralische Schnitzstoffe, bearbeitet, und Waren aus diesen Stoffen; geformte oder geschnitzte Waren aus Wachs, aus Paraffin, aus Stearin, aus natürlichen Gummen oder Harzen oder aus Modelliermassen, und andere geformte oder geschnitzte Waren, anderweit weder genannt noch inbegriffen; nicht gehärtete Gelatine, bearbeitet (ausgenommen Gelatine der Position 3503) und Waren aus nicht gehärteter Gelatine**	2,2	—

KN-Code	Warenbezeichnung	Vertragsmäßiger Zollsatz (%)	Besondere Maßeinheit
1	2	3	4
9603	**Besen, Bürsten und Pinsel (einschließlich solcher, die Teile von Maschinen, Apparaten oder Fahrzeugen sind), von Hand zu führende mechanische Fußbodenkehrer ohne Motor, Mopps und Staubwedel; Pinselköpfe; Kissen und Roller zum Anstreichen; Wischer aus Kautschuk oder ähnlichen geschmeidigen Stoffen:**		
9603 10 00	**– Besen, aus Reisig oder anderen pflanzlichen Stoffen, gebunden, auch mit Stiel**	3,7	p/st
	– Zahnbürsten, Rasierpinsel, Haarbürsten, Nagelbürsten, Wimpernbürstchen und andere Bürsten zur Körperpflege, einschließlich Bürsten, die Teile von Apparaten sind:		
9603 21 00	**– – Zahnbürsten, einschließlich Bürsten für künstliche Gebisse**	3,7	p/st
9603 29	**– – andere:**		
9603 29 30	– – – Haarbürsten	3,7	p/st
9603 29 80	– – – andere	3,7	—
9603 30	**– Pinsel für Kunstmaler, Schreibpinsel und ähnliche Pinsel zum Auftragen von kosmetischen Erzeugnissen:**		
9603 30 10	– – Pinsel für Kunstmaler und Schreibpinsel	3,7	p/st
9603 30 90	– – Pinsel zum Auftragen von kosmetischen Erzeugnissen	3,7	p/st
9603 40	**– Bürsten und Pinsel zum Auftragen von Anstrichfarben, Lack oder dergleichen (ausgenommen Bürsten und Pinsel der Unterposition 9603 30); Kissen und Roller zum Anstreichen:**		
9603 40 10	– – Bürsten und Pinsel zum Auftragen von Anstrichfarben, Lack oder dergleichen	3,7	p/st
9603 40 90	– – Kissen und Roller zum Anstreichen	3,7	p/st
9603 50 00	**– andere Bürsten, die Teile von Maschinen, Apparaten oder Fahrzeugen sind**	2,7	—
9603 90	**– andere:**		
9603 90 10	– – von Hand zu führende mechanische Fußbodenkehrer ohne Motor	2,7	p/st
	– – andere:		
9603 90 91	– – – Bürstenwaren für die Straßen- und Haushaltsreinigung, einschließlich Schuh- und Kleiderbürsten; Bürsten für die Tierpflege	3,7	—
9603 90 99	– – – andere	3,7	—
9604 00 00	**Handsiebe**	3,7	—
9605 00 00	**Reisezusammenstellungen zur Körperpflege, zum Nähen, zum Reinigen von Schuhen oder Kleidung**	3,7	—
9606	**Knöpfe, Druckknöpfe; Knopfformen und andere Teile; Knopfrohlinge:**		
9606 10 00	**– Druckknöpfe und Teile davon**	3,7	—
	– Knöpfe:		
9606 21 00	**– – aus Kunststoff, nicht mit Spinnstoffen überzogen**	3,7	—
9606 22 00	**– – aus unedlen Metallen, nicht mit Spinnstoffen überzogen**	3,7	—
9606 29 00	**– – andere**	3,7	—
9606 30 00	**– Knopfformen und andere Knopfteile; Knopfrohlinge**	2,7	—
9607	**Reißverschlüsse und Teile davon:**		
	– Reißverschlüsse:		
9607 11 00	**– – mit Zähnen aus unedlen Metallen**	6,7	m

KN-Code	Warenbezeichnung	Vertragsmäßiger Zollsatz (%)	Besondere Maßeinheit
1	2	3	4
9607 19 00	– – andere	7,7	m
9607 20	– Teile:		
9607 20 10	– – aus unedlen Metallen (einschließlich Bänder und Streifen mit Zähnen aus unedlen Metallen)	6,7	—
9607 20 90	– – andere	7,7	—
9608	**Kugelschreiber; Schreiber und Markierstifte, mit Filzspitze oder anderer poröser Spitze; Füllfederhalter und andere Füllhalter; Durchschreibstifte; Füllbleistifte; Federhalter, Bleistifthalter und ähnliche Waren; Teile davon (einschließlich Kappen und Klipse), ausgenommen Waren der Position 9609:**		
9608 10	– Kugelschreiber:		
9608 10 10	– – mit flüssiger Tinte	3,7	p/st
	– – andere:		
9608 10 92	– – – mit auswechselbarer Mine	3,7	p/st
9608 10 99	– – – andere	3,7	p/st
9608 20 00	– Schreiber und Markierstifte, mit Filzspitze oder anderer poröser Spitze	3,7	p/st
9608 30 00	– Füllfederhalter und andere Füllhalter	3,7	p/st
9608 40 00	– Füllbleistifte (Dreh- und Druckstifte)	3,7	p/st
9608 50 00	– Zusammenstellungen von Waren aus zwei oder mehr der vorstehenden Unterpositionen	3,7	—
9608 60 00	– Minen für Kugelschreiber, aus Kugeln und Tintenbehälter bestehend	2,7	p/st
	– andere:		
9608 91 00	– – Schreibfedern und Schreibfederspitzen	2,7	—
9608 99 00	– – andere	2,7	—
9609	**Blei-, Kopier- und Farbstifte (ausgenommen Waren der Position 9608), Griffel, Minen für Stifte, Pastellstifte, Zeichenkohle, Schreib- oder Zeichenkreide und Schneiderkreide:**		
9609 10	– Stifte mit festem Schutzmantel:		
9609 10 10	– – Bleistifte	2,7	—
9609 10 90	andere	2,7	—
9609 20 00	– Minen für Stifte	2,7	—
9609 90	– andere:		
9609 90 10	– – Pastellstifte und Zeichenkohle	2,7	—
9609 90 90	– – andere	1,7	—
9610 00 00	**Schiefertafeln und Tafeln zum Schreiben oder Zeichnen, auch gerahmt**	2,7	—
9611 00 00	**Datumstempel, Siegel, Nummernstempel und ähnliche Waren (einschließlich Geräte zum Drucken oder Prägen von Etiketten), für den Handgebrauch; Zusammensetzstempel und Druckkästen, für den Handgebrauch**	2,7	—
9612	**Bänder für Schreibmaschinen und ähnliche Bänder, mit Tinte oder anders für Abdrucke präpariert, auch auf Spulen oder in Kassetten; Stempelkissen, auch getränkt, auch mit Schachteln:**		
9612 10	– Bänder:		
9612 10 10	– – aus Kunststoff	2,7	—

KN-Code	Warenbezeichnung	Vertragsmäßiger Zollsatz (%)	Besondere Maßeinheit
1	2	3	4
9612 10 20	– – aus Chemiefasern, mit einer Breite von weniger als 30 mm, dauerhaft in Kunststoff- oder Metallkassetten eingeschlossen, von der in automatischen Schreibmaschinen, automatischen Datenverarbeitungsmaschinen und anderen Maschinen verwendeten Art	frei	—
9612 10 80	– – andere	2,7	—
9612 20 00	– Stempelkissen	2,7	—
9613	**Feuerzeuge und andere Anzünder (ausgenommen Anzünder der Position 3603), auch mechanisch oder elektrisch, und Teile davon, ausgenommen Feuersteine und Dochte:**		
9613 10 00	– Taschenfeuerzeuge, für Gas, nicht nachfüllbar	2,7	p/st
9613 20 00	– Taschenfeuerzeuge, für Gas, nachfüllbar	2,7	p/st
9613 80 00	– andere Feuerzeuge und Anzünder	2,7	—
9613 90 00	– Teile	2,7	—
9614 00	**Tabakpfeifen (einschließlich Pfeifenköpfe), Zigarren- und Zigarettenspitzen, und Teile davon:**		
9614 00 10	– Pfeifenrohformen aus Wurzelholz oder anderem Holz	frei	—
9614 00 90	– andere	2,7	—
9615	**Frisierkämme, Einsteckkämme, Haarspangen und dergleichen; Haarnadeln, Frisiernadeln, Haarklammern, Lockenwickler und ähnliche Waren, ausgenommen Waren der Position 8516, und Teile davon:**		
	– Frisierkämme, Einsteckkämme, Haarspangen und dergleichen:		
9615 11 00	– – aus Hartkautschuk oder Kunststoff	2,7	—
9615 19 00	– – andere	2,7	—
9615 90 00	– andere	2,7	—
9616	**Parfümzerstäuber und ähnliche Zerstäuber zu Toilettenzwecken und Vorrichtungen und Köpfe dafür; Puderquasten und Kissen, zum Auftragen von Kosmetik- oder Körperpflegemitteln:**		
9616 10	– Parfümzerstäuber und ähnliche Zerstäuber zu Toilettenzwecken und Vorrichtungen und Köpfe dafür:		
9616 10 10	– – Zerstäuber	2,7	—
9616 10 90	– – Vorrichtungen und Köpfe	2,7	—
9616 20 00	– Puderquasten und Kissen, zum Auftragen von Kosmetik- oder Körperpflegemitteln	2,7	—
9617 00 00	**Vakuum-Isolierflaschen und andere Vakuum-Isolierbehälter; Teile davon, ausgenommen Glaskolben**	6,7	—
9618 00 00	**Schneiderpuppen, Schaufensterpuppen und ähnliche Waren; bewegliche Figuren und Ausstellungsstücke für Schaufenster**	1,7	—
9619 00	**Hygienische Binden (Einlagen) und Tampons, Windeln und Windeleinlagen für Säuglinge und Kleinkinder und ähnliche Waren, aus Stoffen aller Art:**		
	– aus Papierhalbstoff, Papier, Zellstoffwatte oder Vliesen aus Zellstofffasern:		
	– – Hygienische Binden (Einlagen), Tampons und ähnliche Waren:		
9619 00 11	– – – Hygienische Binden (Einlagen)	frei	—
9619 00 13	– – – Tampons	frei	—
9619 00 19	– – – andere	frei	—
	– – Windeln und Windeleinlagen für Säuglinge und Kleinkinder und ähnliche Waren:		
9619 00 21	– – – Windeln und Windeleinlagen für Säuglinge und Kleinkinder	frei	—

KN-Code	Warenbezeichnung	Vertragsmäßiger Zollsatz (%)	Besondere Maßeinheit
1	2	3	4
9619 00 29	– – – andere (z. B. Artikel für Inkontinenz)	frei	—
	– aus Spinnstoffwatte:		
9619 00 31	– – aus Chemiefasern	5	—
9619 00 39	– – andere	3,8	—
	– aus anderen Spinnstoffen:		
	– – Hygienische Binden (Einlagen), Tampons und ähnliche Waren:		
9619 00 41	– – – aus Gewirken oder Gestricken	12	—
9619 00 49	– – – andere	6,3	—
	– – Windeln und Windeleinlagen für Säuglinge und Kleinkinder und ähnliche Waren:		
9619 00 51	– – – aus Gewirken oder Gestricken	12	—
9619 00 59	– – – andere	10,5	—
9619 00 90	– aus anderen Stoffen	6,5	—

ABSCHNITT XXI

KUNSTGEGENSTÄNDE, SAMMLUNGSSTÜCKE UND ANTIQUITÄTEN

KAPITEL 97

KUNSTGEGENSTÄNDE, SAMMLUNGSSTÜCKE UND ANTIQUITÄTEN

Anmerkungen

1. Zu Kapitel 97 gehören nicht:

   a) Briefmarken, Stempelmarken, Steuerzeichen, Ganzsachen und dergleichen, nicht entwertet, der Position 4907;

   b) bemalte Gewebe für Theaterdekorationen, Atelierhintergründe oder dergleichen (Position 5907), ausgenommen solche, die zu Position 9706 gehören;

   c) echte Perlen oder Zuchtperlen sowie Edelsteine und Schmucksteine (Positionen 7101 bis 7103).

2. Originalstiche, -schnitte und -steindrucke im Sinne der Position 9702 sind Drucke, die von einer oder mehreren vom Künstler vollständig handgearbeiteten Platten in beliebigem, jedoch keinem mechanischen oder fotomechanischen Verfahren auf einen beliebigen Stoff in Schwarzweiß oder Farbig unmittelbar abgezogen sind.

3. Zu Position 9703 gehören nicht Bildhauerarbeiten, die den Charakter einer Handelsware haben (Serienerzeugnisse, Abgüsse und handwerkliche Erzeugnisse), selbst wenn diese Waren von Künstlern entworfen oder gestaltet wurden.

4. A) Vorbehaltlich der vorstehenden Anmerkungen 1, 2 und 3 gehören Waren, bei deren Einreihung Kapitel 97 und andere Kapitel der Nomenklatur in Betracht kommen, zu Kapitel 97.

   B) Zu Position 9706 gehören nicht Waren mit den Merkmalen der Positionen 9701 bis 9705.

5. Rahmen um Gemälde, Zeichnungen, Collagen und ähnliche dekorative Bildwerke, Stiche, Schnitte oder Steindrucke werden wie diese eingereiht, wenn sie ihnen nach Art und Wert entsprechen.

   Rahmen, die nach Art und Wert den in dieser Anmerkung erwähnten Waren nicht entsprechen, sind getrennt einzureihen.

Zusätzliche Anmerkung

1. *Zu Position 9705 gehören Sammlerkraftfahrzeuge von geschichtlichem oder völkerkundlichem Wert, die:*

   a) sich in ihrem Originalzustand befinden, d. h. an denen keine wesentlichen Änderungen an Fahrgestell, Karosserie, Lenkung, Bremsen, Getriebe, Aufhängesystem oder Motor vorgenommen wurden. Instandsetzung und Wiederaufbau ist zulässig, defekte oder verschlissene Teile, Zubehör und Einheiten können ersetzt worden sein, sofern sich das Fahrzeug in historisch einwandfreiem Zustand befindet. Modernisierte oder umgebaute Fahrzeuge sind ausgeschlossen;

   b) mindestens 30 Jahre alt sind;

   c) einem nicht mehr hergestellten Modell oder Typ entsprechen.

   Die erforderlichen Eigenschaften für die Aufnahme in eine Sammlung, wie verhältnismäßig selten, normalerweise nicht ihrem ursprünglichen Zweck entsprechend verwendet, Gegenstand eines Spezialhandels außerhalb des üblichen Handels mit ähnlichen Gebrauchsgegenständen und von hohem Wert, werden für Fahrzeuge, die die zuvor genannten drei Kriterien erfüllen, als gegeben angesehen.

   Zu dieser Position gehören auch folgende Sammlerfahrzeuge:

   — Kraftfahrzeuge, die unabhängig von ihrem Herstellungsdatum nachweislich bei einem geschichtlichen Ereignis im Einsatz waren,

   — Rennkraftfahrzeuge, die unabhängig von ihrem Herstellungsdatum nachweislich ausschließlich für den Motorsport entworfen, gebaut und verwendet worden sind und bei angesehenen nationalen und internationalen Ereignissen bedeutende sportliche Erfolge errungen haben.

   Teile und Zubehör für Kraftfahrzeuge werden in diese Position eingereiht, sofern es sich um Originalteile oder Originalzubehör für Sammlerkraftfahrzeuge handelt, ihr Alter mindestens 30 Jahre beträgt und sie nicht mehr hergestellt werden.

   Nachbildungen und Nachbauten sind ausgeschlossen, es sei denn, sie erfüllen selbst die drei oben genannten Kriterien.

KN-Code	Warenbezeichnung	Vertragsmäßiger Zollsatz (%)	Besondere Maßeinheit
1	2	3	4
9701	**Gemälde (z. B. Ölgemälde, Aquarelle, Pastelle) und Zeichnungen, vollständig mit der Hand geschaffen, ausgenommen Zeichnungen der Position 4906 und handbemalte oder handverzierte gewerbliche Erzeugnisse; Collagen und ähnliche dekorative Bildwerke:**		
9701 10 00	**– Gemälde (z. B. Ölgemälde, Aquarelle, Pastelle) und Zeichnungen**	frei	—
9701 90 00	**– andere**	frei	—
9702 00 00	**Originalstiche, -schnitte und -steindrucke**	frei	—
9703 00 00	**Originalerzeugnisse der Bildhauerkunst, aus Stoffen aller Art**	frei	—
9704 00 00	**Briefmarken, Stempelmarken, Steuerzeichen, Ersttagsbriefe, Ganzsachen und dergleichen, entwertet oder nicht entwertet, ausgenommen die Waren der Position 4907**	frei	—
9705 00 00	**Zoologische, botanische, mineralogische oder anatomische Sammlungsstücke und Sammlungen; Sammlungsstücke von geschichtlichem, archäologischem, paläontologischem, völkerkundlichem oder münzkundlichem Wert**	frei	—
9706 00 00	**Antiquitäten, mehr als 100 Jahre alt**	frei	—

KAPITEL 98

VOLLSTÄNDIGE FABRIKATIONSANLAGEN

Anmerkung

Die Verordnungen (EU) Nr. 113/2010 der Kommission (1) *vom 9. Februar 2010 und (EG) Nr. 1982/2004 der Kommission* (2) *vom 18. November 2004 ermöglichen den Mitgliedstaaten eine einfachere Anmeldung für die Ausfuhr und den Eingang oder die Versendung vollständiger Fabrikationsanlagen im Rahmen der Statistik des Außen- und Intrahandels der Europäischen Union. Macht der Mitgliedstaat von der Vereinfachung Gebrauch, sind die Kriterien und das Verfahren hierfür durch nationale Anweisungen festgelegt. (Siehe nachstehende Liste der zuständigen Dienststellen).*

Mitgliedstaat	Name und Adresse der zuständigen Dienststelle
Belgien	Institut des comptes nationaux p/a Banque nationale de Belgique Boulevard de Berlaimont 14 BE-1000 Bruxelles Instituut voor de Nationale Rekeningen p/a Nationale Bank van België de Berlaimontlaan 14 BE-1000 Brussel
Bulgarien	Национална агенция за приходите бул. Дондуков № 52 гр. София, 1000
Tschechische Republik	Český statistický úřad Na padesátém 3268/81 CZ-100 82 Praha 10 – Strašnice
Dänemark	SKAT København Told Sluseholmen 8 B DK-2450 København SV
Deutschland	Statistisches Bundesamt Gruppe G3 — Außenhandel DE-65180 Wiesbaden
Estland	Masku- ja Tolliamet Lõõtsa 8a EE-15176 Tallinn Statistikaamet Tatari 51 10134 Tallinn
Griechenland	Εθνική Στατιστική Υπηρεσία της Ελλάδας Πειραιώς 46 & Επονιτών GR-18510 Πειραιάς
Spanien	Departamento de Aduanas e Impuestos Especiales Avda. Llano Castellano, 17 ES-28071 Madrid
Frankreich	Direction générale des douanes et droits indirects Bureau E/3 (ensembles industriels extracommunautaires) Département des statistiques et des études économiques (ensembles industriels intracommunautaires) 11, rue des Deux Communes FR-93558 Montreuil Cedex

(1) ABl. L 37 vom 10.2.2010, S. 1.
(2) ABl. L 343 vom 19.11.2004, S. 3.

Mitgliedstaat	Name und Adresse der zuständigen Dienststelle
Kroatien	Ministarstvo financija Carinska uprava Alexandera von Humboldta 4a 10000 Zagreb Državni zavod za statistiku Ilica 3 10000 Zagreb
Italien	Agenzia delle dogane Direzione Centrale Gestione Tributi e Rapporto con gli Utenti Ufficio per la tariffa doganale, per i dazi e per i regimi dei prodotti agricoli Via Mario Carucci, 71 IT-00143 Roma Istituto Nazionale di Statistica Servizio Commercio con l'Estero Via Cesare Balbo 16 IT-00184 Roma
Irland	Central Statistics Office Ardee Rd Rathmines IE-Dublin 6 Office of the Revenue Commissioners Dublin Castle IE-Dublin 2
Zypern	Τμήμα Τελωνείων Υπουργείο Οικονομικών Γωνία Μιχαήλ Καραολή και Γρηγόρη Αυξεντίου CY-1096, Λευκωσία Υπηρεσία Φόρου Προστιθέμενης Αξίας Τμήμα Τελωνείων Υπουργείο Οικονομικών Γωνία Μιχαήλ Καραολή και Γρ. Αυξεντίου CY-1471, Λευκωσία
Lettland	Latvijas Republikas Centrālā statistikas pārvalde, Lāčplēša ielā 1, Rīga, LV-1301 Latvijas Republikas Valsts ieņēmumu dienesta Muitas pārvalde, 11.novembra krastmalā 17, Rīga, LV-1841
Litauen	Muitines departamentas prie Lietuvos Respublikos finansu ministerijos A. Jakšto g.1 LT-01105 Vilnius
Luxemburg	Service Central de la Statistique et des Études Économiques Centre administratif Pierre Werner 13, rue Erasme LU-1468 Luxembourg-Kirchberg
Ungarn	Központi Statisztikai Hivatal Szolgáltatás- és külkereskedelem-statisztikai Főosztály HU-1024, Budapest, Petrezselyem u. 7-9.
Malta	Uffiċċju Nazzjonali ta' l-Istatistika Lascaris MT-II-Belt. CMR 02
Niederlande	De inspecteur in wiens ambtsgebied belanghebbende woont of is gevestigd

Mitgliedstaat	Name und Adresse der zuständigen Dienststelle
Österreich	Zollamt des Bundeslandes, in dem der Anmeldepflichtige seinen Sitz oder Wohnsitz hat, oder Bundesanstalt Statistik Austria Guglgasse 13 AT-1110 Wien
Polen	Właściwy dyrektor izby celnej
Portugal	Autoridade Tributária e Aduaneira Direcção de Serviços de Tributação Aduaneira Rua da Alfândega, n.º 5 R/C 1149-006 Lisboa Instituto Nacional de Estatística DEE/CII — Departamento de Estatísticas Económicas Serviço de Estatísticas do Comércio Internacional e Produção Industrial Av. António José de Almeida PT-1000-043 Lisboa
Rumänien	Institutul National de Statistica Bd. Libertatii 16 RO-Bucuresti Sector 5
Slowenien	Ministrstvo za finance Carinska uprava Republike Slovenije Generalni carinski urad Šmartinska 55 SI-1523 Ljubljana (za izvoz blaga) Statistični urad Republike Slovenije Vožarski pot 12 SI-1000 Ljubljana (za odpreme in prejeme blaga)
Slowakei	Štatistický úrad SR Odbor štatistiky zahraničného obchodu Miletičova 3 SK-824 67 Bratislava 26 Finančné riaditeľstvo SR Lazovná 63 974 01 Banská Bystrica
Finnland	Tulli PL 512 FI-00101 Helsinki Tullen PB 512 FI-00101 Helsingfors
Schweden	Tullverket Box 12854 SE-11298 Stockholm Statistiska centralbyrån Box 24300 SE-10451 Stockholm
Vereinigtes Königreich	Head of Compilation: Operations Statistics and Analysis of Trade Unit HM Revenue and Customs 3rd floor, Alexander House 21 Victoria Avenue Southend-on-Sea GB-SS99 1AA

KN-Code	Warenbezeichnung
9880 XX 00	Komponenten vollständiger Fabrikationsanlagen im Rahmen des Außenhandels (Verordnung (EU) Nr. 113/2010 der Kommission vom 9. Februar 2010) und des Intrahandels der Europäischen Union (Verordnung (EG) Nr. 1982/2004 der Kommission vom 18. November 2004): Die KN-Codes umfassen folgende Angaben: — Die ersten vier Stellen sind 9880. — Die fünfte und die sechste Stelle bezeichnen das Kapitel der KN, zu dem die Waren, aus denen sich die Komponenten zusammensetzen, gehören. — Die siebte und die achte Stelle sind jeweils 0.

KAPITEL 99

BESONDERE CODES DER KOMBINIERTEN NOMENKLATUR

Unterkapitel I

Codes der Kombinierten Nomenklatur für bestimmte besondere Warenbewegungen (Einfuhr oder Ausfuhr)

Zusätzliche Anmerkungen

1. *Die Bestimmungen dieses Unterkapitels gelten nur für die Bewegung von Waren, auf die es sich bezieht.*

   Solche Waren werden unter dem einschlägigen Unterkapitel angemeldet, sofern die Bedingungen und Anforderungen des Unterkapitels oder jeder anderen anwendbaren Regelung erfüllt sind. Die Bezeichnung solcher Waren muss so genau sein, dass sie identifiziert werden können.

   Die Mitgliedstaaten können jedoch beschließen, die Bestimmungen dieses Unterkapitels nicht anzuwenden, wenn Einfuhrabgaben oder sonstige Abgaben entstehen können.

2. *Die Bestimmungen dieses Unterkapitels gelten nicht für den Warenhandel zwischen Mitgliedstaaten.*

3. *Einfuhr- und ausfuhrabgabenpflichtige Waren im Sinne der Verordnung (EG) Nr. 1186/2009 des Rates, für die keine Befreiung von den Einfuhr- oder Ausfuhrabgaben gewährt wird, sind von diesem Unterkapitel ausgeschlossen.*

   Auch Bewegungen von Waren, die einem Verbot oder einer Beschränkung unterliegen, sind von diesem Unterkapitel ausgeschlossen.

KN-Code	Warenbezeichnung	Anmerkung
	Bestimmte Waren gemäß der Verordnung (EG) Nr. 1186/2009 des Rates (Einfuhr und Ausfuhr):	
9905 00 00	– Übersiedlungsgut von natürlichen Personen, die ihren gewöhnlichen Wohnsitz verlegen	[1]
9919 00 00	– Die folgenden Waren, andere als die oben genannten:	
	– – Aussteuer und Hausrat einer Person, die ihren gewöhnlichen Wohnsitz aus Anlass ihrer Eheschließung verlegt; Erbschaftsgut	[1]
	– – Ausstattung, Ausbildungsmaterial und Haushaltsgegenstände von Schülern und Studenten	[1]
	– – Särge mit Verstorbenen und Urnen mit der Asche Verstorbener sowie Gegenstände zur Grabausschmückung	[1]
	– – für Organisationen der Wohlfahrtspflege bestimmte Waren und für Katastrophenopfer bestimmte Waren	[1]

Unterkapitel II

Statistische Codes für bestimmte Warenbewegungen

Zusätzliche Anmerkungen

1. *Die Verordnung (EU) Nr. 113/2010 der Kommission vom 9. Februar 2010 zur Durchführung der Verordnung (EG) Nr. 471/2009 des Europäischen Parlaments und des Rates über Gemeinschaftsstatistiken des Außenhandels mit Drittländern hinsichtlich der Abdeckung des Handels, der Definition der Daten, der Erstellung von Statistiken des Handels nach Unternehmensmerkmalen und Rechnungswährung sowie besonderer Waren oder Warenbewegungen* [2] *und die Verordnung (EG) Nr. 1982/2004 der Kommission vom 18. November 2004 zur Durchführung der Verordnung (EG) Nr. 638/2004 des Europäischen Parlaments und des Rates über die Gemeinschaftsstatistiken des Warenverkehrs zwischen Mitgliedstaaten und zur Aufhebung der Verordnungen (EG) Nr. 1901/2000 und (EWG) Nr. 3590/92 der Kommission* [3] *ermöglichen den Mitgliedstaaten für bestimmte Waren der Statistiken des Extra-EU-Handels und des Intra-EU-Handels die Verwendung eines vereinfachten Kodierungssystems.*

(1) Bei der Einfuhr gilt für die Einreihung in diese Unterposition und die Befreiung von den Einfuhrabgaben die Bedingung gemäß der Verordnung (EG) Nr. 1186/2009 des Rates.

(2) ABl. L 37 vom 10.2.2010, S. 1.

(3) ABl. L 343 vom 19.11.2004, S. 3.

2. *Für die Codes dieses Unterkapitels gelten die Bedingungen gemäß der Verordnung (EU) Nr. 113/2010 und der Verordnung (EG) Nr. 1982/2004.*

KN-Code	Warenbezeichnung
9930	**An Schiffe und Luftfahrzeuge gelieferte Waren:**
9930 24 00	– Waren der KN-Kapitel 1 bis 24
9930 27 00	– Waren des KN-Kapitels 27
9930 99 00	– anderweit eingereihte Waren
9931	**An die Besatzungsmitglieder der Offshore-Anlage oder zum Betrieb von Motoren, Maschinen und sonstigen Geräten der Offshore-Anlage gelieferte Waren:**
9931 24 00	– Waren der KN-Kapitel 1 bis 24
9931 27 00	– Waren des KN-Kapitels 27
9931 99 00	– anderweit eingereihte Waren
9950 00 00	**Code, der nur für den Handelsverkehr zwischen den Mitgliedstaaten mit Einzeltransaktionen mit einem Wert von weniger als 200 € oder für die Anmeldung sonstiger Waren in einigen Fällen verwendet wird**

TEIL III

ANHÄNGE ZUM ZOLLTARIF

ABSCHNITT I

ANHÄNGE FÜR LANDWIRTSCHAFTLICHE ERZEUGNISSE

ANHANG 1

AGRARTEILBETRÄGE (EA), ZUSATZZÖLLE ZUCKER (AD S/Z) UND ZUSATZZÖLLE MEHL (AD F/M)

Anhang 1

Bei Hinweisen auf diesen Anhang werden der Agrarteilbetrag („EA") sowie gegebenenfalls der Zusatzzoll auf verschiedene Arten Zucker („AD S/Z") oder der Zusatzzoll auf Mehl („AD F/M") bestimmt anhand des Gehalts der betreffenden Ware an:

— Milchfett,

— Milchproteinen,

— Saccharose/Invertzucker/Isoglukose,

— Stärke, Stärkeabbauprodukten/Glukose.

Dieser Ware entspricht ein Zusatzcode, der anhand der nachstehenden Tabelle 1 festgesetzt wird. Der für die Ware geltende Agrarteilbetrag (in Euro für 100 kg Eigengewicht) ist in Tabelle 2, Spalte 2, aufgeführt.

Die in Tabelle 2, Spalte 3, aufgeführten Zusatzzölle auf verschiedene Arten Zucker („AD S/Z") (in Euro für 100 kg Eigengewicht) gelten für Erhebungszwecke nur dann in vollem Umfang, wenn der Zolltarif mit dem Zeichen „AD S/Z" auf Anhang 1 verweist; die in Spalte 4 aufgeführten Zusatzzölle auf Mehl („AD F/M") (in Euro für 100 kg Eigengewicht) gelten für Erhebungszwecke nur dann in vollem Umfang, wenn der Zolltarif mit dem Zeichen „AD F/M" auf Anhang 1 verweist.

Anhang 1

Tabelle 1

Zusatzcode

Milchfett (GHT)	Milchprotein (GHT) [1]	Stärke/Glucose						
		≥ 0 < 5						
		Saccharose/Invertzucker/Isoglucose						
		≥ 0 < 5	≥ 5 < 30	≥ 30 < 50	≥ 50 < 70	≥ 70	≥ 0 < 5	≥ 5 < 30
≥ 0 < 1,5	≥ 0 < 2,5	7000	7001	7002	7003	7004	7005	7006
	≥ 2,5 < 6	7020	7021	7022	7023	7024	7025	7026
	≥ 6 < 18	7040	7041	7042	7043	7044	7045	7046
	≥ 18 < 30	7060	7061	7062	7063	7064	7065	7066
	≥ 30 < 60	7080	7081	7082	7083	7084	7085	7086
	≥ 60	7800	7801	7802	×	×	7805	7806
≥ 1,5 < 3	≥ 0 < 2,5	7100	7101	7102	7103	7104	7105	7106
	≥ 2,5 < 6	7120	7121	7122	7123	7124	7125	7126
	≥ 6 < 18	7140	7141	7142	7143	7144	7145	7146
	≥ 18 < 30	7160	7161	7162	7163	7164	7165	7166
	≥ 30 < 60	7180	7181	7182	7183	×	7185	7186
	≥ 60	7820	7821	7822	×	×	7825	7826
≥ 3 < 6	≥ 0 < 2,5	7840	7841	7842	7843	7844	7845	7846
	≥ 2,5 < 12	7200	7201	7202	7203	7204	7205	7206
	≥ 12	7260	7261	7262	7263	7264	7265	7266
≥ 6 < 9	≥ 0 < 4	7860	7861	7862	7863	7864	7865	7866
	≥ 4 < 15	7300	7301	7302	7303	7304	7305	7306
	≥ 15	7360	7361	7362	7363	7364	7365	7366
≥ 9 < 12	≥ 0 < 6	7900	7901	7902	7903	7904	7905	7906
	≥ 6 < 18	7400	7401	7402	7403	7404	7405	7406
	≥ 18	7460	7461	7462	7463	7464	7465	7466
≥ 12 < 18	≥ 0 < 6	7940	7941	7942	7943	7944	7945	7946
	≥ 6 < 18	7500	7501	7502	7503	7504	7505	7506
	≥ 18	7560	7561	7562	7563	7564	7565	7566
≥ 18 < 26	≥ 0 < 6	7960	7961	7962	7963	7964	7965	7966
	≥ 6	7600	7601	7602	7603	7604	7605	7606
≥ 26 < 40	≥ 0 < 6	7980	7981	7982	7983	7984	7985	7986
	≥ 6	7700	7701	7702	7703	×	7705	7706
≥ 40 < 55		7720	7721	7722	7723	×	7725	7726
≥ 55 < 70		7740	7741	7742	×	×	7745	7746
≥ 70 < 85		7760	7761	7762	×	×	7765	7766
≥ 85		7780	7781	×	×	×	7785	7786

(1) *Milchproteine*
Caseine und/oder Caseinate, die als Bestandteil der Ware vorhanden sind, gelten nicht als Milchproteine, wenn die Ware keine anderen Milchbestandteile enthält. Milchfett in der Ware zu einem Gehalt von weniger als 1 GHT und Lactose zu einem Gehalt von weniger als 1 GHT gelten nicht als andere Milchbestandteile. Bei der Erfüllung der Zollformalitäten hat der Zollbeteiligte: „einziger Milchbestandteil: Casein/Caseinat" anzumelden, wenn dies der Fall ist.

(2) *Stärke/Glucose*
Gehalt an Stärke, Stärkeabbauprodukten — einschließlich aller Polymere der Glucose — und ggf. vorhandener Glucose (bezogen auf die Ware), bestimmt über Glucose und berechnet als Stärke (Trockensubstanz, Reinheit 100 %, Umrechnungsfaktor von Glucose in Stärke: 0,9).
Glucose wird im vorstehenden Berechnungsschema nur mit dem Gehalt berücksichtigt, der den Gehalt an ggf. vorhandener Fructose übersteigt, wenn ein Gemisch (in beliebiger Form) von Glucose und Fructose angemeldet und/oder als vorhanden festgestellt wird.

(3) *Saccharose/Invertzucker/Isoglucose*
Gehalt an Saccharose und, wenn ein Gemisch (in beliebiger Form) angemeldet und/oder als vorhanden festgestellt wird, zuzüglich der Summe aus ggf. vorhandener Glucose und Fructose, nach Multiplikation mit 0,95 zur Berechnung als Saccharose (bezogen auf die Ware).
Falls weniger Fructose als Glucose enthalten ist, wird Glucose im vorstehenden Berechnungsschema nur mit dem Gehalt berücksichtigt, der dem Fructosegehalt entspricht.

NB:
Wenn ein Lactosehydrolysat als Bestandteil der Ware angemeldet und/oder Galactose neben anderen Zuckern festgestellt wird, ist die der Galactosemenge äquivalente Glucosemenge grundsätzlich von der Gesamtmenge Glucose vor jeder weiteren Berechnung abzuziehen.

Anhang 1

(entsprechend Zusammensetzung)

(GHT) (2)											
≥ 5 < 25			≥ 25 < 50				≥ 50 < 75			≥ 75	
(GHT) (3)											
≥ 30 < 50	≥ 50 < 70	≥ 70	≥ 0 < 5	≥ 5 < 30	≥ 30 < 50	≥ 50	≥ 0 < 5	≥ 5 < 30	≥ 30	≥ 0 < 5	≥ 5
7007	7008	7009	7010	7011	7012	7013	7015	7016	7017	7758	7759
7027	7028	7029	7030	7031	7032	7033	7035	7036	7037	7768	7769
7047	7048	7049	7050	7051	7052	7053	7055	7056	7057	7778	7779
7067	7068	7069	7070	7071	7072	7073	7075	7076	7077	7788	7789
7087	7088	×	7090	7091	7092	×	7095	7096	×	×	×
7807	×	×	7810	7811	×	×	×	×	×	×	×
7107	7108	7109	7110	7111	7112	7113	7115	7116	7117	7798	7799
7127	7128	7129	7130	7131	7132	7133	7135	7136	7137	7808	7809
7147	7148	7149	7150	7151	7152	7153	7155	7156	7157	7818	7819
7167	7168	7169	7170	7171	7172	7173	7175	7176	7177	7828	7829
7187	7188	×	7190	7191	7192	×	7195	7196	×	×	×
7827	×	×	7830	7831	×	×	×	×	×	×	×
7847	7848	7849	7850	7851	7852	7853	7855	7856	7857	7858	7859
7207	7208	7209	7210	7211	7212	7213	7215	7216	7217	7220	7221
7267	7268	7269	7270	7271	7272	7273	7275	7276	×	7838	×
7867	7868	7869	7870	7871	7872	7873	7875	7876	7877	7878	7879
7307	7308	7309	7310	7311	7312	7313	7315	7316	7317	7320	7321
7367	7368	7369	7370	7371	7372	7373	7375	7376	×	7378	×
7907	7908	7909	7910	7911	7912	7913	7915	7916	7917	7918	7919
7407	7408	7409	7410	7411	7412	7413	7415	7416	7417	7420	7421
7467	7468	×	7470	7471	7472	×	7475	7476	×	×	×
7947	7948	7949	7950	7951	7952	7953	7955	7956	7957	7958	7959
7507	7508	7509	7510	7511	7512	7513	7515	7516	7517	7520	7521
7567	7568	×	7570	7571	7572	×	7575	7576	×	×	×
7967	7968	7969	7970	7971	7972	7973	7975	7976	7977	7978	7979
7607	7608	7609	7610	7611	7612	7613	7615	7616	×	7620	×
7987	7988	×	7990	7991	7992	×	7995	7996	×	×	×
7707	7708	×	7710	7711	7712	×	7715	7716	×	×	×
7727	7728	×	7730	7731	7732	×	7735	7736	×	×	×
7747	×	×	7750	7751	×	×	×	×	×	×	×
×	×	×	7770	7771	×	×	×	×	×	×	×
×	×	×	×	×	×	×	×	×	×	×	×

Anhang 1

Tabelle 2

Code	Agrarteilbetrag	AD S/Z	AD F/M
1	2	3	4
7000	0	0	0
7001	10,06	10,06	
7002	18,87	18,87	
7003	27,25	27,25	
7004	38,99	38,99	
7005	4,16		4,16
7006	14,22	10,06	4,16
7007	23,03	18,87	4,16
7008	31,41	27,25	4,16
7009	43,15	38,99	4,16
7010	8,88		8,88
7011	18,95	10,06	8,88
7012	27,75	18,87	8,88
7013	36,14	27,25	8,88
7015	13,99		13,99
7016	24,05	10,06	13,99
7017	32,85	18,87	13,99
7020	16,63		
7021	26,69	10,06	
7022	35,5	18,87	
7023	40,56	27,25	
7024	52,3	38,99	
7025	20,79		4,16
7026	30,85	10,06	4,16
7027	39,66	18,87	4,16
7028	44,72	27,25	4,16
7029	56,46	38,99	4,16
7030	25,51		8,88
7031	35,58	10,06	8,88
7032	44,38	18,87	8,88
7033	49,44	27,25	8,88
7035	27,29		13,99
7036	37,35	10,06	13,99
7037	46,16	18,87	13,99
7040	49,9		
7041	59,96	10,06	
7042	68,76	18,87	
7043	67,17	27,25	
7044	78,91	38,99	

Anhang 1

Code	Agrarteilbetrag	AD S/Z	AD F/M
1	2	3	4
7045	54,05		4,16
7046	64,12	10,06	4,16
7047	72,92	18,87	4,16
7048	71,33	27,25	4,16
7049	83,07	38,99	4,16
7050	58,78		8,88
7051	68,84	10,06	8,88
7052	77,65	18,87	8,88
7053	76,05	27,25	8,88
7055	53,9		13,99
7056	63,96	10,06	13,99
7057	72,77	18,87	13,99
7060	89,1		
7061	99,16	10,06	
7062	107,97	18,87	
7063	93,53	27,25	
7064	110,27	38,99	
7065	93,26		4,16
7066	103,32	10,06	4,16
7067	112,13	18,87	4,16
7068	102,69	27,25	4,16
7069	114,43	38,99	4,16
7070	97,98		8,88
7071	108,05	10,06	8,88
7072	116,85	18,87	8,88
7073	107,42	27,25	8,88
7075	85,27		13,99
7076	95,33	10,06	13,99
7077	104,13	18,87	13,99
7080	173,45		
7081	183,51	10,06	
7082	192,32	18,87	
7083	166,01	27,25	
7084	177,75	38,99	
7085	177,61		4,16
7086	187,67	10,06	4,16
7087	196,47	18,87	4,16
7088	170,17	27,25	4,16
7090	182,33		8,88
7091	192,39	10,06	8,88
7092	201,2	18,87	8,88

Anhang 1

Code	Agrarteilbetrag	AD S/Z	AD F/M
1	2	3	4
7095	152,74		13,99
7096	162,81	10,06	13,99
7100	5,69		
7101	15,75	10,06	
7102	24,55	18,87	
7103	32,94	27,25	
7104	44,68	38,99	
7105	9,84		4,16
7106	19,91	10,06	4,16
7107	28,71	18,87	4,16
7108	37,1	27,25	4,16
7109	48,84	38,99	4,16
7110	14,57		8,88
7111	24,63	10,06	8,88
7112	33,44	18,87	8,88
7113	41,82	27,25	8,88
7115	19,67		13,99
7116	29,73	10,06	13,99
7117	38,54	18,87	13,99
7120	22,32		
7121	32,38	10,06	
7122	41,19	18,87	
7123	46,25	27,25	
7124	57,99	38,99	
7125	26,48		4,16
7126	36,54	10,06	4,16
7127	45,34	18,87	4,16
7128	50,4	27,25	4,16
7129	62,14	38,99	4,16
7130	31,2		8,88
7131	41,26	10,06	8,88
7132	50,07	18,87	8,88
7133	55,13	27,25	8,88
7135	32,98		13,99
7136	43,04	10,06	13,99
7137	51,85	18,87	13,99
7140	55,58		
7141	65,65	10,06	
7142	74,45	18,87	
7143	72,86	27,25	
7144	84,6	38,99	

Anhang 1

Code	Agrarteilbetrag	AD S/Z	AD F/M
1	2	3	4
7145	59,74		4,16
7146	69,8	10,06	4,16
7147	78,61	18,87	4,16
7148	77,01	27,25	4,16
7149	88,75	38,99	4,16
7150	64,47		8,88
7151	74,53	10,06	8,88
7152	88,33	18,87	8,88
7153	81,74	27,25	8,88
7155	59,59		13,99
7156	69,65	10,06	13,99
7157	78,46	18,87	13,99
7160	94,79		
7161	104,85	10,06	
7162	113,65	18,87	
7163	104,22	27,25	
7164	115,96	38,99	
7165	98,94		4,16
7166	109,1	10,06	4,16
7167	117,81	18,87	4,16
7168	108,38	27,25	4,16
7169	120,12	38,99	4,16
7170	103,67		8,88
7171	113,73	10,06	8,88
7172	122,54	18,87	8,88
7173	113,1	27,25	8,88
7175	90,95		13,99
7176	101,01	10,06	13,99
7177	109,82	18,87	13,99
7180	179,13		
7181	189,2	10,06	
7182	198	18,87	
7183	171,7	27,25	
7185	183,29		4,16
7186	193,36	10,06	4,16
7187	202,16	18,87	4,16
7188	175,86	27,25	4,16
7190	188,02		8,88
7191	198,08	10,06	8,88
7192	206,89	18,87	8,88
7195	158,43		13,99

Anhang 1

Code	Agrarteilbetrag	AD S/Z	AD F/M
1	2	3	4
7196	168,49	10,06	13,99
7200	37,49		
7201	47,55	10,06	
7202	56,36	18,87	
7203	64,74	27,25	
7204	76,48	38,99	
7205	41,65		4,16
7206	51,71	10,06	4,16
7207	60,52	18,87	4,16
7208	68,9	27,25	4,16
7209	80,64	38,99	4,16
7210	46,37		8,88
7211	56,44	10,06	8,88
7212	65,24	18,87	8,88
7213	73,63	27,25	8,88
7215	51,48		13,99
7216	61,54	10,06	13,99
7217	70,34	18,87	13,99
7220	56,58		19,09
7221	66,64	10,06	19,09
7260	78,85		
7261	88,91	10,06	
7262	97,72	18,87	
7263	106,11	27,25	
7264	117,85	38,99	
7265	83,01		4,16
7266	93,07	10,06	4,16
7267	101,88	18,87	4,16
7268	110,26	27,25	4,16
7269	122	38,99	4,16
7270	87,73		8,88
7271	97,8	10,06	8,88
7272	106,6	18,87	8,88
7273	114,99	27,25	8,88
7275	92,84		13,99
7276	102,9	10,06	13,99
7300	51,24		
7301	61,3	10,06	
7302	70,11	18,87	
7303	78,5	27,25	
7304	90,24	38,99	

Anhang 1

Code	Agrarteilbetrag	AD S/Z	AD F/M
1	2	3	4
7305	55,4		4,16
7306	65,46	10,06	4,16
7307	74,27	18,87	4,16
7308	82,65	27,25	4,16
7309	94,39	38,99	4,16
7310	60,12		8,88
7311	70,19	10,06	8,88
7312	78,99	18,87	8,88
7313	87,38	27,25	8,88
7315	65,23		13,99
7316	75,29	10,06	13,99
7317	84,1	18,87	13,99
7320	70,33		19,09
7321	80,39	10,06	19,09
7360	86,43		
7361	96,5	10,06	
7362	105,3	18,87	
7363	113,69	27,25	
7364	125,43	38,99	
7365	90,59		4,16
7366	100,66	10,06	4,16
7367	109,46	18,87	4,16
7368	117,85	27,25	4,16
7369	129,59	38,99	4,16
7370	95,32		8,88
7371	105,38	10,06	8,88
7372	114,18	18,87	8,88
7373	122,57	27,25	8,88
7375	100,42		13,99
7376	110,48	10,06	13,99
7378	105,52		19,09
7400	64,64		
7401	74,7	10,06	
7402	83,51	18,87	
7403	91,89	27,25	
7404	103,63	38,99	
7405	68,8		4,16
7406	78,86	10,06	4,16
7407	87,66	18,87	4,16
7408	96,05	27,25	4,16
7409	107,79	38,99	4,16

Anhang 1

Code	Agrarteilbetrag	AD S/Z	AD F/M
1	2	3	4
7410	73,52		8,88
7411	83,58	10,06	8,88
7412	92,39	18,87	8,88
7413	100,78	27,25	8,88
7415	78,62		13,99
7416	88,69	10,06	13,99
7417	97,49	27,25	13,99
7420	83,73		19,09
7421	93,79	10,06	19,09
7460	93,07		
7461	103,13	10,06	
7462	111,93	18,87	
7463	120,32	27,25	
7464	132,06	38,99	
7465	97,22		4,16
7466	107,29	10,06	4,16
7467	116,09	18,87	4,16
7468	124,48	27,25	4,16
7470	101,95		8,88
7471	112,01	10,06	8,88
7472	120,82	18,87	8,88
7475	107,05		13,99
7476	117,11	10,06	13,99
7500	76,83		
7501	86,9	10,06	
7502	95,7	18,87	
7503	104,09	27,25	
7504	115,83	38,99	
7505	80,99		4,16
7506	91,05	10,06	4,16
7507	99,88	18,87	4,16
7508	108,24	27,25	4,16
7509	119,98	38,99	4,16
7510	85,72		8,88
7511	95,78	10,06	8,88
7512	104,58	18,87	8,88
7513	112,97	27,25	8,88
7515	90,82		13,99
7516	100,88	10,06	13,99
7517	109,69	18,87	13,99
7520	95,92		19,09

Anhang 1

Code	Agrarteilbetrag	AD S/Z	AD F/M
1	2	3	4
7521	105,98	10,06	19,09
7560	99,69		
7561	109,75	10,06	
7562	118,56	18,87	
7563	126,94	27,25	
7564	138,68	38,99	
7565	103,85		4,16
7566	113,91	10,06	4,16
7567	122,71	18,87	4,16
7568	131,1	27,25	4,16
7570	108,57		8,88
7571	118,63	10,06	8,88
7572	127,44	18,87	8,88
7575	113,67		13,99
7576	123,74	10,06	13,99
7600	102,49		
7601	112,56	10,06	
7602	121,36	18,87	
7603	129,75	27,25	
7604	141,49	38,99	
7605	106,65		4,16
7606	116,71	10,06	4,16
7607	125,52	18,87	4,16
7608	133,9	27,25	4,16
7609	145,64	38,99	4,16
7610	111,38		8,88
7611	121,44	10,06	8,88
7612	130,24	18,87	8,88
7613	138,63	27,25	8,88
7615	116,48		13,99
7616	126,54	10,06	13,99
7620	121,58		
7700	121,42		
7701	131,48	10,06	
7702	140,29	18,87	
7703	148,67	27,25	
7705	125,58		4,16
7706	135,64	10,06	4,16
7707	144,44	18,87	4,16
7708	152,83	27,25	4,16
7710	130,3		8,88

Anhang 1

Code	Agrarteilbetrag	AD S/Z	AD F/M
1	2	3	4
7711	140,36	10,06	8,88
7712	149,17	18,87	8,88
7715	135,4		13,99
7716	145,47	10,06	13,99
7720	119,42		
7721	129,49	10,06	
7722	138,29	18,87	
7723	146,68	27,25	
7725	123,58		4,16
7726	133,64	10,06	4,16
7727	142,45	18,87	4,16
7728	150,83	27,25	4,16
7730	128,31		8,88
7731	138,37	10,06	8,88
7732	147,17	18,87	8,88
7735	133,41		13,99
7736	143,47	10,06	13,99
7740	153,54		
7741	163,61	10,06	
7742	172,41	18,87	
7745	157,7		4,16
7746	167,77	10,06	4,16
7747	176,57	18,87	4,16
7750	162,43		8,88
7751	172,49	10,06	8,88
7758	19,09		19,09
7759	29,15	10,06	19,09
7760	187,67		
7761	197,73	10,06	
7762	206,53	18,87	
7765	191,82		4,16
7766	201,89	10,06	4,16
7768	32,39		19,09
7769	42,46	10,06	19,09
7770	196,55		8,88
7771	206,61	10,06	8,88
7778	59		19,09
7779	69,07	10,06	19,09
7780	221,79		
7781	231,85	10,06	
7785	225,94		4,16

Anhang 1

Code	Agrarteilbetrag	AD S/Z	AD F/M
1	2	3	4
7786	236,01	10,06	4,16
7788	90,37		19,09
7789	100,43	10,06	19,09
7798	24,78		19,09
7799	34,84	10,06	19,09
7800	247,1		
7801	257,17	10,06	
7802	265,97	18,87	
7805	251,26		4,16
7806	261,32	10,06	4,16
7807	270,13	18,87	4,16
7808	38,08		19,09
7809	48,14	10,06	19,09
7810	255,99		8,88
7811	266,05	10,06	8,88
7818	64,69		19,09
7819	74,75	10,06	19,09
7820	252,79		
7821	262,85	10,06	
7822	271,66	18,87	
7825	256,95		4,16
7826	267,01	10,06	4,16
7827	275,82	18,87	4,16
7828	96,06		19,09
7829	106,12	10,06	19,09
7830	261,67		8,88
7831	271,74	10,06	8,88
7838	97,94		19,09
7840	11,37		
7841	21,44	10,06	
7842	30,24	18,87	
7843	38,63	27,25	
7844	50,37	38,99	
7845	15,53		4,16
7846	25,59	10,06	4,16
7847	34,4	18,87	4,16
7848	42,78	27,25	4,16
7849	54,52	38,99	4,16
7850	20,26		8,88
7851	30,32	10,06	8,88
7852	39,12	18,87	8,88

Anhang 1

Code	Agrarteilbetrag	AD S/Z	AD F/M
1	2	3	4
7853	47,51	27,25	8,88
7855	25,36		13,99
7856	35,42	10,06	13,99
7857	44,23	18,87	13,99
7858	30,46		19,09
7859	40,52	10,06	19,09
7860	18,96		
7861	29,02	10,06	
7862	37,82	18,87	
7863	46,21	27,25	
7864	57,95	38,99	
7865	23,11		4,16
7866	33,18	10,06	4,16
7867	41,98	18,87	4,16
7868	50,37	27,25	4,16
7869	62,11	38,99	4,16
7870	27,84		8,88
7871	37,9	10,06	8,88
7872	46,71	18,87	8,88
7873	55,09	27,25	8,88
7875	32,94		13,99
7876	43	10,06	13,99
7877	51,81	18,87	13,99
7878	38,04		19,09
7879	48,11	10,06	19,09
7900	26,54		
7901	36,6	10,06	
7902	45,41	18,87	
7903	53,79	27,25	
7904	65,53	38,99	
7905	30,7		4,16
7906	40,76	10,06	4,16
7907	49,56	18,87	4,16
7908	57,95	27,25	4,16
7909	69,69	38,99	4,16
7910	35,42		8,88
7911	45,48	10,06	8,88
7912	54,29	18,87	8,88
7913	62,67	27,25	8,88
7915	40,52		13,99
7916	50,59	10,06	13,99

Anhang 1

Code	Agrarteilbetrag	AD S/Z	AD F/M
1	2	3	4
7917	59,39	18,87	13,99
7918	45,63		19,09
7919	55,69	10,06	19,09
7940	37,91		
7941	47,98	10,06	
7942	56,78	18,87	
7943	65,17	27,25	
7944	76,91	38,99	
7945	42,07		4,16
7946	52,13	10,06	4,16
7947	60,94	18,87	4,16
7948	69,32	27,25	4,16
7949	81,06	38,99	4,16
7950	46,79		8,88
7951	56,86	10,06	8,88
7952	65,66	18,87	8,88
7953	74,05	27,25	8,88
7955	51,9		13,99
7956	61,96	10,06	13,99
7957	70,77	27,25	13,99
7958	57		19,09
7959	67,06	10,06	19,09
7960	54,97		
7961	65,04	10,06	
7962	73,84	18,87	
7963	82,23	27,25	
7964	93,97	38,99	
7965	59,13		4,16
7966	69,19	10,06	4,16
7967	78	18,87	4,16
7968	86,38	27,25	4,16
7969	98,12	38,99	4,16
7970	63,86		8,88
7971	73,92	10,06	8,88
7972	82,72	18,87	8,88
7973	91,11	27,25	8,88
7975	68,96		13,99
7976	79,02	10,06	13,99
7977	87,83	18,87	13,99
7978	74,06		19,09
7979	84,12	10,06	19,09

Anhang 1

Code	Agrarteilbetrag	AD S/Z	AD F/M
1	2	3	4
7980	85,3		
7981	95,37	10,06	
7982	104,17	18,87	
7983	112,56	27,25	
7984	124,3	38,99	
7985	89,46		4,16
7986	99,52	10,06	4,16
7987	108,33	18,87	4,16
7988	116,71	27,25	4,16
7990	94,19		8,88
7991	104,25	10,06	8,88
7992	113,05	18,87	8,88
7995	99,29		13,99
7996	109,35	10,06	13,99

ANHANG 2

ERZEUGNISSE, FÜR DIE DIE EINFUHRPREISREGELUNG [1] GILT

[1] Der Einfuhrpreis für Obst und Gemüse wird festgesetzt gemäß der Verordnung (EG) Nr. 1580/2007 (ABl. L 350 vom 31.12.2007, S. 1).

Anhang 2

KN-Code	Warenbezeichnung	Vertragsmäßiger Zollsatz (%)
1	2	3
0702 00 00	**Tomaten, frisch oder gekühlt:**	
	– vom 1. Januar bis 31. März:	
	– – mit einem Einfuhrpreis für 100 kg Eigengewicht von:	
	– – – 84,6 € oder mehr	8,8 (1)
	– – – 82,9 € oder mehr, jedoch weniger als 84,6 €	8,8 + 1,7 €/100 kg/net (1)
	– – – 81,2 € oder mehr, jedoch weniger als 82,9 €	8,8 + 3,4 €/100 kg/net (1)
	– – – 79,5 € oder mehr, jedoch weniger als 81,2 €	8,8 + 5,1 €/100 kg/net (1)
	– – – 77,8 € oder mehr, jedoch weniger als 79,5 €	8,8 + 6,8 €/100 kg/net (1)
	– – – weniger als 77,8 €	8,8 + 29,8 €/100 kg/net (1)
	– vom 1. April bis 30. April:	
	– – mit einem Einfuhrpreis für 100 kg Eigengewicht von:	
	– – – 112,6 € oder mehr	8,8 (1)
	– – – 110,3 € oder mehr, jedoch weniger als 112,6 €	8,8 + 2,3 €/100 kg/net (1)
	– – – 108,1 € oder mehr, jedoch weniger als 110,3 €	8,8 + 4,5 €/100 kg/net (1)
	– – – 105,8 € oder mehr, jedoch weniger als 108,1 €	8,8 + 6,8 €/100 kg/net (1)
	– – – 103,6 € oder mehr, jedoch weniger als 105,8 €	8,8 + 9 €/100 kg/net (1)
	– – – weniger als 103,6 €	8,8 + 29,8 €/100 kg/net (1)
	– vom 1. Mai bis 14. Mai:	
	– – mit einem Einfuhrpreis für 100 kg Eigengewicht von:	
	– – – 72,6 € oder mehr	8,8 (1)
	– – – 71,1 € oder mehr, jedoch weniger als 72,6 €	8,8 + 1,5 €/100 kg/net (1)
	– – – 69,7 € oder mehr, jedoch weniger als 71,1 €	8,8 + 2,9 €/100 kg/net (1)
	– – – 68,2 € oder mehr, jedoch weniger als 69,7 €	8,8 + 4,4 €/100 kg/net (1)
	– – – 66,8 € oder mehr, jedoch weniger als 68,2 €	8,8 + 5,8 €/100 kg/net (1)
	– – – weniger als 66,8 €	8,8 + 29,8 €/100 kg/net (1)

(1) WTO-Zollkontingent.

Anhang 2

KN-Code	Warenbezeichnung	Vertragsmäßiger Zollsatz (%)
1	2	3
0702 00 00	*(Fortsetzung)*	
	– vom 15. Mai bis 31. Mai:	
	– – mit einem Einfuhrpreis für 100 kg Eigengewicht von:	
	– – – 72,6 € oder mehr	14,4 (1)
	– – – 71,1 € oder mehr, jedoch weniger als 72,6 €	14,4 + 1,5 €/100 kg/net (1)
	– – – 69,7 € oder mehr, jedoch weniger als 71,1 €	14,4 + 2,9 €/100 kg/net (1)
	– – – 68,2 € oder mehr, jedoch weniger als 69,7 €	14,4 + 4,4 €/100 kg/net (1)
	– – – 66,8 € oder mehr, jedoch weniger als 68,2 €	14,4 + 5,8 €/100 kg/net (1)
	– – – weniger als 66,8 €	14,4 + 29,8 €/100 kg/net (1)
	– vom 1. Juni bis 30. September:	
	– – mit einem Einfuhrpreis für 100 kg Eigengewicht von:	
	– – – 52,6 € oder mehr	14,4 (1)
	– – – 51,5 € oder mehr, jedoch weniger als 52,6 €	14,4 + 1,1 €/100 kg/net (1)
	– – – 50,5 € oder mehr, jedoch weniger als 51,5 €	14,4 + 2,1 €/100 kg/net (1)
	– – – 49,4 € oder mehr, jedoch weniger als 50,5 €	14,4 + 3,2 €/100 kg/net (1)
	– – – 48,4 € oder mehr, jedoch weniger als 49,4 €	14,4 + 4,2 €/100 kg/net (1)
	– – – weniger als 48,4 €	14,4 + 29,8 €/100 kg/net (1)
	– vom 1. Oktober bis 31. Oktober:	
	– – mit einem Einfuhrpreis für 100 kg Eigengewicht von:	
	– – – 62,6 € oder mehr	14,4 (1)
	– – – 61,3 € oder mehr, jedoch weniger als 62,6 €	14,4 + 1,3 €/100 kg/net (1)
	– – – 60,1 € oder mehr, jedoch weniger als 61,3 €	14,4 + 2,5 €/100 kg/net (1)
	– – – 58,8 € oder mehr, jedoch weniger als 60,1 €	14,4 + 3,8 €/100 kg/net (1)
	– – – 57,6 € oder mehr, jedoch weniger als 58,8 €	14,4 + 5 €/100 kg/net (1)
	– – – weniger als 57,6 €	14,4 + 29,8 €/100 kg/net (1)

(1) WTO-Zollkontingent.

Anhang 2

KN-Code	Warenbezeichnung	Vertragsmäßiger Zollsatz (%)
1	2	3
0702 00 00	*(Fortsetzung)*	
	– vom 1. November bis 20. Dezember:	
	– – mit einem Einfuhrpreis für 100 kg Eigengewicht von:	
	– – – 62,6 € oder mehr	8,8 ([1])
	– – – 61,3 € oder mehr, jedoch weniger als 62,6 €	8,8 + 1,3 €/100 kg/net ([1])
	– – – 60,1 € oder mehr, jedoch weniger als 61,3 €	8,8 + 2,5 €/100 kg/net ([1])
	– – – 58,8 € oder mehr, jedoch weniger als 60,1 €	8,8 + 3,8 €/100 kg/net ([1])
	– – – 57,6 € oder mehr, jedoch weniger als 58,8 €	8,8 + 5 €/100 kg/net ([1])
	– – – weniger als 57,6 €	8,8 + 29,8 €/100 kg/net ([1])
	– vom 21. Dezember bis 31. Dezember:	
	– – mit einem Einfuhrpreis für 100 kg Eigengewicht von:	
	– – – 67,6 € oder mehr	8,8 ([1])
	– – – 66,2 € oder mehr, jedoch weniger als 67,6 €	8,8 + 1,4 €/100 kg/net ([1])
	– – – 64,9 € oder mehr, jedoch weniger als 66,2 €	8,8 + 2,7 €/100 kg/net ([1])
	– – – 63,5 € oder mehr, jedoch weniger als 64,9 €	8,8 + 4,1 €/100 kg/net ([1])
	– – – 62,2 € oder mehr, jedoch weniger als 63,5 €	8,8 + 5,4 €/100 kg/net ([1])
	– – – weniger als 62,2 €	8,8 + 29,8 €/100 kg/net ([1])
0707 00	**Gurken und Cornichons, frisch oder gekühlt:**	
0707 00 05	– Gurken:	
	– – vom 1. Januar bis Ende Februar:	
	– – – mit einem Einfuhrpreis für 100 kg Eigengewicht von:	
	– – – – 67,5 € oder mehr	12,8 ([1])
	– – – – 66,2 € oder mehr, jedoch weniger als 67,5 €	12,8 + 1,3 €/100 kg/net ([1])
	– – – – 64,8 € oder mehr, jedoch weniger als 66,2 €	12,8 + 2,7 €/100 kg/net ([1])
	– – – – 63,5 € oder mehr, jedoch weniger als 64,8 €	12,8 + 4 €/100 kg/net ([1])

([1]) WTO-Zollkontingent.

Anhang 2

KN-Code	Warenbezeichnung	Vertragsmäßiger Zollsatz (%)
1	2	3
0707 00 05	*(Fortsetzung)*	
	– – – – 62,1 € oder mehr, jedoch weniger als 63,5 €	12,8 + 5,4 €/100 kg/net (1)
	– – – – weniger als 62,1 €	12,8 + 37,8 €/100 kg/net (1)
	– – vom 1. März bis 30. April:	
	– – – mit einem Einfuhrpreis für 100 kg Eigengewicht von:	
	– – – – 110,5 € oder mehr	12,8 (1)
	– – – – 108,3 € oder mehr, jedoch weniger als 110,5 €	12,8 + 2,2 €/100 kg/net (1)
	– – – – 106,1 € oder mehr, jedoch weniger als 108,3 €	12,8 + 4,4 €/100 kg/net (1)
	– – – – 103,9 € oder mehr, jedoch weniger als 106,1 €	12,8 + 6,6 €/100 kg/net (1)
	– – – – 101,7 € oder mehr, jedoch weniger als 103,9 €	12,8 + 8,8 €/100 kg/net (1)
	– – – – weniger als 101,7 €	12,8 + 37,8 €/100 kg/net (1)
	– – vom 1. Mai bis 15. Mai:	
	– – – zur Verarbeitung bestimmt (2):	
	– – – – mit einem Einfuhrpreis für 100 kg Eigengewicht von:	
	– – – – – 48,1 € oder mehr	12,8 (1)
	– – – – – 47,1 € oder mehr, aber weniger als 48,1 €	12,8 + 1 €/100 kg/net (1) (3)
	– – – – – 46,2 € oder mehr, aber weniger als 47,1 €	12,8 + 1,9 €/100 kg/net (1) (3)
	– – – – – 45,2 € oder mehr, aber weniger als 46,2 €	12,8 + 2,9 €/100 kg/net (1) (3)
	– – – – – 44,3 € oder mehr, aber weniger als 45,2 €	12,8 + 3,8 €/100 kg/net (1) (3)
	– – – – – 35 € (4) oder mehr, aber weniger als 44,3 €	12,8 + 37,8 €/100 kg/net (1) (3)
	– – – – – 34,3 € (4) oder mehr, aber weniger als 35 € (4)	12,8 + 37,8 €/100 kg/net (1) (5)

(1) WTO-Zollkontingent.
(2) Die Zulassung zu dieser Unterposition erfolgt nach den in den einschlägigen Bestimmungen der Europäischen Union festgesetzten Voraussetzungen (s. Artikel 291 bis 300 der Verordnung (EWG) Nr. 2454/93 der Kommission (ABl. L 253 vom 11.10.1993, S. 1)).
(3) Autonomer Zollsatz: 12,8.
(4) Der Einfuhrpreis ist auf autonomer Grundlage festgesetzt.
(5) Autonomer Zollsatz: 12,8 + 0,7 €/100 kg/net.

Anhang 2

KN-Code	Warenbezeichnung	Vertragsmäßiger Zollsatz (%)
1	2	3
0707 00 05	*(Fortsetzung)*	
	– – – – – 33,6 € (1) oder mehr, aber weniger als 34,3 € (1)	12,8 + 37,8 €/100 kg/net (2) (3)
	– – – – – 32,9 € (1) oder mehr, aber weniger als 33,6 € (1)	12,8 + 37,8 €/100 kg/net (2) (4)
	– – – – – 32,2 € (1) oder mehr, aber weniger als 32,9 € (1)	12,8 + 37,8 €/100 kg/net (2) (5)
	– – – – – weniger als 32,2 € (1)	12,8 + 37,8 €/100 kg/net (2)
	– – – andere:	
	– – – – mit einem Einfuhrpreis für 100 kg Eigengewicht von:	
	– – – – – 48,1 € oder mehr	12,8 (2)
	– – – – – 47,1 € oder mehr, jedoch weniger als 48,1 €	12,8 + 1 €/100 kg/net (2)
	– – – – – 46,2 € oder mehr, jedoch weniger als 47,1 €	12,8 + 1,9 €/100 kg/net (2)
	– – – – – 45,2 € oder mehr, jedoch weniger als 46,2 €	12,8 + 2,9 €/100 kg/net (2)
	– – – – – 44,3 € oder mehr, jedoch weniger als 45,2 €	12,8 + 3,8 €/100 kg/net (2)
	– – – – – weniger als 44,3 €	12,8 + 37,8 €/100 kg/net (2)
	– – vom 16. Mai bis 30. September:	
	– – – zur Verarbeitung bestimmt (6):	
	– – – – mit einem Einfuhrpreis für 100 kg Eigengewicht von:	
	– – – – – 48,1 € oder mehr	16
	– – – – – 47,1 € oder mehr, aber weniger als 48,1 €	16 + 1 €/100 kg/net (7)
	– – – – – 46,2 € oder mehr, aber weniger als 47,1 €	16 + 1,9 €/100 kg/net (7)
	– – – – – 45,2 € oder mehr, aber weniger als 46,2 €	16 + 2,9 €/100 kg/net (7)
	– – – – – 44,3 € oder mehr, aber weniger als 45,2 €	16 + 3,8 €/100 kg/net (7)

(1) Der Einfuhrpreis ist auf autonomer Grundlage festgesetzt.
(2) WTO-Zollkontingent.
(3) Autonomer Zollsatz: 12,8 + 1,4 €/100 kg/net.
(4) Autonomer Zollsatz: 12,8 + 2,1 €/100 kg/net.
(5) Autonomer Zollsatz: 12,8 + 2,8 €/100 kg/net.
(6) Die Zulassung zu dieser Unterposition erfolgt nach den in den einschlägigen Bestimmungen der Europäischen Union festgesetzten Voraussetzungen (s. Artikel 291 bis 300 der Verordnung (EWG) Nr. 2454/93 der Kommission (ABl. L 253 vom 11.10.1993, S. 1)).
(7) Autonomer Zollsatz: 16.

Anhang 2

KN-Code	Warenbezeichnung	Vertragsmäßiger Zollsatz (%)
1	2	3
0707 00 05	*(Fortsetzung)*	
	– – – – – 35 € (1) oder mehr, aber weniger als 44,3 €	16 + 37,8 €/100 kg/net (2)
	– – – – – 34,3 € (1) oder mehr, aber weniger als 35 € (1)	16 + 37,8 €/100 kg/net (3)
	– – – – – 33,6 € (1) oder mehr, aber weniger als 34,3 € (1)	16 + 37,8 €/100 kg/net (4)
	– – – – – 32,9 € (1) oder mehr, aber weniger als 33,6 € (1)	16 + 37,8 €/100 kg/net (5)
	– – – – – 32,2 € (1) oder mehr, aber weniger als 32,9 € (1)	16 + 37,8 €/100 kg/net (6)
	– – – – – weniger als 32,2 € (1)	16 + 37,8 €/100 kg/net
	– – – andere:	
	– – – – mit einem Einfuhrpreis für 100 kg Eigengewicht von:	
	– – – – – 48,1 € oder mehr	16
	– – – – – 47,1 € oder mehr, jedoch weniger als 48,1 €	16 + 1 €/100 kg/net
	– – – – – 46,2 € oder mehr, jedoch weniger als 47,1 €	16 + 1,9 €/100 kg/net
	– – – – – 45,2 € oder mehr, jedoch weniger als 46,2 €	16 + 2,9 €/100 kg/net
	– – – – – 44,3 € oder mehr, jedoch weniger als 45,2 €	16 + 3,8 €/100 kg/net
	– – – – – weniger als 44,3 €	16 + 37,8 €/100 kg/net
	– – vom 1. Oktober bis 31. Oktober:	
	– – – zur Verarbeitung bestimmt (7):	
	– – – – mit einem Einfuhrpreis für 100 kg Eigengewicht von:	
	– – – – – 68,3 € oder mehr	16
	– – – – – 66,9 € oder mehr, aber weniger als 68,3 €	16 + 1,4 €/100 kg/net (2)
	– – – – – 65,6 € oder mehr, aber weniger als 66,9 €	16 + 2,7 €/100 kg/net (2)
	– – – – – 64,2 € oder mehr, aber weniger als 65,6 €	16 + 4,1 €/100 kg/net (2)
	– – – – – 62,8 € oder mehr, aber weniger als 64,2 €	16 + 5,5 €/100 kg/net (2)

(1) Der Einfuhrpreis ist auf autonomer Grundlage festgesetzt.
(2) Autonomer Zollsatz: 16.
(3) Autonomer Zollsatz: 16 + 0,7 €/100 kg/net.
(4) Autonomer Zollsatz: 16 + 1,4 €/100 kg/net.
(5) Autonomer Zollsatz: 16 + 2,1 €/100 kg/net.
(6) Autonomer Zollsatz: 16 + 2,8 €/100 kg/net.
(7) Die Zulassung zu dieser Unterposition erfolgt nach den in den einschlägigen Bestimmungen der Europäischen Union festgesetzten Voraussetzungen (s. Artikel 291 bis 300 der Verordnung (EWG) Nr. 2454/93 der Kommission (ABl. L 253 vom 11.10.1993, S. 1)).

Anhang 2

KN-Code	Warenbezeichnung	Vertragsmäßiger Zollsatz (%)
1	2	3
0707 00 05	*(Fortsetzung)*	
	– – – – – 35 € (1) oder mehr, aber weniger als 62,8 €	16 + 37,8 €/100 kg/net (2)
	– – – – – 34,3 € (1) oder mehr, aber weniger als 35 € (1)	16 + 37,8 €/100 kg/net (3)
	– – – – – 33,6 € (1) oder mehr, aber weniger als 34,3 € (1)	16 + 37,8 €/100 kg/net (4)
	– – – – – 32,9 € (1) oder mehr, aber weniger als 33,6 € (1)	16 + 37,8 €/100 kg/net (5)
	– – – – – 32,2 € (1) oder mehr, aber weniger als 32,9 € (1)	16 + 37,8 €/100 kg/net (6)
	– – – – – weniger als 32,2 € (1)	16 + 37,8 €/100 kg/net
	– – – andere:	
	– – – – mit einem Einfuhrpreis für 100 kg Eigengewicht von:	
	– – – – – 68,3 € oder mehr	16
	– – – – – 66,9 € oder mehr, jedoch weniger als 68,3 €	16 + 1,4 €/100 kg/net
	– – – – – 65,6 € oder mehr, jedoch weniger als 66,9 €	16 + 2,7 €/100 kg/net
	– – – – – 64,2 € oder mehr, jedoch weniger als 65,6 €	16 + 4,1 €/100 kg/net
	– – – – – 62,8 € oder mehr, jedoch weniger als 64,2 €	16 + 5,5 €/100 kg/net
	– – – – – weniger als 62,8 €	16 + 37,8 €/100 kg/net
	– – vom 1. November bis 10. November:	
	– – – mit einem Einfuhrpreis für 100 kg Eigengewicht von:	
	– – – – 68,3 € oder mehr	12,8 (7)
	– – – – 66,9 € oder mehr, jedoch weniger als 68,3 €	12,8 + 1,4 €/100 kg/net (7)
	– – – – 65,6 € oder mehr, jedoch weniger als 66,9 €	12,8 + 2,7 €/100 kg/net (7)
	– – – – 64,2 € oder mehr, jedoch weniger als 65,6 €	12,8 + 4,1 €/100 kg/net (7)
	– – – – 62,8 € oder mehr, jedoch weniger als 64,2 €	12,8 + 5,5 €/100 kg/net (7)
	– – – – weniger als 62,8 €	12,8 + 37,8 €/100 kg/net (7)

(1) Der Einfuhrpreis ist auf autonomer Grundlage festgesetzt.
(2) Autonomer Zollsatz: 16.
(3) Autonomer Zollsatz: 16 + 0,7 €/100 kg/net.
(4) Autonomer Zollsatz: 16 + 1,4 €/100 kg/net.
(5) Autonomer Zollsatz: 16 + 2,1 €/100 kg/net.
(6) Autonomer Zollsatz: 16 + 2,8 €/100 kg/net.
(7) WTO-Zollkontingent.

Anhang 2

KN-Code	Warenbezeichnung	Vertragsmäßiger Zollsatz (%)
1	2	3
0707 00 05	*(Fortsetzung)*	
	– – vom 11. November bis 31. Dezember:	
	– – – mit einem Einfuhrpreis für 100 kg Eigengewicht von:	
	– – – – 60,5 € oder mehr	12,8 [1]
	– – – – 59,3 € oder mehr, jedoch weniger als 60,5 €	12,8 + 1,2 €/100 kg/net [1]
	– – – – 58,1 € oder mehr, jedoch weniger als 59,3 €	12,8 + 2,4 €/100 kg/net [1]
	– – – – 56,9 € oder mehr, jedoch weniger als 58,1 €	12,8 + 3,6 €/100 kg/net [1]
	– – – – 55,7 € oder mehr, jedoch weniger als 56,9 €	12,8 + 4,8 €/100 kg/net [1]
	– – – – weniger als 55,7 €	12,8 + 37,8 €/100 kg/net [1]
0709	**Anderes Gemüse, frisch oder gekühlt:**	
	– **anderes:**	
0709 91 00	– – **Artischocken:**	
	– – – vom 1. Januar bis 31. Mai:	
	– – – – mit einem Einfuhrpreis für 100 kg Eigengewicht von:	
	– – – – – 82,6 € oder mehr	10,4
	– – – – – 80,9 € oder mehr, jedoch weniger als 82,6 €	10,4 + 1,7 €/100 kg/net
	– – – – – 79,3 € oder mehr, jedoch weniger als 80,9 €	10,4 + 3,3 €/100 kg/net
	– – – – – 77,6 € oder mehr, jedoch weniger als 79,3 €	10,4 + 5 €/100 kg/net
	– – – – – 76 € oder mehr, jedoch weniger als 77,6 €	10,4 + 6,6 €/100 kg/net
	– – – – – weniger als 76 €	10,4 + 22,9 €/100 kg/net
	– – – vom 1. Juni bis 30. Juni:	
	– – – – mit einem Einfuhrpreis für 100 kg Eigengewicht von:	
	– – – – – 65,4 € oder mehr	10,4
	– – – – – 64,1 € oder mehr, jedoch weniger als 65,4 €	10,4 + 1,3 €/100 kg/net
	– – – – – 62,8 € oder mehr, jedoch weniger als 64,1 €	10,4 + 2,6 €/100 kg/net
	– – – – – 61,5 € oder mehr, jedoch weniger als 62,8 €	10,4 + 3,9 €/100 kg/net
	– – – – – 60,2 € oder mehr, jedoch weniger als 61,5 €	10,4 + 5,2 €/100 kg/net
	– – – – – weniger als 60,2 €	10,4 + 22,9 €/100 kg/net

(1) WTO-Zollkontingent.

Anhang 2

KN-Code	Warenbezeichnung	Vertragsmäßiger Zollsatz (%)
1	2	3
0709 91 00	*(Fortsetzung)*	
	– – – vom 1. Juli bis 31. Oktober	10,4
	– – – vom 1. November bis 31. Dezember:	
	– – – – mit einem Einfuhrpreis für 100 kg Eigengewicht von:	
	– – – – – 94,3 € oder mehr	10,4
	– – – – – 92,4 € oder mehr, jedoch weniger als 94,3 €	10,4 + 1,9 €/100 kg/net
	– – – – – 90,5 € oder mehr, jedoch weniger als 92,4 €	10,4 + 3,8 €/100 kg/net
	– – – – – 88,6 € oder mehr, jedoch weniger als 90,5 €	10,4 + 5,7 €/100 kg/net
	– – – – – 86,8 € oder mehr, jedoch weniger als 88,6 €	10,4 + 7,5 €/100 kg/net
	– – – – – weniger als 86,8 €	10,4 + 22,9 €/100 kg/net
0709 93	– – **Kürbisse (*Cucurbita* spp.)**:	
0709 93 10	– – – Zucchini (Courgettes):	
	– – – – vom 1. Januar bis 31. Januar:	
	– – – – – mit einem Einfuhrpreis für 100 kg Eigengewicht von:	
	– – – – – – 48,8 € oder mehr	12,8
	– – – – – – 47,8 € oder mehr, jedoch weniger als 48,8 €	12,8 + 1 €/100 kg/net
	– – – – – – 46,8 € oder mehr, jedoch weniger als 47,8 €	12,8 + 2 €/100 kg/net
	– – – – – – 45,9 € oder mehr, jedoch weniger als 46,8 €	12,8 + 2,9 €/100 kg/net
	– – – – – – 44,9 € oder mehr, jedoch weniger als 45,9 €	12,8 + 3,9 €/100 kg/net
	– – – – – – weniger als 44,9 €	12,8 + 15,2 €/100 kg/net
	– – – – vom 1. Februar bis 31. März:	
	– – – – – mit einem Einfuhrpreis für 100 kg Eigengewicht von:	
	– – – – – – 41,3 € oder mehr	12,8
	– – – – – – 40,5 € oder mehr, jedoch weniger als 41,3 €	12,8 + 0,8 €/100 kg/net
	– – – – – – 39,6 € oder mehr, jedoch weniger als 40,5 €	12,8 + 1,7 €/100 kg/net
	– – – – – – 38,8 € oder mehr, jedoch weniger als 39,6 €	12,8 + 2,5 €/100 kg/net
	– – – – – – 38 € oder mehr, jedoch weniger als 38,8 €	12,8 + 3,3 €/100 kg/net
	– – – – – – weniger als 38 €	12,8 + 15,2 €/100 kg/net
	– – – – vom 1. April bis 31. Mai:	
	– – – – – mit einem Einfuhrpreis für 100 kg Eigengewicht von:	
	– – – – – – 69,2 € oder mehr	12,8

Anhang 2

KN-Code	Warenbezeichnung	Vertragsmäßiger Zollsatz (%)
1	2	3
0709 93 10	*(Fortsetzung)*	
	– – – – – – 67,8 € oder mehr, jedoch weniger als 69,2 €	12,8 + 1,4 €/100 kg/net
	– – – – – – 66,4 € oder mehr, jedoch weniger als 67,8 €	12,8 + 2,8 €/100 kg/net
	– – – – – – 65 € oder mehr, jedoch weniger als 66,4 €	12,8 + 4,2 €/100 kg/net
	– – – – – – 63,7 € oder mehr, jedoch weniger als 65 €	12,8 + 5,5 €/100 kg/net
	– – – – – – weniger als 63,7 €	12,8 + 15,2 €/100 kg/net
	– – – – vom 1. Juni bis 31. Juli:	
	– – – – – mit einem Einfuhrpreis für 100 kg Eigengewicht von:	
	– – – – – – 41,3 € oder mehr	12,8
	– – – – – – 40,5 € oder mehr, jedoch weniger als 41,3 €	12,8 + 0,8 €/100 kg/net
	– – – – – – 39,6 € oder mehr, jedoch weniger als 40,5 €	12,8 + 1,7 €/100 kg/net
	– – – – – – 38,8 € oder mehr, jedoch weniger als 39,6 €	12,8 + 2,5 €/100 kg/net
	– – – – – – 38 € oder mehr, jedoch weniger als 38,8 €	12,8 + 3,3 €/100 kg/net
	– – – – – – weniger als 38 €	12,8 + 15,2 €/100 kg/net
	– – – – vom 1. August bis 31. Dezember:	
	– – – – – mit einem Einfuhrpreis für 100 kg Eigengewicht von:	
	– – – – – – 48,8 € oder mehr	12,8
	– – – – – – 47,8 € oder mehr, jedoch weniger als 48,8 €	12,8 + 1 €/100 kg/net
	– – – – – – 46,8 € oder mehr, jedoch weniger als 47,8 €	12,8 + 2 €/100 kg/net
	– – – – – – 45,9 € oder mehr, jedoch weniger als 46,8 €	12,8 + 2,9 €/100 kg/net
	– – – – – – 44,9 € oder mehr, jedoch weniger als 45,9 €	12,8 + 3,9 €/100 kg/net
	– – – – – – weniger als 44,9 €	12,8 + 15,2 €/100 kg/net
0805	**Zitrusfrüchte, frisch oder getrocknet:**	
0805 10	– **Orangen:**	
0805 10 20	– – Süßorangen, frisch:	
	– – – vom 1. Januar bis 31. März:	
	– – – – mit einem Einfuhrpreis für 100 kg Eigengewicht von:	
	– – – – – 35,4 € oder mehr	16 [1]
	– – – – – 34,7 € oder mehr, jedoch weniger als 35,4 €	16 + 0,7 €/100 kg/net [1]
	– – – – – 34 € oder mehr, jedoch weniger als 34,7 €	16 + 1,4 €/100 kg/net [1]

[1] WTO-Zollkontingent.

Anhang 2

KN-Code	Warenbezeichnung	Vertragsmäßiger Zollsatz (%)
1	2	3
0805 10 20	*(Fortsetzung)*	
	– – – – – 33,3 € oder mehr, jedoch weniger als 34 €	16 + 2,1 €/100 kg/net (1)
	– – – – – 32,6 € oder mehr, jedoch weniger als 33,3 €	16 + 2,8 €/100 kg/net (1)
	– – – – – weniger als 32,6 €	16 + 7,1 €/100 kg/net (1)
	– – – vom 1. April bis 30. April:	
	– – – – mit einem Einfuhrpreis für 100 kg Eigengewicht von:	
	– – – – – 35,4 € oder mehr	10,4 (1)
	– – – – – 34,7 € oder mehr, jedoch weniger als 35,4 €	10,4 + 0,7 €/100 kg/net (1)
	– – – – – 34 € oder mehr, jedoch weniger als 34,7 €	10,4 + 1,4 €/100 kg/net (1)
	– – – – – 33,3 € oder mehr, jedoch weniger als 34 €	10,4 + 2,1 €/100 kg/net (1)
	– – – – – 32,6 € oder mehr, jedoch weniger als 33,3 €	10,4 + 2,8 €/100 kg/net (1)
	– – – – – weniger als 32,6 €	10,4 + 7,1 €/100 kg/net (1)
	– – – vom 1. Mai bis 15. Mai:	
	– – – – mit einem Einfuhrpreis für 100 kg Eigengewicht von:	
	– – – – – 35,4 € oder mehr	4,8
	– – – – – 34,7 € oder mehr, jedoch weniger als 35,4 €	4,8 + 0,7 €/100 kg/net
	– – – – – 34 € oder mehr, jedoch weniger als 34,7 €	4,8 + 1,4 €/100 kg/net
	– – – – – 33,3 € oder mehr, jedoch weniger als 34 €	4,8 + 2,1 €/100 kg/net
	– – – – – 32,6 € oder mehr, jedoch weniger als 33,3 €	4,8 + 2,8 €/100 kg/net
	– – – – – weniger als 32,6 €	4,8 + 7,1 €/100 kg/net
	– – – vom 16. Mai bis 31. Mai:	
	– – – – mit einem Einfuhrpreis für 100 kg Eigengewicht von:	
	– – – – – 35,4 € oder mehr	3,2
	– – – – – 34,7 € oder mehr, jedoch weniger als 35,4 €	3,2 + 0,7 €/100 kg/net
	– – – – – 34 € oder mehr, jedoch weniger als 34,7 €	3,2 + 1,4 €/100 kg/net
	– – – – – 33,3 € oder mehr, jedoch weniger als 34 €	3,2 + 2,1 €/100 kg/net
	– – – – – 32,6 € oder mehr, jedoch weniger als 33,3 €	3,2 + 2,8 €/100 kg/net

(1) WTO-Zollkontingent.

Anhang 2

KN-Code	Warenbezeichnung	Vertragsmäßiger Zollsatz (%)
1	2	3
0805 10 20	*(Fortsetzung)*	
	– – – – – weniger als 32,6 €	3,2 + 7,1 €/100 kg/net
	– – – vom 1. Juni bis 15. Oktober	3,2
	– – – vom 16. Oktober bis 30. November	16
	– – – vom 1. Dezember bis 31. Dezember:	
	– – – – mit einem Einfuhrpreis für 100 kg Eigengewicht von:	
	– – – – – 35,4 € oder mehr	16
	– – – – – 34,7 € oder mehr, jedoch weniger als 35,4 €	16 + 0,7 €/100 kg/net
	– – – – – 34 € oder mehr, jedoch weniger als 34,7 €	16 + 1,4 €/100 kg/net
	– – – – – 33,3 € oder mehr, jedoch weniger als 34 €	16 + 2,1 €/100 kg/net
	– – – – – 32,6 € oder mehr, jedoch weniger als 33,3 €	16 + 2,8 €/100 kg/net
	– – – – – weniger als 32,6 €	16 + 7,1 €/100 kg/net
0805 20	– **Mandarinen (einschließlich Tangerinen und Satsumas); Clementinen, Wilkings und ähnliche Kreuzungen von Zitrusfrüchten:**	
0805 20 10	– – Clementinen:	
	– – – vom 1. Januar bis Ende Februar:	
	– – – – mit einem Einfuhrpreis für 100 kg Eigengewicht von:	
	– – – – – 64,9 € oder mehr	16
	– – – – – 63,6 € oder mehr, jedoch weniger als 64,9 €	16 + 1,3 €/100 kg/net
	– – – – – 62,3 € oder mehr, jedoch weniger als 63,6 €	16 + 2,6 €/100 kg/net
	– – – – – 61 € oder mehr, jedoch weniger als 62,3 €	16 + 3,9 €/100 kg/net
	– – – – – 59,7 € oder mehr, jedoch weniger als 61 €	16 + 5,2 €/100 kg/net
	– – – – – weniger als 59,7 €	16 + 10,6 €/100 kg/net
	– – – vom 1. März bis 31. Oktober	16
	– – – vom 1. November bis 31. Dezember:	
	– – – – mit einem Einfuhrpreis für 100 kg Eigengewicht von:	
	– – – – – 64,9 € oder mehr	16
	– – – – – 63,6 € oder mehr, jedoch weniger als 64,9 €	16 + 1,3 €/100 kg/net
	– – – – – 62,3 € oder mehr, jedoch weniger als 63,6 €	16 + 2,6 €/100 kg/net
	– – – – – 61 € oder mehr, jedoch weniger als 62,3 €	16 + 3,9 €/100 kg/net
	– – – – – 59,7 € oder mehr, jedoch weniger als 61 €	16 + 5,2 €/100 kg/net

Anhang 2

KN-Code	Warenbezeichnung	Vertragsmäßiger Zollsatz (%)
1	2	3
0805 20 10	*(Fortsetzung)*	
	– – – – – weniger als 59,7 €	16 + 10,6 €/100 kg/net
0805 20 30	– – Monreales und Satsumas:	
	– – – vom 1. Januar bis Ende Februar:	
	– – – – mit einem Einfuhrpreis für 100 kg Eigengewicht von:	
	– – – – – 28,6 € oder mehr	16
	– – – – – 28 € oder mehr, jedoch weniger als 28,6 €	16 + 0,6 €/100 kg/net
	– – – – – 27,5 € oder mehr, jedoch weniger als 28 €	16 + 1,1 €/100 kg/net
	– – – – – 26,9 € oder mehr, jedoch weniger als 27,5 €	16 + 1,7 €/100 kg/net
	– – – – – 26,3 € oder mehr, jedoch weniger als 26,9 €	16 + 2,3 €/100 kg/net
	– – – – – weniger als 26,3 €	16 + 10,6 €/100 kg/net
	– – – vom 1. März bis 31. Oktober	16
	– – – vom 1. November bis 31. Dezember:	
	– – – – mit einem Einfuhrpreis für 100 kg Eigengewicht von:	
	– – – – – 28,6 € oder mehr	16
	– – – – – 28 € oder mehr, jedoch weniger als 28,6 €	16 + 0,6 €/100 kg/net
	– – – – – 27,5 € oder mehr, jedoch weniger als 28 €	16 + 1,1 €/100 kg/net
	– – – – – 26,9 € oder mehr, jedoch weniger als 27,5 €	16 + 1,7 €/100 kg/net
	– – – – – 26,3 € oder mehr, jedoch weniger als 26,9 €	16 + 2,3 €/100 kg/net
	– – – – – weniger als 26,3 €	16 + 10,6 €/100 kg/net
0805 20 50	– – Mandarinen und Wilkings:	
	– – – vom 1. Januar bis Ende Februar:	
	– – – – mit einem Einfuhrpreis für 100 kg Eigengewicht von:	
	– – – – – 28,6 € oder mehr	16
	– – – – – 28 € oder mehr, jedoch weniger als 28,6 €	16 + 0,6 €/100 kg/net
	– – – – – 27,5 € oder mehr, jedoch weniger als 28 €	16 + 1,1 €/100 kg/net
	– – – – – 26,9 € oder mehr, jedoch weniger als 27,5 €	16 + 1,7 €/100 kg/net
	– – – – – 26,3 € oder mehr, jedoch weniger als 26,9 €	16 + 2,3 €/100 kg/net
	– – – – – weniger als 26,3 €	16 + 10,6 €/100 kg/net

Anhang 2

KN-Code	Warenbezeichnung	Vertragsmäßiger Zollsatz (%)
1	2	3
0805 20 50	*(Fortsetzung)*	
	– – – vom 1. März bis 31. Oktober	16
	– – – vom 1. November bis 31. Dezember:	
	– – – – mit einem Einfuhrpreis für 100 kg Eigengewicht von:	
	– – – – – 28,6 € oder mehr	16
	– – – – – 28 € oder mehr, jedoch weniger als 28,6 €	16 + 0,6 €/100 kg/net
	– – – – – 27,5 € oder mehr, jedoch weniger als 28 €	16 + 1,1 €/100 kg/net
	– – – – – 26,9 € oder mehr, jedoch weniger als 27,5 €	16 + 1,7 €/100 kg/net
	– – – – – 26,3 € oder mehr, jedoch weniger als 26,9 €	16 + 2,3 €/100 kg/net
	– – – – – weniger als 26,3 €	16 + 10,6 €/100 kg/net
0805 20 70	– – Tangerinen:	
	– – – vom 1. Januar bis Ende Februar:	
	– – – – mit einem Einfuhrpreis für 100 kg Eigengewicht von:	
	– – – – – 28,6 € oder mehr	16
	– – – – – 28 € oder mehr, jedoch weniger als 28,6 €	16 + 0,6 €/100 kg/net
	– – – – – 27,5 € oder mehr, jedoch weniger als 28 €	16 + 1,1 €/100 kg/net
	– – – – – 26,9 € oder mehr, jedoch weniger als 27,5 €	16 + 1,7 €/100 kg/net
	– – – – – 26,3 € oder mehr, jedoch weniger als 26,9 €	16 + 2,3 €/100 kg/net
	– – – – – weniger als 26,3 €	16 + 10,6 €/100 kg/net
	– – – vom 1. März bis 31. Oktober	16
	– – – vom 1. November bis 31. Dezember:	
	– – – – mit einem Einfuhrpreis für 100 kg Eigengewicht von:	
	– – – – – 28,6 € oder mehr	16
	– – – – – 28 € oder mehr, jedoch weniger als 28,6 €	16 + 0,6 €/100 kg/net
	– – – – – 27,5 € oder mehr, jedoch weniger als 28 €	16 + 1,1 €/100 kg/net
	– – – – – 26,9 € oder mehr, jedoch weniger als 27,5 €	16 + 1,7 €/100 kg/net
	– – – – – 26,3 € oder mehr, jedoch weniger als 26,9 €	16 + 2,3 €/100 kg/net

Anhang 2

KN-Code	Warenbezeichnung	Vertragsmäßiger Zollsatz (%)
1	2	3
0805 20 70	*(Fortsetzung)*	
	– – – – – weniger als 26,3 €	16 + 10,6 €/100 kg/net
0805 20 90	– – andere:	
	– – – vom 1. Januar bis Ende Februar:	
	– – – – mit einem Einfuhrpreis für 100 kg Eigengewicht von:	
	– – – – – 28,6 € oder mehr	16 ([1])
	– – – – – 28 € oder mehr, jedoch weniger als 28,6 €	16 + 0,6 €/100 kg/net ([1])
	– – – – – 27,5 € oder mehr, jedoch weniger als 28 €	16 + 1,1 €/100 kg/net ([1])
	– – – – – 26,9 € oder mehr, jedoch weniger als 27,5 €	16 + 1,7 €/100 kg/net ([1])
	– – – – – 26,3 € oder mehr, jedoch weniger als 26,9 €	16 + 2,3 €/100 kg/net ([1])
	– – – – – weniger als 26,3 €	16 + 10,6 €/100 kg/net ([1])
	– – – vom 1. März bis 31. Oktober	16 ([1])
	– – – vom 1. November bis 31. Dezember:	
	– – – – mit einem Einfuhrpreis für 100 kg Eigengewicht von:	
	– – – – – 28,6 € oder mehr	16
	– – – – – 28 € oder mehr, jedoch weniger als 28,6 €	16 + 0,6 €/100 kg/net
	– – – – – 27,5 € oder mehr, jedoch weniger als 28 €	16 + 1,1 €/100 kg/net
	– – – – – 26,9 € oder mehr, jedoch weniger als 27,5 €	16 + 1,7 €/100 kg/net
	– – – – – 26,3 € oder mehr, jedoch weniger als 26,9 €	16 + 2,3 €/100 kg/net
	– – – – – weniger als 26,3 €	16 + 10,6 €/100 kg/net
0805 50	**– Zitronen (*Citrus limon, Citrus limonum*) und Limetten (*Citrus aurantifolia, Citrus latifolia*):**	
0805 50 10	– – Zitronen (*Citrus limon, Citrus limonum*):	
	– – – vom 1. Januar bis 30. April:	
	– – – – mit einem Einfuhrpreis für 100 kg Eigengewicht von:	
	– – – – – 46,2 € oder mehr	6,4 ([1])
	– – – – – 45,3 € oder mehr, jedoch weniger als 46,2 €	6,4 + 0,9 €/100 kg/net ([1])
	– – – – – 44,4 € oder mehr, jedoch weniger als 45,3 €	6,4 + 1,8 €/100 kg/net ([1])
	– – – – – 43,4 € oder mehr, jedoch weniger als 44,4 €	6,4 + 2,8 €/100 kg/net ([1])
	– – – – – 42,5 € oder mehr, jedoch weniger als 43,4 €	6,4 + 3,7 €/100 kg/net ([1])

([1]) WTO-Zollkontingent.

Anhang 2

KN-Code	Warenbezeichnung	Vertragsmäßiger Zollsatz (%)
1	2	3
0805 50 10	*(Fortsetzung)*	
	– – – – – weniger als 42,5 €	6,4 + 25,6 €/100 kg/net (1)
	– – – vom 1. Mai bis 31. Mai:	
	– – – – mit einem Einfuhrpreis für 100 kg Eigengewicht von:	
	– – – – – 46,2 € oder mehr	6,4 (1)
	– – – – – 45,3 € oder mehr, jedoch weniger als 46,2 €	6,4 + 0,9 €/100 kg/net (1)
	– – – – – 44,4 € oder mehr, jedoch weniger als 45,3 €	6,4 + 1,8 €/100 kg/net (1)
	– – – – – 43,4 € oder mehr, jedoch weniger als 44,4 €	6,4 + 2,8 €/100 kg/net (1)
	– – – – – 42,5 € oder mehr, jedoch weniger als 43,4 €	6,4 + 3,7 €/100 kg/net (1)
	– – – – – 41,6 € oder mehr, jedoch weniger als 42,5 €	6,4 + 4,6 €/100 kg/net (1)
	– – – – – 40,7 € oder mehr, jedoch weniger als 41,6 €	6,4 + 5,5 €/100 kg/net (1)
	– – – – – 39,7 € oder mehr, jedoch weniger als 40,7 €	6,4 + 6,5 €/100 kg/net (1)
	– – – – – 38,8 € oder mehr, jedoch weniger als 39,7 €	6,4 + 7,4 €/100 kg/net (1)
	– – – – – weniger als 38,8 €	6,4 + 25,6 €/100 kg/net (1)
	– – – vom 1. Juni bis 31. Juli:	
	– – – – mit einem Einfuhrpreis für 100 kg Eigengewicht von:	
	– – – – – 55,8 € oder mehr	6,4 (1)
	– – – – – 54,7 € oder mehr, jedoch weniger als 55,8 €	6,4 + 1,1 €/100 kg/net (1)
	– – – – – 53,6 € oder mehr, jedoch weniger als 54,7 €	6,4 + 2,2 €/100 kg/net (1)
	– – – – – 52,5 € oder mehr, jedoch weniger als 53,6 €	6,4 + 3,3 €/100 kg/net (1)
	– – – – – 51,3 € oder mehr, jedoch weniger als 52,5 €	6,4 + 4,5 €/100 kg/net (1)
	– – – – – 50,2 € oder mehr, jedoch weniger als 51,3 €	6,4 + 5,6 €/100 kg/net (1)
	– – – – – 49,1 € oder mehr, jedoch weniger als 50,2 €	6,4 + 6,7 €/100 kg/net (1)

(1) WTO-Zollkontingent.

Anhang 2

KN-Code	Warenbezeichnung	Vertragsmäßiger Zollsatz (%)
1	2	3
0805 50 10	*(Fortsetzung)*	
	– – – – – 48 € oder mehr, jedoch weniger als 49,1 €	6,4 + 7,8 €/100 kg/net (1)
	– – – – – 46,9 € oder mehr, jedoch weniger als 48 €	6,4 + 8,9 €/100 kg/net (1)
	– – – – – weniger als 46,9 €	6,4 + 25,6 €/100 kg/net (1)
	– – – vom 1. August bis 15. August:	
	– – – – mit einem Einfuhrpreis für 100 kg Eigengewicht von:	
	– – – – – 55,8 € oder mehr	6,4
	– – – – – 54,7 € oder mehr, jedoch weniger als 55,8 €	6,4 + 1,1 €/100 kg/net
	– – – – – 53,6 € oder mehr, jedoch weniger als 54,7 €	6,4 + 2,2 €/100 kg/net
	– – – – – 52,5 € oder mehr, jedoch weniger als 53,6 €	6,4 + 3,3 €/100 kg/net
	– – – – – 51,3 € oder mehr, jedoch weniger als 52,5 €	6,4 + 4,5 €/100 kg/net
	– – – – – 50,2 € oder mehr, jedoch weniger als 51,3 €	6,4 + 5,6 €/100 kg/net
	– – – – – 49,1 € oder mehr, jedoch weniger als 50,2 €	6,4 + 6,7 €/100 kg/net
	– – – – – 48 € oder mehr, jedoch weniger als 49,1 €	6,4 + 7,8 €/100 kg/net
	– – – – – weniger als 48 €	6,4 + 25,6 €/100 kg/net
	– – – vom 16. August bis 31. Oktober:	
	– – – – mit einem Einfuhrpreis für 100 kg Eigengewicht von:	
	– – – – – 55,8 € oder mehr	6,4
	– – – – – 54,7 € oder mehr, jedoch weniger als 55,8 €	6,4 + 1,1 €/100 kg/net
	– – – – – 53,6 € oder mehr, jedoch weniger als 54,7 €	6,4 + 2,2 €/100 kg/net
	– – – – – 52,5 € oder mehr, jedoch weniger als 53,6 €	6,4 + 3,3 €/100 kg/net
	– – – – – 51,3 € oder mehr, jedoch weniger als 52,5 €	6,4 + 4,5 €/100 kg/net
	– – – – – weniger als 51,3 €	6,4 + 25,6 €/100 kg/net
	– – – vom 1. November bis 31. Dezember:	
	– – – – mit einem Einfuhrpreis für 100 kg Eigengewicht von:	
	– – – – – 46,2 € oder mehr	6,4
	– – – – – 45,3 € oder mehr, jedoch weniger als 46,2 €	6,4 + 0,9 €/100 kg/net
	– – – – – 44,4 € oder mehr, jedoch weniger als 45,3 €	6,4 + 1,8 €/100 kg/net

(1) WTO-Zollkontingent.

Anhang 2

KN-Code	Warenbezeichnung	Vertragsmäßiger Zollsatz (%)
1	2	3
0805 50 10	*(Fortsetzung)*	
	– – – – – 43,4 € oder mehr, jedoch weniger als 44,4 €	6,4 + 2,8 €/100 kg/net
	– – – – – 42,5 € oder mehr, jedoch weniger als 43,4 €	6,4 + 3,7 €/100 kg/net
	– – – – – weniger als 42,5 €	6,4 + 25,6 €/100 kg/net
0806	**Weintrauben, frisch oder getrocknet:**	
0806 10	– **frisch:**	
0806 10 10	– – Tafeltrauben:	
	– – – vom 1. Januar bis 14. Juli:	
	– – – – der Sorte „Empereur“ (*Vitis vinifera* cv.), vom 1. Januar bis 31. Januar (1)	8
	– – – – andere	11,5
	– – – vom 15. Juli bis 20. Juli	14,1
	– – – vom 21. Juli bis 31. Oktober:	
	– – – – mit einem Einfuhrpreis für 100 kg Eigengewicht von:	
	– – – – – 54,6 € oder mehr	14,1 (2)
	– – – – – 53,5 € oder mehr, jedoch weniger als 54,6 €	17,6 + 1,1 €/100 kg/net (2)
	– – – – – 52,4 € oder mehr, jedoch weniger als 53,5 €	17,6 + 2,2 €/100 kg/net (2)
	– – – – – 51,3 € oder mehr, jedoch weniger als 52,4 €	17,6 + 3,3 €/100 kg/net (2)
	– – – – – 50,2 € oder mehr, jedoch weniger als 51,3 €	17,6 + 4,4 €/100 kg/net (2)
	– – – – – weniger als 50,2 €	17,6 + 9,6 €/100 kg/net (2)
	– – – vom 1. November bis 20. November:	
	– – – – mit einem Einfuhrpreis für 100 kg Eigengewicht von:	
	– – – – – 47,6 € oder mehr	11,5
	– – – – – 46,6 € oder mehr, jedoch weniger als 47,6 €	14,4 + 1 €/100 kg/net
	– – – – – 45,7 € oder mehr, jedoch weniger als 46,6 €	14,4 + 1,9 €/100 kg/net
	– – – – – 44,7 € oder mehr, jedoch weniger als 45,7 €	14,4 + 2,9 €/100 kg/net
	– – – – – 43,8 € oder mehr, jedoch weniger als 44,7 €	14,4 + 3,8 €/100 kg/net
	– – – – – weniger als 43,8 €	14,4 + 9,6 €/100 kg/net
	– – – vom 21. November bis 31. Dezember:	
	– – – – der Sorte „Empereur“ (*Vitis vinifera* cv.), vom 1. Dezember bis 31. Dezember (1)	8

(1) Die Zulassung zu dieser Unterposition erfolgt nach den in den Einführenden Vorschriften II.F. festgesetzten Voraussetzungen.
(2) WTO-Zollkontingent.

Anhang 2

KN-Code	Warenbezeichnung	Vertragsmäßiger Zollsatz (%)
1	2	3
0806 10 10	*(Fortsetzung)*	
	– – – – andere	11,5
0808	**Äpfel, Birnen und Quitten, frisch:**	
0808 10	– **Äpfel:**	
0808 10 80	– – andere:	
	– – – vom 1. Januar bis 14. Februar:	
	– – – – mit einem Einfuhrpreis für 100 kg Eigengewicht von:	
	– – – – – 56,8 € oder mehr	4
	– – – – – 55,7 € oder mehr, jedoch weniger als 56,8 €	6,4 + 1,1 €/100 kg/net
	– – – – – 54,5 € oder mehr, jedoch weniger als 55,7 €	6,4 + 2,3 €/100 kg/net
	– – – – – 53,4 € oder mehr, jedoch weniger als 54,5 €	6,4 + 3,4 €/100 kg/net
	– – – – – 52,3 € oder mehr, jedoch weniger als 53,4 €	6,4 + 4,5 €/100 kg/net
	– – – – – weniger als 52,3 €	6,4 + 23,8 €/100 kg/net
	– – – vom 15. Februar bis 31. März:	
	– – – – mit einem Einfuhrpreis für 100 kg Eigengewicht von:	
	– – – – – 56,8 € oder mehr	4
	– – – – – 55,7 € oder mehr, jedoch weniger als 56,8 €	6,4 + 1,1 €/100 kg/net
	– – – – – 54,5 € oder mehr, jedoch weniger als 55,7 €	6,4 + 2,3 €/100 kg/net
	– – – – – 53,4 € oder mehr, jedoch weniger als 54,5 €	6,4 + 3,4 €/100 kg/net
	– – – – – 52,3 € oder mehr, jedoch weniger als 53,4 €	6,4 + 4,5 €/100 kg/net
	– – – – – 51,1 € oder mehr, jedoch weniger als 52,3 €	6,4 + 5,7 €/100 kg/net
	– – – – – 50 € oder mehr, jedoch weniger als 51,1 €	6,4 + 6,8 €/100 kg/net
	– – – – – weniger als 50 €	6,4 + 23,8 €/100 kg/net
	– – – vom 1. April bis 30. Juni:	
	– – – – mit einem Einfuhrpreis für 100 kg Eigengewicht von:	
	– – – – – 56,8 € oder mehr	frei
	– – – – – 55,7 € oder mehr, jedoch weniger als 56,8 €	4,8 + 1,1 €/100 kg/net [1] [2]
	– – – – – 54,5 € oder mehr, jedoch weniger als 55,7 €	4,8 + 2,3 €/100 kg/net [1] [3]

(1) WTO-Zollkontingent.
(2) Autonomer Zollsatz: 3 + 1,1 €/100 kg/net.
(3) Autonomer Zollsatz: 3 + 2,3 €/100 kg/net.

Anhang 2

KN-Code	Warenbezeichnung	Vertragsmäßiger Zollsatz (%)
1	2	3
0808 10 80	*(Fortsetzung)*	
	– – – – – 53,4 € oder mehr, jedoch weniger als 54,5 €	4,8 + 3,4 €/100 kg/net (1) (2)
	– – – – – 52,3 € oder mehr, jedoch weniger als 53,4 €	4,8 + 4,5 €/100 kg/net (1) (3)
	– – – – – 51,1 € oder mehr, jedoch weniger als 52,3 €	4,8 + 5,7 €/100 kg/net (1) (4)
	– – – – – 50 € oder mehr, jedoch weniger als 51,1 €	4,8 + 6,8 €/100 kg/net (1) (5)
	– – – – – 48,8 € oder mehr, jedoch weniger als 50 €	4,8 + 8 €/100 kg/net (1) (6)
	– – – – – weniger als 48,8 €	4,8 + 23,8 €/100 kg/net (1) (7)
	– – – vom 1. Juli bis 15. Juli:	
	– – – – mit einem Einfuhrpreis für 100 kg Eigengewicht von:	
	– – – – – 45,7 € oder mehr	frei
	– – – – – 44,8 € oder mehr, jedoch weniger als 45,7 €	4,8 + 0,9 €/100 kg/net (1)
	– – – – – 43,9 € oder mehr, jedoch weniger als 44,8 €	4,8 + 1,8 €/100 kg/net (1)
	– – – – – 43 € oder mehr, jedoch weniger als 43,9 €	4,8 + 2,7 €/100 kg/net (1)
	– – – – – 42 € oder mehr, jedoch weniger als 43 €	4,8 + 3,7 €/100 kg/net (1)
	– – – – – 41,1 € oder mehr, jedoch weniger als 42 €	4,8 + 4,6 €/100 kg/net (1)
	– – – – – 40,2 € oder mehr, jedoch weniger als 41,1 €	4,8 + 5,5 €/100 kg/net (1)
	– – – – – 39,3 € oder mehr, jedoch weniger als 40,2 €	4,8 + 6,4 €/100 kg/net (1)
	– – – – – weniger als 39,3 €	4,8 + 23,8 €/100 kg/net (1)
	– – – vom 16. Juli bis 31. Juli:	
	– – – – mit einem Einfuhrpreis für 100 kg Eigengewicht von:	
	– – – – – 45,7 € oder mehr	frei
	– – – – – 44,8 € oder mehr, jedoch weniger als 45,7 €	4,8 + 0,9 €/100 kg/net (1)
	– – – – – 43,9 € oder mehr, jedoch weniger als 44,8 €	4,8 + 1,8 €/100 kg/net (1)
	– – – – – 43 € oder mehr, jedoch weniger als 43,9 €	4,8 + 2,7 €/100 kg/net (1)

(1) WTO-Zollkontingent.
(2) Autonomer Zollsatz: 3 + 3,4 €/100 kg/net.
(3) Autonomer Zollsatz: 3 + 4,5 €/100 kg/net.
(4) Autonomer Zollsatz: 3 + 5,7 €/100 kg/net.
(5) Autonomer Zollsatz: 3 + 6,8 €/100 kg/net.
(6) Autonomer Zollsatz: 3 + 8 €/100 kg/net.
(7) Autonomer Zollsatz: 3 + 23,8 €/100 kg/net.

Anhang 2

KN-Code	Warenbezeichnung	Vertragsmäßiger Zollsatz (%)
1	2	3
0808 10 80	*(Fortsetzung)*	
	– – – – – 42 € oder mehr, jedoch weniger als 43 €	4,8 + 3,7 €/100 kg/net (1)
	– – – – – weniger als 42 €	4,8 + 23,8 €/100 kg/net (1)
	– – – vom 1. August bis 31. Dezember:	
	– – – – mit einem Einfuhrpreis für 100 kg Eigengewicht von:	
	– – – – – 45,7 € oder mehr	9
	– – – – – 44,8 € oder mehr, jedoch weniger als 45,7 €	11,2 + 0,9 €/100 kg/net
	– – – – – 43,9 € oder mehr, jedoch weniger als 44,8 €	11,2 + 1,8 €/100 kg/net
	– – – – – 43 € oder mehr, jedoch weniger als 43,9 €	11,2 + 2,7 €/100 kg/net
	– – – – – 42 € oder mehr, jedoch weniger als 43 €	11,2 + 3,7 €/100 kg/net
	– – – – – weniger als 42 €	11,2 + 23,8 €/100 kg/net
0808 30	– **Birnen:**	
0808 30 90	– – andere:	
	– – – vom 1. Januar bis 31. Januar:	
	– – – – mit einem Einfuhrpreis für 100 kg Eigengewicht von:	
	– – – – – 51 € oder mehr	8
	– – – – – 50 € oder mehr, jedoch weniger als 51 €	8 + 1 €/100 kg/net
	– – – – – 49 € oder mehr, jedoch weniger als 50 €	8 + 2 €/100 kg/net
	– – – – – 47,9 € oder mehr, jedoch weniger als 49 €	8 + 3,1 €/100 kg/net
	– – – – – 46,9 € oder mehr, jedoch weniger als 47,9 €	8 + 4,1 €/100 kg/net
	– – – – – weniger als 46,9 €	8 + 23,8 €/100 kg/net
	– – – vom 1. Februar bis 31. März:	
	– – – – mit einem Einfuhrpreis für 100 kg Eigengewicht von:	
	– – – – – 51 € oder mehr	5
	– – – – – 50 € oder mehr, jedoch weniger als 51 €	8 + 1 €/100 kg/net
	– – – – – 49 € oder mehr, jedoch weniger als 50 €	8 + 2 €/100 kg/net
	– – – – – 47,9 € oder mehr, jedoch weniger als 49 €	8 + 3,1 €/100 kg/net
	– – – – – 46,9 € oder mehr, jedoch weniger als 47,9 €	8 + 4,1 €/100 kg/net
	– – – – – weniger als 46,9 €	8 + 23,8 €/100 kg/net

(1) WTO-Zollkontingent.

Anhang 2

KN-Code	Warenbezeichnung	Vertragsmäßiger Zollsatz (%)
1	2	3
0808 30 90	*(Fortsetzung)*	
	– – – vom 1. April bis 30. April:	
	– – – – mit einem Einfuhrpreis für 100 kg Eigengewicht von:	
	– – – – – 51 € oder mehr	frei
	– – – – – 50 € oder mehr, jedoch weniger als 51 €	4 + 1 €/100 kg/net [1]
	– – – – – 49 € oder mehr, jedoch weniger als 50 €	4 + 2 €/100 kg/net [2]
	– – – – – 47,9 € oder mehr, jedoch weniger als 49 €	4 + 3,1 €/100 kg/net [3]
	– – – – – 46,9 € oder mehr, jedoch weniger als 47,9 €	4 + 4,1 €/100 kg/net [4]
	– – – – – 45,9 € oder mehr, jedoch weniger als 46,9 €	4 + 5,1 €/100 kg/net [5]
	– – – – – 44,9 € oder mehr, jedoch weniger als 45,9 €	4 + 6,1 €/100 kg/net [6]
	– – – – – 43,9 € oder mehr, jedoch weniger als 44,9 €	4 + 7,1 €/100 kg/net [7]
	– – – – – weniger als 43,9 €	4 + 23,8 €/100 kg/net [8]
	– – – vom 1. Mai bis 30. Juni	2,5 MIN 1 €/100 kg/net
	– – – vom 1. Juli bis 15. Juli:	
	– – – – mit einem Einfuhrpreis für 100 kg Eigengewicht von:	
	– – – – – 46,5 € oder mehr	frei
	– – – – – 45,6 € oder mehr, jedoch weniger als 46,5 €	4 + 0,9 €/100 kg/net
	– – – – – 44,6 € oder mehr, jedoch weniger als 45,6 €	4 + 1,9 €/100 kg/net
	– – – – – 43,7 € oder mehr, jedoch weniger als 44,6 €	4 + 2,8 €/100 kg/net
	– – – – – 42,8 € oder mehr, jedoch weniger als 43,7 €	4 + 3,7 €/100 kg/net
	– – – – – 41,9 € oder mehr, jedoch weniger als 42,8 €	4 + 4,6 €/100 kg/net
	– – – – – 40,9 € oder mehr, jedoch weniger als 41,9 €	4 + 5,6 €/100 kg/net
	– – – – – 40 € oder mehr, jedoch weniger als 40,9 €	4 + 6,5 €/100 kg/net
	– – – – – weniger als 40 €	4 + 23,8 €/100 kg/net

(1) Autonomer Zollsatz: 2,5 + 1 €/100 kg/net.
(2) Autonomer Zollsatz: 2,5 + 2 €/100 kg/net.
(3) Autonomer Zollsatz: 2,5 + 3,1 €/100 kg/net.
(4) Autonomer Zollsatz: 2,5 + 4,1 €/100 kg/net.
(5) Autonomer Zollsatz: 2,5 + 5,1 €/100 kg/net.
(6) Autonomer Zollsatz: 2,5 + 6,1 €/100 kg/net.
(7) Autonomer Zollsatz: 2,5 + 7,1 €/100 kg/net.
(8) Autonomer Zollsatz: 2,5 + 23,8 €/100 kg/net.

Anhang 2

KN-Code	Warenbezeichnung	Vertragsmäßiger Zollsatz (%)
1	2	3
0808 30 90	*(Fortsetzung)*	
	– – – vom 16. Juli bis 31. Juli:	
	– – – – mit einem Einfuhrpreis für 100 kg Eigengewicht von:	
	– – – – – 46,5 € oder mehr	5
	– – – – – 45,6 € oder mehr, jedoch weniger als 46,5 €	8 + 0,9 €/100 kg/net
	– – – – – 44,6 € oder mehr, jedoch weniger als 45,6 €	8 + 1,9 €/100 kg/net
	– – – – – 43,7 € oder mehr, jedoch weniger als 44,6 €	8 + 2,8 €/100 kg/net
	– – – – – 42,8 € oder mehr, jedoch weniger als 43,7 €	8 + 3,7 €/100 kg/net
	– – – – – weniger als 42,8 €	8 + 23,8 €/100 kg/net
	– – – vom 1. August bis 31. Oktober:	
	– – – – mit einem Einfuhrpreis für 100 kg Eigengewicht von:	
	– – – – – 38,8 € oder mehr	10,4 ([1])
	– – – – – 38 € oder mehr, jedoch weniger als 38,8 €	10,4 + 0,8 €/100 kg/net ([1])
	– – – – – 37,2 € oder mehr, jedoch weniger als 38 €	10,4 + 1,6 €/100 kg/net ([1])
	– – – – – 36,5 € oder mehr, jedoch weniger als 37,2 €	10,4 + 2,3 €/100 kg/net ([1])
	– – – – – 35,7 € oder mehr, jedoch weniger als 36,5 €	10,4 + 3,1 €/100 kg/net ([1])
	– – – – – weniger als 35,7 €	10,4 + 23,8 €/100 kg/net ([1])
	– – – vom 1. November bis 31. Dezember:	
	– – – – mit einem Einfuhrpreis für 100 kg Eigengewicht von:	
	– – – – – 51 € oder mehr	10,4 ([1])
	– – – – – 50 € oder mehr, jedoch weniger als 51 €	10,4 + 1 €/100 kg/net ([1])
	– – – – – 49 € oder mehr, jedoch weniger als 50 €	10,4 + 2 €/100 kg/net ([1])
	– – – – – 47,9 € oder mehr, jedoch weniger als 49 €	10,4 + 3,1 €/100 kg/net ([1])
	– – – – – 46,9 € oder mehr, jedoch weniger als 47,9 €	10,4 + 4,1 €/100 kg/net ([1])
	– – – – – weniger als 46,9 €	10,4 + 23,8 €/100 kg/net ([1])

([1]) WTO-Zollkontingent.

Anhang 2

KN-Code	Warenbezeichnung	Vertragsmäßiger Zollsatz (%)
1	2	3
0809	**Aprikosen/Marillen, Kirschen, Pfirsiche (einschließlich Brugnolen und Nektarinen), Pflaumen und Schlehen, frisch:**	
0809 10 00	– **Aprikosen/Marillen:**	
	– – vom 1. Januar bis 31. Mai	20 (1)
	– – vom 1. Juni bis 20. Juni:	
	– – – mit einem Einfuhrpreis für 100 kg Eigengewicht von:	
	– – – – 107,1 € oder mehr	20 (1)
	– – – – 105 € oder mehr, jedoch weniger als 107,1 €	20 + 2,1 €/100 kg/net (1)
	– – – – 102,8 € oder mehr, jedoch weniger als 105 €	20 + 4,3 €/100 kg/net (1)
	– – – – 100,7 € oder mehr, jedoch weniger als 102,8 €	20 + 6,4 €/100 kg/net (1)
	– – – – 98,5 € oder mehr, jedoch weniger als 100,7 €	20 + 8,6 €/100 kg/net (1)
	– – – – weniger als 98,5 €	20 + 22,7 €/100 kg/net (1)
	– – vom 21. Juni bis 30. Juni:	
	– – – mit einem Einfuhrpreis für 100 kg Eigengewicht von:	
	– – – – 87,3 € oder mehr	20 (1)
	– – – – 85,6 € oder mehr, jedoch weniger als 87,3 €	20 + 1,7 €/100 kg/net (1)
	– – – – 83,8 € oder mehr, jedoch weniger als 85,6 €	20 + 3,5 €/100 kg/net (1)
	– – – – 82,1 € oder mehr, jedoch weniger als 83,8 €	20 + 5,2 €/100 kg/net (1)
	– – – – 80,3 € oder mehr, jedoch weniger als 82,1 €	20 + 7 €/100 kg/net (1)
	– – – – weniger als 80,3 €	20 + 22,7 €/100 kg/net (1)
	– – vom 1. Juli bis 31. Juli:	
	– – – mit einem Einfuhrpreis für 100 kg Eigengewicht von:	
	– – – – 77,1 € oder mehr	20 (1)
	– – – – 75,6 € oder mehr, jedoch weniger als 77,1 €	20 + 1,5 €/100 kg/net (1)
	– – – – 74 € oder mehr, jedoch weniger als 75,6 €	20 + 3,1 €/100 kg/net (1)
	– – – – 72,5 € oder mehr, jedoch weniger als 74 €	20 + 4,6 €/100 kg/net (1)

(1) WTO-Zollkontingent.

Anhang 2

KN-Code	Warenbezeichnung	Vertragsmäßiger Zollsatz (%)
1	2	3
0809 10 00	*(Fortsetzung)*	
	– – – – 70,9 € oder mehr, jedoch weniger als 72,5 €	20 + 6,2 €/100 kg/net (1)
	– – – – weniger als 70,9 €	20 + 22,7 €/100 kg/net (1)
	– – vom 1. August bis 31. Dezember	20 (1)
	– **Kirschen:**	
0809 21 00	– – **Sauerkirschen/Weichseln (*Prunus cerasus*):**	
	– – – vom 1. Januar bis 30. April	12
	– – – vom 1. Mai bis 20. Mai	12 MIN 2,4 €/100 kg/net
	– – – vom 21. Mai bis 31. Mai:	
	– – – – mit einem Einfuhrpreis für 100 kg Eigengewicht von:	
	– – – – – 149,4 € oder mehr	12
	– – – – – 146,4 € oder mehr, jedoch weniger als 149,4 €	12 + 3 €/100 kg/net (2)
	– – – – – 143,4 € oder mehr, jedoch weniger als 146,4 €	12 + 6 €/100 kg/net (2)
	– – – – – 140,4 € oder mehr, jedoch weniger als 143,4 €	12 + 9 €/100 kg/net (2)
	– – – – – 137,4 € oder mehr, jedoch weniger als 140,4 €	12 + 12 €/100 kg/net (2)
	– – – – – 50,7 € (3) oder mehr aber weniger als 137,4 €	12 + 27,4 €/100 kg/net (2)
	– – – – – 49,7 € (3) oder mehr aber weniger als 50,7 € (3)	12 + 27,4 €/100 kg/net (4)
	– – – – – 48,7 € (3) oder mehr aber weniger als 49,7 € (3)	12 + 27,4 €/100 kg/net (5)
	– – – – – 47,7 € (3) oder mehr aber weniger als 48,7 € (3)	12 + 27,4 €/100 kg/net (6)
	– – – – – 46,6 € (3) oder mehr aber weniger als 47,7 € (3)	12 + 27,4 €/100 kg/net (7)
	– – – – – weniger als 46,6 € (3)	12 + 27,4 €/100 kg/net

(1) WTO-Zollkontingent.
(2) Autonomer Zollsatz: 12.
(3) Der Einfuhrpreis ist auf autonomer Grundlage festgesetzt.
(4) Autonomer Zollsatz: 12 + 1,0 €/100 kg/net.
(5) Autonomer Zollsatz: 12 + 2,0 €/100 kg/net.
(6) Autonomer Zollsatz: 12 + 3,0 €/100 kg/net.
(7) Autonomer Zollsatz: 12 + 4,1 €/100 kg/net.

Anhang 2

KN-Code	Warenbezeichnung	Vertragsmäßiger Zollsatz (%)
1	2	3
0809 21 00	*(Fortsetzung)*	
	– – – vom 1. Juni bis 15. Juli:	
	– – – – mit einem Einfuhrpreis für 100 kg Eigengewicht von:	
	– – – – – 125,4 € oder mehr	12
	– – – – – 122,9 € oder mehr, jedoch weniger als 125,4 €	12 + 2,5 €/100 kg/net (1)
	– – – – – 120,4 € oder mehr, jedoch weniger als 122,9 €	12 + 5 €/100 kg/net (1)
	– – – – – 117,9 € oder mehr, jedoch weniger als 120,4 €	12 + 7,5 €/100 kg/net (1)
	– – – – – 115,4 € oder mehr, jedoch weniger als 117,9 €	12 + 10 €/100 kg/net (1)
	– – – – – 50,7 € (2) oder mehr aber weniger als 115,4 €	12 + 27,4 €/100 kg/net (1)
	– – – – – 49,7 € (2) oder mehr aber weniger als 50,7 € (2)	12 + 27,4 €/100 kg/net (3)
	– – – – – 48,7 € (2) oder mehr aber weniger als 49,7 € (2)	12 + 27,4 €/100 kg/net (4)
	– – – – – 47,7 € (2) oder mehr aber weniger als 48,7 € (2)	12 + 27,4 €/100 kg/net (5)
	– – – – – 46,6 € (2) oder mehr aber weniger als 47,7 € (2)	12 + 27,4 €/100 kg/net (6)
	– – – – – weniger als 46,6 € (2)	12 + 27,4 €/100 kg/net
	– – – vom 16. Juli bis 31. Juli:	
	– – – – mit einem Einfuhrpreis für 100 kg Eigengewicht von:	
	– – – – – 125,4 € oder mehr	12
	– – – – – 122,9 € oder mehr, jedoch weniger als 125,4 €	12 + 2,5 €/100 kg/net (1)
	– – – – – 120,4 € oder mehr, jedoch weniger als 122,9 €	12 + 5 €/100 kg/net (1)
	– – – – – 117,9 € oder mehr, jedoch weniger als 120,4 €	12 + 7,5 €/100 kg/net (1)

(1) Autonomer Zollsatz: 12.
(2) Der Einfuhrpreis ist auf autonomer Grundlage festgesetzt.
(3) Autonomer Zollsatz: 12 + 1,0 €/100 kg/net.
(4) Autonomer Zollsatz: 12 + 2,0 €/100 kg/net.
(5) Autonomer Zollsatz: 12 + 3,0 €/100 kg/net.
(6) Autonomer Zollsatz: 12 + 4,1 €/100 kg/net.

Anhang 2

KN-Code	Warenbezeichnung	Vertragsmäßiger Zollsatz (%)
1	2	3
0809 21 00	*(Fortsetzung)*	
	– – – – – 115,4 € oder mehr, jedoch weniger als 117,9 €	12 + 10 €/100 kg/net (1)
	– – – – – 45,9 € (2) oder mehr aber weniger als 115,4 €	12 + 27,4 €/100 kg/net (1)
	– – – – – 45 € (2) oder mehr aber weniger als 45,9 € (2)	12 + 27,4 €/100 kg/net (3)
	– – – – – 44,1 € (2) oder mehr aber weniger als 45 € (2)	12 + 27,4 €/100 kg/net (4)
	– – – – – 43,1 € (2) oder mehr aber weniger als 44,1 € (2)	12 + 27,4 €/100 kg/net (5)
	– – – – – 42,2 € (2) oder mehr aber weniger als 43,1 € (2)	12 + 27,4 €/100 kg/net (6)
	– – – – – weniger als 42,2 € (2)	12 + 27,4 €/100 kg/net
	– – – vom 1. August bis 10. August:	
	– – – – mit einem Einfuhrpreis für 100 kg Eigengewicht von:	
	– – – – – 91,6 € oder mehr	12
	– – – – – 89,8 € oder mehr, jedoch weniger als 91,6 €	12 + 1,8 €/100 kg/net (1)
	– – – – – 87,9 € oder mehr, jedoch weniger als 89,8 €	12 + 3,7 €/100 kg/net (1)
	– – – – – 86,1 € oder mehr, jedoch weniger als 87,9 €	12 + 5,5 €/100 kg/net (1)
	– – – – – 84,1 € oder mehr, jedoch weniger als 86,1 €	12 + 7,3 €/100 kg/net (1)
	– – – – – 45,9 € (2) oder mehr aber weniger als 84,1 €	12 + 27,4 €/100 kg/net (1)
	– – – – – 45 € (2) oder mehr aber weniger als 45,9 € (2)	12 + 27,4 €/100 kg/net (3)
	– – – – – 44,1 € (2) oder mehr aber weniger als 45 € (2)	12 + 27,4 €/100 kg/net (4)
	– – – – – 43,1 € (2) oder mehr aber weniger als 44,1 € (2)	12 + 27,4 €/100 kg/net (5)
	– – – – – 42,2 € (2) oder mehr aber weniger als 43,1 € (2)	12 + 27,4 €/100 kg/net (6)

(1) Autonomer Zollsatz: 12.
(2) Der Einfuhrpreis ist auf autonomer Grundlage festgesetzt.
(3) Autonomer Zollsatz: 12 + 0,9 €/100 kg/net.
(4) Autonomer Zollsatz: 12 + 1,8 €/100 kg/net.
(5) Autonomer Zollsatz: 12 + 2,8 €/100 kg/net.
(6) Autonomer Zollsatz: 12 + 3,7 €/100 kg/net.

Anhang 2

KN-Code	Warenbezeichnung	Vertragsmäßiger Zollsatz (%)
1	2	3
0809 21 00	*(Fortsetzung)*	
	– – – – – weniger als 42,2 € (¹)	12 + 27,4 €/100 kg/net
	– – – vom 11. August bis 31. Dezember	12
0809 29 00	– – **andere:**	
	– – – vom 1. Januar bis 30. April	12
	– – – vom 1. Mai bis 20. Mai	12 MIN 2,4 €/100 kg/net
	– – – vom 21. Mai bis 31. Mai:	
	– – – – mit einem Einfuhrpreis für 100 kg Eigengewicht von:	
	– – – – – 149,4 € oder mehr	12 (²)
	– – – – – 146,4 € oder mehr, jedoch weniger als 149,4 €	12 + 3 €/100 kg/net (²)
	– – – – – 143,4 € oder mehr, jedoch weniger als 146,4 €	12 + 6 €/100 kg/net (²)
	– – – – – 140,4 € oder mehr, jedoch weniger als 143,4 €	12 + 9 €/100 kg/net (²)
	– – – – – 137,4 € oder mehr, jedoch weniger als 140,4 €	12 + 12 €/100 kg/net (²)
	– – – – – weniger als 137,4 €	12 + 27,4 €/100 kg/net (²)
	– – – vom 1. Juni bis 15. Juni:	
	– – – – mit einem Einfuhrpreis für 100 kg Eigengewicht von:	
	– – – – – 125,4 € oder mehr	12 (²)
	– – – – – 122,9 € oder mehr, jedoch weniger als 125,4 €	12 + 2,5 €/100 kg/net (²)
	– – – – – 120,4 € oder mehr, jedoch weniger als 122,9 €	12 + 5 €/100 kg/net (²)
	– – – – – 117,9 € oder mehr, jedoch weniger als 120,4 €	12 + 7,5 €/100 kg/net (²)
	– – – – – 115,4 € oder mehr, jedoch weniger als 117,9 €	12 + 10 €/100 kg/net (²)
	– – – – – weniger als 115,4 €	12 + 27,4 €/100 kg/net (²)
	– – – vom 16. Juni bis 15. Juli:	
	– – – – mit einem Einfuhrpreis für 100 kg Eigengewicht von:	
	– – – – – 125,4 € oder mehr	6 (²)
	– – – – – 122,9 € oder mehr, jedoch weniger als 125,4 €	12 + 2,5 €/100 kg/net (²)

(¹) Der Einfuhrpreis ist auf autonomer Grundlage festgesetzt.
(²) WTO-Zollkontingent.

Anhang 2

KN-Code	Warenbezeichnung	Vertragsmäßiger Zollsatz (%)
1	2	3
0809 29 00	*(Fortsetzung)*	
	– – – – – 120,4 € oder mehr, jedoch weniger als 122,9 €	12 + 5 €/100 kg/net (1)
	– – – – – 117,9 € oder mehr, jedoch weniger als 120,4 €	12 + 7,5 €/100 kg/net (1)
	– – – – – 115,4 € oder mehr, jedoch weniger als 117,9 €	12 + 10 €/100 kg/net (1)
	– – – – – weniger als 115,4 €	12 + 27,4 €/100 kg/net (1)
	– – – vom 16. Juli bis 31. Juli:	
	– – – – mit einem Einfuhrpreis für 100 kg Eigengewicht von:	
	– – – – – 125,4 € oder mehr	12
	– – – – – 122,9 € oder mehr, jedoch weniger als 125,4 €	12 + 2,5 €/100 kg/net
	– – – – – 120,4 € oder mehr, jedoch weniger als 122,9 €	12 + 5 €/100 kg/net
	– – – – – 117,9 € oder mehr, jedoch weniger als 120,4 €	12 + 7,5 €/100 kg/net
	– – – – – 115,4 € oder mehr, jedoch weniger als 117,9 €	12 + 10 €/100 kg/net
	– – – – – weniger als 115,4 €	12 + 27,4 €/100 kg/net
	– – – vom 1. August bis 10. August:	
	– – – – mit einem Einfuhrpreis für 100 kg Eigengewicht von:	
	– – – – – 91,6 € oder mehr	12
	– – – – – 89,8 € oder mehr, jedoch weniger als 91,6 €	12 + 1,8 €/100 kg/net
	– – – – – 87,9 € oder mehr, jedoch weniger als 89,8 €	12 + 3,7 €/100 kg/net
	– – – – – 86,1 € oder mehr, jedoch weniger als 87,9 €	12 + 5,5 €/100 kg/net
	– – – – – 84,1 € oder mehr, jedoch weniger als 86,1 €	12 + 7,3 €/100 kg/net
	– – – – – weniger als 84,1 €	12 + 27,4 €/100 kg/net
	– – – vom 11. August bis 31. Dezember	12
0809 30	– **Pfirsiche, einschließlich Brugnolen und Nektarinen:**	
0809 30 10	– – Brugnolen und Nektarinen:	
	– – – vom 1. Januar bis 10. Juni	17,6
	– – – vom 11. Juni bis 20. Juni:	
	– – – – mit einem Einfuhrpreis für 100 kg Eigengewicht von:	
	– – – – – 88,3 € oder mehr	17,6

(1) WTO-Zollkontingent.

Anhang 2

KN-Code	Warenbezeichnung	Vertragsmäßiger Zollsatz (%)
1	2	3
0809 30 10	*(Fortsetzung)*	
	– – – – – 86,5 € oder mehr, jedoch weniger als 88,3 €	17,6 + 1,8 €/100 kg/net
	– – – – – 84,8 € oder mehr, jedoch weniger als 86,5 €	17,6 + 3,5 €/100 kg/net
	– – – – – 83 € oder mehr, jedoch weniger als 84,8 €	17,6 + 5,3 €/100 kg/net
	– – – – – 81,2 € oder mehr, jedoch weniger als 83 €	17,6 + 7,1 €/100 kg/net
	– – – – – weniger als 81,2 €	17,6 + 13 €/100 kg/net
	– – – vom 21. Juni bis 31. Juli:	
	– – – – mit einem Einfuhrpreis für 100 kg Eigengewicht von:	
	– – – – – 77,6 € oder mehr	17,6
	– – – – – 76 € oder mehr, jedoch weniger als 77,6 €	17,6 + 1,6 €/100 kg/net
	– – – – – 74,5 € oder mehr, jedoch weniger als 76 €	17,6 + 3,1 €/100 kg/net
	– – – – – 72,9 € oder mehr, jedoch weniger als 74,5 €	17,6 + 4,7 €/100 kg/net
	– – – – – 71,4 € oder mehr, jedoch weniger als 72,9 €	17,6 + 6,2 €/100 kg/net
	– – – – – weniger als 71,4 €	17,6 + 13 €/100 kg/net
	– – – vom 1. August bis 30. September:	
	– – – – mit einem Einfuhrpreis für 100 kg Eigengewicht von:	
	– – – – – 60 € oder mehr	17,6
	– – – – – 58,8 € oder mehr, jedoch weniger als 60 €	17,6 + 1,2 €/100 kg/net
	– – – – – 57,6 € oder mehr, jedoch weniger als 58,8 €	17,6 + 2,4 €/100 kg/net
	– – – – – 56,4 € oder mehr, jedoch weniger als 57,6 €	17,6 + 3,6 €/100 kg/net
	– – – – – 55,2 € oder mehr, jedoch weniger als 56,4 €	17,6 + 4,8 €/100 kg/net
	– – – – – weniger als 55,2 €	17,6 + 13 €/100 kg/net
	– – – vom 1. Oktober bis 31. Dezember	17,6
0809 30 90	– – andere:	
	– – – vom 1. Januar bis 10. Juni	17,6
	– – – vom 11. Juni bis 20. Juni:	
	– – – – mit einem Einfuhrpreis für 100 kg Eigengewicht von:	
	– – – – – 88,3 € oder mehr	17,6
	– – – – – 86,5 € oder mehr, jedoch weniger als 88,3 €	17,6 + 1,8 €/100 kg/net
	– – – – – 84,8 € oder mehr, jedoch weniger als 86,5 €	17,6 + 3,5 €/100 kg/net
	– – – – – 83 € oder mehr, jedoch weniger als 84,8 €	17,6 + 5,3 €/100 kg/net

Anhang 2

KN-Code	Warenbezeichnung	Vertragsmäßiger Zollsatz (%)
1	2	3
0809 30 90	*(Fortsetzung)*	
	– – – – – 81,2 € oder mehr, jedoch weniger als 83 €	17,6 + 7,1 €/100 kg/net
	– – – – – weniger als 81,2 €	17,6 + 13 €/100 kg/net
	– – – vom 21. Juni bis 31. Juli:	
	– – – – mit einem Einfuhrpreis für 100 kg Eigengewicht von:	
	– – – – – 77,6 € oder mehr	17,6
	– – – – – 76 € oder mehr, jedoch weniger als 77,6 €	17,6 + 1,6 €/100 kg/net
	– – – – – 74,5 € oder mehr, jedoch weniger als 76 €	17,6 + 3,1 €/100 kg/net
	– – – – – 72,9 € oder mehr, jedoch weniger als 74,5 €	17,6 + 4,7 €/100 kg/net
	– – – – – 71,4 € oder mehr, jedoch weniger als 72,9 €	17,6 + 6,2 €/100 kg/net
	– – – – – weniger als 71,4 €	17,6 + 13 €/100 kg/net
	– – – vom 1. August bis 30. September:	
	– – – – mit einem Einfuhrpreis für 100 kg Eigengewicht von:	
	– – – – – 60 € oder mehr	17,6
	– – – – – 58,8 € oder mehr, jedoch weniger als 60 €	17,6 + 1,2 €/100 kg/net
	– – – – – 57,6 € oder mehr, jedoch weniger als 58,8 €	17,6 + 2,4 €/100 kg/net
	– – – – – 56,4 € oder mehr, jedoch weniger als 57,6 €	17,6 + 3,6 €/100 kg/net
	– – – – – 55,2 € oder mehr, jedoch weniger als 56,4 €	17,6 + 4,8 €/100 kg/net
	– – – – – weniger als 55,2 €	17,6 + 13 €/100 kg/net
	– – – vom 1. Oktober bis 31. Dezember	17,6
0809 40	– **Pflaumen und Schlehen:**	
0809 40 05	– – Pflaumen:	
	– – – vom 1. Januar bis 10. Juni	6,4
	– – – vom 11. Juni bis 30. Juni:	
	– – – – mit einem Einfuhrpreis für 100 kg Eigengewicht von:	
	– – – – – 69,6 € oder mehr	6,4
	– – – – – 68,2 € oder mehr, jedoch weniger als 69,6 €	6,4 + 1,4 €/100 kg/net
	– – – – – 66,8 € oder mehr, jedoch weniger als 68,2 €	6,4 + 2,8 €/100 kg/net
	– – – – – 65,4 € oder mehr, jedoch weniger als 66,8 €	6,4 + 4,2 €/100 kg/net
	– – – – – 64 € oder mehr, jedoch weniger als 65,4 €	6,4 + 5,6 €/100 kg/net
	– – – – – weniger als 64 €	6,4 + 10,3 €/100 kg/net

Anhang 2

KN-Code	Warenbezeichnung	Vertragsmäßiger Zollsatz (%)
1	2	3
0809 40 05	*(Fortsetzung)*	
	– – – vom 1. Juli bis 30. September:	
	– – – – mit einem Einfuhrpreis für 100 kg Eigengewicht von:	
	– – – – – 69,6 € oder mehr	12
	– – – – – 68,2 € oder mehr, jedoch weniger als 69,6 €	12 + 1,4 €/100 kg/net
	– – – – – 66,8 € oder mehr, jedoch weniger als 68,2 €	12 + 2,8 €/100 kg/net
	– – – – – 65,4 € oder mehr, jedoch weniger als 66,8 €	12 + 4,2 €/100 kg/net
	– – – – – 64 € oder mehr, jedoch weniger als 65,4 €	12 + 5,6 €/100 kg/net
	– – – – – weniger als 64 €	12 + 10,3 €/100 kg/net
	– – – vom 1. Oktober bis 31. Dezember	6,4
2009	**Fruchtsäfte (einschließlich Traubenmost) und Gemüsesäfte, nicht gegoren, ohne Zusatz von Alkohol, auch mit Zusatz von Zucker oder anderen Süßmitteln:**	
	– **Traubensaft (einschließlich Traubenmost):**	
2009 61	– – **mit einem Brixwert von 30 oder weniger:**	
2009 61 10	– – – mit einem Wert von mehr als 18 € für 100 kg Eigengewicht:	
	– – – – mit einem Einfuhrpreis pro hl von:	
	– – – – – 42,5 € oder mehr	22,4
	– – – – – 41,7 € oder mehr, jedoch weniger als 42,5 €	22,4 + 0,8 €/hl
	– – – – – 40,8 € oder mehr, jedoch weniger als 41,7 €	22,4 + 1,7 €/hl
	– – – – – 40 € oder mehr, jedoch weniger als 40,8 €	22,4 + 2,5 €/hl
	– – – – – 39,1 € oder mehr, jedoch weniger als 40 €	22,4 + 3,4 €/hl
	– – – – – weniger als 39,1 €	22,4 + 27 €/hl
2009 69	– – **anderer:**	
	– – – mit einem Brixwert von mehr als 67:	
2009 69 19	– – – – anderer:	
	– – – – – mit einem Einfuhrpreis pro hl von:	
	– – – – – – 212,4 € oder mehr	40 (1)
	– – – – – – 208,2 € oder mehr, jedoch weniger als 212,4 €	40 + 4,2 €/hl (1)
	– – – – – – 203,9 € oder mehr, jedoch weniger als 208,2 €	40 + 8,5 €/hl (1)
	– – – – – – 199,7 € oder mehr, jedoch weniger als 203,9 €	40 + 12,7 €/hl (1)

(1) WTO-Zollkontingent.

Anhang 2

KN-Code	Warenbezeichnung	Vertragsmäßiger Zollsatz (%)
1	2	3
2009 69 19	*(Fortsetzung)*	
	– – – – – – 195,4 € oder mehr, jedoch weniger als 199,7 €	40 + 17 €/hl (1)
	– – – – – – weniger als 195,4 €	40 + 121 €/hl (1)
	– – – mit einem Brixwert von mehr als 30, jedoch nicht mehr als 67:	
	– – – – mit einem Wert von mehr als 18 € für 100 kg Eigengewicht:	
2009 69 51	– – – – – konzentriert:	
	– – – – – – mit einem Einfuhrpreis pro hl von:	
	– – – – – – – 209,4 € oder mehr	22,4 (1)
	– – – – – – – 205,2 € oder mehr, jedoch weniger als 209,4 €	22,4 + 4,2 €/hl (1)
	– – – – – – – 201 € oder mehr, jedoch weniger als 205,2 €	22,4 + 8,4 €/hl (1)
	– – – – – – – 196,8 € oder mehr, jedoch weniger als 201 €	22,4 + 12,6 €/hl (1)
	– – – – – – – 192,6 € oder mehr, jedoch weniger als 196,8 €	22,4 + 16,8 €/hl (1)
	– – – – – – – weniger als 192,6 €	22,4 + 131 €/hl (1)
2009 69 59	– – – – – andere:	
	– – – – – – mit einem Einfuhrpreis pro hl von:	
	– – – – – – – 42,5 € oder mehr	22,4
	– – – – – – – 41,7 € oder mehr, jedoch weniger als 42,5 €	22,4 + 0,8 €/hl
	– – – – – – – 40,8 € oder mehr, jedoch weniger als 41,7 €	22,4 + 1,7 €/hl
	– – – – – – – 40 € oder mehr, jedoch weniger als 40,8 €	22,4 + 2,5 €/hl
	– – – – – – – 39,1 € oder mehr, jedoch weniger als 40 €	22,4 + 3,4 €/hl
	– – – – – – – weniger als 39,1 €	22,4 + 27 €/hl
2204	**Wein aus frischen Weintrauben, einschließlich mit Alkohol angereicherter Wein; Traubenmost, ausgenommen solcher der Position 2009:**	
2204 30	– **anderer Traubenmost:**	
	– – anderer:	
	– – – mit einer Dichte von 1,33 g/cm³ oder weniger bei 20 °C und einem vorhandenen Alkoholgehalt von 1 % vol oder weniger:	
2204 30 92	– – – – konzentriert:	
	– – – – – mit einem Einfuhrpreis pro hl von:	
	– – – – – – 209,4 € oder mehr	22,4 + 20,6 €/100 kg/net
	– – – – – – 205,2 € oder mehr, jedoch weniger als 209,4 €	22,4 + 4,2 €/hl + 20,6 €/100 kg/net
	– – – – – – 201 € oder mehr, jedoch weniger als 205,2 €	22,4 + 8,4 €/hl + 20,6 €/100 kg/net
	– – – – – – 196,8 € oder mehr, jedoch weniger als 201 €	22,4 + 12,6 €/hl + 20,6 €/100 kg/net

(1) WTO-Zollkontingent.

Anhang 2

KN-Code	Warenbezeichnung	Vertragsmäßiger Zollsatz (%)
1	2	3
2204 30 92	*(Fortsetzung)*	
	– – – – – – 192,6 € oder mehr, jedoch weniger als 196,8 €	22,4 + 16,8 €/hl + 20,6 €/100 kg/net
	– – – – – – weniger als 192,6 €	22,4 + 131 €/hl + 20,6 €/100 kg/net
2204 30 94	– – – – anderer:	
	– – – – – mit einem Einfuhrpreis pro hl von:	
	– – – – – – 42,5 € oder mehr	22,4 + 20,6 €/100 kg/net
	– – – – – – 41,7 € oder mehr, jedoch weniger als 42,5 €	22,4 + 0,8 €/hl + 20,6 €/100 kg/net
	– – – – – – 40,8 € oder mehr, jedoch weniger als 41,7 €	22,4 + 1,7 €/hl + 20,6 €/100 kg/net
	– – – – – – 40 € oder mehr, jedoch weniger als 40,8 €	22,4 + 2,5 €/hl + 20,6 €/100 kg/net
	– – – – – – 39,1 € oder mehr, jedoch weniger als 40 €	22,4 + 3,4 €/hl + 20,6 €/100 kg/net
	– – – – – – weniger als 39,1 €	22,4 + 27 €/hl + 20,6 €/100 kg/net
	– – – anderer:	
2204 30 96	– – – – konzentriert:	
	– – – – – mit einem Einfuhrpreis pro hl von:	
	– – – – – – 212,4 € oder mehr	40 + 20,6 €/100 kg/net
	– – – – – – 208,2 € oder mehr, jedoch weniger als 212,4 €	40 + 4,2 €/hl + 20,6 €/100 kg/net
	– – – – – – 203,9 € oder mehr, jedoch weniger als 208,2 €	40 + 8,5 €/hl + 20,6 €/100 kg/net
	– – – – – – 199,7 € oder mehr, jedoch weniger als 203,9 €	40 + 12,7 €/hl + 20,6 €/100 kg/net
	– – – – – – 195,4 € oder mehr, jedoch weniger als 199,7 €	40 + 17 €/hl + 20,6 €/100 kg/net
	– – – – – – weniger als 195,4 €	40 + 121 €/hl + 20,6 €/100 kg/net
2204 30 98	– – – – anderer:	
	– – – – – mit einem Einfuhrpreis pro hl von:	
	– – – – – – 42,5 € oder mehr	40 + 20,6 €/100 kg/net
	– – – – – – 41,7 € oder mehr, jedoch weniger als 42,5 €	40 + 0,8 €/hl + 20,6 €/100 kg/net
	– – – – – – 40,8 € oder mehr, jedoch weniger als 41,7 €	40 + 1,7 €/hl + 20,6 €/100 kg/net
	– – – – – – 40 € oder mehr, jedoch weniger als 40,8 €	40 + 2,5 €/hl + 20,6 €/100 kg/net
	– – – – – – 39,1 € oder mehr, jedoch weniger als 40 €	40 + 3,4 €/hl + 20,6 €/100 kg/net
	– – – – – – weniger als 39,1 €	40 + 27 €/hl + 20,6 €/100 kg/net

ABSCHNITT II

LISTE DER PHARMAZEUTISCHEN STOFFE, FÜR DIE ZOLLFREIHEIT GILT

ANHANG 3

LISTE DER VON DER WELTGESUNDHEITSORGANISATION (WHO) VERGEBENEN INTERNATIONALEN FREINAMEN (INN) FÜR PHARMAZEUTISCHE STOFFE, FÜR DIE ZOLLFREIHEIT GILT

Anhang 3

KN-Code	CAS RN	Bezeichnung
2818 30 00	1330-44-5	Algeldrat
2833 22 00	61115-28-4	Alusulf
2842 10 00	12408-47-8	Simaldrat
	71205-22-6	Almasilat
2842 90 80	0-00-0	Almagodrat
	12247-75-5	Almadratsulfat
	12304-65-3	Hydrotalcit
	12539-23-0	Vangatalcit
	41342-54-5	Carbaldrat
	66827-12-1	Almagat
	74978-16-8	Magaldrat
	119175-48-3	Fermagat
2843 30 00	10210-36-3	Natriumaurotiosulfat
	12244-57-4	Natriumaurothiomalat
	16925-51-2	Aurothioglycanid
	34031-32-8	Auranofin
2843 90 90	15663-27-1	Cisplatin
	41575-94-4	Carboplatin
	61825-94-3	Oxaliplatin
	62816-98-2	Ormaplatin
	62928-11-4	Iproplatin
	74790-08-2	Spiroplatin
	95734-82-0	Nedaplatin
	96392-96-0	Dexormaplatin
	103775-75-3	Miboplatin
	110172-45-7	Sebriplatin
	111490-36-9	Zeniplatin
	111523-41-2	Enloplatin
	129580-63-8	Satraplatin
	135558-11-1	Lobaplatin
	141977-79-9	Miriplatin
	146665-77-2	Eptaplatin
	172903-00-3	Triplatintetranitrat
	181630-15-9	Picoplatin
	274679-00-4	Padoporfin
	759457-82-4	Padeliporfin
2844 40 20	14932-42-4	Xenon (^{133}Xe)
2844 40 30	0-00-0	Fibrinogen (^{125}I)
	881-17-4	Natriumiodohippurat (^{131}I)
	1187-56-0	Selenomethionin (^{75}Se)
	5579-94-2	Merisoprol (^{197}Hg)
	7790-26-3	Natriumiodid (^{131}I)
	8016-07-7	Ethiodatöl (^{131}I)
	8027-28-9	Natriumphosphat (^{32}P)
	9048-46-8	Iodhaltig (^{125}I) serumalbumin, menschlich
	9048-46-8	Iodhaltig (^{131}I) serumalbumin, menschlich
	10039-53-9	Natriumchromat (^{51}Cr)
	13115-03-2	Cyanocobalamin (^{57}Co)
	13422-53-2	Cyanocobalamin (^{60}Co)
	15251-14-6	Rosebengal (^{131}I) natrium
	15690-63-8	Cesium (^{131}Cs) chlorid
	15845-98-4	Natriumiotalamat (^{131}I)
	17033-82-8	Iometin (^{125}I)
	17033-83-9	Iometin (^{131}I)
	17692-74-9	Natriumiotalamat (^{125}I)
	18195-32-9	Cyanocobalamin (^{58}Co)
	24359-64-6	Natriumiodid (^{125}I)
	41183-64-6	Gallium (^{67}Ga) citrat
	42220-21-3	Iodocholesterol (^{131}I)
	54063-42-2	Ferrin (^{59}Fe) citratinjection
	54182-60-4	Tolpovidon (^{131}I)
	54182-63-7	Macrosalb (^{131}I)
	54277-47-3	Macrosalb (^{99m}Tc)
	54510-20-2	Iodocetilinsäure (^{123}I)
	64461-80-9	Chlormerodrin (^{197}Hg)
	74855-17-7	Iocanlidinsäure (^{123}I)
	75917-92-9	Iofetamin (^{123}I)
	77679-27-7	Iobenguan (^{131}I)

Anhang 3

KN-Code	CAS RN	Bezeichnung
2844 40 30	*(Fortsetzung)*	
	92812-82-3	Fluorodopa (^{18}F)
	94153-50-1	Mespiperon (^{11}C)
	104716-22-5	Technetium (^{99m}Tc) teboroxim
	105851-17-0	Fludesoxyglucose (^{18}F)
	106417-28-1	Technetium (^{99m}Tc) siboroxim
	109581-73-9	Technetium (^{99m}Tc) sestamibi
	113716-48-6	Iloprid (^{123}I)
	121281-41-2	Technetium (^{99m}Tc) bicisat
	123748-56-1	Iodfiltinsäure (^{123}I)
	127396-36-5	Iomazenil (^{123}I)
	131608-78-1	Technetium (^{99m}Tc) nitridocad
	136794-86-0	Iometopan (^{123}I)
	142481-95-6	Technetium (^{99m}Tc) furifosmin
	154427-83-5	Samarium (^{153}Sm) lexidronam
	155798-07-5	Ioflupan (^{123}I)
	157476-76-1	Technetium (^{99m}Tc) pintumomab
	165942-79-0	Technetium (^{99m}Tc) nofetumomab merpentan
	178959-14-3	Technetium (^{99m}Tc) apcitid
	225239-31-6	Technetium (^{99m}Tc) fanolesomab
	476413-07-7	Yttrium (^{90}Y) tacatuzumab tetraxetan
2844 40 80	10043-49-9	Gold (^{198}Au), kolloidal
2845 90 10	35523-45-6	Fludalanin
	122431-96-3	Zilascorb (^{2}H)
	474641-19-5	Deutolperison
2845 90 90	12448-24-7	Natriumborocaptat (^{10}B)
2846 90 00	72573-82-1	Gadoterinsäure
	80529-93-7	Gadopentetinsäure
	113662-23-0	Gadobeninsäure
	117827-80-2	Gadopenamid
	120066-54-8	Gadoteridol
	131069-91-5	Gadoversetamid
	131410-48-5	Gadodiamid
	135326-11-3	Gadoxetsäure
	138721-73-0	Sprodiamid
	193901-90-5	Gadofosveset
	227622-74-4	Gadomelitol
	280776-87-6	Gadocoletsäure
	544697-52-1	Gadodenterat
	770691-21-9	Gadobutrol
2852 10 00	54-64-8	Thiomersal
	62-37-3	Chlormerodrin
	129-16-8	Merbromin
	492-18-2	Mersalyl
	498-73-7	Mercurobutol
	525-30-4	Mercuderamid
	4386-35-0	Meraleinnatrium
	5964-24-9	Natriumtimerfonat
	8017-88-7	Phenylquecksilberborat
	14235-86-0	Hydrargaphen
	16509-11-8	Otimeratnatrium
	20223-84-1	Mercaptomerin
2852 90 00	8012-34-8	Mercurophyllin
	8069-64-5	Merallurid
	60135-06-0	Mercumatilinnatrium
2902 19 00	75-19-4	Cyclopropan
2902 90 00	75078-91-0	Temaroten
2903 39 90	76-19-7	Perflutren
	354-92-7	Perflisobutan
	355-25-9	Perflubutan
	355-42-0	Perflexan
2903 77 40	76-14-2	Cryofluoran
2903 78 00	307-43-7	Perflubrodec

Anhang 3

KN-Code	CAS RN	Bezeichnung
2903 78 00	*(Fortsetzung)*	
	423-55-2	Perflubron
2903 79 21	124-72-1	Tefluran
2903 79 90	151-67-7	Halothan
2903 89 90	306-94-5	Perflunafen
	1715-40-8	Bromociclen
2903 92 00	50-29-3	Clofenotan
2903 99 90	53-19-0	Mitotan
	479-68-5	Broparestrol
	34563-73-0	Feniodiumchlorid
	56917-29-4	Fluretofen
2904 10 00	5560-69-0	Ethyldibunat
	6223-35-4	Natriumgualenat
	14992-59-7	Natriumdibunat
	21668-77-9	Eprodisat
	99287-30-6	Egualen
2904 90 95	124-88-9	Dimethiodalnatrium
	126-31-8	Methiodalnatrium
2905 29 90	77-75-8	Methylpentinol
2905 39 95	55-98-1	Busulfan
	35449-36-6	Gemcadiol
	64218-02-6	Plaunotol
2905 49 00	299-75-2	Treosulfan
	7518-35-6	Mannosulfan
2905 51 00	113-18-8	Ethchlorvynol
2905 59 98	52-51-7	Bronopol
	57-15-8	Chlorobutanol
	488-41-5	Mitobronitol
	2209-86-1	Loprodiol
	10318-26-0	Mitolactol
	24403-04-1	Debropol
2906 11 00	89-78-1	Racementhol
2906 19 00	67-96-9	Dihydrotachysterol
	19793-20-5	Bolandiol
	23089-26-1	Levomenol
	29474-12-2	Cimepanol
	57333-96-7	Tacalcitol
	112965-21-6	Calcipotriol
	131918-61-1	Paricalcitol
	134404-52-7	Seocalcitol
	163217-09-2	Inecalcitol
	199798-84-0	Elocalcitol
	524067-21-8	Becocalcidiol
2906 29 00	79-93-6	Phenaglycodol
	583-03-9	Fenipentol
	13980-94-4	Metaglycodol
	14088-71-2	Proclonol
	15687-18-0	Fenpentadiol
	56430-99-0	Flumecinol
	104561-36-6	Doretinel
2907 19 90	1300-94-3	Amylmetacresol
	2078-54-8	Propofol
	5591-47-9	Cyclomenol
	13741-18-9	Xibornol
2907 29 00	56-53-1	Diethylstilbestrol
	57-91-0	Alfatradiol
	84-17-3	Dienestrol
	85-95-0	Benzestrol
	130-73-4	Methestrol
	5635-50-7	Hexestrol
	10457-66-6	Gerochinol

Anhang 3

KN-Code	CAS RN	Bezeichnung
2907 29 00	*(Fortsetzung)*	
	27686-84-6	Masoprocol
2908 19 00	59-50-7	Chlorkresol
	70-30-4	Hexachlorophen
	88-04-0	Chlorxylenol
	97-23-4	Dichlorophen
	120-32-1	Clorofen
	133-53-9	Dichloroxylenol
	145-94-8	Clorindanol
	6915-57-7	Bibrocathol
	10572-34-6	Cicliomenol
	15686-33-6	Biclotymol
	34633-34-6	Bifluranol
	37693-01-9	Clofoctol
	64396-09-4	Terfluranol
	65634-39-1	Pentafluranol
	125722-16-9	Enofelast
2908 99 00	4444-23-9	Persilinsäure
	20123-80-2	Calciumdobesilat
	57775-26-5	Sultosilinsäure
	78480-14-5	Dicresulen
	10331-57-4	Niclofolan
	39224-48-1	Nitroclofen
2909 19 90	76-38-0	Methoxyfluran
	333-36-8	Flurotyl
	406-90-6	Fluroxen
	679-90-3	Rofluran
	13838-16-9	Enfluran
	26675-46-7	Isofluran
	28523-86-6	Sevofluran
	57041-67-5	Desfluran
2909 20 00	56689-41-9	Alifluran
2909 30 90	569-57-3	Chlortrianisen
	777-11-7	Haloprogin
	24150-24-1	Terameprocol
	55837-16-6	Entsufon
	80844-07-1	Etofenprox
2909 49 80	59-47-2	Mephenesin
	93-14-1	Guaifenesin
	104-29-0	Chlorphenesin
	544-62-7	Batilol
	2216-77-5	Dibuprol
	3102-00-9	Febuprol
	3671-05-4	Fenocinol
	13021-53-9	Terbuprol
	26159-36-4	Naproxol
	27318-86-1	Floverin
	63834-83-3	Guaietolin
	128607-22-7	Ospemifen
	131875-08-6	Lexacalcitol
	302904-82-1	Atocalcitol
	341524-89-8	Fispemifen
2909 50 00	103-16-2	Monobenzon
	150-76-5	Mequinol
	1321-14-8	Sulfogaiacol
	2174-64-3	Flamenol
	3380-30-1	Soneclosan
	3380-34-5	Triclosan
2910 40 00	60-57-1	Dieldrin

Anhang 3

KN-Code	CAS RN	Bezeichnung
2910 90 00	1954-28-5	Etoglucid
2911 00 00	78-12-6	Petrichloral
	3563-58-4	Chloralodol
	6055-48-7	Toloxychlorinol
2912 19 00	111-30-8	Glutaral
2914 19 90	6809-52-5	Teprenon
2914 29 00	2226-11-1	Bornelon
2914 39 00	82-66-6	Diphenadion
	83-12-5	Phenindion
	55845-78-8	Xenipenton
2914 40 90	128-20-1	Eltanolon
	465-53-2	Cyclopregnol
	565-99-1	Renanolon
	2673-23-6	Xenygloxal
	14107-37-0	Alfadolon
	20098-14-0	Idramanton
	21208-26-4	Dimepregnen
	23930-19-0	Alfaxalon
	35100-44-8	Endrison
	38398-32-2	Ganaxolon
	50673-97-7	Colestolon
	85969-07-9	Budotitan
	158440-71-2	Irofulven
2914 50 00	70-70-2	Paroxypropion
	114-43-2	Desaspidin
	117-37-3	Anisindion
	131-53-3	Dioxybenzon
	131-57-7	Oxybenzon
	480-22-8	Dithranol
	579-23-7	Cyclovalon
	1641-17-4	Mexenon
	1843-05-6	Octabenzon
	2295-58-1	Flopropion
	7114-11-6	Naphthonon
	18493-30-6	Metochalcon
	27762-78-3	Ketoxal
	42924-53-8	Nabumeton
	52479-85-3	Exifon
	70356-09-1	Avobenzon
	75464-11-8	Butantron
	112018-00-5	Tebufelon
2914 69 90	117-10-2	Dantron
	303-98-0	Ubidecarenon
	319-89-1	Tetroquinon
	863-61-6	Menatetrenon
	4042-30-2	Parvachon
	14561-42-3	Menocton
	58186-27-9	Idebenon
	80809-81-0	Docebenon
	88426-33-9	Buparvachon
2914 70 00	130-37-0	Menadionnatriumbisulfit
	957-56-2	Fluindion
	1146-98-1	Bromindion
	1146-99-2	Clorindion
	1470-35-5	Isobromindion
	1879-77-2	Doxibetasol
	3030-53-3	Clofenoxyd
	4065-45-6	Sulisobenzon
	6723-40-6	Fluindarol
	15687-21-5	Flumedroxon
	16469-74-2	Hydromadinon
	49561-92-4	Nivimedon
	56219-57-9	Arildon
	95233-18-4	Atovachon
	116313-94-1	Nitecapon

Anhang 3

KN-Code	CAS RN	Bezeichnung
2914 70 00	*(Fortsetzung)*	
	134308-13-7	Tolcapon
	274925-86-9	Nebicapon
2915 39 00	102-76-1	Triacetin
	514-50-1	Acebrochol
	2624-43-3	Cyclofenil
	5984-83-8	Fenabuten
	83282-71-7	Acefluranol
	91431-42-4	Lonapalen
	99107-52-5	Bunaprolast
2915 70 40	555-44-2	Tripalmitin
2915 90 70	99-66-1	Valproesäure
	124-07-2	Octansäure
	7008-02-8	Iodetryl
	76584-70-8	Valproatseminatrium
	77372-61-3	Valproatpivoxil
	185517-21-9	Arundsäure
2916 15 00	26266-58-0	Sorbitantrioleat
2916 19 95	51-77-4	Gefarnat
	506-26-3	Gamoleninsäure
	6217-54-5	Doconexent
	10417-94-4	Icosapent
	81485-25-8	Peretinoin
	83689-23-0	Molfarnat
2916 20 00	25229-42-9	Cicrotoesäure
	26002-80-2	Phenothrin
	52645-53-1	Permethrin
	69915-62-4	Loxanast
	75867-00-4	Fenfluthrin
2916 39 90	99-79-6	Iofendilat
	959-10-4	Xenbucin
	1085-91-2	Nafcaproesäure
	1553-60-2	Ibufenac
	5104-49-4	Flurbiprofen
	5728-52-9	Felbinac
	7698-97-7	Fenestrel
	15301-67-4	Feneritrol
	17692-38-5	Fluprofen
	24645-20-3	Hexaprofen
	28168-10-7	Tetriprofen
	33159-27-2	Ecabet
	34148-01-1	Clidanac
	36616-52-1	Fenclorac
	36950-96-6	Cicloprofen
	37529-08-1	Mexoprofen
	51146-56-6	Dexibuprofen
	51543-39-6	Esflurbiprofen
	51543-40-9	Tarenflurbil
	55837-18-8	Butibufen
	57144-56-6	Isoprofen
	71109-09-6	Vedaprofen
	84392-17-6	Xenalipin
	91587-01-8	Pelretin
	95040-85-0	Xenyhexeninsäure
	153559-49-0	Bexaroten
2917 13 90	123-99-9	Azelainsäure
2917 19 90	53-10-1	Hydroxydionnatriumsuccinat
	577-11-7	Docusatnatrium
2917 34 00	131-67-9	Ftalofyn
2918 11 00	15145-14-9	Ciclactat
2918 16 00	23835-15-6	Kaliumglucaldrat
2918 19 98	128-13-2	Ursodeoxycholsäure
	456-59-7	Cyclandelat
	474-25-9	Chenodesoxycholsäure
	503-49-1	Meglutol

Anhang 3

KN-Code	CAS RN	Bezeichnung
2918 19 98	*(Fortsetzung)*	
	512-16-3	Cyclobutyrol
	5793-88-4	Calciumsaccharat
	5977-10-6	Fencibutirol
	7007-81-0	Trethocaninsäure
	7009-49-6	Natriumhexacyclonat
	17140-60-2	Calciumglucoheptonat
	17692-20-5	Cyclobutoesäure
	26976-72-7	Aceburinsäure
	31221-85-9	Ibuverin
	34150-62-4	Calciumnatriumferriclat
	54845-95-3	Icomucret
	57808-63-6	Cicloxilinsäure
	68635-50-7	Deloxolon
	81093-37-0	Pravastatin
	111149-90-7	Lodelaben
	121009-77-6	Tenivastatin
	156965-06-9	Tisocalcitat
	174022-42-5	Bevirimat
2918 22 00	55482-89-8	Guacetisal
	64496-66-8	Salafibrat
2918 23 00	118-56-9	Homosalat
	552-94-3	Salsalat
	58703-77-8	Sulprosal
2918 29 00	83-40-9	Hydroxytoluylsäure
	96-84-4	Iophenoicsäure
	153-43-5	Clorindansäure
	322-79-2	Triflusal
	486-79-3	Dipyrocetyl
	490-79-9	Gentisinsäure
	1884-24-8	Cynarin
	4955-90-2	Natriumgentisat
	7009-60-1	Pheniodolnatrium
	15534-92-6	Terbuficin
	22494-27-5	Flufenisal
	22494-42-4	Diflunisal
2918 30 00	81-23-2	Dehydrocholsäure
	145-41-5	Natriumdehydrocholat
	519-95-9	Florantyron
	892-01-3	Hexacypron
	2522-81-8	Pibecarb
	22071-15-4	Ketoprofen
	22161-81-5	Dexketoprofen
	32808-51-8	Bucloxinsäure
	36330-85-5	Fenbufen
	41387-02-4	Lexofenac
	58182-63-1	Itanoxon
	63472-04-8	Metbufen
	68767-14-6	Loxoprofen
	69956-77-0	Pelubiprofen
	112665-43-7	Seratrodast
2918 99 90	51-24-1	Tiratricol
	51-26-3	Thyropropinsäure
	58-54-8	Etacrynsäure
	104-28-9	Cinoxat
	471-53-4	Enoxolon
	517-18-0	Methallenestril
	554-24-5	Phenobutiodil
	579-94-2	Menglytat
	637-07-0	Clofibrat
	882-09-7	Clofibrinsäure
	2181-04-6	Kaliumcanrenoat
	2217-44-9	Iodophthaleinnatrium
	2260-08-4	Acetiromat
	3562-99-0	Menbuton
	3771-19-5	Nafenopin
	4138-96-9	Canrenoesäure
	5129-14-6	Anisacril
	5697-56-3	Carbenoxolon
	5711-40-0	Bromebrinsäure
	7706-67-4	Dimecrotinsäure
	12214-50-5	Natriumglucaspaldrat
	13739-02-1	Diacerein

Anhang 3

KN-Code	CAS RN	Bezeichnung
2918 99 90	*(Fortsetzung)*	
	14613-30-0	Magnesiumclofibrat
	14929-11-4	Simfibrat
	17243-33-3	Fepentolinsäure
	22131-79-9	Alclofenac
	22204-53-1	Naproxen
	22494-47-9	Clobuzarit
	24818-79-9	Aluminiumclofibrat
	25812-30-0	Gemfibrozil
	26281-69-6	Exiproben
	29679-58-1	Fenoprofen
	30299-08-2	Clinofibrat
	31581-02-9	Cinoxolon
	34645-84-6	Fenclofenac
	35703-32-3	Cinametinsäure
	39087-48-4	Calciumclofibrat
	40596-69-8	Methopren
	41791-49-5	Lonaprofen
	41826-92-0	Trepibuton
	49562-28-9	Fenofibrat
	52214-84-3	Ciprofibrat
	52247-86-6	Cicloxolon
	54350-48-0	Etretinat
	54419-31-7	Fenirofibrat
	55079-83-9	Acitretin
	55902-94-8	Sitofibrat
	55937-99-0	Beclobrat
	56049-88-8	Indacrinon
	56488-59-6	Terbufibrol
	61887-16-9	Dulofibrat
	64506-49-6	Sofalcon
	66984-59-6	Cinfenoac
	68170-97-8	Palmoxirinsäure
	68548-99-2	Oxindanac
	74168-02-8	Bakeprofen
	74168-08-4	Losmiprofen
	76676-34-1	Oxprenoatkalium
	77858-21-0	Velaresol
	84290-27-7	Tucaresol
	84386-11-8	Baxitozin
	88431-47-4	Clomoxir
	96609-16-4	Lifibrol
	106685-40-9	Adapalen
	124083-20-1	Etomoxir
	157283-68-6	Travoprost
	161172-51-6	Etalocib
	183293-82-5	Gemcaben
	251565-85-2	Tesaglitazar
	476436-68-7	Naveglitazar
2919 90 00	62-73-7	Dichlorvos
	83-86-3	Fytinsäure
	306-52-5	Triclofos
	470-90-6	Clofenvinfos
	522-40-7	Fosfestrol
	6064-83-1	Fosfosal
	17196-88-2	Vincofos
	21466-07-9	Bromofenofos
	28841-62-5	Atrinositol
	65708-37-4	Flufosal
	258516-89-1	Fospropofol
2920 19 00	299-84-3	Fenclofos
	2104-96-3	Bromofos
2920 90 10	126-92-1	Natriumetasulfat
	139-88-8	Natriumtetradecylsulfat
	1612-30-2	Menadiolnatriumsulfat
	5634-37-7	Cloretat
	88426-32-8	Ursulcholinsäure
2920 90 85	78-11-5	Pentaerithrityltetranitrat
	1607-17-6	Pentrinitrol

Anhang 3

KN-Code	CAS RN	Bezeichnung
2920 90 85	*(Fortsetzung)*	
	2612-33-1	Clonitrat
	2921-92-8	Propatylnitrat
	7297-25-8	Eritrityltetranitrat
	15825-70-4	Mannitolhexanitrat
	163133-43-5	Naproxcinod
2921 19 50	2624-44-4	Etamsylat
2921 19 99	51-75-2	Chlormethin
	107-35-7	Taurin
	123-82-0	Tuaminoheptan
	124-28-7	Dimantin
	338-83-0	Perfluamin
	502-59-0	Octamylamin
	503-01-5	Isomethepten
	543-82-8	Octodrin
	555-77-1	Trichlormethin
	3151-59-5	Hetaflur
	3687-18-1	Tramiprosat
	3735-65-7	Butynamin
	13946-02-6	Iproheptin
	36505-83-6	Dectaflur
	61822-36-4	Diprobutin
2921 29 00	112-24-3	Trientin
	9011-04-5	Hexadimethrinbromid
2921 30 99	60-40-2	Mecamylamin
	101-40-6	Propylhexedrin
	102-45-4	Cyclopentamin
	768-94-5	Amantadin
	3570-07-8	Dimecamin
	6192-97-8	Levopropylhexedrin
	13392-28-4	Rimantadin
	19982-08-2	Memantin
	79594-24-4	Somantadin
	219810-59-0	Neramexan
2921 45 00	494-03-1	Chlornaphazin
2921 46 00	51-64-9	Dexamfetamin
	122-09-8	Phentermin
	156-08-1	Benzfetamin
	156-34-3	Levamfetamin
	300-62-9	Amfetamin
	457-87-4	Etilamfetamin
	1209-98-9	Fencamfamin
	7262-75-1	Lefetamin
	17243-57-1	Mefenorex
2921 49 00	50-48-6	Amitriptylin
	72-69-5	Nortriptylin
	93-88-9	Phenpromethamin
	100-92-5	Mephentermin
	102-05-6	Dibemethin
	150-59-4	Alverin
	155-09-9	Tranylcypromin
	303-53-7	Cyclobenzaprin
	341-00-4	Etifelmin
	390-64-7	Prenylamin
	434-43-5	Pentorex
	438-60-8	Protriptylin
	458-24-2	Fenfluramin
	461-78-9	Chlorphentermin
	555-57-7	Pargylin
	2201-15-2	Eticyclidin
	3239-44-9	Dexfenfluramin
	4255-23-6	Alfetamin
	5118-29-6	Melitracen
	5118-30-9	Litracen
	5580-32-5	Ortetamin
	5581-40-8	Dimefadan
	5632-44-0	Tolpropamin
	5966-41-6	Diisopromin
	7273-99-6	Gamfexin
	7395-90-6	Indrilin
	10262-69-8	Maprotilin
	10389-73-8	Clortermin
	13042-18-7	Fendilin

Anhang 3

KN-Code	CAS RN	Bezeichnung
2921 49 00	*(Fortsetzung)*	
	13364-32-4	Clobenzorex
	13977-33-8	Demelverin
	14334-40-8	Pramiverin
	14611-51-9	Selegilin
	15301-54-9	Cypenamin
	15686-27-8	Amfepentorex
	15793-40-5	Terodilin
	17243-39-9	Benzoctamin
	17279-39-9	Dimetamfetamin
	19992-80-4	Butixirat
	27466-27-9	Intriptylin
	33817-09-3	Levmetamfetamin
	35764-73-9	Fluotracen
	35941-65-2	Butriptylin
	37577-24-5	Levofenfluramin
	47166-67-6	Octriptylin
	52795-02-5	Tametralin
	54063-48-8	Heptaverin
	57653-27-7	Droprenilamin
	64015-58-3	Trimexilin
	65472-88-0	Naftifin
	78628-80-5	Terbinafin
	79617-96-2	Sertralin
	86939-10-8	Indatralin
	101828-21-1	Butenafin
	106650-56-0	Sibutramin
	119386-96-8	Mofegilin
	136236-51-6	Rasagilin
	140850-73-3	Igmesin
	186495-49-8	Delucemin
	226256-56-0	Cinacalcet
2921 59 90	3572-43-8	Bromhexin
	3590-16-7	Feclemin
	37640-71-4	Aprindin
	77518-07-1	Amiflamin
2922 11 00	2272-11-9	Monoethanolaminoleat
2922 14 00	469-62-5	Dextropropoxyphen
2922 19 85	51-68-3	Meclofenoxat
	54-03-5	Hexobendin
	54-32-0	Moxisylyt
	54-80-8	Pronetalol
	58-73-1	Diphenhydramin
	59-96-1	Phenoxybenzamin
	64-95-9	Adiphenin
	74-55-5	Ethambutol
	77-19-0	Dicycloverin
	77-22-5	Caramiphen
	77-23-6	Pentoxyverin
	77-38-3	Chlorphenoxamin
	77-86-1	Trometamol
	78-41-1	Triparanol
	83-98-7	Orphenadrin
	90-54-0	Etafenon
	92-12-6	Phenyltoloxamin
	94-23-5	Parethoxycain
	102-60-3	Edetol
	108-16-7	Dimepranol
	118-23-0	Bromazin
	299-61-6	Ganglefen
	302-33-0	Proadifen
	302-40-9	Benactyzin
	372-66-7	Heptaminol
	468-61-1	Oxeladin
	493-76-5	Propanocain
	495-70-5	Meprylcain
	509-74-0	Acetylmethadol
	509-78-4	Dimenoxadol
	511-46-6	Clofenetamin
	512-15-2	Cyclopentolat
	524-99-2	Medrylamin
	525-66-6	Propranolol

Anhang 3

KN-Code	CAS RN	Bezeichnung
2922 19 85	*(Fortsetzung)*	
	532-77-4	Hexylcain
	545-90-4	Dimepheptanol
	576-68-1	Mannomustin
	604-74-0	Bufenadrin
	791-35-5	Clofedanol
	911-45-5	Clomifen
	1092-46-2	Ketocain
	1157-87-5	Etoloxamin
	1234-71-5	Namoxyrat
	1477-39-0	Noracymethadol
	1600-19-7	Xyloxemin
	1679-75-0	Cinnamaverin
	1679-76-1	Drofenin
	2179-37-5	Bencyclan
	2338-37-6	Levopropoxyphen
	2933-94-0	Toliprolol
	3563-01-7	Aprofen
	3565-72-8	Embramin
	3572-52-9	Xenysalat
	3572-74-5	Moxastin
	3579-62-2	Denaverin
	3686-78-0	Dietifen
	3811-25-4	Clorprenalin
	4148-16-7	Ritrosulfan
	5051-22-9	Dexpropranolol
	5632-52-0	Clofenciclan
	5633-20-5	Oxybutynin
	5634-42-4	Tocamphyl
	5668-06-4	Mecloxamin
	5741-22-0	Moprolol
	6284-40-8	Meglumin
	6452-71-7	Oxprenolol
	6535-03-1	Stevaladil
	6818-37-7	Olaflur
	7077-34-1	Trolnitrat
	7413-36-7	Nifenalol
	7433-10-5	Butidrin
	7488-92-8	Ketocainol
	7617-74-5	Laurixamin
	7712-50-7	Myrtecain
	10540-29-1	Tamoxifen
	13425-98-4	Improsulfan
	13445-63-1	Itramintosilat
	13479-13-5	Pargeverin
	13655-52-2	Alprenolol
	13877-99-1	Minepentat
	14007-64-8	Butetamat
	14089-84-0	Proxibuten
	14556-46-8	Bupranolol
	14587-50-9	Difeterol
	14860-49-2	Clobutinol
	15221-81-5	Fludorex
	15301-93-6	Tofenacin
	15301-96-9	Tyromedan
	15518-87-3	Myralact
	15585-86-1	Cyprodenat
	15599-37-8	Hexapradol
	15639-50-6	Safingol
	15687-08-8	Dextrofemin
	15687-23-7	Guaiactamin
	15690-55-8	Zuclomifen
	15690-57-0	Enclomifen
	16112-96-2	Indanorex
	17199-54-1	Alphamethadol
	17199-55-2	Betamethadol
	17199-58-5	Alphacetylmethadol
	17199-59-6	Betacetylmethadol
	17780-72-2	Clorgilin
	18109-80-3	Butamirat
	18683-91-5	Ambroxol
	18965-97-4	Berlafenon
	19179-78-3	Xipranolol
	20448-86-6	Bornaprin
	22232-57-1	Racefemin
	22487-42-9	Benaprizin

Anhang 3

KN-Code	CAS RN	Bezeichnung
2922 19 85	*(Fortsetzung)*	
	22664-55-7	Metipranolol
	23573-66-2	Detanosal
	23602-78-0	Benfluorex
	23891-60-3	Mepramidil
	25314-87-8	Elucain
	27325-36-6	Procinolol
	27581-02-8	Idropranolol
	27591-01-1	Bunolol
	27591-97-5	Tiloron
	28570-99-2	Setazindol
	30187-90-7	Xibenolol
	31828-71-4	Mexiletin
	34433-66-4	Levacetylmethadol
	34616-39-2	Fenalcomin
	35607-20-6	Avridin
	36144-08-8	Mantabegron
	36199-78-7	Guafecainol
	36981-91-6	Fepradinol
	37148-27-9	Clenbuterol
	38363-40-5	Penbutolol
	39099-98-4	Cinamolol
	39133-31-8	Trimebutin
	39563-28-5	Cloranolol
	41570-61-0	Tulobuterol
	42050-23-7	Nafetolol
	42200-33-9	Nadolol
	47082-97-3	Pargolol
	47141-42-4	Levobunolol
	47419-52-3	Dexproxibuten
	50366-32-0	Flunamin
	50583-06-7	Halonamin
	51384-51-1	Metoprolol
	52403-19-7	Iproxamin
	52742-40-2	Alimadol
	53076-26-9	Moxaprindin
	53179-07-0	Nisoxetin
	53716-44-2	Rociverin
	53716-48-6	Nexeridin
	54063-24-0	Amifloverin
	54063-25-1	Amiterol
	54063-36-4	Etolorex
	54063-53-5	Propafenon
	54141-87-6	Cinfenin
	54910-89-3	Fluoxetin
	55769-65-8	Butobendin
	55837-19-9	Exaprolol
	56341-08-3	Mabuterol
	56433-44-4	Oxaprotilin
	57526-81-5	Prenalterol
	58313-74-9	Treptilamin
	58473-73-7	Drobulin
	58930-32-8	Butofilolol
	60607-68-3	Indenolol
	60812-35-3	Decominol
	63659-18-7	Betaxolol
	64552-16-5	Ecipramidil
	66022-25-1	Prenoverin
	66451-06-7	Bornaprolol
	66722-44-9	Bisoprolol
	68392-35-8	Afimoxifen
	68876-74-4	Zocainon
	69429-84-1	Cilobamin
	69756-53-2	Halofantrin
	71827-56-0	Clemeprol
	76496-68-9	Levoprotilin
	77164-20-6	Levomoprolol
	77599-17-8	Panomifen
	80387-96-8	Difemerin
	81147-92-4	Esmolol
	81447-80-5	Diprafenon
	81840-58-6	Spirendolol
	82101-10-8	Flerobuterol
	82168-26-1	Adafenoxat
	82186-77-4	Lumefantrin
	82413-20-5	Droloxifen

Anhang 3

KN-Code	CAS RN	Bezeichnung
2922 19 85	*(Fortsetzung)*	
	83015-26-3	Atomoxetin
	83480-29-9	Voglibose
	84057-96-5	Flusoxolol
	85320-67-8	Ericolol
	87129-71-3	Arnolol
	89778-26-7	Toremifen
	90293-01-9	Bifemelan
	90845-56-0	Trecadrin
	93221-48-8	Levobetaxolol
	94651-09-9	Cicloprolol
	96389-68-3	Crisnatol
	96743-96-3	Ramciclan
	98774-23-3	Tesmilifen
	101479-70-3	Adaprolol
	112922-55-1	Cericlamin
	119356-77-3	Dapoxetin
	119618-22-3	Esoxybutynin
	120444-71-5	Deramciclan
	123618-00-8	Fedotozin
	124316-02-5	Alprafenon
	125926-17-2	Sarpogrelat
	126924-38-7	Seproxetin
	129612-87-9	Miproxifen
	146376-58-1	Talibegron
	148717-90-2	Squalamin
	155321-96-3	Solpecainol
	162359-55-9	Fingolimod
	173324-94-2	Temiverin
	186139-09-3	Trodusquemin
	190258-12-9	Edronocain
	207916-33-4	Xidecaflur
	753449-67-1	Ronacaleret
2922 29 00	51-61-6	Dopamin
	93-30-1	Methoxyphenamin
	103-86-6	Hydroxyamfetamin
	370-14-9	Pholedrin
	493-75-4	Bialamicol
	1199-18-4	Oxidopamin
	3735-45-3	Vetrabutin
	5585-64-8	Aminoxytriphen
	15599-45-8	Symetin
	15686-23-4	Trimoxamin
	17692-54-5	Mitoclomin
	18840-47-6	Gepefrin
	34368-04-2	Dobutamin
	34910-85-5	Lometralin
	53648-55-8	Dezocin
	61661-06-1	Levdobutamin
	64638-07-9	Brolamfetamin
	65415-42-1	Oxabrexin
	66195-31-1	Ibopamin
	86197-47-9	Dopexamin
	90060-42-7	Nolomirol
	103878-96-2	Fosopamin
	112891-97-1	Alentemol
	124937-51-5	Tolterodin
	148717-54-8	Tecalcet
	175591-23-8	Tapentadol
	433265-65-7	Faxeladol
2922 31 00	76-99-3	Methadon
	90-84-6	Amfepramon
	467-85-6	Normethadon
2922 39 00	125-58-6	Levomethadon
	466-40-0	Isomethadon
	6740-88-1	Ketamin
	15351-09-4	Metamfepramon
	33643-46-8	Esketamin
	34662-67-4	Cotriptylin
	34911-55-2	Bupropion

Anhang 3

KN-Code	CAS RN	Bezeichnung
2922 39 00	*(Fortsetzung)*	
	53394-92-6	Driniden
	92615-20-8	Nafenodon
	92629-87-3	Dexnafenodon
2922 44 00	51931-66-9	Tilidin
2922 49 85	54-30-8	Camylofin
	56-41-7	Alanin
	56-84-8	Aspartinsäure
	59-46-1	Procain
	60-00-4	Edetinsäure
	60-32-2	Aminocapronsäure
	61-68-7	Mefenamsäure
	61-90-5	Leucin
	62-33-9	Natriumcalciumedetat
	63-91-2	Phenylalanin
	67-43-6	Pentetinsäure
	70-26-8	Ornithin
	72-18-4	Valin
	73-32-5	Isoleucin
	92-23-9	Leucinocain
	94-09-7	Benzocain
	94-12-2	Risocain
	94-14-4	Isobutamben
	94-24-6	Tetracain
	96-83-3	Iopansäure
	133-16-4	Chloroprocain
	136-44-7	Lisadimat
	148-82-3	Melphalan
	149-16-6	Butacain
	305-03-3	Chlorambucil
	530-78-9	Flufenaminsäure
	531-76-0	Sarcolysin
	553-65-1	Amoxecain
	644-62-2	Meclofenamicsäure
	1088-80-8	Metamelfalan
	1134-47-0	Baclofen
	1197-18-8	Tranexaminsäure
	4295-55-0	Clofenaminsäure
	6582-31-6	Dapabutan
	7424-00-2	Fenclonin
	12111-24-9	Calciumtrinatriumpentetat
	13710-19-5	Tolfenaminsäure
	13930-34-2	Clormecain
	15250-13-2	Araprofen
	15307-86-5	Diclofenac
	15708-41-5	Natriumferedetat
	21245-01-2	Padimat
	23049-93-6	Enfenaminsäure
	29098-15-5	Terofenamat
	30544-47-9	Etofenamat
	32447-90-8	Dextilidin
	34675-84-8	Cetraxat
	36499-65-7	Dicobaltedetat
	39718-89-3	Alminoprofen
	55986-43-1	Cetaben
	57574-09-1	Amineptin
	57775-28-7	Prefenamat
	59209-97-1	Zafuleptin
	60142-96-3	Gabapentin
	60719-82-6	Alaproclat
	63329-53-3	Lobenzarit
	67330-25-0	Ufenamat
	68506-86-5	Vigabatrin
	70052-12-9	Eflornithin
	75219-46-4	Atrimustin
	89796-99-6	Aceclofenac
	148553-50-8	Pregabalin
	176199-48-7	Eglumetad
	198022-65-0	Icofungipen
	220991-20-8	Lumiracoxib
	220991-32-2	Robenacoxib
2922 50 00	51-31-0	Levisoprenalin
	56-45-1	Serin
	59-42-7	Phenylephrin
	59-92-7	Levodopa

Anhang 3

KN-Code	CAS RN	Bezeichnung
2922 50 00	*(Fortsetzung)*	
	60-18-4	Tyrosin
	67-42-5	Egtazinsäure
	86-43-1	Propoxycain
	89-57-6	Mesalazin
	99-43-4	Oxybuprocain
	99-45-6	Adrenalon
	119-29-9	Ambucain
	133-11-9	Fenamisal
	137-53-1	Dextrothyroxinnatrium
	390-28-3	Methoxamin
	395-28-8	Isoxsuprin
	407-41-0	Dexfosfoserin
	447-41-6	Buphenin
	487-53-6	Hydroxyprocain
	490-98-2	Hydroxytetracain
	497-75-6	Dioxethedrin
	499-67-2	Proxymetacain
	530-08-5	Isoetarin
	536-21-0	Norfenefrin
	555-30-6	Methyldopa
	586-06-1	Orciprenalin
	620-30-4	Racemetirosin
	646-02-6	Aminoethylnitrat
	672-87-7	Metirosin
	709-55-7	Etilefrin
	829-74-3	Corbadrin
	1174-11-4	Xenazinsäure
	1212-03-9	Metiprenalin
	2922-20-5	Butaxamin
	3215-70-1	Hexoprenalin
	3571-71-9	Metaterol
	3625-06-7	Mebeverin
	3703-79-5	Bamethan
	3818-62-0	Betoxycain
	5714-08-9	Detrothyronin
	7101-51-1	Melevodopa
	7376-66-1	Deterenol
	7683-59-2	Isoprenalin
	10329-60-9	Dioxifedrin
	13392-18-2	Fenoterol
	15687-41-9	Oxyfedrin
	17365-01-4	Etiroxat
	18559-94-9	Salbutamol
	18866-78-9	Colterol
	18910-65-1	Salmefamol
	22103-14-6	Bufeniod
	22950-29-4	Dimetofrin
	23031-25-6	Terbutalin
	23651-95-8	Droxidopa
	27203-92-5	Tramadol
	30392-40-6	Bitolterol
	32359-34-5	Medifoxamin
	32462-30-9	Oxfenicin
	34391-04-3	Levosalbutamol
	37178-37-3	Etilevodopa
	50588-47-1	Amafolon
	51579-82-9	Amfenac
	52365-63-6	Dipivefrin
	53034-85-8	Ibuterol
	54592-27-7	Divabuterol
	57540-78-0	Nisbuterol
	57558-44-8	Secoverin
	58882-17-0	Roxadimat
	59170-23-9	Bevantolol
	62571-87-3	Minaxolon
	63269-31-8	Ciramadol
	64862-96-0	Ametantron
	65271-80-9	Mitoxantron
	66734-12-1	Butopamin
	71206-88-7	Pivenfrin
	71522-58-2	Forfenimex
	71771-90-9	Denopamin
	75626-99-2	Tobuterol
	78756-61-3	Alifedrin
	83200-09-3	Dembrexin

Anhang 3

KN-Code	CAS RN	Bezeichnung
2922 50 00	*(Fortsetzung)*	
	89365-50-4	Salmeterol
	90237-04-0	Dexsecoverin
	91714-94-2	Bromfenac
	92071-51-7	Rotraxat
	93047-39-3	Etanterol
	93047-40-6	Naminterol
	93413-62-8	Desvenlafaxin
	93413-69-5	Venlafaxin
	96346-61-1	Onapriston
	97747-88-1	Lilopriston
	97825-25-7	Ractopamin
	100696-30-8	Etilefrinpivalat
	109525-44-2	Cliropamin
	121524-08-1	Amibegron
	124478-60-0	Aglepriston
	127560-12-7	Norbudrin
	128470-16-6	Arbutamin
	134865-33-1	Meluadrin
	135306-78-4	Caloxetsäure
	141993-70-6	Eldacimib
	187219-95-0	Axomadol
	193901-91-6	Fosveset
	252920-94-8	Solabegron
	255734-04-4	Ritobegron
	269079-62-1	Isalmadol
	286930-03-8	Fesoterodin
	329773-35-5	Cinaciguat
	643094-49-9	Fasobegron
2923 10 00	507-30-2	Cholingluconat
	1336-80-7	Ferrocholinat
	2016-36-6	Cholinsalicylat
	28038-04-2	Salcolex
	28319-77-9	Cholinalfoscerat
	856676-23-8	Cholinfenofibrat
2923 20 00	63-89-8	Colfoscerilpalmitat
2923 90 00	50-10-2	Oxyphenoniumbromid
	51-83-2	Carbachol
	55-97-0	Hexamethoniumbromid
	57-09-0	Cetrimoniumbromid
	60-31-1	Acetylcholinchlorid
	61-75-6	Bretyliumtosilat
	62-51-1	Methacholinchlorid
	65-29-2	Gallamintriethiodid
	71-27-2	Suxamethoniumchlorid
	71-91-0	Tetrylammoniumbromid
	79-90-3	Triclobisoniumchlorid
	116-38-1	Edrophoniumchlorid
	121-54-0	Benzethoniumchlorid
	122-18-9	Cetalkoniumchlorid
	123-47-7	Proloniumiodid
	125-99-5	Tridihexethyliodid
	139-07-1	Benzododeciniumchlorid
	139-08-2	Miristalkoniumchlorid
	306-53-6	Azamethoniumbromid
	317-52-2	Hexafluroniumbromid
	391-70-8	Troxoniumtosilat
	406-76-8	Carnitin
	538-71-6	Domiphenbromid
	541-15-1	Levocarnitin
	541-20-8	Pentamethoniumbromid
	541-22-0	Decamethoniumbromid
	552-92-1	Toloconiummetilsulfat
	1119-97-7	Tetradoniumbromid
	1794-75-8	Laurcetiumbromid
	2001-81-2	Diponiumbromid
	2218-68-0	Cloralbetain
	2401-56-1	Deditoniumbromid
	2424-71-7	Metociniumiodid
	3006-10-8	Mecetroniumetilsulfat
	3166-62-9	Methylbenactyziumbromid
	3614-30-0	Emeproniumbromid

Anhang 3

KN-Code	CAS RN	Bezeichnung
2923 90 00	*(Fortsetzung)*	
	3690-61-7	Prodeconiumbromid
	3818-50-6	Bepheniumhydroxynaphthoat
	4304-01-2	Truxicuriumiodid
	4858-60-0	Mefenidramiummetilsulfat
	7002-65-5	Oxibetain
	7008-13-1	Halopeniumchlorid
	7009-91-8	Nitricholinperchlorat
	7168-18-5	Chlorphenoctiumamsonat
	7174-23-4	Oxydipentoniumchlorid
	7681-78-9	Mebezoniumiodid
	13254-33-6	Carproniumchlorid
	15585-70-3	Bibenzoniumbromid
	15687-13-5	Dodecloniumbromid
	15687-40-8	Octafoniumchlorid
	17088-72-1	Penoctoniumbromid
	19379-90-9	Benzoxoniumchlorid
	19486-61-4	Lauralkoniumchlorid
	25155-18-4	Methylbenzethoniumchlorid
	29546-59-6	Cicloniumbromid
	30716-01-9	Emiliumtosilat
	42879-47-0	Pranoliumchlorid
	54063-57-9	Suxethoniumchlorid
	55077-30-0	Aclatoniumnapadisilat
	58066-85-6	Miltefosin
	58158-77-3	Amantaniumbromid
	58703-78-9	Cethexoniumchlorid
	68379-03-3	Clofiliumphosphat
	70641-51-9	Edelfosin
	77257-42-2	Stiloniumiodid
2924 11 00	57-53-4	Meprobamat
2924 19 00	51-79-6	Urethan
	56-85-9	Glutamin
	57-08-9	Acexaminsäure
	64-55-1	Mebutamat
	77-65-6	Carbromal
	77-66-7	Acecarbromal
	78-28-4	Emylcamat
	78-44-4	Carisoprodol
	95-04-5	Ectylharnstoff
	99-15-0	Acetylleucin
	116-52-9	Dicloralurea
	131-48-6	Aceneuramsäure
	306-41-2	Hexcarbacholinbromid
	466-14-8	Ibrotamid
	496-67-3	Bromisoval
	512-48-1	Valdetamid
	541-79-7	Carbocloral
	544-31-0	Palmidrol
	633-47-6	Cropropamid
	1188-38-1	Carglumsäure
	1675-66-7	Adelmidrol
	1954-79-6	Mecloralharnstoff
	2430-27-5	Valpromid
	2490-97-3	Aceglutamid
	3106-85-2	Isospagluminsäure
	3342-61-8	Deanolaceglumat
	4171-13-5	Valnoctamid
	4213-51-8	Bromacrylid
	4268-36-4	Tybamat
	4910-46-7	Spagluminsäure
	5579-13-5	Capurid
	5667-70-9	Pentabamat
	6168-76-9	Crotetamid
	18679-90-8	Hopanteninsäure
	25269-04-9	Nisobamat
	26305-03-3	Pepstatin
	32838-26-9	Butoctamid
	32954-43-1	Pendecamain
	35301-24-7	Cedefingol
	39825-23-5	Bisorcic
	52061-73-1	Valdipromid
	56488-60-9	Glutaurin
	62304-98-7	Thymalfasin

Anhang 3

KN-Code	CAS RN	Bezeichnung
2924 19 00	*(Fortsetzung)*	
	69542-93-4	Pivagabin
	76990-56-2	Milacemid
	77337-76-9	Acamprosat
	78088-46-7	Tabilautid
	78512-63-7	Pimelautid
	92262-58-3	Valrocemid
	128326-81-8	Caldiamid
	129009-83-2	Versetamid
	132787-19-0	Tradecamid
	138531-07-4	Sinapultid
	210419-36-6	Opratoniumiodid
	250694-07-6	Teglicar
2924 21 00	101-20-2	Triclocarban
	369-77-7	Halocarban
	34866-47-2	Carbuterol
	51213-99-1	Clanfenur
	56980-93-9	Celiprolol
	57460-41-0	Talinolol
	71475-35-9	Lozilurea
	74738-24-2	Recainam
	75949-61-0	Pafenolol
	87721-62-8	Flestolol
	103055-07-8	Lufenuron
	159910-86-8	Droxinavir
2924 24 00	126-52-3	Ethinamat
2924 29 10	137-58-6	Lidocain
2924 29 98	50-19-1	Oxyfenamat
	50-65-7	Niclosamid
	51-06-9	Procainamid
	56-94-0	Demecariumbromid
	60-46-8	Dimevamid
	62-44-2	Phenacetin
	63-25-2	Carbaril
	63-98-9	Phenacemid
	65-45-2	Salicylamid
	71-81-8	Isopropamidiodid
	87-10-5	Tribromsalan
	87-12-7	Dibromsalan
	90-49-3	Pheneturid
	94-35-9	Styramat
	97-27-8	Chlorbetamid
	100-95-8	Metalkoniumchlorid
	101-71-3	Diphenan
	114-80-7	Neostigminbromid
	115-79-7	Ambenoniumchlorid
	118-57-0	Acetaminosalol
	126-27-2	Oxetacain
	126-93-2	Oxanamid
	129-46-4	Suraminnatrium
	129-57-7	Natriumdiprotrizoat
	129-63-5	Natriumacetrizoat
	134-62-3	Diethyltoluamid
	138-56-7	Trimethobenzamid
	148-01-6	Dinitolmid
	148-07-2	Benzmalecen
	304-84-7	Etamivan
	306-20-7	Fenaclon
	332-69-4	Bromamid
	358-52-1	Hexapropymat
	364-62-5	Metoclopramid
	440-58-4	Iodamid
	483-63-6	Crotamiton
	487-48-9	Salacetamid
	501-68-8	Beclamid
	519-88-0	Ambucetamid
	526-18-1	Osalmid
	528-96-1	Calciumbenzamidosalicylat
	532-03-6	Methocarbamol
	552-25-0	Diampromid
	556-08-1	Acedoben
	575-74-6	Buclosamid
	579-38-4	Diloxanid
	587-49-5	Salfluverin

Anhang 3

KN-Code	CAS RN	Bezeichnung
2924 29 98	*(Fortsetzung)*	
	606-17-7	Adipiodon
	616-68-2	Trimecain
	621-42-1	Metacetamol
	673-31-4	Phenprobamat
	721-50-6	Prilocain
	730-07-4	Propetamid
	735-52-4	Cetofenicol
	737-31-5	Natriumamidotrizoat
	787-93-9	Ameltolid
	847-20-1	Flubanilat
	891-60-1	Declopramid
	938-73-8	Ethenzamid
	1042-42-8	Carcainiumchlorid
	1083-57-4	Bucetin
	1223-36-5	Clofexamid
	1227-61-8	Mefexamid
	1233-53-0	Bunamiodyl
	1421-14-3	Propanidid
	1456-52-6	Ioproceminsäure
	1505-95-9	Naftypramid
	1693-37-4	Parapropamol
	2276-90-6	Iotalaminsäure
	2277-92-1	Oxyclozanid
	2444-46-4	Nonivamid
	2521-01-9	Encyprat
	2577-72-2	Metabromsalan
	2618-25-9	Ioglycaminsäure
	2623-33-8	Diacetamat
	2901-75-9	Afalanin
	3011-89-0	Aklomid
	3115-05-7	Iobenzaminsäure
	3207-50-9	Clinolamid
	3440-28-6	Betamipron
	3567-38-2	Carfimat
	3576-64-5	Clefamid
	3686-58-6	Tolycain
	3734-33-6	Denatoniumbenzoat
	3785-21-5	Butanilicain
	4093-35-0	Bromoprid
	4551-59-1	Fenalamid
	4582-18-7	Endomid
	4663-83-6	Buramat
	4665-04-7	Fenacetinol
	4776-06-1	Flusalan
	5003-48-5	Benorilat
	5107-49-3	Flualamid
	5486-77-1	Alloclamid
	5560-78-1	Teclozan
	5579-05-5	Paxamat
	5579-06-6	Pentalamid
	5579-08-8	Propyldocetrizoat
	5588-21-6	Cintramid
	5591-33-3	Iosefaminsäure
	5591-49-1	Anilamat
	5626-25-5	Clodacain
	5714-09-0	Ethylcartrizoat
	5749-67-7	Carbasalatcalcium
	5779-54-4	Cyclarbamat
	6170-69-0	Clamidoxinsäure
	6340-87-0	Triclacetamol
	6376-26-7	Salverin
	6620-60-6	Proglumid
	6673-35-4	Practolol
	6961-46-2	Idrocilamid
	7199-29-3	Cyheptamid
	7225-61-8	Natriummetrizoat
	7246-21-1	Natriumtyropanoat
	10087-89-5	Enpromat
	10397-75-8	Iocarminsäure
	10423-37-7	Citenamid
	13311-84-7	Flutamid
	13912-77-1	Octacain
	13931-64-1	Procymat
	14008-60-7	Cresotamid
	14261-75-7	Cloforex
	14417-88-0	Melinamid

Anhang 3

KN-Code	CAS RN	Bezeichnung
2924 29 98	*(Fortsetzung)*	
	14437-41-3	Clioxanid
	14817-09-5	Decimemid
	15302-15-5	Etosalamid
	15585-88-3	Dicarfen
	15686-76-7	Bensalan
	15687-05-5	Cloracetadol
	15687-14-6	Embutramid
	15687-16-8	Carbifen
	15866-90-7	Incyclinid
	16024-67-2	Iotrizoesäure
	16034-77-8	Iocetaminsäure
	16231-75-7	Atolid
	17243-49-1	Diclometid
	17692-45-4	Chatacain
	18699-02-0	Actarit
	18966-32-0	Clocanfamid
	19368-18-4	Ftaxilid
	19863-06-0	Ioxotrizoesäure
	20788-07-2	Resorantel
	21434-91-3	Capobeninsäure
	22148-75-0	Formetorex
	22568-64-5	Diacetolol
	22662-39-1	Rafoxanid
	22730-86-5	Iolixaninsäure
	22839-47-0	Aspartam
	24353-45-5	Dibusadol
	24353-88-6	Lorbamat
	25287-60-9	Etofamid
	25451-15-4	Felbamat
	25827-76-3	Iomeglaminsäure
	26095-59-0	Otiloniumbromid
	26717-47-5	Clofibrid
	26718-25-2	Halofenat
	26750-81-2	Alibendol
	26887-04-7	Iotraninsäure
	27736-80-7	Fenaftinsäure
	28179-44-4	Ioxitalaminsäure
	29122-68-7	Atenolol
	29541-85-3	Oxitriptylin
	29619-86-1	Moctamid
	30531-86-3	Colfenamat
	30533-89-2	Flurantel
	30544-61-7	Clanobutin
	30653-83-9	Parsalmid
	31127-82-9	Iodoxaminsäure
	31598-07-9	Iozominsäure
	32421-46-8	Bunaftin
	32795-44-1	Acecainid
	34919-98-7	Cetamolol
	36093-47-7	Salantel
	36141-82-9	Diamfenetid
	36637-18-0	Etidocain
	36894-69-6	Labetalol
	37106-97-1	Bentiromid
	37517-30-9	Acebutolol
	37723-78-7	Ioproninsäure
	37863-70-0	Iosumetinsäure
	38103-61-6	Tolamolol
	38647-79-9	Urefibrat
	39907-68-1	Dopamantin
	40256-99-3	Flucetorex
	40912-73-0	Brosotamid
	41113-86-4	Bromoxanid
	41708-72-9	Tocainid
	41859-67-0	Bezafibrat
	42794-76-3	Midodrin
	46803-81-0	Saletamid
	49755-67-1	Ioglicinsäure
	51012-32-9	Tiaprid
	51022-74-3	Iotroxinsäure
	51876-99-4	Ioserinsäure
	53370-90-4	Exalamid
	53783-83-8	Tromantadin
	53902-12-8	Tranilast
	54063-35-3	Dofamiumchlorid

Anhang 3

KN-Code	CAS RN	Bezeichnung
2924 29 98	*(Fortsetzung)*	
	54063-40-0	Fenoxedil
	54340-61-3	Brovanexin
	54785-02-3	Adamexin
	54870-28-9	Meglitinid
	55837-29-1	Tiropramid
	56281-36-8	Motretinid
	56562-79-9	Ioglunid
	57227-17-5	Sevopramid
	58338-59-3	Dinalin
	58473-74-8	Cinromid
	58493-49-5	Olvanil
	59017-64-0	Ioxaglicsäure
	59110-35-9	Pamatolol
	59160-29-1	Lidofenin
	59179-95-2	Lorzafon
	60019-19-4	Iotetrinsäure
	60208-45-9	Iopamidol
	62666-20-0	Progabid
	62992-61-4	Etersalat
	63245-28-3	Etifenin
	63941-73-1	Ioglucol
	63941-74-2	Ioglucomid
	64379-93-7	Cinflumid
	65569-29-1	Cloxaceprid
	65617-86-9	Avizafon
	65646-68-6	Fenretinid
	65717-97-7	Disofenin
	66108-95-0	Iohexol
	66292-52-2	Butilfenin
	66532-85-2	Propacetamol
	67346-49-0	Arformoterol
	67450-44-6	Eclanamin
	67579-24-2	Bromadolin
	70009-66-4	Oxalinast
	70541-17-2	Oxazafon
	70976-76-0	Bifepramid
	71119-12-5	Dinazafon
	73334-07-3	Iopromid
	73573-87-2	Formoterol
	74517-78-5	Indecainid
	75616-02-3	Dulozafon
	75616-03-4	Ciprazafon
	75659-07-3	Dilevalol
	76812-98-1	Trigevolol
	78266-06-5	Mebrofenin
	78281-72-8	Nepafenac
	78649-41-9	Iomeprol
	79211-10-2	Iosimid
	79211-34-0	Iotrisid
	79770-24-4	Iotrolan
	81045-33-2	Iodecimol
	81732-65-2	Bambuterol
	82821-47-4	Mabuprofen
	83435-66-9	Delapril
	85409-44-5	Cloponon
	86216-41-3	Broxitalaminsäure
	87071-16-7	Arclofenin
	87771-40-2	Ioversol
	88321-09-9	Aloxistatin
	89797-00-2	Iopentol
	90895-85-5	Ronactolol
	92339-11-2	Iodixanol
	92623-85-3	Milnacipran
	94497-51-5	Tamibaroten
	96191-65-0	Ioxabrolinsäure
	96847-55-1	Levomilnacipran
	97702-82-4	Iosarcol
	97964-54-0	Tomoglumid
	97964-56-2	Lorglumid
	98815-38-4	Casokefamid
	102670-46-2	Batanoprid
	104775-36-2	Ecabapid
	105816-04-4	Nateglinid
	106719-74-8	Galtifenin
	107097-80-3	Loxiglumid

Anhang 3

KN-Code	CAS RN	Bezeichnung
2924 29 98	*(Fortsetzung)*	
	107793-72-6	Ioxilan
	112522-64-2	Tacedinalin
	119363-62-1	Amiglumid
	119817-90-2	Dexloxiglumid
	122898-67-3	Itoprid
	123122-54-3	Candoxatrilat
	123122-55-4	Candoxatril
	123441-03-2	Rivastigmin
	128298-28-2	Remacemid
	131179-95-8	Efaproxiral
	133865-88-0	Priralfinamid
	133865-89-1	Safinamid
	136949-58-1	Iobitridol
	138112-76-2	Agomelatin
	141660-63-1	Iofratol
	147362-57-0	Lovirid
	147497-64-1	Davasaicin
	150812-12-7	Retigabin
	156740-57-7	Axitirom
	163000-63-3	Neboglamin
	172820-23-4	Pexiganan
	173334-57-1	Aliskiren
	175385-62-3	Lasinavir
	175481-36-4	Lacosamid
	181816-48-8	Ombrabulin
	181872-90-2	Iosimenol
	183990-46-7	Salcaprozsäure
	188196-22-7	Frakefamid
	193079-69-5	Tabimorelin
	194085-75-1	Carisbamat
	194785-19-8	Bedoradrin
	196618-13-0	Oseltamivir
	202844-10-8	Indantadol
	209394-27-4	Ladostigil
	220847-86-9	Valategrast
	228266-40-8	Taltobulin
	254750-02-2	Emricasan
	260980-89-0	Topilutamid
	289656-45-7	Senicapoc
	355129-15-6	Eprotirom
	387825-03-8	Salclobuzsäure
	402567-16-2	Firategrast
	441765-98-6	Talaglumetad
	478296-72-9	Gabapentinenacarbil
	608137-32-2	Lisdexamfetamin
	652990-07-3	Milveterol
	847353-30-4	Arbaclofenplacarbil
2925 12 00	77-21-4	Glutethimid
2925 19 95	50-35-1	Thalidomid
	60-45-7	Fenimid
	64-65-3	Bemegrid
	77-41-8	Mesuximid
	77-67-8	Ethosuximid
	86-34-0	Phensuximid
	125-84-8	Aminoglutethimid
	1156-05-4	Phenglutarimid
	1673-06-9	Amphotalid
	2897-83-8	Alonimid
	6319-06-8	Noreximid
	7696-12-0	Tetramethrin
	10403-51-7	Mitindomid
	14166-26-8	Taglutimid
	19171-19-8	Pomalidomid
	21925-88-2	Tesicam
	22855-57-8	Brosuximid
	35423-09-7	Tesimid
	51411-04-2	Alrestatin
	54824-17-8	Mitonafid
	66537-94-8	Ciproximid
	69408-81-7	Amonafid
	129688-50-2	Minalrestat

Anhang 3

KN-Code	CAS RN	Bezeichnung
2925 19 95	*(Fortsetzung)*	
	144849-63-8	Bisnafid
	162706-37-8	Elinafid
2925 29 00	55-56-1	Chlorhexidin
	55-73-2	Betanidin
	74-79-3	Arginin
	100-33-4	Pentamidin
	101-93-9	Phenacain
	104-32-5	Propamidin
	114-86-3	Phenformin
	135-43-3	Lauroguadin
	140-59-0	Stilbamidinisetionat
	459-86-9	Mitoguazon
	495-99-8	Hydroxystilbamidin
	496-00-4	Dibrompropamidin
	500-92-5	Proguanil
	537-21-3	Chlorproguanil
	657-24-9	Metformin
	692-13-7	Buformin
	886-08-8	Norletimol
	1221-56-3	Natriumiopodat
	1729-61-9	Renytolin
	3459-96-9	Amicarbalid
	3658-25-1	Guanoctin
	3748-77-4	Bunamidin
	3811-75-4	Hexamidin
	4210-97-3	Tiformin
	5581-35-1	Amfecloral
	5879-67-4	Oletimol
	6443-40-9	Xylamidintosilat
	6903-79-3	Creatinolfosfat
	13050-83-4	Guanoxyfen
	15339-50-1	Ferrotrenin
	17035-90-4	Tilarginin
	22573-93-9	Alexidin
	22790-84-7	Carbantel
	29110-47-2	Guanfacin
	33089-61-1	Amitraz
	39492-01-8	Gabexat
	45086-03-1	Etoformin
	46464-11-3	Meobentin
	49745-00-8	Amidantel
	55926-23-3	Guanclofin
	59721-28-7	Camostat
	66871-56-5	Lidamidin
	76631-45-3	Napactadin
	78718-52-2	Benexat
	80018-06-0	Fengabin
	81525-10-2	Nafamostat
	81907-78-0	Batebulast
	85125-49-1	Biclodil
	85465-82-3	Thymotrinan
	86914-11-6	Tolgabid
	98629-43-7	Gusperimus
	137159-92-3	Aptiganel
	146510-36-3	Olanexidin
	146978-48-5	Moxilubant
	149820-74-6	Xemilofiban
	160677-67-8	Tresperimus
	170368-04-4	Anisperimus
	229614-55-5	Peramivir
	346735-24-8	Amelubant
2926 30 00	16397-28-7	Fenproporex
2926 90 95	52-53-9	Verapamil
	77-51-0	Isoaminil
	137-05-3	Mecrilat
	1069-55-2	Bucrilat
	1113-10-6	Guancidin
	1689-89-0	Nitroxinil
	5232-99-5	Etocrilen

Anhang 3

KN-Code	CAS RN	Bezeichnung
2926 90 95	*(Fortsetzung)*	
	6197-30-4	Octocrilen
	6606-65-1	Enbucrilat
	6701-17-3	Ocrilat
	15599-27-6	Etaminil
	16662-47-8	Gallopamil
	17590-01-1	Amfetaminil
	21702-93-2	Cloguanamil
	23023-91-8	Flucrilat
	34915-68-9	Bunitrolol
	38321-02-7	Dexverapamil
	53882-12-5	Lodoxamid
	54239-37-1	Cimaterol
	57808-65-8	Closantel
	58503-83-6	Penirolol
	65655-59-6	Pacrinolol
	65899-72-1	Alozafon
	78370-13-5	Emopamil
	83200-10-6	Anipamil
	85247-76-3	Dagapamil
	85247-77-4	Ronipamil
	86880-51-5	Epanolol
	92302-55-1	Devapamil
	101238-51-1	Levemopamil
	108605-62-5	Teriflunomid
	111753-73-2	Satigrel
	123548-56-1	Acreozast
	130929-57-6	Entacapon
	136033-49-3	Nexopamil
	137109-71-8	Balazipon
	147076-36-6	Laflunimus
	153259-65-5	Cilomilast
	202057-76-9	Manitimus
	220641-11-2	Naminidil
2927 00 00	94-10-0	Etoxazen
	502-98-7	Chlorazodin
	536-71-0	Diminazen
	80573-03-1	Ipsalazid
	80573-04-2	Balsalazid
2928 00 90	51-71-8	Phenelzin
	55-52-7	Pheniprazin
	65-64-5	Mebanazin
	70-51-9	Deferoxamin
	103-03-7	Phenicarbazid
	127-07-1	Hydroxycarbamid
	140-87-4	Cyacetacid
	322-35-0	Benserazid
	511-41-1	Diphoxazid
	546-88-3	Acetohydroxamsäure
	555-65-7	Brocresin
	671-16-9	Procarbazin
	2438-72-4	Bufexamac
	2675-35-6	Sivifen
	3240-20-8	Carbenzid
	3362-45-6	Noxiptilin
	3544-35-2	Iproclozid
	3583-64-0	Bumadizon
	3788-16-7	Cimemoxin
	3818-37-9	Fenoxypropazin
	4267-81-6	Bolazin
	4684-87-1	Octamoxin
	5001-32-1	Guanoclor
	5051-62-7	Guanabenz
	5579-27-1	Simtrazen
	7473-70-3	Guanoxabenz
	7654-03-7	Benmoxin
	14816-18-3	Phoxim
	15256-58-3	Beloxamid
	15687-37-3	Naftazon
	20228-27-7	Ruvazon
	22033-87-0	Olesoxim
	24701-51-7	Demexiptilin
	25394-78-9	Cetoxim
	25875-51-8	Robenidin
	28860-95-9	Carbidopa
	34297-34-2	Anidoxim

Anhang 3

KN-Code	CAS RN	Bezeichnung
2928 00 90	*(Fortsetzung)*	
	38274-54-3	Benurestat
	46263-35-8	Nafomin
	53078-44-7	Caproxamin
	53648-05-8	Ibuproxam
	54063-51-3	Nadoxolol
	54739-18-3	Fluvoxamin
	54739-19-4	Clovoxamin
	56187-89-4	Ximoprofen
	57925-64-1	Naprodoxim
	58832-68-1	Cloximat
	60070-14-6	Mariptilin
	76144-81-5	Meldonium
	78372-27-7	Stirocainid
	81424-67-1	Caracemid
	85750-38-5	Erocainid
	90581-63-8	Falintolol
	95268-62-5	Upenazim
	105613-48-7	Exametazim
	127420-24-0	Idrapril
	130579-75-8	Eplivanserin
	141184-34-1	Filaminast
	141579-54-6	Fenleuton
	149400-88-4	Sardomozid
	149647-78-9	Vorinostat
	154039-60-8	Marimastat
	203737-93-3	Istaroxim
	238750-77-1	Tosedostat
	352513-83-8	Semapimod
	869572-92-9	Tecovirimat
2929 90 00	139-05-9	Natriumcyclamat
	154-93-8	Carmustin
	299-86-5	Crufomat
	1491-41-4	Naftalofos
	3733-81-1	Defosfamid
	4075-88-1	Oxifentorex
	4317-14-0	Amitriptylinoxid
	5854-93-3	Alanosin
	13010-47-4	Lomustin
	13909-09-6	Semustin
	15350-99-9	Amoxydramincamsilat
	31645-39-3	Palifosfamid
	52658-53-4	Benfosformin
	52758-02-8	Benzaprinoxid
	60784-46-5	Elmustin
	70788-28-2	Flurofamid
	70788-29-3	Tolfamid
	73105-03-0	Neptamustin
	97642-74-5	Clomifenoxid
	136470-65-0	Banoxantron
	166518-60-1	Avasimib
	168021-79-2	Disufentonnatrium
2930 20 00	148-18-5	Ditiocarbnatrium
	3735-90-8	Fencarbamid
	27877-51-6	Tolindat
	50838-36-3	Tolciclat
2930 30 00	95-05-6	Sulfiram
	97-77-8	Disulfiram
	137-26-8	Thiram
2930 40 10	63-68-3	Methionin
2930 90 13	52-90-4	Cystein
2930 90 16	52-67-5	Penicillamin
	616-91-1	Acetylcystein
	638-23-3	Carbocistein
	2485-62-3	Mecystein
	5287-46-7	Prenistein
	13189-98-5	Fudostein
	18725-37-6	Dacistein
	42293-72-1	Bencistein

Anhang 3

KN-Code	CAS RN	Bezeichnung
2930 90 16	*(Fortsetzung)*	
	65002-17-7	Bucillamin
	82009-34-5	Cilastatin
	86042-50-4	Cistinexin
	87573-01-1	Salnacedin
	89163-44-0	Cinaproxen
	89767-59-9	Salmistein
2930 90 30	583-91-5	Desmeninol
2930 90 99	59-52-9	Dimercaprol
	60-23-1	Mercaptamin
	67-68-5	Dimethylsulfoxid
	77-46-3	Acedapson
	80-08-0	Dapson
	82-99-5	Tifenamil
	97-18-7	Bithionol
	97-24-5	Fenticlor
	104-06-3	Thioacetazon
	108-02-1	Captamin
	109-57-9	Allylthioharnstoff
	121-55-1	Subathizon
	127-60-6	Acediasulfonnatrium
	133-65-3	Solasulfon
	144-75-2	Aldesulfonnatrium
	304-55-2	Succimer
	305-97-5	Anthiolimin
	473-32-5	Chaulmosulfon
	486-17-9	Captodiam
	500-89-0	Thiambutosin
	502-55-6	Dixanthogen
	513-10-0	Ecothiopatiodid
	539-21-9	Ambazon
	554-18-7	Glucosulfon
	584-69-0	Ditophal
	786-19-6	Carbofenotion
	790-69-2	Loflucarban
	844-26-8	Bithionoloxid
	910-86-1	Tiocarlid
	926-93-2	Metallibur
	1166-34-3	Cinanserin
	1234-30-6	Etocarlid
	1953-02-2	Tiopronin
	2398-96-1	Tolnaftat
	2507-91-7	Gloxazon
	2924-67-6	Fluoreson
	3383-96-8	Temefos
	3569-58-2	Oxysoniumiodid
	3569-59-3	Hexasoniumiodid
	3569-77-5	Amidapson
	4044-65-9	Bitoscanat
	4938-00-5	Danostein
	5835-72-3	Diprofen
	5934-14-5	Succisulfon
	5964-62-5	Diathymosulfon
	5965-40-2	Allocupreidnatrium
	6385-58-6	Natriumbitionolat
	6964-20-1	Tiadenol
	7009-79-2	Xenthiorat
	10433-71-3	Tiametoniumiodid
	10489-23-3	Tioctilat
	13402-51-2	Tibenzat
	14433-82-0	Thiacetarsamidnatrium
	15599-39-0	Noxytiolin
	15686-78-9	Tiosalan
	16208-51-8	Dimesna
	19767-45-4	Mesna
	19881-18-6	Nitroscanat
	20537-88-6	Amifostin
	22012-72-2	Zilantel
	23205-04-1	Iosulamid
	23233-88-7	Brotianid
	23288-49-5	Probucol
	25827-12-7	Suloxifen
	26328-53-0	Amoscanat
	26481-51-6	Tiprenolol
	27025-41-8	Oxiglutation

Anhang 3

KN-Code	CAS RN	Bezeichnung
2930 90 99	*(Fortsetzung)*	
	27450-21-1	Osmadizon
	29335-92-0	Dextiopronin
	34914-39-1	Ritiometan
	35727-72-1	Ontianil
	38194-50-2	Sulindac
	38452-29-8	Tolmesoxid
	39516-21-7	Tiopropamin
	42461-79-0	Sulfonterol
	53993-67-2	Tiflorex
	54063-56-8	Suloctidil
	54657-98-6	Serfibrat
	55837-28-0	Tiafibrat
	58306-30-2	Febantel
	58569-55-4	Metenkefalin
	59973-80-7	Exisulind
	63547-13-7	Adrafinil
	66264-77-5	Sulfinalol
	66516-09-4	Mertiatid
	66608-32-0	Imcarbofos
	66960-34-7	Metkefamid
	68693-11-8	Modafinil
	69217-67-0	Sumacetamol
	69819-86-9	Darinaparsin
	70895-45-3	Tipropidil
	71767-13-0	Iotasul
	74639-40-0	Docarpamin
	79467-22-4	Bipenamol
	81045-50-3	Pivopril
	81110-73-8	Racecadotril
	82599-22-2	Ditiomustin
	82964-04-3	Tolrestat
	83519-04-4	Ilmofosin
	85053-46-9	Suricainid
	85754-59-2	Ambamustin
	87556-66-9	Cloticason
	87719-32-2	Etaroten
	88041-40-1	Lemidosul
	88255-01-0	Netobimin
	89987-06-4	Tiludroninsäure
	90357-06-5	Bicalutamid
	94055-76-2	Suplatasttosilat
	101973-77-7	Esonarimod
	103725-47-9	Betiatid
	105687-93-2	Sumaroten
	106854-46-0	Argimesna
	107023-41-6	Pobilukast
	112111-43-0	Armodafinil
	112573-72-5	Dexecadotril
	112573-73-6	Ecadotril
	113593-34-3	Flosatidil
	114568-26-2	Patamostat
	122575-28-4	Naglivan
	123955-10-2	Almokalant
	125961-82-2	Tipelukast
	127304-28-3	Linaroten
	134993-74-1	Tibeglisen
	137109-78-5	Orazipon
	158382-37-7	Canfosfamid
	159138-80-4	Cariporid
	162520-00-5	Salirasib
	168682-53-9	Ezatiostat
	179545-77-8	Tanomastat
	187870-78-6	Rimeporid
	202340-45-2	Eflucimib
	211513-37-0	Dalcetrapib
	216167-82-7	Succinobucol
	216167-92-9	Camobucol
	216167-95-2	Elsibucol
	488832-69-5	Elesclomol
	496050-39-6	Pemaglitazar
	603139-19-1	Odanacatib

Anhang 3

KN-Code	CAS RN	Bezeichnung
2930 90 99	*(Fortsetzung)*	
	608141-41-9	Apremilast
	887148-69-8	Monepantel
2931 90 90	0-00-0	Repagermanium
	52-68-6	Metrifonat
	97-44-9	Acetarsol
	98-50-0	Arsanilsäure
	98-72-6	Nitarson
	116-49-4	Glykobiarsol
	121-19-7	Roxarson
	121-59-5	Carbarson
	126-22-7	Butonat
	306-12-7	Oxophenarsin
	455-83-4	Dichlorophenarsin
	457-60-3	Neoarsphenamin
	535-51-3	Phenarsonsulfoxylat
	554-72-3	Tryparsamid
	618-82-6	Sulfarsphenamin
	1984-15-2	Medroninsäure
	2398-95-0	Foscolinsäure
	2430-46-8	Tolboxan
	2809-21-4	Etidronsäure
	3639-19-8	Difetarson
	5959-10-4	Stibosamin
	10596-23-3	Clodroninsäure
	13237-70-2	Fosmeninsäure
	15468-10-7	Oxidroninsäure
	16543-10-5	Fosenazid
	17316-67-5	Butafosfan
	19028-28-5	Toliodiumchlorid
	33204-76-1	Chadrosilan
	40391-99-9	Pamidroninsäure
	51321-79-0	Sparfosinsäure
	51395-42-7	Butedroninsäure
	54870-27-8	Fosfonetnatrium
	57808-64-7	Toldimfos
	60668-24-8	Alafosfalin
	63132-38-7	Lidadronsäure
	63132-39-8	Olpadronsäure
	63585-09-1	Foscarnetnatrium
	65606-61-3	Diciferron
	66376-36-1	Alendroninsäure
	68959-20-6	Disichoniumchlorid
	73514-87-1	Fosarilat
	75018-71-2	Tauroselcholinsäure
	76541-72-5	Mifobat
	79778-41-9	Neridroninsäure
	92118-27-9	Fotemustin
	103486-79-9	Belfosdil
	114084-78-5	Ibandronsäure
	124351-85-5	Incadronsäure
	125973-56-0	Amsilaroten
	126595-07-1	Propagermanium
	127502-06-1	Tetrofosmin
	132236-18-1	Zifrosilon
	133208-93-2	Ibrolipim
2932 19 00	59-87-0	Nitrofural
	67-28-7	Nihydrazon
	405-22-1	Nidroxyzon
	541-64-0	Furtrethoniumiodid
	549-40-6	Furostilbestrol
	735-64-8	Fenamifuril
	965-52-6	Nifuroxazid
	3270-71-1	Nifuraldezon
	3563-92-6	Zylofuramin
	3690-58-2	Fubrogoniumiodid
	3776-93-0	Furfenorex
	4662-17-3	Furidaron
	5579-89-5	Nifursemizon
	5579-95-3	Nifurmeron
	5580-25-6	Nifurethazon
	6236-05-1	Nifuroxim
	6673-97-8	Spiroxason
	15686-77-8	Fursalan
	16915-70-1	Nifursol
	19561-70-7	Nifuratron

Anhang 3

KN-Code	CAS RN	Bezeichnung
2932 19 00	*(Fortsetzung)*	
	28434-01-7	Bioresmethrin
	31329-57-4	Naftidrofuryl
	53684-49-4	Bufetolol
	60653-25-0	Orpanoxin
	64743-08-4	Diclofurim
	64743-09-5	Nitrafudam
	66357-35-5	Ranitidin
	72420-38-3	Acifran
	75748-50-4	Ancarolol
	84845-75-0	Niperotidin
	93064-63-2	Venritidin
	142996-66-5	Furomin
	156722-18-8	Rostafuroxin
	186953-56-0	Pafuramidin
	253128-41-5	Eribulin
	393101-41-2	Milataxel
2932 20 10	77-09-8	Phenolphthalein
2932 20 90	52-01-7	Spironolacton
	56-72-4	Coumafos
	57-57-8	Propiolacton
	66-76-2	Dicoumarol
	76-65-3	Amolanon
	81-81-2	Warfarin
	90-33-5	Hymecromon
	152-72-7	Acenocumarol
	321-55-1	Haloxon
	435-97-2	Phenprocumon
	465-39-4	Bufogenin
	476-66-4	Ellagsäure
	477-32-7	Visnadin
	548-00-5	Ethylbiscumacetat
	642-83-1	Aceglaton
	804-10-4	Carbocromen
	1233-70-1	Diarbaron
	2908-75-0	Esculamin
	3258-51-3	Valofan
	3447-95-8	Benfurodilhemisuccinat
	3902-71-4	Trioxysalen
	4366-18-1	Coumetarol
	15301-80-1	Oxamarin
	15301-97-0	Xylocumarol
	26538-44-3	Zeranol
	29334-07-4	Sulmarin
	32449-92-6	Glucurolacton
	35838-63-2	Clocumarol
	42422-68-4	Taleranol
	52814-39-8	Metesculetol
	58409-59-9	Bucumolol
	60986-89-2	Clofurac
	65776-67-2	Afurolol
	66898-60-0	Talosalat
	67268-43-3	Giparmen
	67696-82-6	Acrihellin
	68206-94-0	Cloricromen
	70288-86-7	Ivermectin
	73573-88-3	Mevastatin
	75139-06-9	Tetronasin
	75330-75-5	Lovastatin
	75992-53-9	Moxadolen
	79902-63-9	Simvastatin
	81478-25-3	Lomevacton
	87810-56-8	Fostriecin
	91406-11-0	Esupron
	96829-58-2	Orlistat
	109791-32-4	Ascorbylgamolenat
	112856-44-7	Losigamon
	113507-06-5	Moxidectin
	127943-53-7	Disermolid
	132100-55-1	Dalvastatin
	140616-46-2	Fluoresceinlisicol
	150785-53-8	Alemcinal
	154738-42-8	Mitemcinal
	161262-29-9	Amotosalen
	162011-90-7	Rofecoxib
	165108-07-6	Selamectin

Anhang 3

KN-Code	CAS RN	Bezeichnung
2932 20 90	*(Fortsetzung)*	
	189954-96-9	Firocoxib
	195883-06-8	Omtriptolid
2932 95 00	1972-08-3	Dronabinol
2932 99 00	136-70-9	Protokylol
	451-77-4	Homarylamin
	470-43-9	Promoxolan
	541-66-2	Oxapropaniumiodid
	1344-34-9	Stibaminglucosid
	1508-45-8	Mitopodozid
	3416-24-8	Glucosamin
	3567-40-6	Dioxamat
	4764-17-4	Tenamfetamin
	5684-90-2	Penthrichloral
	12286-76-9	Ferrinfructose
	12569-38-9	Calciumglubionat
	18296-45-2	Didrovaltrat
	18467-77-1	Diprogulinsäure
	25161-41-5	Acevaltrat
	30910-27-1	Treloxinat
	31105-14-3	Olmidin
	31112-62-6	Metrizamid
	33069-62-4	Paclitaxel
	34753-46-3	Ciheptolan
	40580-59-4	Guanadrel
	47254-05-7	Spiroxepin
	49763-96-4	Stiripentol
	51372-29-3	Dexbudesonid
	53341-49-4	Ponfibrat
	53983-00-9	Nibroxan
	55102-44-8	Bofumustin
	56180-94-0	Acarbose
	56290-94-9	Medroxalol
	58546-54-6	Besigomsin
	58994-96-0	Ranimustin
	61136-12-7	Almurtid
	61869-07-6	Domiodol
	61914-43-0	Glucuronamid
	66112-59-2	Temurtid
	71963-77-4	Artemether
	74817-61-1	Murabutid
	75887-54-6	Artemotil
	78113-36-7	Romurtid
	81267-65-4	Idronoxil
	83461-56-7	Mifamurtid
	85443-48-7	Bencianol
	90733-40-7	Edifolon
	97240-79-4	Topiramat
	98383-18-7	Ecomustin
	105618-02-8	Galamustin
	114870-03-0	Fondaparinuxnatrium
	114977-28-5	Docetaxel
	116818-99-6	Isalstein
	117570-53-3	Vadimezan
	118457-15-1	Dexnebivolol
	118457-16-2	Levonebivolol
	122312-55-4	Dosmalfat
	123072-45-7	Aprosulatnatrium
	128196-01-0	Escitalopram
	135038-57-2	Fasidotril
	137275-81-1	Osemozotan
	149920-56-9	Idraparinuxnatrium
	156294-36-9	Larotaxel
	167256-08-8	Enrasentan
	171092-39-0	Defoslimod
	175013-73-7	Tidembersat
	181296-84-4	Omigapil
	182824-33-5	Artesunat
	183133-96-2	Cabazitaxel
	185955-34-4	Eritoran
	186040-50-6	Paclitaxelceribat
	186348-23-2	Ortataxel

Anhang 3

KN-Code	CAS RN	Bezeichnung
2932 99 00	*(Fortsetzung)*	
	196597-26-9	Ramelteon
	280585-34-4	Oxeglitazar
	329306-27-6	Lirimilast
	50-34-0	Propanthelinbromid
	53-46-3	Methantheliniumbromid
	61-74-5	Domoxin
	68-90-6	Benziodaron
	78-34-2	Dioxation
	82-02-0	Khellin
	85-90-5	Methylchromon
	87-33-2	Isosorbiddinitrat
	119-41-5	Efloxat
	154-23-4	Cianidanol
	480-17-1	Leucocianidol
	521-35-7	Cannabinol
	652-67-5	Isosorbid
	1165-48-6	Dimeflin
	1477-19-6	Benzaron
	1668-19-5	Doxepin
	1951-25-3	Amiodaron
	2165-19-7	Guanoxan
	2455-84-7	Ambenoxan
	3562-84-3	Benzbromaron
	3570-46-5	Ethomoxan
	3607-18-9	Cidoxepin
	3611-72-1	Cloridarol
	4439-67-2	Amikhellin
	4442-60-8	Butamoxan
	4730-07-8	Pentamoxan
	4940-39-0	Chromocarb
	6538-22-3	Dimeprozan
	7182-51-6	Talopram
	13157-90-9	Benzchercin
	15686-60-9	Flavamin
	15686-63-2	Etabenzaron
	16051-77-7	Isosorbidmononitrat
	16110-51-3	Cromoglicinsäure
	18296-44-1	Valtrat
	19825-63-9	Pirnabin
	19889-45-3	Guabenxan
	22888-70-6	Silibinin
	23580-33-8	Furacrininsäure
	23915-73-3	Trebenzomin
	26020-55-3	Oxetoron
	26225-59-2	Mecinaron
	29782-68-1	Silidianin
	33459-27-7	Xanoxinsäure
	33889-69-9	Silicristin
	34887-52-0	Fenisorex
	35212-22-7	Ipriflavon
	37456-21-6	Terbucromil
	37470-13-6	Flavodinsäure
	37855-80-4	Iprocrolol
	38873-55-1	Furobufen
	39552-01-7	Befunolol
	40691-50-7	Tixanox
	42408-79-7	Pirandamin
	50465-39-9	Tocofibrat
	51022-71-0	Nabilon
	52934-83-5	Nanafrocin
	54340-62-4	Bufuralol
	55165-22-5	Butocrolol
	55286-56-1	Doxaminol
	55453-87-7	Isoxepac
	55689-65-1	Oxepinac
	56689-43-1	Canbisol
	56983-13-2	Furofenac
	57009-15-1	Isocromil
	58012-63-8	Furcloprofen

Anhang 3

KN-Code	CAS RN	Bezeichnung
2932 99 00	*(Fortsetzung)*	
	58761-87-8	Sudexanox
	58805-38-2	Ambicromil
	59729-33-8	Citalopram
	60400-92-2	Proxicromil
	63968-64-9	Artemisinin
	65350-86-9	Meciadanol
	66575-29-9	Colforsin
	67102-87-8	Pentomon
	67700-30-5	Furaprofen
	71316-84-2	Fluradolin
	72492-12-7	Spizofuron
	74912-19-9	Naboctat
	76301-19-4	Timefuron
	77005-28-8	Texacromil
	77416-65-0	Exepanol
	78371-66-1	Bucromaron
	78499-27-1	Bermoprofen
	79130-64-6	Ansoxetin
	79619-31-1	Flavodilol
	80743-08-4	Dioxadilol
	81486-22-8	Nipradilol
	81496-81-3	Artenimol
	81674-79-5	Guaimesal
	81703-42-6	Bendacalol
	87549-36-8	Parcetasal
	87626-55-9	Mitoflaxon
	96566-25-5	Ablukast
	97483-17-5	Tifurac
	110816-79-0	Cromoglicatlisetil
	113806-05-6	Olopatadin
	118457-14-0	Nebivolol
	123407-36-3	Arteflen
	128232-14-4	Raxofelast
	132017-01-7	Bervastatin
	139110-80-8	Zanamivir
	149494-37-1	Ebalzotan
	151581-24-7	Iralukast
	169758-66-1	Robalzotan
	175013-84-0	Tonabersat
	184653-84-7	Carabersat
	343306-71-8	Sugammadex
	401925-43-7	Celivaron
	461432-26-8	Dapagliflozin
	664338-39-0	Arterolan
2933 11 10	479-92-5	Propyphenazon
2933 11 90	58-15-1	Aminophenazon
	60-80-0	Phenazon
	68-89-3	Metamizolnatrium
	747-30-8	Aminophenazoncyclamat
	1046-17-9	Dibupyron
	3615-24-5	Ramifenazon
	7077-30-7	Butopyrammoniumiodid
	22881-35-2	Famprofazon
	55837-24-6	Bisfenazon
2933 19 10	50-33-9	Phenylbutazon
2933 19 90	57-96-5	Sulfinpyrazon
	105-20-4	Betazol
	129-20-4	Oxyphenbutazon
	853-34-9	Kebuzon
	2210-63-1	Mofebutazon
	4023-00-1	Praxadin
	7125-67-9	Metochizin
	7554-65-6	Fomepizol
	13221-27-7	Tribuzon
	20170-20-1	Difenamizol
	23111-34-4	Feclobuzon
	27470-51-5	Suxibuzon
	30748-29-9	Feprazon
	32710-91-1	Trifezolac
	34427-79-7	Proxifezon
	50270-32-1	Bufezolac

Anhang 3

KN-Code	CAS RN	Bezeichnung
2933 19 90	*(Fortsetzung)*	
	50270-33-2	Isofezolac
	53808-88-1	Lonazolac
	55294-15-0	Muzolimin
	59040-30-1	Nafazatrom
	60104-29-2	Clofezon
	70181-03-2	Dazoprid
	71002-09-0	Pirazolac
	80410-36-2	Fezolamin
	81528-80-5	Dalbraminol
	103475-41-8	Tepoxalin
	115436-73-2	Ipazilid
	119322-27-9	Meribendan
	142155-43-9	Cizolirtin
	206884-98-2	Niraxostat
	376592-42-6	Totrombopag
	410528-02-8	Palovaroten
	496775-61-2	Eltrombopag
2933 21 00	50-12-4	Mephenytoin
	57-41-0	Phenytoin
	86-35-1	Ethotoin
	1317-25-5	Alcloxa
	5579-81-7	Aldioxa
	5588-20-5	Clodantoin
	40828-44-2	Clazolimin
	56605-16-4	Spiromustin
	63612-50-0	Nilutamid
	89391-50-4	Imirestat
	93390-81-9	Fosphenytoin
2933 29 10	50-60-2	Phentolamin
2933 29 90	53-73-6	Angiotensinamid
	56-28-0	Triclodazol
	59-98-3	Tolazolin
	60-56-0	Thiamazol
	71-00-1	Histidin
	84-22-0	Tetryzolin
	91-75-8	Antazolin
	443-48-1	Metronidazol
	501-62-2	Phenamazolin
	526-36-3	Xylometazolin
	551-92-8	Dimetridazol
	830-89-7	Albutoin
	835-31-4	Naphazolin
	1077-93-6	Ternidazol
	1082-56-0	Tefazolin
	1082-57-1	Tramazolin
	1491-59-4	Oxymetazolin
	3254-93-1	Doxenitoin
	3366-95-8	Secnidazol
	4201-22-3	Tolonidin
	4205-90-7	Clonidin
	4342-03-4	Dacarbazin
	4474-91-3	Angiotensin II
	4548-15-6	Flunidazol
	4846-91-7	Fenoxazolin
	5377-20-8	Metomidat
	5696-06-0	Metetoin
	5786-71-0	Fosfocreatinin
	6043-01-2	Domazolin
	7036-58-0	Propoxat
	7303-78-8	Imidolin
	7681-76-7	Ronidazol
	13551-87-6	Misonidazol
	14058-90-3	Metazamid
	14885-29-1	Ipronidazol
	15037-44-2	Etonam
	16773-42-5	Ornidazol
	17230-89-6	Nimazon
	17692-28-3	Clonazolin
	19387-91-8	Tinidazol
	20406-60-4	Mipimazol
	21721-92-6	Nitrefazol
	22232-54-8	Carbimazol
	22668-01-5	Etanidazol
	22833-02-9	Orconazol

Anhang 3

KN-Code	CAS RN	Bezeichnung
2933 29 90	*(Fortsetzung)*	
	22916-47-8	Miconazol
	22994-85-0	Benznidazol
	23593-75-1	Clotrimazol
	23757-42-8	Midaflur
	25859-76-1	Glibutimin
	27220-47-9	Econazol
	27523-40-6	Isoconazol
	27885-92-3	Imidocarb
	28125-87-3	Flutonidin
	30529-16-9	Stirimazol
	31036-80-3	Lofexidin
	31478-45-2	Bamnidazol
	33125-97-2	Etomidat
	33178-86-8	Alinidin
	34839-70-8	Metiamid
	35554-44-0	Enilconazol
	36364-49-5	Imidazolsalicylat
	36740-73-5	Flumizol
	38083-17-9	Climbazol
	38349-38-1	Metrafazolin
	40077-57-4	Aviptadil
	40507-78-6	Indanazolin
	40828-45-3	Azolimin
	41473-09-0	Fenmetozol
	42116-76-7	Carnidazol
	51022-76-5	Sulnidazol
	51481-61-9	Cimetidin
	51940-78-4	Zetidolin
	53267-01-9	Cibenzolin
	53597-28-7	Fludazoniumchlorid
	54143-54-3	Sepazoniumchlorid
	54533-85-6	Nizofenon
	55273-05-7	Impromidin
	56097-80-4	Valconazol
	57647-79-7	Benclonidin
	57653-26-6	Fenobam
	58261-91-9	Mefenidil
	59729-37-2	Fexinidazol
	59803-98-4	Brimonidin
	59939-16-1	Cirazolin
	60173-73-1	Arfalasin
	60628-96-8	Bifonazol
	60628-98-0	Lombazol
	61318-90-9	Sulconazol
	62087-96-1	Triletid
	62882-99-9	Tinazolin
	62894-89-7	Tiflamizol
	63824-12-4	Aliconazol
	63927-95-7	Bentemazol
	64211-45-6	Oxiconazol
	64212-22-2	Nafimidon
	64872-76-0	Butoconazol
	65571-68-8	Lofemizol
	65896-16-4	Romifidin
	66711-21-5	Apraclonidin
	69539-53-3	Etintidin
	70161-09-0	Democonazol
	71097-23-9	Zoficonazol
	72479-26-6	Fenticonazol
	73445-46-2	Fenflumizol
	73931-96-1	Denzimol
	74512-12-2	Omoconazol
	76448-31-2	Propenidazol
	76631-46-4	Detomidin
	76894-77-4	Dazmegrel
	77175-51-0	Croconazol
	77671-31-9	Enoximon
	78186-34-2	Bisantren
	78218-09-4	Dazoxiben
	79313-75-0	Sopromidin
	80614-27-3	Midazogrel
	81447-78-1	Levlofexidin
	81447-79-2	Dexlofexidin
	82571-53-7	Ozagrel
	83184-43-4	Mifentidin

Anhang 3

KN-Code	CAS RN	Bezeichnung
2933 29 90	*(Fortsetzung)*	
	84203-09-8	Trifenagrel
	84243-58-3	Imazodan
	84962-75-4	Flutomidat
	85392-79-6	Indanidin
	86347-14-0	Medetomidin
	89371-37-9	Imidapril
	89371-44-8	Imidaprilat
	89781-55-5	Rolafagrel
	89838-96-0	Octimibat
	90408-21-2	Efetozol
	90697-56-6	Zimidoben
	91017-58-2	Abunidazol
	91524-14-0	Napamezol
	95668-38-5	Idralfidin
	96153-56-9	Bisfentidin
	97901-21-8	Nafagrel
	103926-64-3	Sepimostat
	104054-27-5	Atipamezol
	104902-08-1	Cilutazolin
	105920-77-2	Camonagrel
	107429-63-0	Lintoprid
	110605-64-6	Isaglidol
	110883-46-0	Giracodazol
	113082-98-7	Enalkiren
	113775-47-6	Dexmedetomidin
	114798-26-4	Losartan
	115575-11-6	Liarozol
	116002-70-1	Ondansetron
	116684-92-5	Galdansetron
	116795-97-2	Ledazerol
	118072-93-8	Zoledronsäure
	118528-04-4	Brolaconazol
	119006-77-8	Flutrimazol
	120635-74-7	Cilansetron
	122830-14-2	Deriglidol
	125472-02-8	Mivazerol
	126222-34-2	Remikiren
	128326-82-9	Eberconazol
	129369-64-8	Irtemazol
	129805-33-0	Eptotermin alfa
	130120-57-9	Prezatidkupferacetat
	130726-68-0	Neticonazol
	130759-56-7	Nemazolin
	134183-95-2	Fampronil
	137460-88-9	Odalprofen
	138402-11-6	Irbesartan
	144689-24-7	Olmesartan
	149838-23-3	Doranidazol
	149968-26-3	Elisartan
	150586-58-6	Fipamezol
	154906-40-8	Semparatid
	159075-60-2	Emfilermin
	159519-65-0	Enfuvirtid
	162394-19-6	Palifermin
	170105-16-5	Imidafenacin
	173997-05-2	Nepicastat
	177563-40-5	Carafiban
	183659-72-5	Catramilast
	189353-31-9	Fadolmidin
	200074-80-2	Lusupultid
	213027-19-1	Cipralisant
	219527-63-6	Repifermin
	246539-15-1	Dibotermin alfa
	259188-38-0	Rebimastat
	444069-80-1	Dapiclermin
	478166-15-3	Mecaserminrinfabat
	697766-75-9	Velafermin
	867153-61-5	Dulanermin
	944263-65-4	Demiditraz
2933 33 00	57-42-1	Pethidin
	64-39-1	Trimeperidin
	77-10-1	Phencyclidin
	113-45-1	Methylphenidat
	144-14-9	Anileridin

Anhang 3

KN-Code	CAS RN	Bezeichnung
2933 33 00	*(Fortsetzung)*	
	302-41-0	Piritramid
	359-83-1	Pentazocin
	437-38-7	Fentanyl
	467-60-7	Pipradrol
	467-83-4	Dipipanon
	469-79-4	Ketobemidon
	562-26-5	Phenoperidin
	915-30-0	Diphenoxylat
	1812-30-2	Bromazepam
	15301-48-1	Bezitramid
	15686-91-6	Propiram
	28782-42-5	Difenoxin
	71195-58-9	Alfentanil
2933 39 10	54-92-2	Iproniazid
	101-26-8	Pyridostigminbromid
2933 39 99	51-12-7	Nialamid
	52-86-8	Haloperidol
	53-89-4	Benzpiperylon
	54-36-4	Metyrapon
	54-85-3	Isoniazid
	54-96-6	Amifampridin
	56-97-3	Trimedoximbromid
	59-26-7	Nikethamid
	59-32-5	Chloropyramin
	62-97-5	Diphemanilmetilsulfat
	76-90-4	Mepenzolatbromid
	77-01-0	Fenpipramid
	77-20-3	Alphaprodin
	77-39-4	Cycrimin
	79-55-0	Pempidin
	82-98-4	Piperidolat
	86-21-5	Pheniramin
	86-22-6	Brompheniramin
	87-21-8	Piridocain
	91-81-6	Tripelennamin
	91-84-9	Mepyramin
	93-47-0	Verazid
	94-63-3	Pralidoximiodid
	94-78-0	Phenazopyridin
	96-88-8	Mepivacain
	97-57-4	Tolpronin
	100-91-4	Eucatropin
	101-08-6	Diperodon
	114-90-9	Obidoximchlorid
	114-91-0	Metyridin
	115-46-8	Azacyclonol
	117-30-6	Dipiproverin
	123-03-5	Cetylpyridiniumchlorid
	125-51-9	Pipenzolatbromid
	125-60-0	Fenpiveriniumbromid
	127-35-5	Phenazocin
	129-03-3	Cyproheptadin
	129-83-9	Phenampromid
	132-21-8	Dexbrompheniramin
	132-22-9	Chlorphenamin
	136-82-3	Piperocain
	139-62-8	Cyclomethycain
	144-11-6	Trihexyphenidyl
	144-45-6	Spirgetin
	147-20-6	Diphenylpyralin
	149-17-7	Ftivazid
	300-37-8	Diodon
	357-66-4	Spirilen
	382-82-1	Dicoliniumiodid
	468-50-8	Betameprodin
	468-51-9	Alphameprodin
	468-56-4	Hydroxypethidin
	468-59-7	Betaprodin
	469-21-6	Doxylamin
	469-80-7	Pheneridin
	469-82-9	Etoxeridin
	479-81-2	Bietamiverin
	486-12-4	Triprolidin
	486-16-8	Carbinoxamin
	495-84-1	Salinazid

Anhang 3

KN-Code	CAS RN	Bezeichnung
2933 39 99	*(Fortsetzung)*	
	504-03-0	Nanofin
	510-74-7	Spiramid
	511-45-5	Pridinol
	514-65-8	Biperiden
	534-84-9	Pimeclon
	536-33-4	Ethionamid
	546-32-7	Oxpheneridin
	548-73-2	Droperidol
	553-69-5	Fenyramidol
	555-90-8	Nicothiazon
	561-48-8	Norpipanon
	561-76-2	Properidin
	561-77-3	Dihexyverin
	578-89-2	Pimetremid
	586-60-7	Dyclonin
	586-98-1	Piconol
	587-46-2	Benzpyriniumbromid
	587-61-1	Propyliodon
	603-50-9	Bisacodyl
	728-88-1	Tolperison
	749-02-0	Spiperon
	749-13-3	Trifluperidol
	807-31-8	Aceperon
	827-61-2	Aceclidin
	852-42-6	Guaiapat
	972-02-1	Difenidol
	1050-79-9	Moperon
	1096-72-6	Hepzidin
	1098-97-1	Pyritinol
	1219-35-8	Primaperon
	1463-28-1	Guanaclin
	1508-75-4	Tropicamid
	1539-39-5	Gapicomin
	1580-71-8	Amiperon
	1707-15-9	Metazid
	1740-22-3	Pyrinolin
	1841-19-6	Fluspirilen
	1882-26-4	Pyricarbat
	1893-33-0	Pipamperon
	2062-78-4	Pimozid
	2062-84-2	Benperidol
	2066-89-9	Pasiniazid
	2139-47-1	Nifenazon
	2156-27-6	Benproperin
	2398-81-4	Oxiniacinsäure
	2531-04-6	Piperylon
	2748-88-1	Miripiriumchlorid
	2779-55-7	Opiniazid
	2804-00-4	Roxoperon
	2856-74-8	Modalin
	2971-90-6	Clopidol
	3099-52-3	Nicametat
	3425-97-6	Dimecoloniumiodid
	3485-62-9	Clidiniumbromid
	3540-95-2	Fenpipran
	3562-55-8	Piprocurariumiodid
	3565-03-5	Pimetin
	3569-26-4	Indopin
	3572-80-3	Cyclazocin
	3575-80-2	Melperon
	3626-67-3	Hexadilin
	3670-68-6	Propipocain
	3691-78-9	Benzethidin
	3696-28-4	Dipyrithion
	3703-76-2	Cloperastin
	3731-52-0	Picolamin
	3734-52-9	Metazocin
	3737-09-5	Disopyramid
	3781-28-0	Propyperon
	3784-99-4	Stilbaziumiodid
	3811-53-8	Propinetidin
	3964-81-6	Azatadin
	4354-45-4	Oxyclipin
	4394-00-7	Nifluminsäure
	4394-04-1	Metanixin

Anhang 3

KN-Code	CAS RN	Bezeichnung
2933 39 99	*(Fortsetzung)*	
	4394-05-2	Nixylinsäure
	4546-39-8	Pipethanat
	4575-34-2	Myfadol
	4876-45-3	Camphotamid
	4904-00-1	Cyprolidol
	4945-47-5	Bamipin
	4960-10-5	Perastin
	5005-72-1	Leptaclin
	5205-82-3	Bevoniummetilsulfat
	5322-53-2	Oxiperomid
	5560-77-0	Rotoxamin
	5579-92-0	Iopydol
	5579-93-1	Iopydon
	5598-52-7	Fospirat
	5634-41-3	Parapenzolatbromid
	5636-83-9	Dimetinden
	5638-76-6	Betahistin
	5657-61-4	Nicoxamat
	5789-72-0	Trimetamid
	5868-05-3	Niceritrol
	5942-95-0	Carpipramin
	6184-06-1	Sorbinicat
	6272-74-8	Lapiriumchlorid
	6556-11-2	Inositolnicotinat
	6621-47-2	Perhexilin
	6968-72-5	Mepiroxol
	7007-96-7	Crotoniazid
	7008-17-5	Hydroxypyridintartrat
	7009-54-3	Pentapiperid
	7162-37-0	Paridocain
	7237-81-2	Hepronicat
	7528-13-4	Carperidin
	7681-80-3	Pentapiperiummetilsulfat
	10040-45-6	Natriumpicosulfat
	10447-39-9	Chifenadin
	10457-90-6	Bromperidol
	10457-91-7	Clofluperol
	10571-59-2	Nicoclonat
	13410-86-1	Aconiazid
	13422-16-7	Triflocin
	13447-95-5	Methaniazid
	13456-08-1	Bitipazon
	13463-41-7	Pyrithionzink
	13495-09-5	Piminodin
	13752-33-5	Panidazol
	13862-07-2	Difemetorex
	13912-80-6	Nicoboxil
	13958-40-2	Oxiramid
	14051-33-3	Benzetimid
	14149-43-0	Trimethidiniummethosulfat
	14222-60-7	Protionamid
	14745-50-7	Meletimid
	14796-24-8	Cinperen
	15301-88-9	Pytamin
	15302-05-3	Butoxylat
	15302-10-0	Clibucain
	15378-99-1	Anazocin
	15387-10-7	Niprofazon
	15500-66-0	Pancuroniumbromid
	15585-43-0	Rivaniclin
	15599-26-5	Droxypropin
	15686-68-7	Volazocin
	15686-87-0	Pifenat
	15876-67-2	Distigminbromid
	16426-83-8	Niometacin
	16571-59-8	Benzindopyrin
	16852-81-6	Benzoclidin
	17692-43-2	Picodralazin
	17737-65-4	Clonixin
	17737-68-7	Diclonixin
	18841-58-2	Pipoctanon
	20977-50-8	Carperon
	21221-18-1	Flazalon
	21228-13-7	Dorastin
	21686-10-2	Flupranon

Anhang 3

KN-Code	CAS RN	Bezeichnung
2933 39 99	*(Fortsetzung)*	
	21755-66-8	Picoperin
	21829-22-1	Clonixeril
	21829-25-4	Nifedipin
	21888-98-2	Dexetimid
	22150-28-3	Ipragratin
	22204-91-7	Lifibrat
	22443-11-4	Nepinalon
	22609-73-0	Niludipin
	22632-06-0	Bupicomid
	23210-56-2	Ifenprodil
	24340-35-0	Piridoxilat
	24358-84-7	Dexivacain
	24558-01-8	Levofacetoperan
	24671-26-9	Benrixat
	24678-13-5	Lenperon
	25384-17-2	Allylprodin
	25523-97-1	Dexchlorpheniramin
	26844-12-2	Indoramin
	26864-56-2	Penfluridol
	27112-37-4	Diamocain
	27115-86-2	Dacuroniumbromid
	27302-90-5	Oxisuran
	27959-26-8	Nicomol
	28240-18-8	Pinolcain
	29125-56-2	Droclidiniumbromid
	29342-02-7	Metipirox
	29876-14-0	Nicotredol
	30652-11-0	Deferipron
	30751-05-4	Troxipid
	30817-43-7	Fenclexoniummetilsulfat
	31224-92-7	Pifoxim
	31232-26-5	Danitracen
	31314-38-2	Prodipin
	31637-97-5	Etofibrat
	31721-17-2	Chinupramin
	31932-09-9	Ticarbodin
	31980-29-7	Nicofibrat
	32953-89-2	Rimiterol
	33144-79-5	Broperamol
	33605-94-6	Pirisudanol
	34703-49-6	Dropempin
	35515-77-6	Truxipicuriumiodid
	35620-67-8	Pirdoniumbromid
	36175-05-0	Natriumpicofosfat
	36292-69-0	Ketazocin
	36504-64-0	Nictindol
	37398-31-5	Dilmefon
	38396-39-3	Bupivacain
	38677-81-5	Pirbuterol
	38677-85-9	Flunixin
	39123-11-0	Pituxat
	39537-99-0	Micinicat
	39562-70-4	Nitrendipin
	40431-64-9	Dexmethylphenidat
	42597-57-9	Ronifibrat
	47029-84-5	Dazadrol
	47128-12-1	Cycliramin
	47662-15-7	Suxemerid
	47739-98-0	Clocapramin
	47806-92-8	Difenoximid
	50432-78-5	Pemerid
	50650-76-5	Piroctorn
	50679-08-8	Terfenadin
	50700-72-6	Vecuroniumbromid
	51832-87-2	Picobenzid
	52157-83-2	Mindoperon
	53179-10-5	Fluperamid
	53179-11-6	Loperamid
	53179-12-7	Clopimozid
	53415-46-6	Fepitrizol
	53449-58-4	Ciclonicat
	54063-45-5	Fetoxilat
	54063-47-7	Gemazocin
	54063-52-4	Pitofenon
	54110-25-7	Pirozadil

Anhang 3

KN-Code	CAS RN	Bezeichnung
2933 39 99	*(Fortsetzung)*	
	54143-55-4	Flecainid
	54965-22-9	Fluspiperon
	55285-35-3	Butanixin
	55285-45-5	Pirifibrat
	55313-67-2	Pipramadol
	55432-15-0	Pirinidazol
	55837-14-4	Butaverin
	55837-15-5	Butopiprin
	55837-21-3	Pipoxizin
	55837-22-4	Pribecain
	55837-26-8	Fenperat
	55905-53-8	Clebooprid
	55985-32-5	Nicardipin
	56079-81-3	Ropitoin
	56383-05-2	Zindotrin
	56775-88-3	Zimeldin
	56995-20-1	Flupirtin
	57021-61-1	Isonixin
	57237-97-5	Timoprazol
	57548-79-5	Picafibrat
	57648-21-2	Timiperon
	57653-28-8	Ibazocin
	57653-29-9	Cogazocin
	57734-69-7	Sechifenadin
	57808-66-9	Domperidon
	57982-78-2	Budipin
	58239-89-7	Moxazocin
	58754-46-4	Iferanserin
	59429-50-4	Tamitinol
	59708-52-0	Carfentanil
	59729-31-6	Lorcainid
	59831-64-0	Milenperon
	59831-65-1	Halopemid
	59859-58-4	Femoxetin
	60324-59-6	Nomelidin
	60560-33-0	Pinacidil
	60569-19-9	Propiverin
	60576-13-8	Piketoprofen
	61380-40-3	Lofentanil
	61764-61-2	Cloroperon
	62658-88-2	Mesudipin
	63388-37-4	Declenperon
	63675-72-9	Nisoldipin
	63758-79-2	Indalpin
	64063-57-6	Picotrin
	64755-06-2	Chinucliumbromid
	64840-90-0	Eperison
	64881-21-6	Caricotamid
	65141-46-0	Nicorandil
	66085-59-4	Nimodipin
	66208-11-5	Ifoxetin
	66364-73-6	Enpirolin
	66529-17-7	Midaglizol
	66564-14-5	Cinitaprid
	66564-15-6	Aleprid
	66778-36-7	Encainid
	67765-04-2	Enefexin
	68252-19-7	Pirmenol
	68284-69-5	Disobutamid
	68797-29-5	Pipradimadol
	68844-77-9	Astemizol
	69047-39-8	Binifibrat
	69365-65-7	Fenoctimin
	70132-50-2	Pimonidazol
	70260-53-6	Mindodilol
	70724-25-3	Carbazeran
	71138-71-1	Octapinol
	71195-56-7	Brocleprid
	71251-02-0	Octenidin
	71276-43-2	Chadazocin
	71461-18-2	Tonazocin
	71653-63-9	Riodipin
	72005-58-4	Vadocain
	72432-03-2	Miglitol
	72509-76-3	Felodipin

Anhang 3

KN-Code	CAS RN	Bezeichnung
2933 39 99	*(Fortsetzung)*	
	72599-27-0	Miglustat
	72808-81-2	Tepirindol
	73278-54-3	Lamtidin
	73590-58-6	Omeprazol
	73590-85-9	Ufiprazol
	74517-42-3	Ditercaliniumchlorid
	75437-14-8	Milverin
	75444-64-3	Flumeridon
	75530-68-6	Nilvadipin
	75755-07-6	Piridroninsäure
	75970-99-9	Tecastemizol
	75985-31-8	Ciamexon
	76906-79-1	Prisotinol
	76956-02-0	Lavoltidin
	77342-26-8	Tefenperat
	77502-27-3	Tolpadol
	78090-11-6	Picoprazol
	78092-65-6	Ristianol
	78273-80-0	Roxatidin
	78289-26-6	Droxicainid
	78833-03-1	Pentisomid
	79201-85-7	Picenadol
	79449-98-2	Cabastin
	79449-99-3	Icospiramid
	79455-30-4	Nicaraven
	79516-68-0	Levocabastin
	79794-75-5	Loratadin
	79992-71-5	Pimetacin
	80343-63-1	Sufotidin
	80349-58-2	Panuramin
	80614-21-7	Nicogrelat
	80879-63-6	Emiglitat
	81098-60-4	Cisaprid
	81126-88-7	Eniclobrat
	81329-71-7	Modecainid
	82227-39-2	Pibaxizin
	83059-56-7	Zabicipril
	83799-24-0	Fexofenadin
	83829-76-9	Bremazocin
	83991-25-7	Ambasilid
	84057-95-4	Ropivacain
	84490-12-0	Piroximon
	85166-20-7	Ciclotropiumbromid
	85966-89-8	Preclamol
	86365-92-6	Trazoloprid
	86780-90-7	Aranidipin
	86811-09-8	Litoxetin
	86811-58-7	Fluazuron
	87784-12-1	Ofornin
	87848-99-5	Acrivastin
	88150-42-9	Amlodipin
	88296-62-2	Transcainid
	88678-31-3	Liranaftat
	89194-77-4	Bisaramil
	89419-40-9	Mosapramin
	89613-77-4	Mezacoprid
	89667-40-3	Isbogrel
	90103-92-7	Zabiciprilat
	90182-92-6	Zacoprid
	90729-42-3	Carebastin
	90729-43-4	Ebastin
	90961-53-8	Tedisamil
	92268-40-1	Perfomedil
	92788-10-8	Rogletimid
	93181-81-8	Lodaxaprin
	93181-85-2	Endixaprin
	93277-96-4	Altapizon
	93821-75-1	Butinazocin
	94739-29-4	Lemildipin
	95374-52-0	Prideperon
	96449-05-7	Rispenzepin
	96487-37-5	Nuvenzepin
	96515-73-0	Palonidipin
	96922-80-4	Pantenicat
	98323-83-2	Carmoxirol

Anhang 3

KN-Code	CAS RN	Bezeichnung
2933 39 99	*(Fortsetzung)*	
	98326-32-0	Senazodan
	98330-05-3	Anpirtolin
	99499-40-8	Disuprazol
	99518-29-3	Derpanicat
	99522-79-9	Pranidipin
	100427-26-7	Lercanidipin
	100643-71-8	Desloratadin
	100927-13-7	Idaverin
	101343-69-5	Ocfentanil
	101345-71-5	Brifentanil
	102394-31-0	Otenzepad
	102625-70-7	Pantoprazol
	103129-82-4	Levamlodipin
	103336-05-6	Ditekiren
	103577-45-3	Lansoprazol
	103766-25-2	Gimeracil
	103878-84-8	Lazabemid
	103890-78-4	Lacidipin
	103922-33-4	Pibutidin
	103923-27-9	Pirtenidin
	104153-37-9	Rilopirox
	104713-75-9	Barnidipin
	105462-24-6	Risedroninsäure
	105979-17-7	Benidipin
	106516-24-9	Sertindol
	106669-71-0	Arpromidin
	106686-40-2	Gapromidin
	106900-12-3	Loperamidoxid
	107266-06-8	Gevotrolin
	107266-08-0	Carvotrolin
	107703-78-6	Glemanserin
	108147-54-2	Migalastat
	108687-08-7	Teludipin
	110140-89-1	Ridogrel
	110347-85-8	Selfotel
	112192-04-8	Roxindol
	112568-12-4	Iturelix
	112727-80-7	Renzaprid
	113165-32-5	Niguldipin
	113712-98-4	Tenatoprazol
	115911-28-9	Sampirtin
	115972-78-6	Olradipin
	116078-65-0	Bidisomid
	117976-89-3	Rabeprazol
	118248-91-2	Fodipir
	119141-88-7	Esomeprazol
	119229-65-1	Nerispirdin
	119257-34-0	Besipirdin
	119431-25-3	Eliprodil
	119515-38-7	Icaridin
	120014-06-4	Donepezil
	120054-86-6	Dexniguldipin
	120241-31-8	Alvamelin
	120656-74-8	Trefentanil
	120958-90-9	Dalcotidin
	121650-80-4	Pancoprid
	121750-57-0	Itamelin
	122955-18-4	Sibopirdin
	122957-06-6	Modipafant
	123524-52-7	Azelnidipin
	124436-59-5	Pirodavir
	124858-35-1	Nadifloxacin
	125602-71-3	Bepotastin
	126825-36-3	Bertosamil
	128075-79-6	Lufironil
	128420-61-1	Minopafant
	130641-36-0	Picumeterol
	132203-70-4	Cilnidipin
	132373-81-0	Vamicamid
	132829-83-5	Espatropat
	132875-61-7	Remifentanil
	134234-12-1	Traxoprodil
	134377-69-8	Safironil
	134457-28-6	Prazarelix
	135062-02-1	Repaglinid

Anhang 3

KN-Code	CAS RN	Bezeichnung
2933 39 99	*(Fortsetzung)*	
	135354-02-8	Xaliproden
	137795-35-8	Spiroglumid
	138530-94-6	Dexlansoprazol
	138530-95-7	Levolansoprazol
	138708-32-4	Ferpifosatnatrium
	139145-27-0	Parogrelil
	139290-65-6	Volinaserin
	139886-32-1	Milamelin
	140944-31-6	Silperison
	141725-10-2	Milacainid
	142001-63-6	Saredutant
	142852-50-4	Zanapezil
	143257-97-0	Sameridin
	144035-83-6	Piclamilast
	144412-49-7	Lamifiban
	145216-43-9	Forasartan
	145414-12-6	Lirexaprid
	145599-86-6	Cerivastatin
	147025-53-4	Talsaclidin
	147084-10-4	Alcaftadin
	147116-64-1	Ezlopitant
	147116-67-4	Maropitant
	149488-17-5	Trovirdin
	149926-91-0	Revatropat
	149979-74-8	Terbogrel
	150337-94-3	Ecalciden
	150443-71-3	Nicanartin
	153322-05-5	Lanicemin
	154357-42-3	Levonadifloxacin
	154413-61-3	Ticolubant
	154541-72-7	Alinastin
	155319-91-8	Mangafodipir
	155415-08-0	Inogatran
	155418-06-7	Nolpitantiumbesilat
	156053-89-3	Alvimopan
	156137-99-4	Rapacuroniumbromid
	157716-52-4	Perifosin
	158876-82-5	Rupatadin
	159776-68-8	Linetastin
	159912-53-5	Sabcomelin
	159997-94-1	Biricodar
	160492-56-8	Osanetant
	162401-32-3	Roflumilast
	166181-63-1	Ipravacain
	167221-71-8	Clevidipin
	168266-90-8	Vofopitant
	168273-06-1	Rimonabant
	170364-57-5	Enzastaurin
	170566-84-4	Lanepitant
	171049-14-2	Lotrafiban
	171655-91-7	Brasofensin
	172152-36-2	Ilaprazol
	172927-65-0	Sibrafiban
	178979-85-6	Capravirin
	179033-51-3	Timcodar
	183305-24-0	Fidexaban
	188396-77-2	Paliroden
	188913-58-8	Dersalazin
	189950-11-6	Tropantiol
	190648-49-8	Cipemastat
	193153-04-7	Otamixaban
	193275-84-2	Lonafarnib
	195875-84-4	Tesofensin
	198283-73-7	Tebaniclin
	198480-55-6	Pipendoxifen
	198904-31-3	Atazanavir
	198958-88-2	Elarofiban
	201034-75-5	Daporinad
	201605-51-8	Itriglumid
	202189-78-4	Bilastin

Anhang 3

KN-Code	CAS RN	Bezeichnung
2933 39 99	*(Fortsetzung)*	
	202409-33-4	Etoricoxib
	202590-69-0	Ticaloprid
	204205-90-3	Indibulin
	208110-64-9	Befiradol
	209783-80-2	Entinostat
	211914-51-1	Dabigatran
	211915-06-9	Dabigatranetexilat
	212141-54-3	Vatalanib
	215529-47-8	Bamirastin
	218791-21-0	Imisopasemmangan
	221019-25-6	Crobenetin
	226072-63-5	Solimastat
	227940-00-3	Adekalant
	249296-44-4	Vareniclin
	249921-19-5	Anamorelin
	252870-53-4	Ispronidin
	263562-28-3	Barixibat
	284461-73-0	Sorafenib
	288104-79-0	Surinabant
	289893-25-0	Arimoclomol
	319460-85-0	Axitinib
	330942-05-7	Betrixaban
	362665-56-3	Pitolisant
	370893-06-4	Ancriviroc
	376348-65-1	Maraviroc
	412950-27-7	Goxalapladib
	453562-69-1	Motesanib
	459856-18-9	Pexacerfont
	701977-09-5	Taranabant
	706779-91-1	Pimavanserin
	793655-64-8	Vapitadin
	861151-12-4	Rosonabant
2933 41 00	77-07-6	Levorphanol
2933 49 10	85-79-0	Cinchocain
	132-60-5	Cinchophen
	485-34-7	Neocinchophen
	485-89-2	Oxycinchophen
	1698-95-9	Prochinolat
	5486-03-3	Buquinolat
	13997-19-8	Nechinat
	17230-85-2	Amquinat
	19485-08-6	Ciprochinat
	91524-15-1	Irloxacin
	96187-53-0	Brechinar
	108437-28-1	Binfloxacin
	113079-82-6	Terbechinil
	127779-20-8	Sachinavir
	143224-34-4	Telinavir
	154612-39-2	Palinavir
	174636-32-9	Talnetant
2933 49 30	125-71-3	Dextromethorphan
2933 49 90	54-05-7	Chloroquin
	72-80-0	Chlorchinaldol
	83-73-8	Diiodhydroxychinolin
	86-42-0	Amodiachin
	86-75-9	Benzoxiquin
	86-78-2	Pentachin
	86-80-6	Chinisocain
	90-34-6	Primaquin
	118-42-3	Hydroxychlorochin
	125-70-2	Levomethorphan
	125-73-5	Dextrorphan
	130-16-5	Cloxichin
	130-26-7	Clioquinol
	146-37-2	Lauroliniumacetat
	147-27-3	Dimoxylin
	152-02-3	Levallorphan
	154-73-4	Guanisochin
	297-90-5	Racemorphan
	468-07-5	Phenomorphan
	510-53-2	Racemethorphan
	521-74-4	Broxyquinolin
	522-51-0	Dechaliniumchlorid

Anhang 3

KN-Code	CAS RN	Bezeichnung
2933 49 90	*(Fortsetzung)*	
	525-61-1	Chinocid
	548-84-5	Pyrviniumchlorid
	549-68-8	Octaverin
	550-81-2	Amopyroquin
	574-77-6	Papaverolin
	635-05-2	Pamaquin
	1131-64-2	Debrisochin
	1531-12-0	Norlevorphanol
	1748-43-2	Trethiniumtosilat
	1776-83-6	Quintiofos
	2154-02-1	Metofolin
	2545-24-6	Niceverin
	2545-39-3	Clamoxychin
	2768-90-3	Chinaldinblau
	3176-03-2	Drotebanol
	3253-60-9	Laudexiummetilsulfat
	3684-46-6	Broxaldin
	3811-56-1	Aminochinurid
	3820-67-5	Glafenin
	4008-48-4	Nitroxolin
	4298-15-1	Cletochin
	4310-89-8	Hedachiniumchlorid
	5541-67-3	Tilichinol
	5714-76-1	Chinetalat
	7175-09-9	Tilbrochinol
	7270-12-4	Clochinat
	10023-54-8	Aminochinol
	10061-32-2	Levophenacylmorphan
	10351-50-5	Lenichinsin
	10539-19-2	Moxaverin
	13007-93-7	Cuproxolin
	13425-92-8	Amichinsin
	13757-97-6	Chinprenalin
	14009-24-6	Drotaverin
	15301-40-3	Actinochinol
	15599-52-7	Brochinaldol
	15686-38-1	Carbazocin
	18429-69-1	Memotin
	18429-78-2	Famotin
	18507-89-6	Decochinat
	19056-26-9	Chindecamin
	21738-42-1	Oxamnichin
	22407-74-5	Bisobrin
	23779-99-9	Floctafenin
	23910-07-8	Mebichin
	24526-64-5	Nomifensin
	30418-38-3	Tretochinol
	36309-01-0	Dimemorfan
	37517-33-2	Esprochin
	40034-42-2	Rosoxacin
	40692-37-3	Tisochon
	42408-82-2	Butorphanol
	42465-20-3	Acechinolin
	53230-10-7	Meflochin
	53400-67-2	Tichinamid
	54063-29-5	Cicarperon
	54340-63-5	Clofeverin
	55150-67-9	Climichalin
	55299-11-1	Ichindamin
	56717-18-1	Isotiquimid
	57695-04-2	Sitamaquin
	59889-36-0	Ciprefadol
	61563-18-6	Sochinolol
	64039-88-9	Nicafenin
	64228-81-5	Atracuriumbesilat
	67165-56-4	Diclofensin
	72714-74-0	Vichalin
	72714-75-1	Ivochalin

Anhang 3

KN-Code	CAS RN	Bezeichnung
2933 49 90	*(Fortsetzung)*	
	74129-03-6	Tebuquin
	76252-06-7	Nicainoprol
	76568-02-0	Flosechinan
	77086-21-6	Dizocilpin
	77472-98-1	Pipechalin
	79798-39-3	Ketorfanol
	82768-85-2	Chinaprilat
	82924-71-8	Veradolin
	83863-79-0	Florifenin
	85441-61-8	Chinapril
	86073-85-0	Chinacainol
	90402-40-7	Abanochil
	90828-99-2	Itrocainid
	91188-00-0	Merafloxacin
	96946-42-8	Cisatracuriumbesilat
	103775-10-6	Moexipril
	103775-14-0	Moexiprilat
	105956-97-6	Clinafloxacin
	106635-80-7	Tafenoquin
	106819-53-8	Doxacuriumchlorid
	106861-44-3	Mivacuriumchlorid
	114417-20-8	Alilusem
	120443-16-5	Verlukast
	127254-12-0	Sitafloxacin
	127294-70-6	Balofloxacin
	128253-31-6	Veliflapon
	136668-42-3	Chiflapon
	139233-53-7	Zelandopam
	139314-01-5	Chilostigmin
	141388-76-3	Besifloxacin
	141725-88-4	Cetefloxacin
	143383-65-7	Premafloxacin
	143664-11-3	Elacridar
	146362-70-1	Meclinertant
	147511-69-1	Pitavastatin
	149759-26-2	Pinokalant
	151096-09-2	Moxifloxacin
	154652-83-2	Tezampanel
	158966-92-8	Montelukast
	159989-64-7	Nelfinavir
	167887-97-0	Olamufloxacin
	185055-67-8	Ferroquin
	194804-75-6	Garenoxacin
	195532-12-8	Pradofloxacin
	197509-46-9	Laniquidar
	206873-63-4	Tariquidar
	213998-46-0	Gantacuriumchlorid
	241800-98-6	Zoniporid
	242478-37-1	Solifenacin
	245765-41-7	Ozenoxacin
	257933-82-7	Pelitinib
	262352-17-0	Torcetrapib
	378746-64-6	Nemonoxacin
	412950-08-4	Rilapladib
	445041-75-8	Intiquinatin
	540769-28-6	Palosuran
	697761-98-1	Elvitegravir
	698387-09-6	Neratinib
	863029-99-6	Balamapimod
	871224-64-5	Almorexant
2933 53 10	50-06-6	Phenobarbital
	57-30-7	Phenobarbitalnatrium
	57-44-3	Barbital
	144-02-5	Barbitalnatrium
2933 53 90	52-31-3	Cyclobarbital
	52-43-7	Allobarbital
	57-43-2	Amobarbital
	76-73-3	Secobarbital
	76-74-4	Pentobarbital
	77-26-9	Butalbital
	115-38-8	Methylphenobarbital
	125-40-6	Secbutabarbital
	2430-49-1	Vinylbital
2933 54 00	50-11-3	Metharbital
	56-29-1	Hexobarbital

Anhang 3

KN-Code	CAS RN	Bezeichnung
2933 54 00	*(Fortsetzung)*	
	76-23-3	Tetrabarbital
	77-02-1	Aprobarbital
	115-44-6	Talbutal
	125-42-8	Vinbarbital
	143-82-8	Probarbitalnatrium
	151-83-7	Methohexital
	357-67-5	Phetharbital
	467-36-7	Thialbarbital
	467-38-9	Thiotetrabarbital
	467-43-6	Methitural
	509-86-4	Heptabarb
	561-83-1	Nealbarbital
	561-86-4	Brallobarbital
	744-80-9	Benzobarbital
	841-73-6	Bucolom
	960-05-4	Carbubarb
	2409-26-9	Praziton
	2537-29-3	Proxibarbal
	4388-82-3	Barbexaclon
	13246-02-1	Febarbamat
	15687-09-9	Difebarbamat
	27511-99-5	Eterobarb
2933 55 00	72-44-6	Methaqualon
	340-57-8	Mecloqualon
	34758-83-3	Zipeprol
	61197-73-7	Loprazolam
2933 59 10	333-41-5	Dimpylat
2933 59 95	50-44-2	Mercaptopurin
	51-21-8	Fluoruracil
	51-52-5	Propylthiouracil
	54-91-1	Pipobroman
	56-04-2	Methylthiouracil
	58-14-0	Pyrimethamin
	58-32-2	Dipyridamol
	59-05-2	Methotrexat
	65-86-1	Orotsäure
	66-75-1	Uramustin
	68-88-2	Hydroxyzin
	71-73-8	Thiopentalnatrium
	82-92-8	Cyclizin
	82-93-9	Chlorcyclizin
	82-95-1	Buclizin
	90-89-1	Diethylcarbamazin
	91-85-0	Thonzylamin
	115-63-9	Hexocycliummetilsulfat
	121-25-5	Amprolium
	125-53-1	Oxyphencyclimin
	141-94-6	Hexetidin
	153-87-7	Oxypertin
	154-42-7	Tioguanin
	154-82-5	Simetrid
	298-55-5	Clocinizin
	298-57-7	Cinnarizin
	299-48-9	Piperamid
	299-88-7	Bentiamin
	299-89-8	Acetiamin
	315-30-0	Allopurinol
	315-72-0	Opipramol
	396-01-0	Triamteren
	446-86-6	Azathioprin
	448-34-0	Azaprocin
	510-90-7	Buthalitalnatrium
	522-18-9	Chlorbenzoxamin
	550-28-7	Amisometradin
	553-08-2	Tonzoniumbromid
	569-65-3	Meclozin
	642-44-4	Aminometradin
	738-70-5	Trimethoprim
	857-62-5	Anisopirol
	1243-33-0	Mefeclorazin
	1480-19-9	Fluanison
	1649-18-9	Azaperon
	1866-43-9	Rolodin

Anhang 3

KN-Code	CAS RN	Bezeichnung
2933 59 95	*(Fortsetzung)*	
	1897-89-8	Pirichalon
	1977-11-3	Perlapin
	2022-85-7	Flucytosin
	2208-51-7	Pelanserin
	2465-59-0	Oxipurinol
	2608-24-4	Piposulfan
	2667-89-2	Bisbentiamin
	2856-81-7	Azabuperon
	3286-46-2	Sulbutiamin
	3416-26-0	Lidoflazin
	3432-99-3	Folitixorin
	3601-19-2	Ropizin
	3607-24-7	Fenyripol
	3733-63-9	Decloxizin
	4004-94-8	Zolertin
	4015-32-1	Chazodin
	4052-13-5	Cloperidon
	4214-72-6	Isaxonin
	4774-24-7	Chipazin
	5011-34-7	Trimetazidin
	5061-22-3	Nafiverin
	5221-49-8	Pyrimitat
	5234-86-6	Azachinzol
	5334-23-6	Tisopurin
	5355-16-8	Diaveridin
	5522-39-4	Difluanazin
	5581-52-2	Tiamiprin
	5587-93-9	Ampyrimin
	5626-36-8	Nonapyrimin
	5636-92-0	Picloxydin
	5714-82-9	Triclofenolpiperazin
	5786-21-0	Clozapin
	5984-97-4	Iodothiouracil
	6981-18-6	Ormetoprim
	7008-00-6	Dimetholizin
	7008-18-6	Iminophenimid
	7077-33-0	Febuverin
	7432-25-9	Etachalon
	8063-28-3	Ribaminol
	10001-13-5	Pexantel
	10402-90-1	Eprazinon
	12002-30-1	Piperazincalciumedetat
	13665-88-8	Mopidamol
	14222-46-9	Pyritidiumbromid
	14728-33-7	Teroxalen
	15421-84-8	Trapidil
	15534-05-1	Pipratecol
	15793-38-1	Chinazosin
	17692-23-8	Bentipimin
	17692-31-8	Dropropizin
	17692-34-1	Etodroxizin
	18694-40-1	Epirizol
	19562-30-2	Piromidinsäure
	19794-93-5	Trazodon
	20326-12-9	Mepiprazol
	20326-13-0	Tolpiprazol
	21416-67-1	Razoxan
	21560-58-7	Pichizil
	21560-59-8	Hochizil
	22457-89-2	Benfotiamin
	22760-18-5	Prochazon
	23476-83-7	Prospidiumchlorid
	23790-08-1	Moxiprachin
	23887-41-4	Cinepazet
	23887-46-9	Cinepazid
	23887-47-0	Cinpropazid
	24219-97-4	Mianserin
	24360-55-2	Milipertin
	24584-09-6	Dexrazoxan
	25509-07-3	Clorochalon
	26070-23-5	Trazitilin
	26242-33-1	Vintiamol
	27076-46-6	Alpertin
	27315-91-9	Pipebuzon
	27367-90-4	Niaprazin
	28610-84-6	Rimazoliummetilsulfat

Anhang 3

KN-Code	CAS RN	Bezeichnung
2933 59 95	*(Fortsetzung)*	
	28797-61-7	Pirenzepin
	31729-24-5	Enpiprazol
	32665-36-4	Eprozinol
	33453-23-5	Ciprochazon
	34661-75-1	Urapidil
	35265-50-0	Perachinsin
	35795-16-5	Trimazosin
	36505-84-7	Buspiron
	36518-02-2	Diprochalon
	36531-26-7	Oxantel
	36590-19-9	Amocarzin
	37554-40-8	Fluchazon
	37750-83-7	Rimoprogin
	37751-39-6	Ciclazindol
	37762-06-4	Zaprinast
	38304-91-5	Minoxidil
	39186-49-7	Pirolazamid
	39640-15-8	Piberalin
	39809-25-1	Penciclovir
	40507-23-1	Fluprochazon
	41340-39-0	Impacarzin
	41964-07-2	Tolimidon
	42021-34-1	Biriperon
	42061-52-9	Pumitepa
	42471-28-3	Nimustin
	50335-55-2	Mezilamin
	50892-23-4	Pirinixinsäure
	51481-62-0	Bucainid
	51493-19-7	Cinprazol
	51940-44-4	Pipemidinsäure
	52128-35-5	Trimetrexat
	52196-22-2	Ketotrexat
	52212-02-9	Pipecuroniumbromid
	52395-99-0	Belarizin
	52468-60-7	Flunarizin
	52618-67-4	Tioperidon
	52942-31-1	Etoperidon
	53131-74-1	Ciapilom
	53808-87-0	Tetroxoprim
	54063-23-9	Cinepazinsäure
	54063-30-8	Ciltoprazin
	54063-38-6	Fenaperon
	54063-39-7	Fenetradil
	54063-58-0	Toprilidin
	54188-38-4	Metralindol
	54340-64-6	Fluciprazin
	55149-05-8	Pirolat
	55268-74-1	Praziquantel
	55300-29-3	Antrafenin
	55477-19-5	Iprozilamin
	55485-20-6	Acaprazin
	55779-18-5	Arprinocid
	55837-13-3	Piclopastin
	55837-17-7	Brindoxim
	55837-20-2	Halofuginon
	56066-19-4	Aditeren
	56066-63-8	Aditoprim
	56287-74-2	Aflochalon
	56518-41-3	Brodimoprim
	56693-13-1	Mociprazin
	56693-15-3	Terciprazin
	56739-21-0	Nitrachazon
	56741-95-8	Bropirimin
	57132-53-3	Proglumetacin
	57149-07-2	Naftopidil
	58602-66-7	Aminopterinnatrium
	59184-78-0	Buchineran
	59277-89-3	Aciclovir
	59752-23-7	Benderizin
	59989-18-3	Eniluracil
	60104-30-5	Orazamid
	60607-34-3	Oxatomid
	60662-19-3	Nilprazol
	60762-57-4	Pirlindol
	60763-49-7	Cinnarizinclofibrat
	61337-87-9	Esmirtazapin

Anhang 3

KN-Code	CAS RN	Bezeichnung
2933 59 95	*(Fortsetzung)*	
	61422-45-5	Carmofur
	62052-97-5	Bumepidil
	62973-76-6	Azanidazol
	62989-33-7	Sapropterin
	64019-03-0	Dochalast
	64204-55-3	Esaprazol
	65089-17-0	Pirinixil
	65329-79-5	Mobenzoxamin
	65950-99-4	Pirchinozol
	66093-35-4	Talmetoprim
	66172-75-6	Verofyllin
	67121-76-0	Fluperlapin
	67227-55-8	Primidolol
	67254-81-3	Peradoxim
	67469-69-6	Vanoxerin
	68475-42-3	Anagrelid
	68576-86-3	Enciprazin
	68741-18-4	Buterizin
	68902-57-8	Metioprim
	69017-89-6	Ipexidin
	69372-19-6	Pemirolast
	69479-26-1	Pirepolol
	70018-51-8	Chazinon
	70312-00-4	Tolnapersin
	70458-92-3	Pefloxacin
	70458-96-7	Norfloxacin
	71576-40-4	Aptazapin
	72141-57-2	Losulazin
	72444-62-3	Perafensin
	72732-56-0	Piritrexim
	72822-12-9	Dapiprazol
	73090-70-7	Epiroprim
	74011-58-8	Enoxacin
	74050-98-9	Ketanserin
	75184-94-0	Fenprinast
	75438-57-2	Moxonidin
	75444-65-4	Pirenperon
	75558-90-6	Amperozid
	75689-93-9	Imanixil
	75859-04-0	Rimcazol
	76330-71-7	Altanserin
	76536-74-8	Buchiterin
	76600-30-1	Nosantin
	76696-97-4	Rofelodin
	76716-60-4	Fluprazin
	77197-48-9	Chinezamid
	78208-13-6	Zolenzepin
	78299-53-3	Tiacrilast
	79467-23-5	Mioflazin
	79644-90-9	Vebufloxacin
	79660-72-3	Fleroxacin
	79781-95-6	Rilapin
	79855-88-2	Trechinsin
	80109-27-9	Ciladopa
	80273-79-6	Tefludazin
	80428-29-1	Mafoprazin
	80433-71-2	Calciumlevofolinat
	80576-83-6	Edatrexat
	80755-51-7	Bunazosin
	81043-56-3	Metrenperon
	82117-51-9	Cinuperon
	82410-32-0	Ganciclovir
	83366-66-9	Nefazodon
	83881-51-0	Cetirizin
	83928-76-1	Gepiron
	84408-37-7	Desciclovir
	84854-86-4	Vaneprim
	85418-85-5	Sunagrel
	85650-52-8	Mirtazapin
	85673-87-6	Revenast
	85721-33-1	Ciprofloxacin
	86181-42-2	Temelastin
	86304-28-1	Buciclovir
	86393-37-5	Amifloxacin
	86627-15-8	Aronixil
	86627-50-1	Lodinixil

Anhang 3

KN-Code	CAS RN	Bezeichnung
2933 59 95	*(Fortsetzung)*	
	86641-76-1	Dibrospidiumchlorid
	86662-54-6	Binizolast
	87051-46-5	Butanserin
	87611-28-7	Melchinast
	87729-89-3	Seganserin
	87760-53-0	Tandospiron
	88133-11-3	Bemitradin
	88579-39-9	Tasuldin
	89224-07-7	Trenizin
	89224-08-8	Flotrenizin
	89226-50-6	Manidipin
	89303-63-9	Atiprosin
	90808-12-1	Divaplon
	92210-43-0	Bemarinon
	93035-32-6	Tamolarizin
	93106-60-6	Enrofloxacin
	94192-59-3	Lixazinon
	94386-65-9	Pelrinon
	95520-81-3	Elziverin
	95634-82-5	Batelapin
	95635-55-5	Ranolazin
	96164-19-1	Peraclopon
	96478-43-2	Irindalon
	96604-21-6	Ocinaplon
	96914-39-5	Actisomid
	97466-90-5	Chineloran
	98079-51-7	Lomefloxacin
	98105-99-8	Sarafloxacin
	98106-17-3	Difloxacin
	98123-83-2	Epsiprantel
	98207-12-6	Lobuprofen
	98207-14-8	Frabuprofen
	98631-95-9	Sobuzoxan
	99291-25-5	Levodropropizin
	100587-52-8	Norfloxacinsuccinil
	101197-99-3	Acitemat
	101477-55-8	Lomerizin
	102280-35-3	Bachiloprim
	103024-93-7	Tiviciclovir
	104227-87-4	Famciclovir
	104719-71-3	Lorcinadol
	106400-81-1	Lometrexol
	106941-25-7	Adefovir
	107361-33-1	Enazadrem
	107736-98-1	Umespiron
	108210-73-7	Bifeprofen
	108319-06-8	Temafloxacin
	108436-80-2	Rociclovir
	108612-45-9	Mizolastin
	108674-88-0	Idenast
	108785-69-9	Lorpiprazol
	109713-79-3	Neldazosin
	110101-66-1	Tirilazad
	110629-41-9	Elbanizin
	110690-43-2	Emitefur
	110871-86-8	Sparfloxacin
	111786-07-3	Prinoxodan
	112398-08-0	Danofloxacin
	112733-06-9	Zenarestat
	112811-59-3	Gatifloxacin
	113617-63-3	Orbifloxacin
	113852-37-2	Cidofovir
	113857-87-7	Talotrexin
	114298-18-9	Zalospiron
	115313-22-9	Serazapin
	115762-17-9	Ruzadolan
	116308-55-5	Vatanidipin
	117414-74-1	Midafotel
	117827-81-3	Delfaprazin
	118420-47-6	Tagorizin
	119514-66-8	Lifarizin
	119687-33-1	Iganidipin

Anhang 3

KN-Code	CAS RN	Bezeichnung
2933 59 95	*(Fortsetzung)*	
	119914-60-2	Grepafloxacin
	120770-34-5	Draflazin
	123205-52-7	Trelnarizin
	124265-89-0	Omaciclovir
	124832-26-4	Valaciclovir
	125363-87-3	Carsatrin
	127266-56-2	Adatanserin
	127759-89-1	Lobucavir
	129716-58-1	Dofequidar
	130018-77-8	Levocetirizin
	130636-43-0	Nifekalant
	130800-90-7	Sipatrigin
	131635-06-8	Sifaprazin
	131881-03-3	Sunepitron
	132449-46-8	Lesopitron
	132810-10-7	Blonanserin
	133432-71-0	Peldesin
	133718-29-3	Revizinon
	133804-44-1	Caldaret
	134208-17-6	Mazapertin
	135637-46-6	Atizoram
	136470-78-5	Abacavir
	136816-75-6	Atevirdin
	137234-62-9	Voriconazol
	137281-23-3	Pemetrexed
	138117-50-7	Leteprinim
	140945-32-0	Mapinastin
	141549-75-9	Indisetron
	142217-69-4	Entecavir
	143257-98-1	Lerisetron
	146464-95-1	Pralatrexat
	147127-20-6	Tenofovir
	147149-76-6	Nolatrexed
	147254-64-6	Ranirestat
	148504-51-2	Ripisartan
	149950-60-7	Emivirin
	150378-17-9	Indinavir
	150756-35-7	Efletirizin
	151319-34-5	Zaleplon
	152459-95-5	Imatinib
	152939-42-9	Opanixil
	153537-73-6	Plevitrexed
	153808-85-6	Cadrofloxacin
	154889-68-6	Pibrozelesin
	156862-51-0	Belaperidon
	164150-99-6	Fandofloxacin
	167354-41-8	Zosuquidar
	167933-07-5	Flibanserin
	170912-52-4	Donitriptan
	171714-84-4	Darusentan
	175865-60-8	Valganciclovir
	177036-94-1	Ambrisentan
	183321-74-6	Erlotinib
	186692-46-6	Seliciclib
	187949-02-6	Albaconazol
	192725-17-0	Lopinavir
	193681-12-8	Alamifovir
	195157-34-7	Valomaciclovir
	196612-93-8	Falnidamol
	199463-33-7	Revaprazan
	204267-33-4	Feloprentan
	204697-65-4	Olcegepant
	209799-67-7	Forodesin
	210245-80-0	Zonampanel
	220984-26-9	Detiviciclovir
	244767-67-7	Dapivirin
	247257-48-3	Fimasartan
	259525-01-4	Enecadin
	269055-15-4	Etravirin
	274693-27-5	Ticagrelor
	288383-20-0	Cediranib
	290297-26-6	Netupitant

Anhang 3

KN-Code	CAS RN	Bezeichnung
2933 59 95	*(Fortsetzung)*	
	306296-47-9	Vicriviroc
	309913-83-5	Talmapimod
	324758-66-9	Sabiporid
	330784-47-9	Avanafil
	334476-46-9	Vestipitant
	336113-53-2	Ispinesib
	354813-19-7	Balicatib
	356057-34-6	Darapladib
	380843-75-4	Bosutinib
	387867-13-2	Tandutinib
	402595-29-3	Etriciguat
	414910-27-3	Casopitant
	425637-18-9	Sotrastaurin
	441798-33-0	Macitentan
	443144-26-1	Pruvanserin
	443913-73-3	Vandetanib
	486460-32-6	Sitagliptin
	500287-72-9	Rilpivirin
	501000-36-8	Dutacatib
	502422-74-4	Figopitant
	569351-91-3	Dasantafil
	625115-55-1	Riociguat
	641571-10-0	Nilotinib
	668270-12-0	Linagliptin
	686344-29-6	Otenabant
	763113-22-0	Olaparib
	791828-58-5	Aderbasib
	827318-97-8	Danusertib
	839712-12-8	Cariprazin
	840486-93-3	Adipiplon
	849550-05-6	Cevipabulin
	850649-61-5	Alogliptin
	859212-16-1	Bafetinib
2933 69 40	100-97-0	Methenamin
2933 69 80	51-18-3	Tretamin
	87-90-1	Symclosen
	500-42-5	Chlorazanil
	537-17-7	Amanozin
	609-78-9	Cycloguanilembonat
	645-05-6	Altretamin
	937-13-3	Oteracil
	2244-21-5	Troclosenkalium
	3378-93-6	Clociguanil
	5580-22-3	Oxonazin
	13957-36-3	Meladrazin
	15585-71-4	Brometenamin
	15599-44-7	Spirazin
	27469-53-0	Almitrin
	35319-70-1	Tiazuril
	57381-26-7	Irsogladin
	63119-27-7	Anitrazafen
	66215-27-8	Cyromazin
	68289-14-5	Metrazifon
	69004-03-1	Toltrazuril
	69004-04-2	Ponazuril
	84057-84-1	Lamotrigin
	92257-40-4	Dizatrifon
	98410-36-7	Palatrigin
	101831-36-1	Clazuril
	101831-37-2	Diclazuril
	103337-74-2	Letrazuril
	108258-89-5	Sulazuril
	128470-15-5	Melarsomin
	179756-85-5	Eptapiron
	187393-00-6	Bemotrizinol
	775351-65-0	Imeglimin
2933 72 00	125-64-4	Methyprylon
	22316-47-8	Clobazam
2933 79 00	69-25-0	Eledoisin
	77-04-3	Pyrithyldion
	98-79-3	Pidolinsäure
	125-13-3	Oxyphenisatin

Anhang 3

KN-Code	CAS RN	Bezeichnung
2933 79 00	*(Fortsetzung)*	
	125-33-7	Primidon
	134-37-2	Amphenidon
	467-90-3	Ethypicon
	1910-68-5	Metisazon
	1980-49-0	Felipyrin
	2261-94-1	Flucarbril
	7491-74-9	Piracetam
	17650-98-5	Ceruletid
	17692-37-4	Fantridon
	18356-28-0	Rolziracetam
	21590-91-0	Omidolin
	21590-92-1	Etomidolin
	21766-53-0	Iolidoninsäure
	22136-26-1	Amedalin
	22365-40-8	Triflubazam
	26070-78-0	Ubisindin
	29342-05-0	Ciclopirox
	31842-01-0	Indoprofen
	33996-58-6	Etiracetam
	35115-60-7	Teprotid
	41729-52-6	Dezaguanin
	43200-80-2	Zopiclon
	50516-43-3	Nofecainid
	51781-06-7	Carteolol
	53086-13-8	Dexindoprofen
	53179-13-8	Pirfenidon
	54063-34-2	Cofisatin
	54935-03-4	Sulisatin
	59227-89-3	Laurocapram
	59776-90-8	Dupracetam
	60719-84-8	Amrinon
	61413-54-5	Rolipram
	62613-82-5	Oxiracetam
	63610-08-2	Indobufen
	63958-90-7	Nonathymulin
	65008-93-7	Bometolol
	67199-66-0	Danichidon
	67542-41-0	Imuracetam
	67793-71-9	Drachinolol
	68497-62-1	Pramiracetam
	68550-75-4	Cilostamid
	72332-33-3	Procaterol
	72432-10-1	Aniracetam
	73725-85-6	Lidanserin
	73963-72-1	Cilostazol
	74436-00-3	Geclosporin
	77191-36-7	Nefiracetam
	77862-92-1	Falipamil
	78415-72-2	Milrinon
	78466-70-3	Zomebazam
	78466-98-5	Razobazam
	81840-15-5	Vesnarinon
	82209-39-0	Piraxelat
	84088-42-6	Rochinimex
	84629-61-8	Darenzepin
	84901-45-1	Doliracetam
	85136-71-6	Tilisolol
	85175-67-3	Zatebradin
	86541-75-5	Benazepril
	86541-78-8	Benazeprilat
	88124-26-9	Adosopin
	88124-27-0	Etazepin
	88296-61-1	Medorinon
	90098-04-7	Rebamipid
	91374-21-9	Ropinirol
	97205-34-0	Nebracetam
	100510-33-6	Adibendan
	100643-96-7	Indolidan
	101193-40-2	Chinotolast
	102669-89-6	Saterinon
	102767-28-2	Levetiracetam

Anhang 3

KN-Code	CAS RN	Bezeichnung
2933 79 00	*(Fortsetzung)*	
	102791-47-9	Nanterinon
	103880-26-8	Brefonalol
	103997-59-7	Selprazin
	105431-72-9	Linopirdin
	106730-54-5	Olprinon
	108310-20-9	Pirodomast
	109214-55-3	Libenzapril
	109859-78-1	Cilobradin
	110958-19-5	Fasoracetam
	113957-09-8	Cebaracetam
	114485-92-6	Pidolacetamol
	120551-59-9	Crilvastatin
	122852-42-0	Alosetron
	126100-97-8	Dimiracetam
	128326-80-7	Nicoracetam
	128486-54-4	Lurosetron
	129300-27-2	Fabesetron
	129722-12-9	Aripiprazol
	133737-32-3	Pagoclon
	134143-28-5	Glaspimod
	135548-15-1	Oxeclosporin
	135729-56-5	Palonosetron
	138506-45-3	Pidobenzon
	138729-47-2	Eszopiclon
	142139-60-4	Lapisterid
	143343-83-3	Toborinon
	143943-73-1	Lirechinil
	145733-36-4	Tasosartan
	147568-66-9	Carmoterol
	148396-36-5	Fradafiban
	148905-78-6	Bexlosterid
	149503-79-7	Lefradafiban
	155974-00-8	Ivabradin
	156001-18-2	Embusartan
	160135-92-2	Gemopatrilat
	161982-62-3	Depreotid
	163222-33-1	Ezetimib
	163250-90-6	Orbofiban
	180694-97-7	Mimopezil
	182821-27-8	Daglutril
	187523-35-9	Flindokalner
	188968-51-6	Cilengitid
	189691-06-3	Bremelanotid
	191732-72-6	Lenalidomid
	192185-72-1	Tipifarnib
	194413-58-6	Semaxanib
	248281-84-7	Laquinimod
	248282-01-1	Paquinimod
	254964-60-8	Tasquinimod
	312753-06-3	Indacaterol
	357336-20-0	Brivaracetam
	357336-74-4	Seletracetam
	380917-97-5	Perampanel
	405169-16-6	Dovitinib
	425386-60-3	Semagacestat
	449811-01-2	Pamapimod
	461443-59-4	Aplaviroc
	473289-62-2	Ilepatril
	503612-47-3	Apixaban
	515814-01-4	Voclosporin
	536748-46-6	Eribaxaban
	552292-08-7	Rolapitant
	557795-19-4	Sunitinib
	579475-18-6	Orvepitant
	813452-18-5	Carmegliptin
2933 91 10	58-25-3	Chlordiazepoxid
2933 91 90	146-22-5	Nitrazepam
	439-14-5	Diazepam
	604-75-1	Oxazepam
	846-49-1	Lorazepam
	846-50-4	Temazepam
	848-75-9	Lormetazepam
	1088-11-5	Nordazepam
	1622-61-3	Clonazepam

Anhang 3

KN-Code	CAS RN	Bezeichnung
2933 91 90	*(Fortsetzung)*	
	1622-62-4	Flunitrazepam
	2011-67-8	Nimetazepam
	2894-67-9	Delorazepam
	2898-12-6	Medazepam
	2955-38-6	Prazepam
	3563-49-3	Pyrovaleron
	3900-31-0	Fludiazepam
	10379-14-3	Tetrazepam
	17617-23-1	Flurazepam
	22232-71-9	Mazindol
	23092-17-3	Halazepam
	28911-01-5	Triazolam
	28981-97-7	Alprazolam
	29177-84-2	Ethylloflazepat
	29975-16-4	Estazolam
	36104-80-0	Camazepam
	52463-83-9	Pinazepam
	59467-70-8	Midazolam
2933 99 20	82-88-2	Phenindamin
2933 99 80	73-07-4	Prazepin
	77-15-6	Ethoheptazin
	298-46-4	Carbamazepin
	303-54-8	Depramin
	469-78-3	Metheptazin
	509-84-2	Metethoheptazin
	739-71-9	Trimipramin
	796-29-2	Ketimipramin
	848-53-3	Homochlorcyclizin
	963-39-3	Demoxepam
	1159-93-9	Clobenzepam
	1232-85-5	Elantrin
	2898-13-7	Sulazepam
	3426-08-2	Prozapin
	4498-32-2	Dibenzepin
	5571-84-6	Kaliumnitrazepat
	6196-08-3	Elanzepin
	6829-98-7	Imipraminoxid
	10171-69-4	Clazolam
	10321-12-7	Propizepin
	10379-11-0	Nortetrazepam
	15351-05-0	Buzepidmetiodid
	15687-07-7	Cyprazepam
	21730-16-5	Metapramin
	22345-47-7	Tofisopam
	23047-25-8	Lofepramin
	23980-14-5	Ethyldirazepat
	25967-29-7	Flutoprazepam
	26304-61-0	Azepindol
	26308-28-1	Ripazepam
	27432-00-4	Mezepin
	28546-58-9	Uldazepam
	28721-07-5	Oxcarbazepin
	28781-64-8	Menitrazepam
	29176-29-2	Lofendazam
	29331-92-8	Licarbazepin
	29442-58-8	Motrazepam
	31352-82-6	Zolazepam
	33545-56-1	Ciclopramin
	34482-99-0	Fletazepam
	35142-68-8	Homopipramol
	35322-07-7	Fosazepam
	36735-22-5	Chazepam
	37115-32-5	Adinazolam
	37669-57-1	Arfendazam
	40762-15-0	Doxefazepam
	42863-81-0	Lopirazepam
	47206-15-5	Enprazepin
	51037-88-8	Tuclazepam
	52042-01-0	Elfazepam
	52391-89-6	Flutemazepam
	52829-30-8	Proflazepam
	53716-46-4	Anilopam
	54340-58-8	Meptazinol
	54663-47-7	Tibezoniumiodid
	55299-10-0	Pivoxazepam

Anhang 3

KN-Code	CAS RN	Bezeichnung
2933 99 80	*(Fortsetzung)*	
	56030-50-3	Trepipam
	57109-90-7	Dikaliumclorazepat
	57435-86-6	Premazepam
	57916-70-8	Iclazepam
	58503-82-5	Azipramin
	58581-89-8	Azelastin
	58662-84-3	Meclonazepam
	59009-93-7	Carburazepam
	59467-77-5	Climazolam
	60575-32-8	Amezepin
	64098-32-4	Zapizolam
	64294-95-7	Setastin
	65400-85-3	Ethylcarfluzepat
	66834-24-0	Cianopramin
	67227-56-9	Fenoldopam
	68318-20-7	Verilopam
	69624-60-8	Nelezaprin
	72522-13-5	Eptazocin
	74847-35-1	Pyronaridin
	75696-02-5	Cinolazepam
	75991-50-3	Dazepinil
	78755-81-4	Flumazenil
	78771-13-8	Sarmazenil
	80012-43-7	Epinastin
	82059-50-5	Dextofisopam
	82230-53-3	Girisopam
	83166-17-0	Tampramin
	83275-56-3	Tiracizin
	83471-41-4	Pincainid
	84031-17-4	Metaclazepam
	84379-13-5	Bretazenil
	86273-92-9	Tolufazepam
	87233-61-2	Emedastin
	87646-83-1	Lodazecar
	88768-40-5	Cilazapril
	90139-06-3	Cilazaprilat
	96645-87-3	Erizepin
	98374-54-0	Siltenzepin
	102771-12-0	Nerisopam
	103420-77-5	Devazepid
	104746-04-5	Eslicarbazepin
	112108-01-7	Ecopipam
	119520-05-7	Zilpaterol
	129618-40-2	Nevirapin
	135381-77-0	Flezelastin
	137332-54-8	Tivirapin
	137975-06-5	Mozavaptan
	141374-81-4	Tarazepid
	144912-63-0	Perzinfotel
	150408-73-4	Pranazepid
	150683-30-0	Tolvaptan
	168079-32-1	Lixivaptan
	174391-92-5	Mozenavir
	187602-11-5	Sofigatran
	210101-16-9	Conivaptan
	50-47-5	Desipramin
	50-49-7	Imipramin
	52-24-4	Thiotepa
	52-62-0	Pentoloniumtartrat
	53-86-1	Indometacin
	54-95-5	Pentetrazol
	55-65-2	Guanethidin
	58-46-8	Tetrabenazin
	63-12-7	Benzchinamid
	68-76-8	Triaziquon
	69-27-2	Chlorisondaminchlorid
	69-81-8	Carbazochrom
	77-14-5	Proheptazin
	77-37-2	Procyclidin
	83-89-6	Mepacrin
	84-12-8	Phanquinon
	86-54-4	Hydralazin
	90-45-9	Aminoacridin
	92-62-6	Proflavin
	98-96-4	Pyrazinamid

Anhang 3

KN-Code	CAS RN	Bezeichnung
2933 99 80	*(Fortsetzung)*	
	130-81-4	Chindoniumbromid
	147-85-3	Prolin
	300-22-1	Medazomid
	302-49-8	Uredepa
	303-49-1	Clomipramin
	316-15-4	Bucricain
	321-64-2	Tacrin
	363-13-3	Benhepazon
	389-08-2	Nalidixinsäure
	428-37-5	Profadol
	436-40-8	Inprochon
	442-16-0	Ethacridin
	442-52-4	Clemizol
	484-23-1	Dihydralazin
	487-79-6	Kaininsäure
	493-80-1	Histapyrrodin
	493-92-5	Prolintan
	496-38-8	Midamalin
	524-81-2	Mebhydrolin
	545-80-2	Poldinmetilsulfat
	561-43-3	Oxypyrroniumbromid
	596-51-0	Glycopyrroniumbromid
	621-72-7	Bendazol
	642-72-8	Benzydamin
	911-65-9	Etonitazen
	968-63-8	Butinolin
	1018-34-4	Trepiriumiodid
	1050-48-2	Benziloniumbromid
	1222-57-7	Zolimidin
	1239-45-8	Homidiumbromid
	1661-29-6	Meturedepa
	1830-32-6	Azintamid
	1845-11-0	Nafoxidin
	1980-45-6	Benzodepa
	2030-63-9	Clofazimin
	2056-56-6	Cinnopentazon
	2201-39-0	Rolicyclidin
	2210-77-7	Pyrrocain
	2235-90-7	Etryptamin
	2423-66-7	Chindoxin
	2440-22-4	Drometrizol
	2609-46-3	Amilorid
	2829-19-8	Rolicyprin
	3147-75-9	Octrizol
	3277-59-6	Mimban
	3478-15-7	Etipiriumiodid
	3551-18-6	Acetryptin
	3612-98-4	Troxypyrroliumtosilat
	3614-47-9	Hydracarbazin
	3689-76-7	Chlormidazol
	3734-12-1	Hexopyrroniumbromid
	3734-17-6	Prodilidin
	3818-88-0	Tricyclamolchlorid
	3861-76-5	Clonitazen
	3896-11-5	Bumetrizol
	4350-09-8	Oxitriptan
	4533-39-5	Nitracrin
	4630-95-9	Prifiniumbromid
	4755-59-3	Clodazon
	4757-49-7	Monometacrin
	4757-55-5	Dimetacrin
	4774-53-2	Botiacrin
	5034-76-4	Indoxol
	5214-29-9	Ampyzin
	5220-68-8	Clochinozin
	5310-55-4	Clomacran
	5370-41-2	Pridefin
	5467-78-7	Fenamol
	5534-95-2	Pentagastrin
	5560-72-5	Iprindol
	5633-16-9	Leiopyrrol
	5980-31-4	Hexedin
	6187-50-4	Tolchinzol
	6306-71-4	Lobendazol

Anhang 3

KN-Code	CAS RN	Bezeichnung
2933 99 80	*(Fortsetzung)*	
	6503-95-3	Triampyzin
	6804-07-5	Carbadox
	7007-92-3	Cetohexazin
	7008-14-2	Hydroxindasat
	7008-15-3	Hydroxindasol
	7009-68-9	Pyroxamin
	7009-69-0	Pyrophendan
	7009-76-9	Triclazat
	7248-21-7	Iprazochrom
	7527-91-5	Acrisorcin
	10078-46-3	Roletamid
	10355-14-3	Boxidin
	10448-84-7	Nitromifen
	13523-86-9	Pindolol
	13539-59-8	Azapropazon
	13696-15-6	Benzopyrroniumbromid
	14255-87-9	Parbendazol
	14368-24-2	Trocimin
	14679-73-3	Todralazin
	15180-02-6	Amfonelinsäure
	15301-68-5	Fenharman
	15301-89-0	Chillifolin
	15574-49-9	Mecarbinat
	15599-22-1	Cyclopyrroniumbromid
	15686-51-8	Clemastin
	15686-97-2	Pyrrolifen
	15687-33-9	Metindizat
	15992-13-9	Intrazol
	15997-76-9	Nonaperon
	16188-61-7	Talastin
	16378-21-5	Piroheptin
	16401-80-2	Delmetacin
	16506-27-7	Bendamustin
	16870-37-4	Amogastrin
	16915-79-0	Mechidox
	17243-65-1	Pirralkoniumbromid
	17243-68-4	Taloximin
	17259-75-5	Oxdralazin
	17289-49-5	Tetridamin
	17411-19-7	Dicarbin
	17716-89-1	Pranosal
	19281-29-9	Aptocain
	20168-99-4	Cinmetacin
	20187-55-7	Bendazac
	20559-55-1	Oxibendazol
	21363-18-8	Viminol
	21626-89-1	Diftalon
	21919-05-1	Tretazicar
	22136-27-2	Daledalin
	23249-97-0	Procodazol
	23271-63-8	Amicibon
	23465-76-1	Caroverin
	23694-81-7	Mepindolol
	23696-28-8	Olachindox
	24279-91-2	Carbochon
	24622-72-8	Amixetrin
	25126-32-3	Sincalid
	25771-23-7	Duometacin
	25803-14-9	Clometacin
	26171-23-3	Tolmetin
	26921-72-2	Melizam
	27035-30-9	Oxametacin
	27050-41-5	Clenpirin
	27314-77-8	Drazidox
	27314-97-2	Tirapazamin
	27737-38-8	Mixidin
	28069-65-0	Cuprimyxin
	28598-08-5	Cinoctramid
	30033-10-4	Stercuroniumiodid
	30103-44-7	Bumecain
	30578-37-1	Ameziniummetilsulfat
	31386-24-0	Amindocat
	31386-25-1	Indocat
	31430-15-6	Flubendazol
	31431-39-7	Mebendazol

Anhang 3

KN-Code	CAS RN	Bezeichnung
2933 99 80	*(Fortsetzung)*	
	31431-43-3	Ciclobendazol
	31793-07-4	Pirprofen
	32195-33-8	Bisbendazol
	32211-97-5	Ciclindol
	33369-31-2	Zomepirac
	33996-33-7	Oxaceprol
	34024-41-4	Deboxamet
	34061-33-1	Taclamin
	34301-55-8	Isometamidiumchlorid
	34499-96-2	Temodox
	34966-41-1	Cartazolat
	35135-01-4	Benafentrin
	35452-73-4	Ciprafamid
	35578-20-2	Oxarbazol
	35710-57-7	Trizoxim
	35898-87-4	Dilazep
	36121-13-8	Burodilin
	36798-79-5	Budralazin
	38081-67-3	Carmantadin
	38101-59-6	Oglufanid
	38609-97-1	Cridanimod
	38821-80-6	Rodocain
	39544-74-6	Benzotript
	39715-02-1	Endralazin
	39731-05-0	Carpindolol
	39862-58-3	Strinolin
	40173-75-9	Tofetridin
	40594-09-0	Flucindol
	40759-33-9	Noliniumbromid
	41094-88-6	Tracazolat
	42116-77-8	Deximafen
	42373-58-0	Lotucain
	42438-73-3	Denpidazon
	42779-82-8	Clopirac
	42835-25-6	Flumechin
	43210-67-9	Fenbendazol
	47135-88-6	Closiramin
	47487-22-9	Acridorex
	49564-56-9	Fazadiniumbromid
	50264-69-2	Lonidamin
	50264-78-3	Xinidamin
	50454-68-7	Tolnidamin
	50528-97-7	Xilobam
	50847-11-5	Ibudilast
	51022-77-6	Etazolat
	51037-30-0	Acipimox
	51047-24-6	Dimetipiriumbromid
	51152-91-1	Butaclamol
	51460-26-5	Carbazochromnatriumsulfonat
	51987-65-6	Desglugastrin
	52340-25-7	Dexclamol
	52443-21-7	Glucametacin
	53164-05-9	Acemetacin
	53583-79-2	Sultoprid
	53597-27-6	Fendosal
	53716-49-7	Carprofen
	53716-50-0	Oxfendazol
	53862-80-9	Roxoloniummetilsulfat
	53966-34-0	Floxacrin
	54029-12-8	Albendazoloxid
	54063-27-3	Biclofibrat
	54063-28-4	Camiverin
	54063-37-5	Etoprindol
	54063-41-1	Fepromid
	54063-46-6	Fexicain
	54063-49-9	Metamfazon
	54278-85-2	Candocuroniumiodid
	54824-20-3	Pinafid
	54867-56-0	Bufrolin
	54965-21-8	Albendazol
	55050-95-8	Isamoltan
	55242-77-8	Triafungin
	55248-23-2	Nebidrazin
	55837-25-7	Buflomedil
	55843-86-2	Miroprofen

Anhang 3

KN-Code	CAS RN	Bezeichnung
2933 99 80	*(Fortsetzung)*	
	55902-02-8	Isamfazon
	56463-68-4	Isoprazon
	56611-65-5	Oxagrelat
	57262-94-9	Setiptilin
	57645-05-3	Sermetacin
	57775-29-8	Carazolol
	57998-68-2	Diazichon
	58493-54-2	Ritropirroniumbromid
	59010-44-5	Prizidilol
	59198-18-4	Imafen
	59252-59-4	Guanazodin
	59338-93-1	Alizaprid
	59643-91-3	Imexon
	59767-12-3	Octastin
	60662-16-0	Binedalin
	61484-38-6	Pareptid
	61864-30-0	Benolizim
	62087-72-3	Pentigetid
	62228-20-0	Butoprozin
	62510-56-9	Picilorex
	62568-57-4	Emideltid
	62571-86-2	Captopril
	62625-18-7	Piroglirid
	62658-63-3	Bopindolol
	62732-44-9	Ipidacrin
	62851-43-8	Zidometacin
	63619-84-1	Trioxifen
	63667-16-3	Dribendazol
	64000-73-3	Pildralazin
	64057-48-3	Oxifungin
	64118-86-1	Azimexon
	64241-34-5	Cadralazin
	64557-97-7	Cinochidox
	64706-54-3	Bepridil
	64779-98-2	Irolaprid
	65222-35-7	Pazelliptin
	65511-41-3	Nantradol
	65884-46-0	Ciadox
	66304-03-8	Epicainid
	66535-86-2	Lotrifen
	66608-04-6	Rolgamidin
	66635-85-6	Anirolac
	68786-66-3	Triclabendazol
	68788-56-7	Etaceprid
	69175-77-5	Losindol
	69635-63-8	Amipizon
	69907-17-1	Indopanolol
	70696-66-1	Napirimus
	70704-03-9	Vinconat
	70801-02-4	Flutrolin
	70977-46-7	Eflumast
	71048-87-8	Levonantradol
	71119-11-4	Bucindolol
	71195-57-8	Bicifadin
	71675-85-9	Amisulprid
	71680-63-2	Dametralast
	72702-95-5	Ponalrestat
	72741-87-8	Tridolgosir
	72956-09-3	Carvedilol
	73384-60-8	Sulmazol
	73758-06-2	Indorenat
	73865-18-6	Nardeterol
	74103-06-3	Ketorolac
	74150-27-9	Pimobendan
	74258-86-9	Alacepril
	75176-37-3	Zofenoprilat
	75272-39-8	Nemonaprid
	75522-73-5	Dazidamin
	75847-73-3	Enalapril
	76002-75-0	Dazochinast
	76145-76-1	Tomoxiprol
	76263-13-3	Fluzinamid
	76420-72-9	Enalaprilat
	76530-44-4	Azamulin
	76547-98-3	Lisinopril

Anhang 3

KN-Code	CAS RN	Bezeichnung
2933 99 80	*(Fortsetzung)*	
	76953-65-6	Dramedilol
	77400-65-8	Asocainol
	77639-66-8	Prinomid
	78459-19-5	Adimolol
	78541-97-6	Pichindon
	79152-85-5	Acodazol
	79282-39-6	Rilozaron
	79700-61-1	Dopropidil
	79700-63-3	Fronepidil
	80125-14-0	Remoxiprid
	80373-22-4	Chinpirol
	80876-01-3	Indolapril
	80883-55-2	Enviraden
	81872-10-8	Zofenopril
	82059-51-6	Levotofisopam
	82626-01-5	Alpidem
	82626-48-0	Zolpidem
	82834-16-0	Perindopril
	82924-03-6	Pentopril
	82989-25-1	Tazanolast
	83395-21-5	Ridazolol
	84225-95-6	Raclοprid
	84226-12-0	Eticloprid
	85622-93-1	Temozolomid
	85622-95-3	Mitozolomid
	85691-74-3	Pirmagrel
	85793-29-9	Eproxindin
	85856-54-8	Moveltipril
	86111-26-4	Zindoxifen
	86140-10-5	Neraminol
	86315-52-8	Isomazol
	86386-73-4	Fluconazol
	86696-87-9	Aganodin
	87034-87-5	Bamaluzol
	87056-78-8	Chinagolid
	87269-97-4	Ramiprilat
	87333-19-5	Ramipril
	87344-06-7	Amtolmetinguacil
	87679-37-6	Trandolapril
	87679-71-8	Trandolaprilat
	87936-75-2	Tazadolen
	88069-67-4	Pilsicainid
	88107-10-2	Tomelukast
	88303-60-0	Losoxantron
	88578-07-8	Imoxiterol
	89622-90-2	Brinazaron
	90104-48-6	Doreptid
	90509-02-7	Luxabendazol
	91077-32-6	Dezinamid
	91441-23-5	Piroxantron
	91441-48-4	Teloxantron
	91618-36-9	Ibafloxacin
	91753-07-0	Mitochidon
	93479-96-0	Alteconazol
	93957-54-1	Fluvastatin
	95104-27-1	Tetrazolast
	95153-31-4	Perindoprilat
	95355-10-5	Domipizon
	95399-71-6	Fosinoprilat
	96258-13-8	Tribendilol
	96440-63-0	Famirapriniumchlorid
	97110-59-3	Traziumesilat
	97546-74-2	Troxolamid
	98048-97-6	Fosinopril
	98116-53-1	Sulukast
	99011-02-6	Imichimod
	99258-56-7	Oxamisol
	99323-21-4	Inaperison
	99593-25-6	Rilmazafon
	100490-36-6	Tosufloxacin
	101246-68-8	Eptastigmin
	101975-10-4	Zardaverin
	102676-47-1	Fadrozol
	103597-45-1	Bisoctrizol

Anhang 3

KN-Code	CAS RN	Bezeichnung
2933 99 80	*(Fortsetzung)*	
	103844-77-5	Necopidem
	103844-86-6	Saripidem
	104340-86-5	Leminoprazol
	104485-01-0	Trapencain
	104675-35-6	Suronacrin
	105102-20-3	Liroldin
	105806-65-3	Efegatran
	106308-44-5	Rufinamid
	106344-20-1	Stannsoporfin
	106498-99-1	Vintoperol
	107489-37-2	Thymoctonan
	108391-88-4	Orbutopril
	109623-97-4	Gedocarnil
	110078-46-1	Plerixafor
	110230-98-3	Talaporfin
	110623-33-1	Suritozol
	111223-26-8	Ceronapril
	111841-85-1	Abecarnil
	112809-51-5	Letrozol
	113854-64-1	Parodilol
	114432-13-2	Fantofaron
	114517-02-1	Foschidon
	114560-48-4	Apaziquon
	114607-46-4	Acitazanolast
	114856-44-9	Oberadilol
	115308-98-0	Tallimustin
	115344-47-3	Siguazodan
	115956-12-2	Dolasetron
	116057-75-1	Idoxifen
	116287-14-0	Lanperison
	116644-53-2	Mibefradil
	117857-45-1	Loreclezol
	119610-26-3	Aloracetam
	120081-14-3	Goralatid
	120511-73-1	Anastrozol
	121104-96-9	Celgosivir
	122332-18-7	Mivobulin
	123018-47-3	Atiprimod
	124027-47-0	Velnacrin
	125974-72-3	Intoplicin
	128270-60-0	Bivalirudin
	129497-78-5	Verteporfin
	129655-21-6	Bizelesin
	129672-09-9	Esafloxacin
	129731-10-8	Vorozol
	130610-93-4	Niravolin
	130641-38-2	Bindarit
	131741-08-7	Simendan
	132036-88-5	Ramosetron
	132640-22-3	Andolast
	132722-73-7	Calteridol
	134523-00-5	Atorvastatin
	135779-82-7	Bamachimast
	136122-46-8	Mipitroban
	137862-53-4	Valsartan
	137882-98-5	Abitesartan
	139481-59-7	Candesartan
	140661-97-8	Deltibant
	141505-33-1	Levosimendan
	142880-36-2	Ilomastat
	143322-58-1	Eletriptan
	144034-80-0	Rizatriptan
	144510-96-3	Pixantron
	144701-48-4	Telmisartan
	144702-17-0	Pomisartan
	144875-48-9	Resiquimod
	145158-71-0	Tegaserod
	145375-43-5	Mitiglinid
	146961-76-4	Alatrofloxacin
	147059-72-1	Trovafloxacin
	149606-27-9	Soblidotin
	149682-77-9	Talabostat
	151878-23-8	Calcobutrol
	153205-46-0	Asimadolin
	153436-22-7	Gavestinel

Anhang 3

KN-Code	CAS RN	Bezeichnung
2933 99 80	*(Fortsetzung)*	
	153438-49-4	Dapitant
	153504-81-5	Licostinel
	153804-05-8	Pratosartan
	154082-13-0	Omocianin
	156090-17-4	Nortopixantron
	156090-18-5	Topixantron
	156601-79-5	Nepaprazol
	156897-06-2	Licofelon
	157476-77-2	Lagatid
	158364-59-1	Pumaprazol
	158747-02-5	Frovatriptan
	159776-69-9	Cemadotin
	159776-70-2	Melagatran
	160146-17-8	Finrozol
	160970-54-7	Silodosin
	162301-05-5	Ecenofloxacin
	163451-80-7	Talviralin
	169543-49-1	Icrocaptid
	172732-68-2	Varespladib
	173240-15-8	Nemifitid
	175463-14-6	Gemifloxacin
	176644-21-6	Eniporid
	177469-96-4	Implitapid
	178040-94-3	Opaviralin
	179120-92-4	Altiniclin
	179324-69-7	Bortezomib
	179386-43-7	Sumanirol
	180064-38-4	Minodroninsäure
	180916-16-9	Lasofoxifen
	182316-31-0	Ataquimast
	186392-65-4	Ingliforib
	188696-80-2	Becampanel
	189198-30-9	Pactimib
	189752-49-6	Motexafin
	192658-64-3	Tasidotin
	192939-46-1	Ximelagatran
	193273-66-4	Capromorelin
	194798-83-9	Fosfluconazol
	198481-32-2	Bazedoxifen
	201530-41-8	Deferasirox
	203258-60-0	Brostallicin
	204248-78-2	Omiganan
	207993-12-2	Pumafentrin
	215808-49-4	Lemuteporfin
	219680-11-2	Zabofloxacin
	227318-71-0	Epetirimod
	227318-75-4	Sotirimod
	229305-39-9	Golotimod
	244081-42-3	Rafabegron
	248919-64-4	Linaprazan
	251562-00-2	Tifuvirtid
	258818-34-7	Larazotid
	259793-96-9	Favipiravir
	261944-46-1	Soraprazan
	272105-42-7	Disitertid
	274901-16-5	Vildagliptin
	284019-34-7	Denibulin
	284041-10-7	Rostaporfin
	355151-12-1	Rotigaptid
	361442-04-8	Saxagliptin
	393105-53-8	Tiplasinin
	394730-60-0	Boceprevir
	396091-73-9	Pasireotid
	402957-28-2	Telaprevir
	404950-80-7	Panobinostat
	404951-53-7	Dacinostat
	481629-87-2	Aleplasinin
	481631-45-2	Diaplasinin
	481658-94-0	Dirlotapid
	483369-58-0	Denagliptin
	497221-38-2	Rusalatid

Anhang 3

KN-Code	CAS RN	Bezeichnung
2933 99 80	*(Fortsetzung)*	
	533927-56-9	Atilmotin
	571170-77-9	Laropiprant
	616202-92-7	Lorcaserin
	620948-93-8	Vabicaserin
	625114-41-2	Piragliatin
	637328-69-9	Tanogitran
	649735-63-7	Brivanibalaninat
	794466-70-9	Vernakalant
	803712-67-6	Obatoclax
	848084-83-3	Tigapotid
	868771-57-7	Melogliptin
	871576-03-3	Flovagatran
	872178-65-9	Rabeximod
2934 10 00	61-57-4	Niridazol
	73-09-6	Etozolin
	96-50-4	Aminothiazol
	140-40-9	Aminitrozol
	148-79-8	Tiabendazol
	444-27-9	Timonacic
	473-30-3	Thiazosulfon
	490-55-1	Amiphenazol
	500-08-3	Forminitrazol
	533-45-9	Clomethiazol
	553-13-9	Zolamin
	962-02-7	Nitrodan
	3570-75-0	Nifurthiazol
	3810-35-3	Tenonitrozol
	5028-87-5	Antazonit
	6469-36-9	Cloprothiazol
	13409-53-5	Podilfen
	13471-78-8	Beclotiamin
	15387-18-5	Fezation
	17243-64-0	Piprozolin
	17969-20-9	Fenclozinsäure
	17969-45-8	Brofezil
	18046-21-4	Fentiazac
	21817-73-2	Bidimaziumiodid
	24840-59-3	Pretamaziumiodid
	26097-80-3	Cambendazol
	27826-45-5	Libecillid
	29952-13-4	Peratizol
	30097-06-4	Tidiacic
	30709-69-4	Tizoprolinsäure
	39832-48-9	Tazolol
	51287-57-1	Denotivir
	53943-88-7	Letostein
	54147-28-3	Tebatizol
	54657-96-4	Nifuralid
	55981-09-4	Nitazoxanid
	56355-17-0	Zoliprofen
	56784-39-5	Ozolinon
	60084-10-8	Tiazofurin
	61990-92-9	Benpenolisin
	64179-54-0	Timofibrat
	68377-92-4	Arotinolol
	69014-14-8	Tiotidin
	70529-35-0	Itazigrel
	71079-19-1	Timegadin
	71119-10-3	Lotifazol
	71125-38-7	Meloxicam
	74531-88-7	Tioxamast
	74604-76-5	Enoxamast
	74772-77-3	Ciglitazon
	76824-35-6	Famotidin
	76963-41-2	Nizatidin
	77519-25-6	Dexetozolin
	79069-94-6	Fanetizol
	79714-31-1	Risarestat
	80830-42-8	Rentiapril
	82114-19-0	Amflutizol

Anhang 3

KN-Code	CAS RN	Bezeichnung
2934 10 00	*(Fortsetzung)*	
	82159-09-9	Epalrestat
	84233-61-4	Nesostein
	85604-00-8	Zaltidin
	91257-14-6	Tuvatidin
	93738-40-0	Ralitolin
	97322-87-7	Troglitazon
	100417-09-2	Timirdin
	101001-34-7	Pamicogrel
	103181-72-2	Guaistein
	104777-03-9	Asobamast
	105292-70-4	Alonacic
	105523-37-3	Tiprotimod
	107902-67-0	Tazofelon
	109229-58-5	Englitazon
	111025-46-8	Pioglitazon
	119637-67-1	Moguistein
	121808-62-6	Pidotimod
	122320-73-4	Rosiglitazon
	122946-43-4	Telmestein
	128312-51-6	Cinalukast
	130112-42-4	Mivotilat
	136381-85-6	Lintitript
	136468-36-5	Foropafant
	138511-81-6	Icodulin
	138742-43-5	Zankiren
	139226-28-1	Darbufelon
	141200-24-0	Darglitazon
	144060-53-7	Febuxostat
	145739-56-6	Tetomilast
	149079-51-6	Cartastein
	153242-02-5	Aseripid
	155213-67-5	Ritonavir
	161600-01-7	Netoglitazon
	182760-06-1	Ravuconazol
	185106-16-5	Acotiamid
	185428-18-6	Rivoglitazon
	199113-98-9	Balaglitazon
	213411-83-7	Edaglitazon
	223132-37-4	Efatutazon
	223673-61-8	Mirabegron
	239101-33-8	Deferitrin
	241479-67-4	Isavuconazol
	280782-97-0	Managlinat dialanetil
	300832-84-2	Ciluprevir
	302962-49-8	Dasatinib
	338990-84-4	Isavuconazoniumchlorid
	341028-37-3	Alagebriumchlorid
	342026-92-0	Sipoglitazar
	447406-78-2	Sodelglitazar
	501948-05-6	Rosabulin
	544417-40-5	Capadenoson
	607723-33-1	Lobeglitazon
	760937-92-6	Teneligliptin
	790299-79-5	Masitinib
2934 20 80	95-27-2	Dimazol
	514-73-8	Dithiazaniniodid
	1744-22-5	Riluzol
	15599-36-7	Haletazol
	26130-02-9	Frentizol
	32527-55-2	Tiaramid
	49785-74-2	Supidimid
	61570-90-9	Tioxidazol
	70590-58-8	Etrabamin
	75889-62-2	Fostedil
	76816-33-6	Tazeprofen
	77528-67-7	Manozodil
	79071-15-1	Tazasubrat
	95847-70-4	Ipsapiron
	95847-87-3	Revospiron
	100035-75-4	Evandamin
	104383-17-7	Sabeluzol
	104632-26-0	Pramipexol
	110703-94-1	Zopolrestat
	144665-07-6	Lubeluzol
	146939-27-7	Ziprasidon

Anhang 3

KN-Code	CAS RN	Bezeichnung
2934 20 80	*(Fortsetzung)*	
	150915-41-6	Perospiron
	154189-40-9	Sibenadet
	176975-26-1	Izonsterid
	245116-90-9	Lidorestat
	367514-87-2	Lurasidon
	848344-36-5	Bentamapimod
	870093-23-5	Talarozol
2934 30 10	50-52-2	Thioridazin
	1420-55-9	Thiethylperazin
2934 30 90	50-53-3	Chlorpromazin
	58-34-4	Thiazinamiummetilsulfat
	58-37-7	Aminopromazin
	58-38-8	Prochlorperazin
	58-39-9	Perphenazin
	58-40-2	Promazin
	60-87-7	Promethazin
	60-89-9	Pecazin
	60-91-3	Diethazin
	60-99-1	Levomepromazin
	61-00-7	Acepromazin
	61-01-8	Methopromazin
	69-23-8	Fluphenazin
	84-01-5	Chlorproethazin
	84-04-8	Pipamazin
	84-06-0	Thiopropazat
	84-08-2	Parathiazin
	84-96-8	Alimemazin
	92-84-2	Phenothiazin
	117-89-5	Trifluoperazin
	145-54-0	Propyromazinbromid
	146-54-3	Triflupromazin
	362-29-8	Propiomazin
	388-51-2	Metofenazat
	477-93-0	Dimethoxanat
	518-61-6	Dacemazin
	522-00-9	Profenamin
	522-24-7	Fenethazin
	523-54-6	Etymemazin
	653-03-2	Butaperazin
	800-22-6	Chloracyzin
	1759-09-7	Levometiomeprazin
	1982-37-2	Methdilazin
	2622-26-6	Periciazin
	2622-30-2	Carfenazin
	2622-37-9	Trifluomeprazin
	2751-68-0	Acetophenazin
	3546-03-0	Cyamemazin
	3689-50-7	Oxomemazin
	3819-00-9	Piperacetazin
	3833-99-6	Homofenazin
	5588-33-0	Mesoridazin
	7009-43-0	Methiomeprazin
	7220-56-6	Flutiazin
	7224-08-0	Imiclopazin
	13093-88-4	Perimetazin
	13461-01-3	Aceprometazin
	13799-03-6	Protizininsäure
	13993-65-2	Metiazininsäure
	14008-44-7	Metopimazin
	14759-04-7	Oxyridazin
	14759-06-9	Sulforidazin
	15302-12-2	Dimelazin
	16498-21-8	Oxaflumazin
	17692-26-1	Ciclofenazin
	23492-69-5	Sopitazin
	24527-27-3	Spiclomazin
	28532-90-3	Furomazin
	29216-28-2	Mechitazin
	30223-48-4	Fluacizin
	31883-05-3	Moracizin
	33414-30-1	Ftormetazin
	33414-36-7	Ftorpropazin
	37561-27-6	Fenoverin
	47682-41-7	Flupimazin
	49864-70-2	Azaclorzin

Anhang 3

KN-Code	CAS RN	Bezeichnung
2934 30 90	*(Fortsetzung)*	
	54063-26-2	Azaftozin
	62030-88-0	Duoperon
	101396-42-3	Mechitamiumiodid
	135003-30-4	Apadolin
2934 91 00	134-49-6	Phenmetrazin
	357-56-2	Dextromoramid
	634-03-7	Phendimetrazin
	2152-34-3	Pemolin
	2207-50-3	Aminorex
	24143-17-7	Oxazolam
	24166-13-0	Cloxazolam
	27223-35-4	Ketazolam
	33671-46-4	Clotiazepam
	34262-84-5	Mesocarb
	56030-54-7	Sufentanil
	57801-81-7	Brotizolam
	59128-97-1	Haloxazolam
2934 99 60	67-45-8	Furazolidon
	86-12-4	Thenalidin
	113-59-7	Chlorprothixen
2934 99 90	50-18-0	Cyclophosphamid
	50-91-9	Floxuridin
	53-31-6	Medibazin
	53-84-9	Nadid
	54-42-2	Idoxuridin
	58-63-9	Inosin
	59-14-3	Broxuridin
	59-39-2	Piperoxan
	59-63-2	Isocarboxazid
	61-19-8	Adenosinphosphat
	61-80-3	Zoxazolamin
	67-20-9	Nitrofurantoin
	68-91-7	Trimetaphancamsilat
	70-00-8	Trifluridin
	70-07-5	Mephenoxalon
	70-10-0	Ticlaton
	77-12-3	Pentacyniumchlorid
	80-77-3	Chlormezanon
	86-14-6	Diethylthiambuten
	91-79-2	Thenyldiamin
	91-80-5	Methapyrilen
	95-25-0	Chlorzoxazon
	113-53-1	Dosulepin
	115-55-9	Phenythilon
	115-67-3	Paramethadion
	119-96-0	Arsthinol
	125-45-1	Azatepa
	127-48-0	Trimethadion
	132-89-8	Chlorthenoxazin
	135-58-0	Mesulfen
	139-91-3	Furaltadon
	140-65-8	Pramocain
	144-12-7	Tiemoniumiodid
	147-94-4	Cytarabin
	148-65-2	Chloropyrilen
	303-69-5	Prothipendyl
	309-29-5	Doxapram
	314-03-4	Pimethixen
	318-23-0	Imolamin
	320-67-2	Azacitidin
	339-72-0	Levcycloserin
	350-12-9	Sulbentin
	362-74-3	Bucladesin
	364-98-7	Diazoxid
	441-61-2	Ethylmethylthiambuten
	467-84-5	Phenadoxon
	467-86-7	Dioxaphetylbutyrat
	469-81-8	Morpheridin
	477-80-5	Cinnofuradion
	479-50-5	Lucanthon
	482-15-5	Isothipendyl
	493-78-7	Methaphenilen
	494-14-4	Chlordimorin

Anhang 3

KN-Code	CAS RN	Bezeichnung
2934 99 90	*(Fortsetzung)*	
	494-79-1	Melarsoprol
	524-84-5	Dimethylthiambuten
	526-35-2	Allomethadion
	545-59-5	Racemoramid
	555-84-0	Nifuraden
	556-12-7	Furalazin
	611-53-0	Ibacitabin
	633-90-9	Cifostodin
	635-41-6	Trimetozin
	655-05-0	Tozalinon
	695-53-4	Dimethadion
	702-54-5	Diethadion
	720-76-3	Fluminorex
	721-19-7	Methastyridon
	748-44-7	Acoxatrin
	804-30-8	Fursultiamin
	893-01-6	Tenylidon
	952-54-5	Morinamid
	959-14-8	Oxolamin
	982-24-1	Clopenthixol
	987-78-0	Citicolin
	1008-65-7	Fenadiazol
	1043-21-6	Pirenoxin
	1054-88-2	Spiroxatrin
	1088-92-2	Nifurtoinol
	1195-16-0	Citiolon
	1219-77-8	Bensuldazinsäure
	1239-29-8	Furazabol
	1391-36-2	Lancovutid
	1469-07-4	Damotepin
	1614-20-6	Nifurprazin
	1665-48-1	Metaxalon
	1767-88-0	Desmethylmoramid
	1856-34-4	Clotioxon
	1900-13-6	Nifurvidin
	1977-10-2	Loxapin
	2037-95-8	Carsalam
	2055-44-9	Perisoxal
	2058-52-8	Clotiapin
	2167-85-3	Pipazetat
	2169-64-4	Azaribin
	2240-21-3	Thiofuraden
	2353-33-5	Decitabin
	2385-81-1	Furethidin
	2622-24-4	Prothixen
	2627-69-2	Acadesin
	2709-56-0	Flupentixol
	2949-95-3	Tixadil
	3056-17-5	Stavudin
	3064-61-7	Natriumstibocaptat
	3094-09-5	Doxifluridin
	3105-97-3	Hycanthon
	3363-58-4	Nifurfolin
	3424-98-4	Telbivudin
	3605-01-4	Piribedil
	3615-74-5	Promolat
	3731-59-7	Moroxydin
	3778-73-2	Ifosfamid
	3780-72-1	Morsuximid
	3795-88-8	Levofuraltadon
	3876-10-6	Clominorex
	4047-34-1	Tranteliniumbromid
	4177-58-6	Clotixamid
	4291-63-8	Cladribin
	4295-63-0	Meprotixol
	4304-40-9	Theniumclosilat
	4378-36-3	Fenbutrazat
	4397-91-5	Nicofurat
	4448-96-8	Solypertin
	4741-41-7	Dexoxadrol
	4792-18-1	Levoxadrol
	4936-47-4	Nifuratel
	4969-02-2	Metixen
	4991-65-5	Tioxolon
	5036-02-2	Tetramisol

Anhang 3

KN-Code	CAS RN	Bezeichnung
2934 99 90	*(Fortsetzung)*	
	5036-03-3	Nifurdazil
	5053-06-5	Fenspirid
	5055-20-9	Nifurchinazol
	5118-17-2	Furazoliumchlorid
	5169-78-8	Tipepidin
	5536-17-4	Vidarabin
	5578-73-4	Sanguinariumchlorid
	5579-85-1	Bromchlorenon
	5581-46-4	Molinazon
	5585-93-3	Oxypendyl
	5588-29-4	Fenmetramid
	5617-26-5	Difencloxazin
	5666-11-5	Levomoramid
	5696-09-3	Proxazol
	5696-17-3	Epipropidin
	5719-88-0	Antienit
	5800-19-1	Metiapin
	5845-26-1	Tiazesim
	6281-26-1	Furmethoxadon
	6495-46-1	Dioxadrol
	6506-37-2	Nimorazol
	6536-18-1	Morazon
	6577-41-9	Oxapiumiodid
	6646-49-7	Nitramisol
	6649-73-6	Antafenit
	7035-04-3	Pyridaron
	7125-73-7	Flumetramid
	7219-91-2	Thihexinolmethylbromid
	7247-57-6	Heteroniumbromid
	7261-97-4	Dantrolen
	7361-61-7	Xylazin
	7416-34-4	Molindon
	7481-89-2	Zalcitabin
	7489-66-9	Tipindol
	7696-00-6	Mitotenamin
	7716-60-1	Etisazol
	7724-76-7	Riboprin
	7761-75-3	Furteren
	9087-70-1	Aprotinin
	10072-48-7	Acefurtiamin
	10189-94-3	Bepiastin
	10202-40-1	Flutizenol
	13355-00-5	Melarsonylkalium
	13411-16-0	Nifurpirinol
	13445-12-0	Iobutoesäure
	13448-22-1	Clorotepin
	13669-70-0	Nefopam
	14008-66-3	Pinoxepin
	14008-71-0	Xanthiol
	14028-44-5	Amoxapin
	14176-10-4	Cetiedil
	14176-49-9	Tiletamin
	14461-91-7	Cyclazodon
	14504-73-5	Tritochalin
	14698-29-4	Oxolininsäure
	14769-73-4	Levamisol
	14769-74-5	Dexamisol
	14785-50-3	Tiapirinol
	14796-28-2	Clodanolen
	15176-29-1	Edoxudin
	15301-52-7	Cyclexanon
	15301-69-6	Flavoxat
	15302-16-6	Fenozolon
	15311-77-0	Cloxypendyl
	15351-04-9	Becanton
	15518-84-0	Mobecarb
	15574-96-6	Pizotifen
	15686-72-3	Tibrofan
	15686-83-6	Pyrantel
	15687-22-6	Folescutol
	16485-05-5	Oxadimedin
	16562-98-4	Clantifen
	16759-59-4	Benoxafos
	16781-39-8	Etasulin
	16985-03-8	Nonabin

Anhang 3

KN-Code	CAS RN	Bezeichnung
2934 99 90	*(Fortsetzung)*	
	17176-17-9	Ademetionin
	17692-22-7	Metizolin
	17692-24-9	Bisoxatin
	17692-35-2	Etofuradin
	17692-39-6	Fomocain
	17692-56-7	Moxicumon
	17692-63-6	Oxitefoniumbromid
	17692-71-6	Vanitiolid
	17854-59-0	Mepixanox
	17902-23-7	Tegafur
	18053-31-1	Fominoben
	18464-39-6	Caroxazon
	18471-20-0	Ditazol
	18857-59-5	Nifurmazol
	19216-56-9	Prazosin
	19388-87-5	Taurolidin
	19395-58-5	Mochizon
	19885-51-9	Aranotin
	20229-30-5	Metitepin
	20574-50-9	Morantel
	21256-18-8	Oxaprozin
	21440-97-1	Brofoxin
	21489-20-3	Talsupram
	21500-98-1	Tenocyclidin
	21512-15-2	Citenazon
	21638-36-8	Nifurimid
	21679-14-1	Fludarabin
	21715-46-8	Etifoxin
	21820-82-6	Fenpipalon
	22013-23-6	Metoxepin
	22089-22-1	Trofosfamid
	22131-35-7	Butalamin
	22292-91-7	Naranol
	22293-47-6	Feprosidnin
	22514-23-4	Fopirtolin
	22619-35-8	Tioclomarol
	22661-76-3	Amoproxan
	23256-30-6	Nifurtimox
	23271-74-1	Fedrilat
	23707-33-7	Metrifudil
	23744-24-3	Pipoxolan
	23964-58-1	Articain
	24237-54-5	Tinoridin
	24632-47-1	Nifurpipon
	24886-52-0	Pipofezin
	25392-50-1	Oxazoron
	25526-93-6	Alovudin
	25683-71-0	Terizidon
	25717-80-0	Molsidomin
	25905-77-5	Minaprin
	26058-50-4	Dotefoniumbromid
	26350-39-0	Nifurizon
	26513-79-1	Paraxazon
	26513-90-6	Letimid
	26615-21-4	Zotepin
	26629-87-8	Oxaflozan
	26833-87-4	Omacetaxin-Mepesuccinat
	26839-75-8	Timolol
	27060-91-9	Flutazolam
	27199-40-2	Pifexol
	27574-24-9	Tropatepin
	27591-42-0	Oxazidion
	28189-85-7	Etoxadrol
	28657-80-9	Cinoxacin
	28810-23-3	Zepastin
	28820-28-2	Naftoxat
	29050-11-1	Seclazon
	29053-27-8	Meseclazon
	29218-27-7	Toloxaton
	29462-18-8	Bentazepam
	29936-79-6	Mofoxim
	30271-85-3	Razinodil
	30516-87-1	Zidovudin
	30840-27-8	Pretiadil
	30868-30-5	Pirazofurin

Anhang 3

KN-Code	CAS RN	Bezeichnung
2934 99 90	*(Fortsetzung)*	
	30914-89-7	Flumexadol
	31428-61-2	Tiamenidin
	31430-18-9	Nocodazol
	31477-60-8	Ormeloxifen
	31698-14-3	Ancitabin
	31848-01-8	Morclofon
	31868-18-5	Mexazolam
	33005-95-7	Tiaprofeninsäure
	33588-20-4	Clidafidin
	33665-90-6	Acesulfam
	33743-96-3	Proroxan
	33876-97-0	Linsidomin
	34042-85-8	Sudoxicam
	34161-24-5	Fipexid
	34552-84-6	Isoxicam
	34580-13-7	Ketotifen
	34740-13-1	Profexalon
	34959-30-3	Azaspiriumchlorid
	34976-39-1	Tioxacin
	35035-05-3	Timepidiumbromid
	35067-47-1	Droxacin
	35423-51-9	Tisocromid
	35619-65-9	Tritiozin
	35843-07-3	Morocromen
	35846-53-8	Maitansin
	35943-35-2	Triciribin
	36067-73-9	Azepexol
	36322-90-4	Piroxicam
	36471-39-3	Nuclotixen
	36505-82-5	Prodolinsäure
	36791-04-5	Ribavirin
	37065-29-5	Miloxacin
	37132-72-2	Fotretamin
	37681-00-8	Cumazolin
	37753-10-9	Sufosfamid
	37855-92-8	Azanator
	37967-98-9	Tienopramin
	38070-41-6	Tiodoniumchlorid
	38373-83-0	Romifenon
	38668-01-8	Taurultam
	38955-22-5	Pinadolin
	38957-41-4	Emorfazon
	39178-37-5	Inicaron
	39567-20-9	Olpimedon
	39577-19-0	Picumast
	39633-62-0	Aclantat
	39754-64-8	Tifemoxon
	39978-42-2	Nifurzid
	40054-69-1	Etizolam
	40093-94-5	Torcitabin
	40180-04-9	Tienilinsäure
	40198-53-6	Tioxaprofen
	40680-87-3	Piprofurol
	40828-46-4	Suprofen
	41152-17-4	Morforex
	41340-25-4	Etodolac
	41717-30-0	Befuralin
	41941-56-4	Tocladesin
	41992-23-8	Spirogermanium
	42024-98-6	Mazaticol
	42110-58-7	Metioxat
	42228-92-2	Acivicin
	42239-60-1	Tilozepin
	42399-41-7	Diltiazem
	42408-80-0	Tandamin
	46817-91-8	Viloxazin
	47420-28-0	Trixolan
	47543-65-7	Prenoxdiazin
	50435-25-1	Nimidan
	50708-95-7	Tinabinol
	50924-49-7	Mizoribin
	51022-75-4	Cliprofen
	51234-28-7	Benoxaprofen
	51322-75-9	Tizanidin
	51527-19-6	Tianafac

Anhang 3

KN-Code	CAS RN	Bezeichnung
2934 99 90	*(Fortsetzung)*	
	51934-76-0	Iomorininsäure
	52042-24-7	Diproxadol
	52279-59-1	Moxnidazol
	52549-17-4	Pranoprofen
	52832-91-4	Xinomilin
	52867-74-0	Zoloperon
	52867-77-3	Fluzoperin
	53003-81-9	Ivarimod
	53123-88-9	Sirolimus
	53251-94-8	Pinaveriumbromid
	53731-36-5	Floredil
	53736-51-9	Cromitril
	53772-83-1	Zuclopenthixol
	53813-83-5	Suriclon
	53910-25-1	Pentostatin
	54063-50-2	Mofloverin
	54187-04-1	Rilmenidin
	54340-59-9	Chincarbat
	54340-66-8	Subendazol
	54341-02-5	Piflutixol
	54376-91-9	Tipetropiumbromid
	54400-59-8	Butamisol
	55142-85-3	Ticlopidin
	55694-83-2	Pentizidon
	55694-98-9	Ciclafrin
	55726-47-1	Enocitabin
	55837-23-5	Teflutixol
	56119-96-1	Furodazol
	56208-01-6	Pifarnin
	56391-55-0	Octazamid
	56969-22-3	Oxapadol
	57010-31-8	Tiapamil
	57067-46-6	Isamoxol
	57083-89-3	Peraloprid
	57474-29-0	Nifurochin
	57726-65-5	Nufenoxol
	58001-44-8	Clavulaninsäure
	58019-65-1	Nabazenil
	58095-31-1	Sulbenox
	58416-00-5	Protiofat
	58433-11-7	Tilomisol
	58712-69-9	Traxanox
	58765-21-2	Ciclotizolam
	59653-74-6	Teroxiron
	59755-82-7	Enolicam
	59798-73-1	Enilospiron
	59804-37-4	Tenoxicam
	59831-63-9	Doconazol
	59840-71-0	Pitenodil
	59937-28-9	Malotilat
	59985-21-6	Diquafosol
	60085-78-1	Clopipazan
	60136-25-6	Epervudin
	60175-95-3	Omonastein
	60207-31-0	Azaconazol
	60248-23-9	Fuprazol
	60929-23-9	Indeloxazin
	60940-34-3	Ebselen
	61220-69-7	Tiopinac
	61325-80-2	Flumezapin
	61477-97-2	Dazolicin
	61869-08-7	Paroxetin
	62253-63-8	Nepidermin
	62265-68-3	Chinfamid
	62380-23-8	Cinecromen
	62435-42-1	Perfosfamid
	62473-79-4	Teniloxazin
	62904-71-6	Doxpicomin
	63394-05-8	Plafibrid
	63590-64-7	Terazosin
	63638-91-5	Brofaromin
	63996-84-9	Tibalosin
	64224-21-1	Oltipraz
	64420-40-2	Etibendazol
	64603-91-4	Gaboxadol

Anhang 3

KN-Code	CAS RN	Bezeichnung
2934 99 90	*(Fortsetzung)*	
	64748-79-4	Azumolen
	64860-67-9	Valperinol
	65277-42-1	Ketoconazol
	65509-24-2	Maroxepin
	65509-66-2	Citatepin
	65576-45-6	Asenapin
	65847-85-0	Morniflumat
	65886-71-7	Fazarabin
	65899-73-2	Tioconazol
	66203-00-7	Carocainid
	66203-94-9	Murocainid
	66556-74-9	Nabitan
	66564-16-7	Ciclosidomin
	66788-41-8	Tinofedrin
	66898-62-2	Talniflumat
	66934-18-7	Flunoxaprofen
	66969-81-1	Tiodazosin
	67489-39-8	Talmetacin
	67915-31-5	Terconazol
	68020-77-9	Carprazidil
	68134-81-6	Gacyclidin
	68302-57-8	Amlexanox
	68367-52-2	Sorbinil
	68685-54-1	Parconazol
	69049-73-6	Nedocromil
	69118-25-8	Cinepaxadil
	69123-90-6	Fiacitabin
	69123-98-4	Fialuridin
	69304-47-8	Brivudin
	69425-13-4	Prifelon
	69655-05-6	Didanosin
	69815-38-9	Proxorphan
	70374-39-9	Lornoxicam
	70384-91-7	Lortalamin
	70833-07-7	Prifurolin
	71320-77-9	Moclobemid
	71620-89-8	Reboxetin
	71731-58-3	Tichiziumbromid
	71923-29-0	Fludoxopon
	71923-34-7	Clodoxopon
	72324-18-6	Stepronin
	72444-63-4	Lodiperon
	72467-44-8	Piclonidin
	72481-99-3	Brocrinat
	72797-41-2	Tianeptin
	72803-02-2	Darodipin
	72822-56-1	Azaloxan
	72830-39-8	Oxmetidin
	72895-88-6	Eltenac
	73080-51-0	Repirinast
	73815-11-9	Cimoxaton
	74191-85-8	Doxazosin
	74711-43-6	Zaltoprofen
	75358-37-1	Linoglirid
	75458-65-0	Tienocarbin
	75695-93-1	Isradipin
	75706-12-6	Leflunomid
	75841-82-6	Mopidralazin
	75949-60-9	Isoxaprolol
	75963-52-9	Nuclomedon
	76053-16-2	Reclazepam
	76535-71-2	Suproclon
	76596-57-1	Broxaterol
	76732-75-7	Picartamid
	76743-10-7	Lucartamid
	77181-69-2	Sorivudin
	77590-96-6	Flordipin
	77658-97-0	Anaxiron
	77695-52-4	Ecastolol
	78168-92-0	Filenadol
	78410-57-8	Ociltid
	78613-35-1	Amorolfin
	78967-07-4	Mofezolac
	78994-23-7	Levormeloxifen
	79253-92-2	Taziprinon

Anhang 3

KN-Code	CAS RN	Bezeichnung
2934 99 90	*(Fortsetzung)*	
	79262-46-7	Savoxepin
	79781-00-3	Bulaquin
	79784-22-8	Barucainid
	79874-76-3	Delmopinol
	79944-58-4	Idazoxan
	80263-73-6	Eclazolast
	80680-05-3	Tivanidazol
	80763-86-6	Glunicat
	80880-90-6	Telenzepin
	81167-16-0	Imiloxan
	81382-51-6	Pentiapin
	81403-80-7	Alfuzosin
	81801-12-9	Xamoterol
	82140-22-5	Etolotifen
	82239-52-9	Moxiraprin
	82419-36-1	Ofloxacin
	82650-83-7	Tenilapin
	82857-82-7	Ilepcimid
	83153-39-3	Tiprinast
	83386-35-0	Tifluadom
	83573-53-9	Tizabrin
	83602-05-5	Spiraprilat
	83647-97-6	Spirapril
	83656-38-6	Ipramidil
	83688-84-0	Tertatolol
	83784-21-8	Menabitan
	83903-06-4	Lupitidin
	84071-15-8	Ramixotidin
	84145-89-1	Almoxaton
	84145-90-4	Nafoxadol
	84449-90-1	Raloxifen
	84472-85-5	Navuridin
	84558-93-0	Netivudin
	84611-23-4	Erdostein
	84625-59-2	Dotarizin
	84625-61-6	Itraconazol
	84697-21-2	Zinoconazol
	84697-22-3	Tubulozol
	85076-06-8	Axamozid
	85118-44-1	Minocromil
	85666-24-6	Furegrelat
	86048-40-0	Chazolast
	86433-40-1	Terflavoxat
	86434-57-3	Beperidiumiodid
	86487-64-1	Setoperon
	86636-93-3	Neflumozid
	86696-86-8	Tenilsetam
	87051-43-2	Ritanserin
	87151-85-7	Spiradolin
	87495-31-6	Disoxaril
	87691-91-6	Tiospiron
	87940-60-1	Eprobemid
	88053-05-8	Cinoxopazid
	88058-88-2	Naxagolid
	88859-04-5	Mafosfamid
	89197-32-0	Efaroxan
	89213-87-6	Carperitid
	89544-10-5	Aprikalim
	89651-00-3	Voxergolid
	89875-86-5	Tiflucarbin
	89943-82-8	Cicletanin
	90055-97-3	Tienoxolol
	90101-16-9	Droxicam
	90243-97-3	Spiclamin
	90697-57-7	Motapizon
	90729-41-2	Oxodipin
	90779-69-4	Atosiban
	91833-77-1	Rocastin
	92623-83-1	Pravadolin
	93265-81-7	Ropidoxuridin
	94006-14-1	Lufuradom
	94011-82-2	Bazinaprin
	94149-41-4	Midestein
	94470-67-4	Cromakalim
	94535-50-9	Levcromakalim

Anhang 3

KN-Code	CAS RN	Bezeichnung
2934 99 90	*(Fortsetzung)*	
	94746-78-8	Molracetam
	95058-70-1	Nictiazem
	95058-81-4	Gemcitabin
	95105-77-4	Sornidipin
	95232-68-1	Tenosal
	95588-08-2	Tipentosin
	95896-08-5	Anaritid
	96125-53-0	Clentiazem
	96306-34-2	Timelotem
	97852-72-7	Tibenelast
	98205-89-1	Flesinoxan
	98224-03-4	Eltoprazin
	98819-76-2	Esreboxetin
	99156-66-8	Barmastin
	99248-32-5	Donetidin
	99453-84-6	Neltenexin
	99464-64-9	Ampiroxicam
	99592-32-2	Sertaconazol
	99755-59-6	Rotigotin
	99803-72-2	Nerbacadol
	100927-14-8	Befiperid
	100986-85-4	Levofloxacin
	101335-99-3	Eprovafen
	101363-10-4	Rufloxacin
	101506-83-6	Namiroten
	101530-10-3	Lanoconazol
	101626-70-4	Talipexol
	102908-59-8	Binospiron
	103177-37-3	Pranlukast
	103222-11-3	Vapreotid
	103255-66-9	Pazinaclon
	103377-41-9	Monatepil
	103624-59-5	Traboxopin
	103946-15-2	Elnadipin
	103980-45-6	Metostilenol
	104454-71-9	Ipenoxazon
	104456-95-3	Cisconazol
	104987-11-3	Tacrolimus
	105118-13-6	Iprotiazem
	105182-45-4	Fluparoxan
	105219-56-5	Apafant
	105567-83-7	Berefrin
	105685-11-8	Batoprazin
	106073-01-2	Taniplon
	106100-65-6	Fasiplon
	106266-06-2	Risperidon
	106707-51-1	Dobuprid
	106972-33-2	Deniprid
	107233-08-9	Cevimelin
	107320-86-5	Isomolpan
	107452-89-1	Ziconotid
	108001-60-1	Trochidazol
	108736-35-2	Lanreotid
	108912-17-0	Atliprofen
	109543-76-2	Romazarit
	109683-61-6	Utibapril
	109683-79-6	Utibaprilat
	109826-26-8	Zaldarid
	110143-10-7	Lodenosin
	110221-53-9	Temocaprilat
	110299-05-3	Selodenoson
	110314-48-2	Adozelesin
	110588-56-2	Noberastin
	110588-57-3	Saperconazol
	111011-63-3	Efonidipin
	111358-88-4	Lestaurtinib
	111393-84-1	Amitivir
	111406-87-2	Zileuton
	111902-57-9	Temocapril
	111974-69-7	Chetiapin
	112018-01-6	Bemoradan
	112362-50-2	Dalfopristin
	112885-41-3	Mosaprid
	112887-68-0	Raltitrexed
	112893-26-2	Becliconazol

Anhang 3

KN-Code	CAS RN	Bezeichnung
2934 99 90	*(Fortsetzung)*	
	112984-60-8	Ulifloxacin
	113457-05-9	Ledoxantron
	113665-84-2	Clopidogrel
	113759-50-5	Cronidipin
	114030-44-3	Dexpemedolac
	114676-16-3	Dichlormezanon
	114686-12-3	Imitrodast
	114716-16-4	Pemedolac
	114776-28-2	Bepafant
	114899-77-3	Trabectedin
	115103-54-3	Tiagabin
	115464-77-2	Elopiprazol
	115550-35-1	Marbofloxacin
	116289-53-3	Tulopafant
	116476-13-2	Semotiadil
	116476-16-5	Levosemotiadil
	116539-59-4	Duloxetin
	117279-73-9	Israpafant
	117523-47-4	Mirfentanil
	117545-11-6	Bimakalim
	118288-08-7	Lafutidin
	118292-40-3	Tazaroten
	118635-52-2	Tilnoprofenarbamel
	118778-75-9	Nesapidil
	118812-69-4	Ularitid
	118976-38-8	Dabelotin
	119302-91-9	Rocuroniumbromid
	119413-55-7	Elgodipin
	119567-79-2	Taribavirin
	119625-78-4	Terlakiren
	119719-11-8	Ilatreotid
	119813-10-4	Carzelesin
	120210-48-2	Tenidap
	120685-11-2	Midostaurin
	120819-70-7	Naroparcil
	121029-11-6	Altochalin
	121032-29-9	Nelarabin
	121288-39-9	Loxoribin
	121617-11-6	Saviprazol
	121929-20-2	Zoniclezol
	122254-45-9	Glenvastatin
	122970-40-5	Isatoribin
	123040-69-7	Azasetron
	123318-82-1	Clofarabin
	123447-62-1	Prulifloxacin
	124012-42-6	Galocitabin
	124066-33-7	Taurostein
	124378-77-4	Enadolin
	124423-84-3	Panadiplon
	124584-08-3	Nesiritid
	124784-31-2	Erbulozol
	125372-33-0	Dacopafant
	125533-88-2	Mofaroten
	126294-30-2	Sagandipin
	127045-41-4	Pazufloxacin
	127214-23-7	Camiglibose
	127308-82-1	Zamifenacin
	127625-29-0	Fananserin
	128517-07-7	Romidepsin
	128620-82-6	Limazocin
	129029-23-8	Ocaperidon
	129336-81-8	Tenosiprol
	129729-66-4	Emakalim
	130306-02-4	Tezacitabin
	130308-48-4	Icatibant
	130370-60-4	Batimastat
	130403-08-6	Soretolid
	130782-54-6	Beciparcil
	131094-16-1	Trafermin
	131796-63-9	Odapipam
	131986-45-3	Xanomelin
	131987-54-7	Tazomelin
	132014-21-2	Rilmakalim
	132338-79-5	Terikalant

Anhang 3

KN-Code	CAS RN	Bezeichnung
2934 99 90	*(Fortsetzung)*	
	132418-35-0	Setipafant
	132539-06-1	Olanzapin
	132579-32-9	Rocepafant
	132722-74-8	Pirsidomin
	133040-01-4	Eprosartan
	133099-04-4	Darifenacin
	133107-64-9	Insulinlispro
	133242-30-5	Landiolol
	133454-47-4	Iloperidon
	134379-77-4	Dexelvucitabin
	134564-82-2	Befloxaton
	134678-17-4	Lamivudin
	135202-79-8	Ilonidap
	135306-39-7	Manifaxin
	135459-90-4	Ranelinsäure
	135463-81-9	Coluracetam
	135928-30-2	Beloxepin
	136087-85-9	Fidarestat
	137071-32-0	Pimecrolimus
	137214-72-3	Iliparcil
	137215-12-4	Odiparcil
	137219-37-5	Plitidepsin
	137500-42-6	Darsidomin
	138068-37-8	Lepirudin
	138298-79-0	Alnespiron
	138661-02-6	Pentetreotid
	138661-03-7	Furnidipin
	138778-28-6	Siratiazem
	139225-22-2	Panamesin
	139264-17-8	Zolmitriptan
	141575-50-0	Vedaclidin
	141790-23-0	Fozivudintidoxil
	143248-63-9	Sinitrodil
	143249-88-1	Dexefaroxan
	143393-27-5	Azalanstat
	143443-90-7	Ifetroban
	143491-57-0	Emtricitabin
	143631-62-3	Ciprokiren
	144245-52-3	Fomivirsen
	144348-08-3	Binodenoson
	144598-75-4	Paliperidon
	144689-63-4	Olmesartan medoxomil
	145508-78-7	Icopezil
	145514-04-1	Amdoxovir
	145574-90-9	Scopinast
	145781-32-4	Zolasartan
	145918-75-8	Troxacitabin
	146426-40-6	Alvocidib
	147403-03-0	Azilsartan
	147432-77-7	Ontazolast
	147650-57-5	Tererstigmin
	147817-50-3	Siramesin
	148152-63-0	Napitan
	148430-28-8	Sarakalim
	148564-47-0	Milfasartan
	148998-94-1	Trecovirsen
	149908-53-2	Azimilid
	150322-43-3	Prasugrel
	150490-85-0	Berupipam
	151356-08-0	Afovirsen
	151823-14-2	Sapacitabin
	151879-73-1	Aprinocarsen
	152317-89-0	Alniditan
	152735-23-4	Upidosin
	152811-62-6	Piboserod
	153062-94-3	Pumosetrag
	153168-05-9	Pleconaril
	153420-96-3	Atibepron
	153507-46-1	Bibapcitid
	154355-76-7	Atreleuton
	154361-50-9	Capecitabin
	154598-52-4	Efavirenz
	155030-63-0	Emodepsid
	155773-59-4	Ensaculin

Anhang 3

KN-Code	CAS RN	Bezeichnung
2934 99 90	*(Fortsetzung)*	
	159351-69-6	Everolimus
	160707-69-7	Apricitabin
	161178-07-0	Lubazodon
	161605-73-8	Fanapanel
	161832-65-1	Talampanel
	162635-04-3	Temsirolimus
	163252-36-6	Klevudin
	163521-12-8	Vilazodon
	163706-06-7	Cangrelor
	164178-54-5	Mazokalim
	165800-03-3	Linezolid
	165800-04-4	Eperezolid
	167305-00-2	Omapatrilat
	167362-48-3	Abetimus
	169148-63-4	Insulindetemir
	169939-94-0	Ruboxistaurin
	170632-47-0	Lificiguat
	170729-80-3	Aprepitant
	170861-63-9	Reglitazar
	170902-47-3	Roxifiban
	171228-49-2	Posaconazol
	171596-29-5	Tadalafil
	171752-56-0	Adrogolid
	172673-20-0	Fosaprepitant
	174402-32-5	Edotecarin
	174638-15-4	Fosfluridintidoxil
	176161-24-3	Maribavir
	176894-09-0	Omiloxetin
	179474-81-8	Prucaloprid
	179602-65-4	Mitratapid
	181785-84-2	Elvucitabin
	182133-25-1	Arzoxifen
	182167-02-8	Acolbifen
	182212-66-4	Avotermin
	182415-09-4	Piclozotan
	183547-57-1	Gantofiban
	183747-35-5	Nepadutant
	183849-43-6	Abaperidon
	184475-35-2	Gefitinib
	185229-68-9	Alicaforsen
	185954-27-2	Tofimilast
	187164-19-8	Luliconazol
	187865-22-1	Derquantel
	188116-07-6	Imepitoin
	188181-42-2	Elacytarabin
	188627-80-7	Eptifibatid
	188630-14-0	Liatermin
	189003-92-7	Trelanserin
	189059-71-0	Lapaquistat
	189681-70-7	Aplindor
	189940-24-7	Daxalipram
	190977-41-4	Oblimersen
	192314-93-5	Iclaprim
	192374-14-4	Radafaxin
	192441-08-0	Lomeguatrib
	192755-52-5	Pralnacasan
	195733-43-8	Atrasentan
	195962-23-3	Corifollitropin alfa
	196808-45-4	Farglitazar
	198821-22-6	Merimepodib
	204318-14-9	Edotreotid
	204512-90-3	Tecadenoson
	204658-47-9	Torapsel
	205887-54-3	Telbermin
	206254-79-7	Opebacan
	206260-33-5	Irampanel
	207623-20-9	Agatolimod
	208848-19-5	Freselestat
	208993-54-8	Fiduxosin
	209342-40-5	Finafloxacin
	211448-85-0	Denufosol
	211735-76-1	Farampator
	214548-46-6	Lusaperidon
	215174-50-8	Rimacalib
	218298-21-6	Razaxaban

Anhang 3

KN-Code	CAS RN	Bezeichnung
2934 99 90	*(Fortsetzung)*	
	219846-31-8	Radequinil
	219923-85-0	Pramiconazol
	221241-63-0	Fandosentan
	221877-54-9	Zotarolimus
	222551-17-9	Adoprazin
	222834-30-2	Ragaglitazar
	223537-30-2	Rupintrivir
	231277-92-2	Lapatinib
	247046-52-2	Dilopetin
	247207-64-3	Leconotid
	250386-15-3	Apadenoson
	250601-04-8	Imiglitazar
	251303-04-5	Ertiprotafib
	252260-02-9	Posizolid
	255730-18-8	Artemison
	257277-05-7	Iseganan
	267243-28-7	Canertinib
	269718-84-5	Pardoprunox
	276690-58-5	Iroxanadin
	279215-43-9	Tifenazoxid
	282526-98-1	Cetilistat
	285571-64-4	Barusiban
	285983-48-4	Doramapimod
	290296-68-3	Befetupitant
	292634-27-6	Dianiclin
	296251-72-4	Velimogenaliplasmid
	304853-42-7	Tanaproget
	308240-58-6	Talactoferrin alfa
	308831-61-0	Sufugolix
	313348-27-5	Regadenoson
	320345-99-1	Aclidiniumbromid
	325715-02-4	Indiplon
	327026-93-7	Lensiprazin
	328538-04-1	Edifoligid
	329744-44-7	Embeconazol
	331741-94-7	Muraglitazar
	331744-64-0	Peliglitazar
	332012-40-5	Telatinib
	333754-36-2	Tesetaxel
	335619-18-6	Inakalant
	350992-10-8	Bifeprunox
	351862-32-3	Sarizotan
	361343-19-3	Elzasonan
	366017-09-6	Mubritinib
	366789-02-8	Rivaroxaban
	377727-87-2	Preladenant
	379231-04-6	Saracatinib
	380886-95-3	Valtorcitabin
	405159-59-3	Idrabiotaparinuxnatrium
	434283-16-6	Lecozotan
	446022-33-9	Pelitrexol
	457075-21-7	Ganstigmin
	457913-93-8	Ismomultin alfa
	460738-38-9	Ecallantid
	475479-34-6	Aleglitazar
	480449-70-5	Edoxaban
	496054-87-6	Radiprodil
	506433-25-6	Depelestat
	518048-05-0	Raltegravir
	522664-63-7	Ibodutant
	524684-52-4	Prinaberel
	541550-19-0	Apilimod
	566906-50-1	Beminafil
	572924-54-0	Ridaforolimus
	575458-75-2	Radotermin
	583057-48-1	Arasertaconazol
	625095-60-5	Pradefovir
	627861-07-8	Beperminogen-Perplasmid
	640281-90-9	Valopicitabin
	757942-43-1	Bederocin
	763903-67-9	Fosalvudintidoxil
	769901-96-4	Capeserod
	787548-03-2	Regrelor
	791635-59-1	Simotaxel
	820957-38-8	Retosiban

Anhang 3

KN-Code	CAS RN	Bezeichnung
2934 99 90	*(Fortsetzung)*	
	852313-25-8	Litenimod
	863031-21-4	Azilsartan-Medoxomil
	865311-47-3	Itarnafloxin
	868540-17-4	Carfilzomib
	869884-78-6	Radezolid
	870524-46-2	Amolimogen-Bepiplasmid
	872525-61-6	Votucalis
	872847-66-0	Cenersen
	875446-37-0	Anacetrapib
	890056-27-6	Custirsen
	904302-98-3	Viquidacin
	925681-61-4	Trabedersen
	959961-96-7	Bevasiranib
	1000120-98-8	Mipomersen
2935 00 90	54-31-9	Furosemid
	57-66-9	Probenecid
	57-67-0	Sulfaguanidin
	57-68-1	Sulfadimidin
	58-93-5	Hydrochlorothiazid
	58-94-6	Chlorothiazid
	59-40-5	Sulfachinoralin
	59-66-5	Acetazolamid
	61-56-3	Sultiam
	63-74-1	Sulfanilamid
	64-77-7	Tolbutamid
	68-35-9	Sulfadiazin
	72-14-0	Sulfathiazol
	73-48-3	Bendroflumethiazid
	73-49-4	Quinethazon
	77-36-1	Chlortalidon
	80-13-7	Halazon
	80-32-0	Sulfachlorpyridazin
	80-34-2	Glyprothiazol
	80-35-3	Sulfamethoxypyridazin
	85-73-4	Phthalylsulfathiazol
	91-33-8	Benzthiazid
	94-19-9	Sulfaethidol
	94-20-2	Chlorpropamid
	96-62-8	Dinsed
	98-75-9	Propazolamid
	102-65-8	Sulfaclozin
	104-22-3	Benzylsulfamid
	115-68-4	Sulfadicramid
	116-42-7	Sulfaproxylin
	116-43-8	Succinylsulfathiazol
	119-85-7	Vanyldisulfamid
	120-97-8	Diclofenamid
	121-64-2	Sulocarbilat
	122-11-2	Sulfadimethoxin
	122-16-7	Sulfanitran
	122-89-4	Mesulfamid
	127-58-2	Sulfamerazinnatrium
	127-65-1	Tosylchloramidnatrium
	127-69-5	Sulfafurazol
	127-71-9	Sulfabenzamid
	127-77-5	Sulfabenz
	127-79-7	Sulfamerazin
	128-12-1	Sulfadiasulfonnatrium
	133-67-5	Trichlormethiazid
	135-07-9	Methyclothiazid
	135-09-1	Hydroflumethiazid
	138-39-6	Mafenid
	138-41-0	Carzenid
	139-56-0	Salazosulfamid
	144-80-9	Sulfacetamid
	144-82-1	Sulfamethizol
	144-83-2	Sulfapyridin
	148-56-1	Flumethiazid
	152-47-6	Sulfalen
	316-81-4	Thioproperazin
	339-43-5	Carbutamid
	346-18-9	Polythiazid
	451-71-8	Glyhexamid
	473-42-7	Nitrosulfathiazol
	485-24-5	Phthalylsulfamethizol

Anhang 3

KN-Code	CAS RN	Bezeichnung
2935 00 90	*(Fortsetzung)*	
	485-41-6	Sulfachrysoidin
	498-78-2	Stearylsulfamid
	515-49-1	Sulfathioharnstoff
	515-57-1	Maleylsulfathiazol
	515-58-2	Salazosulfathiazol
	515-64-0	Sulfisomidin
	526-08-9	Sulfaphenazol
	535-65-9	Glybuthiazol
	547-32-0	Sulfadiazinnatrium
	547-44-4	Sulfacarbamid
	554-57-4	Methazolamid
	565-33-3	Metahexamid
	599-79-1	Sulfasalazin
	599-88-2	Sulfaperin
	631-27-6	Glyclopyramid
	632-00-8	Sulfasomizol
	636-54-4	Clopamid
	651-06-9	Sulfametoxydiazin
	664-95-9	Glycyclamid
	671-88-5	Disulfamid
	671-95-4	Clofenamid
	723-42-2	Ditolamid
	723-46-6	Sulfamethoxazol
	729-99-7	Sulfamoxol
	742-20-1	Cyclopenthiazid
	852-19-7	Sulfapyrazol
	968-81-0	Acetohexamid
	1027-87-8	Tolpentamid
	1034-82-8	Heptolamid
	1038-59-1	Glyoctamid
	1084-65-7	Meticran
	1150-20-5	Azabon
	1156-19-0	Tolazamid
	1161-88-2	Sulfatolamid
	1213-06-5	Etebenecid
	1220-83-3	Sulfamonomethoxin
	1228-19-9	Glypinamid
	1421-68-7	Amidefrinmesilat
	1492-02-0	Glybuzol
	1580-83-2	Paraflutizid
	1764-85-8	Epitizid
	1766-91-2	Penflutizid
	1824-52-8	Bemetizid
	1824-58-4	Ethiazid
	1984-94-7	Sulfasymazin
	2043-38-1	Butizid
	2127-01-7	Clorexolon
	2259-96-3	Cyclothiazid
	2315-08-4	Salazosulfadimidin
	2447-57-6	Sulfadoxin
	2455-92-7	Sulclamid
	3074-35-9	Glidazamid
	3184-59-6	Alipamid
	3313-26-6	Tiotixen
	3436-11-1	Delfantrin
	3459-20-9	Glymidinnatrium
	3563-14-2	Sulfasuccinamid
	3567-08-6	Glysobuzol
	3568-00-1	Mebutizid
	3688-85-5	Tiamizid
	3692-44-2	Thiohexamid
	3754-19-6	Ambusid
	3772-76-7	Sulfametomidin
	3930-20-9	Sotalol
	4015-18-3	Sulfaclomid
	4267-05-4	Teclothiazid
	5588-16-9	Altizid
	5588-38-5	Tolpyrramid
	7007-76-3	Glucosulfamid
	7007-88-7	Butadiazamid
	7195-27-9	Mefrusid
	7456-24-8	Dimetotiazin
	7541-30-2	Mesuprin
	10238-21-8	Glibenclamid
	13369-07-8	Sulfatrozol
	13642-52-9	Soterenol

Anhang 3

KN-Code	CAS RN	Bezeichnung
2935 00 90	*(Fortsetzung)*	
	13957-38-5	Hydrobentizid
	14293-44-8	Xipamid
	14376-16-0	Sulfaloxinsäure
	15676-16-1	Sulpirid
	17560-51-9	Metolazon
	17784-12-2	Sulfacitin
	20287-37-0	Fenchizon
	21132-59-2	Pazoxid
	21187-98-4	Gliclazid
	21662-79-3	Sulfacecol
	22736-85-2	Diflumidon
	22933-72-8	Salazodin
	23256-23-7	Sulfatroxazol
	23672-07-3	Levosulpirid
	24243-89-8	Triflumidat
	24455-58-1	Glicetanil
	24477-37-0	Glisolamid
	25046-79-1	Glisoxepid
	26807-65-8	Indapamid
	26944-48-9	Glibornurid
	27031-08-9	Sulfaguanol
	27589-33-9	Azosemid
	28395-03-1	Bumetanid
	29094-61-9	Glipizid
	30236-32-9	Dexsotalol
	30279-49-3	Suclofenid
	32059-27-1	Sumetizid
	32295-18-4	Tosifen
	32797-92-5	Glisentid
	32909-92-5	Sulfametrol
	33342-05-1	Glichidon
	35273-88-2	Gliflumid
	36148-38-6	Besunid
	36980-34-4	Glicaramid
	37000-20-7	Zinterol
	37087-94-8	Tibrinsäure
	37598-94-0	Glipalamid
	39860-99-6	Pipotiazin
	42583-55-1	Carmetizid
	42792-26-7	Isosulprid
	51264-14-3	Amsacrin
	51803-78-2	Nimesulid
	51876-98-3	Gliamilid
	52157-91-2	Galosemid
	52406-01-6	Uredofos
	52994-25-9	Glicondamid
	54063-55-7	Sulfaclorazol
	55837-27-9	Piretanid
	56211-40-6	Torasemid
	56302-13-7	Satranidazol
	56488-58-5	Tizolemid
	56488-61-0	Flubeprid
	57479-88-6	Sulmeprid
	60200-06-8	Clorsulon
	61477-95-0	Monalazondinatrium
	63198-97-0	Viroxim
	64099-44-1	Chisultazin
	65761-24-2	Sulfamazon
	66644-81-3	Veraliprid
	68291-97-4	Zonisamid
	68475-40-1	Ciproprid
	68556-59-2	Prosulprid
	68677-06-5	Loraprid
	69387-87-7	Tinisulprid
	71010-45-2	Glisindamid
	72131-33-0	Sulotroban
	72301-78-1	Zinviroxim
	72301-79-2	Enviroxim
	73747-20-3	Sulveraprid
	73803-48-2	Tripamid
	74680-07-2	Glisamurid
	74863-84-6	Argatroban
	75820-08-5	Zidapamid
	77989-60-7	Metibrid
	79094-20-5	Daltroban

Anhang 3

KN-Code	CAS RN	Bezeichnung
2935 00 90	*(Fortsetzung)*	
	80937-31-1	Flosulid
	81428-04-8	Taltrimid
	81982-32-3	Alpiroprid
	82666-62-4	Sulosemid
	85320-68-9	Amosulalol
	85977-49-7	Tauromustin
	87051-13-6	Tosulur
	90207-12-8	Sulicrinat
	90992-25-9	Besulpamid
	93479-97-1	Glimepirid
	100981-43-9	Ebrotidin
	101526-83-4	Sematilid
	103628-46-2	Sumatriptan
	103745-39-7	Fasudil
	106133-20-4	Tamsulosin
	107753-78-6	Zafirlukast
	110311-27-8	Sulofenur
	111974-60-8	Ritolukast
	112966-96-8	Domitroban
	115256-11-6	Dofetilid
	116649-85-5	Ramatroban
	119636-74-7	Sitalidon
	119905-05-4	Delechamin
	120279-96-1	Dorzolamid
	120688-08-6	Risotilid
	120824-08-0	Linotroban
	121679-13-8	Naratriptan
	122647-31-8	Ibutilid
	123308-22-5	Sezolamid
	123663-49-0	Iguratimod
	125279-79-0	Ersentilid
	127373-66-4	Sivelestat
	129981-36-8	Sampatrilat
	133267-19-3	Artilid
	133276-80-9	Samixogrel
	136564-68-6	Masilukast
	136817-59-9	Delavirdin
	138384-68-6	Metesind
	138890-62-7	Brinzolamid
	139133-26-9	Lexipafant
	139133-27-0	Nupafant
	139308-65-9	Tolafentrin
	139755-83-2	Sildenafil
	140695-21-2	Osutidin
	141626-36-0	Dronedaron
	144494-65-5	Tirofiban
	144980-29-0	Repinotan
	146623-69-0	Saprisartan
	147536-97-8	Bosentan
	149556-49-0	Susalimod
	150375-75-0	Relcovaptan
	151140-96-4	Avitriptan
	154323-57-6	Almotriptan
	154397-77-0	Napsagatran
	158751-64-5	Clamikalant
	159634-47-6	Ibutamoren
	161814-49-9	Amprenavir
	165538-40-9	Terutroban
	165668-41-7	Indisulam
	169590-41-4	Deracoxib
	169590-42-5	Celecoxib
	170569-88-7	Mavacoxib
	170858-33-0	Sonepiprazol
	173424-77-6	Laromustin
	174484-41-4	Tipranavir
	180200-68-4	Tilmacoxib
	180384-56-9	Clazosentan
	180384-57-0	Tezosentan
	180918-68-7	Trecetilid
	181695-72-7	Valdecoxib
	184036-34-8	Sitaxentan
	185913-78-4	Satavaptan
	186497-07-4	Zibotentan
	192329-42-3	Prinomastat
	195533-53-0	Batabulin
	197904-84-0	Apricoxib

Anhang 3

KN-Code	CAS RN	Bezeichnung
2935 00 90	*(Fortsetzung)*	
	198470-84-7	Parecoxib
	206361-99-1	Darunavir
	209733-45-9	Anatibant
	210538-44-6	Taprizosin
	210891-04-6	Edonentan
	219311-44-1	Dabuzalgron
	219757-90-1	Sulamserod
	224785-90-4	Vardenafil
	226700-79-4	Fosamprenavir
	233254-24-5	Tomeglovir
	243984-11-4	Resatorvid
	254877-67-3	Ataciguat
	265114-23-6	Cimicoxib
	266359-83-5	Reparixin
	268203-93-6	Udenafil
	287405-51-0	Apratastat
	287714-41-4	Rosuvastatin
	290815-26-8	Avosentan
	313682-08-5	Brecanavir
	321915-31-5	Litomeglovir
	358970-97-5	Drinabant
	362505-84-8	Relacatib
	381683-92-7	Ecopladib
	381683-94-9	Efipladib
	398507-55-6	Lodenafilcarbonat
	403604-85-3	Nebentan
	414864-00-9	Belinostat
	439687-69-1	Nelivaptan
	444731-52-6	Pazopanib
	464213-10-3	Ibipinabant
	519055-62-0	Tasisulam
	691852-58-1	Nesbuvir
	769169-27-9	Begacestat
	778576-62-8	Oglemilast
	839673-52-8	Cevoglitazar
	862189-95-5	Mirodenafil
	865200-20-0	Giripladib
2936 21 00	68-26-8	Retinol
	302-79-4	Tretinoin
	4759-48-2	Isotretinoin
	5300-03-8	Alitretinoin
2936 22 00	59-43-8	Thiamin
	59-58-5	Prosultiamin
	154-87-0	Cocarboxylase
	532-40-1	Monophosphothiamin
2936 23 00	83-88-5	Riboflavin
2936 24 00	81-13-0	Dexpanthenol
	137-08-6	Calciumpantothenat
	16485-10-2	Panthenol
2936 25 00	65-23-6	Pyridoxin
2936 26 00	68-19-9	Cyanocobalamin
	13422-51-0	Hydroxocobalamin
	13422-55-4	Mecobalamin
	13870-90-1	Cobamamid
2936 27 00	50-81-7	Ascorbinsäure
	134-03-2	Natriumascorbat
2936 28 00	9002-96-4	Tocofersolan
	40516-48-1	Tretinointocoferil
	61343-44-0	Tocofenoxat
2936 29 00	50-14-6	Ergocalciferol
	58-85-5	Biotin
	59-30-3	Folsäure
	59-67-6	Nicotinsäure
	67-97-0	Colecalciferol
	84-80-0	Phytomenadion
	98-92-0	Nicotinamid
	492-85-3	Nicopholin
	1492-18-8	Calciumfolinat

Anhang 3

KN-Code	CAS RN	Bezeichnung
2936 29 00	*(Fortsetzung)*	
	5988-22-7	Phytonadiolnatriumdiphosphat
	19356-17-3	Calcifediol
	31690-09-2	Levomefolsäure
	32222-06-3	Calcitriol
	54573-75-0	Doxercalciferol
	55721-11-4	Secalciferol
	83805-11-2	Falecalcitriol
	104121-92-8	Eldecalcitol
2936 90 00	137-76-8	Cetotiamin
	137-86-0	Octotiamin
	6092-18-8	Cycotiamin
	41294-56-8	Alfacalcidol
2937 11 00	12629-01-5	Somatropin
	82030-87-3	Somatrem
	89383-13-1	Somidobov
	96353-48-9	Somagrebov
	102733-72-2	Sometripor
	102744-97-8	Sometribove
	106282-98-8	Somalapor
	119693-74-2	Somenopor
	123212-08-8	Somatosalm
	126752-39-4	Somavubov
	129566-95-6	Somfasepor
2937 12 00	11061-68-0	Insulin, menschlich
2937 19 00	0-00-0	Corticorelin
	50-56-6	Oxytocin
	50-57-7	Lypressin
	56-59-7	Felypressin
	113-78-0	Demoxytocin
	113-79-1	Argipressin
	113-80-4	Argiprestocin
	1393-25-5	Secretin
	3397-23-7	Ornipressin
	9002-60-2	Corticotropin
	9002-61-3	Choriongonadotrophin
	9002-68-0	Follitropin alfa
	9002-70-4	Serumgonadotropin
	9002-71-5	Thyrotrophin
	9002-79-3	Intermedin
	9004-10-8	Dalanatedinsulin
	9007-12-9	Calcitonin
	11000-17-2	Vasopressininjektion
	11091-62-6	Insulindefalan
	11118-25-5	Calcitonin, Ratte
	12279-41-3	Seractid
	12321-44-7	Calcitonin, von Schwein
	14636-12-5	Terlipressin
	16679-58-6	Desmopressin
	16941-32-5	Glucagon
	16960-16-0	Tetracosactid
	17692-62-5	Norleusactid
	20282-58-0	Tricosactid
	21215-62-3	Calcitonin, menschlich
	22006-64-0	Tridecactid
	22572-04-9	Codactid
	24305-27-9	Protirelin
	24870-04-0	Giractid
	26112-29-8	Calcitonin, von Rindern
	33515-09-2	Gonadorelin
	33605-67-3	Cargutocin
	34273-10-4	Saralasin
	34765-96-3	Alsactid
	37025-55-1	Carbetocin
	38234-21-8	Fertirelin
	38916-34-6	Somatostatin
	47931-80-6	Tosactid
	47931-85-1	Calcitonin, Lachs
	52232-67-4	Teriparatid
	53714-56-0	Leuprorelin
	54017-73-1	Murodermin
	57014-02-5	Calcitonin, von Aalen
	57773-63-4	Triptorelin
	57773-65-6	Deslorelin
	57982-77-1	Buserelin

Anhang 3

KN-Code	CAS RN	Bezeichnung
2937 19 00	*(Fortsetzung)*	
	60731-46-6	Elcatonin
	62305-86-6	Orotirelin
	65807-02-5	Goserelin
	66866-63-5	Lutrelin
	68562-41-4	Mecasermin
	68859-20-1	Insulinargin
	68893-82-3	Parathyroidhormon
	69558-55-0	Thymopentin
	76712-82-8	Histrelin
	76932-56-4	Nafarelin
	77727-10-7	Nacartocin
	78664-73-0	Posatirelin
	81377-02-8	Seglitid
	83150-76-9	Octreotid
	83930-13-6	Somatorelin
	85466-18-8	Thymocartin
	86168-78-7	Sermorelin
	89662-30-6	Detirelix
	90243-66-6	Montirelin
	95729-65-0	Azetirelin
	97048-13-0	Urofollitropin
	100016-62-4	Calcitonin, Hühnchen
	103300-74-9	Taltirelin
	103451-84-9	Avicatonin
	105250-86-0	Ebiratid
	105953-59-1	Dumorelin
	111212-85-2	Ersofermin
	116094-23-6	Insulinaspart
	120287-85-6	Cetrorelix
	122384-88-7	Amlintid
	124904-93-4	Ganirelix
	127932-90-5	Ramorelix
	140703-49-7	Avorelin
	140703-51-1	Examorelin
	141758-74-9	Exenatid
	144743-92-0	Teverelix
	144916-42-7	Sonermin
	146479-72-3	Follitropin beta
	146706-68-5	Rismorelin
	147859-97-0	Peforelin
	151126-32-8	Pramlintid
	152923-57-4	Lutropin alfa
	158861-67-7	Pralmorelin
	159768-75-9	Labradimil
	160337-95-1	Insulinglargin
	165101-51-9	Becaplermin
	170851-70-4	Ipamorelin
	177073-44-8	Choriogonadotropin alfa
	178535-93-8	Abrineurin
	183552-38-7	Abarelix
	186018-45-1	Metreleptin
	197922-42-2	Teduglutid
	204656-20-2	Liraglutide
	207748-29-6	Insulinglulisin
	214766-78-6	Degarelix
	218620-50-9	Pegvisomant
	218949-48-5	Tesamorelin
	275371-94-3	Taspoglutid
	295350-45-7	Ozarelix
	308079-72-3	Thymostimulin
	320367-13-3	Lixisenatid
	348119-84-6	Obinepitid
	782500-75-8	Albiglutid
2937 21 00	50-23-7	Hydrocortison
	50-24-8	Prednisolon
	53-03-2	Prednison
	53-06-5	Cortison
2937 22 00	50-02-2	Dexamethason
	53-33-8	Paramethason
	53-34-9	Fluprednisolon
	67-73-2	Fluocinolonacetonid
	124-94-7	Triamcinolon
	127-31-1	Fludrocortison
	152-97-6	Fluocortolon
	338-95-4	Isoflupredon

Anhang 3

KN-Code	CAS RN	Bezeichnung
2937 22 00	*(Fortsetzung)*	
	356-12-7	Fluocinonid
	378-44-9	Betamethason
	382-67-2	Desoximetason
	426-13-1	Fluorometholon
	595-52-8	Descinolon
	1524-88-5	Fludroxycortid
	2135-17-3	Flumetason
	2193-87-5	Flupredniden
	2355-59-1	Drocinonid
	2557-49-5	Diflorason
	2607-06-9	Diflucortolon
	2825-60-7	Formocortal
	3093-35-4	Halcinonid
	3385-03-3	Flunisolid
	3693-39-8	Fluclorolonacetonid
	3841-11-0	Fluperolon
	3924-70-7	Amcinafal
	4419-39-0	Beclometason
	4732-48-3	Meclorison
	4828-27-7	Clocortolon
	4989-94-0	Triamcinolonfuretonid
	5251-34-3	Cloprednol
	5534-05-4	Betamethasonacibutat
	5611-51-8	Triamcinolonhexacetonid
	7008-26-6	Dichlorison
	7332-27-6	Amcinafid
	19705-61-4	Cicortonid
	19888-56-3	Fluazacort
	21365-49-1	Tralonid
	23674-86-4	Difluprednat
	24320-27-2	Halocortolon
	24358-76-7	Nivacortol
	25092-07-3	Dimeson
	25122-41-2	Clobetasol
	26849-57-0	Triclonid
	28971-58-6	Acrocinonid
	29069-24-7	Prednimustin
	31002-79-6	Triamcinolonbenetonid
	33124-50-4	Fluocortin
	35135-68-3	Cormetason
	50629-82-8	Halometason
	51022-69-6	Amcinonid
	52080-57-6	Chloroprednison
	54063-32-0	Clobetason
	57781-15-4	Halopredon
	58497-00-0	Procinonid
	58524-83-7	Ciprocinonid
	59497-39-1	Naflocort
	60135-22-0	Flumoxonid
	67452-97-5	Alclometason
	74131-77-4	Ticabeson
	78467-68-2	Locicortolondicibat
	83880-70-0	Dexamethasonacefurat
	85197-77-9	Tipredan
	87116-72-1	Timobeson
	90566-53-3	Fluticason
	98651-66-2	Ulobetasol
	103466-73-5	Icometasonenbutat
	105102-22-5	Mometason
	106033-96-9	Itrocinonid
	123013-22-9	Amelometason
	129260-79-3	Loteprednol
	132245-57-9	Dexamethasoncipecilat
	144459-70-1	Rofleponid
	199331-40-3	Etiprednoldicloacetat
	397864-44-7	Fluticasonfuroat
	678160-57-1	Zoticason
2937 23 00	50-28-2	Estradiol
	50-50-0	Estradiolbenzoat
	52-76-6	Lynestrenol
	53-16-7	Estron
	57-63-6	Ethinylestradiol
	57-83-0	Progesteron
	67-95-8	Chingestron
	68-22-4	Norethisteron

Anhang 3

KN-Code	CAS RN	Bezeichnung
2937 23 00	*(Fortsetzung)*	
	68-23-5	Noretynodrel
	68-96-2	Hydroxyprogesteron
	72-33-3	Mestranol
	79-64-1	Dimethisteron
	152-43-2	Quinestrol
	152-62-5	Dydrogesteron
	313-05-3	Azacosterol
	337-03-1	Flugeston
	432-60-0	Allylestrenol
	434-03-7	Ethisteron
	514-68-1	Estriolsuccinat
	520-85-4	Medroxyprogesteron
	547-81-9	Epiestriol
	566-48-3	Formestan
	630-56-8	Hydroxyprogesteroncaproat
	797-63-7	Levonorgestrel
	809-01-8	Edogestron
	848-21-5	Norgestrienon
	850-52-2	Altrenogest
	896-71-9	Tigestol
	965-90-2	Ethylestrenol
	977-79-7	Medrogeston
	979-32-8	Estradiolvalerat
	1169-79-5	Quinestradol
	1231-93-2	Etynodiol
	1253-28-7	Gestonoroncaproat
	1961-77-9	Chlormadinon
	2363-58-8	Epitiostanol
	2740-52-5	Anageston
	2998-57-4	Estramustin
	3124-93-4	Ethyneron
	3538-57-6	Haloprogesteron
	3562-63-8	Megestrol
	3571-53-7	Estradiolundecylat
	3643-00-3	Oxogeston
	4140-20-9	Estrapronicat
	5192-84-7	Trengeston
	5367-84-0	Clomegeston
	5630-53-5	Tibolon
	5633-18-1	Melengestrol
	5941-36-6	Estrazinol
	6533-00-2	Norgestrel
	6795-60-4	Norvinisteron
	7001-56-1	Pentagestron
	7004-98-0	Epimestrol
	7690-08-6	segesterone
	10116-22-0	Demegeston
	10322-73-3	Estrofurat
	10448-96-1	Almestron
	10592-65-1	Chingestanol
	13563-60-5	Norgesteron
	13885-31-9	Orestrat
	14340-01-3	Gestadienol
	15262-77-8	Delmadinon
	16320-04-0	Gestrinon
	16915-71-2	Cingestol
	19291-69-1	Gestaclon
	20047-75-0	Clogeston
	23163-42-0	Metynodiol
	23873-85-0	Proligeston
	25092-41-5	Norgestomet
	28014-46-2	Polyestradiolphosphat
	30781-27-2	Amadinon
	34184-77-5	Promegeston
	34816-55-2	Moxestrol
	35189-28-7	Norgestimat
	39219-28-8	Promestrien
	39791-20-3	Nilestriol
	52279-58-0	Metogest
	54024-22-5	Desogestrel
	54048-10-1	Etonogestrel
	54063-31-9	Cismadinon
	54063-33-1	Cloxestradiol
	58691-88-6	Nomegestrol
	60282-87-3	Gestoden
	65928-58-7	Dienogest

Anhang 3

KN-Code	CAS RN	Bezeichnung
2937 23 00	*(Fortsetzung)*	
	74513-62-5	Trimegeston
	80471-63-2	Epostan
	105149-04-0	Osateron
	110072-15-6	Tosagestin
	129453-61-8	Fulvestrant
	139402-18-9	Alestramustin
2937 29 00	52-39-1	Aldosteron
	52-78-8	Norethandrolon
	53-39-4	Oxandrolon
	53-43-0	Prasteron
	58-18-4	Methyltestosteron
	58-19-5	Drostanolon
	58-22-0	Testosteron
	64-85-7	Desoxycorton
	67-81-2	Penmesterol
	72-63-9	Metandienon
	76-43-7	Fluoxymesteron
	76-47-1	Hydrocortamat
	83-43-2	Methylprednisolon
	145-12-0	Oxymesteron
	145-13-1	Pregnenolon
	152-58-9	Cortodoxon
	153-00-4	Metenolon
	434-07-1	Oxymetholon
	434-22-0	Nandrolon
	521-10-8	Methandriol
	521-11-9	Mestanolon
	521-18-6	Androstanolon
	595-77-7	Algeston
	599-33-7	Prednyliden
	638-94-8	Desonid
	797-58-0	Norboleton
	846-48-0	Boldenon
	965-93-5	Metribolon
	968-93-4	Testolacton
	976-71-6	Canrenon
	1093-58-9	Clostebol
	1110-40-3	Cortivazol
	1247-42-3	Meprednison
	1254-35-9	Oxaboloncipionat
	1424-00-6	Mesterolon
	1491-81-2	Bolmantalat
	1605-89-6	Bolasteron
	2098-66-0	Cyproteron
	2205-73-4	Tiomesteron
	2320-86-7	Enestebol
	2454-11-7	Formebolon
	2487-63-0	Chinbolon
	2668-66-8	Medryson
	3570-10-3	Benorteron
	3625-07-8	Mebolazin
	3638-82-2	Propetandrol
	3704-09-4	Miboleron
	3764-87-2	Trestolon
	5055-42-5	Silandron
	5060-55-9	Prednisolonsteaglat
	5197-58-0	Stenbolon
	5591-27-5	Clometeron
	5626-34-6	Prednisolamat
	5714-75-0	Prednazat
	5874-98-6	Testosteronketolaurat
	6693-90-9	Prednazolin
	7483-09-2	Mesabolon
	7753-60-8	Anecortav
	10161-33-8	Trenbolon
	10418-03-8	Stanozolol
	13085-08-0	Mazipredon
	13583-21-6	Norclostebol
	13647-35-3	Trilostan
	14484-47-0	Deflazacort
	16915-78-9	Bolenol
	17021-26-0	Calusteron
	17230-88-5	Danazol
	17332-61-5	Isopredniden
	18118-80-4	Oxisopred

Anhang 3

KN-Code	CAS RN	Bezeichnung
2937 29 00	*(Fortsetzung)*	
	19120-01-5	Hydroxystenozol
	20423-99-8	Deprodon
	21362-69-6	Mepitiostan
	33122-60-0	Nordinon
	33765-68-3	Oxendolon
	41020-79-5	Dicirenon
	43169-54-6	Mexrenoatkalium
	49697-38-3	Rimexolon
	49847-97-4	Prorenoatkalium
	50801-44-0	Cortisuzol
	51333-22-3	Budesonid
	51354-32-6	Nisterim
	53016-31-2	Norelgestromin
	53608-96-1	Cloxotestosteron
	60023-92-9	Roxibolon
	60607-35-4	Topteron
	61951-99-3	Tixocortol
	63014-96-0	Delanteron
	65415-41-0	Nicocortonid
	66877-67-6	Domoprednat
	67392-87-4	Drospirenon
	73771-04-7	Prednicarbat
	74050-20-7	Hydrocortisonaceponat
	74220-07-8	Spirorenon
	76675-97-3	Resocortol
	77016-85-4	Plomestan
	79243-67-7	Rosterolon
	83625-35-8	Amebucort
	84371-65-3	Mifepriston
	86401-95-8	Methylprednisolonaceponat
	87952-98-5	Mespirenon
	89672-11-7	Cioteronel
	90350-40-6	Methylprednisolonsuleptanat
	91935-26-1	Toripriston
	96301-34-7	Atamestan
	98319-26-7	Finasterid
	105051-87-4	Minamestan
	107000-34-0	Zanoteron
	107724-20-9	Eplerenon
	107868-30-4	Exemestan
	119169-78-7	Epristerid
	120815-74-9	Butixocort
	126544-47-6	Ciclesonid
	137099-09-3	Turosterid
	154229-19-3	Abirateron
	159811-51-5	Ulipristal
	164656-23-9	Dutasterid
	199396-76-4	Asoprisnil
	211254-73-8	Lonaprisan
	222732-94-7	Asoprisnilecamat
2937 50 00	363-24-6	Dinoproston
	551-11-1	Dinoprost
	745-65-3	Alprostadil
	33813-84-2	Deprostil
	35121-78-9	Epoprostenol
	35700-23-3	Carboprost
	40665-92-7	Cloprostenol
	40666-16-8	Fluprostenol
	51953-95-8	Doxaprost
	54120-61-5	Prostalen
	55028-70-1	Arbaprostil
	56695-65-9	Rosaprostol
	59122-46-2	Misoprostol
	59619-81-7	Etiproston
	60325-46-4	Sulproston
	61263-35-2	Meteneprost
	61557-12-8	Penprosten
	62524-99-6	Delprostenat
	62559-74-4	Froxiprost
	63266-93-3	Eganoprost
	64318-79-2	Gemeprost
	67040-53-3	Tiprostanid
	67110-79-6	Luprostiol
	69381-94-8	Fenprostalen
	69648-38-0	Butaprost

Anhang 3

KN-Code	CAS RN	Bezeichnung
2937 50 00	*(Fortsetzung)*	
	69648-40-4	Oxoprostol
	69900-72-7	Trimoprostil
	70667-26-4	Ornoprostil
	71097-83-1	Nileprost
	71116-82-0	Tiaprost
	73121-56-9	Enprostil
	73647-73-1	Viprostol
	74176-31-1	Alfaprostol
	77287-05-9	Rioprostil
	78919-13-8	Iloprost
	79360-43-3	Nocloprost
	79672-88-1	Piriprost
	80225-28-1	Tilsuprost
	81026-63-3	Enisoprost
	81845-44-5	Ciprosten
	81846-19-7	Treprostinil
	83997-19-7	Ataprost
	85505-64-2	Vapiprost
	86348-98-3	Flunoprost
	87269-59-8	Naxaprosten
	88430-50-6	Beraprost
	88852-12-4	Limaprost
	88931-51-5	Clinprost
	88980-20-5	Mexiprostil
	90243-98-4	Dimoxaprost
	90693-76-8	Eptaloprost
	95722-07-9	Cicaprost
	105674-77-9	Lanproston
	108945-35-3	Taprosten
	110845-89-1	Remiprostol
	120373-36-6	Unoproston
	122946-42-3	Spiriprostil
	130209-82-4	Latanoprost
	136892-64-3	Ecraprost
	139403-31-9	Pimilprost
	155206-00-1	Bimatoprost
	172740-14-6	Posaraprost
	209860-87-7	Tafluprost
	256382-08-8	Rivenprost
	333963-40-9	Lubiproston
	333963-42-1	Cobiproston
2937 90 00	51-41-2	Norepinephrin
	51-43-4	Epinephrin
	55-03-8	Levothyroxinnatrium
	104-14-3	Octopamin
	329-65-7	Racepinefrin
	3130-96-9	Rathyronin
	6893-02-3	Liothyronin
	9010-34-8	Thyroglobulin
	13074-00-5	Azasten
	83646-97-3	Inocoteron
	342577-38-2	Velneperit
	609799-22-6	Tasimelteon
	834153-87-6	Elagolix
2938 10 00	153-18-4	Rutosid
	520-27-4	Diosmin
	7085-55-4	Troxerutin
	23869-24-1	Monoxerutin
	30851-76-4	Ethoxazorutosid
2938 90 10	71-63-6	Digitoxin
	1111-39-3	Acetyldigitoxin
	1405-76-1	Gitalin, amorph
	3261-53-8	Gitaloxin
	7242-04-8	Pengitoxin
	10176-39-3	Gitoformat
	17575-22-3	Lanatosid C
	17598-65-1	Deslanosid
	20830-75-5	Digoxin
	30685-43-9	Metildigoxin
	36983-69-4	Actodigin
2938 90 90	466-06-8	Proscillaridin
	474-58-8	Sitoglusid
	8063-80-7	Polisaponin

Anhang 3

KN-Code	CAS RN	Bezeichnung
2938 90 90	*(Fortsetzung)*	
	14144-06-0	Disoglusid
	17226-75-4	Khellosid
	18719-76-1	Keracyanin
	29767-20-2	Teniposid
	33156-28-4	Ramnodigin
	33396-37-1	Meproscillarin
	33419-42-0	Etoposid
	99759-19-0	Tichesid
	100345-64-0	Siagosid
	131129-98-1	Mipragosid
	150332-35-7	Pamachesid
2939 11 00	76-41-5	Oxymorphon
	76-42-6	Oxycodon
	125-28-0	Dihydrocodein
	125-29-1	Hydrocodon
	466-90-0	Thebacon
	466-99-9	Hydromorphon
	509-67-1	Pholcodin
	639-48-5	Nicomorphin
	14521-96-1	Etorphin
	52485-79-7	Buprenorphin
2939 19 00	62-67-9	Nalorphin
	128-62-1	Noscapin
	143-52-2	Metopon
	427-00-9	Desomorphin
	465-65-6	Naloxon
	466-97-7	Normorphin
	467-15-2	Norcodein
	467-18-5	Myrophin
	486-47-5	Ethaverin
	509-56-8	Methyldihydromorphin
	808-24-2	Nicodicodin
	2183-56-4	Hydromorphinol
	3688-66-2	Nicocodin
	4406-22-8	Cyprenorphin
	7125-76-0	Codoxim
	14357-78-9	Diprenorphin
	16008-36-9	Methyldesorphin
	16549-56-7	Homprenorphin
	16590-41-3	Naltrexon
	16676-26-9	Nalmexon
	20290-10-2	Morphinglucuronid
	20594-83-6	Nalbuphin
	23758-80-7	Alletorphin
	25333-77-1	Acetorphin
	42281-59-4	Oxilorphan
	55096-26-9	Nalmefen
	68616-83-1	Pentamorphon
	69373-95-1	Diproteverin
	72060-05-0	Conorfon
	73232-52-7	Methylnaltrexonbromid
	77287-89-9	Xorphanol
	88939-40-6	Semorphon
	152657-84-6	Nalfurafin
2939 20 00	84-55-9	Viquidil
	1301-42-4	Euprocin
2939 41 00	90-81-3	Racephedrin
2939 42 00	90-82-4	Pseudoephedrin
2939 43 00	492-39-7	Cathin
2939 49 00	530-54-1	Methoxyphedrin
	7681-79-0	Etafedrin
	14838-15-4	Phenylpropanolamin
	26652-09-5	Ritodrin
2939 51 00	3736-08-1	Fenetyllin
2939 59 00	314-35-2	Etamiphyllin
	317-34-0	Aminophyllin
	437-74-1	Xantinolnicotinat
	479-18-5	Diprophyllin
	519-30-2	Dimethazan
	519-37-9	Etofyllin

Anhang 3

KN-Code	CAS RN	Bezeichnung
2939 59 00	*(Fortsetzung)*	
	523-87-5	Dimenhydrinat
	603-00-9	Proxyphyllin
	606-90-6	Piprinhydrinat
	1703-48-6	Dimabefyllin
	2016-63-9	Bamifyllin
	4499-40-5	Cholintheophyllinat
	5634-38-8	Guaifyllin
	6493-05-6	Pentoxifyllin
	10001-43-1	Pimefyllin
	10226-54-7	Lomifyllin
	13460-98-5	Theodrenalin
	15518-82-8	Metescufyllin
	15766-94-6	Theophyllinephedrin
	17243-56-0	Visnafyllin
	17243-70-8	Triclofyllin
	17692-30-7	Diniprofyllin
	17693-51-5	Promethazinteoclat
	18833-13-1	Acefyllinpiperazin
	30924-31-3	Cafaminol
	36921-54-7	Xantifibrat
	41078-02-8	Enprofyllin
	53403-97-7	Pyridofyllin
	54063-54-6	Reproterol
	54504-70-0	Etofyllinclofibrat
	55242-55-2	Propentofyllin
	57076-71-8	Denbufyllin
	58166-83-9	Cafedrin
	65184-10-3	Teoprolol
	69975-86-6	Doxofyllin
	70788-27-1	Acefyllinclofibrol
	79712-55-3	Tazifyllin
	80288-49-9	Furafyllin
	80294-25-3	Mexafyllin
	81792-35-0	Teopranitol
	82190-91-8	Flufyllin
	85118-43-0	Fluprofyllin
	90162-60-0	Isbufyllin
	90749-32-9	Laprafyllin
	98204-48-9	Spirofyllin
	98833-92-2	Stacofyllin
	100324-81-0	Lisofyllin
	102144-78-5	Tameridon
	105102-21-4	Torbafyllin
	107767-55-5	Albifyllin
	110390-84-6	Perbufyllin
	116763-36-1	Nestifyllin
	132210-43-6	Cipamfyllin
	136145-07-8	Arofyllin
	136199-02-5	Rolofyllin
	151159-23-8	Midaxifyllin
	151581-23-6	Apaxifyllin
	155270-99-8	Istradefyllin
	166374-49-8	Naxifyllin
2939 61 00	60-79-7	Ergometrin
2939 62 00	113-15-5	Ergotamin
2939 69 00	50-37-3	Lysergid
	113-42-8	Methylergometrin
	361-37-5	Methysergid
	511-12-6	Dihydroergotamin
	3031-48-9	Acetergamin
	5793-04-4	Propisergid
	7125-71-5	Tochizin
	17692-51-2	Metergolin
	18016-80-3	Lisurid
	22336-84-1	Metergotamin
	25614-03-3	Bromocriptin
	27848-84-6	Nicergolin
	36945-03-6	Lergotril
	37686-84-3	Tergurid
	57935-49-6	Tiomergin
	59032-40-5	Disulergin
	59091-65-5	Delergotril
	60019-20-7	Brazergolin
	64795-23-9	Etisulergin

Anhang 3

KN-Code	CAS RN	Bezeichnung
2939 69 00	*(Fortsetzung)*	
	64795-35-3	Mesulergin
	66104-22-1	Pergolid
	66759-48-6	Desocriptin
	74627-35-3	Cianergolin
	77650-95-4	Protergurid
	81409-90-7	Cabergolin
	81968-16-3	Mergocriptin
	83455-48-5	Bromergurid
	87178-42-5	Dosergosid
	88660-47-3	Epicriptin
	107052-56-2	Romergolin
	108674-86-8	Sergolexol
	121588-75-8	Amesergid
2939 91 00	537-46-2	Metamfetamin
2939 99 00	0-00-0	Exatecanalideximer
	50-39-5	Protheobromin
	50-55-5	Reserpin
	52-88-0	Atropinmethonitrat
	53-18-9	Bietaserpin
	54-49-9	Metaraminol
	57-22-7	Vincristin
	57-94-3	Tubocurarinchlorid
	80-49-9	Homatropinmethylbromid
	80-50-2	Octatropinmethylbromid
	84-36-6	Syrosingopin
	86-13-5	Benzatropin
	90-39-1	Spartein
	90-69-7	Lobelin
	90-86-8	Cinnamedrin
	131-01-1	Deserpidin
	143-92-0	Tropenzilinbromid
	357-70-0	Galantamin
	365-26-4	Oxilofrin
	428-07-9	Atromepin
	477-30-5	Demecolcin
	486-56-6	Cotinin
	495-83-0	Tigloidin
	511-55-7	Xenytropiumbromid
	520-52-5	Psilocybin
	522-87-2	Yohimbinsäure
	524-83-4	Etybenzatropin
	533-08-4	Tropiglin
	546-06-5	Conessin
	585-14-8	Poskin
	602-40-4	Cyheptropin
	602-41-5	Thiocolchicosid
	604-51-3	Deptropin
	865-04-3	Methoserpidin
	865-21-4	Vinblastin
	865-24-7	Vinglycinat
	1028-33-7	Pentifyllin
	1178-28-5	Metoserpat
	1242-69-9	Decitropin
	1617-90-9	Vincamin
	2589-47-1	Prajmaliumbitartrat
	3735-85-1	Mefeserpin
	3784-89-2	Phenactropiniumchlorid
	4438-22-6	Atropinoxid
	4880-88-0	Vinburnin
	4880-92-6	Apovincamin
	4914-30-1	Dehydroemetin
	5610-40-2	Securinin
	5627-46-3	Clobenztropin
	5868-06-4	Fentoniumbromid
	7008-24-4	Chloroserpidin
	7008-42-6	Acronin
	7009-65-6	Prampin
	10405-02-4	Trospiumchlorid
	15130-91-3	Sultroponium
	15180-03-7	Alcuroniumchlorid
	15228-71-4	Vinrosidin
	15790-02-0	Tropodifen
	17127-48-9	Glaziovin
	19410-02-7	Tropirin
	19877-89-5	Vincanol

Anhang 3

KN-Code	CAS RN	Bezeichnung
2939 99 00	*(Fortsetzung)*	
	22254-24-6	Ipratropiumbromid
	23360-92-1	Vinleurosin
	24815-24-5	Rescinnamin
	25573-43-7	Eseridin
	25775-90-0	Zucapsaicin
	29025-14-7	Butropiumbromid
	30286-75-0	Oxitropiumbromid
	33335-58-9	Dimethyltubocurariniumchlorid
	40796-97-2	Bemesetron
	42971-09-5	Vinpocetin
	47562-08-3	Lorajmin
	51598-60-8	Cimetropiumbromid
	53643-48-4	Vindesin
	53862-81-0	Detajmiumbitartrat
	54022-49-0	Vinformid
	57475-17-9	Brovincamin
	57694-27-6	Vinpolin
	58337-35-2	Elliptiniumacetat
	63516-07-4	Flutropiumbromid
	64294-94-6	Tropabazat
	65285-58-7	Vincantril
	67699-40-5	Vinzolidin
	68170-69-4	Vinepidin
	68779-67-9	Vindeburnol
	71031-15-7	Cathinon
	71486-22-1	Vinorelbin
	72238-02-9	Retelliptin
	73573-42-9	Rescimetol
	76352-13-1	Tropaprid
	79467-19-9	Sintropiumbromid
	81571-28-0	Vinleucinol
	81600-06-8	Vintriptol
	83482-77-3	Vinmegallat
	85181-40-4	Tropanserin
	88199-75-1	Sevitropiummesilat
	89565-68-4	Tropisetron
	91421-42-0	Rubitecan
	97682-44-5	Irinotecan
	105118-14-7	Datelliptiumchlorid
	109889-09-0	Granisetron
	113932-41-5	Tematropiummetilsulfat
	117086-68-7	Ricasetron
	123258-84-4	Itasetron
	123286-00-0	Vinfosiltin
	123482-22-4	Zatosetron
	123948-87-8	Topotecan
	135905-89-4	Mirisetron
	139404-48-1	Tiotropiumbromid
	149882-10-0	Lurtotecan
	162652-95-1	Vinflunin
	171335-80-1	Exatecan
	187852-63-7	Delimotecan
	203066-49-3	Pegamotecan
	215604-75-4	Afeletecan
	220997-97-7	Diflomotecan
	220998-10-7	Elomotecan
	246527-99-1	Mureletecan
	256411-32-2	Belotecan
	292618-32-7	Gimatecan
	850607-58-8	Darotropiumbromid
2940 00 00	488-69-7	Fosfructose
	585-86-4	Lactitol
	4618-18-2	Lactulose
	7585-39-9	Betadex
	9007-72-1	Eisen(III)carboxymaltose
	10016-20-3	Alfadex
	10310-32-4	Tribenosid
	15351-13-0	Nicofuranose
	15879-93-3	Chloralose
	29899-95-4	Clobenosid
	33779-37-2	Salprotosid
	54182-58-0	Sucralfat
	55902-93-7	Mebenosid
	56824-20-5	Amiprilose
	57680-56-5	Sucrosofat

Anhang 3

KN-Code	CAS RN	Bezeichnung
2940 00 00	*(Fortsetzung)*	
	96427-12-2	Lactalfat
	132682-98-5	Glufosfamid
	133692-55-4	Seprilose
	179067-42-6	Tafluposid
	187269-40-5	Bimosiamose
	408504-26-7	Sergliflozinetabonat
	442201-24-3	Remogliflozinetabonat
2941 10 00	61-32-5	Meticillin
	61-33-6	Benzylpenicillin
	61-72-3	Cloxacillin
	66-79-5	Oxacillin
	69-53-4	Ampicillin
	87-08-1	Phenoxymethylpenicillin
	87-09-2	Almecillin
	147-52-4	Nafcillin
	147-55-7	Pheneticillin
	525-94-0	Adicillin
	551-27-9	Propicillin
	751-84-8	Benethaminpenicillin
	983-85-7	Penamecillin
	1538-09-6	Benzathinbenzylpenicillin
	1596-63-0	Quinacillin
	1926-48-3	Fenbenicillin
	1926-49-4	Clometocillin
	3116-76-5	Dicloxacillin
	3485-14-1	Ciclacillin
	3511-16-8	Hetacillin
	3736-12-7	Levopropicillin
	4697-36-3	Carbenicillin
	4780-24-9	Isopropicillin
	5250-39-5	Flucloxacillin
	6011-39-8	Clemizolpenicillin
	6489-97-0	Metampicillin
	7009-88-3	Phenyracillin
	10004-67-8	Amantocillin
	15949-72-1	Prazocillin
	17243-38-8	Azidocillin
	22164-94-9	Suncillin
	26552-51-2	Tifencillin
	26774-90-3	Epicillin
	26787-78-0	Amoxicillin
	27025-49-6	Carfecillin
	33817-20-8	Pivampicillin
	34787-01-4	Ticarcillin
	35531-88-5	Carindacillin
	37091-66-0	Azlocillin
	40966-79-8	Sarpicillin
	41744-40-5	Sulbenicillin
	47747-56-8	Talampicillin
	50972-17-3	Bacampicillin
	51154-48-4	Fibracillin
	51481-65-3	Mezlocillin
	53861-02-2	Oxetacillin
	54340-65-7	Furbucillin
	55530-41-1	Rotamicillin
	55975-92-3	Pirbenicillin
	56211-43-9	Tameticillin
	61477-96-1	Piperacillin
	63358-49-6	Aspoxicillin
	63469-19-2	Apalcillin
	66148-78-5	Temocillin
	66327-51-3	Fuzlocillin
	67337-44-4	Sarmoxicillin
	69414-41-1	Piridicillin
	76497-13-7	Sultamicillin
	78186-33-1	Fumoxicillin
	82509-56-6	Piroxicillin
	86273-18-9	Lenampicillin
	98048-07-8	Fomidacillin
	151287-22-8	Tobicillin
2941 20 80	57-92-1	Streptomycin
	4480-58-4	Streptoniazid
	11011-72-6	Bluensomycin

Anhang 3

KN-Code	CAS RN	Bezeichnung
2941 20 80	*(Fortsetzung)* 102426-96-0	Paldimycin
2941 30 00	57-62-5	Chlortetracyclin
	60-54-8	Tetracyclin
	79-57-2	Oxytetracyclin
	127-33-3	Demeclocyclin
	564-25-0	Doxycyclin
	751-97-3	Rolitetracyclin
	808-26-4	Sancyclin
	914-00-1	Metacyclin
	987-02-0	Demecyclin
	992-21-2	Lymecyclin
	1110-80-1	Pipacyclin
	1181-54-0	Clomocyclin
	2013-58-3	Meclocyclin
	4599-60-4	Penimepicyclin
	5585-59-1	Nitrocyclin
	5874-95-3	Amicyclin
	10118-90-8	Minocyclin
	15301-82-3	Pecocyclin
	15590-00-8	Etamocyclin
	15599-51-6	Apicyclin
	16259-34-0	Penimocyclin
	16545-11-2	Guamecyclin
	31770-79-3	Meglucyclin
	58298-92-3	Colimecyclin
	220620-09-7	Tigecyclin
2941 40 00	56-75-7	Chloramphenicol
	847-25-6	Racefenicol
	13838-08-9	Azidamfenicol
	15318-45-3	Thiamphenicol
	31342-36-6	Cloramfenicolpantotenat, zusammengesetzte
	73231-34-2	Florfenicol
2941 50 00	114-07-8	Erythromycin
	527-75-3	Berythromycin
	53066-26-5	Lexithromycin
	62013-04-1	Dirithromycin
	80214-83-1	Roxithromycin
	81103-11-9	Clarithromycin
	82664-20-8	Flurithromycin
	84252-03-9	Erythromycinstinoprat
	96128-89-1	Erythromycinacistrat
	110480-13-2	Idremcinal
2941 90 00	0-00-0	Actagardin
	50-07-7	Mitomycin
	50-59-9	Cefaloridin
	50-76-0	Dactinomycin
	53-79-2	Puromycin
	59-01-8	Kanamycin
	66-81-9	Cicloheximid
	68-41-7	Cycloserin
	113-73-5	Gramicidin S
	115-02-6	Azaserin
	119-04-0	Framycetin
	125-65-5	Pleuromulin
	126-07-8	Griseofulvin
	153-61-7	Cefalotin
	154-21-2	Lincomycin
	303-81-1	Novobiocin
	480-49-9	Filipin
	580-74-5	Xantocillin
	636-47-5	Stallimycin
	801-52-5	Porfiromycin
	859-07-4	Cefaloram
	1018-71-9	Pyrrolnitrin
	1066-17-7	Colistin
	1391-41-9	Endomycin
	1392-21-8	Kitasamycin
	1393-87-9	Fusafungin
	1394-02-1	Hachimycin
	1397-89-3	Amphotericin B
	1400-61-9	Nystatin
	1401-69-0	Tylosin
	1402-81-9	Ambomycin
	1402-82-0	Amfomycin

Anhang 3

KN-Code	CAS RN	Bezeichnung
2941 90 00	*(Fortsetzung)*	
	1403-17-4	Candicidin
	1403-66-3	Gentamicin
	1403-71-0	Hamycin
	1403-99-2	Mitogillin
	1404-04-2	Neomycin
	1404-08-6	Neutramycin
	1404-15-5	Nogalamycin
	1404-20-2	Peliomycin
	1404-26-8	Polymyxin B
	1404-48-4	Relomycin
	1404-55-3	Ristocetin
	1404-59-7	Rutamycin
	1404-64-4	Sparsomycin
	1404-74-6	Streptovarycin
	1404-88-2	Tyrothricin
	1404-90-6	Vancomycin
	1405-00-1	Viridofulvin
	1405-52-3	Sulfomyxin
	1405-87-4	Bacitracin
	1405-97-6	Gramicidin
	1407-05-2	Methocidin
	1695-77-8	Spectinomycin
	2508-89-6	Duazomycin
	2750-76-7	Rifamid
	2751-09-9	Troleandomycin
	3577-01-3	Cefaloglycin
	3922-90-5	Oleandomycin
	3930-19-6	Rufocromomycin
	4117-65-1	Aspartocin
	4434-05-3	Cumamycin
	4564-87-8	Carbomycin
	4696-76-8	Bekanamycin
	4803-27-4	Antramycin
	5575-21-3	Cefalonium
	6990-06-3	Fusidinsäure
	6998-60-3	Rifamycin
	7542-37-2	Paromomycin
	7644-67-9	Azotomycin
	7681-93-8	Natamycin
	8025-81-8	Spiramycin
	8052-16-2	Cactinomycin
	9014-02-2	Zinostatin
	10118-85-1	Lidimycin
	10206-21-0	Cefacetril
	11003-38-6	Capreomycin
	11006-70-5	Olivomycin
	11006-76-1	Mikamycin
	11006-76-1	Ostreogrycin
	11006-76-1	Pristinamycin
	11006-76-1	Virginiamycin
	11006-77-2	Vistatolon
	11014-70-3	Levorin
	11015-37-5	Bambermycin
	11029-70-2	Heliomycin
	11033-34-4	Steffimycin
	11043-99-5	Mitomalcin
	11048-13-8	Nebramycin
	11048-15-0	Kalafungin
	11051-71-1	Avilamycin
	11056-06-7	Bleomycin
	11056-09-0	Ranimycin
	11056-11-4	Biniramycin
	11056-12-5	Cirolemycin
	11056-14-7	Mitocarcin
	11056-15-8	Mitosper
	11056-16-9	Nifungin
	11096-49-4	Partricin
	11115-82-5	Enramycin
	11121-32-7	Mepartricin
	12650-69-0	Mupirocin
	12706-94-4	Antelmycin
	12772-35-9	Butirosin
	13058-67-8	Lucimycin
	13292-46-1	Rifampicin
	14289-25-9	Diproleandomycin
	15686-71-2	Cefalexin

Anhang 3

KN-Code	CAS RN	Bezeichnung
2941 90 00	*(Fortsetzung)*	
	16846-24-5	Josamycin
	17090-79-8	Monensin
	18323-44-9	Clindamycin
	18378-89-7	Plicamycin
	18883-66-4	Streptozocin
	19504-77-9	Pecilocin
	20830-81-3	Daunorubicin
	21102-49-8	Volpristin
	21593-23-7	Cefapirin
	22733-60-4	Siccanin
	23110-15-8	Fumagillin
	23155-02-4	Fosfomycin
	23214-92-8	Doxorubicin
	23477-98-7	Sedecamycin
	24280-93-1	Mycophenolinsäure
	25546-65-0	Ribostamycin
	25953-19-9	Cefazolin
	25999-31-9	Lasalocid
	26631-90-3	Brobactam
	26973-24-0	Ceftezol
	27661-27-4	Benaxibin
	28022-11-9	Megalomicin
	30387-39-4	Colistimethatnatrium
	31101-25-4	Mirincamycin
	32385-11-8	Sisomicin
	32886-97-8	Pivmecillinam
	32887-01-7	Mecillinam
	32986-56-4	Tobramycin
	32988-50-4	Viomycin
	33103-22-9	Enviomycin
	34444-01-4	Cefamandol
	34493-98-6	Dibekacin
	35457-80-8	Midecamycin
	35607-66-0	Cefoxitin
	35775-82-7	Maridomycin
	35834-26-5	Rosaramicin
	36441-41-5	Lividomycin
	36889-15-3	Betamicin
	36920-48-6	Cefoxazol
	37305-75-2	Actaplanin
	37321-09-8	Apramycin
	37332-99-3	Avoparcin
	37517-28-5	Amikacin
	37717-21-8	Flurocitabin
	38129-37-2	Bicozamycin
	38821-53-3	Cefradin
	39685-31-9	Cefuracetim
	41952-52-7	Cefcanel
	47917-41-9	Primycin
	50370-12-2	Cefadroxil
	50846-45-2	Bacmecillinam
	50935-04-1	Carubicin
	50935-71-2	Mocimycin
	51025-85-5	Arbekacin
	51627-14-6	Cefatrizin
	51627-20-4	Cefaparol
	51762-05-1	Cefroxadin
	52093-21-7	Micronomicin
	52231-20-6	Cefrotil
	53003-10-4	Salinomycin
	53228-00-5	Cetocyclin
	53994-73-3	Cefaclor
	54083-22-6	Zorubicin
	54182-65-9	Azalomycin
	54818-11-0	Cefsumid
	55134-13-9	Narasin
	55268-75-2	Cefuroxim
	55297-95-5	Tiamulin
	55779-06-1	Astromicin
	55870-64-9	Pentisomicin
	56124-62-0	Valrubicin
	56187-47-4	Cefazedon
	56283-74-0	Laidlomycin
	56377-79-8	Nosiheptid
	56391-56-1	Netilmicin
	56420-45-2	Epirubicin

Anhang 3

KN-Code	CAS RN	Bezeichnung
2941 90 00	*(Fortsetzung)*	
	56592-32-6	Efrotomycin
	56689-42-0	Repromicin
	56796-20-4	Cefmetazol
	57576-44-0	Aclarubicin
	57847-69-5	Cefedrolor
	58152-03-7	Isepamicin
	58665-96-6	Cefazaflur
	58857-02-6	Ambruticin
	58944-73-3	Sinefungin
	58957-92-9	Idarubicin
	58970-76-6	Ubenimex
	59733-86-7	Butikacin
	59794-18-2	Paulomycin
	59865-13-3	Ciclosporin
	60925-61-3	Ceforanid
	61036-62-2	Teicoplanin
	61270-58-4	Cefonicid
	61379-65-5	Rifapentin
	61622-34-2	Cefotiam
	62107-94-2	Plauracin
	62587-73-9	Cefsulodin
	62893-19-0	Cefoperazon
	63409-12-1	Tylvalosin
	63521-85-7	Esorubicin
	63527-52-6	Cefotaxim
	64221-86-9	Imipenem
	64314-52-9	Medorubicin
	64952-97-2	Latamoxef
	65052-63-3	Cefetamet
	65057-90-1	Talisomycin
	65085-01-0	Cefmenoxim
	65195-55-3	Abamectin
	65307-12-2	Cefetrizol
	66211-92-5	Detorubicin
	66474-36-0	Cefivitril
	66508-53-0	Fosmidomycin
	66887-96-5	Propikacin
	68247-85-8	Peplomycin
	68373-14-8	Sulbactam
	68401-81-0	Ceftizoxim
	69132-42-9	Ceftioxid
	69712-56-7	Cefotetan
	69739-16-8	Cefodizim
	70639-48-4	Etisomicin
	70774-25-3	Leurubicin
	70797-11-4	Cefpiramid
	71628-96-1	Menogaril
	72496-41-4	Pirarubicin
	72558-82-8	Ceftazidim
	72559-06-9	Rifabutin
	73384-59-5	Ceftriaxon
	73684-69-2	Mirosamicin
	74014-51-0	Rokitamycin
	75747-14-7	Tanespimycin
	76168-82-6	Ramoplanin
	76470-66-1	Loracarbef
	76610-84-9	Cefbuperazon
	77360-52-2	Ceftiolen
	78110-38-0	Aztreonam
	79350-37-1	Cefixim
	79404-91-4	Cilofungin
	79548-73-5	Pirlimycin
	80195-36-4	Cefdaloxim
	80210-62-4	Cefpodoxim
	80370-57-6	Ceftiofur
	80621-81-4	Rifaximin
	82219-78-1	Cefuzonam
	82547-58-8	Cefteram
	83905-01-5	Azithromycin
	84305-41-9	Cefminox
	84845-57-8	Ritipenem
	84878-61-5	Maduramicin
	84880-03-5	Cefpimizol
	84957-29-9	Cefpirom
	84957-30-2	Cefchinom
	87638-04-8	Carumonam

Anhang 3

KN-Code	CAS RN	Bezeichnung
2941 90 00	*(Fortsetzung)*	
	87726-17-8	Panipenem
	88040-23-7	Cefepim
	88669-04-9	Trospectomycin
	89786-04-9	Tazobactam
	90850-05-8	Gloximonam
	90898-90-1	Oximonam
	91832-40-5	Cefdinir
	92665-29-7	Cefprozil
	94168-98-6	Rifametan
	96036-03-2	Meropenem
	96497-67-5	Rodorubicin
	97068-30-9	Elsamitrucin
	97275-40-6	Cefcaneldaloxat
	97519-39-6	Ceftibuten
	99665-00-6	Flomoxef
	101312-92-9	Valnemulin
	102130-84-7	Nemadectin
	102507-71-1	Tigemonam
	103060-53-3	Daptomycin
	103238-57-9	Cefempidon
	104145-95-1	Cefditoren
	105239-91-6	Cefclidin
	106560-14-9	Faropenem
	107452-79-9	Cefmepidiumchlorid
	108050-54-0	Tilmicosin
	108319-07-9	Pirazmonam
	108852-90-0	Nemorubicin
	109545-84-8	Evernimicin
	110267-81-7	Amrubicin
	113102-19-5	Rifamexil
	113167-61-6	Terdecamycin
	113359-04-9	Cefozopran
	113378-31-7	Semduramicin
	114451-30-8	Ganefromycin
	116853-25-9	Cefluprenam
	117211-03-7	Cefetecol
	117704-25-3	Doramectin
	117742-13-9	Ardacin
	119673-08-4	Becatecarin
	120138-50-3	Chinupristin
	120410-24-4	Biapenem
	120788-07-0	Sulopenem
	121584-18-7	Valspodar
	122173-74-4	Mideplanin
	122841-10-5	Cefoselis
	123997-26-2	Eprinomectin
	127785-64-2	Basifungin
	129639-79-8	Abafungin
	129791-92-0	Rifalazil
	135821-54-4	Ceftizoxim-Alapivoxil
	135889-00-8	Cefcapen
	140128-74-1	Cefmatilen
	140637-86-1	Galarubicin
	145435-72-9	Gamithromycin
	148016-81-3	Doripenem
	149951-16-6	Lenapenem
	152044-54-7	Patupilon
	153832-46-3	Ertapenem
	156131-91-8	Dimadectin
	156769-21-0	Sanfetrinem
	159445-62-2	Orientiparcin
	161715-24-8	Tebipenem-Pivoxil
	162808-62-0	Caspofungin
	166663-25-8	Anidulafungin
	171047-47-5	Ladirubicin
	171099-57-3	Oritavancin
	171500-79-1	Dalbavancin
	191114-48-4	Telithromycin

Anhang 3

KN-Code	CAS RN	Bezeichnung
2941 90 00	*(Fortsetzung)*	
	193811-33-5	Tacapenem
	205110-48-1	Cethromycin
	209467-52-7	Ceftobiprol
	211100-13-9	Sabarubicin
	219989-84-1	Ixabepilon
	222400-20-6	Tomopenem
	224452-66-8	Retapamulin
	229016-73-3	Ceftarolinfosamil
	234096-34-5	Cefovecin
	235114-32-6	Micafungin
	305841-29-6	Sagopilon
	318498-76-9	Flopristin
	325965-23-9	Linopristin
	328898-40-4	Tildipirosin
	372151-71-8	Telavancin
	376653-43-9	Ceftobiprol-Medocaril
	400046-53-9	Ozogamicin
	467214-20-6	Alvespimycin
	677017-23-1	Berubicin
	857402-23-4	Retaspimycin
	217500-96-4 tulathromycin A + 280755-12-6 tulath. B	Tulathromycin
	371918-51-3 (component A3), 371918-44-4 (component A4)	Latidectin
2942 00 00	16037-91-5	Natriumstibogluconat
3001 20 10	123774-72-1	Sargramostim
3001 20 90	83712-60-1	Defibrotid
	99283-10-0	Molgramostim
	121547-04-4	Mirimostim
	127757-91-9	Regramostim
3001 90 91	0-00-0	Certoparinnatrium
	0-00-0	Livaraparincalcium
	0-00-0	Minolteparinnatrium
	0-00-0	Nadroparincalcium
	0-00-0	Parnaparinnatrium
	0-00-0	Reviparinnatrium
	0-00-0	Tinzaparinnatrium
	9005-49-6	Heparinnatrium
	9041-08-1	Ardeparinnatrium
	9041-08-1	Dalteparinnatrium
	9041-08-1	Deligoparinnatrium
	9041-08-1	Enoxaparinnatrium
	9041-08-1	Semuloparinnatrium
3001 90 98	54182-59-1	Sulglicotid
	120993-53-5	Desirudin
3002 10 91	0-00-0	Biciromab
	0-00-0	Epitumomab
	0-00-0	Hemoglobinglutamer
	0-00-0	Muromonab-CD3
	0-00-0	Ziralimumab
	89957-37-9	Gantenerumab
	126132-83-0	Imciromab
	127757-92-0	Maslimomab
	138660-96-5	Sevirumab
	138660-97-6	Tuvirumab
	138661-01-5	Nebacumab
	141410-98-2	Edobacomab
	142864-19-5	Enlimomab
	143653-53-6	Abciximab
	144058-40-2	Satumomab
	145832-33-3	Detumomab
	147191-91-1	Priliximab
	148189-70-2	Votumumab
	151763-64-3	Capromab
	152923-56-3	Daclizumab
	152981-31-2	Inolimomab
	153101-26-9	Regavirumab

Anhang 3

KN-Code	CAS RN	Bezeichnung
3002 10 91	*(Fortsetzung)*	
	154361-48-5	Arcitumomab
	156227-98-4	Afelimomab
	156586-89-9	Edrecolomab
	156586-90-2	Cedelizumab
	156586-92-4	Altumomab
	158318-63-9	Bectumomab
	159445-64-4	Odulimomab
	162774-06-3	Nerelimomab
	166089-32-3	Lintuzumab
	167747-19-5	Sulesomab
	167747-20-8	Felvizumab
	167816-91-3	Faralimomab
	169802-84-0	Enlimomab Pegol
	170277-31-3	Infliximab
	171656-50-1	Igovomab
	174722-30-6	Keliximab
	174722-31-7	Rituximab
	179045-86-4	Basiliximab
	180288-69-1	Trastuzumab
	182912-58-9	Clenoliximab
	188039-54-5	Palivizumab
	189261-10-7	Natalizumab
	192391-48-3	Tositumomab
	195158-85-1	Vepalimomab
	195189-17-4	Minretumomab
	196078-29-2	Mepolizumab
	197462-97-8	Hemoglobin-Raffimer
	202833-07-6	Morolimumab
	202833-08-7	Atorolimumab
	205923-56-4	Cetuximab
	205923-57-5	Epratuzumab
	211323-03-4	Erlizumab
	213327-37-8	Oregovomab
	214559-60-1	Bivatuzumab
	214745-43-4	Efalizumab
	216503-57-0	Alemtuzumab
	216503-58-1	Mitumomab
	216669-97-5	Sibrotuzumab
	216974-75-3	Bevacizumab
	219649-07-7	Labetuzumab
	219685-50-4	Eculizumab
	219685-93-5	Pexelizumab
	219716-33-3	Visilizumab
	220578-59-6	Gemtuzumab
	220651-94-5	Ruplizumab
	241473-69-8	Reslizumab
	242138-07-4	Omalizumab
	244096-20-6	Gavilimomab
	250242-54-7	Lemalesomab
	252662-47-8	Toralizumab
	267227-08-7	Apolizumab
	272780-74-2	Metelimumab
	285985-06-0	Lerdelimumab
	288392-69-8	Siplizumab
	292819-64-8	Ecromeximab
	299423-37-3	Teneliximab
	326859-36-3	Fontolizumab
	331243-22-2	Pascolizumab
	331731-18-1	Adalimumab
	336801-86-6	Vapaliximab
	339086-79-2	Rovelizumab
	339086-80-5	Tadocizumab
	339177-26-3	Panitumumab
	339186-68-4	Matuzumab
	347396-82-1	Ranibizumab
	356547-88-1	Belimumab
	357613-77-5	Galiximab
	357613-86-6	Lumiliximab
	372075-37-1	Sontuzumab
	375348-49-5	Bertilimumab
	375823-41-9	Tocilizumab
	380610-22-0	Talizumab
	380610-27-5	Pertuzumab
	395639-53-9	Aselizumab
	468715-71-1	Elsilimomab
	476181-74-5	Golimumab

Anhang 3

KN-Code	CAS RN	Bezeichnung
3002 10 91	*(Fortsetzung)*	
	477202-00-9	Ipilimumab
	499212-74-7	Pritumumab
	502496-16-4	Urtoxazumab
	503605-66-1	Adecatumumab
	509077-98-9	Catumaxomab
	509077-99-0	Ertumaxomab
	521079-87-8	Tefibazumab
	537694-98-7	Besilesomab
	558480-40-3	Volociximab
	565451-13-0	Raxibacumab
	569658-79-3	Libivirumab
	569658-80-6	Exbivirumab
	595566-61-3	Pagibaximab
	615258-40-7	Denosumab
	637334-45-3	Ocrelizumab
	640735-09-7	Iratumumab
	648895-38-9	Bapineuzumab
	648904-28-3	Bavituximab
	652153-01-0	Zanolimumab
	658052-09-6	Mapatumumab
	667901-13-5	Zalutumumab
	677010-34-3	Motavizumab
	679818-59-8	Ofatumumab
	680188-33-4	Ibalizumab
	705287-60-1	Stamulumab
	728917-18-8	Veltuzumab
	745013-59-6	Tremelimumab
	762260-74-2	Efungumab
	780758-10-3	Nimotuzumab
	792921-10-9	Abagovomab
	815610-63-0	Ustekinumab
	845816-02-6	Lexatumumab
	876387-05-2	Teplizumab
	880266-57-9	Tanezumab
	880486-59-9	Dacetuzumab
	881191-44-2	Otelixizumab
	892553-42-3	Etaracizumab
	896731-82-1	Conatumumab
	899796-83-9	Milatuzumab
	903512-50-5	Lucatumumab
	910649-32-0	Anrukinzumab
	918127-53-4	Tigatuzumab
	944548-37-2	Rafivirumab
	944548-38-3	Foravirumab
	949142-50-1	Obinutuzumab
	402710-27-4 (leichte Kette) 402710-25-2 (schwere Kette)	Canakinumab
	592557-43-2 (leichte Kette) 592557-41-0 (schwere Kette)	Tenatumomab
3002 10 98	0-00-0	Fibrin, vom Rind
	0-00-0	Moroctocog alfa
	0-00-0	Pitrakinra
	0-00-0	Dorlimomab-Aritox
	0-00-0	Anatumomab-Mafenatox
	9000-94-6	Antithrombin III, menschlich
	9001-27-8	Beroctocog alfa
	9008-11-1	Interferon alfa
	9008-11-1	Interferon beta
	9008-11-1	Interferon gamma
	80295-38-1	Conestat alfa
	84720-88-7	Antithrombin alfa
	94948-59-1	Tasonermin
	98530-76-8	Drotrecogin alfa (aktiviert)
	100209-30-1	Fibrin, menschlich
	102786-61-8	Eptacog alfa (aktiviert)
	112721-39-8	Pifonakin
	113478-33-4	Nonacog alfa
	117276-75-2	Lanimostim
	117305-33-6	Telimomabaritox
	118390-30-0	Interferon alfacon-1
	120313-91-9	Thrombomodulin alfa
	121181-53-1	Filgrastim
	124146-64-1	Mobenakin
	134088-74-7	Nartograstim
	135968-09-1	Lenograstim

Anhang 3

KN-Code	CAS RN	Bezeichnung
3002 10 98	*(Fortsetzung)*	
	137463-76-4	Milodistim
	137487-62-8	Alvirceptsudotox
	139076-62-3	Octocog alfa
	141483-72-9	Zolimomabaritox
	141752-91-2	Pegaldesleukin
	142261-03-8	Hemoglobincrosfumaril
	142298-00-8	Emoctakin
	143090-92-0	Anakinra
	143631-61-2	Atexakin alfa
	145941-26-0	Oprelvekin
	148363-16-0	Epoetin omega
	148637-05-2	Cilmostim
	148641-02-5	Muplestim
	148883-56-1	Tifacogin
	149824-15-7	Ilodecakin
	150631-27-9	Nacolomabtafenatox
	154248-96-1	Iroplact
	154725-65-2	Epoetin epsilon
	156679-34-4	Lenercept
	157238-32-9	Cetermin
	161753-30-6	Daniplestim
	163545-26-4	Ancestim
	163796-60-9	Bifarcept
	166089-33-4	Nagrestipen
	178823-49-9	Tiplimotid
	185243-69-0	Etanercept
	187139-68-0	Pegacaristim
	187348-17-0	Edodekin alfa
	193700-51-5	Leridistim
	198153-51-4	Peginterferon alfa-2a
	199685-57-9	Onercept
	204565-76-4	Pegnartograstim
	206181-63-7	Ibritumomab-Tiuxetan
	207137-56-2	Binetrakin
	208265-92-3	Pegfilgrastim
	209810-58-2	Darbepoetin alfa
	215647-85-1	Peginterferon alfa-2b
	220712-29-8	Tadekinig alfa
	222535-22-0	Alefacept
	235428-87-2	Taplitumomab-Paptox
	244130-01-6	Mirostipen
	246861-96-1	Garnocestim
	250710-65-7	Adargileukin alfa
	261356-80-3	Epoetin delta
	263547-71-3	Epitumomab-Cituxetan
	267639-76-9	Romiplostim
	287096-87-1	Delmitid
	305391-49-5	Ardenermin
	332348-12-6	Abatacept
	339986-90-2	Tucotuzumab-Celmoleukin
	400010-39-1	Cantuzumab-Mertansine
	428863-50-7	Certolizumab-Pegol
	433922-67-9	Edratid
	465540-87-8	Taneptacogin alfa
	472960-22-8	Albinterferon alfa-2b
	479198-61-3	Iboctadekin
	501081-76-1	Rilonacept
	507453-82-9	Mirococept
	604802-70-2	Epoetin zeta
	606138-08-3	Catridecacog
	635715-01-4	Inotuzumab-Ozogamicin
	676258-98-3	Naptumomab-Estafenatox
	698389-00-3	Rolipoltid
	706808-37-9	Belatacept
	716840-32-3	Denenicokin
	762263-14-9	Epoetin theta
	845264-92-8	Atacicept
	862111-32-8	Aflibercept

Anhang 3

KN-Code	CAS RN	Bezeichnung
3002 10 98	*(Fortsetzung)*	
	869858-13-9	Thrombin alfa
	869881-54-9	Briobacept
	879555-13-2	Epoetin kappa
	897936-89-9	Vatreptacog alfa (aktiviert)
	909110-25-4	Baminercept
	931101-84-7	Troplasminogen alfa
	934216-54-3	Alacizumabpegol
	945228-49-9	Citatuzumabbogatox
3002 20 00	181477-43-0	Disomotid
	181477-91-8	Ovemotid
	295371-00-5	Verpasepcaltespen
	915019-08-8	Tertomotid
3002 90 90	86596-25-0	Tendamistat
	223577-45-5	Aviscumin
	372075-36-0	Cintredekinbesudotox
	473553-86-5	Alferminogentadenovec
	600735-73-7	Contusugenladenovec
	721946-42-5	Transferrinaldifitox
	851199-59-2	Linaclotid
	898830-54-1	Sitimagenceradenovec
	929881-05-0	Alipogentiparvovec
3003 20 00	123760-07-6	Zinostatinstimalamer
3003 31 00	8049-62-5	Insulinzinksuspension (amorph)
	8049-62-5	Insulinzinksuspension (krystalline)
	8049-62-5	zusammengesetzte Insulinzink Suspension
	8063-29-4	zweiphasen Insulininjektion
	9004-17-5	Isophaninsulin
3003 39 00	0-00-0	Plusonermin
	8049-55-6	Corticotropinzinkhydroxid
3003 90 00	0-00-0	Fuladectin
	57-50-1	Sucralox
	5779-59-9	Alazanintriclofenat
	8002-90-2	Chiniofon
	8026-10-6	Natriumchloridzusammensetzungslösung
	8026-79-7	Natriumlactatzusammensetzungslösung
	8031-09-2	Natriummorrhuat
	9014-67-9	Aloxiprin
	13051-01-9	Carbazochromsalicylat
	18673-08-0	Glucalox
	66813-51-2	Alexitolnatrium
3004 31 00	9004-10-8	Neutralinsulininjektion
	9004-17-5	Protaminzinkinsulininjektion
	9004-21-1	Globinzinkinsulininjektion
3203 00 10	547-17-1	Xantofylpalmitat
3204 12 00	3861-73-2	Anazolennatrium
	15722-48-2	Olsalazin
3204 13 00	61-73-4	Methylthioniniumchlorid
	92-31-9	Toloniumchlorid
	548-62-9	Methylrosaniliniumchlorid
	7232-51-1	Pararosanilinembonat
3204 19 00	7235-40-7	Betacaroten
3204 90 00	1461-15-0	Oftascein
3402 12 00	8001-54-5	Benzalkoniumchlorid
3402 13 00	104-31-4	Benzonatat
	9002-92-0	Lauromacrogol 400
	9002-93-1	Octoxinol
	9003-11-6	Poloxalen
	9003-11-6	Poloxamer
	9004-95-9	Cetomacrogol 1000
	9005-64-5	Polysorbat 20
	9005-64-5	Polysorbat 21
	9005-65-6	Polysorbat 80
	9005-65-6	Polysorbat 81
	9005-66-7	Polysorbat 40
	9005-67-8	Polysorbat 60

Anhang 3

KN-Code	CAS RN	Bezeichnung
3402 13 00	*(Fortsetzung)*	
	9005-67-8	Polysorbat 61
	9005-70-3	Polysorbat 85
	9009-51-2	Polysorbat 8
	9016-45-9	Nonoxinol
	9017-37-2	Polysorbat 1
	57821-32-6	Menfegol
	154362-61-5	Polysorbat 120
3504 00 90	9009-65-8	Protaminsulfat
3507 90 30	9074-07-1	Promelase
3507 90 90	0-00-0	Bromelain
	0-00-0	Eufauserase
	9000-99-1	Brinase
	9001-01-8	Kallidinogenase
	9001-09-6	Chymopapain
	9001-54-1	Hyaluronidase
	9001-62-1	Rizolipase
	9001-74-5	Penicillinase
	9002-01-1	Streptokinase
	9002-04-4	Thrombin, von Rindern
	9004-07-3	Chymotrypsin
	9004-09-5	Fibrinolysin (menschlich)
	9026-00-0	Bucelipas alfa
	9031-11-2	Tilactase
	9039-53-6	Urokinase
	9039-61-6	Batroxobin
	9046-56-4	Ancrod
	9054-89-1	Orgotein
	9074-87-7	Glucarpidase
	12211-28-8	Sutilains
	37312-62-2	Serrapeptase
	37326-33-3	Hyalosidase
	37340-82-2	Streptodornase
	50936-59-9	Idursulfase
	51899-01-5	Ocrase
	63551-77-9	Sfericase
	81669-57-0	Anistreplase
	99149-95-8	Saruplase
	99821-44-0	Nasaruplase
	99821-47-3	Urokinase alfa
	104138-64-9	Agalsidase alfa
	104138-64-9	Agalsidase beta
	105857-23-6	Alteplase
	110294-55-8	Sudismase
	120608-46-0	Duteplase
	130167-69-0	Pegaspargase
	131081-40-8	Silteplase
	133652-38-7	Reteplase
	134774-45-1	Rasburicase
	136653-69-5	Nasaruplase beta
	143003-46-7	Alglucerase
	143831-71-4	Dornase alfa
	145137-38-8	Desmoteplase
	149394-67-2	Ledismase
	151912-11-7	Amediplase
	151912-42-4	Pamiteplase
	154248-97-2	Imiglucerase
	155773-57-2	Pegorgotein
	156616-23-8	Monteplase
	159445-63-3	Nateplase
	191588-94-0	Tenecteplase
	196488-72-9	Ranpirnase
	208576-22-1	Epafipase
	210589-09-6	Laronidase
	259074-76-5	Alfimeprase
	420784-05-0	Alglucosidase alfa
	552858-79-4	Galsulfase
	884604-91-5	Velagluceras alfa
	885051-90-1	Pegloticas
3808 94 10	505-86-2	Cetrimid
3824 90 64	69235-50-3	Acriflaviniumchlorid
	87806-31-3	Porfimernatrium

Anhang 3

KN-Code	CAS RN	Bezeichnung
3824 90 97	1338-39-2	Sorbitanlaurat
	1338-41-6	Sorbitanstearat
	1338-43-8	Sorbitanoleat
	8007-43-0	Sorbitansequioleat
	26266-57-9	Sorbitanpalmitat
	26658-19-5	Sorbitantristearat
	107667-60-7	Polaprezinc
3901 90 90	25053-27-4	Natriumapolat
3902 90 90	71251-04-2	Surfomer
3905 99 90	9003-39-8	Crospovidon
	9003-39-8	Povidon
3906 90 90	9003-97-8	Polycarbophil
3907 10 00	54531-52-1	Polybenzarsol
3907 20	9005-71-4	Polysorbat 65
3907 20 20	0-00-0	Pegaptanib
	330988-75-5	Pegsunercept
3907 20 99	186638-10-8	Pegmusirudin
3907 30 00	9003-23-0	Polyetaden
3907 99	26009-03-0	Polyglycolinsäure
3907 99 90	41706-81-4	Poliglecapron
3908 90 00	263351-82-2	Paclitaxelpoliglumex
3909 10 00	9011-05-6	Polynoxylin
3909 40 00	101418-00-2	Policresulen
3911 90	75345-27-6	Polidroniumchlorid
3911 90 19	31512-74-0	Polixetoniumchlorid
	95522-45-5	Colestilan
3911 90 99	28210-41-5	Tolevamer
	32289-58-0	Polihexanid
	41385-14-2	Leuciglumer
	52757-95-6	Sevelamer
	54063-44-4	Ferropolimaler
	56959-18-3	Glusoferron
	67832-40-0	Maletamer
	82230-03-3	Carbetimer
	90409-78-2	Polifeprosan
	182815-43-6	Colesevelam
	892497-01-7	Azoximerbromid
3912 31 00	9000-11-7	Croscarmellose
3912 39 85	0-00-0	Celucloral
	9004-67-5	Methylcellulose
3912 90 10	9004-36-8	Cellaburat
	9004-38-0	Cellacefat
3913 90 00	9004-51-7	Dextriferron
	9004-54-0	Dextran
	9012-76-4	Poliglusam
	9015-73-0	Colextran
	9050-67-3	Sizofiran
	37209-31-7	Detralfat
	39464-87-4	Betasizofiran
	53973-98-1	Poligeenan
	56087-11-7	Dextranomer
	57459-72-0	Suleparoidnatrium
	57680-55-4	Gleptoferron

Anhang 3

KN-Code	CAS RN	Bezeichnung
3913 90 00	*(Fortsetzung)*	
	57821-29-1	Sulodexid
	64440-87-5	Cideferron
	66455-30-9	Polygelin
	83513-48-8	Danaparoidnatrium
	110042-95-0	Acemannan
	140207-93-8	Pentosanpolysulfatnatrium
3914 00 00	11041-12-6	Colestyramin
	50925-79-6	Colestipol
	54182-62-6	Polacrilin
	56227-39-5	Polidexidsulfat

ANHANG 4

LISTE DER PRÄFIXE UND SUFFIXE, DIE IN KOMBINATION MIT DEN INN DES ANHANGS 3 DIE SALZE, ESTER ODER HYDRATE DIESER INN BEZEICHNEN; FÜR DIESE SALZE, ESTER ODER HYDRATE GILT ZOLLFREIHEIT, SOFERN SIE IN DIESELBE SECHSSTELLIGE HS-UNTERPOSITION WIE DIE ENTSPRECHENDEN INN EINZUREIHEN SIND

Anhang 4

Präfixe und Suffixe können miteinander kombiniert werden (z. B. Hydrochloridphosphat). Es können vervielfältigende Präfixe, wie z. B. Bi-, Bis-, Di-, Hemi-, Hepta-, Hexa-, Mono-, Penta-, Sesqui-, Tetra-, Tri-, Tris- usw. vorangestellt werden (z. B. Diacetat). In gleicher Weise können Synonyme und systematische Bezeichnungen verwendet werden.

INN sind die internationalen Freinamen für Arzneimittel der Weltgesundheitsorganisation (International Nonproprietary Names for pharmaceutical substances, World Health Organisation).

INNRG sind die im Verzeichnis „International Nonproprietary Names (INN) for pharmaceutical substances, Names for radicals, groups & others, comprehensive list 2007" aufgeführten Radikale und Gruppen.

INNCN sind die im Verzeichnis „International Nonproprietary Names (INN) for pharmaceutical substances, Names for radicals, groups & others, comprehensive list 2007" aufgeführten chemischen oder systematischen Bezeichnungen.

Anhang 4

Gebräuchliches Präfix oder Suffix	Synonyme	Abweichende systematische Bezeichnung
Acefurat (INNRG)		Acetat (Ester), Furan-2-carboxylat (Ester) (INNCN)
Aceglumat (INNRG)		*rac*-Hydrogen-N-Acetylglutamat (INNCN)
Aceponat (INNRG)		Acetat (Ester), Propanoat (Ester) (INNCN)
Acetat		
Acetofenid	Acetophenid	1-Phenylethan-1,1-diylbis(oxy)
Acetonid (INNRG)		Propan-2,2-diylbis(oxy) (INNCN)
1-Acetoxyethyl		1-(Acetyloxy)ethyl
Aceturat (INNRG)		N-Acetylglycinat (INNCN)
Acetylsalicylat		2-(Acetyloxy)benzoat
Acibutat (INNRG)		Acetat (Ester), 2-Methylpropanoat (Ester) (INNCN)
Acistrat (INNRG)		Acetat (Ester), Octadecanoat (Ester) (INNCN)
Acoxil (INNRG)		(Acetyloxy)methyl (INNCN)
Adipat		Hexandioat
Alanetil (INNRG)		[(S)-1-Ethoxy-1-oxo-propan-2-yl]amino (INNCN)
Alaninat (INNRG)		L-Alaninat (INNCN)
Alapivoxil (INNRG)		L-Alanyl, [(2,2-dimethylpropanoyl)oxy]methyl (INNCN)
Aldifitox (INNRG)		(4-Iminobutan-1,4-diyl)sulfandiyl[(3RS)-2,5-dioxopyrrolidin-1,3-diyl]-1,3-phenylencarbonyl unter Bildung eines N-Benzoyl-Derivats einer primären Aminogruppe des Diphtheria[550-L-phenylalanin]toxins des *Corynebacterium-diphtheriae*-(26-560)-peptids (INNCN)
Alfoscerat (INNRG)		(2R)-2,3-Dihydroxypropylhydrogenphosphat (INNCN)
Alideximer (INNRG)		Poly([oxy(2-hydroxyethan-1,1-diyl)]{oxy[1-(hydroxymethyl)ethan-1,2-diyl]}), teilweise O-verethert, die Carboxymethylgruppen und einige Carboxygruppen über Amide mit dem Tetrapeptidrest (Glycylglycyl-L-phenylalanylglycyl) (INNCN) verbunden
Allyl		Prop-2-en-1-yl
Allylbromid	Allylobromid	N-Allyl, Bromid (Salz)
Allyliodid	Allyloiodid	N-Allyl, Iodid (Salz)
Aluminium		
4-Aminosalicylat	Aminosalicylat	2-Hydroxy-4-aminobenzoat
Ammonium		
Amsonat (INNRG)		2,2′-Ethen-1,2-diylbis(5-aminobenzol-1-sulfonat) (INNCN)
Anisatil (INNRG)		2-(4-Methoxyphenyl)-2-oxoethyl (INNCN)
Antipyrat		
Arbamel (INNRG)		2-(Dimethylamino)-2-oxoethyl (INNCN)
argin (INNRG)		30Bα-L-Arginin-30Bβ-L-arginin (INNCN)
Arginin (INN)		
Aritox (INNRG)		Ricin A-Kette (INNCN)
Ascorbat		
Aspart (INNRG)		28B-L-Asparaginsäure- (INNCN)
Aspartat		
Axetil (INNRG)		*rac*-1-(Acetyloxy)ethyl (INNCN)
Barbiturat		2,4,6(1H,3H,5H)-Pyrimidintrion
Benetonid (INNRG)		N-Benzoyl-2-methyl-β-alanin (Ester), Acetonid (INNCN)

Anhang 4

Gebräuchliches Präfix oder Suffix	Synonyme	Abweichende systematische Bezeichnung
Benzathin		N,N'-Dibenzylethylendiammonium
Benzoacetat		
Benzoat (INNRG)		
Benzyl		
Benzylbromid	Benzylobromid	N-Benzyl, Bromid (Salz)
Benzyliodid	Benzyloiodid	N-Benzyl, Iodid (Salz)
Besilat (INNRG)	Besylat	Benzolsulfonat (INNCN), Benzolsulphonat
Besudotox (INNRG)		L-Lysyl-L-alanyl-L-serylglycylglycin (Linker) Fusionsprotein mit Des-(365-380)-[Asn^{364},Val^{407},Ser^{515},Gln^{590},Gln^{606},Arg^{613}]exotoxin-A-(*Pseudomonas aeruginosa*)-(251-613)-peptid (Toxin, bei dem Region IA und die ersten 16 Reste von Region IB abgespalten sind) (INNCN)
Bezomil (INNRG)		(Benzoyloxy)methyl (INNCN)
Bismut		
Borat		
Bromid (INNRG)		
Buciclat (INNRG)		trans-4-Butylcyclohexancarboxylat (INNCN)
Bunapsilat (INNRG)		3,7-Di-tert-butylnaphthalin-1,5-disulfonat (INNCN)
Buteprat (INNRG)		Butyrat (Ester), Propionat (Ester) (INNCN)
Butyl		
tert-Butyl	t-Butyl, tertiäres Butyl	
Butylbromid	Butylobromid	N-Butyl, Bromid (Salz)
tert-Butylester	t-Butylester, tertiärer Butylester	
Butylester		
Butyrat	Butyrat	Butanoat
Calcium		
Camphorat		1,2,2-Trimethyl-1,3-cyclopentandicarboxylat
Camsilat (INNRG)	Camsylat, Camphersulfonat, Camphersulphonat, R-Camphersulfonat, R-Camphersulphonat, S-Camphersulfonat, S-Camphersulphonat, Campher-10-sulfonat, Campher-10-sulphonat, Campher-10-sulfonsäure	(7,7-Dimethyl-2-oxobicyclo[2.2.1]heptan-1-yl)methansulfonat (INNCN)
Caproat (INNRG)		Hexanoat (INNCN)
Carbamat		
Carbesilat (INNRG)		4-Sulfobenzoat (INNCN)
Carbonat		
Ceribat (INNRG)		rac-2,3-Dihydroxypropylcarbonat (Ester) (INNCN)
Chlorid (INNRG)		
Cholin		(2-Hydroxyethyl)trimethylammonium
Ciclotat (INNRG)	Cyclotat	4-Methylbicyclo[2.2.2]oct-2-en-1-carboxylat (INNCN)
Cilexetil (INNRG)		*rac*-1-{[(Cyclohexyloxy)carbonyl]oxy}ethyl (INNCN)
Cinnamat		3-Phenylprop-2-enoat
Cipecilat (INNRG)		Cyclohexancarboxylat (Ester), Cyclopropancarboxylat (Ester) (INNCN)
Cipionat (INNRG)	Cypionat, Cyclopentanpropionat	3-Cyclopentylpropanoat (INNCN), 3-Cyclopentylpropionat
Citrat		2-Hydroxypropan-1,2,3-tricarboxylat

Anhang 4

Gebräuchliches Präfix oder Suffix	Synonyme	Abweichende systematische Bezeichnung
Cituxetan (INNRG)		N-(4-{2(RS)-2-[Bis(carboxymethyl)amino)]-3-({2-[bis(carboxymethyl)=amino]ethyl}(carboxymethyl)amino)propyl}phenyl)thiocarbamoyl (INNCN)
Clofibrol (INNRG)		2-(4-Chlorophenoxy)-2-methylpropyl (INNCN)
Closilat (INNRG)	Closylat, p-Chlorobenzolsulfonat, p-Chlorobenzolsulphonat, Chlorbenzolsulfonat	4-Chlorobenzol-1-sulfonat (INNCN), 4-Chlorobenzolsulfonat
Crobefat (INNRG)		*rac*-{3-[(3E)-4-Methoxybenzyliden]-2-(4-methoxyphenyl)chroman-6-yl phosphat(2-)} (INNCN)
Cromacat (INNRG)		2-[(6-Hydroxy-4-methyl-2-oxo-2H-chromen-7yl)oxy]acetat (INNCN)
Cromesilat (INNRG)		(6,7-Dihydroxy-2-oxo-2H-chromen-4-yl)methanesulfonat (INNCN)
Crosfumaril (INNRG)		(2E)-But-2-endioyl (INNCN)
Cyclamat (INNRG)	N-Cyclohexylsulfamat, N-Cyclohexylsulphamat	Cyclohexylsulfamat (INNCN)
Cyclohexylamin		
Cyclohexylammonium		
Cyclohexylpropionat	Cyclohexanpropionat	Cyclohexylpropanoat
Dalanated (INNRG)		Des-B30-alanin (INNCN)
Daloxat (INNRG)		L-Alaninat (Ester), (5-Methyl-2-oxo-1,3-dioxol-4-yl)methyl (INNCN)
Daropat (INNRG)	Dapropat	3-(Dimethylamino)propanoat (INNCN)
Deanil (INNRG)		2-(Dimethylamino)ethyl (INNCN)
Decanoat		
Decil (INNRG)		Decyl (INNCN)
Defalan (INNRG)		Des-1B-L-phenylalanin-Insulin (INNCN)
Detemir (INNRG)		Tetradecanoyl (INNCN)
Dibudinat (INNRG)		2,6-Di-tert-butylnaphthalin-1,5-disulfonat (INNCN)
Dibunat (INNRG)		2,6-Di-tert-butylnaphthalin-1-sulfonat (INNCN)
Dicibat (INNRG)		Dicyclohexylmethylcarbonat (INNCN)
Dicyclohexylamin		
Dicyclohexyl-ammonium		
Diethylamin		
Diethylammonium		
Diftitox (INNRG)		N-L-Methionyl-387-L-histidin-388-L-alanin-1-388-Toxin (Corynebacterium diphtheriae Stamm C7) (388→2')-Protein (INNCN)
Digolil (INNRG)		2-(2-Hydroxyethoxy)ethyl (INNCN)
Dihydroxybenzoat		
N,N-Dimethyl-β-alanin	N,N-Dimethyl-beta-alanin	
Dinitrobenzoat		
Diolamin (INNRG)	Diethanolamin	2,2'-Azanediyldiethanol (INNCN)
Disulfid	Disulphid	
Docosil (INNRG)		Docosyl (INNCN)
Dofosfat (INNRG)		Octadecylhydrogenphosphat (INNCN)
Ecamat (INNRG)		N-Ethylcarbamat (INNCN)
Edamin (INNRG)		Ethan-1,2-diamin (INNCN)
Edisilat (INNRG)	Edisylat, 1,2-Ethandisulfonat, 1,2-Ethandisulphonat	Ethan-1,2-disulfonat (INNCN)
Eisen(II)-	Ferro-	
Eisenchlorid		
Embonat (INNRG)	Pamoat, 4,4'-Methylenbis(3-hydroxy-2-naphthoat)	4,4'-Methylenbis(3-hydroxynaphthalin-2-carboxylat) (INNCN)

Anhang 4

Gebräuchliches Präfix oder Suffix	Synonyme	Abweichende systematische Bezeichnung
Enacarbil (INNRG)		{rac-1-[(2-Methylpropanoyl)oxy]ethoxy}carbonyl (INNCN)
Enantat (INNRG)	Enanthat	Heptanoat (INNCN)
Enbutat (INNRG)		Acetat (Ester), Butanoat (Ester) (INNCN)
Epolamin (INNRG)	1-Pyrrolidinethanol	2-(Pyrrolidin-1-yl)ethanol (INNCN)
Erbumin (INNRG)	tert-Butylamin, t-Butylamin, tertiäres Butylamin	2-Methylpropan-2-amin (INNCN)
Esilat (INNRG)	Esylat, Ethansulfonat, Ethansulphonat	Ethansulfonat (INNCN)
Estafenatox (INNRG)		Glycylglycyl-L-prolin (Linker) Fusionsprotein mit Enterotoxin Typ A (*Staphylococcus aureus*)-(1-33)-peptidyl-L-seryl[Ser^{36},Ser^{37},Glu^{38},Lys^{39},Ala^{41},Thr^{46},Thr^{71},Ala^{72},Ser^{75},Glu^{76},Glu^{78},Ser^{80},Ser^{81},Thr^{214},Ser^{217},Thr^{219},Ser^{220},Ser^{222},Ser^{224}]enterotoxin Typ E (*Staphylococcus aureus*)-(32-230)-peptid (synthetisches Superantigen SEA/E-120) (INNCN)
Estolat (INNRG)	Propionatdodecylsulfat, Propionatdodecylsulphat, Propionatlaurylsulfat, Propionatlaurylsulphat	Propanoat (Ester), Dodecylsulfat (Salz) (INNCN)
Etabonat (INNRG)		Ethylcarbonat (INNCN)
Etexilat (INNRG)		Ethyl, (Hexyloxy)carbonyl
Ethyl		
Ethylamin		
Ethylammonium		
Ethylbromid	Ethobromid	N-Ethyl, Bromid (Salz)
Ethylenantat	Ethylheptanoat	
Ethylendiamin		Ethan-1,2-diamin
Ethylester		
Ethylhexanoat		
Ethyliodid	Ethyloiodid	N-Ethyl, Iodid (Salz)
Ethylsuccinat		
Etilsulfat (INNRG)	Ethylsulfat	Ethylsulfat (INNCN)
Farnesil (INNRG)		(2E,6E)-3,7,11-Trimethyldodeca-2,6,10-trien-1-yl (INNCN)
Fendizoat (INNRG)		2-(6-Hydroxybiphenyl-3-carbonyl)benzoat (INNCN)
Fluorid		
Fluorosulfonat	Fluorosulphonat	
Format		
Fosamil (INNRG)		Phosphono (INNCN)
Fosfatex		
Fostedat (INNRG)		Tetradecylhydrogenphosphat (INNCN)
Fumarat		(2E)-But-2-endioat
Furetonid (INNRG)		1-Benzofuran-2-carboxylat (Ester), Propan-2,2-diylbis(oxy) (INNCN)
Furoat		Furan-2(oder 3)-carboxylat
Fusidat		
Gadolinium		
Gamolenat (INNRG)		(6Z,9Z,12Z)-Octadeca-6,9,12-trienoat (INNCN)
Glargin (INNRG)		21A-Glycin-30Bα-L-arginin-30Bβ-L-arginin (INNCN)
Glucarat	Saccharat	(2R,3S,4S,5S)-2,3,4,5-Tetrahydroxyhexandioat, D-Glucarat
Gluceptat (INNRG)	Glucoheptonat	D-Glycero-D-gulo-heptonat (INNCN)
Gluconat		
Glucosid		

Anhang 4

Gebräuchliches Präfix oder Suffix	Synonyme	Abweichende systematische Bezeichnung
Glucuronid (INNRG)		β-D-Glucopyranosid-Uronsäure [Osid] (INNCN)
Glulisin (INNRG)		3B-L-Lysin,29B-L-glutaminsäure (INNCN)
Glutamer (INNRG)		Glutaraldehydpolymer (INNCN)
Glycolat		Hydroxyacetat
Glyoxylat		Oxoacetat
Gold		
Guacil (INNRG)		2-Methoxyphenyl (INNCN)
Guanidin		
Hemisuccinat (INNRG)	Hydrogensuccinat	Hydrogenbutandioat (INNCN)
Hexacetonid (INNRG)		3,3-Dimethylbutanoat (Ester), Propan-2,2-diylbis(oxy) (INNCN)
Hibenzat (INNRG)	Hybenzat	4-(4-Hydroxybenzoyl)benzoat (INNCN)
Hippurat		N-Benzoylglycinsalz
Hyclat (INNRG)		Ethanol — Hydrochlorid — Wasser (0,5/1/0,5) (INNCN)
Hydrat		
Hydrobromid	Bromwasserstoff	
Hydrochlorid	Chlorwasserstoff	
Hydrogen	Wasserstoff	
Hydroxid		
Hydroxybenzoat		
2-(4-Hydroxy-benzoyl)benzoat	o-(4-Hydroxybenzoyl)benzoat	
Hydroxynaphtoat (INNRG)	Hydroxynaphthoat	3-Hydroxynaphthalin-2-carboxylat (INNCN)
Iod-131		
Iodid (INNRG)		
Isetionat (INNRG)	Isethionat, 2-Hydroxyethansulfonat, 2-Hydroxyethansulphonat	2-Hydroxyethan-1-sulfonat (INNCN)
Isobutyrat		2-Methylpropanoat
Isocaproat		4-Methylpentanoat
Isonicotinat		Pyridin-4-carboxylat
Isophthalat		Benzol-1,3-dicarboxylat
Isopropionat		
Isopropyl		Propan-2-yl
Kalium (INNRG)		Kalium (INNCN)
Lactat		2-Hydroxypropanoat
Lactobionat		4-O-(β-D-Galactopyranosyl)-D-gluconat
Laurat (INNRG)		Dodecanoat (INNCN)
Lauril (INNRG)	Lauryl	Dodecyl (INNCN)
Laurilsulfat (INNRG)	Laurilsulfat, Laurilsulphat, Laurylsulfat, Laurylsulphat, Laurilsulphat, Laurylsulfat	Dodecylsulfat (INNCN)
Levulinat		4-Oxopentanoat
Lisetil (INNRG)		L-Lysinat (Ester), Diethyl (Ester) (INNCN)
Lisicol (INNRG)		{N-[(5S)-5-Carboxy-5-(3α,7α,12α-trihydroxy-5β-cholan-24-amido)pentyl]carbamothioyl}amino (INNCN)
Lispro (INNRG)		28B-L-Lysin-29B-L-prolin (INNCN)

Anhang 4

Gebräuchliches Präfix oder Suffix	Synonyme	Abweichende systematische Bezeichnung
Lithium		
Lutetium		
Lysinat	Lysin (INN)	
Mafenatox (INNRG)		Enterotoxin A (227-Alanin) (Staphylococcus aureus) (INNCN)
Magnesium		
Malat		Hydroxybutandioat
Maleat		(Z)-But-2-enoat
Malonat		Propandioat
Mandelat		2-Hydroxy-2-phenylacetat, α-Hydroxybenzolacetat
Medocaril (INNRG)		[(5-Methyl-2-oxo-1,3-dioxol-4-yl)methoxy]carbonyl (INNCN)
Medoxomil (INNRG)		(5-Methyl-2-oxo-1,3-dioxol-4-yl)methyl (INNCN)
Megallat (INNRG)		3,4,5-Trimethoxybenzoat (INNCN)
Meglumin (INN)	N-Methylglucamin	1-Deoxy-1-methylamino-D-glucitol
Merpentan (INNRG)		{N,N′-[1-(3-Oxopropyl)ethan-1,2-diyl]bis(2-sulfanylacetamidato)}(4-) (INNCN)
Mertansin (INNRG)		Tetrakis{(4RS)-4[(3-{[(1S)-2-{[(1S,2R,3S,5S,6S,16E,18E,20R,21S)-11-chloro-21-hydroxy-12,20-dimethoxy-2,5,9,16-tetramethyl-8,23-dioxo-4,24-dioxa-9,22-diazatetracyclo[19.3.1.110,14.03,5]hexacosa-10,12,14(26),16,18-pentaen-6-yl]oxy}-1-methyl-2-oxoethyl]methylamino}-3-oxopropyl)disulfanyl]-pentanoyl} (INNCN)
Mesilat (INNRG)	Mesylat, Methansulfonat, Methansulphonat	Methansulfonat (INNCN)
Metembonat (INNRG)		4,4′-Methylenbis(3-methoxynaphthalin-2-carboxylat) (INNCN)
Methonitrat (INNRG)		N-Methyl, Nitrat (Salz) (INNCN)
Methylbromid (INNRG)	Methobromid	N-Methyl, Bromid (Salz) (INNCN)
Methylendisalicylat		Methylenbis(2-hydroxybenzoat)
Methylester		
Metilsulfat (INNRG)	Metilsulphat, Methylsulfat, Methylsulphat	Methylsulfat (INNCN)
Metiodid (INNRG)	Methyliodid	N-Methyl, Iodid (Salz) (INNCN)
Mofetil (INNRG)		2-(Morpholin-4-yl)ethyl (INNCN)
Mucat	Galactarat, meso-Galactarat	2,3,4,5-Tetrahydroxyhexan-1,6-dioate
Nafat	Natriumformat	Formyloxy (Ester), Natrium (Salz)
Napadisilat (INNRG)	Napadisylat, 1,5-Naphthalindisulfonat, 1,5-Naphthalindisulphonat	Naphthalin-1,5-disulfonat (INNCN)
Napsilat (INNRG)	Napsylat, 2-Naphthalinsulfonat, 2-Naphthalinsulphonat	Naphthalin-2-sulfonat (INNCN)
Natrium (INNRG)		
Nicotinat (INNRG)		Pyridin-3-carboxylat (INNCN)
Nitrat		
Nitrobenzoat		
Octil (INNRG)		Octyl (INNCN)
Olamin (INNRG)	Ethanolamin	2-Aminoethanol (INNCN)
Oleat (INNRG)		(9Z)-Octadec-9-enoat (INNCN)
Orotat		1,2,3,6-Tetrahydro-2,6-dioxopyrimidin-4-carboxylat
Oxalat		
Oxid		
Oxoglurat (INNRG)		Hydrogen-2-oxopentandioat (INNCN)

Anhang 4

Gebräuchliches Präfix oder Suffix	Synonyme	Abweichende systematische Bezeichnung
Palmitat (INNRG)		Hexadecanoat (INNCN)
Pantothenat		N-(2,4-Dihydroxy-3,3-dimethyl-1-oxobutyl)-β-alaninat
Paptox (INNRG)		PA-Protein (Antivirus-Protein aus *Phytolacca americana*) (INNCN)
Pegol (INNRG)		α-(2-Carboxyethyl)-ω-methoxypoly(oxyethan-1,2-diyl) (INNCN)
Pendetid (INN)		
Pentexil (INNRG)	Pivetil	(RS)-1-[(2,2-Dimethylpropanoyl)oxy]ethyl (INNCN)
Perchlorat (INNRG)		
Phenylpropionat		
Phosphat	Orthophosphat	
Phosphit		
Phthalat		Benzol-1,2-dicarboxylat
Picrat		2,4,6-Trinitrobenzol-1-olat
Pivalat (INNRG)	Trimethylacetat	2,2-Dimethylpropanoat (Ester) (INNCN)
Pivoxetil (INNRG)		*rac*-1-[(2-Methoxy-2-methylpropanoyl)oxy]ethyl (INNCN)
Pivoxil (INNRG)	(Pivaloyloxy)methyl	[(2,2-Dimethylpropanoyl)oxy]methyl (INNCN)
Placarbil (INNRG)		(R)-2-Methyl-1-[(2-methylpropanoyl)oxy]propoxy}carbonyl) (INNCN)
Poliglumex (INNRG)		[Poly(L-glutaminsäure)z—(L-Glutamat-γ-ester)—Poly(L-glutaminsäure)y]n (INNCN)
Propionat		Propanoat
Propyl		
Propylester		
Proxetil (INNRG)		*rac*-1-{[(Propan-2-yloxy)carbonyl]oxy}ethyl (INNCN)
Pyridylacetat		Pyridinylacetat
Quinat		1,3,4,5-Tetrahydroxycyclohexancarboxylat
Raffimer (INNRG)		(2S,4R,6R,8S,11S,13S)-2,4,8,13-Tetrakis(hydroxymethyl)-4,6,11-tris(ylomethyl)-3,5,7,10,12-pentaoxatetradecan-1,14-diyl (INNCN)
Resinat	Abietat	(1R,4aR,4bR,10aR)-1,4a-Dimethyl-7-(1-methylethyl)-1,2,3,4,4a,4b,5,6,10,10a-decahydro-1-phenanthrencarboxylat
Salicylat (INNRG)		2-Hydroxybenzoat (INNCN)
Salicyloylacetat		2-Hydroxybenzoylacetat
Sesquioleat (INNRG)		(9Z)-Octadec-9-enoat(1,5) (INNCN)
Soproxil (INNRG)		{[(Propan-2-yloxy)carbonyl]oxy}methyl (INNCN)
Steaglat (INNRG)		2-(Octadecanoyloxy)acetat (Ester) (INNCN)
Stearat (INNRG)		Octadecanoat (INNCN)
Stinoprat (INNRG)		N-Acetylcysteinat (Salz), Propanoat (Ester) (INNCN)
Succinat		Butandioat
Succinil (INNRG)		3-Carboxypropanoyl (INNCN)
Succinyl		Butandioyl
Sudotox (INNRG)		248-L-Histidin-249-L-methionin-250-L-alanin-251-L-glutaminsäure-248-613-exotoxin A (reduziert mittels Pseudomonas aeruginosa) (INNCN)
Suleptanat (INNRG)		8-[Methyl(2-sulfoethyl)amino]-8-oxooctanoat (Ester), Mononatriumsalz (INNCN)
Sulfat (INNRG)	Sulphat	
Sulfinat	Sulphinat	
Sulfit	Sulphit	

Anhang 4

Gebräuchliches Präfix oder Suffix	Synonyme	Abweichende systematische Bezeichnung
Sulfobenzoat	Sulphobenzoat	
3-Sulfobenzoat	3-Sulphobenzoat	
Sulfosalicylat	Sulphosalicylat	2-Hydroxysulfobenzoat
Sulfoxylat (INNRG)		Sulfinomethyl, Mononatriumsalz (INNCN)
Tafenatox (INNRG)		Enterotoxin A (Staphylococcus aureus) (INNCN)
Tannat		
Tartrat (INNRG)	L-Tartrat	(2R,3R)-2,3-Dihydroxybutandioat (INNCN), L-Tartarat
D-Tartrat		(2S,3S)-2,3-Dihydroxybutandioat, D-Tartarat
Tebutat (INNRG)	tert-Butylacetat, t-Butylacetat, tertiäres Butylacetat	3,3-Dimethylbutanoat (INNCN)
Tenoat (INNRG)		Thiophen-2-carboxylat (INNCN)
Teoclat (INNRG)	Theoclat, 8-Chlorotheophyllinat	8-Chloro-1,3-dimethyl-2,6-dioxo-3,6-dihydro-1H-purin-7-(2H)-id (INNCN)
Teprosilat (INNRG)		3-(1,3-Dimethyl-2,6-dioxo-1,2,3,6-tetrahydro-7H-purin-7-yl)propan-1-sulfonat (INNCN)
Tetrahydrophthalat		Cyclohexen-1,2-dicarboxylat
Tetraxetan (INNRG)		[4,7,10-Tris(carboxymethyl)-1,4,7,10-tetraazacyclodec-1-yl]acetyl (INNCN)
Thiocyanat		
Tidoxil (INNRG)		*rac*-2-(Decyloxy)-3-(dodecylsulfanyl)propyl (INNCN)
Tiuxetan (INNRG)		N-(4-{(2S)-2-[Bis(carboxymethyl)amino]-3-[(2RS)-{2-[bis(carboxymethyl)amino]propyl}(carboxymethyl)amino]propyl}phenyl) thiocarbamoyl (INNCN)
Tocoferil (INNRG)		*rac*-(2R)-2,5,7,8-Tetramethyl-2-[(4R,8R)-4,8,12-trimethyltridecyl]chroman-6-yl (INNCN)
Tofesilat (INNRG)		3-(1,3-Dimethyl-2,6-dioxo-1,2,3,6-tetrahydro-7H-purin-7-yl)ethan-1-sulfonat (INNCN)
Tosilat (INNRG)	Tosylat, p-Toluensulfonat, p-Toluensulphonat	4-Methylbenzol-1-sulfonat (INNCN)
Triclofenat (INNRG)		2,4,5-Trichlorophenolat (INNCN)
Triflutat (INNRG)		Trifluoroacetat (INNCN)
Trioleat (INNRG)		Tris[(9Z)-octadec-9-enoat] (INNCN)
Tristearat (INNRG)		Tris(octadecanoat) (INNCN)
Trolamin (INNRG)	Triethanolamin	2,2′,2″-Nitrilotriethanol (INNCN)
Trometamol (INN)	Tromethamin	2-Amino-2-(hydroxymethyl)propan-1,3-diol, Tris(hydroxymethyl)methylamin
Troxundat (INNRG)		[2-(2-Ethoxyethoxy)ethoxy]acetat (INNCN)
Undecylat (INNRG)		Undecanoat (INNCN)
Undecylenat (INNRG)		Undec 10 enoat (INNCN)
Valerat (INNRG)		Pentanoat (INNCN)
Xinafoat (INNRG)		1-Hydroxynaphthalin-2-carboxylat (INNCN)
Zink		

ANHANG 5

SALZE, ESTER UND HYDRATE VON INN, DIE NICHT IN DIESELBE HS-POSITION WIE DIE ENTSPRECHENDEN INN EINZUREIHEN SIND UND FÜR DIE ZOLLFREIHEIT GILT

Anhang 5

HS-Code	INN	Salz, Ester oder Hydrat des INN	HS-Code	CAS RN
2925.29	Arginin			
2922.42	Glutaminsäure	Arginin-L-glutamat	2925.29	4320-30-3
2918.99	Carbenoxolon	Carbenoxolon, Dicholinsalz	2923.10	74203-92-2
2909.49	Chlorphenesin	Chlorphenesincarbamat	2924.29	886-74-8
2907.29	Dienestrol	Dienestroldi(acetat)	2915.39	84-19-5
2907.29	Diethylstilbestrol	Diethylstilbestroldibutyrat	2915.60	74664-03-2
		Diethylstilbestroldipropionat	2915.50.00	130-80-3
2918.99	Enoxolon	Enoxolondihydrogenphosphat	2919.90	18416-35-8
2905.51	Ethchlorvynol	Ethchlorvynolcarbamat	2924.19	74283-25-3
2907.29	Hexestrol	Hexestroldibutyrat	2915.60	36557-18-3
		Hexestroldipropionat	2915.50.00	59386-02-6
2934.91	Phenmetrazin	Phenmetrazinteoclat	2939.59	13931-75-4

ANHANG 6

LISTE DER PHARMAZEUTISCHEN ZWISCHENPRODUKTE, D. H. DER VERBINDUNGEN, VON DER BEI DER HERSTELLUNG PHARMAZEUTISCHER FERTIGERZEUGNISSE VERWENDETEN ART UND FÜR DIE ZOLLFREIHEIT GILT

Anhang 6

KN-Code	CAS RN	Bezeichnung
2843 29 00	22199-08-2	(4-Amino-N-pyrimidin-2-ylbenzolsulfonamidato-NN,O1)silber
2843 30 00	12192-57-3	(alpha-D-Glucopyranosylthio)gold
2844 40 30	82407-94-1	1-[4-(2-Dimethylaminoethoxy)[14C]phenyl)]-1,2-diphenylbutan-1-ol
2902 19 00	6746-94-7	Ethinylcyclopropan
2903 89 90	7051-34-5	Brommethylcyclopropan
2903 99 90	620-20-2	alpha,3-Dichlortoluol
	3312-04-7	1-Chlor-4,4-bis(4-fluorphenyl)butan
	42074-68-0	1-Chlor-2-(chlordiphenylmethyl)benzol
	76283-09-5	alpha,4-Dibrom-2-fluortoluol
2904 90 95	121-17-5	4-Chlor-alpha,alpha,alpha-trifluor-3-nitrotoluol
	4714-32-3	1-Nitro-4-(1,2,2,2-tetrachlorethyl)benzol
2905 22 00	505-32-8	3,7,11,15-Tetramethylhexadec-1-en-3-ol
	1113-21-9	(6E,10E,14E)-3,7,11,15-Tetramethylhexadeca-1,6,10,14-tetraen-3-ol
	7212-44-4	3,7,11-Trimethyldodeca-1,6,10-trien-3-ol
2905 29 90	2914-69-4	(S)-But-3-yn-2-ol
	173200-56-1	(E)-6,6-Dimethylhept-2-en-4-yn-1-ol
2905 39 95	281214-27-5	(2R,3R)-2,3-Dimethylbutan-1,4-diyl-bis(4-methylbenzolsulfonat)
2905 49 00	1947-62-2	(2R,3R)-1,4-Bis(mesyloxy)butan-2,3-diol
2905 59 98	75-89-8	2,2,2-Trifluorethanol
	920-66-1	1,1,1,3,3,3-Hexafluorpropan-2-ol
	54322-20-2	Natrium-4-chlor-1-hydroxybutan-1-sulfonat
	57090-45-6	(R)-3-Chlorpropan-1,2-diol
	60827-45-4	(2S)-3-Chlorpropan-1,2-diol
	148043-73-6	4,4,5,5,5-Pentafluorpentan-1-ol
	441002-17-1	4-Chlorbutyl-2-nitrobenzolsulfonat
2906 29 00	1570-95-2	2-Phenylpropan-1,3-diol
	104265-58-9	2-[(1S,2R)-6-Fluor-2-hydroxy-1-isopropyl-1,2,3,4-tetrahydro-2-naphthyl]ethyl-p-toluolsulfonat
	127852-28-2	(1R)-1-[3,5-bis(Trifluormethyl)phenyl]ethan-1-ol
	167155-76-2	1,1-Difluor-1,1a,6,10b-tetrahydrodibenzo[a,e]cyclopropa[c][7]annulen-6-ol
2907 19 90	27673-48-9	5,8-Dihydro-1-naphthol
2907 29 00	700-13-0	2,3,5-Trimethylhydrochinon
2909 30	461432-23-5	4-(5-Brom-2-chlorbenzyl)phenylethylether
	503070-57-3	2-({2-[(6-Bromhexyl)oxy]ethoxy}methyl)-1,3-dichlorbenzol
2909 30 38	3259-03-8	1-(2-Bromethoxy)-2-ethoxybenzen oder 2-Bromethyl 2-ethoxyphenylether
	5111-65-9	6-Brom-2-naphthylmethylether
2909 30 90	3383-72-0	(2-Chlorethyl)(4-nitrophenyl)ether
	31264-51-4	3-Chlorpropyl-2,5-xylylether
	92878-95-0	2-(3-Chlorpropoxy)-1-methoxy-4-nitrobenzol
	165254-21-7	1,2-bis{2-[2-(2-Methoxyethoxy)ethoxy]ethoxy}-4,5-dinitrobenzen
2909 49 80	85309-91-7	2-[(2,6-Dichlorbenzyl)oxy]ethanol
	160969-03-9	2-[2-(2,2,2-Trifluorethoxy)phenoxy]ethyl-methansulfonat
	170277-77-7	(3S)-3-[2-(Mesyloxy)ethoxy]-4-(trityloxy)butyl methansulfonat
	185954-75-0	(3R)-3-Methoxydecan-1-ol
2909 50 00	63659-16-5	4-[2-(Cyclopropylmethoxy)ethyl]phenol
	83682-27-3	Natrium-2-hydroxy-1-(4-hydroxy-3-methoxyphenyl)propan-2-sulfonat
	167145-13-3	2-[2-(3-Methoxyphenyl)ethyl]phenol

Anhang 6

KN-Code	CAS RN	Bezeichnung
2910 20 00	15448-47-2	(2R)-2-Methyloxiran
2910 30 00	51594-55-9	(R)-1-Chlor-2,3-epoxypropan
2910 90 00	56718-70-8	(2,3-Epoxypropyl)(4-(2-methoxyethyl)phenyl)ether
	62600-71-9	(2R)-2-(3-Chlorphenyl)oxiran
	129940-50-7	(S)-[(Trityloxy)methyl]oxiran
	683276-64-4	[(2R)-2-Methyloxiran-2-yl]methyl 4-nitrobenzolsulfonat
	702687-42-1	(2R)-2-[(5-Brom-2,3-difluorphenoxy)methyl]oxiran
2911 00 00	1132-95-2	1,1-Diisopropoxycyclohexan
	20627-73-0	alpha,alpha-Dimethoxy-2-nitrotoluol
	94158-44-8	1,1-Dimethoxy-2-(2-methoxyethoxy)ethan
2912 29 00	38849-09-1	3-(9,10-Dihydro-9,10-ethanoanthracen-9-yl)acrylaldehyd
2912 49 00	1620-98-0	3,5-Di-tert-butyl-4-hydroxybenzaldehyd
	2144-08-3	2,3,4-Trihydroxybenzaldehyd
	3453-33-6	6-Methoxy-2-naphthaldehyd
2913 00 00	80565-30-6	4′-Chlorbiphenyl-4-carbaldehyd
	90035-34-0	4′-(Trifluormethyl)biphenyl-4-carbaldehyd
2914 39 00	645-13-6	4-Methylvalerophenon
	1210-35-1	10,11-Dihydro-5H-dibenzo[a,d]cyclohepten-5-on
	2222-33-5	5H-Dibenzo[a,d]cyclohepten-5-on
2914 40 90	80-75-1	11-alpha-Hydroxypregn-4-en-3,20-dion
	17752-16-8	(3β)-3-Hydroxycholest-5-en-24-on
	85700-75-0	11-alpha,17,21-Trihydroxy-16-beta-methylpregna-1,4-dien-3,20-dion
2914 50 00	104-20-1	4-(4-Methoxyphenyl)butan-2-on
	974-23-2	(3β,16α)-3-Hydroxy-16,17-epoxypregn-5-en-20-on
	981-34-0	9-beta,11-beta-Epoxy-17-alpha,21-dihydroxy-16-beta-methylenpregna-1,4-dien-3,20-dion
	1078-19-9	6-Methoxy-1,2,3,4-tetrahydro-1-naphthon
	2107-69-9	5,6-Dimethoxyindan-1-on
	4495-66-3	1-[4-(Benzyloxy)phenyl]propan-1-on
	17720-60-4	1-(2,4-Dihydroxyphenyl)-2-(4-hydroxyphenyl)ethan-1-on
	24916-90-3	9-beta,11-beta-Epoxy-17,21-dihydroxy-16-alpha-methylpregna-1,4-dien-3,20-dion
	28315-93-7	5-Hydroxy-1,2,3,4-tetrahydro-1-naphthon
	82499-20-5	(1R)-1-Hydroxy-1-(3-hydroxyphenyl)aceton
2914 70 00	534-07-6	1,3-Dichloraceton
	2196-99-8	2-Chlor-1-(4-methoxyphenyl)ethan-1-on
	2350-46-1	1-(2,3-Dichlor-4-hydroxyphenyl)butan-1-on
	3874-54-2	4-Chlor-4′-fluorbutyrophenon
	4252-78-2	2,2′,4′-Trichloracetophenon
	10226-30-9	6-Chlorhexan-2-on
	13054-81-4	4-Chlor-heptan-3,5-dion
	26771-69-7	2-Methoxy-1-[4-(trifluormethyl)phenyl]ethan-1-on
	43076-61-5	4′-tert-Butyl-4-chlorbutyrophenon
	43229-01-2	1-[4-(Benzyloxy)-3-nitrophenyl]-2-bromethan-1-on
	62932-94-9	2-Brom-1-[4-hydroxy-3-(hydroxymethyl)phenyl]ethan-1-on
	79836-44-5	4-(3,4-Dichlorphenyl)-3,4-dihydronaphthalin-1(2H)-on
	83881-08-7	21-Chlor-9-beta,11-beta-epoxy-17-hydroxy-16-alpha-methylpregna-1,4-dien-3,20-dion
	124379-29-9	(4S)-4-(3,4-Dichlorphenyl)-3,4-dihydronaphthalen-1(2H)-on
	135306-45-5	1-(3,5-Difluorphenyl)propan-1-on
	150587-07-8	21-Benzyloxy-9-alpha-fluor-11-beta,17-alpha-dihydroxy-16-alpha-methylpregna-1,4-dien-3,20-dion

Anhang 6

KN-Code	CAS RN	Bezeichnung
2914 70 00	*(Fortsetzung)*	
	151265-34-8	21-Chlor-16-alpha-methylpregna-1,4,9(11)-trien-3,20-dion
	153977-22-1	trans-2-Chlor-3-[4-(4-chlorphenyl)cyclohexyl]-1,4-naphthochinon
	162548-73-4	4,6-Difluorindan-1-on
	190965-45-8	(2-Brom-5-propoxyphenyl)(2-hydroxy-4-methoxyphenyl)methanon
2915 39 00	910-99-6	17-alpha-Hydroxy-16-beta-methyl-3,20-dioxopregna-1,4,9(11)-trien-21-ylacetat
	979-02-2	20-Oxopregna-5,16-dien-3-beta-ylacetat
	2243-35-8	2-Oxo-2-phenylethylacetat
	10106-41-9	17-Hydroxy-16-alpha-methyl-3,20-dioxopregna-1,4,9(11)-trien-21-ylacetat
	24085-06-1	2-Acetoxy-5-acetylbenzylacetat
	24510-54-1	17-alpha-Hydroxy-16-alpha-methyl-3,20-dioxopregna-1,4-dien-21-ylacetat
	24510-55-2	17-alpha-Hydroxy-16-beta-methyl-3,20-dioxopregna-1,4-dien-21-ylacetat
	37413-91-5	3,20-Dioxopregna-1,4,9(11),16-tetraen-21-ylacetat
	60176-77-4	(1S,4R)-4-Hydroxycyclopent-2-en-1-ylacetat
	127047-77-2	2-(Acetoxymethyl)-4-iodbutylacetat
	131266-10-9	2-(Acetoxymethyl)-4-(benzyloxy)butylacetat
2915 50 00	158894-67-8	1-Brom-2-methylpropylpropionat
2915 60 90	53064-79-2	Iodmethylpivalat
2915 90 70	638-41-5	Pentylchlorformiat
	1069-66-5	Natrium 2-propylpentanoat
	7693-41-6	4-Methoxyphenylchlorformat
	18997-19-8	Chlormethylpivalat
	22328-90-1	(3R)-3-Methylhexansäure
2916 20 00	3721-95-7	Cyclobutancarbonsäure
	7077-05-6	trans-4-(Propan-2-yl)cyclohexancarbonsäure
	122665-97-8	4,4-Difluorcyclohexan-1-carbonsäure
	211515-46-7	1-(2-Ethylbutyl)cyclohexancarbonylchlorid
	381209-09-2	1-(2-Ethylbutyl)cyclohexancarbonsäure
2916 31 00	132294-16-7	(2S,3S)-2,3-Bis(benzoyloxymethyl)cyclobutanon
	132294-17-8	(1S,2S,3S)-2,3-Bis(benzoyloxymethyl)cyclobutanol
2916 39 10	1716-12-7	Natrium 4-phenylbutanoat
	2417-72-3	Methyl-4-(brommethyl)benzoat
	2444-36-2	(2-Chlorphenyl)essigsäure
	2901 13 5	Ethyl 2 methyl 2 phenylpropanoat
	4276-85-1	2-(2,4,6-Triisopropylphenyl)essigsäure
	17625-03-5	Natriumhydrogen-3-sulfonatobenzoat
	21900-39-0	5-Fluor-2-methylbenzoylchlorid
	37742-98-6	4-Brom-2,2-diphenylbuttersäure
	49708-81-8	trans-4-(p-Chlorphenyl)cyclohexancarbonsäure
	55332-37-1	(S)-2-(4-Fluorphenyl)-3-methylbuttersäure
	110877-64-0	2-Chlor-4,5-difluorbenzoesäure
	114772-40-6	Tert-butyl 4′-(brommethyl)biphenyl-2-carboxylat
	119916-27-7	4,6-Dibrom-3-fluor-o-toluylsäure
	141109-25-3	2-Brom-2-(2-chlorphenyl)essigsäure
2917 19 10	0-00-0	Magnesium-bis(4-nitrobenzylmalonat)dihydrat
2917 19 90	76-72-2	Diethylethyl(pentan-2-yl)propandioat
	6065-63-0	Diethyldipropylmalonat
	28868-76-0	Dimethylchlormalonat
	48059-97-8	(E)-Oct-4-en-1,8-disäure
	71170-82-6	Triethyl-3-brompropan-1,1,1-tricarboxylat

Anhang 6

KN-Code	CAS RN	Bezeichnung
2917 39 95	21601-78-5	Phenylhydrogenphenylmalonat
	27932-00-9	Indan-5-ylhydrogenphenylmalonat
2918 13 00	2743-38-6	Dibenzoyl-L-weinsäure
2918 16 00	11116-97-5	Calciumgluconatlactat
2918 19 98	138-59-0	(3R,4S,5R)-3,4,5-Trihydroxycyclohex-1-en-1-carbonsäure
	611-71-2	D-Mandelsäure
	3976-69-0	Methyl-(R)-3-hydroxybutyrat
	4335-77-7	Cyclohexyl(hydroxy)phenylessigsäure
	4358-88-7	Ethyl-DL-mandelat
	20585-34-6	(2S)-Cyclohexyl(hydroxy)phenylessigsäure
	29169-64-0	(R)-alpha-(Chlorcarbonyl)benzylformiat
	36394-75-9	(S)-alpha-Chlorformylethylacetat
	52950-18-2	(2R)-(2-Chlorphenyl)hydroxyessigsäure
	56188-04-6	{(1R,3R,5S)-3,5-Dihydroxy-2-[(E)-(3S)-3-hydroxyoct-1-enyl]cyclopentyl}essigsäure
	77550-67-5	Ammonium-(3R,5R)-7-{(1S,2S,6R,8S,8aR)-1,2,6,7,8,8a-hexahydro-2,6-dimethyl-8-[(2S)-2-methylbutyryloxy]-1-naphthyl}-3,5-dihydroxyheptanoat
	90315-82-5	Ethyl-(R)-2-hydroxy-4-phenylbutyrat
	111969-64-3	(1R,2S,5R)-2-isopropyl-5-methylcyclohexyl-dihydroxyacetat oder thymolglyoxylat
	139893-43-9	Ammonium-(3R,5R)-7-[(1S,2S,6R,8S,8aR)-8-(2,2-dimethylbutyryloxy)-1,2,6,7,8,8a-hexahydro-2,6-dimethyl-1-naphthyl]-3,5-dihydroxyheptanoat
	157604-22-3	Dinatrium-(2S,3R)-2-hydroxy-3-isobutylsuccinat
2918 29 00	3943-89-3	Ethyl-3,4-dihydroxybenzoat
	167678-46-8	3-Chlorformyl-o-tolylacetat
	168899-58-9	3-Acetoxy-o-toluylsäure
	376592-58-4	5′-Chlor-2′-hydroxy-3′-nitrobiphenyl-3-carbonsäure
2918 30 00	302-97-6	3-Oxoandrost-4-en-17-beta-carbonsäure
	1944-63-4	3-[(3aS,4S,7aS)-7a-Methyl-1,5-dioxooctahydro-1H-inden-4-yl]propionsäure
	22161-86-0	(RS)-2-(3-Benzoylphenyl)propionsäure
	39562-16-8	Ethyl (E)-2-(3-nitrobenzylidn)-3-oxobutanoat
	39562-17-9	Methyl-2-(3-nitrobenzyliden)-3-oxobutyrat
	39562-22-6	2-Methoxyethyl (E)-2-(3-nitrobenzylidn)-3-oxobutanoat
	39562-27-1	Methyl (2E)-2-(2-nitrobenzylidn)-3-oxobutanoat
	56105-81-8	(R)-2-(3-Benzoylphenyl)propionsäure
	64920-29-2	Ethyl-2-oxo-4-phenylbutyrat
	78834-75-0	Ethyl-7-chlor-2-oxoheptanoat
	121873-00-5	Ethyl-3-(2-chlor-4,5-difluorphenyl)-3-hydroxyacrylat
	134176-18-4	Ethyl 2-oxobicyclo[3.1.0]hexan-6-carboxylat
	149437-76-3	5-(4-Fluorphenyl)-5-oxopentansäure
2918 99 90	87-13-8	Diethylethoxymethylenmalonat
	1217-67-0	(4-Butyryl-2,3-dichlorphenoxy)essigsäure
	4651-67-6	(3α,5β)-3-Hydroxy-7-oxocholan-24-säure
	13335-71-2	(2,6-Dimethylphenoxy)essigsäure
	26159-31-9	(RS)-2-(6-Methoxy-2-naphthyl)propionsäure
	28416-82-2	6-alpha,9-Difluor-11-beta,17-alpha-dihydroxy-16-alpha-methyl-3-oxoandrosta-1,4-dien-17-beta-carbonsäure
	29754-58-3	Methyl-5-glyoxyloylsalicylathydrat
	30131-16-9	4-(4-Phenylbutoxy)benzoesäure
	33924-48-0	Methyl-5-chlor-o-anisat
	35480-52-5	2,5-Bis(2,2,2-trifluorethoxy)benzoesäure
	40098-26-8	Methyl-7-[(3RS)-3-hydroxy-5-oxocyclopent-1-enyl]heptanoat
	52179-28-9	Ethyl-2-[4-(2,2-dichlorcyclopropyl)phenoxy]-2-methylpropanoat
	70264-94-7	Methyl-4-(brommethyl)-m-anisat

Anhang 6

KN-Code	CAS RN	Bezeichnung
2918 99 90	*(Fortsetzung)*	
	105560-93-8	Methyl-(2R,3S)-2,3-epoxy-3-(4-methoxyphenyl)propionat
	111006-10-1	Isobutyl-3,4-epoxybutyrat
	150726-89-9	Dimethyl (2-methoxyphenoxy)malonat
	204254-96-6	Ethyl (1S,5R,6S)-5-(1-ethylpropoxy)-7-oxabicyclo[4.1.0]hept-3-en-3-carboxylat
	530141-60-7	Methyl-3-(5-{[4-(cyclopentyloxy)-2-hydroxyphenyl]carbonyl}-2-hydroxyphenyl)propanoat
	709031-28-7	(3-Hydroxytricyclo[3.3.1.1(3,7)]dec-1-yl)(oxo)essigsäure
2920 90 10	16606-55-6	(R)-Propylencarbonat
	35180-01-9	Chlormethylisopropylcarbonat
	80841-78-7	4-(Chlormethyl)-5-methyl-1,3-dioxol-2-on
	91526-18-0	4-(Hydroxymethyl)-5-methyl-1,3-dioxol-2-on
	208338-09-4	(4R,5R)-4,5-Bis(mesyloxymethyl)-1,3,2-dioxathiolan-2,2-dioxid
2920 90 85	55-91-4	Diisopropylfluorphosphat
	89729-09-9	5,7-Dioxa-6-thiaspiro[2.5]octan-6-oxid
2921 19 60	4261-68-1	(2-Chlorethyl)diisopropylaminhydrochlorid
2921 19 99	5407-04-5	3-Chlorpropyldimethylammoniumchlorid
2921 29 00	100-36-7	2-Aminoethyldiethylamin
	156886-85-0	N,N′-Bis[3-(ethylamino)propyl]propan-1,3-diamintetrahydrochlorid
2921 30 10	167944-94-7	Cyclohexylammonium-1-[(S)-2-(tert-butoxycarbonyl)-3-(2-methoxyethoxy)propyl]cyclopentancarboxylat
2921 42 00	671-89-6	4-Amino-6-chlorbenzol-1,3-di(sulfonylchlorid)
2921 43 00	393-11-3	alpha,alpha,alpha-Trifluor-4-nitro-m-toluidin
2921 49 00	89-97-4	2-Chlorbenzylamin
	103-67-3	Benzyl(methyl)amin
	328-93-8	alpha,alpha,alpha,alpha′,alpha′,alpha′-Hexafluor-2,5-xylidin
	1614-57-9	3-(5H-Dibenzo[a,d]cyclohepten-5-ylpropyl)dimethylammoniumchlorid
	3789-59-1	(1S)-1-Phenylpropan-1-amin
	33881-72-0	Triethylanilin
	54396-44-0	alpha′,alpha′,alpha′-Trifluor-2,3-xylidin
	69385-30-4	2,6-Difluorbenzylamin
	79617-99-5	trans-(±)-4-(3,4-Dichlorphenyl)-1,2,3,4-tetrahydro-1-naphthyl(methyl)ammoniumchlorid
	81972-27-2	3-(Trichlorvinyl)anilinhydrochlorid
	84467-54-9	1-[1-(4-Chlorphenyl)cyclobutyl]-3-methylbutan-1-amin
	129140-12-1	1-Ethyl-1,4-diphenylbut-3-enylamin
	132173-07-0	(Z)-N-[3-(3-Chlor-4-cyclohexylphenyl)prop-2-enyl]-N-ethylcyclohexylaminhydrochlorid
	166943-39-1	Methyl(4′-nitrophenethyl)aminhydrochlorid
	259729-93-6	(1R)-1-[1-(4-Chlorphenyl)cyclobutyl]-3-methylbutan-1-amin D-tartarat (1:1)
	334477-60-0	(1R)-1-[3,5-Bis(trifluormethyl)phenyl]-N-methylethanamin
	376608-71-8	(1R,2S)-2-(3,4-Difluorphenyl)cyclopropanamin (2R)-hydroxy(phenyl)ethanoat
	389056-74-0	(1S)-1-[1-(4-Chlorphenyl)cyclobutyl]-3-methylbutan-1-amin D-tartarat (1:1)
	945717-05-5	2-(4-Chlor-3-ethylphenyl)ethanaminhydrochlorid
	945717-43-1	N-(4-Tert-butylbenzyl)-2-(4-chlor-3-ethylphenyl)ethanamin
	1034457-07-2	2-(2,3-Dihydro-1H-inden-2-yl)propan-2-aminhydrochlorid
2921 51 90	150812-21-8	N4-[(4-Fluorphenyl)methyl]-2-nitro-1,4-benzoldiamin
2921 59 90	122-75-8	N,N′-Dibenzylethylendiammoniumdi(acetat)
	140-28-3	N,N′-Dibenzylethan-1,2-diamindiacetat
2922 19 85	0-00-0	[2-(Chlormethyl)-4-(dibenzylamino)phenyl]methanol-hydrochlorid
	133-51-7	Antimonsäure – 1-Desoxy-1-(methylamino)-D-glucitol (1:1)
	534-03-2	2-Aminopropan-1,3-diol

Anhang 6

KN-Code	CAS RN	Bezeichnung
2922 19 85	*(Fortsetzung)*	
	1159-03-1	5-(3-Dimethylaminopropyl)-10,11-dihydrodibenzo[a,d]cyclohepten-5-ol
	23323-37-7	1-Desoxy-1-(octylamino)-D-glucit
	35320-23-1	(2R)-2-Aminopropan-1-ol
	38345-66-3	(2S,3R)-4-Dimethylamino-3-methyl-1,2-diphenylbutan-2-ol
	42142-52-9	3-(Methylamino)-1-phenylpropan-1-ol
	54527-65-0	2-[Benzyl(methyl)amino]ethylacetoacetat
	56796-66-8	4-(Benzyloxy)-α^1-[(tert-butylamino)methyl]benzen-1,3-dimethanol
	58997-87-8	2-(Dimethylamino)-2-phenylbutan-1-ol
	68047-07-4	4′-[2-(Dimethylamino)ethoxy]-2-phenylbutyrophenon
	83647-29-4	3-{(Z)-1-[4-(2-Dimethylaminoethoxy)phenyl]-2-phenylbut-1-enyl}phenol
	114247-09-5	(3R)-N-Methyl-3-phenyl-3-[4-(trifluormethyl)phenoxy]propan-1-aminhydrochlorid
	115287-37-1	N-Methyl-N-(4-nitrophenthyl)-2-(4-nitrophenoxy) ethan-1-amin
	126456-43-7	(1S,2R)-1-Aminoindan-2-ol
	151807-53-3	(1RS,2RS,3SR)-2,3-Bis(benzoyloxymethyl)cyclobutylamin
	151851-75-1	(R)-2-Amino-2-ethylhexan-1-ol
	154598-58-0	(S)-2-(2-Amino-5-chlorphenyl)-4-cyclopropyl-1,1,1-trifluorbut-3-yn-2-ol
	168960-19-8	((1S,4R)-4-Aminocyclopent-2-en-1-yl)methanol-hydrochlorid
	214353-17-0	1-(2-Amino-5-chlorphenyl)-2,2,2-trifluorethan-1,1-diolhydrochlorid
	467426-34-2	(2S)-2-(2-Amino-5-chlorphenyl)-4-cyclopropyl-1,1,1-trifluorbut-3-yn-2-olmethansulfonat (1:1,5)
	702686-97-3	Ethyl 3-(3-{[(2R)-3-{[1-(2,3-dihydro-1H-inden-2-yl)-2-methylpropan-2-yl]amino}-2-hydroxypropyl]oxy}-4,5-difluorphenyl)propanoathydrochlorid
	1035455-87-8	Ethyl(2E)-3-(3-{[(2R)-3-{[1-(2,3-dihydro-1H-inden-2-yl)-2-methylpropan-2-yl]amino}-2-hydroxypropyl]oxy}-4,5-difluorphenyl)prop-2-enoathydrochlorid
	1035455-90-3	(2R)-1-(5-Brom-2,3-difluorphenoxy)-3-{[1-(2,3-dihydro-1H-inden-2-yl)-2-methylpropan-2-yl]amino} propan-2-ol-hydrochlorid
2922 29 00	120-20-7	3,4-Dimethoxyphenethylamin
	20059-73-8	2-[4-(Aminomethyl)phenoxy]-N,N-dimethylethanamin
	55174-61-3	3,4-Dimethoxy-beta-methylphenethylamin
	115256-13-8	4-(1-{[2-(4-Aminophenoxy)ethyl]methylamino}ethyl)anilin
	188690-84-8	(2S)-Hydroxy(phenyl)essigsäure — (2R)-N-Benzyl-1-(4-methoxyphenyl)propan-2-amin (1:1) (Salz)
	202197-26-0	3-Chlor-4-[(3-fluorbenzyl)oxy]anilin
2922 39 00	784-38-3	2-Amino-5-chlor-2′-fluorbenzophenon
	2011-66-7	2-Amino-2′-chlor-5-nitrobenzophenon
	2958-36-3	2-Amino-2′,5-dichlorbenzophenon
	14189-82-3	(2E)-3-(N-Methylanilin)acrylaldehyd
	156732-13-7	(S)-5-Amino-2-(dibenzylamino)-1,6-diphenylhex-4-en-3-on
2922 41 00	113403-10-4	Dexibuprofenlysin (INNM)
2922 49 85	56-12-2	4-Aminobuttersäure
	875-74-1	D-alpha-Phenylglycin
	949-99-5	3-(4-Nitrophenyl)-L-alanin
	961-69-3	Kalium-(R)-N-(3-ethoxy-1-methyl-3-oxoprop-1-enyl)-2-phenylglycin
	1118-89-4	Diethyl-L-glutamathydrochlorid
	13291-96-8	Natrium-(R)-N-(3-methoxy-1-methyl-3-oxoprop-1-enyl)-2-phenylglycinat
	14205-39-1	Methyl-3-aminocrotonat
	20763-30-8	2-Cyclohexa-1,4-dienylglycin
	26774-89-0	Natrium 2-(cyclohexa-1,4-dien-1-yl)-2-[((E)-1-methoxy-1-oxobut-2-en-2-yl)amino]acetat
	34582-65-5	Kalium-(R)-N-(3-methoxy-1-methyl-3-oxoprop-1-enyl)-2-phenylglycinat
	35453-19-1	5-Amino-2,4,6-triiodisophthalsäure
	37441-29-5	5-Amino-2,4,6-triiodisophthaloyldichlorid
	39068-93-4	Methyl-2-(dimethylamino)-2-phenylbutanoat
	39878-87-0	(–)-alpha-(Chlorformyl)benzylammoniumchlorid
	42854-62-6	Benzyl-L-alaninat–p-Toluolsulfonsäure (1:1)

Anhang 6

KN-Code	CAS RN	Bezeichnung
2922 49 85	*(Fortsetzung)*	
	54527-73-0	2-(N-Methylbenzylamino)ethyl-3-aminobut-2-enoat
	67299-45-0	cis-4-(Benzyloxycarbonyl)cyclohexylammoniumtosylat
	81677-60-3	Methyl-(4-nitrophenyl)-L-alaninat
	82717-96-2	(S,S)-N-(1-Ethoxycarbonyl-3-phenylpropyl)alanin
	82834-12-6	N-[(2S)-1-Ethoxy-1-oxopentan-2-yl]-L-alanin
	94133-84-3	Natrium-2-amino-2-phenylbutanoat
	119916-05-1	Methyl-3-amino-4,6-dibrom-o-toluat
	128013-69-4	3-(Aminomethyl)-5-methylhexansäure
	143785-86-8	4-(1-Aminocyclopropyl)-2,3,5-trifluorbenzoesäure
	154772-45-9	Ethyl-(S)-3-aminopent-4-inoathydrochlorid
	168619-25-8	Methyl-3′-aminobiphenyl-3-carboxylat
	209216-09-1	2-Aminobicyclo[3.1.0]hexan-2,6-dicarbonsäurehydrat
	223445-75-8	[(3S,4S)-1-(Aminomethyl)-3,4-dimethylcyclopentyl]essigsäure
	610300-00-0	(3S,5R)-3-Amino-5-methyloctansäurehydrochlorid
	610300-07-7	(3S,5R)-3-Amino-5-methyloctansäure
	848133-35-7	(2E)-4-(Dimethylamino)but-2-ensäurehydrochlorid
	848949-85-9	4-Fluor-L-leucin – Ethylhydrogensulfat (1:1)
2922 50 00	0-00-0	Ethyl-2-(2-chlor-4,5-difluorbenzoyl)-3-(2,4-difluoranilino)acrylat
	7206-70-4	4-Amino-5-chlor-2-methoxybenzoesäure
	16589-24-5	4-[1-Hydroxy-2-(methylamino)ethyl]phenol — L-Weinsäure (2:1)
	22818-40-2	D-2-(4-Hydroxyphenyl)glycin
	24085-03-8	2-[Benzyl(tert-butyl)amino]-1-(alpha,4-dihydroxy-m-tolyl)ethanol
	24085-08-3	Benzyl(tert-butyl)(4-hydroxy-3-hydroxymethyl-4-oxophenethyl)ammoniumchlorid
	26787-84-8	Natrium-(R)-2-(4-hydroxyphenyl)-N-(3-methoxy-1-methyl-3-oxoprop-1-enyl)glycinat
	35205-50-6	4′-Benzyloxy-2-[(1-methyl-2-phenoxyethyl)amino]propiophenonhydrochlorid
	50293-90-8	4-[(1R)-2-(Tert-butylamino)-1-hydroxyethyl]-2-(hydroxymethyl)phenolhydrochlorid
	59338-84-0	Methyl-4-amino-5-nitro-o-anisat
	62023-62-5	(2S,3S)-3-Amino-2-hydroxy-4-phenylbutansäure
	69416-61-1	Kalium-(R)-2-(4-hydroxyphenyl)-N-(3-methoxy-1-methyl-3-oxoprop-1-enyl)glycinat
	71786-67-9	2-[Benzyl(methyl)amino]-1-(3-hydroxyphenyl)ethan-1-onhydrochlorid
	79814-47-4	Methyl-(2S,3R)-3-amino-2-[(S)-(1-hydroxyethyl)]hydrogenglutarat
	90005-55-3	3′-Amino-2′-hydroxyacetophenonhydrochlorid
	96072-82-1	1-[4-(Benzyloxy)phenyl]-2-[(4-phenylbutan-2-yl)amino]propan-1-on
	121524-09-2	Ethyl-((7S)-7-{[(2R)-2-(3-chlorphenyl)-2-hydroxyethyl]amino}-5,6,7,8-tetrahydro -2-naphthyloxy)acetathydrochlorid
	174607-68-2	(1R)-1-[4-(Benzyloxy)-3-(hydroxymethyl)phenyl]-2-(tert-butylamino)ethan-1-ol
	196810-09-0	Methyl N-(2-benzoylphenyl)-L-tyrosinat
	503070-58-4	Triphenylessigsäure – 4-{(1R)-2-[(6-{2-[(2,6-Dichlorbenzyl)oxy]ethoxy}hexyl)amino]-1-hydroxyethyl}-2-(hydroxymethyl)phenol (1:1)
	653574-13-1	Methyl N-(benzyloxycarbonyl)valyl-D-alloisoleucylthreonylnorvalinat
2923 20 00	4235-95-4	1,2-Dioleoyl-sn-glycero-3-phosphocholin
	77286-66-9	2-O-Methyl-1-O-octadecyl-sn-glycero-3-phosphocholin
2924 19 00	590-63-6	2-Carbamoyloxypropyltrimethylammoniumchlorid
	5422-34-4	N-(2-Hydroxyethyl)lactamid
	5794-13-8	L-Asparaginhydrat
	7355-58-0	N-(2-Chlorethyl)acetamid
	62009-47-6	2-Aminomalonamid
	89182-60-5	1-Desoxy-1-formamidhexitol
	90303-36-9	N-[N-(tert-Butoxycarbonyl)-L-alanyl]-L-alaninhydrat
	116833-20-6	2-(Ethylmethylamino)acetamid
	125496-24-4	(S)-3-Formamido-2-formyloxypropionsäure
	153758-31-7	(2S)-2-Amino-3-hydroxy-N-pentylpropionamid — Oxalsäure (1:1)

Anhang 6

KN-Code	CAS RN	Bezeichnung
2924 19 00	*(Fortsetzung)*	
	162537-11-3	N-(Methoxycarbonyl)-3-methyl-L-valin
	186193-10-2	(2S)-2-{[3-(Tert-butoxycarbonyl)-2,2-dimethylpropanoyl]oxy}-4-methylpentansäure
	228706-30-7	1,2-Dioleoyl-sn-glycero-3-phospho[N-(4-carboxybutanoyl)ethanolamin]
2924 29 98	0-00-0	2-Chlor-N-[2-(2-chlorbenzoyl)-4-nitrophenyl]acetamid
	121-60-8	N-Acetylsulfanilylchlorid
	1142-20-7	N-Benzyloxycarbonyl-L-alanin
	1149-26-4	N-(Benzyloxycarbonyl)-L-valin
	1584-62-9	2-Brom-4′-chlor-2′-(2-fluorbenzoyl)acetanilid
	1939-27-1	2-Methyl-N-(alpha,alpha,alpha-trifluor-m-tolyl)propionamid
	3588-63-4	N-Benzyloxycarbonyl-DL-valin
	4093-29-2	Methyl-4-acetamido-o-anisat
	4093-31-6	Methyl-4-acetamido-5-chlor-o-anisat
	6485-67-2	(2R)-2-Amino-2-phenylacetamid
	13255-50-0	4-Formyl-N-isopropylbenzamid
	22316-45-6	Ethyl-3-[(5-chlor-2-nitrophenyl)(phenyl)amino]-3-oxopropanoat
	22871-58-5	3-Amino-5-[(2-hydroxyethyl)carbamoyl]-2,4,6-triiodbenzoesäure
	24201-13-6	4-Acetamido-5-chlor-o-anissäure
	27313-65-1	N-Acetyl-3-(3,4-dimethoxyphenyl)-DL-alanin
	28197-66-2	N-[3-Acetyl-4-(oxiran-2-ylmethoxy)phenyl]butanamid
	30566-92-8	5-(N,N-Dibenzylglycyl)salicylamid
	32981-85-4	Methyl-(2R,3S)-3-benzamido-2-hydroxy-3-phenylpropionat
	35661-39-3	N-[(9H-Fluoren-9-ylmethoxy)carbonyl]-L-alanin
	35661-60-0	N-[(9H-Fluoren-9-ylmethoxy)carbonyl]-L-leucin
	40187-51-7	5-Acetylsalicylamid
	40188-45-2	3′-Acetyl-4′-hydroxybutyranilid
	40371-50-4	(2S)-4-{[(Benzyloxy)carbonyl]amino}-2-hydroxybutansäure
	41526-21-0	2′-Benzoyl-2-brom-4′-chloracetanilid
	41844-71-7	Methyl-N-(methoxycarbonyl)-L-phenylalaninat
	49705-98-8	Benzyl ((1S,2R)-1-carbamoyl-2-hydroxypropyl)carbamat
	50978-11-5	3,5-Diacetamido-2,4,6-triiodbenzoesäuredihydrat
	52806-53-8	2-Hydroxy-2-methyl-4′-nitro-3′-(trifluormethyl)propionanilid
	53947-84-5	2-(Carboxyacetamido)benzoesäure
	65864-22-4	L-Phenylalaninamid
	71989-14-5	4-Tert-butyl N-[(9H-fluoren-9-ylmethoxy)carbonyl]-L-aspartat
	71989-18-9	5-Tert-butyl N-[(9H-fluoren-9-ylmethoxy)carbonyl]-L-glutamat
	71989-20-3	N^2-[(9H-Fluoren-9-ylmethoxy)carbonyl]-L-glutamin
	71989-23-6	N-[(9H-Fluoren-9-ylmethoxy)carbonyl]-L-isoleucin
	71989-26-9	N^6-(Tert-butoxycarbonyl)-N^2-[(9H-fluoren-9-ylmethoxy)carbonyl]-L-lysin
	71989-33-8	O-Tert-butyl-N-[(9H-fluoren-9-ylmethoxy)carbonyl]-L-serin
	71989-35-0	O-Tert-butyl-N-[(9H-fluoren-9-ylmethoxy)carbonyl]-L-threonin
	71989-38-3	O-Tert-butyl-N-[(9H-fluoren-9-ylmethoxy)carbonyl]-L-tyrosin
	75885-58-4	2,2-Dimethylcyclopropancarboxamid
	76801-93-9	5-Amino-N,N′-bis(2,3-dihydroxypropyl)-2,4,6-triiodisophthalamid
	80082-51-5	3-Amino-2-{[(benzyloxy)carbonyl]amino}-1-methyl-3-oxopropylmethansulfonat
	84996-93-0	N-Cyclohexyl-5-hydroxypentanamid
	91558-42-8	Benzyl-(1-carbamoyl-2-hydroxypropyl)carbamat
	98737-29-2	tert-Butyl{(S)-alpha-[(S)-oxiranyl]phenethyl}carbamat
	98760-08-8	Tert-butyl [1-((2S)-oxiran-2-yl)-2-phenylethyl]carbamat
	108166-22-9	4-{[(2-Methylphenyl)carbonyl]amino}benzoesäure
	116661-86-0	(2S,3S)-3-(tert-Butoxycarbonylamino)-2-hydroxy-4-phenylbuttersäure
	125971-96-2	2-[alpha-(4-Fluorbenzoyl)benzyl]-4-methyl-3-oxovaleranilid
	132327-80-1	N^2-[(9H-Fluoren-9-ylmethoxy)carbonyl]-N^5-trityl-L-glutamin

Anhang 6

KN-Code	CAS RN	Bezeichnung
2924 29 98	*(Fortsetzung)*	
	132388-59-1	N^2-[(9H-Fluoren-9-ylmethoxy)carbonyl]-N^4-trityl-L-asparagin
	136450-06-1	3′-Acetyl-2′-hydroxy-4-(4-phenylbutoxy)benzanilid
	137246-21-0	N-(1-Ethyl-1,4-diphenylbut-3-enyl)cyclopropancarboxamid
	141862-47-7	5-Glyoxyloylsalicylamidhydrat
	143785-84-6	4-(1-Carbamoylcyclopropyl)-2,3,5-trifluorbenzoesäure
	143785-87-9	4-[1-(Acetylamino)cyclopropyl]-2,3,5-trifluorbenzoesäure
	144163-85-9	tert-Butyl-[(1S,3S,4S)-4-amino-1-benzyl-3-hydroxy-5-phenylpentyl]carbamat
	148051-08-5	5-Amino-N,N′-bis[2-acetoxy-1-(acetoxymethyl)ethyl]-2,4,6-triiodisophthalamid
	149451-80-9	tert-Butyl-[(1S,2S)-1-benzyl-2,3-dihydroxypropyl]carbamat
	150812-23-0	Ethyl{4-[(4-fluorbenzyl)amino]-2-nitrophenyl}carbamat
	153441-77-1	Methyl-N-(phenoxycarbonyl)-L-valinat
	168080-49-7	2-Chlor-4-{[(5-fluor-2-methylphenyl)carbonyl]amino}benzoesäure
	168960-18-7	tert-Butyl-(1R,4S)-4-(hydroxymethyl)cyclopent-2-enylcarbamat
	170361-49-6	N-(3,4-Dichlorphenyl)-N-{3-[(2,3-dihydroinden-2-yl)methylamino]propyl}-5,6,7,8-tetrahydronaphthalen-2-carboxamid
	176972-62-6	Methyl-(1S,2S)-1-benzyl-3-chlor-2-hydroxypropylcarbamat
	244191-94-4	N-[(9H-Fluoren-9-ylmethoxy)carbonyl]-α-L-glutamyl-N^6-(tert-butoxycarbonyl)-L-lysyl-N-trityl-L-asparaginyl-α-L-glutamyl-N-trityl-L-glutaminyl-α-L-glutamyl-L-leucyl-L-leucyl-α-L-glutamyl-L-leucin, 1,4,6,9-tetra-tert-butylester
	266993-72-0	2,3-Diaminobenzamiddihydrochlorid
	316173-29-2	Methyl(1S,2S,3S,4R)-3-[(1S)-1-amino-2-ethylbutyl]-4-[(tert-butoxycarbonyl)amino]-2-hydroxycyclopentancarboxylat
	317374-08-6	2-Methyl-4-{[(2-methylphenyl)carbonyl]amino}benzoesäure
	325715-13-7	N-(3-Acetylphenyl)-N-methylacetamid
	361442-00-4	{2-[(Tert-butoxycarbonyl)amino]-3-hydroxytricyclo[3.3.1.1(3,7)]dec-1-yl}essigsäure
	376348-76-4	Ethyl (3S)-3-(4,4-difluorcyclohexan-1-carboxamid)-3-phenylpropanoat
	376348-77-5	4,4-Difluor-N-((1S)-3-hydroxy-1-phenylpropyl)cyclohexan-1-carboxamid
	376348-78-6	4,4-Difluor-N-((1S)-3-oxo-1-phenylpropyl)cyclohexan-1-carboxamid
	481659-97-6	Tert-butyl {(1S)-2-[benzyl(methyl)amino]-2-oxo-1-phenylethyl}carbamathydrochlorid
	579494-66-9	Propyl{4-[2-(diethylamino)-2-oxoethoxy]-3-ethoxyphenyl}acetat
	667937-05-5	3-[4-(Trifluormethyl)anilino]pentanamid
2925 19 95	1075-89-4	8-Azaspiro[4.5]decan-7,9-dion
	84803-46-3	4-(4-Chlorphenyl)piperidin-2,6-dion
	88784-33-2	1-Benzylhydrogen-(S)-4-phthalimidoglutarat
	94213-26-0	Ethyl-(S)-3-{4-[bis(2-chlorethyl)amino]phenyl}-2-phthalimidopropionathydrochlorid
	97338-03-9	Ethyl-(S)-3-(4-aminophenyl)-2-phthalimidopropionathydrochlorid
	151860-15-0	meso-N-Benzyl-3-nitrocyclopropan-1,2-dicarboximid
	265136-65-0	Ethyl-3-amino-4-[2-(1,3-dioxo-1,3-dihydro-2H-isoindol-2-yl)ethoxy]but-2-enoat
2925 29 00	3382-63-6	4-{(E)-[(4-Fluorphenyl)imino]methyl}phenol
	149177-92-4	4′-Amidinosuccinanilsäurehydrochlorid
	249561-98-6	Tris{[(2Z)-2-chlor-3-(dimethylamino)prop-2-en-1-yliden]dimethylammonium} hexafluorphosphat(3-)
2926 90 95	94-05-3	Ethyl-2-cyan-3-ethoxyacrylat
	13338-63-1	3,4,5-Trimethoxyphenylacetonitril
	14818-98-5	L-N-(1-Cyan-1-vanillylethyl)acetamid
	15760-35-7	3-Methylencyclobutancarbonitril
	20099-89-2	4-(Bromacetyl)benzonitril
	20850-49-1	3-Methyl-2-(3,4-dimethoxyphenyl)butyronitril
	28049-61-8	1-(4-Chlorphenyl)cyclobutan-1-carbonitril
	31915-40-9	N-[1-Cyano-2-(4-hydroxyphenyl)-1-methylethyl]acetamid
	32852-95-2	2-(3-Phenoxyphenyl)propiononitril
	36622-33-0	3-Methyl-2-(3,4,5-trimethoxyphenyl)butyronitril
	39186-58-8	4-Brom-2,2-diphenylbutannitril

Anhang 6

KN-Code	CAS RN	Bezeichnung
2926 90 95	*(Fortsetzung)*	
	56326-98-8	1-(4-Fluorphenyl)-4-oxocyclohexancarbonitril
	58311-73-2	(Z)-(2-Cyanvinyl)trimethylammonium-p-toluolsulfonat
	79370-78-8	5-Hydroxybenzol-1,3-dicarbonitril
	114772-53-1	4′-Methylbiphenyl-2-carbonitril
	114772-54-2	4′-(Brommethyl)biphenyl-2-carbonitril
	123632-23-5	4-(2,2,3,3-Tetrafluorpropoxy)cinnamonitril
	133481-10-4	Ethyl-(1-cyancyclohexyl)acetat
	139481-28-0	Methyl 2-{[(2′-cyanobiphenyl-4-yl)methyl]amino}-3-nitrobenzoat
	151338-11-3	N-tert-Butyl-3-cyanandrosta-3,5-dien-17-carboxamid
	152630-47-2	1-[3-(Cyclopentyloxy)-4-methoxyphenyl]-4-oxocyclohexan-1-carbonitril
	152630-48-3	Dimethyl 4-cyano-4-[3-(cyclopentyloxy)-4-methoxyphenyl]heptanedioat
	186038-82-4	Diethyl-(1-cyan-3-methylbutyl)malonat
	192869-10-6	2-Iod-3,4-dimethoxy-6-nitrobenzonitril
	192869-24-2	6-Amino-2-iod-3,4-dimethoxybenzonitril
	474554-45-5	4,5-Diethoxy-3-fluorbenzol-1,2-dicarbonitril
	474645-97-1	(3R)-3-Aminopentanenitrilmethansulfonat
	591769-05-0	3-Cyclopentylprop-2-ennitril
	604784-44-3	Tert-butylammonium (Z)-3-cyano-5-methylhex-3-enoat
	846023-24-3	2-Cyano-N-(2,4-dichlor-5-methoxyphenyl)acetamid
	855425-38-6	1-(2-Ethylbutyl)cyclohexancarbonitril
2928 00 90	618-26-8	1-Methyl-1-phenylhydrazinsulfat (2:1)
	16390-07-1	4-Chlor-1′-(4-methoxyphenyl)benzohydrazid
	55819-71-1	(RS)-Serinohydrazidhydrochlorid
	84080-68-2	Tert-butyl(2Z)-2-[(2-methoxy-2-oxoethoxy)imino]-3-oxobutanoat
	84080-70-6	4-Chlor-2-[(Z)-(methoxycarbonyl)methoxyimino]-3-oxobuttersäure
	89766-91-6	1-Carboxy-1-methylethoxyammoniumchlorid
	94213-23-7	(Z)-[Cyan(2,3-dichlorphenyl)methylen]carbazamidin
	95759-10-7	4-Chlor-2-[(2-methoxy-2-oxoethoxy)imino]-3-oxobuttersäure
	130580-02-8	trans-2′-Fluor-4-hydroxychalkon-O-[(Z)-2-(dimethylamino)ethyl]oxim — Fumarsäure (2:1)
	158671-29-5	N,2-dihydroxy-4-methylbenzamid
	192802-28-1	(S)-O-Benzyllactaldehyd-N-(tert-butoxycarbonyl)hydrazon
	212631-79-3	2-(2-Chlor-4-iodanilino)-N-(cyclopropylmethoxy)-3,4-difluorbenzamid
	253605-31-1	N-Hydroxy-2-methylpropan-2-aminacetat (Salz) oder Tert-butylhydroxylaminacetat (Salz)
	268544-50-9	Tert-butyl-2-[(2-methoxy-2-oxoethoxy)imino]-3-oxobutanoat
	473927-63-8	Ethyl(2Z)-chlor[2-(4-methoxyphenyl)hydrazinyliden]ethanoat
	860035-10-5	1-({[(2,5-Dioxopyrrolidin-1-yl)oxy]carbonyl}oxy)ethyl 2-methylpropanoat
	910656-45-0	2-Hydroxy-2-(trifluormethyl)butanhydrazid
2929 90 00	2188-18-3	N′-alpha-(tert-Butoxycarbonyl)-N′-omega-nitro-L-arginin
	92050-02-7	2,6-Diisopropylphenylsulfamat
	139976-34-4	N′-alpha-(tert-Butoxycarbonyl)-N-methoxy-N-methyl-N′-omega-nitro-L-argininamid
	204254-98-8	Ethyl (3R,4S,5R)-5-azido-3-(1-ethylpropoxy)-4-hydroxycyclohex-1-en-1-carboxylat
	204255-06-1	Ethyl (3R,4R,5S)-4-acetamido-5-azido-3-(1-ethylpropoxy)cyclohex-1-en-1-carboxylat
2930 90 16	105996-54-1	N,N′-Bis(trifluoracetyl)-DL-homocystin
	159453-24-4	N-(Benzyloxycarbonyl)-S-phenyl-L-cystein
2930 90 99	1134-94-7	2-(Phenylthio)anilin
	2736-23-4	2,4-Dichlor-5-mesylbenzoesäure
	3483-12-3	(2R,3S)-1,4-Disulfanylbutan-2,3-diol oder Dithiothreitol
	4274-38-8	2-Mercapto-5-(trifluormethyl)aniliniumchlorid
	6320-03-2	o-Chlorthiophenol
	10191-60-3	Dimethylcyancarbonimidodithioat
	10506-37-3	O-2-Naphthylchlorthioformiat

Anhang 6

KN-Code	CAS RN	Bezeichnung
2930 90 99	*(Fortsetzung)*	
	13459-62-6	{2-[(4-Chlorphenyl)sulfanyl]phenyl}essigsäure
	15570-12-4	3-Methoxybenzen-1-thiol
	16188-55-9	[4-(Methylsulfanyl)phenyl]essigsäure
	21048-05-5	N-Methylbenzolcarbothiohydrazid
	27366-72-9	2-(Dimethylaminothio)acetamidhydrochlorid
	33174-74-2	2,2′-Dithiodibenzonitril
	40248-84-8	3-Sulfanylphenol
	49627-27-2	(Z)-5-Fluor-2-methyl-1-(4-methylthiobenzyliden)-1H-inden-3-ylessigsäure
	50413-24-6	2-Brom-1-(4-mesylphenyl)ethan-1-on
	51458-28-7	(1R,2R)-2-Amino-1-(4-methylsulfonylphenyl)propan-1,3-diol
	56724-21-1	(1R,2R)-2-Amino-1-(4-methylsulfonylphenyl)propan-1,3-diolhydrochlorid
	60759-00-4	3,4-Diethoxybenzolcarbothioamid
	61832-41-5	Methyl(1-methylthio-2-nitrovinyl)amin
	62140-67-4	Methyl-5-(ethylsulfonyl)-o-anisat
	63484-12-8	Methyl-2-methoxy-5-methylsulfonylbenzoat
	67305-72-0	N-(2-Mercaptoethyl)propionamid
	74345-73-6	D-(–)-3-Acetylthio-2-methylpropionylchlorid
	76497-39-7	D-(–)-3-Acetylthio-2-methylpropionsäure
	87483-29-2	4-Fluorbenzyl-4-(methylthio)phenylketon
	90536-66-6	(4-Mesylphenyl)essigsäure
	104458-24-4	2-Mesylethan-1-aminhydrochlorid
	136511-43-8	Ethyl-N-{2-[(acetylthio)methyl]-3-(o-tolyl)-1-oxopropyl}-L-methionat
	148757-89-5	9-Bromnonyl-4,4,5,5,5-pentafluorpentylsulfid
	153277-33-9	Methyl N-[(benzyloxy)carbonyl]-S-phenyl-L-cysteinat
	157521-26-1	(S)-2-(Acetylthio)-3-phenylpropionsäure — Dicyclohexylamin (1:1)
	159878-02-1	Benzyl-(1R,2S)-3-chlor-2-hydroxy-1-(phenylthiomethyl)propylcarbamat
	162515-68-6	2-[1-(Mercaptomethyl)cyclopropyl]essigsäure
	182149-25-3	N,N′-[Dithiobis(o-phenylencarbonyl)]bis-L-isoleucin
	211513-21-2	1-(2-Ethylbutyl)-N-(2-sulfanylphenyl)cyclohexancarboxamid
	225652-11-9	1-(4-Chlorphenoxy)-4-(methylsulfanyl)benzen oder 4-Chlorphenyl 4-(methylsulfanyl)phenylether
	289717-37-9	N,N-Dimethyl-2-[4-(methylsulfanyl)phenoxy]benzylaminhydrochlorid
	346413-00-1	1-(4-Ethoxyphenyl)-2-(4-mesylphenyl)ethan-1-on
	364323-64-8	2-[4-(Methylsulfanyl)phenoxy]benzaldehyd
	860035-07-0	1-{[(Methylsulfanyl)carbonyl]oxy}ethyl-2-methylpropanoat
	893407-18-6	2,2,2-Trifluor-1-[4′-(methylsulfonyl)biphenyl-4-yl]ethanon
2931 90 90	1660-95-3	Tetraisopropylmethylendiphosphonat
	13682-94-5	(2-Bromoethenyl)(trimethyl)silan
	17814-85-6	(4-Carboxybutyl)triphenylphosphoniumbromid
	27784-76-5	Tert-butyl (diethoxyphosphoryl)acetat
	31618-90-3	Diethyl-(tosyloxy)methylphosphonat
	35000-38-5	tert-Butyltriphenylphosphoranylidenacetat
	86552-32-1	(4-Phenylbutyl)phosphinsäure
	87460-09-1	Benzylhydroxy(4-phenylbutyl)phosphinoylacetat
	89694-48-4	(5-Chlor-2-methoxyphenyl)boronsäure
	123599-78-0	[(2-Methyl-1-propionyloxypropoxy)(4-phenylbutyl)phosphinoyl]essigsäure
	123599-82-6	{[2-Methyl-1-(propionyloxy)propoxy](4-phenylbutyl)phosphoryl}essigsäure
	128948-01-6	{(S)-[(R)-2-Methyl-1-propionyloxypropoxy](4-phenylbutyl)phosphinoyl}essigsäure
	172732-52-4	2-(1,3,2-Dioxaborinan-2-yl)benzonitril
	185411-12-5	Methyl-3-(trimethylsilyl)pent-4-enoat
	649761-22-8	(1R,5S)-5-[Dimethyl(phenyl)silyl]-2-(hydroxymethyl)cyclopent-2-en-1-carbonsäure — (1R,2R)-2-Amino-1-(4-nitrophenyl)propan-1,3-diol (1:1) (Salz)
	701278-08-2	[(1R,5S)-5-[Dimethyl(phenyl)silyl]-2-{[(2-methoxypropan-2-yl)oxy]methyl}cyclopent-2-en-1-yl]methanol

Anhang 6

KN-Code	CAS RN	Bezeichnung
2931 90 90	*(Fortsetzung)*	
	701278-09-3	{(4S,5R)-5-[(Benzyloxy)methyl]-4-[dimethyl(phenyl)silyl]cyclopent-1-en-1-yl}methanol
	796967-18-5	1-(2-Fluor-5-methylphenyl)-3-[4-(4,4,5,5-tetramethyl-1,3,2-dioxaborolan-2-yl)phenyl]harnstoff
	871355-80-5	(4R)-2-Brom-7-{[tert-butyl(diphenyl)silyl]oxy}hept-1-en-4-yl-4-methylbenzolsulfonat
	914922-88-6	(2R,4R)-4-{[Tert-butyl(dimethyl)silyl]oxy}-N-methoxy-N,2-dimethyloct-7-enamid
	914922-89-7	(2R,4R)-4-[[(1,1-Dimethylethyl)dimethylsilyl]oxy]-N-methoxy-N,2-dimethyl-7-oxoheptanamid
2932 19 00	27329-70-0	(5-Formyl-2-furyl)boronsäure
	37076-71-4	1,2,3-Tri-O-acetyl-5-desoxy-D-ribofuranose
	37743-18-3	3,3-Diphenyltetrahydrofuran-2-yliden(dimethyl)ammoniumbromid
	66356-53-4	5-(2-Aminoethylthiomethyl)furfuryldimethylamin
	86087-23-2	(S)-Tetrahydrofuran-3-ol
	87392-07-2	(2S)-Tetrahydrofuran-2-carbonsäure
	97148-39-5	Ammonium-(Z)-2-methoxyimino-2-(2-furyl)acetat
	253128-10-8	(1S)-1,5:7,10-Dianhydro-12,13-bis-O-[tert-butyl(dimethyl)silyl]-2,3,4,6,8,11-hexadesoxy-1-{2-[(2S,5S)-5-(3-hydroxypropyl)-3-methylidentetrahydrofuran-2-yl]ethyl}-3-methyl-9-O-methyl-4-methyliden-8-[(phenylsulfonyl)methyl]-D-arabino-D-altro-tridecitol
	441045-17-6	(1S,3S,6S,9S,12S,14R,16R,18S,20R,21R,22S,26R,29S,31R,32S,33R,35R,36S)-20-[(2S)-3-Amino-2-hydroxypropyl]-21-methoxy-14-methyl-8,15-bis(methylen)-2,19,30,34,37,39,40,41-octaoxanonacyclo[24.9.2.13,32.13,33.16,9.112,16.018,22.029,36.031,35]hentetracontan-24-onmethansulfonat
2932 20 90	0-00-0	4-(4-Fluorphenyl)-7-(isothiocyanatomethyl)-2H-chromen-2-on
	79-50-5	DL-alpha-Hydroxy-beta,beta-dimethyl-gamma-butyrolacton
	298-81-7	9-Methoxyfuro[3,2-g]chromen-7-on
	482-44-0	9-(3-Methylbut-2-enyloxy)-7H-furo[3,2-g]chromen-7-on
	517-23-7	alpha-Acetyl-gamma-butyrolacton
	599-04-2	alpha-Hydroxy-beta,beta-dimethyl-gamma-butyrolacton
	976-70-5	3-Oxopregn-4-en-21,17-alpha-carbolacton
	6559-91-7	4′-Desmethylepipodophyllotoxin
	7734-80-7	2-Oxo-2H-chromen-6-carbonsäure
	23363-33-9	4′-(Benzyloxycarbonyl)-4′-desmethylepipodophyllotoxin
	39521-49-8	(3aR,4bS,4R,4aS,5aS)-4-(5,5-Dimethyl-1,3-dioxolan-2-yl)hexahydrocyclopropa[3,4]cyclopenta[1,2-b]furan-2(3H)-on
	39746-01-5	(3aR,4R,5R,6aS)-4-Formyl-2-oxohexahydro-2H-cyclopenta[b]furan-5-ylbenzoat
	51559-36-5	5-Methoxy-2H-chromen-2-on
	63106-93-4	1-Phenyl-3-oxabicyclo[3.1.0]hexan-2-on
	73726-56-4	11-alpha-Hydroxy-3-oxopregna-4,6-dien-21,17-alpha-carbolacton
	95716-70-4	7α-(Methoxycarbonyl)-3-oxo-17α-pregna-4,9(11)-dien-21,17-carbolacton
	96829-59-3	(1S,3E,6E)-1-[((2S,3S)-3-Hexyl-4-oxooxetan-2-yl)methyl]dodeca-3,6-dien-1-yl N-formyl-L-leucinat
	104872-06-2	(3S,4S)-3-Hexyl-4-[(R)-2-(hydroxytridecyl)]oxetan-2-on
	122111-01-7	[(2R)-2-(Benzoyloxy)-4,4-difluor-5-oxotetrahydrofuran-2-yl]methylbenzoat
	142680-85-1	(25S)-25-Cyclohexyl-25-de(sec-butyl)-5-O-demethyl-22,23-dihydroavermectin A_{1a}
	145667-75-0	(3aR,4R,5R,6aS)-5-Hydroxy-4-((3R)-3-hydroxy-5-phenylpentyl)hexahydrocyclopenta[b]furan-2-on
	192704-56-6	11-alpha-Hydroxy-7-alpha-(methoxycarbonyl)-3-oxopregn-4-en-21,17-alpha-carbolacton
	220119-16-4	(25S)-Cyclohexyl-25-de(sec-butyl)- 5-demethoxy-5-oxo-22,23-dihydroavermectin A_{1a}
	221129-55-1	(6R)-4-Hydroxy-6-phenthyl-6-propyl-5,6-dihydro-2H-pyran-2-on
	916069-80-2	(4S)-4-(Fluormethyl)dihydrofuran-2(3H)-on
	947408-90-4	6-[(2,4-Dimethoxyphenyl)carbonyl]-2H-chromen-2-on
	947408-91-5	6-[(2,4-Dihydroxyphenyl)carbonyl]-2H-chromen-2-on
2932 99 00	96-82-2	4-O-beta-D-Galaktopyranosyl-D-gluconsäure
	467-55-0	3-beta-Hydroxy-5-alpha-spirostan-12-on
	533-31-3	3,4-(Methylendioxy)phenol
	3308-94-9	2-(3-Chlorpropyl)-2-(4-fluorphenyl)-1,3-dioxolan
	7512-17-6	2-Acetamido-2-deoxy-D-glucose
	7772-94-3	2-Acetamido-2-desoxy-β-D-mannopyranose
	15826-37-6	Dinatrium-5,5′-[(2-hydroxypropan-1,3-diyl)bis(oxy)]bis(4-oxo-4H-chromen-2-carboxylat)

Anhang 6

KN-Code	CAS RN	Bezeichnung
2932 99 00	*(Fortsetzung)*	
	32981-86-5	10-Desacetylbaccatin III
	33659-28-8	Calciumbis(4-O-(beta-D-galaktopyranosyl)-D-gluconat) — Calciumbromid (1:1)
	40591-65-9	2,3,4,6-Tetra-O-acetyl-beta-D-glucopyranosylcarbamimidothioathydrobromid
	57999-49-2	2-(3-Bromphenoxy)tetrahydropyran
	65293-32-5	N-β-D-Glucopyranosylformamid
	69999-16-2	(2,3-Dihydrobenzofuran-5-yl)essigsäure
	79944-37-9	trans-6-Amino-2,2-dimethyl-1,3-dioxepan-5-ol
	88128-61-4	(3aS,9aS,9bR)-3a-Methyl-6-[2-(2,5,5-trimethyl-1,3-dioxan-2-yl)ethyl]-1,2,4,5,8,9,9a,9b-octahydro-3aH-cyclopenta[a]naphthalin-3,7-dion
	99541-23-8	(1R,2S,3R,4R,5R)-4-Azido-2-{[(4aR,6S,7R,8S,8aR)-7,8-bis(benzyloxy)-2-phenylhexahydropyrano [3,2-d][1,3]dioxin-6-yl]oxy}-6,8-dioxabicyclo[3.2.1]oct-3-ylacetat
	99541-26-1	Methyl(2S,3S,4S,5S,6S)-6-{[(1S,2S,3S,4R,5R)-3-(acetyloxy)-4-azido-6,8-dioxabicyclo[3.2.1] oct-2-yl]methyl}-4,5-bis(benzyloxy)-3-hydroxytetrahydro-2H-pyran-2-carboxylat
	107188-34-1	2,5,7,8-Tetramethyl-2-(4-nitrophenoxymethyl)-4-oxochroman-6-ylacetat
	107188-37-4	2-(4-Aminophenoxymethyl)-2,5,7,8-tetramethyl-4-oxochroman-6-ylacetat
	110638-68-1	Calciumbis(4-O-(beta-D-galaktopyranosyl)-D-gluconat)dihydrat
	114869-97-5	Methyl-6-O-acetyl-4-O-(2-O-acetyl-3-O-benzyl-6-methyl-α-L-idopyranuronosyl)-3-O-benzyl-2-{[(benzyloxy)carbonyl]amino}-2-desoxy-α-D-glucopyranosid
	115437-18-8	(2α,4α,5β,7β,10β,13β)-4-Acetoxy-1,10,13-trihydroxy-9-oxo-7-[(triethylsilyl)oxy]-5,20-epoxytax-11-en-2-yl-benzoat
	115437-21-3	(4α)-4,10-Diacetoxy-1,13-dihydroxy-9-oxo-7-[(triethylsilyl)oxy]-5,20-epoxytax-11-en-2-yl-benzoat
	117661-72-0	5-(Chlormethyl)-6-methyl-1,3-benzodioxol
	124655-09-0	Tert-butyl [(4R,6S)-6-(hydroxymethyl)-2,2-dimethyl-1,3-dioxan-4-yl]acetat
	125971-94-0	tert-Butyl-[(4R,6R)-6-(cyanmethyl)-2,2-dimethyl-1,3-dioxolan-4-yl]acetat
	130064-21-0	1-{2-Hydroxy-4-[(tetrahydropyran-2-yl)oxy]phenyl}-2-{4-[(tetrahydropyran-2-yl)oxy]phenyl}ethan-1-on
	130525-58-5	Methyl 5-acetamido-7,8,9-O-triacetyl-2,6-anhydro-4-azido-3,4,5-tridoxy-D-glycero-D-galacto-non-2-enonat
	130525-62-1	(4S,5R,6R)-5-Acetamido-4-amino-6-[(1R,2R)-1,2,3-trihydroxypropyl]-5,6-dihydropyran-2-carbonsäure
	136172-58-2	1,6-Di-O-acetyl-2-azido-3,4-di-O-benzyl-2-desoxy-D-glucopyranose
	149107-93-7	(2α,4α,5β,7β,10β,13α)-4,10-Diacetoxy-13-{[(2R,3S)-3-benzamido-2-(1-methoxy-1-methylethoxy)-3-phenylpropanoyl]oxy}-1-hydroxy-9-oxo-7-[(triethylsilyl)oxy]-5,20-epoxytax-11-en-2-yl benzoat
	157518-70-2	(2R)-2-[(S)-2,2-Dimethyl-5-oxo-1,3-dioxolan-4-yl]-4-methylvaleriansäure
	167256-05-5	Methyl (1S,2S)-1-(1,3-benzodioxol-5-yl)-3-(2-hydroxy-4-methoxyphenyl)-5-propoxyindan-2-carboxylat
	170242-34-9	(S)-2-Amino-5-(1,3-dioxolan-4-yl)valeriansäure
	185954-98-7	[6(2Z,3R)]-3-O-Decyl-2-desoxy-6-O-[2-desoxy-3-O-(3-metoxydecyl)-6-methyl-2-[(1-oxo-11-octadecenyl)amino]-4-O-phosphono-β-D-glucopyranosyl]-2-[(1,3-dioxotetradecyl)amino]-α-D-glucopyranose-1-(dihydrogenphosphat)tetranatriumsalz
	191106-49-7	Methyl (1S,2S)-1-(1,3-benzodioxol-5-yl)-3-[2-(benzyloxy)-4-methoxyphenyl]-5-propoxyindan-2-carboxylat
	192201-93-7	2-({3-[5-(6-Methoxy-1-naphthyl)-1,3-dioxan-2-yl]propyl}methylamino)-N-methylacetamid
	196303-01-2	(7S)-7-Methyl-5-(4-nitrophenyl)-7,8-dihydro-5H-[1,3]dioxolo[4,5-g]isochromen
	196597-79-2	(2E)-1,2,6,7-tetrahydro-8H-indeno[5,4-b]furan-8-ylidenethannitril
	196597-80-5	2-[(8S)-1,6,7,8-Tetrahydro-2H-indeno[5,4-b]furan-8-yl]ethanaminhydrochlorid
	199796-52-6	(2α,4α,7β,10β,13α)-4,10-Diacetoxy-13-({(2R,3S)-3-benzamido-2-[((4Z,7Z,10Z,13Z,16Z,19Z)-docosa-4,7,10,13,16,19-hexaenoyl)oxy]-3-phenylpropanoyl}oxy)-1,7-dihydroxy-9-oxo-5,20-epoxytax-11-en-2-yl benzoate
	204254-84-2	Ethyl(3aR,7R,7aR)-2,2-dimethyl-7-[(methylsulfonyl)oxy]-3a,6,7,7a-tetrahydro-1,3-benzodioxol-5-carboxylat
	274693-53-7	[(3aS,4R,6S,6aR)-6-Hydroxy-2,2-dimethyltetrahydro-3aH-cyclopenta[d][1,3]dioxol-4-yl]carbamat
	452342-08-4	(1R)-2-(Benzylamino)-1-(2,2-dimethyl-4H-1,3-benzodioxin-6-yl)ethanol
	461432-25-7	(1S)-2,3,4,6-Tetra-O-acetyl-1,5-anhydro-1-[4-chlor-3-(4-ethoxybenzyl)phenyl]-D-glucitol
	666860-59-9	2-Amino-2-oxoethyl{3-[trans-5-(6-methoxynaphthalen-1-yl)-1,3-dioxan-2-yl]propyl}carbamat
	959624-24-9	6-(Hydroxymethyl)-4-phenyl-3,4-dihydro-2H-chromen-2-ol
	960404-59-5	But-2-in-1,4-diol – Methyl-1-C-[4-chlor-3-(4-ethoxybenzyl)phenyl]-α-D-glucopyranosid (1:1)

Anhang 6

KN-Code	CAS RN	Bezeichnung
2933 11 90	6150-97-6	Magnesiumbis[(2,3-dihydro-1,5-dimethyl-3-oxo-2-phenyl-1H-pyrazol-4-yl)methylamino]methansulfonat
2933 19 90	3736-92-3	1,2-Diphenyl-4-(2-phenylthioethyl)pyrazolidin-3,5-dion
	4023-02-3	Pyrazol-1-carboxamidinhydrochlorid
	18048-64-1	2-(3,4-Dimethylphenyl)-5-methyl-2,4-dihydro-3H-pyrazol-3-on
	27511-79-1	3-Aminopyrazol-4-carboxamidhemisulfat
	59194-35-3	N'1-Methyl-1H-pyrazol-1-carboxamidinhydrochlorid
	139756-01-7	1-Methyl-4-nitro-3-propylpyrazol-5-carboxamid
	334828-10-3	4-Amino-5-ethyl-1-(2-methoxyethyl)pyrazol-3-carboxamid
	473921-12-9	5-{[3,5-Diethyl-1-(2-hydroxyethyl)-1H-pyrazol-4-yl]oxy}benzol-1,3-dicarbonitril
	1028026-83-6	5-Methyl-1-(propan-2-yl)-4-[4-(propan-2-yloxy)benzyl]-1,2-dihydro-3H-pyrazol-3-on
	1035675-24-1	3-(4-Chlorphenyl)-N-methyl-4-phenyl-4,5-dihydro-1H-pyrazol-1-carboximidamid
	1035677-60-1	(4S)-3-(4-Chlorphenyl)-N-methyl-4-phenyl-4,5-dihydro-1H-pyrazol-1-carboximidamid-2,3-dihydroxybutandioat
2933 21 00	186462-71-5	(1R,2R,5S,6R)-2',5'-Dioxospiro[bicyclo[3.1.0]hexan-2,4'-imidazolidin]-6-carbonsäure
2933 29 90	696-23-1	2-Methyl-4-nitroimidazol
	822-36-6	4-Methylimidazol
	4897-25-0	5-Chlor-1-methyl-4-nitroimidazol
	24155-42-8	1-(2,4-Dichlorphenyl)-2-imidazol-1-ylethanol
	57531-37-0	2-Chlor-4-nitro-1H-imidazol
	65902-59-2	2-Brom-4-nitro-1H-imidazol
	68282-49-5	2-Butylimidazol-5-carbaldehyd
	68283-19-2	(2-Butylimidazol-5-yl)methanol
	83857-96-9	2-Butyl-5-chlor-1H-imidazol-4-carbaldehyd
	99614-02-5	1,2,3,4-Tetrahydro-9-methyl-3-(2-methyl-1H-imidazol-1-ylmethyl)carbazol-4-on
	109425-51-6	N^2-[(9H-Fluoren-9-ylmethoxy)carbonyl]-N-trityl-L-histidin
	130804-35-2	1-[5-(4,5-Diphenylimidazol-2-ylthio)pentyl]-1-heptyl-3-(2,4-difluorphenyl)harnstoff
	133909-99-6	2-Butyl-4-chlor-1-[2'-(2-trityl-2H-tetrazol-5-yl)biphenyl-4-ylmethyl]-1H-imidazol-5-ylmethanol
	138401-24-8	4'-[(2-Butyl-4-oxo-1,3-diazaspiro[4.4]non-1-en-3-yl)methyl]biphenyl-2-carbonitril
	150097-92-0	Methyl-5-pentafluorethyl-2-propylimidazol-4-carboxylat
	151012-31-6	3-(4-Brombenzyl)-2-butyl-4-chlor-1H-imidazol-5-ylmethanol
	151257-01-1	2-Butyl-1,3-diazaspiro[4.4]non-1-en-4-onhydrochlorid
	152074-97-0	L-α-Aspartyl-L-α-glutamyl-L-asparaginyl-L-prolyl-L-valyl-L-valyl-L-histidyl-L-phenylalanyl-L-phenylalanyl-L-lysyl-L-asparaginyl-L-isoleucyl-L-valyl-L-threonyl-L-prolyl-L-arginyl-L-threonin
	152146-59-3	4-(2-Butyl-5-formylimidazol-1-ylmethyl)benzoesäure
	178982-67-7	2-[(Benzyloxy)methyl]-4-isopropylimidazol
	244191-88-6	N-acetyl-O-tert-butyl-L-tyrosyl-O-tert-butyl-L-threonyl-O-tert-butyl-L-seryl-L-leucyl-L-isoleucyl-N^1-trityl-L-histidyl-O-tert-butyl-L-seryl-L-leucyl-L-isoleucyl-α-L-glutamyl-α-L-glutamyl-O-tert-butyl-L-seryl-N-trityl-L-glutaminyl-N-trityl-L-asparaginyl-N-trityl-L-glutaminyl-L-glutamin, 10,11-di-tert-butyl ester
	244244-26-6	N-Acetyl-O-tert-butyl-L-tyrosyl-O-tert-butyl-L-threonyl-O-tert-butyl-L-seryl-L-leucyl-L-isoleucyl-N^1-trityl-L-histidyl-O-tert-butyl-L-seryl-L-leucyl-L-isoleucyl-α-L-glutamyl-α-L-glutamyl-O-tert-butyl-L-seryl-N-trityl-L-glutaminyl-N-trityl-L-asparaginyl-N-trityl-L-glutaminyl-L-glutaminyl-α-L-glutamyl-N^6-(tert-butoxycarbonyl)-L-lysyl-N-trityl-L-asparaginyl-α-L-glutamyl-N-trityl-L-glutaminyl-α-L-glutamyl-L-leucyl-L-leucyl-α-L-glutamyl-L-leucyl-α-L-aspartyl-N^6-(tert-butoxycarbonyl)-L-lysyl-N^1-(tert-butoxycarbonyl)-L-tryptophyl-L-alanyl-O-tert-butyl-L-seryl-L-leucyl-N^1-(tert-butoxycarbonyl)-L-tryptophyl-N-trityl-L-asparaginyl-N^1-(tert-butoxycarbonyl)-L-tryptophyl-L-phenylalaninamid, hepta-tert-butylester
	451470-33-0	Methyl-3'-(2-methyl-4,5-dihydro-1H-imidazol-1-yl)biphenyl-3-carboxylat
	781666-30-6	L-α-Aspartyl-L-α-glutamyl-L-asparaginyl-L-prolyl-L-valyl-L-valyl-L-histidyl-L-phenylalanyl-L-phenylalanyl-L-lysyl-L-asparaginyl-L-isoleucyl-L-valyl-L-threonyl-L-prolyl-L-arginyl-L-threonintetraacetat
	1000164-35-1	3-(1,1-Dimethylethyl)-N-[(9H-fluoren-9-ylmethoxy)carbonyl]-1-(triphenylmethyl)-L-histidyl-2-methylalanyl-L-α-glutamylglycin
2933 39 99	0-00-0	(3aR,6aR)-1-(Pyridin-3-yl)octahydropyrrolo[3,4-b]pyrrol-4-methylbenzolsulfonat
	0-00-0	11-Ethyl-5-methyl-8-{2-[(1-oxo-1λ^4-chinolin-4-yl)oxy]ethyl}-11H-dipyrido[3,2-b:2',3'-e][1,4]diazepin-6(5H)-on
	0-00-0	4-(4-Fluorbenzoyl)pyridinium-p-toluolsulfonat

Anhang 6

KN-Code	CAS RN	Bezeichnung
2933 39 99	*(Fortsetzung)*	
	0-00-0	N-[(S)-1-azabicyclo[2.2.2]oct-2-yl(phenyl)methyl]-2,6-dichlor-3-(trifluormethyl)benzamid-hydrochlorid
	100-76-5	Chinuclidin
	875-35-4	2,6-Dichlor-4-methylnicotinonitril
	1072-98-6	5-Chlorpyridin-2-amin
	1452-94-4	Ethyl-2-chlornicotinat
	1609-66-1	N-Phenyl-N-(4-piperidyl)propionamid
	1619-34-7	Chinuclidin-3-ol
	2008-75-5	1-(2-Chlorethyl)piperidiniumchlorid
	2147-83-3	1-(1,2,3,6-Tetrahydro-4-pyridyl)-1H-benzimidazol-2(3H)-on
	2942-59-8	2-Chlornicotinsäure
	3613-73-8	2,8-Dimethyl-5-[2-(6-methylpyridin-3-yl)ethyl]-2,3,4,5-tetrahydro-1H-pyrido[4,3-b]indol
	4021-07-2	3-Methylpyridin-2-carbonsäure
	4046-24-6	5-(1-Methyl-4-piperidyl)-5H-dibenzo[a,d]cyclohepten-5-olhydrochlorid
	4783-86-2	4-Phenoxypyridin
	5005-36-7	2-Phenyl-2-pyridylacetonitril
	5006-66-6	6-Hydroxynicotinsäure
	5223-06-3	2-(5-Ethyl-2-pyridyl)ethanol
	5326-23-8	6-Chlornicotinsäure
	5382-23-0	4-Chlor-1-methylpiperidinhydrochlorid
	5421-92-1	1-(Pyridin-4-yl)pyridiniumchlorid-hydrochlorid
	5424-11-3	2,2-Diphenyl-4-piperidinovaleronitril
	5435-54-1	3-Nitro-4-pyridon
	6298-19-7	2-Chlor-3-pyridylamin
	6622-91-9	4-Pyridylessigsäurehydrochlorid
	6935-27-9	Benzyl(2-pyridyl)amin
	7379-35-3	4-Chlorpyridinhydrochlorid
	19130-96-2	(2R,3R,4R,5S)-2-(Hydroxymethyl)piperidin-3,4,5-triol
	19395-39-2	2-Phenyl-2-piperidin-2-ylacetamid
	19395-41-6	2-Phenyl-2-(2-piperidyl)essigsäure
	20662-53-7	1-(4-Piperidyl)-1H-benzimidazol-2(3H)-on
	21472-89-9	(±)-1-Azabicyclo[2.2.1]heptan-3-on
	22065-85-6	1-Benzylpiperidin-4-carbaldehyd
	25333-42-0	(3R)-Chinuclidin-3-ol
	26815-04-3	4-(2-Piperidin-1-ylethoxy)benzaldehyd
	27262-47-1	(S)-1-Butyl-N-(2,6-dimethylphenyl)piperidin-2-carboxamid
	29976-53-2	Ethyl-4-oxopiperidin-1-carboxylat
	31255-57-9	3-[2-(3-Chlorphenyl)ethyl]pyridin-2-carbonitril
	32998-95-1	N-(tert-Butyl)-3-methylpyridin-2-carboxamid
	35794-11-7	3,5-Dimethylpiperidin
	37699-43-7	2,3-Dimethyl-4-nitropyridin 1-oxid
	38092-89-6	8-Chlor-6,11-dihydro-11-(1-methyl-4-piperidyliden)-5H-benzo[5,6]cyclohepta[1,2-b]pyridin
	39512-49-7	4-(4-Chlorphenyl)piperidin-4-ol
	40807-61-2	4-Phenylpiperidin-4-ol
	43076-30-8	1-(4-tert-Butylphenyl)-4-[4-(alpha-hydroxybenzhydryl)piperidino]butan-1-on
	43200-82-4	6-(5-Chlorpyridin-2-yl)-5H-pyrrolo[3,4-b]pyrazin-5,7(6H)-dion
	49608-01-7	Ethyl-6-chlornicotinat
	53786-28-0	5-Chlor-1-(4-piperidyl)-1H-benzimidazol-2(3H)-on
	53786-45-1	Ethyl-4-(2-amino-4-chloranilino)piperidin-1-carboxylat
	53786-46-2	Ethyl-4-(5-chlor-2,3-dihydro-2-oxo-1H-benzimidazol-2-yl)piperidin-1-carboxylat
	56488-00-7	3-(Cyanimino)-3-piperidinopropiononitril
	56880-11-6	Ethyl[(3-endo)-8-methyl-8-azabicyclo[3.2.1]oct-3-yl)acetat
	57988-58-6	4-(4-Bromphenyl)piperidin-4-ol

Anhang 6

KN-Code	CAS RN	Bezeichnung
2933 39 99	*(Fortsetzung)*	
	58859-46-4	Ethyl 4-aminopiperidin-1-carboxylat
	61380-02-7	1-Benzyl-4-(methoxymethyl)-N-phenyl-4-piperidylamin
	65326-33-2	2-Amino-3-pyridylmethylketon
	70708-28-0	1-(2-Pyridyl)-3-(pyrrolidin-1-yl)-1-(p-tolyl)propan-1-ol
	77145-61-0	1-(6-Chlor-2-pyridyl)-4-piperidylaminhydrochlorid
	78750-61-5	4-[(3-Nitropyridin-2-yl)amino]phenol
	78750-68-2	4-[(3-Aminopyridin-2-yl)amino]phenol
	82671-06-5	2,6-Dichlor-5-fluornicotinsäure
	83556-85-8	1-(3-Chlorpropyl)-2,6-dimethylpiperidiniumchlorid
	83949-32-0	4-Carboxy-4-phenylpiperidinium-p-toluolsulfonat
	84100-54-9	4-(Ethylamino)piperidin-4-carboxamid
	84196-16-7	N-[4-(Methoxymethyl)-4-piperidyl]-N-phenylpropionamidhydrochlorid
	84449-80-9	1-[2-(4-Carboxyphenoxy)ethyl]piperidiniumchlorid
	84449-81-0	4-(2-Piperidin-1-ylethoxy)benzoylchloridhydrochlorid
	84501-68-8	Ethyl-4-[1-(4-fluorbenzyl)-1H-benzimidazol-2-ylamino]piperidin-1-carboxylat
	86604-78-6	4-Methoxy-3,5-dimethyl-2-pyridylmethanol
	87848-95-1	6-Brom-2-pyridyl-p-tolylketon
	88150-62-3	3-Ethyl-5-methyl-4-(2-chlorphenyl)-2-{[2-(1,3-dioxo-1,3-dihydro-2H-isoindol-2-yl)ethoxy]methyl}-6-methyl-1,4-dihydropyridin-3,5-dicarboxylat
	100238-42-4	4-(2-Piperidin-1-ylethoxy)phenol
	101904-56-7	4-(5H-Dibenzo[a,d]cyclohepten-5-yl)piperidin
	103094-30-0	3-Ethyl-5-methyl-(±)-4-(2-chlorphenyl)-1,4-dihydro-2-[2-(1,3-dioxoisoindolin-2-yl)ethoxymethyl]pyridin-3,5-dicarboxylat
	103577-66-8	3-Methyl-4-(2,2,2-trifluorethoxy)-2-pyridylmethanol
	104860-26-6	cis-1-[3-(4-Fluorphenoxy)propyl]-3-methoxy-4-piperidylamin
	104860-73-3	4-Amino-5-chlor-N-{1-[3-(4-fluorphenoxy)propyl]-3-methoxy-4-piperidyl}-2-methoxybenzamid
	105812-81-5	[(3S,4R)-4-(4-Fluorphenyl)-1-methylpiperidin-3-yl]methanol
	107256-31-5	3-[2-(3-Chlorphenyl)ethyl]-2-pyridyl-1-methyl-4-piperidylketonhydrochlorid
	108555-25-5	1-[2-(4-Methoxyphenyl)ethyl]-4-piperidylamindihydrochlorid
	118175-10-3	[4-(3-Methoxypropoxy)-3-methyl-2-pyridyl]methanol
	120014-07-5	2-[(1-Benzyl-4-piperidyl)methylen]-5,6-dimethoxyindan-1-on
	122321-04-4	2-[Methyl(pyridin-2-yl)amino]ethanol
	127293-57-6	(1R)-1-(4-Chlorphenyl)-2-[4-(4-fluorbenzyl)piperidin-1-yl]ethan-1-ol
	139781-09-2	5,5-Bis(4-pyridylmethyl)-5H-cyclopenta[2,1-b:3,4-b′]dipyridinhydrat
	139886-04-7	1-Methyl-1,2,5,6-tetrahydropyridin-3-carbaldehyd-(E)-O-methyloximhydrochlorid
	142034-92-2	(1S,3S,4S)-1-Azabicyclo[2.2.1]heptan-3-ol
	142034-97-7	(1R,4S)-1-Azabicyclo[2.2.1]heptan-3-on
	142057-79-2	(RS)-2-[(1-Benzyl-4-piperidyl)methyl]-5,6-dimethoxyindan-1-on
	153050-21-6	(S)-1-{2-[3-(3,4-Dichlorphenyl)-1-(3-isopropoxyphenacyl)-3-piperidyl]ethyl}-4-phenyl-1-azoniabicyclo[2.2.2]octanchlorid
	157688-46-5	2-[1-(tert-Butoxycarbonyl)-4-piperidyl]essigsäure
	158878-47-8	(3R,5R)-3-{(E)-2-[4-(4-Fluorphenyl)-2,6-diisopropyl-5-(methoxymethyl)pyridin-3-yl]vinyl}-5-hydroxycyclohexan-1-on
	159813-78-2	(3R,5S,6E)-7-[4-(4-Fluorphenyl)-2,6-diisopropyl-5-(methoxymethyl)pyridin-3-yl]-3,5-dihydroxyhept-6-enonsäure
	160588-45-4	10,10-Bis[(2-fluor-4-pyridyl)methyl]anthron
	161417-03-4	2-Methyl-3-((2S)-pyrrolidin-2-ylmethoxy)pyridin
	171764-07-1	(S)-2-Amino-3,3-dimethyl-N-2-pyridylbutyramid
	173050-51-6	(R)-N-(1-{3-[1-benzoyl-3-(3,4-dichlorphenyl)-3-piperidyl]propyl}-4-phenyl-4-piperidyl)-N-methylacetamidhydrochlorid
	176381-97-8	(S)-N-[4-(4-Acetamido-4-phenyl-1-piperidyl)-2-(3,4-dichlorphenyl)butyl]-N-methylbenzamid–Fumarsäure (1:1)
	177964-68-0	3-[4-(4-Fluorphenyl)-2,6-diisopropyl-5-(methoxymethyl)pyridin-3-yl]acrylaldehyd
	178460-82-7	(1R)-1-(4-Chlorphenyl)-2-[4-(4-fluorbenzyl)piperidin-1-yl]ethan-1-ol hydrochlorid
	178981-89-0	{5-[(3,5-Dichlorphenyl)sulfanyl]-4-isopropyl-1-(pyridin-4-ylmethyl)imidazol-2-yl}methanol

Anhang 6

KN-Code	CAS RN	Bezeichnung
2933 39 99	*(Fortsetzung)*	
	179024-48-7	N-[(R)-9-Methyl-4-oxo-1-phenyl-3,4,6,7-tetrahydro[1,4]diazepino[6,7,1-hi]indol-3-yl]isonicotinamid
	179687-79-7	2-[(2-Chlor-4-nitrophenoxy)methyl]pyridin
	180050-34-4	(1S,4R)-1-Azabicyclo[2.2.1]heptan-3-on-O-[(Z)-(3-methoxyphenyl)ethinyl]oxim — Maleinsäure (1:1)
	180250-77-5	(2S,3S)-3-Amino-2-ethoxy-N-nitropiperidin-1-carboxamidinhydrochlorid
	188396-54-5	1-(2-Biphenyl-4-ylethyl)-4-[3-(trifluormethyl)phenyl]-1,2,3,6-tetrahydropyridinhydrochlorid
	188591-61-9	1-(4-Benzyloxyphenyl)-2-(4-hydroxy-4-phenyl-1-piperidyl)propan-1-on
	189894-57-3	1-[(1S,2S)-2-Hydroxy-2-(4-hydroxyphenyl)-1-methylethyl]-4-phenylpiperidin-4-olmethansulfonattrihydrat
	192329-80-9	4-(4-Pyridyloxy)benzolsulfonsäure
	192330-49-7	4-(4-Pyridyloxy)benzolsulfonylchloridhydrochlorid
	193275-85-3	4-{4-[(11S)-3,10-Dibrom-8-chlor-5,6-dihydro-11H-benzo[5,6]cyclohepta[1,2-b]pyridin-11-yl]piperidinocarbonylmethyl}piperidin-1-carboxamid
	198904-85-7	Tert-butyl 2-(4-pyridin-2-ylbenzyl)hydrazin-1-carboxylat
	198904-86-8	Tert-butyl 2-{(2S,3S)-3-[(tert-butoxycarbonyl)amino]-2-hydroxy-4-phenylbutyl}-2-[4-(pyridin-2-yl)-benzyl]hydrazin-1-carboxylat
	213839-64-6	N-{2-[5-(Aminoiminomethyl)-2-hydroxyphenoxy]-3,5-difluor-6-[3-(1-methyl-4,5-dihydroimidazol-2-yl)phenoxy]pyridin-4-yl]-N-methyglycindihydrochlorid
	221180-26-3	4-Amino-5-chlor-2-methoxy-N-(3-methoxypiperidin-4-yl)benzamid
	221615-75-4	2-(4-Mesylphenyl)-1-(6-methylpyridin-3-yl)- ethan-1-on
	230615-52-8	2,3,4,5-Tetrahydro-1H-1,5-methan-3-benzazepinhydrochlorid
	230615-59-5	7,8-Dinitro-3-(trifluoracetyl)-2,3,4,5-tetrahydro-1H-1,5-methano-3-benzazepin
	272776-12-2	1,1′-Binaphthalin-2,2′-diol – 5-Methoxy-2-{(S)-[(4-methoxy-3,5-dimethylpyridin-2-yl)methyl]sulfinyl}-1H-benzimidazol (1:1)
	280129-82-0	4-({2-[(Benzyloxy)methyl]-4-isopropylimidazol-1-yl}methyl)pyridinoxalat (1:2)
	298692-34-9	6-(Chloracetyl)pyridin-2-carbonsäure
	319460-94-1	N-(2-Fluor-5-{[3-((E)-2-pyridin-2-ylvinyl)-1H-indazol-6-yl]amino}phenyl)-1,3-dimethylpyrazol-5-carboxamid
	329003-65-8	Natriumhydrogen[1-hydroxy-1-phosphono-2-(pyridin-3-yl)ethyl]phosphonat-hemipentahydrat
	334618-23-4	(3R)-Piperidin-3-amindihydrochlorid
	370882-57-8	(3aR,6aR)-1-(Pyridin-3-yl)octahydropyrrolo[3,4-b]pyrroldihydrochlorid
	414909-98-1	Benzyl-2-(4-fluor-2-methylphenyl)-4-oxo-3,4-dihydropyridin-1(2H)-carboxylat
	414910-13-7	(2S)-Hydroxy(phenyl)essigsäure – (2R)-2-(4-Fluor-2-methylphenyl)piperidin-4-on (1:1)
	423165-13-3	8-Benzyl-3-exo-(3-isopropyl-5-methyl-4H-1,2,4-triazol-4-yl)-8-azabicyclo[3.2.1]octan
	429659-01-8	Ethyl N-[4-(methylamino)-3-nitrobenzoyl]-N-pyridin-2-yl-ß-alaninat
	440634-25-3	Tert-butyl 4-{2-[4-(mesyloxy)piperidin-1-yl]-2-oxoethyl}piperidin-1-carboxylat
	548797-97-3	N-(2-{[(2S)-3-{[1-(4-Chlorbenzyl)piperidin-4-yl]amino}-2-hydroxy-2-methylpropyl]oxy}-4-hydroxyphenyl)acetamid
	550349-58-1	7-Chlor-3-(6-methoxypyridin-3-yl)-N,N,5-trimethyl-4-oxo-4,5-dihydro-3H-pyridazino[4,5-b]indol-1-carboxamid
	691882-47-0	4-Hydroxybenzoesäure – (2S,4E)-N-Methyl-5-[5-(propan-2-yloxy)pyridin-3-yl]pent-4-en-2-amin (1:1)
	741705-70-4	(2R)-Phenyl[(2R)-piperidin-2-yl]essigsäure-hydrochlorid
	866109-93-5	4-{4-[4-(Trifluormethoxy)phenoxy]piperidin-1-yl}phenol-4-methylbenzolsulfonat
	871022-14-9	1-({4-[({[2-Oxo-3-(propan-2-yl)-2,3-dihydro-1H-benzimidazol-1-yl]carbonyl}amino)methyl]piperidin-1-yl}methyl)cyclobutancarbonsäure
	871022-19-4	1-[(4-{[(Tert-butoxycarbonyl)amino]methyl}piperidin-1-yl)methyl]cyclobutancarbonsäure
	873546-30-6	4,4′-[Piperidin-1,4-diylbis(propan-3,1-diyloxy)]bis(N′-hydroxybenzolcarboximidamid)
	873546-38-4	4,4′-[Piperidin-1,4-diylbis(propan-3,1-diyloxy)]dibenzolcarboximidamid-trihydrochlorid-pentahydrat
	873546-74-8	4,4′-[Piperidin-1,4-diylbis(propan-3,1-diyloxy)]bis[N′-(acetyloxy)benzolcarboximidamid]
	873546-80-6	4,4′-[Piperidin-1,4-diylbis(propan-3,1-diyloxy)]dibenzonitril
	876068-46-1	5,6-Dichlor-N-(2,2-dimethoxyethyl)pyridin-3-amin
	876068-51-8	[(3S,4S)-4-Amino-1-(5,6-dichlorpyridin-3-yl)pyrrolidin-3-yl]methanol
	876170-44-4	(1S,5S)-3-(5,6-Dichlorpyridin-3-yl)-3,6-diazabicyclo[3.2.0]heptanbenzolsulfonat
	925978-49-0	(+)-5-[6-(1-Methyl-1H-pyrazol-4-yl)pyridin-3-yl]-1-azabicyclo[3.2.1]octan
	927889-51-8	4-Brom-2,6-diethylpyridin-4-methylbenzolsulfonat

Anhang 6

KN-Code	CAS RN	Bezeichnung
2933 39 99	*(Fortsetzung)*	
	936637-40-0	3,3′-Piperidin-1,4-diyldipropan-1-ol-4-methylbenzolsulfonat
	945405-37-8	2-Methyl-3-[(2S)-pyrrolidin-2-ylmethoxy]pyridin-2,3-dihydroxybutandioat
	1062580-52-2	(3R,4R)-1-Benzyl-N,4-dimethylpiperidin-3-amindihydrochlorid
2933 49 10	68077-26-9	7-Chlor-1-ethyl-6-fluor-1,4-dihydro-4-oxochinolin-3-carbonsäure
	86393-33-1	7-Chlor-1-cyclopropyl-6-fluor-4-oxo-1,4-dihydrochinolin-3-carbonsäure
	93107-30-3	1-Cyclopropyl-6,7-difluor-1,4-dihydro-4-oxochinolin-3-carbonsäure
	98105-79-4	7-Chlor-6-fluor-1-(4-fluorphenyl)-1,4-dihydro-4-oxochinolin-3-carbonsäure
	98349-25-8	Ethyl-1-cyclopropyl-6,7-difluor-4-oxo-1,4-dihydrochinolin-3-carboxylat
	100501-62-0	Ethyl-1-ethyl-6,7,8-trifluor-1,4-dihydro-4-oxochinolin-3-carboxylat
	103995-01-3	1-(2,4-Difluorphenyl)-6,7-difluor-1,4-dihydro-4-oxochinolin-3-carbonsäure
	105956-96-5	7-[3-(tert-Butoxycarbonylamino)pyrrolidin-1-yl]-8-chlor-1-cyclopropyl-6-fluor-4-oxo-1,4-dihydrochinolin-3-carbonsäure
	112811-72-0	1-Cyclopropyl-6,7-difluor-8-methoxy-4-oxo-1,4-dihydrochinolin-3-carbonsäure
	119916-34-6	7-Brom-1-cyclopropyl-6-fluor-5-methyl-4-oxo-1,4-dihydrochinolin-3-carbonsäure
	136465-98-0	N-(2-Chinolylcarbonyl)-L-asparagin
	136465-99-1	N-(2-Chinolylcarbonyloxy)succinimid
	170143-39-2	3-Methylhydrogen-7-chlor-1,4-dihydro-4-oxochinolin-2,3-dicarboxylat
	194804-45-0	Ethyl 1-cyclopropyl-8-(difluormethoxy)-7-((1R)-1-methyl-2-tritylisoindolin-5-yl)-4-oxo-1,4-dihydrochinolin-3-carboxylat
	194805-07-7	Ethyl 7-brom-1-cyclopropyl-8-(difluormethoxy)-4-oxo-1,4-dihydrochinolin-3-carboxylat
	417716-92-8	4-{3-Chlor-4-[(cyclopropylcarbamoyl)amino]phenoxy}-7-methoxyquinolin-6-carboxamid-methansulfonat
2933 49 90	0-00-0	2-(Ethylamino)-5-[2-(chinolin-4-yloxy)ethyl]nicotinsäure
	00-00-0	Methyl-2-[(3R)-3-{3-[(E)-2-(7-chlorchinolin-2-yl)ethenyl]phenyl}-3-({[1-(hydroxymethyl)cyclopropyl]-methyl}sulfanyl)propyl]benzoat-hydrochlorid
	1087-69-0	(9S,13S,14S)-3-Methoxymorphinanhydrochlorid
	4965-33-7	7-Chlor-2-methylchinolin
	6340-55-2	2,6-Dimethoxy-4-methylchinolin
	10500-57-9	5,6,7,8-Tetrahydrochinolin
	22982-78-1	1,2,3,4-Tetrahydro-2-isopropylaminomethyl-6-methyl-7-nitrochinolinmethansulfonat
	64228-78-0	Pentamethylenbis{3-[1-(3,4-dimethoxybenzyl)-6,7-dimethoxy-1,2,3,4-tetrahydro-2-isochinolyl]propionat}–Oxalsäure (1:2)
	74163-81-8	(S)-1,2,3,4-Tetrahydroisochinolin-3-carbonsäure
	77497-97-3	(S)-3-Benzyloxycarbonyl-1,2,3,4-tetrahydroisochinolinium-p-toluolsulfonat
	79276-06-5	Tert-butyl (3S)-1,2,3,4-tetrahydroisochinolin-3-carboxylat 4-methylbenzensulfonat
	103733-32-0	Benzyl(3S)-6,7-dimethoxy-1,2,3,4-tetrahydroisochinolin-3-carboxylat-hydrochlorid
	106635-86-3	2,6-Dimethoxy-4-methyl-5-[3-(trifluormethyl)phenoxy]chinolin-8-amin
	118864-75-8	(1S)-1-Phenyl-1,2,3,4-tetrahydroisochinolin
	120578-03-2	3-[(E)-2-(7-Chlor-2-chinolyl)vinyl]benzaldehyd
	134388-95-7	(3S,4aS,8aR)-2-(Methoxycarbonyl)-6-oxodecahydroisochinolin-3-carbonsäure – (1R)-1-Phenylethanamin (1:1)
	136465-81-1	(3S,4aS,8aS)-N-tert-Butyldecahydroisoquinolin-3-carboxamid
	136522-17-3	(3S,4aS,8aS)-2-[(2R,3S)-3-Amino-2-hydroxy-4-phenylbutyl]-N-tert-butyldecahydroisochinolin-3-carboxamid
	142522-81-4	Natrium-(R)-1-[(1-{3-[2-(7-chlor-2-chinolyl)vinyl]phenyl}-3-[2-(1-hydroxy-1-methylethyl)phenyl]propyl)thiomethyl]cyclopropylacetat
	149057-17-0	(S)-N-tert-Butyl-1,2,3,4-tetrahydroisochinolin-3-carboxamidhydrochlorid
	149182-72-9	(S)-N-tert-Butyl-1,2,3,4-tetrahydroisochinolin-3-carboxamid
	149968-11-6	Methyl-2-(3-{(E)-3-[2-(7-chlor-2-chinolyl)vinyl]phenyl)-3-oxopropyl)benzoat
	159878-04-3	Benzyl-(1S,2S)-3-[(3S,4aS,8aS)-3-tert-butylcarbamoylperhydro-2-isochinolyl]-2-hydroxy-1-(phenylthiomethyl)propylcarbamat
	159989-65-8	(3S,4aS,8aS)-N-(tert-Butyl)-2-[(2S,3S)-2-hydroxy-3-(3-hydroxy-2-methylbenzamido)-4-(phenylthio)-butyl]perhydroisochinolin-3-carboxamid — Methansulfonsäure (1:1)
	172649-40-0	3-[(4S)-5-Oxo-2-(trifluormethyl)-1,4,5,6,7,8-hexahydrochinolin-4-yl]benzonitril
	178680-13-2	Methyl-{(1S,2R)-1-benzyl-3-[(3S,4aS,8aS)-3-(tert-butylcarbamoyl)decahydro-2-isochinolyl]-2-hydroxypropyl}carbamat

Anhang 6

KN-Code	CAS RN	Bezeichnung
2933 49 90	*(Fortsetzung)*	
	181139-72-0	Methyl-2-[(S)-3-{(E)-3-[2-(7-chlor-2-chinolyl)vinyl]phenyl}-3-hydroxypropyl]benzoat
	186537-30-4	(S)-N-tert-Butyl-1,2,3,4-tetrahydroisochinolin-3-carboxamidsulfat
	189279-58-1	1-(6-Amino-3,5-difluorpyridin-2-yl)-8-chlor-6-fluor-7-(3-hydroxyazetidin-1-yl)-4-oxo-1,4-dihydrochinolin-3-carbonsäure
	189746-15-4	2,6-Dimethoxy-4-methyl-8-nitro-5-[3-(trifluormethyl)phenoxy]chinolin
	189746-19-8	5-Chlor-2,6-dimethoxy-4-methylchinolin
	189746-21-2	5-Chlor-2,6-dimethoxy-4-methyl-8-nitrochinolin
	209909-03-5	(2-Chlor-6,7-difluorchinolin-3-yl)methanol
	220998-08-3	{2,7-Dichlor-6-methyl-4-[(4-methylpiperidin-1-yl)methyl]chinolin-3-yl}methanol
	287930-77-2	(1S)-1-{3-[(E)-2-(7-Chlorchinolin-2-yl)vinyl]phenyl}-3-[2-(1-hydroxy-1-methylethyl)phenyl]propan-1-ol
	287930-78-3	Methyl 2-((3S)-3-{3-[(E)-2-(7-chlorchinolin-2-yl)vinyl]phenyl}-3-hydroxypropyl)benzoathydrat
	474645-93-7	Methyl [2-ethyl-6-(trifluormethyl)-1,2,3,4-tetrahydrochinolin-4-yl]carbamat
	503290-66-2	(3S,4aS,6S,8aR)-6-[3-Chlor-2-(2H-tetrazol-5-yl)phenoxy]decahydro-3-isochinolincarbonsäure-hydrochlorid
	503291-53-0	2-Ethylbutyl(3S,4aS,6S,8aR)-6-[3-chlor-2-(1H-tetrazol-5-yl)phenoxy]decahydro-3-isochinolincarboxylat-4-methylbenzolsulfonat
	503293-98-9	(3S,4aS,6S,8aR)-6-Hydroxy-2-(methoxycarbonyl)decahydroisochinolin-3-carbonsäure
	848133-76-6	N-(4-Chlor-3-cyano-7-ethoxychinolin-6-yl)acetamid
	868210-14-4	4-(4-{[(2S,4R)-4-[Acetyl(4-chlorphenyl)amino]-2-methyl-3,4-dihydrochinolin-1(2H)-yl]carbonyl}phenoxy)-2,2-dimethylbuttersäure
	936359-25-0	Methyl-2-((R)-3-(3-((E)-2-(7-chlorchinolin-2-yl)vinyl)phenyl)-3-(((1-(hydroxymethyl)cyclopropyl)methyl)sulfanyl)propyl)benzoat
2933 59 95	0-00-0	2,3-Dihydroxy-2,3-bis(phenylcarbonyl)bernsteinsäure – Ethyl[(8R)-8-(3,5-difluorphenyl)-10-oxo-6,9-diazaspiro[4.5]dec-9-yl]acetat (1:1)
	0-00-0	5-(Benzylamino)-2-(3-methoxyphenyl)-7-(4-methylpiperazin-1-yl)[1,2,4]triazolo[1,5-a]chinolin-4-carbonitril – (2E)-But-2-endioat (2:1) hydrat
	0-00-0	N-(5-Fluor-3-methyl-1H-indol-1-yl)-4-methyl-2-(pyridin-2-yl)pyrimidin-5-carboxamid
	56-06-4	2,6-Diaminopyrimidin-4-ol
	65-71-4	5-Methyluracil
	66-22-8	Uracil
	68-94-0	Purin-6(1H)-on
	71-30-7	Cytosin
	487-21-8	Pteridin-2,4(1H,3H)-dion
	696-07-1	5-Ioduracil
	707-99-3	6-Amino-9H-purin-9-ylethanol
	841-77-0	1-Benzhydrylpiperazin
	1780-26-3	4,6-Dichlor-2-methylpyrimidin
	2210-93-7	1-Phenylpiperaziniumchlorid
	3056-33-5	N-(9-Acetyl-6-oxo-6,9-dihydro-1H-purin-2-yl)acetamid
	3680-69-1	4-Chlor-7H-pyrrolo[2,3-d]pyrimidin
	3934-20-1	2,4-Dichlorpyrimidin
	5018-45-1	5,6-Dimethoxypyrimidin-4-ylamin
	5081-87-8	3-(2-Chlorethyl)chinazolin-2,4(1H,3H)-dion
	5464-78-8	1-(2-Methoxyphenyl)piperazinhydrochlorid
	6928-85-4	4-Methylpiperazin-1-ylamin
	7139-02-8	2,6-Dichlor-4,8-dipiperidinopyrimido[5,4-d]pyrimidin
	7280-37-7	Estropipat
	7597-60-6	6-Amino-5-formamido-1,3-dimethyluracil
	10310-21-1	2-Amino-6-chlorpurin
	13078-15-4	1-(3-Chlorphenyl)piperazinhydrochlorid
	13889-98-0	1-Acetylpiperazin
	14047-28-0	(R)-2-(6-Amino-9H-purin-9-yl)-1-methylethanol
	14080-23-0	Pyrimidin-2-carbonitril
	16064-08-7	6-Iodchinazolin-4(1H)-on

Anhang 6

KN-Code	CAS RN	Bezeichnung
2933 59 95	*(Fortsetzung)*	
	19690-23-4	6-Iod-1H-purin-2-ylamin
	19916-73-5	6-(Benzyloxy)-9H-purin-2-amin
	20535-83-5	6-Methoxy-1H-purin-2-ylamin
	20980-22-7	2-(Piperazin-1-yl)pyrimidin
	23680-84-4	4-Amino-2-chlor-6,7-dimethoxychinazolin
	27469-60-9	1-(4,4′-Difluorbenzhydryl)piperazin
	28888-44-0	6,7-Dimethoxychinazolin-2,4(1H,3H)-dion
	35386-24-4	1-(2-Methoxyphenyl)piperazin
	41078-70-0	3-(2-Chlorethyl)-2-methyl-4H-pyrido[1,2-a]pyrimidin-4-on
	41202-32-8	1-(2-Chlorphenyl)piperazinhydrochlorid
	41202-77-1	1-(2,3-Dichlorphenyl)piperazinhydrochlorid
	52605-52-4	1-(3-Chlorphenyl)-4-(3-chlorpropyl)piperazinhydrochlorid
	55112-42-0	4-Methylpiperazin-1-carbonylchloridhydrochlorid
	55293-96-4	5,7-Dimethyl[1,2,4]triazolo[1,5-a]pyrimidin-2-carbaldehyd
	56177-80-1	2-Ethoxy-5-fluorpyrimidin-4(1H)-on
	57061-71-9	1-(2-Chlorethyl)-4-[3-(trifluormethyl)phenyl]piperazindihydrochlorid
	59703-00-3	4-Ethyl-2,3-dioxopiperazin-1-carbonylchlorid
	59878-63-6	6-(5-Chlorpyridin-2-yl)-7-oxo-6,7-dihydro-5H-pyrrolo[3,4-b]pyrazin-5-yl piperazin-1-carboxylat
	61379-64-4	4-Cyclopentylpiperazin-1-amin
	64090-19-3	1-(4-Fluorphenyl)piperazindihydrochlorid
	67914-60-7	4-(4-Acetylpiperazin-4-yl)phenol
	67914-97-0	4-(4-Isopropylpiperazin-1-yl)phenol
	70849-60-4	1-(o-Tolyl)piperazinhydrochlorid
	75128-73-3	2-[(2-Acetamido-6-oxo-6,9-dihydro-1H-purin-9-yl)methoxy]ethylacetat
	90213-66-4	2,4-Dichlor-7H-pyrrolo[2,3-d]pyrimidin
	93076-03-0	3-(2-Chlorethyl)-6,7,8,9-tetrahydro-2-methyl-4H-pyrido[1,2-a]pyrimidin-4-onhydrochlorid
	94021-22-4	2-Piperazin-1-ylpyrimidindihydrochlorid
	97845-60-8	2-(Acetoxymethyl)-4-(2-amino-6-chlorpurin-9-yl)butylacetat
	106461-41-0	2-sec-Butyl-4-{4-[4-(4-hydroxyphenyl)piperazin-1-yl]phenyl}-2H-1,2,4-triazol-3(4H)-on
	111641-17-9	4-(Piperazin-1-yl)-2,6-bis(pyrrolidin-1-yl)pyrimidin
	112733-28-5	Ethyl-[3-(4-brom-2-fluorbenzyl)-7-chlor-2,4-dioxo-1,2,3,4-tetrahydrochinazolin-1-yl]acetat
	112733-45-6	Ethyl-(7-chlor-2,4-dioxo-1,2,3,4-tetrahydrochinazolin-1-yl)acetat
	119532-26-2	1-(2,3-Dichlorphenyl)piperazin
	124832-31-1	2-[(2-Amino-6-oxo-1,6-dihydro-9H-purin-9-yl)methoxy]ethyl-N-(benzyloxycarbonyl)-L-valinat
	125224-62-6	(1S)-2-Methyl-2,5-diazabicyclo[2.2.1]heptandihydrobromid
	132961-05-8	(Z)-3-{2-[4-(2,4-Difluor-alpha-hydroxyiminobenzyl)piperidino]ethyl}-6,7,8,9-tetrahydro-2-methyl-4H-pyrido[1,2-a]pyrimidin-4-on
	137234-74-3	4-Chlor-6-ethyl-5-fluorpyrimidin
	137234-87-8	6-Ethyl-5-fluorpyrimidin-4(1H)-on
	137281-39-1	4-[2-(2-Amino-4-oxo-4,7-dihydro-3H-pyrrolo[2,3-d]pyrimidin-5-yl)ethyl]benzoesäure
	140373-09-7	4-{[(3-{[(2,2-Dimethylpropanoyl)oxy]methyl}-2,7-dimethyl-4-oxo-3,4-dihydrochinazolin-6-yl)methyl](prop-2-yn-1-yl)amino}-2-fluorbenzoesäure
	145012-50-6	(7RS,9aRS)-Perhydropyrido[1,2-a]pyrazin-7-ylmethanol
	145783-14-8	4,6-Dichlor-5-nitro-2-(propylsulfanyl)pyrimidin
	147149-89-1	2-Amino-5-brom-6-methylchinazolin-4(1H)-on
	147539-21-7	Isopropyl[2-(piperazin-1-yl)-3-pyridyl]amin
	149062-75-9	1,3-Dichlor-6,7,8,9,10,12-hexahydroazepino[2,1-b]chinazolinhydrochlorid
	150323-35-6	(3S)-1-(tert-Butoxycarbonyl)-3-(tert-butylcarbamoyl)piperazin
	150728-13-5	4,6-Dichlor-5-(2-methoxyphenoxy)-2,2′-bipyrimidinyl
	156126-48-6	Tetrabutylammonium-(6-iod-1H-purin-2-yl)amid
	156126-53-3	(1R,2R,3S)-2-Amino-9-[2,3-bis(benzoyloxymethyl)cyclobutyl]-9H-purin-6-on
	156126-83-9	(1R,2R,3S)-9-[2,3-Bis(benzoyloxymethyl)cyclobutyl]-6-iod-9H-purin-2-ylamin
	157810-81-6	(2R,4S)-2-Benzyl-5-[2-(tert-butylcarbamoyl)-4-(3-pyridylmethyl)piperazin-1-yl]-4-hydroxy-N-[(1S,2R)-2-hydroxyindan-1-yl]valeramidsulfat

Anhang 6

KN-Code	CAS RN	Bezeichnung
2933 59 95	*(Fortsetzung)*	
	160009-37-0	Methyl 4-(4-fluorphenyl)-6-isopropyl-2-(N-methylmethansulfonamido)]pyrimidin-5-carboxylat
	167465-36-3	(2R)-1-[4-((1aR,10bS)-1,1-Difluor-1,1a,6,10b-tetrahydrodibenzo[a,e]cyclopropa[c][7]annulen-6-yl)piperazin-1-yl]-3-[(chinolin-5-yl)oxy]propan-2-ol trihydrochlorid
	171887-03-9	N-(2-Amino-4,6-dichlorpyrimidin-5-yl)formamid
	172015-79-1	[(1S,4R)-4-(2-amino-6-chlor-9H-purin-9-yl)cyclopent-2-enyl]methanolhydrochlorid
	179688-01-8	7-(Benzyloxy)-6-methoxychinazolin-4(3H)-on
	179688-29-0	6,7-Bis(2-methoxyethoxy)chinazolin-4(1H)-on
	183319-69-9	(3-Ethinylphenyl)[6,7-bis(2-methoxyethoxy)chinazolin-4-yl]aminhydrochlorid
	184177-81-9	Phenyl-{4-[4-(4-hydroxyphenyl)piperazin-1-yl]phenyl}carbamat
	188416-20-8	3-(6-Chlor-5-fluorpyrimidin-4-yl)-2-(2,4-difluorphenyl)-1-(1H-1,2,4-triazol-1-yl)butan-2-olhydrochlorid
	188416-28-6	4-(1-Bromethyl)-6-chlor-5-fluorpyrimidin
	188416-34-4	(2RS,3SR)-2-(2,4-Difluorphenyl)-3-(5-fluorpyrimidin-4-yl)-1-(1H-1,2,4-triazol-1-yl)butan-2-ol–(1R,4S)-2-Oxobornan-10-sulfonsäure (1:1)
	192725-50-1	(2S)-3-Methyl-2-(2-oxohexahydropyrimidin-1-yl)butansäure
	192726-06-0	(2S)-N-[(1S,3S,4S)-4-Amino-1-benzyl-3-hydroxy-5-phenylpentyl]-3-methyl-2-(2-oxotetrahydropyrimidin-1(2H)-yl)butanamid — 5-oxopyrrolidin-2-carbonsäure (1:1) (Salz)
	202138-50-9	Bis[(isopropyloxycarbonyloxy)methyl-[(R)-2-(6-amino-9H-purin-9-yl)-1-methylethoxy]methylphosphonat — Fumarsäure (1:1)
	214287-88-4	(4S)-6-Chlor-4-(2-cyclopropylethynyl)-4-(trifluormethyl)-3,4-dihydrochinazolin-2(1H)-on
	214287-99-7	(4S)-6-Chlor-4-((E)-2-cyclopropylvinyl)-4-(Trifluormethyl)-3,4-dihydrochinazolin-2(1H)-on
	225916-82-5	8-Chlor-5-((4Z,7Z,10Z,13Z,16Z,19Z)-docosa-4,7,10,13,16,19-hexaenoyl)-11-(4-methylpiperazin-1-yl)-5H-dibenzo[b,e][1,4]diazepin
	231278-20-9	N-{3-Chlor-4-[(3-fluorbenzyl)oxy]phenyl}-6-iodchinazolin-4-amin
	247565-04-4	(4S)-6-Chlor-4-(cyclopropylethynyl)-3-((R)-1-phenylethyl)-4-(trifluormethyl)-3,4-dihydrochinazolin-2(1H)-on
	345217-02-9	1-[(1S,2S)-2-(Benzyloxy)-1-ethylpropyl]-N-{4-[4-(4-hydroxyphenyl)piperazin-1-yl]phenyl}hydrazin-1-carboxamid
	356058-42-9	{2-[(4-Fluorbenzyl)sulfanyl]-4-oxo-4,5,6,7-tetrahydro-1H-cyclopenta[d]pyrimidin-1-yl}essigsäure
	444731-74-2	N-(2-Chlorpyrimidin-4-yl)-2,3-dimethyl-2H-indazol-6-amin
	451487-18-6	2-[(4-Fluorbenzyl)sulfanyl]-1,5,6,7-tetrahydro-4H-cyclopenta[d]pyrimidin-4-on
	518048-03-8	2-(1-Amino-1-methylethyl)-N-(4-fluorbenzyl)-5-hydroxy-1-methyl-6-oxo-1,6-dihydropyrimidin-4-carboxamid
	540737-29-9	3-{(3R,4R)-4-Methyl-3-[methyl(7H-pyrrolo[2,3-d]pyrimidin-4-yl)amino]piperidin-1-yl}-3-oxopropannitril 2-hydroxypropan-1,2,3-tricarboxylat
	599179-03-0	1-(4,6-Dimethylpyrimidin-5-carbonyl)-4-((3S)-4-{(1R)-2-methoxy-1-[4-(trifluormethyl)phenyl]ethyl}-3-methylpiperazin-1-yl)-4-methylpiperidinmaleat (1:1)
	612494-10-7	1-{(1R)-2-Methoxy-1-[4-(trifluormethyl)phenyl]ethyl}-2-methylpiperazin D-tartarat (1:1)
	612543-01-8	1-(4,6-Dimethylpyrimidin-5-carbonyl)piperidin-4-on
	649761-23-9	(1S,2S,3S,5S)-5-[2-Amino-6-(benzyloxy)-9H-purin-9-yl]-2-[(benzyloxy)methyl]-3-[dimethyl(phenyl)-silyl]-1-(hydroxymethyl)cyclopentan-1-ol
	649761-24-0	2-Amino-9-{(1S,3R,4S)-3-[(benzyloxy)methyl]-4-[dimethyl(phenyl)silyl]-2-methylidncyclopentyl}-9H-purin-6(1H)-on
	654671-77-9	(2R)-4-Oxo-4-[3-(trifluormethyl)-5,6,7,8-tetrahydro[1,2,4]triazolo[4,3-a]pyrazin-7-yl]-1-(2,4,5-trifluorphenyl)butan-2-aminphosphathydrat (1:1)
	722543-31-9	2-{Ethyl[3-({4-[(5-{2-[(3-fluorphenyl)amino]-2-oxoethyl}-1H-pyrazol-3-yl)amino]chinazolin-7-yl}oxy)propyl]amino}ethyldihydrogenphosphat
	865758-96-9	2-[(6-Chlor-3-methyl-2,4-dioxo-3,4-dihydropyrimidin-1(2H)-yl)methyl]benzonitril
	869490-23-3	(3,3-Difluorpyrrolidin-1-yl){(2S,4S)-4-[4-(pyrimidin-2-yl)piperazin-1-yl]pyrrolidin-2-yl}methanon
	934815-71-1	2-[3-(6-{[2-(2,4-Dichlorphenyl)ethyl]amino}-2-methoxypyrimidin-4-yl)phenyl]-2-methylpropansäurephosphat
	941678-49-5	(3R)-3-Cyclopentyl-3-[4-(7H-pyrrolo[2,3-d]pyrimidin-4-yl)-1H-pyrazol-1-yl]propannitril
	941685-27-4	4-(1H-Pyrazol-4-yl)-7-{[2-(trimethylsilyl)ethoxy]methyl}-7H-pyrrolo[2,3-d]pyrimidin
	941685-39-8	3-Cyclopentyl-3-[4-(7-{[2-(trimethylsilyl)ethoxy]methyl}-7H-pyrrolo[2,3-d]pyrimidin-4-yl)-1H-pyrazol-1-yl]propannitril
	941685-40-1	(3R)-3-Cyclopentyl-3-[4-(7-{[2-(trimethylsilyl)ethoxy]methyl}-7H-pyrrolo[2,3-d]pyrimidin-4-yl)-1H-pyrazol-1-yl]propannitril
	941685-41-2	(3S)-3-Cyclopentyl-3-[4-(7-{[2-(trimethylsilyl)ethoxy]methyl}-7H-pyrrolo[2,3-d]pyrimidin-4-yl)-1H-pyrazol-1-yl]propannitril

Anhang 6

KN-Code	CAS RN	Bezeichnung
2933 59 95	*(Fortsetzung)*	
	957187-34-7	[(8R)-8-(3,5-Difluorphenyl)-10-oxo-6,9-diazaspiro[4.5]dec-9-yl]essigsäure
	1032066-96-8	2-Amino-9-{(1S,3R,4S)-3-[(benzyloxy)methyl]-4-[dimethyl(phenyl)silyl]-2-methylidencyclopentyl}-1,9-dihydro-6H-purin-6-on – Methansulfonat (2:1)
	1137917-12-4	3-{[6-(Ethylsulfonyl)pyridin-3-yl]oxy}-5-{[(2S)-1-hydroxypropan-2-yl]oxy}benzoesäure – 1,4-diazabicyclo[2.2.2]octan (2:1)
2933 69 80	58909-39-0	Tetrahydro-2-methyl-3-thioxo-1,2,4-triazin-5,6-dion
2933 79 00	3197-25-9	2-(4-Oxopentyl)-1H-isoindol-1,3(2H)-dion
	4876-10-2	4-(Brommethyl)chinolin-2(1H)-on
	5057-12-5	4,6,7,8-Tetrahydrochinolin-2,5(1H,3H)-dion
	5162-90-3	3-(2-Oxo-1,2-dihydrochinolin-4-yl)alanin
	5342-23-4	6-Methoxy-4-methylchinolin-2(1H)-on
	15362-40-0	1-(2,6-Dichlorphenyl)indolin-2-on
	17630-75-0	5-Chlorindolin-2-on
	20096-03-1	3,3-Diethyl-5-(hydroxymethyl)pyridin-2,4(1H,3H)-dion
	22246-18-0	7-Hydroxy-3,4-dihydrochinolin-2(1H)-on
	43200-81-3	6-(5-Chlorpyridin-2-yl)-7-hydroxy-6,7-dihydro-5H-pyrrolo[3,4-b]pyrazin-5-on
	54197-66-9	6-Hydroxy-3,4-dihydrochinolin-2(1H)-on
	56341-37-8	6-Chlorindol-2(3H)-on
	61516-73-2	Ethyl-2-oxopyrrolidin-2-ylacetat
	61865-48-3	(±)-2-Azabicyclo[2.2.1]hept-5-en-3-on
	71107-19-2	2-Oxo-5-vinylpyrrolidin-3-carboxamid
	75363-99-4	p-Nitrobenzyl-(2R,5R,6S)-6-[(R)-1-hydroxyethyl]-3,7-dioxo-1-azabicyclo[3.2.0]heptan-2-carboxylat
	76855-69-1	(3S,4R)-4-Acetoxy-3-[(R)-1-(tert-butyldimethylsilyloxy)ethyl]azetidin-2-on
	79200-56-9	(1R,4S)-2-Azabicyclo[2.2.1]hept-5-en-3-on
	80082-62-8	Tetrabutylammonium (2S,3S)-3-{[(benzyloxy)carbonyl]amino}-2-methyl-4-oxoazetidin-1-sulfonat
	80082-65-1	(2S,3S)-3-Amino-2-methyl-4-oxoazetidin-1-sulfonsäure
	90776-59-3	4-Nitrobenzyl-(4R,5R,6S)-3-(diphenoxyphosphoryloxy)-6-[(R)-1-hydroxyethyl]-4-methyl-7-oxo-1-azabicyclo[3.2.0]hept-2-en-2-carboxylat
	103335-41-7	Methyl-3-oxo-4-aza-5-alpha-androst-1-en-17-beta-carboxylat
	103335-54-2	3-Oxo-4-azaandrost-5-en-17-beta-carbonsäure
	103335-55-3	3-Oxo-4-aza-5-alpha-androstan-17-beta-carbonsäure
	105318-28-3	((2S,3S)-2-{(1R)-2-[(4-Chlorphenyl)sulfanyl]-1-methyl-2-oxoethyl}-3-((1R)-1-hydroxyethyl)-4-oxoazetidin-1-yl)essigsäure
	118289-55-7	6-Chlor-5-(2-chlorethyl)indol-2(3H)-on
	122852-75-9	5-Methyl-2,3,4,5-tetrahydro-1H-pyrido[4,3-b]indol-1-on
	132127-34-5	(3R,4S)-3-Hydroxy-4-phenylazetidin-2-on
	133066-59-8	(3R,4S)-2-Oxo-4-phenylazetidin-3-ylacetat
	135297-22-2	(3S,4R)-3-[(R)-1-(tert-Butyldimethylsilyloxy)ethyl]-4-[(1R,3S)-3-methoxy-2-oxocyclohexyl]azetidin-2-on
	139122-76-2	4-(2-Methyl-2-phenylhydrazino)-5,6-dihydro-2-pyridon
	141316-45-2	Kalium-1-(1-hydroxyethyl)-5-methoxy-2-oxo-1,2,5,6,7,8,8a,8b-octahydroazeto[2,1-a]isoindol-4-carboxylat
	141646-08-4	1-{[(Cyclohexyloxy)carbonyl]oxy}ethyl-1-(1-hydroxyethyl)-5-methoxy-2-oxo-1,2,5,6,7,8,8a,8b-octahydroazeto[2,1-a]isoindol-4-carboxylat
	148776-18-5	(2-Oxo-1-phenylpyrrolidin-3-yl)triphenylphosphoniumbromid
	149107-92-6	1-Benzoyl-3-(1-methoxy-1-methylethoxy)-4-phenylazetidin-2-on
	159593-17-6	4-tert-Butylbenzyl-2-{(2R,3S)-3-[(R)-1-(tert-butyldimethylsilyloxy)ethyl]-2-[(1R,3S)-3-methoxy-2-oxocyclohexyl]-4-oxoazetidin-1-yl}-2-oxoacetat
	162142-14-5	1-Cyclopentyl-3-ethyl-1,4,5,6-tetrahydro-7H-pyrazolo[3,4-c]pyridin-7-on
	175873-08-2	4-[(S)-3-Amino-2-oxopyrrolidin-1-yl)benzonitrilhydrochlorid
	175873-10-6	Ethyl-3-(3-{(S)-1-[4-(N'2-hydroxyamidino)phenyl]-2-oxopyrrolidin-3-yl}ureido)propionat
	198213-15-9	Natrium 3-(methoxycarbonyl)-2-oxo-1,2,5,6-tetrahydropyridin-4-olat
	205881-86-3	6-Fluor-9-methyl-2-phenyl-4-(pyrrolidin-1-carbonyl)-9H-pyrido[3,4-b]indol-1(2H)-on

Anhang 6

KN-Code	CAS RN	Bezeichnung
2933 79 00	*(Fortsetzung)*	
	244080-24-8	1-Ethyl-9-methoxy-2,6,7,12-tetrahydroindolo[2,3-a]chinolizin-4(3H)-on
	283173-50-2	8-Fluor-2-{4-[(methylamino)methyl]phenyl}-1,3,4,5-tetrahydro-6H-azepino[5,4,3-cd]indol-6-on
	303752-13-8	1-Cyclopentyl-3-ethyl-6-(4-methoxybenzyl)-1,4,5,6-tetrahydro-7H-pyrazolo[3,4-c]pyridin-7-on 4-methylbenzen-1-sulfonat
	341031-54-7	N-[2-(Diethylamino)ethyl]-5-[(Z)-(5-fluor-2-oxo-1,2-dihydro-3H-indol-3-yliden)methyl]-2,4-dimethylpyrrol-3-carboxamid-L-malat (1:1)
	425663-71-4	(1S)-1-Amino-3-methyl-1,3,4,5-tetrahydro-2H-3-benzazepin-2-onhydrochlorid
	503614-91-3	Ethyl-1-(4-methoxyphenyl)-7-oxo-6-[4-(2-oxopiperidin-1-yl)phenyl]-4,5,6,7-tetrahydro-1H-pyrazolo[3,4-c]pyridin-3-carboxylat
	536759-91-8	Ethyl-1-(4-methoxyphenyl)-6-(4-nitrophenyl)-7-oxo-4,5,6,7-tetrahydro-1H-pyrazolo[3,4-c]pyridin-3-carboxylat
	536760-29-9	3-Chlor-1-(4-nitrophenyl)-5,6-dihydropyridin-2(1H)-on
	586379-61-5	Methyl-3-(4-hydroxy-6-methyl-2-oxopyridin-1(2H)-yl)-4-methylbenzoat
	586414-48-4	(-)-3-{3-Brom-4-[(2,4-difluorbenzyl)oxy]-6-methyl-2-oxopyridin-1(2H)-yl}-N,4-dimethylbenzamid
	813452-14-1	(4S)-1-[(2S,3S,11bS)-2-Amino-9,10-dimethoxy-1,3,4,6,7,11b-hexahydro-2H-pyrido[2,1-a]isochinolin-3-yl]-4-(fluormethyl)pyrrolidin-2-ondihydrochlorid
2933 99 80	0-00-0	1,4,7,10-Tetraazacyclododecan-1,4,7-triessigsäuresulfat
	0-00-0	1-[4-(3-Amino-1H-indazol-4-yl)phenyl]-3-(2-fluor-5-methylphenyl)harnstoffhydrochlorid
	0-00-0	5-Fluor-1-(3-fluorbenzyl)-N-(1H-indol-5-yl)-1H-indol-2-carboxamid
	0-00-0	Methyl-1-tert-butyl-2-hydroxy-1H-pyrrolo[2,3-b]pyridin-3-carboxylat
	256-96-2	5H-Dibenz[b,f]azepin
	494-19-9	10,11-Dihydro-5H-dibenz[b,f]azepin
	1458-18-0	Methyl-3-amino-5,6-dichlorpyrazin-2-carboxylat
	2380-94-1	4-Hydroxyindol
	2886-65-9	7-Chlor-5-(2-fluorphenyl)-1H-1,4-benzodiazepin-2(3H)-on
	3641-08-5	1H-1,2,4-Triazol-3-carboxamid
	4928-87-4	1H-1,2,4-Triazol-3-carbonsäure
	4928-88-5	Methyl-1H-1,2,4-triazol-3-carboxylat
	5424-01-1	3-Aminopyrazin-2-carbonsäure
	5521-55-1	5-Methylpyrazin-2-carbonsäure
	6548-09-0	5-Bromtryptophan
	6969-71-7	1,2,4-Triazolo[4,3-a]pyridin-3(2H)-on
	7250-67-1	N-(2-Chlorethyl)pyrrolidinhydrochlorid
	13183-79-4	1-Methyltetrazol-5-thiol
	13485-59-1	L-Alanyl-L-prolin
	14907-27-8	Methyl D-tryptophanathydrochlorid
	16298-03-6	Methyl 3-aminopyrazin-2-carboxylat
	19686-05-6	2,8-Dimethyl-2,3,4,5-tetrahydro-1H-pyrido[4,3-b]indol
	21688-11-9	N2-[(benzyloxy)carbonyl]-L-glutaminyl-L-asparaginyl-S-benzyl-L-cysteinyl-L-prolyl-L-leucylglycinamid
	21732-17-2	1H-Tetrazol-1-ylessigsäure
	22162-51-2	1-(2-Nitrobenzyl)-1H-pyrrol-2-carbaldehyd
	26116-12-1	1-Ethylpyrrolidin-2-ylmethylamin
	27387-31-1	1,2,3,4-Tetrahydro-9-methylcarbazol-4-on
	31251-41-9	8-Chlor-5,6-dihydro-11H-benzo[5,6]cyclohepta[1,2-b]pyridin-11-on
	31560-19-7	N-Benzoyl-4-hydroxyprolin
	31560-20-0	Methyl N-benzoyl-4-hydroxyprolinat
	32065-66-0	2-(Dimethoxymethyl)chinoxalin 1,4-dioxid
	35681-40-4	1-(Propan-2-yl)-1,3-dihydro-2H-benzimidazol-2-on
	36916-19-5	5-Chlor-2-(3-methyl-4H-1,2,4-triazol-4-yl)benzophenon
	37052-78-1	5-Methoxybenzimidazol-2-thiol
	38150-27-5	5-Chlor-2-[3-(hydroxymethyl)-5-methyl-4H-1,2,4-triazol-4-yl]benzophenon
	39968-33-7	3H-[1,2,3]Triazol[4,5-b]pyridin-3-ol
	41340-36-7	2-(7-Ethyl-1H-indol-3-yl)ethanol

Anhang 6

KN-Code	CAS RN	Bezeichnung
2933 99 80	*(Fortsetzung)*	
	51077-14-6	(2S)-1-(Tert-butoxycarbonyl)azetidin-2-carbonsäure
	51856-79-2	Methyl-1-methylpyrrol-2-ylacetat
	52099-72-6	1-Isopropenyl-1H-benzimidazol-2(3H)-on
	52602-39-8	9H-Carbazol-4-ol
	54196-61-1	2',5-Dichlor-2-(3-methyl-4H-1,2,4-triazol-4-yl)benzophenon
	54196-62-2	2',5-Dichlor-2-[3-(hydroxymethyl)-5-methyl-4H-1,2,4-triazol-4-yl]benzophenon
	55321-99-8	3-Oxo-3,4-dihydropyrazin-2-carboxamid
	55408-10-1	Ethyltetrazol-5-carboxylat
	59032-27-8	Natrium-1,2,3-triazol-5-thiolat
	59467-63-9	7-Chlor-5-(2-fluorphenyl)-2-(nitromethylen)-2,3-dihydro-1H-1,4-benzodiazepin
	59467-64-0	[7-Chlor-5-(2-fluorphenyl)-2,3-dihydro-1H-1,4-benzodiazepin-2-yl]methylamin
	59467-69-5	8-Chlor-6-(2-fluorphenyl)-1-methyl-3a,4-dihydro-3H-imidazo[1,5-a][1,4]benzodiazepin
	59468-44-9	8-Chlor-6-(2-fluorphenyl)-1-methyl-4H-imidazo[1,5-a][1,4]benzodiazepin-3-carbonsäure
	59469-29-3	[7-Chlor-5-(2-fluorphenyl)-2,3-dihydro-1H-1,4-benzodiazepin-2-ylmethyl]ammoniumbis(maleat)
	59469-63-5	7-Chlor-5-(2-fluorphenyl)-3-methyl-2-(nitromethylen)-2,3-dihydro-1H-1,4-benzodiazepin-4-oxid
	61607-68-9	1-[2-(Dimethylamin)ethyl]-4,5-dihydro-1H-tetrazol-5-thion
	62893-24-7	(6-Ethyl-4,5-dioxohexahydropyridazin-3-carboxamid)(4-hydroxyphenyl)essigsäure
	64137-52-6	[3-(1H-Benzimidazol-2-yl)propyl]methylamin
	64838-55-7	1-[(S)-3-(Acetylthio)-2-methylpropionyl]-L-prolin
	65632-62-4	(S)-1-(Benzyloxycarbonyl)hexahydropyridazin-3-carbonsäure
	66242-82-8	Dinatrium-2,5-dihydro-5-thiooxo-1H-tetrazol-1-ylmethansulfonat
	66635-71-0	Isopropyl-2,3-dihydro-1H-pyrrolizin-1-carboxylat
	69048-98-2	1-Ethyl-1,2-dihydro-5H-tetrazol-5-on
	70890-50-5	3-Amino-7-methyl-5-phenyl-1H-1,4-benzodiazepin-2(3H)-on
	71056-57-0	Ethyl 1-methyl-5-nitroindol-2-carboxylat
	71208-55-4	Diethyl-(6-chlor-9H-carbazol-2-yl)methylmalonat
	73963-42-5	5-(4-Chlorbutyl)-1-cyclohexyl-1H-tetrazol
	75302-98-6	2-Tert-butoxy-2-oxoethyl [1-(4-chlorbenzoyl)-5-methoxy-2-methylindol-3-yl]acetat
	80076-47-7	8,9-Difluor-5-methyl-1-oxo-6,7-dihydro-1H,5H-pyrido[3,2,1-ij]chinolin-2-carbonsäure
	80875-98-5	(2S,3aS,7aS)-Octahydro-1H-indol-2-carbonsäure
	83783-69-1	4-Fluorbenzyl-1H-benzimidazol-2-ylamin
	84946-20-3	2-Chlor-1-(4-fluorbenzyl)benzimidazolhydrochlorid
	85440-79-5	2-Methyl-1-nitrosoindolin
	86386-75-6	2,4'-Difluor-2-(1H-1,2,4-triazol-1-yl)acetophenonhydrochlorid
	86404-63-9	1-(2,4-Difluorphenyl)-2-(1H-1,2,4-triazol-1-yl)ethan-1-on
	87269-87-2	Benzyl(2S,3aS,6aS)-octahydrocyclopenta[b]pyrrol-2-carboxylathydrochlorid
	90657-55-9	trans-4-Cyclohexyl-2-prolinhydrochlorid
	92992-17-1	1-(Methoxycarbonyl)-2,3-dihydro-1H-pyrrolizin-7-carbonsäure
	95885-13-5	5-Ethyl-4-(2-phenoxyethyl)-4H-1,2,4-triazol-3(2H)-on
	96034-57-0	trans-4-Hydroxy-1-(4-nitrobenzyloxycarbonyl)-L-prolin
	96107-94-7	Ethyl-1H-tetrazol-5-carboxylatnatriumsalz
	96314-26-0	(4S)-4-Phenyl-L-prolin
	100361-18-0	7-Chlor-1-cyclopropyl-6-fluor-4-oxo-1,4-dihydro-1,8-naphthyridin-3-carbonsäure
	100491-29-0	Ethyl-7-chlor-1-(2,4-difluorphenyl)-6-fluor-1,4-dihydro-4-oxonaphthyridin-3-carboxylat
	103201-78-1	4-Cyclohexylprolin
	103300-89-6	N'6-Trifluoracetyl-L-lysyl-L-prolin
	103300-91-0	1-{N'2-[(S)-1-Ethoxycarbonyl-3-phenylpropyl]-N'6-trifluoracetyllysyl}prolin
	103831-11-4	Pyrrolidin-3-ylamindihydrochlorid
	105152-95-2	Ethyl-7-(3-aminopyrrolidin-1-yl)-1-(2,4-difluorphenyl)-6-fluor-4-oxo-1,4-dihydro-1,8-naphthyridin-3-carboxylat
	105641-23-4	N'6-Trifluoracetyl-L-lysyl-L-prolin-p-toluolsulfonat
	106928-72-7	tert-Butyl-(1S,9S)-6,10-dioxo-9-phthalimidooctahydropyridazo[1,2-a][1,2]diazepin-1-carboxylat

Anhang 6

KN-Code	CAS RN	Bezeichnung
2933 99 80	*(Fortsetzung)*	
	112193-77-8	1,4,7,10-Tetraazoniacyclododecanbis(sulfat)
	113963-68-1	3,4-Di(indol-3-yl)-1-methylpyrrol-2,5-dion
	114873-37-9	1,4,7,10-Tetraazacyclododecan-1,4,7-triyltriessigsäure
	119192-10-8	4-[(1H-1,2,4-Triazol-1-yl)methyl]anilin
	120807-02-5	(4S)-N-Benzoyl-4-(mesyloxy)-L-prolin
	120851-71-0	trans-1-Benzoyl-4-phenyl-L-prolin
	122536-48-5	3-[(S)-3-(L-Alanylamino)pyrrolidin-1-yl]-1-cyclopropyl-6-fluor-4-oxo-1,4-dihydro-1,8-naphthyridin-3-carbonsäurehydrochlorid
	122536-66-7	tert-Butyl-{(S)-1-methyl-2-oxo-2-[(S)-pyrrolidin-3-ylamino]ethyl}carbamat
	122536-91-8	7-{(S)-3-[(S)-2-(tert-Butoxycarbonylamino)-1-oxopropylamino]pyrrolidin-1-yl}-1-cyclopropyl-6-fluor-4-oxo-1,4-dihydro-1,8-naphthyridin-3-carbonsäure
	122665-86-5	Ethyl-[3-(cyanmethyl)-4-oxo-3,4-dihydrophthalazin-1-yl]acetat
	123631-92-5	2-(2,4-Difluorphenyl)-1,3-bis(1H-1,2,4-triazol-1-yl)propan-2-ol
	124750-53-4	5-(4′-Methylbiphenyl-2-yl)-1-trityl-1H-tetrazol
	127105-49-1	Methyl-(S)-2-amino-4-(1H-tetrazol-5-yl)butyrat
	130404-91-0	N-[(R)-2-({(R)-2-[(2-Adamantyloxycarbonyl)amino]-3-(1H-indol-3-yl)-2-methyl-1-oxopropyl}amino)-1-phenylethyl]succinamidsäure — 1-Desoxy-1-methylamino-D-glucitol (1:1)
	131707-24-9	Ethyl-6-brom-5-hydroxy-1-methyl-2-[(phenylsulfanyl)methyl]-1H-indol-3-carboxylat
	132026-12-1	4-(2-Methyl-1H-imidazo[4,5-c]pyridin-1-yl)benzoesäure
	132659-89-3	3-Dimethylaminomethyl-1,2,3,4-tetrahydro-9-methylcarbazol-4-on
	134575-17-0	tert-Butyl-meso-3-azabicyclo[3.1.0]hex-6-ylcarbamat
	137733-33-6	N′,N′-Diethyl-2-methyl-N-(6-phenyl-5-propylpyridazin-3-yl)propan-1,2-diamin — Fumarsäure (2:3)
	139481-44-0	Methyl-1-[(2′-cyanobiphenyl-4-yl)methyl]-2-ethoxy-1H-benzimidazol-7-carboxylat
	139592-99-7	(Z)-1-[3-(3-Chlor-4-cyclohexylphenyl)prop-2-enyl]hexahydro-1H-azepinhydrochlorid
	140629-77-2	tert-Butyl-[(RS)-pyrrolidin-3-yl]carbamat
	141113-28-2	(E)-(+)-2-(2,4-Difluorphenyl)-1-{3-[4-(2,2,3,3-tetrafluorpropoxy)styryl]-1H-1,2,4-triazol-1-yl}-3-(1H-1,2,4-triazol-1-yl)propan-2-ol
	141113-41-9	(R)-2-(2,4-Difluorphenyl)-3-(1H-1,2,4-triazol-1-yl)propan-1,2-diol
	143322-57-0	5-Brom-3-[(R)-1-methylpyrrolidin-2-ylmethyl]indol
	143722-25-2	2-(2-Trityl-2H-tetrazol-5-yl)phenylboronsäure
	143824-78-6	N^1-(Tert-butoxycarbonyl)-N-[(9H-fluoren-9-ylmethoxy)carbonyl]-L-tryptophan
	145641-35-6	Benzyl(2S,3aR,7aS)-octahydro-1H-indol-2-carboxylathydrochlorid
	149365-59-3	Dibenzyl 5,5′-[(3,4-diethylpyrrol-2,5-diyl)bis(methylen)]bis[4-(3-methoxy-3-oxopropyl)-3-methyl-pyrrol-2-carboxylat]
	149365-62-8	5,5′-[(3,4-Diethylpyrrol-2,5-diyl)bis(methylen)]bis[4-(3-hydroxypropyl)-3-methylpyrrol-2-carbaldehyd]
	151860-16-1	meso-3-Benzyl-6-nitro-3-azabicyclo[3.1.0]hexan
	152628-02-9	1,4′-Dimethyl-2′-propyl-1H,1′H-2,6′-bibenzimidazol
	152628-03-0	4-Methyl-2-propylbenzimidazol-6-carbonsäure
	153435-96-2	Ethyl-4,6-dichlor-3-formylindol-2-carboxylat
	155322-92-2	(3R)-3-[(S)-1-(Methylamino)ethyl]pyrrolidin
	160194-26-3	2-Iod-4-(1H-1,2,4-triazol-1-ylmethyl)anilin
	160194-39-8	2-{5-[(1H-1,2,4-Triazol-1-yl)methyl]indol-3-yl}ethan-1-ol
	163457-23-6	3,3-Difluorpyrrolidinhydrochlorid
	166170-15-6	1-(Tert-butoxycarbonyl)-2-methyl-D-prolin
	170142-29-7	7-Chlor-2-(4-methoxy-2-methylphenyl)-2,3-dihydro-5H-pyridazino[4,5-b]chinolin-1,4,10-trion, Natriumsalz
	171964-73-1	[N-(4-Methoxybenzoyl)-L-valyl]-N-[(1S)-3,3,3-trifluor-1-isopropyl-2-oxopropyl]-L-prolinamid
	172733-42-5	Natrium [(1-benzyl-2-ethyl-3-oxamoylindol-4-yl)oxy]acetat
	176161-55-0	(5,6-Dichlor-1H-benzimidazol-2-yl)isopropylamin
	177932-89-7	(4R,5S,6S,7R)-4,7-Dibenzyl-1,3-bis(3-aminobenzyl)-5,6-dihydroxyhexahydro-2H-1,3-diazepin-2-ondimethansulfonat
	178619-89-1	6,7-Dichlor-2,3-dimethoxychinoxalin-5-ylamin
	179528-39-3	N-(Biphenyl-2-yl)-4-[(2-methyl-4,5-dihydro-1H-imidazo[4,5-d][1]benzazepin-6-yl)carbonyl]benzamid
	180637-89-2	3-[((2R)-1-Methylpyrrolidin-2-yl)methyl]-5-[(E)-2-(phenylsulfonyl)vinyl]indol

Anhang 6

KN-Code	CAS RN	Bezeichnung
2933 99 80	*(Fortsetzung)*	
	180915-94-0	1-{2-[4-(6-Methoxy-3,4-dihydro-1-naphthyl)phenoxy]ethyl}pyrrolidin
	180915-95-1	1-{2-[4-(2-Brom-6-methoxy-3,4-dihydro-1-naphthyl)phenoxy]ethyl}pyrrolidin
	181827-47-4	[N-(Methoxycarbonyl)-L-valyl]-L-prolin
	182073-77-4	N'-[N-Methoxycarbonyl-L-valyl]-N-[(S)-3,3,3-trifluor-1-isopropyl-2-oxopropyl]-L-prolinamid
	185453-89-8	7-Ethyl-3-[2-(trimethylsilyloxy)ethyl]indol
	188113-71-5	1-Acetyl-3-[((2R)-1-methylpyrrolidin-2-yl)methyl]-5-[(E)-2-(phenylsulfonyl)vinyl]indol
	188978-02-1	(4R,5S,6S,7R)-1-[(3-Amino-1H-indazol-5-yl)methyl]-4,7-dibenzyl-3-butyl-5,6-dihydroxyhexahydro-2H-1,3-diazepin-2-on
	190791-29-8	(5R,6S)-6-Phenyl-5-[4-(2-pyrrolidinoethoxy)phenyl]-5,6,7,8-tetrahydro-2-naphthol — (–)-Weinsäure (1:1)
	193077-87-1	[(2S)-7-(2-Methoxy-2-oxoethyl)-4-methyl-3-oxo-2,3,4,5-tetrahydro-1H-1,4-benzodiazepin-2-yl]essigsäure
	193274-37-2	3a-Benzyl-2-methyl-2,3a,4,5,6,7-hexahydro-3H-pyrazolo[4,3-c]pyridin-3-on L-tartarat
	194602-25-0	Dibenzyl-1-(2,4-difluorophenyl)-2-(1H-1,2,4-triazol-1-yl)-1-(1H-1,2,4-triazol-1-ylmethyl)ethylphosphat
	194602-27-2	Diphenyl[(S)-pyrrolidin-3-yl]acetonitrilhydrobromid
	197143-35-4	(3Z)-4-(Aminomethyl)pyrrolidin-3-on O-methyloximdihydrochlorid
	204255-02-7	Ethyl (1R,5R,6R)-5-(1-ethylpropoxy)-7-azabicyclo[4.1.0]hept-3-en-3-carboxylat
	210288-67-8	[(2S)-7-Iod-4-methyl-3-oxo-2,3,4,5-tetrahydro-1H-1,4-benzodiazepin-2-yl]essigsäure
	210558-66-0	(1R,2S)-1-Phenyl-2-pyrrolidin-1-ylpropan-1-olhydrochlorid
	219909-83-8	3-((4S)-4-Sulfanyl-L-prolinamidol)benzoesäurehydrochlorid
	221030-56-4	2-(4-Fluorphenyl)-4-(3-hydroxy-3-methylbutoxy)-5-(4-mesylphenyl)pyridazin-3(2H)-on
	221148-46-5	2-(4-Ethoxyphenyl)-3-(4-mesylphenyl)pyrazol[1,5-b]pyridazin
	227025-33-4	1-Benzyl-4H-imidazo[4,5,1-ij]chinolin-2(1H)-on
	235106-62-4	2,2'-[(4-Hydroxyphenyl)methylen]bis(4-{(E)-[(5-methyl-1H-tetrazol-1-yl)imino]methyl}phenol)
	239463-85-5	3-{5-[(2R)-2-Aminopropyl]-7-cyano-2,3-dihydro-1H-indol-1-yl}propylbenzoat(2R,3R)-2,3-dihydroxybutandioat
	244191-95-5	α-L-Aspartyl-N[6]-(tert-butoxycarbonyl)-L-lysyl-N[1]-(tert-butoxycarbonyl)-L-tryptophyl-L-alanyl-O-tert-butyl-L-seryl-L-leucyl-N[1]-(tert-butoxycarbonyl)-L-tryptophyl-N-trityl-L-asparaginyl-N[1]-(tert-butoxycarbonyl)-L-tryptophyl-L-phenylalaninamid, tert-butylester
	244191-96-6	N-[(9H-Fluoren-9-ylmethoxy)carbonyl]-α-L-aspartyl-N[6]-(tert-butoxycarbonyl)-L-lysyl-N[1]-(tert-butoxycarbonyl)-L-tryptophyl-L-alanyl-O-tert-butyl-L-seryl-L-leucyl-N[1]-(tert-butoxycarbonyl)-L-tryptophyl-N-trityl-L-asparaginyl-N[1]-(tert-butoxycarbonyl)-L-tryptophan, 1-tert-butylester
	244244-29-9	N-[(9H-Fluoren-9-ylmethoxy)carbonyl]-α-L-glutamyl-N[6]-(tert-butoxycarbonyl)-L-lysyl-N-trityl-L-asparaginyl-α-L-glutamyl-N-trityl-L-glutaminyl-α-L-glutamyl-L-leucyl-L-leucyl-α-L-glutamyl-L-leucyl-α-L-aspartyl-N[6]-(tert-butoxycarbonyl)-L-lysyl-N[1]-(tert-butoxycarbonyl)-L-tryptophyl-L-alanyl-O-tert-butyl-L-seryl-L-leucyl-N[1]-(tert-butoxycarbonyl)-L-tryptophyl-N-trityl-L-asparaginyl-N[1]-(tert-butoxycarbonyl)-L-tryptophyl-L-phenylalaninamid, penta-tert-butylester
	244244-31-3	α-L-Glutamyl-N[6]-(tert-butoxycarbonyl)-L-lysyl-N-trityl-L-asparaginyl-α-L-glutamyl-N-trityl-L-glutaminyl-α-L-glutamyl-L-leucyl-L-leucyl-α-L-glutamyl-L-leucyl-α-L-aspartyl-N[6]-(tert-butoxycarbonyl)-L-lysyl-N[1]-(tert-butoxycarbonyl)-L-tryptophyl-L-alanyl-O-tert-butyl-L-seryl-L-leucyl-N[1]-(tert-butoxycarbonyl)-L-tryptophyl-N-trityl-L-asparaginyl-N[1]-(tert-butoxycarbonyl)-L-tryptophyl-L-phenylalaninamid, penta-tert-butylestermonohydrochlorid
	251579-55-2	(N-Acetyl-N-methylglycyl)glycylvalyl-D-alloisoleucylthreonylnorvalylisoleucylarginyl(N-ethylprolinamid) monoacetat (Salz)
	252742-72-6	5-(Chlormethyl)-1,2-dihydro-3H-1,2,4-triazol-3-on
	259793-88-9	6-Brom-3-oxo-3,4-dihydropyrazin-2-carboxamid
	261953-36-0	6-Iod-1H-indazol
	269731-84-2	(5R,6R)-1-Benzyl-5-hydroxy-6-(methylamino)-5,6-dihydro-4H-imidazo[4,5,1-ij]chinolin-2(1H)-on
	272107-22-9	3,10-Dibrom-8-chlor-5,6-dihydro-11H-benzo[5,6]cyclohepta[1,2-b]pyridin
	288385-88-6	4-Fluor-2-methyl-1H-indol-5-ol
	346412-97-3	1-Aminopyridaziniumhexafluorphosphat(1-)
	361440-67-7	Tert-butyl(1S,3S,5S)-3-carbamoyl-2-azabicyclo[3.1.0]hexan-2-carboxylat
	442526-89-8	Isoleucylarginyl(N-ethylprolinamid)dihydrochlorid
	444731-72-0	2,3-Dimethyl-2H-indazol-6-amin
	481659-93-2	Ethyl 1-methyl-5-[4'-(trifluormethyl)biphenyl-2-carboxamid]indol-2-carboxylat
	481659-96-5	Kalium 1-methyl-5-[4'-(trifluormethyl)biphenyl-2-carboxamid]indol-2-carboxylat
	503293-47-8	5-(2-Chlor-6-fluorphenyl)-2H-tetrazol
	606143-52-6	5-[(4-Brom-2-chlorphenyl)amino]-4-fluor-N-(2-hydroxyethoxy)-1-methyl-1H-benzimidazol-6-carboxamid

Anhang 6

KN-Code	CAS RN	Bezeichnung
2933 99 80	*(Fortsetzung)*	
	631916-97-7	(2S)-N-{4-[(Z)-Amino(methoxyimino)methyl]benzyl}-1-{(2R)-2-[3-chlor-5-(difluormethoxy)phenyl]-2-hydroxyethanoyl}azetidin-2-carboxamid – Benzensulfonsäure (1:1)
	649735-46-6	(2R)-1-({4-[(4-Fluor-2-methyl-1H-indol-5-yl)oxy]-5-methylpyrrolo[2,1-f][1,2,4]triazin-6-yl}oxy)propan-2-ol
	709031-38-9	Tert-butyl(2S)-2-carbamoyl-2,3-dihydro-1H-pyrrol-1-carboxylat
	709031-43-6	Tert-butyl[(1S)-2-[(1S,3S,5S)-3-cyano-2-azabicyclo[3.1.0]hex-2-yl]-1-(3-hydroxytricyclo[3.3.1.1(3,7)]-dec-1-yl)-2-oxoethyl]carbamat
	709031-45-8	(1S,3S,5S)-2-Azabicyclo[3.1.0]hexan-3-carboxamidmethansulfonat
	796967-16-3	1-[4-(3-Amino-1H-indazol-4-yl)phenyl]-3-(2-fluor-5-methylphenyl)harnstoff
	872206-47-8	5-Methyl-4-oxo-1,4-dihydropyrrolo[2,1-f][1,2,4]triazin-6-yl-2,2-dimethylpropanoat
	912444-00-9	2-[(2R)-2-Methylpyrrolidin-2-yl]-1H-benzimidazol-4-carboxamid
	912445-36-4	2-[(2S)-2-Methylpyrrolidin-2-yl]-1H-benzimidazol-4-carboxamiddihydrochlorid
	942436-93-3	4-Amino-8-(2,5-dimethoxyphenyl)-N-propylcinnolin-3-carboxamid
	942437-37-8	4-Amino-8-(2-fluor-6-methoxyphenyl)-N-propylcinnolin-3-carboxamid
	948846-40-0	(2S,3S)-2,3-bis[(Phenylcarbonyl)oxy]bernsteinsäure – Ethyl(3aR,6aR)-hexahydropyrrolo[3,4-b]pyrrol-5(1H)-carboxylat (1:1)
	952490-01-6	4-[(4-Fluor-2-methyl-1H-indol-5-yl)oxy]-5-methylpyrrolo[2,1-f][1,2,4]triazin-6-yl-2,2-dimethylpropanoat
	1000164-36-2	(5S,8S,11S,14S,17S,20S,23S,26S,29S,32S,35S,38S)-5-(3-Amino-3-oxopropyl)-20-benzyl-23-[(2S)-butan-2-yl]-14,38-bis{4-[(tert-butoxycarbonyl)amino]butyl}-29-{[1-(tert-butoxycarbonyl)-1H-indol-3-yl]methyl}-17-(3-tert-butoxy-3-oxopropyl)-1-(1H-fluoren-9-yl)-8,11,26,41,41-pentamethyl-32-(2-methylpropyl)-3,6,9,12,15,18,21,24,27,30,33,36,39-tridecaoxo-35-(propan-2-yl)-2-oxa-4,7,10,13,16,19,22,25,28,31,34,37,40-tridecaazadotetracontan-42-säure
	1012065-72-3	Ethyl-2-amino-9,10-dimethoxy-1,6,7,11b-tetrahydro-4H-pyrido[2,1-a]isochinolin-3-carboxylat
	1137606-74-6	6-Fluor-3-oxo-3,4-dihydropyrazin-2-carbonitril – N-cyclohexylcyclohexanamin (1:1)
2934 10 00	556-90-1	2-Imino-1,3-thiazol-4-on
	2295-31-0	Thiazolidin-2,4-dion
	29676-71-9	(2-Amino-1,3-thiazol-4-yl)essigsäure
	34272-64-5	(4-Methyl-2-sulfanyl-1,3-thiazol-5-yl)essigsäure
	38585-74-9	Thiazol-5-ylmethanol
	64485-82-1	Ethyl-2-(2-amino-1,3-thiazol-4-yl)-2-hydroxyiminoacetat
	64485-88-7	Ethyl-(Z)-2-(2-aminothiazol-4-yl)-2-(methoxyimino)acetat
	64486-18-6	(Z)-2-[2-(Chloracetamido)thiazol-4-yl]-2-(methoxyimino)essigsäure
	64987-03-7	Ethyl-(2-formamido-1,3-thiazol-4-yl)glyoxylat
	64987-06-0	(2-Formamido-1,3-thiazol-4-yl)glyoxylsäure
	65872-41-5	(Z)-2-(2-Aminothiazol-4-yl)-2-methoxyiminoessigsäure
	65872-43-7	2-(2-Formamido-1,3-thiazol-4-yl)-2-methoxyiminoessigsäure
	66215-71-2	(Z)-2-Methoxyimino-2-[2-(tritylamino)thiazol-4-yl]essigsäure
	66339-00-2	Ethyl-2-(hydroxyimino)-2-[2-(tritylamino)thiazol-4-yl]acetathydrochlorid
	68672-66-2	(2Z)-{[(1-Tert-butoxy-2-methyl-1-oxopropan-2-yl)oxy]imino}[2-(tritylamino)-1,3-thiazol-4-yl]essigsäure
	76823-93-3	1-{4-[(2-Cyanethyl)thiomethyl]thiazol-2-yl}guanidin
	88023-65-8	Kalium 3-[(2-formamido-1,3-thiazol-4-yl)oxoacetamido]-2-methyl-4-oxoazetidin-1-sulfonat
	88046-01-9	2-Guanidinothiazol-4-ylmethylcarbamimidothioatdihydrochlorid
	105889-80-3	Pivaloyloxymethyl-7-{(Z)-2-[2-(tert-butoxycarbonylamino)thiazol-4-yl]pent-2-enamido}-3-(carbamoyloxymethyl)-3-cephem-4-carboxylat
	110130-88-6	(2Z)-[(Acetyloxy)imino](2-amino-1,3-thiazol-4-yl)essigsäure
	115065-79-7	(2E)-2-(2-{[(Benzyloxy)carbonyl]amino}-1,3-thiazol-4-yl)-5-[(3-methylbut-2-en-1-yl)oxy]-5-oxopent-2-enonsäure
	119154-86-8	(Z)-2-(2-Amino-1,3-thiazol-4-yl)-2-methoxyiminoacetylchloridhydrochlorid
	127660-04-2	Natrium(2Z)-(2-amino-1,3-thiazol-4-yl)(hydroxyimino)ethanoat
	136401-69-9	(Z)-5-{4-[2-(5-Ethylpyridin-2-yl)ethoxy]benzylidn}-1,3-thiazolidin-2,4-dion
	139340-56-0	{5-[(Z)-3,5-Di(tert-butyl)-4-hydroxybenzyliden]-4-oxo-4,5-dihydrothiazol-2-yl}ammoniummethansulfonat
	154212-59-6	4-Nitrophenylthiazol-5-ylmethylcarbonathydrochlorid

Anhang 6

KN-Code	CAS RN	Bezeichnung
2934 10 00	*(Fortsetzung)*	
	154212-61-0	N-[2-Isopropylthiazol-4-ylmethyl(methyl)carbamoyl]-L-valin
	161798-03-4	Ethyl 2-(3-formyl-4-isobutoxyphenyl)-4-methylthiazol-5-carboxylat
	162208-27-7	O-[2-(2-Amino-1,3-thiazol-4-yl)-2-((Z)-methoxyimino)acetyl] O, O-diethylphosphorthioat
	162208-28-8	O-(2-(2-Aminothiazol-4-yl)-2-{[1-(tert-butoxycarbonyl)-1-methylethoxy]imino}acetyl) O′,O″-diethylphosphorthioat
	171485-87-3	2-[4-(2-Amino-4-oxo-4,5-dihydrothiazol-5-ylmethyl)phenoxymethyl]-2,5,7,8-tetramethylchroman-6-ylacetat
	174761-17-2	Benzhydryl-7-{(Z)-2-[2-(tert-butoxycarbonylamino)thiazol-4-yl]-4-(3-methylbut-2-enyloxycarbonyl)-but-2-enamido}-3-cephem-4-carboxylat
	179258-52-7	Tert-butyl (7Z)-7-(2-amino-1,3-thiazol-5-yl)-4-ethoxy-10,10-dimethyl-6-oxo-3,5,9-trioxa-8-aza-4-phosphaundec-7-en-11-oat 4-oxid
	180144-61-0	3-{[4-(4-Amidinophenyl)thiazol-2-yl][1-(carboxymethyl)-4-piperidyl]amino}propionsäure
	186538-00-1	3-[(2S,3S)-2-Hydroxy-3-(3-hydroxy-2-methylbenzamid)-4-phenylbutanoyl]-5,5-dimethyl-N-(2-methylbenzyl)-1,3-thiazolidin-4-carboxamid
	189448-35-9	(7R)-7-[(2E)-2-(2-Amino-5-chlor-1,3-thiazol-4-yl)-2-(hydroxyimino)acetamido]-3-[(3-{[(2-aminoethyl)sulfanyl]methyl}pyridin-4-yl)sulfanyl]-3,4-didehydrocepham-4-carbonsäure
	190841-79-3	Ethyl-3-({4-[4-(N-ethoxycarbonylamidino)phenyl]thiazol-2-yl}[1-(ethoxycarbonylmethyl)-4-piperidyl]amino)propionat
	213252-19-8	5-[(2,4-Dioxo-1,3-thiazolidin-5-yl)methyl]-2-methoxy-N-[4-(trifluormethyl)benzyl]benzamid
	221671-63-2	Kalium (2-{N-[4-(4-chlor-2,5-dimethoxyphenyl)-5-(2-cyclohexylethyl)-1,3-thiazol-2-yl]carbamoyl}-5,7-dimethylindolin-1-yl)acetat
	224631-15-6	2,5-Dioxopyrrolidin-1-yl N-{N-[(2-isopropyl-1,3-thiazol-4-yl)methyl]-N-methylcarbamoyl}-L-valinat
	291536-35-1	(5Z)-5-(4-Fluorbenzyliden)-1,3-thiazolidin-2,4-dion
	302964-08-5	N-(2-Chlor-6-methylphenyl)-2-[(6-chlor-2-methylpyrimidin-4-yl)amino]-1,3-thiazol-5-carboxamid
	302964-24-5	2-Amino-N-(2-chlor-6-methylphenyl)-1,3-thiazol-5-carboxamid
	478410-84-3	(4R)-N-Allyl-3-[(2S,3S)-2-hydroxy-3-(3-hydroxy-2-methylbenzamid)-4-phenylbutanoyl]-5,5-dimethylthiazolidin-4-carboxamid
	752253-39-7	4-(2-Chlor-4-methoxy-5-methylphenyl)-N-[(1S)-2-cyclopropyl-1-(3-fluor-4-methylphenyl)ethyl]-5-methyl-N-(prop-2-in-1-yl)-1,3-thiazol-2-amin
	866920-24-3	3-[2-Chlor-4-({4-methyl-2-[4-(trifluormethyl)phenyl]-1,3-thiazol-5-yl}methoxy)phenyl]-1,2,4-oxadiazol-5(4H)-on
	914361-45-8	L-Lysin – {[(2R,3R)-3-[4-(4-Cyanophenyl)-1,3-thiazol-2-yl]-2-(2,4-difluorphenyl)-1-(1H-1,2,4-triazol-1-yl)butan-2-yl]oxy}methyldihydrogenphosphat – Ethanol (1:1:1)
2934 20 80	80756-85-0	S-(Benzothiazol-2-yl)-(Z)-2-(2-aminothiazol-4-yl)-2-methoxyiminothioacetat
	87691-88-1	1-(1,2-Benzisothiazol-3-yl)piperazinhydrochlorid
	89604-92-2	tert-Butyl-2-{[1-(2-aminothiazol-4-yl)-2-(benzisothiazol-2-ylthio)-2-oxoethyliden]aminooxy}-2-methylpropionat
	177785-47-6	(2S,3S)-3-Methyl-2-(3-oxo-2,3-dihydro-1,2-benzisothiazol-2-yl)valeriansäure
2934 30 90	92-39-7	2-Chlorphenothiazin
	6631-94-3	2-Acetylphenothiazin
	32338-15-1	Phenothiazin-2-ylamin
2934 99 60	957-68-6	7-Aminocephalosporansäure
2934 99 90	0-00-0	(1R,2S,3S,6R)-[(S)-1-Phenylethyl]-3,6-epoxytetrahydrophthalimid
	0-00-0	(4S,5S)-5-Benzyl-2-oxo-1,3-oxazolidin-4-ylmethyl-4-nitrobenzolsulfonat
	0-00-0	Kalium 5-methyl-1,3,4-oxadiazol-2-carboxylat
	00-00-0	1-(1-{4-[2-(4-Fluorphenyl)-1,3-dioxolan-2-yl]butyl}-1,2,3,6-tetrahydropyridin-4-yl)-1,3-dihydro-2H-benzimidazol-2-on
	50-89-5	Thymidin
	58-61-7	Adenosin
	63-37-6	Cytidin-5′-(dihydrogenphosphat)
	98-03-3	Thiophen-2-carbaldehyd
	551-16-6	6-Aminopenicillansäure
	1463-10-1	5-Methyluridin
	3083-77-0	1-(beta-D-Arabinofuranosyl)pyrimidin-2,4(1H,3H)-dion
	3158-91-6	2-Chlordibenz[b,f][1,4]oxazepin-11(10H)-on

Anhang 6

KN-Code	CAS RN	Bezeichnung
2934 99 90	*(Fortsetzung)*	
	3206-73-3	DL-5-(1,2-Dithiolan-3-yl)valeramid
	4097-22-7	2′,3′-Didesoxyadenosin
	4295-65-2	2-Chlor-9-(3-dimethylaminopropyl)-9H-thioxanthen-9-ol
	4462-55-9	3-(2,6-Dichlorphenyl)-5-methylisoxazol-4-carbonylchlorid
	4691-65-0	Inosin-5′-dinatriumphosphat
	4923-87-9	5-Brom-1-benzothiophen
	5271-67-0	Thiophen-2-carbonylchlorid
	6504-57-0	4-[3-Hydroxy-3-phenyl-3-(thiophen-2-yl)propyl]-4-methylmorpholin-4-methylsulfat
	7481-90-5	1-(3,5-Anhydro-2-desoxy-β-D-threo-pentofuranosyl)-5-methylpyrimidin-2,4(1H,3H)-dion
	13062-59-4	4-Morpholin-2-ylpyrocatechinhydrochlorid
	13636-02-7	(RS)-3-(Dimethylamino)-1-(2-thienyl)propan-1-ol
	14282-76-9	2-Brom-3-methylthiophen
	16883-16-2	5-Methyl-3-phenylisoxazol-4-carbonylchlorid
	17381-54-3	(1-Benzothiophen-5-yl)essigsäure
	18686-82-3	1,3,4-Thiadiazol-2-thiol
	20893-30-5	2-Thienylacetonitril
	21080-92-2	3-Thienylmalonsäure
	22252-43-3	7-Amino-3-methyl-3-cephem-4-carbonsäure
	22720-75-8	2-Acetylbenzo[b]thiophen
	24209-38-9	7-Amino-3-(1-methyltetrazol-5-ylthiomethyl)-3-cephem-4-carbonsäure
	24209-43-6	(7R)-7-Amino-3-[2-(1,3,4-thiadiazol-2-ylsulfanyl)ethyl]-3,4-didehydrocepham-4-carbonsäure
	24683-26-9	Ethyl-4-hydroxy-2-methyl-2H-1,2-benzothiazin-3-carboxylat-1,1-dioxid
	24701-69-7	7-Amino-3-methoxymethyl-3-cephem-4-carbonsäure
	25229-97-4	2-Cyan-3-morpholinoacrylamid
	25629-50-9	3-(2-Chlorphenyl)-5-methylisoxazol-4-carbonylchlorid
	25954-21-6	5-Methyluridinhemihydrat
	26638-53-9	3-Chlor-6-methyldibenzo[c,f][1,2]thiazepin-11(6H)-on-5,5-dioxid
	27255-72-7	3-Methyl-7-(phenylacetamido)-3-cephem-4-carbonsäure
	28092-62-8	(3aS,6aR)-1,3-Dibenzyl-2,3,3a,4,6,6a-hexahydro-1H-furo[3,4-d]imidazol-2,4-dion
	28657-79-6	1-Ethyl-1,4-dihydro-4-oxo-1,3-dioxolo[4,5-g]cinnolin-3-carbonitril
	28783-41-7	4,5,6,7-Tetrahydrothieno[3,2-c]pyridinhydrochlorid
	29490-19-5	5-Methyl-1,3,4-thiadiazol-2-thiol
	29706-84-1	3′-Azido-3′-desoxy-5′-O-tritylthymidin
	29707-62-8	4-Nitrobenzyl-6-(2-phenoxyacetamido)penicillanat-1-oxid
	30165-96-9	4-(4-Chlor-1,2,5-thiadiazol-3-yl)morpholin
	30246-33-4	7-Amino-3-[(5-methyl-1,3,4-thiadiazol-2-yl)thiomethyl]-3-cephem-4-carbonsäure
	32231-06-4	1-Piperonylpiperazin
	36923-17-8	(7R)-7-Amino-3,4-didehydrocepham-4-carbonsäure
	37539-03-0	(7R)-7-Amino-3-[(1H-1,2,3-triazol-4-ylsulfanyl)methyl]-3,4-didehydrocepham-4-carbonsäure
	38313-48-3	3′,5′-Anhydrothymidin
	39098-97-0	2-Thienylacetylchlorid
	39754-02-4	7-[(R)-Amino(phenyl)acetamido]-3-methyl-3-cephem-4-carbonsäure — Dimethylformamid (2:1)
	39925-10-5	Methyl-1-(2,3,5-tri-O-acetyl-beta-D-ribofuranosyl)-1H-1,2,4-triazol-3-carboxylat
	40172-95-0	1-(2-Furoyl)piperazin
	42399-49-5	(2S,3S)-3-Hydroxy-2-(4-methoxyphenyl)-2,3-dihydro-1,5-benzothiazepin-4(5H)-on
	51762-51-7	Benzhydryl-3-hydroxy-7-(phenylacetamido)cepham-4-carboxylat
	51818-85-0	7-[(D)-Mandelamido]cephalosporansäure
	53994-69-7	(7R)-7-Amino-3-chlor-3,4-didehydrocepham-4-carbonsäure
	53994-83-5	4-Nitrobenzyl-7-amino-3-chlor-3-cephem-4-carboxylat
	55612-11-8	5′-O-Tritylthymidin
	59337-92-7	Methyl-3-(chlorsulfonyl)thiophen-2-carboxylat
	59804-25-0	Methyl-4-hydroxy-2-methyl-2H-thieno[2,3-e][1,2]thiazin-3-carboxylat-1,1-dioxid
	61807-78-1	7-(Bromacetamido)-7-methoxy-3-{[(1-methyl-1H-tetrazol-5-yl)sulfanyl]methyl}-3,4-didehydrocepham-4-carbonsäure

Anhang 6

KN-Code	CAS RN	Bezeichnung
2934 99 90	*(Fortsetzung)*	
	63074-07-7	1-(Tetrahydro-2-furoyl)piperazin
	63427-57-6	4-Nitrobenzyl-3-methylen-7-(phenoxyacetamido)cepham-4-carboxylat-5-oxid
	63457-21-6	Diphenylmethyl 2-(3-benzyl-7-oxo-4-thia-2,6-diazabicyclo[3.2.0]hept-2-en-6-yl)-3-methylbut-3-enoat
	63675-74-1	6-Methoxy-2-(4-methoxyphenyl)benzo[b]thiophen
	63877-96-3	2-(4-Fluorbenzyl)thiophen
	67914-85-6	cis-2-(2,4-Dichlorphenyl)-2-(1H-1,2,4-triazol-1-ylmethyl)-1,3-dioxolan-4-ylmethanol
	67978-05-6	Diphenylmethyl(2R)-3-methyl-2-[(1R,5S)-3-(4-methylphenyl)-7-oxo-4-oxa-2,6-diazabicyclo[3.2.0]-hept-2-en-6-yl]but-3-enoat
	68350-02-7	(7R)-7-Amino-3-{[(1-methyl-1H-tetrazol-5-yl)sulfanyl]methyl}-3,4-didehydrocepham-4-carbonsäurehydrochlorid
	69399-79-7	3-(2-Chlor-6-fluorphenyl)-5-methylisoxazol-4-carbonylchlorid
	70035-75-5	Diphenylmethyl (7S)-7-(bromacetamido)-7-methoxy-3-{[(1-methyl-1H-tetrazol-5-yl)sulfanyl]methyl}-3,4-didehydrocepham-4-carboxylat
	70918-74-0	1-(2,3-Dihydro-1,4-benzodioxin-2-ylcarbonyl)piperazinhydrochlorid
	71420-85-4	7-Amino-3-[1-(sulfomethyl)-1H-tetrazol-5-ylthiomethyl]-3-cephem-4-carbonsäurenatriumsalz
	75776-79-3	1,4-Dithia-7-azaspiro[4.4]nonan-8-carbonsäurehydrobromid
	76247-39-7	Iodmethylpenicillanat-1,1-dioxid
	76646-91-8	(3S)-6,6-Dibrom-2,2-dimethylpenam-3-carbonsäure 1,1-dioxid
	76801-85-9	(2R,3S,4R,5R,8R,10R,11R,12S,13S,14R)-13-[(2,6-Didoxy-3-C-methyl-3-O-methyl-α-L-ribo-hexopyranosyl)oxy]-2-ethyl-3,4,10-trihydroxy-3,5,8,10,12,14-hexamethyl-11-{[3,4,6-tridoxy-3-(dimethylamino)-β-D-xylo-hexopyranosyl]oxy}-1-oxa-6-azacyclopentadecan-15-on
	77887-68-4	Benzhydryl-6-(4-methylbenzamido)penicillanat-4-oxid
	78850-37-0	Methyl-(3aR,4R,7aR)-2-methyl-4-[(1S,2R)-1,2,3-triacetoxypropyl]-3a,7a-dihydro-4H-pyrano[3,4-d]oxazol-6-carboxylat
	79349-82-9	Trans-(7R)-7-amino-3-vinyl-3,4-didehydrocepham-4-carbonsäure
	80370-59-8	7-Amino-3-(2-furoylthiomethyl)-3-cephem-4-carbonsäure
	84682-23-5	2-(2,4-Dichlorphenyl)-2-(1H-imidazol-1-ylmethyl)-1,3-dioxolan-4-ylmethanol
	84793-24-8	Ethyl-(S)-2-[(S)-4-methyl-2,5-dioxo-1,3-oxazolidin-3-yl]-4-phenylbutyrat
	84915-43-5	(3S)-2,2-Dimethyl-1,4-thiazinan-3-carbonsäure
	85006-31-1	Methyl-3-amino-4-methylthiophen-2-carboxylat
	86639-52-3	(4S)-4,11-Diethyl-4,9-dihydroxy-1H,12H-pyrano[3′,4′:6,7]indolizin[1,2-b]chinolin-3,14(4H,12H)-dion
	87932-78-3	3-Acetoxymethyl-7-[(R)-2-formyloxy-2-phenylacetamido]-3-cephem-4-carbonsäure
	92096-37-2	Diphenylmethyl (7R)-3-(mesyloxy)-7-(phenylacetamido)-3,4-didehydrocepham-4-carboxylat
	93183-15-4	2′-Desoxy-5′-O-(4,4′-dimethoxytrityl)-N^2-isobutyrylguanosin 3′-(2-cyanoethyldiisopropylphosphoramidit)
	94732-98-6	1-(1-{3-[2-(4-Fluorphenyl)-1,3-dioxolan-2-yl]propyl}-4-piperidyl)-2,3-dihydro-1H-benzimidazol-2-thion
	96219-87-3	(3-Aminopyrazol-4-yl)(2-thienyl)methanon
	96803-30-4	2-(1-Benzothiophen-5-yl)ethanol
	98796-51-1	2′-Desoxy-5′-O-(4,4′-dimethoxytrityl)thymidin 3′-(2-cyanoethyldiisopropylphosphoramidit)
	98796-53-3	N^6-Benzoyl-2′-desoxy-5′-O-(4,4′-dimethoxytrityl)adenosin 3′-(2-cyanoethyldiisopropylphosphoramidit)
	100988-63-4	1-[((7R)-7-Amino-4-carboxy-3,4-didehydrocepham-3-yl)methyl]pyridiniumiodid
	102212-98-6	N^4-Benzoyl-2′-desoxy-5′-O-(4,4′-dimethoxytrityl)cytidin 3′-(2-cyanoethyldiisopropylphosphoramidit)
	103788-59-6	4-[2-(5-Methyl-2-phenyl-1,3-oxazol-4-yl)ethoxy]benzaldehyd
	103788-65-4	2-(5-Methyl-2-phenyl-1,3-oxazol-4-yl)ethan-1-ol
	104146-10-3	4-Methoxybenzyl-3-chlormethyl-7-(2-phenylacetamido)-3-cephem-4-carboxylat
	104218-44-2	3′-O-Mesyl-5′-O-tritylthymidin
	104795-66-6	3-Isopropoxy-5-methoxy-N-(1H-tetrazol-5-yl)benzo[b]thiophen-2-carboxamid
	104795-67-7	3-Isopropoxy-5-methoxy-N-(1H-tetrazol-5-yl)benzo[b]thiophen-2-carboxamid — 1H-Imidazol (1:1)
	104795-68-8	3-Isopropoxy-5-methoxy-N-(1H-tetrazol-5-yl)benzo[b]thiophen-2-carboxamidnatriumsalz
	106447-44-3	7-Amino-3-[(Z)-prop-1-enyl]-3-cephem-4-carbonsäure

Anhang 6

KN-Code	CAS RN	Bezeichnung
2934 99 90	*(Fortsetzung)*	
	108895-45-0	3′-Azido-2′,3′-didesoxy-5-methylcytidinhydrochlorid
	110314-42-6	5-[(Benzofuran-2-ylcarbonyl)amino]indol-2-carbonsäure
	110351-94-5	(S)-4-Ethyl-4-hydroxy-7,8-dihydro-1H-pyrano[3,4-f]indolizin-3,6,10(4H)-trion
	110483-43-7	2′-Brom-2′-desoxy-5-methyluridin 3′,5′-diacetat
	112913-94-7	N-{[4-(4-Fluorbenzyl)morpholin-2-yl]methyl}acetamid
	113891-01-3	Diphenylmethyl (2S,5R)-6,6-dibrom-3,3-dimethyl-7-oxo-4-thia-1-azabicyclo[3.2.0]heptan-2-carboxylat 4-oxid
	114341-88-7	3-(2-Brompropanoyl)-4,4-dimethyl-1,3-oxazolidin-2-on
	115787-67-2	2-(2-Amino-5-nitro-6-oxo-1,6-dihydropyrimidin-4-yl)-3-(3-thienyl)propiononitril
	116539-55-0	(1S)-3-(Methylamino)-1-(2-thienyl)propan-1-ol
	116833-10-4	(Z)-2-(5-Amino-1,2,4-thiadiazol-3-yl)-2-[(fluormethoxy)imino]essigsäure
	117829-20-6	2-Amino-7-thenyl-1,7-dihydro-4H-pyrrolo[2,3-d]pyrimidin-4-onhydrochlorid
	119221-49-7	5-[(2-Aminoethyl)amino]-2-(2-diethylaminoethyl)-2H-[1]benzothiopyrano[4,3,2-cd]indazol-8-ol
	120788-03-6	S-[(1R,3S)-1-Oxidotetrahydrothiophen-3-yl] ethanthioat
	122567-97-9	5′-Benzoyl-2′,3′-didehydro-3′-desoxythymidin
	124492-04-2	(S)-1,4-Dithia-7-azaspiro[4.4]nonan-8-carbonsäure
	125995-03-1	(4R,6R)-6-{2-[2-(4-Fluorphenyl)-5-isopropyl-3-phenyl-4-(phenylcarbamoyl)pyrrol-1-yl]ethyl}-4-hydroxytetrahydro-2H-pyran-2-on
	126429-09-2	2-(Dichlormethyl)-4,5-dihydro-5-(4-mesylphenyl)oxazol-4-ylmethanol
	126813-11-4	(4R,5R)-2-(Dichlormethyl)-4,5-dihydro-5-(4-mesylphenyl)oxazol-4-ylmethanol
	127000-90-2	1-{[(2R,3S)-2-(2,4-Difluorphenyl)-3-methyloxiran-2-yl]methyl}-1H-1,2,4-triazol
	127111-98-2	Diphenylmethyl (7R)-7-amino-3-(mesyloxy)-3,4-didehydrocepham-4-carboxylathydrochlorid
	130209-90-4	Methyl-2-(2-chlorphenyl)-2-(4,5,6,7-tetrahydrothieno[3,2-c]pyridin-5-yl)acetathydrochlorid
	130800-76-9	5-(3-Chlorpropyl)-3-methylisoxazol
	131986-28-2	3-(4-Chlor-1,2,5-thiadiazol-3-yl)pyridin
	131988-19-7	3-(4-Hexyloxy-1,2,5-thiadiazol-3-yl)-1-methylpyridiniumiodid
	132335-44-5	(S)-3-(Dimethylamino)-1-(thiophen-2-yl)propan-1-ol
	132335-46-7	(3S)-N,N-Dimethyl-3-(naphthalen-1-yloxy)-3-(thiophen-2-yl)propan-1-amin
	133413-70-4	(3S,6R,9S,12R,15S,18R,21S,24R)-6,18-Dibenzyl-4,10,12,16,22,24-hexamethyl-3,9,15,21-tetrakis(2-methylpropyl)-1,7,13,19-tetraoxa-4,10,16,22-tetraazacyclotetracosan-2,5,8,11,14,17,20,23-octon
	135790-89-5	[(2,2-Dimethylpropanoyl)oxy]methyl (7R)-7-[(2Z)-2-(2-{(2S)-2-[(tert-butoxycarbonyl)amino]propanamid}-1,3-thiazol-4-yl)-2-(methoxyimino)acetamido]-3,4-didehydrocepham-4-carboxylat
	138564-59-7	5-Methyl-2-(2-nitroanilino)thiophen-3-carbonitril
	140128-37-6	Diphenylmethyl (7R)-7-(2-{2-[(tert-butoxycarbonyl)amino]-1,3-thiazol-4-yl}-2- [(trityloxy)imino]acetamido)-3-({[(1H-1,2,3-triazol-4-yl)sulfanyl]methyl}sulfanyl)-3,4-didehydrocepham-4-carboxylat
	140841-32-3	6-[3-Fluor-5-(4-methoxytetrahydropyran-4-yl)phenoxymethyl]-1-methyl-2-chinolon
	143468-96-6	Ethylhydrogen(2-thienylmethyl)malonat
	147027-10-9	(1R,2S,5R)-Menthyl-(2R,5S)-5-(4-amino-2-oxo-1,2-dihydropyrimidin-1-yl)-1,3-oxathiolan-2-carboxylat
	147086-81-5	(4S,6S)-5,6-Dihydro-6-methyl-4H-thieno[2,3-b]thiopyran-4-ol-7,7-dioxid
	147086-83-7	N-[(4S,6S)-6-Methyl-7,7-dioxo-5,6-dihydro-4H-thieno[2,3-b]thiopyran-4-yl]acetamid
	147126-62-3	(1R,2S,5R)-Menthyl-(2R,5R)-5-hydroxy-1,3-oxathiolan-2-carboxylat
	152305-23-2	(S)-4-(4-Aminobenzyl)oxazolidin-2-on
	155990-20-8	N-[(1-{[2-(Diethylamino)ethyl]amino}-7-methoxy-9-oxo-9H-thioxanthen-4-yl)methyl]formamid
	157341-41-8	(2S)-N-[(R)-1-(1,3-Benzodioxol-5-yl)butyl]-3,3-diethyl-2-{4-[(4-methylpiperazin-1-yl)carbonyl]phenoxy}-4-oxoazetidin-1-carboxamid
	158512-24-4	(3aS,8aR)-3-[(2R,4S)-2-Benzyl-4,5-epoxyvaleryl]-2,2-dimethyl-3,3a,8,8a-tetrahydro-2H-indeno[1,2-d]oxazol
	158878-46-7	6-{(E)-2-[4-(4-Fluorphenyl)-2,6-diisopropyl-5-(methoxymethyl)pyridin-3-yl]vinyl}-4-hydroxytetrahydro-2H-pyran-2-on
	160115-08-2	{(E)-3-[(6R,7R)-7-Amino-2-carboxylato-8-oxo-5-thia-1-azabicyclo[4.2.0]oct-2-en-3-yl]allyl}(carbamoylmethyl)(ethyl)methylammonium
	161005-84-1	(S)-N,N-Dimethyl-[3-(2-thienyl)-3-(1-naphthyloxy)propyl]amin–Phosphorsäure (1:1)
	161599-46-8	(2R,3R,4R,5R)-2-(4-Amino-5-fluor-2-oxopyrimidin-1(2H)-yl)-2-fluor-5-methyltetrahydrofuran-3,4-diyldiacetat
	163680-80-6	(3S)-10-[1-(Acetylamino)cyclopropyl]-9-fluor-3-methyl-7-oxo-2,3-dihydro-7H-[1,4]oxazino[2,3,4-ij]-chinolin-6-carbonsäure

Anhang 6

KN-Code	CAS RN	Bezeichnung
2934 99 90	*(Fortsetzung)*	
	164015-32-1	N-Methyl-3-(1-naphthyloxy)-2-(2-thienyl)propan-1-aminphosphat
	165172-60-1	1-[(2R,5S)-5-(Hydroxymethyl)-2,5-dihydrofuran-2-yl]-5-methylpyrimidin-2,4(1H,3H)-dion – 1-methylpyrrolidin-2-on (1:1)
	166964-09-6	4-Chlor-3-methyl-1,2-oxazol-5-amin
	167304-98-5	Methyl-(4S,7S,10aS)-4-amino-5-oxooctahydro-7H-pyrido[2,1-b][1,3]thiazepin-7-carboxylat
	168828-81-7	Benzyl-(3-fluor-4-morpholinophenyl)carbamat
	170985-86-1	1-[(2S,3S)-2-(Benzyloxy)pentan-3-yl]-4-(4-{4-[4-({(3R,5R)-5-(2,4-difluorphenyl)-5-[(1H-1,2,4-triazol-1-yl)methyl]tetrahydrofuran-3-yl}methoxy)phenyl]piperazin-1-yl}phenyl)-1H-1,2,4-triazol-5(4H)-on
	171482-05-6	(2R,3S)-2-{(1R)-1-[3,5-Bis(trifluormethyl)phenyl]ethoxy}-3-(4-fluorphenyl)morpholinhydrochlorid
	175712-02-4	[(3S,5S)-5-(2,4-Difluorphenyl)-5-(1H-1,2,4-triazol-1-ylmethyl)tetrahydrofuran-3-yl]methyl-4-chlorbenzolsulfonat
	176773-87-8	(3R)-3-(Methoxymethyl)-7-(4,4,4-trifluorbutoxy)-3,3a,4,5-tetrahydro[1,3]oxazolo[3,4-a]chinolin-1-on
	177575-17-6	(S)-N-{5-[2-(2-Amino-4-oxo-4,6,7,8-tetrahydro-1H-pyrimido[5,4-b][1,4]thiazin-6-yl)ethyl}-2-thenoyl]-L-glutaminsäure
	177575-19-8	Diethyl-N-{5-[2-((6S)-2-amino-4-oxo-4,6,7,8-tetrahydro-3H-pyrimido[5,4-b][1,4]thiazin-6-yl)ethyl]-2-thenoyl}-L-glutamat
	177587-08-5	N-{5-[2-((6S)-2-Amino-4-oxo-3,4,5,6,7,8-hexahydropyrid[2,3-d]pyrimidin-6-yl)ethyl]-4-methylthiophen-2-carbonyl}-L-glutaminsäure
	178357-37-4	(5aR,11bS)-9,10-Dimethoxy-2-propyl-4,5,5a,6,7,11b-hexahydrobenzo[f]thieno[2,3-c]chinolinhydrochlorid
	181640-09-5	3-(1-{2-[4-Benzoyl-2-(3,4-difluorphenyl)morpholin-2-yl]ethyl}-4-phenylpiperidin-4-yl)-1,1-dimethylharnstoffhydrochlorid
	181696-73-1	5-Methyl-3,4-diphenyl-4,5-dihydroisoxazol-5-ol
	182133-09-1	6-(Benzyloxy)-3-brom-2-(4-methoxyphenyl)-1-benzothiophen 1-oxid
	183433-66-1	[6-Chlor-4-(2-ethyl-1,3-dioxolan-2-yl)-2-methoxypyridin-3-yl]methanol
	183434-04-0	Tert-butyl (4S)-4-ethyl-4,6-dihydroxy-3,10-dioxo-3,4,8,10-tetrahydro-1H-pyrano[3,4-f]indolizin-7-carboxylat
	185835-97-6	(5S)-5-(Methoxymethyl)-3-[6-(4,4,4-trifluorbutoxy)-1,2-benzoxazol-3-yl]-1,3-oxazolidin-2-on
	186348-69-6	7-Chlor-8-[((2R)-1,4-diazabicyclo[2.2.2]octan-2-yl)methylamino]-2,3-dihydro-1,4-benzodioxin-5-carboxamid
	186521-38-0	Ethyl-5-[(3R)-4-(tert-butoxycarbonylamino)-3-hydroxybutyl]thiophen-2-carboxylat
	186521-39-1	Ethyl-5-[(3R)-4-(tert-butoxycarbonylamino)-3-(mesyloxy)butyl]thiophen-2-carboxylat
	186521-40-4	Ethyl-5-[(3S)-3-(acetylthio)-4-(tert-butoxycarbonylamino)butyl]thiophen-2-carboxylat
	186521-41-5	Dimethyl-2-[(S)-1-(tert-butoxycarbonylaminomethyl)-2-(5-ethoxycarbonyl-2-thienyl)propylthio]malonat
	186521-42-6	Methyl-(S)-6-{2-[5-ethoxycarbonyl)-2-thienyl]ethyl}-3-oxo-1,4-thiazinan-2-carboxylat
	186521-44-8	Ethyl-(6S)-5-[2-(2-amino-4-oxo-4,6,7,8-tetrahydro-3H-pyrimido[5,4-b][1,4]thiazin-6-yl)ethyl]thiophen-2-carboxylat
	186521-45-9	(6S)-5-[2-(2-Amino-4-oxo-4,6,7,8-tetrahydro-3H-pyrimido[5,4-b][1,4]thiazin-6-yl)ethyl]thiophen-2-carbonsäure
	188016-51-5	Methyl N-(butoxycarbonyl)-3-{[(5R)-3-(4-cyanophenyl)-4,5-dihydroisoxazol-5-yl]acetamido}-L-alaninat
	189028-95-3	(4S)-3-[(5R)-5-(4-Fluorphenyl)-5-hydroxypentanoyl]-4-phenyl-1,3-oxazolidin-2-on
	191023-43-5	5-(8-Amino-7-chlor-2,3-dihydro-1,4-benzodioxin-5-yl)-3-(1-phenthylpiperidin-4-yl)-1,3,4-oxadiazol-2(3H)-on
	192049-49-3	4-Nitrobenzyl 2-((1R,5R)-3-benzyl-7-oxo-4-thia-2,6-diazabicyclo[3.2.0]hept-2-en-6-yl)-3-methylbut-2-enoat
	194861-99-9	((5S)-3-Tert-butyl-2-phenyl-1,3-oxazolidin-5-yl)methanol
	195708-14-6	(2R,3R,4S)-4-(1,3-Benzodioxol-5-yl)-3-(ethoxycarbonyl)-2-(4-methoxyphenyl)pyrrolidinium (2S)-hydroxy(phenyl)acetat
	197897-11-3	1-[((7R)-7-Amino-4-carboxy-3,4-didehydrocepham-3-yl)methyl]-1H-imidazo[1,2-b]pyridazin-4-iumiodid
	199327-61-2	7-Methoxy-6-(3-morpholinopropoxy)chinazolin-4(3H)-on
	204990-60-3	(3S,10R,13Z,16S)-10-(3-Chlor-4-methoxybenzyl)-3-isobutyl-6,6-dimethyl-16-[(1S)-1-((2R,3R)-3-phenyloxiran-2-yl)ethyl]-1,4-dioxa-8,11-diazacyclohexadec-13-en-2,5,9,12-tetron
	208337-82-0	Ethyl-5-(but-3-enyl)thiophen-2-carboxylat
	208337-83-1	Ethyl-5-[(3R)-3,4-dihydroxybutyl]thiophen-2-carboxylat

Anhang 6

KN-Code	CAS RN	Bezeichnung
2934 99 90	*(Fortsetzung)*	
	208337-84-2	Ethyl-5-[(3R)-4-amino-3-hydroxybutyl]thiophen-2-carboxylat
	220099-91-2	(2R)-3'H-Spiro[4-azabicyclo[2.2.2]octan-2,2'-furo[2,3-b]pyridin]
	220100-81-2	(2R)-3'H-Spiro[4-azabicyclo[2.2.2]octan-2,2'-furo[2,3-b]pyridin](S,S)-2,3-dihydroxybutandioat
	220997-99-9	(5R)-9-Chlor-5-ethyl-5-hydroxy-10-methyl-12-[(4-methylpiperidin-1-yl)methyl]-1,4,5,13-tetrahydro-3H,15H-oxepino[3',4':6,7]indolizin[1,2-b]chinolin-3,15-dionhydrochlorid
	221054-70-2	(5R)-5-Ethyl-5-hydroxy-1,4,5,8-tetrahydrooxepino[3,4-c]pyridin-3,9-dion
	223570-85-2	8-Methyl-8-azabicyclo[3.2.1]octan-3-yl 2,3-dihydropyrazol[1,5,4-de][1,4]benzoxazin-6-carboxylat
	223595-20-8	(1R)-5-(1,3,6,2-Dioxazaborocan-2-yl)-1-methyl-2-tritylisoindolin
	227029-27-8	2-(5-Methyl-2-phenyl-1,3-oxazol-4-yl)ethylmethansulfonat
	227625-35-6	3-{[2-(Aminomethyl)cyclohexyl]methyl}-1,2,4-oxadiazol-5(4H)-on
	227626-65-5	Tert-butyl N-methyl-N-{2-[(5-oxo-4,5-dihydro-1,2,4-oxadiazol-3-yl)methyl]cyclohexyl}carbamat
	227626-75-7	3-{[2-(Aminomethyl)cyclohexyl]methyl}-1,2,4-oxadiazol-5(4H)-on hydrochlorid
	229336-92-9	3-Chlor-N-{4-chlor-2-[(5-chlorpyridin-2-yl)carbamoyl]-6-methoxyphenyl}-4-{[2-(methylamino)imidazol-1-yl]methyl}thiophen-2-carboxamid
	229340-73-2	3-Chlor-N-{4-chlor-2-[(5-chlorpyridin-2-yl)carbamoyl]-6-methoxyphenyl}-4-{[2-(methylamino)imidazol-1-yl]methyl}thiophen-2-carboxamidtrifluoracetat
	252317-48-9	{(3S)-1-[1-(2,3-Dihydro-1-benzofuran-5-yl)ethyl]pyrrolidin-3-yl}diphenylacetonitril
	253450-09-8	6-({2-[4-(4-Fluorbenzyl)piperidin-1-yl]ethyl}sulfinyl)-1,3-benzoxazol-2(3H)-on
	253450-12-3	6-{[2-(4-Benzylpiperidin-1-yl)ethyl]sulfinyl}-1,3-benzoxazol-2(3H)-on
	265121-04-8	(3-{[(2R,3S)-2-{(1R)-1-[3,5-Bis(trifluormethyl)phenyl]ethoxy}-3-(2-fluorphenyl)morpholin-4-yl]methyl}-5-oxo-2,5-dihydro-1H-1,2,4-triazol-1-yl)phosphonsäure – 1-Desoxy-1-(methylamino)-D-glucitol (1:2)
	287737-72-8	(2S)-Hydroxy(phenyl)essigsäure — (1S)-3-(dimethylamino)-1-(2-thienyl)propan-1-ol (1:1) (Salz)
	287930-73-8	4-Benzyl-2-hydroxymorpholin-3-on
	287930-75-0	(2R)-4-Benzyl-2-{(1R)-1-[3,5-bis(trifluormethyl)phenyl]ethoxy}morpholin-3-on
	345217-03-0	2-[(2S,3S)-2-(Benzyloxy)pentan-3-yl]-4-(4-{4-[4-({(3R,5R)-5-(2,4-difluorphenyl)-5-[(1H-1,2,4-triazol-1-yl)methyl]tetrahydrofuran-3-yl}methoxy)phenyl]piperazin-1-yl}phenyl)semicarbazid
	356782-84-8	3-Oxo-4-(β-D-ribofuranosyl)-3,4-dihydropyrazin-2-carboxamid
	362543-73-5	DNA, d(P-thio) (C-T-A-G-A-T-T-C-C-C-G-C-G), tridecanatriumsalz
	376608-74-1	2-{[(3aR,4S,6R,6aS)-6-{[5-Amino-6-chlor-2-(propylsulfanyl)pyrimidin-4-yl]amino}-2,2-dimethyltetrahydro-3aH-cyclopenta[d][1,3]dioxol-4-yl]oxy}ethanol
	388082-75-5	5-[4-[[3-Chlor-4-[(3-fluorphenyl)methoxy]phenyl]amino]-6-chinazolinyl]-2-furancarboxaldehyd – 4-Methylbenzolsulfonat (1:1)
	390800-88-1	N,N',N''-(Boroxin-2,4,6-triyltris{[(1S)-3-methylbutan-1,1-diyl]imino[(2S)-1-oxo-3-phenylpropan-1,2-diyl]})tripyrazin-2-carboxamid
	452339-73-0	(5R)-5-(2,2-Dimethyl-4H-1,3-benzodioxin-6-yl)-1,3-oxazolidin-2-on
	474554-48-8	2-Brom-1-[3-tert-butyl-4-methoxy-5-(morpholin-4-yl)phenyl]ethanon
	475480-88-7	4-[2-(5-Methyl-2-phenyl-1,3-oxazol-4-yl)ethoxy]-1-benzothiophen-7-carbaldehyd
	499785-81-8	3-Oxo-4-(2,3,5-tri-O-acetyl-β-D-ribofuranosyl)-3,4-dihydropyrazin-2-carboxamid
	503068-36-8	(5R)-3-(6-{2-[(2,6-Dichlorbenzyl)oxy]ethoxy}hexyl)-5-(2,2-dimethyl-4H-1,3-benzodioxin-6-yl)-1,3-oxazolidin-2-on
	519187-97-4	1-[3-(2-Benzo[b]thien-5-ylethoxy)propyl]-3-azetidinol – (2Z)-2-Butendioat (1:1)
	519188-42-2	3-[2-(1-Benzothiophen-5-yl)ethoxy]propionsäure
	519188-55-7	3-[2-(1-Benzothiophen-5-yl)ethoxy]-1-(3-hydroxyazetidin-1-yl)propan-1-on
	521266-46-6	(2S)-1-{N-[2-(5-Methyl-2-phenyl-1,3-oxazol-4-yl)ethyl]glycyl}pyrrolidin-2-carbonitril
	530141-72-1	3-(5-{[4-(Cyclopentyloxy)-2-hydroxyphenyl]carbonyl}-2-[(3-hydroxy-1,2-benzoxazol-6-yl)methoxy]phenyl)propansäure
	630100-90-2	(1R)-1,2-Anhydro-4-C-{(1E,3E)-4-[(1S,2S,3E,5R,6R,9R)-5-(1-carboxylato-4-cycloheptylpiperazin-2-yl)-6,9-dihydroxy-2,6-dimethyl-11-oxooxacyclododec-3-en-1-yl]penta-1,3-dien-1-yl}-3,5-didesoxy-1-[(2R,3S)-3-hydroxypentan-2-yl]-D-erythropentitol
	635724-55-9	(2S)-2-[(S)-(2-Ethoxyphenoxy)phenylmethyl]morpholinsuccinat
	649761-25-1	Methyl N-{4-[2-(5-methyl-2-phenyl-1,3-oxazol-4-yl)ethoxy]benzyl}glycinathydrochlorid
	655233-39-3	4-Nitrobenzyl(6R,7R)-7-amino-8-oxo-3-[(2S)-tetrahydrofuran-2-yl]-5-thia-1-azabicyclo[4.2.0]oct-2-en-2-carboxylathydrochlorid
	655233-39-9	4-Nitrobenzyl (7R)-7-amino-3-((2S)-tetrahydrofuran-2-yl)-3,4-didehydrocepham-4-carboxylathydrochlorid
	663603-70-1	(2Z)-3-(Methylamino)-1-(2-thienyl)prop-2-en-1-on

Anhang 6

KN-Code	CAS RN	Bezeichnung
2934 99 90	*(Fortsetzung)*	
	665058-78-6	DNA, d(T-sp-C-G-sp-T-sp-C-G-sp-T-sp-T-sp-T-sp-T-sp-G-sp-A-sp-C-G-sp-T-sp-T-sp-T-sp-T-sp-Gsp-T-sp-C-G-sp-T-sp-T)
	690270-65-6	(2R,3S,4R)-5-(4-Amino-2-oxopyrimidin-1(2H)-yl)-2-azido-2-{[(2-methylpropanoyl)oxy]methyl}tetrahydrofuran-3,4-diylbis(2-methylpropanoat)hydrochlorid
	710281-33-7	2-({[(1R,3S)-3-{[2-(3-Methoxyphenyl)-5-methyl-1,3-oxazol-4-yl]methoxy}cyclohexyl]oxy}methyl)-6-methylbenzoesäure
	744239-10-9	DNA, d(P-thio) (G-A-T-C-C-G-C-G-G-A-A-A-T), tridecanatriumsalz
	753015-42-8	3-{(E)-2-[(3R)-Pyrrolidin-3-yl]ethenyl}-5-(tetrahydro-2H-pyran-4-yloxy)pyridin
	812647-80-6	{(2R,3S,4R,5R)-2-Azido-5-(2,4-dioxo-3,4-dihydropyrimidin-1(2H)-yl)-3,4-bis[(phenylcarbonyl)oxy]-tetrahydrofuran-2-yl}methyl-3-chlorbenzoat
	871484-32-1	4-[4-({3-[(4-Desoxy-4-fluor-b-D-glucopyranosyl)oxy]-5-(propan-2-yl)-1H-pyrazol-4-yl}methyl)phenyl]-N-[1,3-dihydroxy-2-(hydroxymethyl)propan-2-yl]butanamid
	872728-82-0	N-[4-(5-Oxo-4,5-dihydro-1,2,4-oxadiazol-3-yl)phenyl]glycin
	877130-28-4	(6R)-6-Cyclopentyl-6-[2-(2,6-diethylpyridin-4-yl)ethyl]-3-[(5,7-dimethyl[1,2,4]triazolo[1,5-a]pyrimidin-2-yl)methyl]-4-hydroxy-5,6-dihydro-2H-pyran-2-on
	893428-72-3	N-(5-Chlor-1,3-benzodioxol-4-yl)-7-[2-(4-methyl-1-piperazinyl)ethoxy]-5-[(tetrahydro-2H-pyran-4-yl)oxy]-4-chinazolinamin – (2E)-2-Butendioat (1:2)
	913695-00-8	2-[({4-[(2,2-Dimethyl-1,3-dioxan-5-yl)methoxy]-3,5-dimethylpyridin-2-yl}methyl)sulfinyl]-1H-benzimidazol, Natriumsalz (1:1)
	923591-06-4	Methyl(5R,7S,10S)-10-tert-butyl-15,15-dimethyl-3,9,12-trioxo-6,7,9,10,11,12,14,15,16,17,18,19-dodecahydro-1H,5H-2,23:5,8-dimethano-4,13,2,8,11-benzodioxatriazacyclohenicosin-7(3H)-carboxylat
	947408-94-8	6-Methyl-2-trityl-1,2-benzoxazol-3(2H)-on
	947408-95-9	6-(Brommethyl)-2-triphenylmethyl-1,2-benzisoxazol-3(2H)-on
	947409-01-0	Methyl-3-[5-[4-(cyclopentyloxy)-2-hydroxybenzoyl]-2-[(2-triphenylmethyl-1,2-benzisoxazol-3(2H)-on-6-yl)methoxy]phenyl]propionat
	1001859-46-6	DNA (synthetischer pCOR -Plasmidvektor, exprimiert als humanes Interferon-β-Signalpeptidfusionsprotein mit humanem saurem Fibroblastenwachstumsfaktor der Aminosäuren 21 bis 154)
	1029716-44-6	1-(1-Ethoxyethyl)-4-(4,4,5,5-tetramethyl-1,3,2-dioxaborolan-2-yl)-1H-pyrazol
2935 00 90	0-00-0	2-(Cyclohexylmethyl)-N-{2-[(2S)-1-methylpyrrolidin-2-yl]ethyl}-1,2,3,4-tetrahydroisochinolin-7-sulfonamid-di[(2E)-but-2-endioat]hydrat
	121-30-2	4-Amino-6-chlorbenzol-1,3-disulfonamid
	6292-59-7	4-tert-Butylbenzolsulfonamid
	6973-09-7	5-Amino-2-methylbenzolsulfonamid
	16673-34-0	N-(2-(4-Sulfamoyl)phenyl)ethyl-5-chlor-2-methoxybenzamid
	17852-52-7	4-Hydrazonobenzolsulfonamidhydrochlorid
	22663-37-2	1-(4-Chlorbenzolsulfonyl)harnstoff
	24310-36-9	1-[(4-Methylphenyl)sulfonyl]-1,2,3,4-tetrahydro-5H-1-benzazepin-5-on
	33045-52-2	Methyl-5-sulfamoyl-o-anisat
	33288-71-0	5-Methyl-N-[4-(sulfamoyl)phenethyl]pyrazin-2-carboxamid
	39570-96-2	(2R)-3-(Benzylsulfanyl)-N-[(2S)-1-{[(2S,3S)-1-hydrazinyl-3-methyl-1-oxopentan-2-yl]amino}-3-(4-hydroxyphenyl)-1-oxopropan-2-yl]-2-{[(4-methylphenyl)sulfonyl]amino}propanamid
	66644-80-2	3-Methoxy-5-sulfamoyl-o-anissäure
	81880-96-8	N-(4-Hydrazinobenzyl)methansulfonamidhydrochlorid
	84522-34-9	Natrium-4-[2-(5-methylpyrazin-2-carboxamido)ethyl]benzolsulfonamid
	88918-84-7	4-Aminobenzyl-N-methylmethansulfonamidhydrochlorid
	88919-22-6	3-(2-Aminoethyl)-N-methylindol-5-ylmethansulfonamid
	88933-16-8	1-(4-Hydrazinophenyl)-N-methylmethansulfonamidhydrochlorid
	100632-57-3	4-[(4-Mesylamino)phenyl]-4-oxobuttersäure
	105951-31-3	5,6-Dihydro-4-oxo-4H-thieno[2,3-b]thiin-2-sulfonamid
	105951-35-7	5,6-Dihydro-4-oxo-4H-thieno[2,3-b]thiin-2-sulfonamid-7,7-dioxid
	106820-63-7	Methyl-3-[(methoxycarbonylmethyl)sulfamoyl]thiophen-2-carboxylat
	112101-81-2	5-[(R)-(2-Aminopropyl)]-2-methoxybenzolsulfonamid
	120298-38-6	N-(5,6-Dihydro-6-methyl-2-sulfamoyl-4H-thieno[2,3-b]thiopyran-4-yl)acetamid-7,7-dioxid
	123664-84-6	N-(5-Methoxy-2-phenoxyphenyl)methansulfonamid
	137431-02-8	N-[3-(2-Amino-1-hydroxyethyl)-4-fluorphenyl]methansulfonamid
	141430-65-1	N-[2-(4-Hydroxyanilin)pyridin-3-yl]-4-methoxybenzen-1-sulfonamid

Anhang 6

KN-Code	CAS RN	Bezeichnung
2935 00 90	*(Fortsetzung)*	
	141450-48-8	N-{2-[(4-Hydroxyphenyl)amino]pyridin-3-yl}-4-methoxybenzolsulfonamidhydrochlorid
	147200-03-1	N-[(4S,6S)-6-Methyl-7,7-dioxo-2-sulfamoyl-5,6-dihydro-4H-thieno[2,3-b]thiopyran-4-yl]acetamid
	149456-98-4	N-[4-(N-Formylglycyl)-5-methoxy-2-phenoxyphenyl]methansulfonamid
	149457-03-4	N-[4-(N-Formylglycyl)-5-hydroxy-2-phenoxyphenyl]methansulfonamid
	149490-60-8	N-(Butan-1-sulfonyl)-L-tyrosin
	149490-61-9	N-(Butan-1-sulfonyl)-O-(4-pyridin-4-ylbutyl)-L-tyrosin
	150975-95-4	5-Methansulfonamidoindol-2-carbonsäure
	151140-66-8	(4-Amino-3-iodphenyl)-N-methylmethansulfonamid
	160231-69-6	(3S)-Tetrahydrofuran-3-yl N-[(2S,3R)-3-hydroxy-4-(N-isobutyl-4-nitrobenzen-1-sulfonamido)-1-phenylbutan-2-yl]carbamat
	169280-56-2	4-Amino-N-[(2R,3S)-3-amino-2-hydroxy-4-phenylbutyl]-N-isobutylbenzen-1-sulfonamid
	179524-67-5	(S)-2-{3-[(2-Fluorbenzyl)sulfonylamino]-2-oxo-2,3-dihydro-1-pyridyl}-N-(1-formyl-4-guanidinobutyl)acetamid
	183556-68-5	(S)-N-{(1S,2R)-3-[(1,3-Benzodioxol-5-ylsulfonyl)(isobutyl)amino]-1-benzyl-2-hydroxypropyl}-3,3-dimethyl-2-(sarkosylamino)butyramid
	189814-01-5	3-(2-Amino-1-hydroxyethyl)-4-methoxybenzen-1-sulfonamid
	192329-83-2	(3S)-2,2-Dimethyl-4-[4-(4-pyridyloxy)phenylsulfonyl]-1,4-thiazinan-3-carbonsäure
	193686-76-9	7-Chlor-1-[(4-methylphenyl)sulfonyl]-1,2,3,4-tetrahydro-5H-1-benzazepin-5-on
	194602-23-8	2-Ethoxy-5-[(4-methylpiperazin-1-yl)sulfonyl]benzoesäure
	198470-85-8	N-[4-(5-Methyl-3-phenylisoxazol-4-yl)phenylsulfonyl]propionamid, Natriumsalz
	200575-15-1	4-[2-Ethoxy-5-(4-methylpiperazin-1-sulfonyl)benzamid]-1-methyl-3-propylpyrazol-5-carboxamid
	210538-75-3	N-(1,2,3,4-Tetrahydroisochinolin-5-yl)methansulfonamidhydrochlorid
	244634-31-9	N-((2R,3S)-3-Amino-2-hydroxy-4-phenylbutyl)-N-isobutyl-4-nitrobenzen-1-sulfonamidhydrochlorid
	247582-73-6	2-Ethoxy-5-(4-ethylpiperazin-1-sulfonyl]nicotinsäure
	289042-10-0	N-{5-[(Diphenylphosphoryl)methyl]-4-(4-fluorphenyl)-6-(propan-2-yl)pyrimidin-2-yl}-N-methylmethansulfonamid
	289042-12-2	(4R,6S)-6-((E)-2-{4-(4-Fluorphenyl)-6-isopropyl-2-[mesyl(methyl)amino]pyrimidin-5-yl}vinyl)-2,2-dimethyl-1,3-dioxan-4-yl 3,3-dimethylbutanoat
	334826-98-1	5-[2-Ethoxy-5-(4-ethylpiperazin-1-sulfonyl)pyridin-3-yl]-3-ethyl-2-(2-methoxyethyl)-2,3,4,5,6,7-hexahydropyrazol[4,3-d]pyrimidin-7-on
	334827-99-5	5-[2-Ethoxy-5-(4-ethylpiperazin-1-sulfonyl)pyridin-3-yl]-3-ethyl-2-(2-methoxyethyl)-2,3,4,5,6,7-hexahydropyrazol[4,3-d]pyrimidin-7-on 4-methylbenzen-1-sulfonat
	334828-19-2	N-[3-Carbamoyl-5-ethyl-1-(2-methoxyethyl)pyrazol-4-yl]-2-ethoxy-5-[(4-ethylpiperazin-1-yl)sulfonyl]nicotinamid
	364321-71-1	3-[(Dimethylamino)methyl]-4-[4-(methylsulfanyl)phenoxy]benzen-1-sulfonamid
	364323-49-9	3-[(Dimethylamino)methyl]-4-[4-(methylsulfanyl)phenoxy]benzen-1-sulfonamid L-tartarat (1:1)
	941690-55-7	3-[(Methylsulfonyl)amino]-2-phenyl-N-[(1S)-1-phenylpropyl]chinolin-4-carboxamid
	1198178-65-2	(1R,2R)-1-[(Cyclopropylsulfonyl)carbamoyl]-2-ethylcyclopropanamin-4-methylbenzolsulfonat
2938 90 10	5511-98-8	Acetyldigoxin
2938 90 90	81-27-6	Sennosid A
	128-57-4	Sennosid B
	517-43-1	Gemisch aus Sennosid A und B
	8024-48-4	Casanthranol
	52730-36-6	Sennosid A, Calciumsalz
	52730-37-7	Sennosid B, Calciumsalz
	104443-57-4	1-O-[O-2-Acetamido-2-desoxy-beta-D-galaktopyranosyl-(1,4)-O-(N-acetyl-alpha-neuraminosyl)-(2,3)-O-beta-D-galaktopyranosyl-(1,4)-beta-D-glucopyranosyl]ceramid
	104443-62-1	1-O-[O-(N-Acetyl-alpha-neuraminosyl)-(2,3)-O-[O-beta-D-galaktopyranosyl-(1,3)-2-acetamido-2-desoxy-beta-D-galaktopyranosyl-(1,4)]-O-beta-D-galaktopyranosyl-(1,4)-beta-D-glucopyranosyl]ceramid
	196085-62-8	N-{[(1R,2R)-1-[O-(N-acetyl-alpha-neuraminosyl)-(2,3)-O-2-acetamido-2-desoxy-beta-D-galaktopyranosyl-(1,4)-O-beta-D-galaktopyranosyl-(1,4)-beta-D-glucopyranosyloxymethyl]-2-hydroxy-3-formylpropyl}stearamid
	52730-36-6, 52730-37-7	Gemisch aus Sennosid A und B, Calciumsalze

Anhang 6

KN-Code	CAS RN	Bezeichnung
2939 11 00	41444-62-6	Codeinphosphathemihydrat
2939 19 00	58-00-4	(6aR)-6-Methyl-5,6,6a,7-tetrahydro-4H-dibenzo[de,g]chinolin-10,11-diol oder -apomorphin
	54417-53-7	(R)-1,2,3,4-Tetrahydropapaverinhydrochlorid
	66820-84-6	(RS)-Tetrahydropapaverinhydrochlorid
2939 20 00	123599-79-1	[(2-Methyl-1-propionyloxypropoxy)(4-phenylbutyl)phosphinoyl]essigsäure — Cinchonidin (1:1)
	467430-13-3	2-[2-Methyl-1-(propionyloxy)propoxy]-2-[(4-phenylbutyl)phosphinoyl]essigsäure, (9R)-cinchonan-9-olsalz (1:1)
2939 99 00	51-55-8	Atropin
	92-13-7	Pilocarpin
	477-29-2	Colchicosid
	7689-03-4	(4S)-4-Ethyl-4-hydroxy-1H-pyrano[3',4':6,7]indolizino[1,2-b]chinolin-3,14(4H,12H)-dion
2940 00 00	50-69-1	D-Ribose
	533-67-5	2-Desoxy-D-erythropentose
	604-69-3	1,2,3,4,6-Penta-O-acetyl-β-D-glucopyranose
	4132-28-9	2,3,4,6-Tetra-O-benzyl-D-glucose
	6564-72-3	2,3,4,6-Tetra-O-benzyl-D-glucopyranose
	13035-61-5	1,2,3,5-Tetraacetyl-beta-D-ribofuranose
	24259-59-4	L-Ribose
	80312-55-6	2,3,4,6-Tetra-O-benzyl-1-O-(trimethylsilyl)-beta-D-glucose
	182410-00-0	beta-Cyclodextrinsulfobutylether, Natriumsalze
	270071-40-4	Benzyl 2,6-dimethoxy-4-{(5R,5aR,8aR,9S)-6-oxo-9-[(2,3,4,6-tetra-O-benzyl-β-D-glucopyranosyl)oxy]-5,5a,6,8,8a,9-hexahydrofur[3',4':6,7]naphtho[2,3-d][1,3]dioxol-5-yl}phenylcarbonat
	471863-88-4	2,3-Di-O-benzyl-4,6-O-((1R)-ethyliden)-D-xylo-hexopyranose
	473799-30-3	(5S,5aS,9S)-9-(4-Hydroxy-3,5-dimethoxyphenyl)-8-oxo-5,5a,6,8,8a,9-hexahydrofur[3',4':6,7]naphtho[2,3-d][1,3]dioxol-5-yl 2,3-di-O-benzyl-4,6-O-[(1R)-ethylidn]-β-D-glucopyranosid
	647834-15-9	2-(4-Methoxybenzyl)thiophen-3-yl-β-D-glucopyranosid
2941 90 00	13292-22-3	3-Formylrifamycin
	14487-05-9	Rifamycin O
	54122-50-8	Dicyclohexylammonium (7R)-3-(acetoxymethyl)-7-[2-({(3R)-3-[(tert-butoxycarbonyl)amino]-3-carboxypropyl}amino)-2-oxoethyl]-3,4-didehydrocepham-4-carboxylat oder Cephalosporin D dicyclohexylaminsalz
	76610-92-9	(6R,7R)-7-({N-[(4-Ethyl-2,3-dioxopiperazin-1-yl)carbonyl]-D-threonyl}amino)-3-{[(1-methyl-1H-tetrazol-5-yl)sulfanyl]methyl}-8-oxo-5-thia-1-azabicyclo[4.2.0]oct-2-en-2-carbonsäure
3002 10 98	42617-41-4	Blutgerinnungsfaktor XIVa
	116638-33-6	SC-59735
3003 90	141256-04-4	1-(28-{O-D-Apio-beta-D-furanosyl-(1,3)-O-beta-D-xylopyranosyl-(1,4)-O-6-desoxy-alpha-L-mannopyranosyl)-(1,2)-4-O-[5-(5-alpha-L-arabinofuranosyloxy-3-hydroxy-6-methyloctanoyloxy)-3-hydroxy-6-methyloctanoyl]-6-desoxy-beta-D-galaktopyranosyloxy}-16-alpha-hydroxy-23-beta,28-dioxoolean-12-en-3-beta-yl)-O-beta-D-galaktopyranosyl-(1,2)-O-beta-D-xylopyranosyl-(1,3)-beta-D-glucopyranosiduronsäure
	195993-11-4	Hemocyanine, Megathura crenulata, Reaktionprodukte mit 1-O-[O-2-acetamido-2-desoxy-beta-D-galaktopyranosyl-(1,4)-O-(N-acetyl-alpha-neuraminosyl)-(2,3)-O-beta-D-galaktopyranosyl-(1,4)-beta-D-glucopyranose
3006 30 00	155773-56-1	Ferristen
3507 90 90	0-00-0	Fibrinuclease, Pulver
	9001-63-2	Lysozym
	9002-12-4	Uratoxidase
	9003-98-9	Desoxyribonuclease
3824 90	0-00-0	4-(2-Aminoethylthiomethyl)-1,3-thiazol-2-ylmethyl(dimethyl)amin, in Form einer Lösung in Toluol
	0-00-0	alpha-(6-Fluor-2-methylinden-3-yl)-p-tolylmethylsulfid, in Form einer Lösung in Toluol
3824 90 64	0-00-0	Kaliumclavulanat — Saccharose (1:1)

Anhang 6

KN-Code	CAS RN	Bezeichnung
3824 90 64	*(Fortsetzung)*	
	0-00-0	Kaliumclavulanat — Siliciumdioxid (1:1)
	0-00-0	Kaliumclavulanat — mikrokristalline Cellulose (1:1)
	0-00-0	Zwischenkonzentrat, gewonnen aus einer Fermentationskultur von Micromonospora inyoensis, zur Herstellung der Antibiotika Sisomicin (INN) und Netilmicin (INN)
	0-00-0	Zwischenkonzentrat, gewonnen aus einer Fermentationskultur von Micromonospora purpurea, zur Herstellung der Antibiotika Gentamicinsulfat (INNM) und Isepamicin (INN)
	0-00-0	Zwischenkonzentrat, gewonnen aus einer Fermentationskultur von genetisch modifiziertem E. coli, einen Faktor enthaltend, der humane Granulozyten-Makrophagen-Kolonien anregt, zur Herstellung von Arzneimitteln der HS-Position 3002
	0-00-0	Zwischenkonzentrat, gewonnen aus einer Fermentationskultur von genetisch modifiziertem E. coli, humanes Interferon alpha-2b enthaltend, zur Herstellung von Arzneimitteln der HS-Position 3002
	330-95-0	1,3-Bis(4-nitrophenyl)harnstoff — 4,6-Dimethylpyrimidin-2-ol (1:1)
	104832-01-1	(R)-6,7-Dimethoxy-2-methyl-1-(3,4,5-trimethoxybenzyl)-1,2,3,4-tetrahydroisochinolin — Dibenzoyl-L-weinsäure (1:1)
3824 90 97	0-00-0	Ethyl-7-chlor-2-oxoheptanoat, in Form einer Lösung in Toluol
	30165-96-9	4-(4-Chlor-1,2,5-thiadiazol-3-yl)morpholin, Toluenlösung
	38345-66-3	(2S,3R)-4-(Dimethylamino)-3-methyl-1,2-diphenylbutan-2-ol, Toluenlösung
	84449-81-0	4-[2-(Piperidin-1-yl)ethoxy]benzoylchloridhydrochlorid, 1,2-dichlorethanlösung
	127852-28-2	(1R)-1-[3,5-Bis(trifluormethyl)phenyl]ethan-1-ol, Acetonitrillösung
	170277-77-7	(3S)-3-[2-(Mesyloxy)ethoxy]-4-(trityloxy)butylmethansulfonat, Dimethylformamidlösung
3907 20 99	913976-27-9	Poly(oxy-1,2-ethandiyl), α-hydro-ω-methoxy, Diester mit 21N6, 21′N6-[[(N2, N6-Dicarboxy-L-lysyl-β-alanyl)imino]bis(1-oxo-2,1-ethandiyl)]bis[N-acetylglycyl-L-leucyl-L-tyrosyl-L-alanyl-L-cysteinyl-L-histidyl-L-methionylglycyl-L-prolyl-L-isoleucyl-L-threonyl-3-(1-naphthalenyl)-L-alanyl-L-valyl-L-cysteinyl-L-glutaminyl-L-prolyl-L-leucyl-L-arginyl-N-methylglycyl-L-lysinamid] zyklisches (6→15), (6′→15′) Bis(disulfid)
3911 90	162430-94-6	1,6-Hexandiamin, Polymer mit 1,10-Dibromdecan

[ABSCHNITT III]

[ANHANG 7]

ABSCHNITT IV

ZOLLTARIFLICHE ABGABENBEGÜNSTIGUNG AUFGRUND DER BESCHAFFENHEIT EINER WARE

ANHANG 8

WAREN, FÜR DIE ERNÄHRUNG UNGENIESSBAR GEMACHT

ANHANG 8

WAREN, FÜR DIE ERNÄHRUNG UNGENIESSBAR GEMACHT

(Liste der Vergällungsmittel)

Die Vergällung von Waren, ungenießbar oder ungenießbar gemacht, unter einem KN-Code, der sich auf die vorliegenden Bestimmungen bezieht, ist mit Hilfe der in Spalte 4 genannten Vergällungsmittel und unter Verwendung der in Spalte 5 genannten Mengen vorzunehmen.

Lfd. Nr.	Ex-KN-Code	Warenbezeichnung	Vergällungsmittel	
			Bezeichnung	Mindestmenge (in g) für 100 kg zu vergällendes Erzeugnis
(1)	(2)	(3)	(4)	(5)
1	0408	Vogeleier, nicht in der Schale, und Eigelb, frisch, getrocknet, in Wasser oder Dampf gekocht, geformt, gefroren oder anders haltbar gemacht, auch mit Zusatz von Zucker oder anderen Süßmitteln:	Terpentinöl	500
			Lavendelöl	100
			Rosmarinöl	150
			Betulaöl	100
		– Eigelb:		
	0408 11	– – getrocknet:	Fischmehl der Unterposition 2301 20 00 mit charakteristischem Geruch und einem Mindestgehalt (bezogen auf das Gewicht des Trockenstoffs) von:	5 000
			— 62,5 % Rohprotein (Eiweiß)	
			— 6 % Rohfett	
	0408 11 20	– – – für die menschliche Ernährung ungenießbar gemacht		
	0408 19	– – anderes:		
	0408 19 20	– – – für die menschliche Ernährung ungenießbar gemacht		
		– andere:		
	0408 91	– – getrocknet:		
	0408 91 20	– – – für die menschliche Ernährung ungenießbar gemacht		
	0408 99	– – andere:		
	0408 99 20	– – – für die menschliche Ernährung ungenießbar gemacht		
2	1106	Mehl, Grieß und Pulver von getrockneten Hülsenfrüchten der Position 0713, von Sagomark und von Wurzeln oder Knollen der Position 0714 oder von Erzeugnissen des Kapitels 8:	Fischöl oder Fischlebertran, gefiltert, nicht geruchlos gemacht, nicht entfärbt, ohne Zusätze	1 000
	1106 20	– Mehl und Grieß von Sagomark und von Wurzeln oder Knollen der Position 0714:	Fischmehl der Unterposition 2301 20 00 mit charakteristischem Geruch und einem Mindestgehalt (bezogen auf das Gewicht des Trockenstoffs) von:	5 000
	1106 20 10	– – für die menschliche Ernährung ungenießbar gemacht	— 62,5 % Rohprotein (Eiweiß) — 6 % Rohfett	

Anhang 8

Lfd. Nr.	Ex-KN-Code	Warenbezeichnung	Vergällungsmittel			
			Bezeichnung			Mindestmenge (in g) für 100 kg zu vergällendes Erzeugnis
			Chemische Bezeichnung oder Beschreibung	Übliche Bezeichnung	Farb-Index (¹)	
(1)	(2)	(3)	(4)	(4)	(4)	(5)
3	2501 00	Salz (einschließlich präpariertes Speisesalz und denaturiertes Salz) und reines Natriumchlorid, auch in wässriger Lösung oder mit Zusatz von Rieselhilfen (Antibackmittel oder Fluidifiantien); Meerwasser:	Natriumsalz des p-Sulfobenzoazorescin oder der 2,4-Dihydroxyazobenzol-4′-sulfonsäure (Farbe: gelb)	Chrysoin S	14270	6
		– Salz (einschließlich präpariertes Speisesalz und denaturiertes Salz) und reines Natriumchlorid, auch in wässriger Lösung oder mit Zusatz von Rieselhilfen (Antibackmittel oder Fluidifiantien):	Dinatriumsalz der 1-(4′-Sulfo-1-phenylazo)-4-aminobenzol-5-sulfonsäure (Farbe: gelb)	Echtgelb AB	13015	6
		– – anderes:				
	2501 00 51	– – – vergällt oder zu anderen industriellen Zwecken (einschließlich Raffinage), ausgenommen das Haltbarmachen oder Zubereiten von Lebensmitteln oder Futtermitteln	Tetranatriumsalz der 1′-(4′-Sulfo-1-naphthylazo)-2-naphthol-3,6,8-trisulfonsäure (Farbe: rot)	Ponceau 6 R	16290	1
			Tetrabromfluorescein (Farbe: gelb fluoreszierend)	Eosin	45380	0,5
			Naphthalin	Naphthalin	—	250
			Seifenpulver	Seifenpulver	—	1 000
			Natrium- oder Kaliumdichromat (Farbe: gelb)	Natrium- oder Kaliumdichromat	—	30
			Eisenoxid mit einem Gehalt von Fe_2O_3 von mindestens 50 %. Das Eisenoxid muß dunkelrot bis braun gefärbt und feingepulvert sein, so dass es mindestens zu 90 % durch ein Sieb mit einer Maschenweite von 0,1 mm hindurchgeht.	Eisenoxid	—	250
			Natriumhypochlorid	Natriumhypochlorid		3 000

(¹) Die Nummern in dieser Spalte entsprechen dem Rewe Colour Index, 3. Auflage 1971, Bradford, England.

Anhang 8

Lfd. Nr.	Ex-KN-Code	Warenbezeichnung	Vergällungsmittel	
			Bezeichnung	Mindestmenge (in g) für 100 kg zu vergällendes Erzeugnis
(1)	(2)	(3)	(4)	(5)
4	3502	Albumine (einschließlich Konzentraten aus zwei oder mehr Molkenproteinen, die mehr als 80 GHT Molkenproteine in der Trockenmasse enthalten), Albuminate und andere Albuminderivate:	Rosmarinöl (ausschließlich für flüssige Albumine)	150
			Rohes Kampferöl (für flüssige und feste Albumine)	2 000
			Weißes Kampferöl (für flüssige und feste Albumine)	2 000
			Natriumazid (für flüssige und feste Albumine)	100
			Diethanolamin (ausschließlich für feste Albumine)	6 000
		– Eieralbumin:		
	3502 11	– – getrocknet:		
	3502 11 10	– – – ungenießbar oder ungenießbar gemacht		
	3502 19	– – anderes:		
	3502 19 10	– – – ungenießbar oder ungenießbar gemacht		
	3502 20	– Molkenproteine (Lactalbumin), einschließlich Konzentrate aus zwei oder mehr Molkenproteinen:		
	3502 20 10	– – ungenießbar oder ungenießbar gemacht		
	3502 90	– andere:		
		– – Albumine, ausgenommen Eieralbumin und Molkenproteine (Lactalbumin):		
	3502 90 20	– – – ungenießbar oder ungenießbar gemacht		

ANHANG 9

ZEUGNISSE UND BESCHEINIGUNGEN

ANHANG 9

ZEUGNISSE UND BESCHEINIGUNGEN

1. Allgemeine Bestimmungen

Unter der Voraussetzung, dass Zeugnisse oder Bescheinigungen vorgelegt werden, wie sie in diesem Anhang abgedruckt sind, wird eine Abgabenbegünstigung aufgrund der Beschaffenheit einer Ware für folgende Produkte gewährt:

— frische Tafeltrauben der Position ex 0806,

— Tabak der Position ex 2401,

— Nitrat der Positionen ex 3102 und 3105.

2. Bestimmungen hinsichtlich der Zeugnisse und Bescheinigungen

Form der Zeugnisse oder Bescheinigungen

Die Zeugnisse oder Bescheinigungen müssen den Mustern in diesem Anhang entsprechen.

Die Zeugnisse oder Bescheinigungen werden in einer der Amtssprachen der Europäischen Gemeinschaften und gegebenenfalls in der Amtssprache oder einer der Amtssprachen des Ausfuhrlandes gedruckt und ausgefüllt.

Die Zeugnisse oder Bescheinigungen haben ein Format von etwa 210 × 297 Millimeter und hierbei ist weißes Schreibpapier mit einem Quadratmetergewicht von mindestens 40 g zu verwenden.

Ausstellung der Zeugnisse oder Bescheinigungen

Zeugnisse oder Bescheinigungen müssen vollständig ausgefüllt sein, den Ort und das Datum der Ausstellung, den Stempelabdruck der ausstellenden Stelle des Ausfuhrlandes und die Unterschrift einer befugten Person oder der folgenden Personen enthalten.

Zeugnisse oder Bescheinigungen müssen von einer in der nachstehenden Tabelle aufgeführten Stelle ausgestellt werden, wenn diese

— vom Ausfuhrland als solche anerkannt ist;

— sich verpflichtet, die in dem Zeugnis oder der Bescheinigung gemachten Angaben zu überprüfen;

— sich verpflichtet, der Kommission und den Mitgliedstaaten auf Anfrage alle Auskünfte zu erteilen, die zur Beurteilung der in dem Zeugnis oder der Bescheinigung enthaltenen Angaben erforderlich sind.

Die Ausfuhrländer übermitteln der Kommission die Muster der Stempelabdrücke, die von ihrer ausstellenden Stelle oder ihren ausstellenden Stellen und deren befugten Außenstellen verwendet werden.

Die Kommission übermittelt diese Angaben den Zollbehörden der Mitgliedstaaten.

Anhang 9

Gültigkeit der Zeugnisse oder Bescheinigungen

Der Gültigkeitszeitraum eines Zeugnisses oder einer Bescheinigung beträgt 10 Monate, im Fall von Tabak 24 Monate, vom Zeitpunkt der Erteilung an gerechnet.

Teilsendungen

Im Fall der Aufteilung der Sendung ist für jede Teilsendung eine Fotokopie des ursprünglichen Zeugnisses oder der ursprünglichen Bescheinigung anzufertigen. Die Fotokopie und das ursprüngliche Zeugnis bzw. die ursprüngliche Bescheinigung sind der zuständigen Zollstelle vorzulegen. Auf jeder Fotokopie sind Name und Anschrift des Empfängers sowie die Bezeichnung „Auszug gültig für … kg" (in Zahlen und Buchstaben) sowie Datum und Ort der Aufteilung anzugeben. Diese Angaben sind durch Abdruck des Dienststempels der Zollstelle zu bestätigen und von einem zeichnungsberechtigten Beamten zu unterschreiben. Die Aufteilung der Sendung ist auf den ursprünglichen Zeugnissen oder Bescheinigungen, die von der betreffenden Zollstelle aufbewahrt werden, zu vermerken.

Anhang 9

Verzeichnis der für die Ausstellung von Zeugnissen und Bescheinigungen zuständigen Stellen ([1])

KN-Code	Ausfuhrland	Ausstellende Stelle	Ort
0806	Vereinigte Staaten von Amerika	Arizona Department of Agriculture	Arizona Department of Agriculture, Shipping Point Inspection, Phoenix, AZ
		California Department of Food and Agriculture	California Department of Food and Agriculturale, Division of Inspection Services, Shipping Point Inspection, Sacramento, CA
2401	Vereinigte Staaten von Amerika	Tobacco Association of the United States, oder befugte Außenstelle	Raleigh, North Carolina
	Kanada	Canadian Food Inspection Agency, oder befugte Außenstelle	Ottawa
	Argentinien	Cámara del Tabaco de Salta, oder befugte Außenstelle	Salta
		Cámara del Tabaco de Jujuy, oder befugte Außenstelle	San Salvador de Jujuy
		Cámara de Comercio Exterior de Misiones, oder befugte Außenstelle	Posadas
	Bangladesch	Ministry of Agriculture, Department of Agriculture Extension, Cash Crop Division, oder befugte Außenstelle	Dacca
	Brasilien	Banco do Brasil	Brasilia
		Federação das Indústrias do Estado de Santa Catarina	Florianópolis
		Federação das Indústrias do Estado do Paraná	Curitiba
		Federação das Indústrias do Estado do Rio Grande do Sul	Porto Alegre
	China	Entry-Exit Inspection & Quarantine Bureau	Shangai
		Entry-Exit Inspection & Quarantine Bureau, oder befugte Außenstelle	Shandong
		Entry-Exit Inspection & Quarantine Bureau, oder befugte Außenstelle	Hubei
		Entry-Exit Inspection & Quarantine Bureau, oder befugte Außenstelle	Guangdong
		Entry-Exit Inspection & Quarantine Bureau, oder befugte Außenstelle	Liaoning
		Entry-Exit Inspection & Quarantine Bureau, oder befugte Außenstelle	Yunnan

Anhang 9

KN-Code	Ausfuhrland	Ausstellende Stelle	Ort
		Entry-Exit Inspection & Quarantine Bureau, oder befugte Außenstelle	Hainan
		Entry-Exit Inspection & Quarantine Bureau, oder befugte Außenstelle	Inner Mongolia
		Entry-Exit Inspection & Quarantine Bureau, oder befugte Außenstelle	Anhui
		Entry-Exit Inspection & Quarantine Bureau, oder befugte Außenstelle	Beijing
		Entry-Exit Inspection & Quarantine Bureau, oder befugte Außenstelle	Chongqing
		Entry-Exit Inspection & Quarantine Bureau, oder befugte Außenstelle	Fujian
		Entry-Exit Inspection & Quarantine Bureau, oder befugte Außenstelle	Gansu
		Entry-Exit Inspection & Quarantine Bureau, oder befugte Außenstelle	Guangxi
		Entry-Exit Inspection & Quarantine Bureau, oder befugte Außenstelle	Guizhou
		Entry-Exit Inspection & Quarantine Bureau, oder befugte Außenstelle	Hebei
		Entry-Exit Inspection & Quarantine Bureau, oder befugte Außenstelle	Henan
		Entry-Exit Inspection & Quarantine Bureau, oder befugte Außenstelle	Hunan
		Entry-Exit Inspection & Quarantine Bureau, oder befugte Außenstelle	Jiangsu
		Entry-Exit Inspection & Quarantine Bureau, oder befugte Außenstelle	Jiangxi
		Entry-Exit Inspection & Quarantine Bureau, oder befugte Außenstelle	Jilin
		Entry-Exit Inspection & Quarantine Bureau, oder befugte Außenstelle	Zhejiang
		Entry-Exit Inspection & Quarantine Bureau, oder befugte Außenstelle	Ningxia
		Entry-Exit Inspection & Quarantine Bureau, oder befugte Außenstelle	Qinghai
		Entry-Exit Inspection & Quarantine Bureau, oder befugte Außenstelle	Shaanxi
		Entry-Exit Inspection Quarantine Bureau, or its authorised offices	Shanxi
		Entry-Exit Inspection & Quarantine Bureau, oder befugte Außenstelle	Ningbo
		Entry-Exit Inspection & Quarantine, Bureau, oder befugte Außenstelle	Shenzen
		Entry-Exit Inspection & Quarantine Bureau, oder befugte Außenstelle	Sichuan
		Entry-Exit Inspection & Quarantine Bureau, oder befugte Außenstelle	Tianjin

Anhang 9

KN-Code	Ausfuhrland	Ausstellende Stelle	Ort
		Entry-Exit Inspection & Quarantine Bureau, oder befugte Außenstelle	Tibet
		Entry-Exit Inspection & Quarantine Bureau, oder befugte Außenstelle	Xiamen
		Entry-Exit Inspection & Quarantine Bureau, oder befugte Außenstelle	Xinjiang
		Entry-Exit Inspection & Quarantine Bureau, oder befugte Außenstelle	Zhuhai
		Entry-Exit Inspection & Quarantine Bureau, oder befugte Außenstelle	Heilongjiang
	Columbia	Superintendencia de Industria y Comercio-División de Control de Normas y Calidades, oder befugte Außenstelle	Bogotá
	Cuba	Empresa Cubana del Tabaco, Cubatabaco, oder befugte Außenstelle	La Habana
		Corporación Habanos S.A	La Habana
		Internacional Cubana de Tabacos S.A.	La Habana
	Guatemala	Dirección de Comercio Interior y Exterior del Ministerio de Economía, oder befugte Außenstelle	Guatemala Stadt
		VUPE (Ventanilla Unica para las Exportaciones)	Guatemala City
	Indien	Tobacco Board, oder befugte Außenstelle	Guntur
	Indonesien	Ministry of Trade Republic of Indonesia - Lembaga Tembakau Surakarte (Tobacco Institution in Surakarta)	Surakarta
		Ministry of Trade Republic of Indonesia - Regional Laboratory for testing and quality control and tobacco institution	Jember
		Ministry of Trade Republic of Indonesia - Regional Laboratory for testing and quality control and tobacco institution	Surabaya - Jawa Timur
		Lembaga Tembakau Cabang Medan	Medan
		(Lembaga Tembakau Medan)Tobacco Institution in Medan	Medan

Anhang 9

KN-Code	Ausfuhrland	Ausstellende Stelle	Ort
	Mexiko	SECRETARIA DE ECONOMIA Dirección General de Comercio Exterior DELEGACIÓN FEDERAL Colima	Colima
		SECRETARIA DE ECONOMIA Dirección General de Comercio Exterior DELEGACIÓN FEDERAL METROPOLITANA	DELEGACIÓN FEDERAL METROPOLITANA
		SECRETARIA DE ECONOMIA Dirección General de Comercio Exterior DELEGACIÓN FEDERAL EN ACAPULCO, GRO.	Acapulco
		SECRETARIA DE ECONOMIA Dirección General de Comercio Exterior DELEGACIÓN FEDERAL EN AGUASCALIENTES, AGS	AGUASCALIENTES
		SECRETARIA DE ECONOMIA Dirección General de Comercio Exterior DELEGACIÓN FEDERAL EN CAMPECHE	CAMPECHE
		SECRETARIA DE ECONOMIA Dirección General de Comercio Exterior DELEGACIÓN FEDERAL EN CD. VICTORIA, TAMAULIPAS	TAMAULIPAS
		SECRETARIA DE ECONOMIA Dirección General de Comercio Exterior DELEGACIÓN FEDERAL EN CHETUMAL, QUINTANA ROO	QUINTANA ROO
		SECRETARIA DE ECONOMIA Dirección General de Comercio Exterior DELEGACIÓN FEDERAL EN CHIHUAHUA, CHIH	CHIHUAHUA, CHIH
		SECRETARIA DE ECONOMIA Dirección General de Comercio Exterior DELEGACIÓN FEDERAL EN CUERNAVACA, MORELOS	CUERNAVACA, MORELOS
		SECRETARIA DE ECONOMIA Dirección General de Comercio Exterior DELEGACION FEDERAL EN CULIACÁN, SINALOA	CULIACÁN, SINALOA
		SECRETARIA DE ECONOMIA Dirección General de Comercio Exterior DELEGACIÓN FEDERAL EN DURANGO, DURANGO	DURANGO, DURANGO
		SECRETARIA DE ECONOMIA Dirección General de Comercio Exterior DELEGACIÓN FEDERAL EN GUADALAJARA, JALISCO	GUADALAJARA, JALISCO
		SECRETARIA DE ECONOMIA Dirección General de Comercio Exterior DELEGACION FEDERAL EN HERMOSILLO, SONORA	HERMOSILLO, SONORA
		SECRETARIA DE ECONOMIA Dirección General de Comercio Exterior DELEGACIÓN FEDERAL EN JALAPA, VERACRUZ	JALAPA, VERACRUZ
		SECRETARIA DE ECONOMIA Dirección General de Comercio Exterior DELEGACIÓN FEDERAL EN LA PAZ, BAJA CALIFORNIA SUR	LA PAZ, BAJA CALIFORNIA SUR

Anhang 9

KN-Code	Ausfuhrland	Ausstellende Stelle	Ort
		SECRETARIA DE ECONOMIA Dirección General de Comercio Exterior DELEGACIÓN FEDERAL EN LEON, GUANAJUATO	LEON, GUANAJUATO
		SECRETARIA DE ECONOMIA Dirección General de Comercio Exterior DELEGACIÓN FEDERAL EN MERIDA, YUCATAN	MERIDA, YUCATAN
		SECRETARIA DE ECONOMIA Dirección General de Comercio Exterior DELEGACIÓN FEDERAL EN MEXICALI, BAJA CALIFORNIA	BAJA CALIFORNIA
		SECRETARIA DE ECONOMIA Dirección General de Comercio Exterior DELEGACIÓN FEDERAL EN MONTERREY, NUEVO LEON	MONTERREY, NUEVO LEON
		SECRETARIA DE ECONOMIA Dirección General de Comercio Exterior DELEGACIÓN FEDERAL EN MORELIA, MICHOACAN	MORELIA, MICHOACAN
		SECRETARIA DE ECONOMIA Dirección General de Comercio Exterior DELEGACIÓN FEDERAL EN OAXACA, OAX.	OAXACA, OAX.
		SECRETARIA DE ECONOMIA Dirección General de Comercio Exterior DELEGACIÓN FEDERAL EN PACHUCA, HIDALGO	PACHUCA, HIDALGO
		SECRETARIA DE ECONOMIA Dirección General de Comercio Exterior DELEGACIÓN FEDERAL EN PUEBLA, PUE.	PUEBLA, PUE.
		SECRETARIA DE ECONOMIA Dirección General de Comercio Exterior SUBDIRECCIÓN DE SERVICIOS AL PÚBLICO EN LA DELEGACIÓN FEDERAL EN QUERÉTARO, QUERÉTARO	QUERÉTARO, QUERÉTARO
		SECRETARIA DE ECONOMIA Dirección General de Comercio Exterior DELEGACIÓN FEDERAL EN SALTILLO, COAHUILA	SALTILLO, COAHUILA
		SECRETARIA DE ECONOMIA Dirección General de Comercio Exterior DELEGACIÓN FEDERAL EN TLAXCALA, TLAXCALA	TLAXCALA, TLAXCALA
		SECRETARIA DE ECONOMIA Dirección General de Comercio Exterior DELEGACIÓN FEDERAL EN TOLUCA, ESTADO DE MÉXICO	TOLUCA, ESTADO DE MÉXICO
		SECRETARIA DE ECONOMIA Dirección General de Comercio Exterior DELEGACIÓN FEDERAL EN TUXTLA GUTIÉRREZ, CHIAPAS	TUXTLA GUTIÉRREZ, CHIAPAS
		SECRETARIA DE ECONOMIA Dirección General de Comercio Exterior DELEGACIÓN FEDERAL EN VILLAHERMOSA, TABASCO	VILLAHERMOSA, TABASCO
		SECRETARIA DE ECONOMIA Dirección General de Comercio Exterior DELEGACION FEDERAL EN ZACATECAS	ZACATECAS

Anhang 9

KN-Code	Ausfuhrland	Ausstellende Stelle	Ort
		Dirección General de Comercio Exterior Insurgentes Sur 1940, PH Col. Florida. C.P. 01030 México, D.F.	Col. Florida. C.P. 01030 México, D.F.
		SECRETARIA DE ECONOMIA Dirección General de Comercio Exterior SUBDELEGACIÓN FEDERAL EN NUEVO LAREDO, TAMAULIPAS	NUEVO LAREDO, TAMAULIPAS
		SECRETARIA DE ECONOMIA Dirección General de Comercio Exterior DELEGACIÓN FEDERAL EN SAN LUIS RIO COLORADO, SONORA	SAN LUIS RIO COLORADO, SONORA
		SECRETARIA DE ECONOMIA Dirección General de Comercio Exterior SUBDELEGACIÓN FEDERAL EN CANCÚN, QUINTANA ROO	CANCÚN, QUINTANA ROO
		SECRETARIA DE ECONOMIA Dirección General de Comercio Exterior SUBDELEGACIÓN FEDERAL EN CD. JUÁREZ, CHIH.	JUÁREZ, CHIH.
		SECRETARIA DE ECONOMIA Dirección General de Comercio Exterior SUBDELEGACIÓN FEDERAL EN CELAYA GUANAJUATO	CELAYA GUANAJUATO
		SECRETARIA DE ECONOMIA Dirección General de Comercio Exterior SUBDELEGACIÓN FEDERAL EN CHILPANCINGO, GUERRERO	CHILPANCINGO, GUERRERO
		SECRETARIA DE ECONOMIA Dirección General de Comercio Exterior SUBDELEGACIÓN FEDERAL EN CIUDAD OBREGON, SONORA	OBREGON, SONORA
		SECRETARIA DE ECONOMIA Dirección General de Comercio Exterior SUBDELEGACIÓN FEDERAL EN COATZACOALCOS, VERACRUZ	COATZACOALCOS, VERACRUZ
		SECRETARIA DE ECONOMIA Dirección General de Comercio Exterior SUBDELEGACIÓN FEDERAL EN GOMEZ PALACIO, DURANGO	GOMEZ PALACIO, DURANGO
		SECRETARIA DE ECONOMIA Dirección General de Comercio Exterior DELEGACIÓN FEDERAL EN MATAMOROS, TAMAULIPAS	MATAMOROS, TA MAULIPAS
		SECRETARIA DE ECONOMIA Dirección General de Comercio Exterior SUBDELEGACIÓN FEDERAL EN NOGALES, SONORA	NOGALES, SONORA
		SECRETARIA DE ECONOMIA Dirección General de Comercio Exterior SUBDELEGACIÓN FEDERAL EN PIEDRAS NEGRAS, COAHUILA	PIEDRAS NEGRAS, COAHUILA
		SECRETARIA DE ECONOMIA Dirección General de Comercio Exterior SUBDELEGACIÓN FEDERAL EN POZA RICA, VERACRUZ	POZA RICA, VERACRUZ
		SECRETARIA DE ECONOMIA Dirección General de Comercio Exterior SUBDELEGACIÓN FEDERAL EN REYNOSA, TAMAULIPAS	REYNOSA, TAMAULIPAS

Anhang 9

KN-Code	Ausfuhrland	Ausstellende Stelle	Ort
		SECRETARIA DE ECONOMIA Dirección General de Comercio Exterior SUBDELEGACIÓN FEDERAL EN TAMPICO, TAMAULIPAS	TAMPICO, TAMAULIPAS
		SECRETARIA DE ECONOMIA Dirección General de Comercio Exterior SUBDELEGACIÓN FEDERAL EN TAPACHULA, CHIAPAS	TAPACHULA, CHIAPAS
		SECRETARIA DE ECONOMIA Dirección General de Comercio Exterior DELEGACIÓN FEDERAL EN TIJUANA, BAJA CALIFORNIA	TIJUANA, BAJA CALIFORNIA
		SECRETARIA DE ECONOMIA Dirección General de Comercio Exterior SUBDELEGACIÓN FEDERAL EN TORREON, COAHUILA	TORREON, COAHUILA
		SECRETARIA DE ECONOMIA Dirección General de Comercio Exterior SUBDELEGACIÓN FEDERAL EN VERACRUZ, VER.	VERACRUZ, VER.
	Philippinen	Republic of Philippines Department of Agriculture National Tobacco Administration	Quezón City
	Südkorea	Korea Tobacco and Ginseng Corporation, oder befugte Außenstelle	Taejon
	Sri Lanka	Department of Commerce, oder befugte Außenstelle	Colombo
	Schweiz	Eidgenössische Zollverwaltung EZV — Oberzolldirektion — Sektion Tabak- und Bierbesteuerung Administration fédérale des douanes AFD — Direction générale des douanes — Section Imposition du tabac et de la bière Amministrazione federale delle dogane AFD — Direzione generale delle dogane — Sezione Imposizione del tabacco e della birra Swiss Customs Administration — Directorate-General — Tobacco and beer taxation section	Bern
	Thailand	Bureau of Foreign Trade Services	Nonthaburi
		Office Foreign Trade Region 1 (Chiangmai)	Chiangmai
		Office Foreign Trade Region 2 (Hatyai)	Hatyai
		Office Foreign Trade Region 3 (Chonburi)	Chhonburi
		Office Foreign Trade Region 4 (Srakaew)	Srakaew
		Office Foreign Trade Region 5 (NongKhai)	NongKai
		Office Foreign Trade Region 6 (Chiangrai)	Chiangrai
ex 3102 3105	Chile	Servicio Nacional de Geología y Minería	Santiago

[1] Die Änderungen zu dieser Liste werden im Laufe des Jahres im *Amtsblatt der Europäischen Union*, Reihe C, veröffentlicht.

Anhang 9

Liste der Zeugnisse oder Bescheinigungen

Bescheinigung 1:	ECHTHEITSZEUGNIS FRISCHE TAFELTRAUBEN „EMPEREUR“
Bescheinigung 2:	ECHTHEITSZEUGNIS TABAK
Bescheinigung 3:	REINHEITSZEUGNIS NITRAT AUS CHILE

Anhang 9

1. Ausführer ([1])	2. Nummer	ORIGINAL
	3. ERTEILENDE STELLE	
4. Empfänger ([1])	5. **ECHTHEITSZEUGNIS** **FRISCHE TAFELTRAUBEN „EMPEREUR"** (Code 0806 10 10 der Kombinierten Nomenklatur)	
6. Beförderungsmittel ([1])		
7. Entladungsort ([1])		
8. Zeichen und Nummern, Anzahl und Art der Packstücke	9. Rohgewicht (kg)	10. Eigengewicht (kg)
11. Eigengewicht (kg) (in Buchstaben)		
12. BESCHEINIGUNG DER ERTEILENDEN STELLE Wir bestätigen, dass die in dieser Bescheinigung beschriebenen Tafeltrauben frische Tafeltrauben der Sorte „Empereur" sind (*Vitis vinifera cv*). Ort .... Datum .... Stempel (oder gedruckter Stempel) und Unterschrift		

([1]) Vom Ausführer auszufüllen.

Anhang 9

<table>
<tr><td rowspan="2">1. Ausführer</td><td>2. Nummer</td><td>ORIGINAL</td></tr>
<tr><td colspan="2" rowspan="2">3. ERTEILENDE STELLE</td></tr>
<tr><td>4. Empfänger</td></tr>
<tr><td>6. Beförderungsmittel</td><td colspan="2">5.

ECHTHEITSZEUGNIS TABAK
(Codes 2401 10 35, 2401 10 85, 2401 10 95, 2401 20 35, 2401 20 85 und 2401 20 95 der Kombinierten Nomenklatur)</td></tr>
<tr><td>7. Zeichen und Nummern, Anzahl und Art der Packstücke</td><td>8. Rohgewicht (kg)</td><td>9. Eigengewicht (kg)</td></tr>
<tr><td colspan="3">10. Eigengewicht (kg) (in Buchstaben)</td></tr>
<tr><td colspan="3">11. BESCHEINIGUNG DER ERTEILENDEN STELLE

Ich bestätige, dass es sich bei dem in dieser Bescheinigung beschriebenen Tabak um „flue-cured" Virginia-Tabak — „light air-cured" Burley-Tabak (einschließlich Burleyhybriden) — „light air-cured" Maryland-Tabak — „fire-cured"-Tabak ([1]) handelt.

Ort .... Datum ....

Stempel (oder gedruckter Stempel) und Unterschrift</td></tr>
</table>

([1]) Nichtzutreffendes streichen.

Anhang 9

1. Absender (Name und vollständige Anschrift)	**REINHEITSZEUGNIS NITRAT AUS CHILE** (Codes 3102 50 00, 3105 90 20 und 3105 90 80 der Kombinierten Nomenklatur) Nr. ORIGINAL
2. Empfänger (Name und vollständige Anschrift)	3. ERTEILENDE STELLE **República de Chile,** **Servicio Nacional do Geología y Minería**
4. Schiff	BEMERKUNGEN
5. Verladehafen	
6. Konnossement	
7. Zeichen, Nummern und Anzahl der Säcke oder Angabe „als Massengut"	8. Menge in metrischen Tonnen

9. Menge (metrische Tonnen) in Buchstaben

10. BESCHEINIGUNG DER ERTEILENDEN STELLE

Der Servicio Nacional de Geología y Minería bescheinigt, dass sich die oben genannte Ladung zusammensetzt aus:

— natürlichem Natriumnitrat aus Chile mit einem Stickstoffgehalt von 16,3 GHT oder weniger ([1]);

— natürlichem Kaliumnatriumnitrat aus Chile, bestehend aus natürlichen Mischungen von Natriumnitrat und Kaliumnitrat (mit einem Anteil von 44 GHT oder weniger), mit einem Gesamtgehalt an Stickstoff von 16,3 GHT oder weniger, erzeugt in Chile durch Auslaugen des Rohminerals mit der Bezeichnung „caliche" in wässriger Lösung mit nachfolgender fraktionierter Kristallisation durch Abkühlung und/oder Verdampfung durch Sonnenwärme ([1]).

Ort und Datum: .... Unterschrift: .... Stempel:

11. RAUM FÜR EINTRAGUNGEN DER ZOLLBEHÖRDEN DER EUROPÄISCHEN UNION

([1]) Nichtzutreffendes streichen.

ANHANG 10

STATISTISCHE TARIC-CODES

ANHANG 10

STATISTISCHE TARIC-CODES

Die folgenden Unterpositionen werden in TARIC aufgenommen. Diese Codierung dient allerdings nur der Information; sie kann sich beispielsweise aufgrund der Durchführung etwaiger künftiger zolltariflicher Maßnahmen ändern

	KN- / TARIC-Code	Warenbezeichnung	Besondere Maßeinheit
	1	2	3
	0511 99 85	– – – andere:	
	0511 99 85 10	– – – – Sperma von Säugetieren	—
	0511 99 85 20	– – – – Eizellen und Embryonen von Säugetieren	—
	0511 99 85 90	– – – – andere	—
		*****	
	2805 30	**– Seltenerdmetalle, Scandium und Yttrium, auch untereinander gemischt oder miteinander legiert:**	
	2805 30 10	– – untereinander gemischt oder miteinander legiert:	
	2805 30 10 10	– – – Legierung aus Cer und anderen Seltenerdmetallen, mit einem Gehalt an Cer von 47 GHT oder mehr	—
		– – – andere:	
	2805 30 10 30	– – – – neodym- und dysprosiumhaltig	—
	2805 30 10 40	– – – – neodymhaltig	—
	2805 30 10 50	– – – – dysprosiumhaltig	—
	2805 30 10 80	– – – – andere	—
	2805 30 90	– – andere:	
		– – – Seltenerdmetalle, Scandium und Yttrium, mit einem Reinheitsgrad von 95 GHT oder mehr:	
★	**2805 30 90 45**	– – – – Neodym	—
★	**2805 30 90 55**	– – – – Dysprosium	—
★	**2805 30 90 65**	– – – – andere	—
	2805 30 90 90	– – – andere	—